- 세무사 2차 시험 대비, 세법학 요약서
  - 기본서의 주요 내용 및 판례 전부 반영
  - 다양한 도표를 통한 내용정리 및 유사한 쟁점 비교학습 가능
- 저자 직강 www.namucpa.com (나무경영아카데미)

2025
7TH EDITION

세법학 I zip

정정운 · 손재호

I zip

- 국세기본법
- 상속세및증여세법
- 법인세법
- 소득세법

NAVER 카페

노란세법 검색

저자가 직접 운영하는 인터넷 카페에서
책 내용에 대한 상담을 하실 수 있습니다.
cafe.naver.com/taxnavi

상경사
www.SKBOOKS.co.kr

정정운(鄭丁云)

전남대학교 경영대학 경영학과 졸업
제35회 세무사시험 수석합격
지방세공무원 연수원 강사 역임
한세대학교 전임강사 역임
재정경제부 혁신동아리 강사 역임
재정경제부장관 표창장 수상(제070442호)
웅지세무대학 전임강사 역임
기획경제부 세제개정 전문위원 역임
나무경영아카데미 세법 강사

• 저서

『세법개론』(상경사)
『세법개론 강의노트』(상경사)
『세법학Ⅰ』(상경사)
『세법학Ⅱ』(상경사)
『세법학Ⅰ.zip』(상경사)
『세법학Ⅱ.zip』(상경사)
『세법학 강의노트』(상경사)
『세법학연습』(상경사)

손재호(孫載鎬)

웅지세무대학교 세무전문학사
서강대학교 경영학과 재무/보험 석사 졸업
제54회 세무사시험 합격
손상익세무사사무소 근무

• 저서

『세법학Ⅰ.zip』(상경사)
『세법학Ⅱ.zip』(상경사)

• 논문

「교환옵션을 이용한 개인사업자의 법인전환 가치평가와 시사점 에 관한 연구 : 새로운 모형 구축 및 실증분석(Valuation of Corporate Conversion of Sole Proprietorship Using Exchange Option and Its Implications : New Model Building and Empirical Analysis)」 아태비즈니스연구, 16(1), pp.303-333 Mar, 2025

세법학 Ⅰ zip

지은이 정정운 · 손재호

2019년 5월 31일 1판 1쇄 펴냄
2025년 4월 22일 7판 1쇄 펴냄

펴낸곳 상경사
펴낸이 김희철
영업 · 마케팅 김병훈 · 김희은
편집 · 북디자인 성진우 · 배정영 · 이은정 · 임경순
경영지원 배정민

등록일 1988년 6월 27일
동록번호 제 1-753 호

06784 서울특별시 서초구 동산로12길 13-8 B01,02 (양재동,담덕궁)
전화 02-577-3835, 팩스 02-573-2240, https://www.skbooks.co.kr

● ISBN 979-11-6137-392-8 94360

● 값은 표지 뒷면에 있습니다.
● 파본은 구입하신 서점에서 교환해드립니다.

2025
7TH EDITION

세법학 I zip

정정운·손재호

상경사
www.SKBOOKS.co.kr

머리말

Ⅰ. 최근출제 경향 및 채점평

1. 각 개별세법의 배점

세법학Ⅰ부의 경우 국세기본법에서 20점, 상증세법에서 20점, 법인세법에서 30점, 소득세법에서 30점 배점으로 지난 5년간 출제되었다.

2. 최근 출제경향

세법학Ⅰ부의 경우 사례형 문제를 중심으로 출제되었는데, 상증세법을 제외하고 난이도가 높은 판례들을 사례문제로 출제하여 지문의 길이가 길고 사실관계도 복잡하여 짧은 시간 내에 제대로 분석하는 것이 어려운 문제들이었다. 하나의 문제에 하나의 사례만 나오는 경우도 있지만, 두 개의 독립된 사례가 나온 적도 있다. 사례적용과 관련되는 법령과 판례를 먼저 물음에서 제시하여 그 내용을 물어보고 해당 법령 등을 근거로 사례에 적용할 수 있는지를 물어보거나, 다양한 경우에서 발생할 수 있는 과세문제를 여러 물음으로 나누어서 출제되기도 하였다.

3. 채점평

출제자들의 채점평에서 가장 많이 언급이 되었던 내용은, ① 요구하는 물음에 대해서 필요 없는 내용을 서술한 답안이 많다는 것, ② 대강 서술하지 말고 구체적으로 명확하게 서술해 달라는 것, ③ 단순히 법령을 암기하는 방식에 그치지 말고 해당 법령의 내용을 이해하여 사례형 문제의 경우 자신의 판단과 그 판단에 이르는 과정을 법령과 판례를 근거로 하여 명확하게 서술해 달라는 것이었다. 작년 채점평의 경우에는 물음의 배점에 맞게 서술해야 한다는 의견도 있었다.

Ⅱ. 본서의 특징 및 활용방법

1. 본서의 특징

① 기본서로 공부하는 것과 같은 효과를 내기 위해 기본서의 목차와 체계를 따랐다.

② 목차와 키워드를 중심으로 학습할 수 있도록 목차와 키워드를 파란색으로 표시하였다.

③ 답안지를 작성할 때 법문구와 판례내용을 최대한 비슷하게 적는 것이 유리하므로 법령이나 판례에서 나온 표현을 바꾸는 것을 지양하고, 조사를 바꾸거나 부연설명이나 수식어구 같이 필요성이 다소 떨어지는 문구만을 삭제하는 방식으로 요약하여 작성하였다.

④ 이해를 돕기 위해 기본서에 나온 도표를 활용하였다.

⑤ 본서의 분량을 줄이기 위해 문제는 본서에 수록이 되어있지 않으나, 사례형 문제에 응용력을 향상시키기 위해 기본서에 나온 판례를 수록하였다.

⑥ 기본서의 내용 중 중요성이 떨어지거나 회계학 2부에 주로 출제될법한 내용들은 짧게 언급하는 방식으로 그쳤다.

⑦ 본서 각 절 제목 다음에 「세법학 I」 기본서 해당 페이지(I p.5)가 적혀있다. 이것을 활용하여 기본서와 함께 공부하면 해당 주제를 체계적으로 정리하는데 큰 도움이 될 것이다.

2. 본서의 활용방법

채점평에서도 나와 있듯이 물어보는 물음에 대해 구체적으로 서술하기 위해서는 법령을 이해하는 것은 기본이고 구체적인 암기도 필요하다. 법령을 복사하여 붙여 넣을 수는 없어도 법령에서 나온 용어들을 사용하여 서술해야 하므로 중요한 표현의 암기는 필수이다. 이해를 하고 암기해 달라는 말은 암기가 중요하지 않다는 말이 아니라 최소한 무슨 내용인지는 인지하고 암기하여 물어보는 물음의 논제에 이탈하여 서술하는 실수를 하지 말아달라는 뜻일 것이다. 더구나 구체적인 사례의 적용에 대해 암기한 법령과 판례의 내용을 문제를 해결하는 근거로 활용할 수 있는 능력까지 요구하고 기존 조세제도에 대한 비판적인 시각을 갖출 것까지 요구하고 있다. 실로 무리한 요구가 아닐 수 없다. 종합해 보면 탄탄한 기본실력부터 심화적인 학습까지 바라고 있어 출제자들이 기대하는 합격생으로서의 수준이 상당히 높다는 것을 알 수 있다.

결론적으로 이러한 출제자의 기대를 충족하기 위해서는 두꺼운 기본서를 통한 학습이 당연할 것이지만, 문제는 많은 수험생들이 기본서를 통한 학습을 부담스러워 한다는 것이다. 특히 2차 시험을 처음 응시하게 되는 동차생 입장에서는 1차 시험 날부터 시간이 3개월 밖에 남지 않았기 때문에 이러한 부담은 당연할 것이다.

본서는 기본적으로 세법학 기본서의 내용을 압축한 것에 불과하다. 절대적인 내용을 비교한다면 기본서와 큰 차이가 없다. 따라서 본서는 두꺼운 기본서를 학습하면서 느끼게 되는 부담을 줄여주는 정도이며 절대적인 학습량을 줄여주는 것이 아니므로 출제자들이 기대하는 실력을 갖추기 위해서는 본서의 공부방법도 기본서로 공부하는 방식과 같아야 한다.

기본서로 공부하는 것처럼 사소한 것을 하나하나 암기하는데 시간을 쏟기 보다는, 읽고 있는 내용을 목차를 통하여 정리하면서 다독으로 법문구와 판례내용에서 쓰이는 표현들이 익숙해지도록 해야 한다.

구체적인 가지 수나 숫자, 날짜, 비율, 계산식 같은 것들은 반복하면서 기억을 하는 수밖에 없기 때문에 회독을 할 때마다 한 번씩 읽고 지나가는 것이 바람직하다.

Ⅲ. 출판에 도움을 주신 분들과 독자분들에게 전해드리는 말

본서 출간에 도움을 주신 상경사 김희철 사장님, 이 책 편집에 많은 노고를 해 주신 상경사 성진우 부장님, 김병훈 부장님, 배정영 부장님께 감사의 말씀을 드립니다.

본서가 여러분들의 단기 합격에 도움이 될 수 있기를 바라며, 독자 여러분들의 건승(健勝)을 기원합니다.

2025년 4월 15일

정정운 · 손재호

차 례

TAXATION LAW

국세기본법

상속세및증여세법

법인세법

소득세법

제1편
국세기본법

제1장
국세기본법 총칙

제1절 국세기본법 통칙

I-1
p.5

Ⅰ. 국세기본법의 성격과 목적

① 국세의 기본적이고 공통적인 사항과 ② 납세자 권리 · 의무 · 권리구제에 관한 사항을 규정함으로써 국세에 관한 법률관계를 명확히 함

Ⅱ. 용어의 뜻

- 가산세 : 세법에서 규정하는 의무의 성실한 의무의 이행을 위해 세법에 따라 산출한 세액에 가산하는 금액으로써 세법상 각종의무의 불이행에 따른 행정벌적 성격이 있는 형식적 조세에 해당한다.
- 납세의무자 : 국세를 납부할 의무(국세를 징수하여 납부할 의무는 제외)가 있는 자
- 납세자 : 국세를 납부할 의무가 있는 자와 국세를 징수하여 납부할 의무가 있는 자
- 제2차납세의무자 : 납세자가 납세의무를 이행할 수 없는 경우 그 납세자를 갈음하여 납세의무를 지는 자

Ⅲ. 개별세법과의 관계

국세에 관하여 세법에 별도의 규정이 있는 경우를 제외하고는 국세기본법에서 정하는 바에 따른다.

세법과의 관계 : 세법의 특례규정 ➡ 국세기본법

국세기본법보다 우선하여 적용되는 대표적인 세법의 특례규정을 예로 들면 다음과 같다.

국세기본법 규정	개별세법의 특례규정
① 실질과세원칙	• 상증세법상 명의신탁재산의 증여의제 • 법인세법 시행령상 대표자상여로 처분하는 다음 중 어느 하나의 경우 – 사외유출이 분명하나 그 귀속이 불분명한 경우 – 추계 결정 · 경정하는 경우 • 소득세법상 공동사업합산과세
② 연대납세의무	• 소득세법상 공동사업에 대해 공동사업자별로 소득세 납세의무를 지는 경우 • 소득세법상 공동소유 자산에 대해 각 거주자별로 양도소득세 납세의무를 지는 경우
③ 납부의무의 소멸	• 조세특례제한법상 영세개인사업자의 결손처분세액 납부 · 의무 소멸특례
④ 국세우선권에 대한 제한	• 부가가치세법상 신탁재산에 대해 강제징수시 수탁자의 우선변제권
⑤ 제2차납세의무	• 조세특례제한법에 따른 벤처기업 출자자의 제2차납세의무 면제 • 부가가치세법에 따른 신탁 관련 수익자의 제2차납세의무
⑥ 물적납세의무	• 부가가치세법에 따른 신탁 관련 수탁자의 물적납세의무
⑦ 경정 등 청구	• 상증세법상 경정청구의 특례 등
⑧ 기한후신고	• 법인세법상 이자소득에 대한 비영리내국법인의 분리과세특례
⑨ 국세환급금	• 분식회계로 인한 과다납부세액의 환급제한특례 • 부가가치세 조기환급

제2절 기간과 기한

I-1 p.10

Ⅰ. 의의

• 기간 : 일정 시점에서 다른 시점까지의 계속되는 시간

• 기한 : 일정한 시점의 도래로 인해 법률효과가 발생 · 소멸하거나 권리의 행사 의무의 이행을 해야 할 시점

Ⅱ. 기간 계산방법

1) 기산점 : 기간을 일 · 주 · 월 · 년으로 정한 때에는 기간의 초일은 산입하지 않는다. 다만,

그 기간이 오전 0시부터 시작하는 때에는 초일은 산입하며, 연령계산에는 출생일을 산입한다.

2) 만료점

① 기간을 일 · 주 · 월 · 년으로 정한 때에는 기간 말일의 종료로 기간이 만료한다. 다만, 그 기간의 만료일이 토요일 · 공휴일인 경우는 그 다음 날로 한다.

② 기간을 주 · 월 · 년으로 정한 때에는 역(曆 : calendar)에 따라 계산한다. 이 경우 주 · 월 · 년의 처음부터 기산하지 않은 경우 최후의 주 · 월 · 년에서 그 기산일이 해당하는 날의 전일로 만료하며, 최후의 월에 해당일이 없는 때에는 그 월의 말일로 기간이 만료한다.

Ⅲ. 기한연장의 특례

1. 각종 기한이 공휴일 등인 경우

신고, 신청, 청구, 그 밖에 서류의 제출, 통지, 납부 또는 징수에 관한 기한이 ① 토요일 및 일요일, ② 공휴일 및 대체공휴일, ③ 근로자의 날(5월 1일)에 해당하는 경우에는 그 다음 날을 기한으로 한다.

2. 국세정보통신망의 가동이 정지된 경우

신고기한 만료일이나 납부기한 만료일에 국세정보통신망이 정전 · 통신상 장애 · 프로그램 오류 및 그 밖의 부득이한 사유로 국세정보통신망의 가동이 정지되어 전자신고 · 전자납부를 할 수 없는 경우에는 그 장애가 복구되어 신고 · 납부를 할 수 있게 된 날의 다음 날을 기한으로 한다.

3. 천재지변 등으로 인한 기한연장

다음의 사유로 신고 · 신청 등을 정해진 기한까지 할 수 없다고 인정하는 경우에는 납세자가 기한연장을 신청하는 경우 관할세무서장은 그 기한을 연장할 수 있으며, 이는 기간연장에도 준용한다.

① 천재지변이 발생(담보제공 ×)

② 납세자가 화재 · 전화 그 밖의 재해를 입거나 도난을 당한 경우(담보제공 ×)

③ 납세자나 그 동거가족이 질병 · 중상해로 6개월 이상의 치료가 필요하거나 사망하여 상중인 경우

④ 정전 · 프로그램 오류 등 부득이한 사유로 한국은행(대리점 포함) 및 체신관서의 정보통신망의 정상적인 가동이 불가능한 경우(담보제공 ×)

⑤ 금융회사 등(한국은행 국고대리점 등만 해당) 또는 체신관서의 휴무, 그 밖의 부득이한 사유

로 정상적인 세금납부가 곤란하다고 국세청장이 인정하는 경우(담보제공 ×)

⑥ 권한 있는 기관에 장부나 서류가 압수 · 영치된 경우

⑦ 위 ② 화재 등, ③ 사망 등, ⑥에 준하는 사유가 있는 경우

참 고 기한연장 사유가 발생한 경우 가산세 부과제외

가산세를 부과하는 경우 그 부과 원인이 되는 사유가 기한연장 사유에 해당하는 경우에는 해당 가산세를 부과하지 않는다. ■

판 례 가산세 감면 적용범위

상속세와 같이 납세자가 여러 명일 경우 각각 개별적으로 가산세 감면사유가 존재해야 하고, 해당 감면사유가 존재하는 기간에만 가산세가 감면된다(2012두2498 판결). ■

[도 표] 천재지변 등 사유로 인한 기한 연장의 근거법률

천재지변 등 사유로 인한 연장대상 기한	근거법률
(1) 신고 · 신청 · 청구 · 그 밖의 서류제출 · 통지의 기한 ＊ 신청절차 있음(정부 직권으로도 가능)	국세기본법
(2) 납부기한(법정납부기한 · 지정납부기한 · 독촉장에서 정한 기한을 말한다)[*주] ＊ 신청절차 있음(정부 직권으로도 가능)	국세징수법

(*주) '납세자가 경영하는 사업에 현저한 손실이 발생하거나 부도 또는 도산의 우려가 있는 경우'에는 납부기한만 연장된다. 한편 관할세무서장은 납부기한을 연장하거나 납부고지를 유예한 경우 그 연장 또는 유예기간 동안 ① 납부지연가산세 및 ② 원천징수 등 납부지연가산세를 부과하지 않는다.

Ⅳ. 서류제출의 효력발생시기

1. 원칙(도달주의)

정해진 서류가 정해진 기한 내에 과세관청에 도달하는 때에 효력이 있다.

2. 특례

1) 우편으로 서류제출 : 우편으로 과세표준신고서 · 경정청구서 등을 제출한 경우 우편날짜도장이 찍힌 날에 신고되거나 청구된 것으로 본다(발신주의 특례). 이 경우 우편날짜도장이 찍히지 않았거나 분명하지 않은 경우에는 통상 걸리는 배송일수를 기준으로 발송한 날로 인정되는 날에 신고되거나 청구된 것으로 본다.

2) 전자신고의 경우 : 과세표준신고서 · 경정청구서 등을 국세정보통신망을 이용하여 제출하는 경우에는 해당 신고서 등이 국세청장에게 전송된 때에 신고되거나 청구된 것으로 본다.

3) 우편에 의한 불복청구 : 불복청구기한 내에 우편으로 발송한 불복청구서가 불복청구기한을 지나서 도달한 경우 그 기간 만료일에 적법한 청구를 한 것으로 본다.

제3절 서류의 송달

I-1 p.16

Ⅰ. 의의

'서류의 송달'이란 과세관청이 국세에 관한 행정처분의 내용이 담긴 서류를 납세자에게 알리는 절차를 말한다. 서류의 송달에 의해 처분의 효력이 발생하며, 불복청구기간을 기산하고 소멸시효의 효력이 중단되는 등 조세채권 · 채무관계에 중대한 영향을 미친다.

판례 납부고지서 송달의 취지

헌법과 국세기본법이 규정하는 조세법률주의의 대원칙에 따라 처분청으로 하여금 자의를 배제하고 신중하고도 합리적인 처분을 행하게 함으로써 조세행정의 공정성을 기함과 동시에 납부의무자에게 부과처분의 내용을 상세하게 알려서 불복 여부의 결정 및 그 불복신청에 편의를 주려는 취지이다. 따라서 엄격히 해석 적용되어야 할 강행규정이라고 할 것이므로, 전화로 부과처분의 내용을 설명하거나 팩스로 납부고지서를 전송하여 납세자가 과세처분의 내용을 이미 알고 있는 경우에도 납부고지서의 송달이 불필요하다고 할 수 없다(96누5094). ■

Ⅱ. 송달받아야 할 자와 송달장소

1. 송달받아야 할 자

(1) 원칙(명의인)

명의인에게 송달한다. 여기서 '명의인'이란 서류의 수신인으로 지정된 자를 말한다.

(2) 예외

① 교부송달과 등기우편송달의 경우 송달장소에서 송달받을 자를 만나지 못한 경우 사용인이나 그 밖의 종업원 또는 동거인으로서 사리를 판별할 수 있는 자(보충수령인)에게 서류를 송달할 수 있다.

판례 아파트 경비원을 통한 납부고지서 송달의 적법 여부

수령권한을 위임받은 수임인도 포함하며 이는 명시적인 위임뿐만 아니라 통상적으로 우편을 수령 받고 송달받아야 할 자에게 전달해왔던 아파트 경비원과 그 지인 등과 같은 묵시적 수령의 위임자도 포함한다(97누393). ■

② 연대납세의무의 경우 : 그 대표자(대표자가 없는 경우 징수하기 유리한 자)를 명의인으로 하지만, 납부의 고지와 독촉에 관한 서류는 연대납세의무자 모두에게 각각 해야 한다.

판례 이의신청 결정통지서를 연대납세의무자 중 대표자 1인에게 통지한 경우

연대납세의무자 1인에게 납부고지서를 송달한 경우는 나머지 연대납세의무자에게는 적법한 납부고지로서

의 효력이 없지만 이의신청 결정통지서(납부고지 · 독촉 외의 서류)는 대표자에게 송달하면, 나머지 연대납세의무자에게도 효력이 있다. 이는 연대납세의무자 간의 특별히 긴밀한 관계가 있다고 인정되기 때문이다(99두7135). ■

③ 납세관리인이 있을 때에는 납부고지 · 독촉에 관한 서류를 그 납세관리인에게 송달한다.

④ 송달받아야 할 사람이 교정시설, 국가경찰관서의 유치장에 체포 · 구속 · 유치된 사실이 확인된 경우에는 해당 교정시설 또는 국가경찰관서의 장에게 송달한다.

2. 송달장소

(1) 원칙

① 교부송달 · 우편송달을 하는 경우 : 그 명의인의 주소 또는 영업소

* 송달장소를 그르치는 경우 송달의 효력이 발생하지 않는다.

② 전자송달의 경우 : 전자우편주소

(2) 예외

송달받아야 할 자가 주소 · 영업소 외의 장소를 송달받을 장소로 신고한 경우 그 장소로 한다.

판 례 거주하지 않은 주민등록상 주소지로 송달한 경우 적법한 송달인지 여부

더 이상 송달받아야 할 자가 거주하지 않는 주소지로 송달한 경우에 현재 그 주소등록지의 거주자에게 송달수령의 권한을 위임하였다고 보기 어려운 경우는 송달의 효력이 발생했다고 보기 어렵다(97누8977). ■

Ⅲ. 송달의 방법

1. 원칙적인 송달방법

(1) 교부송달

1) 개요 : 해당 행정기관의 소속공무원이 ① 송달장소에서 ② 송달받아야 할 자에게 서류를 교부함으로써 행하는 방법이다. 여기에는 다음과 같은 예외가 있다.

① 송달받아야 할 자가 송달받기를 거부하지 않으면 다른 장소에서 교부할 수 있다.

② 송달장소에서 송달받아야 할 자를 만나지 못한 때에는 보충수령인에게 수령할 수 있다.

2) 송달절차 : 수령인이 서명 · 날인해야 한다. 수령인이 서명 · 날인을 거부한 경우 그 사실을 적어야 하며, 이 경우에는 송달의 효력에는 영향이 없다.

3) 서류의 수령을 거부한 경우(유치송달) : 송달장소에서 송달받아야 할 자나 보충수령인이 정당한 사유 없이 서류의 수령을 거부*한 경우에는 송달할 장소에 서류를 둘 수 있다(유치송달, 송

달의 효력이 발생).

* 거부한 사실을 확인한 후 송달장소를 떠났다가 그 장소에 아무도 없는 사실을 확인하고 그 장소에 두고 온 것은 수령의 거부가 있었다고 볼 수 없다(2003두13908).

(2) 우편송달

등기우편이나 일반우편으로 서류를 송달하는 방법을 말한다. 이 경우 납부고지·독촉·강제징수 또는 세법에 따른 정부의 명령에 관계되는 서류의 송달을 우편으로 할 때에는 등기우편으로 해야 한다. 다만, 다음에 해당하는 납부고지서로서 50만원 미만에 해당하는 납부고지서는 일반우편으로 송달할 수 있다.

① 소득세 중간예납세액의 납부고지서

② 부가가치세 예정고지세액의 납부고지서

③ 신고납세제도 국세에 대한 과세표준신고서를 법정신고기한까지 제출하였으나 과세표준신고액에 상당하는 세액의 전부 또는 일부를 납부하지 않아 발급하는 납부고지서

등기우편송달의 경우 송달받아야 할 자 등이 정당한 사유 없이 서류의 수령을 거부한 경우에도 송달장소에 서류를 둘 수 있다(유치송달).

(3) 전자송달

1) 의의 : 서류를 정보통신망을 이용하여 명의인의 전자우편주소에 송달하는 방법으로 명의인이 신청을 한 경우만 가능하며, 신청을 한 경우라도 전자우편방법이 불가한 경우 예외적으로 우편송달 등을 할 수 있다.

2) 전자송달이 가능한 서류

① 납부고지서, 독촉장 및 국세환급통지서 : 해당 납세자로 하여금 국세정보통신망에 접속하여 열람

② ① 외의 서류 : 해당 납세자가 지정한 전자우편주소로 송달

3) 전자송달 절차

전자송달을 신청하거나 그 신청을 철회하려는 납세자는 인적사항·전자우편주소 등을 기재한 신청서를 관할세무서장에게 제출한다. 이러한 전자송달의 개시 및 철회는 그 신청서를 접수한 날의 다음 날부터 효력이 발생한다.

한편 국세청장이 국세정보통신망에 접속하여 서류를 열람할 수 있게 하였음에도 불구하고 해당 납세자가 3회 연속하여 전자송달된 서류를 다음 ①·②에 해당하는 기한까지 열람하지 않은 경우에는 세 번째로 열람하지 않은 서류에 대한 다음 ①·②의 구분에 따른 날의 다음 날에 전자송달 신청을 철회한 것으로 본다(자동철회, 전자송달 ➡ 교부송달·우편송달 방법으로 변경).

① 해당 서류에 납부기한 등 기한이 정해진 경우 : 정해진 해당 기한

② 위 ① 외의 경우 : 국세정보통신망에 해당 서류가 저장된 때부터 1개월이 되는 날

다만, 납세자가 전자송달된 납부고지서 또는 독촉장에 따른 세액을 그 납부기한까지 전액 납부한 경우에는 그렇지 않다(자동철회의 예외).

2. 예외적인 송달방법(공시송달)

(1) 의의

교부나 우편방법으로 수령이 불가능한 경우 서류의 주요내용을 공고함으로써 송달의 효과가 발생하는 송달방법을 말한다. 이 경우 송달받아야 할 자가 서류의 내용을 인지하지 못할 위험이 높기 때문에 그 요건을 엄격하게 해석하여 적용한다.

(2) 공시송달의 사유

① 주소 · 영업소가 국외에 있고 송달이 곤란한 경우

② 주소 · 영업소가 불분명한 경우 : 주민등록표 · 법인등기부 등에 의해 확인할 수 없는 경우로서 선량한 관리자의 주의의무를 다한 경우에도 주소 · 영업소를 알 수 없는 경우

③ 서류를 등기우편으로 송달하였으나 수취인이 부재중(不在中)인 것으로 확인되어 반송됨으로써 납부기한까지 송달이 곤란하다고 인정되는 경우

④ 세무공무원이 2회 이상 납세자를 방문해 서류를 교부하려고 하였으나 수취인이 부재중(不在中)인 것으로 확인되어 납부기한까지 송달이 곤란하다고 인정되는 경우

판례 공시송달의 적법성 여부

① 외국회사가 국내지점에서 폐업을 한 후 자국의 본점으로 철수를 한 경우에는 과세관청이 국외본점으로 우편송달을 할 수 있었음에도 불구하고 바로 공시송달한 경우라면 그 공시송달은 적법하다고 할 수 없다(92구15286).

② 납세의무자가 실제 거주도 하지 않고 주소지등록만 한 경우 납부고지서가 수취인불명 등으로 반송이 되자 과세관청이 주소지등록표를 조사하여 무단전출로 주소등록 직권말소 사실을 확인하고 납부고지서와 독촉장을 공시송달한 경우는 적법하다고 할 수 있다(2003두11117).

③ 공시송달 사유 중 수취인의 부재란 납세의무자가 송달장소로부터 장기간 이탈한 경우로서 과세권행사에 장애가 있는 경우를 말한다. 따라서 단순히 2회 이상 방문시 수취인을 만나지 못한 경우라면 이는 공시송달 사유로 볼 수 없다(98두18916).

(3) 공시송달의 방법

세무서 게시판이나 그 밖에 적절한 장소에 게시하는 방법

Ⅳ. 송달의 효력발생시기

1. 교부 · 우편송달 또는 전자송달의 경우

1) 교부 · 우편송달의 경우

송달받아야 할 자에게 도달한 때부터 효력이 발생한다.

참고 도달의 개념

반드시 직접 만날 것을 요구하지는 않고, 상대방의 지배권 내에 들어가 사회통념상 일반적으로 그 사실을 알 수 있는 상태를 말한다. 일단 유효하게 송달된 서류가 후에 반송이 되더라도 송달의 효력에는 영향이 없다. ■

2) 전자송달의 경우

① 납부고지서 및 국세환급통지서 : 국세정보통신망에 저장하는 때

② 그 외의 서류 : 송달받아야 할 자가 지정한 전자우편주소로 입력된 때

국기 01

2. 공시송달의 경우

서류의 주요 내용을 공고한 날부터 14일이 지나면 서류가 송달된 것으로 본다.

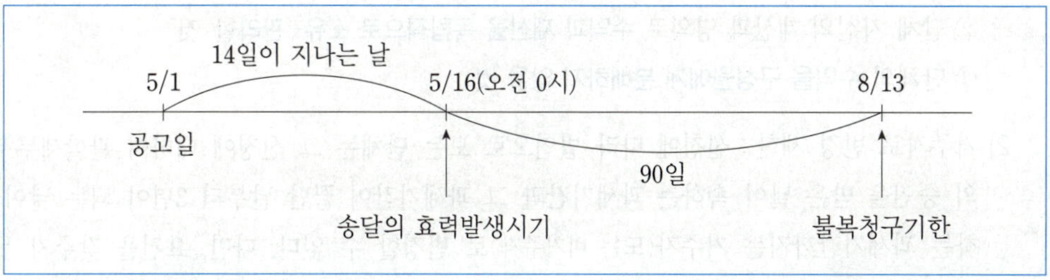

제4절 인 격

I-1 p.31

Ⅰ. 의의

① 인격 : 권리 · 의무의 주체가 될 자격(자연인과 법인)

② 법인등기를 하지 않는 단체(법인이 아닌 단체) : 법인, 개인

II. 국세기본법 규정

1. 법인으로 보는 단체의 범위

(1) 당연 법인으로 보는 단체

법인이 아닌 단체 가운데 다음 중 어느 하나에 해당하는 경우로서 수익을 구성원에게 분배하지 않는 것은 법인으로 보아 국세기본법과 세법을 적용한다.

① 주무관청의 허가 · 인가를 받아 설립되거나 법령에 따라 주무관청에 등록된 사단 · 재단 또는 그 밖의 단체로 등기되지 않은 것*

② 공익목적으로 출연된 기본재산이 있는 재단으로 등기되지 않은 것

* 주무관청의 허가를 받지 않고 설립된 종교단체의 경우 당연 법인으로 보는 단체로 볼 수 없다(2000두1652).

(2) 승인 법인으로 보는 단체

1) 요건 : 당연 법인으로 보는 단체 외의 법인이 아닌 단체의 경우 다음의 요건을 모두 갖춘 것으로서 대표자나 관리인이 신청하여 관할세무서장의 승인을 받은 것도 법인으로 보아 국세기본법과 세법을 적용한다.

① 단체의 조직과 운영에 관한 규정을 가지고 대표자나 관리인을 선임할 것

② 단체 자신의 계산과 명의로 수익과 재산을 독립적으로 소유 · 관리할 것

③ 단체의 수익을 구성원에게 분배하지 않을 것

2) 거주자로 변경 제한 : 신청에 따라 법인으로 보는 단체는 그 신청에 대하여 관할세무서장의 승인을 받은 날이 속하는 과세기간과 그 과세기간이 끝난 날부터 3년이 되는 날이 속하는 과세기간까지는 거주자(또는 비거주자)로 변경할 수 없다. 다만, 요건을 갖추지 못하게 되어 승인취소를 받는 경우에는 그렇지 않다.

2. 법인으로 보는 단체의 의무이행

법인으로 보는 단체의 국세에 관한 의무는 그 대표자나 관리인이 이행해야 하며, 해당 단체가 그 대표자나 관리인을 선임 · 변경한 경우에는 관할세무서장에게 문서로 신고해야 한다.

III. 개별세법상 취급

1. 법인세법

법인이 아닌 단체 중 법인으로 보는 단체는 법인세법상 비영리법인으로 본다.

* 비영리법인인 경우 법인세법상 다음의 특례가 적용한다.

① 수익사업으로 열거된 소득과 토지 등 양도소득에 대해서만 과세

② 고유목적사업준비금을 손금산입

③ 이자소득에 대한 선택적 분리과세
④ 자산양도소득에 대한 과세특례 등

2. 소득세법

법인이 아닌 단체 중 법인으로 보지 않는 단체는 소득세법상 거주자(또는 비거주자)로 보아 다음과 같이 납세의무를 진다.

① 1거주자로 보는 단체 : 구성원 간 이익의 분배방법이나 분배비율이 정해져있지 않거나 확인되지 않는 경우 그 단체를 1거주자(또는 1비거주자)로 본다. 따라서 그 단체는 구성원과 독립되어 납세의무를 진다.

② 공동사업으로 보는 단체 : 구성원 간 이익의 분배방법이나 분배비율이 정해져 있거나 사실상 이익이 분배되는 경우는 그 단체의 구성원이 공동으로 사업을 영위하는 것으로 본다. 따라서 구성원들은 각 분배받은 소득에 대해서 공동사업자별로 각자 납세의무를 진다.

3. 상증세법

법인이 아닌 단체 중 법인으로 보는 단체는 비영리법인으로 보고, 법인으로 보지 않는 단체는 거주자(또는 비거주자)로 본다. 따라서 법인이 아닌 단체도 상속세 및 증여세 납세의무를 진다.

4. 부가가치세법

부가가치세 납세의무는 독립적으로 재화 · 용역을 공급하는 자를 말한다. 따라서 법인으로 보는 단체는 법인으로서 부가가치세 납세의무를 이행하고, 법인으로 보지 않는 단체는 개인으로서 부가가치세 납세의무를 진다.

[도 표] 법인이 아닌 단체에 대한 취급

	[국세기본법]	소득과세	상속세·증여세	VAT
법인이 아닌 단체	법인으로 보는 단체 • 당연 법인으로 보는 단체 • 승인 법인으로 보는 단체	비영리법인(간주) [법인세법]	비영리법인(간주) [상증세법]	법인(간주)
	그 외의 단체 • 거주자로 간주 [소득세법]	이익분배 ○ ➡ 구성원별 과세 이익분배 × ➡ 1거주자로 보고 과세	개인	개인

제 2 장
조세법의 기본원칙

제1절 조세법률주의

I-1 p.47

Ⅰ. 서설

1. 의의

'조세법률주의'란 국가(또는 지방자치단체)는 국회에서 제정한 법률에 따라 조세를 부과·징수할 수 있으며, 국민은 법률에 따라 납세의무를 진다는 원칙을 말한다. 우리나라 헌법 제59조에서 "조세의 종목과 세율은 법률로 정한다.", 헌법 제38조에서 "모든 국민은 법률이 정하는 바에 따라 납세의무를 진다."라고 규정하여 조세법률주의의 근거를 두고 있다.

2. 취지

조세법률주의는 행정부의 과세권 남용으로부터 국민의 재산권을 보호하기 위한 원칙으로서 여전히 중시되고 있다. 그리고 법치주의가 확립된 현대에서는 국민의 법적 안정성과 예측가능성을 보장한다는 측면이 보다 강조되고 있다.

Ⅱ. 조세법률주의의 내용

1. 입법상의 원칙

(1) 과세요건 법정주의

1) 의의 : 이는 과세요건과 납세절차를 모두 법률로 규정해야 한다는 원칙을 말한다. 이처럼 조세에 관한 모든 사항을 법률유보사항으로 하는 것은 국가의 과세권 남용으로부터 국민의 재산권을 보장하려는 데 그 취지가 있다.

2) 위임입법의 문제 : 사회 · 경제 현실의 급격한 변화 및 복잡화로 조세의 관한 모든 사항을

국회에서 법률로 제정하기란 한계가 있다. 따라서 위임입법(위임명령의 제정)이 허용되는데, 법률이 명령에 위임할 때에는 위임규정에 위임의 목적·내용 및 범위가 구체적으로 명시되어야 한다(개별위임). 위임의 구체적이고 명확한 범위를 정하지 않고, 단지 포괄적이고 추상적인 범위를 정하는 데 그치는 포괄위임(또는 백지식 위임)은 위헌으로서 무효이다.

우리 헌법도 제75조에서 "대통령은 법률에서 구체적으로 범위를 정하여 위임받은 사항에 관하여 대통령령을 발할 수 있다."고 규정함으로써 위임입법의 근거를 마련함과 동시에 구체적으로 위임의 범위를 정하도록 하여 그 한계를 제시하고 있다. 이는 법률에 대통령령 등 하위법규에 규정될 내용 및 범위의 기본사항이 가능한 한 구체적이고도 명확하게 규정되어 있어서 누구라도 해당 법률 그 자체로부터 대통령령 등에 규정될 내용의 대강을 예측할 수 있어야 함을 의미한다.

판 례 포괄위임으로 본 사례

1) 구 법인세법 32조 법인세의 과세표준을 결정·경정함에 따라 익금 산입하는 소득처분을 대통령령으로 정한다는 규정은 익금으로 산입한 금액의 처분이란 점만 제시할 뿐 소득에 관한 성격과 내용 및 귀속자 등에 관한 구체적인 범위는 제시하지 않고 있다. 이러한 포괄적인 위임의 범위는 하위법규에 규정될 내용을 예측하기가 곤란하다고 할 것이므로 헌법규정을 위반한다고 볼 것이다(94헌바14).

2) 구 법인세법 시행령 15조(자본거래로 인한 익금불산입)는 구 법인세법 17조(주식발행액면초과금 등)에 따라 익금으로 산입하지 않는 주식발행초과금의 범위를 축소 해석한 위임입법으로서 납세자에게 불리한 방향으로 기존 상위 법률의 위임입법의 범위를 확장해석한 것이다. 이는 조세법률주의를 반해 무효라고 할 것이다(2010두17564). ■

판 례 포괄위임이 아니라고 본 사례

1) 법인세법상 상여처분에 대해 그 귀속자에 관한 과세요건을 대통령령으로 정한 경우 그 위임입법에 대해 상위 법률에 상여라고만 규정된 경우는 그 상여로 처분될 귀속자에 대해서 명문으로 규정하고 있지는 않지만 주주면 배당, 임직원이면 상여로 처분될 것임은 누구라도 쉽게 예측할 수 있으므로 이 조항은 포괄위임금지 원칙에 위배되지 않는다(2006헌바65).

2) 비업무용자산의 범위를 대통령령으로 위임하고 있는 경우에 그 상위 법률이 '해당 법인의 업무와 직접관련이 없는 자산으로 대통령령으로 정하는 자산'이라고 그 구체적인 위임입법 범위를 정하고 있으므로 누구라도 해당 법률을 보아 대통령령으로 위임될 사항을 대강 예측할 수 있어 포괄위임금지 원칙에 위배되지 않는다고 볼 것이다(2008헌바66·130).

3) 법규명령이 법률의 위임 범위를 벗어났는지는 직접적인 위임 법률조항의 형식과 내용뿐만 아니라 법률의 전반적인 체계와 목적 등도 아울러 고려하여 법률의 위임 범위나 한계를 객관적으로 확정한 다음 법규명령의 내용과 비교해서 판단해야 한다. 법규명령의 내용이 위와 같이 확정된 법률의 위임 범위 내에 있다고 인정되거나 법률이 예정하고 있는 바를 구체적으로 명확하게 한 것으로 인정되면 법규명령은 무효로 되지 않는다(2016두43411 전원합의체 판결 등). 나아가 어느 시행령 규정이 모법의 위임 범위를 벗어난 것인지를 판단할 때 중요한 기준 중 하나는 예측 가능성이다. 이는 해당 시행령의 내용이 이미 모법에서 구체적으로 위임되어 있는 사항을 규정한 것으로서 누구라도 모법 자체로부터 위임된 내용의 대

강을 예측할 수 있는 범위에 속한다는 것을 뜻한다. 이러한 예측 가능성의 유무는 해당 조항 하나만을 가지고 판단할 것은 아니고 법률의 입법 취지 등을 고려하여 관련 법조항 전체를 유기적 · 체계적으로 종합하여 판단해야 한다.

법인세법은 "익금은 자본 · 출자의 납입 및 이 법에서 규정하는 것은 제외하고 해당 법인의 순자산을 증가시키는 거래로 인하여 발생하는 수익의 금액으로 한다."라고 정하고, 수익의 범위와 구분 등에 관하여 필요한 사항은 대통령령으로 정한다."라고 정하고 있다. 따라서 원고는 실제로 순자산을 증가시키지 않는 가지급금에 대한 인정이자 등을 규정한 법인세법 시행령이 법률의 위임 범위를 벗어난 명령이라고 주장하였다. 그러나 법인세법은 각 사업연도 소득에 대한 법인세의 과세표준을 신고 및 결정 · 경정하는 경우 그 소득처분에 대한 내용을 구체적으로 대통령령에 위임하는 것으로 보아 순자산이 증가하는 익금뿐만 아니라 소득처분을 위한 조세정책적 목적의 이유로도 대통령령이 정하는 바에 따라 익금이 될 수 있음을 누구라도 예측할 수가 있다.

또한 유가증권을 특수관계인으로부터 저가로 양수한 경우 그 시가와의 차액을 익금에 산입한다는 규정은 순자산을 증가시키는 익금과 별도로 구분한 것이 아니라 기존 익금과 마찬가지로 순자산을 증가시키는 익금으로서 단순히 그 귀속시기만 달리 보기 위한 규정이므로 해당 규정이 별도로 존재한다고 하여 법인세법이 순자산을 증가시키는 익금 이외의 익금은 별도로 법률로 규정해야 익금으로 보는 것이라고 볼 수 없다.

나아가 익금의 범위를 어떻게 정할 것인가는 금융시장이나 실물경제의 상황 등 국가의 경제사정이나 기업정책 등 여러 가지 상황 변화에 따라 달라질 수 있으므로 그 범위를 국회에서 제정한 법률로 모두 규율하는 것은 불가능하거나 부적당하다. 따라서 가지급금 인정이자 등에 대한 익금산입을 규정한 대통령령은 위임입법의 한계를 벗어난 것으로 보기 어렵다(2020두39655). ■

판 례 과거 상증세법에 따른 특정법인과의 거래를 통한 이익의 증여의제 사례로 보는 위임입법 한계의 엄격해석 원칙의 적용

과거 특정법인과의 거래를 통한 이익의 증여의제와 관련된 상증세법상 법률 조문은 구체적인 증여행위(과세대상) 여부에 대해서는 위임하지 않은 채 대통령령으로 증여재산가액의 계산방법만을 위임하였다. 그리하여 아래와 같은 조세쟁송이 발생하였고 그 이후 해당 법률을 개정하여 증여일, 증여행위 여부 등에 대한 구체적인 내용을 반영하게 된다.

구 상증세법은 증여행위에 대한 구체적인 언급이 없어 특정법인에 대한 재산의 무상제공 등으로 인하여 그 주주 등이 상증세법상 증여재산에 해당하는 이익을 얻었음을 전제로 하는 규정으로 주주들이 이익을 얻었는지 여부는 별도로 판단해야 한다. 무상이득을 제공한 자가 법인인 이상 그로 인하여 주주 등이 얻을 수 있는 이익은 법률에 근거가 없는 한 그가 보유하고 있는 특정법인 주식 등의 가액 증가분 외에 다른 것을 상정하기 어렵다. 따라서 상증세법 법률은 재산의 무상제공 등 특정법인과 거래를 통하여 그 주주 등이 이익을 얻었음을 전제로 하여 그 이익, 즉 '주주 등이 보유한 특정법인 주식 등의 가액 증가분'의 정당한 계산방법에 관한 사항만을 대통령령에 위임한 규정이라고 볼 것이다.

한편 특정법인의 주주 등과 특수관계에 있는 자가 특정법인에 재산을 증여하는 거래를 하였더라도 그 거래를 전후하여 주주 등이 보유한 주식 등의 가액이 증가하지 않은 경우에는 그로 인하여 그 주주 등이

얻은 이익이 없으므로 증여세를 부과할 수는 없다고 보아야 한다. 설령 위와 같은 거래를 전후하여 주주 등이 보유한 주식 등의 가액이 증가하였다고 하더라도 특정법인에 대한 증여재산가액이 그 주식 등의 가액 증가분을 초과할 경우 그 초과분에 대하여는 그 주주 등이 얻은 이익이 없다고 보아야 하므로 그 부분에 대하여 증여세를 부과할 수 없음은 마찬가지이다(2019두35695). ■

3) 행정규칙(훈령 · 예규 · 통첩)의 문제 : 훈령(상급관청이 하급관청의 권한행사를 지시하기 위해 발하는 명령), 예규(법령해석에 관한 질의에 대한 회신), 통첩(법의 해석과 업무집행기준, 국세청장이 지정하는 기본통칙이 여기에 해당), 이들 행정규칙은 과세관청 내부에서 세법의 해석기준과 집행기준을 시달하는 명령일 뿐, 법원이나 국민을 구속하는 효력은 없다. 하지만 현실에서 기본통칙에 따라 업무집행이 되는 사례가 많아 과세요건 법정주의를 저해하고 있는 부분도 있다.

(2) 과세요건 명확주의

1) 의의 : 조세에 관련한 세법의 규정은 명확하며 상세해야 한다는 입법기술상의 원칙이다. 이는 과세관청의 자의적 해석과 자유재량을 배제함으로써 국민의 법적안정성과 예측가능성을 보장하려는 데 그 취지가 있다.

2) 불확정 개념의 문제 : 조세법의 규율대상인 경제현상은 복잡하고 끊임없이 변화하기 때문에 조세에 관한 모든 사항을 일의적(一義的)으로 명확하게 규정하는 것은 매우 어렵다. 따라서 세법규정상 불확정개념의 사용은 불가피할 것이다. 여기서 '불확정개념'이란 과세처분의 요건을 규정할 때 과세관청에게 재량과 선택의 여지를 주는 추상적 · 다의적인 개념을 사용하는 것이다.

어떤 불확정개념의 사용이 과세요건 명확주의를 위반했는지 여부는 ① 납세자의 입장에서 어떠한 행위가 해당 문구에 해당하여 과세의 대상이 되는 것인지 예견할 수 있을 것인가, ② 해당 문구의 불확정성이 행정관청의 입장에서 자의적인 법률을 적용할 가능성을 부여하는가, ③ 입법 기술적으로 보다 확정적인 문구를 선택할 것을 기대할 수 있을 것인가 여부 등의 기준에 따른 종합적인 판단을 해야 한다.

판 례 부가가치세법상 부당행위계산 부인 중 부당하게 낮은 대가를 받은 경우

부당하게 낮은 대가라는 말은 정당하지 않거나 현저히 낮은 대가 등 일반인들도 자주 쓰는 용어로서 그 행위의 범위를 ① 일반인들의 관점에서 예측할 수 있으며, 과세관청의 ② 자의적인 해석 · 적용여부도 크지 않고, 거래관행에 비추어 조세회피의 의도가 있을 정도로서의 경제적 관점에 따른 지나치게 낮은 대가로 법원의 판례에 따라 해석이 되고 있어 예측가능성도 확보가 되고 있다. 또한 ③ 현재 이보다 더 확정적인 문구의 선택도 기대하기 어려우므로 이는 과세요건 명확주의를 위반하지 않는다고 보아야 할 것이다(2000헌바81). ■

3) 차용개념의 문제 : 세법에서는 사법에서 사용하고 있는 개념 · 용어들이 사용되고 있는 경우가 많다. 이와 같이 세법에서 차용하고 있는 개념 및 용어를 '차용개념'이라고 한다. 예를 들면 '이익배당', '상속', '자본', '미수금 · 미지급금' 등이 이에 속한다. 이들 차용개념은 세법에서 이미 사법에서 사용되는 용어의 의미에 대해서 다르게 해석할 것을 특별히 규정하지 않는 한 그 사법상 의미를 동일하게 해석해야 할 것이다. 이것이 국민의 법적안정성과 예측가능성을 보장하는 과세요건 명확주의의 입장에 보다 부합하기 때문이다.

(3) 소급과세금지의 원칙

새로운 세법령의 효력발생 전 이미 완결(납세의무가 성립)된 사실에 대해서는 새로운 세법을 적용해서는 안 된다는 원칙을 말한다. 이는 '모든 국민은 소급입법으로 재산권을 박탈당하지 않는다'는 헌법의 이념을 조세법에 구체화한 것이다.

2. 집행상의 원칙

(1) 합법성의 원칙

조세법을 집행하는 조세행정은 법률의 엄격한 지배를 받아야 한다는 원칙을 말한다. 과세요건 뿐만 아니라 비과세요건과 조세감면요건 등 모두 특별한 사정이 없는 한 법문대로 해석(문리해석)해야 할 것이고 합리적 이유 없이 확장해석하거나 유추해석하는 것은 허용되지 않는다.

판 례 엄격해석원칙에 반하여 허용될 수 없다고 본 사례

① 구 소득세법상 적격증빙서류 외의 증빙을 수취한 경우 적격증빙불비 가산세를 부과한다고 규정한 바, 이 규정을 적격증빙서류를 수취하지 않은 경우도 포함한다고 해석한 것은 문언해석의 범위를 넘어서 과세요건에 관한 흠결을 메우는 결과를 초래하여 엄격해석의 원칙을 반하는 결과라고 할 수 있다(2005두135370).

② 구 지방세법상 대도시 안에서 법인의 설립 후 5년 이내에 자본증가에 따른 등기를 하는 경우 각각의 등록세를 중과세를 한다고 되어 있는데 이미 대도시 내에 있었던 법인이 폐업 후 제3자가 이 주식을 인수하여 취득했을 때 이를 설립과 실질적으로 같다고 보아 그 제3자에게 등록세를 중과세하는 것은 설립이라는 의미를 합리적인 이유 없이 확장해석을 한 것이므로 이는 위법하다고 할 것이다.

해당 중과세 규정을 적용시 법인의 설립으로 보는 경우는 지방세법상 별도로 규정하고 있지 않으므로 사법상 의미인 설립행위와 설립등기를 거쳐야 설립으로 보는 것으로서 제3자가 조세를 회피하기 위해 이러한 행위를 하였다 하더라도 이를 확대해석하여 폐업인 경우까지 설립으로 보아 중과세하는 것은 위법하다(2007두26629). ■

판 례 입법의 취지 및 목적을 고려한 합목적적 해석이 허용된 사례

법률 상호간 해석을 통해 그 의미를 명확하게 할 필요가 있는 경우는 법정안전성과 예측가능성을 해치지 않는 범위 내에서 입법 취지 및 목적 등을 고려한 합목적적 해석을 하는 것이 불가피할 것이다.

구 지방세법에서 개인 간에 유상거래를 원인으로 취득하는 주택에 대한 취득세 등에 대해서는 일정 세액

을 감면하도록 되어 있다. 이에 대한 입법의 취지와 목적에 비추어 볼 때 개인 간의 유상거래에도 부동산 실거래가 신고제도가 시행된 이후에 사실상 취득가액이 과세표준이 되어 증가하는 세부담을 경감시켜 주기 위한 것이 해당 감면규정의 취지이므로 부동산 실거래가 신고제도 시행 이전의 사실상 취득가액을 과세표준으로 하는 경매의 경우까지도 이를 적용하기 위한 것은 아니다(2007두4438). ■

(2) 절차의 보장성의 원칙

조세를 부과 · 징수하는 절차는 조세법이 정하는 적정한 절차를 준수해야 한다는 원칙을 말한다.

Ⅲ. 실질적 조세법률주의

조세법률주의는 과세요건을 법률로서 명확하게 규정하고 이를 엄격하게 집행해야 한다는 원칙이다. 그런데 조세법률주의를 형식적 개념으로 이해하여 과세의 형식이 '법률'이기만 하면 그 내용은 어떠한 것을 담아도 된다는 형식논리는 결코 성립되지 않는다. 만일 이렇게 이해하는 경우에 조세법률주의라는 그 내용은 공허한 법원칙으로 전락되고 말 것이다. 이러한 현상을 '조세법률주의의 형해화(形骸化)'라고 한다.

따라서 오늘날의 법치주의는 실질적 법치주의를 의미하므로 헌법의 조세법률주의도 과세요건이 형식적 의미의 법률로 명확히 정해질 것을 요구할 뿐만 아니라 나아가 조세법의 목적이나 내용이 기본권보장의 헌법이념과 이를 뒷받침하는 과잉금지원칙 등 헌법상 여러 원칙에 합치되어야 한다는 실질적 의미의 조세법률주의를 요구한다. 조세법이 조세법률주의의 모든 형식적 요청을 갖추었더라도 그 내용이 국민의 기본권을 본질적으로 침해하는 경우에는 위헌으로서 무효인 것이다.

판 례 헌법상 원칙을 위배했다는 세법규정의 사례

법인이 토지와 건물을 공급시 계산서를 발급하지 않은 경우 과세관청이 이미 자료를 확보를 하고 있음에도 자료제출을 요구하고 이를 이행하지 않은 경우에 계산서 불성실 가산세를 부과하는 것은 과세표준양성화라는 입법목적과 그 수단이 적정하더라도 이미 자료를 확보하여 입법목적을 달성하였음에도 필요 이상으로 자료제출을 요구하고 가산세를 부과한다면 이는 입법피해의 최소성을 위배하여 위법하다고 할 것이다(2002헌바80). ■

판 례 헌법상 원칙을 위배하지 않았다는 세법규정의 사례

비사업용 토지에 대해 60%의 세율을 적용하는 구 소득세법 규정의 경우 토지의 투기억제를 통한 가격안정이라는 적정한 입법목적이 있고 미등기양도자산에 대해 부과하는 70% 세율보다 높지도 않아 고율의 세율이더라도 개인의 재산처분의 자유를 심하게 침해한다고 보기도 어렵다. 또한 토지의 투기를 억제하여 토지의 가격을 안정시켜서 국민경제의 발전을 도모하는 공익이 고율의 세율로 침해되는 개인의 사익보다 더 크다고 볼 수 있으므로 실질적 조세법률주의를 위배하지 않는다(2010두17281). ■

제2절 조세평등주의

I-1 p.61

I. 서설

조세의 부담이 국민들에게 공평하게 배분되도록 세법을 제정해야 하며, 국민은 세법의 해석과 적용에 있어서 평등한 대우를 받는다.

II. 해석 · 적용상 조세평등주의

1. 실질과세의 원칙

법적 형식에 불구하고 실질에 따라 세법을 해석하고 과세요건사실을 인정해야 한다는 원칙을 말한다. 이는 외관 및 형식과 실질이 다른 경우에 실질에 따라 과세하여 조세회피를 방지하려는 원칙(조세평등주의를 구체화한 하부원칙)이라고 할 수 있다.

2. 조세회피행위의 부인

(1) 의의

납세의무자가 ① 특수관계인과의 거래에 있어서 ② 이상(異常)한 법형식을 취함으로써 조세부담의 부당한 감소를 기도하는 경우 그 행위 · 계산을 부인하고 이를 합리적인 행위 · 계산으로 바꾸어 놓은 상태를 기준으로 조세를 부과해야 한다는 것을 말한다. 이는 법형식의 남용에 따른 조세회피를 방지하고 동일한 경제적 사실에 대하여 동일한 조세부담을 지움으로써 조세평등주의를 구현하려는 것이다.

* 조세회피행위의 부인제도

① 법인세법 및 소득세법상에 따른 부당행위계산의 부인

② 부가가치세법에 따른 부당대가의 부인

③ 상증세법에 따른 변칙거래 증여규정

(2) 조세회피행위와 유사개념과의 구별

1) 조세회피행위(tax avoidance)

① 의의 : 조세법이 예정하고 있지 않은(입법시 부주의로 인한 흠결) 이상한 법형식을 사용하여 조세부담을 부당하게 감소시키는 행위

② 세법상 취급 : 합리적인 행위 · 계산으로 바꾸어 놓고 세법을 적용하여 회피한 세액을 추징 및 행정벌적 성격인 가산세 부과

③ 사법상 취급 : 사법상 정당한 것으로 보고 형벌의 제재를 받지 않음

2) 절세행위(tax saving)

① 의의 : 조세법에서 예정하고 있는 바에 따라 정당하게 조세부담을 감소시키는 행위

② 세법상 취급 : 납세자의 정당한 권리로 인정

③ 사법상 취급 : 적법한 행위

3) 조세포탈(tax evasion)

① 의의 : 사기나 그 밖의 부정한 행위에 따라 과세요건이 충족된 사실의 전부·일부를 은닉하는 행위

② 세법상 취급 : 은닉 등 위법행위가 수반되는 점은 조세회피행위와 구분이 된다. 이 경우 포탈세액의 추징과 가산세 부과는 물론이고 조세범처벌법에 따라 형벌의 제재 있음

③ 사법상 취급 : 은닉 등 부정행위는 사법상으로도 위법한 행위

제 3 장
국세부과의 원칙

제1절 실질과세의 원칙

I-1 p.69

Ⅰ. 의의

'실질과세의 원칙'이란 법적 형식이나 외관에 관계없이 실질에 따라 세법을 해석하고 과세요건사실을 인정해야 한다는 원칙이다. 이는 형식과 실질이 다른 경우에 실질에 따라 과세하여 조세회피를 방지하려는 원칙(조세평등주의를 구체화한 하부원칙)이다.

Ⅱ. 실질과세원칙의 내용

1. 실질의 개념

(1) 법적 실질론

형식과 실질의 문제를 법형식(법 적용상 가장된 외형적 형식)과 법진실(법 적용상 진실한 법률사실)의 문제로 파악한다. 이 견해에 따르면 가장된 외형적 형식과 그 배후에 숨겨진 진실한 법률사실이 서로 다른 경우 그 진실한 법률사실로 세법을 해석하고 과세요건을 적용한다.

(2) 경제적 실질론

형식과 실질의 문제를 법형식(사법에 따른 법률요건을 충족한 법률사실)과 경제적 실질(경제적 성과를 가지고 있는 사실)의 문제로 파악한다. 사법상 유효한 행위라도 경제적 실질에 따라 세법을 적용한다.

(3) 논평

경제적 실질론에 따를 때 조세회피행위를 방지하고 조세평등주의를 구현할 수 있다. 조세의 본질 자체가 경제적 부담이고 조세를 납부할 능력이 납세자의 경제력이므로 경제적 실질론에 따라 실질과세의 원칙을 파악해야 한다.

2. 실질과세원칙의 유형

(1) 귀속에 관한 실질과세의 원칙(실질귀속자 과세의 원칙)

1) 의의 : 과세의 대상이 되는 소득·수익·재산·행위·거래의 귀속이 명의(名義)일 뿐이고 사실상 귀속되는 자가 따로 있을 때에는 사실상 귀속되는 자를 납세의무자로 하여 세법을 적용한다. 이 원칙은 경제적 담세능력이 있는 자는 형식상 또는 외관상 명의자가 아니라 경제적 이익이 실질적으로 귀속되는 자이므로 과세물건이 귀속되는 자를 납세의무자로 해야 한다는 것이다.

2) 귀속의 개념 : '귀속'은 정당한 권원의 수반 여부를 묻지 않고 어떠한 경제력을 현실적으로 지배·관리하고 있음을 의미한다. 따라서 경제력을 지배·관리하게 된 원인이 적법행위이든 무효·취소될 수 있는 행위이든 귀속자에 대한 과세는 그 경제력의 지배에 대해 어떤 가치판단을 내리지 않는다(위법소득 등에 대한 과세의 근거 제공).

판례 귀속에 관한 실질과세원칙

영국령 케이만도군의 유한 파트너십인 A가 법인 B를, 법인 B는 법인 C를, 법인 C는 벨지움국 법인 D를 각각 100%를 투자하여 설립하였고 법인 D가 내국법인 甲으로부터 배당소득을 지급받았다. 해당 배당소득을 지급받을 시에는 우리나라와 벨지움국과 체결한 조세조약에 따른 제한세율에 따라 법인세를 원친징수하여 납부하였다. 이 경우 해당 배당소득에 대해 실질적으로 지배·관리할 수 있는 자는 유한 파트너십인 A이고 법인 B, C, D는 조세조약을 이용하여 조세부담을 회피하고자 했던 명목상의 회사일 뿐이다. 따라서 이는 내국법인 甲이 배당소득을 직접 유한 파트너십인 A에게 지급한 것으로 보아야 한다. 또한 유한 파트너십인 A가 무한책임사원과 유한책임사원으로 구성이 되어있더라도 유한 파트너십인 A 자체가 구성원들과 별개로 재산을 보유하며, 독자적인 권리·의무의 주체가 됨으로 유한 파트너십인 A를 법인세법에 따른 법인으로 보아 지급받은 배당소득에 대한 법인세를 과세해야 하고 위 조세조약은 적용되지 않는다(2010두11948). ■

(2) 거래내용에 관한 실질과세의 원칙

세법 중 과세표준의 계산에 관한 규정은 소득·수익·재산·행위·거래의 명칭·형식에 관계없이 그 실질 내용에 따라 적용한다. 이는 과세물건의 명칭이나 형식과 실질내용이 다른 경우에는 실질내용에 따라 조세를 부과해야 한다. 이에 따라 동일한 사실에 대해서는 동일한 조세부담을 지도록 하여 조세평등주의를 구현하게 된다.

판례 가지급금 판단시 거래내용에 관한 실질과세원칙

'명칭 여하에 불구하고 해당 법인의 업무와 관련이 없는 자금의 대여액'에는 순수한 의미의 대여금은 물론 채권의 성질상 대여금에 준하는 것도 포함된다. 이때 가지급금의 업무관련성 여부는 해당 법인의 목적사업이나 영업 내용 등을 기준으로 객관적으로 판단해야 할 것인데, 법인이 특수관계에 있는 자로부터 지급받아야 할 공사대금의 회수를 정당한 사유 없이 지연시키는 것은 실질적으로 공사대금이 계약상의 의무이행기한 내에 전부 회수된 후 나시 가지급된 것과 같은 효과를 가져온다는 점에서 그 공사대금을 회수해야 할 날에 그 미회수 공사대금을 가지급금으로 지출한 것으로 보아야 할 것이다(2002두11479). ■

(3) 조세회피 방지를 위한 실질과세의 원칙

1) 의의 : ① 제3자를 통한 간접적인 방법이나 ② 둘 이상의 행위 또는 거래를 거치는 방법으로 국세기본법 또는 세법의 혜택을 부당하게 받기 위한 것으로 인정되는 경우에는, 그 경제적 실질에 따라 ① 당사자가 직접 거래한 것으로 보거나 ② 연속된 하나의 행위 또는 거래로 보아, 국세기본법 또는 세법을 적용한다.

2) 적용사례 : ① 부모가 자녀에게 재산을 직접 증여하지 않고 자녀와 며느리(제3자)에게 나누어증여 한 후, 며느리(제3자)가 자녀에게 다시 증여하는 경우 낮은 누진세율 등의 혜택을 부당하게 적용받기 위한 것으로 인정되는 경우에는 그 경제적 실질내용에 따라 부모가 자녀에게 직접 증여한 것으로 보고 자녀에게 증여세를 과세한다(우회거래 부인). 한편 ② 특수관계인에게 한꺼번에 재산을 양도하지 않고 수회로 분할하여 양도하는 방법으로 세법에서 정하는 현저한 이익분여 요건에 해당하지 않아 부당하게 과세를 면제받게 되는 경우에는 그 경제적 실질내용에 따라 하나의 양도로 보고 세법에서 정하는 현저한 이익분여에 해당하는지 여부를 판정한다(다단계거래 부인).

판 례 조세회피 방지를 위한 실질과세의 원칙

조세회피 방지를 위한 실질과세의 원칙을 적용하여 거래 등의 실질에 따라 과세하기 위해서는 납세의무자가 선택한 행위 또는 거래의 형식이나 과정이 처음부터 조세회피의 목적을 이루기 위한 수단에 불과하여 그 실질이 직접 거래를 하거나 연속된 하나의 행위 또는 거래를 한 것과 같게 평가될 수 있어야 한다. 그리고 이는 당사자가 그와 같은 형식을 취한 목적, 제3자를 개입시키거나 단계별 과정을 거친 경위, 그와 같은 방식을 취한 데에 조세 부담의 경감 외에 사업상의 필요 등 다른 합리적 이유가 있는지, 각각의 행위 또는 거래 사이의 시간적 간격 및 그와 같은 형식을 취한 데 따른 손실과 위험부담의 가능성 등 제반 사정을 종합하여 판단해야 한다(2017두41313).

판 례 교차증여시 우회거래 부인

K회사의 주주이자 자매관계인 주주들이 본인들의 직계비속에게 K회사의 주식을 직접 증여할 수 있음에도 수증자인 직계비속들이 추가적인 증여재산공제를 받고, 높은 누진세율을 회피하기 위해 동일한 K회사의 주식을 서로의 직계비속에게 교차로 증여를 하는 경우에는 각각의 주주가 본인의 직계비속에게 직접 甲회사의 주식을 증여한 것으로 보아 세법을 적용한다(2015두46963).

Ⅲ. 실질과세원칙의 예외

1. 예외를 두는 취지

형식상의 외관이나 명목에 치중하여 과세하는 것이 오히려 공평한 과세를 통한 조세정의에 부합되는 경우가 있기 때문에, 조세회피의 방지 또는 조세정의의 실현을 위한 합리적인 이유가 있는 경우에는 그 예외를 둘 수 있다.

2. 실질과세원칙에 대한 예외를 인정한 개별세법규정

① 법인세법상 사외유출된 것이 분명하나 그 귀속이 불분명한 경우 대표자 상여로 소득처분한다.

② 법인세법상 추계조사 · 결정 방법으로 결정된 과세표준과 법인의 당기순이익과의 차액은 실제 귀속을 따지지 않고 대표자에 대한 상여로 소득처분한다.

③ 상증세법상 권리의 이전이나 그 행사에 등기 등(등기 · 등록 · 명의개서 등을 말한다)이 필요한 재산(토지와 건물은 제외)의 실제소유자와 명의자가 다른 경우에는, 실질과세원칙에 불구하고 그 재산의 가액을 실제소유자가 명의자에게 증여한 것으로 본다.

④ 소득세법상 거주자 1인과 그 특수관계인이 공동사업자에 포함되어 있는 경우로서 손익분배비율을 거짓으로 정하는 등 조세회피를 위한 사유가 있는 경우에는 실제 손익분배비율에 따른 소득분배에도 불구하고 그 특수관계인의 소득금액은 그 손익분배비율이 큰 공동사업자(주된 공동사업자)의 소득금액으로 본다.

Ⅳ. 실질과세원칙과 조세법률주의의 관계

실질과세원칙은 헌법상의 기본이념인 평등의 원칙을 조세법률관계에 구현하기 위한 실천적 원리로서, 이는 조세법의 기본원리인 조세법률주의와 대립관계에 있는 것이 아니라 조세법규를 다양하게 변화하는 경제생활 관계에 적용할 때 예측가능성과 법적안정성이 훼손되지 않는 범위에서 합목적적이고 탄력적으로 해석함으로써 조세법률주의의 형해화를 막고 실효성을 확보한다는 점에서 조세법률주의와 상호보완적이고 불가분적인 관계에 있다.

제2절 신의성실의 원칙

I-1 p.86

Ⅰ. 서설

'신의성실의 원칙'이란 권리의 행사와 의무의 이행을 할 때 상대방의 신뢰를 배반하지 않도록 신의와 성실을 가지고 행동해야 한다는 원칙을 말한다(줄여서 신의칙). 국세기본법도 '납세자가 그 의무를 이행할 때에는 신의에 따라 성실하게 해야 한다(납세자의 행위에 대한 신의성실의 원칙), 세무공무원이 직무를 수행할 때에도 또한 같다(과세관청의 행위에 대한 신의성실의 원칙)'고 규정하여 이 원칙을 확인하고 있다.

Ⅱ. 적용요건과 효과

1. 과세관청의 행위에 대한 신의성실의 원칙

(1) 적용요건

1) 과세관청이 납세자에게 신뢰의 대상이 되는 공적인 견해표명을 해야 한다.

① 공적견해 표명은 원칙적으로 책임 있는 지위에 있는 세무공무원에 의해서 이루어져야 한다.

② 신고의 수리(受理), 세무안내 · 상담 등 일반론적인 견해표명은 공적인 견해표명이라고 볼 수 없다.

판례 대표적인 사례

① 사업자등록의 효력은 납세의무자가 신청할 때 발생하는 것이고 사업자등록증 교부는 단순한 신고수리 행위이므로 과세관청이 면세사업자용 사업자등록증을 교부한 경우는 공적인 견해표명이 아니다(95누7376).

② 위 ①과 마찬가지로 법인 아닌 단체가 비영리법인으로서 세법을 적용받기 위해서는 당연의제법인이거나 요건을 갖추어 승인을 받아야 효력이 발생하는 것이므로 단순히 비영리법인으로 보아 고유번호증을 발급한 것은 단순한 증명서 교부행위이지 그것 자체로 공적인 견해표명이 될 수는 없다(2010두8430).

③ 인터넷 국세종합센터의 답변은 단순한 행정서비스일 뿐, 공적인 견해표명은 아니다(2005구합32972).

2) 납세자에게 과세관청의 견해표명을 정당하다고 신뢰한 데에 귀책사유가 없어야 한다. 따라서 과세관청의 견해표명이 납세자의 사실은폐 · 허위신고로 인한 경우 납세자에게 귀책사유가 있어 보호받을 수 없다.

3) 과세관청의 견해표명과 납세자의 세무처리에 상당한 인과관계가 있어야 한다.

4) 과세관청이 당초 견해표명에 반하는 처분(반드시 적법한 처분일 것)을 함으로써 납세자가 불이익*을 받아야 한다.

* 과거 과세관청의 견해표명과 그 처분으로 인한 불이익은 납세자가 증명을 해야 한다.

(2) 신의성실의 원칙의 효과

위의 요건을 모두 갖춘 경우 과세관청의 처분은 신의성실의 원칙 위반으로 취소사유가 된다.

판례 과세관청의 공적인 견해표명을 신뢰하여 지급한 연체료에 대한 부가가치세액을 매입세액으로 공제하지 않고 이루어진 부가가치세 부과처분이 신의성실의 원칙에 반하여 위법하다고 본 사례

과거 연체료에 대해 과세표준에서 제외해야 한다는 조문이 없었고, 당시 기본통칙이나 국세청 질의회신에서도 연체료 등을 과세표준에 포함한다고 했을 때 원고가 부가가치세를 포함하여 연체료를 소외의 자에게 지급하였고 소외의 자도 해당 부가가치세를 신고 · 납부하였다. 과세관청은 이를 환급해주지 않았으며, 원고는 지급한 연체료에 대해서 매입세액공제를 받아왔을 때 ① 피고인 과세관청은 원고인 납세자에

대해 공적인 견해표명을 했다고 볼 수 있고, ② 원고가 해당 견해표명을 신뢰하는데 있어서 사실을 은폐하는 등의 귀책사유가 없었으며, ③ 그 견해표명에 따라 연체료에 대한 부가가치세를 소외의 자가 신고·납부하고 원고가 매입세액공제를 받는 이러한 세무처리는 과세관청의 견해표명과 상당한 인과관계가 있다. ④ 이러한 상황에서 피고가 원고의 연체료에 대한 매입세액공제를 공제해주지 않는 처분을 하면, 이는 부가가치세는 부담한 상태에서 매입세액공제를 해주지 않는 결과가 되어 원고가 불이익을 받게 됨으로, 이러한 피고의 처분은 신의성실의 원칙을 위반하여 취소사유가 된다(99두12229 판결). ■

(3) 신의성실의 원칙의 적용한계

납세자의 신뢰보호를 위해 과거 잘못을 시정하려는 과세관청의 적법한 처분을 취소하는 행위는 합법성의 원칙에 대한 예외(법대로 원칙에 대한 타협)로서 조세법률주의와 모순이 된다. 따라서 신의성실의 원칙은 합법성의 원칙을 희생하더라도 납세자의 신뢰보호가 조세법의 정의나 형평에 부합하는 특별한 사정이 있는 경우만 제한적으로 적용된다.

2. 납세자의 행위에 대한 신의성실의 원칙

(1) 적용요건

① 납세자에게 과거 언동에 대해 객관적인 모순되는 행태가 있어야 한다.
② 그 행태가 납세자의 심한 배신행위에 기인해야 한다.
③ 이러한 배신행위로 인해 과세관청의 신뢰가 보호받을 만한 가치가 있어야 한다.

참 고 납세자에 대한 신의성실의 원칙의 적용은 납세자의 귀책가능성의 정도(즉 배신의 정도)가 극히 심한 경우에만 제한적으로 허용해야 하는 이유

① 납세자가 과세관청에 대해 자기의 과거의 언동에 반하는 행위를 하였을 경우에는 조세감면 등 혜택의 박탈, 가산세에 의한 제재, 각종 세법상의 벌칙 등을 받게 되며, 과세관청은 실지조사권을 가지고 있는 등 납세자보다 세법상 우월한 지위에 있다.

② 합법성을 희생해서라도 신뢰보호의 필요성이 인정되는 경우에만 적용되어야 한다. ■

(2) 효과

이상의 요건을 모두 충족한 경우 납세자의 주장이나 행위는 신의성실의 원칙의 위반으로서 인정될 수 없다.

(3) 적용사례

1) 납세자의 주장이 신의성실의 원칙에 위배된다는 사례 : 乙이 甲의 강제집행을 면할 목적으로 해당 부동산을 甲으로부터 명의신탁을 받아 甲에게 임대를 한 것처럼 보이게 하기 위해 사업자등록을 하고 임대차계약을 체결한 것처럼 가장한 다음 부동산 건물 취득가액 등에 대한 매입세액을 환급받았다. 그 후 乙은 폐업신고를 하였고, 과세관청은 폐업시의 잔존재화의 공급의제규정에 따라 乙에게 해당 부동산 등에 대해 부가가치세를 부과하였

다. 이에 대해 乙은 실질과세원칙에 따라 해당 임대차계약이 통정허위표시임으로 해당 처분은 무효라고 주장하였다.

이 사건에 관하여 판례는 乙이 사업자등록과 임대차계약을 하고, 해당 부동산에 대해 매입세액까지 환급받은 다음 폐업시의 잔존재화의 공급의제규정에 따라 부가가치세 과세 처분 등이 있은 후에야 당초 행위가 통정허위표시라고 주장하는 것은 乙의 객관적인 모순행위이며, 매입세액 환급은 받고 부가가치세는 과세하지 못하게 하는 행위가 됨으로 이는 객관적인 모순행위에 기인한 乙의 과세관청에 대한 배신행위가 된다. 이런 상황에서 乙의 주장에 따라 부가가치세를 과세하지 못하게 되면, 과세관청은 乙이 당초 환급받은 매입세액을 추징해야 할 것이다. 하지만 제척기간이 경과하는 등의 사유가 발생하면 이 또한 어려운 문제가 된다. 이러한 이유로 과세관청의 신뢰보호의 필요성이 인정됨으로써 납세자 乙의 주장은 받아들여질 수가 없다(2006두14865 판결).

2) 납세자의 주장이 신의성실의 원칙에 위배되지 않는다는 사례 : 납세자가 자산을 과다하게 계상하거나 부채를 과소하게 계상하는 등의 분식결산으로 과다하게 법인세를 신고·납부하였다가 그 과다납부한 세액에 대해 취소소송을 제기한 것은 신의성실의 원칙을 위반될 정도의 심한 배신행위를 하였다고 할 수 없고, 과세관청이 분식결산에 따른 법인세 신고만 보고 이를 그대로 믿은 사실도 보호받을만한 가치가 있는 신뢰라고 할 수도 없다(2005두10170).

제3절 근거과세의 원칙

Ⅰ-1 p.97

Ⅰ. 의의

'근거과세의 원칙'이란 납세의무의 확정 및 그 변경은 장부 등 직접적인 자료에 근거해야 한다는 원칙을 말한다. 이 원칙은 과세관청의 자의적인 과세를 배제하고 실체적 진실에 따른 과세를 하려는 데 있다.

Ⅱ. 국세기본법 내용

1. 근거과세

(1) 실지조사결정

1) 납세의무자가 세법에 따라 장부를 갖추어 기록하고 있는 경우, 해당 국세 과세표준의 조

사 · 결정은 그 장부와 이와 관계되는 증거자료에 의해야 한다.

2) 납세의무자도 과세표준을 신고할 때 근거과세 원칙에 따라야 한다.

판례 누락수입에 대하여 실지조사결정에 의해 과세처분할 경우, 누락수입에 대응하는 비용의 입증책임

누락수입에 대해 실지조사를 할 경우 그 누락수입에 대응하여 별도의 지출이 있었다고 볼 증거가 없는 한 그 누락수입에 대응된 비용의 신고가 누락되었다는 점은 그에 관한 자료를 제시하기가 더 유리한 납세자가 이를 주장 · 증명하는 것이 경험칙과 형평에 부합한다(96누8192). ■

(2) 추계조사결정과의 관계

1) 장부와 증빙서류가 없거나 중요한 부분이 미비 또는 허위여서 실지조사결정이 불가능한 경우에는 부득이 간접적인 자료에 따라 과세표준을 추정하여 계산하지 않을 수 없다. 이를 '추계조사결정'이라 한다. 따라서 근거과세의 원칙이 추계조사결정을 무조건 배제하는 것은 아니다.

2) 과세표준을 추정하여 계산하는 것이므로 실질에 따른 과세와 괴리가 생겨 납세의무자의 재산권이 부당하게 침해될 수 있으므로 다음의 요건을 모두 충족해야 한다.

① 세법이 규정한 추계요건이 충족된 경우에만 적용하고 그 요건 또한 엄격히 해석해야 한다.

② 추계요건이 충족되는 경우 그 추계는 형평과 경험법칙에 따른 합리성이 보장된 방법에 따라야 한다.

판례 타국에서 작성된 재무제표를 법인세법상 적법하게 작성된 재무제표로 볼 수 있는지 여부

타국에서 작성된 원고의 재무제표에 적용된 회계기준이 법인세법상 회계기준에 배치된다거나 일반적으로 공정 · 타당하다고 인정되는 관행에 해당하지 않는다는 등의 구체적인 주장이나 증명을 하지 아니한 이상 곧바로 근거과세 원칙에 반한다고 볼 수 없다(2017두237). ■

2. 이유의 부기

1) 국세를 조사 · 결정시 장부의 기록내용이 사실과 다르거나 누락된 부분에 대해서만 조사 · 결정하고 그 조사한 사실과 결정의 근거를 결정서에 적어야 한다(결정근거 부기제도).

판례 결정근거 부기제도의 적용범위

납세의무자가 세법에 따라 장부를 비치 · 기록하고 있을 때를 전제로 하는 것이므로 납세의무자가 세법에 따라 장부를 비치 · 기록하지 않는다면 결정근거 부기제도는 적용되지 않는다(2012두11577). ■

2) 국세를 징수하는 경우에 발부하는 납부고지서에는 그 국세의 ① 과세연도, ② 세목, ③ 세액 및 ④ 그 산출근거, ⑤ 납부기한, ⑥ 납부장소를 명시해야 한다(세액산출근거 부기제도).

그 취지는 납세의무자에게 부과처분의 내용을 상세히 알려 불복여부의 결정과 그 불복신청

에 편의를 주려는 취지로서 엄격해석해서 적용해야 할 강행규정이다. 따라서 세액산출근거 등이 기재되지 않은 고지서에 의한 납부고지는 위법한 과세처분이다.

판 례 가산세에 대한 세액산출근거 부기제도

세액산출근거 부기제도는 위 취지에 따른 강행규정이므로 납세자가 이미 고지처분의 내용을 알고 있다고 하더라도 납부고지서의 송달은 불필요하다고 할 수 없다. 본세와 가산세는 별개의 과세처분인 것처럼, 여러 종류의 가산세가 부과될 경우 그 각각의 가산세의 부과처분도 별개의 부과처분으로 보아야 함으로 본세와 가산세의 세액산출근거 등을 별도로 기재하는 것처럼 이 별개의 가산세도 세액산출근거 등을 별도로 기재해야 한다(2010두12347). ■

Ⅲ. 결정서의 열람 및 복사

행정기관의 장은 해당 납세의무자 또는 그 대리인이 요구하면 결정서를 열람 또는 복사하게 하거나 그 등본 또는 초본이 원본과 일치함을 확인해야 한다.

제4절 조세감면의 사후관리

I-1 p.100

정부는 국세를 감면한 경우에 그 감면의 취지를 성취하거나 국가정책을 수행하기 위해 필요하다고 인정하면 세법에서 정하는 바에 따라 감면한 세액에 상당하는 자금 또는 자산의 운용 범위를 정할 수 있다. 그리고 그 운용 범위를 벗어난 자금 또는 자산에 상당하는 감면세액은 세법에서 정하는 바에 따라 감면을 취소하고 징수할 수 있다.

참 고 조세감면에 대한 사후관리의 사례

1) 조세특례제한법 : 투자세액공제를 받은 자가 투자완료일부터 2년(건물과 구축물의 경우에는 5년)이 지나기 전에 해당 자산을 처분한 경우에는 세액공제액 상당액에 이자상당 가산액을 가산하여 법인세(또는 소득세)로 납부해야 한다.

2) 상증세법 : ① 공익법인 등의 자기내부거래에 대한 상속세 · 증여세 부과규정, ② 공익목적사업에 사용하지 않는 경우 등에 대한 증여세 부과 규정 ■

제 4 장
세법적용의 원칙

제1절 개 요

I-1 p.105

Ⅰ. 의의

① 세법해석 : 세법규정의 의미와 내용을 명확히 밝혀내는 것

② 세법적용 : 구체적인 사실이 해석된 세법규정에 해당하는지 확인(사실확인)하여 세법적 효과를 발생시키는 작용

따라서 '세법적용의 원칙'이란 세법의 해석과 적용에 있어서 과세관청이 지켜야 할 원칙을 말한다.

Ⅱ. 국세부과의 원칙과 세법적용의 원칙 비교

구분	국세부과의 원칙	세법적용의 원칙
의의	납세의무를 확정시키는 과정에서 지켜야 할 원칙	세법의 해석 · 적용에 지켜야 할 원칙
하부원칙	① 실질과세의 원칙 ② 신의성실의 원칙 ③ 근거과세의 원칙 ④ 조세감면의 사후관리	① 재산권 부당침해 금지원칙 ② 소급과세금지의 원칙 ③ 세무공무원의 재량과 한계엄수의 원칙 ④ 기업회계존중의 원칙
적용당사자	과세관청 · 납세자	과세관청
개별세법상 특례규정	○	×

제2절 소급과세금지의 원칙

I-1
p.106

I. 의의

'소급과세금지의 원칙'이란 새로운 세법 또는 해석·관행의 효력 발생 전에 완결된 사실에 대해 해당 새로운 세법 또는 해석·관행을 적용할 수 없다는 원칙을 말한다. 이는 납세자의 법적 안정성과 신뢰이익을 보호하기 위한 것으로서 조세법률주의의 하부원칙의 하나이다.

II. 입법상의 소급과세금지의 원칙

1. 의의

국세를 납부할 의무*가 성립한 소득·수익·재산·행위·거래에 대해서는 그 성립 후의 새로운 세법에 따라 소급하여 과세하지 않는다.

* 여기서 '국세를 납부할 의무'에는 본래의 납세의무는 물론이고 제2차납세의무 등 보충적 납세의무, 원천징수의무 등 징수납부의무도 포함된다.

과거에는 법률규정이 없어서 납세의무가 존재하지 않았던 사실에 대해 소급입법으로 과세한다면 납세자의 법적 안정성과 예측가능성을 침해하는 것이 된다. 따라서 이 원칙은 조세법률주의의 필수적인 하부원칙의 하나로 이해된다.

2. 진정소급과 부진정소급

1) 진정소급 : 새로운 세법의 시행 전에 완결(성립)된 사실에 대해 소급과세하는 것
   ➡ 소급과세금지의 원칙에 반하므로 금지됨

2) 부진정소급 : 새로운 세법의 시행 전에 발생하였으나 그 시행시점까지 아직 완결되지 않고 계속되고 있는 사실에 대해 소급과세하는 것
   ➡ 부진정소급을 허용할 것인가 문제[즉 과세기간 도중에 개정된 세법령에 따라 과세기간 개시일로소급(부진정소급)하여 과세할 수 있는가 문제]되는데, 다음과 같은 논거로 부진정소급이 허용된다는 것이 통설*

   ① 하나의 과세기간 · 과세물건 · 과세표준은 분할불가능하며 일체성을 가지고 있기 때문에 새로운 법률의 시행일의 전 · 후에 대하여 서로 다른 법률을 적용하는 것이 어렵다.
   ② 부진정소급으로 인한 납세자의 예측가능성의 침해는 그리 심각하지 않다.

   * 헌법재판소는 부진정소급과세의 경우 납세자의 신뢰보호의 필요성과 공익을 비교하여 신뢰의 보호가치가 있다고 할 특단의 사정이 있는 경우에는 부진정소급과세도 허용될 수 없다는 결정을 한 적이 있다.

판 례 세법이 개정되기 전부터 보유하던 비사업용 토지에 대해서 새로운 세법 시행 후 해당 토지를 양도하여 얻은 양도소득에 대해 중과세율을 적용하는 경우

개정된 해당 세법규정은 개정 후에 양도되어 과세요건이 완성된 비사업용 토지에 대해서 적용하는 것이므로 개정 전에 취득한 비사업용 토지라도 개정 후에 양도를 하게 되면 해당 규정이 적용될 수 있는 것이고 심지어 그 적용을 피할 수 있는 유예규정도 두고 있다. 조세법규정의 성격도 신축적이므로 시간에 따라 변할 수밖에 없다는 점에서 납세의무자는 특별한 사정이 없는 한 현재의 법률이 장래에도 그대로 유지된다고 기대하거나 신뢰할 수 없다. 더구나 해당 세법개정에 따라 비사업용 토지에 대한 중과세가 토지의 투기를 억제함으로써 국민경제의 안정성을 도모한다는 공익적인 목적이 해당 납세의무자의 신뢰이익보다 더 중요하므로 이러한 세법개정이 납세자의 신뢰보호원칙이나 과잉금지의 원칙에 위배된다고도 볼 수 없다(2010두17281). ■

3. 유리한 소급효의 적용여부

소급과세금지의 원칙은 납세자의 기득권을 존중하고 법적안정성과 예측가능성을 보장하는 취지인데, 납세자에게 유리한 소급효는 이러한 취지에 반하지 않으므로 과세형평을 저해하지 않는 범위에서 허용된다는 것이 통설이다.

국기 04

Ⅲ. 행정상의 소급과세금지의 원칙

세법의 해석이나 국세행정의 관행이 일반적으로 납세자에게 받아들여진 후에는 그 해석이나 관행에 의한 행위 또는 계산은 정당한 것으로 보며, 새로운 해석이나 관행에 의해 소급하여 과세되지 않는다. 이는 과세관청의 과거 세법의 해석이나 국세행정의 관행에 대한 납세자의 신뢰이익을 보호하려는 것으로서 신의성실의 원칙을 구체화한 원칙이라고 할 수 있다.

1. 적용요건

1) 과세관청의 세법해석(유권해석 중 행정해석)이나 국세행정의 관행*이 존재해야 한다.

* '국세행정의 관행'은 상당기간 반복 · 존속되어야 하며, 이러한 해석 · 관행에 대한 입증책임은 납세자에게 있다.

2) 그 해석 · 관행이 납세자에게 일반적으로 받아들여져야 한다. 이는 비록 잘못된 해석 · 관행이더라도 특정납세자가 아닌 불특정한 일반납세자에게 정당한 것으로 이의 없이 받아들여져 그러한 해석 · 관행을 신뢰하는 것이 무리가 아니라고 인정될 정도에 이른 것을 말한다. 이러한 비과세관행이 성립하기 위해서는 ① 장기간 비과세사실 존재, ② 과세관청의 비과세사실 인식, ③ 비과세 의사표시는 명시적 · 묵시적 표시*가 있어야 한다.

* '묵시적 표시'가 있다고 하기 위해서는 단순한 과세누락과는 달리 과세관청이 상당기간의 비과세 상태에 대해 과세하지 않겠다는 의사표시를 한 것으로 볼 수 있는 사정이 있어야 한다(2011두3913)

3) 그 해석·관행에 따른 행위·계산*이어야 한다.

* 여기서 '행위·계산'은 거래·세무처리의 일반을 말한다.

2. 효과

1) 이와 같은 요건이 충족되면 그 해석·관행에 따른 행위·계산은 정당한 것으로 보며, 새로운 해석·관행에 따라 소급하여 과세하지 않는다. 다만, 여기서 '새로운 해석·관행'은 반드시 적법한 것이어야 한다. 왜냐하면 위법한 것이라면 이 원칙을 적용할 필요가 없이 그 효력이 부정되기 때문이다.

2) 이 경우 새로운 세법해석이 종전의 해석과 다른 경우 새로운 해석의 적용시기가 문제되는데, 이에 대하여 기본통칙에서는 새로운 해석이 있는 날 이후에 납세의무가 성립하는 분부터 새로운 해석을 적용한다고 규정하고 있다. 따라서 과세기간 진행 중에 새로운 세법의 해석이 있는 경우에는 그 과세기간 전체의 소득에 대해 과세기간 종료 당시의 새로운 해석을 적용하는 것이 원칙이고, 그것을 소급과세라 할 수는 없다.

판례 과세관청의 과거언동을 시정하고 장래를 향하여 하는 처분

과거의 견해표명을 시정하는 것으로써 장래를 향하여 하는 처분은 소급과세금지의 원칙을 위배한다고 할 수는 없다(92누5478).

3. 관습법과의 관계

행정상 소급과세금지의 원칙은 납세자의 신뢰를 보호하기 위한 규정일 뿐, 세법에 따른 잘못된 관행에 대해서 관습법상의 법원성을 인정하는 것으로 볼 수는 없다.

4. 신의성실 원칙과의 관계

행정상 소급과세금지의 원칙은 과세관청의 해석·관행에 신의성실의 원칙을 구체화한 규정이다. 양자 모두 신뢰이익의 보호를 위한 원칙이라는 점에서 같으나 다음과 같은 점에서 차이가 있다.

① 신의성실의 원칙 : 과세관청과 납세자의 모든 권리행사나 의무이행에 적용

② 행정상의 소급과세금지의 원칙 : 과세관청의 해석·관행에 대해서만 적용

제3절 그 밖의 세법적용의 원칙

I-1 p.116

1. 세무공무원의 재량과 한계엄수의 원칙

세무공무원이 재량으로 직무를 수행할 때는 과세의 형평과 해당 세법의 목적에 비추어 일반적으로 적당하다고 인정되는 한계를 엄수해야 한다.

2. 재산권 부당침해금지의 원칙

세법을 해석 · 적용할 때에는 과세의 형평과 해당 조항의 합목적성에 비추어 납세자의 재산권이 부당하게 침해되지 않도록 해야 한다.

3. 기업회계존중의 원칙

세무공무원이 국세의 과세표준을 조사 · 결정할 때에는 해당 납세의무자가 계속하여 적용하고 있는 기업회계의 기준 또는 관행으로서 일반적으로 공정 · 타당하다고 인정되는 것은 존중해야 한다. 다만, 세법에 특별한 규정이 있는 것은 그렇지 않다.

제 5 장
납세의무의 성립 · 확정 · 소멸

제1절 납세의무의 성립

I-1 p.121

Ⅰ. 서설

1. 납세의무 성립의 의의

납세의무는 특정시기에 어떠한 사실이 존재함에 따라 과세물건이 납세의무자에게 귀속되어 세법이 정하는 바에 따라 과세표준의 산정 및 세율의 적용이 가능하게 되는 때 성립한다.

납세의무의 성립	납세의무의 확정	납세의무의 소멸
세법이 정하는 과세요건이 충족되어 납세의무가 객관적으로 발생하는 것(추상적 납세의무)	납세의무자의 신고 또는 과세관청의 결정으로 납세의무의 내용을 확인하는 것(구체적 납세의무)	성립 · 확정된 납세의무는 다음의 사유로 소멸 • 조세채권이 실현 ○ : 납부 · 충당 • 조세채권이 실현 × : 부과의 취소 · 제척기간의 만료 · 국세징수권의 소멸시효 완성

Ⅱ. 과세요건

'과세요건'이란 납세의무 성립에 필요한 법률상의 요건을 말한다. 모든 세법에서 공통적으로 정하고 있는 과세요건은 ① 납세의무자, ② 과세물건과 그 귀속, ③ 과세표준과 ④ 세율로 구성된다.

Ⅲ. 납세의무의 성립시기

1. 성립시기의 중요성

납세의무의 성립시기는 과세요건이 충족되는 시점이며, 이러한 납세의무의 성립시기는 국세기본법의 다음의 규정을 적용할 때 중요한 판단기준이 된다.

① 납세의무는 성립시기의 세법에 따라 납세의무자의 신고나 정부의 결정·경정 등에 의해 확정된다. 세법령은 매년 개정되므로 납세의무의 성립시기는 어느 시점의 세법령을 적용할 것인가의 기준시점으로서 중요한 역할을 한다.

② 원천징수하는 소득세·법인세 등과 같이 납세의무 성립시 특별한 절차 없이 자동으로 확정이 되는 납세의무의 경우 그 확정시점을 정하는 기준이 된다.

③ 납세의무의 성립시기를 기준으로 판단하는 소급과세의 금지원칙에 위배되는지 여부를 판단한다.

④ 출자자의 제2차납세의무 판단시 주된 납세의무자인 법인의 납세의무의 성립시기를 기준으로 판단한다.

2. 성립시기

(1) 소득세·법인세

1) 원칙 : 과세기간이 끝나는 때. 다만, 청산소득에 대한 법인세는 해당 법인이 해산하는 때가 된다.

2) 예외 : 원칙적인 성립시기로만 판단하게 되면 원천징수하는 소득세·법인세와 같이 과세기간 도중에 발생하는 납세의무는 원칙적인 납세의무가 성립하기 전에 소멸하는 모순이 발생하므로 다음과 같은 예외를 두고 있다.

① 원천징수하는 소득세·법인세 : 소득금액·수입금액을 지급하는 때*

* 법인이 인정상여 등으로 소득처분하는 경우 그에 대한 소득세는 법인이 이를 신고하거나 소득금액변동통지서를 받은 날에 소득금액 등을 지급한 것으로 본다.

② 납세조합이 징수하는 소득세·예정신고납부하는 소득세 : 그 과세표준이 되는 금액이 발생하는 달의 말일

③ 중간예납하는 소득세·법인세 : 중간예납기간이 끝나는 때

④ 수시부과하여 징수하는 경우 : 수시부과할 사유가 발생하는 날

(2) 부가가치세

1) 원칙 : 과세기간이 끝나는 때. 다만, 수입재화의 부가가치세는 세관장에게 신고하는 때 성립한다.

2) 예외

① 예정신고기간(예정부과기간)에 대한 부가가치세 : 예정신고기간(예정부과기간)이 끝나는 때

② 수시부과하여 징수하는 경우 : 수시부과할 사유가 발생하는 때

(3) 상속세·증여세

1) 상속세 : 상속이 개시되는 때

2) 증여세 : 증여에 의해 재산을 취득하는 때(취득시기)

(4) 개별소비세·주세 및 교통·에너지·환경세

과세물품을 제조장에서 반출하는 때, 과세장소에 입장하거나 과세유흥장소·과세영업장소에서 유흥음식행위·영업행위를 한 때. 다만, 수입물품의 경우 세관장에게 신고하는 때 성립한다.

(5) 그 밖의 국세

세목	납세의무의 성립시기
인지세	과세문서를 작성하는 때
증권거래세	해당 매매거래가 확정되는 때
교육세	• 국세에 부과되는 교육세 : 해당 국세의 납세의무가 성립하는 때 • 금융·보험업자의 수입금액에 부과되는 교육세 : 해당 과세기간이 끝나는 때
농어촌특별세	본세의 납세의무가 성립하는 때
종합부동산세	과세기준일(6월 1일)

(6) 가산세

가산세	① 무신고가산세	• 법정신고기한이 경과하는 때
	② 과소신고·초과 환급신고가산세	• 법정신고기한이 경과하는 때
	③ 납부지연가산세*	• 지연일수 1일마다 2.2/10,000 적용분 : 법정납부기한 경과 후 1일마다 그 날이 경과하는 때 • 체납시 3% 적용분 : 납부고지서에 따른 납부기한이 경과하는 때 * 다만, 출자자의 제2차납세의무 규정을 적용할 때에는 '법정납부기한이 경과하는 때'를 납세의무의 성립일로 한다(즉 출자자의 판정시점을 '법정납부기한이 경과하는 때'로 한다). 여기서 '법정납부기한'이란 국세기본법 및 세법에 따른 납부기한을 말한다(이하 같다).

④ 원천징수 등 납부지연가산세	• 미납시 3% 적용분 : 법정납부기한이 경과하는 때 • 지연일수 1일마다 2.2/10,000 적용분* : 법정납부기한 경과 후 1일마다 그 날이 경과하는 때 * 다만, 출자자의 제2차납세의무 규정을 적용할 때에는 '법정납부기한이 경과하는 때'를 납세의무의 성립일로 한다.
⑤ 그 밖의 가산세	• 가산할 국세의 납세의무가 성립하는 때

[도 표] 무신고가산세 · 과소신고가산세의 성립 · 확정시기

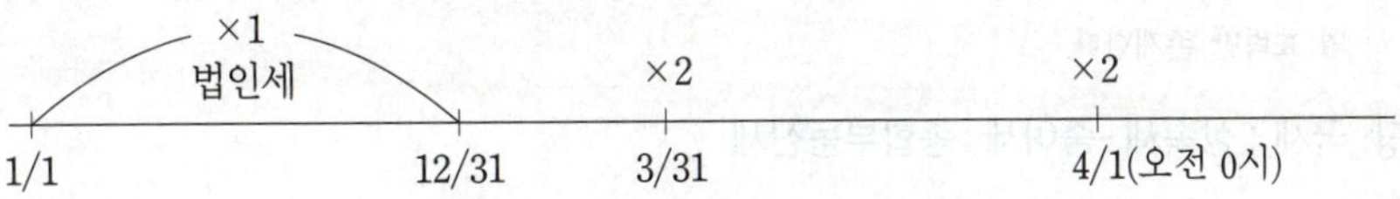

본세 ↑ (12/31)

성립시기	법정신고기한	성립시기	확정시기
신고 ×	무신고가산세	4/1(오전 0시)*	결정시
과소신고	과소신고가산세	4/1(오전 0시)*	경정시 (수정신고시)

* 법정신고기한이 경과하는 때

국기 05

제2절 납세의무의 확정

I-1 p.125

Ⅰ. 서설

납세의무의 확정은 이미 과세요건을 충족하여 성립한 납세의무를 파악하고, 과세표준과 세율을 계산하는 등 사후적으로 그 납세의무의 내용을 구체적으로 확인하는 절차이다.

Ⅱ. 확정제도의 유형

1. 절차에 따른 확정

(1) 정부부과제도

1) 의의 : 과세관청의 결정(즉 부과처분)에 따라 납부할 세액을 확정하는 방식

2) 확정의 절차와 시기

① 확정의 절차

과세표준 · 세액의 결정 근거 등을 납부고지서에 기재하여 납세의무자에게 통지한다. 상속세 · 증여세의 경우 납세의무자에게 신고의무가 있지만 이것은 단순한 협력의무이며, 확정하는 효과는 없다.

② 확정시기 : 결정근거 등을 적은 납부고지서가 납세의무자에게 도달하는 때에 확정의 효력이 발생한다.*

* 납부고지는 ① 납세의무의 확정의 효력을 발생시키는 부과처분으로서의 성질과 ② 확정된 조세채권의 이행을 청구하는 징수처분으로서의 성질이 있다. 다만, 신고납세제도의 경우 납세의무자가 신고만 하고 납부하지 않은 경우 납부고지서의 고지로서 효력은 당초 세액은 이미 확정이 되어있으므로 징수처분으로서의 효력만 존재한다.

3) 해당 국세 : 상속세 · 증여세 · 종합부동산세

(2) 신고납세제도

1) 의의 : 납세의무자의 과세표준과 세액의 신고에 의해 납세의무를 확정하는 제도를 말한다. 이 제도에서 해당 국세는 납세의무자가 과세표준과 세액을 정부에 신고했을 때에 확정된다(즉 1차적으로 납세의무자 신고로 확정된다). 다만, 납세의무자가 과세표준과 세액의 신고를 하지 않거나 신고한 과세표준과 세액이 세법이 정하는 바에 맞지 않은 경우에는 정부가 과세표준과 세액을 결정하거나 경정하는 때에 그 결정 또는 경정에 따라 확정된다(즉 무신고나 신고내용에 오류 · 탈루가 있는 경우 2차적으로 과세관청의 결정 또는 경정에 따라 확정이 된다).

이와 같이 납세의무자가 스스로 납세의무를 확정함으로써 정부의 세무행정력이 절감이 되며, 국민이 재정권 행사에 자율적으로 참여한다는 점에서 보다 민주적인 납세방식이라고 할 수 있다.

2) 확정의 절차와 시기

① 확정의 절차 : 원칙적으로 납세의무자가 과세표준과 세액의 신고에 의해서 납세의무가 확정이 된다.

② 확정시기 : 그 과세표준신고서를 제출하는 때 확정의 효력이 발생한다.

3) 해당 국세 : 소득세 · 법인세 · 부가가치세 등 정부부과제도 대상 국세 외의 모든 국세

판례 예정신고한 부가가치세 납세의무의 확정시기

'납세의무의 확정'이란 추상적으로 성립된 납세의무의 내용이 징수절차로 나아갈 수 있도록 구체화된 상태를 말하는데, 부가가치세의 예정신고를 한 과세표준 · 세액은 확정신고대상에서 제외함으로 그 예정신고 단계에서 구체화되었다고 할 수 있고 그 다음 징수절차로 나아갈 수 있는 점 등을 고려하여 부가가치세의 과세표준 · 세액을 예정신고를 한 때에 그 세액에 대한 납세의무가 확정이 된다(2010두3428). ■

(3) 양자의 비교

구분	정부부과제도	신고납세제도
과다신고에 대한 구제	과세관청의 조사결정은 권한뿐만이 아니라 의무이기도 하다. 따라서 납세의무자가 과다하게 신고한 경우 이를 조사·결정하여 초과납부세액을 적극적으로 환급할 의무가 있다.	납세의무자가 과다신고하여 초과납부한 경우 과세관청이 이를 적극적으로 조사하여 환급해야 할 의무가 없다. 따라서 납세의무자 스스로 경정청구절차에 따라 부당하게 침해된 권리를 직접 구제받아야 한다.
과소신고에 대한 제재	정부부과제도에서 조세포탈범의 기수시기는 원칙적으로 과세관청이 조사결정을 한 후 그 납부기한이 지난 때이므로 그 조사결정 과정에서 탈루세액을 발견하더라도 이를 추징만 가능할 뿐 조세포탈범으로 처벌하지는 않는다.	신고납세제도에서 조세포탈범의 기수시기는 그 신고납부기한이 지난 때이므로 신고기한이 지난 후 과세관청이 과소신고임을 확인하는 경우 그 탈루세액 징수는 물론 조세포탈범으로도 처벌이 가능한 것이다.

2. 자동확정

다음의 국세는 특별한 절차 없이 납세의무가 성립을 하면 자동적으로 확정이 된다.

자동확정되는 국세	성립시기 = 확정시기
① 인지세	과세문서를 작성하는 때
② 원천징수하는 소득세·법인세	소득금액 또는 수입금액을 지급하는 때
③ 납세조합이 징수하는 소득세	과세표준이 되는 금액이 발생한 날의 말일
④ 중간예납하는 법인세(세법에 따라 정부가 조사결정하는 경우는 제외)	중간예납기간이 끝나는 때
⑤ 납부지연가산세(납부고지서에 따른 납부기한 후의 가산세로 한정한다)	납부고지서에 따른 납부기한이 지난 후 1일마다 그 날이 경과하는 때(체납시 3% 적용분은 납부고지서에 따른 납부기한이 경과하는 때)
⑥ 원천징수 등 납부지연가산세(납부고지서에 따른 납부기한 후의 가산세로 한정한다)	납부고지서에 따른 납부기한이 지난 후 1일마다 그 날이 경과하는 때

[도 표] 납부지연가산세의 성립·확정시기

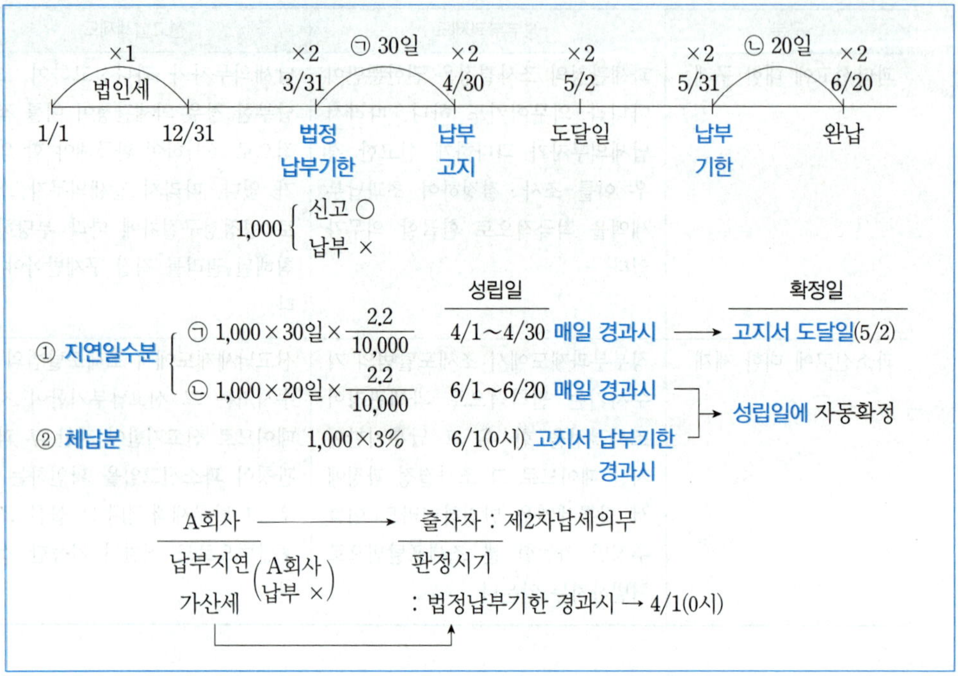

[도 표] 원천징수 등 납부지연가산세의 성립·확정시기

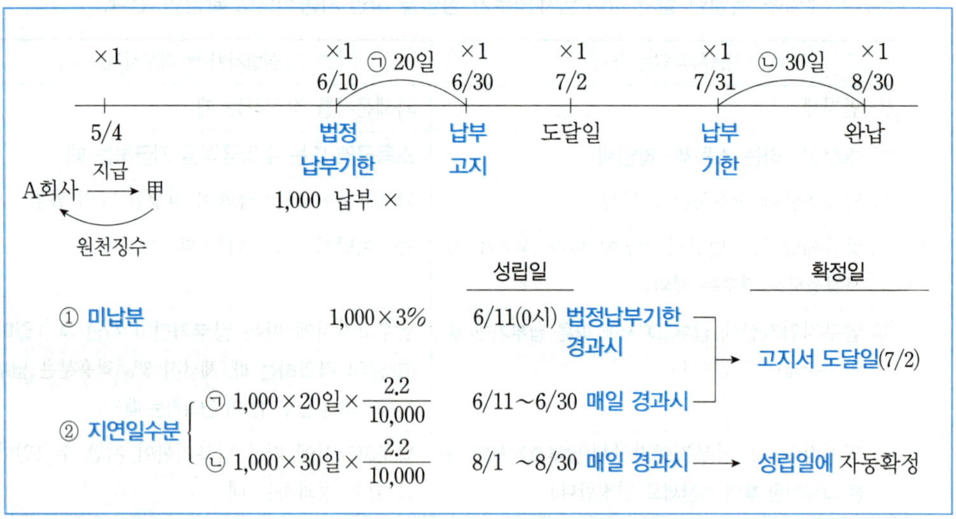

Ⅲ. 확정된 납세의무의 변경

1. 개요

당초 납세의무가 확정된 후에 그 내용에 오류 · 탈루가 있는 경우 그 변경절차로서 과세관청의 경정(재경정과 부과의 취소 포함)이 있으며, 이에 대응하여 납세의무자의 수정신고와 경정청구가 있다.

2. 경정 등의 효력(당초처분과 경정처분과의 관계)

당초 확정(납세의무자의 신고 또는 과세관청의 결정) · 당초처분이 있는 후 당초 확정된 세액을 변경(증액경정 · 수정신고 또는 감액경정)시키는 경정처분이 있는 경우 그 경정처분이 당초처분의 효력에 어떤 영향을 미치는가 하는 문제가 생긴다.

(1) 학설의 견해

구분	흡수설	병존설	역흡수설
개념	당초처분은 경정처분에 흡수되어 소멸	당초처분과 경정처분은 별개로 존재	경정처분은 당초처분에 흡수되어 소멸
경정처분의 효력	처음부터 다시 조사 · 결정한 과세표준 · 세액의 전체에 영향을 미친다.	당초 증액한 과세표준 · 세액에 대해서만 영향을 미친다.	당초처분에 따른 과세표준 · 세액을 그 경정된 내용에 따라 증감시키는 효력(판례 : 감액경정이 해당)
불복(소송)의 대상	경정처분(판례)	양 처분이 각각 불복의 대상	당초처분(판례)
당초처분에 대한 납부 · 강제징수	효력상실	효력유지(국세기본법)	효력유지
소멸시효의 기산일	경정처분에 따른 납부기한의 다음 날	양 처분에 따른 납부기한의 다음 날	당초처분에 따른 납부기한의 다음 날

(2) 증액경정처분

세법에 따라 당초 확정된 세액을 증가시키는 경정은 당초 확정된 세액에 관한 국세기본법 또는 세법에서 규정하는 권리 · 의무관계에 영향을 미치지 않는다.

1) 일반적인 권리의무의 관계 : 병존설

① 당초처분에 따라 확정된 세액에 대해서 행해진 납부고지 · 독촉 · 압류 등 강제징수절차는 경정처분의 영향을 받지 않고 여전히 유효하다.

국기 05

② 국세징수권은 당초처분과 증액 경정된 처분은 별개로 존재해야 하므로 그 소멸시효도 각 처분에 따라 확정된 세액에 대해 국세징수권을 행사할 수 있는 때부터 각각 별도로 진행된다.

③ 불복청구기한도 각 처분별로 각각 판단한다.

2) 불복대상(소송대상) : 제한적 범위 내에 흡수설(판례)

당초 신고 · 결정에 대한 불복청구기간이 지났는지 여부 등과 관계없이 증액경정처분만이 불복대상(항고소송)이 되고 납세의무자는 그 불복대상(항고소송)에서 당초 신고 · 결정에 따른 위법사유도 같이 다툴 수 있는데 그 논거는 다음과 같다.

① 당초 신고 · 결정과 증액결정처분은 이미 성립한 조세채무를 확정하는 행위로서 단지 시차를 두고 있을 뿐 서로 밀접한 관계가 있기 때문에 이 둘을 별개로 보는 것이 아니라 전체로서 하나의 세액을 다시 결정하는 것으로 보아야 한다.

② 부과처분 취소소송의 소송물(소송의 대상)은 과세표준신고서에 기재된 세액이나 과세관청이 결정한 세액의 객관적 존부(과세된 세액의 전체가 소송의 대상이라는 총액주의 입장)로서 청구의 취지만으로 그 동일성이 특정되므로 개개 위법사유는 자기의 청구가 정당하다고 주장하는 공격방어의 방법에 불과하다.

③ 불복청구기간이나 경정청구기간의 경과로 불가쟁력이 발생한 세액에 대해서 증액경정처분이 있게 되면 이 경정처분으로 증액된 세액 범위에서는 당초 다투지 못했던 위법사유도 같이 다툴 수 있다. 이와 같은 이유로 대법원 판례는 합법성의 원칙을 관철하고 납세의무자의 권익을 보호하는 것으로 불복대상(소송대상)에 대해서는 제한적 흡수설을 채택하고 있다.

3) 증액경정 등에 대한 불복청구 · 경정청구의 관계 : 불복대상(소송대상)에 대해서는 납세의무자의 권익을 보호하기 위해 흡수설을 채택하고 있지만 제한 없이 이를 인정을 해주면 불가쟁력을 무력화시키는 결과가 되므로 다음과 같이 처리한다.

구분	불복청구로 취소가능한 세액의 범위
무신고한 경우	1) 증액경정에 대한 불복청구기간(90일. 이하 같다)이 경과하지 않은 경우 취소가능 세액 = MIN (①, ②) ① (당초결정시 위법사유 + 증액경정시 위법사유)로 과다한 세액 ② 취소가능 세액의 한도 : ~~당초결정된 세액~~* + 증액경정으로 증가된 세액 * 당초결정에 대한 불복청구기간의 경과로 불가쟁력이 발생하여 확정된 당초결정된 세액은 취소를 받을 수 없다. 2) 증액경정에 대한 불복청구기간이 경과한 경우 : 취소가능 세액 = 없음(0) ① (당초결정시 위법사유 + 증액경정시 위법사유) 모두 불복으로 다툴 수 없음(권리구제 수단 없음) ② 취소가능 세액의 한도 : ~~당초결정된 세액~~* + ~~증액경정으로 증가된 세액~~* * 당초결정과 증액경정에 대한 불복청구기간의 경과로 불가쟁력이 발생하여 확정된 당초결정한 세액과 증액경정으로 증가된 세액 모두 취소를 받을 수 없다.

당초신고한 경우	1) 경정청구기간(5년간. 이하 같다)과 증액경정에 대한 불복청구기간이 경과하지 않는 경우 : 취소가능 세액 = MIN (①, ②) ① (당초신고시 위법사유 + 증액경정시 위법사유)로 과다한 세액 ② 최소가능 세액의 한도 : 당초신고된 세액 + 증액경정으로 증가된 세액 2) 경정청구기간은 경과하지 않았으나 증액경정에 대한 불복청구기간이 경과한 경우 : 취소가능 세액 = MIN (①, ②) ① (당초신고시 위법사유 + 증액경정시 위법사유)로 과다한 세액 ② 취소가능 세액의 한도 : 당초신고된 세액 + ~~증액경정으로 증가된 세액~~* * 증액경정에 대한 불복청구기간의 경과로 불가쟁력이 발생하여 확정된 증액경정으로 증가된 세액은 취소를 받을 수 없다.
	3) 증액경정에 대한 불복청구기간은 경과하지 않았으나 경정청구기간이 경과한 경우 : 취소가능 세액 = MIN (①, ②) ① (당초신고시 위법사유 + 증액경정시 위법사유)로 과다한 세액 ② 취소가능 세액의 한도 : ~~당초신고된 세액~~* + 증액경정으로 증가된 세액 * 당초신고에 대한 경정청구기간의 경과로 불가쟁력이 발생하여 확정된 당초신고된 세액은 취소를 받을 수 없다.
	4) 경정청구기간과 증액경정에 대한 불복청구기간이 모두 경과한 경우 : 취소가능 세액 = 없음(0) ① (당초신고시 위법사유 + 증액경정시 위법사유) 모두 불복으로 다툴 수 없음(권리구제 수단 없음) ② 취소가능 세액의 한도 : ~~당초신고된 세액~~* + ~~증액경정으로 증가된 세액~~* * 당초신고에 대한 경정청구기간과 증액경정에 대한 불복청구기간의 경과로 불가쟁력이 발생하여 확정된 당초 신고한 세액과 증액경정으로 증가된 세액 모두 취소를 받을 수 없다.

판례 당초신고에 대한 경정청구거부처분 취소소송에서 불복기간이 도과된 증액경정처분의 위법사유를 주장할 수 있는지 여부

과세표준신고서를 법정신고기한 내에 제출한 납세자가 그 후 이루어진 과세관청의 결정이나 경정으로 인한 처분에 대하여 소정의 불복기간 내에 다투지 아니하였더라도 5년의 경정청구기간 내에서는 경정청구권을 행사하는 데에는 아무런 영향이 없다(2012두12822).

그리고 통상의 과세처분 취소소송에서와 마찬가지로 감액경정청구에 대한 거부처분 취소소송 역시 그 거부처분의 실체적 · 절차적 위법사유를 취소 원인으로 하는 것으로서 그 심판의 대상은 과세표준 및 세액의 객관적인 존부이므로, 그 과세표준 및 세액의 인정이 위법하다고 내세우는 개개의 위법사유는 자기의 청구가 정당하다고 주장하는 공격방어방법에 불과한 점(2017두58991), 과세처분에 대한 취소소송과 경정청구는 모두 정당한 과세표준 및 세액의 존부를 정하고자 하는 동일한 목적을 가진 불복수단이므로, 납세자로 하여금 과세관청의 증액경정사유에 대하여는 취소소송으로써, 과다신고사유에 대하여는 경정청구로써 각각 다투게 하는 것은 납세자의 권익보호나 소송경제에 부합하지 않는 점(2010두11733) 등에 비추어 보면, 납세자는 감액경정청구에 대한 거부처분 취소소송에서 당초 신고에 대한 과다신고사유뿐만 아니라 과세관청의 증

액경정사유도 함께 주장하여 다툴 수 있다. 다만 증액경정처분에 대한 불복기간이 경과한 경우에는 '경정으로 인하여 증가된 과세표준 및 세액'에 관하여는 취소를 구할 수 없고, 당초 신고한 과세표준 및 세액을 한도로 해서만 취소를 구할 수 있을 따름이다(2021두39997). ■

[도 표] 당초처분과 증액경정처분 : 무신고 사례

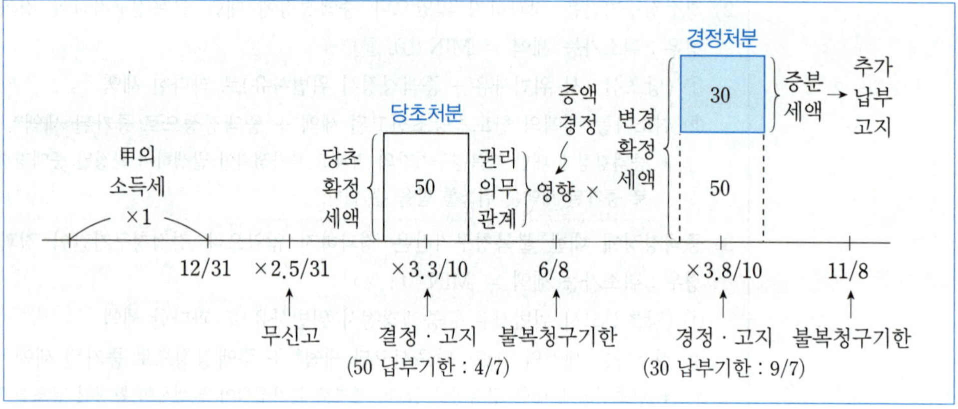

甲의 ×1년 소득세는 ×1.12/31에 납세의무가 성립하고, ×3.3/10에 세무서장의 결정(처분)으로 50의 세액이 당초 확정되며 ×3.8/10에 세무서장의 경정(처분)으로 전체 세액 80 중 30이 추가로 확정된다. 구체적인 甲의 ×1년 소득세와 관련된 국세기본법과 세법에서 규정하는 권리 · 의무 관계는 다음과 같다.

(1) 일반적인 권리의무 관계 : 병존설

① 당초 확정된 세액 50에 대해서 행해진 납부고지, 독촉, 압류 등 강제징수절차 : 경정처분에 영향을 받지 않고 그대로 유효하게 유지된다.

② 국세징수권 소멸시효의 기산일 : 결정으로 납부고지한 세액 50은 납부고지에 따른 납부기한의 다음 날인 4/8, 경정으로 납부고지한 세액 30은 납부고지에 따른 납부기한의 다음 날인 9/8로 별도로 기산한다.

③ 불복청구기한(처분의 통지의 받을 날부터 90일 이내) : 당초처분은 6/8까지, 경정처분은 11/8까지로 각 처분별로 별도로 판단한다. 따라서 당초처분에 대한 불복청구기한이 경과되면 당초 확정된 세액 50에 대해서는 불가쟁력(不可爭力)이 발생하여 불복이 제한된다.

④ 경정청구 : 법정신고기한까지 신고하지 않아 결정 · 경정 후의 세액에 대해서 통상적 사유로 인한 경정청구는 할 수 없다. 다만, 후발적 사유가 있는 경우에는 사유가 발생한 것을 안 날부터 3개월 이내에 경정을 청구할 수 있다.

(2) 불복 · 소송의 대상 : 흡수설

증액경정처분이 있는 경우 당초처분(결정)은 증액경정처분에 흡수 · 소멸되어 증액경정처분만이 불복 · 소송의 대상이 된다. 따라서 다음과 같은 의미를 갖는다.

① 甲은 ×1년 소득세의 증액경정처분에 대한 불복 · 소송에서 당초처분의 불복청구기한이 지났더라도 증액경정의 위법사유뿐만 아니라 당초처분(결정)의 위법사유도 주장할 수 있다.

② 다만, 불복청구기한이 지나서 더 이상 다툴 수 없게 된 당초 확정된 세액(즉 불가쟁력이 발생한 세액) 50에 대해서는 증액경정처분에 대한 불복·소송에서 그 취소를 구할 수 없고(증액경정은 당초 확정된 세액에 관한 권리의무에 영향을 미칠 수 없다는 국세기본법의 규정을 반영한 결과이다), 증액경정처분에서 증액된 세액 30을 범위에서만 취소를 구할 수 있다. 따라서 불복·소송으로 취소가능세액은 MIN (위법사유로 과다한 세액, 증분세액 30)이다.

(3) 감액경정처분 : 역흡수설

세법에 따라 당초 확정된 세액을 감소시키는 경정은 그 경정으로 감소되는 세액 외의 세액에 관한 국세기본법 또는 세법에서 규정하는 권리·의무관계에 영향을 미치지 않는다.

판례도 감액경정처분은 별도의 처분이 아닌 당초처분의 변경으로 보고 있다. 따라서 다음과 같은 의미를 갖는다.

① 감액경정으로 감소된 세액 외의 세액(이하 '잔존세액')에 대한 납부고지·독촉·압류 등 강제징수절차는 감액경정에 영향을 받지 않고 유효하다.

② 국세징수권의 소멸시효기간은 잔존세액을 기준으로 기산한다.

③ 당초처분의 불복청구기한 내에 불복청구를 해야 하며 당초 확정된 세액 중 잔존세액이 불복청구(소송대상)의 대상이 되고, 적법한 전심절차를 거쳤는지 여부도 당초처분을 기준으로 판단한다.

판례 소득처분금액이 감소된 경우에도 법인이 소득금액변동통지의 취소를 구할 수 있는지 여부

과세관청의 직권으로 법인에 대한 소득처분금액을 경정하면서 일부 항목에 대한 증액과 다른 항목에 대한 감액이 동시에 이루어져 결과적으로는 전체로서의 소득금액이 감소한 것이 되는 경우 그에 따른 소득금액변동통지는 납세자인 해당 법인에게 불이익을 미치는 처분이 아니게 된다. 따라서 해당 법인은 그 소득금액 변동통지의 취소를 구할 이익이 없다. 그러므로 그 취소를 구하는 소는 부적합하다(2009두5510).

[도 표] 당초신고와 감액경정처분 : 당초신고 사례

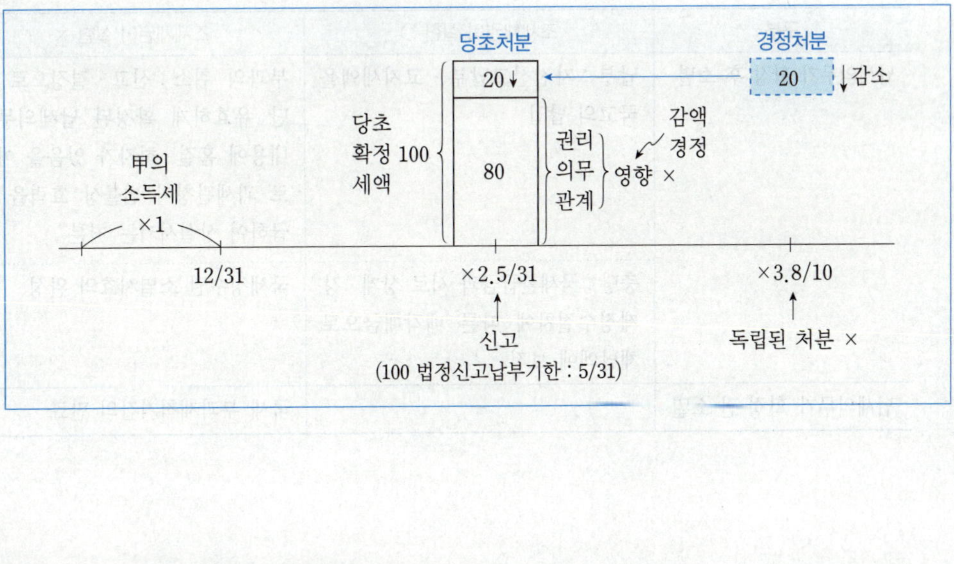

> 甲의 ×1년 소득세는 ×1.12/31에 납세의무가 성립하고, ×2.5/31에 甲의 신고로 100의 세액이 당초 확정되며 ×3.8/10에 세무서장의 감액경정으로 당초 확정된 세액 100 중 20이 소급적으로 납세의무가 소멸한다. 감액경정은 당초신고와 별개의 독립된 과세처분이 아니라 당초 확정된 세액을 일부를 취소·변경시키는 효력만을 갖는다(역흡수설). 이는 다음과 같은 의미를 갖는다.
>
> (1) 일반적인 권리의무 관계 : 역흡수설
>
> ① 감액경정으로 감소된 세액 외의 세액을 무납부한 경우 (100−20) = 80에 대한 납부고지, 독촉, 압류 등 강제징수절차는 감액경정에 영향을 받지 않고 그대로 존속한다.
>
> * 감액된 세액 20에 대한 납부지연가산세도 함께 납세의무가 소멸한다. 잔존세액 80에 대한 당초 납세고지의 효력이 계속 유지되므로 그 고지서상 납부기한을 기준으로 납부지연가산세를 계산하여 징수한다.
>
> ② 국세징수권 소멸시효의 기산일 : 잔존세액 80은 법정신고납부기한의 다음 날인 ×2.6/1부터 기산한다.
>
> ③ 경정청구 : 잔존세액 80에 대해서는 ×2.5/31부터 5년 이내인 ×7.5/31까지 통상적 사유로 인한 경정청구를 할 수 있다.
>
> (2) 불복·소송의 대상 : 역흡수설
>
> 당초신고한 잔존세액 80에 대해서는 직접 불복청구를 할 수 없고 경정청구를 거쳐야만 불복청구할 수 있으며 감액경정처분은 불복의 대상이 될 수 없다.

제3절 납세의무의 소멸

I-1 p.147

I. 개요

구분	조세채권이 실현 ○	조세채권이 실현 ×
납세의무가 확정 후 소멸	납부 : 자진신고납부·고지세액을 국고의 납입	부과의 취소 : 신고·결정으로 일단 유효하게 확정된 납세의무의 내용에 흠결·하자가 있음을 이유로 과세관청이 법률상 효력을 소급하여 상실시키는 처분
	충당 : 국세환급금과 서로 상계·강제징수절차에 따른 매각대금으로 체납액에 보전	국세징수권 소멸시효의 완성
납세의무가 확정 전 소멸	−	국세 부과제척기간의 만료

Ⅱ. 국세의 부과제척기간

1. 개요

(1) 개념과 취지

'부과'란 국가가 납세의무를 확정하는 절차를 말한다. 그리고 '제척기간(除斥期間)'이란 일정한 권리의 법정존속기간이다. 그러므로 '국세의 부과제척기간'이란 국가가 결정·경정결정·재경정결정 및 부과취소를 할 수 있는 기간을 의미하는 것이다. 조세법률관계를 조속히 안정시킴으로써 납세의무자의 법적 안정성을 보장하기 위하여 국세기본법은 국세의 부과제척기간을 설정하고 있는 것이다.

(2) 부과제척기간 만료의 효과

1) 부과제척기간이 만료하면 부과권이 장래를 향하여 소멸된다. 따라서 국가는 더 이상 결정·경정결정·재경정결정·부과취소를 할 수 없게 된다. 그리고 부과제척기간 내에 부과되지 않은 조세에 관하여는 그 후속단계인 징수권이 새로이 발생할 여지가 없으므로 성립된 납세의무가 확정됨이 없이 소멸한다. 따라서 국세부과의 부과제척기간이 지난 후에 이루어진 과세처분은 무효*이다.

* 이처럼 부과제척기간 만료의 반사적 효과로서 납세자로서는 조세채무를 납부할 의무를 면하게 되나 그 결과가 실질과세의 원칙에 반하지 않는다.

2) 한편 부과권은 납세의무자의 원용(援用)을 필요로 하지 않고 절대적으로 소멸한다.

판례 증액경정처분이 부과제척기간 지난 후에 이루어진 경우, 납세의무자가 당초처분으로 이미 확정되었던 부분에 대하여 다시 위법 여부를 다툴 수 있는지 여부

증액경정처분이 부과제척기간 만료 후에 이뤄진 경우 당초처분은 유효하지만 증액경정처분은 무효가 된다. 따라서 불복청구가 흡수설을 따르고 있다 하더라도 당초처분으로 이미 확정된 부분에 대해서는 다시 위법사유를 다툴 수 없다(94누15189). ■

2. 국세의 원칙적인 부과제척기간

(1) 일반적인 국세의 경우

국세의 부과제척기간은 국세를 부과할 수 있는 날부터 다음의 기간으로 한다.

구분		부과제척기간
원칙	① 일반적인 경우	5년(역외거래(*주1)의 경우 7년)(*주4)
예외	② 납세자가 법정신고기한까지 과세표준신고서를 제출하지 않은 경우(무신고)	7년(역외거래의 경우 10년)(*주4)
	③ 납세자가 사기나 그 밖의 부정한 행위(이하 '부정행위') 로 국세를 포탈(逋脫)하거나 환급·공제를 받은 경우	10년(역외거래의 경우 15년)(*주2)

④ 납세자가 부정행위로 세금계산서·계산서 미발급 등에 대한 가산세(*주3) 부과대상이 되는 경우 해당 가산세	10년

(*주1) 역외거래(域外去來) : 이는 ①「국제조세조정에 관한 법률」에 따른 국제거래 및 ② 거래 당사자 양쪽이 거주자(내국법인과 외국법인의 국내사업장 포함)인 거래로서 국외에 있는 자산의 매매·임대차, 국외에서 제공하는 용역과 관련된 거래를 말한다.

(*주2) 인정상여 등으로 소득처분된 금액에 대한 소득세 등 부과제척기간 : 부정행위로 포탈하거나 환급·공제받은 국세가 법인세이면 이와 관련하여 법인세법(제67조)에 따라 소득처분된 금액에 대한 소득세(또는 법인세)에 대해서도 그 소득세(또는 법인세)를 부과할 수 있는 날부터 10년(역외거래의 경우 15년)을 부과제척기간으로 한다.

(*주3) 세금계산서·계산서 미발급 등에 대한 가산세 : 다음 중 어느 하나에 해당하는 가산세를 말한다.

㉠ 부가가치세법에 따른 세금계산서 미발급, 가공발급·수취 및 허위발급·수취에 대한 가산세(공급가액의 2%·3%), 비사업자 거짓 세금계산서 발급에 대한 가산세(공급가액의 2%·3%)

㉡ 소득세법 또는 법인세법에 따른 계산서 미발급, 가공발급·수취 및 허위발급·수취에 대한 가산세(공급가액의 2%)

(*주4) 이월결손금 등의 이월공제에 따른 부과제척기간 연장 : 위 5년·7년의 기간이 끝난 날이 속하는 과세기간 이후의 과세기간에 다음 ①·②의 금액(이하 '이월결손금 등'이라 한다)을 공제하는 경우 해당 이월결손금 등이 발생한 과세기간의 법인세 또는 소득세의 부과제척기간은 위의 부과제척기간에도 불구하고 이월결손금 등을 공제한 과세기간의 법정신고기한으로부터 1년 간으로 한다.

이월결손금 등	이월공제기간
① 법인세법 및 소득세법에 따른 이월결손금	• 10년(15년*) * 2020.1.1. 이후 개시하는 사업연도에 발생하는 결손금은 15년
② 조세특례제한법에 따른 이월된 세액공제액	• 10년

참 고 부정행위의 범위

'부정행위'란 다음 중 어느 하나에 해당하는 행위로서 조세의 부과와 징수를 불가능하게 하거나 현저히 곤란하게 하는 적극적 행위를 말한다. 이처럼 납세자가 부정행위로 국세를 포탈하거나 환급·공제받은 경우에는 그 부정행위를 한 부분만 10년(또는 15년)의 부과제척기간을 적용한다.

① 이중장부의 작성 등 장부의 거짓 기장

② 거짓 증빙 또는 거짓 문서의 작성 및 수취

③ 장부와 기록의 파기

④ 재산의 은닉, 소득·수익·행위·거래의 조작 또는 은폐

⑤ 고의적으로 장부를 작성하지 않거나 비치하지 않은 행위 또는 계산서, 세금계산서 또는 계산서합계표, 세금계산서합계표의 조작

⑥ 전사적 기업자원관리설비(ERP)의 조작 또는 전자세금계산서의 조작

⑦ 그 밖에 위계(僞計)에 의한 행위 또는 부정한 행위 ■

판 례 7년 부과제척기간이 적용되는 경우

납세자가 법정신고기한까지 과세표준신고서를 제출하지 않은 경우(무신고)에 7년(역외거래의 경우 10년)의 부과제척기간이 적용되는데, 여기서 '무신고'란 반드시 신고할 의무가 있는데도 불구하고 신고하지 않은

경우를 의미한다. 따라서 근로소득에 대한 연말정산을 받은 자가 ㉠ 종합과세대상 기타소득을 합산하여 확정신고하지 않은 경우에는 '7년' 부과제척기간을 적용하며, ㉡ 분리과세대상 기타소득이 있어 확정신고를 하지 않은 경우에는 무신고가 아니므로 '5년' 부과제척기간을 적용한다. ■

판 례 근로소득만 있는 거주자가 연말정산에 의하여 소득세를 납부하였으나 연말정산에서 누락된 다른 근로소득이 있는 경우 그 소득세에 대한 부과제척기간

근로소득만 있는 거주자가 연말정산에 의하여 소득세를 납부한 경우에는 연말정산에서 누락된 다른 근로소득이 있다고 하더라도 그 소득세에 대한 부과제척기간은 특별한 사정이 없는 한 5년으로 보아야 한다(대법원 2013.7.11. 선고 2013두5555 판결). ■

판 례 배당소득을 양도소득으로 잘못 신고하였다고 하여 이를 무신고로 보아 7년의 부과제척기간을 적용하여 종합소득세를 부과한 이 사건 처분은 위법함

주식을 양도하고 주식소각으로 인한 의제배당소득으로 신고하지는 않았으나 양도소득세 예정신고를 적법하게 이행한 바 있으므로 7년의 국세 부과제척기간을 적용받은 '납세자가 법정신고기한 내에 과세표준신고서를 제출하지 않은 경우'에 해당되지 않고, 배당소득을 양도소득으로 잘못 신고하였다고 하여 이를 무신고로 보아 7년의 부과제척기간을 적용하여 종합소득세를 부과한 이 사건 처분은 잘못이 있다고 판단된다(조심 2014광2439, 2014.12.26.). ■

참 고 양도소득세를 예정신고만 하고 확정신고를 하지 않은 경우 무신고로 보아 부과제척기간 7년을 적용해야 하는지 여부

양도소득세의 경우 원칙상 소득세법상 예정신고 의무를 이행한 경우 확정신고를 하지 않을 수 있다. 해당 과세기간에 추가로 자산을 양도하여 확정신고 의무가 발생한다고 할지라도 그러한 확정신고 의무가 이미 예정신고를 마친 양도소득에 대한 것이라고 볼 수는 없다. 결국 양도소득에 관하여 과세표준신고서를 제출하지 않았다고 할 수는 없으므로, 예정신고 의무를 이행한 양도소득세의 부과제척기간은 7년이 아니라 5년으로 보아야 한다(2020두51518). ■

참 고 대리납부 부가가치세의 부과제척기간

외국법인 또는 비거주자로부터 국내에서 용역 또는 권리를 공급받은 자가 부가가치세법(제52조)에 따라 부가가치세 대리납부 의무를 이행하지 않은 경우에는 '5년'의 부과제척기간이 적용된다. ■

국기 05

(2) 상속세 · 증여세의 경우

상속세 · 증여세의 부과제척기간은 국세를 부과할 수 있는 날부터 다음의 기간으로 한다.

구분		부과제척기간(*주1)
원칙	① 일반적인 경우	10년
예외	② 납세자가 부정행위로 상속세 · 증여세를 포탈하거나 환급 · 공제를 받은 경우	15년
	③ 법정신고기한까지 과세표준신고서를 제출하지 않은 경우(무신고)	
	④법정신고기한까지 과세표준신고서를 제출한 자가 거짓신고 또는 누락신고를 한 경우(그 거짓신고 또는 누락신고를 한 부분만 해당한다)(*주2)	

(*주1) 부담부증여의 경우 양도소득세의 부과제척기간 : 부담부증여에 따라 증여세와 함께 양도소득세가 과세되는 경우에 그 양도소득세의 부과제척기간도 위 증여세에 대하여 정한 기간(15년 · 10년)으로 한다.

(*주2) 거짓신고 · 누락신고의 범위 : 여기서 '거짓신고 또는 누락신고'란 다음의 경우를 말한다.

① 상속재산가액 또는 증여재산가액에서 가공(架空)의 채무를 빼고 신고한 경우

② 권리의 이전이나 그 행사에 등기, 등록, 명의개서 등(이하 '등기 등')이 필요한 재산을 상속인 또는 수증자의 명의로 등기 등을 하지 않은 경우로서 그 재산을 상속재산 또는 증여재산의 신고에서 누락한 경우

③ 예금, 주식, 채권, 보험금, 그 밖의 금융자산을 상속재산 또는 증여재산의 신고에서 누락한 경우

판 례 사용인의 배임적 부정행위를 이유로 한 부당과소신고가산세와 장기 부과제척기간 문제

국세기본법상 장기 부과제척기간에서 말하는 '부정한 행위', 부당과소신고가산세에서 말하는 '부당한 방법'에는 납세자 본인의 부정한 행위뿐만 아니라, 특별한 사정이 없는 한 납세자가 스스로 관련 업무의 처리를 맡김으로써 그 행위영역 확장의 이익을 얻게 되는 납세자의 대리인이나 사용인, 그 밖의 종업원(이하 '사용인 등')의 부정한 행위도 포함된다.

그러나 위와 같은 법리의 적용 범위와 관련하여 납세자 본인이 사용인 등의 부정한 행위를 방지하기 위하여 상당한 주의 또는 관리 · 감독을 게을리하지 않았다면, 납세자 본인은 이러한 사용인 등의 부정한 행위에 대하여 아무런 잘못이 없다고 볼 수 있다. 그러므로 이러한 경우에까지 이들의 부정한 행위를 장기 부과제척기간, 부당과소신고가산세에서 말하는 '부정한 행위'에 포함시켜 납세자 본인에게 해당 국세에 관하여 부과제척기간을 연장하고, 중과세율이 적용되는 부당과소신고가산세를 부과하는 것은 허용되지 않는다.

법인의 대표자나 해당 법인을 실질적으로 경영하면서 사실상 대표하고 있는 자가 아닌 납세자의 '사용인 등의 부정한 행위가 납세자 본인의 이익이나 의사에 반하여 자기 또는 제3자의 이익을 도모할 목적으로 납세자를 피해자로 하는 사기, 배임 등 범행의 일환으로 행하여지고, 거래 상대방이 이에 가담하는 등으로 인하여 납세자가 이들의 부정한 행위를 쉽게 인식하거나 예상할 수 없었던 특별한 사정이 있는 경우라면, 사용인 등의 부정한 행위로 납세자의 과세표준이 결과적으로 과소신고되었을지라도 이들의 배임적 부정행위로 인한 과소신고를 국세기본법의 '납세자가 부당한 방법으로 과소신고한 경우'에 포함된다고 볼 수는 없으므로, 이때에는 납세자에게 부정한 행위를 이유로 중과세율을 적용한 부당과소신고가산세의 제재를 가할 수 없다. 그러나 부정한 행위를 이유로 과세관청의 부과권을 연장해 주는 장기 부과제척기간의 경우에는, 사용인 등의 부정한 행위가 납세자 본인을 피해자로 하는 사기, 배임 등 범행의 수단으로 행하여졌더라도 사용인 등의 부정한 행위로써 포탈된 국세에 관하여 과세관청의 부과권 행사가 어렵게 된 것은 분명하므로, 특별한 사정이 없는 한 이러한 사용인 등의 배임적 부정행위는 장기 부과제척기간에서 말하는 부정한 행위에 포함된다. 따라서 납세자 본인에 대한 해당 국세에 관하여는 부과제척기간이 10년으로 연장된다(2017두38959 전원합의체 판결). ■

3. 부과제척기간의 기산일

구분		기산일
원칙	과세표준 · 세액을 신고하는 국세(신고하는 종합부동산세는 제외) * 신고의무가 있는 상속세 · 증여세 포함	과세표준 신고기한의 다음 날(중간예납 · 예정신고기한 및 수정신고기한은 제외)
	신고의무가 없는 종합부동산세 · 인지세	납세의무가 성립한 날

예외	원천징수의무자 · 납세조합에 대해 부과되는 조세	법정납부기한의 다음 날
	과세표준신고기한 · 법정납부기한이 연장되는 경우	그 연장된 기한의 다음 날
	공제 · 면제받은 세액을 의무불이행 등의 사유로 징수하는 경우	그 징수할 사유가 발생한 날[*주]

(*주) 이는 납세의무자가 일정한 의무를 이행할 것을 조건으로 세액공제 등의 혜택을 받은 후 당초의 의무를 이행하지 않아 과세관청이 공제세액 등을 추징하는 경우나 이에 준하는 경우에 적용되는 규정이다(2019두51512).

판례 제2차납세의무에 대한 부과제척기간의 기산일

제2차 납세의무에 대해서도 주된 납세의무와는 별도로 그 부과제척기간이 진행하고, 그 부과제척기간은 특별한 사정이 없는 한 이를 부과할 수 있는 날인 제2차납세의무가 성립한 날부터 5년간으로 봄이 상당하다(2006두11750 판결). ■

참고 부과제척기간과 원천징수의무

1. 법인세법에 따라 처분되는 상여는 법인이 소득금액변동통지서를 받은 날에 그 소득금액을 지급한 것으로 의제되어 법인의 원천징수의무가 성립하나, 그 소득금액의 귀속 사업연도에 대한 국세 부과제척기간이 만료되면 원천징수의무도 소멸한다.

2. 법인세법에 따라 법인소득금액을 경정할 때 처분되는 소득에 대하여 해당 법인에게 소득금액변동통지서를 통지하였으나 해당 법인이 원천징수의무를 이행하지 않은 경우 원천징수의무자에게 원천징수세액을 부과할 수 있는 기간은 소득금액변동통지서를 받은 날이 속하는 달의 다음 달 11일부터 5년간이다. 이 경우 그 원천징수의무대상 소득금액의 귀속 사업연도 종합소득세에 대한 부과제척기간이 만료되면 해당 원천징수의무도 소멸한다(재조세-1470, 2004.11.9.). ■

4. 특례부과제척기간

(1) 상속세 · 증여세의 특례부과제척기간

납세자가 부정행위로 상속세 · 증여세(아래 ⑦의 경우에는 해당 명의신탁과 관련한 국세를 포함한다)를 포탈하는 경우로서 다음 중 어느 하나에 해당하는 경우 과세관청은 원칙적인 부과제척기간(10년 · 15년)에도 불구하고 해당 재산의 상속 또는 증여가 있음을 안 날부터 1년 이내에 상속세 및 증여세를 부과할 수 있다.

① 제3자의 명의로 되어 있는 피상속인 또는 증여자의 재산을 상속인이나 수증자가 취득한 경우

② 계약에 따라 피상속인이 취득할 재산이 계약이행기간에 상속이 개시됨으로써 등기 · 등록 또는 명의개서가 이루어지지 않고 상속인이 취득한 경우

③ 국외에 있는 상속재산이나 증여재산을 상속인이나 수증자가 취득한 경우

④ 등기 · 등록 또는 명의개서가 필요하지 않은 유가증권, 서화(書畵), 골동품 등 상속재산 또는 증여재산을 상속인이나 수증자가 취득한 경우

⑤ 수증자의 명의로 되어 있는 증여자의 금융자산을 수증자가 보유하고 있거나 사용 · 수익한 경우
⑥ 비거주자인 피상속인의 국내재산을 상속인이 취득한 경우
⑦ 상증세법에 따른 명의신탁재산의 증여의제에 해당하는 경우
⑧ 상속재산 또는 증여재산인 가상자산을 국내 가상자산사업자를 통하지 않고 상속인이나 수증자가 취득한 경우

그러나 ㉠ 상속인이나 증여자 및 수증자(受贈者)가 사망한 경우, ㉡ 포탈세액 산출의 기준이 되는 재산가액(위 ①~⑧에 해당하는 재산의 가액을 합친 것을 말한다)이 50억원 이하인 경우에는 이러한 특례부과제척기간은 적용하지 않는다.

(2) 조세쟁송 등으로 인한 특례부과제척기간

1) 조세쟁송의 경우 : 국세기본법에 따른 불복청구, 감사원법에 따른 심사청구 또는 행정소송법에 따른 소송에 대한 결정 또는 판결이 있는 경우에는 원칙적인 부과제척기간에도 불구하고 지방국세청장 또는 세무서장은 그 결정 또는 판결이 확정된 날부터 1년이 지나기 전까지 해당 결정 또는 판결에 따라 경정이나 그 밖에 필요한 처분을 할 수 있다(감액경정을 위한 특례부과제척기간-㉠).

부과제척기간이 만료된 경우에는 새로운 부과처분을 할 수 없을 뿐 아니라 감액경정이나 부과취소도 할 수 없다. 따라서 쟁송절차의 장기화로 인해 판결 등이 부과제척기간이 만료된 후에 있게 되는 경우에는 그 판결 등의 실효성이 상실될 우려가 있다. 조세쟁송의 경우 감액경정 등을 위한 특례부과제척기간은 바로 이러한 문제점을 해소하기 위하여 마련된 것이다.

한편 위의 결정이나 판결이 확정됨에 따라 그 결정 또는 판결의 대상이 된 과세표준 또는 세액과 '연동된 다른 세목(같은 과세기간으로 한정한다)이나 연동된 다른 과세기간(같은 세목으로 한정한다)'의 과세표준 또는 세액의 조정이 필요한 경우에는 원칙적인 부과제척기간에도 불구하고 지방국세청장 또는 세무서장은 위의 결정 또는 판결이 확정된 날부터 1년이 지나기 전까지 경정이나 그 밖에 필요한 처분을 할 수 있다(증액경정을 위한 특례부과제척기간-㉡).

참 고 관련사례

예를 들어 甲법인이 매출액 1억원은 제18기 사업연도 귀속분 익금이 아니므로 제18기 사업연도 법인세의 감액경정을 요구하는 행정소송을 제기하였는데, '매출액 1억원은 제17기 사업연도 귀속분 익금에 해당하므로 제18기 사업연도 법인세를 감액경정하라'는 법원의 판결이 2024.7.4.에 확정되었다고 하자[제17기(2017년) 사업연도에 대한 법인세의 원칙적인 부과제척기간(5년)은 2023.3.31.에 만료되며, 제18기(2018년) 사업연도에 대한 법인세의 원칙적인 부과제척기간(5년)은 2024.3.31.에 만료된다고 가정한다]. 이 경우 관할세무서장은 특례부과제척기간을 적용하여 다음과 같이 처분해야 한다.

- 제18기 사업연도 법인세 : 판결이 확정된 날(2024.7.4.)부터 1년이 지나기 전까지는 해당 감액경정 판결에 따라 제18기 사업연도 법인세를 감액경정해야 한다(감액경정을 위한 특례부과제척기간-㉠ 적용).
- 제17기 사업연도 법인세 : 제17기 사업연도 과세표준 · 세액을 증액하는 조정이 필요하므로, 위 판결이 확정된 날(2024.7.4.)부터 1년이 지나기 전까지 제17기 사업연도 법인세를 증액경정해야 한다(증액경정을 위한 특례부과제척기간-㉡ 적용).

만약 당초 신고누락되었던 매출액 1억원이 2017년 제2기 과세기간의 부가가치세 과세표준으로 추가 확인된 경우 관할세무서장은 특례부과제척기간을 적용하여 다음과 같은 처분을 할 수 있는지 문제가 된다(2017년 제2기 과세기간 부가가치세의 원칙적인 부과제척기간(5년)은 2023.1.25.에 만료된다고 가정한다).

- 2017년 제2기 과세기간 부가가치세 : 2017년 제2기 과세기간 부가가치세 과세표준 · 세액을 증액하는 조정이 필요하므로, 위 판결이 확정된 날(2024.7.4.)부터 1년이 지나기 전까지 2017년 제2기 과세기간 부가가치세를 증액경정 할 수 있는가?(만약 가능하다면 증액경정을 위한 특례부과제척기간-㉡ 적용). 그런데 법조문에서 다른 세목인 부가가치세는 판결이 대상이 되는 제18기 사업연도 법인세와 '같은 과세기간[제18기(2018년)]에 한정한다'고 규정하고 있으므로 다른 과세기간인 2017년 제2기분 부가가치세에 대해서는 증액경정을 할 수 없다.

2) 형사소송의 경우 : 형사소송법에 따른 소송에 대한 판결이 확정되어 소득세법에 따른 기타소득 중 뇌물 또는 알선수재 · 배임수재로 인한 소득이 발생한 것으로 확인된 경우에는 원칙적인 부과제척기간에도 불구하고 지방국세청장 또는 세무서장은 그 판결이 확정된 날부터 1년이 지나기 전까지 경정이나 그 밖에 필요한 처분을 할 수 있다(증액경정을 위한 특례부과제척기간).

참고 관련사례

예를 들어 재건축 정비사업조합의 조합장인 甲이 2017년에 乙로부터 부정한 청탁을 받고 1억원의 금전을 받아서 2024년 7월 4일에 뇌물죄에 대한 형사판결이 확정되었다. 이 경우 관할세무서장은 2017년 귀속분 기타소득(뇌물 1억원)에 대한 소득세의 원칙적인 부과제척기간(5년)이 2023년 5월 31일로 만료되었더라도 뇌물죄 형사판결이 확정된 2024년 7월 4일부터 1년이 지나기 전까지 甲의 2017년 귀속분 기타소득에 대한 소득세를 증액경정할 수 있다. ■

참고 위 특례부과제척기간의 적용범위(96누68 판결 등)

① '판결'이란 그 판결에 따라 경정결정이나 그 밖에 필요한 처분을 행하지 않으면 안 되는 판결, 즉 조세부과처분이나 경정거부처분에 대한 취소판결(인용판결)을 의미하는 것이고, 납세의무자의 청구를 기각하거나 각하하는 판결은 여기에 해당하지 않는다.

② '해당 판결에 따라 경정결정이나 필요한 처분을 할 수 있다'는 뜻은 ㉠ 그 판결에 따라 감액경정하거나 ㉡ 그 처분이 단순히 절차상의 위법사유로 인하여 취소되는 경우에는 그 하자를 치유하여 동일한 내용의 처분을 다시 할 수 있는 정도를 의미할 뿐이다(즉 해당 판결에 따른 경정결정이나 그에 부수되는 처분만 할 수 있다). 위 ㉡과 관련하여 예를 들면 납부고지의 위법을 이유로 해당 처분이 취소되자, 과세관청이 그 판결 확정일부터 1년 이내에 그 잘못을 바로잡아 다시 부과처분한 것이라면, 해당 판결에 따른 처분으로 특례부과제척기간을 적용받으므로 유효한 처분에 해당한다.

국기 05

③ 동일한 과세기간 내에서 당초 양도소득세 과세처분에 대해 '양도소득'이 아니라 '사업소득'이라는 법원의 확정판결이 있는 경우 그 판결에 따라 판결이 확정된 날부터 1년이 지나기 전 전까지는 당초 양도소득세 과세처분을 취소하고 당초 양도소득세의 부과세액을 한도로 하여 다시 종합소득세를 과세할 수 있다.

④ 해당 판결을 받은 자로서 그 판결이 취소하거나 변경하고 있는 과세처분의 효력이 미치는 납세의무자에 대해서만 그 판결에 따른 경정처분을 할 수 있을 뿐이고, 그 취소나 변경 대상이되고 있는 과세처분의 효력이 미치지 않는 제3자에게는 특례부과제척기간을 적용할 수 없다. ■

3) 상호합의의 경우 : 조세조약에 부합하지 않는 과세의 원인이 되는 조치가 있는 경우 그 조치가 있음을 안 날부터 3년 이내(조세조약에서 따로 규정하는 경우에는 그에 따른다)에 그 조세조약의 규정에 따른 상호합의 절차가 신청된 것으로서 그에 대하여 상호합의가 이루어진 경우, 원칙적인 부과제척기간에도 불구하고 지방국세청장 또는 세무서장은 그 상호합의 절차의 종결일부터 1년이 지나기 전까지 해당 상호합의에 따라 경정이나 그 밖에 필요한 처분을 할 수 있다.

4) 경정청구의 경우 : ㉠ 통상적인 경정청구가 있는 경우에는 원칙적인 부과제척기간에도 불구하고 지방국세청장 또는 세무서장은 경정청구일부터 2개월이 지나기 전까지 해당 경정청구에 따라 경정이나 그 밖에 필요한 처분을 할 수 있다. 이는 통상적인 경정청구기간(5년)이 끝나기 직전에 경정청구를 받은 관할세무서장이 감액경정을 할 때 원칙적인 부과제척기간(5년)이 지났더라도 그 경정청구일부터 2개월 이내에 감액경정을 받을 수 있도록 특례부과제척기간을 신설한 것이다. 그리고 ㉡ 후발적 사유로 인한 경정청구가 있는 경우에도 원칙적인 부과제척기간에도 불구하고 지방국세청장 또는 세무서장은 경정청구일부터 2개월이 지나기 전까지 해당 경정청구에 따라 경정이나 그 밖에 필요한 처분을 할 수 있다. 자산 양도와 관련한 분쟁이 생겨 소송으로 다투어지던 중에 원칙적인 부과제척기간이 지나서 양도계약이 무효로 확정된 경우에도 후발적 사유로 인한 경정청구에 따라 납세의무자가 부과취소 등을 받을 수 있도록 특례부과제척기간을 둔 것이다.

한편 위 ㉠·㉡에 따른 경정청구가 있는 경우 그 경정청구의 대상이 된 과세표준 또는 세액과 연동된 다른 과세기간의 과세표준 또는 세액의 조정이 필요한 경우에는 원칙적인 부과제척기간에도 불구하고 지방국세청장 또는 세무서장은 위의 경정청구일부터 2개월이 지나기 전까지 경정이나 그 밖에 필요한 처분을 할 수 있다. 납세의무자의 경정청구가 있는 경우 원칙적인 부과제척기간이 지났더라도 경정청구일부터 2개월이 지나기 전에 감액경정할 수 있는 것에 대응하여, 그 경정청구의 대상이 된 과세표준 또는 세액과 연동된 다른 과세기간의 과세표준 또는 세액의 증액조정이 필요한 경우에는 원칙적인 부과제척기간이 지났더라도 과세관청으로 하여금 경정청구일부터 2개월이 지나기 전까지 증액경정할 수 있도록 하려는데 그 취지가 있다.

5) 거래 등이 소송에 대한 판결에 의하여 다른 것으로 확정된 경우 : 최초의 신고 · 결정 또는 경정에서 과세표준 및 세액의 계산 근거가 된 거래 또는 행위 등이 그 거래 · 행위 등과 관련된 소송에 대한 판결에 의하여 다른 것으로 확정된 경우에는 원칙적인 부과제척기간에도 불구하고 지방국세청장 또는 세무서장은 판결이 확정된 날부터 1년이 지나기 전까지 경정이나 그 밖에 필요한 처분을 할 수 있다. 여기서 '소송에 대한 판결'이란 조세쟁송 외의 소송에 대한 판결을 의미한다. 예를 들면 거주자 甲이 토지의 수용으로 인한 양도소득세를 신고납부한 후에, 甲이 사업시행자를 상대로 토지 보상가액 조정을 요구하는 행정소송을 제기하여 토지보상금을 증액한다는 확정 판결을 받았고 이에 따라 추가 보상금을 수령한 경우, 과세관청은 원칙적인 부과제척기간에도 불구하고 과세관청은 추가보상금 소송 판결이 확정된 날부터 1년이 지나기 전까지 甲에 대한 양도소득세를 증액경정할 수 있다.
한편 「소득세법 시행령」에서는 다음과 같이 甲에게 추가 보상금에 대한 양도소득세를 추가신고납부할 기회를 부여하고 있다.

> 양도소득과세표준 확정신고를 한 자가 법률에 따른 토지 등의 수용으로 인한 수용보상가액과 관련하여 제기한 행정소송으로 인하여 보상금이 변동됨에 따라 당초 신고한 양도소득금액이 변동된 경우로서 소송 판결 확정일이 속하는 달의 다음 다음 달 말일까지 추가신고 · 납부한 때에는 본래 양도소득세의 확정신고납부기한까지 신고납부한 것으로 본다.

6) 명의대여 사실이 확인된 경우 : 원칙적인 부과제척기간에도 불구하고 조세쟁송에 대한 결정 또는 판결에 의하여 명의대여 사실이 확인된 경우에는 당초의 부과처분을 취소하고 그 결정 또는 판결이 확정된 날부터 1년 이내에 실제로 사업을 경영한 자에게 경정이나 그 밖에 필요한 처분을 할 수 있다. 이는 원칙적인 부과제척기간이 지나서 명의대여 사실이 확인되는 경우에도 과세관청으로 하여금 명의대여자에 대한 당초 부과처분을 취소하고 실질사업자에게 국세를 부과할 수 있도록 특례부과제척기간을 둔 것이다.

7) 재산의 명의대여 사실이 확인된 경우 : 원칙적인 부과제척기간에도 불구하고 조세쟁송에 대한 결정 또는 판결에 의해 '과세의 대상이 되는 재산의 귀속이 명의일 뿐이고 사실상 귀속되는 자가 따로 있다는 사실이 확인된 경우'에는 당초의 부과처분을 취소하고 그 결정 또는 판결이 확정된 날부터 1년 이내에 '재산의 사실상 귀속자'에게 경정이나 그 밖에 필요한 처분을 할 수 있다. 이는 원칙적인 부과제척기간이 지나서 판결 등에 의해서 재산의 명의자와 사실상 귀속자가 다른 사실이 확인되는 경우에도 과세관청으로 하여금 재산의 명의자에 대한 당초 부과처분을 취소하고 재산의 사실상 귀속자에게 국세를 부과할 수 있도록 특례부과제척기간을 둔 것이다.

Ⅲ. 국세징수권의 소멸시효

1. 의의

이는 국가가 국세징수권을 일정기간 동안 계속하여 행사하지 않은 경우 그 국세징수권을 소멸시키는 제도이다. 이는 국가의 오래된 국세징수권에 대한 납세자의 권리부존재 입증의 곤란을 덜어 주어 법적 안정성을 보호하려는데 그 취지가 있다.

2. 징세징수권과 소멸시효의 개념 및 성격

(1) 국세징수권

국세부과에 의한 확정된 조세채권의 실현을 위해 납세자에게 그 이행을 청구하는 권리(납부고지·독촉·강제징수 등)이다. 국세징수권은 청구권에 해당하는데, 일반 사채권과 달리 자력집행권과 우선징수권이 인정된다.

(2) 소멸시효

권리의 불행사가 일정기간 계속되는 경우 그 권리를 소멸시키는 제도이다. 소멸시효가 진행되기 위해서는 과세관청이 이를 정상적으로 징수할 수 있음에도 이를 행사하지 않아야 진행이 된다. 따라서 국세징수권을 행사하면 시효가 중단이 되고 행사가 곤란한 경우에는 소멸시효가 정지된다.

3. 소멸시효의 완성의 효과

국세징수권의 소멸시효가 완성되면 그 징수권은 기산일에 소급하여 소멸한다. 따라서 그 국세에 대한, 강제징수비 및 이자상당액 등과 같이 시효기간 중에 발생한 권리도 함께 소멸한다. 그리고 민사상 채무와는 달리 납세자의 원용을 필요로 함이 없이 시효의 완성으로 징수권은 절대적으로 소멸하게 된다.

4. 소멸시효기간

국세징수권은 이를 행사할 수 있는 때부터 다음의 구분에 따른 기간 동안 행사하지 않으면 소멸시효가 완성된다.

구분	소멸시효기간	비고
① 5억원 이상의 국세	10년	이 경우 ①·②의 국세의 금액은 가산세를 제외한 금액으로 한다.
② 위 ① 외의 국세	5년	

이러한 소멸시효의 기산일은 다음과 같다.

구분		소멸시효의 기산일
원칙적인 기산일	신고납세제도의 세목 중 신고한 세액 * 자진납부가 되지 않는 부분만 해당	그 법정신고납부기한의 다음 날
	과세표준 · 세액을 정부가 결정 · 경정 · 수시부과결정하는 경우 납부고지한 세액	그 납부고지에 따른 납부기한의 다음 날
예외적인 기산일	납부고지한 원천징수세액 · 납세조합징수세액	그 납부고지에 따른 납부기한의 다음 날
	납부고지한 인지세액	
	신고납세제도의 세목에 대한 세액 중 법정신고기한이 연장되는 경우	그 연장된 기한의 다음 날

5. 소멸시효의 중단과 정지

(1) 소멸시효의 중단

국세징수권 소멸시효의 진행 중에 징수권의 행사에 해당하는 사유가 있는 경우에는 그때까지 진행되어 온 시효기간이 효력을 상실하고, 새로이 시효가 진행한다. 이러한 국세징수권 소멸시효의 중단사유에는 ① 납부고지, ② 독촉, ③ 교부청구, ④ 압류*가 있다.

* ㉠ 압류금지재산을 압류하거나 ㉡ 제3자의 재산을 압류한 경우에는 압류를 즉시 해제해야 하는데, 이처럼 필요적 압류 해제 사유에 해당하는 경우에는 소멸시효의 중단사유(압류)에서 제외한다(소멸시효 중단사유의 예외).

(2) 소멸시효의 정지

소멸시효기간의 진행 중에 권리자가 권리를 행사하는 것이 불가능하거나 현저히 곤란한 사유가 있는 때에 소멸시효의 완성을 그 기간만큼 유예한다. 이러한 소멸시효의 정지사유에는 ① 세법에 따른 분납기간, ② 납부고지의 유예, 지정납부기한 · 독촉장에서 정하는 기한의 연장, 징수유예 기간, ③ 압류 · 매각의 유예기간, ④ 연부연납(年賦延納)기간, ⑤ 세무공무원이 국세징수법에 따른 사해행위(詐害行爲) 취소소송이나 민법에 따른 채권자대위 소송을 제기하여 그 소송이 진행 중인 기간(인용결정의 경우에만 해당), ⑥ 체납자가 국외에 6개월 이상 계속 체류하는 경우 해당 국외 체류 기간이 있다.

제 6 장
납세의무의 확장

제1절 개 요

I-1 p.195

Ⅰ. 의의

본래 납세의무는 과세물건이 귀속된 납세의무자에게 지우는 것이 원칙이다. 그런데 조세채권의 보전을 위해 일정한 경우에 본래 납세의무자 외의 자에게 납부책임을 지우고 있는데, 이를 '납세의무의 확장'이라고 한다.

Ⅱ. 납세의무의 확장제도의 유형

구분	본래의 납세자의 납세의무	납부책임의 한도
납세의무의 승계	소 멸	전 액
연대납세의무	존 속	전 액
보충적 납세의무 ① 제2차납세의무 ② 물적납세의무 ③ 납세보증의무	존 속	징수부족액

제2절 납세의무의 승계

I-1 p.196

Ⅰ. 의의

'납세의무의 승계'란 본래 납세자가 사망 또는 합병에 따라 소멸하는 경우에 그 자의 권리·의무를 승계한 자에게 납세의무도 의무의 하나로서 이전시키는 것을 말한다.

이러한 납세의무의 승계는 당사자의 의사에 관계없이 법정요건의 충족에 의해 강행적으로 이루어지며, 법정요건이 충족되면 어떠한 처분·행위도 필요 없이 당연히 납세의무가 승계된다.

참 고 납세의무 이외에 승계되는 피승계자(피상속인·피합병법인)의 권리·의무

① 체납자에게 행한 강제징수는 체납자가 사망 후에도 그 상속인에게 행한 것으로 본다.
② 연대납세의무·제2차납세의무·물적납세의무 및 원천징수의무 등 각종 협력의무도 승계된다.
③ 납부고지의 유예·연부연납·담보제공 등 상태도 그대로 승계되며, 수정신고·경정청구·불복청구를 할 수 있는 권리도 그대로 승계된다. ■

Ⅱ. 납세의무 승계의 사유

1. 법인의 합병으로 인한 승계

(1) 개요

법인이 합병한 경우 합병법인은 합병으로 소멸된 법인(즉 피합병법인)에 부과되거나 그 법인이 납부할 국세·강제징수비를 납부할 의무를 진다.

(2) 승계되는 국세 등의 범위

'부과되거나 납부할 국세 등'이란 피합병법인에게 귀속이 되어 납세의무는 성립하였으나 확정되지 않은 국세 등과 확정은 되었으나 납부되지 않은 국세 등이다. 승계에 따른 납부책임의 한도액이 별도로 규정되어 있지 않으므로 피합병법인의 국세 등을 '전액 승계'한다.

2. 상속으로 인한 승계

(1) 개요

상속이 개시된 때에 그 상속인(수유자와 사인증여를 받은 자를 포함한다. 이하 같다) 또는 상속재산관리인은 피상속인에게 부과되거나 그 피상속인이 납부할 국세 및 강제징수비를 납부할 의무를 진다.

여기서 '수유자(受遺者)'란 유증을 받은 자를 말하며, '사인증여(死因贈與)'란 증여자의 사망에

의해 효력이 생기는 증여를 말한다. 이 경우에도 '부과되거나' '납부할' 국세 등이란 법인 합병의 경우와 마찬가지로 성립 또는 확정된 국세 등을 모두 포함한다.

(2) 승계의 한도액

상속인은 피상속인의 국세 및 강제징수비를 상속으로 받은 재산의 한도에서 납부할 의무를 진다. 여기서 '상속으로 받은 재산'이란 다음 계산식에 따른 가액을 말하며, 자산총액과 부채총액의 가액은 상증세법의 규정을 준용하여 평가한다.

상속으로 받은 재산 = 상속으로 받은 [자산총액 – 부채총액] – 상속세*

* 상속으로 인하여 부과되거나 납부할 상속세를 말한다.

참 고 피상속인의 사망으로 상속인이 보험금을 받은 경우 납세의무 승계

상속으로 인한 납세의무 승계를 피하면서 재산을 상속받기 위하여 피상속인이 상속인을 수익자로 하는 보험계약을 체결하고 피상속인의 사망으로 상속인이 보험금을 받은 경우에는 다음의 구분에 따른 금액을 상속인(아래 ①에 따른 상속을 포기한 사람은 상속인*으로 본다)이 상속받은 재산으로 보아 상속으로 인한 납세의무의 승계규정을 적용한다.

① 민법에 따라 상속을 한정승인 또는 포기한 상속인이 보험금을 받은 경우

상속받은 재산으로 보는 보험금 = 상속인이 받은 보험금 전액

② 피상속인이 국세 또는 강제징수비를 체납한 상태에서 해당 보험의 보험료를 납입한 경우로서 상속인(상속을 한정승인 또는 포기한 상속인은 제외)이 보험금을 받은 경우

$$\text{상속받은 재산으로 보는 보험금} = \text{상속인이 받은 보험금} \times \frac{\text{피상속인의 국세 체납일수}^{㉠}}{\text{피상속인의 보험료 납입일수}^{㉡}}$$

㉠ 피상속인의 국세 체납일수(분자) : 피상속인이 최초로 보험료를 납입한 날부터 마지막으로 보험료를 납입한 날까지의 기간 중 국세를 체납한 일수

㉡ 피상속인의 보험료 납입일수(분모) : 피상속인이 최초로 보험료를 납입한 날부터 마지막으로 보험료를 납입한 날까지의 일수

* 위 조문이 신설되기 전 대법원은 조세법률주의의 엄격해석의 원칙을 적용하여 ① 상속포기자는 상속인이 아니고 ② 상속포기자가 받은 보험금은 상속받은 재산이 아니라고 판결하였다. 이는 종전 규정에 따르면 상속인이 될 자가 자기 몫으로 상속될 재산을 보험금 형태로 수령하고 상속을 포기해 버리면 피상속인의 체납국세에 대한 납세의무의 승계를 피하는 결과가 발생한다. 이러한 문제점을 방지하기 위해서 상속포기자가 상속재산으로 보는 보험금을 수령하는 경우에도 상속으로 인한 납세의무 승계 규정을 적용하도록 하였다. ■

(3) 상속인이 2명 이상인 경우

상속인이 2명 이상일 때 각 상속인은 피상속인에게 부과되거나 그 피상속인이 납부할 국세 및 강제징수비를 '민법에 따른 상속분'에 따라 나누어 계산하여 상속으로 받은 재산의 한도에서

연대하여 납부할 의무를 진다. 그런데 다음 중 어느 하나에 해당하는 경우에 각 상속인은 피상속인에게 부과되거나 그 피상속인이 납부할 국세 및 강제징수비를 '상속으로 받은 재산가액 비율'에 따라 나누어 계산하여 상속으로 받은 재산의 한도에서 연대하여 납부할 의무를 진다.

① 상속인 중 수유자가 있는 경우
② 상속인 중 상속을 포기한 사람이 있는 경우
③ 상속인 중 유류분을 받은 사람이 있는 경우
④ 상속으로 받은 재산에 보험금이 포함된 경우

여기서 '상속으로 받은 재산가액 비율'이란 각각의 상속인(수유자와 상속포기자를 포함한다. 이하 같다)이 상속으로 받은 재산의 가액을 각각의 상속인이 상속으로 받은 재산가액의 합계액으로 나누어 계산한 비율을 말한다.

$$\text{상속으로 받은 재산가액 비율} = \frac{\text{각각의 상속인이 상속으로 받은 재산가액}}{\sum(\text{각각의 상속인이 상속으로 받은 재산가액})}$$

(4) 상속인이 있는지 불분명한 경우

상속인이 있는지 분명하지 않을 때에는 상속인에게 해야 할 납부고지 · 독촉이나 그 밖에 필요한 사항은 상속재산관리인에게 해야 한다. 상속재산관리인도 없는 경우에는 세무서장이 관할 법원에 선임을 신청할 수 있다.

(5) 피상속인에게 한 처분의 처분

피상속인에게 한 처분 또는 절차는 상속으로 납세의무를 승계하는 상속인 또는 상속재산관리인에 대해서도 효력이 있다.

국기 06

제3절 연대납세의무

I-1 p.201

I. 의의

둘 이상의 납세의무자가 동일 내용의 하나의 납세의무에 대해 각자가 독립하여 그 전부를 납부할 의무를 부담하고, 그 중 1인이 납부하면 그 납부한 세액부분에 대해서는 다른 납세의무자도 그 납세의무를 면하게 되는 '다수당사자의 납세의무'를 말한다.

Ⅱ. 연대납세의무를 지는 사유

1. 국세기본법의 규정

(1) 공유물 · 공동사업 등에 관한 연대납세의무

공유물 · 공동사업 또는 그 공동사업에 속하는 재산에 관계되는 국세 · 강제징수비는 공유자 · 공동사업자가 연대하여 납부할 의무를 진다. 공유물 · 공동사업에 관련된 권리 · 의무는 공동소유자 · 공동사업자에게 실질적으로 공동의 귀속이 된다. 따라서 이와 관련된 납세의무에 대한 담세력도 공동으로 판단해야 하는 것으로서 조세채권을 보전하기 위해서 연대납세의무를 지우고 있다.

(2) 법인의 분할로 인한 연대납세의무

1) 존속분할의 경우 : 법인이 분할(또는 분할합병)되는 경우 분할되는 법인에 대해 분할일(또는 분할합병일) 이전에 부과되거나 납세의무가 성립한 국세 · 강제징수비는 ① 분할법인, ② 분할신설법인, ③ 존속하는 분할합병의 상대방 법인이 분할로 승계된 재산가액을 한도로 연대하여 납부할 의무를 진다.

2) 소멸분할의 경우 : 법인이 분할(또는 분할합병)로 해산하는 경우 해산하는 법인에 부과되거나 그 법인이 납부할 국세 · 강제징수비는 ① 분할신설법인, ② 존속하는 분할합병의 상대방 법인이 분할로 승계된 재산가액을 한도로 연대하여 납부할 의무를 진다.

(3) 신회사 설립으로 인한 연대납세의무

법인이 법률에 따라 신회사를 설립하는 경우 기존의 법인에 부과되거나 납세의무가 성립한 국세 · 강제징수비는 신회사가 연대하여 납부할 의무를 진다.

2. 개별세법의 특례규정

(1) 연대납세의무에 관한 예외 : 소득세법의 규정

1) 공동사업자별 납세의무 : 국세기본법에 따른 연대납세의무에도 불구하고 공동사업에서 발생한 소득금액은 공동사업자 간에 손익분배비율에 의해서 분배되었거나 분배될 소득금액에 따라 공동사업자별로 납세의무를 진다.

2) 공동소유자별 납세의무 : 국세기본법에 따른 연대납세의무에도 불구하고 공동으로 소유한 자산에 대한 양도소득금액을 계산할 경우에는 해당 자산을 공동으로 소유하는 각 거주자가 개별적으로 납세의무를 진다.

판례 공동사업에 따른 부가가치세에 대해서 연대납세의무를 지는 이유

공동사업자 간에 손익분배비율이 정해져 있어 부가가치세도 이와 같이 공동사업자별로 구분할 수 있어서 공동사업에 관한 부가가치세도 소득세와 같은 개별납세를 인정해야 한다는 의문이 생기게 된다. 그러

나 공동사업자간 개별귀속이 확실한 소득금액이 아닌 사업을 단위로 부과하는 부가가치세의 경우 이것이 공동사업이라면 본인과 관련 있는 사업경영성과와 본인과 관련 없는 사업경영성과를 인위적으로 나눌 수는 없을 것이다. 그러므로 공동사업과 관련된 부가가치세는 공동으로 담세력을 판단하는 것이 법형식 뿐만 아닌 경제적 실질에도 부합한다(2004헌바70). ■

(2) 연대납세의무를 지는 사유의 확장

① 양도소득세의 증여 후 양도행위의 부인에 따라 당초 증여자가 직접 양도하는 것으로 보아 양도소득세를 부과하는 경우 그 당초 수증자도 이에 대해 당초 증여자와 연대하여 납부할 의무가 있다.

② 연결법인은 각 연결사업연도소득에 대한 법인세(이와 관련된 토지 등 양도소득에 대한 법인세 · 미환류소득에 대한 법인세 포함)를 연대하여 납부할 의무가 있다.

③ 해산하는 법인이 원천징수할 법인세를 징수하지 않거나 납부하지 않고 잔여재산을 분배한 경우 청산인과 그 잔여재산을 분배받은 자는 이를 연대하여 납부할 의무가 있다.

④ 수탁자가 납세의무자가 되는 신탁재산에 둘 이상의 수탁자(이하 '공동수탁자')가 있는 경우 공동수탁자는 부가가치세를 연대하여 납부할 의무가 있다.

⑤ 상속인 · 수유자(사인증여 받은 자 포함)는 상속세에 대해 연대하여 납부할 의무가 있다.

⑥ 일정한 경우 증여자는 수증자가 납부할 증여세에 대해서 연대하여 납부할 의무가 있다.

Ⅲ. 연대납세의무의 효력

1. 조세채권자와 연대납세의무자 사이의 관계

(1) 조세채권자의 권리(과세관청의 권리)

조세채권자(과세관청)는 모든 연대납세의무자에 대해서 조세채권의 일부 · 전부의 이행청구(납부 고지 · 독촉 등)를 할 수 있다.

(2) 연대납세의무자 1인에 관하여 생긴 사유의 효력

1) 절대적 효력 : 어느 연대납세의무자 1인의 납부 · 충당으로 조세채권의 전부 · 일부의 만족을 주는 사유는 다른 연대납세의무자에게도 효력이 있다(절대적 효력). 또한 어느 연대납세의무자에 대한 납세의무의 면제는 다른 연대납세의무자에게도 효력이 있다.

2) 상대적 효력 : 절대적 효력에 해당하는 사유 외의 어느 연대납세의무자에 관한 사항은 다른 연대납세의무자에게 효력이 없다(상대적 효력). 예컨대 연대납세의무자의 1인에 대한 과세처분의 무효 · 취소의 사유는 다른 연대납세의무자에게 그 효력이 미치지 않는다.
본래 민법은 '어느 연대채무자에 대한 이행청구는 다른 연대납세의무자에게도 효력이 있다.'고 규정하여 이행청구에 대하여 절대적 효력을 인정하고 있다. 그러나 국세기본법은

'납부고지 · 독촉에 관한 서류는 연대납세의무자 모두에게 각각 송달해야 한다.'라고 규정하고 있으므로 조세채권의 납부고지 · 독촉에 의한 조세채무의 이행청구의 효력은 상대적 효력을 갖는다. 조세에 있어서 납부고지와 독촉은 압류의 요건을 충족시킴으로써 다른 연대납세자의 재산권에 중대한 영향을 미치기 때문에 절대적 효력을 부인하고 있다.

2. 연대납세의무자 사이의 구상관계

어느 연대납세의무자가 납부 · 충당으로 모든 연대납세의무자의 납부책임을 면하게 하는 경우에는 다른 연대납세의무자의 부담부분에 대해 구상권을 행사할 수 있다.

제4절 제2차납세의무

I-1 p.206

I. 의의

1. 개념

'제2차납세의무'란 주된 납세자가 납세의무를 이행할 수 없는 경우에 그 납세자를 대신하여 보충적으로 부담하는 납세의무를 말한다. 보충적 납세의무 간 차이점은 다음과 같다.

구분	책임재산의 범위	당사자의 의사 여부
제2차납세의무	일반재산(인적담보 적용)	법률에 따른 강제적 의무
물적납세의무	특정재산(물적담보 적용)	
납세보증채무	일반재산(인적담보 적용)	보증인의 자발적 의무

2. 법적성격

(1) 부종성

제2차납세의무는 주된 납세의무가 있음을 전제로 하여 성립하고 주된 납세자에 관련된 사유는 제2차납세의무자에게도 효력이 있다. 따라서 주된 납세의무의 내용이 변경되면 제2차납세의무의 내용도 변경되고, 주된 납세의무가 소멸하면 제2차납세의무도 소멸한다.*

* 반대로 제2차납세의무에 관하여 생긴 사유는 주된 납세의무에 영향을 미치지 않는다. 다만, 납부 · 충당과 같이 조세채권을 만족시키는 사유는 주된 납세자에게도 효력이 있다. 이 경우 제2차납세의무자가 납부한 세액에 대해서는 당연히 그 금액을 주된 납세자에게 구상할 수 있다.

판 례 제2차납세의무 부과처분 취소소송에서 주된 납세의무자에 대한 부과처분의 하자를 주장할 수 있는지 여부

제2차납세의무자는 주된 납세자의 위법 여부에 대한 확정 없이 자신의 부과처분 취소소송에서 주된 납세자에 대한 하자를 다툴 수 있다(79누270). ■

(2) 보충성

제2차납세의무자는 주된 납세자의 재산을 강제징수를 하여도 징수할 수 없는 경우 그 부족액에 대해서만 납부할 의무가 있다. 여기서 징수부족액의 발생은 반드시 주된 납세의무자에 대하여 현실로 강제징수를 집행하여 부족액이 구체적으로 생기는 것까지를 필요하지 않고, 강제징수를 하면 객관적으로 징수부족액이 생길 것으로 인정되면 족하다는 것이 판례의 입장이다.

판 례 징수부족액의 판정시기(또는 제2차납세의무의 성립시기)

대법원은 제2차납세의무가 성립하기 위하여는 주된 납세의무자의 체납 등 요건에 해당하는 사실이 발생해야 하므로 그 성립시기는 적어도 '주된 납세의무의 납부기한'이 경과한 이후라고 하면서, 이에 대한 구체적 판단에 있어 제2차납세의무가 성립하기 위해서는 주된 납세의무에 징수부족액이 있을 것을 요건으로 하지만, 일단 주된 납세의무가 체납된 이상 그 징수부족액의 발생은 반드시 주된 납세의무자에 대해 현실로 강제징수를 집행하여 부족액이 구체적으로 생기는 것까지를 필요하지 않고, 강제징수를 하면 객관적으로 징수부족액이 생길 것으로 인정되면 족하다고 하고 있다(95누14756). ■

Ⅱ. 청산인 등의 제2차납세의무

1. 의의

법인이 해산(합병에 의한 해산은 제외)하여 청산하는 경우에 그 법인에 부과되거나 그 법인이 납부할 국세·강제징수비를 납부하지 않고 해산에 의한 잔여재산을 분배하거나 인도하였을 때에 그 법인에 대하여 강제징수를 집행하여도 징수할 금액에 미치지 못하는 경우에는 청산인 또는 잔여재산을 분배받거나 인도받은 자는 그 부족한 금액에 대하여 제2차납세의무를 진다.

2. 효과

청산인 또는 잔여재산을 분배받거나 인도받은 자는 그 부족한 금액에 대하여 제2차납세의무를 진다. 이 경우 제2차납세의무의 한도는 다음의 구분에 따른다.

① 청산인 : 분배하거나 인도한 재산가액
② 잔여재산을 분배받거나 인도받은 자 : 각자가 받은 재산가액*

* 이러한 재산가액은 잔여재산을 분배 또는 인도한 날 현재의 시가로 한다.

국기 06

Ⅲ. 출자자의 제2차납세의무

1. 의의

(1) 개념

법인(증권시장에 주권이 상장된 법인은 제외, 이하 같다)의 재산으로 그 법인에 부과되거나 그 법인이 납부할 국세 및 강제징수비에 충당하여도 부족한 경우에는 그 법인의 ① 무한책임사원이나 ② 과점주주는 그 부족한 금액에 대하여 제2차납세의무를 진다.

(2) 제도의 취지

조세채무도 회사의 채무에 속하므로 무한책임사원이 제2차납세의무를 지는 것은 당연하다. 그러나 과점주주는 그가 가진 주식의 인수가액을 한도로 유한책임을 진다. 그럼에도 불구하고 과점주주에게 제2차납세의무를 부과하는 취지는 과점주주는 주식회사를 실질적으로 경영하면서 조세회피의 수단으로 이용할 수 있는 지위에 있기 때문에 조세징수를 위해서 제2차납세의무를 지우는 것이다.

2. 요건

(1) 주된 납세자

주된 납세자인 법인은 증권시장에 주권이 상장된 유가증권시장(코스피) 상장법인과 코스닥 상장법인을 제외한 법인으로 한다. 종전에는 주된 납세자인 법인을 상장 여부에 관계없이 모든 법인으로 하였으나, 상장법인은 과점주주가 법인격 남용을 통한 조세회피의 가능성이 낮기 때문에 주된 납세자인 법인의 범위에서 제외한 것이다.

(2) 제2차납세의무자

1) 주된 납세자인 법인의 납세의무 성립일 현재 다음의 ① 무한책임사원과 ② 과점주주가 제2차납세의무를 진다.

구분	제2납세의무자의 구체적인 범위
① 무한책임사원	㉠ 합명회사의 사원과 ㉡ 합자회사의 무한책임사원을 말한다.
② 과점주주	주주(또는 유한책임사원*) 1명과 그의 특수관계인으로서 그들의 소유주식 합계(또는 출자액 합계)가 해당 법인의 발행주식 총수(또는 출자총액)의 50%를 초과하면서 그 법인의 경영에 대하여 지배적인 영향력을 행사하는 자들을 말한다.** 이 경우 소유주식 및 발행주식총수에는 의결권 없는 주식은 포함하지 않고 50%를 초과하는지의 여부를 판정한다.

* 여기서 '유한책임사원'이란 ㉠ 합자회사의 유한책임사원, ㉡ 유한책임회사의 사원 및 ㉢ 유한회사의 사원을 말한다.

** 예를 들면 임원 임면권(任免權) 행사, 사업방침 결정 등 법인경영에 사실상 영향력을 행사한다고 인정되는 경우 등이다.

여기서 '특수관계인'이란 주주 1인(본인)과 친족관계, 경제적 연관관계, 경영지배관계에 있는 자를 말한다.

참 고 과점주주의 입증

주식의 소유사실은 과세관청이 주주명부나 주식변동상황명세서 · 법인등기부등본 등 자료에 따라 이를 입증하면 된다. 다만, 주주명의를 도용당하였거나 실질소유주의 명의가 아닌 차명으로 등재되었다는 등의 사정이 있는 경우에는 그 명의만으로 주주에 해당한다고 볼 수는 없으나 이 경우 주주가 아님은 그 명의자가 입증해야 한다. ■

2) 과점주주 중 제2차납세의무자 : 과점주주 모두가 각자 제2차납세의무를 진다(과점주주 간의 연대납세의무는 없음)

판 례 주식양도계약이 취소되는 경우 당초 주식 양도자에게 제2차납세의무가 있는지 여부

과점주주의 여부는 현실적으로 주주권을 행사한 사실이 없더라도 법인이 체납한 납세의무의 성립일 현재 당시 소유하고 있던 주식에 관하여 과점주주로서 주주권을 행사할 수 있는 지위에 있으면 된다. 따라서 그 성립일 당시 해당 주주권을 행사할 수 있는 자라고 볼 수 없는 경우에는 과점주주에서 제외해야 할 것이다.

주식의 양도일 이후 법인이 체납한 국세 등의 납세의무가 성립하고 양도계약이 민사소송의 판결 등(조세회피목적 ×)에 따라 취소하기로 합의한 경우 양도계약의 취소로 인해 당초 주식의 양도자가 주주로서의 지위가 원상회복이 된다 하더라도 그 납세의무 성립일 현재로 소급하여 주주권을 행사할 수 있는 지위에 있다고 보기는 어렵다. 따라서 당초 주식의 양도자는 과점주주로서 제2차납세의무자에 해당한다고 볼 수 없다(2011두9287). ■

(3) 제2차납세의무의 대상이 되는 국세 등의 범위

주된 납세자인 법인에게 부과되거나 납부할 국세 등을 대상으로 한다.

(4) 징수부족액의 발생

주된 납세자인 법인의 재산으로 그 법인에게 부과되거나 납부할 국세 등을 충당하여도 부족해야 한다.

3. 효과

이상과 같은 요건이 충족되면 법인의 무한책임사원 · 과점주주는 그 징수부족액에 대해 제2차납세의무를 진다. 이 경우 ① 무한책임사원은 한도 없이 징수부족한 국세 등의 전액에 대해, ② 과점주주는 다음의 금액을 한도로 제2차납세의무를 진다.

한도액 = 징수부족한 금액 × 과점주주 각자의 지분비율(의결권 없는 주식은 제외)

국기 06

참 고 영농조합법인(또는 영어조합법인) 과점조합원의 제2차납세의무

영농조합법인(또는 영어조합법인)의 재산으로 그 법인에 부과되거나 그 법인이 납부할 국세 및 강제징수비에 충당하여도 부족한 경우에는 그 국세의 납세의무 성립일 현재 과점조합원은 그 부족한 금액에 대하여 다음의 금액을 한도로 제2차납세의무를 진다.

$$\text{과점조합원의 제2차납세의무 한도액}^{*} = \text{징수부족한 금액} \times \frac{\text{과점조합원의 출자액}^{**}}{\text{출자총액}}$$

* 조합원 간에 손익분배비율을 정한 경우로서 그 손익분배비율이 출자액의 비율과 다른 경우에는 (징수부족한 금액 × 과점조합원 간에 정한 손익분배비율) 금액을 한도액으로 한다.

** 과점조합원의 출자액은 그 과점조합원이 실질적으로 권리를 행사하는 출자액으로 한다.

여기서 '과점조합원'이란 영농조합법인(또는 영어조합법인)의 조합원 1명과 그의 특수관계인으로서 그들의 출자액의 합계가 해당 조합의 출자총액의 50%를 초과하는 자들을 말한다. 다만, 조합원 간에 손익분배비율을 정한 경우로서 그 손익분배비율이 출자액의 비율과 다른 경우에는 조합원 1명과 그의 특수관계인으로서 그들의 손익분배비율의 합계가 50%를 초과하는 자들을 과점조합원으로 한다. ■

Ⅳ. 법인의 제2차납세의무

1. 의의

(1) 개념

법인의 무한책임사원 · 과점주주(이하 '출자자')의 재산으로 그 출자자가 납부할 국세 · 강제징수비에 충당하여도 부족한 경우에는 그 법인은 그 출자자의 소유주식 등을 환가할 수 없는 경우에만 그 부족한 금액에 대해 제2차납세의무를 진다.

(2) 제도의 취지

출자자가 소유하고 있는 주식을 제외한 다른 재산으로 체납액에 충당하여도 부족하고 그 소유주식이 환가불능한 경우가 있다. 이러한 경우에는 조세채권의 확보를 위해 그 주식을 발행한 법인에 대해 제2차납세의무를 지우는 것이다.

2. 요건

(1) 주된 납세자

주된 납세자는 법인의 무한책임사원 · 과점주주이어야 한다. 무한책임사원 · 과점주주는 국세(둘 이상의 국세의 경우에는 납부기한이 뒤에 오는 국세)의 납부기간 만료일 현재를 기준으로 판단한다.

(2) 제2차납세의무자

주된 납세자가 출자하고 있는 법인이다. 여기서 법인은 주권상장 여부와 관계없이 모든 법인이 포함된다.

(3) 소유주식의 환가불능

① 정부가 출자자의 소유주식(또는 출자지분)을 재공매(再公賣)하거나 수의계약으로 매각하려 하여도 매수희망자가 없는 경우

② 그 법인이 외국법인인 경우로서 출자자의 소유주식(또는 출자지분)이 외국에 있는 재산에 해당하여 국세징수법에 따른 압류 등 강제징수가 제한되는 경우

③ 법률 또는 그 법인의 정관에 따라 출자자의 소유주식(또는 출자지분)의 양도가 제한된 경우[국세기본법에 따른 불복청구 절차가 진행 중이거나 행정소송이 계속 중인 국세의 체납으로 압류한 재산으로서 그 불복청구에 대한 결정이나 소(訴)에 대한 판결이 확정되기 전에 공매할 수 없는 경우는 제외]

(4) 제2차납세의무의 대상이 되는 국세 등의 범위

주된 납세자인 출자자가 납부할 국세 등에 대해 법인이 제2차납세의무를 진다. 여기서 '납부할 국세 등'이란 납세의무가 확정된 국세 등을 의미한다.

(5) 징수부족액의 발생

출자자의 재산(해당 법인의 주식 등은 제외)으로 주된 납세자인 출자자가 납부할 국세 등을 충당하여도 부족해야 한다.

3. 효과

이상의 요건을 충족한 경우 법인은 다음의 금액을 한도로 징수부족액에 대해서 제2차납세의무를 진다.

한도액 = 해당 법인의 [자산총액 − 부채총액]×출자자의 지분비율

* 자산총액 · 부채총액 평가는 그 출자자의 국세(둘 이상의 국세의 경우에는 납부기한이 뒤에 오는 국세)의 납부고지서상 납부기한의 만료일 현재의 시가로 한다.

[도 표] 출자자의 제2차납세의무와 법인의 제2차납세의무의 비교

구분	출자자의 제2차납세의무	법인의 제2차납세의무
(1) 주된 납세자	• 비상장법인	• 무한책임사원 • 과점주주

⑵ 제2차납세의무자	• 무한책임사원 • 과점주주(과점조합원)	• 법인
⑶ 출자자의 판정시점	• 주된 납세의무의 성립일 현재	• 국세의 납부기간 만료일 현재
⑷ 납부책임의 한도	• 무한책임사원 : 한도 없음 • 과점주주(과점조합원) : 징수부족액 × 지분비율	• 순자산가액 × 지분비율

V. 사업양수인의 제2차납세의무

1. 의의

(1) 개념

사업이 양도 · 양수된 경우에 그 사업에 관한 국세 · 강제징수비를 양도인의 재산으로 충당하여도 부족할 때에는 사업의 양수인은 그 부족한 금액에 대해 제2차납세의무를 진다.

(2) 제도의 취지

상법에 따른 "영업양수인이 양도인의 상호를 계속 사용하는 경우에 양도인의 영업으로 인한 제3자의 채권에 대해 변제책임을 진다."는 규정에서 찾을 수 있다. 다만, 조세의 특성 · 징세의 편의 등을 고려하여 몇 가지 변형을 가하고 있다.

한편으로 이 제도는 양도인과 양수인의 담합에 따라 양도인의 조세채무의 면탈을 방지하려는 데 그 취지를 두고 있다.

2. 요건

(1) 사업의 양도 · 양수

'사업의 양도 · 양수'란 계약의 명칭 · 형식과 상관없이 실질상 사업에 관한 모든 권리 · 의무를 포괄적으로 양도 · 양수하는 것을 말한다. 즉 사업양도인과 동일시될 정도의 법률적 지위를 그대로 승계하는 것으로써 구체적인 경우는 다음과 같다.

① 사업장별로 포괄승계 여부를 판단한다.

② 포괄승계의 여부는 물적설비의 승계에 따른다. 따라서 고용승계나 양도인의 상호를 계속적으로 사용할 필요는 없다.

③ 사업의 양도 · 양수계약이 그 사업장 내의 시설물 · 비품 · 재고자산 · 건물 · 대지 등에 따라 부분별 · 시차별로 별도로 이루어졌다 하더라도 결과적으로 사회통념상 사업 전부에 관하여 행하여진 것이라면 양도 · 양수에 해당한다(2006두1166).

(2) 사업의 양도인과 양수인과의 관계

사업양수인으로서 다음 중 어느 하나에 해당하는 자가 제2차납세의무를 진다.

① 양도인과 특수관계인인 자

② 양도인의 조세회피를 목적으로 사업을 양수한 자

(3) 제2차납세의무의 대상이 되는 국세 등의 범위

사업양수인은 양도일 이전에 양도인의 납세의무가 확정된 그 사업에 관한 국세·강제징수비(이하 '국세 등')에 대해 제2차납세의무를 진다.

1) 사업에 관한 국세 등 : 사업양수인은 양수한 '해당 사업에 관한 국세 등'에 대해서만 제2차납세의무를 진다.

* 사업의 양도인에게 둘 이상의 사업장이 있는 경우에 하나의 사업장을 양수한 자의 제2차납세의무는 양수한 사업장에 관계되는 국세 등에 한정한다. 이 경우 둘 이상의 사업장에 공통되는 국세 등이 있는 경우에는 양수한 사업장에 배분되는 금액에 대해서만 제2차납세의무를 진다.

2) 양도일 이전에 확정된 국세 등 : 사업양수인은 양도일 이전에 양도인의 납세의무가 확정된 국세 등에 대해서만 제2차납세의무를 진다. 그 이유는 확정되지 않는 국세 등에 대해 사업양수인에게 보충적 납부책임을 지울 경우에 사업양수인의 예측가능성이 심각하게 침해되는 결과가 되기 때문이다.

(4) 징수부족액의 발생

사업양도인의 재산으로 그 사업양도인이 납부할 국세 등에 충당하여도 부족해야 한다.

3. 효과

이상과 같은 요건이 충족되면 사업양수인에게 사업양도인의 국세 등에 대한 제2차납세의무가 성립하며, 납부고지서의 송달에 의해 확정된다. 이 경우 사업양수인은 양수한 재산가액을 한도로 제2차납세의무를 진다. 여기서 '양수한 재산가액'이란 다음의 가액을 말한다.

① 사업양수인이 양도인에게 지급하였거나 지급해야 할 금액이 있는 경우에는 그 금액(즉 양수대가)

② ①의 금액이 없거나 불분명한 경우에는 양수한 자산 및 부채를 상증세법의 규정을 준용하여 평가한 후 그 자산총액에서 부채총액을 뺀 가액(즉 양수한 순자산 시가)

다만, ①에 따른 금액과 시가와의 차액이 ㉠ 3억원 이상이거나 ㉡ 시가의 30%에 상당하는 금액 이상인 경우에는 위 ①의 금액과 ②의 금액 중 큰 금액으로 한다.

Ⅵ. 징수절차

세무서장이 제2차납세의무자에게 주된 납세자의 국세 등을 징수하려 할 경우에는 납부고지서에 의해 고지해야 한다. 이렇게 고지된 납부고지서상 납부기한까지 납부하지 않는 경우에는 독촉장을 발부해야 한다. 이러한 독촉에 의한 납부기한까지도 제2차납세의무를 이행하지 않으면 제2차납세의무자의 일반재산에 대해 강제징수를 할 수 있게 된다. 여기서 행정해석은 제2차납세의무자의 재산은 주된 납세자의 재산을 매각한 후에 매각한다고 하고 있는데, 이는 제2차납세의무자의 재산권을 보호하기 위한 중요한 사항이므로 입법사항으로 규정되어야 할 것이다.

제 7 장
국세의 우선

제1절 국세의 우선권 및 그에 대한 제한

I-1 p.247

Ⅰ. 서설

1. 문제의 제기

1) 채무자가 수인에게 채무를 지고, 채무자의 전 재산이 모든 채무를 변제하기에 부족한 경우 채권자는 담보권이 있는 채권을 제외하고 채권금액의 비율에 따라 공평하게 변제
➡ 채권자평등주의

2) 국세 등과 다른 채권이 경합하는 경우 변제하기에 부족한 납세자의 재산을 어떤 순서에 따라 배분할 것인가 '배분순위의 문제'가 제기된다.

2. 국세의 우선권

채권자평등주의에도 불구하고 국세 등의 조세채권이 다른 공과금과 그 밖의 채권에 우선하여 징수되는 것을 말한다.

Ⅱ. 국세우선의 원칙

1. 개념 및 이론적 근거

(1) 개념

국세 및 강제징수비는 다른 공과금과 그 밖의 채권에 우선하여 징수된다.

① '우선하여 징수'한다는 것은 납세자의 재산을 강제환가절차에 따라 매각·추심하는 경우 그 매각·추심금액 중 국세 등은 다른 공과금과 그 밖의 채권에 우선하여 징수하는 것을 말한다.

② 공과금과 그 밖의 채권 : '공과금'은 자력집행권이 있는 채권 중 국세 · 관세 · 임시부가세 · 지방세와 강제징수비를 제외한 것을 말한다. '그 밖의 채권'은 자력집행권이 없는 일반채권을 말한다.

(2) 국세의 우선권의 이론적 근거

조세수입 · 지출에는 공익성 · 공공성이 있기 때문에 우선권을 인정하고 있다.

2. 조세채권 사이의 우선관계

조세채권 상호 간에는 평등한 것이 원칙이나, 예외적으로 다음의 경우는 조세채권 사이에서도 우선적인 관계가 존재한다.

(1) 압류우선주의(압류선착주의)

강제징수에 따라 납세자의 재산을 압류한 경우 그 압류와 관계되는 조세채권은 교부청구(참가압류 포함)한 조세채권에 우선하여 징수한다.

(2) 담보우선주의

납세담보물을 매각할 때는 압류우선주의에도 불구하고 그 조세채권은 다른 조세채권보다 우선하여 징수된다.

Ⅲ. 국세우선권에 대한 예외(국세의 우선권의 제한)

담보권자와의 이해관계를 조정하고, 국세보다 우선하여 변제할 만한 사회 · 정책적 목적이 뚜렷한 경우에는 국세우선권에 대한 예외를 인정하고 있다.

1. 선집행 지방세 · 공과금의 강제징수비의 우선

지방세 · 공과금의 강제징수를 할 때 그 강제징수금액 중 국세 등을 징수하는 경우 그 지방세 · 공과금의 강제징수비는 국세 및 강제징수비보다 우선하여 징수된다.

2. 공익비용의 우선

강제집행 · 경매 · 파산 절차에 따라 재산을 매각할 때 국세 등을 징수하는 경우 그 강제집행 등의 절차에 든 비용은 국세 및 강제징수비보다 우선하여 징수된다. 강제집행 등에 소요된 비용은 채권자 모두에게 배분을 받기 위한 공익비용이므로 우선변제하는 것이다.

3. 피담보채권의 우선

(1) 저당권 등에 의하여 담보된 채권의 우선

법정기일 전에 전세권, 질권 또는 저당권이 설정된 재산을 매각하여 그 매각금액에서 국세를 징수하는 경우 그 전세권, 질권 또는 저당권에 의하여 담보된 채권은 국세보다 우선변제된다.

1) 법정기일(法定期日) : 이는 담보권자가 조세채권의 존부 및 범위를 확인할 수 있고 과세관청이 임의로 변경할 수 없는 시기로서, 국세기본법은 다음과 같이 정하고 있다.

구분		법정기일
원칙적인 법정기일	① 과세표준과 세액의 신고에 따라 납세의무가 확정되는 국세[*주1]의 경우 신고한 해당 세액[*주2]	그 신고일
	② 과세표준과 세액을 정부가 결정 · 경정 또는 수시부과 결정을 하는 경우 고지한 해당 세액[*주3]	그 납부고지서의 발송일
예외적인 법정기일	① 인지세와 원천징수의무자나 납세조합으로부터 징수하는 소득세 · 법인세 및 농어촌특별세	그 납세의무의 확정일
	② 제2차납세의무자(보증인 포함)의 재산에서 징수하는 국세 또는 양도담보재산에서 징수하는 국세	납부고지서의 발송일
	③ 부가가치세법에 따른 신탁 관련 수탁자의 물적납세의무 규정에 따라 신탁재산에서 부가가치세를 징수하는 경우	
	④ 종합부동산세법에 따른 신탁 주택 · 토지 관련 수탁자의 물적납세의무 규정에 따라 신탁재산에서 종합부동산세를 징수하는 경우	
	⑤ 납세자의 재산을 확정전 보전압류한 경우에 그 압류와 관련하여 확정된 국세	그 압류등기(등록)일

(*주1) '과세표준과 세액의 신고에 따라 납세의무가 확정되는 국세'에는 ㉠ 중간예납하는 법인세, ② 예정신고납부하는 부가가치세 · 소득세(양도소득과세표준을 예정신고하는 경우로 한정한다)를 포함한다.

(*주2) 이것은 신고납세제도를 취하는 국세 중 '신고한 세액' 부분에만 한정된다. 신고납세제도를 취하는 국세라 하더라도 무신고 · 과소신고세액 부분의 법정기일은 '납부고지서 발송일'이다.

(*주3) '과세표준과 세액을 정부가 결정 · 경정 또는 수시부과 결정을 하는 경우 고지한 해당 세액'에는 납부지연가산세 중 납부고지서에 따른 납부기한 후의 납부지연가산세와 원천징수 등 납부지연가산세 중 납부 고지서에 따른 납부기한 후의 원천징수 등 납부지연가산세를 포함한다. 따라서 이들 가산세의 경우에도 고지된 세액과 같이 '그 납부고지서의 발송일'을 법정기일로 한다.

[도 표] 국세와 피담보채권의 우선관계

- 법정기일 ≥ 담보물권 설정일 ➡ 국세 > 피담보채권[*주1]
- 담보물권 설정일 > 법정기일 ➡ 피담보채권 > 국세[*주2]

국기 07

(*주1) 담보권자가 담보물권을 취득할 당시에 이미 그 국세의 존재를 알 수 있었으므로 그 국세가 우선하더라도 담보권자의 예측가능성은 침해되지 않는다.

(*주2) 담보권자가 담보물권을 취득할 당시에 그 국세의 존재를 알 수 없었으므로 그 국세이 우선하게 되면 담보권자는 불측의 피해를 입게 된다. 따라서 담보권자의 예측가능성을 보장하기 위해서는 이 경우에 피담보채권이 우선하도록 할 필요가 있다.

2) 피담보채권보다 후순위로 징수되는 국세의 범위 : 피담보채권보다 후순위로 징수되는 국세는 저당권 등의 설정시기보다 그 법정기일이 후에 도래하는 국세이다. 강제징수비는 일종의 직접경비이므로 항상 피담보채권보다 우선징수된다.

그러나 예외적으로 해당 재산에 대하여 부과된 상속세, 증여세 및 종합부동산세는 법정기일 전에 설정된 전세권, 질권 또는 저당권에 의하여 담보된 채권보다 우선한다. 따라서 그 재산 자체에 부과된 국세(이른바 '당해세')는 저당권 등의 설정시기를 불문하고 항상 피담보채권보다 우선 징수되는 것*이다.

* 이처럼 상속세 · 증여세 및 종합부동산세는 저당권 등의 설정등기일에 관계없이 피담보채권보다 우선하지만 주택임대차보호법에 따라 임차보증금 중 최우선변제금에 대해서는 우선하지 않는다.

[도 표] 국세와 피담보채권의 우선관계

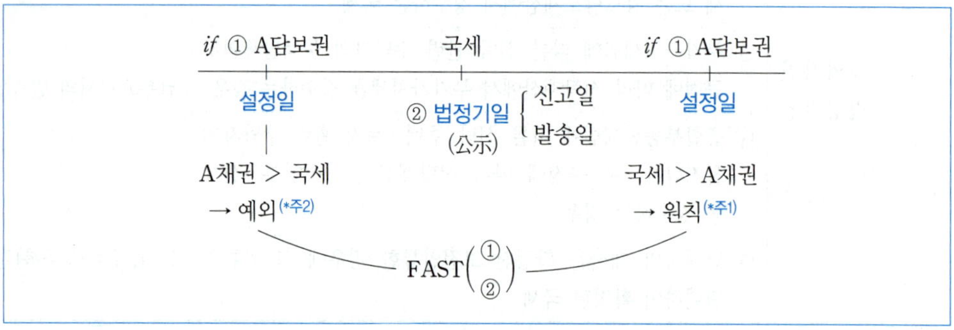

(*주1) 담보권자가 담보물권을 취득할 당시에 이미 그 국세의 존재를 알 수 있었으므로 그 국세가 우선하더라도 담보권자의 예측가능성은 침해되지 않는다.

(*주2) 담보권자가 담보물권을 취득할 당시에 그 국세의 존재를 알 수 없었으므로 그 국세가 우선하게 되면 담보권자는 불측의 피해를 입게 된다. 따라서 담보권자의 예측가능성을 보장하기 위해서는 이 경우에 피담보채권이 우선하도록 할 필요가 있다.

(2) 대항요건과 확정일자를 갖춘 보증금의 우선

법정기일 전에 「주택임대차보호법」 또는 「상가건물 임대차보호법」에 따라 대항요건과 확정일자를 갖춘 임차권이 설정된 재산을 매각하여 그 매각금액에서 국세를 징수하는 경우 그 임차권에 의하여 담보된 임대차보증금반환채권은 국세보다 우선변제된다. 다만, 해당 재산에 대하여 부과된 상속세, 증여세 및 종합부동산세는 법정기일 전에 설정된 대항요건과 확정일자를 갖춘 임차권에 의하여 담보된 임대차보증금반환채권보다 우선하여 징수한다.

참 고 대항요건과 확정일자를 갖추는 방법

구분	주택	상가
적용대상	금액 제한 없음(전액)	(보증금 + 월차임×100)이 일정액 이하인 경우만 적용
대항요건	주택임대차보호법에 따라 주택을 인도받고 그 지역에 주민등록신고를 할 것	상가건물 임대차보호법에 따라 상가건물을 인도받고 사업자등록을 신청할 것
확정일자	임차계약증서 등에 확정일자를 갖출 것	임차계약증서 등에 확정일자를 갖출 것
확정일자 부여 기관	등기소 · 주민센터 · 공증인 등	관할세무서장

판 례 납부고지서의 도달일이 아닌 발송일로 하는 것이 담보권자의 예측가능성을 부당하게 침해하지 않는다는 근거

1) 납부고지서가 발송만 되고 아직 도달하지 않아 납세의무가 확정되지 못했다 하더라도 그 과세표준 · 세액의 가액 및 납부기한 등의 구체적인 내용이 세액산출근거 부기제도에 위배하지 않는다는 점은 도달한 경우와 다르지 않다.

2) 납부고지서의 발송일의 경우 과세관청과 납세자 등이 납세의무의 존부와 그 범위를 임의로 바꿀 수 없는 객관적인 시기가 된다.

3) 납부고지서가 도달하지 않더라도 담보권자는 납세의무자에게 납세증명서나 발송한 납부고지서가 없음을 증명하는 사실증명 등을 과세관청으로부터 발급받아 줄 것을 요구하여 납세의무의 존부를 확인하고 체납액이 있다면 그 대강의 금액을 확인할 수 있고 납세의무자로부터 증명발급을 위임받아 그 구체적인 체납액을 직접 확인할 수도 있다.

4) 결정적으로 납부고지서는 발송부터 도달까지 수일이 걸릴 수 있으나 민사법에 따른 담보권의 설정은 성립과 동시에 자동적으로 확정이 되어 그 효력이 발생함으로 조세면탈을 목적으로 담보권설정자와 담보권자가 담합해서 담보권을 설정하여 조세채권의 징수를 곤란하게 할 수 있다. 이러한 점을 악용하여 조세채무를 회피하려는 사례를 방지하기 위해서라도 법정기일은 발송일로 하는 것이 바람직하다(2011헌바97). ■

4. 소액임차보증금의 우선

임대차에 관한 보증금 중 일정금액으로 주택임대차보호법 · 상가건물 임대차보호법에 따라 대항력(주택은 주택인도와 주민등록 · 상가는 건물인도와 사업자등록)을 갖출 경우 소액임차보증금은 국세와 피담보채권에 우선하여 변제받는다.

5. 근로관계에 인한 채권의 우선

1) 최종 3개월분의 임금, 최종 3년간의 퇴직급여, 재해보상금은 국세와 피담보채권에 우선하여 변제받는다.

2) 위 1) 외의 일반임금채권 : 피담보채권을 제외하고 조세 · 공과금 및 다른 채권에 우선하여 변

제받는다. 다만, 피담보채권보다 우선하는 조세 · 공과금은 제외한다.

[도 표] 국세와 다른 채권 사이의 우선관계

<1순위> 공익비용(강제징수비 포함)
<2순위> 최종 3개월분 임금 등 최우선변제금 · 소액임차보증금
<3순위> 당해세

담보권설정일 · 확정일자 > 법정기일	법정기일 ≥ 담보권 설정일 · 확정일자
<4순위> 피담보채권	<4순위> 국세
<5순위> 일반 임금채권	<5순위> 피담보채권
<6순위> 국세	<6순위> 일반 임금채권
<7순위> 공과금 · 그 밖의 채권	<7순위> 공과금 · 그 밖의 채권

[보 론] 전세권 등이 설정된 재산의 소유권이 변경된 경우 우선관계

① 전세권, 질권 또는 저당권(가등기 담보권 포함), ② 대항요건과 확정일자를 갖춘 임차권(이하 '전세권 등'이라 한다)이 설정된 재산이 양도, 상속 또는 증여된 후 해당 재산이 국세의 강제징수 또는 경매 절차 등을 통해 매각되어 그 매각금액에서 국세를 징수하는 경우 전세권 등에 의해 담보된 채권과 국세 사이의 우선관계는 다음과 같다.

구분	우선관계(*주)
(1) 원칙	해당 재산에 설정된 전세권 등에 의해 담보된 채권 또는 임대차보증금반환채권은 국세보다 우선변제된다.
(2) 예외	다만, 해당 재산의 직전 보유자도 전세권 등의 설정 당시 국세를 체납하고 있었던 경우에는 다음의 한도액 내에서는 국세*를 우선하여 징수한다. * 법정기일이 전세권 등의 설정일보다 빠른 국세로 한정한다.

구분	현재 보유자의 국세 중 우선징수 가능 한도액
① 직전 보유자가 해당 재산을 보유하기 전에 해당 재산에 설정된 전세권 등이 없는 경우	직전 보유자 보유기간 중의 전세권 등 설정일 중 가장 빠른 날보다 법정기일이 빠른 직전 보유자의 국세 체납액을 모두 더한 금액 ∴ 국세의 법정기일 > FAST(전세권 등 설정일) : ∑직전 보유자의 국세 체납액 * ➡ 우선징수 가능 한도액
② 직전 보유자가 해당 재산을 보유하기 전에 해당 재산에 설정된 전세권 등이 있는 경우	0원

* 직전 보유자 국세 체납액의 구체적인 범위 설정을 위한 계산 기준일은 공매의 배분기일 또는 경매의 배당기일로 한다.

(*주) 종합부동산세 우선 특례 : (1) · (2)의 규정에도 불구하고 해당 재산에 대하여 부과된 종합부동산세*는 전세권 등에 의해 담보된 채권 또는 임대차보증금반환채권보다 우선한다(종합부동산세 우선 특례).

* 그러나 해당 재산에 부과된 상속세나 증여세는 우선할 수 없다.

• 위 도표의 (1) 원칙이 적용되는 사례

<사례 1>

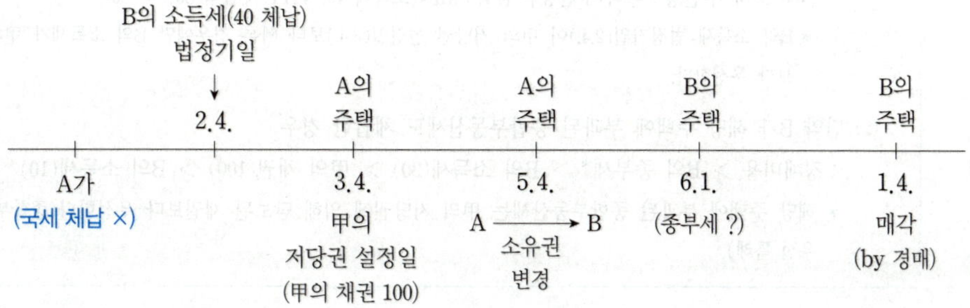

<매각대금의 배분 순위>

(1) 일반적인 경우

: 경매비용 > 甲의 채권(100) > B의 소득세(40)*

* B의 소득세 법정기일이 甲의 저당권 설정일보다 빠르더라도 B의 소득세가 甲의 채권보다 우선 징수될 수 없다. 국세 우선은 甲이 저당권 설정 당시(3.4.) 甲의 채권과 A의 국세 사이에서만 적용되므로 주택 양수인 B의 소득세 체납액은 甲의 채권보다 우선징수될 수 없는 것이다(甲이 A의 주택에 저당권 설정 당시 B의 소득세를 알 수 없으므로 甲의 예측가능성 보장을 위해서 채권이 우선변제되어야 한다).

(2) 만약 B가 해당 주택에 부과된 종합부동산세도 체납한 경우

: 경매비용 > B의 종부세* > 甲의 채권 > B의 소득세

* 해당 주택에 부과된 종합부동산세(당해세)는 甲의 채권보다 우선한다(종합부동산세 우선 특례).

• 위 도표의 (2) 예외 규정이 적용되는 사례 (1)

<사례 2-1>

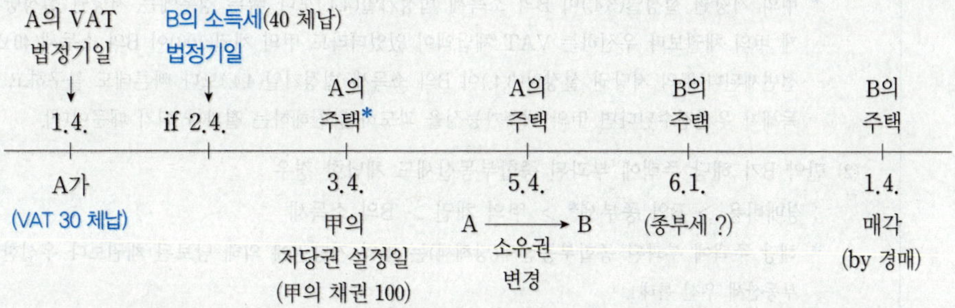

* A가 해당 주택을 보유하기 전에 해당 주택에 설정된 전세권 등의 담보물권은 없다고 가정한다.

<매각대금의 배분 순위>

(1) 일반적인 경우

: 경매비용 > B의 소득세(40 중 30)* > 甲의 채권(100) > B의 소득세(10)

* 甲이 저당권 설정당시 A에게 甲의 채권보다 우선하는 VAT 체납액이 있었던 경우에는 저당권 설정일(3.4.)보다 법정기일(1.4.)이 빠른 VAT 체납액 30 한도 내에서 B의 소득세*가 甲의 채권(100)보다 우선징수된다[우선징수 금액 : MIN(소득세 40, VAT 체납액 30) = 30]

* B의 소득세 법정기일(2.4.)이 甲의 저당권 설정일(3.4.)보다 빠른 경우에만 B의 소득세가 甲의 채권보다 우선한다.

(2) 만약 B가 해당 주택에 부과된 종합부동산세도 체납한 경우

: 경매비용 > B의 종부세* > B의 소득세(30) > 甲의 채권(100) > B의 소득세(10)

* 해당 주택에 부과된 종합부동산세는 甲의 저당권에 의해 담보된 채권보다 우선한다(종합부동산세 우선 특례).

• 위 도표의 (2) 예외 규정이 적용되는 사례 (2)

<사례 2-2>

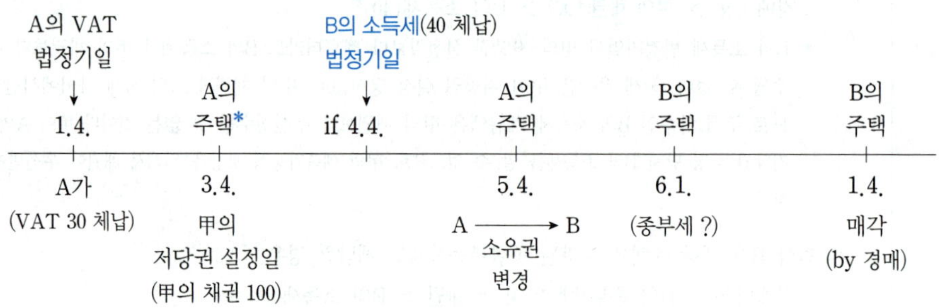

* A가 해당 주택을 보유하기 전에 해당 주택에 설정된 전세권 등의 담보물권은 없다고 가정한다.

<매각대금의 배분 순위>

(1) 일반적인 경우

: 경매비용 > 甲의 채권(100)* > B의 소득세(40)

* 甲의 저당권 설정일(3.4.)이 B의 소득세 법정기일(4.4.)보다 빠른 경우에는 저당권 설정당시 A에게 甲의 채권보다 우선하는 VAT 체납액이 있었더라도 甲의 채권(100)이 B의 소득세(40)보다 우선변제된다[甲의 저당권 설정일(3.4.)이 B의 소득세 법정기일(4.4.)보다 빠른데도 불구하고 B의 소득세가 우선징수된다면 甲의 예측가능성을 과도하게 침해하는 결과가 되기 때문이다].

(2) 만약 B가 해당 주택에 부과된 종합부동산세도 체납한 경우

: 경매비용 > B의 종부세* > 甲의 채권 > B의 소득세

* 해당 주택에 부과된 종합부동산세(당해세)는 甲의 저당권에 의해 담보된 채권보다 우선한다(종합부동산세 우선 특례).

[보 론] 임대차보증금반환채권이 당해세 우선 징수 순서를 대신하여 변제받을 수 있는 효력

해당 재산에 부과되는 상속세, 증여세 및 종합부동산세(이른바 '당해세') 우선 징수의 규정에도 불구하고 「주택임대차보호법」에 따라 대항요건과 확정일자를 갖춘 임차권에 의하여 담보된 임대차보증금반환채권(또는 주거용 건물에 설정된 전세권에 의하여 담보된 채권)은 해당 임차권(또는 전세권)이 설정된 재산이 국세의 강제징수 또는 경매 절차를 통해 매각되어 그 매각금액에서 국세를 징수하는 경우 그 확정일자(또는 설정일)보다 법정기일이 늦은 해당 재산에 대하여 부과된 상속세, 증여세 및 종합부동산세(당해세)의 우선 징수 순서에 대신하여 변제될 수 있다.

> 임대차보증금반환채권의 확정일자(또는 전세권 설정일) > 당해세의 법정기일
> ➡ 임대차보증금반환채권(또는 전세권에 의하여 담보된 채권)이 당해세 우선 징수 순서를 대신하여 변제*받을 수 있음

* 대신 변제되는 금액 = 우선징수할 수 있었던 당해세 징수 예정액

이 경우 대신 변제되는 금액은 우선 징수할 수 있었던 해당 재산에 대하여 부과된 상속세, 증여세 및 종합부동산세(이른바 '당해세')의 징수액에 한정한다. 한편 이처럼 임대차보증금반환채권이 당해세 우선 징수 순서를 대신하여 변제받을 수 있는 효력은 ① 임대차보증금반환채권보다 '우선 변제되는 저당권 등의 변제액'과 ② 본래 당해세 우선 징수 규정에 따라 해당 재산에 대하여 부과된 상속세, 증여세 및 종합부동산세를 우선 징수하는 경우에 '배분받을 수 있었던 임대차보증금반환채권의 변제액'에는 영향을 미치지 않는다.

이와 관련된 사례를 분석하면 다음과 같다.

A의 주택	A의 주택	A의 주택	B의 주택	B의 주택	B의 주택
2.4.	3.4.	5.4.	6.1.	11.24.	1.4.
K은행 저당권 설정일 (채권 100)	甲 확정일자 (전세보증금 50)	A ⟶ B 소유권 변경	종부세 성립	↑ 종부세(30) 법정기일	매각 (경매비용 변제 후 매각대금 150)

구분	배분순위
개정 전 배분순위 (배분금액) * 대신 변제 효력이 없을 경우	종부세 (당해세) (30) > K은행 채권 (100) > 甲 전세보증금 (50 중 20)
개정 후 배분순위 (배분금액) * 대신 변제 효력이 있을 경우	종부세 (당해세) (30) > K은행 채권 (100) > 甲 전세보증금 (50 중 20) ➡ 위의 종부세 우선 징수 순서를 甲의 전세보증금이 대신하여 변제받을 수 있음(국가가 종부세 우선 징수 순서를 甲의 전세보증금에 양보함)

	甲 전세보증금 (50 중 30) > K은행[①] 채권 (100) > 甲[②] 전세보증금 (50 중 20) > 종부세 (당해세) (30 중 0)

① 전세보증금이 종부세(당해세) 우선 징수 순서를 대신하여 변제받을 효력은 甲의 전세보증금보다 '우선 변제되는 저당권의 변제액(100)'에는 영향을 미치지 못한다(즉 저당권에 의해 담보된 K은행 채권 100은 개정 전과 동일하게 변제를 받는다).

② 전세보증금이 종부세(당해세) 우선 징수 순서를 대신하여 변제받을 효력은 종부세(당해세) 우선 징수 규정이 그대로 적용되어 종부세를 우선 징수하는 경우에 '배분받을 수 있었던 甲의 전세보증금의 변제액'에는 영향을 미치지 않는다(즉 甲의 전세보증금 50 중 20은 본래 배분순위에 따라 개정 전과 동일하게 변제를 받는다).

Ⅳ. 가등기담보재산의 압류와 국세징수의 순위

1. 가등기담보의 개념

1) '가등기'란 본등기를 할 수 있는 형식적·실질적 요건을 갖추지 못한 경우에 장래의 본등기의 순위보전을 위하여 하는 등기를 말하며, 가등기에 따른 본등기는 가등기의 순위에 따른다.

2) '가등기담보(또는 담보가등기)'란 이러한 가등기의 순위보전효력을 활용하여 채권을 담보할 목적으로 하는 가등기를 가리킨다. 국세기본법은 이러한 가등기담보를 '납세의무자를 등기의무자로 하고 채무불이행을 정지조건으로 하는 대물변제(代物辨濟)의 예약*에 따라 채권 담보의 목적으로 가등기(가등록 포함)를 마친 담보권'으로 규정하고 있다.

* '채무불이행을 정지조건으로 하는 대물변제(代物辨濟)의 예약'이란 소비대차의 당사자간 채무자가 기한 내에 변제를 하지 않으면 채권담보의 목적물의 소유권이 당연히 채권자에게 이전된다고 미리 약정하는 것을 말한다.

2. 국세기본법의 규정

국세의 법정기일 이후에 채권 담보목적의 가등기를 마친 사실이 증명되는 재산을 매각하여 그 매각금액에서 국세를 징수하는 경우 그 재산을 압류한 날 이후에 그 가등기에 따른 본등기가 이루어지더라도 그 국세는 그 가등기에 의해 담보된 채권보다 우선한다. 다만, 국세의 법정기일 전에 가등기담보권이 설정된 재산을 매각하여 그 매각금액에서 국세를 징수하는 경우 그 가등기담보권에 의하여 담보된 채권에 대해서는 그렇지 않다.

이 규정은 담보가등기를 사실상 저당권과 동일하게 취급하기 위한 것인데, 그 내용을 분석하면 다음과 같다.

① 국세의 법정기일 전에 가등기된 경우 : 가등기담보권의 담보적 효력이 인정되므로 국가는 채권자의 소유로 넘어간 해당 재산으로부터 국세를 징수할 수 없게 된다. 이것은 피담보채권이 국세보다 우선변제되는 것과 같은 결과이다. 다만, 해당 재산에 대하여 부과된 상속세, 증여세 및 종합부동산세는 법정기일 전에 설정된 가등기담보권에 의하여 담보된 채권보다 우선한다.

② 국세의 법정기일 이후에 가등기된 경우 : 국가의 압류에 대하여 가등기담보권의 담보적 효력이 인정되지 않으므로 국가는 해당 재산으로부터 국세를 징수할 수 있게 된다. 이것은 국세가 피담보채권보다 우선변제되는 것과 같은 결과이다.

V. 통정허위의 담보권 설정계약에 대한 취소권

1. 의의

법정기일 전에 저당권 등을 설정한 경우에는 피담보채권을 국세보다 우선 변제하여 담보권자의 예측가능성은 보장되었지만, 담합에 의한 허위의 담보권 설정을 통해 국세를 면탈할 가능성이 있다. 이를 방지하기 위하여 국세기본법은 통정허위의 담보권 설정계약에 대한 취소권을 두고 있다. 즉 세무서장은 납세자가 제3자와 짜고 거짓으로 재산에 ① 전세권·질권 또는 저당권의 설정계약, ② 대항력과 확정일자를 갖춘 임대차 계약, ③ 가등기담보 설정계약 또는 ④ 양도담보 설정계약을 하고 그 등기 또는 등록을 하거나 임대차 계약을 체결함으로써, 그 재산의 매각금액으로 국세를 징수하기가 곤란하다고 인정할 때에는 그 행위의 취소를 법원에 청구할 수 있다는 것이다.

국기 07

2. 적용요건

1) 납세자가 제3자와 짜고 거짓으로, 즉 통정허위(通情虛僞)로 ① 전세권·질권 또는 저당권의 설정계약, ② 대항력과 확정일자를 갖춘 임대차 계약, ③ 가등기담보 설정계약 또는 ④ 양도담보 설정계약을 하고 그 등기·등록하거나 임대차 계약을 체결해야 한다. 여기서 제3자의 범위에는 제한이 없다. 그리고 담보권의 설정도 해당 국세의 법정기일 전에 이루어짐으로써 만족하고, 그 시기에 특별한 제한이 없다.

참고 통정한 허위의 담보권 설정계약에 대한 입증책임

통정한 허위의 담보권 설정계약임은 징세기관이 입증해야 한다. 다만, 납세자가 국세의 법정기일 전 1년 내에 특수관계인과 담보권 설정계약을 한 경우에는 짜고 한 거짓 계약으로(즉 통정한 허위계약으로) 추정한다. ■

2) 통정허위의 담보권 설정계약을 체결함으로써 해당 재산의 매각금액으로 국세를 징수하기 곤란하다고 인정되어야 한다.

3. 효과

세무서장은 통정허위의 담보권 설정계약에 대한 취소를 법원에게 청구할 수 있다. 이때 국가가 승소를 하게 되면 해당 담보권 설정행위는 그 담보권설정일로 소급하여 취소되며 그 재산에 대한 매각대금으로 국세를 징수하게 된다.

제2절 양도담보권자의 물적 납세의무

I-1 p.278

I. 서설

1. 의의

납세자가 국세 등을 체납한 경우에 그 납세자에게 양도담보재산이 있을 때에는 그 납세자의 다른 재산에 대해 강제징수를 집행하여도 징수할 금액에 미치지 못하는 경우에만 그 양도담보재산으로써 납세자의 국세 등을 징수할 수 있다.

이는 보충적 납세의무의 일종이므로 제2차납세의무와 같이 부종성과 보충성을 갖는다.

2. 제도의 취지

(1) 양도담보재산의 개념

'양도담보재산'이란 당사자 간의 계약에 의해 납세자가 그 재산을 양도하였을 때에 실질적으로 양도인에 대한 채권담보의 목적이 된 재산을 말한다. 이는 다음의 양도담보설정계약에 따르는 것이 일반적이다.

즉, 채권의 담보목적을 위해 담보의 목적물을 채권자에게 양도하고, 그 담보된 채무를 이행하는 경우에는 채권자로부터 그 목적물을 반환받으며, 불이행하는 경우에는 채권자가 그 재산을 매각하여 우선변제를 받거나 그 재산을 확정적으로 취득하는 취지의 양도담보 설정계약(협의의 양도담보)을 말한다.

(2) 제도의 취지

양도담보재산은 법률상 양도담보권자의 소유재산으로 되어 있어 양도담보설정자가 국세 등을 체납한 경우 양도담보재산에 대해 강제징수를 할 수 없게 된다.

이 경우 양도담보자의 채권은 국세 등보다 무조건 우선변제받는 결과가 되어 양도담보권자는 저당권자에 비해 부당하게 우대받게 된다. 따라서 양도담보권자도 양도담보가 국세의 법정기일 이후에 설정된 경우에는 저당권자와 마찬가지로 양도담보재산에 관하여 국세 등이 징수된 후의 잔여분에 대해서만 변제를 받아야 할 것이다. 그리하여 양도담보권자에게 양도담보설정자의 국세 등에 대한 보충적 납세의무를 지우고, 이를 이행하지 않는 경우에는 양도담보재산에 대한 강제징수를 가능하게 하려는 것이 바로 물적납세의무제도인 것이다. 따라서 이 제도는 ① 양도담보재산이 법률상 양도담보권자의 재산이므로 압류 등 강제징수를 할 수 없다는 점과 ② 저당권과의 형평의 문제를 조화시키고자 하는 데 그 취지가 있다.

Ⅱ. 요건

1. 양도담보 설정자의 체납

주된 납세자(양도담보설정자)가 국세 등을 납부고지서상 납부기한까지 납부하지 않아야 한다.

2. 양도담보재산의 존재

양도담보권자에게 납부고지서가 송달되는 시점까지 양도담보재산이 존재해야 한다. 납부고지서가 송달되는 시점에 양도담보재산을 양도담보권자가 채권을 우선 변제받기 위해 제3자에게 양도하여 이미 존재하지 않게 된 경우에는 양도담보권자에게 물적납세의무를 부담시킬 수 없다. 왜냐하면 물적납세의무는 어디까지나 양도담보재산이라는 특정재산에 대해서만 징수권을 행사할 수 있기 때문이고, 선의의 제3자(악의인 경우라면 사해행위 취소의 소가 가능)에게는 물적납세의무에 대한 아무런 과세권을 행사할 수 없기 때문이다.

국기 07

3. 양도담보가 법정기일 이후에 설정

양도담보가 국세의 법정기일 이후에 양도담보로 설정되어야 한다. 여기서 '법정기일'이란 양도담보설정자가 체납한 국세의 법정기일을 의미하는 것으로서 다음에 정하는 날로 한다.

① 과세표준과 세액을 신고에 의해 납세의무가 확정되는 국세의 경우 신고한 해당 세액 : 그 신고일

② 과세표준과 세액을 정부가 결정 · 경정 또는 수시부과 결정하는 경우 고지한 해당 세액 : 그 납부고지서 발송일

만일 양도담보가 국세의 법정기일 전에 설정된 경우에는 양도담보권자의 피담보채권이 국세 등보다 우선 변제되어야 하므로 물적납세의무는 성립하지 못한다. 그러나 납세자가 제3자와 짜고 거짓으로 양도담보계약을 설정함으로써 그 재산의 매각대금으로 국세를 징수하기 곤란하다고 인정하는 경우에 세무서장은 그 행위의 취소를 법원에 청구할 수 있다.

4. 징수부족액 발생

양도담보설정자의 재산(양도담보재산은 제외)에 대해 강제징수를 집행하여도 징수할 금액에 미치지 못하는 경우에 해당해야 한다.

Ⅲ. 효과

이상과 같은 요건이 충족되면 양도담보권자에게 양도담보설정자의 국세 등에 대한 물적납세의무가 성립한다. 이 경우에 양도담보권자는 국세 · 강제징수비 중 징수부족한 부분에 대하여 양도담보 재산가액을 한도로 납부책임을 지는 것이다.

➡ 물적납세의무자가 물적 납세의무를 이행하지 않은 경우에는 독촉 없이 곧바로 강제징수를 할 수 있고, 물적 납세의무의 본질에 비추어 볼 때 양도담보재산만이 압류대상이 된다고 할 것이다.

제 8 장
과세와 환급

제1절 수정신고와 경정청구제도

I-1
p.293

Ⅰ. 개요

당초신고한 과세표준과 세액이	과세관청	납세의무자
과소한 경우	증액경정	수정신고
과대한 경우	감액경정	경정청구

Ⅱ. 수정신고

1. 의의

'수정신고'란 당초신고하거나 기한후신고한 과세표준 및 세액이 과소(또는 신고한 결손금 또는 환급세액이 과대)한 경우에 납세의무자가 스스로 정정하는 신고를 말한다. 수정신고를 함으로써 납세의무자는 세무조사에 따른 불이익을 면하고, 행정력을 절감할 수 있는 제도이다.

2. 요건

(1) 신고자 적격

① 과세표준신고서를 법정신고기한까지 제출한 자(연말정산되는 근로소득 등이 있는 자를 포함한다) 및 ② 기한후과세표준신고서를 제출한 자가 수정신고를 할 수 있다.

(2) 수정신고의 사유

① 과세표준신고서 또는 기한후과세표준신고서에 기재된 과세표준 및 세액이 세법에 따라 신고해야 할 과세표준 및 세액에 미치지 못할 때(신고세액 < 정당세액 ➡ 과소신고)

국기 08

② 과세표준신고서 또는 기한후과세표준신고서에 기재된 결손금액 또는 환급세액이 세법에 따라 신고해야 할 결손금액이나 환급세액을 초과할 때(신고 환급세액 > 정당 환급세액 ➡ 과대신고)

③ 위 ①·② 외에 다음 중 어느 하나에 해당하는 사유로 불완전신고를 하였을 때(경정 등의 청구를 할 수 있는 경우는 제외)

㉠ 원천징수의무자가 연말정산 과정에서 근로소득 등만 있는 자의 소득을 누락한 경우

㉡ 세무조정 과정에서 법인세법에 따른 국고보조금·공사부담금에 상당하는 금액을 익금·손금을 동시에 산입하지 않은 경우

㉢ 법인세법에 따라 합병·분할·물적분할·현물출자에 따른 양도차익에 대해 과세를 이연받는 경우로서 세무조정 과정에서 양도차익의 전부·일부에 상당하는 금액을 익금·손금에 동시에 산입하지 않은 경우

* 동시 세무조정사항의 누락의 경우 과세관청이 이를 발견하고, 익금산입 세무조정만 한 채 그에 대응하는 일시상각충당금·압축기장충당금에 대한 손금산입을 해주지 않으면, 납세의무자 입장에서는 수정신고를 하지 않고서는 과세이연을 받을 수 있는 혜택을 받을 수 없기 때문이다.

(3) 수정신고의 기한

수정신고는 관할세무서장이 각 세법의 규정에 따라 해당 국세의 과세표준·세액을 결정·경정하여 통지하기 전으로서 국세 부과제척기간이 끝나기 전까지 할 수 있다.

3. 수정신고의 절차와 추가자진납부

(1) 수정신고의 절차

수정신고를 하려는 자는 기재한 과세표준수정신고·추가자진납부계산서를 관할세무서장에게 제출해야 한다.

(2) 추가자진납부

세법에 따라 과세표준신고액에 상당하는 세액을 자진납부하는 국세에 관해 수정신고하는 납세자는 이미 납부한 세액이 과세표준수정신고액에 상당하는 세액에 미치지 못할 때에는 그 부족한 금액과 가산세를 추가하여 납부해야 한다.

4. 수정신고의 효력

(1) 확정력

신고납세제도를 취하는 국세의 경우 당초의 신고가 납세의무를 확정하는 효력을 가지므로 해당 국세의 수정신고(과세표준신고서를 법정신고기한까지 제출한 자의 수정신고로 한정한다)는 당초의 신고에 따라 확정된 과세표준과 세액을 증액하여 확정하는 효력을 가진다. 반면에 기한후과세

표준신고서를 제출한 자의 수정신고는 증액확정력이 인정되지 않으며 관할세무서장의 결정 · 경정으로 납세의무가 확정되는 것이다.

그리고 증액경정의 효력과 같이 신고납세제도를 취하는 국세를 수정신고하는 경우에도 당초 신고에 따라 확정된 세액에 관한 국세기본법 또는 세법에서 규정하는 권리 · 의무관계에 영향을 미치지 않는다.

(2) 가산세 감면의 효과

1) 감면대상 가산세 : 과소신고가산세 · 초과환급신고가산세(영세율과세표준 신고불성실가산세 포함)

2) 감면요건

① 과세표준신고서를 법정신고기한까지 제출한 자일 것

② 법정신고기한이 지난 후 2년 이내에 수정신고할 것

③ 수정신고한 과세표준 · 세액에 관하여 경정이 있을 것을 미리 알고 수정신고서를 제출하는 경우가 아닐 것

3) 감면율

법정신고기한이 지난 후

① 1개월 이내 수정신고한 경우 : 90%

② 1개월 초과 3개월 이내에 수정신고한 경우 : 75%

③ 3개월 초과 6개월 이내에 수정신고한 경우 : 50%

④ 6개월 초과 1년 이내에 수정신고한 경우 : 30%

⑤ 1년 초과 1년 6개월 이내에 수정신고한 경우 : 20%

⑥ 1년 6개월 초과 2년 이내에 수정신고한 경우 : 10%

(3) 조세포탈범 처벌시 형의 감경

조세범처벌법에 따라 처벌받는 자가 법정신고기한이 지난 후 2년 이내에 수정신고를 하는 경우 그 형을 감경받을 수 있다.

Ⅲ. 경정청구

1. 의의

'경정청구'란 최초 확정되거나 변경 확정된 납세의무의 내용이 과대 또는 후발적 사유로 인하여 과대된 경우에 과세관청으로 하여금 이를 감액하여 결정 또는 경정하도록 요구하는 납세의무자의 청구를 말한다. 이는 납세의무자가 당초의 오류 또는 후발적 사유로 인하여 과세표준 및 세액이 과대된 경우에 납세의무자에게 권리구제를 받을 수 있게 하는 매우 유익한 제도이다.

2. 경정청구의 요건

(1) 통상적인 경정청구

① 과세표준신고서를 법정신고기한까지 제출한 자 및 ② 기한후과세표준신고서를 제출한 자는 경정 등 청구의 사유에 해당할 때에는 최초신고 및 수정신고한 국세의 과세표준 및 세액의 결정 또는 경정을 관할세무서장에게 청구할 수 있다.

1) 청구자 적격 : ① 과세표준신고서를 법정신고기한까지 제출한 자 및 ② 기한후과세표준신고서를 제출한 자가 경정 등 청구를 할 수 있다.

2) 경정 등 청구의 사유

① 과세표준신고서 또는 기한후과세표준신고서에 기재된 과세표준 및 세액*이 세법에 따라 신고해야 할 과세표준 및 세액을 초과할 때(신고세액 > 정당세액 ➡ 과대신고)

* 각 세법에 따라 결정 또는 경정이 있는 경우에는 해당 결정 또는 경정 후의 과세표준 및 세액을 말한다.

② 과세표준신고서 또는 기한후과세표준신고서에 기재된 결손금액, 세액공제액 또는 환급세액*이 세법에 따라 신고해야 할 결손금액, 세액공제액 또는 환급세액*에 미치지 못할 때(신고환급세액 등 < 정당 환급세액 등 ➡ 과소신고)

* 각 세법에 따라 결정 또는 경정이 있는 경우에는 해당 결정 또는 경정 후의 결손금액, 세액공제액 또는 환급세액을 말한다.

3) 청구의 기한 : 통상적 사유로 인한 경정청구는 법정신고기한이 지난 후 5년 이내에 관할세무서장에게 청구할 수 있다. 다만, 결정 · 경정으로 인해 증가된 과세표준 · 세액에 대하여는 해당 처분의 통지를 받은 날부터 3개월 이내(법정신고기한이 지난 후 5년 이내에 한한다)에 경정을 청구할 수 있다.

[도 표] 통상적 사유로 인한 경정청구의 기간

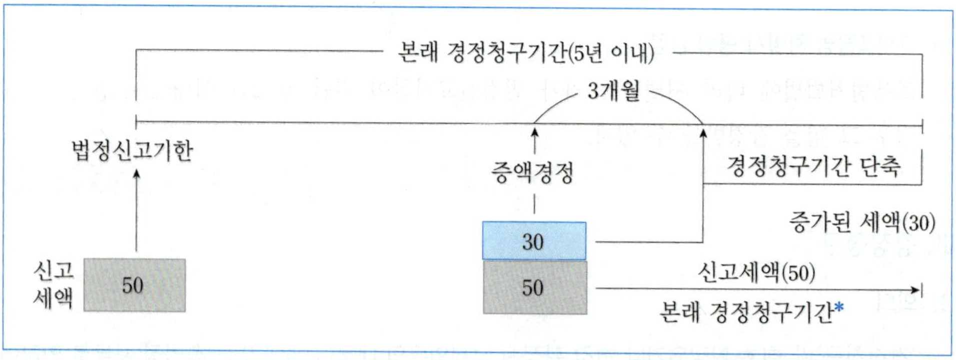

* 과세표준신고서를 법정신고기한 내에 제출한 납세자가 그 후 이루어진 과세관청의 증액경정처분에 대하여 불복청구기간 내에 다투지 않았더라도 5년 경정청구기간 내에서는 당초 신고한 과세표준과 세액에 대한 경정청구권을 행사하는 데에는 아무런 영향이 없다고 보아야 한다(2012두12822).

판례 경정청구기간이 도과된 후에 한 청구에 대한 과세관청의 거절통지가 항고소송의 대상이 되는지 여부

경정청구기간이 도과한 후에 제기된 경정청구는 부적법하여 과세관청이 과세표준 및 세액을 결정 또는 경정하거나 거부처분을 할 의무가 없으므로, 과세관청이 경정을 거절하였다고 하더라도 이를 항고소송의 대상이 되는 거부처분으로 볼 수 없다(2012두27183 판결). ■

(2) 후발적 사유로 인한 경정청구

① 과세표준신고서를 법정신고기한까지 제출한 자 또는 ② 국세의 과세표준 · 세액의 결정을 받은 자는 후발적 사유가 발생하였을 때에는 경정을 청구할 수 있다. 이 제도는 과세표준 · 세액의 신고 또는 과세표준 · 세액의 결정이 있은 후, 납세자 자신의 의사와 상관없이 과세표준 · 세액의 기초가 된 사실에 불리한 사정변경사유가 발생한 경우 이러한 납세자를 보호하기 위해 마련된 것이다.

1) 청구자 적격 : ① 과세표준신고서를 법정신고기한까지 제출한 자는 물론이고 ② 과세표준신고서를 제출하지 않는 자라도 국세의 과세표준 · 세액의 결정을 받은 자는 경정 등 청구를 할 수 있다.

2) 후발적 사유

① 최초의 신고 · 결정 또는 경정에서 과세표준 및 세액의 계산 근거가 된 거래 또는 행위 등이 그에 관한 ㉠ 국세기본법에 따른 심사청구 · 심판청구(또는 감사원법에 따른 심사청구)에 대한 결정이나 ㉡ 소송에 대한 판결*에 의해 다른 것으로 확정되었을 때

* 여기서 '판결'에는 판결과 같은 효력을 가지는 화해나 그 밖의 행위를 포함한다.

참고 관련사례

㉠ 사유가 후발적 경정청구 대상이 되는 사례는 다음과 같다.

과세관청은 甲이 K주식을 취득하여 자녀 A에게 증여한 것으로 보고 증여세를 결정하였고, 그 이후 甲이 사망하자 피상속인 甲의 상속재산가액에 K주식가액을 가산하여 다시 상속세를 증액경정하였다. 이에 대해 상속인들은 K주식가액은 자녀 A의 자금으로 취득한 것이고 증여재산이 아니므로 K주식가액을 상속재산가액에 가산하여 상속세를 증액경정하는 것은 위법하다는 심판청구를 하였고 그 결과 조세심판원으로부터 '상속세를 감액경정하라'는 인용결정을 받았다. 이 경우 자녀 A는 심판청구에 대한 결정으로 K주식은 증여재산이 아닌 것으로 확정되었으므로 후발적 사유로 인한 경정청구를 통해서 증여세 부과취소를 받을 수 있다.

한편 ㉡ 사유는 최초의 신고 등이 이루어진 후 과세표준 및 세액의 계산근거가 된 거래 또는 행위 등에 관한 분쟁이 발생하여 그에 관한 소송에서 판결에 의하여 그 거래 또는 행위 등의 존부나 그 법률효과 등이 다른 내용의 것으로 확정됨으로써 최초의 신고 등이 정당하게 유지될 수 없게 된 경우를 의미한다. 이처럼 최초에 신고하거나 결정 또는 경정한 과세표준 및 세액의 계산 근거가 된 거래 또는 행위 등에 대하여 분쟁이 생겨 그에 관한 판결에 의하여 다른 것으로 확정된 때에는 납세의무자는 국세의 부과제척기간이 지난 후에도 후발적 사유로 인한 경정청구를 할 수 있다(대법원 2005두7006, 2006.1.26.). ■

국기 08

② 소득 등 과세물건의 귀속을 제3자로 변경시키는 결정 · 경정이 있는 경우
③ 조세조약에 따른 상호합의가 최초의 신고 · 결정, 경정결정으로 확정된 내용과 다르게 이루어 경우
④ 결정 또는 경정으로 인하여 그 결정 또는 경정의 대상이 된 과세표준 및 세액과 '연동된 다른 세목(같은 과세기간으로 한정한다)이나 연동된 다른 과세기간(같은 세목으로 한정한다)'의 과세표준 또는 세액이 세법에 따라 신고해야 할 과세표준 또는 세액을 초과할 때[예를 들면 손익의 귀속시기를 변경하는 경정으로 인하여 그 경정의 대상이 되는 다른 과세기간에 대하여 최초에 신고한 국세의 과세표준 또는 세액이 세법에 따라 신고해야 할 과세표준 및 세액을 초과하는 때에도 ④의 후발적 사유에 해당한다].
⑤ 위 ①~④까지 유사한 일정한 사유가 법정신고기한이 지난 후 발생한 다음의 경우
㉠ 최초의 신고 · 결정, 경정결정으로 확정된 과세표준 · 세액의 산출근거가 된 거래 · 행위 등의 효력과 관계되는 관청의 허가나 그 밖의 처분이 다른 것으로 확정되는 경우
㉡ 최초의 신고 · 결정, 경정결정으로 확정된 과세표준 · 세액의 산출근거가 된 거래 · 행위 등의 효력과 관계되는 계약이 해제권의 행사로 해제되거나 해당 계약이 유효하게 성립 후 부득이한 사유로 해제 · 취소되는 경우
㉢ 최초의 신고 · 결정, 경정결정을 할 때 장부 · 증거자료가 압수, 그 밖의 부득이한 사유로 과세표준 · 세액을 계산할 수 없었으나 그 후에 해당 사유가 해소된 경우
㉣ 위와 유사한 사유(판례 : 대손금을 필요경비로 산입할 수 없는 개인주주의 미수령 배당금채권이 배당금 지급회사의 도산으로 회수가 불가능한 경우, 2013두18810)

참고 위 ⑤ · ㉡의 부득이한 사유로 계약이 해제되더라도 **후발적 사유로 인정되지 않는** 경우

① 부가가치세법상 공급 계약의 해제 등으로 인한 수정세금계산서 발급사유
② 상증세법상 증여세 신고기한이 지난 후 당초 증여재산을 반환하거나 당초 금전을 증여한 경우
③ 법인세법상 대손금과 같이 그 사유가 발생한 사업연도에 손금에 산입할 것을 법률이나 그 밖의 법령으로 규정하고 있거나 경상적 · 반복적으로 발생하는 매출에누리 · 매출환입과 같이 기업회계나 관행에 따라 계속 · 반복적으로 그 사유가 발생한 사업연도에 손금으로 산입한 경우
④ 취득세의 경우 : 다음 중 어느 하나에 해당하는 경우
㉠ 잔금지급일부터 60일이 지났을 때
㉡ 이미 소유권이전등기를 거쳤을 때 ■

3) 청구의 기한 : 통상적인 경정청구기한에도 불구하고 그 사유를 안 날부터 3개월 이내에 결정 · 경정을 청구할 수 있다.

3. 경정청구의 절차

경정청구를 하려는 자는 경정청구서를 관할세무서장에게 제출해야 한다.

참고 종합부동산세를 부과 · 고지받은 자의 경정청구

종합부동산세 납세의무자로서 종합부동산세를 부과 · 고지받은 자의 경우에는 앞의 경정 등 청구에 관한 규정을 준용한다. ■

4. 과세표준확정신고 예외대상자의 경정 등의 청구

종합소득 · 퇴직소득 과세표준확정신고 예외대상자(분리과세이자소득 · 분리과세배당소득 · 분리과세연금소득 및 분리과세기타소득이 있는 자를 포함한다), 분리과세되는 국내원천소득이 있는 외국법인 또는 비거주자(이하 '원천징수대상자')의 경우에는 앞의 경정 등 청구에 관한 규정을 준용한다. 일반적인 경정 등 청구에 관한 규정을 연말정산세액에 대한 경정 등의 청구에 변경을 가하여 적용하면 다음과 같다.

1) 통상적 사유로 인한 경정청구 : 연말정산 또는 원천징수하여 소득세(또는 법인세)를 납부하고 소득세법 및 법인세법에 따라 지급명세서를 제출기한까지 제출한 원천징수의무자 또는 원천징수대상자(비거주자 및 외국법인은 제외)는 다음 중 어느 하나에 해당하는 때에는 연말정산세액 또는 원천징수세액의 납부기한이 지난 후 5년 이내에 연말정산세액 또는 원천징수세액의 경정을 관할세무서장에게 청구할 수 있다. 여기서 '지급명세서 제출기한'이란 해당 소득의 지급일이 속하는 과세기간의 다음 연도 2월 말일(사업소득과 근로소득 또는 퇴직소득의 경우에는 다음 연도 3월 10일)까지를 말한다.
   ① 원천징수영수증에 기재된 과세표준 및 세액이 신고해야 할 과세표준 및 세액을 초과할 때
   ② 원천징수영수증에 기재된 환급세액이 신고해야 할 환급세액에 미치지 못할 때
2) 후발적 사유로 인한 경정 등 청구 : 원천징수의무자 또는 원천징수대상자(비거주자 및 외국법인은 제외)는 후발적 사유가 발생한 때에는 그 사유가 발생한 것을 안 날부터 3개월 이내에 경정을 청구할 수 있다.

국기 08

5. 경정청구의 효력

경정청구는 수정신고와 달리 확정시키는 효력이 없다. 따라서 경정청구를 받은 세무서장은 그 청구를 받은 날부터 2개월 이내에 과세표준 · 세액을 ① 결정 · 경정하거나 ② 결정 · 경정해야 할 이유가 없다는 뜻(경정거부)을 그 청구를 한 자에게 통지해야 한다. 다만, 청구를 한 자가 2개월 이내에 아무런 통지(지연처리시 진행상황 등 통지는 제외)를 받지 못한 경우에는 통지를 받기 전이라도 그 2개월이 되는 날의 다음 날부터 국세기본법에 따른 불복청구(또는 감사원법에 따른 심사청구)를 할 수 있다.

참고 경정 등 청구의 지연처리시 진행상황 등의 통지

경정청구를 받은 세무서장은 그 청구를 받은 날부터 2개월 이내에 과세표준 및 세액의 결정 · 경정이 곤란한 경우에는 청구를 한 자에게 ① 관련 진행상황 및 ② 청구를 한 자가 2개월 이내에 아무런 통지를 받지 못한 경우에는 통지를 받기 전이라도 국세기본법에 따른 불복청구(감사원법에 따른 심사청구)를 할 수 있다는 사실(불복절차 안내)을 통지해야 한다. ■

판례 소득금액변동통지를 받은 후 법인이 그 납부기한 내에 다시 연말정산을 하여 원천징수납부하고 그 지급조서를 제출한 경우 이때 통상적 경정청구에 따른 기산일

그 소득금액변동통지에 따라 추가로 납부해야 하는 소득세에 대해서는 당초 연말정산을 하고 지급조서를 제출하였음에도 다시 연말정산을 하고 추가로 지급조서를 제출해야 함으로 그에 대한 경정청구의 요건 및 기산일도 당초 연말정산을 한 것과는 별도로 발생해야 한다. 따라서 이 경우 **통상적인 경정청구의 기산일은 그 소득금액변동통지에 따른 납부기한(통지를 받은 날의 다음 달 1일)의 다음 날부터** 기산된다(2009두23587). ■

판례 종합소득세 확정신고기한이 경과한 후 소득금액변동통지에 따른 소득처분에 의하여 소득금액에 변동이 생기는 경우 그 통상적 경정청구에 따른 기산일

이미 종합소득세 확정신고기한이 경과한 후 법인의 소득처분에 의해서 소득금액이 변경이 되었다면 증가된 소득금액에 대해서 적법하게 과세표준 · 세액을 신고 · 납부하는 것은 불가능하기 때문에 이 경우 원칙적인 법정신고기한에도 불구하고 소득금액변동통지를 받은 날의 다음다음 달 말일까지 해당 증가된 소득금액의 과세표준 · 세액을 신고납부하면 당초 법정신고기한까지 적법하게 신고 · 납부한 것으로 본다.

이렇게 신고납부기한을 유예해주는 취지를 볼 때 이처럼 유예된 기간도 소득금액변동통지로서 증가된 소득금액의 과세표준 · 세액에 대한 법정신고납부기한으로 보아야 할 것이다. 따라서 소득금액변동통지를 받은 날의 다음다음 달 말일까지 해당 증가된 소득금액의 과세표준 · 세액을 신고납부하면 증가된 소득금액의 과세표준 · 세액에 대한 **통상적 경정청구에 따른 기산일은** 사례에 따른 **추가신고납부기한의 다음 날이** 될 것이다(2009두20274). ■

제2절 기한후신고와 기한후납부

I-1 p.329

I. 기한후신고

1. 의의

법정신고기한까지 과세표준신고서를 제출하지 않은 자는 관할세무서장이 국세의 과세표준 · 세액을 결정하여 통지하기 전까지 기한후과세표준신고서를 제출할 수 있다.

이 제도는 당초 무신고자에게 자진신고납부 또는 환급신고를 할 수 있는 기회를 허용함으로써 성실한 납세의무의 이행을 유도하고 과세관청은 징세비를 절감할 수 있게 된다.

2. 요건

1) 신고자의 적격 : 법정신고기한 내에 과세표준신고서를 제출하지 않는 자가 기한후신고를 할 수 있다. 이처럼 무신고한 자에게 납부할 세액이 있는지, 결손금 또는 환급받을 세액이 있는지를 묻지 않는다.

2) 신고의 기한 : 기한후신고는 해당 국세의 과세표준과 세액을 결정하여 통지하기 전까지 할 수 있다.

3. 절차 및 효력

(1) 절차

기한후과세표준신고서를 제출한 자로서 납부해야 할 세액이 있는 자는 그 세액을 납부해야 한다.

(2) 효력

이러한 기한후신고를 하더라도 해당 국세의 납세의무를 확정하는 효력은 없다. 따라서 납세의무자가 ① 기한후과세표준신고서를 제출하거나 ② 기한후과세표준신고서를 제출한 자가 과세표준수정신고서를 제출한 경우, 관할세무서장은 세법에 따라 신고일부터 3개월 이내에 해당 국세의 과세표준과 세액을 결정 또는 경정하여 신고인에게 통지해야 한다. 다만, 그 과세표준과 세액을 조사할 때 조사 등에 장기간이 걸리는 등 부득이한 사유로 신고일부터 3개월 이내에 결정 또는 경정할 수 없는 경우에는 그 사유를 신고인에게 통지해야 한다.

판 례 기한후신고의 내용을 그대로 인정하는 결정이 항고소송의 대상이 되는 행정처분에 해당하는지 여부

양도소득세 납세의무자가 기한후과세표준신고서를 제출하더라도 그 납세의무는 관할세무서장이 양도소득과세표준과 세액을 결정하는 때에 비로소 확정된다. 과세관청이 납세의무자에 대하여 양도소득 과세표준과 세액이 기한후과세표준신고서를 제출할 당시 이미 자진납부한 금액과 동일하므로 별도로 고지할 세액이 없다는 내용의 신고시인결정 통지를 하였다면, 그 신고시인결정 통지는 과세관청의 결정으로서 항고소송의 대상이 되는 행정처분에 해당한다(2013두6633). ■

4. 수정신고와 차이점

구분	기한후신고	수정신고
신고자 적격	법정신고기한까지 과세표준신고서를 제출하지 않은 자	기한 내 신고한 자 (또는 기한후신고를 한 자)
신고의 사유	당초 무신고한 경우	기한 내에 신고한 세액이 과소한 경우 (또는 기한후신고한 세액이 과소한 경우)
신고의 기한	결정하여 통지하기 전까지	결정 · 경정하여 통지하기 전으로서 국세 부과제척기간이 끝나기 전까지
신고의 효력	납세의무 확정력은 없고 관할세무서장이 신고일부터 3개월 이내에 결정해야 함	• 정부부과제도 : 증액확정력 없음 • 신고납세제도 : 증액확정력 있음(기한후신고 세액에 대한 수정신고는 증액확정력 없음)
가산세의 감면	법정신고기한이 지난 후 6개월 이내에 기한후신고시 무신고가산세의 50% · 30% · 20% 감면	기한 내 신고한 자가 법정신고기한이 지난 후 2년 이내에 수정신고시 과소신고가산세의 90%~10% 감면

[도 표] 납세의무자의 사후보정제도

상황		사후보정제도	시간적 범위
당초 신고한 과세표준 및 세액	과소신고된 경우	(증액)수정신고	결정 · 경정 전까지
	과대신고된 경우 (또는 후발적 사유)	(감액)경정청구	5년 이내(3개월 이내)
기한 내에 신고하지 않은 경우		기한후신고	결정 전까지
기한 내 신고하였으나 신고세액의 전부 또는 일부를 납부하지 못한 경우		기한후납부	납부고지 전까지

Ⅱ. 기한후납부

과세표준신고서를 법정신고기한까지 제출하였으나 세액의 전부 · 일부를 납부하지 않은 자는 그 세액과 가산세를 세무서장이 고지하기 전에 납부할 수 있다.

이 제도는 신고는 하였으나 미납 · 미달납부한 자에게 세무서장이 납부고지 전에 자진납부할 수 있도록 하여 납부지연에 따른 납부지연가산세의 부담을 줄이고 자진납부를 유도하기 위해 도입되었다.

제3절 가산세

I-1 p.335

I. 가산세의 의의

1. 개념

'가산세'란 세법에서 규정하는 의무의 성실한 이행을 확보하기 위해 산출한 세액에 가산하여 징수하는 금액을 말한다.

세법은 조세부과 · 징수권의 적절한 행사를 위하여 납세의무자에게 과세표준신고의무 · 자진납부의무 · 원천징수의무 · 각종 과세자료의 제출의무 등을 부여하고 있다. 이러한 세법에 규정하는 의무를 이행하지 않는 경우에는 그 자에게 세법이 정하는 바에 따라 가산세를 부과할 수 있다.

2. 가산세의 법적 성격

(1) 조세의 형식

가산세는 해당 의무가 규정된 세법의 해당 국세의 세목으로 하며, 해당 국세를 감면하는 경우에는 가산세는 그 감면대상에 포함시키지 않는다. 즉 조세의 형식으로 부과되어 본세의 납세의무와 함께 성립된다.

(2) 행정벌의 성격

본래 행정상의 목적을 실현하기 위한 의무 위반에 대한 제재를 '행정벌'이라 한다. 이러한 관점에서 보면 가산세는 조세의 형식을 취하고 있지만, 과세물건의 귀속에 따른 담세력의 유무를 묻지 않고 의무불이행에 대해 가해지는 제재라는 점에서 그 본질은 행정벌의 일종이라고 할 수 있다.

국기 08

3. 조세형벌과의 차이

조세법상 의무이행을 확보하기 위해 과해지는 제재로서 그 의무의 실효성을 담보하고 간접적으로 의무의 이행을 확보한다는 점에서 가산세와 조세형벌은 공통점을 갖으나 그 성격으로는 다음과 같은 차이점이 있다.

1) 제재의 형식 : 가산세는 조세로서 그 제재를 가하고, 조세형벌은 형벌로서 제재를 가한다.

2) 행위자의 고의 · 과실 · 책임능력 등의 고려 여부 : 가산세의 경우 행위자의 고의 · 과실 · 책임능력 등을 고려하지 않고 과세요건을 충족했는지 여부만 확인을 하는데 비해 조세형벌의 경

우 책임주의의 확립을 위해서 구성요건뿐만 아니라 행위자의 고의·과실·책임능력 등도 고려를 해야 한다.

Ⅱ. 국세기본법에 따른 가산세의 종류

가산세에 관한 규정은 개별세법에 규정이 되어 있으나 신고·납부관련 의무위반에 대한 가산세는 개별세법의 공통적이고 기본적인 사항이므로 국세기본법에 다음과 같이 규정하고 있다.

국세기본법상 가산세의 종류	납부세액 기준 가산세율
(1) 무신고가산세	부정행위로 인한 무신고 : 40%* 일반무신고 : 20% * 역외거래에서 발생한 부정행위로 인한 무신고 : 60%
(2) 과소신고·초과환급신고가산세	부정행위로 인한 과소신고 : 40%* 일반과소신고 : 10% * 역외거래에서 발생한 부정행위로 인한 과소신고 : 60%
(3) 납부지연가산세	• 지연일수분 : 1일 $\frac{2.2}{10,000}$ • 체납분 : 3%
(4) 원천징수 등* 납부지연가산세 * ① 원천징수의무자의 소득세·법인세 원천징수납부, ② 납세조합의 소득세 징수납부, ③ 대리납부의무자의 부가가치세 대리납부를 말한다.	• 3%～10%(납부고지분)·50%(체납분)

1. 무신고가산세

(1) 세목별 무신고가산세

1) 법인세 : 법정신고기한까지 과세표준신고서를 제출하지 않은 경우 다음의 가산세를 산출세액에 가산하며 법인세의 경우 필수적 첨부서류를 첨부하지 않으면 법정신고기한까지 신고서를 제출하지 않은 것으로 본다.

구분	무신고가산세
부정행위로 인한 무신고	MAX [무신고납부세액×40%(역외거래의 경우 60%) 수입금액×14/10,000]
일반적인 무신고	MAX [무신고납부세액×20%, 수입금액×7/10,000]

2) 소득세 : 법정신고기한까지 과세표준신고서를 제출하지 않은 경우 다음의 가산세를 산출

세액에 가산하며, 소득세의 경우 복식부기의무자는 재무상태표 · 손익계산서 등을 첨부하지 않으면 법정신고기한까지 신고서를 제출하지 않은 것으로 본다.

구분	무신고가산세
일반적인 개인	부정행위로 인한 무신고 : 무신고납부세액×40%(역외거래의 경우 60%)
	일반적인 무신고 : 무신고납부세액×20%
복식부기의무자	부정행위로 인한 무신고 : MAX [무신고납부세액×40%(역외거래의 경우 60%), 수입금액×14/10,000]
	일반적인 무신고 : MAX [무신고납부세액×20%, 수입금액×7/10,000]

3) 부가가치세 : 법정신고기한까지 예정신고 · 확정신고를 하지 않은 경우 다음의 가산세를 산출세액에 가산한다.

구분	무신고가산세
부정행위로 인한 무신고	무신고납부세액×40%(역외거래의 경우 60%) + 신고하지 않은 영세율과세표준×0.5%
일반적인 무신고	무신고납부세액×20% + 신고하지 않은 영세율과세표준×0.5%

4) 상속세 · 증여세 : 법정신고기한까지 과세표준신고서를 제출하지 않은 경우 다음의 가산세를 산출세액에 가산한다.

구분	무신고가산세
부정행위로 인한 무신고	무신고납부세액×40%(역외거래의 경우 60%)
일반적인 무신고	무신고납부세액×20%

(2) 무신고가산세가 배제되는 경우

1) 부가가치세의 신고와 관련된 무신고가산세가 부과되지 않는 경우

① 간이과세자로서 해당 과세기간의 납부세액이 면제되는 경우

② 공급하는 사업자가 대손세액공제를 받은 경우에 공급을 받는 상대방이 해당 매입세액을 관할세무세장에게 경정받는 경우

2) 무신고가산세를 적용할 때 예정신고 및 중간신고와 관련하여 무신고가산세 또는 과소신고 · 초과환급신고가산세가 부과되는 부분에 대해서는 확정신고와 관련하여 무신고가산세를 적용하지 않는다.

3) 무신고가산세를 적용할 때 소득세법 또는 법인세법에 따른 장부의 기록 · 보관 불성실가산세(양도소득세는 기장 불성실가산세)가 동시에 적용되는 경우에는 그 중 가산세액이 큰 가산세만 적용하고, 가산세액이 같은 경우에는 장부의 기록 · 보관 불성실가산세만 적용한다.

2. 과소신고 · 초과환급신고가산세

(1) 세목별 과소신고 · 초과환급신고가산세

1) 법인세 : 법정신고기한까지 과세표준신고서를 제출한 경우로서 납부할 세액을 신고해야 할 세액보다 적게 신고한 경우에는 다음의 가산세를 산출세액에 가산한다.

과소신고가산세 = ⑴ + ⑵
⑴ 부정과소신고가산세 = MAX [부정과소신고납부세액(= 과소신고납부세액×부정행위로 인하여 과소신고한 과세표준/총과소신고한 과세표준)×40%(역외거래의 경우 60%), 부정과소신고수입금액×14/10,000]
⑵ 일반과소신고가산세 = 일반과소신고납부세액(= 과소신고납부세액 − 부정과소신고납부세액)×10%

2) 소득세 : 법정신고기한까지 과세표준신고서를 제출한 경우로서 납부할 세액을 신고해야 할 세액보다 적게 신고한 경우에는 다음의 가산세를 산출세액에 가산한다.

구분	과소신고가산세
일반적인 개인	부정과소신고납부세액×40%(역외거래의 경우 60%) + 일반과소신고납부세액×10%
복식부기의무자	MAX [부정과소신고납부세액×40%(역외거래의 경우 60%), 부정과소신고수입금액×14/10,000] + 일반과소신고납부세액×10%

3) 부가가치세 : 법정신고기한까지 예정신고 · 확정신고를 한 경우로서 납부할 세액을 신고해야 할 세액보다 적게 신고한 경우에는 다음의 가산세를 산출세액에 가산한다.

과소신고 · 초과환급신고가산세 = ⑴ + ⑵
⑴ (부정과소신고납부세액 + 부정초과신고환급세액)×40%(역외거래의 경우 60%) + (일반과소신고납부세액 + 일반초과신고환급세액)×10%
⑵ 과소신고된 영세율과세표준×0.5%

* 사업자가 아닌 자가 환급세액을 신고한 경우에도 적용한다.

4) 상속세 · 증여세 : 법정신고기한까지 과세표준신고서를 제출한 경우로서 납부할 세액을 신고해야 할 세액보다 적게 신고한 경우에는 다음의 가산세를 산출세액에 가산한다.

> 과소신고가산세
> = 부정과소신고납부세액 × 40%(역외거래의 경우 60%) + 일반과소신고납부세액 × 10%

참 고 부정행위의 범위

다음에 해당하는 행위로서 조세의 부과징수를 불가능하게 하거나 현저하게 곤란하게 하는 적극적인 행위

① 이중장부의 작성 등 장부의 거짓작성
② 거짓증빙 · 거짓문서 작성 · 수취
③ 장부 · 기록의 파기
④ 재산의 은닉, 소득 · 수익 · 행위 · 거래의 조작 · 은폐
⑤ 고의로 장부를 작성 · 비치하지 않은 행위, 세금계산서 · 계산서 등 조작
⑥ 전자적 기업자원관리설비(ERP) · 전자세금계산서의 조작
⑦ 그 밖의 위계 · 부정한 행위 ■

판 례 사실과 다른 세금계산서를 교부받아 매입세액을 공제 · 환급받는 경우 그 행위가 부당한 방법으로 과세표준을 과소신고한 경우에 해당하기 위한 요건

사실과 다른 세금계산서를 교부받은 납세의무자가 해당 매입세액을 공제 · 환급받는다는 인식 외에 사실과 다른 세금계산서를 발급하는 자가 그에 대한 매출세액을 신고납부하고 그 후에 사실과 다른 세금계산서로서 납부했던 매출세액에 대해 경정청구를 하는 등의 방법으로 그 세금계산서상 부가가치세 납부의무를 면탈함으로써 그 세금계산서를 발급받은 자에게 해당 매입세액을 공제 · 환급받는 행위가 국가의 조세수입에 감소를 가져온다는 인식이 있어야 한다(2014두11618). ■

판 례 주식의 매매가 이뤄진 것처럼 형식을 취하는 명의신탁이 있는 경우 이를 부정행위로 볼 수 있는지 여부

'사기나 그 밖의 부정한 행위' 또는 '부정행위'란 조세의 부과와 징수를 불가능하게 하거나 현저히 곤란하게 하는 위계 기타 부정한 적극적인 행위를 말하고, 적극적 은닉 의도가 나타나는 사정이 덧붙여지지 않은 채 단순히 세법상의 신고를 하지 않거나 허위의 신고를 함에 그치는 것은 여기에 해당하지 않는다. 또한 명의신탁재산 증여의제의 경우 명의신탁자가 명의수탁자에게 주식을 명의신탁하면서 주식의 매매 등이 있었던 것과 같은 외관을 형성하여 그 형식에 따른 계약서나 계좌거래내역 등을 토대로 과세관청에 신고하는 것은 주식의 명의신탁에 통상 뒤따르는 부수행위에 불과하다고 볼 수 있다. 따라서 명의신탁의 결과 명의수탁자가 부담할 증여세의 부과와 징수를 불가능하게 하거나 현저히 곤란하게 하는 정도에 이르렀다는 등의 특별한 사정이 없는 한, 증여세 부당무신고가산세의 요건인 '사기나 그 밖의 부정한 행위' 또는 '부정행위'에 해당한다고 볼 수 없다(2017두69977). ■

(2) 과소신고 · 초과환급신고가산세 적용시 고려할 사항

1) 과소신고 · 초과환급신고가산세는 부가가치세법에 따른 사업자가 아닌 자가 환급세액을 신고한 경우에도 적용한다.

2) 다음 중 어느 하나에 해당하는 경우에는 이와 관련하여 과소신고하거나 초과신고한 부분에 대해서는 과소신고가산세를 적용하지 않는다.

① 다음 중 어느 해당하는 사유로 상속세(또는 증여세) 과세표준을 과소신고한 경우

㉠ 신고 당시 소유권에 대한 소송 등의 사유로 상속재산 또는 증여재산으로 확정되지 않았던 경우

㉡ 상속공제(또는 증여재산공제, 혼인 · 출산증여재산공제)의 적용에 착오가 있었던 경우

㉢ 상속세 과세표준 신고기한(또는 증여세 과세표준 신고기한)까지 신고한 상속재산(또는 증여재산)으로서 재산평가 규정에 따라 평가한 가액으로 과세표준을 결정한 경우(부정행위로 상속세 및 증여세의 과세표준을 과소신고한 경우는 제외)

㉣ 법인세법에 따라 법인세 과세표준 및 세액의 결정 · 경정으로 ⓐ 특수관계법인과의 거래를 통한 이익의 증여의제(제45조의3), ⓑ 특수관계법인으로부터 제공받은 사업기회로 발생한 이익의 증여의제(제45조의4), ⓒ 특정법인과의 거래를 통한 이익의 증여의제(제45조의5) 규정에 따른 증여의제이익이 변경되는 경우(부정행위로 인하여 법인세의 과세표준 및 세액을 결정 · 경정하는 경우는 제외)

①-2 상증세법상 증여재산 평가규정에 따라 평가한 가액으로 소득세법에 따른 부담부증여시 양도로 보는 부분에 대한 양도소득세 과세표준을 결정 · 경정한 경우(부정행위로 양도소득세의 과세표준을 과소신고한 경우는 제외)

② 부가가치세법에서 재화 · 용역을 공급받은 사업자가 대손처분받은 세액을 매입세액에서 차감하여 신고하지 않음에 따라 관할세무서장이 빼야 할 세액을 경정하는 경우

③ 위 ①의 ㉣에 해당하는 사유로 양도소득세가 과세되는 주식 등의 취득가액이 감소된 경우

④ 조세특례제한법에 따라 신성장사업화시설 또는 국가전략기술사업화시설의 인정을 받을 것을 조건으로 그 인정을 받기 전에 통합투자세액공제를 신청하여 세액공제를 받았으나, 그 이후 해당 조건의 일부 또는 전부를 충족하지 못하게 된 경우

3) 간이과세자로서 해당 과세기간의 납부세액에 대한 납부의무가 면제되는 경우에는 과소신고 · 초과환급신고가산세를 적용하지 않는다.

4) 과소신고 · 초과환급신고가산세를 적용할 때 예정신고 및 중간신고와 관련하여 무신고가산세 또는 과소신고 · 초과환급신고가산세가 부과되는 부분에 대해서는 확정신고와 관련하여 과소신고 · 초과환급신고가산세를 적용하지 않는다.

5) 과소신고 · 초과환급신고가산세를 적용할 때 소득세법 또는 법인세법에 따른 무기장가산세(양도소득세는 기장불성실가산세)가 동시에 적용되는 경우에는 그 중 가산세액이 큰 가산세만 적용하고, 가산세액이 같은 경우에는 과소신고 · 초과환급신고가산세만 적용한다.

3. 납부지연가산세

(1) 개요

납세의무자가 국세기본법 및 세법에 따른 납부기한(이하 '법정납부기한')까지 국세의 납부를 하지 않거나 납부해야 할 세액보다 적게 납부(이하 '과소납부')한 경우에는 다음의 금액을 가산세로 한다.

납부지연가산세 = ① + ②
① 국세를 법정납부기한까지 납부하지 않거나 과소납부한 경우 : 지연일수분 = 미납세액(또는 과소납부분 세액) × 미납기간 × 1일 $\frac{2.2}{10,000}$
② 국세를 납부고지서에 따른 납부기한까지 완납하지 않은 경우 : 체납분 = 미납세액(또는 과소납부분 세액) × 3%

위 ①에서 '미납기간'은 법정납부기한의 다음 날부터 납부일의 기간(납부고지일부터 납부고지서에 따른 납부기한까지의 기간은 제외)을 말한다.

한편 납세의무자가 국세를 환급받아야 할 세액보다 많이 환급(이하 '초과환급')받은 경우에는 다음의 금액을 가산세로 한다.

납부지연가산세 = ① + ②
① 국세를 초과환급받은 경우 : 초과환급일수분 = 초과환급받은 세액 × 미납기간 × 1일 $\frac{2.2}{10,000}$
② 국세를 납부고지서에 따른 납부기한까지 완납하지 않은 경우 : 체납분 = 미납세액(또는 과소납부분 세액) × 3%

위 ①에서 '미납기간'은 환급받은 날의 다음 날부터 납부일의 기간(납부고지일부터 납부고지서에 따른 납부기한까지의 기간은 제외)을 말한다.

(2) 납부지연가산세의 적용제한

① 납부지연가산세를 적용할 때 납부고지서에 따른 납부기한의 다음 날부터 납부일까지의 기간(국세징수법에 따라 지정납부기한 · 독촉장에 정하는 기한을 연장한 경우에는 그 연장기간은 제외)이 5년을 초과하는 경우에는 그 기간은 5년으로 한다(종전 중가산금 적용기간).

② 체납된 국세의 납부고지서별 · 세목별 세액이 150만원 미만인 경우에는 1일마다 2.2/10,000의 납부지연가산세(지연일수분)를 적용하지 않는다(종전 중가산금 적용배제).

국기 08

[도 표] 납부지연가산세 납세의무 성립일 · 확정일 및 법정기일(1일 이자율 2.2/10,000로 가정)

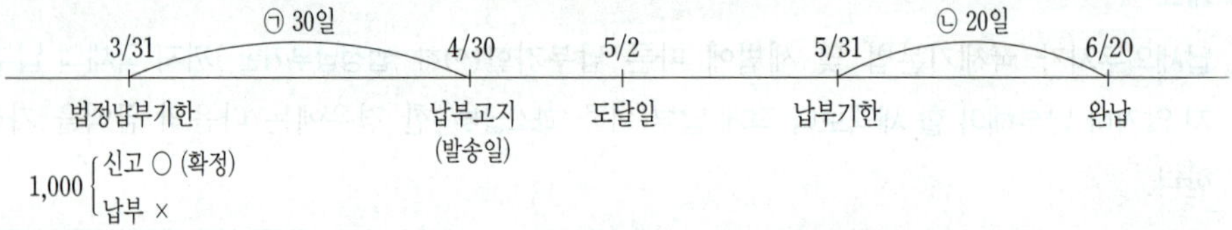

구분	계산내용	납세의무 성립일	납세의무 확정일	법정기일
① 지연일수분	㉠ $1,000 \times 30일 \times \frac{2.2}{10,000} = 6.6$ ……	• 매일 경과시	• 고지서 도달일(5/2)	• 고지서 발송일(4/30)
	㉡ $1,000 \times 20일 \times \frac{2.2}{10,000} = 4.4$ ……	• 매일 경과시	• 성립일에 자동확정	• 고지서 발송일(4/30)
② 체 납 분	$1,000 \times 3\% = 30$ ……	• 고지서상 납부기한 경과시(6/1 오전 0시)*	• 성립일에 자동확정	• 고지서 발송일(4/30)
납부지연가산세 =	① + ② = 41			

* 출자자의 제2차납세의무 적용시 납세의무 성립일 : 법정납부기한 경과시(4/1 오전 0시)

(3) 납부지연가산세가 배제되는 경우

1) 다음 중 어느 하나에 해당하는 경우에는 납부지연가산세를 부과하지 않는다.

① 사업자가 납부기한까지 어느 사업장에 대한 부가가치세를 다른 사업장에 대한 부가가치세에 더하여 신고납부한 경우

② 재화 · 용역을 공급받은 사업자가 대손처분받은 세액을 매입세액에서 차감하여 신고하지 않음에 따라 관할세무서장이 빼야 할 세액을 결정 · 경정하는 경우 그 대손처분받은 세액에 상당하는 부분

③ 법인세법에 따라 법인세 과세표준 및 세액의 결정 · 경정으로 ㉠ 특수관계법인과의 거래를 통한 이익의 증여의제(제45조의3), ㉡ 특수관계법인으로부터 제공받은 사업기회로 발생한 이익의 증여의제(제45조의4), ㉢ 특정법인과의 거래를 통한 이익의 증여의제(제45조의5) 규정에 따른 증여의제이익이 변경되는 경우(부정행위로 인하여 법인세의 과세표준 및 세액을 결정 · 경정하는 경우는 제외)

④ 위 ③에 해당하는 사유로 양도소득세가 과세되는 주식 등의 취득가액이 감소된 경우

⑤ 상속세 또는 증여세를 신고한 자가 법정신고기한까지 상속세 또는 증여세를 납부한 경우로서 법정신고기한 이후 평가심의위원회를 통해 평가한 가액으로 상속재산 또는 증여재산을 평가하여 과세표준과 세액을 결정 · 경정한 경우

⑤-② 소득세법에 따른 부담부증여시 양도로 보는 부분에 대하여 양도소득세 과세표준을 신고한 자가 소득세법에 따라 법정신고기한까지 양도소득세를 납부한 경우로서 법정신고기한 이후 평가심의위원회를 통해 평가한 가액으로 부담부증여 재산을 평가하여

양도소득세의 과세표준과 세액을 결정·경정한 경우

2) 원천징수 등 납부지연가산세가 부과되는 부분에 대해서는 국세의 납부와 관련하여 납부지연가산세를 부과하지 않는다.

3) 중간예납, 예정신고납부 및 중간신고납부와 관련하여 납부지연가산세가 부과되는 부분에 대해서는 확정신고납부와 관련하여 납부지연가산세를 부과하지 않는다.

(4) 납부지연가산세 완화

국세(법인세·소득세·부가가치세)의 과세기간을 잘못 적용하여 신고·납부한 경우에는 실제 신고·납부한 금액의 범위에서 당초 신고·납부해야할 과세기간에 해당 국세를 자진 납부한 것으로 본다. 다만, 부정행위로 무신고·과소신고한 경우에는 제외한다.

4. 원천징수 등 납부지연가산세

(1) 개요

국세를 징수하여 납부할 의무를 지는 자가 징수해야 할 세액(납세조합이 징수한 세액)을 법정납부기한까지 납부하지 않거나 과소납부한 경우에는 다음의 금액을 납부할 세액에 가산한다.

원천징수 등 납부지연가산세 = MIN(①, ②)
① ㉠ 미납세액·과소납부분 세액×3% + ㉡ 미납세액·과소납부분 세액×기간* ×1일 $\frac{2.2}{10,000}$ ② 미납세액·과소납부분 세액×50%(위 ㉠의 금액과 ㉡ 중 법정납부기한의 다음 날부터 납부고지일까지의 기간에 해당하는 금액을 합한 금액은 10%)

* 기간 : 법정납부기한의 다음 날부터 납부일까지의 기간(납부고지일부터 납부고지서에 따른 납부기한까지의 기간은 제외)

여기서 '국세를 징수하여 납부할 의무'란 다음 중 어느 하나에 해당하는 의무를 말한다.

① 소득세법 또는 법인세법에 따라 소득세 또는 법인세를 원천징수하여 납부할 의무
② 소득세법에 따른 납세조합이 그 조합원에 대한 소득세를 징수하여 납부할 의무
③ 부가가치세법 대리납부규정에 따라 용역 등을 공급받는 자가 부가가치세를 징수하여 납부할 의무

(2) 원천징수 등 납부지연가산세의 적용제한

① 원천징수 등 납부지연가산세를 적용할 때 납부고지서에 따른 납부기한의 다음 날부터 납부일까지의 기간(국세징수법에 따라 지정납부기한·독촉장에 정하는 기한을 연장한 경우에는 그 연장기간은 제외)이 5년을 초과하는 경우에는 그 기간은 5년으로 한다(종전 중가산금 적용기간).

② 체납된 국세의 납부고지서별 · 세목별 세액이 150만원 미만인 경우에는 납부고지서에 따른 납부기한의 다음 날부터 1일마다 2.2/10,000의 가산세를 적용하지 않는다(종전 중가산금 적용배제).

Ⅲ. 가산세의 감면 등

1. 가산세의 부과제외 및 감면

(1) 가산세 부과제외

1) 천재지변 등의 기한연장 사유가 있는 경우 가산세 부과제외 : 정부는 국세기본법 또는 세법에 따라 가산세를 부과하는 경우 그 부과의 원인이 되는 사유가 천재지변 등의 기한연장 사유에 해당하는 때에는 해당 가산세를 부과하지 않는다.

* 이 경우 '납세자가 경영하는 사업에 현저한 손실이 발생하거나 부도 또는 도산의 우려가 있는 경우'에는 납부기한만 연장될 수 있으므로 납부에 관한 가산세만 부과제외한다.

2) 의무불이행에 정당한 사유가 있는 경우 가산세 부과제외 : 정부는 국세기본법 또는 세법에 따라 가산세를 부과하는 경우 납세자가 의무를 이행하지 않은 것에 대한 정당한 사유가 있는 때에는 해당 가산세를 부과하지 않는다.

대법원은 가산세에 대해 의무불이행이 발생하면 본세의 납세의무와 함께 성립되는 것이며, 납세자의 고의 · 과실은 고려되지 않는다. 다만, "납세의무자가 그 의무의 이행을 당사자에게 기대하는 것이 무리(無理)라고 하는 사정이 있을 때 등 그 의무불이행을 탓할 수 없는 정당한 사유가 있는 경우에는 가산세를 부과할 수 없다"고 판시하고 있다.

- 정당한 사유로 인정한 사례

① 부동산을 양도하는 행위가 부동산매매업에 따른 종합소득세 신고사유인데도 이를 양도소득세 과세대상으로 보아 양도소득세를 신고한 경우 : 종합소득세와 양도소득세의 경우 소득세로서 그 소득의 분류가 다른 것에 불과하고 대다수가 부동산을 양도할 때 양도소득세를 신고하는 것이 일반적이므로 이는 조세경감을 목적으로 고의로 사실과 다르게 신고한 것이 아닌 소득구분의 착오로 신고를 잘못한 것으로 보아 신고불성실가산세를 취소해야 한다(국심 2003중572).

② 행위 당시 그 행위의 과세 · 면세의 구분에 대한 구체적인 규정이 없어 그 정확한 구분에 따라 의무를 이행하지 못한 경우 : 부가가치세법에 복권판매 대행용역이 보험 · 금융용역(면세대상)에서 제외된다는 확인규정이 도입되기 전에 은행 A는 주택복권발행용역과 함께 공급하는 주택복권판매 대행용역(쟁점용역)도 면세로 보아서 부가가치세법상 협력의무를 이행하지 않은 경우 과세관청도 초기에는 쟁점용역이 면세대상용역이 아니라는 것을 알지 못하였고 나중에 과세관청이 감사원의 지적을 받고 해

당 부가가치세 규정이 들어온 후에야 쟁점용역이 부가가치세 과세대상인 용역임을 주장한 경우라면 과세관청도 처음에는 판단할 수 없었던 사유로서 이에 납세의무자 은행 A가 쟁점용역을 과세대상 용역으로 판단하여 해당 협력의무를 성실하게 이행하리라고 기대하는 것은 무리가 있기 때문에 그 의무불이행에 대한 정당한 사유가 있다고 할 것이다(2003두13632).

- 정당한 사유로 인정하지 않은 사례

① 정보통신 관련 대기업이 전산시스템의 운영을 잘못하여 매출액을 과소신고한 경우 : 전산시스템의 운영을 잘못하면서 매출액의 과소신고가 발생한 경우 이는 원고가 충분히 주의를 기울였다면 예방할 수 있었을 것이다. 또한 원고가 정보통신 관련 대기업으로서 충분히 그 운영·관리의 관한 전문적인 지식이 있었고 해당 매출누락액이 누락할만한 소액이 아닌 충분히 의식을 할 만한 천억이 넘는 거액이었다. 이러한 점을 고려하면 해당 문제가 발생하지 않을 것이라고 기대하는 것이 무리라고 볼 수 없다(2010두16622).

② 귀속불분명에 대한 익금산입의 처분에 대해서 그 과세처분의 취소소송을 제기하였다고 하여 불복청구의 처분에 대한 집행부정지의 효력에도 불구하고 그 귀속불분명에 대한 소득금액변동통지를 받고서 다음 달 10일까지 원천징수납부의무를 이행하지 않은 것은 정당한 사유가 아니다(93누6744).

③ 간이과세자로의 과세변경은 과세관청의 통지여부와 관련이 없음에도 과세관청으로부터 간이과세 변동통지를 받지 않았다고 하여 재고납부세액을 납부하지 않은 경우에는 그 의무불이행에 정당한 사유가 있다고 볼 수가 없다(2000두 5081).

④ 과세관청의 공적인 견해표시가 아닌 국세종합상담센터의 답변만 믿고 세법상의 의무를 이행하지 않은 경우 그 의무불이행에 정당한 사유가 있다고 볼 수가 없다(2007두3107 판결).

⑤ 증여세 납부지연가산세는 납세의무자로 하여금 성실하게 세액을 납부하도록 유도하기 위한 것으로서 신고납부기한까지 미납부한 금액에 대하여는 금융혜택을 받은 것으로 보아 그 납부의무 위반에 대해 가하는 행정상의 제재인 점 등을 종합하여 보면, 증여재산가액에 대한 평가 차이로 인하여 미납부한 세액이라고 하더라도 납부지연가산세의 부과대상에서 제외된다고 할 수는 없고, 나아가 위와 같은 사정만으로는 납부해야 할 세액에 미달하게 납부한 데 대하여 정당한 사유가 있다고 볼 수도 없다(이 경우 과소신고가산세는 가산세 배제규정에 따라 부과되지 않는다)(96누16308).

3) 그 밖의 사유가 있는 경우 가산세 부과제외

① 세법해석에 관한 실의·회신 등에 따라 신고 납부하였으나 이후 다른 과세처분을 하는 경우

(예) : 국세청 질의·회신을 근거로 양도소득세를 예정신고하였고 과세관청이 이를 받아들이는 결정

을 하였으나 감사원 지적사항으로 감면세액을 추징하는 경우)

② 법률에 따른 토지 등의 수용 또는 사용, 법률에 따른 도시·군계획 또는 그 밖의 법령 등으로 인해 세법상 의무를 이행할 수 없게 된 경우

③ 실손의료보험금을 소득세법에 따른 의료비 세액공제 대상이 되는 의료비에서 제외할 때에, 실손의료보험금 지급의 원인이 되는 의료비를 지출한 과세기간과 해당 보험금을 지급받은 과세기간이 달라 해당 보험금을 지급받은 후 의료비를 지출한 과세기간에 대한 소득세를 수정신고하는 경우(해당 보험금을 지급받은 과세기간에 대한 종합소득 과세표준 확정신고기한까지 수정신고하는 경우로 한정한다)

(2) 수정신고 등에 대한 가산세 감면

1) 수정신고한 경우 : 정부는 과세표준신고서를 법정신고기한까지 제출한 자가 법정신고기한이 지난 후 수정신고한 경우에는 해당 가산세액에서 다음의 금액을 감면한다.

감면금액 = 해당 과소신고 · 초과환급신고가산세×감면율

구분	감면율	
① 법정신고기한이 지난 후 1개월 이내 수정신고한 경우	90%	1개월
② 법정신고기한이 지난 후 1개월 초과 3개월 이내에 수정신고한 경우	75%	2개월
③ 법정신고기한이 지난 후 3개월 초과 6개월 이내에 수정신고한 경우	50%	3개월
④ 법정신고기한이 지난 후 6개월 초과 1년 이내에 수정신고한 경우	30%	6개월
⑤ 법정신고기한이 지난 후 1년 초과 1년 6개월 이내에 수정신고한 경우	20%	6개월
⑥ 법정신고기한이 지난 후 1년 6개월 초과 2년 이내에 수정신고한 경우	10%	6개월

다만, 다음과 같이 과세표준·세액을 경정할 것을 미리 알고 수정신고한 경우에는 가산세의 감면을 배제한다.

① 세무공무원이 조사에 착수한 것을 안 경우

② 과세자료해명통지를 받은 경우

2) 기한후신고를 한 경우 : 정부는 과세표준신고서를 법정신고기한까지 제출하지 않은 자가 법정신고기한이 지난 후 기한후신고를 한 경우에는 무신고가산세액에서 다음의 금액을 감면한다.

구분	가산세 감면금액	
① 법정신고기한이 지난 후 1개월 이내에 기한후신고를 한 경우	무신고가산세×50%	1개월
② 법정신고기한이 지난 후 1개월 초과 3개월 이내에 기한후신고를 한 경우	무신고가산세×30%	2개월

③ 법정신고기한이 지난 후 3개월 초과 6개월 이내에 기한후신고를 한 경우	무신고가산세×20%	3개월

다만, 과세표준과 세액을 결정할 것을 미리 알고(즉, 해당 국세에 관하여 세무공무원이 조사에 착수한 것을 알고) 기한후신고를 한 경우에는 감면대상에서 제외한다.

3) 과세전적부심사 결정 · 통지지연 · 지연제출의 경우

구분	가산세 감면금액
과세전적부심사 결정 · 통지기간에 그 결과를 통지하지 않은 경우	그 지연되는 기간에 부과되는 납부지연가산세×50%
세법에 따른 제출 · 신고 · 가입 · 개설을 그 기한이 지난 후 1개월 이내에 이행하는 경우	해당 의무불이행에 대해 부과되는 가산세×50%

4) 예정신고 누락분을 확정신고기한까지 신고한 경우 : 위에 따른 수정신고 · 기한후신고에 따른 가산세 감면규정에도 불구하고 정부는 다음 중 어느 하나에 해당하는 경우에는 해당 가산세액에서 다음의 금액을 감면한다.

구분	가산세 감면금액
① 앞의 1)의 법정신고기한이 지난 후 6개월 초과 2년 이내에 수정신고한 경우 가산세 감면규정(30% · 20% · 10%의 감면)에도 불구하고 예정신고기한까지 예정신고를 하였으나 과소신고 · 초과환급신고한 경우로서 확정신고기한까지 수정하여 신고한 경우	과소신고 · 초과환급신고 가산세×50%
② 앞의 2)의 법정신고기한이 지난 후 6개월 이내에 기한후신고한 경우 가산세 감면규정(50% · 30% · 20%의 감면)에도 불구하고 예정신고기한까지 예정신고를 하지 않았으나 확정신고기한까지 과세표준신고를 한 경우	무신고가산세×50%

다만, 과세표준과 세액을 경정 · 결정할 것을 미리 알고 과세표준신고를 한 경우에는 감면대상에서 제외한다.

2. 가산세의 한도

적격증명서류 불성실가산세 등의 가산세*에 대해서는 그 의무위반의 종류별로 각각 1억원(중소기업기본법에 따른 중소기업은 5천만원)을 한도로 한다. 다만, 해당 의무를 고의적으로 위반한 경우에는 그렇지 않다.

* 신고납부 의무 위반 관련 가산세와 세금계산서 · 계산서 불성실가산세 중 미발급, 가공 · 허위발급 · 수취분, 공급가액 과다기재분 및 비사업자의 거짓 발급분 가산세는 한도를 적용받지 않는다

제4절 국세의 환급

I-1 p.376

Ⅰ. 서설

1. 의의

납세의무자가 국세 · 강제징수비로서 납부한 금액 중 과오납금이 있거나 세법에 따라 환급해야 할 환급세액이 있을 때에는 이것을 납세자에게 반환해야 하는데, 이것을 '국세환급금'이라고 한다.

2. 유형

(1) 과오납금

당초부터 법률상 원인 없이 잘못 납부하거나 초과납부된 세액(부당이득 성격)

① 오납금(잘못 납부한 금액) : 납부 · 징수의 기초가 된 신고 · 부과처분이 부존재하거나 당연무효임에도 불구하고 납부 · 징수된 세액

② 과납금(초과납부액) : 신고 · 부과처분이 당연무효는 아니지만, 그 후에 취소 · 감액경정됨에 따라 그 세액의 전부 · 일부가 감소된 세액

(2) 환급세액

당초 세법에 따라 적법하게 납부 · 징수된 세액 중 세법에 따라 환급해야 할 세액. 그 발생원인은 다음과 같다.

① 기납부세액(중간예납, 원천징수, 수시부과세액 등)이 총부담세액(또는 총결정세액)을 초과하는 경우

② 중소기업이 결손금을 소급공제받는 경우

③ 부가가치세 매입세액이 매출세액을 초과하는 경우

④ 적법하게 납부한 후에 감면을 받거나 법령이 개정되어 납부의무가 소멸되는 경우

Ⅱ. 국세환급금의 채권자와 채무자

1. 국세환급금 채권자

국세환급금의 채권자는 과오납금 또는 세법에 따른 환급세액이 있는 납세자이다. 한편 국세환급금에 관한 권리를 타인에게 양도할 수 있다. 이때 환급금채권자는 세무서장이 국세환급금통지서를 발급하기 전에 문서로 관할세무서장에게 요구해야 한다.

2. 국세환급금 채무자

국세환급금의 채무자는 환급금을 결정할 당시의 각 세목의 납세지를 관할하는 세무서장이다.

Ⅲ. 국세환급금의 처리절차

1. 국세환급금의 결정

세무서장은 과오납금이 있거나 환급세액이 있을 때에는 즉시 과오납금 · 환급세액을 국세환급금으로 결정해야 한다.

2. 충당

(1) 개요

'충당'이란 국세환급금으로 결정된 금액과 납세자의 조세채무를 대등액에 대해 상계하는 것을 말한다.

1) 필요적 충당 : 다음의 국세 등은 납세자의 동의를 필요로 하지 않고 세무서장이 직권으로 충당한다.

① 납부기한 전 징수사유에 해당하는 국세
② 체납된 국세 · 강제징수비

2) 임의적 충당 : 다음의 국세는 납세자의 동의가 있는 경우에만 충당할 수 있다.

① 납부고지에 의해 징수되는 국세
② 세법에 따라 자진 납부하는 국세

참 고 국세환급금의 충당순서

① 일반적인 국세환급금을 충당할 경우에는 체납된 국세 및 강제징수비에 우선 충당해야 한다. 다만, 납세자가 납부고지에 의하여 납부하는 국세에 충당하는 것을 동의하거나 신청한 경우에는 납부고지에 의하여 납부하는 국세에 우선 충당해야 한다.
② 장기간 미환급된 소액 국세환급금은 국세환급금이 발생한 세목과 같은 세목이 있는 경우 같은 세목에 우선 충당한다.
③ 일반적인 국세환급금과 장기간 미환급된 소액 국세환급금의 충당 규정에 따라 충당할 국세환급금이 2건 이상인 경우에는 소멸시효가 먼저 도래하는 것부터 충당해야 한다. ■

3. 지급

국세환급금 중 충당한 후 남은 금액은 국세환급금의 결정을 한 날부터 30일 이내에 환급청구권자에게 지급해야 한다.

참 고 실질귀속자가 확인되는 경우 환급방법

과세의 대상이 되는 소득, 수익, 재산, 행위 또는 거래의 귀속이 명의일 뿐이고 사실상 귀속되는 자(이하 '실질귀속자')가 따로 있어 명의대여자에 대한 과세를 취소하고 실질귀속자를 납세의무자로 하여 과세하는 경우 명의대여자 대신 **실질귀속자가 납부한 것으로 확인된 금액**은 실질귀속자의 기납부세액으로 먼저 공제하고 남은 금액이 있는 경우에는 실질귀속자에게 환급한다. ■

Ⅳ. 국세환급가산금

'국세환급가산금'이란 국세환급금에 가산하여 지급하는 금액을 말한다. 이는 국세환급금에 대한 법정이자의 성격으로서 납세자가 국세를 체납할 경우에 징수하는 가산세에 대응되는 것이다.

국세환급가산금 = 국세환급금 × 이자율* × 이자계산기간

* 이자율 : 시중은행의 1년 만기 정기예금 평균 수신금리를 고려하여 기획재정부장관이 정하여 고시하는 이자율(이하 '기본이자율')로 한다. 다만, 납세자가 불복청구(감사원법에 따른 심사청구 포함) 또는 행정소송법에 따른 소송을 제기하여 그 결정 또는 판결에 따라 세무서장이 국세환급금을 지급하는 경우로서 그 결정 또는 판결이 확정된 날부터 40일 이후에 납세자에게 국세환급금을 지급하는 경우에는 기본이자율의 1.5배에 해당하는 이자율을 적용한다.

'이자계산기간'은 다음에 정하는 날부터 충당하는 날 또는 지급결정을 하는 날까지의 기간에 대해 계산한다.

<table>
<tr><th colspan="2">국세환급금의 유형</th><th colspan="2">국세환급가산금의 기산일</th></tr>
<tr><td>과오납금</td><td>착오납부 · 이중납부한 경우와 같이 당연무효사유로 환급되거나 감액경정에 따라 환급되는 경우</td><td colspan="2">그 국세의 납부일의 다음 날</td></tr>
<tr><td rowspan="3">환급세액</td><td>적법하게 납부된 국세의 감면으로 발생하는 경우</td><td colspan="2">그 감면 결정일의 다음 날</td></tr>
<tr><td>적법하게 납부된 후 법률이 개정되어 발생한 국세환급금</td><td colspan="2">그 개정된 법률의 시행일의 다음 날</td></tr>
<tr><td>소득세법 · 법인세법 · 부가가치세법 · 개별소비세법 · 주세법에 따른 환급세액</td><td>환급세액의 신고 · 경정에 따라 환급</td><td>그 신고한 날(법정신고기일 이전에 신고한 경우 그 법정신고기일)부터 30일이 지난 날의 다음 날*</td></tr>
</table>

		환급세액을 무신고함에 따라 결정으로 인한 환급세액이 발생하는 경우	해당 결정일부터 30일이 지난 날의 다음 날

* 세법에서 환급기한을 정하고 있는 경우 : 그 환급기한의 다음 날

참 고 국세 관련 고충민원 통한 환급시 국세환급가산금 지급 제외

다음 중 어느 하나에 해당하는 사유 없이 국세 관련 고충민원의 처리를 위하여 국세환급금을 충당하거나 지급하는 경우에는 국세환급가산금의 지급 규정을 적용하지 않는다.

① 국세기본법에 따른 경정 등의 청구

② 국세기본법에 따른 이의신청, 심사청구, 심판청구, 감사원법에 따른 심사청구 또는 행정소송법에 따른 소송에 대한 결정이나 판결

여기서 '국세 관련 고충민원'이란 국세와 관련하여 납세자가 위 ①·② 중 어느 하나에 해당하는 불복청구 등을 그 기한까지 제기하지 않은 사항에 대해 과세관청에 직권으로 국세기본법 또는 세법에 따른 처분의 취소, 변경이나 그 밖의 필요한 처분을 해 줄 것을 요청하는 민원을 말한다. ■

Ⅴ. 물납재산의 환급

1. 개요

납세자가 상속세를 물납(物納)한 후 그 부과의 전부·일부를 취소하거나 감액하는 경정결정에 따라 환급하는 경우에는 해당 물납재산으로 환급해야 한다. 이 경우 국세환급가산금은 지급하지 않는다.

2. 물납재산의 환급방법

(1) 환급의 순서

물납재산을 환급하는 경우 환급의 순서에 관하여 ① 납세자의 신청이 있는 경우에는 그 신청에 따라 관할세무서장이 환급하고, ② 납세자의 신청이 없는 경우에는 상증세법 시행령에 따른 물납충당재산의 허가순서의 역순(逆順)으로 환급한다.

(2) 물납재산의 관리비용 부담 및 과실의 귀속

물납재산으로 환급하는 경우에 국가가 물납재산을 유지·관리하기 위해 지출한 비용은 국가의 부담으로 한다. 다만, 국가가 물납재산에 대해 자본적 지출을 한 경우에는 이를 납세자의 부담으로 한다. 한편 물납재산이 수납된 이후에 발생한 법정과실·천연과실은 납세자에게 환급하지 않고 국가에 귀속된다.

3. 물납재산으로 환급하지 않는 경우

물납재산의 환급규정에도 불구하고 해당 물납재산이 매각된 경우 등인 경우에는 일반적인 환급규정에 따라 금전으로 환급해야 한다.

Ⅵ. 국세환급금의 소멸시효

납세자의 국세환급금과 국세환급가산금에 관한 권리는 '행사할 수 있는 때'부터 5년간 행사하지 않으면 소멸시효가 완성된다. 여기서 '행사할 수 있는 때'란 국세환급가산금의 기산일을 말한다. 다만, 납부 후 그 납부의 기초가 된 신고 또는 부과를 경정하거나 취소하는 경우에는 경정결정일 또는 부과취소일을 말한다.

제 9 장
조세쟁송

제1절 조세구제제도의 개관

I-1 p.391

(1) 국세기본법에 따른 불복절차

국세기본법 · 세법에 따른 처분으로서 위법 · 부당한 처분을 받거나 필요한 처분을 받지 못함으로서 권리 · 이익에 침해를 받은 자는 그 처분의 취소 · 변경을 청구하거나 받지 못했던 필요한 처분을 청구할 수 있다.

이러한 국세기본법에 따른 불복절차는 원칙적으로 국세청장에 대한 심사청구 또는 조세심판원장에 대한 심판청구에 의하며, 동일한 처분에 대해서는 심사청구와 심판청구를 중복하여 제기할 수 없다. 따라서 선택적으로 심사청구와 심판청구를 제기하는 1심급으로 되어 있다. 그러나 불복청구인은 세무서장 · 지방국세청장에게 이의신청을 할 수도 있으며, 그 결정을 받아 심사청구 · 심판청구를 할 수 있다. 이처럼 이의신청을 거치는 경우에는 2심급이 된다.

(2) 감사원법에 따른 불복

감사원법에 따라 감사원의 감사를 받은 자의 직무와 관한 처분을 받는 경우 그 이해관계자는 그 행위에 관해 감사원에 심사청구를 할 수 있다. 이때 감사원법에 따라 심사청구를 한 처분은 국세기본법 · 지방세기본법에 따라 불복을 제기할 수 없다. 따라서 이때 심급은 1심급이 된다.

(3) 행정소송

국세에 관한 불복에 있어서는 행정심판법의 적용이 배제되어 국세기본법에 따른 불복절차를 거쳐야 한다. 국세에 관한 행정쟁송은 국세기본법에 따른 불복 또는 감사원 심사청구에 따라 이루어지며, 이를 적법하게 거치지 않으면 행정소송을 제기할 수 없다(필요적 행정심판전치주의).

* 다만, 심사청구 · 심판청구에 대한 재조사 결정에 따른 처분청의 처분에 대한 행정소송은 심사청구 · 심판청구를 거치지 않고도 제기할 수 있다.

이처럼 필요적 국세행정심판전치주의를 채택하고 있는 취지는 ① 일차적으로 행정청에 대해 자기시정의 기회를 주고, ② 조세에 대한 처분이 대량적 · 반복적이기 때문에 모든 다툼을 법원에 제기한다면 법원의 부담이 과중하게 될 것이므로 이를 덜어주며, ③ 조세행정상 처분은 전문적 · 기술적이기 때문에 행정청 자체의 전심절차를 통해 그 쟁점을 명확히 할 수 있게 하기 위한 것이다.

[도 표] 국세불복절차

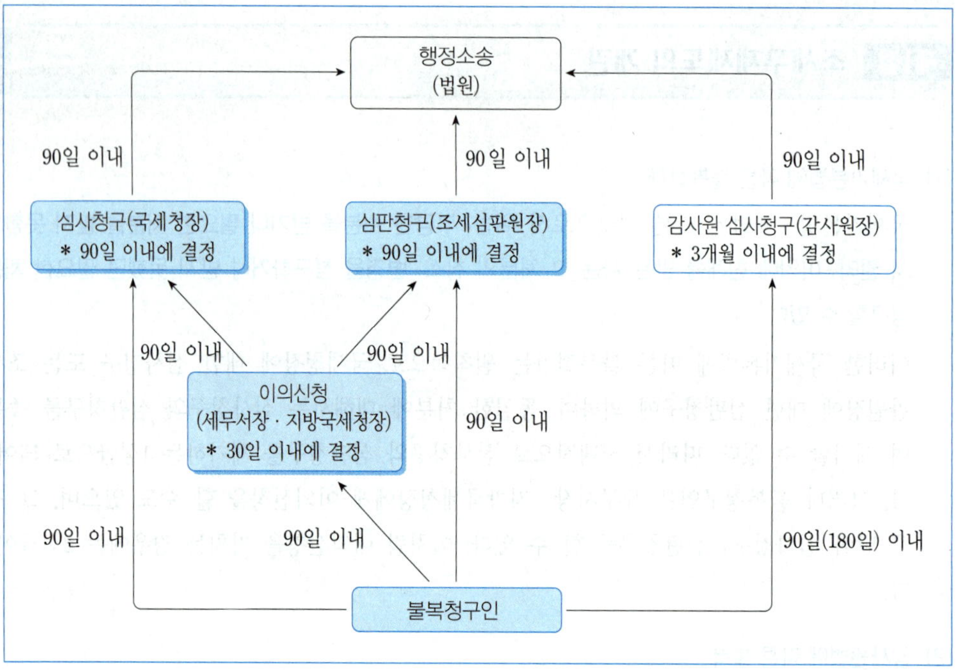

참 고 행정소송의 제기

1. 국세기본법에 따른 심사청구 또는 심판청구를 거친 처분에 대한 행정소송은 행정소송법의 규정에 불구하고 심사청구 또는 심판청구에 대한 결정의 통지를 받은 날부터 90일 이내에 제기해야 한다.
다만, 결정기간 내에 결정의 통지를 받지 못한 경우에는 결정의 통지를 받기 전이라도 그 결정기간이 지난 날부터 행정소송을 제기할 수 있다. 그 기간은 불변기간(不變期間)으로 한다.

2. 심사청구 또는 심판청구에 대한 재조사 결정에 따른 처분청의 처분에 대한 행정소송은 행정소송법 규정에도 불구하고 다음의 기간 내에 제기해야 한다.
① 국세기본법에 따른 심사청구 또는 심판청구를 거치지 않고 제기하는 경우 : 재조사 후 행한 처분청의 처분의 결과 통지를 받은 날부터 90일 이내. 다만, 처분기간(재조사 결정일로부터 60일 이내)에 처분청의 처분 결과 통지를 받지 못하는 경우에는 그 처분기간이 지난 날부터 행정소송을 제기할 수 있다.

② 국세기본법에 따른 심사청구 또는 심판청구를 거쳐 제기하는 경우 : 재조사 후 행한 처분청의 처분에 대하여 제기한 심사청구 또는 심판청구에 대한 결정의 통지를 받은 날부터 90일 이내. 다만, 결정기간(청구를 받은 날부터 90일 이내)에 결정의 통지를 받지 못하는 경우에는 그 결정기간이 지난 날부터 행정소송을 제기할 수 있다. ■

제2절 국세불복제도 일반

I-1 p.394

I. 불복의 대상

1. 개괄주의

국세기본법은 "위법·부당한 처분을 받거나 필요한 처분을 받지 못함으로 인하여 권리나 이익을 침해당한 자는 국세기본법에 따라 행정청에 그 처분의 취소·변경을 청구하거나 필요한 처분을 청구할 수 있다."고 규정하고 있다. 즉 불복의 대상은 국세기본법 및 세법에 따른 처분과 거부처분, 그리고 부작위이다(개괄주의).

참 고 처분 등의 개념

① '처분'이란 행정청의 공권력 행사로서 구체적 사실에 관하여 국민에게 권리를 설정하거나 의무를 명하는 행위를 한다. ② '거부처분'이란 신청이나 청구한 내용의 부적합을 이유로 신청이나 청구를 거부하는 행위이다. ③ '부작위'란 행정청이 당사자의 신청에 대하여 일정한 기간 내에 일정한 처분을 해야 할 법률상 의무가 있음에도 불구하고 이를 하지 않는 것을 말한다. ■

판 례 인정상여에 대한 불복절차

대표자에게 인정상여 처분을 한 경우로서 해당 법인세에 대해서 부과취소를 구하는 불복절차를 거친 경우에는 그 인정상여에 따른 대표자의 종합소득세에 대해서도 불복절차를 같이 거친 것으로 볼 수 있는지가 문제되는데 이에 대해서는 다음을 근거로 법인세에 대한 불복절차를 거친 것이 자동적으로 그 인정상여에 따른 대표자의 종합소득세에 대해서도 불복절차를 거친 것이라고는 볼 수 없을 것이다.

1) 불복청구자 법인은 대표자와 동일인이 아니다.
2) 불복청구의 대상이 되는 세목이 법인세로 이는 종합소득세와 다른 세목이다.
3) 해당 법인세의 위법사유를 다투는 것이 인정상여에 따른 대표자의 귀속여부에 대해서 만을 다투는 것은 아니다(2005두4106). ■

판 례 납세의무자가 전심절차를 거치지 않고 과세관청의 취소소송을 제기할 수 있는 경우

이미 국세청장·국세심판원이 재심절차를 거친 경우로서 이를 별개의 불복절차로 보아 납세의무자로 하여금 다시 그 전심절차를 거치게 하는 것이 가혹하다고 보이는 등의 정당한 사유가 있는 다음의 경우에는 별도의 불복절차를 거치지 않고 행정소송을 제기할 수 있다.

국기 09

1) 조세행정에 있어 2 이상의 같은 목적을 가진 행정처분이 단계적 · 발전적 과정으로 이뤄진 경우
2) 조세소송 중에 있는 과세처분을 과세관청이 변경하였을 때 그 위법사유가 조세소송에 관한 위법사유와 동일한 경우
3) 연대납세의무를 부담하는 경우에 그 선행처분에 대한 것이거나 그 납세의무자 중 1인이 적법하게 전심절차를 거친 경우 등(99두8039) ■

2. 불복대상에서 제외되는 처분

다음의 처분에 대해서는 국세기본법에 따른 불복을 할 수 없다.

1) 심사청구 · 심판청구에 대한 처분*에 대해서는 이의신청 · 심사청구 · 심판청구를 제기할 수 없다. 다만, 재조사 결정에 따른 처분청의 처분에 대해서는 해당 재조사 결정을 한 재결청에 대해 심사청구 · 심판청구를 제기할 수 있다. 이에 반해 이의신청에 대한 처분과 재조사 결정에 따른 처분청의 처분에 대해서는 이의신청을 할 수 없다. 따라서 이의신청에 대한 처분과 재조사 결정에 따른 처분청의 처분에 대해서는 심사청구 · 심판청구를 하는 것은 허용된다.
   * 심사청구 · 심판청구에 대해 내려진 결정을 말한다.
2) 조세범처벌절차법에 따른 통고처분
3) 국세기본법 및 세법에 따른 과태료 부과처분
4) 감사원법에 따라 심사청구를 한 처분이나 그 심사청구에 대한 처분

Ⅱ. 국세불복청구의 당사자

1. 불복청구인

1) 청구인 적격 : 불복청구를 할 수 있는 자는 '위법 · 부당한 처분을 받거나 필요한 처분을 받지 못하여 권리 · 이익을 침해당한 자'이다. 그러나 불복청구인은 처분의 상대방에 국한하지 않는다. 즉 국세기본법 또는 세법에 따른 처분으로 인해 권리 · 이익을 침해당하게 될 이해관계인(제2차납세의무자 · 물적납세의무를 지는 자로서 납부고지서를 받은 자, 보증인 등)도 위법 · 부당한 처분을 받은 자의 처분에 대해 불복청구를 할 수 있다.
2) 대리인 : 불복청구인과 처분청은 변호사 · 세무사 등을 대리인으로 선임할 수 있다.

2. 피청구인

위법 · 부당한 처분 · 거부처분(부작위 포함)을 행한 그 처분청, 즉 그 처분을 행한 관할세무서장을 피청구인으로 한다.

Ⅲ. 불복청구의 기간 및 절차

1. 불복청구기간

(1) 개요

1) 이의신청기간 : 해당 처분이 있음을 안 날(통지를 받으면 그 통지를 받은 날)부터 90일 이내에 제기해야 한다.

2) 심사청구 · 심판청구기간 : 해당 처분이 있음을 안 날(처분의 통지를 받은 때에는 통지를 받은 날)부터 90일 이내에 제기해야 한다. 이의신청을 거친 후 심사청구 · 심판청구를 하려면 이의신청에 대한 결정의 통지를 받은 날부터 90일 이내에 제기해야 한다.

* 해당 처분이 있음을 안 날 : 통지 · 공고 · 그 밖의 방법에 따라 해당 처분이 있었다는 사실을 현실적으로 안 날을 말한다.

* 공시송달한 처분의 경우 : 공시송달의 공고일부터 14일이 지난 날을 불복청구의 기산일로 한다.

참고 이의신청 재조사 결정 후 심사 · 심판청구기간

이의신청에 대한 재조사 결정이 있은 후 처분기간(재조사 결정일부터 60일 이내) 내에 처분 결과의 통지를 받지 못한 경우에는 그 처분기간이 지난 날부터 심사청구 또는 심판청구를 제기할 수 있다. ■

판례 재조사결정을 받은 경우 그 제소기간의 기산일

재조사결정에 따른 심사청구 · 심판청구 · 행정소송의 제소기간은 그 재조사결정에 따른 후속처분의 통지를 받은 날부터 기산이 되는데 그 근거는 다음과 같다.

① 재조사결정의 후속처분에 따른 결정을 받아야 불복대상의 범위를 구체적으로 특정할 수 있다.

② 재조사결정의 취지, 행정심판의 자율성, 전문적 · 기술적 특성을 갖는 조세법률관계의 특수성 등을 감안할 때 재조사결정은 그 결정에 따른 후속처분의 내용을 본안심리에 따른 결정의 일부분으로 보아 이를 포함하겠다는 재결청의 의사가 반영된 결정으로 볼 수 있다. 따라서 그 후속처분이 있어야 재결청의 결정도 그 내용이 보완됨으로써 그 효력이 발생한다(2007두12514). ■

(2) 청구기간의 연장

불복청구인이 천재지변 등 기한연장사유로 인해 기간 내에 불복청구를 할 수 없을 때에는 그 사유가 소멸한 날부터 14일 이내에 불복청구를 할 수 있다.

2. 불복청구의 절차

(1) 요식(要式)의 구비

불복청구는 요식행위이다. 그러므로 불복청구서(이의신청서 · 심사청구서 · 심판청구서)에는 ① 청구인의 성명과 주소 · 영업소, ② 처분청, ③ 처분이 있는 것을 안(또는 처분통지를 받은) 연월일, ④ 통지된 사항 또는 처분의 내용, ⑤ 불복이유 등이 반드시 기재되어야 한다. 요식(要式)이 미비한 불복청구서인 때에는 결정기관이 보정요구를 하게 된다.

국기 09

(2) 청구기간 준수 여부의 판정

청구기간을 계산할 때에는 관할세무서장에게 해당 불복청구서가 제출된 때에 불복청구가 있는 것으로 한다. 해당 청구서가 관할세무서장 이외의 세무서장 · 지방국세청장 · 국세청장 · 조세심판원장에게 제출된 때에도 불복청구를 한 것으로 본다. 한편 청구기한까지 우편으로 제출한 불복청구서가 불복청구기간을 지나서 도달한 경우에도 그 기간 만료일에 적법한 청구를 한 것으로 본다.

Ⅳ. 불복청구의 처분에 대한 효과

1. 원칙 : 집행부정지

이의신청 · 심사청구 · 심판청구는 세법에 특별한 규정이 있는 것을 제외하고는 해당 처분의 집행에 효력을 미치지 않는다. 그 취지는 납세자들이 처분의 집행을 일시적으로 모면하는 방편으로 불복청구제도를 남용하는 것을 방지하기 위한 데 있다.

2. 예외 : 집행중지

해당 재결청이 처분의 집행 · 절차의 속행 때문에 불복청구인에게 중대한 손해가 생기는 것을 예방할 필요성이 긴급하다고 인정할 때에는 처분의 집행 · 절차 속행의 전부 · 일부의 정지를 결정할 수 있다.

Ⅴ. 불복청구에 대한 심리

1. 요건심리

'요건심리(要件審理)'란 불복청구의 형식적 적법성에 대한 심리를 말한다. 즉 청구가 법이 요구하는 형식적 요건(처분의 존재 · 청구자 적격 · 청구기간 준수 등의 요건)을 충족하고 있는가를 심리하는 것이다. 그 심리결과 부적법인 경우는 각하결정을 내린다.

요건심리에 있어서 청구의 내용이나 절차가 적합하지 않으나 보정(補正)할 수 있다고 인정되면 재결청은 20일 이내의 기간(심판청구의 경우에는 상당한 기간)을 정하여 보정할 것을 요구할 수 있다. 다만, 보정할 사항이 경미한 경우에는 직권으로 보정할 수 있으며, 이 보정기간은 결정기간에 산입하지 않는다.

2. 본안심리

불복청구가 적법하게 제기된 경우에는 불복청구의 본안(本案)에 대해 실질적으로 심리를 해야 하는데 불복청구에 대한 결정(재결)의 기초가 될 사실 또는 법률관계를 명백히 하기 위해 당사자 · 관계인의 주장과 반박을 듣고 증거나 그 밖의 자료를 수집 · 조사하는 일련의 절차를 말한다.

Ⅵ. 불복청구에 대한 결정절차

1. 결정의 의의 및 절차

(1) 결정의 의의

결정(또는 재결)이란 불복청구에 대한 심리의 결과를 판단하는 행위를 말한다.

(2) 결정기관 및 결정기간

① 이의신청 : 이의신청을 받은 세무서장과 지방국세청장은 그 신청을 받은 날부터 30일 이내에 각각 국세심사위원회의 심의를 거쳐 결정해야 한다.

② 심사청구 : 국세청장은 심사청구를 받으면 그 청구를 받은 날부터 90일 이내에 국세심사위원회의 의결에 따라 결정해야 한다.

③ 심판청구 : 조세심판원장이 심판청구를 받으면 그 청구를 받은 날부터 90일 이내에 조세심판관회의가 심리를 거쳐 결정한다.

구분	이의신청	심사청구	심판청구
결 정 기 관	세무서장 · 지방국세청장	국세청장	조세심판관회의
결 정 기 간	신청일부터 30일 이내	청구일부터 90일 이내	청구일부터 90일 이내
기관의 성격	국세심사위원회	국세심사위원회	조세심판관회의
	필요적 심의기관	결정기관(의결기관)	결정기관(의결기관)

2. 결정의 종류

(1) 각하결정(却下決定, 却 : 물리칠 각)

각하결정은 요건심리의 결과 청구가 형식적으로 부적법한 경우 본안심리를 하지 않고 청구 자체를 배척(물리치는)하는 결정이다. 즉 ① 청구기간이 지난 후에 청구된 경우, ② 보정기간에 필요한 보정을 하지 않은 경우, ③ 불복청구가 적법하지 않은 경우, ④ 불복청구의 대상이 되는 처분이 존재하지 않은 경우, ⑤ 불복청구의 대상이 되는 처분에 의하여 권리나 이익을 침해당하지 않은 경우, ⑥ 대리인이 아닌 자가 대리인으로서 불복을 청구하는 경우에 그 청구를 각하하는 결정을 한다.

(2) 기각결정(棄却決定, 棄 : 버릴 기)

기각결정은 본안심리의 결과 청구가 이유 없다고 판단하여 청구인의 주장을 배척(거부)하는 결정이다.

[도 표] 결정의 종류

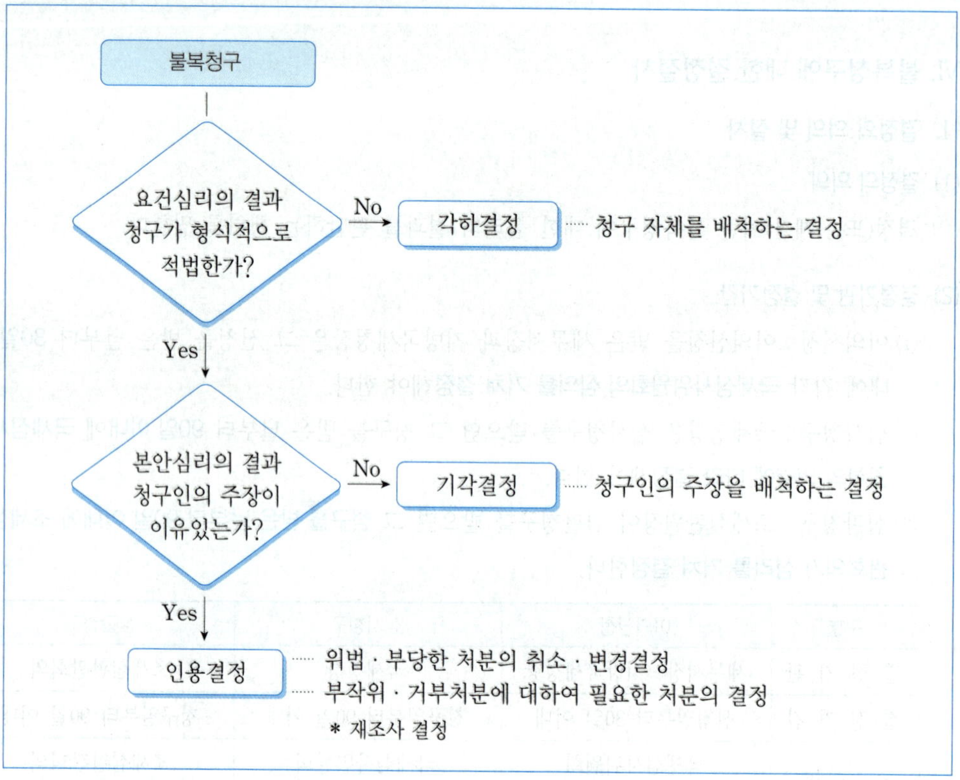

(3) 인용결정(認容決定, 認 : 인정할 인, 容 : 받아들일 용)

본안심리의 결과 청구가 이유 있다고 인정하는 결정을 말한다.

① 취소 또는 경정 결정 : 처분이 위법 · 부당하다는 청구인의 주장이 그 실질적 내용에 있어 일부 · 전부 이유 있다고 인정하여 그 처분의 전부 · 일부를 취소하거나 처분을 변경하는 결정이다.

② 필요한 처분의 결정 : 처분청의 거부처분 또는 부작위가 위법 · 부당하다는 청구인의 주장이 이유 있다고 인정하는 경우에 필요한 처분의 결정을 내리는 결정이다.

③ 재조사결정 : 위의 '취소 · 경정 또는 필요한 처분'을 하기 위해 사실관계 확인 등 추가적으로 조사가 필요한 경우에는 처분청으로 하여금 이를 재조사하여 그 결과에 따라 취소 · 경정하거나 필요한 처분을 하도록 하는 결정을 말한다. 이에 따른 재조사결정이 있는 경우 처분청은 재조사 결정일부터 60일 이내에 결정서 주문(主文)에 기재된 범위에 한하여 조사하고(재조사결정시 조사의 범위), 그 결과에 따라 취소 · 경정하거나 필요한 처분을 해야 한다(이 경우에는 지체 없이 그 처분결과를 불복청구인에게 통지해야 한다).

참고 처분청이 재조사 결정시 당초의 처분을 유지하는 경우

처분청은 다음 중 어느 하나에 해당하는 경우에는 해당 불복청구의 대상이 된 당초의 처분을 취소·경정하지 않을 수 있다(이 경우에는 당초의 처분을 취소·경정하지 않은 사실을 불복청구인에게 지체 없이 통지해야 한다).

① 불복청구인의 주장과 재조사 과정에서 확인한 사실관계가 달라 당초의 처분을 유지할 필요가 있는 경우

② 불복청구인의 주장에 대한 사실관계를 확인할 수 없는 경우 ■

참고 재조사결정의 경우 주의할 사항

① 재조사결정에 따른 후속처분을 받은 경우 그 처분으로 ㉠ 다시 심사청구·심판청구를 하거나 아니면 ㉡ 심사청구·심판청구를 거치지 않고 곧바로 행정소송을 제기할 수 있다. 다만, 이의신청에 따른 재조사결정은 그 후속절차로 심사청구·심판청구만 가능하다.

② 심사청구·심판청구에 대한 재조사결정에 따른 처분청의 처분에 대한 행정소송은 재조사 후 행한 처분청의 처분의 결과 통지를 받은 날부터 90일 이내 제기해야 한다.

③ 중복조사 금지원칙의 예외에 해당한다.

④ 보통의 세무조사처럼 연장·중단사유가 발생할 때에는 그 조사기간을 연장·중단할 수 있다.

⑤ 재조사결정에 따른 후속처분시 불이익변경금지의 원칙이 적용이 되어 청구인에게 원처분보다 불리하게 결정하지 못한다. ■

3. 결정의 경정(更正)

불복청구에 대한 결정에 잘못된 기재, 계산착오, 그 밖에 이와 비슷한 잘못이 있는 것이 명백할 때에는 재결청은 직권으로 또는 불복청구인의 신청에 의해 경정할 수 있다.

4. 결정의 통지 및 불복방법의 고지

재결청은 결정기간 내에 그 이유를 기재한 결정서를 청구인에게 통지해야 한다. 결정서에는 그 결정서를 받은 날부터 90일 이내에 이의신청인은 심사청구·심판청구를, 심사청구인·심판청구인은 행정소송제기를 할 수 있다는 내용을 적어야 한다.

5. 결정의 효력

결정은 그 결정통지서가 불복청구인에게 도달함으로써 다음과 같은 효력이 발생한다.

(1) 불가변력(不可變力)

불복청구에 대한 결정은 일반 행정처분과 달리 쟁송절차에 따라 행해진 판단행위이므로 해당 재결청 자신도 이에 구속되며 스스로 결정을 철회하거나 변경하는 것이 허용되지 않는다. 이처럼 불복청구에 대한 결정이 그 결정을 한 재결청 자신을 구속하는 효력을 '불가변력(不可變力)'이라

고 한다. 이러한 불가변력은 형식적 확정을 기다릴 필요 없이 즉시 그 효력이 생긴다.

* 불복청구에 대한 결정에 잘못된 기재, 계산착오, 그 밖에 이와 비슷한 잘못이 있는 것이 명백할 때에는 재결청은 직권으로 또는 불복청구인의 신청에 의해 경정할 수 있다.

(2) 불가쟁력(不可爭力)

불복청구에 대한 결정에 대해 당사자가 일정한 청구기간 내에 다음 심급에 불복청구를 하지 않거나 일정한 제소기간 내에 행정소송을 제기하지 않는 경우에는 그 결정은 형식적으로 확정된다. 그리하여 당연무효가 아닌 한, 더 이상 그 결정의 내용을 쟁송에 따라 다툴 수 없게 되는 효력이 생기는데, 이를 '불가쟁력(不可爭力)'이라고 한다. 이렇게 불복청구에 대한 결정이 형식적으로 확정됨으로써 비로소 그 결정의 내용에 따른 구속력이 발생한다.

(3) 기속력(羈束力)

처분을 취소하는 결정은 같은 사정에서 동일한 내용의 처분을 다시 하지 못하게 하며, 필요한 처분의 결정은 그 처분의 이행을 강제한다. 이처럼 인용결정이 당사자와 관계행정청에 대하여 그 결정의 취지에 따르도록 구속하는 효력을 '기속력(羈束力)'이라고 한다.

이 기속력은 인용결정에 대한 것이며, 각하나 기각결정에 대해서는 인정되지 않는다.

제3절 심판청구제도의 특성

I-1 p.408

Ⅰ. 서설

심판청구제도는 그 권리구제제도로서의 기능에 충실하기 위해 재결기관의 중립성을 보장하고 심판절차를 준사법적으로 운용하기 위한 각종 제도를 두고 있다.

Ⅱ. 재결의 중립성 보장

1. 조세심판원의 독립

(1) 조세심판원의 중립성 보장

조세심판원은 중립성을 보장하기 위해 국세심사위원과는 달리 국세청 소속이 아닌 국무총리 소속으로 그 권한에 속하는 사무를 독립적으로 수행한다.

(2) 조세심판관에 대한 신분보장

심판의 공정성 · 중립성을 보장하기 위해 원장을 제외한 상임조세심판관의 임기는 3년으로 하며 한 차례만 중임이 가능하다(비상임조세심판관의 임기는 3년으로 하며, 한 차례만 연임 가능하다). 금고 이상의 형을 받거나 장기심신미약의 경우 등이 아니면 본인의 의사에 반하는 면직은 되지 않는다.

2. 결정기관

(1) 조세심판관회의의 결정

조세심판원장이 심판청구를 받았을 때에는 조세심판관회의가 심리를 거쳐 결정한다. 이러한 취지는 원장이 신분보장의 적용을 받지 않는 행정기관장의 지위에 있는 점을 중시하여 원장이 심판업무에 직접 관여하는 것을 배제하려는 데 있다.

(2) 심판관회의의 구성

조세심판원장은 심판청구를 받으면 이에 관한 조사와 심리(審理)를 담당할 주심조세심판관 1명과 배석조세심판관 2명 이상을 지정하여 조세심판관회의를 구성하게 한다.

(3) 소액심판

다음의 경우에는 조세심판관회의의 심리를 거치지 않고 주심조세심판관이 심리하여 결정할 수 있다.

① 심판청구금액이 5천만원(지방세의 경우는 2천만원) 미만의 것으로서 ㉠ 청구사항이 법령의 해석에 관한 것이 아니거나, ㉡ 청구사항이 법령의 해석에 관한 것으로서 유사한 청구에 대하여 이미 조세심판관회의의 의결에 따라 결정된 사례가 있는 것

② 심판청구가 과세표준 또는 세액의 결정에 관한 것 외의 것으로서 유사한 청구에 대해 이미 조세심판관회의의 의결에 따라 결정된 사례가 있는 것

③ 각하 결정 사유에 해당하는 경우(각하 결정 사유 중 '청구기간이 지난 후에 청구된 경우'는 제외한다)

(4) 조세심판관합동회의

조세심판원장과 상임조세심판관 모두로 구성된 회의가 조세심판관회의의 의결이 다음 중 어느 하나에 해당한다고 의결하는 경우에는 조세심판관합동회의가 심리를 거쳐 결정한다.

① 해당 심판청구사건에 관하여 세법의 해석이 쟁점이 되는 경우로서 이에 관해 종전의 조세심판원 결정이 없는 경우

② 종전에 조세심판원에서 한 세법의 해석 · 적용을 변경하는 경우

③ 조세심판관회의 간에 결정의 일관성을 유지하기 위한 경우

④ 해당 심판청구사건에 대한 결정이 다수의 납세자에게 동일하게 적용되는 등 국세행정에 중대한 영향을 미칠 것으로 예상되어 국세청장이 조세심판원장에게 조세심판관합동회의에서 심리하여 줄 것을 요청하는 경우

⑤ 그 밖에 해당 심판청구사건에 대한 결정이 국세행정이나 납세자의 권리·의무에 중대한 영향을 미칠 것으로 예상되는 경우

3. 제척과 회피 및 기피제도

(1) 제척과 회피

조세심판관은 다음 중 어느 하나에 해당하는 경우에는 심판관여로부터 제척(除斥)된다.

① 심판청구인 또는 대리인인 경우(대리인이었던 경우를 포함)

② 위 ①에 규정된 사람의 친족이거나 친족이었던 경우 또는 위 ①에 규정된 사람의 사용인이거나 사용인이었던 경우(심판청구일을 기준으로 최근 5년 이내에 사용인이었던 경우로 한정한다) 등

한편 조세심판관은 이러한 제척의 원인이 있을 때에는 주심조세심판관 또는 배석조세심판관의 지정에서 회피(回避)해야 한다. 이는 심판의 공정성을 확보하기 위해 당연히 필요한 제도라고 할 수 있다.

(2) 기피

담당 조세심판관에게 공정한 심판을 기대하기 어려운 사정이 있다고 인정될 때에는 심판청구인은 그 조세심판관의 기피(忌避)를 신청할 수 있다. 조세심판원장은 기피신청이 이유 있다고 인정할 때에는 기피 신청을 승인해야 한다. 이는 제척의 원인이 없는 경우라도 공정을 기대할 수 없는 객관적인 사정이 있는 경우에 해당 심판관의 사건관여를 배제하기 위한 제도이다.

III. 내용심리상의 특성

1. 불이익변경의 금지

조세심판관회의(또는 조세심판관합동회의)는 심판청구에 대한 결정을 할 때 심판청구를 한 처분보다 청구인에게 불리한 결정을 하지 못한다. 이러한 불이익변경금지의 규정은 이의신청·심사청구에도 그대로 적용된다.

판례 재조사결정에 따른 후속처분이 심사청구를 한 당초처분보다 청구인에게 불리한 경우

재조사결정은 그 결정에 따른 후속처분의 내용을 본안심리에 따른 결정의 일부분으로 보아 이를 포함하겠다는 재결청의 의사가 반영된 결정으로 볼 수 있어 그 후속처분이 있어야 재결청의 결정도 그 내용이

보완되므로써 그 효력이 발생하므로 그 후속처분이 심사청구를 한 당초처분보다 청구인에게 불리하게 적용이 되는 경우에는 심사청구에 따른 재결청의 처분이 당초처분보다 청구인에게 불리하게 적용되는 결과가 되므로 이는 불이익변경금지원칙에 위배가 된다(2016두39382). ■

2. 불고불리(不告不理)의 원칙

(1) 개요

조세심판관회의 · 조세심판관합동회의는 심판청구에 대한 결정을 할 때 심판청구를 한 처분 외의 처분에 대해서는 그 처분의 전부 · 일부를 취소 · 변경하거나 새로운 처분의 결정을 하지 못한다. 이때 이러한 원칙은 과세처분 취소를 구하는 행정소송에 있어서도 적용이 된다.

(2) 심판의 범위 : 총액주의와 쟁점주의

심판청구(과세처분 취소소송)에 대한 조세심판관회의(법원)의 심판의 범위와 관련하여 총액주의와 쟁점주의의 대립이 있다.

1) 총액주의 : 총액주의는 과세처분에 의해 확정된 세액(전체)의 적법성 여부가 심판의 대상 및 범위가 된다는 입장이다(즉, 과세된 세액이 객관적으로 존재하는 세액을 초과하는지 여부가 심판의 대상 및 범위가 된다는 주장). 이에 따르면 과세처분에 대해 일부분의 심판청구가 있는 경우에도 과세처분의 대상이 된 세액전부에 대해 실체적 기준으로 심판하게 되고, 과세관청은 처분 당시의 처분사유와 다른 사유를 내세워 과세처분을 유지할 수 있게 된다(조세법, 임승순 저, 박영사 참조).

2) 쟁점주의 : 쟁점주의는 당초 과세된 세액 전체를 심판하는 것이 아니라, 과세관청의 처분이유와 관계된 세액의 적법 여부로 한정하는 견해로서, 과세관청의 처분의 근거와 이유 및 이에 불복하는 청구인의 이유와 주장이 서로 대립되는 쟁점사실만이 심판의 대상이 된다고 보는 입장이다.

3) 총액주의와 쟁점주의의 비교

구분	총액주의(대법원 입장)	쟁점주의
심판의 범위	과세처분취소소송의 소송물은 해당 쟁점사실이 아닌 과세관청이 결정한 세액의 객관적인 존부이므로 과세된 세액의 전체를 조사하고 심판 ➡ 납세자가 안심하고 불복을 제기하지 못해 불복의 기피가 이뤄질 수 있다.	쟁점부분만 조사하고 심판

세액의 통산 여부	과세표준 · 세액의 적법성 여부를 판단할 때 과세요인별 증감사항을 모두 통산한다. ➟ 쟁점부분이 위법 · 부당해도 다른 이유를 들어 원처분을 유지할 수 있다. 다만, 불이익변경금지원칙에 따라 원처분에 따른 세액보다 증액시킬 수는 없다.	쟁점부분의 적법성여부만 판단하고 이외의 부분은 감안하지 않아 새로운 과세누락사실이 발견돼도 이를 통산할 수 없다. ➟ 불복청구인의 권리구제에 보다 충실한 입장
주장이나 이유의 추가 · 변경	주장의 이유를 변경할 수 있으며 하급심에서 다투지 못한 사실도 상급심에서 같이 다툴 수 있다.	주장의 이유를 변경할 수 없으며 하급심에서 다투지 못한 사실은 전심절차를 거치지 않은 것으로 취급이 되기 때문에 상급심에서 다툴 수 없다.
결정의 효력이 미치는 범위	결정된 효력(기속력)은 과세된 세액 전체에 미친다.	심판대상이 된 쟁점부분에 한정하여 결정의 효력이 미친다. ➟ 과세관청이 새로운 과세의 이유를 발견한 경우 이를 심판 중에 같이 다투지 못하고 다시 처분절차를 밟아야 한다.

판 례 감액경정청구에서 주장하지 않은 사유를 경정처분 취소소송에서 새로이 주장할 수 있는지 여부

감액경정청구에 따른 거부처분도 통상적인 과세처분과 같은 불복대상의 처분으로서 그 심판의 대상은 감액경정청구시 청구자가 주장한 위법(쟁점)사항이 아니라 통상적인 과세처분과 마찬가지로 과세표준신고서에 기재된 과세표준 · 세액의 객관적인 존부이기 때문에 그 과세표준 · 세액에 대한 개개의 위법사유는 그 청구가 정당하다고 주장하는 청구인의 공격방어방법에 불과하다. 따라서 감액경정청구시에 이러한 위법사유를 모두 주장해야 하는 것은 아니고, 그 경정청구 당시 주장하지 않았던 사항도 그 거부처분의 취소소송에서 새로이 주장할 수 있다(2002두9261). ■

3. 자유심증주의

조세심판관은 심판청구에 관한 조사 · 심리의 결과와 과세형평을 고려하여 자유심증으로 사실을 판단한다.

제 10 장
납세자 권리 및 보칙

제1절 납세자권리헌장

I-1 p.423

Ⅰ. 서설

'납세자권리헌장'이란 납세자로서 보호받아야 할 권리를 선언하는 장전을 말한다. 그 취지는 납세자의 권익을 보호하고 조세행정절차의 적정성을 보장하기 위한 데 있다.

Ⅱ. 납세자권리헌장의 제정과 교부

국세청장은 납세자의 권리보호에 관한 사항을 포함하는 납세자권리헌장을 제정하여 고시해야 한다. 그리고 세무공무원은 다음 중 어느 하나에 해당하는 경우에는 납세자권리헌장의 내용이 수록된 문서를 납세자에게 내주어야 한다.

① 세무조사(「조세범 처벌절차법」에 따른 조세범칙조사 포함)를 하는 경우. 여기서 '세무조사'란 국세의 과세표준과 세액을 결정 또는 경정하기 위하여 질문하거나 해당 장부 · 서류 또는 그 밖의 물건(이하 '장부 등')을 검사 · 조사하거나 그 제출을 명하는 활동을 말한다.

② 사업자등록증을 발급하는 경우

Ⅲ. 납세자의 권리보호에 관한 사항

1. 납세자의 성실성 추정

납세자에게 수시선정에 의한 조사사유가 있는 경우를 제외하고는 납세자는 성실하며, 납세자가 제출한 그 신고서 등은 진실한 것으로 추정한다.

2. 세무조사권 남용금지(중복조사금지 원칙, 재조사금지 원칙)

(1) 세무조사권 남용의 금지원칙

세무공무원은 적정하고 공평한 과세를 실현하기 위해서 최소한의 범위에서만 세무조사를 해야 하며 다른 목적 등을 위해서는 조사권을 남용하면 안 된다.

➡ 세무공무원은 납세자에게 해당 세무조사와 관련 없는 장부 등의 제출을 요구해서는 안 된다.

판 례 조사권의 남용은 중대한 위법사유에 해당함

세무조사는 조세의 탈루를 막고 납세자의 성실한 납세의무의 이행을 담보하기 위해서 과세자료의 수집과 신고내용의 정확성을 위한 검증을 하는 것이 필요불가결하지만, 이것이 해당 목적을 달성하기 위한 최소한의 범위를 초과하여 남용·오용이 될 경우 납세자의 영업활동·사생활·재산권을 침해하고 더 나아가 국민들로 하여금 국가가 가지는 과세권의 중립성·공공성·윤리성을 의심받는 결과가 발생한다. 따라서 이러한 조사권의 남용은 중대한 위법사유에 해당한다(2016두47659). ■

판 례 현지확인에 따라 조사를 한 후에 세무조사를 한 경우가 재조사금지 원칙에 위배되는지 여부

세무조사권 남용의 금지원칙의 취지를 비추어 볼 때 세무공무원의 해당 조사행위가 실질적으로 납세자 등으로 하여금 질문에 답을 하게하고 그 검사를 수인하도록 하여 해당 납세자의 영업의 자유·법정안정성 등에 영향을 미치는 경우에는 그것이 비록 현지확인을 위한 절차라 하더라도 이는 재조사가 금지되는 세무조사에 해당한다.

이러한 세무공무원의 조사행위가 재조사금지원칙의 대상이 되는 지 판단하기 위해서는 조사의 목적·실시경위, 질문조사의 대상·방법·내용을 통해서 획득한 자료나 조사행위의 규모·기간 등을 종합적으로 고려하여 구체적인 사안에 개별적으로 판단한다.

그러므로 해당 조사행위가 사업장의 현황확인·행정민원서류 발급을 통한 확인 등과 같은 단순한 사실관계의 확인이나 통상적으로 이에 수반이 되는 간단한 질문조사에 그치는 것이라면 납세자 등도 이에 손쉽게 대응할 수 있고 해당 납세자의 영업자유 등에도 큰 영향이 없을 것으로 보이나 납세자의 사무실·사업장·공장·주소지 등에서 납세자 등과 직접 접촉하여 상당한 시일을 거쳐 질문하거나 일정기간 동안 해당 납세자의 장부·기타 자료 등을 검사·조사하는 경우에는 그것이 국세청 훈령에 따른 현지확인절차라 하더라도 특별한 사정이 없는 한 재조사금지 원칙에 해당하는 세무조사로 보아야 한다(2014두8360). ■

(2) 중복조사금지 원칙(재조사금지 원칙)

세무공무원은 재조사가 허용되는 경우가 아니면 같은 세목·같은 과세기간에 대해 재조사를 할 수 없다. 다만, 재조사가 허용되는 경우는 다음과 같다.

① 조세탈루의 혐의를 인정할 만한 명백한 자료가 있는 경우. 이는 조세탈루사실에 대한 개연성이 객관성과 합리성 있는 자료에 의해 상당한 정도로 인정되는 경우를 말한다. 따라서 객관성과 합리성이 뒷받침되지 않는 한 탈세제보가 구체적이라는 사정만으로는 여기에 해당한다고 보기 어렵다.

② 거래상대방에 대한 조사가 필요한 경우

③ 2개 이상의 과세기간과 관련하여 잘못이 있는 경우

④ ㉠ 불복청구의 인용결정 중 재조사 결정에 따라 조사를 하는 경우[결정서 주문(主文)에 기재된 범위의 조사에 한정] 또는 ㉡ 과세전적부심사 청구의 채택결정 중 재조사 결정에 따라 조사를 하는 경우[결정서 주문(主文)에 기재된 범위의 조사에 한정]

⑤ 납세자가 세무공무원에게 직무와 관련하여 금품을 제공·알선한 경우

⑥ 부분조사(특정사항에 대한 확인을 위해 필요한 부분에 한정한 조사)를 실시한 후 해당 조사에 포함되지 않는 부분에 대해 조사하는 경우

⑦ 부동산투기 등 경제질서 교란 등을 통한 탈세혐의가 있는 자에 대해 일제조사를 하는 경우

⑧ 과세관청 외의 기관이 직무상 목적을 위해 작성하거나 취득하여 과세관청에 제공한 자료의 처리를 위해 조사하는 경우

⑨ 국세환급금의 결정을 위한 확인조사를 하는 경우

⑩ 조세범 처벌절차법에 따른 조세범칙행위의 혐의를 인정할 만한 명백한 자료가 있는 경우

3. 세무조사시 조력을 받을 권리

납세자는 세무조사를 받는 경우에 변호사, 공인회계사, 세무사로 하여금 조사에 참여하게 하거나 의견을 진술하게 할 수 있다.

4. 세무조사 대상자 선정

(1) 정기선정에 의한 조사

세무공무원은 다음 중 어느 하나에 해당하는 경우에 정기적으로 신고의 적정성을 검증하기 하여 대상을 선정, 즉 정기선정(定期選定)하여 세무조사를 할 수 있다. 이 경우 세무공무원은 객관적 기준에 따라 공정하게 그 대상을 선정해야 한다.

① 국세청장이 납세자의 신고 내용에 대하여 과세자료, 세무정보 및 주식회사 등의 외부감사에 관한 법률에 따른 감사의견, 외부감사 실시내용 등 회계성실도 자료 등을 고려하여 정기적으로 성실도를 분석한 결과 불성실 혐의가 있다고 인정하는 경우

② 최근 4과세기간 이상 같은 세목의 세무조사를 받지 않은 납세자(장기미조사자)에 대해 업종, 규모 등을 고려하여 신고내용의 적정한지 여부를 검증할 필요가 있는 경우

③ 무작위추출방식으로 표본조사를 하려는 경우

그러나 세무공무원은 소규모 성실사업자에 대해서는 이러한 정기선정에 의한 세무조사를 하지 않을 수 있다. 다만, 객관적인 증거자료에 의해 과소신고한 것이 명백한 경우에는 그렇지 않다.

(2) 수시선정에 의한 조사

세무공무원은 정기선정에 의한 조사 외에 다음 중 어느 하나에 해당하는 경우에는 세무조사를 실시할 수 있다.

① 납세자가 세법에서 정하는 신고, 성실신고확인서의 제출, 세금계산서 · 계산서의 작성 · 교부 · 제출, 지급명세서의 작성 · 제출 등의 납세협력의무를 이행하지 않은 경우
② 무자료거래, 위장 · 가공거래 등 거래내용이 사실과 다른 혐의가 있는 경우
③ 납세자에 대한 구체적인 탈세제보가 있는 경우
④ 신고내용에 탈루 · 오류의 혐의를 인정할 만한 명백한 자료가 있는 경우
⑤ 납세자가 세무공무원에게 직무와 관련하여 금품을 제공 · 알선한 경우

(3) 결정을 위한 조사

세무공무원은 과세관청의 조사결정에 의해 과세표준 · 세액이 확정되는 세목의 경우 과세표준 · 세액을 결정하기 위해 세무조사를 할 수 있다.

5. 세무조사의 사전통지와 연기신청

(1) 세무조사의 사전통지

세무공무원은 세무조사를 하는 경우에는 조사를 받을 납세자에게 조사를 시작하기 20일(① 불복청구의 인용결정 중 재조사 결정 또는 ② 과세전적부심사청구의 채택결정 중 재조사 결정으로 재조사를 하는 경우에는 7일) 전에 조사대상 세목 과세기간, 조사기간 및 조사 사유 등을 통지(이하 '사전통지'라 한다)해야 한다. 다만, 사전통지를 하면 증거인멸 등으로 조사 목적을 달성할 수 없다고 인정되는 경우에는 그렇지 않다.

한편 세무공무원은 위의 단서에 따라 사전통지를 하지 않고 세무조사를 하는 경우 세무조사를 개시할 때 사전통지 사항, 사전통지를 하지 않은 사유 등이 포함된 세무조사통지서를 세무조사를 받을 납세자에게 교부해야 한다.

판례 세무조사 사전통지(세무조사 결정)가 불복대상에 해당하는지 여부

세무조사 결정자체가 결정 · 경정처분처럼 직접적인 법률적 변동을 일으키는 행위는 아니지만 다음의 근거를 이유로 세무조사 결정은 납세의무자의 권리 · 의무에 직접 영향을 미치는 처분으로서 항고소송의 대상이 될 것이라고 할 것이다.

① 세무공무원의 과세자료 수집을 위한 질문에 대답을 하고 검사를 수인해야 할 의무를 부담한다.
② 더욱이 불필요하게 동일한 세목 · 과세기간에 대해 중복하여 세무조사를 하게 되면 납세자의 영업의 자유 · 법적안정성 등을 심각하게 침해하고 과세권의 남용으로까지 이어질 수 있으므로 조세공평을 현저히 저해하는 예외적인 경우를 제외하고는 이러한 중복조사를 금지시킬 필요가 있으므로 세무조사 사전통지도 불복대상이 될 수 있다.

③ 납세의무자로 하여금 세무조사 종료 후의 과세처분에 대해서만 다투게 하는 것보다 그에 앞서 세무조사결정에 대해 다툼으로써 분쟁을 조기에 해결할 수 있다(2009두23617). ■

(2) 세무조사의 연기신청

사전통지를 받은 납세자가 다음 중 어느 하나에 해당하는 사유로 조사를 받기 곤란한 경우에는 관할세무관서의 장에게 조사를 연기해 줄 것을 신청할 수 있다.

① 천재지변
② 화재, 그 밖의 재해로 사업상 심각한 어려움이 있을 때
③ 납세자 또는 납세관리인의 질병 · 장기출장 등으로 세무조사가 곤란하다고 판단될 때
④ 권한 있는 기관에 장부, 증거서류가 압수 · 영치되었을 때
⑤ 위 ②~④에 준하는 사유가 있을 때

이러한 세무조사의 연기신청을 받은 세무공무원은 연기신청 승인 여부를 결정하고 그 결과(연기 결정시 연기한 기간을 포함한다)를 조사 개시 전까지 통지해야 한다.

참고 세무조사 연기 중단 사유 및 조사재개

1. 관할 세무관서의 장은 다음 중 어느 하나에 해당하는 사유가 있는 경우에는 세무조사 연기한 기간이 만료되기 전에 조사를 개시할 수 있다.

① 본문 (2)에 따른 세무조사 연기 사유가 소멸한 경우
② 조세채권을 확보하기 위하여 조사를 긴급히 개시할 필요가 있다고 인정되는 경우

2. 관할 세무관서의 장은 위 ①의 사유로 조사를 개시하려는 경우에는 조사를 개시하기 5일 전까지 조사를 받을 납세자에게 연기 사유가 소멸한 사실과 조사기간을 통지해야 한다. 한편 세무공무원은 위 ②의 사유로 조사를 개시할 때 조사를 긴급히 개시해야 하는 사유가 포함된 세무조사통지서를 세무조사를 받을 납세자에게 교부해야 한다. 다만, ① 납세자가 세무조사 대상이 된 사업을 폐업한 경우, ② 납세관리인을 정하지 않고 국내에 주소 또는 거소를 두지 않는 경우, ③ 세무조사통지서 수령을 회피하거나 거부하는 경우에는 그렇지 않다. ■

6. 세무조사 기간

(1) 개요

세무공무원은 조사대상 세목 · 업종 · 규모, 조사 난이도 등을 고려하여 세무조사기간이 최소한이 되도록 해야 한다. 다만, 다음 중 어느 하나에 해당하는 경우에는 세무조사기간을 연장할 수 있다.

① 납세자가 장부 · 서류 등을 은닉하거나 제출을 지연하거나 거부하는 등 조사를 기피하는 행위가 명백한 경우
② 거래처 조사 또는 거래처 현지확인 및 금융거래 현지확인이 필요한 경우

③ 세금탈루 혐의가 포착되거나 조사 과정에서 조사유형이 조세범칙조사로 전환되는 경우
④ 천재지변이나 노동쟁의로 조사가 중단되는 경우
⑤ 납세자보호관 또는 담당관(이하 '납세자보호관 등')이 세금탈루혐의와 관련하여 추가적인 사실 확인이 필요하다고 인정하는 경우
⑥ 세무조사 대상자가 세금탈루혐의에 대한 해명 등을 위해 세무조사 기간의 연장을 신청한 경우로서 납세자보호담당관 등이 이를 인정하는 경우

(2) 세무조사 기간의 제한

세무공무원은 세무조사 기간을 정할 경우 조사대상 과세기간 중 연간 수입금액 또는 양도가액이 가장 큰 과세기간의 연간 수입금액 또는 양도가액이 100억원 미만인 납세자에 대한 세무조사 기간은 20일 이내로 한다. 이처럼 기간을 정한 세무조사를 위의 사유로 연장하는 경우로서 최초로 연장하는 경우에는 관할 세무관서의 장의 승인을 받아야 하고, 2회 이후 연장의 경우에는 관할 상급 세무관서의 장의 승인을 받아 각각 20일 이내에서 연장할 수 있다. 다만, 다음에 해당하는 사유가 있을 경우에는 세무조사 기간의 제한 및 세무조사 연장기간의 제한을 받지 않는다.

① 무자료거래, 위장 · 가공거래 등 거래 내용이 사실과 다른 혐의가 있어 실제 거래 내용에 대한 조사가 필요한 경우
② 역외거래를 이용하여 세금을 탈루(脫漏)하거나 국내 탈루소득을 해외로 변칙유출한 혐의로 조사하는 경우
③ 명의위장, 이중장부의 작성, 차명계좌의 이용, 현금거래의 누락 등의 방법을 통하여 세금을 탈루한 혐의로 조사하는 경우
④ 거짓계약서 작성, 미등기양도 등을 이용한 부동산 투기 등을 통하여 세금을 탈루한 혐의로 조사하는 경우
⑤ 상속세 · 증여세 조사, 주식변동 조사, 범칙사건 조사 및 출자 · 거래관계에 있는 관련자에 대하여 동시조사를 하는 경우

(3) 세무조사의 중지

세무공무원은 다음에 해당하는 사유로 세무조사를 진행하기 어려운 경우에는 세무조사를 중지할 수 있다. 이 경우 그 중지기간은 세무조사 기간 및 세무조사 연장기간에 산입하지 않는다. 이처럼 세무조사를 중지한 경우에는 그 중지사유가 소멸하게 되면 즉시 조사를 재개해야 한다. 다만, 조세채권의 확보 등 긴급히 조사를 재개해야 할 필요가 있는 경우에는 세무조사를 재개할 수 있다.

① 세무조사 연기신청 사유에 해당하는 사유가 있어 납세자가 조사중지를 신청한 경우
② 국외자료의 수집 · 제출 또는 상호합의절차 개시에 따라 외국 과세기관과의 협의가 필요

한 경우

③ 납세자의 소재가 불명한 경우, 납세자가 해외로 출국한 경우, 납세자가 장부 · 서류 등을 은닉하거나 그 제출을 지연 또는 거부한 경우, 노동쟁의가 발생한 경우에 해당하여 세무조사를 정상적으로 진행하기 어려운 경우

④ 납세자보호관 또는 담당관이 세무조사의 일시중지를 요청하는 경우

7. 세무조사 범위 확대의 제한

세무공무원은 구체적인 세금탈루 혐의가 여러 과세기간 또는 다른 세목까지 관련되는 것으로 확인되는 경우 등을 제외하고는 조사진행 중 세무조사의 범위를 확대할 수 없다.

8. 장부 등의 보관 금지

세무공무원은 세무조사의 목적으로 납세자의 장부 등을 세무관서에 임의로 보관할 수 없다. 다만, 세무공무원은 수시선정 세무조사 사유에 해당하는 경우에는 조사목적에 필요한 최소한의 범위에서 납세자, 소지자 · 보관자 등 정당한 권한이 있는 자가 임의로 제출한 장부 등을 납세자의 동의를 얻어 세무관서에 일시 보관할 수 있다.

9. 세무조사의 범위

(1) 통합조사의 원칙

세무조사는 납세자의 사업과 관련하여 세법에 따라 신고 · 납부의무가 있는 세목을 통합하여 실시하는 것을 원칙으로 한다.

(2) 특정한 세목에 대한 세무조사

위 (1)에도 불구하고 다음 중 어느 하나에 해당하는 경우에는 특정한 세목만을 조사할 수 있다.

① 세목의 특성, 납세자의 유형, 사업규모 또는 세금탈루 혐의 등을 고려하여 특정 세목만을 조사할 필요가 있는 경우

② 조세채권의 확보 등을 위하여 특정 세목만을 긴급히 조사할 필요가 있는 경우

③ 그 밖에 세무조사의 효율성 및 납세자의 편의 등을 고려하여 특정 세목만을 조사할 필요가 있는 경우

(3) 부분조사

위 (1) · (2)에도 불구하고 다음 중 어느 하나에 해당하는 경우에는 해당 호의 사항에 대한 확인을 위해 필요한 부분에 한정한 조사(이하 '부분조사')를 실시할 수 있다.

부분조사의 사유	비고
① 경정 등 청구의 처리 · 국세환급금 결정을 위한 확인이 필요한 경우 ② 불복청구의 인용결정 · 과세전적부심사 청구의 채택결정에 따른 재조사결정으로 사실관계의 확인이 필요한 경우	횟수 제한이 없음
③ 거래상대방에 대한 조사 중 거래 일부의 사실관계의 확인이 필요한 경우 ④ 구체적인 탈세제보에 따라 그에 대한 사실관계의 확인이 필요한 경우 ⑤ 명의위장 · 차명계좌를 이용한 세금 탈루혐의에 대한 사실관계의 확인이 필요한 경우 ⑥ 법인이 주식 등의 저가매도 · 고가매입 또는 불공정자본거래를 통해 법인의 특수관계인인 주주 등에게 이익을 분여하거나 분여 받은 구체적 혐의가 있는 경우로서 사실관계의 확인이 필요한 경우 ⑦ 무자료거래, 위장 · 가공거래 등 특정 거래 내용이 사실과 다른 구체적인 혐의가 있는 경우로서 조세채권의 확보 등을 위해 긴급한 조사가 필요한 경우 ⑧ 과세관청 외의 기관이 직무상 목적을 위해 작성하거나 취득하여 과세관청에 제공한 자료의 처리를 위해 조사하는 경우 ⑨ 법인세법 및 소득세법에 따른 조세조약상의 비과세 · 면제 신청의 내용을 확인할 필요가 있는 경우	같은 세목 같은 과세기간에 대해 **2회 초과 실시할 수 없음**

10. 세무조사의 결과통지

1) 개요 : 세무공무원은 세무조사를 마쳤을 때에는 **그 조사를 마친 날부터 20일(공시송달 사유에 해당하는 경우에는 40일) 이내에** ① 세무조사의 내용, ② 결정 · 경정할 과세표준 · 세액 및 산출근거, ③ 세무조사 대상 세목 및 과세기간, ④ 과세표준 및 세액을 결정 · 경정하는 경우 그 사유(근거 법령 및 조항, 과세표준 및 세액 계산의 기초가 되는 구체적 사실 등을 포함한다), ⑤ 가산세의 종류, 금액 및 그 산출근거, ⑥ 관할세무서장이 해당 국세의 과세표준과 세액을 결정 · 경정하여 통지하기 전까지 수정신고가 가능하다는 사실, ⑦ 과세전적부심사를 청구할 수 있다는 사실이 포함된 **조사결과를 납세자에게 설명하고, 이를 서면으로 납세자에게 통지해야 한다.** 다만, **다음 중 어느 하나에 해당하는 경우에는 세무조사의 결과를 통지하지 않는다.**

① 납세관리인을 정하지 않고 국내에 주소 또는 거소를 두지 않은 경우

② ㉠ 불복청구의 인용결정 중 재조사 결정에 의한 조사를 마친 경우 또는 ㉡ 과세전적부심사 청구의 채택결정 중 재조사 결정에 의한 조사를 마친 경우

③ 세무조사 결과통지서 수령을 회피하거나 거부하는 경우

2) 세무조사의 부분 결과통지 : 위 1)에도 불구하고 세무공무원은 다음 중 어느 하나에 해당하는 사유로 세무조사의 결과통지의 기간 이내에 조사결과를 통지할 수 없는 부분이 있는 경우에는 납세자가 동의하는 경우에 한정하여 조사결과를 통지할 수 없는 부분을 제외한 조사결과를 납세자에게 설명하고, 이를 서면으로 통지할 수 있다.

① 「국제조세조정에 관한 법률」 및 조세조약에 따른 국외자료의 수집 · 제출 또는 상호합의절차 개시에 따라 외국 과세기관과의 협의가 진행 중인 경우

② 해당 세무조사와 관련하여 세법의 해석 또는 사실관계 확정을 위하여 기획재정부장관 또는 국세청장에 대한 질의 절차가 진행 중인 경우

11. 비밀유지

세무공무원은 납세자가 세법에서 정한 납세의무를 이행하기 위하여 제출한 자료나 국세의 부과 · 징수를 위해 업무상 취득한 자료 등(이하 '과세정보')을 타인에게 제공 · 누설하거나 목적 외의 용도로 사용해서는 안 된다. 다만, 다음 중 어느 하나에 해당하는 경우에는 그 사용목적에 맞는 범위에서 납세자의 과세정보를 제공할 수 있다.

① 국가행정기관, 지방자치단체 등이 법률에서 정하는 조세, 과징금의 부과 · 징수 등을 위하여 사용할 목적으로 과세정보를 요구하는 경우

② 국가기관이 조세쟁송이나 조세범 소추(訴追)를 위해 과세정보를 요구하는 경우 등

12. 납세자 권리 행사에 필요한 정보의 제공

납세자 본인의 권리 행사에 필요한 정보를 납세자(세무사 등 납세자로부터 세무업무를 위임받은 자를 포함한다)가 요구하는 경우 세무공무원은 신속하게 정보를 제공해야 한다.

판 례 세무조사시 납세자가 성실하게 제출한 자료를 토대로 과세처분을 한 경우 조세소송시 과세관청의 입증책임범위

(1) 원칙상 입증책임

과세처분 취소소송에 따른 그 처분의 적법성(납세의무가 성립이 된 과세요건 사실의 존부와 과세근거가 되는 과세표준)에 대한 입증책임은 과세관청에게 있으며 세무조사시에 납세자가 일부 자료를 제출하지 않았다하더라도 과세관청이 적법성을 입증해야 함에는 변함이 없기 때문에 이러한 입증책임을 납세자에게 전가할 수 없다.

(2) 예외 : 과세관청의 입증책임 완화 · 전환

1) 과세관청이 상당한 정도를 입증한 경우와 그 사례

① 납세의무자가 신고한 비용 중 일부금액에 대해 실물거래 없이 허위로 세금계산서가 작성되었다는 점을 과세관청이 상당한 정도로 이를 증명하여 그 비용이 실지비용인지 여부가 다투어지고 그 다툼에 따라 납세의무자가 주장하는 비용이 용도와 그 지급의 상대방이 허위임이 상당한 정도로 증명된 경우에는 그 비용이 실제 지출되었다는 점에 대해서는 장부 · 증빙 등의 자료를

제시하기 용이한 납세의무자가 이를 증명해야 한다(2007두1439).

② 원리금을 초과하는 담보물을 취득하고 금원을 대여하는 것과 같은 사정이 있는 경우 특별한 반대사정이 없는 한 이자지급일이 도래하면 그 대여에 따른 소득의 실현이 객관적인 것으로 보아 상당히 높은 것으로 보이므로 과세관청도 충분히 그 이자지급일에 그 소득이 존재했다고 볼 수 있는 것이다. 따라서 해당 채무자에게 파산 등 대손사유가 발생하고 그 담보물 가액이 하락하는 등과 같이 이자채권을 회수할 수 없는 객관적으로 명백한 사유에 따라 소득이 실현되지 않았다는 사실은 납세의무자가 그 사정을 들어 입증을 해야 한다(93누4649).

2) 사실관계의 대부분이 납세자의 지배영역에 있는 경우

손금 · 필요경비(이하 손금 등)는 납세의무자에게 유리할 뿐만 아니라 손금 등을 발생시키는 사실관계의 대부분도 납세의무자의 지배영역에 있는 것이므로 과세관청이 이 존부를 입증하기에는 곤란하다고 할 것이다. 그 과세관청의 입증곤란과 납세자와의 입증능력의 형평을 고려해서라도 납세의무자가 자신의 손금 등을 직접 입증하는 것이 공평의 관념에 더 부합할 것이다(2002두1588). ■

제2절 과세전적부심사제도

I-1 p.453

I. 서설

과세관청이 조세의 부과처분을 하기 전에 처분의 내용을 납세자에게 미리 통지하고, 이의가 있는 납세자에게 의견진술 내지 반증제시의 기회를 주어 납세자의 주장이 정당한 경우에 사전에 보정하는 제도이다.

과세전적부심사제도는 조세의 부과처분 전에 납세자의 권익침해를 사전에 구제하기 위한 사전적 권리구제제도(事前的 權利救濟制度)이다.

[도 표] 과세전적부심사청구

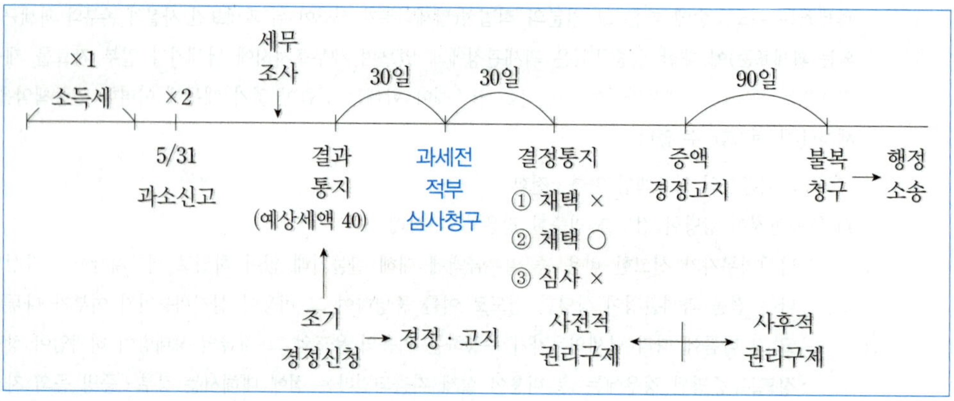

Ⅱ. 청구의 요건

1. 청구인 적격

과세전적부심사청구의 대상이 되는 통지를 받은 자가 과세전적부심사를 청구할 수 있다.

2. 청구의 대상

과세전적부심사청구는 세무조사 결과에 대한 서면통지나 그 밖에 과세예고통지를 대상으로 한다. 다만, 다음 중 어느 하나에 해당하는 경우에는 청구의 대상에서 제외한다.

① 납부기한 전 징수* 또는 수시부과의 사유가 있는 경우

* 과세전적부심사의 청구가 있은 후에 납부기한 전 징수사유가 발생하여도 과세전적부심사의 대상에서 제외된다고 할 것이다(2010두19713).

② 조세범처벌법 위반으로 고발 또는 통고처분하는 경우. 다만, 고발 또는 통고처분과 관련 없는 세목 또는 세액에 대해서는 그렇지 않다.

③ 세무조사결과통지 및 과세예고통지를 하는 날부터 국세 부과제척기간의 만료일까지의 기간이 3개월 이하인 경우

④ 조세조약을 체결한 상대국이 상호합의절차의 개시를 요청한 경우

⑤ ㉠ 불복청구의 인용결정 중 재조사 결정에 의한 조사를 하는 경우 또는 ㉡ 과세전적부심사청구의 채택결정 중 재조사 결정에 의한 조사를 하는 경우

참 고 과세예고통지를 해야 하는 경우

세무서장 또는 지방국세청장은 '납부고지하려는 세액이 100만원 이상인 경우'에는 미리 납세자에게 그 내용을 서면으로 통지(이하 '과세예고통지'라 한다)해야 한다. 다만, 다음의 경우에는 제외한다.

㉠ 감사원법에 따른 시정요구에 따라 세무서장 또는 지방국세청장이 과세처분하는 경우로서 시정요구 전에 과세처분 대상자가 감사원의 지적사항에 대한 소명안내를 받은 경우

㉡ 기한후과세표준신고서를 제출한 자가 납부해야 할 세액을 납부하지 않거나 과소납부한 경우로서 세무서장 또는 지방국세청장이 해당 기한후과세표준신고서에 기재된 과세표준 및 세액과 동일하게 과세표준 및 세액을 결정하는 경우 ■

3. 청구기한

과세전적부심사는 청구대상이 된 통지를 받은 날부터 30일 이내에 청구해야 한다.

Ⅲ. 청구의 절차 및 효과

1. 청구의 절차

이상의 요건을 충족한 자는 해당 통지를 한 세무서장 · 지방국세청장에게 통지내용에 대한 적법성 여부에 관하여 과세전적부심사를 청구할 수 있다.

2. 청구의 효과

(1) 결정

과세전적부심사청구를 받은 세무서장 지방국세청장 또는 국세청장은 각각 국세심사위원회의 심사를 거쳐 다음과 같이 결정하고 그 결과를 청구받은 날부터 30일 이내에 청구인에게 통지해야 한다.

결정의 종류	결정의 사유
① 심사거부 : 심사하지 않는다는 결정	청구가 형식적으로 적법하지 않은 경우(*주1)
② 불채택 : 채택하지 않는다는 결정	청구가 이유 없는 경우
③ 채택 : 채택하거나 일부 채택하는 결정 * 재조사 결정(*주2)	청구가 이유 있는 경우

(*주1) 심사거부 결정의 사유 : ㉠ 청구기간이 지난 후에 청구된 경우, ㉡ 과세전적부심사 청구 후 보정기간에 필요한 보정을 하지 않은 경우, ㉢ 그 밖에 청구가 적법하지 않은 경우를 말한다.

(*주2) 재조사 결정 : '구체적인 채택의 범위'를 정하기 위하여 사실관계 확인 등 추가로 조사가 필요한 경우에는 과세전적부심사 청구의 대상이 되는 통지를 한 세무서장이나 지방국세청장으로 하여금 이를 재조사하여 그 결과에 따라 당초 통지 내용을 수정하여 통지하도록 하는 '재조사 결정'을 할 수 있다.

(2) 과세표준 및 세액의 결정 · 경정결정의 유보

과세전적부심사청구서를 제출받은 세무서장 · 지방국세청장 · 국세청장은 그 청구부분에 대해 적부심사의 결정이 있을 때까지 과세표준 · 세액의 결정이나 경정결정을 유보해야 한다. 다만, 과세전적부심사청구의 대상에서 제외되는 경우에는 그렇지 않다.

(3) 조기경정신청

세무조사에 대한 서면통지 · 과세예고통지를 받은 자는 과세전적부심사를 청구하지 않고 통지를 한 세무서장 · 지방국세청장에게 통지받은 내용의 전부 · 일부에 대해 과세표준 · 세액을 조기에 결정 · 경정해 줄 것을 신청할 수 있다. 이 경우 해당 세무서장 · 지방국세청장은 신청받은 내용대로 즉시 결정이나 경정결정을 해야 한다.

판 례 과세예고 통지 후 과세전적부심사 청구나 그에 대한 결정이 있기 전에 과세처분을 한 경우

과세전적부심사제도가 가지는 사전적 권리구제의 취지와 헌법에 따른 적법절차의 원칙을 고려해볼 때 과세전적부심사에 따른 결정이 있기 전에 과세표준 · 세액에 대한 처분을 할 수 있다는 특별한 규정이 없는 한 그 심사에 따른 결정이 있기 전에 과세표준 · 세액에 대한 처분을 한 것은 절차상의 중대한 하자로 보아야 한다.

또한 이 절차상의 중대한 하자는 납세자의 사전적 권리구제제도를 형해화시킬 뿐만 아니라 과세전적부심사 결정과 과세처분과의 관계 및 그 불복절차를 불분명하게 할 우려가 있어 납세자의 절차적 권리를 침해하는 것으로 보아 과세전적부심사의 결정을 하기 전의 이뤄진 과세처분과 그에 따른 가산세 결정처분은 무효라고 할 것이다(2015두52326). ■

제2편
상속세및증여세법

제 1 장
상속세

제1절 상속과 증여의 개념

I-1 p.477

Ⅰ. 상속의 기초개념

1. 상속의 의의 및 상속순위

민법에서 '상속'이란 자연인의 사망(또는 실종신고)을 원인으로 피상속인의 재산상의 권리 · 의무가 상속인에게 포괄적으로 승계되는 것을 말한다. 이처럼 자연인의 사망(또는 실종신고)이 있는 경우 상속이 개시되며, 상속인은 다음과 같은 순위로 결정된다.

① 제1순위 : 피상속인의 직계비속과 배우자
② 제2순위 : 피상속인의 직계존속과 배우자
③ 제3순위 : 피상속인의 형제자매
④ 제4순위 : 피상속인의 4촌 이내의 방계혈족

2. 민법에 따른 상속재산의 범위

① 피상속인에게 속한 모든 재산상의 권리는 상속인이 승계취득한다. 다만, 피상속인 일신전속적인 권리(부양청구권 · 세무사자격 등)는 제외한다.
② 피상속인의 채무도 피상속인 일신전속적인 채무(예술상 · 기술상 · 저작상의 작위채무)를 제외하고 승계된다.

3. 상속의 방법

법률상 상속이 개시가 되면 상속인 앞으로 피상속인의 재산이 등기 · 등록이 되지 않아도 당연히 그 재산상의 권리 · 의무가 상속인에게 승계된다. 다만, 이때 상속인은 상속인의 의사로 상속을 포기하거나 제3자(제3자 앞으로 등기 · 등록이 이루어져야 함)에게 양도할 수도 있다.

(1) 상속의 승인

상속이 개시되면 피상속인의 재산상의 권리 · 의무가 상속인에게 귀속되는 것을 승낙하는 것에 대해서는 별도의 의사표시 방법을 요구하지 않고, 상속을 포기한다는 별도의 의사표시가 없으면 상속을 승인한 것으로 본다.

승인은 구체적으로 단순승인과 한정승인을 말하는데 '단순승인'이란 피상속인의 재산상에 대한 권리 · 의무의 전면적 승인을 말하고, '한정승인'은 상속채무(피상속인의 채무로서 상속인에게 승계되는 채무)의 이행을 상속에 따라 취득하는 재산의 범위에서 피상속인의 채무와 유증을 변제하기로 유보하여 승인하는 것인데, 이는 법원에 한정승인의 신고를 해야 한다.

(2) 상속의 포기

상속의 포기는 피상속인의 재산에 관한 권리 · 의무를 전면 포기하는 의사표시로서 그 일부만을 포기할 수 없으며, 상속인만 이를 포기할 수 있다. 상속포기 신고의 경우 상속이 개시된 사실을 안 날부터 3개월 이내에 가정법원에 포기신고를 해야 한다.

(3) 협의분할

공동상속인의 상속재산은 공유재산이므로 공동상속인들 간에 협의에 의해서 분할할 수 있는데 이것을 협의분할이라 한다. 협의분할의 경우 상속개시일로 소급하여 효력이 발생하며, 이러한 분할시기와 횟수에는 제한이 없다.

(4) 유류분(遺留分) 청구

피상속인의 유증과 증여로 인하여 유류분권자가 받을 상속재산이 다음의 유류분에 미치지 못할 경우 그 부족한 범위에서 유증 · 증여 받은 자에게 유증 · 증여 받은 재산의 반환을 청구할 수 있는 것을 말한다. 이때 유류분권자는 다음의 상속인을 말한다.

① 피상속인의 직계비속 : 그 법정상속분의 1/2

② 피상속인의 배우자 : 그 법정상속분의 1/2

③ 피상속인의 직계존속 : 그 법정상속분의 1/3

④ 피상속인의 형제자매 : 그 법정상속분의 1/3

(5) 기여분 상속

공동상속인 중 피상속인의 재산 유지 · 증가에 특별히 기여하였거나 피상속인을 특별히 부양한 자가 있을 때에는 이를 상속분의 산정에 고려하는 제도를 말한다.

(6) 특별연고자에 대한 분여

상속인의 존부가 분명하지 않거나 상속권을 주장하는 자가 없을 때, 가정법원은 생전 피상속인과 생계를 같이하고 있었거나, 요양 · 간호한 자, 그 밖에 피상속인과 특별한 연고가 있는 자의 청구에 따라 상속재산의 일부 · 전부를 분여할 수 있다.

(7) 유증 · 사인증여

1) 유증 : 유언자의 유언에 따라 그 재산을 타인(수유자)에게 무상으로 증여한 단독행위로서 그 효력은 법정상속의 효력보다 우선된다.

2) 사인증여 : 증여자와 생전에 체결한 증여계약으로서 그 효력이 증여자의 사망으로 발생하는 증여를 말한다. 사인증여는 무상으로 재산을 증여한다는 점에서 일반적인 증여와 같지만 증여자의 사망으로 효력이 발생한다는 점에서는 유증과 비슷하다. 다만, 유증은 단독행위이고 사인증여는 원칙적으로 증여계약이라는 점에서 차이가 있다.

(8) 상속분

'상속분'이란 공동상속의 경우 전체 상속재산 중 공동상속인 각자가 이를 분배받는 비율을 말하며, 이러한 상속분에는 피상속인의 의사에 따라 정해지는 지정상속분과 법률에 따라 정해지는 법정상속분이 있다.

1) 지정상속분 : 피상속인의 유언에 따라 정해지는 공동상속인의 상속분을 말한다. 그러나 유류분에 반하여 지정할 수는 없다. 만약 유류분에 반하는 지정을 하였다면 유류분청구권자는 이 유류분의 반환을 청구할 수 있다.

2) 법정상속분 : 피상속인의 유언이 없는 경우에 법률에 정하는 바에 따라 상속분이 결정되는 것을 말한다. 공동상속인 간에 법정상속분은 원칙적으로 균등하나, 피상속인의 배우자 상속분은 다른 상속지분에 5할을 가산한다.

Ⅱ. 증여의 기초개념

1. 증여의 의의

민법에서 증여는 계약의 하나인데, 증여계약'이란 일방이 무상으로 재산을 이전하겠다는 의사표시(청약)를 하고 다른 일방이 그 재산을 받겠다는 의사표시(승낙)를 함으로써 성립하는 것이다.

반면 상증세법에 따른 증여는 민법보다 훨씬 포괄적인 의미로 정의한다. 즉 상증세법에 따른 '증여(贈與)'란 그 행위 · 거래에 명칭 · 형식 · 목적 등과 관계없이 직접 · 간접적인 방법으로 타인에게 무상으로 유형 · 무형의 재산 · 이익(현저히 낮은 대가를 받고 이전하는 경우 포함)을 이전하거나 타인의 재산가치를 증가시키는 것을 말한다. 따라서 민법에 따른 증여가 아니더라도 사실상 재산 · 이익이 무상으로 이전되거나 타인의 재산가치가 증가되는 경우라면 증여세가 과세된다.

2. 특수한 형태의 증여

(1) 부담부 증여(負擔附 贈與)

수증자가 증여받음과 동시에 증여자의 채무를 부담하기로 하는 증여계약을 말한다.

(2) 기부(寄附)

공익적인 목적으로써 무상으로 재산을 이전받는 점에서 일반적인 증여와 다를 뿐, 기부는 원칙적으로 증여에 해당한다.

[도 표] 상증세법상 상속과 증여의 개념 요약

구분	상증세법상 개념	비고
(1) 상속	• '상속'이란 민법상 ① 상속(相續)을 말하며, ② 유증(遺贈), ③ 사인증여(死因贈與), ④ 특별연고자에 대한 상속재산의 분여(分與), ⑤ 유언대용신탁(遺言代用信託, 신탁법 제59조), ⑥ 수익자연속신탁(신탁법 제60조)을 포함한다.	상속세 과세
	① 상속 : 사망하거나 또는 실종선고를 받은 자(피상속인)의 법률상의 지위를 일정한 자(상속인)들이 포괄적으로 승계하는 것	
	② 유증 : 유산(遺産)의 전부 또는 일부를 무상으로 타인(수유자)에게 주는 단독행위	
	③ 사인증여 : 증여자의 사망으로 효력이 발생하는 증여(민법 562조, 즉 증여자의 생전에 증여계약을 맺었으나 그 효력은 사망 후에 발생되는 증여를 말한다) * 상증세법상 '사인증여'에는 상속개시일 전 10년 이내에 피상속인이 상속인에게 진 증여채무 및 상속개시일 전 5년 이내에 피상속인이 상속인이 아닌 자에게 진 증여채무의 이행 중에 증여자가 사망한 경우의 그 증여를 포함한다.	
	④ 특별연고자에 대한 상속재산의 분여 : 피상속인과 생계를 같이 하고 있던 자, 피상속인의 요양간호를 한 자 및 그 밖에 피상속인과 특별한 연고가 있던 자(이하 '특별연고자')에 대한 상속재산의 분여(分與)	
	⑤ 유언대용신탁 : 신탁계약에 의해 위탁자의 사망시 수익자가 수익권을 취득하는 신탁(또는 신탁재산에 기한 급부를 받는 신탁)	
	⑥ 수익자연속신탁 : 수익자가 사망한 경우 그 수익자가 갖는 수익권이 소멸하고 타인이 새로 수익권을 취득하는 신탁	
(2) 증여	• '증여(贈與)'란 그 행위 또는 거래의 명칭 · 형식 · 목적 등과 관계없이 직접 또는 간접적인 방법으로 타인에게 무상으로 유형 · 무형의 재산 또는 이익을 이전(移轉)(현저히 낮은 대가를 받고 이전하는 경우를 포함한다)하거나 타인의 재산가치를 증가시키는 것을 말한다. 다만, 유증, 사인증여, 유언대용신탁 및 수익자연속신탁은 제외한다.	증여세 과세

Ⅲ. 소득과세와 관계

1. 무상취득자가 법인인 경우

영리법인이 재산을 무상으로 취득하는 경우 순자산증가설에 따라 법인세가 과세됨으로 이에 다시 상속세 · 증여세가 과세될 수 없다. 그리하여 구체적으로 다음과 같이 규정하고 있다.

① 수유자(또는 특별연고자)가 영리법인인 경우 그 영리법인은 상속세 납세의무자에서 제외한다.

② 증여재산에 대해 수증자에게 법인세가 부과되는 경우에는 증여세를 부과하지 않는다.

따라서 재산의 무상 취득에 대해 법인세가 과세되지 않는 비영리법인은 원칙적으로 상속세 · 증여세의 납세의무가 생긴다(다만, 공익목적 출연재산에 대해서는 과세가액불산입을 적용받아 상속세 · 증여세가 과세되지 않을 수 있다).

2. 무상취득자가 개인인 경우

개인이 무상으로 재산을 취득하는 경우에는 원칙적으로 상속세 · 증여세의 납세의무를 진다. 그런데 ① 개인이 자신의 사업과 관련하여 얻은 자산수증이익 · 채무면제이익에 대해서는 소득세가 과세되며, ② 법인세법에 따라 상여 · 배당 · 기타소득으로 소득처분 되는 무상의 재산 · 이익 등의 이전에 대해서도 소득세가 과세되기 때문에 이에 대해 별도로 증여세를 과세하면 무상으로 얻은 재산 · 이익에 대해서 이중으로 과세가 하는 결과가 된다. 이와 같이 증여재산에 대하여 수증자에게 소득세가 부과되는 경우에는 증여세가 과세되지 않는다.

제2절 상속세의 과세유형

I-1 p.484

Ⅰ. 서설

상속세는 초과누진세율로 과세가 되므로 피상속인의 유산총액을 과세대상으로 하느냐 아니면 각 상속인들의 유산취득가액에 대하여 과세하느냐에 따라 조세부담에는 차이가 있다. 전자를 유산과세형(estate tax type)이라고 하고, 후자를 취득과세형(inheritance tax type)이라 한다.

Ⅱ. 유산과세형과 취득과세형의 기본구조

1. 유산과세형

피상속인을 중심으로 피상속인의 유산총액을 과세단위로 하는 유형이다. 특히 공동상속의 경우에도 상속재산이 공동상속인에게 분배되기 전의 유산총액을 기준으로 초과누진세율을 적용하여 과세한다.

이 유형에서는 생전증여에 대해서도 증여자를 기준으로 과세해야 한다.

2. 취득과세형

상속인의 유산취득가액을 과세단위로 하는 유형이다. 즉 각 상속인들을 기준으로 취득한 유산가액을 산정하여 과세하는 것이다. 그리고 상속세에 대한 납세의무는 각 상속인이 진다.

이 유형에서는 생전증여에 대해서도 수증자를 기준으로 과세해야 한다.

Ⅲ. 유산과세형과 취득과세형의 장 · 단점

(1) 세수 측면

동일한 초과누진세율의 구조라면 분할 전의 유산총액에 과세를 하는 유산과세형이 취득과세형 보다 세수증대 효과가 크다.

(2) 세무행정 측면

유산과세형은 상속개시지에서 1회의 부과처분으로 종결시킬 수 있지만, 취득과세형의 경우 각 상속인들의 주소지에서 각 상속인들이 취득한 유산취득가액을 산정하여 부과처분해야 하므로 과세행정이 훨씬 더 복잡하다.

(3) 응능부담 측면

유산과세형이라 하더라도 상속세의 세부담은 이미 고인이 된 피상속인이 부담하는 것이 아니라 상속인이 부담하는 것이어서 그 담세력의 척도는 유산총액이 아닌 상속인들 각자가 취득하는 유산취득가액을 기준으로 하여 초과누진세율을 적용해야 한다.

(4) 부의 분산 측면

유산과세형은 상속인들에게 균등하게 상속재산이 분배되었는지 여부와 관계없이 분배 전 유산총액에 대해 과세를 하기 때문에 취득과세형을 채택해야 유산총액을 여러 상속인들에게 균등하게 분배할수록 상속세부담이 줄어들어 부의 분산효과를 기대할 수 있다.

Ⅳ. 우리나라 상속세의 과세유형

우리나라는 유산과세형을 채택하고 있다. 그러나 일반적인 유산과세형과는 달리 유산관리인 등이 아닌 각 상속인 등이 상속분에 따라 연대납세의무를 지우고 있다. 이는 징세편의적 관점에서 유산과세형의 부족한 점을 보완하기 위해 취득과세형을 가미하고 있는 것이다.

한편 증여세는 상속세와는 대조적으로 취득과세형을 채택하며 그 초과누진세율은 상속세와 동일하다. 그리고 생전증여(원칙상 상속개시일부터 10년 이내 증여분)를 사망유산에 누적합산하여 과세한다.

[도 표] 우리나라 상속세 과세체계

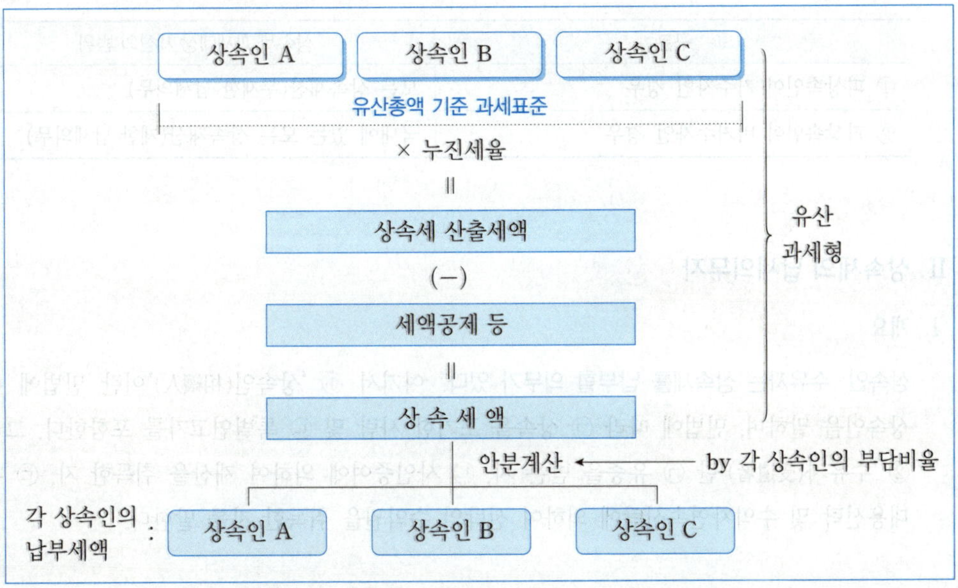

제3절 상속세의 과세대상과 납세의무자

I-1 p.489

Ⅰ. 상속세의 과세대상

상속개시일 현재 상속재산에 대해서 상속세를 부과한다. 상증세법상 '상속(相續)'이란 ① 민법상 상속을 말하며, ② 유증(遺贈), ③ 사인증여(死因贈與), ④ 특별연고자에 대한 상속재산의 분여(分與), ⑤ 유언대용신탁(遺言代用信託), ⑥ 수익자연속신탁을 포함한다. 따라서 상속재산의 범위는 다음과 같다.

상속의 범위	상속재산의 범위
① 민법상 상속(특별연고자에 대한 분여 포함)	상속재산(특별연고자에 대한 분여 포함)
② 민법상 유증	유증한 재산
③ 민법상 사인증여(합산기간 이내에 진 증여채무의 이행 중 증여자의 사망에 의한 증여 포함)	사인증여한 재산(합산기간 이내에 진 증여채무의 이행 중 증여자의 사망에 의한 증여 포함)
④ 신탁법상 유언대용신탁과 수익자연속신탁*	신탁의 이익을 받을 권리의 가액

* ㉠ '유언대용신탁'은 신탁계약에 의해 위탁자의 사망시 수익자가 수익권을 취득하는 신탁을 말하며, ㉡ '수익자연속신탁'은 수익자가 사망한 경우 그 수익자가 갖는 수익권이 소멸하고 타인이 새로 수익권을 취득하는 신탁을 말한다.

구분	상속세 과세대상 재산의 범위
① 피상속인이 거주자인 경우	모든 상속재산(무제한 납세의무)
② 피상속인이 비거주자인 경우	국내에 있는 모든 상속재산(제한 납세의무)

Ⅱ. 상속세의 납세의무자

1. 개요

상속인·수유자는 상속세를 납부할 의무가 있다. 여기서 ① '상속인(相續人)'이란 민법에 따른 상속인을 말하며, 민법에 따라 ㉠ 상속을 포기한 사람 및 ㉡ 특별연고자를 포함한다. 그리고 ② '수유자(受遺者)'란 ㉠ 유증을 받은 자, ㉡ 사인증여에 의하여 재산을 취득한 자, ㉢ 유언대용신탁 및 수익자연속신탁에 의하여 신탁의 수익권을 취득한 자를 말한다.

2. 권리·의무의 주체에 따른 구분

(1) 자연인

상속인의 납세의무자는 원칙적으로 자연인이며, 취득원인에 따라 다음과 같이 구분이 된다.

상속재산의 취득원인	납세의무자	
① 민법상 상속(相續)	상속인(상속포기자와 특별연고자 포함)	
② 민법상 유증(遺贈)	수유자	이하 '수유자'
③ 민법상 사인증여(死因贈與)	사인증여의 수증자	
④ 신탁법상 유언대용신탁과 수익자연속신탁	신탁의 수익권을 취득한 자	

* 상속의 포기 : 민법에 따른 상속포기는 상속이 개시된 때로 소급하여 효력이 발생하므로 상속개시일부터 상속인으로서의 지위를 상실하나, 그러나 상증세법에서는 상속포기자도 상속인으로서 상속개시일 전 10년 이내에 피상속인으로부터 증여재산을 받은 적이 있거나 피상속인의 사망으로 지급받는 보험금 등이 있는 경우에는 상속을 포기하였다고 할지라도 이에 대해 상속세의 납세의무가 있다.

(2) 자연인 외의 자

1) 태아

민법에 따르면 태아도 상속인으로서 지위가 인정되기 때문에 태아도 상속세 납세의무를 진다.

2) 법인

① 영리법인 : 수유자(또는 특별연고자)가 영리법인인 경우에는 그 영리법인은 상속세 납세의무자에서 제외한다. 그런데 수유자(또는 특별연고자)가 영리법인인 경우로서 그 영리법인의 주주·출자자 중 상속인과 그 직계비속이 있는 경우에는 다음과 같이 계산한 지분상당액의 상속세에 대해서 상속인과 그 직계비속이 납부할 의무가 있다.

$$\text{지분상당액의 상속세} = \left(\text{영리법인에게 면제된 상속세}^{①} - \text{영리법인에게 과세된 법인세}^{②}\right) \times \text{상속인과 그 직계비속의 주식·출자지분의 비율}$$

① 영리법인에게 면제된 상속세 : 영리법인이 받았거나 받을 상속재산에 대한 상속세 상당액
② 영리법인에게 과세된 법인세 : 영리법인이 과세받았거나 받을 상속재산가액×10%(법인세율)

참고 영리법인을 이용한 변칙적 상속에 대한 상속세 과세

영리법인을 이용한 변칙적인 상속으로 상속세를 회피하려는 행위를 방지하기 위해 다음과 같이 과세를 한다.

구분	과세
영리법인	상속세 부과 × (면제)
	자산수증이익 ➡ 법인세 과세 ○
영리법인의 주주인 상속인 등	주주인 상속인 등에게 영리법인이 면제 받은 상속세 상당액에서 이미 과세된 법인세를 제외한 금액을 상속세로 과세 ○
	추후 양도소득세 계산시 취득가액 : 당초 주식의 취득가액 + 상속세를 과세 받은 상속재산가액

② 비영리법인 : 수유자가 비영리법인인 경우에는 그 유증받은 재산의 범위 내에서 상속세 납세의무를 진다. 한편 법인격이 없는 사단·재단 또는 그 밖의 단체는 ① 국세기본법상 법인으로 보는 단체에 해당하는 경우에는 '비영리법인'으로 ② 그 외의 경우에는 '거주자·비거주자'로 보아 상증세법을 적용한다.

(3) 납세의무의 내용

1) 각자의 상속세 납부세액 : 상속세 납세의무자는 상속재산(상속재산에 가산하는 증여재산 포함) 중 각자가 받았거나 받을 재산을 기준으로 부담비율에 따라 계산한 다음의 금액을 상속세로 납부할 의무가 있다.

각자의 상속세 납세의무 = 상속세 납부세액×각 상속인(수유자 포함)의 부담비율*

$$* \text{ 각 상속인의 부담비율} = \frac{\text{상속인(수유자 포함)별 상속세 과세표준 상당액}}{\text{상속세 과세표준} - \text{상속인·수유자가 아닌 자에게 증여한 재산에 대한 과세표준}}$$

2) 상속인 · 수유자의 연대납세의무 : 상속세는 상속인 또는 수유자 각자가 받았거나 받을 재산을 한도로 연대하여 납부할 의무를 진다. 여기서 '각자가 받았거나 받을 재산'이란 다음의 재산을 말한다.

상속으로 인하여 얻은 [자산(상속재산가액에 따라 가산한 증여재산 포함)의 총액 – 부채총액] – 그 상속으로 인하여 부과되거나 납부할 상속세 – 상속재산가액에 가산한 증여재산에 대한 증여세
= 각자가 받았거나 받을 재산

3. 납세의무의 범위에 따른 구분

(1) 무제한납세의무

피상속인이 거주자인 경우에는 국내외의 모든 상속재산에 대해 무제한납세의무가 있다.

(2) 제한납세의무

피상속인이 비거주자인 경우 국내에 소재하는 상속재산에 대해서만 납세의무가 있다.

제4절 상속세의 과세표준 및 세액계산

I-1 p.498

I. 서설

피상속인의 유산총액에 대해서 초과누진세율을 적용하여 상속세를 과세하며(유산과세형), 그 과세표준과 세액의 계산구조는 다음과 같다.

[도 표] 피상속인이 거주자인 경우 : 상속세 과세표준과 신고납부세액계산

피상속인의 상속재산가액	• 상속재산(유증 · 사인증여한 재산가액 포함)
+ 간주상속재산가액	• 보험금 + 신탁재산 + 퇴직급여
+ 상속개시 전 처분재산 등 산입액	• 용도불명금액 – 상속추정 배제금액
총상속재산가액	
+ 상속개시 전 증여재산가액	• 상속개시 전 10년(5년) 이내에 증여한 재산가액
– 비과세 재산가액	
– 공과금 · 장례비 · 채무공제액	
– 과세가액 불산입액	• 공익목적 출연재산가액 + 공익신탁재산가액
= 상속세 과세가액	
– 상속공제	
인적공제	
• 기초공제	• 2억원
• 배우자공제	• 최저 5억원~최대 30억원
• 그 밖의 인적공제	• 자녀공제, 미성년자공제, 연로자공제, 장애인공제
• 일괄공제	• 5억원(기초공제와 기타 인적공제의 합계액과 선택하여 공제)
물적공제	
• 금융재산공제	• 순금융재산가액×20%(한도 2억원)
• 가업 · 영농상속공제	
• 동거주택상속공제	
• 재해손실공제	• 재난으로 손실된 상속재산가액
– 감정평가수수료공제	• 평가수수료(500만원, 1,000만원, 500만원 한도)
= 상속세 과세표준	
× 세출세율	• 10%~50%, 5단계 초과누진세율
= 산출세액	
+ 세대생략 가산액	• 산출세액×세대생략 상속인의 재산비율×30%(40%)
= 산출세액 합계	
– 지정문화유산 등에 대한 징수유예	
– 세액공제	
• 증여세액공제	• 가산한 증여재산의 수증자가 납세의무자 외의 자인 경우
• 외국납부세액공제	• 외국 상속재산에 대해 외국의 상속세를 부과받은 경우
• 단기상속세액공제	• 상속개시 후 10년 이내에 재상속이 개시되는 경우
• 신고세액공제	• 신고기한 내에 과세표준신고를 한 경우
= 신고납부세액	• 납부방법 : 금전납부, 분할납부, 물납, 연부연납

Ⅱ. 총상속재산가액

1. 개요

총상속재산가액은 다음과 같이 계산한다.

피상속인의 상속재산가액	• 상속재산(유증 · 사인증여한 재산가액 포함)
+ 간주상속재산가액	• 보험금 + 신탁재산 + 퇴직급여
+ 상속개시 전 처분재산 등 산입액	• 용도불명금액 – 상속추정 배제금액
= 총상속재산가액	

2. 피상속인의 상속재산

(1) 상속재산의 범위

'상속재산'이란 피상속인에게 귀속되는 재산으로서 ① 금전으로 환산할 수 있는 경제적 가치가 있는 모든 물건과 ② 재산적 가치가 있는 법률상 · 사실상의 모든 권리를 말한다. 다만, 피상속인 일신(一身)에 전속(專屬)하는 것으로서 피상속인의 사망으로 소멸하는 것은 제외한다.

(2) 간주상속재산

다음에 해당하는 것은 피상속인의 본래 상속재산은 아니지만 피상속인의 사망으로 인하여 상속인 등이 받은 것이므로 상속재산으로 본다.

1) 보험금 : 피상속인의 사망을 원인으로 받는 생명보험 · 손해보험의 보험금으로서 피상속인이 보험계약자인 보험계약에 따라 받는 것은 상속재산으로 본다.

$$\text{간주상속재산} = \text{보험금수령액} \times \frac{\text{피상속인이 부담한 보험료의 합계액}}{\text{납입된 보험료의 합계액}}$$

간주상속재산인 보험금의 경우 보험수익자가 가지는 보험금 지급 청구권은 민법상 본래의 상속재산이 아니라 수익자의 고유재산이다. 그런데 피상속인의 사망으로 받는 보험금은 실질적으로 상속이나 유증으로 재산을 취득하는 것과 같아 그 보험금에 대해서도 상속세를 과세하기 위해서 상속재산으로 보는 것이다.

2) 상속재산으로 보는 신탁재산

① 피상속인이 신탁한 재산은 상속재산으로 본다. 다만, 신탁이익의 증여규정에 따라 수익자의 증여재산가액으로 하는 해당 신탁의 이익을 받을 권리의 가액은 상속재산으로 보지 않는다.

② 피상속인이 신탁으로 인하여 타인으로부터 신탁의 이익을 받을 권리를 소유하고 있는 경우에는 그 이익에 상당하는 가액을 상속재산에 포함한다.

③ 수익자연속신탁의 수익자가 사망함으로써 타인이 새로 신탁의 수익권을 취득하는 경우 그 타인이 취득한 신탁의 이익을 받을 권리의 가액은 사망한 수익자의 상속재산에 포함한다.

3) 퇴직급여 : 피상속인에게 지급될 퇴직금 · 퇴직수당 · 공로금 · 연금 또는 이와 유사한 것이 피상속인의 사망으로 지급이 되는 경우 그 금액은 상속재산으로 본다. 다만, 국민연금법에 따라 지급되는 유족연금, 사망으로 인하여 지급받는 반환일시금 등은 제외한다.

판 례 간주상속재산으로 보는 보험금을 규정하는 법률조항이 실질적 조세법률주의에 위배되거나 납세의무자의 재산권을 침해하는지 여부

피상속인이 실질적으로 보험료를 납입하고 그의 사망을 원인으로 일시에 무상으로 수취하는 생명보험금은 그 경제적 실질에 있어서 민법상의 상속재산과 다를 바가 없다. 또한 해당 생명보험금을 상속재산으로 의제하여 상속세를 부과하는 것이 소득세를 부과하는 것보다 생명보험금의 경제적 실질에 부합하는 조세부과이고, 실질과세의 원칙 등을 실현하기 위한 적절한 수단이라고 할 것이다. 따라서 이 사건의 법률조항은 법률상의 형식과 경제적 실질이 부합하지 않는 경우 경제적 실질을 추구하여 그에 과세함으로써 과세형평과 실질과세의 원칙을 실현함과 아울러 상속세의 회피를 방지하기 위한 것으로서, 그 입법목적의 정당성이나 방법의 적절성이 인정된다.

이 사건의 법률조항이 의제조항의 입법형식을 취하더라도 이는 행정편의주의적인 입법이 아니고 실제로 상속과 동일한 경제적 효과를 가져 오는 생명보험금에 대해서 과세형평과 실질과세의 원칙을 실현하기 위한 불가피한 조치일 뿐만 아니라, 상속세가 아닌 다른 과세수단에 비해서 납세의무자의 부담이 과도하다고 보기도 어렵고 이를 완화하는 제도적 장치도 마련하고 있는 점 등을 아울러 고려하면, 이 사건의 법률조항이 실질과세의 원칙을 실현하고 상속세 회피행위를 방지함으로써 얻을 수 있는 공익이 보험금수취인이 부담하는 상속세로 인한 경제적 불이익에 비해 적지 아니하므로 이는 피해의 최소성 및 법익균형성의 원칙에도 어긋난다고 보기 어렵다. 따라서 이 사건의 법률조항은 실질과세의 원칙을 실현하고 상속세 회피를 방지하기 위한 필요한 최소한도 내의 불가피한 규정이므로 과잉금지원칙에 위배되지 않고, 실질적 조세법률주의에 위배되거나 납세의무자의 재산권을 침해한다고 볼 수 없다(헌재 2009.11.26. 2007헌바137). ■

3. 상속개시일 전 처분재산 등의 상속추정

(1) 개요

피상속인이 재산을 처분 · 인출하였거나 채무를 부담한 경우로서 그 용도가 명백하지 않은 경우에는 상속세 과세가액에 산입한다. 그 취지는 상속개시 전에 재산처분 · 채무부담에 따라 상속세 과세가액을 줄이고, 과세포착이 어려운 금전 등으로 바꾸어 재산을 이전하는 경우 이를 상속으로 추정함으로써 과세관청의 입증책임을 완화하고 상속세의 회피를 방지하려는 데 있다.

(2) 상속추정의 요건

1) 피상속인 자신이 자신의 재산을 처분 · 인출하였거나 채무를 부담한 경우로서 다음에 해당할 것

① 재산처분 · 인출의 경우 : 피상속인이 재산을 처분하여 받은 금액이나, 재산에서 인출한 금액이 ㉠ 상속개시일 전 1년 이내에 재산종류별로 계산하여 2억원 이상인 경우와 ㉡ 상속개시일 전 2년 이내에 재산종류별로 계산하여 5억원 이상인 경우

② 채무부담의 경우 : 피상속인이 부담한 채무를 합친 금액이 ㉠ 상속개시일 전 1년 이내에 2억원 이상인 경우와 ㉡ 상속개시일 전 2년 이내에 5억원 이상인 경우

여기서 '재산종류별'이란 ㉠ 현금 · 예금 · 유가증권, ㉡ 부동산 및 부동산에 관한 권리, ㉢ 그 이외의 재산으로 구분한 것을 말한다. 재산종류별로 계산한 금액은 다음의 구분에 따라 계산한 금액을 합산한 금액으로 한다.

① 재산을 처분한 경우에는 그 처분가액 중 상속개시일 전 1년 · 2년 이내에 실제 수입한 금액

② 금전 등의 재산을 인출한 경우에는 상속재산 중 상속개시일 전 1년 · 2년 이내에 실제 인출한 금액 등의 합계액에서 그 기간에 예입된 금전 등의 합계액을 차감한 금전 등으로 하되, 그 예입된 금전 등이 해당 통장에서 인출한 금전 등이 아닌 경우는 제외한다.*

* 인출된 계좌로 입금된 금액이 당초 인출액과 관계없이 별도로 조성된 금액임이 확인이 되는 경우에는 그 금액을 인출액에서 제외하지 않으나, 이에 대한 입증책임은 과세관청에게 있다(2002두5863).

2) 재산처분금액 · 인출금액 또는 채무를 부담하고 받은 금액에 대한 용도가 객관적으로 명백하지 않아야 한다.

참고 용도가 객관적으로 명백하지 않은 경우

① 피상상속인이 재산을 처분하여 받은 금액이나 재산에서 인출한 금전 등 또는 채무를 부담하고 받은 금액을 지출한 거래상대방(이하 거래상대방)이 거래증빙의 불비 등으로 확인되지 않는 경우

② 거래상대방이 금전 등의 수수사실을 부인하거나 거래상대방의 재산상태 등으로 보아 금전 등의 수수사실이 인정되지 않는 경우

③ 거래상대방이 피상속인의 특수관계인으로서 사회통념상 지출사실이 인정되지 않은 경우

④ 피상속인이 재산을 처분하거나 채무를 부담하고 받은 금전 등으로 취득한 다른 재산이 확인이 되지 않는 경우

⑤ 피상속인의 연령 · 직업 · 경력 · 소득 · 재산상태 등으로 보아 지출사실이 인정되지 않는 경우 ■

(3) 상속추정의 배제

피상속인의 재산처분금액 · 인출금액 · 채무부담액 중 용도가 입증되지 않은 금액(용도불분명

금액)이 다음의 금액에 미달하는 경우에는 용도가 객관적으로 명백하지 않은 것으로 추정하지 않는다.

> 상속추정 배제금액 = MIN (① 재산처분금액 · 인출금액 · 채무부담액×20%, ② 2억원)
> • 용도불분명금액 < 상속추정 배제금액 ➡ 상속추정 배제

(4) 상속세 과세가액 산입

위에 따른 용도불분명금액이 상속추정 배제금액 이상인 경우, 다음의 금액은 이를 상속받은 것으로 추정하여 상속세 과세가액에 산입한다.

> 상속세 과세가액의 산입액 = 용도불분명금액* – 상속추정배제금액
> • 용도불분명금액 > 상속추정 배제금액 ➡ 상속추정

* 용도불명금액 = 처분 · 인출 재산액 또는 부담한 채무액 – 용도입증금액

판례 상속추정에 관한 법률조항이 상속인의 재산권 등을 침해하는지 여부

이 사건의 법률조항의 입법취지는 부당한 상속세 회피행위를 방지하기 위한 것이다. ① 상속인은 일반적으로 피상속인과 동일하거나 근접한 생활영역에 있기 때문에 과세관청에 비해 피상속인의 경제활동을 확인하기 쉬운 반면, 과세관청은 이러한 사실을 입증하기 힘들다. 이러한 현실에서 이 사건의 법률조항이 피상속인의 처분재산 등에 대한 자금의 출처에 대한 입증책임을 상속인에게 지게 한 것은 불가피한 조치라고 할 것이다. 그리고 ② 이 사건의 법률조항이 추정규정인 이상 구체적인 소송과정에서 법원의 판단을 통해 그 상속되지 않은 사실이 입증되는 경우에는 그 적용이 배제될 수 있으며, ③ 상속인이 입증해야 하는 범위도 상속개시일에 근접한 1년(또는 2년)의 2억(또는 5억) 이상으로 한정되어 있어, 납세자의 기본권 제한을 최소화하기 위한 장치가 마련되어 있다(2010헌바342). ■

Ⅲ. 상속세 과세가액

1. 개요

상속세 과세가액은 다음과 같이 계산한다.

총상속재산가액	
+ 상속개시 전 증여재산가액	• 상속개시 전 10년(5년) 이내에 증여한 재산가액
– 비과세 재산가액	• 금양임야 등 가액
– 공과금 · 장례비 · 채무공제액	• 상속재산가액에서 공제하는 공과금 · 장례비 · 채무공제액이 상속재산가액을 초과하는 경우에는 그 초과액은 없는 것으로 본다.
– 과세가액 불산입액	• 공익목적 출연재산가액 + 공익신탁재산가액
= 상속세 과세가액	

상증 01

2. 상속개시 전 증여재산가액의 합산

(1) 개요

상속개시일 전 10년(또는 5년) 이내에 상속인(또는 상속인이 아닌 자)에게 증여한 재산은 상속세 과세가액에 가산하여 상속세를 과세한다. 그 취지는 조세부담 측면에서 상속세와 증여세의 형평을 유지함과 아울러, 피상속인의 사망 전 증여를 통해 상속세의 누진적 부담을 회피하는 것을 방지하려는 데 있다.

(2) 내용

1) 다음에 해당하는 재산가액은 상속재산가액에 가산한다.

① 상속개시일 전 10년 이내에 피상속인이 상속인(상속포기자 포함)에게 증여한 재산가액

② 상속개시일 전 5년 이내에 상속인이 아닌 자에게 증여한 재산가액

* '상속인이 아닌 자'에는 ㉠ 영리법인과 ㉡ 상속개시 당시 이혼한 전 배우자를 포함한다.

이 경우 다음에 해당하는 증여재산의 가액은 상속세 과세가액에 가산하지 않는다.

가산하지 않는 증여재산	세부항목
① 비과세 증여재산	• 증여세를 부과하지 않는 일정한 재산
② 증여세 과세가액이 불산입되는 증여재산	• 공익법인이 출연받은 재산 • 공익신탁을 통해 공익법인에 출연한 재산 • 장애인이 증여받은 재산
③ 합산배제증여재산	• 전환사채 등의 주식전환에 따른 이익의 증여 • 주식상장에 따른 이익의 증여 • 합병에 따른 상장이익의 증여 • 재산 취득 후 재산가치 증가에 따른 이익의 증여 • 재산취득자금 및 채무상환자금의 증여추정 • 명의신탁재산의 증여의제 • 특수관계법인과의 거래를 통한 이익의 증여의제 • 특수관계법인으로부터 제공받은 사업기회로부터 발생한 이익의 증여의제

2) 본래의 상속재산의 평가에는 상속개시일 현재의 시가에 의하지만, 상속재산가액에 가산하는 증여재산가액은 증여일 현재의 시가에 따른다. 따라서 증여일부터 상속일까지의 재산가치 변동분은 가산하는 증여재산가액에 반영하지 않는다.

판례 상속재산에 가산하는 증여재산가액의 평가 문제

상속개시일의 시가로 증여재산가액을 평가한 것은 증여 당시 그로 인해 부담하게 될 상속세 부담을 예측할 수가 없어 국민의 경제생활의 법적안정성을 침해할 뿐만 아니라 그 재산의 증여 당시와 상속 당시 사

이에 가액의 증가가 있는 경우 그 가액증가분에 대해 수증자는 상속세를 부담하는 것 외에 그 증여재산을 다시 양도할 때에 다시 양도소득세를 이중으로 부담하는 결과가 되므로 조세법률주의에 위배가 된다. 이에 따라 상속재산에 가산하는 증여재산가액에 대해서는 증여일 현재의 시가로 평가하는 것이다.

한편 증여일 이후 시가가 하락하는 경우에는 세부담이 많아져 오히려 재산권을 침해하는 것인지가 문제되는데 이에 헌법재판소의 입장은 다음과 같다. 상속재산에 가산하는 증여재산에 대한 합산과세는 비록 형식상 상속세가 부과되지만 그 실질내용은 증여로 볼 것이므로 그 과세표준의 계산은 거래의 실질내용에 따라 증여 당시를 기준으로 해야 할 것이므로, 이는 거래에 관한 실질과세의 원칙에 어긋나지 않고, 시간이 지날수록 가치가 증가하는 재산을 증여하는 것이 일반적이므로 우연히 상속당시 평가액이 더 낮은 경우까지 고려하지 않았다고 하여 조세형평에 위반된다고 할 수 없다(2007헌바82). ■

(3) 논평

사전증여를 통한 상속세 포탈을 막기 위해 상속개시일 전 5년 이내에 피상속인이 상속인 외의 자에게 증여한 재산에 대해서도 상속재산으로 가산토록 되어 있으며, 상속재산에 가산한 증여재산에 대한 증여세액은 상속세 산출세액에서 공제한다.

그런데 이 경우 합산하는 상속인 외의 자의 사전증여재산에 대해서 초과누진세율을 적용하여 산출하는 그 사전증여재산에 대한 상속세액이 증여세액공제시 당초 상속인 외의 자가 부담한 증여세액을 초과하게 되므로 결과적으로는 상속인 등이 자신들이 상속 · 유증 받지 않은 재산에 대해서까지 추가로 상속세를 납부해야 되는 것이다. 이러한 추가적인 상속세의 부담은 상속인의 재산권을 침해할 문제가 있는데, 헌법재판소는 이에 대해서 상속세회피행위 방지라는 입법목적을 달성하기 위한 것이므로 위헌이 아니라고 보았다.

판례 이혼한 배우자에 대한 사전증여재산의 가액과 이때 상속세 산출세액에서 공제할 증여세액의 의미

이혼하기 전 피상속인이 당시 배우자에게 재산을 증여하고 이에 배우자증여공제액을 뺀 금액을 과세표준으로 하여 증여세를 납부한 경우 상속세 과세가액에 합산하는 증여재산가액에 대해서는 법률에 상속개시일 전 10년(또는 5년) 이내에 '증여한 재산가액'이라고 명시되어 있어 이는 배우자증여공제 후에 증여세 과세표준을 말하는 것이 아니라 증여한 당시 재산가액 자체를 말하는 것이다.

한편 사전증여재산에 대한 증여세액공제의 입법취지는 동일한 재산에 대해서 상속세와 증여세를 이중으로 과세하거나 증여세가 비과세된 재산에 대해 다시 상속세를 과세하게 되는 불합리한 점들을 제거하기 위함이다. 여기서 증여세액공제시 '증여세액'이란 증여재산에 대해 부과되거나 부과될 증여세액 혹은 비과세 증여재산의 경우는 과세된 것으로 가정하여 산출된 증여세액 상당액을 말한다. 따라서 이 사건과 같이 증여 당시 수증자가 배우자인 관계로 배우자증여공제를 받았다가 상속 당시에는 이혼으로 상속인이 아니라서 배우자상속공제를 받을 수 없게 된 경우, 상속세 산출세액에서 공제할 증여세액은 이혼한 배우자가 실제로 납부한 증여세액이 아니라 배우자증여공제를 하지 아니하였을 때(배우자 외의 자에게 증여할 때)의 증여세 산출세액이다(2012두720). ■

3. 상속세의 비과세

(1) 전사자 등에 대한 상속세 비과세

전쟁 또는 전쟁에 준하는 공무수행 중 사망하거나 해당 전쟁 또는 전쟁에 준하는 공무수행 중 입은 부상 · 질병으로 사망하여 상속이 개시되는 경우에는 상속세를 부과하지 않는다.

(2) 비과세되는 상속재산

다음의 재산에 대해서는 상속세를 부과하지 않는다.

① 국가 · 지방자치단체 · 공공단체에 유증(사인증여 포함 이하 유증 등)한 재산

② 제사를 주재하기 위한 일정한 면적의 금양임야 등

③ 정당에 유증 등을 한 재산

④ 사내근로복지기금 · 우리사주조합 · 공동근로복지기금 · 근로복지진흥기금에 유증 등을 한 재산

⑤ 사회통념상 인정되는 이재민구호금품 · 치료비 · 불우이웃을 돕기 위해 유증한 재산

⑥ 상속인이 상속세 과세표준신고기한 내에 국가 · 지방자치단체 · 공공단체에 증여한 재산

4. 상속재산가액에서 차감하는 공과금 등

(1) 피상속인이 거주자인 경우

상속개시일 현재 피상속인이나 상속재산에 관련된 다음의 가액이나 비용은 상속재산의 가액에서 차감한다.

1) 공과금 : 상속개시일 현재 피상속인이 납부할 의무가 있는 것으로서 상속인에게 승계된 조세 · 공공요금 · 공과금(국세기본법에 따른 공과금)을 말한다.

2) 장례비용

> 장례비용 공제액 : ① + ②
>
> ① 500만원 ≤ 피상속인의 사망일부터 장례일까지의 일반 장례비용 ≤ 1천만원
>
> ② 봉안시설 · 자연장지 사용비용 ≤ 500만원

3) 채무

① 개요 : 상속개시 당시 피상속인의 채무로서 상속인이 실제 부담하는 사실이 입증되는 것을 말한다. 다만, 상속개시일 전에 증여계약을 하고 상속개시일까지 실제 증여행위를 이행하지 않은 다음의 증여채무는 상속세 과세가액에서 공제하지 않는다.

㉠ 상속개시일 전 10년 이내에 피상속인이 상속인에게 진 증여채무

㉡ 상속개시일 전 5년 이내에 피상속인이 상속인이 아닌 자에게 진 증여채무

그 이유는 실질적으로 위에 따른 증여채무와 같은 사전증여재산과 사인증여의 경우에는 상속세를 과세하는 것과 마찬가지로 해당 증여채무에 대해서도 이와 과세형평을 맞추기 위해 상속세를 과세하고, 증여세는 과세하지 않는다.

판 례 합산기간 이내에 진 증여채무에 대해서 수증자는 상속세 납세의무를 진다는 사례

증여채무에 대해서 특별한 규정을 둔 취지는 증여채무가 상속세를 회피하는 수단이 될 수 있으므로 이를 상속재산가액에서 차감하지 않되, 해당 증여재산은 결국 증여채무로 인해 상속인이 그 수증자에게 이전해야 하므로 그 수증자를 곧바로 상속세 납세의무자로 삼고자 하는 것이다. 따라서 합산기간 이내의 증여채무에 대한 증여재산의 수증자도 상속인들과 함께 일정한 범위 내에서 상속세를 납부해야할 의무가 있다(2012두22706). ■

② 채무의 입증방법 : 상속재산가액에서 차감하는 채무의 금액은 다음의 방법에 따라 입증된 것으로 한다. 한편 피상속인이 국가 · 지방자치단체 · 금융회사가 아닌 자로부터 부담한 채무로서 상속인이 실제로 부담한다는 사실이 확인되지 않아 변제할 의무가 없다고 추정이 되는 경우에는 그 금액을 과세가액에 산입한다.

㉠ 국가 · 지방자치단체 · 금융회사 등에 대한 채무 : 해당 기관에 대한 채무임을 확인할 수 있는 서류

㉡ 그 외의 자에 대한 채무 : 채무부담서류, 채권자확인서, 담보설정 및 이자지급에 관한 증빙 등에 따라 그 사실을 확인할 수 있는 서류

[도 표] 증여재산 및 증여채무의 과세상 취급

구분		상속개시 10년 · 5년 이내	상속개시 10년 · 5년 전
증여재산	증여세	증여세 과세 ○	증여세 과세 ○
	상속세	상속세 과세 ○ ➡ 증여세액공제	상속세 과세 ×
증여채무	상속세	채무로서 공제 × ➡ 증여계약 이행 중인 재산 : 상속세 과세 ○	채무로서 공제 ○ ➡ 증여계약 이행 중인 재산 : 상속세 과세 ×
	증여세	상속개시 후 증여이행시 ➡ 증여세 과세 ×(사인증여로 취급)	상속개시 후 증여이행시 ➡ 증여세 과세 ○

(2) 피상속인이 비거주자인 경우

비거주자의 사망으로 인해 상속이 개시된 경우에는 다음의 가액 · 비용을 상속재산의 가액에서 차감한다.

① 해당 상속재산에 대한 공과금

② 해당 상속재산을 목적으로 하는 유치권 · 질권 · 전세권 · 임차권 · 양도담보권 · 저당권으로

담보된 채무

③ 피상속인의 사망 당시 국내에 사업장이 있는 경우로서 그 사업장에 갖춰 두고 기록한 장부에 의하여 확인되는 사업상의 공과금 · 채무

판례 피상속인의 연대보증채무의 확정이 후발적 경정청구 사유에 해당하는지 여부

후발적 사유로 인한 경정청구의 취지가 일정한 후발적 사유가 발생함으로써 과세표준 · 세액의 변동이 생긴 경우 납세자가 그 감액을 청구할 수 있도록 하여 납세자의 권리구제의 확대를 하기 위함이다.

상속개시 당시 피상속인이 종국적으로 부담하여 이행해야 하는 것이 확실하지 않은 채무라 하더라도 이것이 이행채무가 완전히 면제되었음을 의미하는 것은 아니어서 사후적으로 그 채무가 피상속인이 종국적으로 부담하여 이행해야 하는 것으로 확정될 수 있다는 점을 고려해보면, 피상속인이 부담하고 있는 연대보증채무가 상속개시 당시에는 아직 변제기가 아니고 주채무자도 변제불능의 무자력 상태가 아니어서 피상속인이 종국적으로 부담하여 이행해야 하는 것이 확실하지 않다는 이유로 과세관청이 그 채무액을 상속세 과세가액에서 공제하지 아니한 채 상속세 부과처분을 하였으나, 그 후에 주채무자가 변제기 도래 전에 변제불능상태가 되어 상속인들이 사전구상권을 행사할 수도 없는 상황에서 채권자가 상속인을 상대로 피상속인의 연대보증채무의 이행을 구하는 민사소송을 제기하여 승소판결을 받았을 뿐만 아니라 객관적인 자료를 제출하여 상속인들이 자력이 없는 주채무자나 다른 연대보증인에게 구상권을 행사한다하더라도 변제받을 가능성이 없다고 인정되는 경우에는 채권자의 승소확정판결에 의하여 당초 상속세 부과처분과는 다르게 이 사건의 연대보증채무가 피상속인이 종국적으로 부담하여 이행해야하는 채무로서 사실상 확정이 되었다고 볼 수 있으므로 이는 후발적 경정청구 사유에 해당한다고 볼 것이다(2008두10133). ■

5. 상속세 과세가액불산입

(1) 공익법인 등의 출연재산에 대한 상속세 과세가액불산입

상속재산 중 피상속인 · 상속인이 공익법인 등(종교 · 자선 · 학술 등 공익사업을 하는 자)에게 출연한 재산으로서 상속세 신고기한에 출연한 재산의 가액은 상속세 과세가액에 산입하지 않는다.

(2) 공익신탁에 대한 상속세 과세가액불산입

상속재산 중 피상속인 · 상속인이 공익신탁(종교 · 자선 · 학술 등 그 밖의 공익을 목적으로 하는 신탁)을 통해 공익법인 등에게 출연한 재산의 가액은 상속세 과세가액에 산입하지 않는다.

Ⅳ. 상속세 과세표준

과세표준이 50만원 미만이면 상속세를 과세하지 않는다.

= 상속세 과세가액	
− 상속공제	
인적공제	
• 기초공제	• 2억원
• 배우자공제	• 최저 5억원~최대 30억원
• 그 밖의 인적공제	• 자녀공제, 미성년자공제, 연로자공제, 장애인공제
• 일괄공제	• 5억원(기초공제, 그 밖의 인적공제의 합계액과 선택 적용)
물적공제	
• 금융재산공제	• 순금융재산가액×20%(한도 2억원)
• 가업 · 영농상속공제	
• 동거주택상속공제	
• 재해손실공제	• 재난으로 손실된 상속재산가액
− 감정평가수수료공제	• 평가수수료(500만원, 1,000만원, 500만원 한도)
= 상속세 과세표준	• 과세최저한 50만원 미만

V. 상속공제

1. 개요

상속공제는 거주자의 사망으로 상속이 개시된 경우에 모두 적용되지만, 비거주자가 사망하는 경우에는 인적공제 중 기초공제만 적용된다.

2. 인적공제

(1) 기초공제

거주자나 비거주자의 사망으로 상속이 개시되는 경우 상속재산에서 2억원을 공제한다.

(2) 배우자상속공제

1) 개요 : 거주자의 사망으로 상속이 개시되어 배우자가 실제 상속받은 금액의 경우 다음의 금액을 한도로 상속세 과세가액에서 공제한다.

> 한도액 : MIN (①, ②)
>
> ① 상속재산가액** × 배우자 법정상속분* − 상속재산에 가산한 증여재산 중 배우자에게 증여한 재산에 대한 증여세과세표준
>
> ② 30억원

* 민법에 규정된 법정상속분을 말하며, 공동상속인 중 상속을 포기한 자가 있을 때에는 그 자가 상속포기를 하지 않았을 때의 배우자 법정상속분을 말한다.

** 상속재산가액은 다음의 계산식에 따른 것으로 한다.

	상속으로 인하여 얻은 자산총액
(+)	상속개시일 전 10년 이내에 피상속인이 상속인에게 증여한 재산가액
(−)	상속재산 중 상속인이 아닌 수유자가 유증 · 사인증여 받은 재산가액 비과세되는 상속재산가액 상속재산의 가액에서 차감하는 공과금 · 채무 공익법인 등의 출연재산에 대한 상속세 과세가액불산입 재산가액 공익신탁에 대한 상속세 과세가액불산입 재산가액
(=)	상속재산가액

이러한 배우자상속공제는 상속세과세표준신고기한의 다음 날부터 9개월이 되는 날(이하 분할기간)까지 배우자가 받는 상속재산에 대해 분할(등기 · 등록 · 명의개서 등이 필요한 경우 등기 · 등록 · 명의개서 등이 될 것)한 경우에 적용한다. 이에 상속인은 분할사실을 분할기간까지 관할세무서장에게 신고해야 한다.

다만, 분할기간까지 부득이한 사유로 상속재산을 배우자에게 분할할 수 없는 경우에는 배우자상속재산분할기간(부득이한 사유가 소의 제기나 심판청구에 인한 경우에는 소송 · 심판청구가 종료된 날)의 다음 날부터 6개월이 되는 날(이 날을 경과하여 과세표준 · 세액의 결정이 있는 경우 그 결정일)까지 상속재산을 분할하여 신고한 경우 분할기간 이내에 분할한 것으로 본다. 이 경우 상속인이 부득이한 사유를 배우자상속재산분할기간까지 관할세무서장에게 신고하는 경우에 한정한다. 여기서 '부득이한 사유'란 ① 상속인 등이 상속재산에 대해 상속회복청구의 소를 제기하거나 ② 상속인이 확정되지 않는 사유 등으로 상속재산을 분할하지 못하는 사실로 관할세무서장이 인정하는 경우를 말한다.

[도 표] 배우자상속재산의 분할신고

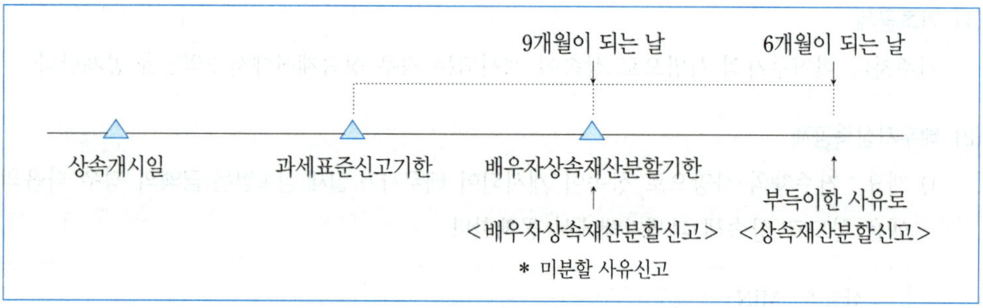

2) 배우자상속공제의 최저한 : 배우자가 실제 상속받은 금액이 없거나 상속받은 금액이 5억원 미만이면 위 규정에도 불구하고 배우자상속공제액은 5억원을 공제한다.

[도 표] 배우자상속공제

- MAX
  - (1) MIN
    - ① 배우자의 실제 상속받은 금액(배우자상속재산 분할신고시)
    - ② 한도액 MIN
      - 배우자의 법정상속재산가액
      - 30억원
  - (2) 공제의 최저한 : 5억원

(3) 그 밖의 인적공제

1) 개요 : 거주자가 사망으로 상속이 개시되는 경우로서 피상속인에게 다음 중 어느 하나에 해당하는 자가 있는 경우 다음의 금액을 상속재산에서 공제한다.

종류	공제대상자	공제액
① 자녀공제	자녀* * 태아를 포함한다.	1명당 5천만원
② 미성년자공제	상속인(배우자 제외) 및 동거가족 중 미성년자* * 태아를 포함한다.	1명당 [1천만원×19세가 될 때까지 연수]
③ 연로자공제	상속인(배우자 제외) 및 동거가족 중 65세 이상인 사람	1명당 5천만원
④ 장애인공제	상속인(배우자 포함) 및 동거가족 중 장애인	1명당 [1천만원×기대여명의 연수]

2) 중복적용 : 다음의 경우에는 각각 금액을 합산하여 공제하되, 그 이외의 배우자상속공제, 그 밖의 인적공제는 중복하여 적용하지 아니한다.

① 자녀공제와 미성년자공제에 둘 다 해당하는 사람

② 장애인공제와 배우자상속공제 및 그 밖의 인적공제에 둘 다 해당하는 사람

(4) 일괄공제

거주자의 사망으로 상속이 개시되는 경우에 상속인 · 수유자는 ① 기초공제 · 그 밖의 인적공제의 합계액과 ② 5억원(일괄공제액) 중 큰 금액으로 공제할 수 있다. 다만, 상속세 과세표준신고 또는 기한후신고가 없는 경우에는 5억원을 공제한다. 한편 피상속인의 배우자가 단독으로 상속받는 경우에는 일괄공제를 선택할 수 없다.

[도 표] 인적공제

(1) 일반적인 공동상속의 경우

배우자상속공제 + MAX [기초공제+그 밖의 인적공제 / 5억원(일괄공제)]

(2) 배우자의 단독상속의 경우

배우자상속공제 + 기초공제+그 밖의 인적공제

3. 물적공제 : 금융재산상속공제

거주자의 사망으로 상속이 개시되는 경우로서 상속개시일 현재 상속재산가액 중 순금융재산의 가액(금융재산 - 금융채무)이 있는 경우 다음의 금액을 상속세 과세가액에서 공제하되, 그 가액은 2억원을 초과할 수 없다.

순금융재산가액		공제액
①	2천만원 이하	• 순금융재산가액
②	2천만원 초과 1억원 이하	• 2천만원
③	1억원 초과	• MIN(순금융재산가액×20%, 2억원)

여기서 '금융재산'에는 ① 최대주주(또는 최대출자자)가 보유하고 있는 주식(또는 출자지분)과 ② 상속세 과세표준 신고기한까지 신고하지 않은 타인 명의의 금융재산은 제외한다. 여기서 '최대주주'란 주주(또는 출자자) 1인과 그 특수관계인(상증세법에 따른 특수관계인)의 보유주식을 합하여 그 보유주식의 합계가 가장 많은 경우 해당 주주들을 말한다.

4. 물적공제 : 가업상속공제

(1) 개요

거주자의 사망으로 상속이 개시되는 경우로서 가업상속에 해당하는 경우에는 다음의 금액을 상속세 과세가액에서 공제한다.

가업상속공제액 = MIN [가업상속재산가액(*주1), 한도액 (㉠ 300억원 / ㉡ 400억원 / ㉢ 600억원)(*주2)]

(*주1) '가업상속재산가액'이란 다음의 구분에 따라 가업상속의 적용요건을 모두 갖춘 상속인(이하 '가업상속인')이 받거나 받을 상속재산의 가액을 말한다.

구분	가업상속재산가액
① 소득세법을 적용받는 가업	가업에 해당하는 (사업용 자산가액 – 해당 자산에 담보된 부채)
② 법인세법을 적용받는 가업	가업에 해당하는 법인의 주식 등의 가액 $= \text{해당 주식 등의 가액} \times \left(\frac{\text{상속개시일 현재 (자산가액 – 사업무관자산가액)}}{\text{그 법인의 총자산가액}}\right)$

(*주2) 가업영위기간에 따른 가업상속공제의 한도액

가업영위기간	가업상속공제의 한도액
㉠ 피상속인이 10년 이상 20년 미만 계속하여 경영한 경우	300억원
㉡ 피상속인이 20년 이상 30년 미만 계속하여 경영한 경우	400억원
㉢ 피상속인이 30년 이상 계속하여 경영한 경우	600억원

(2) 가업상속의 범위

'가업상속'이란 중소기업 또는 중견기업[상속이 개시되는 소득세 과세기간(또는 법인세 사업연도)의 직전 3개 소득세 과세기간(또는 법인세 사업연도)의 매출액의 평균금액이 5천억원 이상인 기업은 제외. 이하 같다]으로서 피상속인이 10년 이상 계속하여 경영한 기업(이하 '가업')의 상속을 말한다.

참고 중견기업의 가업상속인이 상속세 납부능력이 있는 경우 가업상속공제 적용배제

가업이 중견기업에 해당하는 경우로서 가업을 상속받거나 받을 상속인의 가업상속재산 외의 상속재산의 가액이 (가업상속공제를 받지 않았을 경우 해당 가업상속인이 납부할 의무가 있는 상속세액×200%)를 초과하면 해당 상속인이 받거나 받을 가업상속재산에 대해서는 가업상속공제를 적용하지 않는다. ■

참고 가업상속공제를 적용받는 중소기업과 중견기업의 범위

1. '중소기업'이란 상속개시일이 속하는 소득세 과세기간(또는 법인세 사업연도)의 직전 소득세 과세기간(또는 법인세 사업연도) 말 현재 다음의 요건을 모두 갖춘 기업을 말한다.
① 별표(가업상속공제를 적용받는 중소 · 중견기업의 해당 업종)에 따른 업종을 주된 사업으로 영위할 것
② 「조세특례제한법 시행령(제2조)」의 규모기준 요건과 실질적인 독립성기준 요건을 충족할 것
③ 자산총액이 5천억원 미만일 것

2. '중견기업'이란 상속개시일이 속하는 소득세 과세기간(또는 법인세 사업연도)의 직전 소득세 과세기간(또는 법인세 사업연도) 말 현재 다음의 요건을 모두 갖춘 기업을 말한다.
① 별표(가업상속공제를 적용받는 중소 · 중견기업의 해당 업종)에 따른 업종을 주된 사업으로 영위할 것
② 「조세특례제한법 시행령」의 중소기업이 아닌 기업으로서 실질적 독립성기준 요건을 충족할 것
③ 상속개시일의 직전 3개 소득세 과세기간(또는 법인세 사업연도)의 매출액의 평균금액이 5천억원 미만인 기업일 것 ■

한편 가업상속은 피상속인 및 상속인이 다음의 요건을 모두 갖춘 경우에만 적용한다. 이 경우 가업상속이 이루어진 후에 가업상속 당시 최대주주 등에 해당하는 자(가업상속을 받은 상속인은 제외)의 사망으로 상속이 개시되는 경우는 적용하지 않는다.

구분	가업상속의 적용요건
피상속인 요건	피상속인이 다음의 요건을 모두 갖춘 경우 ① 중소기업 또는 중견기업의 최대주주 또는 최대출자자(이하 '최대주주 등')인 경우로서 피상속인과 그의 특수관계인의 주식 등을 합하여 해당 기업의 발행주식총수 등의 40%(거래소에 상장되어 있는 법인이면 20%) 이상을 10년 이상 계속하여 보유할 것 ② 가업의 영위기간* 중 다음 중 어느 하나에 해당하는 기간을 대표이사(개인사업자인 경우 대표자를 말한다. 이하 '대표이사 등')로 재직할 것 ㉠ 50% 이상의 기간 ㉡ 10년 이상의 기간(상속인이 피상속인의 대표이사 등의 직을 승계하여 승계한 날부터 상속개시일까지 계속 재직한 경우로 한정한다) ㉢ 상속개시일부터 소급하여 10년 중 5년 이상의 기간 * 상증령 [별표]에 따른 업종으로서 한국표준산업분류상 동일한 대분류(예 : 제조업, 건설업, 정보통신업 등) 내의 다른 업종으로 주된 사업을 변경하여 영위한 기간은 합산한다.
상속인 요건	상속인이 다음의 요건을 모두 갖춘 경우. 이 경우 상속인의 배우자가 다음의 요건을 모두 갖춘 경우에는 상속인이 그 요건을 갖춘 것으로 본다. ① 상속개시일 현재 18세 이상일 것 ② 상속개시일 전에 앞의 ②에 따른 영위기간 중 2년 이상 직접 가업에 종사*하였을 것. 다만, 피상속인이 65세 이전에 사망하거나 천재지변 및 인재 등 부득이한 사유로 사망한 경우에는 그렇지 않다. ③ 상속세과세표준 신고기한까지 임원으로 취임할 것 ④ 상속세과세표준 신고기한부터 2년 이내에 대표이사 등으로 취임할 것 * 상속개시일 2년 전부터 가업에 종사한 경우로서 상속개시일부터 소급하여 2년에 해당하는 날부터 상속개시일까지의 기간 중 병역의무의 이행, 질병의 요양 등 부득이한 사유로 가업에 종사하지 못한 기간이 있는 경우에는 그 기간은 가업에 종사한 기간으로 본다.

(3) 가업상속공제의 사후관리

가업상속공제를 받은 상속인이 상속개시일(아래 ④의 경우에는 상속이 개시된 소득세 과세기간 또는 법인세 사업연도의 말일)부터 5년 이내에 정당한 사유 없이 다음 중 어느 하나에 해당하면 [공제받은 금액×추징율(100%), 공제받은 금액×자산처분비율(가업상속 추징사유 ①만 해당한다)×추징율(100%)]로 계산한 금액을 상속개시 당시의 상속세 과세가액에 산입하여 상속세를 부과한다. 이 경우 이자상당액을 그 부과하는 상속세에 가산한다.

① 해당 가업용 자산의 40% 이상을 처분한 경우

② 해당 상속인이 가업에 종사하지 않게 된 경우

③ 주식 등을 상속받은 상속인의 지분이 감소된 경우. 다만, 상속받은 주식 등의 물납으로 인하여 지분이 감소한 경우는 제외하되, 이 경우에도 상속인은 최대주주(또는 최대출자자)에 해당해야 한다.

④ 다음 ㉠ 및 ㉡에 모두 해당하는 경우

㉠ 상속개시일부터 5년간 정규직 근로자 수의 전체 평균이 상속개시일이 속하는 소득세 과세기간 또는 법인세 사업연도의 직전 2개 소득세 과세기간 또는 법인세 사업연도의 정규직근로자 수의 평균의 90%에 미달하는 경우

㉡ 상속개시일부터 5년간 총급여액의 전체 평균이 상속개시일이 속하는 소득세 과세기간 또는 법인세 사업연도의 직전 2개 소득세 과세기간 또는 법인세 사업연도의 총급여액의 평균의 90%에 미달하는 경우

판례 법인의 형태로 기업을 경영할 경우 '가업'에 해당하는지 여부

개인의 경우에는 그 자신이 곧바로 경영의 주체가 될 수 있으므로 상속인 · 수증자가 부모로부터 가업용 자산을 상속 · 증여받아 그 기업을 계속하여 경영한다면 가업을 승계한 것으로 볼 수 있으나 법인의 경우에는 경영의 주체가 주주가 아닌 법인 자체이므로 최대주주 등인 부모로부터 어떠한 주식 등을 상속 · 증여받고 대표기관으로서의 업무를 이어받는다하더라도 가업을 승계하였다고 볼 수 없으나, 상속인 · 수증자의 부모가 장기간 최대주주 등으로서 해당 법인을 지배할 수 있을 정도로 주식 등의 지분을 보유함과 아울러 법인의 대표기관의 지위를 가지고 있었고 그 상속인 · 수증자가 이를 그대로 유지한다면 개인이 가업을 승계한 경우와 크게 다를 바 없다고 보아 현재 상증세법과 조세특례제한법은 일정한 요건 아래 상속세와 증여세의 과세특례를 부여하고 있다(2013두17206). ■

5. 물적공제 : 영농상속공제

(1) 개요

거주자의 사망으로 상속이 개시되는 경우로서 영농상속에 해당하는 경우에는 다음의 금액을 상속세 과세가액에서 공제한다.

영농상속공제액 = MIN(영농상속재산가액(*주), 한도액 30억원)

(*주) '영농상속재산가액'이란 다음의 구분에 따라 영농상속의 적용요건을 갖춘 상속인이 받거나 받을 상속재산의 가액을 말한다.

① 소득세법을 적용받는 영농 : 농지, 초지, 조림한 기간이 5년 이상인 산림지, 어선, 어업권, 양식업권, 농업 · 임업 · 축산업 또는 어업용으로 설치하는 창고 · 저장고 · 작업장 · 퇴비사 · 축사 · 양어장 및 이와 유사한 용도의 건축물과 이에 딸린 토지에 해당하는 상속재산으로서 피상속인이 상속개시일 2년 전부터 영농에 사용한 자산의 가액

② 법인세법을 적용받는 영농 : 상속재산 중 법인의 주식 등의 가액(이 경우 법인의 주식 등의 가액의 계산 방법은 위 가업상속재산가액을 준용한다)

(2) 영농상속의 범위

영농은 한국표준산업분류에 따른 농업, 임업 및 어업을 주된 업종으로 영위하는 것을 말한다. 그리고 영농상속은 피상속인과 상속인이 다음의 요건을 갖춘 경우에만 적용한다.

구분	영농상속의 적용요건
피상속인 요건	피상속인이 다음의 구분에 따른 요건을 갖춘 경우. 다만, ②에 해당하는 경우로서 영농상속이 이루어진 후에 영농상속 당시 최대주주 등에 해당하는 사람(영농상속을 받은 상속인은 제외)의 사망으로 상속이 개시되는 경우는 적용하지 않는다. ① 소득세법을 적용받는 영농 : 다음의 요건을 모두 갖춘 경우 ㉠ 상속개시일 8년 전부터 계속하여 직접 영농에 종사할 것 ㉡ 농지 · 초지 · 산림지(이하 '농지 등')가 소재하는 시 · 군 · 구, 그와 연접한 시 · 군 · 구 또는 해당 농지 등으로부터 직선거리 30㎞ 이내에 거주하거나 어선의 선적지 또는 어장에 가장 가까운 연안의 시 · 군 · 구, 그와 연접한 시 · 군 · 구 또는 해당 선적지나 연안으로부터 직선거리 30㎞ 이내에 거주할 것 ② 법인세법을 적용받는 영농 : 다음의 요건을 모두 갖춘 경우 ㉠ 상속개시일 8년 전부터 계속하여 해당 기업을 경영할 것 ㉡ 법인의 최대주주 등으로서 본인과 그 특수관계인의 주식 등을 합하여 해당 법인의 발행주식총수 등의 50% 이상을 계속하여 보유할 것
상속인 요건	상속인이 상속개시일 현재 18세 이상으로서 다음의 구분에 따른 요건을 충족하는 경우 또는 영농 · 영어 및 임업후계자인 경우 ① 소득세법을 적용받는 영농 : 다음의 요건을 모두 갖춘 경우 ㉠ 상속개시일 2년 전부터 계속하여 직접 영농에 종사할 것. 다만, 피상속인이 65세 이전에 사망하거나 천재지변 및 인재 등 부득이한 사유로 사망한 경우에는 그렇지 않다. ㉡ 피상속인 요건 중 ①의 ㉡에서 규정하는 지역에 거주할 것 ② 법인세법을 적용받는 영농 : 다음의 요건을 모두 갖춘 경우 ㉠ 상속개시일 2년 전부터 계속하여 해당 기업에 종사할 것. 다만, 피상속인이 65세 이전에 사망하거나 천재지변 및 인재 등 부득이한 사유로 사망한 경우에는 그렇지 않다. ㉡ 상속세과세표준 신고기한까지 임원으로 취임하고, 상속세 신고기한부터 2년 이내에 대표이사 등으로 취임할 것

(3) 영농상속공제의 사후관리

영농상속공제를 받은 상속인이 상속개시일부터 5년 이내에 정당한 사유 없이 다음 중 어느 하나에 해당하면 [공제받은 금액×추징율(100%)]로 계산한 금액을 상속개시 당시의 상속세 과세가액에 산입하여 상속세를 부과한다. 이 경우 이자상당액을 그 부과하는 상속세에 가산한다.

① 영농상속공제 대상인 상속재산을 처분하는 경우

② 해당 상속인이 영농에 종사하지 않게 된 경우

참 고 조세포탈 또는 회계부정시 영농상속공제 배제

피상속인 또는 상속인이 영농과 관련하여 조세포탈 또는 회계부정 행위로 징역형 또는 벌금형을 선고받고 그 형이 확정된 경우에는 다음의 구분에 따른다.

① 관할세무서장의 과세표준과 세율의 결정이 있기 전에 피상속인 또는 상속인에 대한 형이 확정된 경우 : 영농상속공제를 적용하지 않을 것

② 영농상속공제를 받은 후에 상속인에 대한 형이 확정된 경우 : 영농상속공제 금액을 상속개시 당시의 상속세 과세가액에 산입하여 상속세를 부과할 것. 이 경우 이자상당액을 그 부과하는 상속세에 가산한다. ■

[도 표] 가업상속공제와 영농상속공제의 비교

구분	공제액	비고
가업상속공제	MIN [가업상속재산가액, 한도액 (① 300억원 ② 400억원 ③ 600억원)]	가업상속공제와 영농상속공제는 동일한 상속재산에 대하여 동시에 적용하지 않는다.
영농상속공제	MIN (영농상속재산가액, 한도액 30억원)	

6. 그 밖의 물적공제

(1) 재해손실공제

거주자의 사망으로 상속이 개시되는 경우로서 상속세 신고기한 내에 화재 · 붕괴 · 폭발 등의 재난으로 인하여 상속재산이 멸실되거나 훼손된 경우에는 그 손실가액을 상속세 과세가액에서 공제한다. 다만, 해당 손실가액이 보험금 등의 수령, 구상권 등의 행사에 의해 그 손실금액에 상당하는 금액을 보전받을 수 있는 경우에는 그렇지 않다.

(2) 동거주택상속공제

거주자의 사망으로 인하여 상속이 개시되는 동거주택(주택부수토지 포함)의 경우에는 다음의 금액을 상속세 과세가액에서 공제한다.

> 동거주택상속공제액 = MIN [(상속주택가액 − 상속주택에 담보된 채무액*) × 100%, 6억원]

* 상속개시일 현재 해당 주택 및 주택부수토지에 담보된 피상속인의 채무액을 말한다.

'동거주택'이란 다음의 요건을 모두 갖춘 상속주택을 말한다.

① 피상속인과 상속인(직계비속 및 대습상속으로 상속인이 된 그 직계비속의 배우자인 경우로 한정하며, 이하 같다)이 상속개시일부터 소급하여 10년 이상(상속인이 미성년자인 기간은 제외) 계속하여 하나의 주택에서 동거할 것

② 피상속인과 상속인이 상속개시일부터 소급하여 10년 이상 계속하여 1세대를 구성하면서 1세대 1주택에 해당할 것. 이때 무주택기간이 있는 경우에는 해당 기간은 1세대 1주택에 해

당하는 기간에 포함한다. 한편 '1세대 1주택'이란 양도소득세 비과세규정에 따른 1세대 1주택(고가주택을 포함)을 소유하는 경우를 말한다. 이 경우 1세대가 다음 중 어느 하나에 해당하여 2주택 이상이 된 경우에도 1세대 1주택을 소유한 것으로 본다.

㉠ 피상속인이 다른 주택을 취득(자가 건설 포함)하여 일시적으로 2주택이 된 경우. 다만, 다른 주택을 취득한 날부터 2년 이내에 종전 주택을 양도하고 이사하는 경우만 해당 (상속개시일 현재 피상속인과 상속인이 동거하는 주택을 동거주택으로 본다)

㉡ 상속인이 상속개시일 이전에 1주택을 소유한 자와 혼인한 경우. 다만, 혼인한 날부터 5년 이내에 상속인의 배우자가 소유한 주택을 양도한 경우만 해당

㉢ 피상속인이 국가등록문화유산에 해당하는 주택, 이농주택 및 귀농주택 등을 소유한 경우

③ 상속개시일 현재 ㉠ 무주택자이거나 ㉡ 피상속인과 공동으로 1세대 1주택을 보유한 자로서 피상속인과 동거한 상속인이 상속받은 주택일 것

피상속인과 상속인이 징집 · 취학 · 근무상의 형편 · 질병의 요양 및 이와 유사한 사유로 동거하지 못한 경우에는 계속하여 동거한 것으로 보되, 그 동거하지 못한 기간은 동거기간에 산입하지 않는다.

[도 표] 거주자와 비거주자의 상속세 과세상 차이점

구분		피상속인 : 거주자	피상속인 : 비거주자
공제금액	과세대상	국내외 모든 상속재산	국내에 소재한 상속재산
	공과금	상속개시일 현재 피상속인이 납부해야 할 공과금으로서 현재 납부되지 않은 금액	국내 소재 상속재산 및 국내 사업장에 대한 공과금
	장례비용	피상속인의 장례비용	×
	채무	모든 채무 공제	국내 소재 상속재산에 담보된 채무와 국내 사업장의 사업상의 채무
과세표준계산	기초공제	○	○
	기타인적공제		×
	일괄공제		×
	배우자공제		×
	금융재산상속공제		×
	가업상속공제		×
	영농상속공제		×
	재해손실공제		×
	동거주택상속공제		×
	감정평가수수료공제		○

신 고 기 한	상속개시일이 속하는 달의 말일부터 6개월 이내	상속개시일이 속하는 달의 말일부터 9개월 이내

7. 상속공제의 종합한도

위와 같은 상속공제는 다음의 금액을 한도로 공제한다.

상속세 과세가액
− ① 선순위인 상속인이 아닌 자에게 유증 · 사인증여한 재산가액
− ② 선순위 상속인이 상속포기로 그 다음 순위의 상속인이 상속받은 재산가액
− ③ 상속세 과세가액이 5억원을 초과하는 경우 증여재산가액(증여공제를 뺀 가액)
= 상속공제의 종합한도액

Ⅵ. 감정평가수수료공제

상속세를 신고 · 납부하기 위해서 상속재산을 평가하는데 소요되는 수수료로서 다음 중 어느 하나에 해당하는 것을 상속세 과세가액에서 공제한다.

공제대상 수수료	공제의 한도액
① 감정평가업자의 평가에 따른 수수료(상속세 납부용에 한정하며, 이렇게 평가된 가액으로 상속세를 신고 · 납부하는 경우에만 해당)	500만원
② 신용평가전문기관에 의한 비상장주식의 평가의 수수료	평가 수별 각각 1천만원
③ 판매용이 아닌 서화 · 골동품 등 예술적 가치가 있는 유형재산에 대한 전문가의 감정평가 수수료	500만원

Ⅶ. 상속세액의 계산

1. 개요

= 상속세 과세표준	
× 세출세율	• 10%~50%, 5단계 초과누진세율
= 산출세액	
+ 세대생략 가산액	• 산출세액×세대생략 상속인의 재산비율×30%(40%)
= 산출세액 합계	
− 지정문화유산 등 징수유예세액	
− 세액공제	
= 신고납부세액	• 납부방법 : 금전납부, 분할납부, 물납, 연부연납

2. 상속세 산출세액

(1) 상속세의 세율

상속세 과세표준에 다음의 5단계 초과누진세율을 적용하여 계산한 금액을 상속세 산출세액으로 한다.

과세표준		세율
	1억원 이하	과세표준×10%
1억원 초과	5억원 이하	1천만원 + (과세표준 − 1억원)×20%
5억원 초과	10억원 이하	9천만원 + (과세표준 − 5억원)×30%
10억원 초과	30억원 이하	2억 4천만원 + (과세표준 − 10억원)×40%
30억원 초과		10억 4천만원 + (과세표준 − 30억원)×50%

(2) 세대를 건너뛴 상속에 대한 할증과세

상속인·수유자가 피상속인의 자녀를 제외한 직계비속인 경우 상속세 산출세액에 다음의 금액을 가산한다. 다만, 민법에 따른 대습상속(代襲相續)은 제외한다.

$$\text{상속세 산출세액} \times \frac{\text{피상속인의 자녀를 제외한 직계비속이 상속받은 재산가액*}}{\text{총상속재산가액}} \times 30\%\ (\text{또는 } 40\%\text{**})$$

* 총상속재산가액에는 상속세 과세가액에 포함하는 증여재산가액도 포함되나, 상속인·수유자 외의 자에게 증여된 재산가액은 제외함

** ① 상속을 받는 피상속인의 자녀 외의 직계비속이 미성년자이면서 ② 그가 받았거나 받을 상속재산이 20억을 초과하는 경우에는 40%로 함

이 제도의 취지는 피상속인의 자녀들이 생존해 있음에도 자녀세대가 부담할 상속세를 회피하고 그 다음 세대에게 바로 이전하는 경우 이에 대해 할증과세함으로써 세부담의 공평성을 기하려는데 있다.

3. 지정문화유산 등에 대한 상속세의 징수유예

(1) 개요

관할세무서장은 상속재산에 지정문화유산 등이 포함되어 있는 경우에는 다음의 세액에 대한 징수를 유예한다.

$$\text{지정문화유산 등 징수유예세액} = \text{상속세 산출세액} \times \frac{\text{지정문화유산 등의 가액}}{\text{상속재산가액(가산하는 증여재산가액 포함)}}$$

여기서 '지정문화유산 등'이란 다음 중 어느 하나에 해당하는 재산을 말한다.

①「문화유산의 보존 및 활용에 관한 법률」에 따른 문화유산자료 및 「근현대문화유산의 보존 및 활용에 관한 법률」에 따른 국가등록문화유산(이하 '문화유산자료 등'이라 한다)과 「문화유산의 보존 및 활용에 관한 법률」에 따른 보호구역에 있는 토지

②「박물관 및 미술관 진흥법」에 따라 등록한 박물관자료 또는 미술관자료로서 박물관 또는 미술관에 전시 중이거나 보존 중인 재산(이하 '박물관자료 등'이라 한다)

③「문화유산의 보존 및 활용에 관한 법률」에 따른 국가지정문화유산 및 시·도지정문화유산과 같은 법에 따른 보호구역에 있는 토지(이하 '국가지정문화유산 등'이라 한다)

④「자연유산의 보존 및 활용에 관한 법률」에 따라 지정된 천연기념물 등과 같은 법에 따른 보호구역에 있는 토지(이하 '천연기념물 등'이라 한다)

(2) 징수유예세액의 추징

관할세무서장은 문화유산자료 등, 박물관자료 등, 국가지정문화유산 등 또는 천연기념물 등을 상속받은 상속인 또는 수유자가 이를 유상으로 양도하거나 박물관의 폐관 등 사유로 박물관자료 등을 인출(引出)하는 경우에는 즉시 그 징수유예한 상속세를 징수해야 한다.

(3) 부과철회

관할세무서장은 징수유예 기간에 문화유산자료 등, 박물관자료 등, 국가지정문화유산 등 또는 천연기념물 등을 소유하고 있는 상속인 또는 수유자의 사망으로 다시 상속이 개시되는 경우에는 그 징수유예한 상속세액의 부과 결정을 철회하고 그 철회한 상속세액을 다시 부과하지 않는다.

(4) 담보제공

지정문화유산 등에 대해 징수유예를 받으려는 자는 그 유예할 상속세액에 상당하는 담보를 제공하여야 한다. 다만, 국가지정문화유산 등 및 천연기념물 등에 대한 상속세를 징수유예 받으려는 자는 그 유예할 상속세액에 상당하는 담보를 제공하지 않을 수 있다.

4. 세액공제

(1) 증여세액공제

1) 개요 : 상속재산에 가산한 증여재산에 대한 증여세액은 상속세 산출세액에서 공제한다. 여기서 '증여세액'이란 증여 당시 그 증여재산에 대한 증여세 산출세액을 말하다. 그 취지는 동일한 재산에 대해서 상속세와 증여세가 동시에 부과되는 이중과세를 방지하려는데 있다. 다만, ㉠ 증여세의 부과제척기간이 만료되어 증여세가 부과되지 않은 경우와 ㉡ 상속세 과세가액이 5억원 이하인 경우는 제외한다.

2) 공제방법

① 상속재산에 가산하는 증여재산에 대한 수증자가 상속인·수유자 외의 자인 경우 : 이 경우 상속세 산출세액에서 가산한 증여재산에 대한 증여세액을 공제하되, 다음의 금액을 한도로 한다.

$$한도액 = 상속세\ 산출세액 \times \frac{가산한\ 증여재산에\ 대한\ 과세표준}{상속세\ 과세표준}$$

② 상속재산에 가산하는 증여재산에 대한 수증자가 상속인·수유자인 경우 : 이 경우 해당 상속인·수유자 각자가 납부할 상속세액에서 납부한 증여세액을 공제하되, 다음의 금액을 한도로 한다.

$$한도액 = 각자\ 납부할\ 상속세액 \times \frac{상속재산에\ 가산한\ 상속인별\ 증여세\ 과세표준}{상속인별\ 상속세\ 과세표준\ 상당액}$$

(2) 외국납부세액공제

거주자의 사망으로 상속세가 부과되는 경우 외국에 있는 상속재산에 대해서는 외국 법령에 따라 상속세를 부과받은 경우에는 다음의 금액을 상속세 산출세액에서 공제한다.

세액공제액 = MIN (①, ②)

$$① 공제세액 = 상속세\ 산출세액 \times \frac{외국법령에\ 따른\ 상속세\ 과세표준}{상속세\ 과세표준}$$

② 한도액 = 외국법령에 따라 부과받은 상속세액

(3) 단기 재상속에 대한 세액공제

상속개시 후 10년 이내에 상속인이나 수유자의 사망으로 다시 상속이 개시되는 경우에는 전(前)의 상속세가 부과된 상속재산(상속재산에 가산하는 증여재산 중 상속인이나 수유자가 받은 증여재산을 포함한다. 이하 같다) 중 재상속되는 상속재산에 대한 전(前)의 상속세 상당액을 상속세산출세액에서 공제한다. 이에 따라 공제되는 세액은 다음의 금액으로 한다.

단기 재상속 세액공제액 = MIN(①, ②)

$$① 공제세액 = 전의\ 상속세\ 산출세액 \times \frac{재상속분의\ 재산가액 \times \frac{전의\ 상속세\ 과세가액}{전의\ 상속재산가액}}{전의\ 상속세\ 과세가액} \times 공제율$$

② 공제한도 = 상속세 산출세액 − 증여세액공제 · 외국납부세액공제

한편 공제율은 다음과 같으며, 단기 재상속에 대한 세액공제는 재상속된 상속재산별로 구분

하여 각각 계산한다.

재상속기간	공제율	재상속기간	공제율
1년 이내	100%	6년 이내	50%
2년 이내	90%	7년 이내	40%
3년 이내	80%	8년 이내	30%
4년 이내	70%	9년 이내	20%
5년 이내	60%	10년 이내	10%

(4) 신고세액공제

상속세 신고기한까지 과세표준신고를 한 경우에는 상속세 산출세액에서 다음의 금액을 공제한다. 이 경우 신고만하고 자진납부를 하지 않아도 적용한다.

> 신고세액공제
> = [상속세 산출세액(할증세액 포함) − 지정문화유산 등 징수유예세액 − 공제 · 감면세액]×3%

제5절 상속세 납세절차

I-1 p.554

Ⅰ. 서설

상속세는 정부부과제도를 취하고 있다. 즉 상속세는 상속을 개시한 때에 납세의무가 성립하며, 과세관청의 과세표준 · 세액의 결정에 따라 납세의무가 확정된다.

Ⅱ. 상속세의 과세표준신고와 자진납부

1. 상속세의 과세표준신고

상속세 납세의무자인 상속인 · 수유자는 상속개시일이 속하는 달의 말일부터 6개월(피상속인 또는 상속인이 외국에 주소를 두고 있는 경우에는 9개월) 이내에 상속세의 과세가액 · 과세표준을 관할세무서장에게 신고해야 한다.

2. 상속세의 자진납부

상속세를 신고하는 사는 신고기한까지 상속세 산출세액(할증세액 포함)에서 다음의 금액을 뺀 금액을 관할세무서나 한국은행 · 우체국에 납부해야 한다.

① 지정문화유산 등 징수유예세액
② 공제 또는 감면되는 세액
③ 신고세액공제액
④ 가업상속에 대한 납부유예를 신청한 금액
⑤ 연부연납 또는 물납을 신청한 금액

3. 분할납부

상속세 자진납부세액이 1천만원을 초과하는 경우에는 그 납부할 금액의 일부를 납부기한 경과 후 2개월 이내에 분할납부할 수 있다. 다만, 상속세의 연부연납을 허가받은 경우에는 그렇지 않다. 이 경우 분납할 수 있는 세액은 다음과 같다.

구분	분할납부할 수 있는 세액
납부할 세액이 2천만원 이하일 때	1천만원을 초과하는 금액
납부할 세액이 2천만원을 초과할 때	납부할 세액의 50% 이하의 금액

Ⅲ. 연부연납과 물납

1. 의의

상속세는 재산의 무상이전에 대해서 부과되는 조세이므로 자산이 현금화되지 않은 상태에서 납부의무를 지게 된다. 따라서 납세의무자가 상속세를 일시에 납부하기 어려운 점을 감안하여 연부로 납부할 수 있도록 하고 있는데, 이를 '연부연납'이라고 한다.

그리고 상속재산이 대부분 쉽게 현금화할 수 없는 경우에는 상속세의 납부를 위하여 무리한 유동화를 초래하게 된다. 이러한 점을 감안하여 상속세를 금전으로 납부하는 대신에 실물재산으로 납부할 수 있도록 허용하고 있는데, 이를 '물납'이라고 한다.

2. 연부연납

(1) 연부연납의 요건 및 절차

1) 개요 : 관할세무서장은 상속세 납부세액(또는 증여세 납부세액)이 2천만원을 초과하는 경우에는 납세의무자의 신청을 받아 연부연납을 허가할 수 있다. 이 경우 납세의무자는 납세담보를 제공해야 하며, 납세담보로 ① 금전, ② 국채 · 지방채 및 일정한 유가증권, ③ 납세보증보험증권, ④ 세무서장이 인정하는 보증인의 납세보증서에 해당하는 납세담보를 제공하여 연부연납을 신청한 경우에는 그 신청일에 연부연납을 허가받은 것으로 본다.

2) 신청과 허가 : 연부연납을 하려는 자는 상속세과세표준신고와 증여세과세표준신고(기한후 신고 포함)를 할 때 납부해야 할 세액에 대한 연부연납신청서를 관할세무서장에게 제출해야 한다. 다만, 과세표준 · 세액의 결정통지를 받은 경우에는 해당 고지서(증여자의 증여세 연대납세의무의 경우 납부고지서)의 납부기한까지 그 신청서를 제출할 수 있다.

연부연납신청서를 받은 관할세무서장은 다음의 기간 이내에 신청인에게 그 허가여부를 서면으로 결정 · 통지해야 한다. 이 경우 다음의 기간 이내에 허가여부를 결정 · 통지하지 않은 경우에는 허가한 것으로 본다.

연부연납 신청시기	연부연납 허가 여부 결정 · 통지 기간
① 과세표준신고시	과세표준신고기한이 경과한 날부터 9개월(증여세는 6개월)
② 수정신고 또는 기한후신고시	신고한 날이 속하는 달의 말일부터 9개월(증여세는 6개월)
③ 과세표준결정통지시	납부고지서에 의한 납부기한이 경과한 날부터 14일

이 경우에 납부기한을 경과하여 연부연납허가 여부 통지를 하는 경우 그 연부연납에 상당한 세액을 징수할 때에는 연부연납허가 여부 통지일 이전에 한정하여 ① 1일마다 2.2/10,000의 지연일수분(납부고지서에 따른 납부기한의 다음 날부터 성립하는 부분으로 한정한다) 납부지연가산세와 ② 체납분(미납세액의 3%) 납부지연가산세를 부과하지 않는다(종전 국세징수법상 가산금의 적용 제외).

상증 01

(2) 연부연납의 방법

1) 연부연납기간 : 연부연납기간은 다음의 구분에 따른 기간의 범위에서 해당 납세의무자가 신청한 기간으로 한다. 다만, 각 회분의 분할납부 세액이 1천만원을 초과하도록 연부연납기간을 정해야 한다.

상속재산 · 증여재산의 구분		연부연납기간의 범위
(1) 상속세	① 일반 상속재산	연부연납 허가일부터 10년
	② 가업상속재산(*주)	연부연납 허가일부터 20년 또는 연부연납 허가 후 10년이 되는 날부터 10년 (10년 거치 10년)
(2) 증여세	① 일반 증여재산	연부연납 허가일부터 5년
	② 가업승계 증여세 과세특례 적용 증여재산	연부연납 허가일부터 15년

(*주) 연부연납 특례대상이 되는 ①의 '가업상속재산'이란 ㉠ 가업상속공제를 받았거나 ㉡ 중소기업 또는 중견기업을 상속받은 경우의 일정한 요건을 갖춘 상속재산을 말한다. 이러한 상속재산에는 「유아교육법(제7조 (3))」에 따른 사립유치원에 직접 사용하는 상속재산[교지(校地), 실습지(實習地), 교사(校舍) 등의 상속재산을 말한다]을 포함한다.

참 고 연부연납 특례대상 상속과 상속재산의 범위

1. 위의 (*주)에서 연부연납 특례대상 '㉡ 중소기업 또는 중견기업을 상속받은 경우'란 다음의 요건을 모두 갖춘 경우를 말한다.

① 「조세특례제한법 시행령」에 따른 중소기업 또는 중견기업(매출액 평균금액이 5,000억원 미만인 기업으로 한다)을 상속받은 경우

② 피상속인이 다음 각 목의 요건을 모두 갖춘 경우

㉠ 중소기업 또는 중견기업의 최대주주 등인 경우로서 피상속인과 그의 특수관계인의 주식 등을 합하여 해당 기업의 발행주식총수 등의 40%(거래소에 상장되어 있는 법인이면 20%) 이상을 5년 이상 계속하여 보유할 것

㉡ 피상속인이 해당 기업을 5년 이상 계속하여 경영한 경우로서 해당 기업의 영위기간 중 다음 어느 하나에 해당하는 기간을 대표이사 등으로 재직할 것

- 30% 이상의 기간
- 5년 이상의 기간(상속인이 피상속인의 대표이사 등의 직을 승계하여 승계한 날부터 상속개시일까지 계속 재직한 경우로 한정한다)
- 상속개시일부터 소급하여 5년 중 3년 이상의 기간

③ 상속인이 다음의 요건을 모두 갖춘 경우. 이 경우 상속인의 배우자가 다음의 요건을 모두 갖춘 경우에는 상속인이 그 요건을 갖춘 것으로 본다.

㉠ 상속개시일 현재 18세 이상일 것

㉡ 상속세과세표준 신고기한까지 임원으로 취임하고, 상속세 신고기한부터 2년 이내에 대표이사 등으로 취임할 것

2. 연부연납 특례대상 '일정한 요건을 갖춘 상속재산'이란 다음의 구분에 따라 위 1.의 ③의 요건을 모두 갖춘 상속인이 받거나 받을 상속재산을 말한다.

① 소득세법을 적용받는 기업	(사업용 자산의 가액 − 해당 자산에 담보된 채무액)
② 법인세법을 적용받는 기업	법인의 주식 등의 가액 $= \text{해당 주식 등의 가액} \times \left(\dfrac{\text{상속개시일 현재 (자산가액 − 사업무관자산가액)}}{\text{법인의 총자산가액}}\right)$

이 경우 가업상속재산에 대해서 20년(또는 10년 거치 10년) 기간의 범위에서 연부연납할 수 있는 상속세 납부세액은 다음과 같이 계산한다.

$$\text{상속세 납부세액} \times \frac{(\text{가업상속재산가액}^{*} - \text{가업상속공제금액})}{(\text{총상속재산가액} - \text{가업상속공제금액})}$$

* 여기서 '기업상속재산가액'이란 앞의 참고 1.의 ③에 해당하는 상속인(요건을 갖춘 것으로 보는 경우를 포함한다)이 받거나 받을 상속재산의 가액을 말한다.

2) 연부연납하는 경우의 납부금액 : 매년 납부할 금액이 1천만원을 초과하는 범위 내에서 다음과 같이 계산한 금액으로 한다.

구분	각 회분 분할납부 세액	
(1) 일반적인 경우 * 연부연납 허가일부터 (①상속세는 10년 · 20년, ②증여세는 5년 · 15년) 범위에서 납부하는 경우를 말한다.	① 신고납부기한(또는 납부고지서상 납부기한)에 납부할 금액 ② 신고납부기한(또는 납부고지서상 납부기한) 경과 후 연부연납기간에 매년 납부할 금액	연부연납 대상금액 / (연부연납기간 + 1)
(2) 연부연납 허가 후 10년이 되는 날부터 10년간 범위에서 납부하는 경우	연부연납 허가 후 10년이 되는 날부터 연부연납기간에 매년 납부할 금액	연부연납 대상금액 / (연부연납기간 + 1)

[도 표] 연부연납(최장 연부연납기간을 신청함)

① 일반상속 납부세액 4,400만원

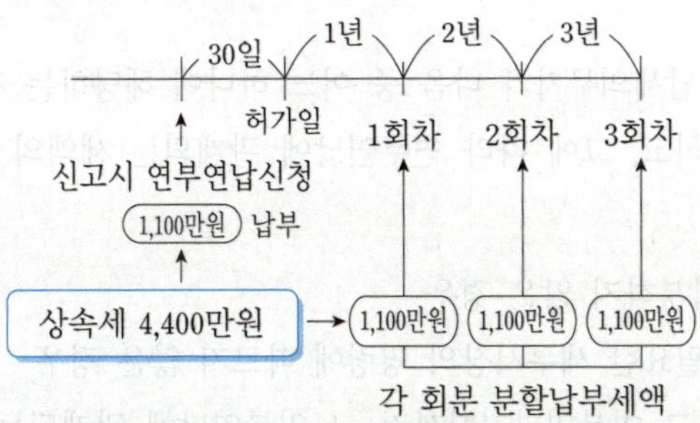

	분할납부세액		연부연납가산금
1회차 :	1,100만원	+	3,300만원 × 395일 × 가산율
2회차 :	1,100만원	+	2,200만원 × 365일 × 가산율
3회차 :	1,100만원	+	1,100만원 × 365일 × 가산율

② 가업상속 납부세액 6,600만원

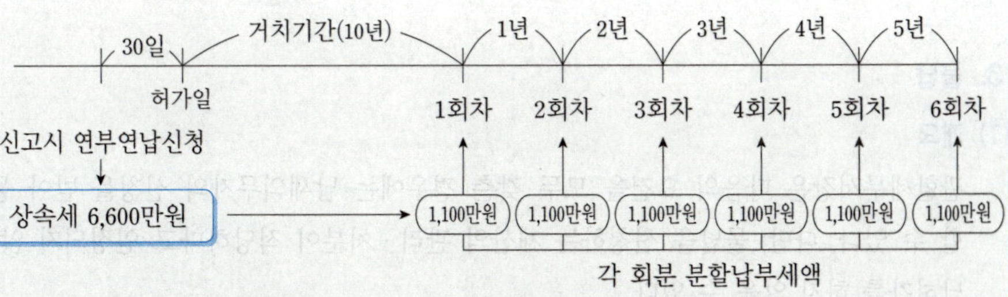

	분할납부세액		연부연납가산금
1회차 :	1,100만원	+	6,600만원 × 3,680일* × 가산율
2회차 :	1,100만원	+	5,500만원 × 365일 × 가산율
⋮	⋮	+	⋮ × 365일 × 가산율
6회차 :	1,100만원	+	1,100만원 × 365일 × 가산율

* 30일 + 365일 × 10년 = 3,680일(1년은 365일로 가정함)

3) 연부연납가산금 : 연부연납의 허가를 받은 자는 다음의 금액을 각 회분의 분할납부세액에 가산하여 납부해야 한다.

① 처음의 분할납부세액을 납부할 때

연부연납을 허가한 총세액	× (과세표준신고기한(또는 납부고지서에 의한 납부기한)의 다음 날부터 해당 분할납부세액의 납부기한까지의 일수) × 가산율*

* 여기서 '가산율'은 각 회분의 분할납부세액의 납부일 현재 국세환급가산금의 기본이자율을 말한다.

② ① 이후에 분할납부세액을 납부할 때

(연부연납 총세액 − 직전 회까지 납부한 분할납부세액의 합계액) × (직전 분할납부기한의 다음 날부터 해당 분할납부기한까지의 일수) × 가산율

(3) 연부연납허가의 취소

관할세무서장은 연부연납을 허가받은 납세의무자가 다음 중 어느 하나에 해당하는 경우에는 그 연부연납 허가를 취소하거나 변경하고, 그에 따라 연부연납에 관계되는 세액의 전액 또는 일부를 징수할 수 있다.

① 연부연납세액을 지정된 기한까지 납부하지 않은 경우
② 담보의 변경 그 밖에 담보 보전에 필요한 세무서장의 명령에 따르지 않은 경우
③ 납부기한 전 징수사유에 해당되어 그 연부연납기한까지 그 연부연납에 관계되는 세액의 전액을 징수할 수 없다고 인정되는 경우
④ 상속받은 사업을 폐업하거나 해당 상속인이 그 사업에 종사하지 않게 된 경우
⑤ 유아교육법에 따른 사립유치원에 직접 사용하는 재산 등을 해당 사업에 직접 사용하지 않는 경우

3. 물납

(1) 개요

관할세무서장은 다음의 요건을 모두 갖춘 경우에는 납세의무자의 신청을 받아 물납을 허가할 수 있다. 다만, 물납을 신청하는 재산의 관리 · 처분이 적당하다고 인정되지 않을 때는 물납허가를 하지 않을 수 있다.

① 상속재산(상속재산에 가산하는 증여재산 중 상속인 · 수유자가 받은 것 포함) 중 **부동산과 유가증권의 가액이 해당 상속재산가액의 1/2를 초과할 것**
② 상속세 납부세액이 **2천만원을 초과할 것**

③ 상속세 납부세액이 상속재산가액(상속재산에 가산하는 증여재산의 가액은 포함하지 않는다) 중 금융재산의 가액을 초과할 것. 여기서 '금융재산'이란 금전과 금융회사 등이 취급하는 예금 · 적금 · 부금 · 계금 · 출자금 · 특정금전신탁 · 보험금 · 공제금 및 어음을 말한다.

(2) 물납의 범위

1) 물납재산의 범위 : 물납에 충당할 수 있는 부동산 · 유가증권은 다음의 것으로 한다.

① 국내에 소재하는 부동산

② 국공채 · 주권 및 내국법인이 발행하는 채권 · 증권과 그 밖의 유가증권. 다만, 다음 중 어느 하나에 해당하는 유가증권은 제외한다.

㉠ 거래소에 상장된 것. 다만, 최초로 거래소에 상장이 되어 물납허가통지서 발송일 전일 현재 법률로 처분이 제한된 경우에는 제외

㉡ 비상장주식 등. 다만, 상속의 경우로서 다른 상속재산이 없거나 상속재산으로 상속세 물납에 충당하더라도 부족하다면 그렇지 않다.

2) 물납신청세액의 범위 : 물납을 신청할 수 있는 납부세액은 다음의 금액을 초과할 수 없다.

물납신청 세액의 한도액 = MIN (①, ②) ① 상속재산 중 물납에 충당할 수 있는 부동산 · 유가증권의 가액에 대한 상속세 납부세액 ② 상속세 납부세액 − 상속재산 중 (순금융재산 가액* + 거래소에 상장된 유가증권 가액)**

* 순금융재산 = 금전 · 예금 · 적금 등 일정한 금융재산가액 − 금융회사 등에 대한 채무의 금액

** 법령에 따라 처분이 제한된 것은 제외

다만, 상속재산 중 부동산 · 유가증권 중 물납 납부세액을 납부하려는데 적합한 가액의 물건이 없을 때에 세무서장은 위에 따른 물납규정에도 불구하고 해당 납부세액을 초과하는 납부세액에 대해서도 물납을 허가할 수 있다.

한편 상속개시일 이후 물납신청 이전까지의 기간 중에 해당 상속재산이 정당한 사유 없이 관리 · 처분이 부적당한 재산으로 변경되는 경우 해당 관리 · 처분이 부적당한 재산가액에 상당하는 상속세 납부세액은 물납청구 대상에서 제외한다.

참 고 비상장주식으로 물납할 수 있는 세액의 한도액

$$\text{상속세 납부세액} - \left[\text{상속세 과세가액} - \left(\text{비상장주식} + \frac{\text{상속개시일 현재 상속인이 거주하는}}{\text{주택 및 그 부수토지의 가액}}\right)\right]$$

(3) 물납의 신청과 허가

물납의 신청과 허가에 관한 규정은 연부연납의 신청과 허가에 관한 규정을 준용한다.

상증 01

1) 물납의 신청 : 물납의 신청과 허가에 관하여는 연부연납의 신청과 허가의 규정을 준용한다. 따라서 물납을 신청하려는 자는 상속세과세표준신고를 하는 경우(수정신고 또는 기한후신고를 하는 경우 포함)에는 납부해야 할 세액에 대하여 물납신청서를 상속세과세표준신고와 함께 관할세무서장에게 제출해야 한다. 다만, 과세표준과 세액의 결정통지를 받은 자는 해당 납부고지서의 납부기한까지 그 신청서를 제출할 수 있다. 이 경우에 납부기한을 경과하여 물납허가 여부 통지를 하는 경우 그 물납세액에 상당한 세액을 징수할 때에는 물납허가 여부 통지일 이전에 한정하여 ① 1일마다 2.2/10,000의 지연일수분(납부고지서에 따른 납부기한의 다음 날부터 성립하는 부분으로 한정한다) 납부지연가산세와 ② 체납분(미납세액의 3%) 납부지연가산세를 부과하지 않는다(종전 국세징수법상 가산금의 적용 제외).

한편 상속세의 연부연납허가를 받은 자가 연부연납기간 중 분납세액[첫 회분(중소기업자는 5회분) 분납세액으로 한정하고 연부연납가산금은 제외]을 물납하려는 경우에는 분납세액의 납부기한 30일 전까지 관할세무서장에게 신청할 수 있다.

2) 물납의 허가 : 물납신청서를 받은 관할세무서장은 다음의 기간 이내에 신청인에게 그 허가여부를 서면으로 결정 · 통지해야 한다. 다만, 물납신청한 재산의 평가 등에 소요되는 시간을 감안하여 1회에 한정하여 30일 범위 내에서 기간을 연장할 수 있다. 이 경우 다음의 기간 이내에 허가여부를 결정 · 통지하지 않은 경우에는 허가한 것으로 본다.

물납 신청시기	물납 허가 여부 결정·통지 기간
① 과세표준신고시	상속세 과세표준신고기한이 경과한 날부터 9개월
② 수정신고시 또는 기한후신고시	신고한 날이 속하는 달의 말일부터 9개월
③ 과세표준결정통지를 받은 후 납부고지서에 의한 납부기한 전	납부고지서에 의한 납부기한이 경과한 날부터 14일
④ 연부연납 분납시	신청을 받은 날부터 14일 이내

3) 물납재산 수납일의 지정 : 물납신청을 허가할 때에 관할세무서장은 그 허가를 한 날부터 30일 이내의 범위에서 물납재산의 수납일을 지정해야 한다. 이 경우 물납재산의 분할 등의 사유로 해당 기간 내에 수납이 어렵다고 인정될 경우에는 1회에 한정하여 20일 범위 내에서 물납재산의 수납일을 다시 지정할 수 있다.

이 경우 지정된 수납일까지 물납재산의 수납이 이루어지지 않은 경우에는 해당 물납허가의 효과는 상실한다.

4) 관리 · 처분이 부적당한 재산의 물납 : 세무서장은 물납신청을 받은 재산이 다음의 구분에 따른 사유로 관리 · 처분상 부적당하다고 인정하는 경우에는 그 재산에 대한 물납허가를 하지 않거나 관리 · 처분이 가능한 다른 물납대상재산으로의 변경을 명할 수 있다.

물납재산의 구분	해당 사유(*주)
부동산의 경우	① 지상권 · 지역권 · 전세권 · 저당권 등 재산권이 설정된 경우 ② 물납신청한 토지와 그 지상건물의 소유자가 다른 경우 ③ 토지의 일부에 묘지가 있는 경우 ④ 위의 사유와 유사한 사유로서 관리 · 처분이 부적당하다고 기획재정부령으로 정하는 경우
유가증권의 경우	① 유가증권을 발행한 회사의 폐업 등으로 관할세무서장이 사업자등록을 말소한 경우 ② 유가증권을 발행한 회사가 상법에 따른 해산사유가 발생하거나 「채무자 회생 및 파산에 관한 법률」에 따른 회생절차 중에 있는 경우 ③ 유가증권을 발행한 회사의 물납신청일 전 2년 이내 또는 물납신청일부터 허가일까지의 기간이 속하는 사업연도에 법인세법에 따른 결손금이 발생한 경우 ④ 유가증권을 발행한 회사가 물납신청일 전 2년 이내 또는 물납신청일부터 허가일까지의 기간이 속하는 사업연도에 「주식회사 등의 외부감사에 관한 법률」에 따른 회계감사 대상임에도 불구하고 감사인의 감사보고서가 작성되지 않은 경우 ⑤ 위의 사유와 유사한 사유로서 관리 · 처분이 부적당하다고 기획재정부령으로 정하는 경우

(*주) 물납을 신청한 납세자는 물납이 허가되기 전에 신청한 물납재산이 위 사유 중 어느 하나에 해당하는 경우에는 관할세무서장에게 물납신청을 철회해야 한다.

이처럼 물납재산의 변경명령을 받은 자는 그 통보를 받은 날부터 20일 이내(납세의무자가 국외에 주소를 둔 때에는 3개월)에 상속재산 중 물납에 충당하려는 다른 재산의 명세서를 첨부하여 납세지 관할세무서장에게 신청해야 한다. 만일 그 신청기간 내에 신청이 없는 경우 해당 물납의 신청은 그 효력을 상실한다.

(4) 물납에 충당하는 방법

1) 물납재산의 충당순위 : 물납에 충당하는 재산은 세무서장이 인정하는 정당한 사유가 없는 경우에 다음의 순서에 따라 신청 · 허가를 해야 한다.

① 국공채
② 물납대상이 되는 상장된 유가증권(국공채는 제외)
③ 국내에 소재하는 부동산(상속개시일 현재 상속인이 거주하는 주택은 제외)
④ ①·②·⑤를 제외한 유가증권
⑤ 물납대상이 되는 비상장주식 등
⑥ 상속개시일 현재 상속인이 거주하는 주택

2) 물납에 충당할 재산 수납가액의 결정 : 물납에 충당할 부동산 · 유가증권의 수납가액은 상속재산의 가액으로 한다. 한편 상속재산에 가산하는 증여재산의 수납가액은 상속개시일 현재 재산평가규정에 따라 평가한 가액으로 한다.

판 례 물납에 충당할 부동산 · 유가증권의 수납가액

'물납에 충당할 부동산 · 유가증권의 수납가액'이란 과세표준 계산의 기초가 된 해당 물납재산의 가액으로 그 과세가액이 과세관청의 경정이나 법원의 판결에 따라 변경됨으로써 증액이나 감액경정처분 등이 이루어진 때에는 특별한 사정이 없는 한 수납가액도 변경된 과세가액에 따라 변경되는 것으로 보아야 하나, 그 이후에 물납재산이 공매로써 매각 · 처분되었다는 사정만으로 수납가액이 변경되어야 하는 것은 아니다(2011다443). ■

(5) 문화유산 등에 대한 물납

다음의 요건을 모두 갖춘 납세의무자는 상속재산에 문화재 및 미술품(이하 '문화유산 등'이라 한다)이 포함된 경우 관할세무서장에게 해당 문화유산 등에 대한 물납을 신청할 수 있다.

① 상속세 납부세액이 2천만원을 초과할 것

② 상속세 납부세액이 상속재산가액 중 금융재산의 가액(상속재산에 가산하는 증여재산의 가액은 포함하지 않는다)을 초과할 것. 여기서 '금융재산'이란 금전과 금융회사 등이 취급하는 예금 · 적금 · 부금 · 계금 · 출자금 · 특정금전신탁 · 보험금 · 공제금 및 어음을 말한다(상증령 73 ⑤).

참 고 물납대상 문화유산 등의 범위

'문화유산 등'이란 다음의 것(부동산은 제외)을 말한다.

① 「문화유산의 보존 및 활용에 관한 법률」에 따른 유형문화유산 또는 민속문화유산으로서 같은 법에 따라 지정된 문화유산, 「근현대문화유산의 보존 및 활용에 관한 법률」에 따라 등록된 문화유산

② 회화, 판화, 조각, 공예, 서예 등 미술품 ■

1) 물납신청세액의 범위 : 물납을 신청할 수 있는 납부세액은 상속재산 중 물납에 충당할 수 있는 문화유산 등의 가액에 대한 상속세 납부세액을 초과할 수 없다.

2) 물납의 신청 및 허가 절차

① 관할세무서장은 물납 신청이 있는 경우 해당 물납 신청 내역 등을 문화체육관광부장관에게 통보해야 한다.

② 문화체육관광부장관은 물납을 신청한 문화유산 등이 역사적 · 학술적 · 예술적 가치가 있는 등 물납이 필요하다고 인정되는 경우 관할세무서장에게 해당 문화유산 등에 대한 물납을 요청해야 한다.

③ 관할세무서장은 위 ②에 따른 물납요청을 받은 경우 해당 문화유산 등이 국고 손실의 위험이 크지 않다고 인정되는 경우 물납을 허가한다.

Ⅳ. 가업상속에 대한 상속세의 납부유예

1. 개요

관할세무서장은 납세의무자가 다음의 요건을 모두 갖추어 상속세의 납부유예를 신청하는 경우에는 가업상속에 대한 상속세액에 대하여 납부유예를 허가할 수 있다.

① 상속인이 가업(중소기업으로 한정한다)을 상속받았을 것. 여기서 '가업'이란 중소기업을 상속받은 경우로서 피상속인 및 상속인이 가업상속공제에서 살펴본 요건을 모두 갖춘 경우를 말한다.

② 가업상속공제를 받지 않을 것. 이 경우 가업상속공제 대신 영농상속공제를 받은 경우에는 가업상속공제를 받은 것으로 본다.

이처럼 가업상속에 대한 상속세의 납부유예 허가를 받으려는 납세의무자는 담보를 제공해야 한다.

참 고 납부유예할 수 있는 금액

$$\text{납부유예할 수 있는 상속세 납부세액} = \text{상속세 납부세액} \times \frac{\text{가업상속재산가액}}{\text{총상속재산가액}}$$

2. 사후관리

관할세무서장은 상속인이 정당한 사유 없이 다음 중 어느 하나에 해당하는 경우 가업상속에 대한 상속세의 납부유예 허가를 취소하거나 변경하고, 아래 납부세액과 이자상당액을 징수한다.

납부사유	납부세액
① 소득세법을 적용받는 가업을 상속받은 경우로서 가업용 자산의 40% 이상을 처분한 경우	납부유예된 세액×자산처분비율
② 해당 상속인이 가업에 종사하지 않게 된 경우	납부유예된 세액의 전부
③ 주식 등을 상속받은 상속인의 지분이 감소한 경우	다음의 구분에 따른 세액 ㉠ 상속개시일부터 5년 이내에 감소한 경우 : 납부유예된 세액의 전부 ㉡ 상속개시일부터 5년 후에 감소한 경우 : 납부유예된 세액×(감소한 지분율/상속개시일 현재 지분율)
④ 다음 ㉠·㉡ 모두 해당하는 경우 ㉠ 상속개시일부터 5년간 정규직 근로자 수의 전체 평균이 상속개시일이 속하는 소득세 과세기간(또는 법인세 사업연도)의 직전 2개 소득세 과세기간(또는 법인세 사업연도)의 정규직 근로자 수의 평균의 70%에 미달하는 경우	납부유예된 세액의 전부

㉡ 상속개시일부터 5년간 총급여액의 전체 평균이 상속개시일이 속하는 소득세 과세기간(또는 법인세 사업연도)의 직전 2개 소득세 과세기간(또는 법인세 사업연도)의 총급여액의 평균의 70%에 미달하는 경우	
⑤ 해당 상속인이 사망하여 상속이 개시되는 경우	납부유예된 세액의 전부

한편 가업상속에 대한 상속세의 납부유예 허가를 받은 자는 상속인이 위 징수사유 중 어느 하나에 해당하는 경우 그날이 속하는 달의 말일부터 6개월 이내에 관할세무서장에게 신고하고 해당 상속세와 이자상당액을 관할세무서, 한국은행 또는 체신관서에 납부해야 한다. 다만, 위 징수규정에 따라 이미 상속세와 이자상당액이 징수된 경우에는 그렇지 않다.

3. 상속세의 징수

관할세무서장은 가업상속에 대한 상속세의 납부유예 허가를 받은 자가 다음 중 어느 하나에 해당하는 경우 그 허가를 취소하거나 변경하고, 납부유예된 세액의 전부 또는 일부와 이자상당액을 징수할 수 있다.

① 담보의 변경 또는 그 밖의 담보 보전에 필요한 관할세무서장의 명령에 따르지 않은 경우
② 국세징수법에 따른 납부기한 전 징수사유 중 어느 하나에 해당되어 납부유예된 세액의 전액을 징수할 수 없다고 인정되는 경우

[도 표] 가업상속공제와 가업상속에 대한 납부유예의 비교

구분	가업상속공제	가업상속 납부유예
가업상속 요건	중소기업 또는 중견기업으로서 피상속인이 10년 이상 계속하여 경영한 기업의 상속	중소기업으로서 피상속인이 10년 이상 계속하여 경영한 기업의 상속 * 가업상속공제를 받지 않을 것 * 납세담보를 제공할 것
세제혜택	가업상속공제 : MIN(①, ②) ① 가업상속 재산가액 ② 한도액 : 피상속인의 가업영위기간에 따라 300억원 · 400억원 · 600억원 * 가업상속공제가 적용된 자산 양도시 : 가업상속공제가 적용된 부분 양도소득세 이월과세 적용	가업상속재산에 상당하는 상속세액의 납부유예(납부유예의 한도액은 없음)
사후관리 기간	5년	5년

V. 상속세의 결정과 경정 등

1. 결정과 경정

(1) 결정

관할세무서장은 과세표준 · 세액의 신고에 따라 과세표준 · 세액을 결정한다. 다만, 신고가 없거나 오류 · 탈루가 있는 경우에는 그 과세표준 · 세액을 조사하여 결정한다. 그 결정기간은 상속세과세표준 신고기한으로부터 9개월 이내이다. 한편 납부기한 전 징수사유가 있는 경우에는 과세표준신고기한 전이라도 수시로 과세표준 · 세액을 결정할 수 있다. 이처럼 상속세는 정부부과제도 세목이므로 납세의무자의 신고가 정당하더라도 반드시 결정절차를 밟아야 한다.

(2) 경정

세무서장은 신고에 따라 과세표준 · 세액을 결정할 수 없거나 결정 후 과세표준 · 세액에 오류 · 탈루가 있는 경우에는 그 과세표준 · 세액을 조사하여 결정 · 경정한다.

(3) 과세표준과 세액의 결정통지

세무서장이 상속세의 과세표준 · 세액을 결정했을 때에는 상속인 · 수유자에게 납부고지서에 결정한 상속세의 과세표준 · 세액에 대한 산출근거를 명시하여 통지해야 한다. 이 경우 상속인 · 수유자가 2명 이상이라면 모두에게 통지해야 한다.

2. 고액상속인에 대한 사후관리

세무서장은 결정된 상속재산가액이 30억원 이상인 경우로서 상속개시일부터 5년 이내에 상속인이 보유한 부동산 · 주식 등 주요 재산의 가액이 상속개시 당시에 비해 크게 증가한 경우 그 결정한 과세표준 · 세액에 오류 · 탈루가 있는지 조사해야 한다. 다만, 상속인이 그 증가한 재산에 관한 자금의 출처를 증명한 경우에는 그렇지 않다.

이 제도의 취지는 고액상속인의 경우 타인의 명의로 위장하여 누락시킨 상속재산을 사후에 추적하여 과세함으로써 세원의 탈루를 방지함과 동시에, 사후관리를 사전에 예고함으로써 성실한 자진신고를 유도하기 위함이다.

[도 표] 상속세 세부담의 회피 · 누락을 방지하기 위한 제도

구분	회피 · 누락방지제도
국세기본법	① 10년 · 15년 장기의 부과제척기간
	② 특례제척기간 • 50억이 넘는 재산가액에 대한 고도의 탈세행위로서 상속인의 생존기간 동안 해당 상속이 있음을 안 날부터 1년 이내에 포탈된 상속세를 부과할 수 있는 제척기간

상증세법	① 영리법인의 주주 중 상속인과 그 직계비속의 상속세 납세의무 • 수유자가 영리법인인 경우로서 그 영리법인의 주주 또는 출자자 중 상속인과 그 직계비속이 있는 경우에는 지분상당액의 상속세를 그 상속인 및 직계비속이 납부할 의무가 있음
	② 추정상속재산 • 상속개시일 전 1년(또는 2년) 이내에 재산을 처분 · 인출하거나 채무를 부담한 금액으로서 그 용도가 불분명한 금액의 상속세 과세가액 산입
	③ 사전증여재산 합산과세 • 상속개시일 전 10년(상속인 외의 자는 5년)에 피상속인이 증여한 재산은 상속세 과세가액에 산입
	④ 피상속인이 부담한 채무가 상속인이 변제할 의무가 없다고 추정되는 경우 • 피상속인이 국가 · 지방자치단체 · 금융회사가 아닌 자로부터 부담한 채무로서 상속인이 실제로 부담한다는 사실이 확인되지 않아 변제할 의무가 없다고 추정이 되는 경우에는 그 금액을 상속세 과세가액에 산입
	⑤ 세대를 건너뛴 상속에 대한 할증과세 • 상속인 · 수유자가 피상속인의 자녀를 제외한 직계비속인 경우 그 직계비속의 상속세 산출세액에 30%(40%)를 가산하여 과세함
	⑥ 고액상속인에 대한 사후관리 • 결정된 상속재산가액이 30억원 이상인 경우로서 상속개시일부터 5년 이내에 상속인이 보유한 주요 재산의 가액이 상속개시 당시에 비해 크게 증가한 경우 그 결정한 과세표준 · 세액에 오류 · 탈루가 있는지 조사
	⑦ 그 밖의 제도 • 보험금 · 신탁재산 · 퇴직금에 대한 간주상속재산 • 공익법인에 출연된 재산의 사후관리

3. 경정 등 청구의 특례

상속세의 과세표준 · 세액을 신고하거나 결정받은 자로서 다음에 해당하는 사유가 발생하는 경우에는 그 사유가 발생한 날부터 6개월 이내에 결정 · 경정을 청구할 수 있다. 이 규정은 국세기본법상 후발적 경정청구사유의 특례규정에 해당한다.

① 상속회복청구소송 · 유류분반환청구소송의 확정판결로 상속개시일 현재 상속인 간 상속재산가액이 변동된 경우

② 상속개시 후 1년이 되는 날까지 다음 중 어느 하나에 해당하는 사유로 상속재산의 가액이 크게 하락한 경우

㉠ 상속재산이 수용 · 경매(민사소송법에 따른 경매를 말한다) 또는 공매된 경우로서 그 보상가액 · 경매가액 또는 공매가액이 상속세 과세가액보다 하락한 경우

㉡ 최대주주 등의 주식(또는 출자지분)에 해당하여 주식을 할증평가하였으나 일괄하여 매각(피상속인 및 상속인과 친족 및 직계비속의 배우자의 2촌 이내의 부계혈족과 그 배우자에게 일괄하여 매각한 경우는 제외)함으로써 최대주주 등의 주식 등에 해당되지 않게 된 경우. 이 사유로 결정 또는 경정의 청구를 하는 때에는 할증평가된 가액에 대하여 해야 한다.

㉢ 상속재산이 다음의 주식에 해당하여 그 주식을 의무적으로 보유해야 하는 기간의 만료일부터 2개월 이내에 매각한 경우로서 그 매각가액이 상속세 과세가액보다 낮은 경우. 이 경우 보유하고 있었던 사실을 증명할 수 있는 서류를 국세청장에게 제출한 경우로 한정한다.

- 「자본시장과 금융투자업에 관한 법률」에 따라 처분이 제한되어 의무적으로 보유해야 하는 주식
- 「채무자 회생 및 파산에 관한 법률」 및 「기업구조조정 촉진법」에 따른 절차에 따라 발행된 주식으로서 법원의 결정에 따라 보호예수(保護預受)해야 하는 주식

4. 가산세

(1) 신고불성실가산세

1) 무신고가산세 : 법정신고기한까지 과세표준신고서를 제출하지 않은 경우 다음의 가산세를 산출세액에 가산한다.

구분	무신고가산세
부정행위로 인한 무신고	무신고납부세액×40%(역외거래의 경우 60%)
일반적인 무신고	무신고납부세액×20%

* 무신고납부세액은 납부해야 할 상속세에서 가산금과 이자상당액을 제외한 금액을 말한다.

2) 과소신고가산세 : 법정신고기한까지 과세표준신고서를 제출한 경우로서 납부할 세액보다 적게 신고한 경우에는 다음의 가산세를 산출세액에 가산한다.

> 과소신고가산세
> = 부정과소신고납부세액×40%(역외거래의 경우 60%) + 일반과소신고납부세액×10%

다만, 다음 중 어느 하나에 해당하는 사유로 상속세 · 증여세 과세표준을 과소신고한 경우 그 과소신고한 부분에 대해서는 과소신고가산세를 적용하지 않는다.

① 신고당시 소유권에 대한 소송 등의 사유로 상속재산·증여재산으로 확정되지 않았던 경우
② 상속공제(또는 증여재산공제, 혼인·출산증여재산공제)의 적용에 착오가 있었던 경우
③ 상속세 과세표준 신고기한(또는 증여세 과세표준 신고기한)까지 신고한 상속재산(또는 증여재산)으로서 재산평가규정에 따라 평가한 가액으로 과세표준을 결정한 경우(부정행위로 상속세·증여세의 과세표준을 과소신고한 경우는 제외)
④ 결정·경정에 따라 법인세 과세표준이 변경되어 증여의제이익이 변동되는 경우로써 다음의 경우(부정행위로 결정·경정되는 경우는 제외)
㉠ 특수관계법인과의 거래를 통한 이익의 증여의제
㉡ 특수관계법인에게 분여 받은 사업기회로 발생한 이익의 증여의제
㉢ 특정법인과의 거래를 통한 이익의 증여의제(이때 양도소득세가 과세되는 주식의 취득가액이 감소되어 과세표준을 과소신고 하게 된 경우에 양도소득세에 대한 과소신고가산세가 부과될 때는 그 과소신고가산세도 부과되지 않는다)

참 고 재산 평가방법의 차이에 따른 부담부증여시 양도소득세 과소신고가산세 적용 제외

상증세법상 증여재산 평가규정에 따라 평가한 가액으로 소득세법에 따른 부담부증여시 양도로 보는 부분에 대한 양도소득세 과세표준을 결정·경정한 경우(부정행위로 양도소득세의 과세표준을 과소신고한 경우는 제외)에는 그 과소신고한 부분에 대한 양도소득세 과소신고가산세를 적용하지 않는다. ■

(2) 납부지연가산세

1) 개요 : 납세의무자가 법정납부기한까지 상속세(또는 증여세)의 납부를 하지 않거나 납부해야 할 세액보다 적게 납부(이하 '과소납부')한 경우에는 다음의 금액을 납부할 세액에 가산하거나 환급받을 세액에서 공제한다.

납부지연가산세 = ① + ②
① 상속세(또는 증여세)를 법정납부기한까지 납부하지 않거나 과소납부한 경우 : 지연일수분 = 미납세액(또는 과소납부분 세액) × 미납기간 × 1일 $\frac{2.2}{10,000}$
② 상속세(또는 증여세)를 납부고지서에 따른 납부기한까지 완납하지 않은 경우 : 체납분 = 미납세액(또는 과소납부분 세액) × 3%

위 ①에서 '미납기간'은 법정납부기한의 다음 날부터 납부일의 기간(납부고지일부터 납부고지서에 따른 납부기한까지의 기간은 제외)을 말한다.

2) 납부지연가산세 적용배제 : 다음 중 어느 하나에 해당하는 경우에는 납부지연가산세를 적용하지 않는다.

① 법인세법에 따라 법인세 과세표준 및 세액의 결정·경정으로 ㉠ 특수관계법인과의 거래를 통한 이익의 증여의제(제45조의3), ㉡ 특수관계법인으로부터 제공받은 사업기회로 발생한 이익의 증여의제(제45조의4), ㉢ 특정법인과의 거래를 통한 이익의 증여의제(제45조의5) 규정에 따른 증여의제이익이 변경되는 경우(부정행위로 인하여 법인세의 과세표준 및 세액을 결정·경정하는 경우는 제외). 이처럼 증여의제이익이 변경되는 사유로 양도소득세가 과세되는 주식 등의 취득가액이 감소되는 경우에는 양도소득세 납부지연가산세를 적용하지 않는다.

② 상속세(또는 증여세)를 신고한 자가 법정신고기한까지 상속세(또는 증여세)를 납부한 경우로서 법정신고기한 이후 평가심의위원회를 통해 평가한 가액으로 상속재산(또는 증여재산)을 평가하여 과세표준과 세액을 결정·경정한 경우

③ 소득세법에 따른 부담부증여시 양도로 보는 부분에 대하여 양도소득세 과세표준을 신고한 자가 소득세법에 따라 법정신고기한까지 양도소득세를 납부한 경우로서 법정신고기한 이후 평가심의위원회를 통해 평가한 가액으로 부담부증여 재산을 평가하여 양도소득세의 과세표준과 세액을 결정·경정한 경우

제 2 장
증여세

제1절 증여세의 의의 및 과세체계

I-1 p.581

Ⅰ. 증여세의 의의

증여세는 증여에 따른 경제적 이익의 무상이전에 대해 부과하는 조세이다. 이를 구체적으로 설명하면 다음과 같다.

(1) 재산의 증여에 대한 과세

① 재산을 무상으로 이전하는 경우에는 수증자에게 증여세가 부과되고, 유상으로 이전하는 경우에는 양도자에게 양도소득세가 부과된다.

② 상속세는 상속으로 인하여 이전되는 재산에 대해 상속인 등에게 과세되는 조세라는 점에서 증여세와 차이가 있을 뿐, 재산의 무상이전을 과세대상으로 한다는 점에서 이 둘은 동일하다. 이처럼 생존증여를 통해 상속세의 부담을 회피하는 것을 방지하기 위해서 증여세를 둔 것이므로 증여세는 상속세의 보완세로서 역할을 한다.

(2) 소득세와의 관계

증여재산에 대해서 수증자에게 법인세·소득세가 부과되는 경우에는 증여세를 부과하지 않는다.

증여세 과세대상 = 증여재산가액 − 법인세 · 소득세가 과세되거나 비과세 · 감면된 소득금액

Ⅱ. 증여세의 과세체계

1. 취득과세형

증여세는 재산을 증여받은 자를 기준으로 과세하는 취득과세형을 취하고 있다. 이러한 점은 유산과세형을 취하고 있는 상속세와 차이가 있다.

2. 과세체계

(1) 증여자 · 수증자별 과세

증여세는 증여받은 재산에 대해서 부과하지만, 증여자 · 수증자별로 과세한다. 다만, 증여자가 직계존속인 경우에는 그 직계존속의 배우자는 동일한 증여자로 보아 증여세를 과세하게 된다.

(2) 10년간 누적합산과세

수증자가 해당 증여일부터 10년 이내에 동일한 증여자로부터 증여받은 재산금액이 1천만원 이상이라면 그 가액은 합산하여 증여세를 과세한다. 그 취지는 일시에 증여해도 되는 것을 장기간 시차를 두어 분산증여하는 방법으로 증여세의 누진부담을 회피하려는 행위를 방지하려는데 있다.

제2절 증여세의 과세대상 및 납세의무

I-1 p.583

Ⅰ. 증여세 과세대상

1. 증여재산

(1) 증여의 개념(완전포괄주의)

민법에서 '증여'란 일방이 재산을 무상으로 상대방에게 수여한다는 의사를 표시하고 그 상대방은 이 의사표시를 승낙함으로써 효력이 발생하는 계약을 말하지만, 이보다 훨씬 더 포괄적인 의미로서 상증세법상 '증여'는 그 행위 · 거래의 명칭 · 형식 · 목적 등과 관계없이 직접 · 간접적인 방법으로 ① 타인에게 무상으로 유형 · 무형의 재산 · 이익을 이전(移轉)(현저히 낮은 대가를 받고 이전하는 경우 포함)하거나 ② 타인의 재산가치를 증가시키는 것을 말한다.

따라서 사법상의 형식과는 상관없이 사실상의 경제적 이익의 분여가 일어나면 과세를 하기 때문에 증여계약으로 행해지는 거래가 아닌 변칙적인 거래에도 적용이 될 수 있어 현행 상증세법상의 증여의 개념은 완전포괄주의 증여개념을 채택한다고 볼 수 있다.

(2) 증여재산의 범위

증여세는 증여로 인하여 수증자에게 귀속되는 증여재산에 대해서 부과한다. 여기서 증여에는 상속재산에 포함되어 상속세가 과세되는 사인증여는 제외한다.

한편 수증자는 다음의 구분에 따른 증여재산에 대해서 증여세를 납부할 의무가 있다.

구분	증여세 과세대상재산의 범위
① 수증자가 거주자(또는 비영리내국법인)인 경우	• 모든 증여재산(무제한 납세의무)
② 수증자가 비거주자(또는 비영리외국법인)인 경우	• 국내에 있는 모든 증여재산

'거주자'란 국내에 주소를 두거나 183일 이상 거소를 둔 사람을 말하고 '비거주자'는 이러한 거주자가 아닌 자를 말하며, 비영리법인의 경우 본점 · 주사무소의 소재지가 국내에 있으면 비영리내국법인 국외에 있으면 비영리외국법인이라 한다.

2. 소득세 · 법인세가 부과되는 경우

증여재산에 대해서 수증자에게 이미 소득세 · 법인세가 부과되는 경우에는 증여세가 부과되지 않는다. 이때 소득세 · 법인세가 비과세 · 감면되는 경우에도 또한 같다.

Ⅱ. 증여세의 납세의무자

1. 본래의 납세의무

(1) 개요

1) 수증자 : 수증자는 증여재산에 대해 증여세를 납부할 의무가 있다. 여기서 '수증자(受贈者)'란 증여재산을 받은 거주자(본점이나 주된 사무소의 소재지가 국내에 있는 비영리법인 포함) 또는 비거주자(본점이나 주된 사무소의 소재지가 외국에 있는 비영리법인 포함)를 말한다. 다만, 명의신탁재산의 증여의제에 따라 재산을 증여한 것으로 보는 경우(명의자가 영리법인인 경우 포함)에는 실제소유자에게 해당 재산에 대한 증여세를 납부할 의무가 있다.

한편 법인격이 없는 사단 · 재단 또는 그 밖의 단체는 ① 국세기본법에 따른 법인으로 보는 단체에 해당하는 경우에는 비영리법인으로, ② 그 외의 경우에는 거주자(또는 비거주자)로 보아 상증세법을 적용한다.

2) 영리법인의 주주의 경우 : 영리법인이 증여받은 이익에 대해서 법인세가 부과되는 경우(비과세 · 감면되는 경우 포함)에는 해당 영리법인의 주주에게 증여세가 부과되지 않는다. 다만, ① 특수관계법인과의 거래를 통한 이익의 증여의제, ② 특수관계법인으로부터 제공받은 사업기회로 발생한 이익의 증여의제, ③ 특정법인과의 거래를 통한 이익의 증여의제에 해당하는 경우에는 예외적으로 해당 영리법인의 주주에게 증여세가 부과될 수 있다.

(2) 수증자에 대한 증여세 면제

다음의 증여규정에 해당하는 경우로서 수증자가 증여세를 납부할 능력이 없다고 인정되면서 강제징수를 하여도 증여세에 대한 조세채권을 확보하기 곤란한 경우에는 그에 상당하는 증여세의 일부 또는 전부를 면제한다.

① 저가양수 · 고가양도에 따른 이익의 증여

② 채무면제 등에 따른 이익의 증여

③ 부동산무상사용에 따른 이익의 증여

④ 금전무상대출 등에 따른 이익의 증여

2. 증여자의 연대납세의무

(1) 원칙 : 증여자의 연대납세의무

증여자는 다음 중 어느 하나에 해당하는 경우에는 수증자가 납부할 증여세에 대해 연대하여 납부할 의무가 있다.

① 수증자의 주소 · 거소가 분명하지 않은 경우로서 증여세에 대한 조세채권을 확보하기 곤란한 경우

② 수증자가 증여세를 납부할 능력이 없다고 인정되는 경우로서 강제징수를 하여도 증여세에 대한 조세채권의 확보가 곤란한 경우

③ 수증자가 비거주자인 경우

(2) 예외 : 증여자의 연대납세의무 배제

다음에 해당하는 경우에는 증여자는 수증자가 납부할 증여세에 대해서 연대하여 납부할 의무를 지지 않는다.

① 신탁이익의 증여, 보험금의 증여 외의 변칙적 거래에 따른 이익의 증여의 경우

② 재산취득자금 및 채무상환자금의 증여추정(제45조)의 경우

③ 특수관계법인과의 거래를 통한 이익의 증여의제(제45조의3), 특수관계법인으로부터 제공받은 사업기회로 발생한 이익의 증여의제(제45의4), 특정법인과의 거래를 통한 이익의 증여의제(제45조의3)의 경우

④ 공익법인 등의 출연받은 재산에 대한 사후관리에 따라 공익법인에게 증여세가 부과되는 경우로서 출연자가 해당 공익법인의 운영에 책임이 없는 경우

상증 02

Ⅲ. 증여재산의 취득시기

예시된 변칙적 거래에 따른 이익의 증여, 증여추정, 증여의제의 경우에는 별도의 증여시기를 정하고 있다. 이러한 경우를 제외하고는 일반적인 재산의 증여시기는 다음과 같다.

구분	증여재산의 취득시기
권리의 이전이나 그 행사에 등기·등록이 필요한 재산	**등기부·등록부에 기재된 등기·등록접수일** * 판결 등 기타 법률규정에 따른 등기를 필요하지 않는 부동산의 취득 : 실제로 부동산의 소유권을 취득한 날
위 외의 재산	인도한 날, 사실상의 사용일
타인의 기여에 의하여 재산가치가 증가한 경우	재산가치 증가사유가 발생한 날 등
증여받는 재산이 주식·출자지분인 경우	배당금 지급이나 주주권의 행사 등에 따라 해당 주식 등을 **인도받은 사실이 객관적으로 확인되는 날** * 인도받은 날이 불분명하거나 **인도 받기 전**에 상법에 따라 **명의개서를 한 경우에는 그 명의개서일**

제3절 증여세의 과세표준과 세액의 계산

I-1 p.589

I. 서설

거주자가 증여를 받는 경우, 일반적인 증여세 과세표준 · 세액의 계산구조는 다음과 같다.

증여재산가액	• 일반증여재산가액 + 증여추정재산가액
+ 증여재산가산액	• 동일인으로부터 10년 이내 증여받은 재산가액
− 부담부증여시 인수채무액	• 해당 증여재산에 관련된 채무액 중 수증자가 인수한 금액
− 비과세 재산가액	• 국가 등으로부터 증여받은 재산 등
− 과세가액불산입액	• 공익법인이 출연받은 재산, 공익신탁재산, 장애인이 증여받은 재산
= 증여세 과세가액	
− 증여공제	• 증여재산공제, 혼인 · 출산증여재산공제, 재해손실공제
− 감정평가수수료공제	• 평가수수료(500만원 · 1,000만원 · 500만원)
= 증여세 과세표준	
× 세율	• 10%~50% 5단계 초과누진세율
= 산출세액	
+ 세대생략 가산액	• 산출세액×30%(40%)
= 산출세액 합계	
− 징수유예세액	
− 세액공제 기납부세액공제 외국납부세액공제 신고세액공제 기타공제 · 감면세액	
= 신고납부세액	• 납부방법 : 신고시 금전납부 · 분할납부 · 연부연납

II. 증여재산가액

1. 증여재산의 범위

(1) 증여재산의 개념

'증여재산'이란 증여로 인하여 수증자에게 귀속이 되는 모든 재산 · 이익으로서 ① 금전으로 환산할 수 있는 경제적 가치가 있는 모든 물건, ② 재산적 가치가 있는 법률상 · 사실상의 모든 권리, ③ 금전으로 환산할 수 있는 모든 경제적 이익을 포함한다.

(2) 증여재산의 유형

1) 완전포괄주의 증여 : 다음 중 어느 하나에 해당하는 증여재산에 대해 증여세를 부과한다.

구분	증여재산의 유형
(1) 무상 이전	• 무상으로 이전받은 재산 · 이익
(2) 저가 · 고가 이전	• 현저히 낮은 대가를 주고 재산 · 이익을 지급받거나 현저히 높은 대가를 받고 재산 · 이익을 이전함으로써 발생하는 이익. 다만, 특수관계인이 아닌 자 간의 거래인 경우에는 거래의 관행상 정당한 사유가 없는 경우에만 해당한다.
(3) 재산의 가치증가	• 재산 취득 후 해당 재산의 가치가 증가한 경우의 그 이익. 다만, 특수관계인이 아닌 자 간의 거래인 경우에는 거래의 관행상 정당한 사유가 없는 경우에만 해당한다.
(4) 예시된 변칙적 거래에 따른 이익의 증여	• 상증세법에 예시된 증여규정에 해당하는 경우 그 재산 · 이익
(5) 증여추정	• 배우자 등에게 양도한 재산의 증여추정, 재산취득자금 등의 증여추정에 해당하는 경우 그 재산 · 이익
(6) 그 밖에 이익의 증여	• 위 (4) 예시된 변칙적 거래에 따른 이익의 증여와 유사한 경우 등

2) 증여의제의 경우

① 명의신탁재산의 증여의제, ② 특수관계법인과의 거래를 통한 증여의제, ③ 특수관계법인으로부터 제공받은 사업기회로 발생한 이익의 증여의제, ④ 특정법인과의 거래를 통한 이익의 증여의제의 규정에 해당하는 경우, 그 재산 · 이익은 증여받은 것으로 보아 증여세를 과세한다.

(3) 증여재산의 포함 여부

1) 상속재산의 협의분할

[도 표] 상속재산의 협의분할

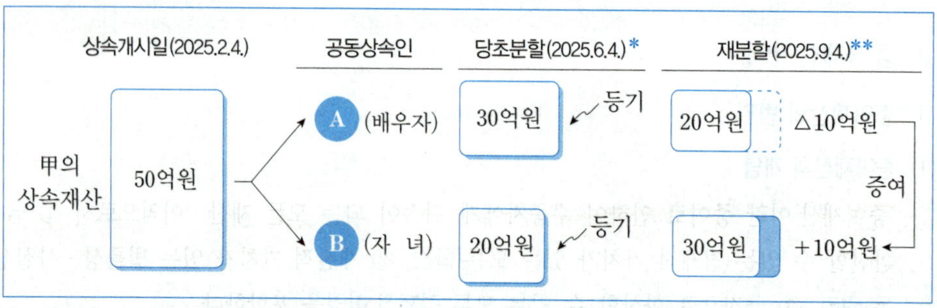

* 배우자 A와 자녀 B가 법정상속분$\left(\frac{3}{5} : \frac{2}{5}\right)$에 따라 당초분할하여 등기를 하였다.

** 상속재산 분할협의는 공동상속인들 사이에 이루어진 일종의 계약으로서, 공동상속인들은 이미 이루어진 상속재산 분할협의의 전부 · 일부를 전원의 합의에 의하여 해제한 다음, 다시 새로운 분할협의를 할 수 있고(2002다73203), 민법에 따라 상속재산의 분할은 상속이 개시된 때에 소급하여 그 효력이 있다.

본래 상속개시 후 상속재산에 대하여 공동상속인 사이의 협의에 따라 법정상속분과 다르게 분할한 경우에도 협의분할의 효력이 상속개시시점으로 소급하기 때문에 당초부터 협의한 대로 상속된 것으로 보며, 특정상속인이 법정상속분을 초과하여 취득하는 재산가액은 증여재산에 포함하지 않는다.

그러나 상속개시 후 상속재산에 대하여 등기 · 등록 · 명의개서 등(이하 '등기 등')으로 각 상속인의 상속분이 확정된 후, 그 상속재산에 대하여 공동상속인이 협의하여 분할한 결과 특정 상속인이 당초 상속분을 초과하여 취득하게 되는 재산은 그 분할에 의하여 상속분이 감소한 상속인으로부터 증여받은 것으로 보아 증여세를 부과한다. 그 취지는 민법의 협의분할은 상속개시일로 소급하는 효력이 있다는 점을 이용하여 상속개시 후 상속인 간 변칙증여의 수단으로 악용하는 것을 방지하려는데 있다.

다만, 다음 중 어느 하나에 해당하는 경우에는 특정상속인이 당초 상속분을 초과하여 취득한 경우에도 증여세를 부과하지 않는다.

① 상속세 과세표준신고기한 이내에 재분할에 의하여 당초 상속분을 초과하여 취득한 경우

② 당초 상속재산의 분할에 대하여 무효 또는 취소 등 정당한 사유가 있는 다음의 경우

㉠ 상속회복청구의 소에 따른 법원의 확정판결에 따라 상속인 또는 상속재산에 변동이 있는 경우

㉡ 채권자대위권의 행사에 따라 공동상속인들의 법정상속분대로 등기 등이 된 상속재산을 협의분할에 따라 재분할하는 경우

③ 상속세 과세표준신고기한 내에 상속세를 물납하기 위하여 법정상속분으로 등기 등을 하여 물납을 신청하였다가 물납허가를 받지 못하거나 물납재산의 변경명령을 받아 당초의 물납재산을 상속인간의 협의분할에 따라 재분할하는 경우

[도 표] 상속재산의 협의분할에 대한 증여세 과세 여부

구분	상속세 신고기한 이내	상속세 신고기한 경과 후
① 특정상속인이 당초 분할시 법정상속분을 초과하여 취득한 경우	증여세 ×	증여세 ×
② 특정상속인이 재분할시 당초 상속분을 초과하여 취득한 경우	증여세 ×	증여세 ○*

* 당초 상속재산의 분할에 대하여 무효 또는 취소 등 정당한 사유가 있는 경우 및 물납을 위한 법정상속분 등기 후 물납 불허가 등으로 재분할하는 경우에는 재분할의 시기에 관계없이 증여세를 과세하지 않음

상증 02

2) 증여재산의 반환 · 재증여 : 증여를 받은 자가 증여계약의 해제 등에 따라 증여받은 재산(금전은 제외)을 증여자에게 반환하거나 다시 증여하는 경우 증여세의 과세는 다음에 따른다.

① 수증자가 증여재산(금전은 제외)을 당사자 간의 합의에 따라 증여세 과세표준 신고기한 이내에 증여자에게 반환하는 경우(반환하기 전에 과세표준과 세액을 결정받은 경우는 제외)에는 처음부터 증여가 없었던 것으로 본다. 여기서 '결정'이란 국세징수법에 따른 납부기한 전 징수사유가 있어 신고기한 전에 수시로 과세표준 및 세액의 결정을 받은 경우를 말한다.

② 수증자가 증여재산(금전은 제외)을 당사자 간의 합의에 따라 증여세 과세표준 신고기한이 지난 후 3개월 이내에 증여자에게 반환하거나 증여자에게 다시 증여하는 경우에는 그 반환하거나 다시 증여하는 것에 대해서는 증여세를 부과하지 않는다.

③ 증여세 신고기한부터 3개월이 지난 후 반환하거나 재증여하는 경우에는 당초 증여와 반환(재증여) 모두에 대하여 증여세를 부과한다.

[도 표] 증여재산의 반환 · 재증여에 대한 부과 여부

재산의 구분	반환 · 재증여시기	증여세 과세 여부	
		당초 증여	반환 · 재증여
금 전	시기불문	○	○
금전 이외의 재산	증여세 신고기한 이내	×*	×
	신고기한 ~ 3개월 이내	○	×
	신고기한 ~ 3개월 경과 후	○	○

* 납부기한 전 징수사유로 증여세 신고기한 전에 증여세를 결정받은 경우 당초 증여에 대해서는 증여세를 과세함

3) 이혼시 재산분할 : 이혼한 자의 일방이 다른 일방으로부터 재산분할청구에 따라 재산을 취득하는 경우에 해당 재산분할은 부부공동재산의 분할에 불과한 것이므로 증여로 보지 않는다.

[도 표] 이혼시 재산분할과 위자료와의 과세관계

구분	재산을 이전받은 자	재산을 이전해 주는 자
	증여세	양도소득세
재산분할청구	과세 ×	과세 ×*
위 자 료	과세 ×	과세 ○(위자료 지급자)**

* 이혼으로 인하여 혼인 중에 형성된 부부공동재산을 민법 제839조의2(재산분할청구권)에 따라 재산분할하는 경우에는 양도로 보지 않는다.

민법 제839조의2(재산분할청구권)

① 협의상 이혼한 자의 일방은 다른 일방에 대하여 재산분할(財産分割)을 청구할 수 있다.

② ①의 재산분할에 관하여 협의(協議)가 되지 않거나 협의할 수 없는 때에는 가정법원은 당사자의 청구에 의하여 당사자 쌍방의 협력으로 이룩한 재산의 액수 기타 사정을 참작하여 분할의 액수와 방법을 정한다.

③ ①의 재산분할청구권은 이혼한 날부터 2년을 경과한 때에는 소멸한다.

** 손해배상에 있어서 당사자 간의 합의에 의하거나 법원의 확정판결에 의하여 일정액의 위자료(慰藉料)를 지급하기로 하고, 해당 위자료 지급에 갈음하여 당사자 일방이 소유하고 있던 부동산으로 대물변제한 때에는 그 자산을 양도한 것으로 본다.

판 례 불법정치자금에 대해 증여세가 부과되는 경우

정치자금의 적정한 제공을 보상하고 관련 부정을 방지함으로써 민주정치의 건전한 발전을 기여할 수 있도록 하기 위해서 현행 상증세법은 '누구든지 이 법(정치자금법)에 의하지 않고선 정치자금을 기부하거나 받을 수 없다'라는 정치자금법의 규정에 따라 불법정치자금의 기부에 대해서는 증여세의 비과세를 적용하지 않는다.

한편 증여받은 후 증여세 과세표준 신고납부기한 이내에 당초 증여받은 재산을 반환하면 처음부터 증여가 없었던 것으로 보아 증여세를 부과하지 않는데, ① 이 경우 당초 증여받은 재산이 금전이라면 증여받은 금전은 본래 수증자가 보유하고 있던 현금자산에 혼입되어 수증자의 재산에서 이를 분리하여 특정할 수 없는 특수성이 있어 당초 증여받은 금전과 반환하는 금전의 동일성을 확인할 방법이 없고, ② 증여와 반환이 용이하기 때문에 증여세의 신고기한 이내에 증여와 반환을 반복하는 방법으로 증여세를 회피하는 데 악용될 우려가 있다. 따라서 금전으로 받은 증여재산의 반환의 경우 증여가 없었던 것으로 보지 않고 증여세의 부과대상으로 삼고 있다 하여도, 이를 재산권의 본질적인 내용을 침해하거나 과잉금지원칙 · 평등원칙에 위배된다고 할 수 없다.

이 사건에서 기부받은 불법정치자금을 반환하는 것을 금전을 반환하는 것과 달리 취급해야 할 이유가 없어 이러한 불법정치자금을 반환하는 경우에도 증여세가 부과되는 것으로 보아야 한다(2013두7384). ■

2. 종전 증여재산의 합산과세

해당 증여일 전 10년 이내 동일인(증여자가 직계존속인 경우 그 직계존속의 배우자 포함)으로부터 받은 증여재산가액을 합친 금액이 1천만원 이상인 경우에는 그 재산가액을 합산하여 증여세를 과세한다. 이처럼 합산과세시 증여재산가액은 각 증여일 현재의 증여받은 재산가액을 합산하여 과세하는 것이다.

이는 일시에 증여해도 되는 것을 증여세의 누진부담을 회피하고자 장기간에 걸쳐서 분할하여 증여하는 행위를 방지하기 위함이다.

다만, 다음에 해당하는 이익의 증여(추정 · 의제) 규정에 따른 증여재산(이하 '합산배제증여재산')은 비록 합산기간 이내에 동일인으로부터 증여받은 재산이라도 해당 증여재산가액에 합산하지 않는다.

① 전환사채 등의 주식전환에 따른 이익의 증여
② 주식의 상장에 따른 이익의 증여
③ 합병에 따른 상장이익의 증여
④ 재산 취득 후 재산가치 증가에 따른 이익의 증여
⑤ 재산취득자금 및 채무상환자금의 증여추정
⑥ 명의신탁재산의 증여의제
⑦ 특수관계법인과의 거래를 통한 이익의 증여의제
⑧ 특수관계법인으로부터 제공받은 사업기회로 발생한 이익의 증여의제

판 례 교차증여에 대한 종전 증여재산 합산과세 적용 사례

상증세법에서 '증여'란 그 행위 · 거래의 명칭 · 형식 · 목적 등과 관계없이 직접 · 간접적인 방법으로 ① 타인에게 무상으로 유형 · 무형의 재산 · 이익을 이전(현저히 낮은 대가를 받고 이전하는 경우 포함)하거나 ② 타인의 재산가치를 증가시키는 것을 말하며, 또한 (구)상증세법에서는 제3자를 통한 간접적인 방법이나 둘 이상의 행위 · 거래를 거치는 방법으로써 상속세 · 증여세를 부당하게 감소시키는 것으로 인정되는 경우에는 경제적 실질에 따라 당사자가 직접 거래한 것으로 보거나 연속된 하나의 행위 · 거래로 보아 이 법(상증세법)을 적용한다고 되어 있다(현재 해당 규정은 국세기본법상 조세회피방지를 위한 실질과세원칙에 나와 있다).

경제적 실질에 대해서 증여세를 부과하도록 한 것은, 증여세의 과세대상이 되는 행위 · 거래를 우회 · 변형하여 여러 단계의 거래를 거침으로써 증여의 효과를 달성하면서도 증여세를 감소시키는 조세회피행위에 대처하기 위해서 그와 같은 여러 단계의 거래 형식을 부인하고 실질에 따라 증여세의 과세대상인 하나의 행위 · 거래로 보아 이를 과세할 수 있도록 한 것으로서, 결과적으로는 실질과세의 원칙을 적용하여 조세평등주의를 도모하고자 한 것이다. 다만, 납세의무자는 경제활동을 함에 있어서 특정한 경제적 목적을 달성하기 위해 어떠한 법적형식을 취할 것인지 임의로 선택할 수 있고 과세관청도 특별한 사정(조세회피목적)이 없는 한 당사자들이 선택한 법적형식에 따른 법률관계를 존중해야 하며, 이러한 여러 단계의 거래에는 그 결과 후에 따른 손실 등의 위험에 대한 보상이나, 해당 거래와 직접 관련성이 없는 당사자의 행위, 외부적 요인 등이 반영되어 있을 수 있으므로, 최종적인 결과만 보고 쉽게 단정하여 증여세의 과세대상으로 보면 안 된다. 따라서 이와 같은 거래가 증여세 과세대상 거래에 해당하기 위해서는 납세의무자가 선택한 행위 · 거래가 처음부터 조세회피목적을 위한 수단에 불과하여 직접적으로 증여한 것과 동일하게 평가될 수 있어야 하므로 그와 같은 거래를 선택한 목적, 그 거래과정을 거친 경위 등에서 조세부담 경감 외의 사업상 필요 등에 따른 합리적 이유가 있는지 여부, 각각의 행위 · 거래 간에 시간적 격차, 그러한 거래형식을 취하는 데 따른 손실 · 위험부담의 가능성 등 관련된 사정을 종합하여 판단해야 한다.

이 사건의 경우 동일한 회사의 주식을 가지고 있는 자들이 각자 직계비속에게 주식 전부를 바로 증여하는 것보다 일부 주식은 서로 다른 자의 직계비속에게 교차로 증여하면 주식 전부를 직접 증여한 경우와 동일한 경제적 효과를 얻으면서 합산과세로 인한 증여세의 누진적용은 회피할 수 있어 이러한 행위를 하였고, 그 이외에는 다른 자의 직계비속에게 주식을 증여할 이유가 없으므로 이 사건의 교차증여가 의도적으로 조세회피목적으로써 부당하게 이용되었음을 알 수 있다. 따라서 증여세를 부과할 때에는 이 사건의 교차거래 형식을 부인하고, 각자 직접 직계비속에게 주식을 증여한 것으로 보아야 한다(2015두46963). ■

3. 비과세 증여재산

다음 중 어느 하나에 해당하는 금액에 대해서는 증여세를 부과하지 않는다.

① 국가 · 지방자치단체로부터 증여받은 재산가액

② 내국법인의 종업원이 소액주주기준(지분율 1% 미만 + 액면가액 3억원 미만)에 해당하는 우리사주조합의 조합원으로서 얻은 그 주식의 차액(시가 – 취득가액)

③ 정당법에 따라 정당이 증여받은 재산가액

④ 사내근로복지기금 · 우리사주조합 · 공동근로복지기금 · 근로자복지진흥기금이 증여받은 재산의 가액

⑤ 사회통념상 인정되는 이재구호금품, 치료비, 피부양자의 생활비 · 교육비 그 밖에 이와 유사한 경우로서 다음에 해당하는 것

- 학자금 · 장학금 그 밖에 이와 유사한 금품
- 기념품 · 축하금 · 부의금 그 밖에 이와 유사한 금품으로서 통상 필요하다고 인정되는 금품
- 혼수용품으로서 통상 필요하다고 인정되는 금품 등

4. 증여재산가액 계산의 일반원칙

증여재산의 유형	증여재산가액
(1) 재산 · 이익을 무상으로 이전받는 경우	• 증여받은 재산의 시가에 해당하는 경우 * '시가'란 재산평가 규정에 따라 평가한 가액
(2) 재산 · 이익을 현저히 낮은 대가를 주고 이전받거나 현저히 높은 대가를 받고 이전한 경우	• 시가와 대가의 차액. 다만, 그 차이가 3억원 이상이거나 시가의 30% 이상인 경우로 한정
(3) 재산 취득 후 해당 재산의 가치가 증가하는 경우	• 증여사유가 발생한 전후 재산시가의 차액으로서 다음과 같이 계산한 재산가치상승금액 해당 재산가액: • 재산가치증가 사유가 발생한 날 현재의 가액 – 해당 재산가액의 취득가액: • 실제 취득하기 위해 지불한 금액 (증여받은 경우 증여세 과세가액) – 통상적인 가치상승분: • 기업가치의 실질적인 증가로 인한 이익과 정상적인 가치상승분에 상당하는 금액 – 가치상승기여분: • 해당 재산가치를 증가시키기 위해 지출한 비용 = 재산가치상승금액

(4) 그 밖에 변칙적 거래에 따른 이익의 증여, 증여추정, 증여의제에 해당하는 경우	해당 규정에 따라 계산하는 금액

III. 증여세 과세가액

1. 개요

증여세 과세가액은 증여일 현재 증여재산가액의 합계액(합산배제증여재산의 가액은 제외)에서 해당 증여재산에 담보된 채무(해당 증여재산에 대한 임대보증금 채무 포함)로서 수증자가 인수한 금액을 차감한 금액으로 한다. 한편 공익목적 출연재산 등에 대해서는 증여세 과세가액에 산입하지 않는다.

증여재산가액	• 일반증여재산가액 + 증여추정재산가액
+ 증여재산가산액	• 동일인으로부터 10년 이내 증여받은 재산가액
– 부담부증여시 인수채무액	• 해당 증여재산에 관련된 채무액 중 수증자가 인수한 금액
– 비과세 재산가액	• 국가 등으로부터 증여받은 재산 등
– 과세가액불산입액	• 공익법인이 출연받은 재산, 공익신탁재산, 장애인이 증여받은 재산
= 증여세 과세가액	

2. 부담부증여시 인수채무액

(1) 부담부증여의 개념

'부담부증여'란 증여자의 채무를 수증자가 인수하는 조건으로 재산을 증여하는 것을 말한다.

(2) 증여세 과세상 취급

1) 일반적인 부담부증여 : 해당 증여재산에 담보된 채무(임대보증금과 같이 해당 재산과 관련된 채무 포함)로서 수증자가 인수한 금액은 증여재산가액에서 공제하여 증여세 과세가액을 계산한다.

2) 배우자 또는 직계존비속간 부담부증여 : 배우자 간 또는 직계존비속 간의 부담부증여(배우자 등에게 양도한 재산이 증여로 추정되는 경우 포함)에 대해서는 수증자가 증여자의 채무를 인수한 경우에도 그 채무액은 수증자에게 인수되지 않은 것으로 추정한다. 그 취지는 배우자 · 직계존비속간에 단순증여를 부담부증여로 위장하여 증여세의 누진부담을 회피함과 동시에 과세관청의 입증책임을 완화하려는데 있다. 따라서 채무자(수증자)의 채무인수 사실의 입증 여부에 따라 다음과 같이 세무처리가 달라진다.

① 채무의 인수임이 입증되는 경우 : 다음의 서류에 따라 채무인수의 사실이 객관적으로 입증이 되는 경우에는 증여재산가액에서 해당 채무액을 차감하여 증여세 과세가액을 계산한다.

㉠ 국가 · 지방자치단체 · 금융회사 등에 대한 채무 : 해당 기관에 대한 채무임을 확인할 수 있는 서류

㉡ 그 외의 자에 대한 채무 : 채무부담서류, 채권자확인서, 담보설정 및 이자지급에 관한 증빙 등에 따라 그 사실을 확인할 수 있는 서류

② 채무의 인수임을 입증하지 못한 경우 : 해당 채무액은 증여재산가액에서 공제되지 않는다.

(3) 양도소득세 과세상 취급

1) 채무액이 공제되는 경우 : 부담부증여에 있어서 증여자의 채무를 수증자가 인수하는 경우 증여가액 중 그 채무액에 해당하는 부분을 양도로 본다. 이 경우 증여되는 재산이 양도소득세 과세대상인 경우에는 증여자에게 양도소득세가 과세된다.

이처럼 부담부증여에 있어서 양도로 보는 부분에 대한 양도차익을 계산할 때에는 그 양도가액과 취득가액은 다음과 같이 계산한다.

$$양도가액 = 양도\ 당시\ 자산가액 \times \frac{채무인수액}{증여가액}$$

$$취득가액 = 취득\ 당시\ 자산가액 \times \frac{채무인수액}{증여가액}$$

여기서 ① '양도 당시의 가액'은 양도 당시 상증세법의 규정(제60조~제66조)에 따라 평가한 가액(시가)을 말하며, ② '취득 당시의 가액'은 취득 당시 실지거래가액(또는 추계방법에 따른 가액)을 말한다. 이 경우 양도가액을 상증세법(제61조 ①,②,⑤)에 따른 부동산의 보충적 평가방법 및 상증세법(제66조)에 따른 저당권 등이 설정된 재산 평가의 특례에 따라 평가한 경우로서 기준시가로 산정한 경우에는 취득가액도 기준시가로 산정한다.

2) 채무액이 공제되지 않는 경우 : 그 채무액에 상당하는 부분은 자산이 유상으로 사실상 이전되는 것으로 보지 않으므로 양도소득세 과세문제가 발생하지 않는다.

3. 과세가액불산입

(1) 공익법인이 출연받은 재산가액

공익법인 등이 출연받은 재산가액은 증여세 과세가액에 산입하지 않는다.

상증 02

(2) 공익신탁재산

증여자가 공익신탁을 통해 공익법인 등에 출연하는 재산의 가액도 증여세 과세가액에 산입하지 않는다.

(3) 장애인이 증여받은 재산

1) 개요 : 장애인이 재산을 증여받고 그 재산을 본인을 수익자로 하여 신탁한 경우로서 해당 신탁(이하 '자익신탁')이 다음의 요건을 모두 충족하는 경우에는 그 증여받은 재산가액은 증여세 과세가액에 산입하지 않는다.

① 「자본시장과 금융투자업에 관한 법률」에 따른 신탁업자(이하 '신탁업자')에게 신탁되었을 것

② 그 장애인이 신탁의 이익 전부를 받는 수익자일 것

③ 신탁기간이 그 장애인이 사망할 때까지로 되어 있을 것. 다만, 장애인이 사망하기 전에 신탁기간이 끝나는 경우에는 신탁기간을 장애인이 사망할 때까지 계속 연장해야 한다.

한편 타인이 장애인을 수익자로 하여 재산을 신탁한 경우로서 해당 신탁(이하 '타익신탁')이 다음의 요건을 모두 충족하는 경우에는 장애인이 증여받은 그 신탁의 수익(부득이한 사유로 신탁원본의 인출이 있는 경우에는 해당 인출금액을 포함한다. 이하 같다)은 증여세 과세가액에 산입하지 않는다.

① 신탁업자에게 신탁되었을 것

② 그 장애인이 신탁의 이익 전부를 받는 수익자일 것. 다만, 장애인이 사망한 후의 잔여재산에 대해서는 그렇지 않다.

③ 다음의 내용이 신탁계약에 포함되어 있을 것

㉠ 장애인이 사망하기 전에 신탁이 해지 또는 만료되는 경우에는 잔여재산이 그 장애인에게 귀속될 것

㉡ 장애인이 사망하기 전에 수익자를 변경할 수 없을 것

㉢ 장애인이 사망하기 전에 위탁자가 사망하는 경우에는 신탁의 위탁자 지위가 그 장애인에게 이전될 것

2) 장애인이 증여받은 재산가액 등의 한도 : 자익신탁에 따라 장애인이 증여받은 재산가액(그 장애인이 살아 있는 동안 증여받은 재산가액을 합친 금액을 말한다) 및 타익신탁 원본의 가액(그 장애인이 살아 있는 동안 그 장애인을 수익자로 하여 설정된 타익신탁의 설정 당시 원본가액을 합친 금액을 말한다)을 합산한 금액은 5억원을 한도로 한다.

Ⅳ. 증여세 과세표준

1. 개요

(1) 일반적인 증여세 과세표준

과세표준이 50만원 미만인 경우에는 증여세를 부과하지 않는다.

증여세 과세가액	
− 증여공제	• 증여재산공제, 혼인 · 출산증여재산공제, 재해손실공제
− 감정평가수수료공제	• 평가수수료(500만원 · 1,000만원 · 500만원)
= 증여세 과세표준	• 과세최저한 : 50만원 미만

(2) 합산배제증여재산에 대한 과세표준

합산배제증여재산에 대한 과세표준은 다음과 같이 계산한다.

합산배제증여재산	증여세 과세표준
(1) 명의신탁재산의 증여의제*	명의신탁재산의 금액 − 감정평가수수료공제
(2) 다음에 해당하는 증여의제* ① 특수관계법인과의 거래를 통한 이익의 증여의제 ② 특수관계법인으로부터 제공받은 사업기회로 발생한 이익의 증여의제	증여의제이익 − 감정평가수수료공제
(3) 위의 (1) · (2)를 제외한 다음의 합산배제증여재산** ① 전환사채 등의 주식전환에 따른 이익의 증여 ② 주식의 상장에 따른 이익의 증여 ③ 합병에 따른 상장이익의 증여 ④ 재산 취득 후 재산가치 증가에 따른 이익의 증여 ⑤ 재산취득자금 및 채무상환자금의 증여추정	증여재산가액 − 3천만원 − 감정평가수수료공제

* 이들 증여의제는 조세회피를 방지하기 위해 마련된 것이므로 증여재산공제를 배제한다.

** 이러한 합산배제증여재산은 증여자와 그 원천을 구분하기 곤란하므로 개별적으로 과세하며, 과세표준을 계산할 때 3천만원을 일률적으로 공제한다.

2. 증여공제

(1) 증여재산공제

1) 개요 : 수증자와 증여자 사이의 인적관계의 친밀도, 증여자의 재산형성에 대한 수증자의 기여도 등을 고려하여 수증자의 지위에 따라 사회통념상 적정한 수준으로 다음의 구분에 따른 금액을 증여세 과세가액에서 공제한다.

구분	증여재산공제액
① 배우자로부터 증여받는 경우	• 6억원
② 직계존속으로부터 증여받는 경우 * 직계존속에는 수증자의 직계존속과 혼인(사실혼 제외) 중인 배우자 포함	• 5천만원(미성년자가 증여받는 경우 2천만원)
③ 직계비속으로부터 증여받는 경우 * '직계비속'에는 수증자와 혼인 중인 배우자의 직계비속 포함(이하 혼인 · 출산증여재산공제에서 같다)	• 5천만원
④ 위 외의 경우로서 4촌 이내 혈족, 3촌 이내 인척으로부터 증여받은 경우	• 1천만원

2) 공제방법 : 수증자를 기준(취득과세형)으로 해당 증여 전 합산기간(10년) 이내에 공제받은 금액과 해당 증여가액에서 공제받은 금액(혼인 · 출산증여재산공제 규정에 공제받은 금액은 제외)을 합한 금액이 위 공제금액을 초과하는 경우 그 초과하는 부분은 공제하지 않는다. 이 경우 구체적인 공제할 금액의 계산은 다음에 따른다.

① 둘 이상의 증여가 그 시기를 달리하는 경우 : 최초 증여세 과세가액부터 순차로 공제
② 둘 이상의 증여가 동시에 있는 경우 : 각각 증여세 과세가액에서 비례하여 안분공제

(2) 혼인 · 출산증여재산공제

거주자가 직계존속으로부터 혼인·출산과 관련하여 증여받은 경우 다음과 같이 혼인·출산증여재산공제를 적용한다.

공제의 내용	공제한도
① 혼인증여재산공제 : 거주자가 직계존속으로부터 혼인일* 전후 2년 이내에 증여를 받는 경우에는 출산증여재산공제 및 증여재산공제(5,000만원)와 별개로 1억원을 증여세 과세가액에서 공제한다(전단). 이 경우 그 증여세 과세가액에서 공제받을 금액과 수증자가 이미 전단에 따라 공제받은 금액을 합한 금액이 1억원을 초과하는 경우에는 그 초과하는 부분은 공제하지 않는다. * '혼인일'은 「가족관계의 등록 등에 관한 법률」에 따른 혼인관계증명서상 신고일을 말한다.	① 및 ②에 따라 증여세 과세가액에서 공제받았거나 받을 금액을 합한 금액이 1억원을 초과하는 경우에는 그 초과하는 부분은 공제하지 않는다.
② 출산증여재산공제 : 거주자가 직계존속으로부터 자녀의 출생일(또는 입양일)*부터 2년 이내에 증여를 받는 경우에는 혼인증여재산공제 및 증여재산공제(5,000만원)와 별개로 1억원을 증여세 과세가액에서 공제한다(전단). 이 경우 그 증여세 과세가액에서 공제받을 금액과 수증자가 이미 전단에 따라 공제받은 금액을 합한 금액이 1억원을 초과하는 경우에는 그 초과하는 부분은 공제하지 않는다.	

* '출생일'은 「가족관계의 등록 등에 관한 법률」에 따른 출생신고서상 출생일을 말하며, '입양일'은 「가족관계의 등록 등에 관한 법률(제61조)」에 따른 입양신고일을 말한다.

한편 다음 중 어느 하나에 해당하는 경우의 증여재산에 대해서는 위 도표의 혼인·출산증여재산공제를 적용하지 않는다.

① 변칙적 거래에 따른 이익의 증여(제33조~제42조의3)의 경우

② 배우자 등에게 양도한 재산의 증여추정(제44조) 및 채무상환자금의 증여추정(제45조)의 경우

③ 명의신탁재산의 증여의제(제45조의2), 특수관계법인과의 거래를 통한 이익의 증여의제(제45조의3), 특수관계법인으로부터 제공받은 사업기회로 발생한 이익의 증여의제(제45의4), 특정법인과의 거래를 통한 이익의 증여의제(제45조의5)의 경우

참고 혼인증여재산공제에 대한 사후관리

1. 혼인증여재산공제 후 혼인할 수 없는 경우 : 거주자가 혼인증여재산공제를 받은 후 약혼자의 사망 등 부득이한 사유(즉 반환특례 사유*)가 발생하여 해당 증여재산을 그 사유가 발생한 달의 말일부터 3개월 이내에 증여자에게 반환하는 경우에는 처음부터 증여가 없었던 것으로 본다.

* '반환특례 사유'란 다음 중 어느 하나에 해당하는 사유를 말한다.

① 약혼자의 사망

② 민법 제804조의 약혼해제 사유[예 : 약혼 후 자격정지 이상의 형을 선고받은 경우, 불치의 정신병 등이 있는 경우, 약혼 후 1년 이상 생사(生死)가 불명한 경우 등]

③ 그 밖에 혼인할 수 없는 중대한 사유로서 국세청장이 인정하는 사유

2. 혼인 전 혼인증여재산공제 후 혼인하지 않는 경우 : 혼인 전에 혼인증여재산공제를 받은 거주자가 증여일*부터 2년 이내에 혼인하지 않는 경우로서 증여일*부터 2년이 되는 날이 속하는 달의 말일부터 3개월이 되는 날까지 국세기본법에 따른 수정신고(또는 기한후신고)를 한 경우에는 다음과 같이 ① 가산세를 부과하지 아니하되 ② 이자상당액을 증여세에 가산하여 부과한다.

* 공제를 적용받은 증여가 다수인 경우 최초 증여일을 말한다.

구분	세무처리
① 가산세 부과제외	• 일반적인 무신고가산세 · 과소신고가산세 부과제외 * 부정행위로 인한 무신고가산세 · 과소신고가산세는 부과한다. • 납부지연가산세 부과제외
② 이자상당액 부과	• 가산하는 이자상당액 = 증여세액 × 기간* × $\frac{2.2}{10,000}$ * 기간 : 증여세 과세표준 신고기한의 다음날부터 수정신고(또는 기한후신고)를 한 날까지의 기간

3. 혼인증여재산공제 후 혼인이 무효가 된 경우 : 혼인증여재산공제를 받은 거주자가 혼인이 무효가 된 경우로서 혼인무효의 소에 대한 판결이 확정된 날이 속하는 달의 말일부터 3개월이 되는 날까지 국세기본법에 따른

수정신고(또는 기한후신고)를 한 경우에는 다음과 같이 ① 가산세를 부과하지 아니하되 ② 이자상당액을 증여세에 가산하여 부과한다.

구분	세무처리
① 가산세 부과제외	• 일반적인 무신고가산세 · 과소신고가산세 부과제외 * 부정행위로 인한 무신고가산세 · 과소신고가산세는 부과한다. • 납부지연가산세 부과제외
② 이자상당액 부과	• 가산하는 이자상당액 = 증여세액 × 기간* × $\frac{2.2}{10,000}$ * 기간 : 증여세 과세표준 신고기한의 다음날부터 수정신고(또는 기한후신고)를 한 날까지의 기간

(3) 재해손실공제

증여받은 재산이 증여세 신고기한 내에 화재 · 붕괴 · 폭발 등의 재난으로 인해 증여재산이 멸실되거나 훼손된 경우에는 그 손실가액을 증여세 과세가액에서 공제한다. 다만, 해당 손실가액이 보험금 등의 수령, 구상권 등의 행사에 의해 그 손실금액에 상당하는 금액을 보전받을 수 있는 경우에는 그렇지 않다.

3. 감정평가수수료공제

증여세를 신고 · 납부하기 위해서 증여재산을 평가하는데 소요되는 수수료로서 다음 중 어느 하나에 해당하는 것을 증여세 과세가액에서 공제한다.

공제대상 수수료	공제의 한도액
① 감정평가업자의 평가에 따른 수수료(증여세 납부용에 한정하며, 이렇게 평가된 가액으로 증여세를 신고 · 납부하는 경우에만 해당)	500만원
② 신용평가전문기관에 의한 비상장주식의 평가의 수수료	평가 수별 각각 1천만원
③ 판매용이 아닌 서화 · 골동품 등 예술적 가치가 있는 유형재산에 대한 전문가의 감정평가 수수료	500만원

[도 표] 거주자와 비거주자의 증여세 과세상 차이점

구분	수증자 : 거주자	수증자 : 비거주자
과세대상재산	• 국내외 모든 증여재산	• 국내에 소재한 증여재산
증여자의 연대납세의무	수증자로부터 조세채권의 확보가 곤란한 경우에만 연대납세의무를 진다.	무조건 증여자가 연대납세의무를 진다.

증여재산공제 혼인·출산증여재산공제	공제	공제 안함
재해손실공제	공제	공제
감정평가수수료공제	공제	공제
신고납부기한	증여받은 날이 속하는 달의 말일부터 3개월 이내	

V. 증여세액의 계산

1. 개요

증여세 과세표준	
× 세율	• 10%~50% 5단계 초과누진세율
= 산출세액	
+ 세대생략 가산액	• 산출세액×30%(40%)
= 산출세액 합계	
− 징수유예세액	• 박물관·미술관자료
− 세액공제	• 기납부세액공제·외국납부세액공제·신고세액공제
= 신고납부세액	• 납부방법 : 신고시 금전납부·분할납부·연부연납

2. 증여세 산출세액

(1) 증여세의 세율

증여세 산출세액은 증여세 과세표준에 상속세와 같은 10%~50%의 5단계 초과누진세율을 적용하여 계산한다.

(2) 세대를 건너뛴 증여에 대한 할증과세

수증자가 증여자의 자녀가 아닌 직계비속인 경우 증여세 산출세액의 30%(수증자가 미성년자로서 해당 증여재산가액이 20억원을 초과하는 경우에는 40%)에 상당하는 금액을 가산한다. 다만, 증여자의 최근친인 직계비속이 사망하여 그 사망자의 최근친인 직계비속이 증여받는 경우에는 제외

3. 세액공제 등

(1) 박물관자료에 대한 징수유예

관할세무서장은 증여재산에 박물관 · 미술관자료가 있는 경우 다음의 세액에 대한 징수를 유예할 수 있다.

$$\text{징수유예액} = \text{증여세 산출세액} \times \frac{\text{박물관자료 등 가액}}{\text{증여재산가액(가산하는 증여재산가액 포함)}}$$

(2) 기납부세액공제

동일인으로부터 10년 이내에 증여받음으로써 증여세 과세가액에 가산한 증여재산가액에 대하여 납부하였거나 납부할 증여세액(증여 당시 해당 증여재산에 대한 증여세 산출세액)은 증여세 산출세액에서 공제한다. 이 경우 공제할 증여세액은 다음의 산식을 한도로 한다.

$$\text{한도액} = \text{증여세 산출세액} \times \frac{\text{가산한 증여재산의 과세표준}}{\text{(해당 증여재산가액 + 가산한 증여재산가액)의 과세표준}}$$

(3) 외국납부세액공제

외국에 있는 재산을 증여받은 경우로서 외국법령에 따라 증여세가 부과되는 경우에는 국제적 이중과세조정을 위해 다음에 상당하는 금액을 증여세 산출세액에서 공제한다.

세액공제액 = MIN (①, ②)

$$\text{① 공제세액} = \text{증여세 산출세액} \times \frac{\text{외국의 법령에 따른 증여세 과세표준}}{\text{증여세 과세표준}}$$

② 한도액 = 외국법령에 따라 부과받은 증여세액

(4) 신고세액공제

증여세 신고기한까지 과세표준신고를 한 경우에는 증여세 산출세액에서 다음의 금액을 공제한다. 이 경우 신고만하고 자진납부를 하지 않아도 적용한다.

$$\text{신고세액공제} = \left(\begin{matrix}\text{증여세 산출세액}\\\text{(할증세액 포함)}\end{matrix} - \begin{matrix}\text{박물관자료 등}\\\text{징수유예세액}\end{matrix} - \text{공제 · 감면세액}\right) \times 3\%$$

제4절 증여세의 납세절차

I-1 p.632

Ⅰ. 서설

증여세도 상속세와 마찬가지로 정부부과제도를 선택하고 있는 세목이다. 따라서 재산 · 이익의 증여에 의해서 납세의무가 성립할 때 납세의무자가 이를 신고하더라도 이는 단순한 협력의무에 불과할 뿐 과세관청이 결정을 해야만 그 구체적인 과세표준과 세액이 확정된다.

Ⅱ. 증여세의 과세표준신고와 납부

1. 증여세의 과세표준신고

증여세의 납세의무가 있는 자는 증여받은 날이 속하는 달의 말일부터 3개월 이내에 증여세의 과세가액 · 과세표준을 관할세무서장에게 신고 · 납부해야 한다.

2. 증여세의 자진납부

증여세를 신고하는 자는 신고기한까지 증여세 산출세액(할증세액 포함)에서 다음의 금액을 뺀 금액을 관할세무서나 한국은행 · 우체국에 납부해야 한다.

① 박물관자료 등 징수유예액
② 공제 · 감면되는 세액
③ 신고세액공제액
④ 연부연납을 신청한 금액

여기서 증여세의 연부연납은 상속세의 납세절차에서 살펴본 바와 같다. 다만, 증여세에는 가업승계 증여세 과세특례를 적용받은 자산의 연부연납기간의 범위는 연부연납 허가일부터 15년으로 연부연납 허가 후 10년이 되는 날부터 10년은 허용되지 않는다(상속세는 물납도 허용되지만, 증여세는 물납이 허용되지 않는다).

3. 분할납부

증여세 자진납부세액이 1천만원을 초과하는 경우에는 그 납부할 금액의 일부를 납부기한 경과 후 2개월 이내에 분할납부할 수 있다. 다만, 증여세의 연부연납을 허가받은 경우에는 그렇지 않다. 이 경우 분납할 수 있는 세액은 다음과 같다.

구분	분할납부할 수 있는 세액
납부할 세액이 2천만원 이하일 때	1천만원을 초과하는 금액
납부할 세액이 2천만원을 초과할 때	납부할 세액의 50% 이하의 금액

III. 증여세의 결정 · 경정

1. 결정

관할세무서장은 과세표준 · 세액의 신고에 따라 과세표준 · 세액을 결정한다. 다만, 신고가 없거나 오류 · 탈루가 있는 경우에는 그 과세표준 · 세액을 조사하여 결정한다. 그 결정기간은 증여세과세표준 신고기한으로부터 6개월 이내이다.

2. 경정

세무서장은 신고에 따라 과세표준 · 세액을 결정할 수 없거나 결정 후 과세표준 · 세액에 오류 · 탈루가 있는 경우에는 그 과세표준 · 세액을 조사하여 결정 · 경정한다.

제5절 변칙적 거래에 따른 이익의 증여

I-1 p.634

I. 서설

	변칙적 거래에 따른 이익의 증여	증여세 면제대상	연대납세의무 적용대상	합산배제 증여재산
일반 거래	① 신탁이익의 증여		○	
	② 보험금의 증여		○	
	③ 저가양수 · 고가양도에 따른 이익의 증여	○		
	④ 채무면제 등에 따른 이익의 증여	○		
	⑤ 부동산무상사용 등에 따른 이익의 증여	○		
	⑥ 금전 무상대출 등에 따른 이익의 증여	○		

자본 거래	① 합병에 따른 이익의 증여			
	② 증자에 따른 이익의 증여			
	③ 현물출자에 따른 이익의 증여			
	④ 감자에 따른 이익의 증여			
	⑤ 초과배당에 따른 이익의 증여			
	⑥ 전환사채 등의 주식전환 등에 따른 이익의 증여			○(전환의 경우만)
	⑦ 주식의 상장에 따른 이익의 증여			○
	⑧ 합병에 따른 상장이익의 증여			○
그 밖의 이익의 증여	① 재산사용 및 용역제공 등에 따른 이익의 증여			
	② 법인의 조직 변경 등에 따라 이익의 증여			
	③ 재산 취득 후 재산가치 증가에 따른 이익의 증여			○

완전포괄주의 증여개념을 채택하고 있는 상증세법에서는 민법상 무상이전이 아닌 변칙적인 거래에 대해서도 증여세를 부과한다. 다만, 이러한 변칙적인 거래에 대해서도 증여세가 과세되는 유형을 예시적으로 규정함으로써 법적안정성과 예측가능성을 도모하고자 한다.

Ⅱ. 일반거래에 따른 이익의 증여

1. 신탁이익의 증여

신탁계약에 의하여 위탁자가 타인을 신탁의 이익의 전부 · 일부를 받을 수익자로 지정한 경우로서 다음 중 어느 하나에 해당하는 경우에는, 원본(元本) · 수익(收益)이 수익자에게 실제 지급되는 날 등을 증여일로 하여 해당 신탁의 이익을 받을 권리의 가액을 수익자의 증여재산가액으로 한다.

① 수익자가 원본을 받는 경우
② 수익자가 수익을 받는 경우

2. 보험금의 증여

생명보험 · 손해보험에서 보험사고(만기보험금 지급의 경우 포함)가 발생한 경우, 해당 보험사고가 발생한 날로 하여 다음의 구분에 따른 금액을 보험금 수령인의 증여재산가액으로 한다. 다만, 상속세로 과세하는 경우에는 증여재산가액에 포함하지 않는다.

구분	보험금 수령인의 증여재산가액
① 보험금 수령인 ≠ 보험료 납부자(수령자가 아닌 자가 보험료를 일부만 납부한 경우도 포함)	$\text{보험금} \times \dfrac{\text{보험금 수령인이 아닌 자가 납부한 보험료}}{\text{총납부보험료}}$
② 보험금 수령인이 타인으로부터 증여받은 재산으로 보험료를 납부하는 경우	$\text{보험금} \times \dfrac{\text{증여받은 재산으로 납부한 보험료}}{\text{총납부보험료}}$ $-$ 증여받은 재산으로 납부한 보험료

3. 저가양수 · 고가양도에 따른 이익의 증여

(1) 개요

1) 저가양수에 따른 이익의 증여 : ① 특수관계인 간에 재산을 시가보다 낮은 가액으로 양수한 경우로서 ② 시가와 그 대가의 차액이 기준금액[MIN(시가×30%, 3억원)] 이상인 경우, 해당 재산의 양수일을 증여일로 하여 다음의 금액을 그 이익을 얻은 자의 증여재산가액으로 한다.

증여재산가액 = (시가 − 양수대가) − MIN (시가×30%, 3억원)

만일 ① 특수관계인이 아닌 자 간에 ② 거래의 관행상 정당한 사유 없이 재산을 시가보다 현저히 낮은 가액으로 양수한 경우로서 ③ 시가와 그 대가의 차액이 기준금액(시가×30%) 이상인 경우에는, 해당 재산의 양수일을 증여일로 하여 다음의 금액을 증여재산가액으로 한다.

증여재산가액 = (시가 − 양수대가) − 3억원

판례 '거래의 정당한 사유가 없다'는 점에 대한 증명책임의 소재

일반적으로 과세처분 취소소송에서 과세요건사실에 관한 증명책임은 과세관청에게 있다는 점에서 증여세 부과처분이 적합하기 위해서는 시가보다 현저히 높게 거래되었다는 점뿐만 아니라 거래의 관행상 정당한 사유가 없다는 점도 과세관청이 증명해야 한다(2011두22075). ■

판례 그 거래가격으로 양수하는 것이 합리적인 경제인의 관점에서 비정상적이었다고 볼 수 없는 객관적인 사유가 있는 경우 '거래의 관행상 정당한 사유'가 있다고 볼 수 있는지 여부

대가와 시가와의 차액에 대해 증여세를 과세를 취지는 변칙적인 증여행위에 대처하고 과세의 공평을 도모하기 위함이나, 특수관계가 없는 자 사이의 거래에서는 서로 이해관계가 일치하지 않는 것이 일반적이어서 대가와 시가와의 차이가 있다는 사정만으로는 바로 증여가 있다고 보기 어려우므로, 특수관계가 없는 자들 간에 거래에는 거래의 관행상 정당한 사유가 없을 것이라는 요건을 추가하고 있다.

이러한 점들을 종합해 보면, 재산을 고가로 양도 · 양수한 거래 당사자들이 그 거래가격을 정상적인 가격으로 믿을 만한 합리적인 사유가 있었던 경우는 물론, 그와 같은 사유가 없더라도 양수인이 그 거래가격으로 양수하는 것이 합리적인 경제인의 관점에서 비정상적이었다고 볼 수 없는 객관적인 사유가 있는 경우에도 거래의 관행상 정당한 사유가 있다고 볼 수 있다(2013두5081). ■

2) 고가양도에 따른 이익의 증여 : ① 특수관계인 간에 재산을 시가보다 높은 가액으로 양도한 경우로서 ② 그 대가와 시가의 차액이 기준금액[MIN(시가×30%, 3억원)] 이상인 경우, 해당 재산의 양도일을 증여일로 하여 다음의 금액을 그 이익을 얻은 자의 증여재산가액으로 한다.

증여재산가액 = (양도대가 − 시가) − MIN (시가×30%, 3억원)

만일 ① 특수관계인이 아닌 자 간에 ② 거래의 관행상 정당한 사유 없이 재산을 시가보다 현저히 높은 가액으로 양도한 경우로서 ③ 그 대가와 시가의 차액이 기준금액(시가×30%) 이상인 경우, 해당 재산의 양도일을 증여일로 하여 다음의 금액을 그 이익을 얻은 자의 증여재산가액으로 한다.

증여재산가액 = (양도대가 − 시가) − 3억원

참 고 양수일과 양도일

'양수일과 양도일'이란 해당 재산의 대금을 청산한 날[① 대금을 청산한 날이 분명하지 않은 경우에는 등기·등록·명의개서를 한 날, ② 대금을 청산하기 전에 소유권이전등기(등록·명의개서 포함 이하 같다)를 하는 경우 등기접수일, ③ 장기할부조건에서는 소유권이전등기일·접수일·인도일·사용수익일 중 빠른 날로 한다. 이하 '대금청산일']을 기준으로 한다. 다만, 매매계약 후 환율의 급격한 변동 등으로 인해 대금청산일로 하는 것이 부적합하다고 인정되는 경우에는 매매계약일을 기준으로 한다. ■

판 례 특수관계인이 아닌 자 간 거래시 '거래의 관행상 정당한 사유' 과세요건을 추가한 입법취지

특수관계인이 아닌 자간 저가양수·고가양도의 증여규정의 입법 취지는 거래당사자가 비정상적인 방법으로 이익을 사실상 무상으로 이전하는 경우에 거래상대방이 얻은 이익에 대하여 증여세를 과세함으로써 변칙적인 증여행위에 대처하고 과세의 공평을 도모하려는 데에 있다. 그런데 특수관계가 없는 자 사이의 거래에서는 이해관계가 서로 일치하지 않는 것이 일반적이고 자신이 쉽게 이익을 얻을 수 있는 기회를 포기하면서 거래상대방으로 하여금 증여이익을 얻도록 하는 것은 이례적이므로, 특수관계인이 아닌 자간 저가양수·고가양도의 증여규정은 특수관계인 사이의 거래와 달리 특수관계가 없는 자 사이의 거래에 대해서는 '거래의 관행상 정당한 사유가 없을 것'이라는 과세요건을 추가하고 있다. 그러므로 특수관계가 없는 자 사이의 거래를 통해 거래상대방이 이익을 얻는 결과가 발생하더라도, 거래당사자가 객관적 교환가치를 적절히 반영하여 거래를 한다고 믿을 만한 합리적인 사유가 있거나 그러한 거래조건으로 거래를 하는 것이 합리적인 경제인의 관점에서 정상적이라고 볼 수 있는 사유가 있었던 경우에는 특수관계인이 아닌 자간 저가양수·고가양도의 증여규정에서 말하는 '거래의 관행상 정당한 사유'가 있다고 봄이 타당하므로, 특별한 사정이 없는 한 위 규정들을 근거로 증여세를 과세할 수 없다(2013두24495 판결). ■

(2) 증여대상에서 제외되는 것

다음 중 어느 하나에 해당하는 경우에는 '저가양수·고가양도에 따른 이익의 증여' 규정을 적용하지 않는다.

① 전환사채 등(전환사채, 신주인수권부사채, 기타 주식으로 전환 · 교환하거나 주식을 인수할 권리가 부여된 사채)

② 거래소에 상장된 주식 · 출자지분으로서 증권시장에서 거래되는 것(다만, 시간외 시장에서 거래되는 것은 제외)

③ 재산을 양수하거나 양도하는 경우로서 그 대가가 법인세법에 따른 시가에 해당하여 그 거래에 대하여 ㉠ 법인세법상 부당행위계산부인 및 ㉡ 소득세법상 양도소득세의 부당행위계산부인 규정이 적용되지 않는 경우. 다만, 거짓 그 밖의 부정한 방법으로 상속세 또는 증여세를 감소시킨 것으로 인정되는 경우에는 증여대상에 포함한다.

참 고 대가 및 시가의 산정기준일

대가 및 시가의 산정기준일은 해당 재산의 대금을 청산한 날(대금을 청산한 날이 불분명하거나 대금을 청산하기 전에 소유권이전등기를 한 경우에는 등기접수일)하 되, 매매계약 후 환율의 급격한 변동 등으로 인하여 대금청산일로 하는 것이 부적합하다고 인정되는 경우에는 매매계약일을 기준으로 한다. 여기서 '시가'란 상증세법의 재산평가 규정에 따라 평가한 가액(최대주주 등의 주식은 할증평가 규정이 적용됨) ■

판 례 고가양도시 양도자에게 증여세와 양도소득세를 둘 다 부과할 수 있는지 여부

증여세와 양도소득세는 각각 납세의무의 성립 요건 · 시기 · 납세의무자를 서로 달리하는 것이어서 과세관청이 각 부과처분을 할 경우 각각의 과세요건에 따라 실질에 맞추어 독립적으로 판단해야 할 것이므로 양자에 대한 중복과세를 배제하는 특별한 규정이 없는 한 어느 한 쪽의 과세만 가능한 것은 아니며, 증여재산에 대해서 수증자에게 소득세법에 따라 소득세가 과세되는 경우 증여세를 부과하지 않는다는 규정이 있다하더라도 이는 증여세가 소득세의 보완세의 성격을 가진다는 점을 나타날 뿐, 양도소득세와 증여세의 중복적용을 배제한다는 특별한 규정에 해당하지 않는다. 따라서 증여세의 부과처분과 양도소득세의 부과처분은 과세대상을 달리하여 이중과세에 해당한다고 볼 수 없다(2012두3200). ■

참 고 '저가양수 · 고가양도에 따른 이익의 증여'에 따른 증여세와 소득세와의 관계

① 법인과 특수관계가 있는 자가 재산을 저가양수 · 고가양도한 경우로서 부당행위계산부인이 적용되는 경우에는 인정상여 · 인정배당 · 인정기타소득에 대해 종합소득세가 과세되고, 증여세는 과세되지 않는다.
② 저가양수에 따른 이익의 증여가 적용되어 증여세를 납부한 양수자가 해당 재산을 양도할 때의 취득가액은 당초 저가로 양수한 가액에서 증여세가 부과되었던 증여재산가액을 더한 금액으로 한다.
③ 고가양도에 따른 이익의 증여가 적용되는 경우에는 그에 따른 증여세가 먼저 과세되고, 양도소득세를 계산할 때는 고가로 양도한 가액에서 증여세가 부과되었던 증여재산가액을 차감한 금액을 양도가액으로 한다. ■

4. 채무면제 등에 따른 이익의 증여

① 채권자로부터 채무를 면제받거나 ② 제3자로부터 채무의 인수 · 변제를 받은 경우에는, 그 면제 · 인수 · 변제(이하 면제 등)를 받은 날을 증여일로 하여 그 면제 등으로 인한 이익에 상당하는 금액(보상금을 지급한 경우 그 보상액을 뺀 금액)을 증여재산가액으로 한다.

참고 증여자가 증여세를 납부한 경우

증여자가 연대납세의무자로서 수증자가 납부할 증여세를 납부한 경우 이를 수증자에 대한 증여로 보지 않으나, 연대납세의무가 없는데도 증여자가 수증자를 대신하여 납부한 경우에는 이를 당초 증여재산가액에 가산한다. ■

5. 부동산무상사용 등에 따른 이익의 증여

(1) 부동산무상사용에 따른 이익의 증여

1) 개요 : 타인의 부동산(그 부동산의 소유자와 함께 거주하는 주택과 그에 딸린 토지는 제외)을 무상으로 사용함에 따라 이익을 얻는 경우, 그 무상사용을 개시한 날을 증여일로 하여 다음의 이익을 부동산무상사용자의 증여재산가액으로 한다. 다만, 이 규정은 그 이익에 상당하는 금액이 기준금액(1억원) 이상인 경우에만 적용한다.

부동산무상사용이익 = 각 연도별 부동산무상사용에 따른 이익 × 연금현가계수(10%, 5년)

각 연도별 부동산무상사용에 따른 이익 = 해당 부동산 가액 × 연간 사용요율(2%)

2) 적용례

① 토지나 건축물만을 각각 무상사용하는 경우에도 위 규정을 적용하고, 수인이 해당 부동산을 무상사용하는 경우에는 해당 부동산의 실제사용자 등을 해당 부동산의 무상사용자로 한다.

② 부동산무상사용이익을 계산할 때 무상사용기간은 5년으로 한다. 이 경우 5년을 초과하여 무상사용할 때에는 그 무상사용을 개시한 날부터 5년이 되는 날의 다음 날부터 새로이 해당 부동산의 무상사용을 개시한 것으로 본다.

③ 특수관계인이 아닌 자 간의 거래에는 그 거래에 정당한 사유가 없는 경우에 한정하여 해당 증여규정을 적용한다.

3) 사정변경으로 인한 경정청구의 특례 : 부동산무상사용에 대해 증여세의 결정 · 경정을 받은 자가 부동산 무상사용기간 중 부동산을 무상으로 사용하지 않게 된 경우에는 그 사유 발생일부터 3개월 이내에 다음의 금액에 대해 경정청구를 할 수 있다.

$$\text{경정청구 대상금액} = \text{증여세 산출세액 (할증세액 포함)} \times \frac{\text{사유발생일부터 부동산무상사용기간 종료일까지의 월수}}{\text{부동산무상사용기간의 월수(60개월)}}$$

* 월수는 역에 따라 계산하되, 1월 미만의 일수는 1월로 한다.

여기서 '부동산을 무상으로 사용하지 않게 된 경우'란 다음에 해당하는 경우를 말한다.

① 부동산소유자로부터 해당 부동산을 상속 · 증여받은 경우

② 부동산소유자가 해당 토지를 양도한 경우

③ 부동산소유자가 사망한 경우

④ 위와 유사한 경우로 부동산무상사용자가 해당 부동산을 무상으로 사용하지 않게 된 경우

(2) 부동산담보이용에 따른 이익의 증여

1) 개요 : 무상으로 타인의 부동산을 담보로 이용하여 금전 등을 차입함에 따라 이익을 얻은 경우에는, 그 부동산 담보 이용을 개시한 날을 증여일로 하여 다음의 이익을 부동산 담보 이용자의 증여재산가액으로 한다. 다만, 이 규정은 그 이익이 기준금액(1천만원) 이상인 경우에만 적용한다.

부동산담보이용이익 = 차입금 × 적정이자율* − 차입시 실제로 지급하였거나 지급한 이자

* 적정이자율이란 당좌대출이자율(4.6%)을 말한다. 다만, 법인으로부터 법인세법에 따른 인정이자율(시가)로 대출받은 경우에는 그 인정이자율

2) 적용례

① 부동산담보이용이익을 계산할 때 차입기간이 정해지지 않은 경우에는 그 차입기간을 1년으로 보고, 그 차입기간이 1년을 초과할 경우에는 그 부동산 담보 이용을 개시한 날부터 1년이 되는 날의 다음 날부터 새로이 차입한 것으로 본다.

② 특수관계인이 아닌 자 간의 거래에는 그 거래에 정당한 사유가 없는 경우에 한정하여 해당 증여규정을 적용한다.

3) 경정청구의 특례 : 부동산담보이용이익에 대해 증여세를 결정 · 경정을 받은 자가 재산의 사용기간 중에 해당 재산을 상속 · 증여받는 등의 사유로 더 이상 해당 재산을 담보로 사용하지 않게 된 경우에는 그 사유발생일부터 3개월 이내에 다음의 금액에 대해 경정청구를 할 수 있다.

$$\text{경정청구 대상금액} = \text{증여세 산출세액(할증세액 포함)} \times \frac{\text{사유발생일부터 담보로 제공받은 기간의 종료일까지의 월수}}{\text{담보로 제공받은 기간의 월수(12개월)}}$$

* 월수는 역에 따라 계산하되, 1월 미만의 일수는 1월로 한다.

6. 금전 무상대출 등에 따른 이익의 증여

(1) 증여의 내용

1) 개요 : 타인으로부터 금전을 무상 또는 적정이자율 보다 낮은 이자율로 대출받은 경우에

는, 그 금전을 대출받은 날에 다음의 이익을 그 금전을 대출받은 자의 증여재산가액으로 한다. 다만, 이 규정은 그 이익이 기준금액(1천만원) 이상인 경우에만 적용한다.

증여재산가액* = 대출금액×적정이자율** − 실제 지급한 이자상당액

* 이러한 이익은 대출받은 날(여러 차례 대출을 받는 경우 각각 대출받는 날)을 기준으로 계산한다.

** 적정이자율이란 당좌대출이자율(4.6%)을 말한다. 다만, 법인으로부터 법인세법에 따른 인정이자율(시가)로 대출받은 경우에는 그 인정이자율

2) 적용례

① 위 규정을 적용할 때 대출기간이 정해지지 않은 경우에는 그 대출기간을 1년으로 보고, 그 대출기간이 1년을 이상인 경우에는 1년이 되는 날의 다음 날부터 새로이 차입한 것으로 본다.

② 특수관계인이 아닌 자 간의 거래에는 그 거래에 정당한 사유가 없는 경우에 한정하여 위 규정을 적용한다.

(2) 경정청구의 특례

위 규정에 따라 증여세의 결정·경정을 받은 자가 대출기간 중에 해당 금전을 무상 또는 적정이자율 보다 낮은 이자율로 대출받지 않게 된 경우에는 그 사유발생일부터 3개월 이내에 다음의 금액에 대해 경정청구를 할 수 있다.

$$\text{경정청구 대상금액} = \text{증여세 산출세액(할증세액 포함)} \times \frac{\text{사유발생일부터 무상·저리 대출기간 종료일까지의 월수}}{\text{무상·저리 대출기간의 월수(12개월)}}$$

* 월수는 역에 따라 계산하되, 1월 미만의 일수는 1월로 한다.

여기서 '해당 금전을 무상 또는 적정이자율 보다 낮은 이자율로 대출받지 않게 된 경우'란 다음에 해당하는 경우를 말한다.

① 해당 금전에 대한 채권자의 지위가 이전된 경우
② 금전대출자가 사망한 경우
③ 위와 유사한 경우로서 더 이상 무상·저리로 받지 않게 된 경우

[도 표] 법인세법상 인정이자 계산상의 차이점

구분	인정이자	금전 무상대출 등에 따른 이익의 증여
거래당사자	법인과 그 특수관계인 간에 거래	거래 당사자 간 특수관계 여부 불문
금액	현저한 이익의 분여요건을 갖춘 경우 적용	금전 무상대출 등에 따른 이익이 1천만원 이상인 경우만 적용
적용이자율	인정이자율	적정이자율

<table>
<tr><td rowspan="2">과세 문제</td><td>대 출 자</td><td>법인세 과세 ○</td><td>과세문제 ×</td></tr>
<tr><td>대출받은 자</td><td>인정상여 등으로 소득세 과세 ○</td><td>증여재산가액에 대해 증여세 과세 ○</td></tr>
<tr><td colspan="2">양 자 의 관 계</td><td colspan="2">법인세법에 따라 인정이자계산의 규정을 적용하는 경우 금전 무상대출 등에 따른 이익의 증여규정을 적용하지 않음</td></tr>
</table>

판 례 금전 무상대출 등에 따른 이익이 상속개시일 전 5년 이내에 상속인이 아닌 자에게 증여한 재산가액에 해당하는지를 판단하는 기준시기

상증세법상 금전을 대출받은 날을 기준으로 증여재산가액을 계산한다고 규정하면서, 대출기간이 1년 이상인 경우에는 그 1년이 되는 날의 다음 날에 매년 새로이 대출을 받은 것으로 본다고 규정하고 있는 점과 직접 증여에 따른 증여세의 부담을 회피하기 위해 '금전을 무상 또는 적정이자율 보다 낮은 이자율로 대출받은 경우에도 증여세를 과세한다.'라는 입법취지를 고려해보면 그 이익의 증여시기는 금전을 대출받은 날 및 그 후 1년마다 도래하는 날의 다음 날이 된다고 보아야 하고, 상속개시일 전 5년 이내에 상속인이 아닌 자에게 증여한 재산가액에 해당하는지 여부도 이 증여시기를 기준으로 판단해야 한다(2011두10959).

Ⅲ. 자본거래에 따른 이익의 증여

1. 합병에 따른 이익의 증여

특수관계에 있는 법인 간에 합병(분할합병 포함)으로 피합병법인 · 합병법인의 대주주(출자자 포함)가 합병으로 인해 이익을 얻은 경우에는, 그 합병등기일을 증여일로 하여 다음의 금액을 그 대주주의 증여재산가액으로 한다.

$$\text{증여재산가액} = \text{1주당 평가차액} \times \text{합병 후 과대평가된 법인 대주주의 합병 후 주식수}$$

$$\text{1주당 평가차액} = \begin{matrix}\text{합병 후} \\ \text{1주당 평가액}\end{matrix} - \begin{matrix}\text{과대평가된 법인의} \\ \text{합병 직전 1주당 평가액}\end{matrix} \times \frac{\text{합병 전 주식수}}{\text{합병 후 주식수}}$$

$$\begin{matrix}\text{합병 후} \\ \text{1주당 평가액}\end{matrix} = \frac{(\text{과대평가된 법인의 합병직전 주식가액} + \text{과소평가된 법인의 합병직전 주식가액})}{\text{합병 후 합병법인의 주식수}}$$

* 합병법인이 주권상장법인인 경우 합병등기일의 다음 날부터 2개월이 되는 날까지의 기간 중 거래소 최종시세가액의 평균액과 위 산식에 따른 가액 중 적은 가액으로 한다.

여기서 '대주주'란 해당 주주 등의 지분과 그 특수관계인의 지분을 포함하여 해당 법인의 발행총주식수 등의 1% 이상을 소유하고 있거나 액면가액이 3억원 이상인 주주 등을 말한다.

해당 증여규정은 합병에 따른 이익이 기준금액 MIN[합병법인의 주식 평가가액×30%, 3억

원] 이상인 경우에만 적용한다. 이 경우 기준금액 이상인지의 여부는 합병으로 주가가 과대평가된 합병 전 법인의 대주주 1인을 기준으로 평가한다.

한편 주권상장법인이 다른 법인과 자본시장과 금융투자업에 관한 법률에 따른 합병을 하는 경우에는 특수관계에 있는 법인 간에 합병으로 보지 않는다.

* 합병에 따른 이익의 증여재산가액에 소득세법에 따른 의제배당금액이 포함되는 경우에는 이를 차감한다.

2. 증자에 따른 이익의 증여

법인이 신주를 발행하는 경우에는 주주평등의 원칙에 따라 주주 각자의 지분비율에 입각해서 신주인수권을 가진 주주에게 부여하는 것이 정상적인 신주발행이나, 일부 주주들만 저가로 신주를 인수한 경우에는 보다 낮은 가액으로 신주를 인수하여 그들이 이득을 얻는 반면, 이를 행사하지 않은 주주는 일부 주주의 저가 인수로 인해 자신들이 보유하고 있는 주식의 가치가 하락하여 손해를 입게 되고, 반대로 일부 주주들만 고가로 신주를 인수한 경우에는 보다 높은 가액으로 신주를 인수하여 그들이 손해를 보는 반면, 이를 행사하지 않은 주주는 일부 주주의 고가 인수로 인해 자신들이 보유하고 있는 주식의 가치가 증가하여 이득을 얻게 된다. 이것은 실제로 주식을 증여한 것은 아니지만 증여한 것과 같은 경제적 이익을 분여하는 행위이므로 이러한 행위에 대해서도 증여세를 과세하여 조세회피의 통로를 봉쇄하기 위함이다.

(1) 실권주를 다시 배정하는 경우

1) 신주를 저가발행하는 경우(증자 후의 1주당 평가액 > 1주당 인수가액) : 실권주를 배정받은 자(특수관계는 필요하지 않고, 소액주주도 포함)가 실권주를 배정받음으로써 이익을 얻은 경우에는 다음의 금액을 실권주를 배정받는 자의 증여재산가액으로 한다. 다만, 공모배정하는 경우는 제외

$$\text{증여재산가액} = \left(\begin{array}{c}\text{증자 후의}\\\text{1주당 평가가액}\end{array} - \begin{array}{c}\text{1주당}\\\text{인수가액}\end{array}\right) \times \text{신주를 초과하여 배정받은 신주수}$$

$$\begin{array}{c}\text{증자 후의}\\\text{1주당 평가가액}\end{array} = \frac{\left(\begin{array}{c}\text{증자 전의}\\\text{1주당 평가액}\end{array} \times \begin{array}{c}\text{증자 전의}\\\text{발행주식총수}\end{array}\right) + \left(\begin{array}{c}\text{신주 1주당}\\\text{인수가액}\end{array} \times \begin{array}{c}\text{증자에 의해}\\\text{증가하는 주식수}\end{array}\right)}{(\text{증자 전 발행주식총수} + \text{증자에 의해 증가한 주식수})}$$

* 주식상장법인의 경우에는 증자일의 다음 날부터 2개월이 되는 날까지의 기간 중 거래소 최종시세가액의 평균액과 위 산식에 따른 가액 중 적은 가액으로 한다.

2) 신주를 고가발행하는 경우(증자 후의 1주당 평가액 < 1주당 인수가액) : 실권주를 배정받은 자가 실권주를 인수함으로써 그의 특수관계인에 해당하는 실권주주(소액주주 포함)가 이익

을 얻은 경우에는 다음의 금액을 실권주주의 증여재산가액으로 한다. 다만, 공모배정하는 경우는 제외

$$\text{증여재산가액} = (\text{1주당 인수가액} - \text{증자 후의 1주당 평가가액}) \times \text{실권주주의 실권주수} \times \frac{\text{실권주주의 특수관계인이 인수한 신권주수}}{\text{실권주총수}}$$

(2) 실권주를 다시 배정하지 않는 경우

실권주를 재배정하지 않아도 특수관계가 있는 주주에게 경제적 이익을 분여할 수 있으므로 다음의 경우 1주당 주가차액(저가 발행의 경우에는 균등증자시의 1주당 평가가액 – 신주 1주당 인수가액, 고가 발행의 경우에는 1주당 인수가액 – 증자 후 1주당 평가가액)이 증자 후의 1주당 평가가액(저가발행의 경우에는 균등증자시의 1주당 평가가액)의 30% 이상이거나 다음에 따라 계산한 증여재산가액이 3억원 이상인 경우 그 분여받은 이익에 대해 증여세를 과세한다.

1) 신주를 저가발행하는 경우(증자 후의 1주당 평가액 > 1주당 인수가액) : 실권주주의 특수관계인(소액주주 포함)이 신주를 인수함으로써 이익을 얻은 경우에는 다음의 금액을 실권주주의 특수관계인의 증여재산가액으로 한다.

$$\text{증여재산가액} = (\text{균등증자시 1주당 평가가액} - \text{신주 1주당 인수가액}) \times \text{실권주총수} \times \begin{matrix}\text{증자 후} \\ \text{신주인수권자의 지분비율}\end{matrix} \times \frac{\text{신주인수자의 특수관계인 중 실권주수}}{\text{실권주총수}}$$

$$\begin{matrix}\text{균등증자시의} \\ \text{1주당 평가가액}\end{matrix} = \frac{\left(\begin{matrix}\text{증자 전의} \\ \text{1주당 평가액}\end{matrix} \times \begin{matrix}\text{증자 전의} \\ \text{발행주식총수}\end{matrix}\right) + \left(\begin{matrix}\text{신주 1주당} \\ \text{인수가액}\end{matrix} \times \begin{matrix}\text{균등증자에 의해} \\ \text{증가하는 주식수}\end{matrix}\right)}{(\text{증자 전 발행주식총수} + \text{균등증자에 의해 증가한 주식수})}$$

* 주식상장법인의 경우에는 증자일의 다음 날부터 2개월이 되는 날까지의 기간 중 거래소 최종시세가액의 평균액과 위 산식에 따른 가액 중 적은 가액으로 한다.

2) 신주를 고가발행하는 경우(증자 후의 1주당 평가액 < 1주당 인수가액) : 실권주주의 특수관계인(소액주주 포함)이 신주를 인수함으로써 그 특수관계인에 해당하는 실권주주가 이익을 얻은 경우에는 다음의 금액을 그 실권주주의 증여재산가액으로 한다.

$$\text{증여재산가액} = \left(\begin{matrix}\text{1주당} \\ \text{인수가액}\end{matrix} - \begin{matrix}\text{증자 후의} \\ \text{1주당 평가가액}\end{matrix}\right) \times \text{실권주주의 실권주수} \times \frac{\text{실권주주 중 특수관계인이 인수한 신주수}}{\text{균등증자시의 증가주식총수}}$$

3. 현물출자에 따른 이익의 증여

(1) 내용

1) 저가인수의 경우 : 현물출자에 의하여 주식을 시가보다 낮은 가액으로 인수함으로써 현물출자자가 이익을 얻은 경우, 현물출자의 목적이 되는 재산의 납입일을 증여일로 하여 다음의 금액을 증여재산가액으로 한다.

$$\text{증여재산가액} = \left(\begin{array}{c}\text{현물출자 후의}\\\text{1주당 평가가액}\end{array} - \begin{array}{c}\text{1주당}\\\text{인수가액}\end{array}\right) \times \text{현물출자자가 배정받은 신주수}$$

$$\begin{array}{c}\text{현물출자 후의}\\\text{1주당 평가가액}\end{array} = \frac{\left(\begin{array}{c}\text{현물출자 전의}\\\text{1주당 평가가액}\end{array} \times \begin{array}{c}\text{현물출자 전의}\\\text{발행주식총수}\end{array}\right) + \left(\begin{array}{c}\text{신주 1주당}\\\text{인수가액}\end{array} \times \begin{array}{c}\text{현물출자에 의해}\\\text{증가하는 주식수}\end{array}\right)}{(\text{현물출자 전의 발행주식총수} + \text{현물출자에 의해 증가한 주식수})}$$

2) 고가인수의 경우 : 현물출자에 의해 주식을 시가보다 높은 가액으로 인수함으로써 현물출자자의 특수관계인에 해당하는 주주가 이익을 얻은 경우에는 다음의 금액을 그 특수관계인에 해당하는 주주의 증여재산가액으로 한다.

$$\text{증여재산가액} = \left(\begin{array}{c}\text{1주당}\\\text{인수가액}\end{array} - \begin{array}{c}\text{현물출자 후}\\\text{1주당 평가가액}\end{array}\right) \times \begin{array}{c}\text{현물출자자가}\\\text{인수한 신주수}\end{array} \times \begin{array}{c}\text{현물출자자 외의}\\\text{주주* 의 지분비율}\end{array}$$

* 현물출자자 외의 주주 : 현물출자 전에 현물출자자와의 특수관계인에 해당하는 자

다만, 이 규정은 주가차액(1주당 인수가액 − 현물출자 후 1주당 평가가액)이 기준금액 MIN [현물출자 후 평가가액 × 30%, 3억원] 이상인 경우에만 적용한다.

(2) 제도의 취지

현물출자로 신주를 취득하는 것이 증자로 신주를 취득하는 것과 경제적 실질이 같은데도 불구하고 '증자에 따른 이익의 증여' 규정으로는 이러한 현물출자에 따른 이익에 대해 증여세를 과세할 수 없는 문제가 발생한다. 따라서 이와 같은 현물출자로 통한 조세회피행위를 방지하고자 '현물출자에 따른 이익의 증여' 규정을 도입하였다.

4. 감자에 따른 이익의 증여

(1) 개요

법인이 주식을 소각하는 경우에도 증자의 경우와 같이 일부 주주들만 저가로 주식을 소각한 경우에는 보다 낮은 대가를 받고 자신들의 신주를 소각하여 그들이 손해를 보는 반면, 이를 소각하지 않은 주주는 일부 주주가 주식을 저가로 소각함으로써 자신들이 보유하고 있는 주식의 가치가 상승하여 이익을 얻게 되고, 반대로 일부 주주들만 고가로 주식을 소각한 경우

에는 보다 높은 대가를 받고 자신들의 주식을 소각하여 그들이 이득을 얻는 반면, 이를 소각하지 않은 주주는 일부 주주가 주식을 고가로 소각함으로써 자신들이 보유하고 있는 주식의 가치가 하락하여 손해를 보게 된다. 이것은 증자의 경우와 마찬가지로 실제로 주식을 증여한 것은 아니지만 실제로 증여를 한 것과 같은 경제적 이익을 분여한 행위이므로 이러한 거래에 대해서도 증여세를 과세하기 위함이다. 이때 증여일은 감자를 위한 주주총회의 결의일로하며, 이 증여규정은 ① 1주당 평가차액*이 감자한 주식 1주당 평가액의 30% 이상이거나 ② 감자에 따른 이익이 3억원 이상인 경우에만 적용한다.

* 1주당 평가차액 = (감자한 주식의 1주당 평가액 – 주식 소각시 지급한 1주당 금액)

1) 저가소각의 경우 : 주식을 시가보다 낮은 대가로 소각한 경우에는 주식을 소각한 주주의 특수관계인에 해당하는 대주주가 이익을 얻은 경우, 다음의 금액을 그 대주주의 증여재산가액으로 한다.

$$\text{증여재산가액} = \left(\begin{matrix}\text{감자한 주식의}\\\text{1주당 평가액}\end{matrix} - \begin{matrix}\text{주식소각시 지급한}\\\text{1주당 금액}\end{matrix}\right) \times \text{총감자주식수} \times \begin{matrix}\text{대주주의 감자 후}\\\text{지분비율}\end{matrix} \times \frac{\text{대주주와 특수관계인인 자의 감자주식수}}{\text{총감자주식수}}$$

2) 고가소각의 경우 : 주식을 시가보다 높은 가액으로 소각한 경우에는 대주주의 특수관계인에 해당하는 주주가 주식을 소각하여 이익을 얻은 경우, 다음의 금액을 그 대주주의 증여재산가액으로 한다. 다만, 해당 증여규정은 감자한 주식 1주당 평가액이 액면가액 이하인 경우로서 그 평가액을 초과하여 대가를 지급한 경우에만 적용한다.

$$\text{증여재산가액} = \left(\begin{matrix}\text{주식소각시 지급한}\\\text{1주당 금액}\end{matrix} - \begin{matrix}\text{감자한 주식의}\\\text{1주당 평가액}\end{matrix}\right) \times \text{해당 주주의 감자주식수}$$

(2) 제도의 취지(저가소각의 경우)

저렴한 대가를 받고 주식을 소각하더라도 모든 주주가 균등하게 자신의 주식을 소각한다면 각 주주들 간에 지분권에는 변동이 없으나, 일부 주주들만 저렴한 대가를 받고 주식을 소각을 하면, 그 감소된 지분권이 다른 주주들에게로 이전되는 결과가 된다.

이러한 주주평등의 원칙에 위배되는 불균등한 감자는 상법에 따라 이해관계가 있는 주주가 감자일부터 6개월 이내에 소(이하 감자무효의 소)를 제기하면 해당 감자는 무효가 되기 때문에 일반적으로는 이러한 감자가 발생할 리가 없으나, 주주들 사이에 특수관계가 있는 경우라면 이해관계가 일치할 수 있어 감자무효의 소가 제기될 가능성이 적을 것이다. 그러므로 특수관계가 있는 주주들 간에 불균등한 감자를 통하여 사실상 부의 무상이전이 발생하는 경우 이를 증여에 포함시켜 증여세를 과세함으로써 조세회피의 통로를 봉쇄하기 위함이다.

5. 전환사채 등의 주식전환 등에 따른 이익의 증여

(1) 의의

전환사채 등을 인수 · 취득 · 양도하거나 그 전환사채 등이 주식으로 전환 · 교환 또는 주식을 인수함으로써 이익을 얻은 경우에는 그 이익에 상당하는 금액은 증여재산가액으로 한다. 여기서 '전환사채 등'이란 전환사채(CB), 신주인수권부사채(BW, 분리형은 신주인수권), 기타 주식으로 전환 · 교환하거나 주식을 인수할 권리가 부여된 사채를 말한다.

전환사채 등을 저가 · 고가로 인수 · 취득 · 양도 · 전환 · 교환을 하는 경우, 위에 따른 자본거래들과 마찬가지로 이익의 무상이전이 일어나게 된다. 이 경우도 증여세를 부과하여 조세회피 행위를 방지하려는데 그 취지가 있다.

(2) 저가취득 · 인수에 따른 이익의 증여

1) 개요 : 전환사채 등을 인수 · 취득함으로써 그 인수 · 취득한 날에 얻은 다음의 이익은 증여재산가액으로 본다.

① 특수관계인으로부터 전환사채 등을 시가보다 낮은 가액으로 취득함으로써 얻은 이익

② 전환사채 등을 발행한 법인(공모방법으로 발행한 법인은 제외)의 최대주주나 그 특수관계인으로서 주주인 자가 그 법인으로부터 전환사채 등을 시가보다 낮은 가액으로써 균등조건으로 배정받을 수 있는 수를 초과하여 인수 · 취득(자본시장과 금융투자업에 관한 법률에 따라 인수인으로부터 인수 · 취득하는 경우 포함)함에 따라 얻는 이익

③ 전환사채 등을 발행한 법인의 최대주주의 특수관계인(그 법인의 주주는 제외)이 그 법인으로부터 전환사채 등을 시가보다 낮은 가액으로 인수함으로써 얻는 이익

2) 증여재산가액의 계산 : 전환사채 등을 인수 · 취득함으로써 얻은 이익은 다음과 같이 계산하며, 이 증여규정은 그 이익이 기준금액 MIN[전환사채 등의 시가×30%, 1억원] 이상인 경우에만 적용한다.

증여재산가액 = 전환사채 등의 (시가 − 인수 · 취득가액)

(3) 주식전환에 따른 이익의 증여(합산배제증여재산)

1) 개요 : 전환사채 등에 의해 주식전환 등을 함으로써 주식전환 등을 한 날에 얻은 다음의 이익은 증여재산가액으로 한다. 다만, 이 규정은 얻은 이익이 1억원 이상인 경우에만 적용한다.

① 전환사채 등을 특수관계인으로부터 취득한 자가 전환사채 등에 의해 교부받았거나 교부받을 주식의 가액이 전환가액 · 교환가액 · 인수가액(이하 전환가액 등)을 초과함으로써 얻은 이익

② 전환사채 등을 발행한 법인의 최대주주나 그 특수관계인인 주주가 그 법인으로부터 전환사채 등을 시가 보다 낮은 가액으로써 균등조건으로 배정받을 수 있는 수를 초과하여 인수 등을 한 경우로서 전환사채 등에 의해 교부받았거나 교부받을 주식의 가액이 전환가액 등을 초과함으로써 얻은 이익

③ 전환사채 등을 발행한 법인의 최대주주의 특수관계인(그 법인의 주주는 제외)이 그 법인으로부터 전환사채 등을 시가보다 낮은 가액으로 인수 등을 한 경우로서 전환사채 등에 의해 교부받았거나 교부받을 주식의 가액이 전환가액 등을 초과함으로써 얻은 이익

2) 증여재산가액의 계산 : 전환사채 등에 의하여 주식으로의 전환 · 교환 또는 주식의 인수를 함으로써 얻은 이익은 다음과 같이 계산한다.

(전환 등의 경우에는 교부받은 주식가액 / 양도한 경우에는 교부받을 주식가액 − 1주당 전환가액 등) × 교부받거나 교부받을 주식수 (−) 전환권 · 신주인수권의 취득으로 인한 이자손실분* (−) 인수 · 취득시 기과세된 증여재산가액
= 증여재산가액(전환사채 등을 양도한 경우 한도액 : 양도가액 − 취득가액)

* 이자손실분 = 취득당시 사채발행이율에 따라 현재가치로 할인한 전환사채 등의 만기상환금액 − 취득당시 시중이자율에 따라 현재가치로 할인한 전환사채 등의 만기상환금액

[도 표] 전환사채 등에 대한 이익의 증여

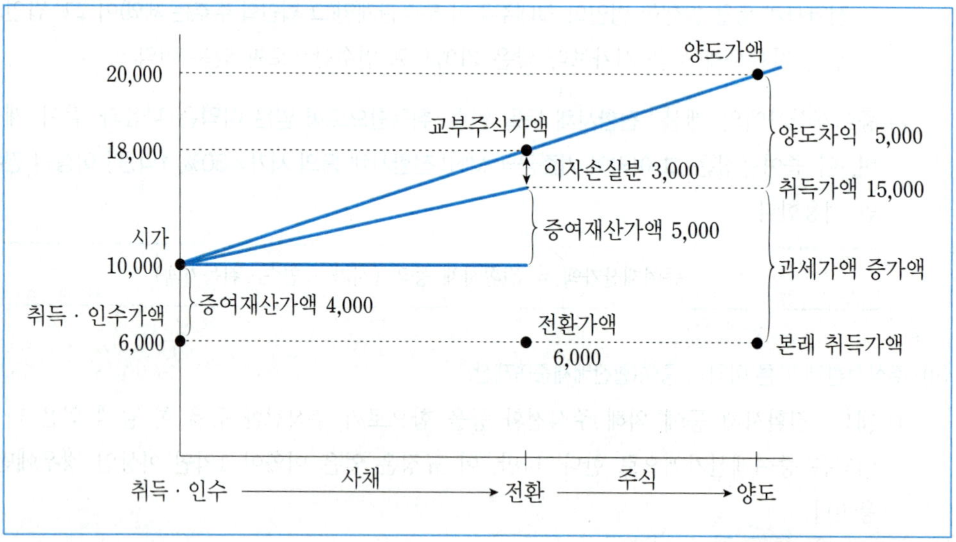

(4) 저가의 주식교부에 따른 이익의 증여

전환사채 등에 의해 교부받은 주식의 가액이 전환가액 등보다 낮게 됨으로써 그 주식을 교

부받은 자의 특수관계인이 이익을 얻은 경우에는 다음의 금액을 그 특수관계인의 증여재산 가액으로 한다.

> 증여재산가액
> = (주식 1주당 전환가액 등 – 교부받은 주식가액)
> ×전환 등에 의해 증가한 주식수
> ×해당 주식을 교부받은 자의 특수관계인이 전환 등을 하기 전에 보유한 지분비율

(5) 전환사채 등의 고가양도에 따른 이익의 증여

전환사채 등을 특수관계인에게 양도한 경우로서 전환사채 등의 양도일에 양도가액이 시가를 초과함으로써 양도인이 이익을 얻은 경우, 다음의 금액을 양도인의 증여재산가액으로 한다. 다만, 해당 증여규정은 그 이익이 기준금액 MIN[전환사채 등의 시가×30%, 1억원] 이상인 경우에만 적용한다.

> 증여재산가액 = 전환사채 등의 (양도가액 – 시가)

6. 초과배당에 따른 이익의 증여

(1) 개요

법인의 주주들이 지분비율에 따라 균등하게 배당받지 않고 주주 간 배당금 또는 배당률을 다르게 하는 배당을 '차등배당'이라고 한다. 이러한 차등배당은 소액주주의 이익을 위해서 대주주 등이 자발적으로 배당을 포기한 것이므로 상법상 주주평등의 원칙에 위배되지 않는다. 그런데 비상장법인 등의 최대주주가 차등배당을 이용하여 특수관계인인 주주에게 세부담을 줄이면서 부(富)를 무상으로 이전하는 수단으로 이용될 수 있다. 이를 방지하기 위해서 초과배당으로 얻은 이익에 대해서 배당소득에 대한 소득세 외에 증여세를 추가과세하는 것이다.

> 최대주주(과소배당) ——초과배당에 따른 이익——→ 최대주주의 특수관계인인 주주(초과배당)

(2) 증여의 요건

다음의 요건을 모두 갖춘 경우에 초과배당금액에 대해서 증여세를 과세한다.

1) 최대주주의 과소배당 : 법인이 이익이나 잉여금을 배당 또는 분배(이하 '배당')하는 경우로서 그 법인의 최대주주(최대출자자 포함)가 본인이 지급받을 배당금의 전부 또는 일부를 포기하거나 본인이 보유한 주식(출자지분 포함)에 비례하여 균등하지 않은 조건으로 배당

을 받아야 한다.

2) 최대주주의 특수관계인인 주주의 초과배당 : 최대주주가 과소배당을 받음에 따라 그 최대주주의 특수관계인이 본인이 보유한 주식에 비하여 높은 금액의 배당을 받아야 한다.

(3) 효과

1) 증여재산가액 : 이상의 요건을 충족한 경우에는 법인이 배당 또는 분배한 금액을 지급한 날을 증여일로 보아 그 최대주주의 특수관계인이 본인이 보유한 주식에 비례하여 균등하지 않은 조건으로 배당받은 금액(이하 '초과배당금액')에서 해당 초과배당금액에 대한 소득세 상당액을 공제한 금액을 그 최대주주의 특수관계인의 증여재산가액으로 한다.

> 당초 증여재산가액 = [① 초과배당금액 – ② 초과배당금액에 대한 소득세 상당액]

위 계산식에서 ① 초과배당금액과 ② 초과배당금액에 대한 소득세 상당액은 다음과 같이 계산한다.

$$\text{① 초과배당금액} = \text{최대주주의 특수관계인인 주주의 (실제 배당금액} - \text{균등조건 배당금액)} \times \frac{\text{초과배당받은 주주의 특수관계인인 최대주주의 과소배당금액*}}{\text{배당받은 주주들의 총과소배당금액*}}$$

* 과소배당금액 : 보유한 주식에 비하여 낮은 금액의 배당을 받은 주주가 보유한 주식에 비례하여 배당을 받을 경우에 비해 적게 배당을 받은 금액(균등조건 배당금액 – 실제 배당금액)을 말한다.

② 초과배당금액에 대한 소득세 상당액

구분	초과배당금액에 대한 소득세 상당액
(1) 초과배당금액에 대한 증여세 과세표준 신고기한이 해당 초과배당금액이 발생한 연도의 다음 연도 6월 1일* 이후인 경우(이것은 증여세 신고시 초과배당금액에 대한 실제 소득세액이 확정된 경우를 말한다)(*주1) * 소득세법에 따른 성실신고확인대상사업자에 해당하는 경우에는 '6월 1일' 대신에 '7월 1'로 한다.	① 초과배당금액이 분리과세된 경우 : 해당 분리과세된 세액 ② 초과배당금액이 종합과세된 경우 : MAX [(ⓐ–ⓑ), 초과배당금액×14%] ⓐ 초과배당금액이 발생한 연도의 종합소득과세표준×종합소득세율(6%~45%) ⓑ (해당 연도의 종합소득과세표준 – 초과배당금액)×종합소득세율(6%~45%) * 소득세 과세제외 대상이거나 비과세대상인 초과배당금액의 경우 : 영(0)
(2) 그 밖의 경우(이것은 증여세 신고시 초과배당금액에 대한 실제 소득세액이 아직 확정되지 않은 경우를 말한다)	초과배당금액×소득세율(14%~45%)(*주2)

(*주1) 위 (1)에 해당하는 경우에는 실제 확정된 소득세 상당액을 기준으로 처음부터 증여세를 계산해서 신고납부하기 때문에 아래 2)의 증여세액의 정산규정은 적용하지 않는다.

(*주2) '소득세율(14%~45%)'이란 다음 표의 구분에 따른 율을 말한다.

초과배당금액		소득세율
	5,760만원 이하	초과배당금액×14%
5,760만원 초과	8,800만원 이하	806만원 + (초과배당금액 − 5,760만원)×24%
8,800만원 초과	1억5,000만원 이하	1,536만원 + (초과배당금액 − 8,800만원)×35%
1억5,000만원 초과	3억원 이하	3,706만원 + (초과배당금액 − 1억5,000만원)×38%
3억원 초과	5억원 이하	9,406만원 + (초과배당금액 − 3억원)×40%
5억원 초과	10억원 이하	1억7,406만원 + (초과배당금액 − 5억원)×42%
10억원 초과		3억8,406만원 + (초과배당금액 − 10억원)×45%

2) 증여세액의 정산 : 초과배당금액에 대하여 증여세를 부과받은 자는 해당 초과배당금액에 대한 소득세를 납부할 때(납부할 세액이 없는 경우를 포함한다) (①의 증여세액 − ②의 증여세액)의 차액을 관할세무서장에게 납부해야 한다. 다만, (②의 증여세액 > ①의 증여세액)인 경우에는 그 초과되는 금액(② − ①)을 환급받을 수 있다.

(① 정산증여재산가액* 기준으로 계산한 증여세액 − ② 당초 증여재산가액 기준으로 계산한 증여세액) = (+) : 추가납부 / (−) : 환급

* 정산증여재산가액 = (초과배당금액 − 초과배당금액에 대해서 실제로 확정된 소득세액)

이러한 정산증여재산가액의 증여세 과세표준의 신고기한은 초과배당금액이 발생한 연도의 다음 연도 '5월 1일부터 5월 31일까지(성실신고확인서를 제출한 성실신고확인대상사업자는 5월 1일부터 6월 30일)'로 한다.

[도 표] 초과배당금액에 대한 증여세 납세절차

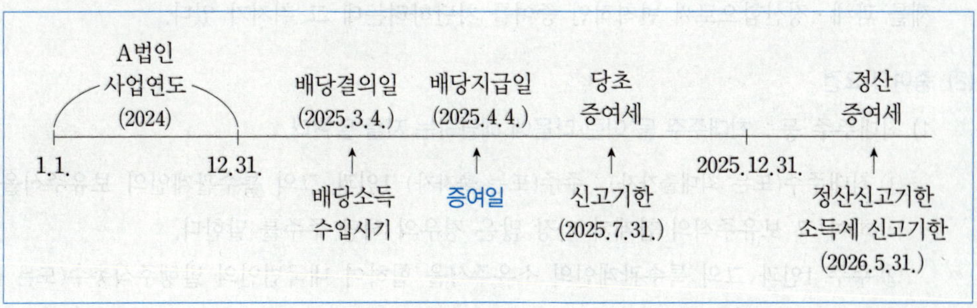

[도 표] 차등배당 적용사례

1. 차등배당 내용

주주(甲과 관계)	지분비율	① 실제 배당받은 금액	② 균등조건 배당액	차등배당(①-②)
甲(본인)	50%	5억원	45억원	-40억원(과소배당)
乙(특수관계 없음)	10%	5억원	9억원	- 4억원(과소배당)
A(자녀)	30%	60억원	27억원	+33억원(초과배당)
B(특수관계 없음)	10%	20억원	9억원	+11억원(초과배당)
합계	100%	90억원	90억원	-

2. 최대주주(甲)의 특수관계인(자녀)인 주주 A의 초과배당에 따른 이익

: 초과배당금 = 최대주주의 특수관계인인 주주의 (실제 배당금액 - 균등조건 배당금액)

$$\times \frac{\text{초과배당받은 주주의 특수관계인인 최대주주의 과소배당금액}}{\text{과소배당받은 주주들의 총과소배당금액}}$$

$$= 33\text{억원}(60\text{억원} - 27\text{억원}) \times \frac{40\text{억원}}{44\text{억원}} = \underline{\underline{30\text{억}}}$$

3. 주주 A(자녀)의 증여재산가액

: 30억-12.846억원(초과배당금액에 대한 소득세 상당액) = <u>17.154억원</u>

7. 주식의 상장에 따른 이익의 증여(합산배제증여재산)

(1) 개요

기업경영에 관하여 공개되지 않은 정보를 이용할 수 있는 지위에 있다고 인정되는 자(이하 최대주주 등)의 특수관계인이 비상장주식을 증여받거나 취득한 후 그 주식이 상장함에 따라 얻은 이익의 경우에는 그 이익에 상당하는 금액은 증여재산가액으로 한다. 이 제도는 일반인들이 알 수 없는 정보를 최대주주 등으로부터 얻게 되어 경제적 이익을 취하게 된다면, 이에 대해 증여세를 과세·정산함으로써 변칙적인 증여를 차단하려는데 그 취지가 있다.

(2) 증여의 요건

1) 최대주주 등 : '최대주주 등'이란 다음에 해당하는 자를 말한다.

① 최대주주(또는 최대출자자) : 주주(또는 출자자) 1인과 그의 특수관계인의 보유주식을 합하여 그 보유주식의 합계가 가장 많은 경우의 해당 주주를 말한다.

② 주주 1인과 그의 특수관계인의 소유주식을 합하여 내국법인의 발행주식총수(또는 출자총수)의 25% 이상을 소유한 경우의 해당 주주

2) 비상장주식의 취득 : 최대주주 등의 특수관계인이 다음에 해당하는 방법으로 비상장법인의 주

식을 증여받거나 취득해야 한다.

① 최대주주 등으로부터 해당 법인의 주식을 증여·유상으로 취득한 경우. 여기에는 해당 주식을 증여·유상으로 취득한 후 신주*를 발행받거나 인수한 경우 그 신주도 포함한다.

* 상장의 이익에 대해 증여세를 부과하는 취지는 해당 주식을 증여·양도할 당시 그 실현이 예상되는 부의 무상이전까지 과세함으로써 조세평등주의를 구현하기 위함이다. 따라서 상장에 따른 이익에 해당할 수 있는 주식의 범위에 포함하는 신주에는 무상신주는 물론 유상신주도 포함해야 한다고 보아야 한다(2013두14559).

② 최대주주 등으로부터 증여받은 재산(해당 주식을 취득한 날로 소급하여 3년 이내에 증여받은 재산으로 한정)으로 최대주주 등이 아닌 자로부터 해당 법인의 주식을 취득한 경우. 여기서 취득하는 해당 법인의 주식을 최대주주 등으로부터 증여받은 재산(이하 증여받은 재산)으로 취득한 것인지가 불분명한 경우에는 그 증여받은 재산으로써 취득한 것으로 추정한다. 이때 증여받은 재산을 담보로 하여 자금을 대출받아 그 자금으로 해당 주식을 취득한 경우에도 이를 증여받은 재산으로써 취득한 것으로 본다.

3) 5년 이내 상장 : 최대주주 등의 특수관계인이 해당 법인의 주식을 증여받거나 취득한 날부터 5년 이내에 그 주식이 자본시장과 금융투자업에 관한 법률에 따른 증권시장(유가증권시장·코스닥시장은 포함하되, 코넥스시장은 제외)에 상장되어야 한다.

4) 상장에 따른 이익 : 해당 법인이 상장됨에 따라 그 가액이 증가한 경우로서 그 주식을 증여받거나 취득한 자가 당초 증여세 과세가액(최대주주 등으로부터 증여받은 재산을 대가로 취득하는 경우는 제외)·취득가액을 초과하여 이익을 얻어야 한다.

(3) 효과

1) 증여재산가액 : 위에 따른 요건을 모두 충족한 경우 다음의 금액을 특수관계인의 증여재산가액으로 한다. 다만, 이 증여규정은 상장에 따른 이익이 기준금액 MIN[$(P_0+\pi)\times N\times 30\%$, 3억원] 이상인 경우에만 적용한다.

상장에 따른 이익(증여재산가액) = $[P_1-(P_0+\pi)]\times N$

- P_1 : 정산기준일 현재 1주당 평가가액
- P_0 : 주식을 증여받는 날 현재의 1주당 증여세 과세가액(취득의 경우 취득일 현재의 1주당 취득가액)
- π : 1주당 기업가치의 실질적인 증가로 인한 이익
- N : 증여받거나 유상으로 취득하는 주식수

① 정산기준일 : 해당 주식의 상장일부터 3개월이 되는 날(그 주식을 보유한 자가 상장일부터 3개월 이내에 사망하거나, 해당 주식을 양도·증여한 경우에는 그 사망일·양도일·증여일). 여기서 '상장일'은 증권시장에서 최초로 주식의 매매를 시작한 날로 한다.

② π : 1주당 기업가치의 실질적인 증가로 인한 이익

$$= \frac{\text{1주당 순손익의 합계액}}{\text{상장일까지의 월수}} \times \text{해당 주식의 증여일·취득일부터 정산기준일까지의 월수}$$

'1주당 순손익의 합계액'은 해당 주식의 증여일 · 취득일이 속하는 사업연도 개시일부터 상장일 전일까지의 사이의 1주당 순손익액의 합계액(사업연도 단위로 계산)을 말한다. 그리고 위 산식의 분모의 경우 '상장일까지의 월수'란 해당 주식의 증여일 · 취득일이 속하는 사업연도 개시일부터 상장일 전일까지의 월수(1월 미만은 1월)로 한다. 이때 결손금 등이 발생하여 1주당 순손익액을 계산하는 것이 불합리한 경우에는 1주당 순자산가액의 증가분으로 해당 이익을 계산할 수 있다.

2) 증여세액의 정산 : 상장에 따른 이익을 얻은 자에 대해서는 그 이익을 당초의 증여세 과세가액(증여받은 재산으로 해당 주식을 취득한 경우에는 그 증여받은 재산에 대한 증여세 과세가액)에 가산하여 증여세 과세표준 · 세액을 정산한다. 다만, 정산기준일 현재의 주식가액($P_1 \times N$)이 당초 증여세 과세가액($P_0 \times N$)보다 적은 경우로서 그 차액(상장에 따른 손실)이 기준금액 MIN[$(P_0 + \pi) \times N \times 30\%$, 3억원] 이상인 경우에는 그 차액에 상당하는 증여세액을 환급받을 수 있다.

이처럼 상장에 따른 이익에 대한 증여세 과세표준의 정산신고기한은 정산기준일이 속하는 달의 말일부터 3개월이 되는 날로 한다.

참 고 특수관계인이 아닌 자 간 증여에 대한 적용

거짓이나 그 밖에 부정한 방법으로 증여세를 감소한 것으로 인정하는 경우에는 특수관계인이 아닌 자 간의 증여에 대해서도 상장에 따른 이익의 증여규정을 적용한다. 이 경우 상장기간(5년)에 관한 규정은 없는 것으로 본다. ■

참 고 양도소득세 과세상 취급

상장에 따른 이익의 증여에 대해 증여세가 과세된 경우 해당 주식에 대해 양도소득세가 과세될 때 취득가액에는 해당 정산하는 증여규정에 따라 증여세 과세가액의 증가액 · 감소액을 가산 · 차감한 금액으로 한다. ■

판 례 ① 상장에 따른 이익의 증여규정을 적용시 '유상으로 취득한 경우'에 최대주주 등으로부터 근로제공의 대가를 주식을 취득한 경우가 포함되는지 여부와 ② 최대주주 등으로부터 주식을 증여받는 경우 할증률의 적용의 기준시점의 판단

① 해당 이익의 증여규정은 상장이익에 대해서 해당 주식을 증여나 유상으로 취득할 당시 그 실현이 예상되는 부의 무상이전까지 과세함으로써 조세평등을 도모하기 위해 만들어진 규정으로 해당 규정의 내용 및 입법취지 등을 고려해보면 '유상으로 취득한 경우'란 주식의 취득이 대가관계에 있는 반대급부의 이행으로서 이루어진 것을 의미하므로, 최대주주 등의 특수관계인이 최대주주 등으로부터 근로제공의 대가로 주식을 취득하였다면 이 역시 '유상으로 취득한 경우'라 보아야 한다.

② 상증세법에서는 최대주주 등으로부터 주식을 증여받는 경우 그 증여재산가액은 경영권프리미엄 부분을 감안하기 위해 그 재산가액에 일정한 비율(이하 할증률)을 곱한 금액을 할증하도록 되어있다. 이때

해당 주식의 평가기준일이 속하는 사업연도 전 3년 이내에 계속하여 결손금이 있는 경우에는 이 할증 규정을 배제하도록 되어있는데 이 경우 그 평가기준일은 상장일이 아니라 실제로 상장에 따른 이익의 증여재산가액을 계산 · 정산하는데 기준이 되는 정산기준일이 평가기준일이 된다(2016두39726). ■

[도 표] 주식의 상장에 따른 이익의 증여

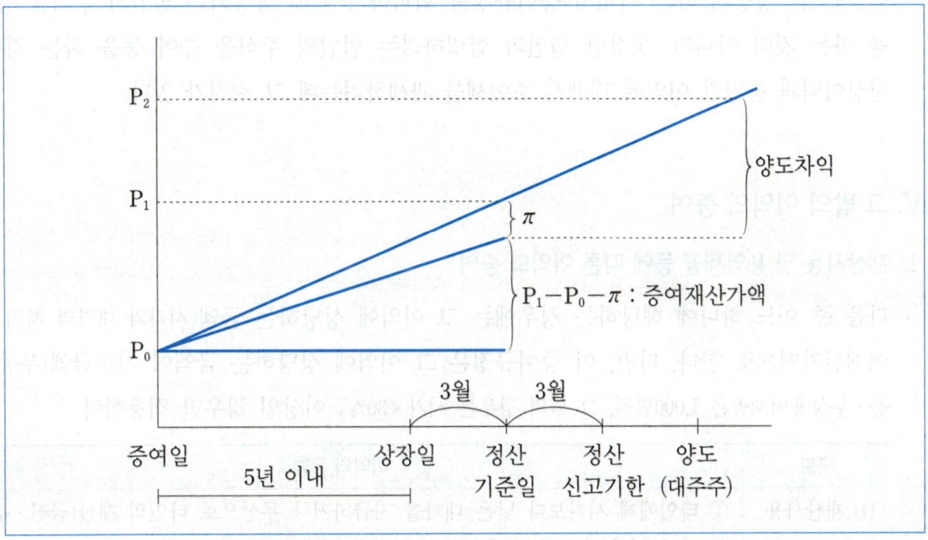

8. 합병에 따른 상장이익의 증여(합산배제증여재산)

(1) 개요

최대주주 등(상장에 따른 이익의 증여요건 판단시의 최대주주 등과 같음)의 특수관계인이 다음 중 어느 하나에 해당하는 경우로서 그 주식 등을 증여받거나 취득한 날부터 5년 이내에 그 주식 등을 발행한 법인이 특수관계에 있는 주권상장법인과 합병되어 증여받거나 취득했던 주식의 가치가 증가하는 경우에는 당초 증여세 과세가액(증여받은 재산으로 주식을 취득하는 경우 등은 제외) · 취득가액을 초과하여 이익을 얻은 경우에는, 그 이익에 상당하는 금액을 증여재산가액으로 한다. 다만, 이 규정은 그 이익에 상당하는 금액이 기준금액 MIN [$(P_0 + \pi) \times N \times 30\%$, 3억원] 이상인 경우에만 적용한다. 이러한 합병에 따른 상장이익은 상장에 따른 이익의 증여규정을 준용한다. 이 경우 '상장일'은 '합병등기일'로 본다.

① 최대주주 등으로부터 해당 법인의 주식을 증여받거나 유상으로 취득한 경우

② 최대주주 등으로부터 증여받은 재산(해당 주식을 취득한 날로 소급하여 3년 이내에 증여받은 재산으로 한정)으로 최대주주 등이 아닌 자로부터 해당 법인의 주식을 취득한 경우

③ 최대주주 등으로부터 증여받은 재산(해당 주식을 취득한 날로 소급하여 3년 이내에 증여받은 재산으로 한정)으로 그 최대주주 등이 주식을 보유하고 있는 다른 법인의 주식을 최대주주

등이 아닌 자로부터 취득함으로써 그 최대주주 등과 특수관계인의 주식을 합하여 그 법인의 최대주주가 되는 경우

(2) 제도의 취지

이 제도는 상장에 따른 이익의 증여규정을 회피하기 위해 상장되는 법인의 주식을 증여 등을 하는 것이 아니라, 상장한 법인과 합병하려는 법인의 주식을 증여 등을 하는 경우에도 상장이익과 동일한 이익에 대해서 증여세를 과세하려는데 그 취지가 있다.

Ⅳ. 그 밖의 이익의 증여

1. 재산사용 및 용역제공 등에 따른 이익의 증여

다음 중 어느 하나에 해당하는 경우에는 그 이익에 상당하는 금액(시가와 대가의 차액)을 증여재산가액으로 한다. 다만, 이 증여규정은 그 이익에 상당하는 금액이 기준금액(무상재산사용 · 무상용역제공은 1,000만원, 그 외의 경우는 시가×30%) 이상인 경우만 적용한다.

구분	이익의 유형
(1) 재산사용	① 타인에게 시가보다 낮은 대가를 지급하거나 무상으로 타인의 재산(금전 · 부동산 제외. 이하 같음)을 사용함으로써 얻은 이익 ② 타인으로부터 시가보다 높은 대가를 받고 재산을 사용하게 함으로써 얻은 이익
(2) 용역제공	③ 타인에게 시가보다 낮은 대가를 지급하거나 무상으로 용역을 제공받음으로써 얻은 이익 ④ 타인으로부터 시가보다 높은 대가를 용역을 제공함으로써 얻은 이익

* 재산의 사용기간 · 용역의 제공기간이 정해지지 않은 경우에는 그 기간을 1년으로 하고, 해당 기간이 1년 이상일 때에는 1년이 되는 날의 다음 날에 매년 새로 재산을 사용 또는 사용하게하거나 용역을 제공 또는 제공받은 것으로 본다.

한편 특수관계인이 아닌 자 간의 거래에는 그 거래에 정당한 사유가 없는 경우에 한정하여 해당 증여규정을 적용한다.

2. 법인의 조직 변경 등에 따른 이익의 증여

주식의 포괄적 교환 · 이전, 사업의 양수 · 양도, 사업 교환, 법인의 조직변경 등에 의해 소유지분이나 그 가액이 변동됨에 따라 이익을 얻은 경우에는, 그 이익에 상당하는 금액(소액지분이나 그 가액의 변동 전 · 후 재산의 평가차액)을 증여재산가액으로 한다. 다만, 그 이익에 상당하는 금액이 기준금액 MIN [변동 전 해당 재산가액×30%, 3억원] 이상인 경우에만 해당 증여규정을 적용한다.

한편 특수관계인이 아닌 자 간의 거래에는 그 거래에 정당한 사유가 없는 경우에 한정하여 해당 증여규정을 적용한다.

3. 재산 취득 후 재산가치 증가에 따른 이익의 증여(합산배제증여재산)

(1) 개요

① 직업·연령·소득·재산상태로 보아 자력(自力)으로 해당 행위를 할 수 없다고 인정되는 자가 ② 다음의 사유로 재산을 취득하고 ③ 그 재산을 취득한 날부터 5년 이내에 재산가치증가사유로 인하여 이익을 얻은 경우에는, 그 이익에 상당하는 금액을 증여재산가액으로 한다. 다만, 그 이익에 상당하는 금액이 기준금액 MIN[(해당 재산의 취득가액 + 통상적 가치상승분 + 가치상승기여분) × 30%, 3억원] 이상인 경우에만 해당 증여규정을 적용한다.

① 특수관계인으로부터 재산을 증여받은 경우

② 특수관계인으로부터 기업의 경영 등에 관하여 공표되지 않은 내부 정보를 제공받아 그 정보와 관련된 재산을 유상으로 취득하는 경우

③ ㉠ 특수관계인으로부터 증여받거나 차입한 자금 또는 ㉡ 특수관계인의 재산을 담보로 차입한 자금으로 재산을 취득한 경우

여기서 '재산가치증가사유'란 다음 중 어느 하나에 해당하는 사유를 말한다.

① 개발사업의 시행, 형질변경, 공유물의 분할, 지하수개발·이용권 등의 인·허가 및 그 밖의 사업의 인·허가

② 비상장주식의 한국금융투자협회의 등록

③ 그 밖에 ①, ②의 사유와 유사한 것으로서 재산가치를 증가시키는 사유

거짓이나 그 밖에 부정한 방법으로 증여세를 감소한 것으로 인정하는 경우에는 특수관계인이 아닌 자 간의 증여에 대해서도 해당 증여규정을 적용하며, 이 경우 기간(5년)에 관한 규정은 없는 것으로 본다.

(2) 증여재산가액

해당 재산가액	• 재산가치증가사유가 발생한 날 현재의 가액
− 해당 재산의 취득가액	• 취득하기 위해 실제 지불한 금액(증여받은 경우 증여세과세가액)
− 통상적인 가치상승분	• 기업가치의 실질적인 증가로 인한 이익과 보유기간 중 정상적인 가치상승분에 상당하는 금액
− 가치상승기여분	• 자본적 지출 등 재산가치를 증가시키기 위해 지출한 비용
= 재산가치상승금액	

참고 증여세 과세특례

다음 중 어느 하나에 해당하는 이익을 계산할 때는 그 증여일부터 소급하여 1년 이내에 동일한 거래 등이 있는 경우 각각의 거래의 이익(시가 – 대가)을 해당 이익별로 합산하여 계산한다.

- 증여재산가액의 일반원칙 중 재산 · 이익을 현저히 낮은 대가를 주고 이전받거나 현저히 높은 대사를 주고 이전하는 경우
- 저가양수 · 고가양도에 따른 이익의 증여
- 부동산무상사용 등에 따른 이익의 증여
- 합병에 따른 이익의 증여
- 증자에 따른 이익의 증여
- 감자에 따른 이익의 증여
- 현물출자에 따른 이익의 증여
- 전환사채 등의 주식전환 등에 따른 이익의 증여
- 초과배당에 따른 이익의 증여
- 금전무상대출 등에 따른 이익의 증여
- 재산사용 및 용역제공 등에 따른 이익의 증여
- 특정법인과의 거래를 통한 이익의 증여의제 ■

제6절 증여추정

I-1 p.681

I. 개요

원칙적으로 과세요건사실에 대해서는 과세관청이 입증책임을 진다.* 그러나 일반적으로 증여자와 수증자 사이에는 이해관계가 일치하는 경우가 일반적이기 때문에 사실상 증여를 다른 법률행위로 위장하거나 그 증여사실 자체를 은폐한다면, 과세관청은 이를 입증하기가 대단히 어렵다고 할 것이다. 그리하여 상증세법은 ① 배우자 등에게 양도한 재산의 증여추정과 ② 재산취득자금 등의 증여추정에 관한 규정을 두어 과세관청의 입증책임을 완화하고 있다. 이하에서는 다음에 관하여 설명하기로 한다.

* 일반적으로 조세부과처분의 취소소송에서 과세요건사실에 관한 증명책임은 과세관청에 있으므로 구체적인 소송사실에서 과세요건사실을 직접 증명하거나 경험칙에 비추어 과세요건사실이 추정되는 사실을 밝히지 못하면 그 과세처분은 위법한 처분이 된다(2010두20805 판결).

Ⅱ. 배우자 등에게 양도한 재산의 증여추정

1. 증여추정의 내용

(1) 직접양도에 대한 증여추정

배우자 · 직계존비속간의 양도한 재산은, ① 양도자가 재산을 양도한 때에 ② 그 재산가액을 양수자인 배우자 · 직계존비속이 증여받은 것으로 추정하여 ③ 이를 그 배우자 · 직계존비속의 증여재산가액으로 한다.

사회통념상 배우자 · 직계존비속 간에는 무상으로 재산을 이전하는 것이 일반적이어서 외관상으로는 배우자 · 직계존비속간의 대가관계를 수반하는 거래로 보인다하더라도 내부적으로는 그 거래가 재산의 무상이전일 개연성이 높기 때문에 이를 외관상 양수자가 증여받아 취득한 것으로 추정한다. 다만, 이렇게 증여로 추정된 거래가 대가를 수반하는 재산의 유상이전이었다는 사실을 입증하면 진실 된 양도로 인정하여 양수자에게 증여세를 부과하지 않고, 양도자에게 양도소득세를 부과한다. 이때 대가의 지급사실이 입증되는 경우에도 양도 · 양수한 재산의 시가가 그 지급한 대가와 차이가 있을 때에는 저가양수 · 고가양도에 따른 이익의 증여가 적용될 수 있고, 저가양수에 따른 이익의 증여가 적용되는 경우라면, 양도자에게 양도소득세에 대한 부당행위계산부인도 적용될 수 있다.

(2) 우회양도에 대한 증여추정

특수관계인에게 양도한 재산을 그 특수관계에 있는 자(이하 '양수자')가 양수일부터 3년 이내에 당초 양도자의 배우자 또는 직계존비속에게 다시 양도한 경우에는, ① 양수자가 해당 재산을 양도한 당시의 재산가액을 ② 해당 배우자 또는 직계존비속이 증여받은 것으로 추정하여 ③ 이를 배우자 또는 직계존비속에 대한 증여재산가액으로 한다. 다만, 당초 양도자 및 양수자가 부담한 소득세법에 따른 결정세액을 합친 금액이 양수자가 그 재산을 양도한 당시의 재산가액을 당초 그 배우자 등이 증여받은 것으로 추정할 경우의 증여세액보다 큰 경우에는, 해당 배우자 또는 직계존비속에 대한 증여재산가액으로 추정하지 않는다.

따라서 우회양도에 대한 증여추정에 당초 양도자의 배우자 또는 직계존비속에게 증여세를 부과하기 위해서는 다음의 요건을 모두 충족해야 한다.

① 양수자가 3년 이내에 당초 양도자의 배우자 또는 직계존비속에게 양도할 것

② 당초 양도자 및 양수자가 부담한 소득세 결정세액을 합친 금액이 증여로 추정할 경우의 증여세액보다 적을 것

③ 당초 양도자의 배우자 또는 직계존비속이 대가지급사실을 입증하지 못할 것

이상의 요건을 충족하여 당초 양도자의 배우자 또는 직계존비속에게 증여세가 부과되는 경우에는 소득세법 규정에도 불구하고 당초 양도자 및 양수자에게 그 재산 양도에 따른 소득세를 부과하지 않는다. 그 취지는 증여세와 소득세의 이중과세를 방지하는 데 있다.

[도 표] 증여 후 양도행위의 부인규정과 비교

구분	증여 후 양도행위의 부인	우회양도에 대한 증여추정
거래관계	甲 —증여→ 특수관계인 —양도→ 제3자	甲 —양도→ 특수관계인 —양도→ 배우자 등
양도일까지의 기간	5년(수증일~양도일)	3년(양수일~양도일)
세 부 담 관 계	① 증여세 + 양도소득세 ② 甲의 양도소득세	① 각 양도소득세의 합계액 ② 배우자 등의 증여세
	①>② : 당초 행위를 부인하지 않고 특수관계인에게 증여세와 양도소득세 부과 ①<② : 당초행위를 부인하여 특수관계인에게 증여세와 양도소득세를 부과하지 않고, 甲에게 양도소득세 부과	①>② : 당초 행위를 부인하지 않고 甲과 특수관계인에게 양도소득세 부과 ①<② : 당초행위를 부인하여 甲과 특수관계인에게 양도소득세를 부과하지 않고, 배우자 등에게 증여세 부과

2. 증여추정의 적용배제

해당 재산이 다음에 해당하는 경우에는 위에 따른 증여추정규정을 적용하지 않는다.

① 경매 · 공매 · 파산절차에 따라 처분되는 경우

② 증권시장을 통해 유가증권이 처분된 경우 다만, 시간외시장에서 매매되는 경우는 제외

③ 배우자 · 직계존비속에게 대가를 받고 양도한 사실이 명백한 다음의 경우

㉠ 권리의 이전이나 행사에 등기 · 등록이 필요한 재산을 서로 교환하는 경우

㉡ 해당 재산을 취득하기 위해 이미 과세(비과세 · 감면 포함)받았거나 신고한 소득금액 또는 상속 · 수증받은 재산가액으로 그 대가를 지급한 사실이 입증되는 경우

㉢ 해당 재산을 취득하기 위해 소유하고 있는 재산을 처분하여 그 대가를 지급한 사실이 입증되는 경우

Ⅲ. 재산취득자금 및 채무상환자금의 증여추정(합산배제증여재산)

1. 개요

외부로 공시되지 않는 금전 등을 증여받아 재산을 취득하거나 채무를 상환하는 경우에도 당사자가 그 금전 등을 증여받은 사실을 은폐한다면, 과세관청은 해당 증여사실을 입증하기가 대단히 어렵다. 따라서 이러한 과세관청의 입증책임을 완화해주기 위해 자력으로 재산을 취득 또는 채무를 상환하였다고 인정하기 어려운 경우에는 해당 취득자금 · 상환자금을 증여받은 것으로 추정하여 증여세를 부과한다.

2. 증여추정의 내용

1) 재산취득자금의 증여추정 : ① 재산의 취득자의 직업 · 연령 · 소득 · 재산상태 등으로 볼 때 재산을 자력(自力)으로 취득하였다고 인정하기 어려운 경우로서 ② 자금출처로 입증된 금액이 취득재산의 가액에 미달하는 경우에는, ① 그 재산을 취득한 때 ② 그 재산의 취득자금을 그 재산의 취득자가 증여받은 것으로 추정하여 ③ 이를 그 재산 취득자의 증여재산가액으로 한다.

한편 금융실명법에 따라 실명이 확인되는 계좌(또는 외국법령에 따라 이와 유사한 방법으로 실명이 확인되는 계좌)에 보유하고 있는 재산은 해당 계좌의 명의자가 그 재산을 취득한 것으로 추정하여 증여추정규정을 적용한다.

* 금융실명법 제3조의 제5항 실명이 확인되는 계좌에 보유하고 있는 금융재산은 명의자의 소유로 추정한다.

2) 채무상환자금의 증여추정 : ① 채무자의 직업 · 연령 · 소득 · 재산상태 등으로 볼 때 채무를 자력(自力)으로 상환(일부상환도 포함)하였다고 인정하기 어려운 경우로서 ② 자금출처로 입증된 금액이 채무의 상환금액에 미달하는 경우에는, ① 그 채무를 상환할 때에 ② 해당 상환금액을 그 채무자가 증여받은 것으로 추정하여 ③ 이를 그 채무자의 증여재산가액으로 한다.

상증 02

판례 배우자간 계좌의 인출 · 입금에도 증여추정이 적용되는지 여부

조세부과처분 취소소송의 구체적인 소송과정에서 경험칙에 비추어 과세요건사실이 추정되는 사실이 밝혀진 경우에는 해당 과세처분의 위법한 처분을 받은 납세의무자가 이 사건에 경험칙을 적용하기가 적절하지 않거나 그와 같은 경험칙을 배제해야 할 특별한 사정이 있었다는 점 등을 증명해야 하지만, 그와 같은 경험칙이 인정되지 아니하는 경우에는 원칙으로 돌아가 과세관청이 과세요건사실을 증명해야 한다. 이 사건의 경우 배우자간 계좌의 인출 · 입금에는 증여 외에도 단순한 공동생활의 편의, 배우자 일방 자금의 위탁관리, 가족을 위한 생활비 지급 등 여러 원인이 있을 것이므로 단순히 타방 배우자의 실명계좌로 예금이 입금된 것만으로는 경험칙에 비추어 증여되었다는 과세요건사실이 추정되었다고 할 수 없다(2015두41937). ■

판례 재산의 취득자금에 대한 증여추정규정에 관한 증명책임의 소재 및 범위

현행 상증세법이 완전포괄주의과세방식을 채택하면서 개정 전 증여추정규정에 '다른 자(증여자)로부터'라는 문구를 삭제하였다. 이 때문에 증여추정의 규정을 적용시 재산의 취득을 한 자의 직업 · 연령 · 소득 · 재산상태 등을 비추어 볼 때 재산을 자력(自力)으로 취득하였다고 인정하기 어렵다는 사정 외에 그 자에게 해당 재산을 증여한 자가 누구인지까지도 과세관청의 증명책임의 범위에 해당하는지 여부에 대해 문제가 된다.

종전 판례의 경우에는 재산을 취득한 자가 일정한 직업 등이 없다는 점 외에 재산을 증여할 만한 재력이 있는 증여자가 있어야 한다는 점도 과세관청이 증명해야 한다고 판시한 바가 있으며, 완전포괄주의과세방식을 채택하여 개정 된 상증세법에서도 타인의 증여로 인하여 증여재산이 있는 경우에 그 증여재산에 대해 증여세를 부과해야 한다고 명시되어 있다. 뿐만 아니라 증여자에 대한 증여세 연대납세의무자 규정에도 재산의 취득자금에 대한 증여추정에 따라 증여세가 과세되는 경우를 배제하지 않은 점 등을 고려하면 위와 같은 개정이 있었다고 하더라도 그 재산취득자의 배우자 등에게 재산을 증여할 만한 재력이 있는지 여부에 대한 과세관청의 증명책임이 소멸되었다고 볼 것은 아니다(2008두20598). ■

3. 자금출처의 입증 및 효과

자금출처로 입증된 금액은 다음에 해당하는 금액의 합계액으로 한다.

① 신고하였거나 과세(비과세 · 감면받은 경우 포함)받은 소득금액

② 신고하였거나 과세(비과세 · 감면받은 경우 포함)받은 상속 · 수증재산의 가액

③ 재산을 처분하거나 채무를 부담하고 받은 금전으로 해당 재산의 취득 및 해당 채무의 상환에 직접 사용한 금액

따라서 재산취득자금 등의 증여추정의 경우 증여재산가액은 다음과 같이 계산된다.

증여재산가액(입증되지 않은 금액) = 취득재산금액 · 채무상환금액 − 자금의 출처로 입증된 금액

다만, 입증되지 않은 금액이 기준금액 MIN[취득재산금액 · 채무상환금액의 20%, 2억원]에 미달하는 경우에는 자력으로 재산을 취득하거나 채무를 상환한 것으로 인정하므로 증여세를 부과하지 않는다. 이때 상속추정과의 차이점은 추정상속재산의 경우 기준금액을 차감하는 반면, 증여추정의 경우에는 증여재산가액 계산시 기준금액을 차감하지 않는다.

4. 증여추정의 적용배제

다음의 경우에는 증여추정규정을 적용하지 않는다.

① 재산취득일 전 또는 채무상환일 전 10년 이내에 해당 취득재산금액 · 채무상환금액의 합계액이 5천만원 이상인 경우로서 연령 · 직업 · 재산상태 · 사회경제적 지위 등을 고려하여 국세청장이 정하는 금액 이하인 경우

② 취득자금 · 상환자금의 출처에 충분한 소명(疏明)이 있는 경우

제7절 증여의제

I-1 p.695

I. 개요

본래 증여가 아닌 경우에도 일정한 사실을 법률로 정하는 함에 따라 증여로 취급하여 증여세를 부과하는데 이를 '증여의제'라 한다. 증여의제는 일정한 요건이 충족되면, 납세의무자의 반증이 허용되지 않고 일률적으로 증여세가 부과된다는 점에서 납세의무자의 반증이 있으면 납세의무에서 벗어날 수 있는 증여추정과의 차이가 있다. 이러한 증여의제의 유형으로는 ①

명의신탁재산의 증여의제, ② 특수관계법인과의 거래를 통한 이익의 증여의제, ③ 특수관계법인으로부터 제공받은 사업기회로 발생한 이익의 증여의제, ④ 특정법인과의 거래를 통한 이익의 증여의제가 있다.

Ⅱ. 명의신탁재산의 증여의제

1. 개요

권리의 이전이나 그 행사에 등기 등(등기 · 등록 · 명의개서 등을 말한다)이 필요한 재산(토지와 건물은 제외)의 실제소유자와 명의자가 다른 경우에는, 국세기본법에 따른 실질과세원칙에 불구하고 그 명의자로 등기 등을 한 날(명의개서를 해야 하는 재산인 경우에는 소유권 취득일이 속하는 해의 다음해 말일의 다음 날)에 그 재산의 가액(그 재산이 명의개서를 해야 하는 재산인 경우에는 소유권취득일을 기준으로 평가한 가액)을 실제소유자가 명의자에게 증여한 것으로 본다(합산배제증여재산).

'명의신탁'이란 재산에 관한 소유권을 보유한 자(또는 사실상 취득하는 자)가 대내적으로는 재산을 실제소유하기로 하고 그에 관한 등기 · 명의개서 등만을 타인의 명의로 하는 것을 말한다. 이러한 명의신탁을 통해 재산의 실제소유자가 탈세수단으로 이용하는 사례가 많았다. 이를 방지하기 위해 실제소유자가 명의자에게 재산을 증여한 것이 아님에도 불구하고 증여한 것으로 의제하여 증여세를 부과하기 위한 것이 바로 '명의신탁재산의 증여의제'이다.

2. 증여의제의 요건

1) 명의신탁 증여의제의 대상재산은 권리의 이전이나 행사를 할 때 등기 · 등록 · 명의개서를 필요하는 재산이다. 그 예로는 주권 · 사채권 · 입목 · 무체재산권 등을 들 수 있다. 여기에는 권리의 이전이나 행사에 등기를 필요하는 재산 중에 토지 및 건물은 포함하지 않는다. 본래 명의신탁재산의 증여의제는 명의신탁이 사법상 유효한 법률관계임을 전제로 하여 규정한 것인데, 토지 · 건물은 부동산실명제의 시행으로 타인명의로 등기하는 명의신탁 약정과 그에 따른 물권변동은 사법상 무효가 되며, 명의신탁자에게는 부동산가액의 30%에 해당하는 금액의 범위 내에서 과징금 부과 및 실제소유자 명의의 등기의무를 강제하고 있기 때문에 제외한 것이다.

   한편 ① 「자본시장과 금융투자업에 관한 법률」에 따른 신탁재산인 사실의 등기 등을 하는 경우와 ② 비거주자가 법정대리인(또는 재산관리인)의 명의로 등기를 하는 경우에는 신탁회사 및 법정대리인을 통해 자신의 재산을 관리 · 운용 · 처분을 목적이므로 명의신탁재산의 증여의제대상에서 제외한다.

2) 권리의 이전이나 행사에 등기 등이 필요한 재산의 실질소유자와 명의자가 다르다는 명의

신탁관계의 존재가 증명되어야 하고 그 증명의 책임은 과세관청이 진다. 이 경우 과세관청은 주식의 명의신탁관계가 존재하는지 여부에 대해 ① 주주명부가 작성된 경우에는 주주명부에 따라 판단하고 ② 주주명부가 작성되지 않은 경우에는 주식발행법인이 관할세무서장에게 제출한 주주 등에 관한 서류 및 주식등변동상황명세서에 따라 판단한다.*

* 따라서 주주명부가 작성되어 있는 경우에는 설령 주식등변동상황명세서 등에 주식의 소유자 명의가 실제소유자와 다르게 기재되어 있다고 하더라도, 그 명의자 앞으로 (주주명부에) 주식에 대한 명의개서가 이루어지지 않았다면 그 명의자에게 증여의제 규정을 적용하여 증여세를 과세할 수는 없다(2011두11099).

한편 이러한 증여의제 규정은 권리의 이전이나 행사에 등기 등을 필요하는 재산에 대해 실제소유자와 명의자가 합의에 따라 명의자 앞으로 등기 등을 한 경우에 적용되는 것이므로 명의자의 의사와는 관계없이 일방적으로 명의자의 명의를 사용하여 등기한 경우에는 적용될 수 없다. 이 경우 과세관청이 그 실제소유자가 명의자와 다르다는 점만을 입증하면, 그 명의자의 등기 등이 명의자의 의사와는 관계없이 실제소유자의 일방적인 행위로 이루어졌다는 입증은 이를 주장하는 명의자가 해야 한다.

3) 조세회피목적으로 명의신탁을 해야 한다. 여기서 '조세'란 국세 및 지방세와 관세를 말한다. 따라서 조세회피목적 없이 타인의 명의로 재산의 등기 등을 하거나 소유권을 취득한 실제소유자 명의로 명의개서를 하지 않는 경우에는 실제소유자가 명의자에게 증여한 것으로 보지 않는다.

이 경우 ① 타인의 명의로 재산의 등기 등을 한 경우 및 ② 실제소유자 명의로 명의개서를 하지 않은 경우에는 조세회피 목적이 있는 것으로 추정한다. 다만, 실제소유자 명의로 명의개서를 하지 않은 경우로서 다음 중 어느 하나에 해당하는 경우에는 조세회피 목적이 있는 것으로 추정하지 않는다.

㉠ 매매로 소유권을 취득한 경우로서 종전 소유자가 양도소득세 예정신고 및 확정신고 규정에 따른 양도소득 과세표준신고(또는 증권거래세 과세표준신고)와 함께 소유권 변경 내용을 신고한 경우

㉡ 상속으로 소유권을 취득한 경우로서 상속인이 ⓐ 상속세 과세표준신고, ⓑ 국세기본법에 따른 수정신고, ⓒ 국세기본법에 따른 기한후신고와 함께 해당 재산을 상속세 과세가액에 포함하여 신고한 경우. 다만, 상속세 과세표준과 세액을 결정 또는 경정할 것을 미리 알고 수정신고하거나 기한후신고를 하는 경우는 제외한다.

한편 조세회피의 목적이 없었다는 점에 관한 증명책임은 이를 주장하는 실제소유자에게 있다.*

* 여기서 조세회피의 목적이 없었다는 점에 대하여는 조세회피의 목적이 아닌 다른 목적이 있었음을 증명하는 등의 방법으로 입증할 수 있다 할 것이나, 증명책임을 부담하는 자로서는 명의신탁에 있어 조세회피의 목적이 없었다고 인정될 정도로 조세회피와 상관없는 뚜렷한 목적이 있었고, 명의신탁 당시나 장래에 있어 회피될 조세가 없었다는 점을 객관적이고 납득할 만한 증거자료에 의해 통상인이라면 의심을 가지지 않을 정도의 입증을 해야 할 것이다(2010두24968).

판 례 조세회피목적의 추정이 번복되는 사례

대법원은 명의신탁이 조세회피 목적이 아닌 다른 이유에서 이루어졌음이 인정되고, 명의신탁에 부수하여 사소한 조세경감이 생기는 것에 불과하다면 조세회피 목적의 추정은 번복될 수 있으며, 단지 장래 조세경감의 결과가 발생할 수 있는 가능성이 존재할 수 있다는 막연한 사정만으로는 조세회피 목적이 있다는 추정의 번복이 달라지지 않는다고 조세회피 목적 추정조항을 해석하고 있다. 구체적으로 ① 상법상 주식회사의 발기설립과 관련된 발기인 수 요건을 충족하기 위한 명의신탁, ② 외국영주권자인 명의신탁자가 회사업무처리 절차의 번거로움을 피하기 위한 명의신탁, ③ 주식 인수에 15년 이상의 방송국 경력자를 필요로 하는 자격요건을 충족하기 위한 명의신탁, ④ 종전의 명의신탁을 해지하고 명의신탁자 앞으로 명의를 회복하는 번잡한 절차를 회피하기 위해 이루어진 명의신탁 등의 경우에, 회피할 수 있는 조세의 액수가 미미하고 다른 조세회피 목적이 있었다고 볼 사정이 없는 경우에 해당하여 조세회피 목적이 없다고 판시하고 있다(2010두24104). ■

상증 02

3. 증여의제의 효과

1) 실제소유자의 증여세 납세의무 : 명의신탁 재산을 실제소유자가 명의자에게 증여한 것으로 보는 경우(명의자가 영리법인인 경우 포함)에는 실제소유자가 해당 재산에 대하여 증여세를 납부할 의무가 있다. 이 경우 증여한 것으로 보는 시기는 다음과 같다.

구분	증여의제 시기(증여일)
① 실제소유자가 타인을 명의자로 등기 · 명의개서를 한 경우	그 명의자로 등기 · 명의개서 등을 한 날(*주1)
② 실제소유자가 명의개서를 해야 하는 주식 등의 소유권을 취득하였으나 명의개서를 하지 않은 경우(*주2)	소유권 취득일이 속하는 해의 다음 해 말일의 다음 날

(*주1) 주주명부가 작성되지 않은 경우 증여일은 다음의 순서에 따라 정한 날로 한다.
① 증여세 또는 양도소득세 등 과세표준신고서에 기재된 소유권 이전일
② 관할세무서장에게 제출한 주식등변동상황명세서에 기재된 거래일

(*주2) 이 경우에는 실제소유자가 주식등변동상황명세서 등에 기재되어 있는 기존의 주식 등의 명의자에게 증여한 것으로 의제하여 실제소유자에게 증여세를 부과한다.

한편 명의신탁 증여의제에 해당하는 재산은 합산배제증여재산 중 하나에 해당하므로, 수증자(명의자)가 합산기간 내에 동일인으로부터 증여받은 재산인 경우에도 명의신탁 증여의제에 해당하는 재산을 증여재산가액에 합산하지 않는다.

참 고 명의신탁재산의 증여의제의 경우 특례부과제척기간

명의신탁재산의 증여의제에 해당하는 경우로서 부정행위로 증여세(해당 명의신탁과 관련한 국세를 포함한다)를 포탈하는 경우에는 원칙적인 부과제척기간(10년 · 15년)에도 불구하고 해당 재산의 증여가 있음을 안 날부터 1년 이내에 증여세를 부과할 수 있다. ■

2) 증여세 과세표준 : 명의신탁재산의 증여의제의 경우 증여세 과세표준은 다음과 같이 계산한 금액으로 한다.

과세표준 = 명의신탁재산의 금액 − 감정평가수수료공제

① 이 경우 '명의신탁재산의 금액'은 등기 등을 한 날을 기준으로 평가한 가액으로 하되, 그 재산이 명의개서를 해야 하는 재산인 경우에는 소유권취득일을 기준으로 평가한 가액으로 한다.

② 과세표준을 계산할 때 증여재산공제는 적용받을 수 없다. 만약 배우자에 명의신탁하여 증여의제된 재산에 대해서 배우자 증여재산공제를 적용하면 10년간 6억원까지는 증여세를 부담하지 않아 부부 간 주식을 명의신탁하는 방법으로 배우자에게 배당소득을 분산시킴으로써 금융소득종합과세(개인단위로 합산과세)로 인한 소득세의 누진적 세부담을 회피할 수 있게 된다(직계존비속 간 명의신탁의 경우에도 마찬가지이다). 이것은 조세회피방지를 위해 마련된 증여의제의 입법목적에 부합하지 않은 결과가 되므로 증여재산공제의 적용을 배제하는 것이다.

3) 명의신탁 재산으로써 체납액 징수(물적납세의무) : ① 실제소유자가 명의신탁 재산의 증여의제에 따른 증여세와 강제징수비를 체납한 경우에 ② 그 실제소유자의 다른 재산에 대해 강제징수를 집행하여도 징수할 금액에 미치지 못하는 경우에는, 국세징수법에서 정하는 바에 따라 명의자에게 증여한 것으로 보는 재산으로써 실제소유자의 증여세와 강제징수비를 징수할 수 있다.

4) 명의신탁재산의 소유관계 : 조세회피의 수단으로 악용되는 방지하기 위해 명의신탁을 증여로 의제하는 것일 뿐, 이로 인하여 명의신탁재산의 귀속 여부까지 달라지는 것은 아니므로, 명의신탁재산의 실질적인 소유자는 증여의제에도 불구하고 여전히 명의신탁자이다(2004두11220).

Ⅲ. 특수관계법인과의 거래를 통한 이익의 증여의제

1. 개요

최근에 증여세를 회피하기 위한 방법으로 특정법인이 그 법인과 특수관계가 있는 자가 출자하여 지배주주로 있는 법인에게 일감을 몰아주어 그 지배주주와 친족이 출자한 법인의 주가 상승 및 배당을 통해 간접적인 방법으로 증여세를 부담하지 않고 막대한 부(富)를 세습하는 사례가 있었다. 이러한 변칙적인 거래 · 행위에도 증여받은 것으로 의제하여 증여세를 과세하려는 것이 이 제도의 취지이다(합산배제증여재산).

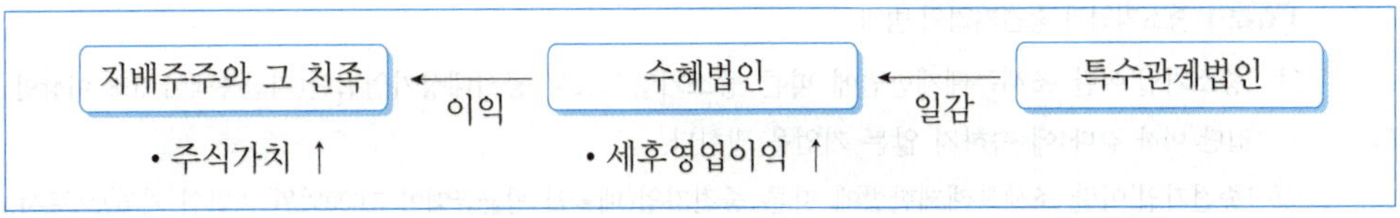

2. 증여의제의 요건

특수관계법인과의 거래를 통해 수혜법인의 지배주주와 그 친족이 이익을 얻어야 한다. 이것을 구체적으로 설명하면 다음과 같다.

(1) 수혜법인

'수혜법인'이란 다음 중 어느 하나의 법인으로서 법인세법에 따른 내국법인만을 말한다.

* 수혜법인에 해당하는 내국법인의 범위 : 외국투자기업으로 외국인이 의결권 있는 발행주식총수 등의 50% 이상을 소유하는 법인은 제외하고, 내국법인·거주자가 의결권 있는 발행주식총수 등의 30% 이상을 소유하는 외국법인은 포함한다.

법인의 구분	수혜법인의 요건
① 중소·중견기업	특수관계법인거래비율이 정상거래비율(중소기업 : 50%, 중견기업 : 40%)을 초과하는 경우
② 일반기업	다음 중 어느 하나에 해당하는 경우 ㉠ 특수관계법인거래비율이 정상거래비율(30%)을 초과하는 경우 ㉡ 특수관계법인거래비율이 정상거래비율(30%)의 2/3(20%)를 초과하는 경우로서 특수관계법인에 대한 매출액이 1,000억원을 초과하는 경우

위 도표에서 '특수관계법인거래비율'이란 법인의 사업연도 매출액(기업회계기준에 따라 계산한 매출액. 이하 같다) 중에서 그 법인의 지배주주와 특수관계에 있는 법인(이하 특수관계법인)에 대한 매출액이 차지하는 비율을 말한다.

$$\text{특수관계법인거래비율} = \frac{\text{특수관계법인에 대한 매출액}}{\text{법인의 사업연도 매출액}}$$

* 위 분자의 '특수관계법인에 대한 매출액'에는 공시대상기업집단 간의 교차거래 등에서 발생한 매출액을 포함

참고 공시대상기업집단 간의 교차거래 등에서 발생한 매출액의 범위

다음 중 어느 하나에 해당하는 목적으로 공시대상기업집단(자산총액이 5조 이상인 기업집단) 간에 계약·협정·결의 등에 따라 제3자를 통한 간접적인 방법이나 둘 이상의 거래를 거치는 방법으로 발생한 수혜법인의 매출액을 말한다.

① 특수관계법인과의 거래를 통한 이익의 증여의제를 회피할 목적

② 독점규제 및 공정거래에 관한 법률에 따라 특수관계인에 대한 부당한 이익제공 등의 금지를 회피할 목적 ■

참 고 중소기업과 중견기업의 범위

① '중소기업'이란 조세특례제한법에 따른 중소기업으로서 공시대상기업집단(자산총액이 5조 이상인 기업집단 이하 같다)에 속하지 않는 기업을 말한다.

② '중견기업'이란 조세특례제한법에 따른 중견기업(매출액 평균금액이 5,000억원 미만인 기업)으로서 공시대상기업집단에 속하지 않는 기업을 말한다. ■

한편 특수관계법인거래비율을 계산할 때 다음 중 어느 하나에 해당하는 금액(이하 과세제외매출액)은 매출액에서 제외한다. 이때 특수관계법인이 둘 이상일 때에는 각각 매출액을 모두 합산하여 계산한다.

① 중소기업인 수혜법인이 중소기업인 특수관계법인과 거래한 매출액

② 수혜법인이 본인의 주식보유비율이 50% 이상인 특수관계법인과 거래한 매출액

③ 수혜법인이 본인의 주식보유비율이 50% 미만인 특수관계법인과 거래한 매출액에 특수관계법인에 대한 수혜법인의 주식보유비율을 곱한 금액

④ 수혜법인이 일반지주회사인 경우로서 그 수혜법인의 자회사 · 손자회사와 거래한 매출액

⑤ 수혜법인이 제품 · 상품의 수출[(부가법 21 ②)에 따라 영세율이 적용되는 재화의 수출을 말한다]을 목적으로 특수관계법인과 거래한 매출액

⑤-2 수혜법인이 용역을 국외에서 공급[(부가법 22)에 따라 영세율이 적용되는 용역의 공급을 말한다]을 목적으로 특수관계법인과 거래한 매출액

⑤-3 수혜법인이 (부가법 24 ①)에 따라 영세율이 적용되는 용역의 공급으로서 다음의 사업에 해당하는 용역의 공급(해당 용역을 공급받은 비거주자 또는 외국법인이 공급받은 용역과 동일한 용역을 다시 거주자 또는 내국법인에 공급하는 경우는 제외)을 목적으로 특수관계법인과 거래한 매출액

㉠ 사업지원 및 임대서비스업 중 무형재산권 임대업

㉡ 정보통신업 중 뉴스 제공업, 영상 · 오디오 기록물 제작 및 배급업(영화관 운영업과 비디오물 감상실 운영업은 제외한다), 소프트웨어 개발업, 컴퓨터 프로그래밍, 시스템 통합관리업, 자료처리, 호스팅, 포털 및 기타 인터넷 정보매개서비스업, 기타 정보 서비스업

⑥ 수혜법인이 다른 법률에 따라 의무적으로 특수관계법인과 거래한 매출액

⑦ 프로스포츠구단 운영을 주된 사업으로 하는 수혜법인이 특수관계법인과 거래한 광고매출액

⑧ 수혜법인이 국가, 지방자치단체, 공공기관 또는 지방공기업(이하 '국가 등')이 운영하는 사업에 참여함에 따라 국가 등이나 공공기금(또는 공공기금이 발행주식총수의 50%를 출자하고 있는 법인)이 발행주식총수의 50% 이상을 출자하고 있는 법인에 출자한 경우 해당 법인과 거래한 매출액

* 과세제외매출액이 ①~⑧에 중복되는 경우에는 그 중 큰 금액으로 한다.

(2) 지배주주의 범위

'지배주주'란 다음 중 어느 하나에 해당하는 자를 말한다.

구분	지배주주에 해당하는 자(*주2)
⑴ 해당 법인의 최대주주 중에서 직접보유비율(*주1)이 가장 높은 자가 개인인 경우	그 개인
⑵ 해당 법인의 최대주주 중에서 직접보유비율이 가장 높은 자가 법인인 경우	해당 법인에 대한 직접보유비율과 간접보유비율을 모두 합하여 그 비율이 가장 높은 개인

(*주1) 직접보유비율 $= \dfrac{\text{보유하고 있는 법인의 주식수}}{\text{그 법인의 발행주식총수(자기주식은 제외)}}$

(*주2) 이에 해당하는 자가 두 명 이상일 때에는 해당 법인의 임원에 대한 임면권의 행사와 사업 방침의 결정 등을 통하여 그 경영에 관하여 사실상의 영향력이 더 큰 자를 지배주주로 한다. 다만, 해당 법인의 최대주주 등 중에서 본인과 그의 특수관계인(이하 '본인의 친족 등')의 주식 등 보유비율의 합계가 수혜법인 사용인의 주식 등 보유비율보다 많은 경우에는 본인과 본인의 친족 등 중에서 지배주주를 판정한다.

1) 최대주주 : '최대주주'란 주주 1인과 그의 특수관계인의 보유주식을 합하여 그 보유주식의 합계가 가장 많은 경우의 해당 주주 1인과 그의 특수관계인 모두를 말한다.

2) 해당 법인에 대한 간접보유비율 : 이는 개인과 해당 법인 사이에 주식보유를 통하여 한 개 이상의 법인(이하 '간접출자법인')이 개재(介在)되어 있는 경우(이하 '간접출자관계')에 각 단계의 직접보유비율을 모두 곱하여 산출한 비율을 말한다. 이 경우 개인과 해당 법인 사이에 둘 이상의 간접출자관계가 있는 경우에는 개인의 해당 법인에 대한 간접보유비율은 각자의 간접출자관계에서 산출한 비율을 모두 합하여 산출한다.

여기서 '간접출자법인'은 다음 중 어느 하나의 법인을 말한다.

① 지배주주 등이 발행주식총수의 30% 이상을 출자하고 있는 법인

② 지배주주 등이 위 ①에 따른 간접출자법인과 같이 발행주식총수의 50% 이상을 출자하고 있는 법인

③ 위 ①, ②의 법인과 수혜법인과의 사이에 주식보유를 통해 다른 법인이 개재되어 있는 경우 그 개재되어 있는 법인

(3) 특수관계법인

'특수관계법인'이란 수혜법인의 지배주주와 특수관계가 있는 법인을 말한다.

(4) 증여세 과세대상 주주

수혜법인의 ① 지배주주와 ② 그 지배주주의 친족으로서, 수혜법인의 사업연도 종료일을 기준으로 수혜법인에 대한 직접보유비율과 간접보유비율(간접출자법인을 통해 수혜법인에 간접적으로 출자하는 경우의 간접보유비율)을 합하여 계산한 비율이 한계보유비율을 초과하는 주주가 증여세

를 납부할 의무가 있다. 여기서 '한계보유비율'이란 수혜법인이 ① 중소·중견기업의 경우에는 10%, ② 일반기업의 경우에는 3%를 말한다.

[도 표] 정상거래비율·초과거래비율과 한계보유비율·초과보유비율

수혜법인의 구분	정상거래 비율	초과거래비율	한계보유 비율	초과보유비율
중소기업	50%	특수관계거래비율 − 50% = 초과거래비율	10%	주식보유비율 − 10% = 초과보유비율
중견기업	40%	특수관계거래비율 − 40%×1/2 = 초과거래비율	10%	주식보유비율 − 10%×1/2 = 초과보유비율
일반기업	30%	특수관계거래비율 − 5% = 초과거래비율	3%	주식보유비율 − 0% = 초과보유비율

3. 증여의제이익의 계산

(1) 기본구조

수혜법인에 출자한 지배주주와 그 지배주주의 친족이 다음과 같이 계산한 증여의제이익을 증여받은 것으로 본다.

수혜법인	증여의제이익의 계산*
중소기업	증여의제이익 = ① + ② ① 직접 출자관계의 증여의제이익 = 수혜법인의 세후영업이익×초과거래비율×(직접보유비율 − 한계보유비율**) ② 간접 출자관계의 증여의제이익 = 수혜법인의 세후영업이익×초과거래비율×(간접보유비율 − 한계보유비율**)
중견기업	증여의제이익 = ① + ② ① 직접 출자관계의 증여의제이익 = 수혜법인의 세후영업이익×초과거래비율×(직접보유비율 − 한계보유비율**×$\frac{1}{2}$) ② 간접 출자관계의 증여의제이익 = 수혜법인의 세후영업이익×초과거래비율×(간접보유비율 − 한계보유비율**×$\frac{1}{2}$)
일반기업	증여의제이익 = ① + ② ① 직접 출자관계의 증여의제이익 = 수혜법인의 세후영업이익×초과거래비율×(직접보유비율 − 0%) ② 간접 출자관계의 증여의제이익 = 수혜법인의 세후영업이익×초과거래비율×(간접보유비율 − 0%)

* 증여의제이익은 수혜법인의 사업연도 단위로 계산하고 출자관계(간접보유비율의 경우 0.1% 미만인 경우는 제외) 별로 각각 계산하여 합산한다.

** 간접보유비율과 직접보유비율이 있는 경우 간접보유비율에서 먼저 한계보유비율(또는 한계보유비율 × $\frac{1}{2}$)을 차감하고, 간접보유비율이 두 개 이상인 경우에는 보다 작은 간접보유비율에서 먼저 한계보유비율을 차감한다.

여기서 수혜법인의 '세후영업이익'은 다음과 같이 계산한다.

단계	계산
1단계	기업회계기준에 따라 계산한 영업이익(매출액 – 매출원가 – 판매관리비) ± 영업손익에 관련된 다음의 세무조정사항 + 감가상각비 손금불산입 + 퇴직급여충당금 손금불산입 – 퇴직연금충당금(퇴직부담금) 손금산입 + 대손충당금 손금불산입 ± 손익의 귀속사업연도와 관련된 세무조정사항 ± 자산의 취득가액과 관련된 세무조정사항 ± 재고자산 평가와 관련된 세무조정사항
	= 법인세법상 영업손익
2단계	수혜법인의 법인세 산출세액 – 공제·감면세액 * 토지등양도소득에 대한 법인세는 제외
	= 수혜법인의 법인세액
3단계	법인세법상 영업손익 – 수혜법인의 법인세액 × $\frac{\text{법인세법상 영업손익}}{\text{각 사업연도 소득금액}}$ * $\frac{\text{법인세법상 영업손익}}{\text{각 사업연도 소득금액}}$ 이 1을 초과하는 경우에는 1로 한다.
	= 수혜법인의 세후영업이익(과세제외분 차감 전)
	수혜법인의 세후영업이익(과세제외분 차감 전) × 과세매출비율$\left(1 - \frac{\text{과세제외매출액}}{\text{해당 사업연도 매출액}}\right)$
	= 수혜법인의 세후영업이익(출자관계별로 계산)

* 과세매출비율 계산시의 과세제외매출액에 범위에는 특수관계거래비율 계산시의 과세제외매출액(①~⑧)과 다음 중 어느 하나에 해당하는 금액을 과세제외매출액에 포함한다.

① 수혜법인이 간접출자법인인 특수관계법인과 거래한 매출액

② 지주회사의 자회사·손자회사에 해당하는 수혜법인이 그 지주회사의 다른 자회사·손자회사에 해당하는 특수관계법인과 거래한 매출액에 그 지주회사의 특수관계법인에 대한 주식보유비율을 곱한 금액. 다만, 지배주주 등이 수혜법인 및 특수관계법인과 지주회사를 통해 각각 간접출자관계에 있는 경우로 한정한다.

③ 수혜법인이 특수관계법인과 거래한 매출액에 지배주주 등의 그 특수관계법인에 대한 주식보유비율을 곱한 금액

④ 간접출자법인의 자법인(특정 법인이 어느 법인의 최대주주 등에 해당하는 경우 그 법인을 특정 법인의 자법인이라 한다. 이하 같다)에 해당하는 수혜법인이 그 간접출자법인의 다른 자법인에 해당하는 특수관계법인에 매출한 경우로서 다음의 요건을 모두 충족하는 경우에는 해당 매출액에 그 간접출자법인의 특수관계법인에 대한 주식보유비율을 곱한 금액

㉠ 지배주주등 및 지배주주의 특수관계인(그 간접출자법인은 제외)이 수혜법인 및 특수관계법인의 주식 등을 보유하지 않을 것

㉡ 특수관계법인이 수혜법인의 주식 등을 직접 또는 간접으로 보유하지 않고 수혜법인이 특수관계법인의 주식 등을 직접 또는 간접으로 보유하지 않을 것

㉢ 수혜법인 및 특수관계법인이 지배주주 등과 수혜법인 및 특수관계법인 사이에 주식보유를 통하여 개재되어 있는 법인의 주식을 직접 또는 간접으로 보유하지 않을 것

(2) 배당소득이 있는 경우 증여의제이익

증여의제이익을 계산할 때 지배주주 등이 수혜법인의 직전 사업연도의 증여세 신고기한 말일의 다음 날부터 해당 사업연도에 대한 증여세 과세표준신고기한까지 수혜법인 또는 간접출자법인으로부터 배당받은 소득이 있는 경우에는 아래와 같이 배당소득 공제액을 해당 출자관계의 증여의제이익에서 공제한다. 다만, 공제 후의 금액이 음수(陰數)인 경우에는 영으로 본다.

증여의제이익 ＝ (1) + (2) : 배당소득 공제 후의 금액
(1) 직접 출자관계의 증여의제이익 　－ 배당소득 공제액(＝수혜법인으로부터 받은 배당소득×증여의제이익 비율*) (2) 간접 출자관계의 증여의제이익 　－ 배당소득 공제액(＝간접출자법인으로부터 받은 배당소득×증여의제이익 비율**)

$$* \text{ 증여의제이익 비율} = \frac{\text{직접 출자관계의 증여의제이익}}{(\text{수혜법인의 사업연도 말일 배당가능이익} \times \text{수혜법인에 대한 직접보유비율})}$$

$$** \text{ 증여의제이익 비율} = \frac{\text{간접 출자관계의 증여의제이익}}{\left(\begin{array}{c}\text{간접출자법인의}\\\text{사업연도 말일}\\\text{배당가능이익}\end{array} + \begin{array}{c}\text{수혜법인의}\\\text{사업연도 말일}\\\text{배당가능이익}\end{array} \times \begin{array}{c}\text{간접출자법인의}\\\text{수혜법인에 대한}\\\text{주식보유비율}\end{array}\right) \times \begin{array}{c}\text{지배주주 등의}\\\text{간접출자법인에}\\\text{대한 직접보유비율}\end{array}}$$

참 고 특수관계법인과의 거래를 통한 증여의제 사업부문별 적용

1. 사업부문별 적용요건 : 수혜법인이 다음의 요건을 모두 갖춘 경우에는 사업부문별로 특수관계법인거래비율 및 세후영업이익을 계산할 수 있다.

① 구분경리 : 사업부문별로 자산 · 부채 및 손익을 각각 독립된 계정과목으로 구분하여 경리할 것

② 최소 구분 단위 : 한국표준산업분류에 따른 세세분류 이상으로 사업부문을 구분할 것[예 : (대분류) 제조업 > (중분류) 화학제품 제조업 > (소분류) 기타 화학제품 제조업 > (세분류) 세제, 화장품 및 광택제 제조업 > (세세분류) 화장품 제조업]

2. 사업부문별 적용례

① 일반기업의 경우 수혜법인 요건 판단기준의 하나인 '특수관계법인거래비율이 정상거래비율의 2/3를 초과하는 경우로서 특수관계법인에 대한 매출액이 1,000억원을 초과하는 경우'의 규정을 사업부문별로 적용할 때에는 '1,000억원' 대신에 '1,000억원×(해당 사업연도의 사업부문별 매출액/해당 사업연도의 전체 매출액)'으로 한다.

② 사업부문별 적용요건을 모두 갖춘 법인의 특수관계법인거래비율 및 세후영업이익은 사업부문별로 계산할 수 있다. 이 경우 정상거래비율을 초과하는 사업부문이 둘 이상인 경우에는 그 둘 이상의 사업부문을 하나의 사업부문으로 보아 특수관계법인거래비율 및 세후영업이익을 계산한다. ■

4. 증여세 과세표준 및 신고기한

특수관계법인과의 거래를 통한 증여의제이익은 합산배제증여재산에 해당하며, 해당 과세표준은 다음과 같이 계산한다.

> 증여세 과세표준 = 증여의제이익 – 감정평가수수료공제

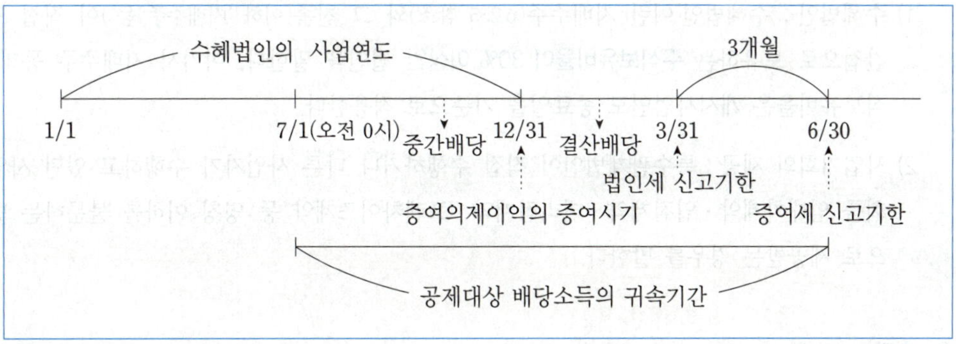

증여시기는 수혜법인의 사업연도 종료일로 하며, 증여의제이익에 대한 증여세 과세표준에 대한 증여세 과세표준 신고기한은 수혜법인의 법인세 과세표준의 신고기한이 속하는 달의 말일부터 3개월이 되는 날로 한다.

5. 주식 양도소득세와의 관계

특수관계법인과의 거래를 통한 이익의 증여의제에 따라 증여세가 과세되는 경우에는 그 증여의제이익을 양도소득세 과세대상 주식의 취득가액에 더함으로써 증여의제이익에 대해 양도소득세가 당초 부과된 증여세와 중복으로 과세되지 않게 한다.

Ⅳ. 특수관계법인으로부터 제공받은 사업기회로 발생한 이익의 증여의제

1. 개요

특수관계법인이 지배주주와 그 지배주주의 친족이 출자한 수혜법인에게 사업기회를 제공하여 그 수혜법인이 이익을 얻은 경우 그 이익 중 그 수혜법인의 지배주주와 그 친족에게 귀속되는 이익을 증여로 의제하여 증여세를 과세한다(합산배제증여재산).

상증 02

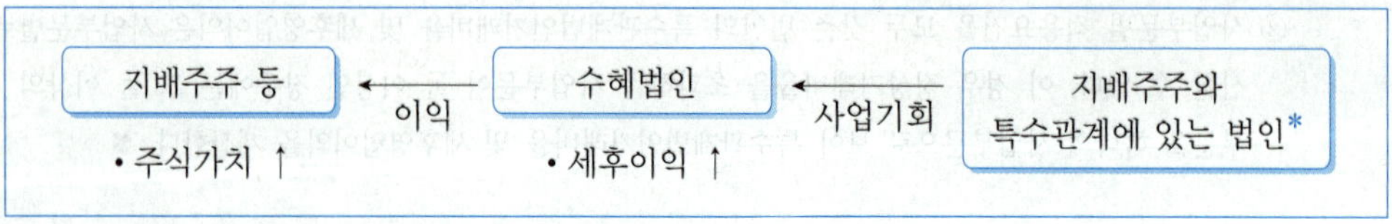

* 조세특례제한법에 따른 중소기업과 수혜법인의 주식보유비율이 50% 이상인 법인은 제외한다.

2. 증여의제의 요건

수혜법인이 지배주주와 특수관계가 있는 법인(조세특례제한법상 중소기업과 수혜법인의 주식보유비율이 50% 이상인 법인은 제외)으로부터 사업기회를 제공받아야 한다.

1) 수혜법인 : '수혜법인'이란 지배주주(p.255 참조)와 그 친족(이하 '지배주주 등')이 직접 또는 간접으로 보유하는 주식보유비율이 30% 이상인 법인을 말한다. 여기서 지배주주 등의 주식보유비율은 개시사업연도 종료일을 기준으로 적용한다.

2) 사업기회의 제공 : 특수관계법인이 직접 수행하거나 다른 사업자가 수행하고 있던 사업기회를 임대차계약 · 입점계약 · 대리점계약 · 프렌차이즈계약 등 명칭 여하를 불문하는 방법으로 제공받는 경우를 말한다.

3. 효과

1) 증여의제이익의 계산 : 수혜법인의 지배주주 등이 그 사업기회를 제공받은 날(이하 사업기회제공일)이 속하는 사업연도(이하 개시사업연도)의 종료일에 다음에 따라 계산한 증여의제이익을 증여받은 것으로 본다.

증여의제이익

$$= \left(\begin{array}{c} \text{제공받은 사업기회로 인하여} \\ \text{발생한 개시사업연도의} \\ \text{수혜법인의 이익} \end{array} \times \begin{array}{c} \text{지배주주} \\ \text{등의 주식} \\ \text{보유비율} \end{array} - \begin{array}{c} \text{개시 사업연도분의} \\ \text{법인세 납부세액} \\ \text{중 상당액} \end{array} \right) \times \frac{12}{\text{개시 사업연도의 월수}} \times 3\text{년}$$

여기서 ① '수혜법인의 이익'과 ② '법인세 납부세액 중 상당액'은 다음과 같이 계산한다.

①	사업기회를 제공받은 해당 사업부문의 기업회계기준에 따라 계산한 영업이익 (매출액 – 매출원가 – 판매관리비) ± 영업이익에 관한 다음의 세무조정사항 + 감가상각비 손금불산입 + 퇴직급여충당금 손금불산입

	－ 퇴직연금충당금(퇴직부담금) 손금산입 ＋ 대손충당금 손금불산입 ± 손익의 귀속사업연도와 관련된 세무조정사항 ± 자산의 취득가액과 관련된 세무조정사항 ± 재고자산 평가와 관련된 세무조정사항
	＝ 수혜법인의 이익 * 사업부분별로 구분하여 회계처리하지 않는 경우 등으로 해당 사업부분의 영업이익을 계산할 수 없는 경우의 '수혜법인의 이익'은 전체 세후 수혜법인의 영업이익×(사업기회를 제공받은 해당 사업부문의 매출액/ 수혜법인의 매출액)으로 한다.
②	$(\text{수혜법인의 법인세 산출세액} - \text{공제}\cdot\text{감면세액}) \times \frac{\text{수혜법인의 이익}}{\text{각 사업연도의 소득금액}}$ * $\frac{\text{수혜법인의 이익}}{\text{각 사업연도의 소득금액}}$ 이 1을 초과하는 경우 1
	＝ 법인세 납부세액 중 상당액

한편 지배주주 등이 수혜법인의 사업연도 말일부터 증여세 과세표준 신고기한까지 수혜법인으로부터 배당받은 금액이 있는 경우에는 다음과 같이 계산한 '배당소득 공제액'을 증여의제이익에서 공제한다. 다만, 공제 후 금액이 (−)음수인 경우에는 '0'으로 본다.

증여의제이익(배당소득 공제 후의 금액)

$$= \text{증여의제이익} - \text{배당소득} \times \frac{\text{증여의제이익}}{\left(\begin{array}{c}\text{수혜법인의 사업연도}\\\text{말일의 배당가능이익}\end{array} \times \begin{array}{c}\text{지배주주 등의}\\\text{수혜법인에 대한 주식보유비율}\end{array}\right)}$$

2) 증여세 과세표준의 신고기한 : 위 증여의제 규정에 따른 증여세 과세표준의 신고기한은 개시사업연도의 법인세 과세표준 신고기한이 속하는 달의 말일부터 3개월이 되는 날로 한다.

3) 증여세 정산과세 : 증여의제이익이 발생한 수혜법인의 지배주주 등은 개시사업연도부터 사업기회제공일 이후 2년이 경과한 날이 속하는 사업연도(이하 정산사업연도)까지 수혜법인이 제공받은 사업기회로 인해 발생한 실제 이익을 반영하여 다음에 따라 계산한 정산증여의제이익에 대한 증여세액과 당초 증여세 신고기한까지 납부한 증여의제이익에 대한 증여세액과의 차액을 추가로 납부해야 한다. 이때 정산증여의제이익이 당초 증여의제이익보다 적은 경우에는 그 차액에 상당하는 증여세액(당초 신고기한까지 납부한 증여세액을 한도)을 환급받을 수 있다.

정산증여의제이익

$$= \text{개시사업연도부터 정산사업연도까지 발생한 수혜법인의 이익의 합계액(제공받은 사업기회로 인해)} \times \text{지배주주 등의 주식 보유비율} - \text{개시사업연도부터 정산사업연도까지의 법인세 납부세액 중 상당액}$$

이 경우 정산하는 증여세의 과세표준 신고기한은 정산사업연도의 법인세 과세표준 신고기한이 속하는 달의 말일부터 3개월이 되는 날로 한다.

한편 지배주주 등이 수혜법인의 개시사업연도 말일부터 정산증여의제이익에 대한 증여세 과세표준 신고기한까지 수혜법인으로부터 배당받은 소득이 있는 경우에는 다음과 같이 계산한 '배당소득 공제액'을 증여의제이익에서 공제한다. 다만, 공제 후 금액이 (−)음수인 경우에는 '0'으로 본다.

정산증여의제이익(배당소득 공제 후의 금액)

$$= \text{정산증여의제이익} - \text{배당소득의 합계액} \times \frac{\text{정산증여의제이익}}{\left(\text{수혜법인의 배당가능이익의 합계액} \times \text{지배주주 등의 수혜법인에 대한 주식보유비율}\right)}$$

① 배당소득의 합계액 : 개시사업연도 말일부터 정산증여의제이익에 대한 신고기한까지 수혜법인으로부터 배당받은 소득의 합계액

② 수혜법인의 배당가능이익의 합계액 : 수혜법인의 개시사업연도 말일부터 정산사업연도 말일까지의 기간의 각 사업연도 말일을 기준으로써 각 사업연도 단위로 계산한 배당가능이익의 합계액

4. 주식 양도소득세와 관계

지배주주 등이 특수관계법인으로부터 제공받은 사업기회로 발생한 이익의 증여의제 규정에 따라 증여세를 과세받은 경우에는 그 증여의제이익을 양도소득세 과세대상 주식의 취득가액에 더함으로써, 증여세가 과세된 증여의제이익에 대해서는 다시 양도소득세를 과세하지 않는다.

양도소득세 과세대상 주식의 취득가액 = 당초 취득가액 + 증여의제이익

Ⅴ. 특정법인과의 거래를 통한 이익의 증여의제

1. 개요

특정법인이 지배주주의 특수관계인과 일정한 거래를 하는 경우에는 거래한 날을 증여일로 하여 그 특정법인의 이익에 특정법인의 지배주주 등의 직접 또는 간접으로 보유하는 주식보유비율을 곱하여 계산한 금액을 그 특정법인의 지배주주 등이 증여받은 것으로 본다(합산대상증여재산).

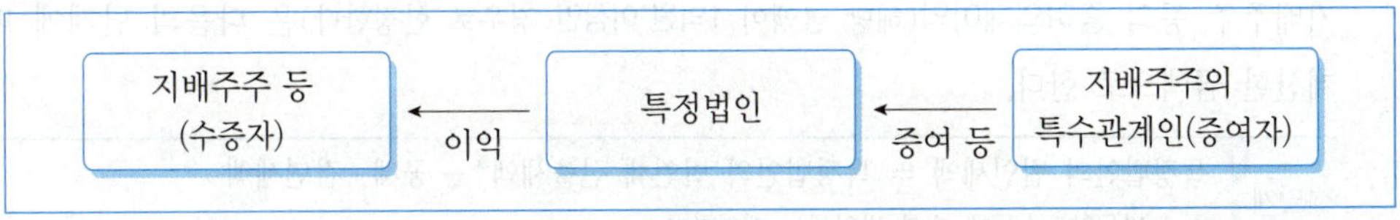

2. 증여의제의 요건

특정법인의 지배주주 등과 특수관계에 있는 자가 그 특정법인과 거래를 해야 한다.

1) 특정법인 등 : '특정법인'이란 지배주주와 그 친족(이하 '지배주주 등'이라 한다)이 직접 또는 간접으로 보유하는 주식보유비율이 30% 이상인 법인을 말한다. 여기서 '지배주주'란 내국법인 또는 외국법인의 주식을 직접 또는 간접으로 보유하고 있는 자로서 p.255 도표의 (1) · (2) 중 어느 하나에 해당하는 자를 말한다.

2) 특정법인이 이익을 받는 거래 : 특정법인이 지배주주의 특수관계인과 다음 중 어느 하나에 해당하는 거래를 해야 한다.

특정법인이 이익을 받는 거래	특정법인이 받은 이익	비고
① 재산이나 용역을 무상으로 제공받는 것	증여재산가액(금전대출의 경우 금전대출 등에 따른 이익의 증여 규정을 준용하여 계산한 이익)	–
② 재산이나 용역을 통상적인 거래 관행에 비추어 볼 때 현저히 낮은 대가로 양수 · 제공받는 것	재산 · 용역의 (시가 – 대가)	시가와 대가의 차액이 시가의 30% 이상이거나 3억원 이상인 경우에 한함 * 여기서 재산 · 용역의 시가는 법인세법상 시가에 따른다.
③ 재산이나 용역을 통상적인 거래 관행에 비추어 볼 때 현저히 높은 대가로 양도 · 제공하는 것	재산 · 용역의 (대가 – 시가)	
④ 시가보다 현저히 낮은 대가로 현물출자받는 것	출자받은 재산의 (시가 – 대가*) * 출자한 재산에 대하여 교부받은 주식의 액면가액의 합계액을 말한다.	

⑤ 채무를 면제 · 인수 또는 변제받는 것	채무의 면제 · 인수 또는 변제로 얻은 이익	–
⑥ 불균등 감자(減資) 등 자본거래를 통하여 이익을 분여 받는 것	분여받은 이익	–

3. 증여의제이익

지배주주 등의 증여의제이익(해당 금액이 1억원 이상인 경우로 한정한다)은 다음의 단계에 따라 계산한 금액으로 한다.

1단계	특정법인의 법인세액 = 특정법인의 법인세 산출세액* – 공제 · 감면세액 * 토지등양도소득에 대한 법인세는 제외한다.
2단계	$\text{특정법인에게 이전된 세후이익} = \text{특정법인에게 이전된 이익} - \text{특정법인의 법인세액} \times \left(\dfrac{\text{특정법인에게 이전된 이익}}{\text{특정법인의 각 사업연도 소득금액}}\right)^{*}$ * 이 비율이 1을 초과하는 경우에는 1로 한다.
3단계	증여의제이익 = 특정법인에게 이전된 세후이익 × 지배주주 등의 직접 · 간접 주식보유비율

4. 증여의제이익에 대한 증여세액의 한도

특정법인과의 거래를 통한 이익에 대한 증여세액이 지배주주 등이 직접 증여받은 경우의 증여세 상당액에서 특정법인이 부담한 법인세 상당액을 차감한 금액을 초과하는 경우 그 초과액은 없는 것으로 본다.

> 납부할 증여세액 = MIN(①, ②)
> ① 특정법인과의 거래를 통한 이익에 대한 증여세액
> ② 증여세액의 한도
> = ㉠ 지배주주 등이 직접 증여받은 경우의 증여세 상당액* – ㉡ 특정법인이 부담한 법인세 상당액**

* ㉠ : 지배주주 등이 증여일에 (특정법인에게 이전된 이익 × 해당 지배주주 등의 주식보유비율)의 금액을 직접 증여받은 것으로 볼 때의 증여세를 말한다.

** ㉡ : $\left(\text{특정법인의 법인세액} \times \dfrac{\text{특정법인에게 이전된 이익}}{\text{특정법인의 각 사업연도 소득금액}}\right) \times \text{지배주주 등의 주식보유비율}$

5. 증여세 과세표준 신고기한

증여의제이익에 대한 증여세 과세표준 신고기한은 특정법인의 법인세 과세표준의 신고기한이 속하는 달의 말일부터 3개월이 되는 날로 한다.

6. 주식 양도소득세와 관계

지배주주 등이 특정법인과의 거래를 통한 이익의 증여의제 규정에 따라 증여세를 과세받은 경우에는 그 증여의제이익을 양도소득세 과세대상 주식의 취득가액에 더함으로써, 증여세가 과세된 증여의제이익에 대해서는 다시 양도소득세를 과세하지 않는다.

양도소득세 과세대상 주식의 취득가액 = 당초 취득가액 + 증여의제이익

판 례 개별 가액산정규정에 따라 일정한 행위·거래만을 증여세가 과세대상으로 한정하고, 과세범위도 제한적으로 규정함으로써 증여세 과세의 범위·한계를 설정한 경우, 그 과세범위에서 제외된 행위·거래도 완전포괄주의 증여개념에 해당한다면 증여세가 과세될 수 있는지 여부

상증세법은 증여의 대상을 민법상의 개념으로 한정하지 않고 '재산의 직접·간법적인 무상이전'과 '타인의 기여에 의한 재산가치의 증가'를 증여세 과세대상으로 정의하면서 종전의 열거방식의 증여의제규정을 증여시기와 증여재산가액의 계산에 관한 규정(이하 가액산정규정)으로 전환함으로써 변칙적인 증여에 대해서도 사전에 대비를 할 수 있게 하였다. 그러나 개별 가액산정규정도 일정한 범위의 거래·행위를 과세대상으로 하여, 그 거래·행위 당시 당사자 간에 특정한 관계를 요구하거나 분여한 이익에 대해서도 시가의 30% 이상일 것 또는 일정한 금액 이상일 것 등을 요구하는 것처럼 종전의 열거방식의 증여의제 규정과 마찬가지로 과세요건과 관련된 내용은 존재하고 있으며, 그리고 이러한 과세대상이나 과세범위에 관한 사항은 수시로 개정되어 오고 있다. 이는 증여세에 있어서 완전포괄주의 방식을 도입하여 조세회피 행위를 방지하되, 과세상의 혼란을 방지하여 납세자의 예측가능성과 법적안정성을 도모하기 위해 과세대상과 과세범위에 관한 사항을 그대로 유지하고자 하는 입법자의 의사가 반영된 것이라고 볼 수 있다.

따라서 이러한 납세의무자의 예측가능성 등을 보장하기 위해서는 가액산정규정이 일정한 거래·행위만을 과세대상으로 한정하고 그 과세대상 범위도 제한적으로 규정함으로써 증여세의 과세의 범위·한계를 설정한 것으로 볼 수 있어 개별 가액산정규정에서 규율하고 있는 일정한 거래·행위 중 증여세 과세대상과 과세범위에서 제외된 거래·행위가 완전포괄주의 증여개념에 해당하더라도 그에 대한 증여세를 과세할 수 없다(2013두13266). ■

제 3 장
과세가액불산입 및 재산의 평가

제1절 상속세 · 증여세 과세가액불산입

I-1 p.743

Ⅰ. 서설

종교 · 자선 · 학술 관련 사업 등 공익사업을 하는 공익법인에게 출연(出捐 : 금품을 내어 도와줌)하는 재산가액에 대해서는 상속세 · 증여세의 과세가액에 산입하지 않는다. 그 취지는 공익법인에 대한 출연을 장려하여 공익목적사업의 원활한 지원을 하려는데 있다.

그러나 이러한 과세과액불산입의 규정을 악용하여 세부담 없이 재산을 무상으로 이전하는 수단이 되거나, 공익목적으로 출연된 재산이 공익목적 외의 용도로 사용되는 경우에는 과세과액불산입의 취지에 반하게 된다. 이를 방지하기 위해 공익목적 출연재산에 대한 사후관리를 엄격하게 하고 있다.

Ⅱ. 과세가액불산입의 유형

1. 공익법인에 직접 출연하는 경우

(1) 상속세 과세가액불산입

상속재산 중에 피상속인이나 상속인이 상속세 과세표준 신고기한까지 공익법인 등에게 출연한 재산가액은 상속세 과세가액에 산입하지 않는다. 여기서 '출연'이란 피상속인이 유증 · 사인증여를 하거나 상속인이 증여를 하는 경우를 말한다.

한편 다음과 같은 부득이한 사유가 있는 경우 그 사유가 없어진 날이 속하는 달의 말일부터 6개월까지 출연한 경우에도 상속세 과세가액불산입을 적용한다.

① 법령상 · 행정상 사유로 출연재산의 소유권이전에 지연되는 경우

② 출연하는 재산으로 공익법인을 설립하는 경우로서 법령상 · 행정상의 이유로 공익법인의

설립허가 등이 지연되는 경우

* 상속인이 과세가액불산입을 적용받기 위해서는 공익법인 등의 이사가 아니어야 하며, 이사의 선임 그 밖에 사업운영에 중요사항을 결정할 권한을 갖지 않아야 한다.

(2) 증여세 과세가액불산입

공익법인 등이 출연받은 재산가액은 증여세 과세가액에 산입하지 않는다.

2. 공익신탁에 대한 과세가액불산입

상속재산·증여재산 중 피상속인·상속인·증여자가 종교·자선·학술 그 밖에 공익목적으로 신탁을 통하여 공익법인에 출연한 재산가액은 상속세·증여세 과세가액에서 산입하지 않는다.

참고 공익신탁의 요건

① 공익신탁의 수익자·수혜자가 공익법인일 것

② 공익신탁의 만기일까지 신탁계약이 중도해지·취소되지 않을 것

③ 공익신탁이 중도해지·종료시 잔여신탁재산이 국가·지방자치단체·공익신탁에 귀속될 것 ■

이러한 상속세과세과액에 산입하지 않는 재산은 상속세과세표준 신고기한까지 신탁을 이행해야 한다. 다만, 법령상·행정상 사유로 신탁의 이행이 늦어지면 그 사유가 없어진 날이 속하는 달의 말일부터 6개월까지 신탁을 이행해야 한다.

Ⅲ. 과세가액불산입의 배제

공익법인에 대량의 주식을 출연하는 경우에는 공익사업의 목적과는 달리 그 공익법인을 통해 계열사를 지배하는 수단으로 악용될 수 있다. 그래서 다음과 같은 과세가액불산입의 배제규정을 두고 있다.

1) 상속세 과세가액불산입 배제 : 상속재산 중 피상속인이나 상속인이 내국법인의 의결권 있는 주식을 공익법인 등에 출연하는 경우로서 '다음의 주식을 합한 것'이 그 내국법인의 의결권 있는 발행주식총수(자기주식은 제외. 이하 같다)의 '공익법인 등의 주식보유 한도비율'을 초과하는 경우에는 그 초과하는 가액을 상속세 과세가액에 산입한다.

   ① 출연하는 주식

   ② 출연자가 출연할 당시 해당 공익법인 등이 보유하고 있는 동일한 내국법인의 주식

   ③ 출연자 및 그 특수관계인이 해당 공익법인 등 외의 다른 공익법인 등에 출연한 동일한 내국법인의 주식(여기에는 상속인 및 그의 특수관계인이 재산을 출연한 다른 공익법인 등이 보유하고 있는 동일한 내국법인의 주식을 포함한다)

출연하는 주식 등을 합한 것(① + ② + ③) (−) 의결권 있는 발행주식총수 × 공익법인 등의 주식보유 한도비율
(=) 상속세 과세가액에 산입하는 주식수

여기서 '공익법인 등의 주식보유 한도비율'은 다음의 구분에 따른 비율을 말한다.

	구분	공익법인 등의 주식보유 한도비율
(1)	일반 공익법인 등	10%
(2)	① 다음의 요건을 모두 갖춘 공익법인 등(②·③에 해당하는 공익법인 등은 제외)에 출연하는 경우 ㉠ 출연받은 주식의 의결권을 행사하지 않을 것 ㉡ 자선·장학 또는 사회복지를 목적으로 할 것	20%
	② 상호출자제한기업집단과 특수관계에 있는 공익법인 등	5%
	③ 사후관리 요건(*주)을 충족하지 못하는 공익법인 등	5%

(*주) 여기서 '사후관리 요건'이란 ① 운용소득의 80% 이상 사용, ② 출연자·특수관계인이 이사 현원 1/5 초과 취임 금지, ③ 자기내부거래 금지, ④ 정당한 대가없이 특수관계법인 광고·홍보 금지를 말한다(자세한 사후관리 요건은 p.273 참조).

2) 증여세 과세가액불산입 배제 : 공익법인이 내국법인의 의결권 있는 주식을 출연받은 경우로서 '다음의 주식을 합한 것'이 그 내국법인의 의결권 있는 발행주식총수(자기주식은 제외. 이하 같다)의 10%·20%·5%(공익법인 등의 주식보유 한도비율)를 초과하는 경우에는 그 초과하는 가액을 증여세 과세가액에 산입한다.

① 출연받은 해당 주식

② 출연자가 출연할 당시 해당 공익법인 등이 보유하고 있는 동일한 내국법인의 주식

③ 출연자 및 그의 특수관계인이 해당 공익법인 등 외의 다른 공익법인 등에 출연한 동일한 내국법인의 주식(여기에는 출연자 및 그의 특수관계인으로부터 재산을 출연받은 다른 공익법인 등이 보유하고 있는 동일한 내국법인의 주식을 포함한다)

Ⅳ. 출연재산의 사후관리

1. 자기내부거래에 대한 사후관리

(1) 상속세 부과

공익법인 등에 출연한 재산가액을 상속세 과세가액에 산입하지 않은 경우로서 그 산입하지 않은 재산과 그 재산에서 발생한 이익의 전부·일부가 상속인과 그 특수관계인에게 귀속되

는 경우에는 그 귀속되는 가액(이익 상당액도 포함하며, 재산가액의 경우 상속개시일 현재의 평가액을 말한다)을 상속세 과세가액에 산입한다.

참고 사후관리 요건을 충족하는 성실공익법인 등이 발행주식총수의 10%·20%를 초과하여 출연받은 주식에 대한 사후관리

상호출자제한기업집단과 특수관계에 있지 않은 공익법인 등으로서 사후관리 요건을 충족하는 공익법인 등에 발행주식총수의 10%·20%를 초과하여 출연하는 경우로서 초과보유일부터 3년 이내에 발행주식총수의 10%·20%를 초과하여 출연받은 주식을 매각(주식의 출연자 또는 그의 특수관계인에게 매각하는 경우는 제외한다)하지 않은 경우에는 상속개시일 현재의 평가액을 상속세 과세가액에 산입한다. ■

(2) 증여세 부과

공익법인이 증여세 과세가액에 산입하지 않은 재산을 ① 출연자 및 그 친족, ② 출연자가 출연한 다른 공익법인, ③ ①·②와 특수관계가 있는 자에게 해당 재산의 임대차·소비대차·사용대차 등의 방법으로 사용·수익하게 하는 경우에는 다음의 가액을 그 공익법인 등이 증여받은 것으로 보아 즉시 증여세를 부과한다.

① 무상으로 사용·수익한 경우 : 해당 출연재산가액

② 시가보다 낮은 대가로 사용·수익하는 경우 : 그 차액에 상당하는 출연재산가액

2. 출연재산 및 운용소득의 사용에 대한 사후관리

상속세·증여세의 과세가액에 산입하지 않은 재산을 출연받은 공익법인 등이 출연받은 재산 또는 그 운영소득을 일정한 용도에 사용하지 않는 경우에는 그 가액을 해당 공익법인 등이 증여받은 것으로 보아 즉시 증여세를 부과한다. 다만, 종교단체에게 헌금(부동산·주식 제외)에 대해서는 증여세를 부과하지 않는다. 그 이유는 헌금의 경우 불특정다수로부터 출연받는 것으로써 출연자별로 재산가액을 산정하기가 어렵기 때문이다.

(1) 출연재산의 공익목적사업 외에 사용

① 출연받은 재산을 직접 공익목적사업(직접 공익목적사업에 충당하기 위하여 수익용 또는 수익사업용으로 운용하는 경우 포함) 외의 용도에 사용하는 경우, ② 출연받은 날부터 3년 이내에 직접 공익목적사업 등에 사용하지 않거나 미달하게 사용한 경우, ③ 3년 이후 직접 공익목적사업 등에 계속하여 사용하지 않은 경우에는 해당 사유가 발생한 날에 다음의 가액을 공익법인 등이 증여받은 것으로 보아 즉시 증여세를 부과한다.

> 증여세 과세가액
> = 직접 공익목적사업 외에 사용한 재산가액·3년 이내 미사용(미달사용)한 재산가액·3년 이후 계속 사용하지 않는 재산가액

(2) 출연재산의 주식취득에 사용

재산을 출연받은 공익법인 등이 ① 출연받은 재산(그 재산을 수익용·수익사업용으로 운용하는 경우 및 그 운용소득이 있는 경우 포함), ② 출연받은 재산의 매각대금(매각대금에 의해 증가한 재산가액을 포함하며, 공과금 등 지출은 제외)을 내국법인의 주식을 취득하는데 사용하는 경우로서 다음의 주식을 합한 것이 그 내국법인의 의결권 있는 발행주식총수의 10%·20%·5%(공익법인 등의 주식보유 한도비율)를 초과하는 경우에는 해당 사유가 발생한 날에 그 초과부분을 취득하는데 사용한 재산의 가액을 공익법인 등이 증여받은 것으로 보아 즉시 증여세를 부과한다.

① 취득하는 주식

② 취득당시 해당 공익법인이 보유하고 있는 동일한 내국법인의 주식

③ 해당 내국법인과 특수관계가 있는 출연자가 해당 공익법인 외의 다른 공익법인에 출연한 동일한 내국법인의 주식(여기에는 해당 내국법인과 특수관계가 있는 출연자로부터 재산을 출연받은 다른 공익법인 등이 보유하고 있는 동일한 내국법인의 주식을 포함)

> 증여세 과세가액 = 발행주식총수의 10%·20%·5%의 초과부분을 취득하는데 사용한 재산의 가액

(3) 출연재산 운용소득의 사용

1) 공익목적사업 외에 사용

출연받은 재산을 수익용·수익사업용으로 운용하는 경우로서 그 운용소득을 직접 공익목적사업 외에 사용한 경우에는 해당 사유가 발생한 날에 다음의 가액을 공익법인 등이 증여받은 것으로 보아 즉시 증여세를 부과한다.

> 증여세 과세가액
>
> $= \text{출연재산 평가액(공익목적사업에 사용한 부분은 제외)} \times \dfrac{\text{공익목적사업 외에 사용한 금액}}{\text{운용소득}}$

2) 사용기준금액에 미달사용

공익법인이 출연받은 재산을 수익용·수익사업용으로 운용하는 경우로서 그 운용소득이 발생한 사업연도 종료일부터 1년 이내에 직접공익목적사업에 사용한 실적이 사용기준금액(운용소득의 80%)에 미달하는 경우에는 다음의 가산세를 부과한다.

> 가산세 = 사용기준금액(운용소득의 80%)에 미달하게 사용한 금액×10%

참고 운용소득

해당 사업연도의 수익사업에 발생한 소득금액(고유목적사업준비금과 해당 과세기간 또는 사업연도 중 고유목적사업비로 지출된 금액으로서 손금에 산입된 금액을 포함하며, 출연재산과 관련이 없는 수익사업에서 발생한 소득금액 및 출연재산 매각금액 등은 제외)
+ 출연재산을 수입의 원천에 사용함으로써 생긴 소득금액
− 해당 소득에 대한 법인세(또는 소득세) · 농어촌특별세 · 주민세
− 이월결손금
+ (직접 사업연도 사용기준금액 미달사용금액 − 10% 가산세)
= 운용소득

(4) 출연재산 매각대금의 사용

1) 직접공익목적 외 사용 및 3년 미달사용

출연받은 재산을 매각하고 그 매각대금을 직접공익목적사업 외에 사용하거나 매각한 날이 속하는 사업연도의 종료일부터 3년 이내에 매각대금 중 직접공익목적사업에 사용한 실적이 사용기준금액(매각대금의 90%)에 미달하는 경우에는 해당 사유가 발생한 날에 다음의 가액을 공익법인 등이 증여받은 것으로 보아 즉시 증여세를 부과한다.

증여세 과세가액

- 공익목적 외에 사용한 부분 : 사용기준금액(매각대금×90%) × $\frac{\text{공익목적 외에 사용한 금액}}{\text{매각대금*}}$
- 사용기준금액에 미달하게 사용한 부분 : 미달사용금액

* 여기서 매각대금에는 매각대금에 의해 증가된 가액을 포함하되, 자산매각에 따라 부담하는 국세 · 지방세를 제외한다. 그리고 직접공익목적사업에 사용한 실적에는 그 매각대금으로 직접공익목적사업 · 수익사업용 재산을 취득하는 경우 포함

2) 1년 또는 2년 내 미달사용

출연받은 재산의 매각대금 중 직접공익목적사업에 사용한 실적이 매각한 날이 속하는 사업연도 종료일부터 1년 이내에 매각대금의 30%, 2년 이내에 매각대금의 60%에 미달하게 사용한 경우에는 다음의 가산세를 부과한다.

가산세 = 매각대금 중 사용기준에 미달하게 사용한 금액×10%

(5) 그 밖의 사후관리

1) (㉠ 출연받은 주식 등의 의결권을 행사하지 않을 것, ㉡ 자선 · 장학 또는 사회복지를 목적으로 할 것)의 요건을 모두 충족하는 공익법인 등이 해당 요건 중 (㉠ 출연받은 주식 등의 의결권을 행사하지 않을 것)을 위반하여 출연받은 주식 등의 의결권을 행사한 경우

에는 해당 사유가 발생한 날에 다음의 가액을 공익법인 등이 증여받은 것으로 보아 즉시 증여세를 부과한다.

> 증여세 과세가액 = (해당 공익법인 등이 출연받은 주식 등의 의결권을 행사한 날에 발행주식총수의 10%를 초과하여 보유하고 있는 주식 등의 가액)

2) 공익법인이 사업을 종료하는 때의 잔여재산을 국가·지방자치단체 또는 해당 공익법인과 동일하거나 주무부장관이 유사한 것으로 인정하는 공익법인에 귀속시키지 않은 때에는 해당 사유가 발생한 날에 다음의 재산가액을 공익법인 등이 증여받은 것으로 보아 즉시 증여세를 부과한다.

> 증여세 과세가액 = 국가·지방자치단체 및 동일·유사한 공익법인에 귀속시키지 않은 재산가액

3) 직접 공익목적사업에 사용하는 것이 사회적 지위·직업·근무처 및 출생지 등에 따라 일부에게만 혜택을 제공하는 것인 때에는 해당 사유가 발생한 날에 다음의 가액을 공익법인 등이 증여받은 것으로 보아 즉시 증여세를 부과한다. 다만, 주무부장관이 기획재정부장관과 협의하여 따로 수혜자의 범위를 정하여 공익법인의 설립허가 조건을 붙인 경우에는 제외한다.

> 증여세 과세가액 = 일부에게만 제공된 재산가액 또는 경제적 이익에 상당하는 가액

참고 공익법인 등이 기준금액에 미달하게 직접 공익목적사업에 사용한 경우 가산세 부과

1. 공익법인 등이 기준금액에 미달하여 직접 공익목적사업(법인세·소득세 과세대상이 되는 사업은 제외)에 사용한 경우에는 다음의 가산세를 부과한다.

공익법인 구분	가산세
(1) 다음의 요건을 모두 갖춘 공익법인 등으로서 일정한 공익법인 ① 내국법인의 주식 등을 출연받은 공익법인 등일 것 ② 주식 등의 보유비율이 그 내국법인의 발행주식총수등의 5%를 초과할 것	(기준금액 − 직접 공익목적사업에 사용한 금액) ×100%
(2) 자산 규모, 사업의 특성 등을 고려하여 정한 일정 공익법인 등	(기준금액 − 직접 공익목적사업에 사용한 금액) ×10%

> 기준금액 = 수익용 또는 수익사업용으로 운용하는 재산(직접 공익목적사업용 재산은 제외)의 [총자산가액① − (부채가액 + 당기 순이익)]② ×1%(3%)③

① ㉠ 총자산가액 중 해당 공익법인이 3년 이상 5년 미만 보유한 유가증권시장 또는 코스닥시장에 상장된 주권상장법인의 주식의 가액은 직전 3개 과세기간 또는 사업연도 종료일 현재 각 재무상태표 및 운영성과표를 기준으로 한 가액의 평균액으로 하고, ㉡ 해당 공익법인이 5년 이상 보유한 유가증권시장 또는 코스닥시장에 상장된 주권상장법인의 주식의 가액은 직전 5개 과세기간 또는 사업연도 종료일 현재 각 재무상태표 및 운영성과표를 기준으로 한 가액의 평균액으로 한다.

② 직접 공익목적사업에 사용해야 할 과세기간 · 사업연도의 직전 과세기간 또는 사업연도 종료일 현재 재무상태표 및 운영성과표를 기준으로 계산한다.

③ (㉠ 출연받은 주식 등의 의결권을 행사하지 않을 것, ㉡ 자선 · 장학 또는 사회복지를 목적으로 할 것)의 요건을 모두 충족하는 성실공익법인 등이 발행주식총수 등의 10%를 초과하여 보유하고 있는 경우에는 '3%'로 한다. ■

3. 공익법인 등이 내국법인의 발행주식총수의 5%를 초과하여 주식을 출연받은 경우 사후관리

공익법인 등이 내국법인의 발행주식총수의 5%를 초과하여 주식을 출연(출연받은 재산 및 출연받은 재산의 매각대금으로 주식을 취득하는 경우 포함)받은 후 다음 중 어느 하나에 해당하는 요건을 충족하지 않게 된 경우에는 상속세 과세가액 또는 증여세 과세가액에 산입하거나 공익법인이 증여받은 것으로 보아 즉시 증여세를 부과한다.

① 운용소득에 80%를 곱하여 계산한 금액 이상을 직접 공익목적사업에 사용할 것

② 출연자(재산출연일 현재 해당 공익법인 등의 총 출연재산가액의 1%에 상당하는 금액과 2천만원 중 적은 금액 이하를 출연한 자는 제외) 또는 그의 특수관계인이 공익법인 등의 이사 현원(이사 현원이 5명 미만인 경우에는 5명으로 본다)의 1/5을 초과하지 않을 것. 다만, 이사의 사망 또는 사임 등 부득이한 사유로 출연자 또는 그의 특수관계인이 이사 현원의 1/5을 초과하여 이사가 된 경우로서 해당 사유가 발생한 날부터 2개월 이내에 이사를 보충하거나 개임하여 출연자 또는 그의 특수관계인 이사가 이사 현원의 1/5을 초과하지 않게 된 경우에는 계속하여 본문의 요건을 충족한 것으로 본다.

③ 출연받은 재산 등을 출연자 및 그 친족 등에게 임대차, 소비대차(消費貸借) 및 사용대차(使用貸借) 등의 방법으로 사용 · 수익하게 하는 자기내부거래를 하지 않을 것

④ 특수관계에 있는 내국법인의 이익을 증가시키기 위하여 정당한 대가를 받지 않고 광고 · 홍보를 하지 않을 것

한편 공익법인 등이 위 사후관리 요건을 모두 충족했는지 여부는 해당 과세기간 또는 사업연도 전체를 기준으로 판단한다.

상증 03

V. 공익법인 출연재산 사후관리를 위한 협력의무

1. 출연재산에 관한 보고서의 제출

(1) 보고서의 제출의무

상속세 · 증여세 과세가액에 산입하지 않은 재산을 출연받은 공익법인은 그 출연받은 재산에 대한 명세 · 사용계획 · 진도현황 등에 관한 서류를 사업연도 종료일부터 4개월 이내에 관할 세무서장에게 제출해야 한다.

(2) 보고서제출불성실가산세

(1)에 따른 보고서를 제출하지 않았거나 그 제출된 보고서가 불분명한 경우에는 다음의 가산세를 징수해야 한다.

가산세 = 보고서 미제출 · 불분명의 금액에 상당하는 상속세액 · 증여세액 × 1%

2. 외부전문가의 세무확인 및 기장의무

(1) 공익법인 등에 대한 외부전문가의 세무확인

공익법인 등은 과세기간별 또는 사업연도별로 출연받은 재산의 공익목적사업 사용 여부, 사후관리에 관한 의무사항 이행 여부 등에 대하여 2명 이상의 변호사 · 공인회계사 · 세무사를 선임하여 세무확인을 받아야 한다. 다만, 다음 중 어느 하나에 해당하는 공익법인은 외부전문가의 세무확인을 받지 않을 수 있다.

① 외부전문가의 세무확인을 받아야 하는 과세기간 또는 사업연도의 종료일 현재 대차대조표상 총자산가액(부동산의 경우 재산평가 규정에 따라 평가한 가액이 대차대조표상의 가액보다 큰 경우에는 그 평가한 가액을 말한다)의 합계액이 5억원 미만인 공익법인 등

② 불특정다수인으로부터 재산을 출연받은 공익법인 등(출연자 1명과 그의 특수관계인이 출연한 출연재산가액의 합계액이 공익법인 등이 출연받은 총재산가액의 5%에 미달하는 경우로 한정한다)

③ 국가 또는 지방자치단체가 재산을 출연하여 설립한 공익법인 등으로서 감사원법 또는 관련 법령에 따라 감사원의 회계검사를 받는 공익법인 등(회계검사를 받는 연도분으로 한정한다)

외부전문가의 세무확인을 받은 공익법인 등은 그 결과를 세무확인을 받은 해당 사업연도 종료일부터 3월 이내에 해당 공익법인의 관할세무서장에게 보고해야 한다. 이 경우 관할세무서장은 공익법인 등의 출연재산의 공익목적 사용 여부 등에 관련된 외부전문가의 세무확인 결과를 일반인이 열람할 수 있게 해야 한다.

(2) 공익법인 등의 회계감사 의무

공익법인 등은 과세기간별 · 사업연도별로 「주식회사 등의 외부감사에 관한 법률(제2조)」에 따른 감사인에게 회계감사를 받아야 한다. 다만, 다음 중 어느 하나에 해당하는 공익법인등은 그렇지 않다.

① 회계감사를 받아야 하는 과세기간 · 사업연도의 직전 과세기간 · 직전 사업연도의 총자산가액 등이 다음 각 호를 모두 충족하는 공익법인

㉠ 과세기간 · 사업연도 종료일의 재무상태표상 총자산가액(부동산인 경우 재산평가 규정에 따라 평가한 가액이 재무상태표상의 가액보다 크면 그 평가한 가액을 말한다)의 합계액이 100억원 미만일 것

㉡ 해당 과세기간 또는 사업연도의 수입금액과 그 과세기간 · 사업연도에 출연받은 재산가액의 합계액이 50억원 미만일 것

㉢ 해당 과세기간 또는 사업연도에 출연받은 재산가액이 20억원 미만일 것

② 종교의 보급 기타 교화에 현저히 기여하는 사업, 초 · 중등교육법 및 고등교육법에 의한 학교, 유아교육법에 따른 유치원을 설립 · 경영하는 사업을 영위하는 공익법인 등

(3) 기장의무

공익법인은 사업연도별로 출연받은 재산 및 공익사업 운용명세 등에 대한 장부를 작성해야 하며, 장부와 관련 있는 중요한 증빙서류를 비치해야 한다. 그리고 이러한 장부와 중요한 증빙서류는 해당 공익법인의 사업연도(또는 과세기간) 종료일부터 10년간 보존해야 한다.

(4) 가산세의 부과

공익법인이 ① 외부전문가의 세무확인에 대한 보고의무를 이행하지 않은 경우, ② 장부의 작성 · 비치의무를 이행하지 않은 경우, ③ 회계감사를 이행하지 않은 경우(지정받은 감사인이 아닌 다른 감사인에게 회계감사를 받은 경우를 포함한다)에는, 다음의 금액을 상속세 또는 증여세로 징수한다.

$$\text{가산세}^{*} = (\text{그 사업연도의 수입금액} + \text{그 사업연도의 출연받은 재산가액}) \times \frac{7}{10{,}000}$$

* 외부전문가의 세무확인에 대한 보고의무 등을 이행하지 않아 위 가산세로 계산된 금액이 100만원 미만인 경우에는 100만원으로 한다.

3. 공익법인 등의 전용계좌 개설 · 사용의무

(1) 전용계좌 사용의무

공익법인 등은 직접 공익목적사업과 관련하여 받는 수입과 지급하는 지출의 경우로서 다음

중 어느 하나에 해당하는 경우에는 직접 공익목적사업용 전용계좌(이하 전용계좌)를 사용해야 하며, 이에 해당하지 않는 경우에는 전용계좌외거래명세서를 별도로 작성 · 보관해야 한다.

① 직접 공익목적사업과 관련된 수입 · 지출을 금융회사 등을 통하여 결제하거나 결제받는 경우
② 기부금 · 출연금 · 회비를 받는 경우
③ 인건비 · 임차료를 지급하는 경우
④ 기부금 · 장학금 · 연구비 등 직접 공익목적사업비를 지출하는 경우. 다만, 100만원을 초과하는 경우로 한정
⑤ 수익용 · 수익사업용 자산의 처분금액, 그 밖에 운용소득을 고유목적사업회계에 전입(현금 등 자금의 이전이 수반되는 경우만 해당)하는 경우

다만, 신용카드매출전표 등의 증명서류를 갖춘 경우 등은 해당하지 않는다.

참고 전용계좌 요건
① 금융회사 등에 개설한 계좌일 것
② 공익목적사업에 관련되지 않은 용도로 사용되지 않을 것 ■

(2) 전용계좌 신고의무

최초로 공익법인 등에 해당하게 된 날부터 3개월 이내에 전용계좌를 개설하여 관할세무서장에게 신고해야 한다. 해당 공익법인 등이 계좌를 변경하거나 추가로 계좌를 개설하는 경우에는 사유발생일부터 1개월 이내에 신고해야 한다.

(3) 가산세의 부과

공익법인 등이 다음 중 어느 하나에 해당하는 경우에는 다음의 금액을 가산세로 부과한다.

구분	가산세
① 전용계좌를 개설하지 않은 경우	• 전용계좌 미사용금액×0.5%
② 전용계좌에 개설 · 신고를 하지 않은 경우	• MAX (㉠, ㉡)×0.5% ㉠ 관련 수입금액 총액 ㉡ 관련 거래금액 합계액

4. 공익법인 등의 결산서류 등의 공시의무

(1) 공시의무

공익법인(종교의 보급 기타 교화에 현저히 기여하는 사업을 영위하는 공익법인은 제외. 이하 같다)은 다음의 서류 등(이하 '결산서류 등')을 해당 공익법인의 과세기간 또는 사업연도 종료일부터 4개월 이내에 국세청의 인터넷 홈페이지에 게재하는 방법으로 공시해야 한다.

① 재무제표
② 기부금 모집 및 지출 내용
③ 해당 공익법인의 대표자, 이사, 출연자, 소재지 및 목적사업에 관한 사항
④ 주식보유 현황 등 사항
⑤ 출연재산의 운용소득 사용명세
⑥ 회계감사를 받을 의무가 있는 공익법인 등에 해당하는 경우에는 감사보고서와 그 감사보고서에 첨부된 재무제표

(2) 가산세의 부과

세무서장 등은 공익법인 등이 결산서류 등을 공시하지 않거나 공시내용에 오류가 있는 경우로서 국세청장의 공시 또는 시정요구를 지정된 기한 이내에 이행하지 않은 경우에는 다음의 금액을 가산세로 부과한다.

> 가산세
> = 공시해야 할 과세기간 또는 사업연도의 종료일 현재 해당 공익법인 등의 자산총액×0.5%

Ⅵ. 그 밖의 공익법인에 관련된 가산세

1. 이사 현원 1/5 초과 등에 대한 가산세

출연자 또는 그 특수관계인이 공익법인 등의 현재 이사(현재 이사의 수가 5명 미만인 경우 5명)의 1/5를 초과하여 이사가 되거나, 해당 공익법인 등의 임직원(이사 제외)으로 되어 있는 경우에는 해당 이사 · 임직원과 관련하여 지출된 직접 · 간접경비에 상당하는 금액 전액을 가산세로 부과한다.

* '출연자'란 해당 공익법인 등의 총출연재산가액의 1%에 상당하는 금액과 2천만원 중 적을 금액을 초과하여 출연한 자를 말한다.

2. 특수관계에 있는 타법인의 주식보유에 대한 가산세

공익법인 등(국가나 지방자치단체가 설립한 공익법인 등과 사후관리 요건을 충족하는 공익법인 등은 제외)이 특수관계에 있는 내국법인의 주식을 보유하는 경우로서 그 내국법인의 주식가액이 해당 공익법인 등의 총재산가액의 30%(회계감사, 전용계좌의 개설 · 사용, 결산서류의 공시를 이행하는 공익법인은 50%)를 초과하는 경우에는 다음의 금액을 가산세로 부과한다.

> 매 사업연도 말 현재 그 초과하여 보유하는 주식 등의 시가×5%

3. 특수관계에 있는 법인의 이익증가를 위한 행위에 대한 가산세

공익법인 등이 특수관계에 있는 내국법인의 이익을 증가시키기 위해 광고 · 홍보를 하는 경우에는 그 광고 · 홍보 등의 행위와 관련하여 직접 지출된 경비에 상당하는 금액을 가산세로 부과한다.

제2절 재산의 평가

I-1 p.762

I. 서설

상속세 · 증여세의 경우 무상으로 이전되는 재산가액에 대해서 부과되는 조세이다. 이때 그 재산가액을 어떻게 평가할 것인지에 대해서 상속세 · 증여세뿐만이 아닌 다른 세법에서도 널리 준용되고 있어 매우 중요한 문제가 된다.

II. 재산평가의 구조

1. 원칙 : 평가기준일 현재의 시가(시가주의 원칙)

상속세 · 증여세가 부과되는 가액은 상속개시일 · 증여일(이하 평가기준일) 현재의 시가에 따른다. 다만, 상속재산에 가산하는 증여재산가액은 증여일 현재의 시가에 따른다.

여기에 '시가'란 불특정 다수인 사이에 자유롭게 거래가 이루어지는 경우 통상적으로 성립된다고 인정되는 가액을 말하며, 평가기준일 전후 6개월(증여재산의 경우에는 평가기준일 전 6개월부터 평가기준일 이후 3개월까지로 한다. 이하 '평가기간') 이내의 기간 중 매매 · 감정 · 수용 · 경매 · 공매(이하 '매매 등')가 있는 경우에 다음 중 어느 하나에 따라 확인되는 가액은 해당 가액을 시가로 인정한다. 이 경우 시가로 인정하는 가액이 둘 이상인 경우에는 평가기준일을 전후하여 가장 가까운 날에 해당하는 가액(그 가액이 둘 이상인 경우에는 그 평균액)에 따른다.

구분	시가로 인정되는 가액*	평가기간 이내에 판단하는 기준일
① 해당 재산에 대해 매매사실이 있는 경우	그 거래가액 * 다만, 다음의 경우는 제외 ① 특수관계인과의 거래 등으로 그 거래가액이 객관적으로 부당하다고 인정되는 경우	매매계약일

	② 거래된 비상장주식의 가액(액면가액의 합계액)이 기준금액 MIN [발행주식총수 등의 액면가액 합계×1%, 3억원] 보다 적은 경우. 다만, 평가심의위원회의 자문을 거쳐 그 거래가액에 거래의 관행상 정당한 사유가 있다고 인정되는 경우는 제외한다.	
② 해당 재산에 대해 둘 이상의 감정평가기관의 감정평가액이 있는 경우	감정가액의 평균액(상속세 · 증여세 납부목적에 적합하지 않은 감정가액은 제외) * 감정가액은 둘 이상의 감정을 감정기관에 의뢰를 해야 한다. 다만, 기준시가가 10억원 이하인 부동산은 하나 이상의 감정기관으로 한다.	가격산정기준일과 감정가액평가서 작성일
③ 해당 재산에 대해 수용 · 경매 · 공매 사실이 있는 경우	보상가액 · 경매가액 · 공매가액 * 다만, 다음 중 어느 하나의 경우에는 제외 ① 물납한 재산을 상속인 · 증여자 · 수증자 또는 그 특수관계인이 취득한 경우 ② 비상장주식의 가액(액면가액의 합계액)이 기준금액 MIN [발행주식총수 등의 액면가액합계×1%, 3억원] 보다 적은 경우 ③ 수의계약에 따라 취득한 경우 ④ 최대주주 등의 상속인(또는 최대주주 등의 특수관계인)이 최대주주 등이 보유하고 있던 비상장주식 등을 경매 · 공매로 취득한 경우	보상가액 등이 결정된 날

* 다만, ① 평가기간에 해당하지 않은 기간으로서 평가기준일 전 2년 이내의 기간 중에 매매 등이 있거나 ② 평가기간이 경과한 후부터 법정결정기한(상속세과세표준 신고기한부터 9개월 · 증여세과세표준 신고기한부터 6개월)까지의 기간 중에 매매 등이 있는 경우에도, 평가기준일부터 매매계약일 등에 해당하는 날까지 기간 중에 주식발행회사의 경영상태, 시간의 경과 및 주위환경의 변화 등을 고려하여 가격변동의 특별한 사정이 없다고 인정되는 때에는 평가심의위원회의 자문을 거쳐 해당 매매 등의 가액을 시가로 인정되는 가액에 포함시킬 수 있다. 한편 해당 재산과 면적 · 위치 · 용도 · 종목 및 기준시가가 동일하거나 유사한 다른 재산에 대한 시가로 인정되는 가액(상속세 · 증여세 과세표준을 신고한 경우에는 평가기준일 전 6개월부터 평가기간 이내의 신고일까지의 가액)이 있는 경우에는 해당 가액을 시가로 본다.

판 례 인정시가에 관한 규정이 예시적인 규정인지 여부

상속재산 · 증여재산의 평가에 있어 시가주의를 원칙으로 하고 있고, 그 시가가 일반적이고 정상적인 거래에 의해 형성된 것으로서 객관적인 교환가치를 적정하게 반영한 것이어야 함을 전제로 하여 대략적인 기준을 제시하면서 그 구체적인 범위를 대통령령으로 위임하고 있는바, 그 위임을 받은 상증세법 시행령에 따른 각 호의 과세대상인 '해당 재산'에 대한 거래가액 등을 시가로 규정한 것은 상속재산 · 증여재산의 시가로 볼 수 있는 대표적인 경우를 예시한 것에 불과하다.

이 사건에서 피상속인이 생전(증여재산 합산기간 내)에 특수관계가 있는 영리법인에게 저가로 비상장주식(이하 이 사건 주식)을 양도한 경우 그 이익의 분여의 따른 증여재산가액을 상속인들의 상속재산가액에 가산을 할 경우에는, 이 사건 주식의 시가산정에 있어서 ① 평가기준일부터 2년 이내에 매매사례가액이

있었다는 점, ② 그 이후에 성장성 수익 지표인 매출액 · 영업이익에 큰 변동이 없었고 향후 주가상승에 영향을 미칠 특별한 요인도 찾아볼 수 없었다는 점, ③ 피상속인으로부터 이 사건 주식을 저가로 인수한 법인도 그 매매사례가액을 시가로 하여 추가적인 법인세를 부과 받고 제기한 심판청구에서도 해당 매매사례가액을 시가로 인정한 점 등을 종합해 볼 때 해당 매매사례가액이 이 사건의 주식의 객관적 교환가치를 적정하게 반영한 시가임에도 불구하고 과세관청이 보충적평가액을 이 사건 주식의 시가로 해서 적정한 세액을 초과하여 내린 처분은 위법하다(2013두13723). ■

2. 예외 : 보충적 평가방법의 적용

시가를 산정하기 어려운 경우에는 해당 재산의 종류 · 규모 · 거래상황 등을 고려하여 정한 보충적 평가방법으로써 평가한 가액을 시가로 본다.

3. 재산평가의 특례

(1) 담보물권이 설정된 재산의 평가

담보물권이 설정된 재산은 위에 따른 평가방법에도 불구하고 그 재산을 담보로 하는 채권을 기준으로 다음의 금액을 그 재산의 평가액으로 한다.

> 담보물권이 설정된 재산평가액 = MAX (①, ②)
> ① 평가기준일 현재의 시가 또는 보충적 평가방법에 따른 평가액
> ② 해당 재산이 담보하는 채권액

(2) 보충적 평가방법으로 평가한 가액을 시가로 보는 특례

상장주식과 가상자산은 보충적 평가방법으로 평가한 가액을 '시가'로 본다. 즉 평가기준일 현재의 시가를 확인할 수 있더라도 보충적 평가방법으로 평가한 가액을 시가로 본다. 그 취지는 상장주식과 가상자산 평가의 자의성을 배제하고 객관성을 확보하려는 데 있다.

4. 국외재산에 대한 평가

외국에 있는 상속 또는 증여재산으로서 위의 평가방법을 적용하는 것이 부적당한 경우에는 당해 재산이 소재하는 국가에서 양도소득세 · 상속세 또는 증여세 등의 부과목적으로 평가한 가액을 평가액으로 한다. 만약 이러한 평가액이 없는 경우에는 세무서장 등이 둘 이상의 국내 또는 외국의 감정기관(주식에 대한 평가의 경우에는 신용평가전문기관, 회계법인 또는 세무법인을 포함한다)에 의뢰하여 감정한 가액을 참작하여 평가한 가액을 평가액으로 한다.

참 고 외화자산 및 부채의 평가

외화자산 및 부채는 평가기준일 현재 기준환율 · 재정환율에 따라 환산한 가액을 기준으로 평가한다. ■

Ⅲ. 부동산 등에 대한 보충적 평가방법

1. 일반적인 경우

<table>
<tr><th colspan="3">재산의 종류</th><th>평가가액</th></tr>
<tr><td rowspan="7">부 동 산</td><td colspan="2">토지</td><td>• 원칙 : 개별공시지가
• 지정지역 안의 토지 : 개별공시지가×배율
• 개별공시지가가 없는 토지 : 관할 세무서장이 인근 유사평가한 토지의 개별공시지가를 참작하여 평가한 가액</td></tr>
<tr><td colspan="2">일반건물</td><td>• 매년 1회 국세청장이 산정 · 고시하는 가액</td></tr>
<tr><td colspan="2">국세청장이 지정한 지역에 있는 오피스텔 및 상업용 건물(부수토지 포함)</td><td>• 매년 1회 국세청장이 토지와 건물에 대해 일괄하여 산정 · 고시하는 가액</td></tr>
<tr><td rowspan="2">주택
(부수토지 포함)</td><td>공동주택</td><td>• 국토교통부장관이 결정 · 공시한 공동주택가격(국세청장이 먼저 결정 · 고시한 경우 그 가격)
* 고시하는 가격이 없거나 대수선 · 리모델링으로 인해 해당 고시가격으로 평가하는 것이 적절하지 않은 경우에는 인근 유사 주택가격</td></tr>
<tr><td>단독주택</td><td>• 시장 · 군수 · 구청장이 결정 · 공시한 개별주택가격
* 고시하는 가격이 없거나 대수선 · 리모델링으로 인해 해당 고시가격으로 평가하는 것이 적절하지 않은 경우에는 인근 유사 주택가격</td></tr>
<tr><td colspan="2">시설물 및 구축물(토지와 건물을 일괄하여 평가하는 경우는 제외)</td><td>• 재취득가격 − 설치일부터 평가기준일까지의 감가상각비 상당액</td></tr>
<tr><td colspan="2"></td><td></td></tr>
<tr><td rowspan="2">부 동 산 에 관한 권리</td><td colspan="2">지상권</td><td>• $\left(\frac{\text{지상권이 설정되어 있는 토지 가액} \times 2\%}{(1+\text{이자율})^n}\right)$의 합계액
* n : 민법에 따른 지상권의 잔존기간</td></tr>
<tr><td colspan="2">부동산을 취득할 수 있는 권리 및 특정시설물 이용권</td><td>• 원칙 : 평가기준일까지 납입금액* + 평가기준일 현재의 프리미엄
* 조합원입주권의 경우(조합원권리가액 + 평가기준일까지 납입한 계약금, 중도금)
• 해당 권리에 대해 소득세법상 기준시가가 있는 경우 : 그 기준시가</td></tr>
</table>

그 밖의 유형자산	선박 · 항공기 · 차량 · 기계장비 · 입목	• 처분할 때 다시 취득할 수 있다고 예상되는 가액
	상품 등의 재고자산 및 소유권의 대상이 되는 동산	• 처분할 때 다시 취득할 수 있다고 예상되는 가액
	서화 · 골동품(판매용 제외)	• MAX (㉠, ㉡) ㉠ 2개 이상의 전문감정기관이 감정한 가액의 평균액 ㉡ 3인 이상의 전문가로 구성된 감정평가심의회에서 감정한 감정가액 * 다만, '(위 ㉠의 가액 > ㉡의 가액×150%)'인 경우 ㉡의 가액으로 한다.
	동물 및 그 밖의 유형자산	• 처분할 때 다시 취득할 수 있다고 예상되는 가액

2. 평가의 특례

사실상 임대차계약이 체결되거나 임차권이 등기된 재산은 위의 규정에 불구하고 다음의 금액으로 평가한다.

MAX [① 앞의 방법에 따라 평가한 가액
② 임대환산가액 : ㉠ 또는 ㉡

㉠ 선박, 항공기, 차량, 기계장비 : $임대보증금 \times (1 - 기준경비율) + \sum \left[\frac{각\ 연도에\ 받을\ 임대료 \times (1 - 기준경비율)}{(1+3\%)^n} \right]$

(n : 평가기준일 이후 해당 재산의 기준내용연수까지의 잔여기간)

㉡ 위 ㉠ 외의 유형자산 : $임대보증금 + \frac{1년간의\ 임대료}{12\%}$

Ⅳ. 주식 및 출자지분에 대한 보충적 평가방법

1. 상장법인 주식평가

상장주식(유가증권시장과 코스닥시장에서 거래되는 주권상장법인 주식)**은 평가기준일 이전 · 이후 각 2개월 동안 공표된 매일의 거래소 최종 시세가액**(거래실적의 유무는 불문)**의 평균액을 시가로 본다.** 여기서 평가기준일이 매매가 없는 날(공휴일 등)인 경우에는 그 전 날로 한다.

* 상장주식의 범위에 평가기준일 전후 2개월 이내에 거래가 정지되거나 관리종목으로 지정된 주식은 제외한다. 다만, 적정하게 시가를 반영하여 정상적으로 매매가 이루어지는 경우는 포함한다.

다만, 평균액을 계산할 때 평가기준일 이전 · 이후 2개월의 기간 중 증자 · 합병 등의 사유가 발생하여 그 평균액으로 하는 것이 부적당한 경우에는 다음의 기간의 평균액으로 한다.

구분	평가대상기간
① 평가기준일 이전에 증자·합병 등의 사유가 발생한 경우	사유가 발생한 날의 다음 날부터 평가기준일 이후 2개월이 되는 날까지의 기간
② 평가기준일 이후에 증자·합병 등의 사유가 발생한 경우	평가기준일 이전 2개월이 되는 날부터 사유가 발생한 날의 전일까지의 기간
③ 평가기준일 이전·이후에 증자·합병 등의 사유가 발생한 경우	평가기준일 이전 사유가 발생한 날의 다음 날부터 평가기준일 이후 사유가 발생한 날의 전일까지의 기간

2. 비상장법인의 주식평가

(1) 기본구조

1) 원칙 : 비상장주식(또는 출자지분)은 다음의 금액으로 평가한다.

> 1주당 가액 = MAX [①, ②]
> ① 가중평균 1주당 가액* = (1주당 순손익가치 × 3 + 1주당 순자산가치 × 2) × $\frac{1}{5}$
> ② 1주당 순자산가치 × 80%

* 부동산과다보유법인(해당 자산총액 중 토지·건축물 등의 가액이 50% 이상인 법인)인 경우 : (1주당 순손익가치 × 2 + 1주당 순자산가치 × 3) × $\frac{1}{5}$

$$1주당\ 순손익가치 = \frac{1주당\ 최근\ 3년간\ 순손익액의\ 가중평균액(EPS)}{이자율(10\%)}$$

$$1주당\ 순자산가치 = \frac{해당\ 법인의\ 순자산가액}{평가기준일\ 현재\ 발행주식총수}$$

여기서 '순손익가치'는 계속법인을 가정한 경우 1주당 순손익액에 대한 영구연금의 현재가치를 의미하며, '순자산가치'는 평가기준일 현재 발행법인이 해산한다고 가정했을 때 잔여재산에 대한 분배청구권을 행사할 수 있는 1주당 가액을 나타낸다.

판 례 시가를 산정하기가 어려워서 보충적 평가방법을 택할 수밖에 없다는 점에 증명책임의 소재

비상장주식의 경우 보충적 평가방법에 의한 평가는 당시 시가를 산정하기 어려울 때에 한하여 택할 수 있는 방법이고, 이러한 시가를 산정하기 어려워 보충적 평가방법을 택할 수밖에 없다는 점의 증명책임은 과세관청에 있다(96누9423). ■

2) 예외 : 앞에 따른 원칙에도 불구하고 다음 중 어느 하나에 해당하는 경우에는 1주당 순자산가액에 따른다.

① 상속세 · 증여세 과세표준 신고기한 이내에 평가대상법인이 청산절차가 진행 중이거나 사업자의 사망 등으로 인해 사업의 계속이 곤란하다고 인정되는 경우

② 사업개시 전의 법인, 사업개시 후 3년 미만인 법인과 휴 · 폐업 중인 법인인 경우(다만, 법인세법에 따른 적격분할 · 적격물적분할로 신설된 법인의 경우에는 분할 전 동일한 사업부문의 사업개시일부터 기산)

③ 해당 법인의 자산총액 중 토지 · 건물, 부동산에 관한 권리의 가액과 해당 법인이 보유한 부동산과다보유법인의 주식가액의 합계액이 차지하는 비율이 80% 이상인 법인의 경우

④ 해당 법인의 자산총액 중 주식가액의 합계액이 차지하는 비율이 80% 이상인 법인의 경우

⑤ 법인의 설립시부터 존속기한이 확정된 법인으로서 평가기준일 현재 잔여 존속기한이 3년 이내인 법인의 경우

(2) 1주당 최근 3년간 순손익액의 계산방법

1) 원칙적인 계산방법 : 1주당 최근 3년간 순손익액의 가중평균액($\overline{EPS}$)은 다음의 산식에 따라 계산한다. 이 경우 1주당 최근 3년간 순손익액의 가중평균액이 '0'원 이하인 경우에는 '0'으로 한다.

$$\left(\begin{array}{c}\text{평가기준일 이전}\\ \text{3년이 되는 사업연도}\\ \text{1주당 순손익액}\end{array}\times 1+\begin{array}{c}\text{평가기준일 이전}\\ \text{2년이 되는 사업연도}\\ \text{1주당 순손익액}\end{array}\times 2+\begin{array}{c}\text{평가기준일 이전}\\ \text{1년이 되는 사업연도}\\ \text{1주당 순손익액}\end{array}\times 3\right)\times\frac{1}{6}$$

여기서 '1주당 순손익액'은 다음과 같이 계산한다.

$$\text{각 사업연도의 1주당 순손익액(EPS)} = \frac{\text{각 사업연도의 순손익액}}{\text{각 사업연도 종료일 현재의 발행주식총수}}$$

한편 각 사업연도의 손손익액은 다음과 같이 계산한다. 이 경우 각 사업연도금액 계산시 손금에 산입된 충당금 · 준비금이 일시환입되는 경우에는 해당 금액이 환입될 연도를 기준으로 안분할 금액을 환입될 사업연도에 가산한다.

	법인세법에 따른 각 사업연도의 소득금액
(+)	• 국세 · 지방세 과오납금의 환급금에 대한 이자 • 기부금 한도초과이월액의 손금산입액 • 업무용승용차 감가상각비 한도초과액의 이월 손금산입액 • 업무용승용차 처분손실의 이월 손금산입액 • 각 사업연도 소득을 계산할 때 화폐성외화자산 · 부채 또는 통화선도 등(이하 '화폐성외화자산 등')에 대하여 해당 사업연도 종료일 현재의 매매기준율 등으로 평가하지 않은 경우 해당 화폐성외화자산 등에 대하여 해당 사업연도 종료일 현재의 매매기준율 등으로 평가하여 발생한 이익 • 그 밖에 기획재정부령이 정하는 금액
(−)	• 해당 사업연도의 법인세액(외국법인세액으로서 손금에 산입되지 않은 세액 및 익금불산입 대상이 되는 외국자회사 수입배당금액에 대하여 외국에 납부한 세액 포함)과 그에 관련된 농어촌특별세액 및 법인지방소득세 • 각 세법에서 규정한 징수불이행으로 납부하거나 납부할 세액 • 손금불산입되는 공과금 • 벌금 · 과료 · 과태료 · 가산금 · 체납처분비 • 과다경비 등의 손금불산입액 • 징벌적 목적의 손해배상금의 손금불산입액 • 업무무관비용의 손금불산입액 • 업무용승용차 관련비용의 손금불산입액 • 기부금 · 업무추진비의 손금불산입액 • 지급이자의 손금불산입액 • 감가상각비 시인 부족액 − 손금으로 추인하는 전기이월 감가상각비 상각부인액 • 각 사업연도 소득을 계산할 때 화폐성외화자산 등에 대하여 해당 사업연도 종료일 현재의 매매기준율 등으로 평가하지 않은 경우 해당 화폐성외화자산 등에 대하여 해당 사업연도 종료일 현재의 매매기준율 등으로 평가하여 발생한 손실 • 그 밖에 기획재정부령에 따라 정하는 금액
(=)	각 사업연도 순손익액

2) 예외적인 계산방법 : 다음의 요건을 모두 갖춘 경우에는 둘 이상의 신용평가전문기관 · 회계법인 · 세무법인에서 산출한 1주당 추정이익의 평균가액으로 할 수 있다.

① 일시 · 우발적으로 최근 3년간 순손익액이 증가하는 등 기획재정부령으로 정하는 경우에 해당할 것

② 상속세 · 증여세 과세표준 신고기한까지 신고할 것

③ 1주당 추정이익의 산정기준일과 평가서의 작성일이 해당 과세표준신고기한 이내일 것

④ 산정기준일과 상속개시일 · 증여일이 같은 연도에 속할 것

(3) 순자산가액의 계산방법

순자산가액은 평가기준일 현재 해당 법인의 자산가액에서 부채가액을 차감한 가액('0'원 이하인 경우 '0'원)으로 한다.

1) 자산과 부채의 범위 : 자산 · 부채에 가산 · 차감할 금액은 다음과 같다.

구분	가산하는 항목	차감하는 항목
자 산	• 영업권평가액. 다만, 청산절차 등으로써 1주당 순자산가치에 따라 평가하는 경우에는 제외 • 평가기준일 현재 지급받을 권리가 확정된 재산가액	• 선급비용(평가기준일 현재 비용으로 확정된 것만)과 법인세법에 따른 무형고정자산인 개발비
부 채	• 평가기준일까지 발생한 소득에 대한 법인세액 · 농어촌특별세 · 법인지방소득세 • 평가기준일 현재 이익의 처분으로 확정된 금액 • 평가기준일 현재 퇴직급여추계액	• 평가기준일 현재 제충당금 · 제준비금(평가기준일 현재 비용으로 확정된 것과 법인세법에 따른 책임준비금 · 비상위험준비금은 제외)

2) 자산의 평가 : 해당 법인의 자산가액은 상증세법에 따라 평가한 가액으로 한다. 이 경우 법인의 자산을 보충적 평가방법으로 평가한 가액(담보물권이 설정된 재산의 평가의 특례도 포함)이 장부가액(취득가액에서 감가상각비를 차감한 가액)보다 적은 경우에는 장부가액으로 하되, 장부가액보다 적은데 정당한 사유가 있는 경우에는 그러지 않는다.
그리고 자산가액에 합산하는 '영업권평가액'은 다음과 같이 계산한다.

$$영업권평가액 = \sum_{t=1}^{5} \frac{최근\ 3년간\ 순손익액의\ 가중평균액 \times 50\% - 자기자본^{*} \times 10\%}{(1+10\%)^{t}}$$

$$영업권평가액 = 초과이익금액 \times (10\%,\ 5년\ 연금의\ 현가계수 : 3.790790)$$

* t = 영업권지속연수(원칙적으로 5년으로 한다)

* 자기자본은 평가기준일 현재 해당 법인의 총자산가액에서 부채를 차감한 가액을 말하며, 영업권은 자산가액에 포함하지 않는다.

3. 최대주주 등의 보유주식 등에 대한 할증평가의 특례

(1) 할증평가특례

최대주주 등의 주식(또는 출자지분)에 대해서는 일반적인 평가액(비상장주식은 시가로 인정되는 가액 포함)에 다음의 할증평가액을 가산한다.

구분	할증평가액
(1) 일반기업	일반적인 평가액 × 20%
(2) 중소기업① 및 중견기업②	(할증평가를 하지 않음)

① 중소기업 : 중소기업기본법(제2조)에 따른 중소기업을 말한다.

② 중견기업 : 「중견기업 성장촉진 및 경쟁력 강화에 관한 특별법(제2조)」에 따른 중견기업으로서 평가기준일이 속하는 사업연도(또는 과세기간)의 직전 3개 사업연도(또는 과세기간)의 매출액의 평균이 5,000억원 미만인 기업을 말한다[이 경우 매출액은 기업회계기준에 따라 작성한 손익계산서상의 매출액을 기준으로 하며, 사업연도(또는 과세기간)가 1년 미만인 사업연도(또는 과세기간)의 매출액은 1년으로 환산한다].

여기서 '최대주주(최대출자자)'란 최대주주 등(주주 등 1인과 그의 특수관계인의 보유주식을 합하여 그 보유주식의 합계가 가장 많은 경우의 해당 주주 등 1인과 그의 특수관계인 모두를 말한다) 중 보유주식 등의 수가 가장 많은 1인을 말한다. 이러한 최대주주 등의 지분비율은 해당 주식 등의 평가기준일부터 소급하여 1년 이내에 양도하거나 증여한 주식 등을 합산하여 계산한다.

판례 최대주주의 주식 할증평가에 대한 취지 및 문제점

일반주식에 비해 최대주주 등이 보유하는 주식 등은 그 가치에 비해서 해당 회사의 경영권 내지 지배권을 행사할 수 있는 특수한 가치, 이른바 경영권 프리미엄을 지니고 있어, 이와 같은 회사의 지배권이 정당한 조세부과를 받지 않고 보다 낮은 액수의 세금만을 부담한 채 이전되는 것을 방지하기 위해서 적정한 과세를 위한 공정한 평가방법을 두고자 하는데 그 취지가 있다.

그러나 경영권 프리미엄의 가치는 회사의 규모 · 업종, 재산상태, 경영실적, 장래전망, 사회 신임도, 평가시기, 경영진의 능력 · 성향, 상장여부 등에 따라 달라질 수 있는데 이를 획일적으로 정하는 것은 실질과세의 원칙에 어긋나며, 경영권 프리미엄의 이전 또한 항상 일어나는 것이 아니라 그 지배주식을 받는 상대방 및 수량에 따라 달라지는데도 이를 불문하고 획일적으로 그것이 이전된 것으로 간주하는 것도 실질과세의 원칙에 어긋난다는 것이 당시 소수 헌법재판관의 의견이다(헌법재판소 2003.1.30. 2002헌바65 전원재판부, 소수의견). ■

참고 할증평가특례의 배제

중소기업 및 중견기업이 아닌 법인의 최대주주 등의 주식 등이라 하더라도 다음 중 어느 하나에 해당하는 경우에는 할증평가를 하지 않는다.

① 평가기준일이 속하는 사업연도 전 3년 이내의 사업연도부터 계속하여 법인세법에 따라 결손금이 발생한 경우

② 평가기준일 전후 6개월(증여재산의 경우에는 평가기준일 전 6개월부터 평가기준일 후 3개월) 이내의 기간 중 최대주주 등이 보유하는 주식 등이 전부 매각된 경우(거래가액이 시가로 인정되는 경우에 한정한다)

③ 합병 · 증자 · 감자에 따른 이익의 증여규정 및 전환사채 등의 주식전환 등에 따른 증여규정에 따라 증여재산가액을 계산하는 경우

④ 평가대상인 주식 등을 발행한 법인이 다른 법인이 발행한 주식 등을 보유함으로써 그 다른 법인의 최대주주 등에 해당하는 경우로서 그 다른 법인의 주식 등을 평가하는 경우

⑤ 평가기준일부터 소급하여 3년 이내 사업을 개시한 법인으로서 사업개시일이 속하는 사업연도부터 평가기준일이 속하는 사업연도의 직전 사업연도까지 각 사업연도의 기업회계기준에 따른 영업이익이 '0' 이하인 경우

⑥ 과세표준신고기한 이내에 평가대상인 주식 등의 발생법인의 청산이 확정된 경우

⑦ 최대주주 등이 보유하고 있는 주식 등을 최대주주 등 외의 자가 누적합산기간(10년) 이내에 상속 · 증여받은 경우로서 그 상속 · 증여로 인해 최대주주 등에 해당하지 않게 된 경우

⑧ 명의신탁재산의 증여의제규정에 따라 해당 주식의 실제소유자가 명의자에게 증여한 것으로 보는 경우 ■

(2) 사정변경으로 인한 경정청구

상속세 과세표준 및 세액을 신고한 자 또는 상속세 과세표준 및 세액의 결정을 받은 자로서 상속개시 후 1년이 되는 날까지 최대주주 등의 주식(또는 출자지분)에 해당하여 주식을 할증평가하였으나 일괄하여 매각함으로써 최대주주 등의 주식 등에 해당되지 않게 된 경우에는 할증평가된 가액에 대하여 사유발생일부터 6개월 이내에 결정 또는 경정청구를 할 수 있다.

[도 표] 양도소득세 기준시가의 기준시가 산정과 비교

구분	양도소득세 양도 · 취득가액	상속세 · 증여세 평가액
주권상장주식	기준시가 : 양도 · 취득일 전 1개월간 종가평균액	보충적 평가액(간주시가) : 평가기준일 전 · 후 각 2개월간 종가평균액
비상장주식	1주당 순손익액 : 양도 · 취득일 직전 사업연도 1주당 순손익액	1주당 순손익액 : ① 최근 3년간 1주당 순손익액 가중평균액 ② 예외적인 경우 1주당 추정이익
	순자산가액 : 양도 · 취득일 직전 사업연도 장부가액(토지는 기준시가)	순자산가액 : 상증세법에 따른 평가규정에 의한 (자산 – 부채)
할증평가 여부	–	일반기업의 주식 : 20% 할증평가

V. 그 밖의 재산에 대한 보충적 평가방법

1. 주식 외의 금융재산 평가

채권 및 예금 등 주식 외의 금융재산에 대한 보충적 평가방법의 요약

구분	평가방법
국 · 공채 및 사채	(1) 거래소에서 거래되는 것 MAX (①, ②) ① 상장주식을 준용하여 평가한 가액(평가기준일 이전 2개월간 평균액) ② 평가기준일 이전 최근일의 최종시세가액

	(2) 그 외의 것 ① 타인으로부터 매입한 것(발행기관 · 발행회사로부터 액면가액으로 직접 매입한 것은 제외) : 매입가액 + 평가기준일까지의 미수이자 상당액 ② 그 이외의 것 : 처분예상금액. 다만, 처분예상금액을 산정하기 어려운 경우에는 2 이상의 증권회사에서 평가한 금액의 평균액으로 할 수 있다.
대부금 · 외상매출채권 · 받을어음 등의 채권	원본의 가액 + 평가기준일까지의 미수이자 상당액 * 채권의 전부 · 일부가 평가기준일 현재 회수가 불가능한 것으로 인정되는 경우에는 그 가액을 산입하지 않는다.
집합투자증권	평가기준일 현재의 거래소의 기준가격으로 하거나 집합투자업자 · 투자회사가 산정 · 공고한 기준가격(평가기준일 현재 기준시가가 없는 경우에는 평가기준일 현재의 환산가격 또는 평가기준일 전 가장 가까운 날의 기준가격)
예금 · 저금 · 적금 등	(평가기준일 현재의 예입총액 + 이미 지난 기간에 대한 미수이자 상당액 − 소득세법에 따른 원천징수세액 상당액)

상증 03

2. 무체재산권의 평가

(1) 평가의 기본구조

MAX [재산의 취득가액 − 평가기준일까지 법인세법에 따른 감가상각비
장래의 경제적 이익을 고려한 평가액

(2) 무체재산권 : 장례의 경제적 이익을 고려한 평가액

구분	평가액
영 업 권	초과이익금액을 영업권의 지속연수 5년의 현재가치에 따라 환산한 금액
어업권 · 양식업권	영업권에 포함하여 평가한다.
산업재산권 등	그 권리에 따라 장래에 받을 각 연도의 인세 그 밖에 보상금을 각각 현재가치로 환산한 금액의 합계액. 다만, 잔존내용연수는 20년을 한도로 한다.
광업권 · 채석권 등	평가기준일 이후의 채굴가능연수에 대하여 평가기준일 전 3년간 평균소득(실적이 없는 경우 예상순소득)을 각 연도마다 현재가치로 환산한 금액의 합계액으로 평가한다. 다만, 조업할 가치가 없는 경우 실비만 평가

3. 그 밖의 조건부권리 등의 평가

구분	평가액
조건부 권리	본래의 가액을 기초로 하여 평가기준일 현재의 조건내용을 구성하는 사실, 조건성취의 확실성, 그 밖의 제반사정을 참작한 적정가액
존속기간이 불확정한 권리	평가기준일 현재의 권리의 성질, 목적물의 내용연수, 그 밖에 제반사정을 감안한 적정가액
소송중의 권리	평가기준일 현재 분쟁관계의 진상을 조사하고 소송진행의 상황을 감안한 적정가액
신탁의 이익을 받을 권리	다음 ①·② 중 어느 하나에 따라 평가한 가액으로 한다(다만, 평가기준일 현재 신탁계약의 철회, 해지, 취소 등을 통해 받을 수 있는 일시금이 다음 ①·② 중 어느 하나에 따라 평가한 가액보다 큰 경우에는 그 일시금의 가액으로 한다). ① 원본을 받을 권리와 수익을 받을 권리의 수익자가 같은 경우 : 평가기준일 현재 상증세법에 따라 평가한 신탁재산의 가액 ② 원본을 받을 권리와 수익을 받을 권리의 수익자가 다른 경우 : 다음 ㉠, ㉡에 따른 가액 ㉠ 원본을 받을 권리를 수익하는 경우 : 평가기준일 현재 상증세법에 따라 평가한 신탁재산의 가액에서 ㉡의 현재가치로 환산한 금액의 합계액을 뺀 금액 ㉡ 수익을 받을 권리를 수익하는 경우 : 평가기준일 현재 추산한 장래에 받을 각 연도의 수익금에 대하여 수익의 이익에 대한 원천징수세액 상당액 등을 고려하여 현재가치로 환산한 금액의 합계액* * 현재가치로 환산한 금액의 합계액 $= \sum \frac{(\text{각 연도에 받을 수익의 이익} - \text{원천징수세액 상당액})}{(1 + \text{신탁재산의 평균수익률을 감안하여 정한 이자율})^n}$ (n : 평가기준일부터 수익시기까지의 연수) (n : 수익시기가 정해지지 않은 경우 평가기준일부터 수익시기까지의 연수는 20년 또는 기대여명의 연수)
정기적금을 받을 권리	① 유기정기금 : 잔존기간에 각 연도에 받을 정기적금을 기준으로 [각 연도에 받을 정기적금/(1 + 이자율)^n]에 따라 계산한 금액의 합계액(n은 20을 초과할 수 없으며, 이자율은 보험회사의 평균공시율 등을 감안하여 기획재정부령으로 정한다) ② 무기정기금 : 1년분의 정기금 ③ 종신정기금 : 정기금을 받을 권리가 있는 자의 기대여명연수까지의 기간 중 각 연도에 받을 정기금액을 기준으로 [각 연도에 받을 정기적금/(1 + 이자율)^n]에 따라 계산한 금액

가상자산	①「특정 금융거래정보의 보고 및 이용에 관한 법률」에 따라 신고가 수리된 가상자산사업자 중 국세청장이 고시하는 가상자산사업자의 사업장에서 거래되는 가상자산 : 평가기준일 이전 · 이후 각 1개월 동안에 해당 가상자산사업자가 공시하는 일평균가액의 평균액 ② 그 밖의 가상자산 : 위 ①에 해당하는 가상자산사업자 외의 가상자산사업자 및 이에 준하는 사업자의 사업장에서 공시하는 거래일의 일평균가액 또는 종료시각에 공시된 시세가액 등 합리적으로 인정되는 가격 * 상장주식과 마찬가지로 위 ① · ②와 같이 보충적 평가방법으로 평가한 가액을 시가로 본다.

제3편
법인세법

제1장
법인세법 총설

제1절 법인세의 납세의무

I-2 p.5

Ⅰ. 법인세 납세의무자 및 법인세의 분류

1. 납세의무자

(1) 영리법인과 비영리법인

'영리를 목적으로 하는 것'이란 이윤추구를 위한 사업을 영위함은 물론이고, 이익배당 · 잔여재산 분배의 형태로 그 이윤을 주주 · 출자자에게 분배(귀속)시키는 것을 말한다. 따라서 비영리법인은 수익사업을 하더라도 그 수익(이윤)을 고유목적사업에 사용할 뿐 구성원에게 귀속(분배)시키지 못함으로 영리목적행위를 한다고 볼 수 없다.

(2) 내국법인과 외국법인

내국법인 · 외국법인을 판단하는 기준은 본점 · 주사무소가 국내에 있으면 내국법인, 국외에 있으면 외국법인으로 한다. 다만, 명목상 본점 · 주사무소가 국외에 있으나 사업의 실질적 관리장소가 국내에 있으면 내국법인으로 본다.

외국 단체의 경우에는 다음 중 어느 하나에 해당하면 외국법인으로 본다.

① 설립된 국가의 법에 따라 법인격이 부여된 단체

② 구성원이 전부 유한책임사원으로 구성된 단체

③ 그 밖의 해당 외국단체와 동종 · 유사한 국내단체가 상법 등 법률에 따라 법인이 되는 경우 그 단체

판례 실질적 관리장소의 판단

1. 내국법인과 외국법인을 구분하는 기준의 하나인 '실질적 관리장소'란 법인의 사업수행에 필요한 중요한 관리 및 상업적 결정이 실제로 이루어지는 장소를 뜻하고, 법인의 사업수행에 필요한 중요한 관리 및 상업적 결정이란 법인의 장기적인 경영전략, 기본 정책, 기업재무와 투자, 주요 재산의 관리 · 처분, 핵심

적인 소득창출 활동 등을 결정하고 관리하는 것을 말한다. 법인의 실질적 관리장소가 어디인지는 이사회 또는 그에 상당하는 의사결정기관의 회의가 통상 개최되는 장소, 최고경영자 및 다른 중요 임원들이 통상 업무를 수행하는 장소, 고위 관리자의 일상적 관리가 수행되는 장소, 회계서류가 일상적으로 기록 · 보관되는 장소 등의 제반 사정을 종합적으로 고려하여 구체적 사안에 따라 개별적으로 판단해야 한다(2014두8896 판결).

2. 법인세법에서 내국법인과 외국법인을 구분하는 기준의 하나인 실질적 관리장소를 둔 취지는 '국내에서 사업의 실질적 관리가 이루어지는 경우에도 외국에 본점 · 주사무소를 두어 외국법인으로 취급됨에 따라 조세를 회피하는 행위가 가능하므로 이를 개선할 필요가 있음'을 지적하고, '내국법인의 판정기준에 국내에 사업의 실질적 관리장소를 둔 법인을 추가'하여 국내에 사업의 실질적 관리장소를 둔 외국법인에 대하여도 국내법에 따라 과세권을 행사할 수 있게 됨에 따라 우리나라의 과세기반을 확대하고 OECD 모델 조세조약에 따라 법인의 거주지를 결정하는 기준으로 관리장소를 적용하는 외국 대부분 국가들의 입법례와 조세조약 체결 시 동 관리기준을 채택하는 국제관행과 상충을 완화하고자 하기 위함이다(2017헌바159). ■

2. 법인세의 분류

(1) 각 사업연도소득에 대한 법인세

법인세는 기간단위과세 세목이므로 각 과세기간(사업연도)에 '익금총액 – 손금총액'에 대해서 법인세를 과세한다.

(2) 토지 등 양도소득에 대한 법인세

투기방지목적으로 과세를 하는 것으로서 법으로 열거된 다주택, 비사업용 토지 등에 대해서 개인이 양도시 양도소득세가 중과되는 것과 마찬가지로 각 사업연도 소득금액에 대한 법인세와 별도로 추가 과세하는 것이다.

(3) 미환류소득에 대한 법인세

기업소득이 기업 내부로 유보되지 않고 가계소득으로 흘러 들어가는 선순환이 이뤄지기 위해서 상호출자제한기업집단에 속하는 법인이 기업소득을 투자 · 임금 등으로 환류 시키지 않으면 이에 대해 추가로 과세하는 것이다.

(4) 청산소득에 대한 법인세

청산소득은 해산등기일 당시 '잔여재산가액 – 자기자본총액'으로 계산한다.

기업 내에 유보되어 실현되지 못한 자산가치의 상승분은 법인이 청산을 할 때 비로소 실현이 되어 최종적으로 법인세를 순자산증가설에 따라 정산할 수 있기 때문에 청산소득에 대한 법인세를 과세하는 것이다.

Ⅱ. 법인종류별 납세의무의 범위

1. 내국법인

1) 영리내국법인 : 영리내국법인은 순자산증가설에 따라 열거되지 않은 소득에 대해서도 법인세를 과세하는 포괄주의를 채택하고 있으며, 토지등양도소득에 대한 법인세와 상호출자제한기업집단에 속하는 법인은 미환류소득에 대한 법인세와 청산소득에 대한 법인세에 대해서도 납부할 의무가 있다.

   한편 연결납세방식을 적용받는 영리내국법인은 각 연결사업연도의 소득에 대한 법인세(각 연결법인의 토지 등 양도소득에 대한 법인세를 포함)를 연대하여 납부할 의무가 있다.

2) 비영리내국법인 : 비영리법인의 경우 수익사업의 이익에 따른 소득의 대부분을 영리목적이 아닌 고유목적사업으로써 사용하지만 다른 수익사업자와의 거래형평을 맞추기 위해 법인세법에서 과세로 열거된 수익사업의 소득에 대해서는 과세를 한다.

   다만, 토지등양도소득에 대한 법인세에 대해서는 영리내국법인과 마찬가지로 납부할 의무가 있다.

2. 외국법인

1) 영리외국법인 : 국내원천소득이 있는 외국법인은 각 사업연도 소득에 대한 법인세와 비사업용 토지 등의 양도소득에 대한 법인세를 납부할 의무가 있으며, 외국법인의 청산은 그 외국법인의 본점소재지인 외국에서 행하여지므로 청산소득에 대한 법인세는 우리나라의 과세권역이 미치지 못하여 과세하지 않는다.

2) 비영리외국법인 : 국내원천소득 중 수익사업에서 생기는 소득에 한정하여 각 사업연도소득에 대한 법인세와 토지 등 양도소득에 대한 법인세를 납부할 의무가 있다.

[도 표] 법인종류별 납세의무

구분		각 사업연도소득	토지등양도소득	미환류소득	청산소득
내국법인	영리	국내외원천 모든 소득	○	○	○
	비영리	국내외 원천소득 중 수익사업소득	○	×	×
외국법인	영리	국내원천소득	○	×	×
	비영리	국내원천소득 중 수익사업소득	○	×	×
국가 등		납세의무 ×			

3. 비과세법인

내국법인 중 국가 및 지방자치단체(지방자치단체조합 포함)에 대해서는 법인세를 과세하지 않는다. 다만, 외국의 정부·지방자치단체는 비영리외국법인으로서 법인세 납세의무를 진다는 점에 주의해야 한다.

제2절 법인원천소득에 대한 이중과세

Ⅰ-2 p.10

Ⅰ. 서설

1. 문제의 제기

법인이 가득한 소득에서 법인세가 일차적으로 과세되고, 그 소득이 배당되는 단계에서 주주에게 법인세·소득세가 또다시 과세되어 결과적으로 하나의 법인원천소득에 대해 이중과세가 된다.

2. 이중과세조정의 필요성

(1) 효율성의 관점

① 개인기업 투자에 비해 법인기업 투자의 경우 총부담세액이 증가하여 법인기업으로의 자원배분에 부정적인 영향을 준다.

② 자금을 대여함으로써 발생하는 이자비용을 법인의 손금으로 인정하는 것과 달리 배당금의 경우 손금으로 인정하지 않아 투자자·법인으로 하여금 총부담세액이 더 적은 차입을 증자보다 선호하게 되어 과다한 차입에 의한 경영으로 파산위험이 증가할 수 있다.

③ 법인이 배당을 하게 되면 주주에게는 법인세·소득세가 과세된다. 이와 달리 배당하지 않고 사내로 유보를 하게 되면 이후에 개인주주가 주식(상장회사의 주식의 경우에 한한다)을 양도했을 때에 양도소득세가 과세되지 않으므로 대다수의 소액주주들이 배당받는 것을 기피하게 되어 기업의 배당정책이 왜곡되고 기업의 자본이 외부로 환류되지 않는 문제가 발생한다.

(2) 공평성의 관점

① 수직적 평등 : 법인에게 법인세가 부과될 때 출자자 개개인의 담세력과는 상관없이 일률적인 법인세율로 부과하여 상대적으로 고소득자인 주주에게는 낮은 세부담을 주는데 반해서 저소득자인 주주에게는 높은 세부담을 주게 된다.

② 수평적 평등 : 개인으로 투자하는 경우는 이중과세가 되지 않으나 법인으로 투자하는 경우는 이중과세가 된다.

조정단계		조정방법
주주단계	개인주주	Imputation방법(소득세법)
	법인주주	내국법인 수입배당금액의 익금불산입 : 수입배당금과세제외법(법인세법)
법인단계	• 유동화전문회사 등의 지급배당에 대한 소득공제 : 지급배당공제법(법인세법) • 동업기업에 대한 조세특례(Partnership Taxation, 조세특례제한법)	

Ⅱ. 주주단계 : 개인주주에 대한 이중과세조정

개인주주의 배당소득에 대한 이중과세조정은 **Imputation방법(법인세주주귀속법)**을 채택하고 있다. 이 방법에서는 주주가 받은 배당금에 대해서는 그 배당금에 대한 귀속법인세를 배당소득 총수입금액에 가산하여 배당소득금액을 계산한 다음, 그 귀속법인세를 종합소득산출세액에서 공제(배당세액공제)한다.

Ⅲ. 주주단계 : 법인주주에 대한 이중과세조정

1. 개요

과거에 우리나라의 세법은 대기업의 경제력 집중 및 문어발식 확장을 억제하기 위하여 법인이 다른 법인의 주식을 취득 · 보유하는 것을 규제하였고, 이 때문에 법인주주가 지급받는 배당소득에 대하여 이중과세의 조정이 없이 모두 법인세를 과세하였다. 그러나 과세제도의 국제화와 선진화를 도모하기 위하여 2001년부터 법인주주에 대해서도 배당소득에 대한 이중과세 조정을 허용하게 된 것이다. 이하에서는 이러한 법인주주가 얻은 배당소득에 대한 익금불산입제도를 살펴본다.

2. 내국법인 수입배당금액의 익금불산입

(1) 개요

1) 기본구조 : 내국법인(비영리내국법인은 제외한다. 이하 같다)이 해당 법인이 출자한 다른 내국법인(이하 '피출자법인')으로부터 받은 수입배당금액(의제배당금액을 포함하며, 이하 같다) 중 다음의 금액은 각 사업연도의 소득금액을 계산할 때 익금에 산입하지 않는다.

익금불산입 대상금액 − 차입금이자 차감액	• 수입배당금액 × 익금불산입률(30% · 80% · 100%) • 해당 법인이 지급한 차입금이자가 있는 경우
= 익 금 불 산 입 액*	• 배당금을 지급한 피출자법인별로 계산

* 이 경우 위 계산식에 따라 계산한 익금불산입액이 '영(0)'보다 작은 경우에는 없는 것으로 본다.

2) 익금불산입의 배제 : 다음 중 어느 하나에 해당하는 수입배당금액에 대해서는 익금불산입 규정을 적용하지 않는다.

① 배당기준일 전 3개월 이내에 취득한 주식 등을 보유함으로써 발생한 수입배당금액(즉 단기 보유주식 수입배당금액). 이 경우 같은 종목의 주식 등의 일부를 양도한 경우에는 먼저 취득한 주식 등을 먼저 양도한 것으로 본다.

② 지급한 배당에 대하여 소득공제를 적용받거나 법인세를 비과세 · 면제 · 감면받는 다음 중 어느 하나에 해당하는 법인으로부터 받은 수입배당금액

배당지급법인(피출자법인)	비고
(1) 법인세법에 따른 지급배당에 대한 소득공제를 적용받는 유동화전문회사 · 투자회사 · 투자목적회사 등의 명목회사	−
(2) 조세특례제한법에 따른 지급배당에 대한 소득공제를 적용받는 프로젝트금융투자회사	−
(3) 법인세법에 따른 지급배당에 대한 소득공제를 적용받는 법인과세 신탁재산	−
(4) 수도권 밖으로 공장 · 본사를 이전한 법인에 대한 세액감면을 적용받는 법인 (5) 제주첨단과학기술단지 입주기업에 대한 세액감면을 적용받는 법인 (6) 제주투자진흥지구(또는 제주자유무역지역) 입주기업에 대한 세액감면을 적용받는 법인	감면율이 100%인 사업연도에 한정한다.
(7) 동업기업과세특례를 적용받는 법인	−

* 이러한 지급배당에 대한 소득공제 · 세액감면 및 비과세는 최저한세를 적용하지 않는다.

③ 피출자법인의 소득에 대해 법인세가 과세되지 않은 잉여금을 재원으로 지급받은 수입배당금액으로서 다음 중 어느 하나에 해당하는 수입배당금액

법인세가 과세되지 않은 잉여금을 재원으로 지급받은 수입배당금액	비고
(1) 자산재평가법 규정*을 위반하여 3% 재평가세율이 적용된 재평가적립금을 감액하여 지급받은 수입배당금액(*주) * 재평가적립금은 ① 자본금에의 전입과 ② 이월결손금의 보전을 제외하고는 이를 처분하지 못한다(자산재평가법 28 ②). 이 규정을 위반하여 3% 재평가세율이 적용된 재평가적립금(2000년 이전 적립 당시 익금불산입항목)을 감액하여 받은 배당은 법인세가 과세되지 않은 잉여금을 재원으로 지급받은 수입배당금액에 해당한다.	• 감액배당으로 수입배당금액에 해당

(2) 자본금의 감소로 인하여 주주인 내국법인이 취득하는 금전과 그 밖의 재산가액의 합계액이 해당 주식을 취득하기 위하여 사용한 금액을 초과하는 금액*(자본금 감소로 인한 의제배당) * 이 금액이 피출자법인의 감자차손(=감자차익으로 상계된 금액)을 재원으로 지급된 것이면 법인세가 과세되지 않는 잉여금을 재원으로 지급받은 수입배당금액에 해당한다.	• 의제배당으로 수입배당금액에 해당
(3) 법인이 자기주식을 보유한 상태에서 과세되지 않은 잉여금을 자본금에 전입함에 따라 그 법인 외의 주주의 지분비율이 증가한 경우 그 증가한 지분비율에 상당하는 주식가액(무상주 의제배당)	

(*주) 여기에는 ① 적격합병에 따른 합병차익 중 피합병법인의 3% 재평가세율 적용 재평가적립금과 ② 적격분할에 따른 분할차익 중 분할법인의 3% 재평가세율 적용 재평가적립금을 감액하여 지급받은 수입배당금액을 포함한다.

(2) 익금불산입 대상금액

내국법인이 피출자법인으로부터 받은 수입배당금액에 익금불산입률을 곱하여 다음과 같이 계산한다.

피출자법인에 대한 출자비율 (배당금 지급법인에 대한 지분비율)	익금불산입 대상금액(*주)
20% 미만	수입배당금액× 30%
20% 이상 50% 미만	수입배당금액× 80%
50% 이상	수입배당금액×100%

(*주) 지주회사 수입배당금액의 특례적인 익금불산입률 선택적 적용 : 지주회사가 2023.1.1.~2026.12.31.까지 받는 수입배당금액에 대해서는 종전 지주회사 수입배당금액의 익금불산입 특례규정(종전 법인법 18의3)에 따른 특례적인 익금불산입률을 적용할 수 있다. 따라서 지주회사는 세부담 최소화를 위해서 위의 일반적인 익금불산입률(30% · 80% · 100%)과 다음의 특례적인 익금불산입률(80% · 90% · 100%) 중 높은 비율을 선택할 수 있다[아래 밑줄 친 자회사에 대한 출자비율 구간에서는 특례적인 익금불산입률(90% · 100%)을 선택하는 것이 유리하다].

자회사에 대한 출자비율		익금불산입 대상금액
자회사가 주권상장법인인 경우	자회사가 비상장법인인 경우	
20% 이상 30% 미만	40%(20%*) 이상 50% 미만	수입배당금액 × 80%
<u>30% 이상 40% 미만</u>	50% 이상 80% 미만	수입배당금액 × 90%
<u>40% 이상</u>	80% 이상	수입배당금액 × 100%

* 지주회사의 자회사가 벤처기업인 경우에는 40% 대신 20%로 한다.

여기서 '내국법인의 피출자법인에 대한 출자비율'은 피출자법인의 배당기준일 현재 3월 이상 계속하여 보유하고 있는 주식(또는 출자지분)을 기준으로 계산한다. 이 경우 보유 주식 등의 수를 계산할 때 같은 종목의 주식 등의 일부를 양도한 경우에는 먼저 취득한 주식 등을 먼저 양도한 것으로 본다.

이처럼 수입배당금액에 적용되는 익금불산입률은 피출자법인에 대한 출자비율 구간에 따라 익금불산입률(30% · 80% · 100%)을 차등 적용한다. 피출자법인에 대한 출자비율이 50% 이상인 경우에는 내국법인과 피출자법인은 경제적으로는 단일실체(모회사와 자회사 관계)이기 때문에 100% 익금불산입률을 적용하는 것이다.

(3) 차입금이자 차감액

배당금을 받은 내국법인이 각 사업연도에 지급한 차입금이자가 있는 경우에는 다음의 금액(익금불산입대상 주식의 취득관련 차입금이자)을 익금불산입 대상금액에서 차감한다.

$$\text{차입금이자 차감액} = \text{차입금이자} \times \text{익금불산입률} \times \frac{\text{익금불산입대상 주식의 장부가액 적수}}{\text{자산총액 적수}}$$

① 차입금이자 : 내국법인의 손익계산서에 계상된 이자비용으로 하되, 지급이자 손금불산입 규정에 따라 이미 손금불산입된 금액과 현재가치할인차금 상각액 · 연지급수입(延支給輸入)의 지급이자는 제외한다.

② 익금불산입대상 주식의 장부가액 적수 : 해당 피출자법인의 주식 등(국가 및 지방자치단체로부터 현물출자받은 주식 등은 제외한다)의 장부가액 적수(積數 : 일별 잔액의 합계액을 말한다. 이하 같다)를 말한다. 여기서 주식 등의 장부가액은 세무상 장부가액을 말하며, 익금불산입 배제대상 수입배당금액이 발생하는 주식 등의 장부가액은 포함하지 않는다.

③ 자산총액 적수 : 내국법인의 사업연도 종료일 현재 재무상태표상 자산총액의 적수를 말한다.

판례 익명조합계약에 따라 익명조합원인 내국법인이 다른 조합원인 내국법인으로부터 지급받는 돈이 수입배당금에 대한 이중과세조정 대상인지 여부

익금불산입을 적용받는 '내국법인이 출자한 다른 내국법인으로부터 받는 수입배당금'은 내국법인이 다른 내국법인을 출자함으로써 그 법인의 주식을 취득하고 그 취득한 주식에 대해 주주 등의 지위에서 받는 배당금 등을 말하므로 주주 등으로서의 지위로 받는 것이 아니라 **익명조합계약에 따라 익명조합원의 지위에서 지급받는 돈은 영업행위로써 손익분배약정에 따라 지급받는 것에 불과하여 익금불산입 대상이 되는 수입배당금에 해당하지 않는다**(2015두48693). ■

Ⅳ. 법인단계의 이중과세조정방법

1. 유동화전문회사 등의 지급배당에 대한 소득공제

유동화전문회사, 투자회사, 기업구조조정투자회사, 기업구조조정부동산투자회사, 선박투자회사, 이와 유사한 투자회사로서 일정한 요건을 갖춘 명목회사(Paper Company)에 해당하는 내국법인이 배당가능이익의 90% 이상을 배당한 경우 그 금액(이하 '배당금액')은 해당 배당을 결의한 잉여금 처분의 대상이 되는 사업연도의 소득금액에서 공제한다. 이러한 유동화전문회사 등의 배당에 대한 이중과세조정방법은 지급배당공제법에 해당한다.

2. 동업기업과세특례

인적회사 등의 단체는 출자자간 신뢰를 바탕으로 구성된 단체로서 공동사업의 경영을 통하여 얻은 소득을 출자자에게 이전해 주는 도관(導管)과 같은 실체(pass-through entity)에 불과하다. 이러한 점을 고려하여 조세특례제한법은 인적회사 등의 동업기업에 대해서 일반적인 과세방법 대신에, 동업기업의 소득에 대해서는 과세하지 않고 그 소득을 손익배분비율에 따라 각 동업자에게 배분하여 소득세(또는 법인세)만을 과세하는 '동업기업과세특례'를 도입하였다. 이는 법인단계조정방법 가운데 완전조정방법에 해당한다. 동업기업과세특례는 미국 세법의 조합과세제도(Partnership Taxation)를 모델로 한 것이다.

제 2 장
각 사업연도소득

제1절 결산조정과 신고조정

I-2
p.21

Ⅰ. 결산조정

특정손금항목은 외부거래 없이 내부의사결정만으로 손비의 계상 여부 및 범위가 결정됨으로써 결산서상에 손비(손금)로 인식을 해야만 손금으로 인정을 받을 수 있다. 이를 '결산조정사항'이라 한다. 이러한 결산조정사항은 열거된 다음의 항목으로 한다.

① 자산에 대한 감가상각비의 손금산입

② 감가상각자산의 즉시상각에 따른 손금산입

㉠ 소액 자본적 지출

㉡ 소액자산 등의 손비계상

③ 소액 미술품 취득가액의 즉시 손금산입(1,000만원 한도)

④ 시설개체 · 기술낙후로 인한 생산설비와 사업폐지 · 사업장의 이전으로 임대차계약에 따라 임차한 사업자의 원상회복을 위하여 시설물을 철거하는 경우 폐기손실(장부가액 – 1,000원)

⑤ 대손금의 손금산입(소멸시효 완성 채권 등은 제외)

⑥ 파손 등의 사유로 인해 정상가액으로 판매할 수 없는 재고자산 평가손실 손금산입

⑦ 천재 · 지변 등으로 인한 자산의 폐기손실

⑧ 주식의 감액손실 손금산입으로써 다음의 경우(비망가액 1,000원 제외)

㉠ 주권상장법인이 발행한 주식 등으로서 그 발행법인이 부도가 발생한 해당 주식

㉡ 벤처투자회사 · 신기술사업금융업자가 보유하는 창업자 · 신기술사업자가 발행한 주식으로서 그 발행법인이 부도가 발생한 해당 주식

㉢ 주식발행법인이 파산한 경우 해당 주식

⑨ 준비금 · 충당금으로서 다음의 것

㉠ 법인세법에 따른 준비금 · 충당금의 손금산입

- 고유목적사업준비금
- 책임준비금 · 비상위험준비금 · 해약환급금준비금
- 대손충당금 · 구상채권상각충당금
- 일시상각충당금 · 압축기장충당금

㉡ 조세특례제한법에 따른 준비금의 손금산입

Ⅱ. 신고조정

결산서에 반영을 하지 않아도 세무조정을 통해 각 사업연도 소득금액을 계산시 반영을 해야 하는 것을 말한다. 신고조정사항은 결산조정사항과는 달리 법인 내부의 의사결정에 따라 계상 여부 및 그 범위가 결정되는 것이 아니라 법인세법에 따라서 강제로 결정된다.

1) 단순신고조정사항 : 결산서상 회계처리 없이 세무조정계산서에서 조정하는 사항

2) 잉여금처분에 의한 신고조정사항 : 다음의 사항들은 원칙적으로 결산조정사항에 해당하지만 기업회계기준에 따라 결산서에 손비로 계상할 수 없는 점을 감안하여 이익처분에 의해서 적립금을 적립한 후 손금으로 세무조정을 한다.

- 회계감사를 받는 비영리법인의 고유목적사업준비금
- 조세특례제한법에 따른 준비금
- 비상위험준비금 · 해약환급금준비금

제2절 소득처분

I-2 p.23

Ⅰ. 서설

상법에 따른 이익처분에 의해 당기순이익이 사내유보와 배당 등으로 사외로 유출이 될 것인지가 결정이 되는 것과 마찬가지로 세무조정사항에 대해 귀속을 정해야 하는 문제가 발생하는데 이것을 '소득처분'이라고 한다.

Ⅱ. 소득처분의 대상법인 · 주체 · 시기 및 대상

1. 소득처분의 대상법인

법인세 납세의무가 있는 모든 법인을 말하므로 영리법인, 비영리법인, 내국법인, 외국법인 모두가 여기에 해당한다.

2. 소득처분의 주체와 시기 및 절차

1) 신고하는 경우 : 법인이 법인세 과세표준을 신고(수정신고 포함)할 때에 발생하는 세무조정금액에 대해서는 법인 스스로가 소득처분을 한다.

2) 결정 · 경정하는 경우 : 법인세 과세표준을 결정 · 경정할 때에 발생하는 세무조정금액에 대해서는 관할세무서장이 행한다. 이 경우 관할세무서장은 소득처분의 내용을 기재한 소득금액변동통지서를 결정 · 경정일부터 15일 이내에 해당 법인에게 송달해야 한다.

3. 소득처분의 대상

소득처분의 대상이 되는 금액은 기업회계상 당기순이익과 법인세법상의 각 사업연도 소득금액과의 차이이다. 즉 소득처분의 대상이 되는 금액은 세무조정금액이 된다.

[도 표] 소득처분의 유형

가산조정 : 익금산입 · 손금불산입	차감조정 : 손금산입 · 익금불산입
사내유보	△유보
사외유출 — 배당 · 상여 · 기타소득	
사외유출 — 기타사외유출	
기 타	기 타

Ⅲ. 소득처분의 유형

1. 장부에 따라 소득금액을 계산하는 경우

(1) 유보(△유보)

'유보(△유보)'란 사외유출이 되지 않고 사내에 남아있는 것으로 확인되는 처분이다. 이는 기업회계상 잉여금에 비해 세무상 잉여금을 증감시키는 처분으로써 기업회계와 세무회계와의 손익의 귀속시기 차이로 발생하는 일시적인 차이에 해당한다. 이러한 일시적인 차이는 차기 이후에 반대의 세무조정이 발생하여 소멸한다.

[도 표] 사외유출과 유보(△유보)의 비교

	사외유출	유보(△유보)
의 의	• 익금산입 · 손금불산입금액이 기업 외부의 자에게 귀속	• 익금산입 · 손금불산입(손금산입 · 익금불산입) 금액이 기업 내부에 남아 있음 (자산 · 부채의 왜곡)
귀 속 자 납세의무	• 귀속자에게 납세의무 유발 ○	• 귀속자 납세의무 유발 ×
반 대 의 세무조정	• 차기 이후 반대의 세무조정 × ➠ 소득의 절대적 크기	• 차기 이후 손익에 영향을 미치는 시점에서 반대의 세무조정 ○ ➠ 소득의 귀속시기 조정
	• 영구적 차이	• 일시적 차이 유보 변동사항 : '乙'표에서 관리 세무상 자본 : '甲'표에서 관리

(2) 사외유출

1) 개념과 성격 : 익금산입 · 손금불산입한 금액이 사내에 남아있지 않고 외부의 자에게 귀속되는 처분이다. 그 금액은 외부의 자에게 귀속이 되어 기업회계상 잉여금과 세무회계상 잉여금 사이에는 차이가 발생하지 않으므로 차기 이후에 반대의 세무조정이 발생하지 않아 이는 기업회계와 세무회계의 영구적 차이에 해당한다. 이때 법인 외부의 귀속자에 대해서는 해당 법인의 이익이 분여된 것이므로 그 귀속자에게는 귀속이 된 금액에 대해서 법인세 · 소득세가 부과된다.

2) 사외유출의 종류

① 사외유출된 것이 분명한 경우

㉠ 귀속자가 주주(임원 · 직원인 주주는 제외)인 경우 : 배당

㉡ 귀속자가 임원 · 직원(임원 · 직원인 주주 포함)인 경우 : 상여

㉢ 귀속자가 법인 및 사업을 영위하는 개인인 경우 : 기타사외유출(그 귀속자에게 분여된 이익이 국내사업장의 각 사업연도 소득금액과 사업소득을 구성하는 경우에 한정)

㉣ 귀속자가 위 ㉠, ㉡, ㉢ 이외의 자인 경우 : 기타소득

② 사외유출된 것이 분명하나 그 귀속이 불분명한 경우 : 그 귀속의 개연성이 가장 높은 해당 법인의 대표자에게 귀속된 것으로 본다. 여기서 '대표자가 되는 자'란 법인등기부상 등기된 대표자를 말하나, 소액주주가 아닌 주주인 임원으로 특수관계에 있는 자가 소유하고 있는 주식 등을 모두 합하여 법인의 발행총주식수의 30% 이상을 소유하고 있는 경우로서 그 법인의 경영을 사실상 지배하고 있는 자가 따로 있는 때에는 그 자를 대표자로 하여 상여로

처분한다.

한편 사업연도 중에 대표자가 변경된 경우에는 대표자 각 인에게 귀속된 것이 분명하면 그 귀속에 따라 대표자 각 인에게 구분하여 상여처분하고, 귀속된 것이 불분명한 경우에는 각 재직기간 일수에 따라 구분계산하여 이를 각 인에게 상여로 처분한다.

판 례 대표자의 판정기준

그러한 소득이 실제 발생했다는데 바탕을 두는 것이 아니라 법인의 의한 부당행위를 방지하기 위해 그러한 행위로 인정할 수 있는 일정한 사실에 대해 그 실질과 관계없이 대표자에게 상여로 간주하는 것이다. 이러한 경우 상여처분의 대상이 되는 법인의 대표자는 그 문구에 따라 제한적으로 엄격히 해석해야 한다(92누3120). ■

판 례 법인세법에서 대표자로 간주하는 자가 아닌 자가 법인의 경영을 사실상 지배하는 경우

대표자에 대한 상여로 간주하는 취지 자체가 실제 그러한 소득이 발생하였다는데 바탕을 두고 소득처분하는 것이 아니므로 법인등기부상 대표자로 등기된 자거나 소액주주가 아닌 임원으로 특수관계인이 소유하고 있는 주식 등을 합하여 법인의 발행총주식수의 30% 이상을 소유하고 있는 자가 아니라면 사실상 법인의 경영을 지배하는 자라고 하더라도 위 규정에 따라 대표자로 간주되지 않는다(2010두11108). ■

판 례 고용된 대표이사에 대한 횡령액을 사외유출로 보기 어렵다는 사례

- 실질적 경영자인 대표이사 등이 법인의 자금을 유용한 경우 특별한 사정이 없는 한 그 금액은 사외유출에 해당하나, 고용사장 등 피고용인인 경우에는 해당 법인이 손해배상채권을 포기한 경우에 한하여 사외유출로 보아야 한다(2002두9254).
- 실질적으로 대표이사라 하더라도 그 지위 · 지배정도 · 횡령경위 및 횡령 후 법인의 조치 등 제반사정을 종합하여 개별적 · 구체적으로 사외유출 여부를 판단한다(2007두 23323). ■

판 례 대표이사 횡령금의 사외유출 판단기준

법인의 실질적 경영자인 대표이사 등이 자금을 유용하는 행위는 특별한 사정이 없는 한 당초 회수를 전제로 이루어진 것이 아니어서 그 유용이라는 지출 자체로 이미 사외유출에 해당한다고 할 것이다.
이때 자금을 유용할 당시 회수를 전제한 것으로 볼 수 있는 특별한 사정은 횡령의 주체인 대표이사 등의 법인 내의 실질적인 지위, 법인에 대한 지배정도, 횡령에 이르게 된 경위, 횡령 이후 법인의 조치 등을 통하여 그 대표이사 등의 의사를 법인의 의사와 동일시하거나 대표이사 등과 법인의 경제적 이해관계가 사실상 일치하는 것으로 보기 어려운 경우인지 여부 등의 제반 사정을 종합하여 개별적 · 구체적으로 판단해야 하며, 이러한 사정은 이를 주장하는 법인이 입증해야 한다(2009두2887). ■

판 례 가공비용에 상당하는 금액을 대차대조표상 부채로 계상한 경우 그 비용 상당액을 사외유출된 것으로 볼 수 없다는 사례

가공비용에 대응하는 상대계정을 명목상 부채로 계상한 경우에는 해당 법인의 순자산에는 아무런 영향이 없으므로 사외유출로 인정할만한 특별한 사정이 없는 한 그 비용이 사외로 유출되었다고 볼만한 이유가 없다. ➡ 상여 등이 아닌 유보로 소득처분할 사항(2010두382). ■

참 고 매출누락액 등의 상여처분

① 외상매출금의 계상누락 : 매출누락에 대한 익금산입 유보처분을 한다.

② 매출누락액에 대해 사실상의 귀속자가 별도로 부담한 동 매출누락액에 대응하는 원가상당액이 부외(법인의 장부에 계상되지 않은)처리되어 법인의 손금으로 인정되지 않음이 사실상 입증이 되는 경우에는 '매출누락액 − 대응되는 원가' 상당액을 그 귀속자에 따라 상여 등으로 처분한다.

③ 대법원의 입장 : 법인이 매출사실이 있음에도 장부에 계상하지 않거나 가공의 비용을 장부에 계상한 경우 특별한 사정이 없는 한 매출누락액과 가공비용금액은 사외로 유출된 것으로 보아야 하며, 그 매출누락액 등의 전액이 사외로 유출된 것이 아니라고 볼 특수한 사정이 있다는 점은 그 법인 스스로가 입증해야 한다(98두16347). ■

③ 반드시 기타사외유출로 처분하는 경우

다음은 조세정책목적상 무조건 기타사외유출로 처분해야 한다.

- 특례기부금 · 우리사주조합기부금 · 일반기부금 한도초과액의 손금불산입액
- 업무추진비의 손금불산입액
- 업무용승용차 관련 임차료 중 감가상각비 상당액의 한도초과액과 업무용승용차 처분손실 한도초과액
- 채권자불분명 사채이자, 지급받는 자가 불분명한 채권 · 증권이자 중 원천징수세액에 상당하는 금액
- 업무무관자산 등에 대한 지급이자의 손금불산입액
- 간주임대료
- 귀속불분명 · 추계로 과세표준을 결정 · 경정하는 경우 대표자에 대한 상여로 처분한 금액에 대해 해당 법인이 그 처분에 따른 소득세를 대납하고 손비를 계상하거나 그 대표자와 특수관계가 소멸될 때까지 회수되지 않음에 따라 손금불산입한 금액
- 불공정자본거래(이에 준하는 행위 · 계산)로 인한 부당행위계산 부인에 따라 익금산입된 금액으로 귀속자에게 증여세가 과세되는 금액
- ㉠ 외국법인의 국내사업장의 각 사업연도의 소득에 대한 법인세의 과세표준을 신고하거나 결정 또는 경정할 때 익금에 산입한 금액이 그 외국법인 등에 귀속되는 소득과 ㉡「국제조세조정에 관한 법률」에 따른 국외특수관계인과의 거래에 대한 과세조정으로 익금에 산입한 금액이 국외특수관계인으로부터 반환되지 않은 소득

3) 사외유출된 금액에 대한 유보 처분의 특례

내국법인이 수정신고기한 내에 매출누락, 가공경비 등 부당하게 사외유출된 금액을 회수하고 세무조정으로 익금산입하는 경우는 유보로 소득처분한다. 다만, 경정이 있을 것을 미리 안 다음의 경우는 제외한다.

① 세무조사를 통지받은 경우

② 세무조사에 착수된 것을 알게 된 경우
③ 세무공무원이 과세자료수집 · 민원 등을 처리하기 위해 현지출장 · 확인업무에 착수한 경우
④ 과세자료 해명 통지를 받은 경우
⑤ 수사기관의 수사 · 재판 과정에서 사외유출 사실이 확인되는 경우
⑥ 그 밖의 위 ①~⑤와 유사한 경우로서 경정이 있을 것을 미리 아는 경우

판례 법인이 사외유출된 금액을 회수하였으나 자발적으로 회수한 것이 아닌 경우 이에 대해 사외유출로 소득처분한 것이 헌법에 보장된 재산권을 침해하여 위배되는지 여부

본래 사외유출된 금액은 추후에 법인에게 환원이 되더라도 이미 귀속자에게 성립한 소득세 납세의무에는 영향이 없는 것이나 해당 법인에게 자기시정기회를 부여함으로써 경정이 있을 것을 미리 안 경우를 제외하고 법인 스스로가 직접 회수한 경우에는 사외유출된 것임에도 불구하고 유보로 처분할 수 있는 기회를 준 것이다. 따라서 해당 법인이 사외유출된 금액을 회수하더라도 그것이 자발적인 것이 아닌 경우에는 다시 원칙으로 돌아가 사외유출로 처분하는 것이다.

법인세법에서 자기시정기회를 부여함으로써 충분히 사외유출로 처분될 것을 회피할 수 있었음에도 이를 자발적으로 회수하지 않아 해당 처분을 받은 것은 헌법에서 보장된 재산권의 침해라고 볼 수 없다(2009두9307). ■

(3) 기타

사외로 유출되지 않고 회사 내부에 남아있는 처분으로서 기업회계와 세무회계상 잉여금에도 차이가 발생하지 않아 영구적인 차이가 발생하는 처분을 말한다.

2. 추계에 따라 소득금액을 계산하는 경우

추계방법으로 결정된 과세표준과 법인의 법인세 차감 전 당기순이익의 차액은 대표자에 대한 상여로 소득처분한다. 다만, 천재 · 지변 기타 불가항력으로 장부 등이 멸실되는 경우와 외국법인의 법인세 과세표준을 추계하는 경우에는 기타사외유출로 처분한다.

Ⅳ. 소득처분에 대한 사후관리

1. 유보(△유보)의 관리

유보(△유보) 세무조정은 기업회계와 세무회계와의 일시적인 차이로서 차기 이후 반대 조정이 발생하여 소멸하므로 이 각각의 유보(△유보) 잔액을 각 사업연도마다 개별적으로 관리하기 위해서는 다음의 조정명세서가 필요하다.

• 자본금 및 조정명세서(을)표 : 차기 이후 반대의 세무조정사항을 적절히 하기 위해 해당 사업연도 유보(△유보)금액의 변동사항을 관리한다.

• 자본금 및 조정명세서(갑)표 : 법인이 해산시 청산소득을 계산할 때 세무상 기말 자기자본을 계산하기 위해 자본금 및 조정명세서(을)표상에서 집계된 기말 유보잔액을 관리한다.

2. 사외유출처분에 대한 사후관리

(1) 배당 · 상여 · 기타소득으로 처분된 경우

1) 법인의 원천징수의무 : 소득처분을 한 해당 법인은 배당 · 상여 · 기타소득으로 처분된 금액에 대해 원천징수의무를 지게 되는데 이 경우 다음의 날에 해당 소득을 지급한 것으로 보아 원천징수를 해야 한다.

① 법인이 신고(수정신고 포함)하는 경우 : 법인세 과세표준신고일(수정신고일)

② 정부가 경정 · 결정하는 경우 : 법인이 소득금액변동통지서를 받은 날

한편 ① 법인이 신고(수정신고 포함)하여 원천징수의무가 성립하는 경우에는 관할세무서장에게 소득자료명세서를 제출해야 한다. 그리고 ② 결정 · 경정하여 원천징수의무가 성립하는 경우에 결정 · 경정하는 세무서장 등은 그 결정 · 경정일부터 15일 이내에 소득금액변동통지서를 해당 법인에게 통지해야 한다. 다만, 다음 중 어느 하나의 경우에는 법인이 아닌 그 소득의 귀속자인 주주 등에게 통지한다.

㉠ 해당 법인의 소재가 불분명 또는 통지서를 통지할 수 없는 경우

㉡ 국세징수법에 따른 강제징수의 종료사유가 있거나 체납자의 재산이 없다는 것이 판명된 경우

이는 법인에게 통지되지 못해도 소득처분을 받은 거주자에게 소득세를 추가신고납부할 기회를 주기 위한 것이다. 이때 귀속자에 대한 소득변동통지를 하는 것이 그 통지를 함으로써 납세의무자인 귀속자의 법률상 지위에 직접적인 변동을 가져오는 것이 아니라 그 소득의 대한 납세의무의 성립은 이미 해당 과세기간이 종료할 때 성립하는 것이므로 이것은 단순히 귀속자에게 추가적인 납세의무가 있음을 알려주는 역할에 불과하다. 귀속자의 권리구제방법 또한 나중에 경정청구를 통해서 충분히 다툴 수 있음으로 법인이 아닌 귀속자에 대한 통지가 항고소송의 대상이 될 수는 없다(2011두14227).

판 례 소득금액변동통지서의 일부 기재사항이 누락시 통지서의 위법여부

원천징수의무자인 법인에 대한 소득금액변동통지의 성격 · 효과와 법령에서 소득금액변동통지서에 소득자의 성명 · 주소 등을 기재하도록 규정하고 있는 점을 비추어 보면 소득금액변동통지서에 소득의 귀속자나 귀속자별 소득을 특정하지 않은 채 통지를 하였다면 특별한 사정이 없는 한 위법하다고 할 것이다(2011두12917). ■

판 례 소득금액변동통지 없이 원천징수세액에 대한 고지처분 가능여부

과세관청의 내부적인 소득처분만으로 법인의 원천징수의무가 성립하는 것이 아니라 그 소득처분에 대한 소득금액변동통지가 있어야 비로소 법인이 원천징수의무가 생기고 이를 전제로 과세관청이 징수절차로 나아갈 수 있는 것이다(2006두3803).

판 례 소득금액변동통지가 있은 후, 후행처분인 징수처분에 대한 항고소송에서 징수처분의 하자뿐만 아니라 소득세 납세의무 자체에 대한 하자까지 다툴 수 있는지 여부

법인에게 소득금액변동통지를 하는 것은 그 통지가 법인에게 원천징수의무의 성립시기로 의제하여 원천징수납세의무자인 법인의 납세의무에 직접적인 영향을 미치므로 항고소송의 대상이 된다.

그러나 법인이 이러한 소득금액변동통지에 대한 납세의무를 기한 내 이행하지 않아서 과세관청이 하는 납부 고지는 단순히 확정된 징수세액의 납부를 명하는 징수처분에 해당할 뿐, 당초 확정된 원천징수납부의무 자체에 영향을 미치는 것이 아니므로 소득금액변동통지에 대한 하자가 당연 무효가 아닌 이상 징수처분의 항고소송에서 이에 대한 하자를 다툴 수 없다(2009두14439).

2) 귀속자의 소득세 납세의무 : 소득세법에 따른 소득별로 납세의무를 진다. 그 소득별 수입시기는 다음과 같다.

① 배당으로 처분된 경우 : 해당 법인의 해당 사업연도 결산확정일

② 상여로 처분된 경우 : 해당 법인의 사업연도 중 근로제공일

③ 기타소득으로 처분된 경우 : 해당 법인의 해당 사업연도 결산확정일

이 경우 소득금액의 변동통지가 있기 전까지는 현실적으로 그 소득의 귀속자가 해당 소득의 종류 등을 아는 것이 현실적으로 불가능하다는 점을 감안하여 다음의 자들이 해당 법인(거주자가 통지를 받은 경우는 그 거주자)이 소득금액변동통지서를 받은 날(법인이 신고함으로써 소득금액에 변동이 있는 경우는 신고일)이 속하는 달의 다음다음 달 말일까지 추가신고자진납부한 경우 과세표준확정신고기한 내에 신고·납부한 것으로 본다.

① 종합소득 과세표준확정신고의무가 없던 자

② 과세표준확정신고를 하지 않아도 되는 자

③ 과세표준확정신고를 한 자

판 례 추가신고납부를 하지 않은 경우 가산세 적용문제

1) 신고불성실가산세 : 추가신고자진납부기한(통지 등을 한 날이 속하는 달의 다음다음 달의 말일까지) 내에 추가신고를 하지 않은 경우 부과된다.

2) 납부지연가산세 : 추가신고자진납부기한(통지 등을 한 날이 속하는 달의 다음다음 달의 말일까지) 내에 추가납부를 하지 않은 경우 부과되며, 미납기간은 그 추가신고납부기한이 지난 날부터 기산한다(2004두9944 판결).

판 례 통상적인 사유로 인한 경정청구의 기산일

소득금액의 변동통지가 있기 전까지는 현실적으로 그 소득의 귀속자가 해당 소득의 종류 등을 아는 것이

현실적으로 불가능한다는 점을 감안하여 당초 확정신고납부기한과는 별도로 통지를 받은 날이 속하는 달의 다음다음 달 말일까지 신고납부를 유예한다는 입법취지와 이러한 추가신고납부기한도 국세기본법상 법정신고기한으로 볼 수 있다는 점을 종합하면 추가신고납부기한까지 적법하게 자진납부한 경우에는 그에 대한 통상적인 사유로 인한 경정청구기간은 그 추가신고자진납부기한의 다음 날부터 기산된다(2009두20274). ■

(2) 기타사외유출

귀속자가 법인인 경우는 각 사업연도소득에 대한 법인세의 납세의무를, 개인은 사업소득에 대한 소득세의 납세의무를 지게 됨으로 해당 법인은 추가적인 원천징수의무를 지지 않는다.

[도 표] 법인 신고시 인정상여가 확인되는 사례

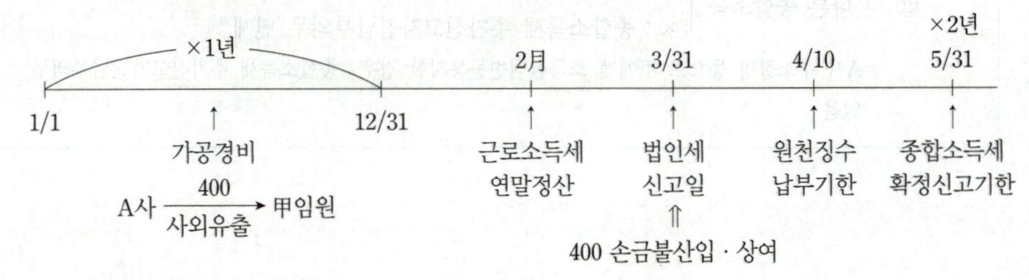

<소득세법상 A사와 甲의 납세의무>

(1) A사 : 甲의 400 인정상여에 대한 소득세 원천징수납부의무

① A사 법인세 신고시 「소득자료(인정상여) 명세서」 제출

② 400 인정상여 지급시기(의제) ➡ ×2.3/31.(법인세 신고일)

③ 400 인정상여에 대한 소득세 원천징수세액* 납부 ➡ ×2.4/10.까지

* 다시 연말정산하여 추가세액을 계산함

(2) 甲임원 : 400 인정상여 종합소득세 납세의무

① 근로제공일이 속하는 ×1년 귀속분 근로소득(400)

② 甲 다른 종합소득 { ○ : 종합소득세 확정신고납부 ➡ ×2.5/31.까지 / × : 종합소득세 확정신고납부의무 면제 }

[도 표] 세무서장 경정시 인정상여가 확정되는 사례

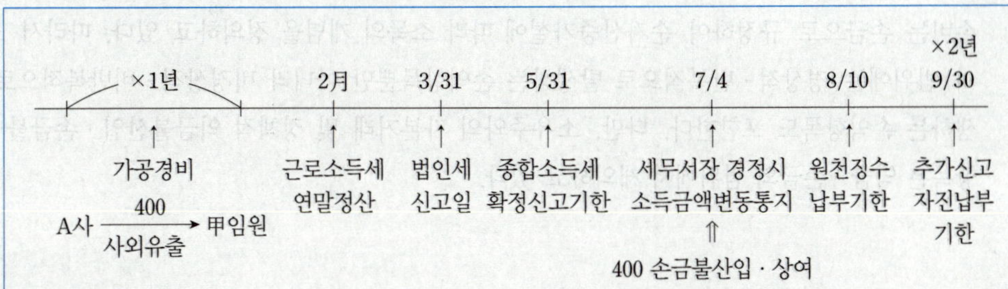

<소득세법상 A사와 甲의 납세의무>

(1) A사 : 甲의 400 인정상여에 대한 소득세 원천징수납부의무

① 세무서장 법인세 경정시 A사*에게 「소득금액변동통지서」 통지

* A사 주소불명 등의 경우 : 甲에게 통지(A사 원천징수납부의무 없음)

② 400 인정상여 지급시기(의제) ➡ ×2.7/4.(소득금액변동통지서 도달일)

③ 400 인정상여에 대한 소득세 원천징수세액* 납부 ➡ ×2.8/10.까지

* 다시 연말정산하여 추가세액을 계산함

(2) 甲임원 : 400 인정상여 종합소득세 납세의무

① 근로제공일이 속하는 ×1년 귀속분 근로소득(400)

② 甲 다른 종합소득 { ○ : 종합소득세 추가신고자납부* ➡ ×2.9/30.까지 / × : 종합소득세 추가신고자진납부의무 면제* }

* A사 주소불명 등으로 甲에게 소득금액변동통지한 경우 : 종합소득세 추가신고자진납부의무 있음

제3절 각 사업연도소득의 총설

I-2 p.66

Ⅰ. 서설

익금총액	= 순자산 증가로 인한 수익금액 − (자본의 납입) − 익금불산입항목
(−) 손금총액	= 순자산 감소로 인한 손비금액 − (자본의 환급+잉여금 처분) − 손금불산입항목
	= 각 사업연도소득(결손금)

현행 법인세법은 원칙적으로 순자산의 증가로 인한 수익은 익금으로, 순자산의 감소로 인한 손비는 손금으로 규정하여 순자산증가설에 따라 소득의 개념을 정의하고 있다. 따라서 소득의 범위에는 경상적 · 반복적으로 발생하는 손익항목뿐만 아니라 비경상적 · 비반복적으로 발생하는 손익항목도 포함한다. 다만, 소유주와의 자본거래 및 정책적 익금불산입 · 손금불산입 항목은 익금 · 손금의 범위에서 제외하고 있다.

Ⅱ. 익금의 계산

1. 익금의 개념

'익금'은 원칙적으로 법인의 순자산을 증가시키는 거래로 인해 발생하는 수익의 금액을 말한다. 여기에는 경상적으로 발생하는 영업수익은 물론이고 비경상적으로 발생하는 이득도 법인의 순자산을 증가시키는 거래로 인한 것이면 익금에 포함한다.

판 례 위법소득에 대한 법인세 부과처분의 적법성

위법행위로 인해 얻은 수입도 순자산증가액에 해당하므로 익금에 해당한다. 그리고 어떤 소득이 과세소득이 되는지 여부는 이를 경제적인 측면에서 보아 현실적으로 이득을 지배관리하면서 이를 향수하고 있어 담세력이 있는 것으로 판단되면 족하고 그 소득을 얻게 된 원인관계에 대한 법률적 평가가 반드시 적법하고 유효한 것이어야 하는 것은 아니다(4누5823). ■

2. 수익의 범위

'수익'이란 타인에게 재화·용역을 제공하고 획득한 수입금액과 그 밖에 해당 법인에게 귀속되는 모든 경제적 이익을 말한다. 법인세법 시행령은 구체적으로 익금에 해당하는 수익의 범위를 원인별로 규정하고 있으나 대표적으로 다음의 경우에만 설명하도록 한다.

1) 자산의 양도금액 : 기업회계에서는 재고자산 이외의 자산에 대해서는 양도에 따른 손익을 순액으로 보고하지만 법인세법은 재고자산 이외의 자산에 대해서도 양도금액은 익금으로 하고, 이에 대응하는 양도 당시의 장부가액을 손금으로 규정하고 있다.

2) 자기주식의 양도금액 : 자기주식의 양도금액은 익금에 해당하고, 양도 당시의 장부가액은 손금에 해당한다. 그 결과 자기주식의 처분이익(또는 손실)은 익금(또는 손금)에 산입한다. 여기서 '자기주식'에는 합병법인이 합병에 따라 피합병법인이 보유하던 합병법인의 주식을 취득하게 된 경우를 포함한다. 그러나 자기주식의 소각에 따른 이익은 주주와의 자본거래로 인한 감자차익의 성격이므로 익금에 해당하지 않는다.

참 고 자기주식교부형 주식매수선택권 양도금액 산정기준 보완

임직원이 부여받은 주식매수선택권을 행사함에 따라 법인이 임직원에게 자기주식을 양도하는 경우에는 자기주식의 양도금액을 주식매수선택권을 행사하는 당시의 시가로 해야 하는지(1안) 아니면 행사가격(실제 매수가액)으로 해야 하는지(2안) 해석상 혼선이 있었다. 소득금액 계산에서 경제적 실질을 반영하고 소득세법상 세무처리[임직원의 주식매수선택 행사이익(시가 − 행사가격) = 근로소득]와 논리적 일치를 위해서 (1안)에 따라 주식매수선택권을 행사하는 당시의 시가를 자기주식의 양도금액으로 하도록 명확히 규정하였다.

예를 들어 다음과 같은 내용으로 A회사가 甲임원에게 자기주식 교부형 주식매수선택권을 부여한 경우 필요한 분개와 세무처리를 나타내면 다음과 같다.

• 주식보상비용 300(3년간 누계액)	• 자기주식의 취득가액 500
• 행사당시 시가 700	• 행사가격 400(실제 매수가액)

<table>
<tr><th rowspan="2">구분</th><th rowspan="2">장부상 분개</th><th>세무상 분개</th></tr>
<tr><th>세무조정</th></tr>
<tr><td rowspan="2">보상비용 인식
(3년간 누계)</td><td rowspan="2">(차) 주식보상비용 300
(대) 주식선택권 300(자본)</td><td>—
* 행사시 지급의무가 발생하므로 세무상 분개 없음</td></tr>
<tr><td>300 손금불산입(기타)</td></tr>
<tr><td rowspan="3">행사 당시</td><td rowspan="2">(차) 현금 400
주식선택권 300(자본)
(대) 자기주식 500
처분이익 200(자본)</td><td>(차) 현금 400
보상비용 300(손금)①
(대) 자기주식 500
처분이익 200(익금)②
①(행사당시 시가 700 − 행사가격 400) = 300
② 자기주식의 (양도금액 700 − 장부가액 500) = 200</td></tr>
<tr><td>300 손금산입(기타)
200 익금산입(기타)</td></tr>
<tr><td>甲임원의 근로소득</td><td>(차) A주식 700(시가)
(대) 현금 400(행사가격)
근로소득 300</td></tr>
</table>

3) 자산의 평가이익 : 법인이 보유한 자산을 증액한 경우에 발생하는 평가이익을 말한다. 본래 헤이그와 사이먼스가 정의한 순자산증가설에 따르면 미실현자본이득도 소득의 범위에 포함된다. 이러한 관점에서 법인세법도 익금으로 규정하고 있다. 그러나 자산의 가격변화를 객관적으로 측정한다는 것은 현실적으로 어려움이 있으며, 소득조작 목적으로 이용될 수도 있다. 따라서 법인세법은 몇 가지 평가이익을 제외하고 익금불산입항목으로 규정하고 있다.

4) 자산수증이익과 채무면제이익(채무의 출자전환시 채무면제이익 포함) : 법인의 순자산을 증가시키는 수익으로서 익금에 해당한다.

참고 확정된 배당금의 청구권을 포기한 경우의 채무면제이익

이익이나 잉여금의 배당 · 분배금으로 확정된 금액에 대하여 주주(또는 사원)가 그 배당 · 분배금청구권을 포기한 경우에는 그 청구권에 상당하는 금액을 법인의 소득금액계산상 익금에 산입한다. 다만, 그 법인의 이월결손금 보전에 충당된 금액은 그렇지 않다. ■

5) 정당한 사유 없이 회수하지 않은 가지급금 등의 금액 : 가지급금 및 그 이자(이하 '가지급금 등')로서 다음 중 어느 하나에 해당하는 금액은 익금에 해당한다. 다만, 채권 · 채무에 대한 쟁송으로 회수가 불가능한 경우 등 정당한 사유가 있는 경우는 제외한다.

① 특수관계가 소멸되는 날까지 회수하지 않은 가지급금 등(②에 따라 익금에 산입한 이자는 제외)

② 특수관계가 소멸되지 않은 경우로서 가지급금의 이자를 이자발생일이 속하는 사업연도 종료일부터 1년이 되는 날까지 회수하지 않은 경우 그 이자

3. 익금산입의 특례

(1) 유가증권의 저가매입에 따른 이익상당액

① 법인이 ② 특수관계에 있는 ③ 개인으로부터 ④ 유가증권을 시가에 미달하는 가액으로 매입하는 경우 시가와 해당 매입가액의 차액에 상당하는 금액은 익금으로 본다. 이 경우 유가증권의 취득가액은 익금산입한 금액(시가−매입가액)을 포함하므로 취득 당시의 시가가 된다.

유가증권의 저가양수에 따른 이익을 유가증권을 매입한 사업연도에 법인세를 과세함으로써 개인이 자신의 자녀 등이 지배주주로 되어 있는 법인을 통해 자녀 등에게 우회적으로 이익을 분여하는 행위를 차단하기 위해 마련한 법적 장치이다. 이는 상증세법에 따른 특정법인과의 거래를 통한 이익의 증여의제와 같은 취지이다.

판 례 자기주식의 저가매입에 따른 이익상당액의 익금산입 여부

1) 비상장내국법인이 상법에 따라 자본감소 목적으로 특수관계인인 개인으로부터 자기주식을 시가에 미달하는 가액으로 매입하는 경우에는 유가증권의 저가매입에 따른 이익의 규정이 적용되지 않는다.

2) 반면에 법인이 주식매수청구권 행사 주주로부터 자기주식을 취득함에 있어 특수관계인인 개인주주로부터 취득하는 해당 주식의 매입가액이 시가에 미달하는 경우에는 시가와 해당 매입가액의 차액에 상당하는 금액을 각 사업연도 소득금액 계산상 익금에 산입한다. ■

[도 표] 자산의 무상 또는 저가취득에 대한 취급

구분		익금여부	세무상 취득가액
무상취득		익금산입하며, 이월결손금 보전에 충당된 금액은 익금불산입함	취득 당시의 시가 * 정부로부터 무상으로 할당받은 온실가스 배출권은 영(0)원
저가취득	원칙	익금에 산입하지 않음(추후 해당 자산이 처분 등이 되는 경우 과세소득에 포함)	취득에 사용된 금액
	예외	법인이 유가증권을 특수관계에 있는 개인으로부터 저가로 취득한 경우 ➡ <익금산입> 저가취득이익(유보)	취득 당시의 시가
		불공정자본거래에 의해 이익을 분여받은 경우 ➡ <익금산입> 분여받은 이익(유보)	본래 장부가액 + 분여이익

법인 02

(2) 동업기업으로부터 배분받은 소득금액(또는 결손금)

동업기업과세특례에 따라 법인인 동업자가 동업기업으로부터 배분받은 소득금액(또는 결손금)을 익금(또는 손금)으로 본다.

(3) 외국자회사의 수입배당금액에 대한 간접외국납부세액

소득금액에 외국자회사로부터 받은 이익의 배당이나 잉여금의 분배액(수입배당금액)이 포함되어 있는 경우, 그 외국자회사의 소득에 부과된 외국법인세액 중 해당 수입배당금액에 대응하는 것은 외국납부세액으로 보아 외국납부세액공제를 적용받을 수 있다.

4. 익금불산입항목

'익금불산입'이란 순자산을 증가시키는 거래로 인해 발생하는 수익금액이라도 익금에 산입하지 않는 항목을 말한다. 이러한 익금불산입항목에 대해서는 대표적으로 다음의 경우에만 설명하도록 한다.

(1) 자본거래로 인한 수익의 익금불산입

1) 주식발행초과금 : 이것은 액면주식을 발행한 경우 그 액면을 초과하는 금액을, 무액면주식을 발행한 경우에는 주식의 발행가액 중 자본금으로 계상한 금액을 초과하는 금액을 말한다.

주식발행초과금 = 발행가액 − 액면가액(또는 자본금으로 계상한 금액)

이러한 주식발행초과금은 비록 상법에 따른 법정자본금은 아니지만 실질적으로는 출자의 일부분이다. 따라서 기업회계에서는 이것을 자본잉여금으로 계상하며, 법인세법에서도 익금으로 보지 않는다.

이처럼 본래 주식발행초과금은 액면가액(또는 자본금으로 계상한 금액)을 초과하는 금액이지만, 법인세법에서는 주식발행초과금 중 채무의 출자전환으로 주식을 발행하는 경우에는 그 주식의 시가를 초과하여 발행된 금액은 익금항목인 채무면제이익으로 본다. 기업회계에서도 이것을 채무조정이익(당기수익)으로 인식한다. 따라서 법인세법에 따른 익금불산입항목인 주식발행초과금에는 채무의 출자전환에 따른 채무면제이익은 제외되는 것이다.

[도 표] 채무의 출자전환시 주식의 발행가액에 대한 법인세의 취급

구분	구성요소		과세 여부
(1) 자본금		액면가액	익금 제외
(2) 액면초과금액	① 채무면제이익	발행가액 − 시가	익금 항목
	② 주식발행초과금	시가 − 액면가액(자본금)	익금불산입항목

2) 감자차익 · 합병차익 · 분할차익 등 그 밖의 자본거래로 인한 익금불산입항목

(2) 평가차익 등의 익금불산입

1) 자산의 평가이익 : 보험업법이나 그 밖의 법률에 따른 유형자산 · 무형자산의 평가이익 등을 제외한 자산의 평가차익은 익금불산입한다.

2) 이미 과세된 소득 : 각 사업연도 소득으로 이미 과세된 소득(비과세소득 · 면제된 소득도 포함)은 익금에 산입하지 않는다. 이는 이미 과세된 동일한 소득에 대해서 중복하여 과세되는 것을 방지하고, 비과세 및 면제된 소득에 대해 그 절세효과를 유지시키기 위함이다.

3) 자산수증이익과 채무면제이익 중 이월결손금 보전에 충당한 금액 : 본래 자산수증이익과 채무면제이익(출자전환시 채무면제이익 포함)은 익금에 해당한다. 그러나 자산수증이익(국고보조금은 제외)과 채무면제이익 중 이월결손금을 보전하는 데에 충당한 금액은 익금불산입한다. 그 취지는 결손법인의 이해관계인이 악화된 자금사정, 자본보전 등의 목적으로 증여한 점을 고려한 것이다.

여기서 '이월결손금'이란 세무상 결손금(합병 · 분할에 따라 승계받은 결손금은 제외)으로서 그 이후 과세표준을 계산할 때 공제되지 않는 금액을 말한다. 과세표준을 계산할 때 각 사업연도 소득금액에서 공제되는 이월결손금은 소급 10년(15년) 이내 발생분으로 제한하고 있으나, 여기서 보전대상이 되는 결손금은 발생연도를 불문한다. 자산수증이익 · 채무면제이익으로 충당할 때에는 먼저 발생한 사업연도의 결손금부터 순차로 충당하며, 충당된 이월결손금은 소멸한 것으로 본다.

4) 출자전환시 채무면제이익 중 결손금의 보전에 충당할 금액 : 다음 중 어느 하나에 해당하는 법인의 경우 출자전환시 채무면제이익 중 이월결손금의 보전에 충당되지 않은 금액은 해당 사업연도에 익금불산입하고 그 이후의 사업연도의 각 사업연도에 발생한 결손금의 보전에 충당할 수 있다.

① 채무자 회생 및 파산에 관한 법률에 따라 채무를 출자로 전환하는 내용이 포함된 회생계획인가의 결정을 받은 법인

② 기업구조조정 촉진법에 따라 채무를 출자로 전환하는 내용이 포함된 기업개선계획의 이행을 위한 약정을 체결한 부실징후기업

③ 해당 법인에 대한 채권을 보유하고 있는 금융기관과 채무를 출자로 전환하는 내용이 포함된 경영정상화계획의 이행을 위한 협약을 체결한 법인

④ 법률에 따른 사업재편계획승인을 받은 법인

여기서 '채무면제이익'이란 위 법인에 대해 채무를 출자전환하는 경우로서 해당 주식 등의 시가(시가가 액면가액에 미달하는 경우에는 액면가액)를 초과하여 발행된 금액을 말한다.

그리고 위의 규정에 따라 익금불산입한 금액을 그 이후 사업연도에 발생한 결손금의 보전에 충당한 경우 그 충당된 결손금은 각 사업연도의 과세표준계산에 있어서 공제된 것으로 본다.

판례 대표이사가 회사의 건설업면허를 대여하고 수령한 대여료가 회사에 입금되지 않은 경우

대표이사가 회사의 건설업면허를 대여하고 그 명의대여료를 수령한 것이라면, 회사를 대표하는 대표이사가 수령한 해당 금원은 회사에 입금되지 아니하더라도 특별한 사정이 없는 한 회사의 수입금액으로 귀속한다(87누826). ■

Ⅲ. 손금의 계산

1. 손금의 개념

손금은 법인의 순자산을 감소시키는 거래로 인해 발생하는 손비의 금액이다. 여기서 '손비'는 법인세법 및 조세특례제한법에서 달리 정하는 것은 제외하고 법인의 사업과 관련하여 발생하거나 지출된 손실·비용으로서 다음에 해당하는 것으로 한다. 이것을 '손비의 일반원칙'이라 한다.

① 일반적으로 인정되는 통상적인 것. 이는 납세의무자와 같은 종류의 사업을 영위하는 다른 법인도 동일한 상황에서 지출하였을 것으로 인정되는 비용을 의미하고, 이러한 비용에 해당하는지 여부는 지출의 경위와 목적, 형태, 액수, 효과 등을 종합적으로 고려하여 객관적으로 판단해야 하는데, 특별한 사정이 없는 한 사회질서에 위반하여 지출된 비용은 여기에서 제외된다(2007두12422 판결).

② 수익과 직접 관련된 것

2. 손비의 범위

법인세법은 손금을 순자산을 감소시키는 거래로 인해 발생하는 손비로 규정하고, 법인세법 시행령은 구체적으로 손금에 해당하는 손비의 범위를 발생 원인별로 규정하고 있다. 대표적으로 다음의 경우에만 설명하도록 한다.

이것은 손비를 예시적으로 규정한 것에 불과하며 그 밖의 손비도 해당법인의 순자산감소액이면 손비의 범위에 포함된다. 여기서 '손비'란 수익을 획득하기 위해서 소요된 모든 비용과 그 밖의 해당 법인에게 귀속되는 모든 경제적 손실을 말한다.

1) 판매한 상품 또는 제품에 대한 원료의 매입가액과 그 부대비용 : 여기서 '매입가액'에는 기업회계기준에 따른 매입에누리금액 및 매입할인금액은 제외한다. 그리고 부대비용은 매입부대비용과 판매부대비용으로 구분되는데, 매입부대비용은 재고자산의 취득가액을 구

성하며, 판매부대비용은 발생된 때에 비용으로 인식된다. 그리고 매출누락에 대응되는 원가상당액이 부외처리 되었음이 확인되는 경우에는 그 원가상당액을 손금에 산입한다.

판 례 누락수입에 대응된 비용의 입증책임

누락수입에 대해 실지조사를 할 경우 그 누락수입에 대응하여 별도의 지출이 있었다고 볼 증거가 없는 한 그 누락수입에 대응된 비용의 신고가 누락되었다는 점은 그에 관한 자료를 제시하기가 더 유리한 납세자가 이를 주장 · 증명하는 것이 경험칙과 형평에 부합한다(96누8192). ■

판 례 사회질서를 위반하는 지출비용의 손금산입 여부

'손비는 그 법인의 사업과 관련하여 발생하거나 지출된 손실 · 비용으로서 일반적으로 인정되는 통상적인 것이거나 수익과 직접 관련된 것으로 한다.'고 규정하고 있는바, 여기에서 말하는 '일반적으로 인정되는 통상적인 비용'이란 납세의무자와 같은 종류의 사업을 영위하는 다른 법인도 동일한 상황 아래에서는 지출하였을 것으로 인정되는 비용을 의미하고, 그러한 비용에 해당하는지 여부는 지출의 경위와 목적 · 형태 · 액수 · 효과 등을 종합적으로 고려하여 객관적으로 판단해야 할 것인데, 특별한 사정이 없는 한 사회질서에 위반하여 지출된 비용은 여기에서 제외된다고 할 것이다(2007두12422).

의약품 도매상이 약국 등 개설자에게 금전을 제공하는 것이 약사법 등 관계 법령에 따라 금지된 행위가 아니라고 하여 곧바로 사회질서에 위반하여 지출된 비용이 아니라고 단정할 수는 없고, 그것이 사회질서에 위반하여 지출된 비용에 해당하는지 여부는 그러한 지출을 허용하는 경우에 야기되는 부작용, 그리고 국민의 보건과 직결되는 의약품의 공정한 유통과 거래에 미칠 영향, 이에 대한 사회적 비난의 정도, 규제의 필요성과 향후 법령상 금지될 가능성, 상관행과 선량한 풍속 등 제반 사정을 종합적으로 고려하여 사회통념에 따라 합리적으로 판단해야 한다.

의약품 도매상이 약국 등 개설자에게 의약품 판매 촉진의 목적으로 경제적 이익을 제공하는 행위는 소비자에게 불필요한 의약품의 판매로 이어져 의약품의 오 · 남용을 초래할 가능성이 적지 않고, 궁극적으로는 국민 건강에 악영향을 미칠 우려도 있다. 나아가 이러한 경제적 이익제공행위는 의약품 유통체계와 판매질서를 해치고 의약품의 가격 상승으로 연결될 뿐만 아니라 결국 건강보험 재정의 악화를 가져와 그 부담은 현실적으로 의약품에 대해 제한된 선택권밖에 없는 국민에게 전가된다. 따라서 의약품 도매상이 약국 등 개설자에게 의약품 판매촉진의 목적으로 이른바 '리베이트'라고 불리는 금전을 지급하는 것은 약사법 등 관계 법령이 이를 명시적으로 금지하고 있지 않더라도 사회질서에 위반하여 지출된 것에 해당하여 그 비용은 손금에 산입할 수 없다고 보아야 할 것이다(2012두7608). ■

판 례 외국은행이 다른 금융회사 퇴직자에게 용역수수료를 제공한 경우 그 손비 요건의 입증책임

손비는 법인세법 및 다른 법률에서 달리 정하고 있는 것을 제외하고는 그 법인의 사업과 관련하여 발생하거나 지출된 손실 · 비용으로서 일반적으로 인정되는 통상적인 것이거나 수익과 직접 관련된 것으로 한다. '일반적으로 용인되는 통상적인 비용'이란 납세의무자와 같은 종류의 사업을 영위하는 다른 법인도 동일한 상황 아래에서는 지출하였을 것으로 인정되는 비용을 뜻하고, 그러한 비용에 해당하는지 여부는 지출의 경위와 목적, 형태, 액수, 효과 등을 종합적으로 고려해서 객관적으로 판단해야 한다.

원고는 은행업 등을 영위하는 외국은행으로 국내 금융시장의 동향을 파악하고 국내 금융시장에서 효율적으로 사업을 수행하기 위해서는 해당 분야 전문가로부터 도움을 받을 필요가 있었다. 원고는 국내 금융정책 등에 관여하였던 ○○은행 퇴직자로부터 컨설팅 용역을 제공받기로 하는 내용의 이 사건 컨설팅계

약을 체결하였고, ○○은행 퇴직자는 컨설팅계약에 따른 업무를 수행하였다. 원고는 이 사건 컨설팅계약에 따라 ○○은행 퇴직자에게 월 13,200,000원의 용역비(이하 '이 사건 용역비')를 지급하였는데, 이는 특수관계에 있지 않은 원고와 ○○은행 퇴직자가 자유로운 협상을 거쳐 결정한 것인 점 등에 비추어 보면, 이 사건 용역비가 통상적인 정도를 넘는 과도한 금액이라고 단정하기 어렵다.

과세처분의 적법성과 과세요건사실의 존재에 대한 증명책임은 과세관청에 있으므로 과세표준의 기초가 되는 각 사업연도의 익금과 손금에 대한 증명책임도 원칙적으로 과세관청에 있다. 따라서 납세의무자가 손금으로 신고한 금액이 손비의 요건을 갖추지 못하였다는 사정도 원칙적으로 과세관청이 증명해야 한다. 그러나 과세관청은 이 사건 용역비가 손비의 요건을 갖추지 못하였다고 객관적으로 입증하지도 않고 손비의 요건을 갖추지 못하였다고 판단하여 이를 손금에서 부인한 것은 부당하다(2017두68813). ■

2) 인건비. 여기에는 다음의 금액을 포함한다.

① 다음의 요건을 모두 갖춘 인건비

㉠ 해당 내국법인이 발행주식총수(또는 출자지분)의 100%를 직접(또는 간접) 출자한 해외현지법인에 파견된 임원 또는 직원의 인건비로서 소득세법에 따라 근로소득세가 원천징수된 인건비일 것

㉡ 해당 내국법인이 지급한 인건비가 해당 내국법인 및 해외출자법인이 지급한 인건비 합계의 50% 미만일 것

② 임원 또는 직원의 출산·양육 지원을 위해 임원 또는 직원에게 공통적으로 적용되는 지급기준에 따라 지급하는 금액

③ 법인이 생산·공급하는 재화·용역을 법인(계열회사 포함)의 사업장에 종사하는 임원 또는 직원에게 시가보다 낮은 가격으로 제공하거나 구입할 수 있도록 지원함으로써 해당 임원 또는 직원이 얻는 이익*

* 이러한 손비에 대응하여 내국법인이 생산·공급하는 재화·용역을 해당 내국법인의 임원 또는 직원에게 시가보다 낮은 가액으로 판매·제공하는 경우에는 시가와 판매·제공가액과의 차액은 사업수입금액에 포함한다.

3) 대손금 : '대손금'이란 소멸시효의 완성, 채무자의 파산 등의 사유로 인해 회수할 수 없는 채권을 말한다. 법인세법은 대손금의 요건을 법정화하고 그 요건을 충족한 경우에 한정하여 신고조정·결산조정에 따라 손금에 산입하도록 규정하고 있다. 여기서 '대손금'은 회수할 수 없는 부가가치세 매출세액미수금(부가가치세법에 따라 대손세액공제를 받지 않은 것에 한정)을 포함한다.

4) 기증한 잉여 식품 등의 장부가액 : 식품 및 생활용품(이하 '식품 등')의 제조업·도매업·소매업을 영위하는 내국법인이 해당 사업에서 발생한 잉여 식품 등을 관련 법률에 따라 제공자 또는 제공자가 지정하는 자(이른바 '푸드뱅크 : Food Bank')에게 무상으로 기증하는 경우 기증한 잉여식품 등의 장부가액(이 경우 그 금액은 기부금에 포함하지 않는다. 따라서 전액

손금산입된다).

5) 우리사주조합에 출연하는 자사주의 장부가액 및 금품 : 내국법인이 근로자복지기본법에 따라 우리사주조합에 출연하는 자사주의 장부가액 · 금품은 손금에 산입한다.

3. 손금불산입항목

'손금불산입'이란 순자산을 감소시키는 거래로 인하여 발생하는 거래라도 손금에 산입하지 않는 항목을 말한다. 이러한 손금불산입항목에 대해서는 대표적으로 다음의 경우에만 설명하도록 한다.

(1) 자본거래 등으로 인한 손비의 손금불산입

이러한 자본거래 등으로 인한 금액은 잉여금의 처분사항이다. 따라서 이를 손비로 계상한 금액을 손금불산입항목으로 규정한 것은 주의적인 것에 불과하다.

① 잉여금의 처분을 손비로 계상한 금액

② 주식할인발행차금 : 주식을 액면가액에 미달하는 가액으로 발행하는 경우에 그 미달하는 금액과 신주발행비의 합계액을 말한다. 주식할인발행차금은 자본거래에서 발생한 것으로서 나중에 이익처분에 따라 상각되므로 손금에 산입될 수 없다.

(2) 징벌적 목적의 손해배상금

법인이 지급한 손해배상금 중 실제 발생한 손해를 초과하여 지급하는 금액은 손금에 산입하지 않는다(법인법 21의2). 따라서 지급한 손해배상금 중 실제 발생한 손해액 초과분은 벌과금(罰科金)과 같이 징벌적 성격이 있으므로 손금에 산입하지 않는다.

법인이 지급한 손해배상금 중	실제 발생한 손해액 : 손금항목 실제 발생한 손해액 초과분 : 손금불산입 대상 손해배상금

구체적으로 '손금불산입 대상 손해배상금(즉 징벌적 손해배상금)'이란 다음 중 어느 하나에 해당하는 금액을 말한다.

①「법인세법 시행령」[별표 1]의 손금불산입 대상 손해배상금에 관한 법률의 규정에 따라 지급한 손해배상액 중 실제 발생한 손해액을 초과하는 금액

② 외국의 법령에 따라 지급한 손해배상액 중 실제 발생한 손해액을 초과하여 손해배상금을 지급하는 경우 실제 발생한 손해액을 초과하는 금액

한편 실제 발생한 손해액이 분명하지 않은 경우에는 다음의 금액을 손금불산입 대상 손해배상금으로 한다.

손금불산입 대상 손해배상금

$$= [\text{별표 } 1]\text{의 법률 또는 외국 법령에 따라 지급한 손해배상액} \times \frac{\text{상한 배수}^{*} - 1\text{배}}{\text{상한 배수}^{*}}$$

* 상한 배수 : [별표 1]의 법률 또는 외국 법령에서 정한 손해배상액의 상한이 되는 배수

법인이 지급한 손해배상금 중
- 손금불산입 대상 손해배상금 ➡ 손금불산입항목
- 실제 발생한 손해액 ➡ 손금항목

(3) 자산의 평가손실의 손금불산입

법인이 보유하는 자산의 평가손실은 손금에 산입하지 않는다. 다만, 일정한 자산의 평가차손과 특수한 경우에 인정되는 자산의 평가손실은 손금에 산입된다.

(4) 업무와 관련없는 비용의 손금불산입

법인이 지출한 비용 중 다음의 금액은 손금에 산입하지 않는다.

① 업무와 직접 관련이 없다고 인정되는 자산을 취득 · 관리함으로써 생기는 비용

② ① 외에 법인의 업무와 직접 관련이 없다고 인정되는 지출금액

제 3 장
주요 익금 및 손금불산입

제1절 의제배당

I-2 p.101

Ⅰ. 서설

본래 '배당'이란 법인이 영업활동을 통해 가득한 이익을 주주들에게 분배하는 것을 말한다. 그런데 세법에서는 상법에 따른 이익배당에 해당하지 않는 경우에도 배당으로 의제하여 주주가 법인인 경우에는 익금에 산입하여 법인세를, 개인인 경우에는 배당소득으로 소득세를 과세하는데, 이를 법인세법은 '배당금의 의제', 소득세법은 '의제배당'이라고 한다.

Ⅱ. 의제배당의 유형

1. 투자의 반환으로 인한 의제배당

(1) 유형

다음에 해당하는 금액은 주주가 법인으로부터 이익을 배당받았거나 잉여금을 분배받은 것으로 본다.

1) 주식의 소각 등으로 인한 의제배당 : 주식의 소각, 자본금의 감소로 인해 주주가 취득하는 재산가액이 해당 주식을 취득하기 위해 사용한 금액을 초과하는 금액

$$\text{의제배당금액} = \left(\begin{array}{c}\text{주식의 소각 등으로 주주가}\\ \text{취득하는 재산가액}\end{array}\right) - \left(\begin{array}{c}\text{해당 소각된 주식 등을}\\ \text{취득하는 데 사용한 금액}\end{array}\right)$$

2) 해산으로 인한 의제배당 : 해산한 법인의 주주 등이 잔여재산의 분배로서 취득하는 재산가액이 해당 주식 등을 취득하기 위해 사용한 금액을 초과하는 금액

$$\text{의제배당금액} = \begin{pmatrix}\text{해산법인의 주주가 잔여재산의} \\ \text{분배로 취득하는 재산가액}\end{pmatrix} - \begin{pmatrix}\text{해산법인의 주식을} \\ \text{취득하는 데 사용한 금액}\end{pmatrix}$$

3) 합병으로 인한 의제배당 : 피합병법인의 주주가 합병법인 등으로부터 합병으로 인해 취득하는 주식가액과 금전이나 그 밖의 재산가액의 합계액(합병대가)이 그 피합병법인의 주식을 취득하기 위해 사용한 금액을 초과하는 금액

$$\text{의제배당금액} = \begin{pmatrix}\text{피합병법인의 주주가} \\ \text{취득하는 합병대가}\end{pmatrix} - \begin{pmatrix}\text{피합병법인의 주식을} \\ \text{취득하는 데 사용한 금액}\end{pmatrix}$$

4) 분할로 인한 의제배당 : 분할법인(또는 소멸한 분할합병의 상대방법인)의 주주가 분할신설법인(또는 분할합병의 상대방법인)으로부터 분할로 인해 취득하는 주식의 가액과 금전이나 그 밖의 재산가액의 합계액(분할대가)이 그 분할법인(또는 소멸한 분할합병의 상대방법인)의 주식(존속분할의 경우는 소각에 따라 감소된 주식에 한함)을 취득하기 위해 사용한 금액을 초과하는 금액

$$\text{의제배당금액} = \begin{pmatrix}\text{분할법인 등의 주주가} \\ \text{취득하는 분할대가}\end{pmatrix} - \begin{pmatrix}\text{분할법인의 주식(존속분할의 경우} \\ \text{소각된 주식)을 취득하는 데 사용한 금액}\end{pmatrix}$$

이들은 모두 해산 · 합병 · 분할이란 사건을 통해 주주가 투자의 환급으로 취득하는 재산가액이 해당 주식의 취득가액을 초과하는 경우 그 초과금액은 주식발행법인의 사내유보된 이익을 분배하는 것과 경제적 실질이 동일하다. 따라서 세법에서의 형식은 상법에 따른 이익처분에 의한 배당은 아니더라도 실질은 이익배당과 같은 성격이므로 배당으로 의제하는 것이다.

(2) 의제배당금액의 계산

1) 주주가 받은 재산가액의 평가 : 의제배당금액을 계산할 때에는 주주가 취득한 재산 중 금전 외의 재산가액은 다음과 같이 평가한다.

① 취득한 재산이 주식인 경우

㉠ 주식소각 등으로 취득 : 취득 당시의 시가. 다만, 불균등감자로 인해 주주인 법인이 특수관계인인 다른 주주에게 이익을 분여한 경우 부당행위계산의 부인규정에 따라 특수관계인으로부터 분여받은 이익이 있는 경우에는 그 금액을 차감한 금액으로 한다.

㉡ 해산으로 인한 취득 : 취득 당시의 시가

㉢ 합병 · 분할로 인한 취득 : 취득 당시의 시가. 다만, 불공정합병(분할합병 포함)으로 인해 주주인 법인이 특수관계인인 다른 주주에게 이익을 분여한 경우 부당행위계산의 부인규정에 따라 특수관계인으로부터 분여받은 이익이 있는 경우에는 그 금액을 차감한 금액으로 한다. 한편 과세이연요건을 갖춘 합병 · 분할의 경우에는 종전의

장부가액으로 평가한다. 다만, 합병대가 · 분할대가 중 일부를 금전이나 그 밖의 재산으로 받은 경우에는 MIN (시가, 종전의 장부가액)으로 평가한다. 여기서 '과세이연요건'은 후술하는 합병 · 분할 특례에서 설명하도록 한다.

② 취득한 재산이 주식 외의 것인 경우 : 취득 당시의 시가

[도 표] 재산평가

금전 외의 취득재산	의제배당의 유형	받은 재산의 평가액
주 식	자본금 감소 등 · 해산	취득 당시의 시가 * 불균등감자로 인한 익금산입액 차감
	합병 · 분할 * 투자회사 등이 취득하는 주식은 '0'	과세이연요건 불충족 : 취득 당시의 시가 * 불공정합병으로 인한 익금산입액은 차감
		과세이연요건 충족 : 종전의 장부가액 * 합병 · 분할교부금을 받은 경우 MIN (시가, 종전의 장부가액)
주식 외의 재산	자본감소 등 · 해산 · 합병 · 분할	취득 당시의 시가

판 례 감자대가로 부동산을 지급하는 경우 소득금액과 의제배당금액의 계산

보유 중인 부동산을 감자대가로 지급하는 경우에는 그 부동산이 시가로서 유상으로 양도된 것으로 보아 그 양도금액과 장부가액을 각각 해당 법인의 익금 · 손금에 산입하는 것이며, 감자대가로 같은 부동산을 지급받는 주주(법인)의 경우에는 해당 부동산의 시가가 감자된 주식의 취득가액을 초과하는 금액에 대해 의제배당에 관한 규정을 적용한다. ■

2) 주식의 취득에 사용한 금액 : 취득에 사용한 금액은 실제로 지출된 금액으로 한다. 이를 산식으로 표현하면 다음과 같다.

$$\text{취득에 소요된 금액} = \text{소멸된 주식수} \times \text{1주당 장부가액}$$

$$\text{1주당 장부가액(평균액)} = \frac{\text{장부가액의 합계액}}{\text{보유주식의 총수}}$$

한편 주식소각 등으로 인한 의제배당금액을 계산할 때에는 주식소각 전 2년 이내에 의제배당에 해당하지 않는 무상주의 취득이 있었던 경우에는 그 의제배당에 해당하지 않는 무상주가 먼저 소각된 것으로 보며, 그 주식의 당초 취득가액은 '0'으로 한다.

(3) 의제배당의 귀속시기

다음에 해당하는 날에 의제배당을 받은 것으로 한다.

① 주식소각 등으로 인한 의제배당 : 주주총회 · 이사회에서 주식소각, 자본금 감소를 결의한

날(또는 사원이 퇴사·탈퇴한 날)

② 해산으로 인한 의제배당 : 해당 법인의 잔여재산가액이 확정된 날

③ 합병으로 인한 의제배당 : 해당 법인의 합병등기일

④ 분할로 인한 의제배당 : 해당 법인의 분할등기일

2. 잉여금의 자본금 전입으로 인한 의제배당

(1) 의제배당의 범위

법인세법·소득세법은 법인이 잉여금의 전부·일부를 자본금에 전입함으로써 주주가 취득하는 주식의 가액은 배당받은 금액으로 본다. 다만, 다음의 익금불산입항목에 해당하는 자본잉여금을 자본금에 전입함으로써 주주가 취득하는 주식가액은 배당으로 보지 않는다. 이는 주주가 이익을 분여받은 것이 아닌 납입한 자본을 반환받는 것에 불과하기 때문이다.

① 주식발행초과금(출자전환시 채무면제이익은 제외)

② 주식의 포괄적 교환차익·이전차익

③ 감자차익. 다만, 자기주식소각이익을 자본금 전입하는 경우에는 다음의 요건을 모두 갖춘 경우에 한정한다.

㉠ 자기주식의 소각 당시 시가가 취득가액을 초과하지 않을 것

㉡ 자기주식의 소각일부터 2년이 경과한 후에 자본금 전입할 것

④ 재평가적립금(익금에 산입된 토지분 재평가차익은 제외)

따라서 주식발행법인의 과세된 잉여금을 자본금에 전입함으로써 주주가 취득하는 주식가액은 배당받은 것으로 본다. 다만, 다음의 주식가액은 과세되지 않은 잉여금의 자본금 전입임에도 불구하고 배당받은 것으로 본다.

① 다음의 자기주식소각이익을 자본금 전입함으로써 주주가 취득하는 주식의 가액

㉠ 자기주식의 소각 당시 시가가 취득가액을 초과하는 경우의 자기주식소각이익

㉡ 자기주식의 소각일부터 2년 이내에 자본금 전입하는 자기주식소각이익

② 법인이 자기주식을 보유한 상태에서 과세되지 않은 잉여금을 자본금에 전입함에 따라 그 법인 외의 주주의 지분비율이 증가한 경우 그 증가한 지분비율에 상당하는 주식가액

참고 제도의 취지

1. 자기주식소각이익의 자본금 전입 : 자기주식을 처분하는 경우 발생하는 자기주식처분이익은 익금이며, 이를 자본금 전입하는 경우 주주가 받은 주식가액은 자본금 전입의 시기에 관계없이 의제배당에 해당한다. 이처럼 의제배당으로 주주에게 법인세(개인주주는 소득세)가 과세되는 것을 회피하기 위해 자기주식을 처분하는 대신에 소각하고, 이때 발생하는 자기주식소각이익을 자본금에 전입하여 주주에게 무상주를 교부하는 사례가 있었다(종전에는 소각일부터 2년이 경과한 후에 자본금 전입하는 경우에만 의제배당으로 보지 않았다). 그리하여 소각 당시의 시가가 취득가액을 초과하는 경우에 발생하는 자기주식소각이익에 대

해서는 자본금 전입의 시기를 묻지 않고 무조건 의제배당으로 보도록 개정하였다.

2. 자기주식 보유상태에서 해당 법인 외 주주의 지분증가분 : 법인이 보유한 자기주식에 대한 신주를 무상교부하지 못하여 다른 주주들이 자기주식 지분에 대하여 무상으로 교부될 신주에 해당하는 만큼의 주식을 초과 배정받는 때에는 결국 그 법인이 다른 주주에게 무상으로 교부한 주식 상당액을 신규로 배당한 것과 마찬가지의 결과가 되므로 그 초과로 무상교부된 주식의 가액을 의제배당으로 보고 과세하기 위한 것이라고 할 것이다(2005두8924). 이때 익금불산입항목인 자본잉여금의 자본금 전입시 발행될 무상주 중 자기주식 배정분을 해당 법인 외의 주주에게 배정하는 경우는 물론이고, 배정하지 않는 경우에도 다른 주주들의 지분율이 증가하게 되는데, 그 증가한 지분율에 상당하는 주식가액은 이익배당과 동일하게 취급하기 위해 배당으로 의제하는 것이다. ■

[도 표] 잉여금의 자본금 전입으로 인한 의제배당 여부 : 세법의 입장

<table>
<tr><th colspan="4">자본금 전입의 재원</th><th>의제배당</th></tr>
<tr><td rowspan="10">(1) 자본잉여금</td><td rowspan="2">① 주식발행초과금</td><td colspan="2">일반적인 주식발행초과금</td><td>×</td></tr>
<tr><td colspan="2">채무의 출자전환시 채무면제이익</td><td>○</td></tr>
<tr><td colspan="3">② 주식의 포괄적 교환차익</td><td>×</td></tr>
<tr><td colspan="3">③ 주식의 포괄적 이전차익</td><td>×</td></tr>
<tr><td rowspan="3">④ 감자차익</td><td colspan="2">일반적인 감자차익</td><td>×</td></tr>
<tr><td rowspan="2">자기주식소각이익</td><td>원칙</td><td>×</td></tr>
<tr><td>예외</td><td>○</td></tr>
<tr><td rowspan="2">⑤ 재평가적립금</td><td colspan="2">일반적인 재평가적립금*
* 재평가세 3% 적용분을 말한다.</td><td>×</td></tr>
<tr><td colspan="2">익금에 산입된 토지의 재평가차액 상당액*
* 재평가세 1% 적용분을 말한다.</td><td>○</td></tr>
<tr><td colspan="3">⑥ 기타자본잉여금(자기주식처분이익 등)</td><td>○</td></tr>
<tr><td rowspan="3">(2) 이익잉여금</td><td colspan="3">① 법정적립금</td><td>○</td></tr>
<tr><td colspan="3">② 임의적립금</td><td>○</td></tr>
<tr><td colspan="3">③ 미처분이익잉여금</td><td>○</td></tr>
<tr><td colspan="4">(3) 상환주식의 주식발행초과금액(발행가액 – 액면가액) 중 이익잉여금으로 상환된 금액</td><td>○</td></tr>
</table>

참 고 상환주식의 주식발행초과금액 중 이익잉여금으로 상환된 금액의 자본금 전입으로 인한 의제배당 취지

상법상 회사는 정관으로 정하는 바에 따라 회사의 이익으로써 소각할 수 있는 종류주식(즉 상환주식)을 발행할 수 있다. 이 경우 회사는 정관에 상환가액, 상환기간, 상환의 방법과 상환할 주식의 수를 정해야 한다. 이러한 상환주식은 주식의 발행 당시부터 배당가능이익(이익잉여금)으로 상환하여 소멸시키기로 예정되어 있는 주식인데, 상환주식의 발행과 상환, 자본금 전입시 분개와 세무처리 사례를 들면 다음과 같다.

<table>
<tr><th>일자</th><th>A회사(주식발행법인)</th><th>주주</th></tr>
<tr><td>① ×1.1.1.(상환주식 발행)</td><td>(차) 현 금 1,000
(대) 자본금 600
주식발행초과금 400</td><td>甲(상환주식 소유자)
(차) A상환주식 1,000
(대) 현 금 1,000</td></tr>
<tr><td>② ×3.12.31.
* 누적된 배당가능이익 계산</td><td>배당가능 이익잉여금 4,000</td><td>–</td></tr>
<tr><td>③ ×4.3.4.(상환주식 상환)
* 상환가액 1,500으로 상환주식 전부를 상환함</td><td>(차) 이익잉여금 1,500
(대) 현 금 1,500</td><td>甲(상환주식 소유자)
(차) 현 금 1,500
(대) 상환주식 1,000
의제배당 500*
* 500은 주식 소각으로 인한 의제배당에 해당한다.</td></tr>
<tr><td>④ ×5.2.4.(자본금 전입)
* ×1.1.1. 상환주식 발행시 주발초 400을 자본금에 전입하고 무상주를 발행함</td><td>(차) 주식발행초과금 400*
(= 사실상 이익잉여금)
(대) 자본금 400
* 주식발행초과금 400은 이익잉여금(1,500)에서 옮겨 온 직후 자본금으로 전입된 것과 사실상 같다. 위의 ①과 ③의 분개 중 400 부분을 합쳐보면 아래와 같기 때문이다.
(차) 이익잉여금 400
(대) 주식발행초과금 400</td><td>乙(지분비율 100%인 법인주주)
(차) A주식 400
(대) 의제배당 400*
* 형식상 주식발행초과금의 자본금 전입이지만 사실상 이익잉여금의 자본금 전입과 같아 400은 의제배당으로 본다.</td></tr>
</table>

(2) 의제배당금액의 계산

이 경우 의제배당에 해당하는 주식의 평가는 액면가액으로 한다. 무액면주식의 가액은 자본금에 전입한 잉여금을 신규로 발행한 주식수로 나누어 계산한다. 한편 주식배당의 경우에는 발행금액(권면액)으로 평가한다.

(3) 의제배당의 귀속시기

잉여금의 자본금 전입으로 인한 의제배당의 귀속시기는 주주총회 · 이사회에서 자본금 전입을 결의한 날로 한다.

<table>
<tr><th colspan="2">교부받은 무상주식의 유형</th><th>의제배당금액</th><th>과세시기</th></tr>
<tr><td rowspan="2">의제배당 ○</td><td>일반적인 경우</td><td>액면가액
* 무액면주식의 경우 = $\frac{\text{자본금에 전입한 잉여금}}{\text{신규로 발행한 주식수}}$</td><td rowspan="2">자본금 전입을 결의한 날</td></tr>
<tr><td>주식배당</td><td>발행금액(권면액)</td></tr>
<tr><td colspan="2">의제배당 ×</td><td>0원</td><td>주식을 처분하는 때</td></tr>
</table>

(4) 무상주식 의제배당에 대한 과세논거

무상주식의 교부는 주식의 분할에 불과하기 때문에 자본의 변동이나 주주의 부에 영향을 미치지 않는다. 즉 무상주식의 교부는 법인의 입장에서 보면 잉여금의 자본금 전입이며, 자기자본 구성항목간 계정대체에 불과하므로 자기자본총액에는 영향을 미치지 않는다. 또한 주주의 입장에서는 보유주식수만 늘어날 뿐 기업의 가치가 증가한 것은 아니므로 재산가치에는 변화가 없다. 이런 관점에서 이해하면 배당으로 볼 수는 없지만, 다음과 같은 논거(이창희 교수님 세법강의, 박영사 참조)로 세법에서는 배당으로 보고 과세한다.

① 무상주식을 교부하는 법인에게는 금전배당과 같이 배당가능 잉여금의 감소를 초래하므로 주주에게 지급되는 금전배당과 같다.

② 법인이 배당가능이익의 범위 내에서 금전배당을 실시하는 즉시 주주로부터 해당 금전을 주금으로 받아 유상증자를 실시하는 이원거래(서로 다른 두 가지의 거래)로 본다면 무상주식이 이익배당으로서의 성격을 가진다고 볼 수 있다.

③ 무상주식이 주주의 부를 증가시키지 않는다고 과세할 수 없다면 금전배당도 주주의 부를 증가시키는 것은 아니므로 과세하지 말아야 한다(금전배당을 계기로 주식의 가치 가운데 일부가 현금으로 바뀌는 것에 불과하다). 그러나 현행 세법에 따른 배당이라는 사실을 계기로 금전배당에 대해 과세하고 있기 때문에 같은 이유로 주식배당이나 무상주식에 대해 과세하는 것이 타당하다. 또한 무상주식 교부로 인하여 주주가 받은 주식의 증가분을 시장에 매각할 경우 현금의 수입이 생기며 이는 금전배당과 동일한 효과를 가진다.

Ⅲ. 의제배당에 대한 과세방법

1. 개인주주인 경우

(1) 원천징수

의제배당소득을 지급하는 법인은 의제배당의 귀속시기에 지급된 것으로 의제하여 그 의제배당소득(귀속법인세는 제외)의 14% 소득세를 원천징수하여 다음 달 10일까지 정부에 납부해야 한다.

(2) 종합과세와 분리과세

이러한 의제배당소득은 거주자별로 다른 이자·배당소득과 합산하여 그 금액이 종합과세 기준금액(2천만원) 이하인 경우에는 분리과세하고, 종합과세기준금액을 초과하는 경우에는 종합과세한다. 다만, 원천징수되지 않는 것은 무조건 종합과세한다.

이처럼 종합과세하는 경우에 이중과세조정대상이 되는 의제배당소득에 대해서는 그 배당소득 총수입금액의 10%에 해당하는 귀속법인세를 더하여 배당소득금액을 계산하고, 종합소득산출세액에서 배당세액공제한다.

2. 법인주주인 경우

의제배당금액은 법인의 각 사업연도소득에 포함하여 법인세를 과세한다. 이 경우 내국법인이 다른 내국법인으로부터 받은 의제배당금액에 대해서는 수입배당금과세제외법에 따라 이중과세를 조정한다. 한편 법인주주에게 귀속된 경우에는 원천징수를 하지 않는다.

[보 론] 자본준비금을 감액하여 받는 배당금액

상법 제461조의2 [준비금의 감소]에서 '회사는 적립된 자본준비금 및 이익준비금의 총액이 자본금의 1.5배를 초과하는 경우에 주주총회의 결의에 따라 그 초과한 금액 범위에서 자본준비금과 이익준비금을 감액할 수 있다.'고 규정하고 있다. 이에 따라 자본준비금을 감액하여 받은 배당금액(내국법인이 보유한 주식의 장부가액을 한도로 한다)은 익금(배당소득)으로 보지 않는다. 자본준비금을 재원으로 받은 배당금액은 주주가 납입한 자본을 반환받는 것이므로 익금(배당소득)으로 보지 않는 것이다. 자본준비금 중 주식발행초과금을 감액하여 받은 배당금액의 경우를 사례로 들면 다음과 같다.

일자	A회사(주식발행법인)	甲주주(지분비율100%인 법인주주)
×1.1.1.(설립)	(차) 현금 1,000 (대) { 자본금 600 주식발행초과금 400	(차) A주식 1,000 (대) 현금 1,000
×3.12.31. * 자본금 등 상태	자본금 600 주식발행초과금 400 이익준비금 700 * '(400 + 700) > 600×1.5배'이므로 감액배당 요건을 충족함 * 초과한 금액 범위 : (400 + 700) − 600×1.5배 = 200	−
×4.3.4. * 감액배당 결의 즉시 배당	(차) 주식발행초과금 200 (대) 이익잉여금 200 (차) 이익잉여금 200 (대) 현금 200	(차) 현금 200 (대) A주식 200(*주) * 설립시 납입한 자본을 반환받는 것이므로 익금(배당)으로 보지 않고 위와 같이 A주식가액을 감액해야 한다. * 만약 위와 같이 회계처리하지 않고 다음과 같이 수익으로 계상한 경우에는 익금불산입(△유보)으로 세무조정한다. (차) 현금 200 (대) 수익 200

<table>
<tr><td>A주식의
세무상
장부가액 등</td><td>(*주) 위와 같이 세무처리하기 때문에 주식발행초과금을 감액하여 배당받은 경우 A주식의 세무상 장부가액은 800이 된다.

A주식의 세무상 장부가액 : 1,000(종전 장부가액) − 200(감액배당) = 800

만약 甲주주가 설립시 취득한 A주식의 장부가액 1,000 중 860을 ×4.3.4. 전에 처분하여 A주식의 장부가액이 140인 상태에서 ×4.3.4.에 위 배당금 200을 받은 경우에 (200 − 140) = 60은 甲주주의 순자산을 증가시키는 수익이므로 익금에 산입한다(따라서 甲주주가 보유한 주식의 장부가액 140을 한도로 감액배당을 익금으로 보지 않는다).

(차) 현금 200 (대) A주식 140
수익 60(익금)</td></tr>
</table>

다만, ① 자본금 전입시 의제배당에 해당하는 자본준비금(즉 법인세가 과세된 잉여금)과 ② 3% 재평가세율이 적용된 재평가적립금을 감액하여 받은 배당금액은 익금으로 본다(법인법 18 (8) 단서). 위 사례에서 감액배당의 재원이 주식발행초과금(200) 대신에 ① 법인세가 과세된 잉여금인 자기주식처분이익(160)과 ② 3% 재평가세율이 적용된 재평가적립금(40)인 경우 해당 금액(160 + 40)을 감액하여 받은 배당금액은 익금으로 본다.

일자	A회사(주식발행법인)	甲주주(지분비율 100%인 법인주주)
×4.3.4. * 감액배당 결의 즉시 배당	(차) 자기주식처분이익 160 재평가적립금(3%) 40 (대) 이익잉여금 200 (차) 이익잉여금 200 (대) 현금 200	(차) 현금 200 (대) 수익 160(익금) 40(익금)

따라서 법인세가 과세된 잉여금을 감액하여 받은 배당금액은 법인세가 과세된 잉여금의 자본금 전입으로 받은 무상주 의제배당과 동일하게 배당소득(익금)으로 취급한다. 다만, 3% 재평가세율이 적용된 재평가적립금은 발생 당시 법인세가 과세되지 않은 잉여금(익금불산입항목)이므로 해당 금액의 자본금 전입으로 받은 무상주는 배당으로 의제하지 않지만, 3% 재평가세율이 적용된 재평가적립금을 감액하여 받은 배당금액은 익금으로 본다. 자산재평가법에 따르면 '재평가적립금은 ① 자본금에의 전입과 ② 이월결손금의 보전을 제외하고는 이를 처분하지 못한다'고 규정하고 있는데, 상법에 따라 자본준비금인 재평가적립금을 감액하여 배당하면 자산재평가법 규정을 위반하는 문제가 발생한다. 이처럼 3% 재평가세율이 적용된 재평가적립금이 ①·②가 아닌 감액배당의 재원이 되는 경우 법인세법은 자산 평가차익으로 간주하고 그 재평가적립금을 감액하여 받은 배당금액은 특별히 익금으로 보는 것이다.

상법에 따라 잉여금을 감액하여 받은 배당금액이 익금에 해당하는지 여부를 판단하면 다음과 같다.

구분		감액배당(익금)	무상주 의제배당
1. 자본잉여금의 감액배당	(1) 다음의 법인세가 과세되지 않은 잉여금의 감액배당		
	① 주식발행초과금	×	×
	② 감자차익	×	×
	③ 주식의 포괄적 교환차익 · 이전차익	×	×
	④ 3% 재평가세율이 적용된 재평가적립금(*주)	○	×
	⑤ 기타 과세되지 않은 자본잉여금	×	×
	(2) 다음의 법인세가 과세된 잉여금의 감액배당		
	① 주식발행초과금 중 출자전환시 채무면제이익	○	○
	② 상환주식의 주식발행초과금 중 이익잉여금으로 상환된 금액	○	○
	③ 1% 재평가세율이 적용된 토지 재평가적립금	○	○
	④ 기타 과세된 자본잉여금(자기주식처분이익 등)	○	○
2. 이익준비금의 감액배당		○	○

(*주) 여기에는 ① 적격합병에 따른 합병차익 중 피합병법인의 3% 재평가세율 적용 재평가적립금에 상당하는 금액과 ② 적격분할에 따른 분할차익 중 분할법인의 3% 재평가세율 적용 재평가적립금에 상당하는 금액을 포함한다.

참고 자산재평가법에 따른 재평가차액의 취급

2000년 이전에 자산재평가법에 따른 재평가차액에 대해서는 재평가세가 부과되었는데, 그 당시 재평가세의 세율과 법인세법에 따른 취급을 소개하면 다음과 같다. 이러한 재평가차액은 자본잉여금 중에 재평가적립금으로 회계처리하였으며, 그 이후에도 남아 있는 금액이 자본금에 전입(도표 아래 ②-1 회계처리)되거나 감액배당(도표 아래 ②-2 회계처리)이 될 수 있다.

구분		법인세법에 따른 취급(주식발행법인 입장)
(1) 감가상각자산의 재평가차액(재평가세 3%)		익금불산입항목
(2) 토지의 재평가차액	① 재평가세 3% 적용분	
	② 재평가세 1% 적용분	익금항목

① 재평가시(2000년 이전)

(차)	감가상각자산	×××	(대)	재평가적립금	×××
	토 지	×××		(자본잉여금)	

②-1 자본금 전입시(2001년~2025년)

(차)	재평가적립금* (자본잉여금)	×××	(대)	자본금	×××

* 재평가적립금의 일부를 자본금에 전입하는 경우에는 익금에 산입된 토지의 재평가차액 상당액과 그 밖의 금액의 비율에 따라 각각 전입한 것으로 한다(법인령 12 ④).

이월결손금 보전시(2001년~2025년)

(차)	재평가적립금 (자본잉여금)	×××	(대)	이월결손금	×××

②-2 감액배당시(2012.4.15.~2025년)

(차)	재평가적립금 (자본잉여금)	×××	(대)	이익잉여금	×××
(차)	이익잉여금	×××	(대)	미지급배당금	×××

제2절 인건비의 손금산입 및 손금불산입

I-2 p.118

Ⅰ. 개요

'인건비'란 해당 법인과 고용계약에 따라 노무를 제공한 대가로 임원 · 직원에게 지급하는 금품을 말한다. 이러한 인건비의 지출은 순자산을 감소시키는 거래로 발생하는 비용이다. 따라서 이익처분에 따라 지급되는 것을 제외하고는 원칙적으로 손금으로 인정된다.

한편 과다하거나 부당하다고 인정되는 보수 및 임원에게 지급되는 상여금 · 퇴직급여로서 일정액을 초과하는 금액은 손금에 산입하지 않는다.

Ⅱ. 인건비에 대한 세무처리

1. 일반적인 급여 등

급여 · 임금 · 상여 등 정기적인 급여는 원칙적으로 지급받는 자가 임원이든 직원이든 구분 없이 손금으로 인정된다. 다만, 여기에는 다음과 같은 예외가 있다.

(1) 과다 · 부당한 보수

법인이 지배주주 등(특수관계인 포함)인 임원 · 직원에게 정당한 사유 없이 같은 직위에 있는 다른 임원 · 직원에게 지급하는 금액을 초과하여 보수를 지급한 경우 그 초과금액은 손금에 산입하지 않는다. 여기서 '지배주주'란 해당 법인의 발행주식총수의 1% 이상을 소유한 주주로서 그와 특수관계에 있는 자와의 소유주식 합계가 해당 법인의 주주 중 가장 많은 경우 해당 주주를 말한다.

(2) 비상근임원의 보수

법인이 비상근임원에게 지급하는 보수가 부당행위계산 부인에 해당하는 경우에는 손금에 산입하지 않는다.

2. 상여금

(1) 일반적인 상여금

법인이 지급하는 상여금은 지급대상자가 직원인 경우에는 제한 없이 손금으로 인정되지만, 임원인 경우에는 손금산입을 규제하고 있다. 즉 임원에게 지급하는 상여금 중 정관, 주주총회 · 이사회의 결의에 따라 결정된 급여지급기준에 따른 금액을 초과하여 지급하는 금액은 손금에 산입하지 않는다.

(2) 이익처분에 따른 상여금

임원 · 직원에게 이익처분에 따라 지급하는 상여금은 손금에 산입하지 않는다.

3. 퇴직급여

(1) 개요

'퇴직급여'란 임원 · 직원이 재직기간 중에 발생된 근로에 대한 대가를 퇴직할 때 지급하는 것으로서 근로자퇴직급여 보장법에 퇴직급여제도에 따라 지급하는 연금 · 일시금을 말한다. 법인이 직원에게 지급하는 퇴직급여는 제한 없이 손금으로 인정된다. 그러나 임원의 퇴직으로 인하여 지급하는 퇴직급여는 일정한 한도액을 초과하는 금액은 손금에 산입하지 않는다.

(2) 현실적 퇴직

임원 · 직원이 현실적으로 퇴직하는 경우에 지급하는 것에 한정하여 퇴직급여를 손금에 산입한다. 여기서 '현실적인 퇴직'이란 근무관계가 종료되는 것을 말한다.

한편 현실적으로 퇴직하지 않은 임원 · 직원에게 지급한 퇴직급여는 현실적으로 퇴직할 때까지 이를 업무와 관련이 없는 가지급금으로 보며, 현실적인 퇴직이 있을 때 비로소 손금에 산입된다.

4. 복리후생비

법인이 그 임원 · 직원을 위해 지출한 복리후생비는 손금에 산입한다. 여기서 직원에는 파견근로자를 포함한다.

제3절 기부금의 손금불산입

I-2 p.121

Ⅰ. 서설

기부금은 무상적 지출로서 법인의 순자산을 감소시키는 원인이 되지만, 법인의 업무와 관련 없는 지출이므로 본래 손금으로 인정될 수 없는 손비이다.

그러나 법인이 공익을 위하여 지출되는 기부금은 사회적으로 유인할 필요가 있다. 따라서 현행 법인세법은 공익성이 뚜렷한 기부금에 대해서만 일정한도 내에서 손금에 산입할 수 있도록 허용하고 있다.

Ⅱ. 기부금의 범위 · 평가 및 손금귀속시기

1. 기부금의 범위

(1) 기부금의 개념

1) 본래의 기부금 : 법인이 ① 사업과 직접 관계없이 ② 무상으로 지출하는 재산적 증여의 가액을 말한다.

2) 간주기부금 : 법인이 ① 특수관계인 외의 자에게 ② 정당한 사유 없이 자산을 ③ 정상가액보다 낮은 가액으로 양도하거나 정상가액보다 높은 가액으로 매입함으로써, 그 차액 중 실질적으로 증여한 것으로 인정되는 금액을 말한다. 여기서 '정상가액'이란 시가에 30%를 가산하거나 30%를 차감한 범위 안의 가액을 말한다.

참 고 부동산을 무상 · 저가임대시 기부금 의제

법인이 특수관계인 외의 자에게 해당 법인의 사업과 직접 관계없이 부동산을 무상으로 임대하거나, 정당한 사유 없이 정상가액보다 낮은 가액으로 임대하는 경우에는 기부금 · 간주기부금의 규정이 적용된다. ■

법인 03

(2) 유사개념과의 구별

1) 부당행위계산의 부인 : 특수관계인(특례기부금 · 일반기부금을 수령하는 법인은 제외)에게 무상으로 지출하는 것은 부당행위계산의 부인대상이 된다. 이 경우에는 소득금액계산상 그 부인금액을 익금산입하고 귀속자에게 배당 · 상여 · 기타사외유출 · 기타소득으로 처분한다. 따라서 기부금이 특수관계인 외의 자에게 지출된다는 점에서 부당행위계산의 부인대상과 구별된다.

   한편 간주기부금은 저가양도 · 고가양수의 경우 부당행위계산의 부인규정과 유사하다. 하지만 간주기부금은 ① 특수관계인 외의 자와의 거래일 것, ② 정당한 사유가 없을 것을 요건으로 하고 ③ 정상가액과의 차액을 기부금으로 본다. 반면에 부당행위계산의 부인은 ① 특수관계인과의 거래일 것, ② 조세의 부당한 감소를 초래할 것, ③ 일정한 손익거래는 시가와 거래가액의 차액이 시가의 5% 이상이거나 3억원 이상일 것을 요건으로 하고 ④ 시가와의 차액을 익금산입한다는 점에서 구별된다.

2) 사용수익기부자산가액 : 이것은 금전 외의 자산을 특례기부금 · 일반기부금을 수령하는 법인에게 기부한 후 그 자산을 사용하거나 그 자산으로부터 수익을 얻는 경우에 해당 자산의 장부가액을 말한다. 이러한 사용수익기부자산가액은 무형자산으로서 사용수익기간 동안 상각되어 전액 손금으로 인정된다. 따라서 사용수익기부자산가액이 기부 후 사용 · 수익권이라고 하는 반대급부를 얻는다는 점에서 반대급부 없는 재산적 증여가액인 기부금과 구별된다.

2. 기부금의 평가 및 귀속시기

(1) 기부금의 평가

법인이 기부금을 금전 외의 자산으로 제공한 경우 해당 자산의 가액은 이를 제공한 때의 시가(장부가액과 시가와의 차액이 전액 손금으로 인정되는 것을 방지하기 위해 시가가 장부가액보다 낮은 경우에는 장부가액)에 의한다. 다만, 특례기부금 · 일반기부금(특수관계인에게 기부한 일반기부금은 제외)의 경우에는 장부가액으로 한다.

(2) 기부금의 귀속시기

기부금은 그 지출한 날이 속하는 사업연도에 귀속된다(현금주의). 따라서 법인이 기부금을 가지급금 등으로 이연 계상한 경우에는 이를 지출한 사업연도의 기부금으로 하고 그 후의 사업연도에는 이를 기부금으로 보지 않는다. 또한 기부금을 미지급금으로 계상한 경우에는 실제로 이를 지출할 때까지는 기부금으로 보지 않는다.

[도 표] 기부금에 대한 손금규제의 요약

구분	손금산입한도액	세무처리
(1) 특례기부금	소득금액의 50%	한도초과액 ➡ 손금불산입 · 기타사외유출
(2) 우리사주조합기부금	소득금액의 30%	한도초과액 ➡ 손금불산입 · 기타사외유출
(3) 일반기부금	소득금액의 10%(20%*)	한도초과액 ➡ 손금불산입 · 기타사외유출
(4) 비지정기부금	–	전 액 ➡ 손금불산입 · 사외유출**

* 사회적기업은 20%로 한다.

** 비지정기부금의 손금불산입액은 그 기부받은 자의 구분에 따라 ① 주주 · 출자자(출자임원 제외)는 배당, ② 임원 · 직원은 상여, ③ 법인 또는 사업을 영위하는 개인은 기타사외유출, ④ 그 외의 자는 기타소득으로 처분한다.

Ⅲ. 기부금의 손금산입

1. 기부금의 손금산입한도액

법인이 각 사업연도에 지출한 기부금 및 이월된 기부금 중 특례기부금 · 우리사주조합기부금 및 일반기부금은 다음과 같이 산출한 손금산입한도액 내에서 해당 사업연도의 소득금액을 계산할 때 손금에 산입하되, 손금산입한도액을 초과하는 금액은 손금에 산입하지 않는다.

구분	손금산입한도액
(1) 특례기부금	(기준소득금액 – 이월결손금 공제액) × 50%
(2) 우리사주조합기부금	(기준소득금액 – 이월결손금 공제액 – 특례기부금 손금산입액(*주)) × 30%
(3) 일반기부금	(기준소득금액 – 이월결손금 공제액 – 특례기부금(*주) 손금산입액 – 우리사주조합기부금 손금산입액) × 10% (사회적기업은 20%)

(*주) 특례기부금 손금산입액 : 전기이전 한도초과이월액 중 손금산입액 + 당기지출액 중 손금산입액

(1) 기준소득금액

이는 특례기부금 · 우리사주조합기부금 및 일반기부금을 손금에 산입하기 전의 해당 사업연도의 소득금액(합병 · 인적분할로 발생하는 양도손익은 제외)을 말한다. 전기이전 기부금 한도초과액의 이월 손금산입 및 당기지출 기부금 한도초과액의 손금불산입을 제외한 모든 세무조정이 완료된 후의 금액에 손금계상된 특례기부금 · 우리사주조합기부금 · 일반기부금을 더한 금액인 것이다.

(2) 이월결손금 공제액

구분	이월결손금 공제액
일반기업	MIN(① 공제대상 이월결손금, ② 기준소득금액×80%)
중소기업과 회생계획을 이행 중인 기업 등	MIN(① 공제대상 이월결손금, ② 기준소득금액×100%)

여기서 '공제대상 이월결손금'은 과세표준을 계산할 때 공제대상이 되는 이월결손금을 말한다. 즉 각 사업연도 개시일 전 10년 이내(2020.1.1. 이후 개시하는 사업연도에 발생하는 결손금은 15년 이내)에 개시한 사업연도에서 발생한 세무상 결손금으로서 그 후의 각 사업연도의 과세표준을 계산할 때 공제되지 않은 금액을 말하는 것이다.

2. 기부금 한도초과이월액의 손금산입

특례기부금 및 일반기부금의 한도초과액은 해당 사업연도의 다음 사업연도 개시일부터 10년 이내에 끝나는 각 사업연도로 이월하여, 그 이월된 사업연도의 소득금액을 계산할 때 특례기부금 및 일반기부금 각각의 손금산입한도액의 범위에서 손금에 산입한다. 이처럼 이월 손금산입하는 경우에는 한도초과로 이월된 금액을 해당 사업연도에 지출한 기부금보다 먼저 손금에 산입한다. 이 경우 이월된 금액은 먼저 발생한 이월금액부터 손금에 산입한다.

구분	이월손금산입기간
(1) 특례기부금 한도초과액	10년
(2) 우리사주조합기부금 한도초과액	(이월손금산입 규정 없음)
(3) 일반기부금 한도초과액	10년

제4절 업무추진비의 손금불산입

I-2 p.126

I. 서설

1. 의의

'업무추진비(業務推進費)'란 접대, 교제, 사례 또는 그 밖에 어떠한 명목이든 상관없이 이와 유사한 목적으로 지출한 비용으로서 법인이 직접 또는 간접적으로 업무와 관련이 있는 자와 업무를 원활하게 진행하기 위하여 지출한 금액을 말한다.

이것은 업무와 관련된 순자산의 감소액이므로 원칙적으로 손금으로 인정한다. 다만, 업무추진 목적의 접대, 교제, 사례를 위한 비용의 과다지출은 사회적으로 바람직하지 않을 뿐 아니라 기업의 재무구조를 약화시킬 우려가 있으므로 법인세법은 한도액을 두어 그 손금산입을 제한하고 있으며, 이러한 업무추진비를 수령하는 음식·숙박업소 등의 매출액을 포착하기 위하여 신용카드 등의 사용을 강제하고 이에 부합되지 않는 업무추진비를 손금불산입하도록 하고 있다.

2. 유사비용과의 구별

[도 표] 유사비용의 구분기준

종류	구분기준	
(1) 기부금	• 업무와 관련 ×	• 공익단체 등을 상대로 지출 * 기업이익의 사회 환원 목적
(2) 업무추진비	• 업무와 관련 ○	• 특정 고객 등을 위해 지출 * 원만한 거래관계 유지 목적
(3) 광고선전비		• 불특정 다수인을 상대로 지출 * 구매의욕을 높여 판매촉진 목적
(4) 복리후생비		• 임원·직원(파견근로자 포함)을 위해 지출 * 복리후생 증진 목적

1) 기부금은 사업과 관련 없이 무상으로 지출되는 손비인데 반하여, 업무추진비는 사업과 관련하여 지출되는 비용이라는 점에서 차이가 있다.

판 례 업무추진비 관련 판례

법인이 부도난 회사를 인수하면서 부도회사에게 원재료를 공급하던 거래처와의 관계를 계속 유지하기 위해(계속 원재료를 공급받기 위해서) 부도회사가 원재료 공급처에게 진 채무를 대신 변제한 경우 대신 변제한 채무액은 업무추진비에 해당하며, 기부금, 영업권에는 해당하지 않는다. 기업을 인수할 때 발생하는 '영업권'은 인수대상 기업의 전통·사회적 신용·입지조건·특수한 제조기술 등을 비롯하여 제조판매의 독점성 등으로 동종의 사업을 영위하는 다른 기업이 올리는 수익보다 큰 수익을 올릴 수 있는 무형의 재산적 가치에 해당한다(2003두7804). ■

2) '광고선전비'란 불특정다수인을 대상으로 해당 기업, 그 상표·상품을 소개하거나 구매의 욕을 자극함으로써 판매를 촉진하는데 지출되는 비용을 말한다.

판 례 광고선전비 관련 판례

1) 백화점 우수고객을 지원하기 위해 특정한 기간에 일정금액 이상을 구매하는 우수고객에게 사은품을 지급하기로 하고 고객에게 사은품을 지급하였다면 그 사은품의 구입액은 광고선전비에 해당한다(2000두2990).

2) 법인이 지역별로 현수막과 일간지 등을 통해 홍보를 한 다음, 학습지회원인지 여부를 가리지 않고 인근주민 등을 대상으로 음악회 · 게임 · 그림대회 등을 개최하는데 지출된 행사비용은 구매의욕을 자극하는 데 있으므로 광고선전비에 해당한다(2001두9585).

3) 법인이 사업을 위해 지출한 비용 가운데 상대방이 사업에 관련 있는 자들이고 지출의 목적이 접대 등의 행위에 의해 사업관계자들과의 사이에 친목을 두텁게 하여 거래관계의 원활한 진행을 도모하는 데 있다면 업무추진비라고 할 것이지만, 이와 달리 지출의 상대방이 불특정다수인이고 지출의 목적이 법인의 이미지를 개선하여 구매의욕을 자극하는 데 있다면 광고선전비라고 할 것인 바, 법인이 다수의 내방객 등에게 각종 선물을 지급하였는데 그 내방객 등이 누구인지를 특정할 자료가 없어 그들이 법인과 거래관계를 맺고 있는 특정인들이라고 보기 어렵고, 따라서 그들에게 선물을 지급한 것도 그들과의 거래관계를 원활하게 하기 위한 것이었다기보다는 대외적으로 법인을 홍보하여 이미지를 개선하기 위한 것이었다고 봄이 상당하므로, 그 선물비는 업무추진비가 아니라 광고선전비에 해당한다고 보아야 한다. 다만, 상패 제작비는 그 성질상 특정인을 위해 지출된 것으로서 업무추진비로 보아야 할 것이다(2007두18000). ■

3) 복리후생비는 법인의 임원 · 직원의 복리후생 목적으로 지출하는 비용인데 반해 업무추진비는 임원 · 직원 외의 자를 대상으로 지출된다는 점에서 구별된다. 이때 법인이 파견근로자를 위해 지출한 것이라도 복리후생비에 포함한다.

4) '판매부대비용'이란 건전한 사회통념과 상관행에 비추어 정상적인 거래라고 인정될 수 있는 범위 안의 금액으로 기업회계기준에 따라 계상한 금액을 말한다. 기업회계기준에 따르면 판매관리비는 상품 · 용역의 판매활동 또는 기업의 관리와 유지에서 발생하는 비용으로 급여, 업무추진비 등 매출원가에 속하지 않는 모든 영업비용을 말한다. 이에 반하여 업무추진비는 상대방이 그 지출의 목적이 접대, 교제 등 행위에 의해 사업관계자들과의 사이에 친목을 두텁게 하여 거래관계의 원활한 진행을 도모하는데 있는 비용이라는 점에서 차이가 있다.

판 례 판매부대비용 관련 판례

1) 지류회사가 시장 경쟁이 치열하여 자사 대리점을 지원하기 위해 고객들에게 자사제품을 판매시 무료로 제공할 수 있는 정품 화장지를 지급하기로 하였다면 판매부대비용에 해당한다(2000두2990).

2) 상가건물을 매수취득하여 일괄분양하는 영업을 영위하는 회사가 분양업무를 담당하는 그 회사 및 계열회사 영업부직원들에게 약정에 따라 분양실적에 맞추어 일정 비율의 금액을 영업판촉비 내지 알선수수료 명목으로 지출한 비용은 업무추진비가 아니라 상가분양에 따른 부대비용에 해당한다(91누9473). ■

참 고 약정에 따른 채권포기액의 대손처리

약정에 따라 채권의 전부 · 일부를 포기하는 경우에도 이를 대손금으로 보지 않고 기부금 · 업무추진비로 본다. 다만, ① 특수관계인 외의 자와의 거래에서 발생한 채권으로서 ② 채무자의 부도발생 등으로 장래에 회수가 불확실한 어음 · 수표상의 채권 등을 조기에 회수하기 위하여 해당 채권의 일부를 불가피하게 포기한 경우 ③ 동 채권의 일부를 포기하거나 면제한 행위에 객관적으로 정당한 사유가 있는 때에는 동 채권포기액을 손금에 산입한다.

한편 법인이 거래처에 대한 매출채권을 임의 포기함에 따라 업무추진비로 보는 경우와 같이 거래 실태상 원천적으로 증명서류를 구비할 수 없는 경우에는 적격증명서류 미수취 업무추진비의 손금불산입 규정은 적용하지 않는다. ■

참고 회의비와 업무추진비 등의 구분

① 정상적인 업무를 수행하기 위해서 지출하는 회의비로서 사내 또는 통상회의가 개최되는 장소에서 제공하는 다과·음식물 등의 가액 중 사회통념상 인정될 수 있는 범위 내의 금액('통상회의비' 이하 같다)은 이를 각 사업연도의 소득금액계산상 손금에 산입한다.

② 위 ①의 통상회의비를 초과하는 금액과 유흥을 위해 지출하는 금액은 이를 업무추진비로 본다. ■

판례 법인이 사업을 위하여 지출한 비용이 '업무추진비'인지 판단하는 기준

법인이 사업을 위해 지출한 비용 가운데 상대방이 사업에 관련 있는 사람들이고 지출의 목적이 접대 등의 행위에 의해 사업관계자들과의 사이에 친목을 두텁게 하여 거래관계의 원활한 진행을 도모하는 데 있는 것이라면 그 비용은 업무추진비라고 할 것이지만, 법인이 수익과 직접 관련하여 지출한 비용은 섣불리 이를 업무추진비로 단정해서는 안 된다.

이 사건에서 ① 원고는 지에스건설로부터 공사를 수주받기 위해 어쩔 수 없이 지에스건설의 요구를 받아들여 이 사건 하도급계약에 공상처리비 약정을 두는 것에 동의하였다. ② 이 사건 공상처리비 약정은 원고와 지에스건설이 체결한 하도급계약의 일부를 이루는 것으로서, 원고가 지에스건설을 대신하여 산업재해를 입은 근로자에게 사고보상비 등을 지급하는 것은 하도급계약상의 공사대금과 일정한 대가관계에 있다고 할 수 있다. 따라서 이 사건 공상처리비는 하도급계약에 따른 원고의 수익과 직접 관련된 비용이므로, 이를 원고가 지에스건설과 사이에 친목을 두텁게 하여 거래관계의 원활한 진행을 도모하기 위해 지출한 업무추진비로 볼 수는 없다고 할 것이다(2010두14329). ■

판례 판매부대비용과 업무추진비의 구분기준

법인이 사업을 위해 지출한 비용 가운데 그 지출경위·성질·액수 등을 건전한 사회통념이나 상관행에 비추어 볼 때 상품·제품의 판매에 직접 관련하여 정상적으로 소요되는 것은 손비로 인정하는 판매부대비용에 해당하나, 그 비용지출의 상대방이 사업과 관련 있는 자이고 지출의 목적이 접대 등의 행위로 사업관계자들과 친목을 두텁게 하여 거래관계의 원활한 진행을 도모하는데 있는 비용은 업무추진비에 해당한다.

이 사건에서 치과용 의료기기의 제조와 판매업 등을 영위하는 원고가 2007년부터 2010년까지 일정 금액 이상의 치과용 임플란트 패키지 상품을 구매하는 병·의원의 치과의사에게 해외여행경비를 지원하고, 2007년과 2008년에 원고가 운영하는 임상전문가 양성과정 연수회에서 임플란트 강의를 담당한 치과의사를 대상으로 해외 워크숍을 진행하면서 본인과 가족의 참가경비 중 일부를 지원한 사실 등을 인정한 다음, 이들 비용은 임플란트 제품을 대량으로 구매한 치과의사들에게 매출액의 약 65%에 해당하는 금액을 관광이나 골프 등 개인적인 소비를 위한 비용으로 지급하거나 강의를 담당한 치과의사들에게 개인적인 여행경비를 지급한 것으로서, 지출의 상대방이나 지출의 방법과 규모, 그리고 건전한 사회통념이나 상관행에 비추어 볼 때 이를 판매에 직접 관련하여 정상적으로 소요되는 판매부대비용으로 볼 수 없고, 사업관계자들과 친목을 두텁게 하여 거래관계의 원활한 진행을 도모하기 위한 업무추진비로 보아야 한다(2015두52326 판결). ■

II. 업무추진비의 범위 등

1. 업무추진비의 범위

업무추진비에 해당하는지의 여부는 거래내용에 관한 실질과세의 원칙에 따라 거래명칭 · 계정과목 등과 관계없이 그 실질내용에 따라 판단하는데, 구체적인 판단기준은 다음과 같다.

① 주주 · 출자자나 임원 · 직원이 부담해야 할 성질의 업무추진비는 업무추진비로 보지 않는다.

② 법인이 그 직원이 조직한 조합 · 단체에 지출한 복리시설비는 그 조합 · 단체가 법인인 경우에는 이를 업무추진비로 보며, 법인이 아닌 경우에는 해당 법인의 경리의 일부로 본다.

③ 사업상 증여에 따른 부가가치세 매출세액과 업무추진비, 그 밖에 이와 유사한 비용의 지출에 관련된 부가가치세 매입세액은 그 성질에 따라 기부금 · 업무추진비로 본다.

④ 약정에 따라 채권의 전부 · 일부를 포기하는 경우에는 이를 대손금으로 보지 않고, 기부금 · 업무추진비로 본다. 다만, 특수관계인 외의 자와의 거래에서 발생하는 채권으로서 채무자의 부도 등 장래에 회수가 불확실하여 이를 조기에 회수하기 위해 해당 채권의 일부를 불가피하게 포기한 경우에는 동 채권의 일부를 포기하거나 면제한 행위에 있어 객관적으로 정당한 사유가 있다면 그 채권 포기액을 손금에 산입한다.

참고 판매부대비용의 범위

판매한 상품 · 제품에 대한 부대비용은 건전한 사회통념과 상관행에 비추어 정상적인 거래라고 인정될 수 있는 범위 안의 금액으로서 기업회계기준에 따라 계상한 금액으로 한다. 기본통칙에 따른 예시는 다음의 경우만 설명하기로 한다.

① 사전약정에 따라 협회에 지급하는 판매수수료

② 수탁자와의 거래에 있어서 실제로 지급하는 비용

③ 판매촉진을 위해 경품부 판매를 실시하는 경우 경품으로 제공하는 제품 · 상품 등의 가액 등 ■

2. 업무추진비의 평가 및 손금귀속시기

1) 법인이 업무추진비를 금전 이외의 자산으로 제공한 경우 그 자산의 가액은 이를 제공한 때의 시가(장부가액과 시가와의 차액이 전액 손금으로 인정되는 것을 방지하기 위해 시가가 장부가액보다 낮은 경우에는 장부가액)에 따른다.

2) 업무추진비는 접대행위로 인해 지급할 의무가 확정된 때에 손금에 산입한다. 따라서 접대행위로 인해 채무로 확정된 것이면 손금으로 인정되는 것이다.

Ⅲ. 업무추진비의 손금불산입

1. 적격증빙 미수취 업무추진비의 손금불산입

한 차례의 접대에 지출한 업무추진비 중 3만원(경조금의 경우에는 20만원)을 초과하는 업무추진비로서 다음 중 어느 하나에 해당하지 않은 것에 대해서는 손금에 산입하지 않는다.

① 신용카드(직불카드 등 포함)를 사용하여 지출한 업무추진비
② 현금영수증을 교부받고 지출하는 업무추진비
③ 세금계산서 · 계산서를 발급받거나 매입자발행세금계산서 · 매입자발행계산서를 발행하여 지출하는 업무추진비
④ 사업자등록을 하지 않은 개인사업자로부터 용역을 제공받고 교부하는 사업소득 · 기타소득 등에 대한 원천징수영수증을 발행하여 지출하는 업무추진비

따라서 건당 3만원을 초과하는 업무추진비로서 적격증빙을 수취하지 않은 것은 전액 손금불산입한다. 다만, 다음 중 어느 하나에 해당하는 업무추진비는 이러한 손금불산입 규정을 적용하지 않는다.

① 지출사실이 객관적으로 명백한 경우로서 적격증명서류를 구비하기 어려운 일정한 지출
② 법인이 직접 생산한 제품 등으로 제공한 업무추진비

2. 업무추진비 한도초과액의 손금불산입

(1) 개요

각 사업연도에 지출한 업무추진비(직접부인된 업무추진비는 제외)로서 다음의 한도액을 초과하는 금액은 손금에 산입하지 않는다.

일반업무추진비 한도액 = ① + ②

① 기본한도 : [일반기업 : 1,200만원 / 중소기업 : 3,600만원] × $\frac{\text{해당 사업연도의 개월 수}}{12}$

② 수입금액 한도 : (일반수입금액×적용률) + (특수관계수입금액×적용률×10%)

구분		수입금액 적용률
수입금액	100억원 이하분	3/1,000
	100억원 초과분 500억원 이하분	2/1,000
	500억원 초과분	3/10,000

한편 부동산임대업을 주된 사업으로 하는 등의 요건을 갖춘 소규모 법인의 일반업무추진비

한도액은 위 한도액(① + ②)의 50%로 한다.

> 일정한 소규모 법인의 일반업무추진비 한도액 = 위 한도액(① 기본한도 + ② 수입금액 한도) × 50%

(2) 수입금액

'수입금액'은 기업회계기준에 따라 계산한 매출액(중단사업부문의 매출액을 포함)을 말한다. 이는 총매출액에서 매출에누리 · 매출환입 · 매출할인을 차감한 금액이다. 기업회계에서 중단사업부문의 매출액은 계속사업의 매출액과 구분하여 중단사업손익에 계상하지만, 수입금액에는 중단사업부문의 매출액을 포함한다.

한편 '특수관계수입금액'이란 특수관계인과의 거래에서 발생한 수입금액을 말하며, '일반수입금액'이란 특수관계수입금액을 제외한 나머지 수입금액을 말한다.

(3) 문화업무추진비 추가 손금산입특례

1) 문화업무추진비 추가 손금산입특례 : 내국인(내국법인 또는 거주자를 말한다)이 2025.12.31. 이전에 지출한 문화업무추진비가 있는 경우에는 다음의 금액을 업무추진비 한도액으로 한다.

> 업무추진비 한도액
>
> = 일반업무추진비 한도액 + 문화업무추진비 한도액 : MIN [문화업무추진비(*주) / 일반업무추진비 한도액 × 20%]

(*주) 적격증명서류 미수취 업무추진비 손금불산입액은 제외한다.

2) 전통시장 업무추진비 추가 손금산입특례 : 내국인이 2025.12.31. 이전에 지출한 전통시장 업무추진비가 있는 경우에는 다음의 금액을 업무추진비 한도액으로 한다.

> 업무추진비 한도액
>
> = 일반업무추진비 한도액 + 전통시장 업무추진비 한도액 : MIN [전통시장 업무추진비(*주) / 일반업무추진비 한도액 × 10%]

(*주) 적격증명서류 미수취 업무추진비 손금불산입액은 제외한다.

여기서 '전통시장 업무추진비'란 다음의 요건을 모두 갖춘 업무추진비를 말한다.

① 전통시장에서 지출한 업무추진비일 것

② 다음 중 어느 하나에 해당하는 신용카드 등 사용금액에 해당할 것

㉠ 신용카드를 사용하여 그 대가로 지급하는 금액

㉡ 직불카드(기명식선불카드 포함)를 사용하여 그 대가로 지급하는 금액

㉢ 현금영수증에 기재된 금액

③ 소비성서비스업 등의 업종을 경영하는 법인 또는 사업자에게 지출한 것이 아닐 것

참고 부동산임대업을 주된 사업으로 하는 등의 요건을 갖춘 소규모 법인의 범위

'부동산임대업을 주된 사업으로 하는 등의 요건을 갖춘 소규모 법인'이란 다음의 요건을 모두 갖춘 내국법인을 말한다.

<table>
<tr><th>구분</th><th>내용</th></tr>
<tr><td>1. 지배주주 지분비율 요건</td><td>해당 사업연도 종료일 현재 내국법인의 지배주주 등이 보유한 주식 등의 합계가 해당 내국법인의 발행주식총수의 50%를 초과할 것
지배주주 등의 지분비율 > 50%</td></tr>
<tr><td>2. 수동소득 요건</td><td>다음 중 어느 하나에 해당할 것(① or ②)
① 해당 사업연도에 부동산임대업을 주된 사업으로 할 것(이 경우 내국법인이 둘 이상의 서로 다른 사업을 영위하는 경우에는 사업별 사업수입금액이 큰 사업을 주된 사업으로 본다)
부동산임대업을 주된 사업으로 할 것
② 다음 금액의 합계가 기업회계기준에 따라 계산한 매출액의 50% 이상일 것
㉠ 부동산 또는 부동산상의 권리의 대여로 인하여 발생하는 수입금액(장부에 의해 소득금액을 계산하는 경우 임대보증금 등에 대한 간주익금을 포함한다)
㉡ 소득세법에 따른 이자소득의 금액
㉢ 소득세법에 따른 배당소득의 금액
수동소득(부동산 수입금액 + 이자소득 + 배당소득) ≥ 매출액* × 50%
* 매출액에 (㉠~㉢)의 금액이 포함되지 않은 경우에는 이를 포함하여 계산한다.</td></tr>
<tr><td>3. 상시근로자 수 요건</td><td>해당 사업연도의 상시근로자 수가 5인 미만일 것
상시근로자 수 < 5인</td></tr>
</table>

제5절 과다경비 및 업무와 관련없는 비용의 손금불산입

I-2 p.137

I. 서설

'손금'이란 해당 법인의 순자산을 감소시키는 거래로 인하여 발생하는 손비의 금액을 말한다. 여기서 '손비'는 법인의 사업과 관련하여 발생된 손실 · 비용으로서 ① 일반적으로 용인되는 통상적인 것이거나, ② 수익과 직접 관련된 것이어야 한다. 이를 '손비로 인정되는 경비의 일반원칙'이라고 한다.

법인세법은 손비로 인정되는 경비의 일반원칙에 위배되는 과다 · 부당경비와 업무무관비용은 손금으로 인정하지 않고 있다.

Ⅱ. 과다경비 등의 손금불산입

1. 개요

손비 중 과다하거나 부당하다고 인정되는 금액은 각 사업연도의 소득금액계산에 있어서 이를 손금에 산입하지 않는다.

2. 공동경비의 손금불산입

법인이 그 법인 외의 자와 동일한 조직 · 자산 · 사업 등을 공동으로 운영 · 경영함에 따라 발생되거나 지출된 손비 중 다음의 기준에 따른 분담금액을 초과하는 금액은 손금에 산입하지 않는다. 이는 공동경비의 자의적인 배분에 따라 소득금액을 조절하는 것을 방지하기 위한 것이다.

구분	분담기준
(1) 출자에 따라 특정 사업을 공동으로 경영하는 경우	출자비율 * 출자총액 중 해당 법인이 출자한 금액의 비율
(2) 비출자공동사업 등의 경우 ((1) 외의 경우)	1) 비출자공동사업자* 사이에 특수관계가 있는 경우 * (1) 외의 경우로서 해당 조직, 자산, 사업 등에 관련되는 모든 법인 등 또는 해당 자산을 공동으로 운영하는 법인 등을 말한다. ① 또는 ② 중 선택한 비율(선택하지 않은 경우에는 ①의 ㉠을 선택한 것으로 보며, 선택한 사업연도부터 연속하여 5개 사업연도 동안 적용해야 한다)(*주) ① 매출액 비율 : ㉠ 또는 ㉡ 중 선택한 비율 ㉠ 직전 사업연도 매출액 총액 중 해당 법인의 매출액이 차지하는 비율 ㉡ 해당 사업연도 매출액 총액 중 해당 법인의 매출액이 차지하는 비율 ② 총자산가액 비율 : ㉠ 또는 ㉡ 중 선택한 비율 ㉠ 직전 사업연도 총자산가액* 총액 중 해당 법인의 총자산가액이 차지하는 비율 ㉡ 해당 사업연도 총자산가액* 총액 중 해당 법인의 총자산가액이 차지하는 비율 * '총자산가액'에는 한 공동사업자가 다른 공동사업자의 지분을 직접 보유하고 있는 경우 그 주식의 장부가액은 제외한다.

	※ 위 1)을 적용할 때 비출자공동사업자 전부 또는 일부가 직전 사업연도 매출액이 없는 경우에는 해당 사업연도의 매출액 총액 또는 총자산가액 총액(①의 ㉡ 또는 ②의 ㉡) 중 선택해야 하며, 선택하지 않으면 해당 사업연도의 매출액 총액(①의 ㉡)을 선택한 것으로 본다(법인령 48 ②).
	2) 위 1) 외의 경우 비출자공동사업자 사이의 약정에 따른 분담비율. 다만, 해당 비율이 없는 경우에는 1)의 분담기준에 따른다.

(*주) 다만, 공동행사비 · 공동구매비 및 자산의 공동경비 등은 다음의 분담기준에 따를 수 있다.

① 공동행사비 등 참석인원의 수에 비례하여 지출되는 손비 : 참석인원비율
② 공동구매 등 구매금액에 비례하여 지출되는 손비 : 구매금액비율
③ 공동광고선전비 : ㉠ 국외 공동광고선전비는 수출액비율, ㉡ 국내 공동광고선전비는 국내 매출액비율
④ 공동연구개발비 : 공동연구개발과 관련된 사업에서 발생한 매출액 비율
⑤ 유형자산 공동사용료 : ㉠ 고정비는 소유지분비율, ㉡ 고정비 외 비용은 사용비
⑥ 무형자산의 공동사용료 : 해당 사업연도 개시일의 기업회계기준에 따른 자본의 총합계액

Ⅲ. 업무와 관련없는 비용의 손금불산입

1. 개요

(1) 업무와 관련없는 비용의 범위

법인이 각 사업연도에 지출한 비용 중 다음의 금액은 해당 사업연도의 소득금액을 계산할 때 손금에 산입하지 않는다.

① 법인의 업무와 관련이 없는 자산을 취득 · 관리함으로써 생기는 비용 · 유지비 · 수선비 및 이에 관련되는 비용
② 해당 법인이 직접 사용하지 않고 다른 사람(주주 등이 아닌 임원과 소액주주 등인 임원 · 직원은 제외)이 주로 사용하고 있는 장소 · 건축물 · 물건 등의 유지비 · 관리비 · 사용료와 이와 관련되는 지출금. 여기서 '소액주주 등'이란 발행주식총수(또는 출자총액)의 1%에 미달하는 주식(또는 출자지분)을 소유한 주주 등(해당 법인의 지배주주 등과 그의 특수관계인은 제외)을 말한다.
③ 해당 법인의 주주 등(소액주주 등은 제외)인 임원 또는 그 친족이 사용하고 있는 사택의 유지비 · 관리비 · 사용료와 이와 관련되는 지출금
④ 법인이 업무와 관련이 없는 자산을 취득하기 위해 지출한 자금의 차입과 관련되는 비용
⑤ 해당 법인이 공여한 형법 · 관련국제법에 따른 뇌물에 해당하는 금전 및 금전 외의 자산과 경제적 이익의 합계액. 여기서 '뇌물'이란 공무원 등의 직무에 관한 불법한 보수를 말한다.

종전에도 뇌물과 같이 위법한 비용은 손비의 일반원칙에 따라 업무와 관련하여 통상적으로 지출된 비용이 아니므로 손금으로 허용될 수 없다는 입장이었다. 그런데 대부분의 OECD 뇌물방지협약 회원국들이 뇌물의 손비부인 규정을 명문화하고 있는 추세를 감안하여 이를 업무와 관련 없는 비용에 추가하였다.

⑥「노동조합 및 노동관계조정법」을 위반하여 근로자에게 지급하는 급여는 위법비용이므로 업무무관비용의 하나로 손금불산입한다.

한편 법인의 대표이사·임원·지배주주 등으로서 그 지위의 명칭 여하에 불구하고 법인을 실질적으로 경영하는 자가 그의 지위를 이용하여 해당 법인의 자금을 횡령하고 사외에 유출시킨 데 대해서는 법인이 동 횡령액을 손해배상채권 등 자산으로 계상한 경우 해당 횡령금액은 그 유출된 날이 속하는 사업연도의 각 사업연도 소득금액계산에 있어서 익금산입하고 그 귀속자에게 소득처분하며, 동 자산 계상액은 손금산입(△유보)으로 세무조정한다.

반면에 직원이 법인의 공금을 횡령한 경우로서 동 직원과 그 보증인에 대해 횡령액의 회수를 위해 법에 따른 제반절차를 취하였음에도 무재산 등으로 회수할 수 없는 경우에는 동 횡령액을 대손처리할 수 있다. 이 경우 대손처리한 금액에 대해서는 직원에 대한 근로소득으로 보지 않는다.

판 례 수익으로 되는 부외부채의 상대계정인 현금의 귀속이 분명하지 않은 경우, 대표자에 대한 상여로 소득처분

법인세법상 '익금'이란 법인의 순자산을 증가시키는 거래로 인하여 발생하는 수익의 총액을 말하고, 여기에서 '수익'이란 타인에게 재화·용역을 제공하고 획득한 수입금액과 기타 당해 법인에 귀속되는 일체의 경제적 이익을 의미한다고 할 것인 한편 어떤 소득이 과세소득이 되는지 여부는 이를 경제적인 측면에서 보아 현실로 이득을 지배 관리하면서 이를 향수하고 있어 담세력이 있는 것으로 판단되면 족하고 그 소득을 얻게 된 원인관계에 대한 법률적 평가가 반드시 적법하고 유효한 것이어야 하는 것은 아니라 할 것이다.

이 사건에서 원심이 확정한 바와 같이 소외 회사의 대표이사가 소외 회사의 명의로 금원을 차입하고도 이를 장부에 기장하지 않고 유용하였다면 비록 그와 같은 차입행위가 관련법령의 차입한도제한과 차입절차를 위배한 것이 되어 사법상으로는 소외 회사의 차입행위로서는 무효가 된다 하더라도 현금은 일단 소외 회사에 들어온 이상 법인의 수익으로 보아야 할 것이며, 이와 같이 소외 회사의 수익이 되는 현금이 소외 회사의 장부에 기장되지 아니한 이상 이는 특별한 사정이 없는 한 사외로 유출되었다고 보아야 할 것이다(91누5303). ■

(2) 위법한 지출의 손금인정 여부

다음을 근거로 위법한 지출에 대해서는 일반적으로 인정되는 통상적인 것이거나 수익과 직접 관련되는 손비로 볼 수 없어 손금으로 인정하지 않는다.

① 법인세법에 의하면 '손비'에 대해 법인의 사업과 관련하여 발생하거나 지출된 손실·비용으로서 일반적으로 인정되는 통상적인 것이거나 수익과 직접 관련되어야 한다고 정의하고 있다.

② 위법한 지출을 손금으로 인정하면 위법한 행위를 조장하는 결과가 되어 사회질서(Public Policy)를 심하게 해치는 결과가 된다.

③ 위법한 지출을 손금으로 인정하게 되면, 사법상 적법한 항목임에도 손금불산입하는 항목인 업무무관비용·업무추진비 한도초과액·과다경비와 형평상의 문제가 발생한다.

2. 업무와 관련없는 자산의 범위

(1) 다음에 해당하는 부동산

① 법인의 업무에 직접 사용하지 않는 부동산(부득이한 사유가 있는 부동산은 제외). 다만, 유예기간이 경과하기 전까지의 기간 중에 있는 부동산을 제외한다.

② 유예기간 중에 해당 법인의 업무에 직접 사용하지 않고 양도하는 부동산. 다만, 부동산매매업을 주업으로 영위하는 법인은 제외한다.

여기서 '해당 법인의 업무'란 법령에서 업무를 정한 경우에는 그 법령에 규정된 업무 또는 법인등기부상의 목적사업으로 정해진 업무를 말한다. 그리고 '부득이한 사유가 있는 '부동산'이란 법령에 따라 사용이 금지되거나 제한된 부동산, 유동화전문회사가 자산유동화계획에 따라 양도하는 부동산 등 재정경제부령이 정하는 부동산을 말한다.

* 유예기간 : 일반적인 부동산은 취득일부터 2년, 건축물 신축용 토지 및 매매용 부동산은 취득일부터 5년

(2) 다음에 해당하는 동산

① 서화·골동품. 다만, 장식·환경미화 등의 목적으로 사무실·복도 등 여러 사람이 볼 수 있는 공간에 상시 비치하는 것을 제외한다.

② 업무에 직접 사용하지 않는 자동차·선박·항공기(부득이한 사유가 있는 것은 제외)

③ 위 ①, ②와 유사한 자산으로서 해당 법인의 업무에 직접 사용하지 않는 자산

* '부득이한 사유가 있는 것'이란 저당권의 실행이나 그 밖의 채권을 변제받기 위해 취득한 선박 등으로서 3년이 경과되지 않는 자동차·선박·항공기를 말한다.

제6절 업무용승용차 관련비용

I-2 p.145

Ⅰ. 개요

법인세법은 법인의 업무용승용차의 취득·유지 관련비용을 손금항목으로 하되, 승용차가 업무무관자산(법인의 업무와 직접 관련이 없다고 인정되는 자산)인 경우에는 그에 관련된 취득·유지 관련비용은 손금으로 인정하지 않는다.

그런데 법인이 고가의 승용자동차를 취득·임차하여 법인 업무용이 아닌 지극히 개인적인 용도로 사용함에도 불구하고 감가상각비·임차비용 및 운행을 위한 모든 유지비용을 손금처리하여 법인세를 부당하게 감소시키고 해당 임직원에게 분여한 이익에 대한 소득세까지 탈루하는 것이 오래된 관행이었다. 그 원인은 법인의 업무가 아닌 임직원의 사적인 용도로 사용하는지를 세무조사를 통해서 일일이 밝혀내는 것이 현실적으로 어렵고, 법령에 명확한 과세기준도 마련되지 않는 등 입법상 미비점에서 비롯된 것이었다.

이러한 문제점을 개선하기 위해서 업무용승용차 관련비용의 손금불산입 등 특례를 마련하였는데, 이하에서 그 내용을 살펴보기로 한다.

[도 표] 업무용승용차의 범위

<table>
<tr><th rowspan="2">자동차의 구분</th><th colspan="2">사업 관련성 유무</th></tr>
<tr><th>○</th><th>×</th></tr>
<tr><td rowspan="2">(1) 개별소비세 과세대상 승용차
• 승용자동차(정원 8인 이하 승용자동차로 한정하되, 배기량 1,000cc 이하의 것은 제외)
• 이륜자동차(배기량 125cc 초과하는 것만 해당)
• 캠핑용자동차(캠핑용 트레일러 포함)</td><td>• 영업용승용차
• ① ㉠ 운수업(택시회사)·자동차판매업·자동차임대업(렌트회사) 등에서 사업상 수익을 얻기 위하여 직접 사용하는 승용자동차, ㉡ 운구용 승용자동차
② 연구개발 목적의 자율주행자동차
* 부가가치세법상 매입세액공제 ○</td><td rowspan="3">업무무관자산
* 취득·유지비용은 전액 손금으로 인정되지 않음
* 부가가치세법상 사업과 관련이 없는 지출에 관련된 매입세액으로 매입세액공제 ×</td></tr>
<tr><td>• 업무용승용차 : 위 영업용이 아닌 승용차
* 부가가치세법상 매입세액공제 ×</td></tr>
<tr><td>(2) 위 (1) 외의 자동차
• 승용자동차
(정원 9인승·10인승 등)
• 승합자동차
• 화물자동차</td><td>• 사업상 수익을 얻기 위해서 사용하는 자동차
* 부가가치세법상 매입세액공제 ○</td></tr>
</table>

Ⅱ. 업무용승용차의 범위

'업무용승용차'란 개별소비세 과세대상이 되는 승용자동차로서 다음 중 어느 하나에 해당하는 승용자동차(즉 영업용 승용자동차)를 제외한 것을 말한다.

① ㉠ 운수업, 자동차판매업, 자동차임대업, 운전학원업, 무인경비업 등에 해당하는 업종 또는 시설대여업에서 사업상 수익을 얻기 위하여 직접 사용하는 승용자동차, ㉡ 장례식장 및 장의관련 서비스업을 영위하는 법인이 소유하거나 임차한 운구용 승용자동차

② 연구개발을 목적으로 사용하는 승용자동차로서 임시운행허가를 받은 자율주행자동차

Ⅲ. 손금불산입 등 특례

1. 업무용승용차의 감가상각비

업무용승용차의 감가상각비는 차량에 대한 상각방법과 내용연수 적용에 관한 규정에 불구하고 ① 정액법을 상각방법으로 하고, ② 내용연수를 5년으로 하여 계산한 금액(상각범위액)을 손금에 산입해야 한다(강제상각제도). 최근 업무용승용차의 감가상각비 중 업무에 사용한 금액은 매년 800만원(5년간 4,000만원)을 한도로 손금산입하고 그 한도초과액은 이월하여 손금산입하는 제도를 도입하였다.

2. 업무용승용차 관련비용 중 업무외사용금액의 손금불산입

내국법인이 업무용승용차를 취득 · 임차하여 해당 사업연도에 손금에 산입하거나 지출한 업무용승용차 관련비용 중 업무사용금액에 해당하지 않은 금액(즉 업무외사용금액)은 손금에 산입하지 않는다.

업무용승용차 관련비용 − 업무사용금액 ＝ (＋) 업무외사용금액 · 손금불산입(상여 등)

이처럼 손금불산입한 업무외사용금액은 귀속자 등에 따라 상여(귀속자가 불분명한 경우에는 대표자상여) 등으로 소득처분한다. 따라서 그 귀속자 등은 소득세 납세의무를 부담한다.

1) 업무용승용차 관련비용 : 업무용승용차에 대한 ① 감가상각비, 임차료 중 감가상각비상당액, ② 유류비 · 보험료 · 수선비 · 자동차세 · 통행료, 금융리스부채에 대한 이자비용 등 업무용승용차의 취득 · 유지를 위해 지출한 비용을 말한다.

업무용승용차 관련비용	① 취득 관련 비용	감가상각비, 임차료 중 감가상각비 상당액
	② 유지 관련 비용	유류비 · 보험료 · 수선비 · 자동차세 · 통행료, 금융리스부채에 대한 이자비용

2) 업무사용금액 : 다음의 구분에 따른 금액을 말한다.

구분	업무사용금액 인정수준
① 사업연도 전체 기간 동안 업무전용자동차보험에 가입한 경우	• 업무사용금액 = 업무용승용차 관련비용 × 업무사용비율
② 업무전용자동차보험에 가입하지 않은 경우(*주)	• 업무사용금액 = 영(0)원(없음) * 업무용승용차 관련비용은 전액 손금불인정
③ 해당 업무용승용차에 법인업무용 자동차등록번호판*을 부착하지 않은 경우 * 법인이 취득하거나 임차하여 사용하는 취득가액이 8,000만원 이상인 업무용승용차는 「법인업무용 자동차등록번호판(연녹색 바탕에 검은색 문자)」을 부착해야 한다(2024.1.1. 이후 등록하거나 대여한 자동차부터 적용한다)(자동차등록번호판 등의 기준에 관한 고시, 국토교통부고시 제2023-954호).	• 업무사용금액 = 영(0)원(없음) * 업무용승용차 관련비용은 전액 손금불인정

(*주) 일부기간만 업무전용자동차보험에 가입한 경우 업무사용금액 : 해당 사업연도 전체기간(임차한 승용차의 경우 해당 사업연도 중에 임차한 기간) 중 일부기간만 업무전용자동차보험에 가입한 경우 업무사용금액은 다음의 계산식에 따라 산정한 금액으로 한다.

$$\text{업무사용금액} = \text{업무용승용차 관련비용} \times \text{업무사용비율} \times \frac{\text{해당 사업연도에 실제로 보험에 가입한 일수}}{\text{해당 사업연도에 의무적으로 가입해야할 일수}}$$

구분	내용
업무전용자동차보험에 가입	'업무전용자동차보험'이란 해당 사업연도 전체 기간(임차한 승용차의 경우 해당 사업연도 중에 임차한 기간) 동안 다음 중 어느 하나에 해당하는 사람이 운전하는 경우만 보상하는 자동차보험을 말한다. ① 해당 법인의 임원 · 직원 ② 계약에 따라 해당 법인의 업무를 위해 운전하는 사람(예 : 파견근로자) ③ 해당 법인의 운전자 채용을 위한 면접에 응시한 지원자 이처럼 업무전용자동차보험 가입을 업무사용금액의 인정요건으로 하는 이유는 임직원의 가족 등이 사적으로 사용하는 것을 방지하려는 데 있다. * 운전자 한정 임대차 특약 : 임차계약기간이 30일 이내인 임차승용차(해당 사업연도에 임차계약기간의 합계일이 30일을 초과하는 승용차는 제외)로서 해당 법인의 임원 · 직원(또는 계약에 따라 해당 법인의 업무를 위해 운전하는 사람)을 운전자로 한정하는 임대차 특약을 체결한 경우에는 업무전용자동차보험에 가입한 것으로 본다.

업무사용비율

(1) 운행기록 등을 작성 · 비치한 경우

'업무사용비율'이란 국세청장이 고시하는 운행기록 방법에 따라 확인되는 총 주행거리 중 확인되는 업무용 사용거리가 차지하는 비율을 말한다.

$$\text{업무용사용비율} = \text{해당 사업연도의 } \frac{\text{업무용사용거리}}{\text{총 주행거리}}$$

* '업무용사용거리'란 제조 · 판매시설 등 해당 법인의 사업장 방문, 거래처 · 대리점 방문, 회의 참석, 판촉 활동, 출 · 퇴근 등 직무와 관련된 업무수행을 위하여 주행한 거리를 말한다.

이러한 업무사용비율을 인정받으려는 내국법인은 업무용승용차별로 운행기록 등을 작성 · 비치해야 하며, 관할세무서장이 요구할 경우 이를 즉시 제출해야 한다.

(2) 운행기록 등을 작성 · 비치하지 않은 경우

업무용승용차의 업무사용비율은 다음의 구분에 따른 비율로 한다.

구분	업무사용비율
① 해당 사업연도의 업무용승용차 관련비용이 1,500만원 이하인 경우	업무사용비율 = 100% * 업무용승용차 관련비용×100% = 업무사용금액 ≤ 1,500만원
② 해당 사업연도의 업무용승용차 관련비용이 1,500만원을 초과하는 경우	$\text{업무사용비율} = \frac{\text{1,500만원}}{\text{업무용승용차 관련비용}}$ * 업무용승용차 관련비용×업무사용비율 = 업무사용금액(1,500만원)

* 부동산임대업을 주된 사업으로 하는 등의 요건을 갖춘 소규모 법인(업무추진비 한도액 50% 축소 대상 법인과 같음)의 경우에는 위 도표 규정을 적용할 때 '1,500만원'은 각각 '500만원'으로 한다.
* 다음에 해당하는 경우에는 위 도표의 '1,500만원' 대신에 '아래의 계산식에 따라 산출한 금액'으로 한다.

① 해당 사업연도가 1년 미만인 경우	$\text{1,500만원} \times \frac{\text{해당 사업연도의 월수}}{12}$
② 사업연도 중 일부 기간 동안 보유 · 임차한 경우	$\text{1,500만원} \times \frac{\text{보유기간(또는 임차기간) 월수}}{\text{해당 사업연도의 월수}}$

[도 표] 업무용승용차의 관련비용 중 업무사용금액 산정기준

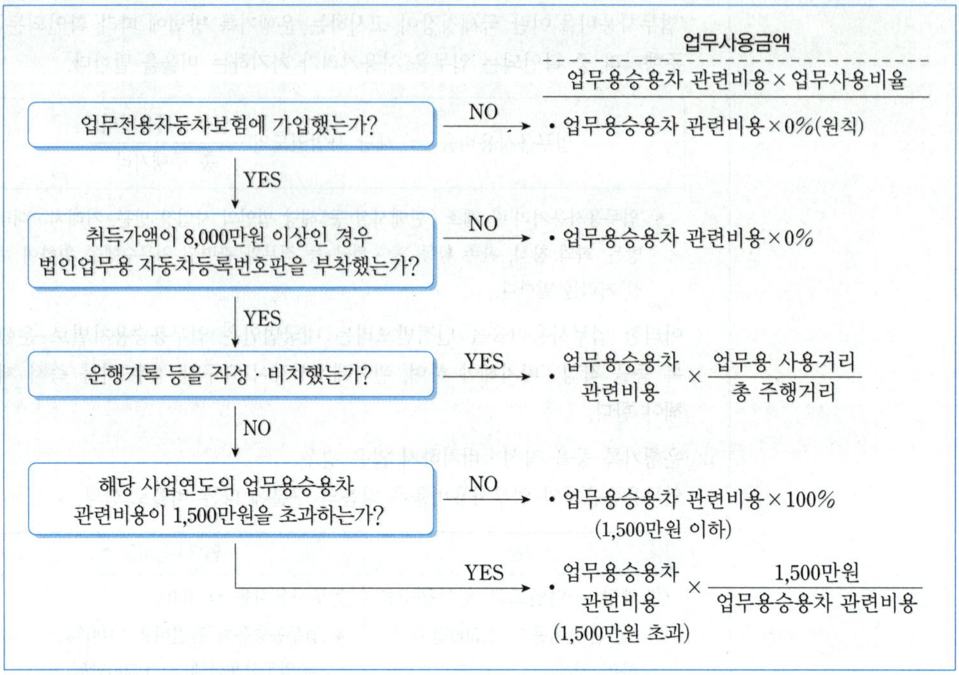

3. 감가상각비 한도초과액의 이월 손금산입

1) 개요 : 다음의 감가상각비 한도초과액은 해당 사업연도의 손금에 산입하지 않고, 2)의 방법에 따라 이월하여 손금에 산입한다.

이 제도의 취지는 업무용승용차별 감가상각비 중 업무사용비율에 해당하는 금액은 연간 800만원(내용연수 5년간 4,000만원) 한도 내에서만 손금으로 인정함으로써 고가의 업무용승용차에 대한 감가상각비의 손금산입을 제한하려는데 있다.

• 업무용승용차별 감가상각비 × 업무사용비율 – 800만원* = (+) 감가상각비 한도초과액 · 손금불산입(유보)
• 업무용승용차별 임차료 중 감가상각비 상당액** × 업무사용비율 – 800만원* = (+) 임차료 감가상각비 상당액 한도초과액 · 손금불산입(기타사외유출)

* 다음에 해당하는 경우에는 위 도표의 '800만원' 대신에 '아래의 계산식에 따라 산출한 금액'으로 한다.

① 해당 사업연도가 1년 미만인 경우	800만원 × $\frac{\text{해당 사업연도의 월수}}{12}$

② 사업연도 중 일부 기간 동안 보유 · 임차한 경우	$800만원 \times \dfrac{보유기간(또는 임차기간)\ 월수}{해당\ 사업연도의\ 월수}$

* 부동산임대업을 주된 사업으로 하는 등의 요건을 갖춘 소규모 법인(업무추진비 한도액 50% 축소 대상 법인과 같음)의 경우에는 위의 규정을 적용할 때 '800만원'은 '400만원'으로 한다.

** '업무용승용차별 임차료 중 감가상각비 상당액'이란 다음의 구분에 따른 금액을 말한다.

구분	감가상각비 상당액
① 시설대여업자로부터 임차한 승용차	(임차료 – 해당 임차료에 포함되어 있는 보험료 · 자동차세 · 수선유지비) * 다만, 위의 수선유지비를 별도로 구분하기 어려운 경우에는 임차료(보험료 · 자동차세를 차감한 금액)의 7%를 수선유지비로 계산할 수 있다.
② 위 ①에 따른 시설대여업자 외의 자동차대여사업자로부터 임차한 승용차	임차료의 70%에 해당하는 금액

2) 이월 손금산입 방법 : 앞의 감가상각비 한도초과액는 다음의 방법에 따라 이월하여 손금에 산입한다.

구분	이월손금산입 방법
감가상각비이월액	해당 사업연도의 다음 사업연도부터 해당 업무용승용차의 업무사용금액 중 감가상각비가 800만원에 미달하는 경우 그 미달하는 금액을 한도로 하여 손금으로 추인한다. • 다음 사업연도부터 한도미달액이 발생한 경우 : 다음 금액을 손금산입(△유보)한다. 손금산입액 = MIN [① 전기 이전 감가상각비 한도초과액 중 잔액, ② 업무용승용차별 업무사용금액 중 감가상각비 – 800만원 = (–)한도미달액]
임차료 중 감가상각비상당액 이월액*	해당 사업연도의 다음 사업연도부터 해당 업무용승용차의 업무사용금액 중 감가상각비상당액이 800만원에 미달하는 경우 그 미달하는 금액을 한도로 손금에 산입한다. • 다음 사업연도부터 한도미달액이 발생한 경우 : 다음 금액을 손금산입(기타)한다. 손금산입액 = MIN [① 전기 이전 임차료 감가상각비 한도초과액 중 잔액, ② 업무용승용차별 업무사용금액 중 감가상각비 상당액 – 800만원 = (–)한도미달액]

* 내국법인이 해산(합병 · 분할 · 분할합병에 따른 해산 포함)한 경우에는 위 규정에 따라 이월된 금액 중 남은 금액을 해산등기일(합병등기일 · 분할등기일)이 속하는 사업연도에 모두 손금에 산입한다.

4. 업무용승용차 처분손실의 이월 손금산입

업무용승용차를 처분하여 발생하는 손실 중 다음의 한도초과액은 손금에 산입하지 않고, 다음의 방법에 따라 이월하여 손금에 산입한다.

업무용승용차 처분손실 − 800만원* = (+) 한도초과액 · 손금불산입(기타사외유출)

* 부동산임대업을 주된 사업으로 하는 등의 요건을 갖춘 소규모 법인(업무추진비 한도액 50% 축소 대상 법인과 같음)의 경우에는 위의 규정을 적용할 때 '800만원'은 '400만원'으로 한다.

위 한도초과액은 해당 사업연도의 다음 사업연도부터 800만원을 균등하게 손금에 산입하되, 남은 금액이 800만원 미만인 사업연도에는 남은 금액을 모두 손금에 산입한다.

• 다음 사업연도부터 다음 금액을 손금산입(기타)한다.*

손금산입액 = MIN [① 전기 이전 처분손실 한도초과액 중 잔액, ② 800만원**]

* 내국법인이 해산(합병 · 분할 · 분할합병에 따른 해산 포함)한 경우에는 위 규정에 따라 이월된 금액 중 남은 금액을 해산등기일(합병등기일 · 분할등기일)이 속하는 사업연도에 모두 손금에 산입한다.

** 부동산임대업을 주된 사업으로 하는 등의 요건을 갖춘 소규모 법인(업무추진비 한도액 50% 축소 대상 법인과 같음)의 경우에는 위의 규정을 적용할 때 '800만원'은 '400만원'으로 한다.

참고 「업무용승용차 관련비용 등 명세서」 제출의무와 가산세

1. 업무용승용차 관련비용(또는 처분손실)을 손금에 산입한 법인은 법인세 과세표준신고와 함께 「업무용승용차 관련비용 등 명세서」를 관할세무서장에게 제출해야 한다.

2. 업무용승용차 관련비용 등을 손금에 산입한 내국법인이 「업무용승용차 관련비용 등 명세서」를 제출하지 않거나 사실과 다르게 제출한 경우에는 다음의 구분에 따른 금액을 가산세로 해당 사업연도의 법인세액에 더하여 납부해야 한다. 이 가산세는 산출세액이 없는 경우에도 적용한다.

구분	업무용승용차 관련비용 명세서 제출 불성실가산세
(1) 명세서를 제출하지 않은 경우	해당 내국법인이 과세표준 신고를 할 때 업무용승용차 관련비용 등으로 손금에 산입한 금액×1%
(2) 명세서를 사실과 다르게 제출한 경우	해당 내국법인이 과세표준 신고를 할 때 업무용승용차 관련비용 등으로 손금에 산입한 금액 중 해당 명세서에 사실과 다르게 적은 금액×1%

제7절 지급이자의 손금산입 및 손금불산입

I-2 p.156

Ⅰ. 서설

차입금에 대한 지급이자는 순자산을 감소시키는 거래로 인하여 발생하는 비용이므로 각 사업연도의 소득금액계산에 있어서 손금에 산입하는 것이 원칙이다. 그런데 법인세법은 일정한 지급이자에 대해서는 정책적 이유 등으로 손금불산입하도록 규정하고 있는데, 그 종류와 손금불산입 순서는 ① 채권자가 불분명한 사채이자 ② 비실명 채권·증권의 이자 ③ 건설자금이자 ④ 업무무관자산 등에 대한 지급이자이다.

Ⅱ. 지급이자 손금규제의 내용

1. 채권자가 불분명한 사채이자

'채권자가 불분명한 사채(私債)이자'란 다음에 해당하는 차입금에 대한 이자·알선수수료·사례금 등 명목 여하에 불구하고 사채를 차입하고 지급하는 금품을 말한다.

① 채권자의 주소·성명을 확인할 수 없는 차입금
② 채권자의 능력·자산상태로 보아 금전을 대여한 것으로 인정할 수 없는 차입금
③ 채권자와 금전거래사실·거래내용이 불분명한 차입금

채권자가 불분명한 사채이자는 손금에 산입하지 않는다. 그 취지는 채권자가 불분명한 가공채무를 계상하여 소득금액을 감소시키는 행위를 방지하고 사채시장을 양성화하기 위한 데 있다. 채권자가 불분명한 사채이자에 대한 원천징수세액에 상당하는 금액은 기타사외유출로 처분하며, 원천징수세액 상당액을 제외한 금액은 대표자에 대한 상여로 처분한다.

판례 채권자가 불분명한 사채이자의 경우 법인의 채권자에 대한 이자소득세의 원천징수의무의 유무

익금에 산입되어 대표자에 대한 상여로 처분된 이상 그 금액은 법인의 대표자에게 귀속된 것으로 보아야 하고, 불분명한 채권자에게 귀속된 것으로는 볼 수 없으므로 법인은 그에 대한 근로소득세를 원천징수하여 납부해야 할 의무만이 있을 뿐 이와는 별도로 채권자에 대한 이자소득세를 원천징수하거나 이를 납부해야 할 의무는 없다고 해석함이 상당하다 할 것이다(87누102). ■

2. 비실명 채권·증권의 이자 등

채권·증권의 이자·할인액·차익 중 그 지급받은 자가 불분명한 것은 손금에 산입하지 않는다. 여기서 '채권·증권의 이자·할인액·차익'이란 국가·지방자치단체·내국법인·외국법인의 국내지점에서 발행한 채권·증권의 이자·할인액, 환매조건부 등의 매매차익을 말한다.

그리고 '지급받은 자가 불분명한 것'이란 채권 · 증권의 이자 등을 해당 채권 · 증권의 발행법인이 직접 지급하는 경우로서 그 지급사실이 객관적으로 인정되지 않는 이자 등을 말한다.

이 제도는 금융기관이 아닌 법인이 채권 등의 소지자에게 이자 등을 지급하는 경우에도 거래자의 실지명의 확인을 강제함으로써 금융소득 종합과세를 회피하는 것을 방지하기 위해 도입된 것이다. 그러나 금융기관과의 거래에 있어서는 거래자의 실지명의 확인이 강제되어 있기 때문에 이러한 문제가 발생하지 않는다.

3. 건설자금이자

'건설자금이자'란 자산의 취득에 사용된 차입금에 대한 이자비용을 말한다. 이는 기업회계에 따른 수익비용대응 원칙에 따라 현행 법인세법은 건설자금이자를 특정차입금이자와 일반차입금이자로 구분하고, 특정차입금이자는 취득원가에 산입해야 하지만 일반차입금이자는 취득원가 산입과 당기 손금산입 중 하나를 선택할 수 있다.

[도 표] 법인세법과 회계기준 및 지방세법의 비교

구분	법인세법	기업회계	지방세법(취득세)
(1) 특정차입금이자	• 필수적으로 취득원가에 산입	• 필수적으로 취득원가에 산입	• 수익비용의 대응을 시키기 위함이 아닌 취득을 위해 간접적으로 소요된 금액으로 보기 위함 • 자본화기간 전에 발생한 이자비용이라도 취득가액에 산입
(2) 일반차입금이자	• 선택적으로 취득원가에 산입 • 자본화기간(건설기간 : 차입금 사용일부터 준공일까지)에 해당하는 이자비용만 산입	• 국제회계기준 적용기업만 필수적으로 취득원가에 산입 • 회계기간에 해당하는 이자비용을 산입	
(3) 건설자금이자 대상자산	유형자산 · 무형자산	적격자산(재고자산 · 투자부동산도 포함)	사실상의 취득을 하는 경우 취득세가 과세되는 모든 자산

4. 업무무관자산 · 가지급금에 대한 지급이자

(1) 개요

법인이 ① 업무무관자산을 취득 · 보유하고 있거나 ② 특수관계인에게 업무와 관련없는 가지급금을 지급하고 있는 경우에, 그에 상당하는 지급이자는 이를 손금에 산입하지 않는다. 그 취지는 법인이 자금을 업무와 관련 없이 사용하는 것을 방지하여 기업자금의 생산적인 이용을 유도하기 위한 데 있다.

(2) 규제대상자산의 범위

1) 업무무관자산 : 업무와 직접 관련이 없다고 인정되는 자산을 말한다.

2) 특수관계인에게 업무와 관련없이 지급한 가지급금 : '가지급금'이란 해당 법인의 업무와 관련이 없는 자금의 대여액을 말한다. 동일인에 대한 가지급금과 가수금이 함께 있는 경우에는 이를 상계한 금액으로 한다. 이 경우에는 가지급금의 인정이자 익금산입과는 달리 적정한 이자를 수령하고 있는 경우에도 규제대상자산에 포함된다. 한편 다음의 금액은 조세정책인 목적으로 가지급금의 범위에서 제외한다.

① 지급한 것으로 의제되는 소득(배당금과 상여금)에 대한 소득세 대납액

② 우리사주조합 또는 조합원에 대한 주식취득자금의 대여액

③ 국민연금법에 따라 근로자가 지급받은 것으로 보는 퇴직전환금

④ 익금산입액의 귀속자가 불분명하거나 추계로 과세표준을 결정 · 경정함에 따라 대표자 상여로 처분한 금액에 대한 소득세 대납액

⑤ 직원에 대한 일시적 급료의 가불금 · 경조사비 대여액 · 학자금(자녀의 학자금 포함) 대여액

⑥ 중소기업에서 근무하는 직원에 대한 주택구입 · 전세자금 대여액

법인 03

(3) 손금불산입액의 계산

다음의 금액을 각 사업연도의 소득금액계산상 손금불산입하고 기타사외유출로 소득처분한다.

$$\text{손금불산입액} = \text{지급이자} \times \frac{\text{업무무관자산적수} \cdot \text{가지급금적수의 합계액(총차입금적수를 한도)}}{\text{총차입금적수}}$$

여기서 지급이자 및 총차입금은 선순위 불산입분 등을 제외하고 계산한다. 그리고 총차입금 및 자산가액의 합계액은 적수로 계산하며, 업무무관자산의 가액은 법인세법의 취득가액으로 하되, 취득가액이 시가를 초과하는 경우에도 시가초과액을 포함한다.

제 4 장

손익의 귀속사업연도 및 자산 · 부채의 평가

제1절 손익의 귀속사업연도

I-2 p.165

Ⅰ. 서설

법인의 소득금액은 '사업연도'라는 시간적 단위를 기준으로 계산한다. 따라서 익금 · 손금의 흐름(flow)을 인위적으로 구분한 사업연도에 귀속시켜야 하는 문제가 발생하며, 그 귀속을 판단하기 위한 것이 '손익의 귀속사업연도'이다.

이러한 손익의 귀속사업연도는 과세시기와 직결되며, 국세 부과제척기간 기산일, 소급과세금지의 원칙에 위배되는지 여부, 세율적용 등에 있어서 매우 중요하다.

Ⅱ. 기본원칙과 기업회계와의 관계

1. 권리의무확정주의

(1) 개요

손익의 귀속사업연도에 관하여 법인세법은 '권리의무확정주의'를 채택하고 있다. 즉 각 사업연도의 익금 · 손금의 귀속사업연도는 그 익금 · 손금이 확정된 날이 속하는 사업연도로 한다는 것이다.

권리의무확정주의에서 핵심은 '확정'인데, 확정이란 익금의 경우에는 권리의 확정을 뜻하며, 손금의 경우에는 의무의 확정을 뜻한다. 여기서 '권리의 확정'이란 ① 계약상 재화 · 용역이 제공되어 ② 대금청구권이 확정되어야 함을 의미한다. 그리고 '의무의 확정'이란 ① 재화 · 용역을 제공받고 ② 그 대가를 지급할 원인이 발생하여 그 대가를 지급할 채무가 확정되어야 함을 의미한다.

법인세법이 손익의 귀속사업연도에 관해 권리의무확정주의를 채택하고 있는 것은 소득측정의 확실한 검증을 도모하는 데 그 취지가 있다.

[도 표] 익금 · 손금의 귀속시기

- 익금 – 권리확정주의
  - ① 재화 · 용역을 제공하고
  - ② 대금청구권이 확정될 것
- 손금 – 대응의 원칙
  - 직접대응
    - 판매한 상품 · 제품의 원가, 제공한 용역의 원가
    - 양도한 자산의 장부가액
  - 기간대응 : 의무확정주의
    - ① 재화 · 용역을 제공받고
    - ② 대금지급 채무가 확정될 것

(2) 권리의 확정의 의미

'권리의 확정'이란 일정한 금액을 받을 권리가 확정되었음을 의미한다. 여기서 받을 권리의 확정의 정도를 어디까지로 볼 것인가 문제가 되는데 대법원 판례에 따르면 소득이 현실적으로 실현되었을 것까지는 필요 없다고 하더라도 적어도 소득이 발생할 권리가 그 실현의 가능성에 있어 상당히 높은 정도로 성숙 확정되어야 한다는 입장이다. 그리고 재화·용역을 제공하고 채권이 발생한 경우 채권의 행사에 법률상 제한이 없다면 일단 권리가 확정된 것으로서 해당 사업연도의 익금으로 산입되는 것이고, 그 후 채무자의 무자력 등으로 채권의 회수가능성이 없게 되더라도 이는 회수불능으로 확정된 때 대손금으로 처리할 수 있는 사유가 될 뿐이지 이로 인해 그 채권으로 인한 소득의 귀속시기에 영향을 미치지 않는다.

이때 소득의 원인이 되는 권리의 확정시기와 소득의 실현시기와의 시간적 간극이 있는 경우에는 과세상 소득이 실현된 때가 아닌 권리가 발생한 때에 소득이 있는 것으로 보고 해당 연도의 소득을 산정하는 방식을 말하는 것으로, 실질적으로는 불확실한 소득에 대해 장래 실현될 것을 전제로 하여 미리 과세하는 것을 허용하는 원칙이다. 하지만, 법적 기준으로서의 권리확정주의의 '확정'의 개념을 익금의 귀속시기에 대한 예외 없는 일반원칙으로 정해서는 안 되고, 구체적 사안에 있어 소득에 대한 관리 · 지배와 발생 소득의 객관화 정도, 납세자금의 확보시기 등까지도 함께 고려하여 귀속시기를 판단해야 한다.

판 례 사업상의 정당한 사유로 당초의 매매대금 · 용역대금을 감액한 경우 그 감액분을 당초의 매매대금 · 용역대금에 대한 권리가 확정된 사업연도의 소득금액에 포함하여 법인세를 과세할 수 있는지 여부

'권리확정주의'란 소득의 원인이 되는 권리의 확정시기와 소득의 실현시기와의 시간적 간격이 있는 경우에는 과세상 소득이 실현된 때가 아닌 권리가 확정적으로 발생한 때를 기준으로 하여 그때 소득이 있는 것으로 보고 해당 사업연도의 소득을 산정하는 방식으로, 실질적으로는 불확실한 소득에 대해 장래 그것이 실현될 것을 전제로 하여 미리 과세하는 것을 허용하는 것이다. 따라서 소득의 원인이 되는 권리가 확정적으로 발생하여 과세요건이 충족됨으로써 일단 납세의무가 성립하였다 하더라도 일정한 후발적 사

유의 발생으로 말미암아 소득이 실현되지 아니하는 것으로 확정되었다면, 당초 성립하였던 납세의무는 그 전제를 상실하여 원칙적으로 그에 따른 법인세를 부과할 수 없다고 보아야 한다. 이러한 해석은 권리확정주의의 채택에 따른 당연한 요청일 뿐 아니라 후발적 경정청구제도를 규정한 국세기본법의 입법 취지에도 부합한다. 다만, ① 대손금과 같이 법인세법이나 관련 법령에서 특정한 후발적 사유의 발생으로 말미암아 실현되지 아니한 소득금액을 그 후발적 사유가 발생한 사업연도의 소득금액에 대한 차감사유 등으로 별도로 규정하고 있거나, ② 경상적 · 반복적으로 발생하는 매출에누리 · 매출환입과 같은 후발적 사유에 대해서 납세의무자가 기업회계의 기준 · 관행에 따라 그러한 사유가 발생한 사업연도의 소득금액을 차감하는 방식으로 법인세를 신고해 왔다는 등의 특별한 사정이 있는 경우에는, 그러한 후발적 사유의 발생은 당초 성립하였던 납세의무에 영향을 미칠 수 없다고 할 것이다.

이 사건 부지의 용도변경의 경우 용도변경이 안 되는 것으로 최종 결정된 경우 또는 정해진 기한까지도 용도변경이 이루어지지 않는 경우에는 매매계약을 해제하거나 환매를 요청할 수 있도록 당초에 약정하였고, 이후에 이 사건 부지의 용도변경이 정해진 기한까지 이루어지는 것이 불가능하다고 보고 매매대금을 중 일정부분을 감액하기로 합의하였으며, 이에 따라 원고가 해당 감액분을 반환한 사실 등을 알 수 있다. 이와 같은 사실관계를 권리확정주의의 법리에 비추어 살펴보면, 원고가 이 사건 부지의 매매대금을 감액하기로 합의한 것은 원고의 주장대로 매매계약의 해제 등으로 인한 불이익을 피하기 위한 것으로서 사업상 정당한 사유가 있었다고 볼 수 있다(2011두1245). ■

2. 기업회계와 관계

(1) 기업회계의 수익인식기준

기업회계에서 수익은 경제적 효익의 유입가능성이 매우 높고, 그 효익을 신뢰성 있게 측정할 수 있을 때에 인식을 한다. 비용은 수익이 인식되는 회계기간에 대응하여 인정한다.

(2) 기업회계의 보충적 적용

익금 · 손금의 귀속사업연도와 자산 · 부채의 취득 · 평가에 관해 일반적으로 공정 · 타당하다고 인정되는 기업회계기준(국제회계기준과 일반기업회계기준)을 적용하거나 관행(慣行)을 계속 적용하여 온 경우에는 법인세법 · 조세특례제한법에서 달리 규정하고 있는 경우를 제외하고는 그 기업회계의 기준 · 관행에 따른다.

Ⅲ. 거래유형별 귀속사업연도

1. 자산의 판매손익 등의 귀속사업연도

(1) 원칙적인 귀속시기(인도기준)

구분	법인세법	기업회계
1) 상품 등의 판매	인도한 날	

2) 상품 등의 시용판매	상대방이 구입의 의사를 표시한 날 * 일정기간 내에 반송하거나 거절의 의사를 표시하지 않으면 특약 등에 따라 그 판매가 확정되는 경우 : 그 기간의 만료일	
3) 상품 등 외의 자산(부동산 등)의 양도	대금을 청산한 날 * 다만, 대금청산 전에 소유권 등의 이전등기 · 등록을 하거나 해당 자산을 인도하는 경우 또는 상대방이 해당 자산을 사용수익하는 경우 : 그 이전등기 · 등록일 · 인도일 · 사용수익일 중 빠른 날	법적 소유권이 구매자에게 이전되는 시점 * 다만, 그 전에 소유에 따른 위험 · 효익이 구매자에게 실질적으로 이전되는 경우에는 그 시점
4) 자산의 위탁매매	수탁자가 그 위탁자산을 매매한 날	

여기서 '상품 등'이란 상품(부동산은 제외) · 제품 또는 그 밖의 생산품을 말한다. 따라서 재고자산에 해당하는 부동산이라 하더라도 그 양도손익은 위 1)의 인도기준이 아니라 위 3)의 대금청산기준을 적용받게 된다.

한편 법인이 매출할인을 하는 경우 그 매출할인금액은 상대방과의 약정에 따른 지급기일(그 지급기일이 정해져 있지 않은 경우에는 지급한 날)이 속하는 사업연도의 매출액에서 차감한다.

법인 04

판례 재고자산에 해당하는 부동산 매입가액의 손금산입 시기

부동산이 상품 · 제품으로 판매되는 경우 그 매입가액으로서 법인에 귀속되었거나 귀속될 금액은 그 대가로 현금을 지급하든 매입채무를 부담하든 그 가액이 확정되면 특별한 사정이 없는 한 그 부동산의 양도금액이 익금으로 귀속되는 사업연도의 손금에 산입되어야 하고, 반드시 현실로 그 가액이 지출되어야만 손금에 산입되는 것은 아니라고 할 것이다(2010두17847 판결). ■

(2) 장기할부에 대한 특례

장기할부조건에 따라 자산을 판매 · 양도한 경우에는 앞의 일반원칙에 불구하고 특례기준에 의해 손익을 인식할 수 있다. 여기서 '장기할부조건'이란 자산의 판매 · 양도로서 다음의 요건을 모두 갖춘 것을 말한다.

① 판매금액수입금액을 2회 이상으로 분할하여 수입하는 것

② 해당 목적물의 인도일*의 다음 날부터 최종의 할부금의 지급기일까지의 기간이 1년 이상인 것

* 상품 등 외의 자산은 소유권이전 등기 · 등록일 · 인도일 · 사용수익일 중 빠른 날

1) 현재가치 평가의 수용 : 기업회계기준이 정하는 바에 따라 현재가치로 평가하여 현재가치할인차금을 계상한 경우 원칙적인 귀속사업연도에 불구하고, 해당 채권의 회수기간 동안 현재가치할인차금 상당액을 해당 채권의 회수기간 동안 기업회계기준이 정하는 비에 따라

환입하였거나 환입할 금액을 각 사업연도의 익금에 산입한다.

2) 회수기일 도래기준의 수용 : 법인이 장기할부조건으로 자산을 판매 · 양도한 경우로서 판매 · 양도한 자산의 인도일*이 속하는 사업연도의 결산을 확정할 때 해당 사업연도에 회수하였거나 회수할 금액과 이에 대응하는 비용을 각각 수익 · 비용으로 계상한 경우에는, 위의 원칙적인 귀속사업연도에 불구하고 그 장기할부조건에 따라 각 사업연도에 회수하였거나 회수할 금액과 이에 대응하는 비용을 각각 해당 사업연도의 익금 · 손금에 산입한다.

* 상품 등 외의 자산은 소유권 이전등기 · 등록일, 인도일, 사용수익일 중 빠른 날

여기서 '회수하였거나 회수할 금액'이란 회수기일이 도래한 금액을 의미한다. 즉 '회수한 금액'은 회수기일이 도래한 금액 중 실제로 회수한 금액을 가리키며, '회수할 금액'은 회수기일이 도래하였으나 기말 현재 아직 회수하지 못한 금액을 가리키는 것이다. 따라서 여기에는 미회수분은 포함하되, 선회수분은 포함하지 않는다.

다만, 중소기업인 법인이 장기할부조건으로 자산을 판매하거나 양도한 경우에는 그 장기할부조건에 따라 각 사업연도에 회수하였거나 회수할 금액과 이에 대응하는 비용을 각각 해당 사업연도의 익금 · 손금에 산입할 수 있다. 이는 유가증권시장 등에 상장되는 중소기업 등의 경우 국제회계기준에 따라 인도기준 등으로 회계처리를 해야 하기 때문에 이러한 경우에도 중소기업인 법인은 특별히 회수기일도래기준으로 신고조정에 의한 익금 · 손금으로 할 수 있다는 것이 법인세법의 입장이다.

참 고 회수기일도래기준의 특수문제

회수기일도래기준을 적용할 때에 인도일 이전에 회수하였거나 회수할 금액은 인도일에 회수한 것으로 보며, 법인이 장기할부기간 중에 폐업한 경우에는 그 폐업일 현재 익금에 산입하지 않은 금액과 이에 대응하는 비용을 폐업일이 속하는 사업연도의 익금 · 손금에 각각 산입한다. ■

[도 표] 할부매출손익의 귀속시기

구분	법인세법	기업회계
(1) 단기할부판매	인도기준	인도기준
(2) 장기할부판매	• 원 칙 : 인도기준* * 이자상당액도 모두 인도시점에 인식 • 특 례 ① 결산서에 이자상당액을 기간경과에 따라 이자수익으로 계상한 경우 이를 인정 ② 결산서에 회수하였거나 회수할 금액으로 계상한 경우 이를 인정(*주) ③ 중소기업은 결산서에 인도기준으로 인식한 경우에도 회수기일도래기준으로 신고조정할 수 있음	인도기준 * 이자상당액은 기간경과에 따라 이자수익으로 인식 * 비상장 중소기업 등의 경우에는 회수기일 도래기준 적용 가능

(*주) 세법은 기업회계기준과 달리 비상장 중소기업 등이 아닌 기업에 대해서도 회수기일도래기준을 인정하고 있다는 점에 주의를 요한다.

2. 용역제공 등에 대한 손익의 귀속사업연도

(1) 원칙 : 진행기준

건설 등(건설 · 제조 기타 용역으로서 도급공사 및 예약매출을 포함)의 제공으로 인한 익금 · 손금은 그 목적물의 건설 등의 착수일이 속하는 사업연도부터 그 목적물의 인도일(용역제공의 경우에는 그 제공을 완료한 날, 이하 같다)이 속하는 사업연도까지 그 목적물의 건설 등을 완료한 정도(작업진행률)를 기준으로 하여 계산한 수익 · 비용을 각각 해당 사업연도의 익금 · 손금에 산입한다. 따라서 장단기를 불문하고 건설 등의 제공으로 인한 손익은 원칙적으로 '진행기준'에 따라 손익을 인식하게 되는데, 이것을 산식으로 표현하면 다음과 같다.

① 익금 : 계약금액 × 작업진행률 – 직전 사업연도 말까지 익금에 산입한 금액 ② 손금 : 해당 사업연도에 발생된 총비용

* 작업진행률에 의한 익금 · 손금이 공사계약의 해약으로 인해 확정된 금액과 차액이 발생된 경우에는 그 차액을 해약일이 속하는 사업연도의 익금 · 손금에 산입한다.

$$\text{작업진행률} = \frac{\text{해당 사업연도 말까지 발생한 총공사비 누적액}}{\text{총공사예정비}}$$

여기서 '총공사예정비'란 기업회계기준을 적용하여 계약 당시 추정한 공사원가에 해당 사업연도 말까지의 변동상황을 반영하여 합리적으로 추정한 공사원가를 말한다.

이처럼 작업진행률은 위의 원가기준법으로 측정하는 것이 원칙이지만, 건설의 수익실현이 작업시간 · 작업일수, 기성공사의 면적 · 물량 등(이하 '작업시간 등')과 비례관계가 있고, 전체 작업시간 등에서 이미 투입되었거나 완성된 부분이 차지하는 비율을 객관적으로 산정할 수 있는 건설의 경우에는 그 비율로 할 수 있다.

(2) 특례 : 인도기준

1) 중소기업의 단기건설 등 : 중소기업인 법인이 수행하는 계약기간 1년 미만의 건설 등의 경우에는 그 목적물의 인도일이 속하는 사업연도의 익금 · 손금에 산입할 수 있다.

이는 중소기업이 기업회계의 진행기준에 따라 결산서에 수익 · 비용으로 회계처리한 경우에도 인도기준으로 신고조정할 수 있다는 것이다.

2) 인도기준으로 손익을 인식하는 건설 등 : 건설 등의 제공에 대해 기업회계기준에 따라 목적물의 인도일이 속하는 사업연도의 수익 · 비용으로 계상한 경우에는 그 목적물의 인도일이 속

하는 사업연도의 익금 · 손금에 산입할 수 있다. 기업회계기준에서 분양공사 등의 예약매출은 인도기준으로 분양수익 · 분양원가를 인식해야 하는데, 이처럼 기업회계기준에 따라 인도기준으로 수익 · 비용을 계상한 경우에는 법인세법에서도 인도기준을 적용하여 익금 · 손금을 인식할 수 있다.

[도 표] 건설 · 제조 기타 용역제공(도급공사 · 예약매출 포함)에 따른 손익의 귀속시기

구분		법인세법	기업회계
(1) 일반적인 건설 등	단기건설 등	• 원칙 : 진행기준 ＊ 장부가 없는 경우 등으로 진행기준을 적용할 수 없는 건설 등은 인도기준(강제) • 특례 : 중소기업은 인도기준 선택(신고조정도 가능)	진행기준 ＊ 비상장 중소기업은 인도기준 · 완성기준 적용 가능
	장기건설 등	진행기준(강제)	
(2) 분양공사 등 예약매출		• 원칙 : 진행기준 ＊ 장부가 없는 경우 등으로 진행기준을 적용할 수 없는 건설 등은 인도기준(강제) • 특례 : 인도기준(선택)	인도기준

3. 이자소득 등의 귀속사업연도

(1) 이자수익과 이자비용

1) 이자수익 : 법인이 수입하는 이자는 소득세법에 따른 이자소득의 수입시기(보통 실제로 받은 날 또는 받기로 한 날)가 속하는 사업연도의 익금으로 한다. 다만, 금융 및 보험업을 영위하는 법인의 경우에는 실제로 수입된 날이 속하는 사업연도의 익금(선수입이자는 제외)으로 한다. 그러나 결산을 확정할 때 이미 경과한 기간에 대응하는 이자(원천징수되는 이자는 제외)를 해당 사업연도의 수익으로 계상하는 경우에는 그 계상한 사업연도의 익금으로 한다. 법인세법에 따른 원천징수는 이자수익에 대해 장차 법인이 납부해야 할 법인세를 이자수익이 지급되는 시점에서 미리 징수하여 납부하는 것이다. 만약 원천징수 대상인 이자수익에 대해서 발생주의의 수용특례를 인정한다면 각 사업연도 소득에 포함되어 이미 법인세가 과세된 미수이자에 대해서는 이자수익을 지급할 때 원천징수대상에서 제외해야 한다. 그러나 원천징수의무자가 수많은 이자소득자의 이미 과세된 이자수익을 일일이 확인하는 것은 대단히 어렵다. 이런 이유로 원천징수 대상인 이자수익에 대해서는 발생주의를 배제하고 실제로 받은 날(원천징수시기)을 기준으로 귀속사업연도를 정한 것이다. 즉 원천징수의 편의를 위해서 불가피하게 발생주의를 배제하고 현금주의를 따르는 것이다.

[도 표] 이자수익의 귀속시기

구분		법인세법	기업회계
이자수익	일반법인	• 원칙 : 실제로 받은 날(또는 받기로 한 날) • 특례 : 기간경과분을 수익으로 계상한 경우에는 이를 인정* * 법인세가 원천징수되지 않는 이자수익(거의 없음)에 한정하여 적용	발생주의(기간경과분 이자수익을 인식)
	금융 및 보험업을 영위하는 법인	• 원칙 : 실제로 받은 날(선수수익은 제외) • 특례 : 기간경과분을 수익으로 계상한 경우에는 이를 인정* * 법인세가 원천징수되지 않는 이자수익(대부분임)에 한정하여 적용	발생주의(기간경과분 이자수익을 인식)

2) 이자비용 : 법인이 지급하는 이자 등은 소득세법에 따른 이자소득의 수입시기가 속하는 사업연도의 손금으로 한다(현금주의 또는 의무확정주의). 다만, 결산을 확정할 때 이미 경과한 기간에 대응하는 이자 등(차입일부터 이자지급일이 1년을 초과하는 특수관계인과의 거래에 따른 이자 등은 제외한다)을 해당 사업연도의 손비로 계상한 경우에는 그 계상한 사업연도의 손금으로 한다(발생주의 수용). 따라서 이자비용의 경우에는 이자수익의 경우와는 달리 발생주의에 따른 회계처리가 제한 없이 허용되는 것이다.

[도 표] 이자비용의 귀속시기

구분	법인세법	기업회계
이자비용	• 원칙 : 실제로 지급한 날(또는 지급하기로 한 날) • 특례 : 기간경과분을 비용으로 계상한 경우에는 이를 인정* * 차입일부터 이자지급일이 1년을 초과하는 특수관계인과의 거래에 따른 이자 등은 이 특례를 적용하지 않음	발생주의(기간경과분 이자비용을 인식)

참고 사채할인발행차금의 손금귀속사업연도

기업회계기준에 따른 사채할인발행차금의 상각방법에 따라 이를 손금에 산입한다(강제). ■

(2) 배당금수익

법인이 수입하는 배당소득의 귀속사업연도는 소득세법에 따른 배당소득의 수입시기(잉여금 처분결의일, 실제로 받은 날 등)가 속하는 사업연도로 한다. 한편 법인이 아닌 조합 등으로부터 받는 분배금의 귀속사업연도는 해당 조합 등의 결산기간이 종료하는 날이 속하는 사업연도로 한다.

[도 표] 배당금수익의 비교

구분	법인세법	기업회계
배당금수익	소득세법에 따른 배당소득의 수입시기 (잉여금처분결의일, 실제로 받은 날)	배당금을 받을 권리와 금액이 확정되는 시점에서 인식

4. 임대료 등 그 밖의 손익의 귀속사업연도

(1) 임대손익

자산의 임대로 인한 익금과 손금의 귀속사업연도는 다음의 날이 속하는 사업연도로 한다.

① 계약 등에 따라 임대료의 지급일이 정해진 경우 : 그 지급일

② 계약 등에 따라 임대료의 지급일이 정해지지 않은 경우 : 그 지급을 받는 날

다만, ① 결산을 확정할 때 이미 경과한 기간에 대응하는 임대료 상당액과 이에 대응하는 비용을 해당 사업연도의 수익 · 손비로 계상한 경우 및 ② 임대료 지급기간이 1년을 초과하는 경우, 이미 경과한 기간에 대응하는 임대료 상당액과 비용은 이를 각각 해당 사업연도의 익금 · 손금으로 한다.

[도 표] 임대손익의 귀속시기

법인세법		기업회계
• 원칙	받기로 한 날(또는 실제로 받은 날)	발생주의 (기간경과분 임대수익을 인식)
• 특례	① 기간경과분을 임대수익으로 계상한 경우에는 이를 인정(발생주의 수용) ② 임대료 지급기간이 1년을 초과하는 경우 : 기간경과분을 임대수익으로 인식(발생주의 강제)	

(2) 리스료의 귀속사업연도

리스회사와 리스이용자가 리스로 인해 수입하거나 지급하는 리스료의 익금 · 손금의 귀속사업연도는 리스회계처리준칙이 정하는 바에 따른다.

(3) 금전등록기를 운용하는 경우

영수증을 작성 · 교부할 수 있는 업종을 영위하는 법인이 금전등록기를 설치 · 사용하는 경우 그 수입하는 물품대금 · 용역대가의 귀속사업연도는 그 금액이 실제로 수입된 사업연도로 할 수 있다.

(4) 그 밖의 손익의 귀속사업연도

법인세법 시행령에서 대표적 거래유형별 손익의 귀속사업연도로 규정한 것 외의 익금 · 손금의 귀속사업연도는 그 익금 · 손금이 확정된 날이 속하는 사업연도로 한다.

판 례 장기도급계약의 경우 국세 부과제척기간의 경과로 인해 납세자가 조세채무의 납부의무를 면하게 되는 것이 실질과세의 원칙에 반하는지 여부

건설 등에 관한 계약기간이 1년 이상인 장기도급계약의 경우 당해 사업연도의 익금을 산정함에 있어서 차감되는 '직전사업연도 말까지의 수입계상액'은, 조세법률주의 원칙상 '직전사업연도 말까지 정당하게 수입계상되어야 할 금액'을 말하는 것이지 납세의무자에 의해 '실제 수입으로 계상된 금액'을 뜻하는 것이 아니라고 할 것이며, 국세기본법에서 규정하고 있는 국세부과권의 제척기간 내에 조세의 부과처분이 없으면 과세관청은 더 이상 국세의 확정을 위한 부과처분을 할 수 없게 되고 그 반사적 효과로서 납세자로서는 조세채무를 납부할 의무를 면하게 되나, 이는 제척기간제도에 따른 부득이한 결과로서 그런 결과가 실질과세의 원칙에 반한다고는 할 수 없는 것이다(2006두781). ■

제2절 자산 · 부채의 취득가액 및 평가

I-2 p.194

Ⅰ. 서설

본래 순자산증가설에 따르면 자산 · 부채의 가치변동분도 과세소득에 포함되어야 한다. 그러나 현행 법인세법은 자산 · 부채의 평가에 대해 원칙적으로 역사적 원가주의를 취하고 있다. 따라서 원칙적으로 각 사업연도의 소득에는 미실현손익이 포함되지 않는 것이다. 이러한 자산 · 부채의 평가는 각 사업연도의 소득금액계산과 밀접하게 관련되어 있다. 각 사업연도의 소득금액은 익금총액에서 손금총액을 차감하여 측정하는데, 그 이유는 손금의 경우 순자산감소액이므로 자산을 어떻게 평가하느냐에 따라 소득금액의 크기가 달라지기 때문이다.

Ⅱ. 자산의 취득가액

1. 기본원칙

법인이 매입 · 제작 · 교환 · 증여 등으로 취득한 자산의 취득가액은 다음의 금액으로 한다.

구분	취득가액
(1) 타인으로부터 매입한 자산 (단기금융자산 등은 제외)	• 매입가액 + 부대비용(취득세 · 등록면허세 포함) * 법인이 토지와 그 토지에 정착된 건물 및 그 밖의 구축물 등(이하 '건물 등')을 함께 취득하여 토지와 건물 등의 가액의 구분이 불분명한 경우 시가에 비례하여 안분계산한다.

(2) 자기가 제조 · 생산 · 건설하거나 그 밖에 이에 준하는 방법으로 취득한 자산	• 제작원가 + 부대비용
(3) 합병 · 분할 · 현물출자에 따라 취득한 자산	• 적격합병 · 적격인적분할(요건을 갖추어 과세이연을 받은 경우)의 경우 : 피합병법인 · 분할법인의 장부가액 • 그 밖의 경우(물적분할 · 현물출자 포함) : 해당 자산의 시가
(4) 합병 · 인적분할에 따라 취득한 주식	종전의 장부가액 + 합병 · 분할로 인한 의제배당금액 + 불공정자본거래로 분여받은 이익 − 합병 · 분할교부금 = 해당 주식의 취득가액 * 합병대가 · 분할대가 중 주식 외의 금전이나 그 밖의 재산가액의 합계액
(5) 물적분할에 따라 취득한 주식	• 물적분할한 순자산의 시가
(6) 현물출자에 따라 취득한 주식	• 출자법인(출자법인과 공동으로 출자한 자를 포함)이 현물출자로 인해 피출자법인을 새로 설립하면서 그 대가로 주식만 취득하는 현물출자의 경우(발행주식총수의 100%를 주식으로 취득하는 경우) : 현물출자한 순자산의 시가 • 그 밖의 현물출자의 경우(발행주식총수의 100% 미만의 주식을 취득하는 경우) : 해당 주식의 시가
(7) 채무의 출자전환에 따라 취득한 주식 등	• 취득 당시의 시가. 다만, 법률 · 협약에 따른 출자전환의 경우에는 출자전환된 채권(대손금으로 손금산입할 수 없는 채권은 제외)의 장부가액
(8) 단기금융자산 등	• 매입가액 * 단기금융자산 등의 부대비용은 취득가액에 포함하지 않고 발생당시 손금산입한다.
(9) 증여세 과세가액불산입을 적용받은 공익법인 등이 특수관계인 외의 자로부터 기부받은 일반기부금에 해당하는 자산(금전 외의 자산만 해당)	• 기부한 자의 기부 당시 장부가액[사업소득과 관련이 없는 자산(개인인 경우만 해당)의 경우에는 취득 당시의 취득가액] * 증여세 과세가액에 산입되지 않은 출연재산이 그 후에 과세요인이 발생하여 그 과세가액에 산입되지 않은 출연재산에 대하여 증여세의 전액이 부과되는 경우에는 기부당시의 시가

⑽ 정부로부터 무상으로 할당받은 온실가스 배출권 또는 배출허용총량	• 영(0)원
⑾ 위 ⑴~⑽ 외의 방법으로 취득한 자산	• 취득 당시의 시가 * 기업회계에서 동종자산과 교환으로 취득하는 유형자산의 취득원가는 교환으로 제공한 자산의 장부가액으로 하지만, 법인세법은 이러한 경우에도 과세이연요건을 추가로 갖추지 않는 이상 취득 당시의 시가에 의한다.

2. 취득가액 산정의 특수문제

1) 자산의 취득가액에는 다음의 금액을 포함하는 것으로 한다.

① 특수관계인인 개인으로부터 유가증권을 저가로 매입하는 경우 시가와 매입가액과의 차액으로 익금에 산입한 금액

② 유형자산 · 무형자산에 대한 건설자금이자

이에 반해 자산의 취득가액에는 다음의 금액은 포함하지 않는 것으로 한다.

① 자산을 장기할부조건 등으로 취득하는 경우에 발생한 채무를 기업회계기준에 따라 현재가치로 평가하여 계상한 현재가치할인차금

② 연지급수입에 있어서 취득가액과 구분하여 지급이자로 계상한 금액

③ 부당행위계산부인에 해당하는 자산의 고가매입 및 고가로 현물을 출자받은 경우 그 시가초과액 및 법인의 증자시 신주를 시가보다 높은 가액으로 매입하는 경우 그 시가초과액

여기서 이자비용으로 계상한 현재가치할인차금 상각액, 연지급수입의 지급이자에 대해서는 다음 규정을 적용하지 않는다. 그 취지는 취득가액으로 계상한 경우와 형평을 기하는데 있다.

① 지급이자 손금불산입

② 수입배당금액의 익금불산입 계산시 차입금이자에 대한 차감액

③ 원천징수의무 및 지급명세서의 제출의무

한편 유형자산의 취득과 함께 국 · 공채를 매입하는 경우 기업회계기준에 따라 그 국 · 공채의 매입가액과 현재가치의 차액을 해당 유형자산의 취득가액으로 계상한 금액은 유형자산의 취득가액에 포함한다. 즉 국 · 공채의 매입가액과 현재가치의 차액은 유형자산의 취득원가에 포함하지 않는 것이 법인세법의 기본입장이지만, 결산서에 유형자산의 취득원가로 계상한 경우에는 이를 인정하는 것이다.

2) 법인이 보유하는 자산에 대하여 다음 중 어느 하나의 사유가 발생한 경우의 취득가액은 다음과 같다.

구분	취득가액
(1) 보험업법이나 그 밖의 법률에 따른 유형자산·무형자산의 평가증 또는 법인세법 시행령의 규정에 따른 재고자산·유가증권·화폐성외화자산·부채의 평가가 있는 경우	그 평가액
(2) 유형자산·무형자산에 대한 자본적 지출이 있는 경우	그 자본적 지출액을 가산한 금액
(3) 합병 또는 분할합병(합병 또는 분할로 취득한 주식은 제외)으로 인하여 특수관계인으로부터 분여받은 불공정 자본거래이익이 있는 경우	그 이익을 가산한 금액
(4) 내국법인이 외국자회사를 인수하여 취득한 주식의 경우	[해당 주식의 매입가액 − 인수 전 이익잉여금을 재원으로 한 수입배당금액 중 익금불산입액(△유보)]
(5) 자본준비금을 감액하여 배당을 받은 경우	[보유한 내국법인 주식의 취득가액 − 자본준비금을 감액하여 받은 배당금액(익금에 해당하지 않은 금액)*] * 내국법인이 보유한 주식의 장부가액을 한도로 차감한다.
(6) 완전자법인 간 적격합병하는 경우로서 합병법인으로부터 합병대가로 취득하는 주식이 없는 경우	[보유한 합병법인 주식의 취득가액 + 피합병법인 주식의 취득가액*] * 주식이 아닌 합병대가가 있는 경우 그 합병대가의 금액을 차감한다.

Ⅲ. 자산·부채의 취득 후 평가방법

1. 기본원칙 : 역사적 원가주의

법인이 보유하는 자산·부채의 장부가액을 증액·감액(감가상각을 제외하며 이하 '평가')한 경우에는 해당 자산·부채의 장부가액은 그 평가하기 전의 가액으로 한다.

이처럼 법인세법은 원칙적으로 역사적 원가주의를 취하고 있다. 역사적 원가로 자산·부채를 평가하는 경우 취득 후의 가치가 변동하는 경우에도 역사적 원가를 그대로 유지한다. 다만, 다음 중 어느 하나에 해당하는 경우에는 자산·부채의 장부가액의 증액·감액을 허용한다.

① 보험업법 등의 법률에 따른 유형자산 · 무형자산의 평가(장부가액을 증액한 경우만 해당)

② 재고자산 · 유가증권 등(주식 등, 채권 · 집합투자재산 및 보험회사의 특별계정에 속하는 자산), 화폐성외화자산 · 부채 등(금융회사 등이 보유하는 통화선도 등 및 금융회사 등 외의 법인이 화폐성외화자산 · 부채의 환위험을 회피하기 위해 보유하는 통화선도 등도 포함) : 이러한 자산 · 부채는 그 자산 · 부채별로 법인세법 시행령이 정하는 방법에 따라 평가해야 한다.

③ 가상자산 : 가상자산은 선입선출법에 따라 평가해야 한다.

2. 자산의 평가손실

다음 중 어느 하나에 해당하는 자산은 그 장부가액을 해당 감액사유가 발생한 사업연도[아래 (2)의 경우에는 파손 · 멸실이 확정된 사업연도 포함]에 다음의 평가액으로 감액하고, 그 감액한 금액을 손비로 계상할 수 있다. 즉 감액사유가 발생한 날이 속하는 사업연도에 한정하여 결산조정에 의해 평가손실을 손금으로 인정한다는 것이다.

구분	평가액
(1) 재고자산으로서 파손 · 부패 등의 사유로 인해 정상가격으로 판매할 수 없는 것	• 사업연도 종료일 현재의 처분가능한 시가
(2) 유형자산으로서 천재지변 · 화재, 법령에 따른 수용 등, 채굴예정량의 채진(採盡)으로 인한 폐광(토지를 포함한 광업용자산이 그 고유의 목적에 사용될 수 없는 경우를 포함) 등의 사유로 파손 · 멸실된 것	• 사업연도 종료일 현재 시가
(3) 다음에 해당하는 주식 등으로서 그 발행법인이 부도가 발생한 경우(또는 채무자 회생 및 파산에 관한 법률에 따른 회생계획인가의 결정을 받았거나 그 밖의 법률에 따라 부실징후기업이 된 경우)의 해당 주식 등 ① 주권상장법인이 발행한 주식 등 ② 벤처투자회사 · 신기술사업금융업자가 보유하는 주식 등 중 각각 창업자 · 신기술사업자가 발행한 것 ③ 특수관계에 있지 않은 비상장법인(발행주식총수의 5% 이하를 소유하고 그 취득가액이 10억원 이하인 경우)이 발행한 주식 등	• 사업연도 종료일 현재의 시가 * 주식 등의 발행법인별로 보유주식총액을 시가로 평가한 가액이 1,000원 이하인 경우 : 1,000원
(4) 주식 등을 발행한 법인이 파산한 경우의 해당 주식 등	• 사업연도 종료일 현재의 시가 * 시가로 평가한 가액이 1,000원 이하인 경우 : 1,000원

* 법인세법에서 열거된 평가손실만 손금에 산입하고, 일반적인 평가손익은 손금으로 인정하지 않는 이유

(1) 열거한 것만 손금산입하는 이유

① 해당 자산가치의 회복이 현실적으로 불가능하여 그 손실이 확정적으로 발생한 경우로서 가치감소분의 객관적인 평가가 충분히 가능하고, ② 과세소득의 자의적인 조작수단으로 악용될 여지가 없는 경우에만 그 평가의 대상자산 · 방법 · 절차 등에 대한 엄격한 요건을 전제로 자산의 평가차손을 손금에 산입하는 것을 허용하고 있다.

(2) 일반적인 평가손익을 인정하지 않는 이유

법인세법이 자산의 평가손익을 원칙적으로 과세에 반영하지 않는 것은, ① 원래 자산의 평가손익이란 본질적으로 미실현 이익 내지 손실로서 유동적 상태에 있어 확정적인 것이 아니고, 미실현 손익에 대해 과세를 하려면 과세기간 말 현재 자산의 시장가치를 정확하게 평가해야 하는데, 과세대상에 해당하는 모든 자산을 객관적 · 통일적으로 파악 · 평가하기에는 과세기술상 거의 불가능하기 때문이다. ② 만약 그와 같은 평가손익을 손금 · 익금으로 산입하는 것을 원칙적으로 허용하게 되면, 과세소득의 자의적인 조작수단으로 악용될 여지가 있어 이를 방지할 정책적인 필요도 있고, 경우에 따라 자산가치의 상승이 있다고 하여 원칙적으로 익금산입을 무제한하게 허용하게 되면 그에 대한 불필요한 조세저항을 부를 우려조차 있다.

제3절 감가상각

I-2 p.201

I. 서설

'감가상각'이란 유형자산 · 무형자산의 취득원가에서 잔존가액을 차감한 금액을 그 자산의 내용연수 동안 체계적인 방법에 따라 각 회계기간에 배분하는 것을 말한다. 따라서 감가상각의 주된 목적은 취득원가의 배분이며 자산의 재평가는 아니다.

법인세법은 사업용자산의 감가상각비를 결산서에 계상한 경우에는 상각범위액 안에서 손금산입할 수 있도록 규정하고 있는데, 이는 법인의 자의적인 손금산입을 방지하기 위해 상각방법, 내용연수 산정 등에 있어서 기업회계의 선택가능성을 제한하고 있다.

II. 감가상각자산의 범위

감가상각자산은 토지를 제외한 유형자산과 무형자산으로 한다. 그 구체적인 포함여부는 다음과 같다.

포함 ○	포함 ×
① 장기할부조건 등으로 매입한 자산의 경우 법인이 해당 자산의 가액 전액을 자산으로 계상하고 사업에 사용하는 경우에는 그 대금의 청산 또는 소유권의 이전 여부에 관계없이 감가상각자산에 포함한다. ② 리스자산 중 기업회계기준에 따른 금융리스 자산은 리스이용자의 감가상각자산으로, 금융리스 외 리스자산은 리스회사의 감가상각자산으로 한다. ③ 유동화전문회사가 자산유동화계획에 따라 금융리스자산을 양수한 경우 해당 자산에 대해서는 리스이용자의 감가상각자산으로 한다.	① 사업에 사용하지 않는 것(유휴설비는 제외) ② 건설중인 것. 여기에는 설치중인 자산 또는 그 성능을 시험하기 위한 시운전기간에 있는 자산을 포함하되, 건설중인 자산의 일부가 완성되어 해당 부분이 사업에 사용되는 경우 그 부분은 이를 감가상각자산에 포함한다. ③ 시간의 경과에 따라 그 가치가 감소되지 않는 것

Ⅲ. 감가상각 시부인계산의 기본구조

'감가상각 시부인계산'이란 법인세법 시행령의 규정에 따른 상각범위액을 기준으로 법인이 계상한 감가상각비를 세무상 시인·부인하는 절차를 말한다.

감가상각비는 법인이 '결산서에 손비로 계상한 경우에만' 상각범위액 내에서 손금으로 인정된다. 따라서 감가상각비는 결산시 손비로 계상한 경우에 한정하여 이를 손비로 보는 인정하므로 결산시 손금에 계상하지 않는 금액은 이를 세무조정에 따라 손금산입하거나 국세기본법에 따라 경정청구할 수 없다(임의상각제도).

그 이유는 만약 감가상각비를 신고조정을 할 수 있게 허용해주게 되면, 경영자가 결산시에는 감가상각비를 과소계상하여 그만큼 손익계산서상 당기순이익이 과다하게 보고해 투자자들에게 기업의 경영성과가 좋은 것으로 평가를 받고, 그 과소계상한 감가상각비를 신고조정에 의해 손금산입을 하여 그만큼 소득금액을 줄여서 법인세를 덜 내는 이율배반적인 행위를 하는 것이 가능하기 때문에 이런 행위를 방지하기 위해 감가상각비 등과 같이 외부거래 없이 내부 의사결정에 따라 손비로 계상하는 것은 결산서에 그만큼 손비로 계상된 경우에만 일정한 범위에서 손금으로 인정한다.

Ⅳ. 감가상각의 의제

1. 의의

각 사업연도의 소득에 대하여 법인세가 면제·감면되는 사업을 영위하는 법인으로서 법인세를 면제 · 감면받은 경우에는 위에 따른 임의상각제도에도 불구하고 개별 자산에 대한 감가상각비가 상각범위액이 되도록 감가상각비를 손금에 산입해야 한다.

한편 법인세 과세표준을 추계결정 · 경정을 하는 경우에는 감가상각자산에 대한 감가상각비를 손금에 산입한 것으로 본다. 이처럼 추계결정 · 결정으로 감가상각의 의제규정이 적용된 사업연도의 다음 사업연도 이후에 상각범위액을 계산할 때에는 미상각잔액에서 의제상각액을 공제한 금액을 기초로 한다.

2. 적용대상법인

법인세가 면제 · 감면되는 사업을 영위하는 법인은 특정사업에서 생긴 소득에 대해 법인세를 면제 · 감면받은 법인을 말한다. 다만, 법인세가 면제 · 감면되는 사업을 영위하는 법인이라도 법인세를 면제 · 감면받지 않는 경우에는 감가상각의 의제를 적용하지 않는다.

제4절 퇴직급여 및 퇴직부담금의 손금산입

I-2 p.211

Ⅰ. 퇴직급여

1. 현실적인 퇴직

법인이 임원 · 직원에게 지급하는 퇴직급여는 임원 · 직원이 현실적으로 퇴직하는 경우에만 지급하는 것에 한정하여 이를 손금에 산입한다. 여기서 '현실적인 퇴직'이란 근무관계가 종료되는 것을 말한다.

한편 현실적 퇴직에는 법인이 퇴직급여를 실제로 지급한 경우로서 다음 중 어느 하나에 해당하는 경우를 포함하는 것으로 한다.

① 직원이 임원으로 취임한 경우

② 상근임원이 비상근임원으로 된 경우

③ 임원 · 직원이 그 법인의 조직변경 · 합병 · 분할 · 사업양도에 따라 퇴직한 경우

④ 근로자퇴직급여 보장법의 규정에 따라 퇴직급여를 중간정산하여 지급한 경우

⑤ 임원에게 정관 또는 정관에서 위임된 퇴직급여지급규정에 따른 경우로서 장기 요양 등의 사유로 중간정산하여 퇴직급여를 지급한 때

2. 임원퇴직급여의 한도액

직원에게 지급하는 퇴직급여는 금액의 제한 없이 손금에 산입하는 데 반하여, 임원에게 지급한 퇴직급여 중 다음의 한도액을 초과하는 금액은 손금에 산입하지 않는다.

1) 정관에 퇴직급여(퇴직위로금 등 포함)로 지급할 금액이 정해진 경우(정관에 임원퇴직급여계산기준이 기재된 경우 포함) : 그 정관에 정해진 금액(정관에서 위임된 퇴직급여 규정이 따로 있을 때에는 이에 규정된 금액)

2) 그 외의 경우 : 퇴직 전 1년간 총급여액×1/10×근속연수

   여기서 '총급여액'은 근로의 제공으로 인해 받은 급여 및 잉여금처분에 따른 상여금으로 하되, 비과세근로소득과 손금불산입액은 제외한다. 그리고 '근속연수'는 역년에 따라 계산하고, 1년 미만의 기간은 월수로 계산하며 1월 미만의 기간은 이를 산입하지 않는다.

Ⅱ. 퇴직부담금

법인이 임원·직원의 퇴직급여를 지급하기 위해 납부하는 퇴직연금의 부담금은 각 사업연도 소득금액을 계산할 때 손금에 산입한다.

여기서 '퇴직연금의 부담금'은 임원·직원의 퇴직 등을 퇴직급여의 지급사유로 하고 임원·직원을 수급자로 하는 연금으로서 법인이 퇴직연금사업자(보험회사 등)에게 납부하는 부담금을 말한다.

제5절 대손금과 대손충당금의 손금산입

I-2 p.218

Ⅰ. 서설

1) '대손금'이란 회수불능한 채권금액을 말하며, 이는 법인의 순자산을 감소시키는 손비이므로 각 사업연도의 소득금액을 계산할 때 손금으로 인정된다. 그런데 회수불능의 판단을 법인의 임의에 맡길 경우에는 자의적인 손금산입으로 소득금액을 조작할 우려가 있다. 그리하여 법인세법은 회수불능의 판단기준을 정하여 대손금의 범위를 엄격히 정하고 있다.

2) 한편 '대손충당금'이란 각 사업연도 종료일 현재의 채권잔액 중 대손예상액을 해당 사업연도의 손비로서 계상한 평가성충당금을 말한다. 본래 권리의무확정주의에 따르면 장래에

확정될 회수불능채권금액을 해당 사업연도에 손금산입할 수 없다. 그러나 해당 사업연도의 사업수입금액에 대응하는 손비임에도 불구하고 미래에 대손이 확정된 사업연도에 손금으로 인정하는 것을 엄격히 고수하는 경우에는 당기 수익에 비용이 대응되지 않아 오히려 기간손익을 왜곡하는 결과가 된다. 그리하여 현행 법인세법은 대손충당금의 손금산입을 일정한 한도 내에서 제한적으로 허용하고 있다.

Ⅱ. 대손금

1. 대손금의 범위

대손금은 대손사유가 발생한 경우 손금에 산입해야 하는 대손금(신고조정사항)과 대손사유가 발생하여 손비로 계상한 경우 손금으로 인정되는 대손금(결산조정사항)으로 구분된다.

(1) 대손사유가 발생한 때 손금산입하는 대손금(신고조정사항)

다음 중 어느 하나에 해당하는 채권의 금액은 해당 사유가 발생한 날이 속하는 사업연도의 손금으로 한다. 이러한 대손금은 채권이 법적으로 소멸하여 당연히 회수할 수 없게 된 것이므로 대손으로 회계처리하였는지 여부에 관계없이 반드시 해당 사업연도의 손금에 산입해야 한다. 따라서 해당 사유가 발생한 사업연도에 회사가 이러한 대손금을 결산서에 비용으로 계상하지 않고 있으면 신고조정에 의해 손금산입해야 한다.

구분	구체적인 범위
(1) 소멸시효가 완성된 채권	① 상법에 따른 소멸시효가 완성된 외상매출금 및 미수금 ② 어음법에 따른 소멸시효가 완성된 어음 ③ 수표법에 따른 소멸시효가 완성된 수표 ④ 민법에 따른 소멸시효가 완성된 대여금 및 선급금
(2) 그 밖의 채권	①「채무자 회생 및 파산에 관한 법률」에 따른 회생계획인가의 결정 또는 법원의 면책결정에 따라 회수불능으로 확정된 채권 ①-2「서민의 금융생활 지원에 관한 법률」에 따른 채무조정을 받아 신용회복지원협약에 따라 면책으로 확정된 채권 ② 민사집행법에 따라 채무자의 재산에 대한 경매가 취소된 압류채권

(2) 대손사유가 발생하여 손비로 계상한 때 손금으로 인정되는 대손금(결산조정사항)

다음 중 어느 하나에 해당하는 채권의 금액은 해당 사유가 발생하여 손비로 계상한 날이 속하는 사업연도의 손금으로 한다. 이러한 대손금은 해당 채권이 법적으로는 아직 소멸하지 않았으나 채무자의 자산상황 · 지급능력 등에 비추어 회수불능으로 명백하게 되어 대손이 발생하였다고 판단하여 회사가 이를 결산서에 비용으로 계상한 경우에만 해당 사업연도의 손금에 산입할 수 있다. 따라서 회사가 이러한 대손금을 결산서에 비용계상하지 않은 경우에는 신고조정에 의해 손금산입할 수 없다.

구분	구체적인 범위
(1) 부도발생일부터 6개월 이상 지난 일정한 채권	부도발생일부터 6개월 이상 지난 수표 또는 어음상의 채권 및 외상매출금(중소기업의 외상매출금으로서 부도발생일 이전의 것에 한정한다). 다만, 해당 법인이 채무자의 재산에 대하여 저당권을 설정하고 있는 경우는 제외한다. * 대손금으로 손비 계상할 수 있는 금액 : 사업연도 종료일 현재 회수되지 않은 해당 채권의 금액에서 1,000원(비망가액)을 뺀 금액으로 한다.
(2) 회수기일이 2년 이상 지난 중소기업의 외상매출금 등	중소기업의 외상매출금 및 미수금(이하 '외상매출금 등')으로서 회수기일이 2년 이상 지난 외상매출금 등. 다만, 특수관계인과의 거래로 인하여 발생한 외상매출금 등은 제외한다.
(3) 일정한 채무자에 대한 채권	① 채무자의 파산, 강제집행, 형의 집행, 사업의 폐지, 사망, 실종, 행방불명으로 인하여 회수할 수 없는 채권 ② 재판상 화해 등 확정판결과 같은 효력을 가지는 것*에 따라 회수불능으로 확정된 채권 * 이는 ㉠ 민사소송법에 따른 화해 ㉡ 민사소송법에 따른 화해권고결정 ㉢ 민사조정법에 따른 강제조정결정 및 ㉣ 민사조정법에 따른 조정을 말한다. ③ 물품의 수출 또는 외국에서의 용역제공으로 발생한 채권으로서 대손사유*에 해당하여 무역에 관한 법령에 따라 한국무역보험공사로부터 회수불능으로 확인된 채권 * 이는 채무자의 파산 · 행방불명 또는 이에 준하는 불가항력으로 채권회수가 불가능함을 현지의 거래은행 · 상공회의소 또는 공공기관이 확인하는 경우 등을 말한다. ④ 회수기일이 6개월 이상 지난 채권 중 채권가액이 30만원 이하(채무자별 채권가액의 합계액을 기준으로 한다)인 채권

한편 법인이 다른 법인과 합병 · 분할하는 경우로서 결산조정사항에 해당하는 대손금을 합병등기일(또는 분할등기일)이 속하는 사업연도까지 손비로 계상하지 않은 경우에는 그 대손금은 해당 법인의 합병등기일 · 분할등기일이 속하는 사업연도의 손금으로 한다(강제사항). 그 취지는 피합병법인 등의 이월결손금은 피합병법인으로부터 승계받은 사업에서 발생한 소득금액의 범위 내에서만 공제가 되기 때문에 피합병법인 등이 손비로 계상하지 않은 회수불능 채권을 합병법인 등이 이를 인수하여 장부가액으로 승계함으로써 대손금으로 손금산입하는 행위를 방지하려는데 있다.

2. 대손금에 해당하는 채권의 범위

법인세법은 대손금에 해당하는 대손사유를 법정하고 있으나 대손처리할 수 있는 채권의 범위에 대해서는 별다른 제한을 가하고 있지 않다. 따라서 매출채권은 물론이고 영업거래 외의 채권도 대손사유에 해당하면 대손금으로 인정된다. 이때 대손처리할 수 있는 채권에는 회수할 수 없는 부가가치세 매출세액 미수금(부가가치세법에 따른 대손세액공제를 받은 것은 제외)도 포함한다. 다만, 다음의 채권은 대손금으로 손금산입할 수 없으며, 대손충당금의 설정대상에서도 제외된다.

대손금으로 손금산입할 수 없는 채권	비고
① 채무보증(법령에서 허용하는 채무보증 등 일정한 채무보증은 제외)으로 인하여 발생한 구상채권(求償債權)	이러한 ① 구상채권과 ② 가지급금 등의 채권의 처분손실도 손금에 산입하지 않는다.* * 업무와 관련 없는 비용으로 보고 손금불산입한다.
② 특수관계인에게 해당 법인의 업무와 관련없이 지급한 가지급금(假支給金) 등. 이 경우 특수관계인에 대한 판단은 대여시점을 기준으로 한다.	

3. 대손금 회수시의 세무처리

손금에 산입한 대손금 중 회수한 금액은 그 회수한 날이 속하는 사업연도의 소득금액계산에 있어서 익금에 산입한다.

Ⅲ. 대손충당금

1. 개요

법인이 각 사업연도에 외상매출금·대여금, 그 밖에 이에 준하는 채권의 대손에 충당하기 위하여 대손충당금을 손비로 계상한 경우에는 일정한 금액의 범위에서 해당 사업연도의 소득금액을 계산할 때 이를 손금에 산입한다.

이러한 대손충당금의 손금산입은 결산조정사항이다. 즉 법인이 대손충당금을 결산서에 비용으로 계상한 경우에 한정하여 일정한 한도액 범위에서 손금으로 인정하고, 신고조정으로 손금산입하는 것은 허용되지 않는 것이다.

2. 설정대상채권의 범위

1) 대손충당금의 설정대상이 되는 채권은 다음과 같다.

① 외상매출금 : 상품·제품의 판매가액의 미수액과 가공료·용역 등의 제공에 따른 사업수입금액의 미수액

② 대여금 : 금전소비대차계약 등에 따라 타인에게 대여한 금액

③ 그 밖에 이에 준하는 다음의 채권

㉠ 어음상의 채권 및 미수금

㉡ 기업회계기준에 따른 대손충당금 설정대상채권. 다만, 부당행위계산에 해당하는 고가매입 또는 고가현물출자의 경우에 그 시가초과액에 상당하는 채권은 제외한다.

2) 그러나 다음에 해당하는 채권은 대손충당금 설정대상채권의 범위에서 제외한다.

① 채무보증(일정한 채무보증은 제외)으로 인하여 발생한 구상채권

② 특수관계인에게 해당 법인의 업무와 관련 없이 지급한 가지급금

3. 손금산입 한도액

대손충당금의 손금산입 한도액은 다음의 금액으로 한다.

$$\text{손금산입 한도액} = \frac{\text{해당 사업연도 종료일 현재}}{\text{설정대상채권의 장부가액 합계액}} \times \text{대손율}$$

앞의 산식에서 대손율은 ① 1%와 ② 대손실적률 중 큰 비율에 따른다.

$$\text{대손실적률} = \frac{\text{해당 사업연도의 대손금}}{\text{직전 사업연도 종료일 현재의 채권잔액}}$$

4. 대손충당금의 상계와 환입

대손충당금을 손비로 계상한 내국법인이 대손금이 발생한 경우에는 그 대손금을 대손충당금과 먼저 상계해야 하고, 대손금과 상계하고 남은 대손충당금의 금액은 다음 사업연도의 소득금액을 계산할 때 이를 익금에 산입한다.

제 5 장
합병 및 분할 등에 관한 특례

제1절 합병에 대한 특례

I-2 p.229

Ⅰ. 합병에 대한 기본적인 과세체계

'합병(合倂)'이란 둘 이상의 회사가 하나의 회사로 합쳐지는 것을 말한다. 이 경우 합병으로 인하여 소멸하는 회사를 '피합병법인'이라 하고, 합병 후 존속하는 회사(흡수합병의 경우)또는 합병으로 신설된 회사(신설합병의 경우)를 '합병법인'이라고 한다. 합병이 있게 되면 피합병법인은 모든 순자산을 합병법인에게 양도하고 합병법인의 주식 등의 대가를 받아 즉시 주주에게 교부하고 그 법적 실체는 소멸하게 된다.

[도 표] 합병에 대한 과세체계

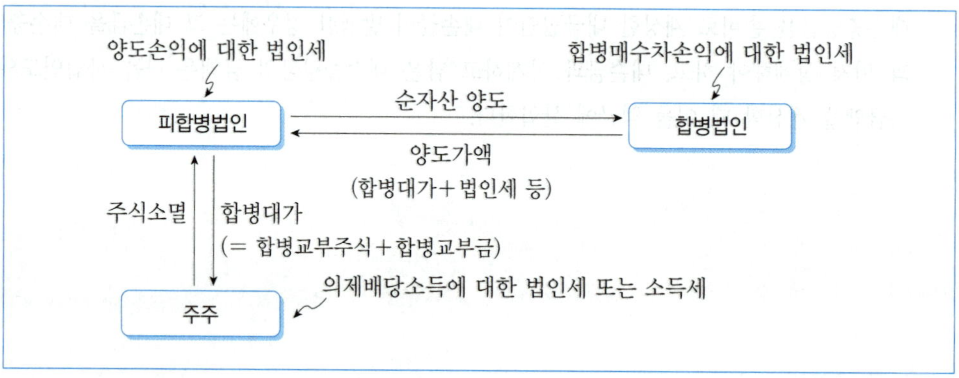

합병에 대한 기본적인 과세체계는 피합병법인에게 축적된 미실현이익이 합병을 계기로 관련 당사자에게 실현되었다는 생각에 기초를 두고 있다. 그러나 형식적 조직개편에 지나지 않은 적격합병의 경우에는 피합병법인의 미실현이익이 실현되었다고 보기 어려울 뿐만 아니라, 합병 당시에 관련 당사자에게 무거운 조세부담을 즉시 지우는 것은 원활한 구조조정을 저해하는

요인이 될 수 있다. 이러한 점을 고려하여 현행 법인세법은 다음의 요건을 모두 갖춘 적격합병에 대해서는 각종 조세에 관한 과세이연을 규정하고 있다.

적격합병의 요건

1. 사업목적의 합병 : 합병등기일 현재 1년 이상 사업을 계속하던 내국법인 간의 합병일 것
2. 지분의 연속성 : ① ㉠ 피합병법인의 주주가 합병으로 인해 받은 합병대가의 총합계액 중 합병법인의 주식가액이 80% 이상인 경우로서 ㉡ 피합병법인의 일정한 지배주주 등에 대한 주식의 배정기준에 따라 배정해야 하고 ② 피합병법인의 일정한 지배주주 등이 합병등기일이 속하는 사업연도의 종료일까지 합병으로 교부받은 전체 주식의 50% 이상을 처분하지 않을 것
   * 삼각합병(합병대가로 합병법인의 모회사 주식을 주는 경우)을 하는 경우에는 합병대가의 총합계액 중 합병법인의 모회사의 주식가액이 80% 이상인 경우로 한다.
3. 사업의 계속성 : 합병법인이 합병등기일이 속하는 사업연도의 종료일까지 피합병법인으로부터 승계받은 사업을 계속할 것
4. 고용의 연속성 : ① 합병등기일 1개월 전 당시 피합병법인에 종사하는 일반근로자 중 합병법인이 승계한 근로자의 비율이 80% 이상이고(고용승계), ② 합병등기일이 속하는 사업연도의 종료일까지 그 비율을 유지할 것(고용유지)

* 피합병법인 주주의 과세이연요건 : 합병당시 그 수많은 피합병법인의 주주들에게 사후관리요건을 적용하기는 무리가 있기 때문에 합병등기일 당시 사업목적의 요건과 지분의 연속성 요건 중 ①의 요건만 갖추면 된다.

법인 05

참 고 지분의 연속성요건의 구체적인 판정기준

1. 피합병법인의 주주가 합병으로 인해 받은 합병대가의 총합계액 중 합병법인의 주식가액이 80% 이상인 경우

합병대가의 총합계액은 피합병법인의 주주가 받은 합병교부주식가액(합병포합주식에 대한 합병교부주식 교부 간주액 포함)과 합병교부금의 합계액으로 하고, 합병대가의 총합계액 중 합병법인의 주식가액이 80% 이상인 지를 판단할 때 합병등기일 전 2년 내에 합병법인이 취득한 합병포합주식이 있는 경우에는 다음의 금액을 합병교부금으로서 교부한 것으로 본다.

구분	합병교부금 간주액
(1) 합병법인이 합병등기일 현재 피합병법인의 지배주주 등이 아닌 경우	합병등기일 전 2년 이내에 취득한 합병포합주식이 피합병법인의 발행주식총수의 20%를 초과하는 경우 그 초과하는 합병포합주식에 대해 교부한 합병교부주식의 가액(합병포합주식에 대한 합병교부주식 교부 간주액 포함)
(2) 합병법인이 합병등기일 현재 피합병법인의 지배주주 등인 경우	합병등기일 전 2년 이내에 취득한 합병포합주식에 대해 교부한 합병교부주식의 가액(합병포합주식에 대한 합병교부주식 교부 간주액 포함)

따라서 합병등기일 전 2년 내에 취득한 합병포합주식이 있는 경우에는 아래의 (분자/분모) 금액에 따라 80% 이상인지 여부를 판정한다.

> • 분자 : (합병교부주식가액 + 합병포합주식에 대한 합병교부주식 교부 간주액) − 합병교부금 간주액
> • 분모 : (합병교부주식가액 + 합병포합주식에 대한 합병교부주식 교부 간주액) + 합병교부금

* 합병포합주식의 취득시기를 묻지 않으므로 합병법인이 합병등기일 2년 전에 취득한 피합병법인의 주식도 포함한다.

2. 일정한 지배주주 등 : 피합병법인의 지배주주 등 중 다음에 해당하는 자를 제외한 주주 등을 말한다.

① 친족 중 4촌 이상의 혈족·인척

② 합병등기일 현재 피합병법인에 대한 지분비율이 1% 미만이면서 시가로 평가한 그 지분가액이 10억원 미만인 자

③ 기업인수목적회사와 합병하는 피합병법인의 지배주주 등인 자

3. 피합병법인의 일정한 지배주주 등에 대한 주식의 배정기준 : 피합병법인의 주주에게 합병으로 인해 받은 주식을 배정할 때에는 일정한 지배주주 등에게 다음 가액 이상의 주식을 각각 배정해야 한다.

> 합병교부주식가액(합병포합주식에 대한 합병교부주식 교부 간주액을 포함)의 총합계액 × 일정한 각 지배주주 등의 피합병법인에 대한 지분비율*

* 피합병법인의 자기주식에 대해 합병교부주식을 배정하지 않는 경우에는 피합병법인의 자기주식을 제외하고 산정한 지분비율을 말한다.

참고 합병시 고용승계 대상 일반근로자의 범위

고용의 연속성요건은 ① 합병등기일 1개월 전 당시 피합병법인에 종사하는 일반근로자 중 합병법인이 승계한 근로자의 비율이 80% 이상이고(고용승계), ② 합병등기일이 속하는 사업연도의 종료일까지 그 비율을 유지해야 하는데(고용유지), 여기서 '일반근로자'란 근로기준법에 따라 근로계약을 체결한 내국인 근로자를 말한다. 다만, 다음 중 어느 하나에 해당하는 근로자는 제외한다.

① 임원

② 합병등기일이 속하는 사업연도의 종료일 이전에 법률에 따라 정한 정년이 도래하여 퇴직이 예정된 근로자

③ 합병등기일이 속하는 사업연도의 종료일 이전에 사망하거나, 질병·부상 등 사유로 퇴직하는 근로자

④ 소득세법에 따른 일용근로자

⑤ 근로계약기간이 6개월 미만인 근로자. 다만, 근로계약의 연속된 갱신으로 인해 합병등기일 1개월 전 당시 그 근로계약의 총 기간이 1년 이상이 되는 근로자의 경우에는 제외한다.

⑥ 금고(禁錮) 이상의 형(刑)을 선고받는 등 근로자의 중대한 귀책사유로 퇴직하는 근로자 ■

참고 사업의 계속성요건의 판정기준

합병법인이 합병등기일이 속하는 사업연도의 종료일 이전에 피합병법인으로부터 승계한 자산가액의 50% 이상을 처분하거나 사업에 사용하지 않는 경우에는 사업의 계속성요건을 갖추지 않는 것으로 한다. 다만, 피합병법인이 보유하던 합병법인의 주식을 승계받아 자기주식을 소각하는 경우에는 해당 합병법인의 주식을 제외하고 피합병법인으로부터 승계받은 자산을 기준으로만 사업을 계속하는지 여부를 판정하되, 승계받은 자산이 합병법인의 주식만 있는 경우에는 승계받은 사업을 계속하는 것을 본다. ■

Ⅱ. 합병에 대한 개별적인 과세제도

1. 피합병법인 : 양도손익에 대한 법인세

1) 비적격합병 : 피합병법인이 합병으로 해산하는 경우에는 그 법인의 자산을 합병법인에 양도한 것으로 본다. 이것은 합병시 순자산의 포괄적 이전을 마치 피합병법인이 순자산을 합병법인에게 양도하고 대가를 받은 현물출자(또는 금전으로 대가를 받은 부분은 자산의 매각거래)로 보는 것이다. 이러한 관점에서 그 양도에 따라 발생하는 양도손익은 피합병법인이 합병등기일이 속하는 사업연도의 소득금액을 계산할 때 익금 · 손금에 산입한다.

합병으로 발생하는 양도손익 = 양도가액 − 순자산 장부가액

여기서 '순자산 장부가액'은 자기자본총액(불입자본과 유보이익의 합계액)과 같은 것인데 '불입자본'은 주주 등이 출자한 금액이며 '유보이익'은 이미 법인세가 과세된 소득(이미 사외유출된 부분은 제외)이다. 이 경우 양도가액과 순자산 장부가액의 차액은 과거 피합병법인의 각 사업연도 소득에 포함되지 않은 미실현손익이 합병시 자산의 양도로 실현된 것이므로, 그 양도차익(또는 양도차손)을 익금(또는 손금)에 산입하여 그동안의 법인세 과세를 종결하는 것이다. 이처럼 양도차익은 합병등기일이 속하는 각 사업연도 소득에 포함하여 법인세를 과세하므로, 피합병법인에게 청산소득에 대한 법인세는 과세하지 않는다.

① 양도가액의 계산

합병으로 받은 합병대가(합병교부주식가액 + 합병교부금)
+ 합병포합주식에 대한 합병교부주식 교부 간주액 + 합병법인이 납부하는 피합병법인의 법인세 등 (감면받은 세액을 포함하며, 법인세에 부과되는 국세 및 법인지방소득세도 포함)
= 피합병법인이 합병법인으로부터 받은 양도가액

여기서 '합병대가'란 합병으로 인해 피합병법인의 주주가 지급받는 합병법인(또는 합병법인의 모회사)의 주식(이하 '합병교부주식')의 가액 및 금전이나 그 밖의 재산가액의 합계액을 말한다. 다만, 합병법인이 합병등기일 전 취득한 피합병법인의 주식을 '합병포합주식(合併抱合株式)'이라 하는데, 이러한 합병포합주식이 있는 경우에는 그 합병포합주식에 대해 합병교부주식을 교부하지 않더라도 그 지분비율에 합병교부주식을 교부한 것으로 보고 합병교부주식가액을 계산한다(합병포합주식에 대한 합병교부주식 교부 간주액).

② 순자산 장부가액의 계산

순자산 장부가액(세무상 장부가액으로 유보 금액은 더하고, △유보 금액은 빼서 계산)은 피합병법인의 합병등기일 현재의 자산의 장부가액 총액에서 부채의 장부가액 총액을 뺀 가액으로 한다. 이처럼 피합병법인의 순자산 장부가액을 계산할 때 국세기본법에 따라 (합병법인에게) 환급되는 법인세액이 있는 경우에는 이에 상당하는 금액을 피합병법인의 합병등기일 현재의 순자산 장부가액에 더하는데 이는 합병으로 소멸한 법인의 국세환급금을 합병법인이 환급받기 때문이다.

2) 적격합병 : 피합병법인의 합병으로 발생하는 양도손익을 계산할 때 양도가액을 피합병법인의 합병등기일 현재 순자산 장부가액으로 보아 양도손익이 없는 것으로 할 수 있다.

따라서 피합병법인이 비적격합병시 받은 양도가액이 순자산 장부가액을 초과하면 양도차익이 발생하지만, 적격합병의 경우에는 순자산 장부가액을 양도가액으로 보아 양도차익을 영(0)으로 할 수 있는 것이다.

합병으로 발생하는 양도차익 = 양도가액(= 순자산 장부가액) − 순자산 장부가액 = 0(과세되지 않음)

* 내국법인이 발행주식총수를 소유하고 있는 다른 법인(완전자법인)을 합병하거나 그 다른 법인(완전자법인)에 합병되는 경우에도 적격합병의 요건 충족 여부와 관계없이 위의 양도손익이 없는 것으로 할 수 있다.

적격합병의 경우에는 피합병법인의 순자산 장부가액이 합병법인에게 그대로 승계되어 소득창출을 위한 사업 활동이 계속되는 것으로 보아 합병등기일 현재 순자산에 남아 있는 미실현이익(순자산 가치상승분)을 과세소득으로 인식하지 않는다.

이처럼 피합병법인에게 과세되지 않은 양도차익은 합병법인에게 이월되어(carry-over) 과세된다.

2. 합병법인 : 승계받은 자산의 취득가액

1) 비적격합병 : 합병법인이 합병으로 피합병법인의 자산을 승계한 경우에는 그 자산을 피합병법인으로부터 합병등기일 현재의 시가로 양도받은 것으로 본다.

이 경우 합병법인이 피합병법인에게 지급한 양도가액과 피합병법인의 합병등기일 현재의 순자산 시가가 서로 일치하지 않으면, 합병법인은 그 차액을 다음과 같이 합병매수차익 · 합병매수차손으로 세무처리를 한다.

구분	세무처리
순자산 시가 > 양도가액	① 합병등기일 (차) 순자산(시가) ××× (대) 양도가액 ××× 합병매수차익 ××× (수익계상) ∴ 세무조정 : 합병매수차익 익금불산입(△유보)
	② 합병등기일부터 5년(60월)간 균등분할 익금산입 (차) 순자산(시가) ××× (대) 양도가액 ××× 합병매수차익 ××× (비용계상) ∴ 세무조정 : 합병매수차익 환입액 익금산입(유보)
순자산 시가 < 양도가액	① 합병등기일 (차) 순자산(시가) ××× (대) 양도가액 ××× 합병매수차손 ××× (비용계상) ∴ 세무조정 : 합병매수차손의 발생 원인에 따라 • 영업권 ○ : 손금불산입(유보) • 영업권 × : 손금불산입(기타사외유출)
	② 합병등기일부터 5년(60월)간 균등분할 손금산입 (차) 순자산(시가) ××× (대) 양도가액 ××× ∴ 세무조정 : 영업권 매수차손 손금산입(△유보)

합병매수차익은 합병법인이 피합병법인의 순자산을 시가보다 저렴한 대가로 취득하였기 때문에 발생한 것인데, 기업회계에서는 이것을 염가매수차익(당기수익)으로 인식한다. 법인세법에서는 합병매수차익을 합병시점에서 일시에 과세하면 합병법인의 세부담이 무거워지기 때문에 법인세 부담을 이연시키기 위해 이러한 합병매수차익을 세무조정계산서에 계상하고 합병등기일이 속하는 사업연도부터 합병등기일부터 5년이 되는 날이 속하는 사업연도까지 다음의 산식에 따른 금액을 익금에 산입한다.

$$\text{익금산입액} = \text{합병매수차익} \times \frac{\text{해당 사업연도의 월수}}{60}$$

한편 합병매수차손은 그 발생 원인이 영업권인 경우에만 손금으로 인정되는데, 여기서 '영업권'이란 합병법인이 피합병법인의 상호 · 거래관계, 그 밖에 영업상의 비밀 등에 대해 사업상 가치가 있다고 보아 대가를 지급한 것을 말한다. 기업회계에서는 영업권은 상각하지 않고 매년마다(또는 손상을 시사하는 징후가 있을 때마다) 손상검사를 하여 손상차손(비용)으로 인식한다. 법인세법에서는 합병법인이 영업권(감가상각자산에서 제외)을 세무조정계산서에 계상하고 합병등기일이 속하는 사업연도부터 합병등기일부터 5년(60개월)이 되는 날이 속하는 사업연도까지 다음의 산식에 따른 금액을 손금에 산입한다.

$$\text{손금산입액} = \text{합병매수차손} \times \frac{\text{해당 사업연도의 월수}}{60}$$

그러나 합병매수차손의 발생 원인이 영업권이 아닌 경우에는 자산가치가 없는 것에 대해서 대가를 지급하여 발생한 것이므로 조세회피를 방지하기 위해 손금으로 인정하지 않는다.

2) 적격합병 : 적격합병한 합병법인은 피합병법인의 순자산을 장부가액으로써 양도받은 것으로 한다. 이 경우 양도받은 자산 · 부채의 가액을 합병등기일 현재의 시가로 계상하되, 시가에서 피합병법인의 장부상 장부가액을 뺀 금액은 자산조정계정으로 계상해야 한다. 이러한 자산조정계정의 구체적인 처리방법은 적격합병 과세이연에 대한 사후관리에서 설명하기로 한다.

3. 피합병법인의 주주 : 의제배당소득에 대한 법인세 또는 소득세

1) 합병으로 인한 의제배당 : 피합병법인의 주주는 다음과 같은 의제배당소득에 대한 법인세(주주가 법인인 경우) 또는 소득세(주주가 개인인 경우)의 납세의무를 진다.

$$\text{합병으로 인한 의제배당금액} = \text{합병대가} - \text{소멸한 주식의 장부가액}$$

$$\text{합병대가} = \begin{matrix}\text{합병교부주식가액} \\ \text{(합병법인의 모회사의 주식가액 포함)}\end{matrix} + \begin{matrix}\text{합병교부금} \\ \text{(금전이나 그 밖의 재산가액)}\end{matrix}$$

합병등기일 현재 피합병법인의 주주입장에서 과세이연요건을 갖춘 경우에 피합병법인 주식이 합병법인의 주식으로 되는 것은 형식적인 종목교체에 불과하고 현금화(실현)된 것이 아니므로 종전 주식의 미실현투자수익을 합병시점에서 과세하지 않기 위해 종전 주식의 장부가액으로 평가하는 것이다. 이처럼 주주에게 과세되지 않은 의제배당소득은 나중에 주주가 주식을 처분할 때 결국 처분이익으로 과세됨으로, 그 효과는 세부담의 면제가 아니라 과세이연에 불과하다. 다만, 합병교부식가액을 종전 주식의 장부가액으로 평가하는 경우에도 합병대가 중 일부를 합병교부금으로 받은 부분은 합병시점에서 실현된 수익이므로 의제배당소득으로 과세한다.

[도 표] 합병·분할교부주식가액의 평가

합병·분할대가의 구성	합병·분할교부주식가액의 평가	
	과세이연요건 불충족	과세이연요건 충족
주식만을 받은 경우	시가	종전의 장부가액
주식과 교부금을 받은 경우	시가	MIN (시가, 종전의 장부가액)

[도 표] 의제배당금액과 받은 주식의 세무상 취득가액

구분	과세이연요건 불충족	과세이연요건 충족
의제배당금액	실제 실현된 소득	MIN [① 실제 실현된 소득 ② 받은 합병·분할교부금]
받은 주식의 세무상 취득가액	종전 주식의 장부가액 + 위의 의제배당금액 + 불공정합병으로 분여받은 이익 − 받은 합병·분할교부금 = 받은 주식의 세무상 취득가액	

참 고 완전자법인 간 적격합병하는 경우로서 합병법인으로부터 합병대가로 취득하는 주식이 없는 경우 주식의 취득가액

甲법인이 A법인과 B법인의 발행주식총수(100%)를 소유하고 있으면 甲법인은 완전모법인이고 A법인과 B법인은 각각 甲법인의 완전자법인이다. 이러한 상황에서 A법인이 B법인을 흡수합병하는 경우 甲법인(피합병법인인 B법인의 주주)이 A법인(합병법인)의 주식을 100% 소유하고 있기 때문에 적격합병으로 본다. 이처럼 A법인이 B법인을 적격합병하고 법인 간 합병비율이 '1(B법인 주식) : 0(A법인 주식)'으로 책정되면 합병법인의 신주가 발행되지 않는 이른바 '무증자 합병'이 된다. 이 경우 甲법인이 보유한 주식의 취득가액은 다음과 같이 계산한다.

甲법인이 보유한 합병법인(A법인) 주식의 취득가액	×××
+ 피합병법인(B법인) 주식의 취득가액	×××
− 합병교부금(금전이나 그 밖의 재산가액)	(×××)
= 합병 직후 甲법인이 보유한 합병법인(A법인) 주식의 취득가액	×××

판 례 합병시 취득한 주식의 시가가 기존에 보유하던 주식의 취득가액에 미치지 못한다면 그 차액을 투자자산의 손실로서 손금에 산입할 수 있는지 여부

피합병회사의 주식과 존속회사(또는 신설회사)의 주식의 교체는 해당 법인이 자신의 의사에 따라 피합병회사의 주식을 처분하고 존속회사(또는 신설회사)의 주식을 취득하는 것이 아니라, 피합병회사가 다른 회사와 합병한 결과 해당 법인이 보유하던 자산인 피합병회사의 주식이 존속회사(또는 신설회사)의 주식으

로 대체되는 것에 불과하다고 할 것이다. 따라서 그 차액은 자산의 평가차손에 불과하여 해당 사업연도의 소득금액을 산정할 때 손금에 산입할 수 없다.

법인세법에서도 존속회사(또는 신설회사)의 주식가액이 피합병회사의 주식의 취득가액을 초과하는 부분을 배당으로 간주하도록 규정하고 있을 뿐, 이와 반대로 합병으로 인한 주식의 교체 자체를 과세의 계기로 삼아 피합병회사의 주주이었던 법인의 손실을 손금에 산입한다는 명문의 규정이 없기에, 존속회사(또는 신설회사) 주식의 가액이 피합병회사 주식의 취득가액에 미달하더라도 손실이 실현된 것이라고 하여 그 차액을 손금에 산입할 수는 없다(2008두2330). ■

2) 합병차익의 자본금 전입으로 인한 의제배당 : 합병법인에게는 다음과 같은 합병차익(자본잉여금)이 발생한다.

> 합병차익 = 승계한 순자산가액 (피합병법인의 자산총액－부채총액) － 합병대가 [합병교부주식가액(액면가액)＋합병교부금]
>
> = 주식발행초과금 + 합병매수차익(법인세법상 익금항목)

법인세법에서 비적격합병의 경우 합병차익 중 장부에 계상한 합병매수차익(당기수익)은 결국 이익잉여금으로 대체되며 이것은 과세된 잉여금에 해당하므로 합병법인이 이익잉여금(합병매수차익)을 자본금에 전입함에 따라 주주가 무상주를 취득하는 경우 그 무상주는 당연히 의제배당에 해당한다. 그리고 합병차익 중 장부에 계상한 주식발행초과금은 전부 피합병법인 주주의 납입자본으로서 과세되지 않은 잉여금이므로 이것을 자본금에 전입함에 따라 주주가 무상주를 취득하는 경우 그 무상주는 의제배당에 해당하지 않는다.

반면에 적격합병의 경우에는 합병차익(주식발행초과금 + 합병매수차익)을 다음과 같이 구성되어 있다고 보며, 이것을 자본금에 전입하는 경우 주주가 취득한 무상주에 대해서 다음과 같이 의제배당 여부를 결정한다.

<table>
<tr><th>합병차익</th><th>내용</th><th>의제배당 여부</th></tr>
<tr><td rowspan="3">과세된 잉여금</td><td>자산조정계정(평가차익)
= 순자산 시가 – 피합병법인의 순자산 장부가액
= 승계한 미실현 양도차익① + 합병매수차익②
① 비적격합병시 양도가액 – 피합병법인 순자산 장부가액
② 순자산 시가 – 양도가액</td><td rowspan="3">의제배당금액
: MIN (①, ②)
① 과세된 잉여금
② 합병차익</td></tr>
<tr><td>자본잉여금 중 과세된 잉여금 승계액</td></tr>
<tr><td>이익잉여금 승계액</td></tr>
<tr><td>과세되지 않은 잉여금</td><td>합병차익 – 과세된 잉여금
= 합병감자차익 + 피합병법인의 자본잉여금 중 과세되지 않은 자본잉여금 승계액</td><td>의제배당에 해당하지 않음</td></tr>
</table>

* 합병차익의 일부를 자본금에 전입하는 경우에는 과세되지 않은 잉여금을 먼저 전입하는 것으로 본다.

합병차익 중 합병법인에게 실제로 과세되는 부분은 자산조정계정(승계한 미실현 양도차익 + 합병매수차익) 뿐이지만, 승계한 피합병법인의 이익잉여금(자본잉여금 중 과세된 부분 포함)도 이미 피합병법인에게 과세된 부분이므로 이것을 자본금에 전입하는 경우 그 무상주는 의제배당에 해당하는 것이다. 반면에 비적격합병인 경우에는 피합병법인의 이익잉여금(자본잉여금 중 과세된 부분 포함)은 합병 당시 합병으로 인한 의제배당으로서 이미 과세되었기 때문에 그것의 자본금 전입으로 인한 무상주는 의제배당으로 다시 과세하지 않는 것이다.

Ⅲ. 적격합병 과세이연에 대한 사후관리

1. 자산조정계정의 계상방법

적격합병에 해당하여 피합병법인이 합병으로 인한 양도손익을 없는 것으로 한 경우에는 합병법인은 피합병법인의 자산을 장부가액으로 취득한다. 이 경우 합병법인은 양도받은 자산·부채의 가액을 합병등기일 현재의 시가로 계상하되, 시가에서 피합병법인의 장부상 장부가액을 뺀 금액을 자산조정계정으로 계상한다.

그 이유는 적격합병의 경우 합병법인이 피합병법인의 세무조정사항을 모두 승계하여 합병 후 △유보는 별도로 익금산입(유보)하고 유보는 별도로 손금산입(△유보)하기 위한 것이다. 이처럼 승계되는 세무조정사항이 자산조정계정에 다시 포함되는 것을 방지하려면 익금불산입액(△유보)은 더하고 손금불산입액(유보)은 빼서 계산한다. 그 결과 합병법인이 승계하는 장부가액은 피합병법인의 장부상 금액이 되는 것이다.

2. 자산조정계정의 익금산입 · 손금산입

합병법인이 합병 당시 계상한 자산조정계정은 다음의 구분에 따라 처리한다.

구분	처리방법
(1) 감가상각자산에 설정된 자산조정계정	• 해당 자산에 대해 감가상각비를 계상하는 경우 ① 자산조정계정(△유보)인 경우 : 해당 자산의 감가상각비와 상계 $\text{자산조정계정(△유보) 상계할 금액} = \text{감가상각비} \times \dfrac{\text{자산조정계정(△유보)}}{\text{취득가액}}$ ② 자산조정계정(유보)인 경우 : 해당 자산의 감가상각비에 가산 $\text{자산조정계정(유보) 가산할 금액} = \text{감가상각비} \times \dfrac{\text{자산조정계정(유보)}}{\text{취득가액}}$ • 해당 자산을 처분하는 경우 : 미상계잔액(△유보) · 미가산잔액(유보)은 그 처분하는 사업연도에 전액 익금 · 손금에 산입

(2) 위 (1) 외의 자산에 설정된 자산조정계정	• 해당 자산을 처분 하는 사업연도에 자산조정계정(△유보)은 전액 익금산입, 자산조정계정(유보)은 전액 손금산입 * 다만, 자기주식을 소각하는 경우에는 익금·손금에 산입하지 않고 소멸한다.

3. 폐업 등으로 인한 과세이연의 중단

피합병법인의 자산을 장부가액으로 양도받은 합병법인은 합병등기일이 속하는 사업연도의 '다음 사업연도의 개시일부터 2년(아래 ③의 경우에는 3년)' 이내에 다음의 과세이연 중단사유가 발생하는 경우에는 그 사유가 발생한 날이 속하는 사업연도의 소득금액을 계산할 때 자산조정계정 잔액의 총합계액(총합계액이 △유보인 경우에 한정하며, 총합계액이 유보인 경우에는 없는 것)을 익금에 산입한다. 이 경우 계상된 자산조정계정은 소멸하는 것으로 한다.

과세이연 중단사유	사후관리기간
① 합병법인이 피합병법인으로부터 승계받은 사업을 폐지하는 경우(사업의 계속성 중단)	2년
② 피합병법인의 일정한 지배주주 등이 합병법인으로부터 받은 전체 주식의 50% 이상을 처분하는 경우(지분의 연속성 중단)	
③ 각 사업연도 종료일 현재 합병법인에 종사하는 근로자 수가 합병등기일 1개월 전 당시 피합병법인과 합병법인에 각각 종사하는 근로자 수의 합의 80% 미만으로 하락하는 경우(고용의 연속성 중단) * '근로자'란 근로기준법에 따라 근로계약을 체결한 내국인 근로자를 말한다.	3년

따라서 적격합병에 해당하여 과세이연을 받던 합병법인이 합병등기일이 속하는 사업연도의 다음 사업연도 개시일부터 2년·3년 이내에 위 과세이연 중단사유가 발생하는 경우에 자산별 자산조정계정(△유보)의 합계액과 자산별 자산조정계정(유보)의 합계액을 상계한 자산조정계정 잔액의 총합계액이 △유보(과세이연된 이익의 잔액을 의미)인 경우에는 익금에 산입하여 과세이연을 중단한다. 다만, 사업의 계속성요건과 지분의 연속성요건에 대한 부득이한 사유가 있는 경우와 고용의 연속성(유지)요건에 대한 부득이한 사유가 있는 경우(사유 중 ①~③에 해당하는 경우)의 사유에는 과세이연을 계속하여 적용한다.

Ⅳ. 합병시 이월결손금의 승계 및 공제제한

1. 적격합병시 이월결손금의 승계

1) 개요 : 피합병법인의 합병등기일 현재 세무상 결손금은 합병법인에 승계되지 않고 소멸한다. 반면에 적격합병에 해당되어 피합병법인의 자산을 장부가액으로 양도받은 경우에는

합병법인은 피합병법인의 합병등기일 현재 세무상 결손금을 승계한다. 이처럼 합병법인이 승계한 피합병법인의 결손금은 피합병법인으로부터 승계받은 사업에서 발생한 소득금액 범위에서 합병법인의 각 사업연도의 과세표준을 계산할 때 공제한다. 여기서 합병법인이 승계한 피합병법인의 결손금에 대한 공제는 피합병법인으로부터 승계받은 사업에서 발생한 소득금액의 80%(중소기업과 회생계획을 이행 중인 기업 등은 100%)를 한도로 한다.

그러나 합병시 승계한 이월결손금은 합병법인이 과세표준을 계산할 때에만 공제하므로 자산수증이익 또는 채무면제이익으로 보전하더라도 익금불산입을 적용받지 못한다.

2) 승계결손금의 범위액 : 합병법인이 각 사업연도의 과세표준을 계산할 때 승계하여 공제하는 결손금을 '승계결손금의 범위액'이라고 한다. 이는 합병등기일 현재 피합병법인의 세무상 결손금(합병등기일을 사업연도의 개시일로 보아 계산한 금액)으로 하되, 합병등기일이 속하는 사업연도의 다음 사업연도부터 매년 순차적으로 1년이 지난 것으로 보아 계산한 금액으로 한다.

이러한 '승계결손금의 범위액'은 구체적으로 다음과 같이 계산한다.

구분	승계결손금의 범위액
① 합병등기일이 속하는 사업연도의 경우	합병등기일 전 10년* 이내에 개시한 사업연도에서 발생한 피합병법인의 결손금(미공제잔액)
② 합병등기일이 속하는 사업연도의 종료일 후 개시하는 사업연도의 경우	그 사업연도 전 10년* 이내에 개시한 사업연도에서 발생한 피합병법인의 결손금 (−) 그 사업연도 개시일 전에 승계하여 공제한 결손금

* 2020.1.1. 이후 개시하는 사업연도에 발생한 결손금은 '15년'으로 한다.

참 고 합병법인의 구분경리 : 피합병법인으로부터 승계받은 사업에서 발생한 소득금액의 계산

다른 내국법인을 합병하는 법인은 다음의 구분에 따른 기간 동안 자산·부채·손익을 피합병법인으로부터 승계받은 사업에 속하는 것과 그 밖의 사업에 속하는 것을 각각 다른 회계로 구분하여 기록해야 한다.

구분	구분경리 기간
① 합병등기일 현재 세무상 결손금이 있는 경우 ② 승계한 피합병법인의 이월결손금을 공제받으려는 경우	그 결손금·이월결손금을 공제받는 기간
③ 그 밖의 경우	합병 후 5년간

다만, 중소기업 간 또는 동일사업을 하는 법인 간에 합병하는 경우에는 회계를 구분하여 기록하지 않을 수 있다. 이 경우에는 피합병법인으로부터 승계받은 사업에서 발생한 소득금액은 합병법인의 소득금액을 합병등기일 현재 합병법인과 피합병법인의 사업용 자산가액비율로 안분계산한 금액으로 한다.

법인 05

3) 과세이연 중단사유 발생시 공제받은 결손금의 익금산입 : 피합병법인의 결손금을 공제한 합병법인은 합병등기일이 속하는 사업연도의 '다음 사업연도의 개시일부터 2년(아래 ③의 경우에는 3년)' 이내에 다음의 사유가 발생한 경우에는 승계받은 결손금 중 합병 후 공제한 금액을 그 사유가 발생한 날이 속하는 사업연도의 소득금액을 계산할 때 익금에 산입한다.

과세이연 중단사유	사후관리기간
① 합병법인이 피합병법인으로부터 승계받은 사업을 폐지하는 경우(사업의 계속성 중단) ② 피합병법인의 일정한 지배주주 등이 합병법인으로부터 받은 전체 주식의 50% 이상을 처분하는 경우(지분의 연속성 중단)	2년
③ 각 사업연도 종료일 현재 합병법인에 종사하는 근로자 수가 합병등기일 1개월 전 당시 피합병법인과 합병법인에 각각 종사하는 근로자 수의 합의 80% 미만으로 하락하는 경우(고용의 연속성 중단)	3년

* '근로자'란 근로기준법에 따라 근로계약을 체결한 내국인 근로자를 말한다.

2. 합병법인의 이월결손금 공제제한

합병법인의 합병등기일 현재 세무상 결손금 중 적격합병시 합병법인이 승계한 피합병법인의 결손금을 제외한 금액은 합병법인의 각 사업연도의 과세표준을 계산할 때 피합병법인으로부터 승계받은 사업에서 발생한 소득금액의 범위에서는 공제하지 않는다. 이 경우 합병법인의 합병등기일 현재 결손금에 대한 공제는 (합병법인의 소득금액 − 피합병법인으로부터 승계받은 사업에서 발생한 소득금액)의 80%(중소기업과 회생계획을 이행 중인 기업 등은 100%)를 한도로 한다. 따라서 합병법인의 합병등기일 현재 세무상 결손금은 합병등기일 전부터 경영하던 기존사업에서 소득금액이 발생할 경우에만 공제한다.

이는 소득이 많이 나는 법인이 결손이 나는 법인과의 합병을 통해 결손이 나는 법인의 이월결손금을 승계하여 법인세부담을 회피하려는 행위를 방지하는데 있다.

종전 법인세법은 피합병법인의 이월결손금을 합병법인의 소득금액에서 차감할 수 없다고 규정하였으나, 소득이 나는 법인이 결손이 나는 법인을 흡수하는 것이 아닌 결손이 나는 법인이 소득이 나는 법인을 흡수하는 이른바 역합병을 통해 종전 법인세법의 규정을 회피하는 사례가 발생하였다.

따라서 현행 법인세법은 승계받은 결손금은 승계받은 소득금액에서만 공제하도록 규정하였다.

3. 적격합병시 합병 후 자산처분손실의 손금산입 제한

1) 피합병법인이 합병 전 보유하던 자산의 처분손실 : 적격합병을 한 합병법인은 피합병법인이 합병 전 보유하던 자산의 처분손실(합병등기일 현재 해당 자산의 시가가 장부가액보다 낮은 경우로서 그 차액을 한도로 하며, 합병등기일 이후 5년 이내에 끝나는 사업연도에 발생한 것만 해당)을 합병 전 피합병법인의 사업에서 발생한 소득금액(해당 처분손실을 공제하기 전 소득금액)의 범위에서 해당 사업연도의 소득금액을 계산할 때 손금에 산입한다. 이 경우 손금에 산입하지 않은 처분손실은 자산 처분시 합병 전 피합병법인의 사업에서 발생한 결손금으로 보아 승계받은 사업에서 발생한 소득금액의 범위에서 합병법인의 각 사업연도 과세표준을 계산할 때 공제한다.
그 취지는 적격합병을 한 합병법인이 평가손실이 내재된(Built-in loss) 피합병법인의 자산을 장부가액으로 승계해서 합병 후 이를 처분하여 그 평가손실을 실현시키는 방법으로 소득금액을 줄이는 행위를 방지하기 위해서, 합병 전 보유하던 자산의 처분손실은 합병 전 피합병법인의 사업에서 발생한 소득금액의 범위에서만 손금산입하고 이월결손금으로 공제한다.

2) 합병법인이 합병 전 보유하던 자산의 처분손실 : 적격합병을 한 합병법인은 합병법인이 합병 전 보유하던 자산의 처분손실(합병등기일 현재 해당 자산의 시가가 장부가액보다 낮은 경우로서 그 차액을 한도로 하며, 합병등기일 이후 5년 이내에 끝나는 사업연도에 발생한 것만 해당)을 합병 전 합병법인의 사업에서 발생한 소득금액(해당 처분손실을 공제하기 전 소득금액)의 범위에서 해당 사업연도의 소득금액을 계산할 때 손금에 산입한다. 이 경우 손금에 산입하지 않은 처분손실은 자산 처분시 합병 전 합병법인의 사업에서 발생한 결손금으로 보아 합병법인의 기존사업에서 발생한 소득금액의 범위에서 합병법인의 각 사업연도 과세표준을 계산할 때 공제한다. 그 취지는 거액의 자산처분손실이 예상되는 명목회사(paper company)를 합병법인으로 이용하여 세부담을 회피하는 행위를 방지하려는 데 있다.

Ⅴ. 합병시 기부금 한도초과액의 승계 및 공제제한

1. 적격합병시 기부금 한도초과액의 승계

적격합병을 한 합병법인은 피합병법인의 합병등기일 현재의 특례기부금 및 일반기부금 한도초과액을 승계한다. 이처럼 피합병법인의 합병등기일 현재 기부금 한도초과액으로서 합병법인이 승계한 금액은 합병법인의 각 사업연도의 소득금액을 계산할 때 피합병법인으로부터 승계받은 사업에서 발생한 소득금액을 기준으로 특례기부금 및 일반기부금 각각의 손금산입한도액의 범위에서 손금에 산입한다.

2. 합병법인의 기부금 한도초과액의 손금산입 제한

합병법인의 합병등기일 현재 특례기부금 및 일반기부금 한도초과로 이월된 금액으로서 그 후의 각 사업연도의 소득금액을 계산할 때 손금에 산입하지 않은 금액(이하 '기부금 한도초과액') 중 적격합병을 한 합병법인이 피합병법인으로부터 승계한 기부금 한도초과액을 제외한 금액은 합병법인의 각 사업연도의 소득금액을 계산할 때 합병 전 합병법인의 사업에서 발생한 소득금액을 기준으로 특례기부금 및 일반기부금 각각의 손금산입한도액의 범위에서 손금에 산입한다.

제2절 인적분할에 대한 특례

I-2 p.266

Ⅰ. 분할의 개념과 유형

'분할(分割)'이란 하나의 회사가 둘 이상의 회사로 분리되는 것을 말한다. 이 경우 분할에 따라 분할되는 회사를 '분할법인'이라 하고, 분할에 따라 설립되는 회사를 '분할신설법인'이라고 한다. 그 결과 분할법인(양도회사)의 분할된 사업부문이 분할신설법인(양수회사) 등에 포괄승계되고 분할신설법인(양수회사) 등은 분할대가(분할교부주식 및 분할교부금)를 교부한다. 이러한 분할은 단순분할과 분할합병, 소멸분할(완전분할)과 존속분할(불완전분할), 인적분할과 물적분할로 분류된다.

Ⅱ. 인적분할에 대한 기본적인 과세체계

[도 표] 인적분할에 대한 과세체계

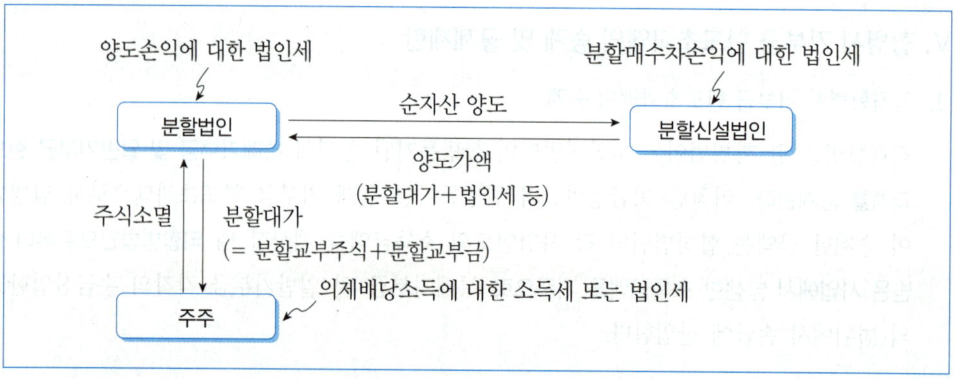

분할에 대한 기본적인 과세체계도 합병의 경우와 마찬가지로 분할법인에게 축적된 미실현 손익이 분할을 계기로 관련 당사자에게 실현되었다는 생각에 기초를 두고 있다. 그러나 형식적 조직개편에 지나지 않는 적격분할의 경우에는 분할법인의 미실현이익이 실현되었다고 보기 어려울 뿐만 아니라, 분할 당시에 관련 당사자에 대해 무거운 조세부담을 즉시 지우는 것은 원활한 구조조정을 저해하는 요인이 될 수 있다. 이러한 점을 고려하여 현행 법인세법은 다음의 요건을 모두 갖춘 적격분할에 대해서는 위의 각종 조세에 관한 과세이연을 규정하고 있다.

적격인적분할의 요건

1. 사업목적의 분할 : 분할등기일 현재 5년 이상 사업을 계속하던 내국법인이 다음의 요건을 모두 갖추어 분할하는 경우일 것(분할합병의 경우에는 소멸한 분할합병의 상대방법인 및 분할합병의 상대방법인이 분할등기일 현재 1년 이상 사업을 계속하던 내국법인일 것)
   ㉠ 분리하여 사업이 가능한 독립된 사업부문을 분할할 것
   ㉡ 분할하는 사업부문의 자산·부채가 포괄적으로 승계될 것. 다만, 공동으로 사용하던 자산, 채무자의 변경이 불가능한 부채 등 분할하기 어려운 일정한 자산·부채의 경우에는 그렇지 않다.
   ㉢ 분할법인만의 출자에 의해 분할할 것
2. 지분의 연속성 : ① ㉠ 분할법인의 주주가 분할신설법인으로부터 받은 분할대가의 전액(분할합병의 경우에는 80% 이상)이 주식으로서 ㉡ 그 주식이 분할법인의 일정한 지배주주 등에 대한 주식의 배정기준에 따라 배정되고, ② 분할법인의 일정한 지배주주 등이 분할등기일이 속하는 사업연도의 종료일까지 분할신설법인으로부터 받은 전체 주식의 50% 이상을 처분하지 않을 것
   * 삼각분할합병(분할합병대가로 분할합병의 상대방법인의 모회사 주식을 주는 경우)을 하는 경우에는 분할대가의 총합계액 중 합병법인의 모회사(분할합병의 상대방법인의 발행주식총수를 소유하고 있는 내국법인)의 주식가액이 80% 이상인 경우로 한다.
3. 사업의 계속성 : 분할신설법인이 분할등기일이 속하는 사업연도의 종료일까지 분할법인으로부터 승계받은 사업을 계속할 것
4. 고용의 연속성 : ① 분할등기일 1개월 전 당시 분할하는 사업부문에 종사하는 일반근로자 중 분할신설법인이 승계한 근로자의 비율이 80% 이상이고(고용승계), ② 분할등기일이 속하는 사업연도의 종료일까지 그 비율을 유지할 것(고용유지)

* 분할법인 주주의 과세이연요건 : 분할당시 그 수많은 분할법인의 주주들에게 사후관리요건을 적용하기는 무리가 있기 때문에 분할등기일 당시 사업목적의 요건과 지분의 연속성 요건 중 ①만 갖추면 된다.

참고 지분의 연속성요건의 구체적인 판정기준

1. $\frac{\text{분할신설법인의 주식가액}}{\text{분할대가의 총합계액}}$: 분할대가의 총합계액은 분할신설법인이 분할로 인하여 분할법인의 주주에 지급한 분할신설법인의 주식의 가액(분할합병포합주식에 대한 분할합병교부주식 교부 간주액 포함) 및

금전이나 그 밖의 재산가액의 합계액으로 하고, 분할합병의 경우 분할대가의 총합계액 중 분할신설법인의 주식가액이 80% 이상인지를 판정할 때 분할합병의 상대방법인이 분할등기일 전 2년 내에 취득한 분할합병포합주식이 있는 경우에는 다음의 분할교부금을 교부한 것으로 본다.

구분	분할교부금 교부 간주액
⑴ 분할합병의 상대방법인이 분할등기일 현재 분할법인의 지배주주 등이 아닌 경우	분할합병의 상대방법인이 분할등기일 전 2년 이내에 취득한 분할합병포합주식이 분할법인의 발행주식총수의 20%를 초과하는 경우 그 초과하는 주식에 대하여 교부한 분할합병교부주식의 가액(분할합병포합주식에 대한 분할합병교부주식 교부 간주액 포함)
⑵ 분할합병의 상대방법인이 분할등기일 현재 분할법인의 지배주주 등인 경우	분할등기일 전 2년 이내에 취득한 분할합병포합주식에 대하여 교부한 분할합병교부주식의 가액(분할합병포합주식에 대한 분할합병교부주식 교부 간주액 포함)

2. 일정한 지배주주 등 : 분할법인의 지배주주 등 중 다음에 해당하는 자를 제외한 주주를 말한다.

① 4촌인 혈족

② 분할등기일 현재 분할법인에 대한 지분비율이 1% 미만이면서 시가로 평가한 그 지분가액이 10억원 미만인 자

3. 분할법인의 일정한 지배주주 등에 대한 주식의 배정기준 : 분할법인의 주주에게 분할 또는 분할합병으로 인하여 받은 주식을 배정할 때에는 일정한 지배주주 등에게 다음 계산식에 따른 가액 이상의 주식을 각각 배정해야 한다.

분할신설법인의 주식가액*의 총합계액 × 일정한 각 지배주주 등의 분할법인에 대한 지분비율**

* 여기에는 분할합병포합주식에 대한 분할합병교부주식 교부 간주액을 포함한다.

** 분할법인의 자기주식에 대해 분할합병교부주식을 배정하지 않는 경우에는 분할법인의 자기주식을 제외하고 산정한 지분비율을 말한다. ■

참 고 적격분할로 보지 않은 부동산임대업 사업부문 분할

적격분할의 요건을 충족한 경우에도 다음 중 어느 하나에 해당하는 사업부문을 분할하는 경우에는 적격분할로 보지 않는다.

① 부동산임대업을 주업으로 하는 사업부문

② 분할법인으로부터 승계한 사업용 자산가액(유형자산, 무형자산 및 투자자산의 가액을 말한다) 중 토지·건물 및 부동산에 관한 권리의 가액이 80% 이상인 사업부문 ■

Ⅲ. 인적분할에 대한 개별적인 과세제도

1. 분할법인 : 양도손익에 대한 법인세

1) 비적격분할 : 내국법인이 분할로 해산(즉 소멸분할)하는 경우 그 법인의 자산을 분할신설법인에 양도한 것으로 본다. 또한 내국법인이 분할한 후 존속(즉 존속분할)하는 경우에도 분할

한 사업부문의 자산을 분할신설법인에게 양도한 것으로 본다. 이에 따라 분할법인은 다음과 같은 양도손익을 분할등기일이 속하는 사업연도의 소득금액을 계산할 때 익금·손금에 산입한다. 그 취지는 피합병법인의 경우와 같이 분할법인의 미실현손익이 소멸분할(또는 존속분할)을 계기로 실현되었다는 데 있다.

> • 소멸분할로 발생하는 양도손익 = 양도가액 − 순자산 장부가액
> • 존속분할로 발생하는 양도손익 = 양도가액 − 분할한 사업부문의 순자산 장부가액

① 양도가액의 계산

> 분할로 받은 분할대가(분할교부주식가액 + 분할교부금)
> \+ 분할합병포합주식에 대한 분할합병교부주식 교부 간주액
> \+ 분할신설법인이 납부하는 분할법인의 법인세 등
> (감면받은 세액을 포함하며, 법인세에 부과되는 국세 및 법인지방소득세도 포함)
> = 분할법인이 분할신설법인으로부터 받은 양도가액

여기서 '분할대가'란 분할신설법인이 분할로 인해 분할법인의 주주에게 지급한 분할신설법인의 주식의 가액 및 금전이나 그 밖의 재산가액의 합계액을 말한다. 다만, 분할합병의 경우 분할합병의 상대방법인이 분할등기일 전 취득한 분할법인의 주식을 '분할합병포합주식(分割合併抱合株式)'이라 하는데, 이러한 분할합병포합주식이 있는 경우에는 그 주식에 대해 분할신설법인의 주식(이하 '분할합병교부주식')을 교부하지 않더라도 그 지분비율에 따라 분할합병교부주식을 교부한 것으로 보아 분할합병의 상대방법인의 주식의 가액을 계산한다(분할합병포합주식에 대한 분할합병교부주식 교부 간주액).

② 순자산 장부가액의 계산

순자산 장부가액(세무상 장부가액으로 유보 금액은 더하고, △유보 금액은 빼서 계산)은 분할법인의 분할등기일 현재의 자산의 장부가액 총액에서 부채의 장부가액 총액을 뺀 가액으로 한다. 이처럼 분할법인의 순자산 장부가액을 계산할 때 국세기본법에 따라 환급되는 법인세액이 있는 경우에는 이에 상당하는 금액을 분할법인의 분할등기일 현재의 순자산 장부가액에 더하는데 이는 분할로 소멸한 법인의 국세환급금을 분할신설법인 또는 분할합병의 상대방법인이 환급받기 때문이다.

2) 적격분할 : 분할법인의 분할로 발생하는 양도손익을 계산할 때 양도가액을 분할법인의 분할등기일 현재 순자산 장부가액으로 보아 양도손익이 없는 것으로 할 수 있다. 따라서 받은 양도가액이 순자산 장부가액을 초과하는 경우에도 그 양도차익을 영(0)으로 할 수 있다.

> 분할로 발생하는 양도차익 = 양도가액(= 순자산 장부가액) − 순자산 장부가액 = 0(과세이연)

적격분할은 분할법인의 순자산 장부가액이 분할신설법인에게 그대로 승계되어 소득창출을 위한 사업 활동이 계속되는 것으로 보아 분할등기일 현재 남아 있는 미실현이익을 과세소득으로 인식하지 않는 것이다. 이처럼 분할법인에게 과세되지 않은 양도차익은 분할신설법인에게 이월되어 분할신설법인이 해당 자산을 처분하거나 감가상각을 할 때 과세된다.

한편 부득이한 사유가 있는 경우에는 지분의 연속성요건, 사업의 계속성요건 및 고용의 연속성요건을 갖추지 못한 경우에도 분할로 발생하는 양도손익이 없는 것으로 할 수 있는데, 그 부득이한 사유는 적격합병에서 설명한 바와 같다.

2. 분할신설법인 : 승계받은 자산의 취득가액

1) 비적격분할 : 분할신설법인이 분할로 분할법인의 자산을 승계한 경우에는 그 자산을 분할법인으로부터 분할등기일 현재의 시가로 양도받은 것으로 본다.

이 경우 분할신설법인이 분할법인에 지급한 양도가액과 분할법인의 분할등기일 현재의 순자산 시가가 서로 일치하지 않으면, 분할신설법인은 그 차액을 다음과 같이 분할매수차익 · 분할매수차손으로 세무처리를 한다.

구분	세무처리
순자산 시가 > 양도가액	① 분할등기일 (차) 순자산(시가) ××× (대) 양도가액 ××× 분할매수차익 ××× (수익계상) ∴ 세무조정 : 합병매수차익 익금불산입(△유보)
	② 분할등기일부터 5년(60월)간 균등분할 익금산입 (차) 순자산(시가) ××× (대) 양도가액 ××× ∴ 세무조정 : 분할매수차익 환입액 익금산입(유보)
순자산 시가 < 양도가액	① 분할등기일 (차) 순자산(시가) ××× (대) 양도가액 ××× 분할매수차손 ××× (비용계상) ∴ 세무조정 : 분할매수차손의 발생 원인에 따라 • 영업권 ○ : 손금불산입(유보) • 영업권 × : 손금불산입(기타사외유출)
	② 분할등기일부터 5년(60월)간 균등분할 손금산입 (차) 비용 ××× (대) 영업권 ××× ∴ 세무조정 : 영업권 매수차손 손금산입(△유보)

분할신설법인은 분할매수차익을 세무조정계산서에 계상하고 분할등기일이 속하는 사업연도부터 분할등기일부터 5년이 되는 날이 속하는 사업연도까지 다음의 산식에 따른 금액을 익금에 산입한다.

$$익금산입액 = 분할매수차익 \times \frac{해당\ 사업연도의\ 월수}{60}$$

한편 분할매수차손은 그 발생 원인이 영업권인 경우에만 손금으로 인정되는데, 여기서 '영업권'은 분할신설법인이 분할법인의 상호 · 거래관계, 그 밖에 영업상의 비밀 등에 대해 사업상 가치가 있다고 보아 대가를 지급한 것을 말한다. 분할신설법인은 영업권(감가상각자산에서 제외)을 세무조정계산서에 계상하고 분할등기일이 속하는 사업연도부터 분할등기일부터 5년이 되는 날이 속하는 사업연도까지 다음의 산식에 따른 금액을 손금에 산입한다.

$$손금산입액 = 분할매수차손 \times \frac{해당\ 사업연도의\ 월수}{60}$$

그러나 분할매수차손의 발생 원인이 영업권이 아닌 경우에는 자산가치가 없는 것에 대해서 대가를 지급하여 발생한 것이므로 조세회피를 방지하기 위해 손금으로 인정하지 않는다.

2) 적격분할 : 적격분할을 한 분할신설법인은 분할법인의 자산을 장부가액으로 양도받은 것으로 한다. 이 경우 양도받은 자산 · 부채의 가액을 분할등기일 현재의 시가로 계상하되, 시가에서 분할법인의 장부상 장부가액을 뺀 금액은 자산조정계정으로 계상하고 해당 자산을 처분하거나 감가상각하는 시점에서 익금(또는 손금)에 산입한다.

그리고 분할등기일이 속하는 사업연도의 '다음 사업연도의 개시일부터 2년(아래 ③의 경우에는 3년)' 이내에 다음 중 어느 하나에 해당하는 과세이연 중단사유가 발생한 경우 자산조정계정 잔액의 총합계액(총합계액이 △유보인 경우)을 익금에 산입한다. 이에 관한 구체적인 세무처리는 적격합병시 자산조정계정의 처리 및 합병매수차익 · 합병매수차손 중 영업권의 처리를 준용한다.

과세이연 중단사유	사후관리기간
① 분할신설법인이 분할법인으로부터 승계받은 사업을 폐지하는 경우(사업의 계속성 중단)	2년
② 분할법인의 일정한 지배주주 등이 분할신설법인으로부터 받은 전체 주식의 50% 이상을 처분하는 경우(지분의 연속성 중단)	

③ 각 사업연도 종료일 현재 분할신설법인에 종사하는 근로자 수가 분할등기일 1개월 전 당시 분할하는 사업부문에 종사하는 근로자 수의 합의 80% 미만으로 하락하는 경우(고용의 연속성 중단)	3년

다만, 부득이한 사유가 있는 경우에는 과세이연을 계속 적용한다. 해당 부득이한 사유는 적격합병의 경우와 같다.

3. 분할법인의 주주 : 의제배당소득에 대한 법인세 또는 소득세

1) 분할로 인한 의제배당 : 분할법인의 주주는 다음의 의제배당소득에 대한 법인세(주주가 법인인 경우) 또는 소득세(주주가 개인인 경우)의 납세의무를 지는데, 그 취지는 합병의 경우와 같이 주주의 미실현이익이 분할을 통하여 실현되었다는 데 있다.

분할으로 인한 의제배당금액 = 분할대가 – 소멸한 주식의 장부가액

분할대가 = 분할교부주식가액 (분할법인의 상대방 법인의 모회사의 주식가액 포함) + 분할교부금 (금전이나 그 밖의 재산가액)

여기서 분할교부주식가액은 시가로 평가하는 것이 원칙이지만, 과세이연요건을 갖춘 경우에는 분할교부주식가액은 종전 주식의 장부가액(개인주주는 취득가액. 이하 같다)으로 평가한다. 다만, 분할교부금을 받은 경우에는 MIN (시가, 종전의 장부가액)으로 평가한다.

2) 분할차익의 자본금 전입으로 인한 의제배당 : 법인세법에 따르면 분할신설법인에게는 다음과 같은 분할차익(자본잉여금)이 발생한다.

분할차익
= 승계한 순자산가액 (분할법인의 자산총액 – 부채총액) – 분할대가 [분할교부주식가액(액면가액) + 분할교부금]
= 주식발행초과금 + 분할매수차익(법인세법상 익금항목)

법인세법에서 비적격분할의 경우 분할차익 중 장부에 계상한 분할매수차익(당기수익)은 결국 이익잉여금으로 대체되며 이것은 과세된 잉여금에 해당하므로 분할신설법인이 이익잉여금(분할매수차익)을 자본금에 전입함에 따라 주주가 무상주를 취득하는 경우 그 무상주는 당연히 의제배당에 해당한다. 그리고 분할차익 중 장부에 계상한 주식발행초과금은 전부 분할법인 주주의 납입자본으로서 과세되지 않은 잉여금이므로 이것을 자본금에 전입함에 따라 주주가 무상주를 취득하는 경우 그 무상주는 의제배당에 해당하지 않는다.

반면에 법인세법에서 적격분할의 경우 분할차익(주식발행초과금 + 분할매수차익)은 법인세

법상 다음과 같이 구성되어 있다고 보며, 이것을 자본금에 전입하는 경우 주주가 취득한 무상주에 대해서 다음과 같이 의제배당 여부를 결정하며, 그 취지는 합병차익의 자본금 전입의 경우와 같다.

분할차익	내용	의제배당 여부
과세된 잉여금	자산조정계정(평가차익) = 순자산 시가 – 분할법인의 순자산 장부가액 = 승계한 미실현 양도차익[①] + 분할매수차익[②] ① 비적격분할시 양도가액 – 분할법인 순자산 장부가액 ② 순자산 시가 – 양도가액 분할법인의 잉여금 중 과세된 잉여금 승계액 = (㉠ – ㉡) ㉠ 분할한 사업부문의 순자산 장부가액 ㉡ 분할에 따른 분할법인의 자본금, 과세되지 않은 자본잉여금 감소액 * (㉠>㉡)인 경우 (㉠–㉡)의 금액을 말하며, 분할법인의 분할등기일 전 이익잉여금 및 과세된 자본잉여금의 합계액을 한도로 한다.	의제배당금액 : MIN (①, ②) ① 과세된 잉여금 ② 분할차익
과세되지 않은 잉여금	분할차익 – 과세된 잉여금 = 분할감자차익 + 분할법인의 자본잉여금 중 과세되지 않은 자본잉여금 승계액	의제배당에 해당하지 않음

* 분할차익의 일부를 자본금에 전입하는 경우에는 과세되지 않은 잉여금을 먼저 전입하는 것으로 본다.

Ⅳ. 소멸분할시 이월결손금의 승계 및 공제 제한

1. 적격분할시 이월결손금의 승계

1) 개요 : 존속분할의 경우 분할신설법인은 분할법인의 결손금을 승계할 수 없다. 반면에 적격분할을 한 분할신설법인(분할합병의 상대방법인을 포함한다. 이하 같다)은 분할법인의 분할등기일 현재 세무상 결손금 중 승계받은 사업에 속하는 결손금을 승계한다. 분할법인이 분할로 소멸하는 경우에는 그 실질이 합병과 같다. 이러한 점을 고려하여 적격분할시 이월결손금의 승계를 허용하는 것이다.

이처럼 분할신설법인이 승계한 결손금은 분할법인으로부터 승계받은 사업에서 발생한 소득금액의 범위에서 분할신설법인의 각 사업연도의 과세표준을 계산할 때 공제한다. 여기서 분할신설법인이 승계한 분할법인 등의 결손금에 대한 공제는 분할법인으로부터 승계받은 사업에서 발생한 소득금액의 80%(중소기업과 회생계획을 이행 중인 기업 등은 100%)를 한도로 한다.

이 경우 분할신설법인이 승계받은 사업에 속하는 결손금은 분할등기일 현재 분할법인의 결손금을 분할법인의 사업용 자산가액 중 분할신설법인이 각각 승계한 사업용 자산 가액비율로 안분계산한 금액으로 한다.

2) 승계결손금의 범위액 : 분할신설법인이 각 사업연도의 과세표준을 계산할 때 승계하여 공제하는 결손금을 '승계결손금의 범위액'이라고 한다. 이는 분할등기일 현재 분할법인의 세무상 결손금(분할등기일을 사업연도의 개시일로 보아 계산한 금액)으로 하되, 분할등기일이 속하는 사업연도의 다음 사업연도부터는 매년 순차적으로 1년이 지난 것으로 보아 계산한 금액으로 한다. 그 세부적인 계산방법은 합병과 동일하므로 구체적인 설명은 생략한다.

3) 과세이연 중단사유 발생시 공제받은 결손금의 익금산입 : 승계받은 결손금을 공제한 분할신설법인은 분할등기일이 속하는 사업연도의 다음 사업연도 개시일부터 2년 이내에 과세이연중단사유가 발생한 경우에는 승계받은 결손금 중 공제한 금액을 그 사유가 발생한 날이 속하는 사업연도의 소득금액을 계산할 때 익금에 산입한다.

2. 분할합병의 상대방법인의 이월결손금 공제 제한

분할합병의 상대방법인의 분할등기일 현재 세무상 결손금은 분할합병의 상대방법인의 각 사업연도의 과세표준을 계산할 때 분할법인으로부터 승계받은 사업에서 발생한 소득금액의 범위에서는 공제하지 않는다. 이 경우 분할합병의 상대방법인의 분할등기일 현재 결손금에 대한 공제는 분할합병의 상대방법인의 소득금액에서 분할법인으로부터 승계받은 사업에서 발생한 소득금액을 차감한 금액의 80%(중소기업과 회생계획을 이행 중인 기업 등은 100%)를 한도로 한다. 따라서 분할합병의 상대방법인의 분할등기일 현재 세무상 결손금은 분할등기일 전부터 경영하던 기존사업에서 소득금액이 발생할 경우에만 공제한다.

3. 적격분할합병시 분할 후 자산처분손실의 손금산입 제한

적격분할합병을 한 분할신설법인(분할합병의 상대방법인 포함)은 분할법인과 분할합병의 상대방법인이 분할합병 전 보유하던 자산의 처분손실(분할등기일 현재 해당 자산의 시가가 장부가액 보다 낮은 경우로서 그 차액을 한도로 하며, 분할등기일 이후 5년 이내에 끝나는 사업연도에 발생한 것만 해당)을 각각 분할합병 전 해당 법인의 사업에서 발생한 소득금액(해당 처분손실을 공제하기 전 소득금액을 말한다)의 범위에서 해당 사업연도의 소득금액을 계산할 때 손금에 산입한다.

이 경우 손금에 산입하지 않은 처분손실은 자산처분시 각각 분할합병 전 해당 법인의 사업에서 발생한 결손금으로 보아 앞에서 설명한 1. 적격분할시 이월결손금 승계와 2. 분할합병 상대방법인의 이월결손금 공제 제한을 적용한다.

V. 분할시 기부금 한도초과액의 승계 및 공제제한

1 적격분할시 기부금 한도초과액의 승계

적격분할을 한 분할신설법인(분할합병의 상대방법인 포함)은 분할법인의 특례기부금 및 일반기부금 한도초과액을 승계한다. 이처럼 분할법인의 분할등기일 현재 기부금 도초과액으로서 분할신설법인이 승계한 금액은 분할신설법인의 각 사업연도의 소득금액을 계산할 때 분할법인으로부터 승계받은 사업에서 발생한 소득금액을 기준으로 특례기부금 및 일반기부금 각각의 손금산입한도액의 범위에서 손금에 산입한다.

2. 분할합병의 상대방법인의 기부금 한도초과액의 손금산입 제한

분할합병의 상대방법인의 분할등기일 현재 특례기부금 및 일반기부금 한도초과로 이월된 금액으로서 그 후의 각 사업연도의 소득금액을 계산할 때 손금에 산입하지 않은 금액(이하 '기부금 한도초과액') 중 적격분할한 분할신설법인이 승계한 기부금한도초과액을 제외한 금액은 분할신설법인의 각 사업연도의 소득금액을 계산할 때 분할합병 전 분할합병의 상대방법인의 사업에서 발생한 소득금액을 기준으로 특례기부금 및 일반기부금 각각의 손금산입한도액의 범위에서 손금에 산입한다.

법인 05

제3절 물적분할 및 현물출자에 대한 특례

I-2 p.284

I. 물적분할에 대한 과세이연

1. 개요

물적분할은 분할법인이 분할신설법인의 주식총수를 취득하므로 다음과 같은 점에서 인적분할과 다른 특징을 갖게 된다.

① 인적분할의 경우에는 분할법인이 사업부문 순자산을 양도한 것으로 간주하여 분할로 발생하는 양도손익을 계산하지만, 물적분할은 분할법인 자신이 분할대가를 취득하므로 일반적인 자산처분손익과 동일하게 사업부문 처분손익을 계산한다.

② 분할신설법인의 입장에서는 현물출자를 받고 설립된 경우와 유사하므로 분할매수차익·분할매수차손(영업권)에 내한 과세문제를 빌생하지 않는다.

③ 분할법인의 주주들의 입장에서는 분할대가를 지급받지 않고 보유주식도 소멸하지 않으므로 의제배당소득에 대한 과세문제가 발생하지 않는다.

[도 표] 물적분할에 대한 과세체계

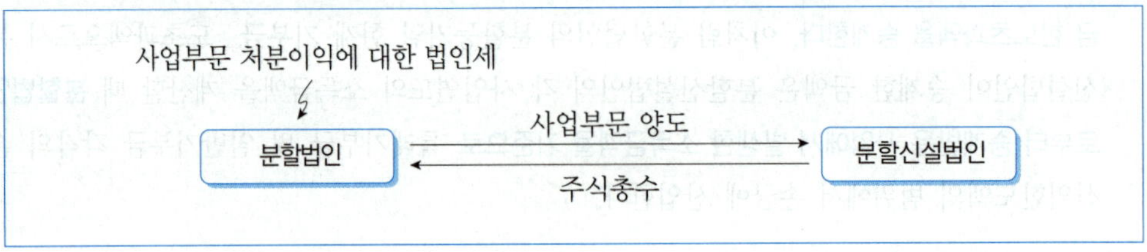

이러한 사업부문 처분이익은 분리된 사업부문의 미실현이익이 물적분할을 통해 실현된 것이므로 당연히 익금에 산입하여 과세되어야 할 것이다. 그러나 물적분할은 특정한 사업부문을 100% 지분을 갖는 완전자회사로 독립시키는 형식적인 조직개편에 지나지 않기 때문에 분할 당시에 과세할 것이 아니라 그 과세를 이연시켜 줄 필요가 있다. 이러한 취지에서 법인세법은 물적분할로 인한 자산양도차익에 대해 과세이연제도를 마련하고 있다.

2. 물적분할로 인한 자산양도차익에 대한 과세이연

1) 분할법인의 양도차익 손금산입 : 분할법인이 물적분할에 의하여 분할신설법인의 주식을 취득한 경우로서 적격물적분할에 해당하는 경우 그 분할신설법인의 주식의 가액 중 물적분할로 인하여 발생한 자산의 양도차익에 상당하는 금액은 분할등기일이 속하는 사업연도의 소득금액을 계산할 때 손금에 산입할 수 있다. 여기서 '적격물적분할에 해당하는 경우'란 적격분할의 요건(지분의 연속성의 경우 전액이 주식이어야 함)을 갖춘 경우를 말하며, 부동산임대업을 주업으로 하는 사업부문 등을 분할하는 경우에는 적격물적분할로 보지 않는다. 한편 손금산입하는 양도차익은 분할신설법인 주식의 압축기장충당금으로 계상해야 한다. 이 경우에도 손금계상의 특례가 적용됨은 물론이다.

2) 분할법인의 익금산입 : 분할법인이 이처럼 손금에 산입한 양도차익에 상당하는 금액은 ① 분할법인이 분할신설법인으로부터 받은 주식을 처분하거나 ② 분할신설법인이 분할법인으로부터 승계받은 자산 중 감가상각자산(사업에 사용되지 않은 것 포함), 토지 및 주식 · 출자지분(이하 '승계자산')을 처분하는 경우에는 그 사유가 발생하는 사업연도에 다음의 금액을 익금에 산입한다.

익금산입액	=	직전 사업연도 종료일(분할등기일이 속하는 사업연도의 경우에는 분할등기일) 현재 분할신설법인 주식의 압축기장충당금 잔액	× [(①+②) − (①×②)]의 비율

① 분할법인의 주식처분비율

$$: \frac{\text{해당 사업연도에 처분한 분할신설법인 주식의 장부가액}}{\text{직전 사업연도 종료일 현재 보유하고 있는 분할신설법인의 주식의 장부가액}}$$

② 분할신설법인의 승계자산 양도차익실현비율

$$: \frac{\text{해당 사업연도에 처분한 승계자산의 양도차익}^{*}}{\text{직전 사업연도 종료일 현재 보유하고 있는 승계자산의 양도차익}^{*}}$$

* 승계자산의 양도차익

= 분할등기일 현재의 승계자산의 시가 – 분할등기일 전날 분할법인이 보유한 승계자산의 장부가액

3) 폐업 등으로 인한 과세이연의 중단 : 양도차익 상당액을 손금에 산입한 분할법인은 분할등기일이 속하는 사업연도의 '다음 사업연도의 개시일부터 2년(③의 경우에는 3년)' 이내에 다음 중 어느 하나에 해당하는 사유가 발생하는 경우에는 당초 손금에 산입한 금액 중 앞의 2)에 따라 익금에 산입하고 남은 금액을 그 사유가 발생한 날이 속하는 사업연도의 소득금액을 계산할 때 익금에 산입한다.

과세이연 중단사유	사후관리기간
① 분할신설법인이 분할법인으로부터 승계받은 사업을 폐지하는 경우 (사업의 계속성 중단)	2년
② 분할법인의 일정한 지배주주 등이 분할신설법인으로부터 받은 전체 주식의 50% 이상을 처분하는 경우(지분의 연속성 중단)	
③ 각 사업연도 종료일 현재 분할신설법인에 종사하는 근로자 수가 분할등기일 1개월 전 당시 분할하는 사업부문에 종사하는 근로자 수의 합의 80% 미만으로 하락하는 경우(고용의 연속성 중단)	3년

다만, 부득이한 사유가 있는 경우에는 과세이연을 계속 적용한다. 해당 부득이한 사유는 적격합병의 경우와 같다.

Ⅱ. 현물출자에 대한 과세이연

1. 개요

앞에서 살펴본 물적분할은 분할법인이 어느 사업부문에 속하는 자산·부채를 분할신설법인에 포괄적으로 양도하고 그 대가로 주식총수를 취득한다. 이것은 법인이 개별 자산을 다른 법인에게 현물출자하고 주식을 취득하는 것과 비슷하다. 따라서 현물출자한 법인도 개별적인 자산의 양도차익에 대한 법인세 과세문제가 발생한다.

이러한 현물출자에 따른 양도차익은 출자한 자산의 미실현이익이 현물출자를 통해 실현된 것이므로 당연히 과세되어야 할 것이다. 그러나 현물출자한 법인은 출자한 재고자산이나 사업용 자산이 현물출자를 받은 법인의 주식으로 바뀌는 형식적인 변경에 지나지 않기 때문에 현물출자 당시 과세할 것이 아니라 그 과세를 이연시켜 원활한 구조조정이 이루어지게 할 필요가 있다. 이러한 점을 고려하여 다음의 요건을 모두 갖춘 적격현물출자에 대해서는 현물출자로 인한 양도차익에 대한 과세이연 제도를 마련하고 있다.

적격현물출자의 요건

1. **사업목적의 현물출자 : 출자법인(현물출자를 한 법인)이 현물출자일 현재 5년 이상 사업을 계속한 법인일 것**
2. **지분의 연속성 : ① 출자법인(출자법인과 공동으로 출자한 자를 포함)이 현물출자일 다음 날 현재 피출자법인의 발행주식총수의 80% 이상의 주식을 보유하고,** ② 출자법인이 현물출자일이 속하는 사업연도의 종료일까지 피출자법인으로부터 받은 주식의 **50% 이상을 처분하지 않을 것**
3. **사업의 계속성** : 피출자법인이 그 현물출자일이 속하는 사업연도의 종료일까지 출자법인이 현물출자한 자산으로 영위하던 사업을 계속할 것
4. **공동출자시 추가요건** : 다른 내국인 또는 외국인과 공동으로 출자하는 경우 공동으로 출자한 자가 출자법인의 **특수관계인이 아닐 것**

2. 현물출자로 인한 자산양도차익에 대한 과세이연

1) 출자법인의 양도차익 손금산입 : **출자법인이 적격현물출자에 해당하는 경우 피출자법인으로부터 취득한 주식가액 중 현물출자로 발생한 자산의 양도차익에 상당하는 금액은 현물출자일이 속하는 사업연도의 소득금액을 계산할 때 손금에 산입할 수 있다.** 이처럼 손금산입하는 금액은 피출자법인 주식의 압축기장충당금으로 계상해야 한다.

2) 출자법인의 익금산입 : 출자법인이 이처럼 손금에 산입한 양도차익에 상당하는 금액은 ① 출자법인이 피출자법인으로부터 받은 주식을 처분하거나 ② 피출자법인이 출자법인으로부터 승계받은 자산 중 감가상각자산(사업에 사용되지 않은 것 포함), 토지 및 주식 · 출자지분(이하 '승계자산')을 처분하는 경우 그 사유가 발생하는 사업연도에 다음의 금액을 익금에 산입한다.

익금산입액 = 직전 사업연도 종료일(현물출자일이 속하는 사업연도의 경우에는 현물출자일) 현재 분할신설법인 주식의 압축기장충당금 잔액 × [(①+②) − (①×②)]의 비율

① 출자법인의 주식처분비율

$$: \frac{\text{해당 사업연도에 처분한 피출자법인 주식의 장부가액}}{\text{직전 사업연도 종료일 현재 보유하고 있는 피출자법인의 주식의 장부가액}}$$

② 피출자법인의 승계자산 양도차익실현비율

$$: \frac{\text{해당 사업연도에 처분한 승계자산의 양도차익*}}{\text{직전 사업연도 종료일 현재 보유하고 있는 승계자산의 양도차익*}}$$

* 승계자산의 양도차익

= 현물출자일 현재의 승계자산의 시가 − 현물출자일 전날 출자법인이 보유한 승계자산의 장부가액

3) 폐업 등으로 인한 과세이연의 중단 : 양도차익 상당액을 손금에 산입한 출자법인은 현물출자일이 속하는 사업연도의 다음 사업연도 개시일부터 2년 이내에 다음 중 어느 하나에 해당하는 사유가 발생하는 경우에는 당초 손금에 산입한 금액 중 위 2)에 따라 익금에 산입하고 남은 금액을 그 사유가 발생한 날이 속하는 사업연도의 소득금액을 계산할 때 익금에 산입한다.

① 피출자법인이 출자법인으로부터 현물출자받은 자산으로 영위하던 사업을 폐지하는 경우(사업의 계속성 중단)

② 출자법인이 피출자법인의 발행주식총수의 50% 미만으로 주식을 보유하게 되는 경우(지분의 연속성 중단)

다만, 부득이한 사유가 있는 경우에는 과세이연을 계속 적용한다. 해당 부득이한 사유는 적격합병의 경우와 같다.

제4절 합병 및 분할에 대한 그 밖의 세무처리

I-2 p.294

Ⅰ. 세무조정사항의 승계 여부

내국법인이 합병 · 분할(분할합병 포함)하는 경우 법인세법 또는 다른 법률에 다른 규정이 있는 경우(예컨대 대손충당금 등의 승계) 외에는 피합병법인 · 분할법인(소멸한 분할합병의 상대방법인을 포함. 이하 같다)의 각 사업연도 소득금액 · 과세표준을 계산할 때 익금 · 손금에 산입하거나 산입하지 않는 금액(이하 '세무조정사항')의 승계는 다음의 구분에 따른다.

구분	세무조정사항의 승계 여부
(1) 적격합병 · 적격분할의 경우	세무조정사항(분할의 경우 분할하는 사업부문의 세무조정사항에 한정)은 모두 합병법인 · 분할신설법인(분할합병의 상대방법인 포함)에 승계
(2) 위 (1) 외의 경우	퇴직급여충당금 · 대손충당금을 합병법인 · 분할신설법인(분할합병의 상대방법인 포함)이 승계한 경우에는 그와 관련된 세무조정사항을 승계하고 그 밖의 세무조정사항은 모두 합병법인 · 분할신설법인(분할합병의 상대방법인 포함)에 미승계

판 례 사업용 유형자산에 대해 기업회계기준에 따라 감액손실을 계상한 경우의 효력 및 적격분할시 세무상 유보로 남아 있는 금액을 분할신설법인이 승계하는지 여부

기업회계기준상 유형자산감액손실과 감가상각이 자산의 가액을 비용으로 인식한다는 점에서 그 실질이 유사한 점 등에 비추어 보면, 내국법인이 진부화되거나 시장가치가 급격히 하락한 사업용 유형자산에 대해 기업회계기준에 따라 감액손실을 계상한 경우 이를 감가상각비로서 계상한 것으로 보아 당해 사업연도의 상각범위액 내에서 손금에 산입하거나 그 후의 사업연도에 대한 시인부족액을 한도로하여 손금으로 추인해야 한다.

그리고 적격분할시 과세특례의 취지가 분할법인의 회계장부에 계상된 자산 · 부채를 분할신설법인에게 그 장부가액으로 이전시킬 때 분할법인에 남아 있던 기업회계와 법인세법 간의 일시적 차이인 세무조정사항도 분할신설법인이 인수하게끔 하려는 데 있으므로, 적격분할에 해당하는 경우에는 분할법인의 상각부인액과 같이 세무상 유보로 남아 있는 금액을 분할신설법인이 그대로 승계한다(2013두20844). ■

Ⅱ. 합병 및 분할에 따른 양도손익 등에 대한 납세의무

법인이 합병 · 분할로 인해 소멸한 경우 합병법인 · 분할신설법인은 피합병법인 · 분할법인이 납부하지 않은 각 사업연도 소득에 대한 법인세(합병 · 분할에 따른 양도손익에 대한 법인세 포함)를 납부할 책임을 진다.

Ⅲ. 합병 및 분할로 인한 공제 · 감면의 승계

(1) 적격합병 및 적격분할(인적분할에 한함)의 경우

적격합병(완전자법인 합병 포함) · 적격분할(인적분할에 한함)에 해당하여 자산을 장부가액으로 양도받은 경우 합병법인 · 분할신설법인은 피합병법인 · 분할법인이 적용받던 감면 · 세액공제는 승계하여 다음과 같이 감면 · 세액공제를 적용받을 수 있다.

이 경우 법인세법 또는 다른 법률에 해당 감면 · 세액공제의 요건 등에 관한 규정이 있는 경우에는 합병법인 · 분할신설법인이 그 요건 등을 갖춘 경우에만 적용한다.

구분	적용방법
(1) 세액감면(기간감면에 한정)	합병법인 · 분할신설법인이 승계받은 사업에서 발생한 소득에 대해 합병 · 분할 당시의 잔존감면기간 내에 종료하는 각 사업연도분까지 그 감면을 적용
(2) 이월공제가 인정되는 세액공제(외국납부세액공제 포함)로서 이월된 미공제액의 경우	합병법인 · 분할신설법인이 다음의 구분에 따라 이월공제잔여기간 내에 종료하는 각 사업연도분까지 공제 ① 이월된 외국납부세액공제 미공제액 $\text{해당 사업연도의 세액} \times \frac{\text{승계받은 사업에서 발생한 국외원천소득}}{\text{해당 사업연도의 과세표준}}$ ② 법인세 최저한세액에 미달하여 공제받지 못한 금액으로서 이월된 미공제액 : 승계받은 사업부문에 대해 계산한 법인세 최저한세액의 범위에서 공제(이 경우 공제하는 금액은 합병법인의 최저한세액을 초과할 수 없다) ③ 위 ① · ② 외에 납부할 세액이 없어 공제받지 못한 금액으로서 이월된 미공제액 : 승계받은 사업부문에 대해 계산한 산출세액의 범위에서 공제

* 분할신설법인 등은 다음의 구분에 따라 승계받은 사업에 속하는 감면 · 세액공제에 한정하여 적용받을 수 있다.
  ① 이월된 감면 · 세액공제가 특정 사업 · 자산과 관련된 경우 : 특정 사업 · 자산을 승계한 분할신설법인 등이 공제
  ② 위 ① 외의 이월된 감면 · 세액공제의 경우 : 분할법인 등의 사업용 자산가액 중 분할신설법인 등이 각각 승계한 사업용 자산가액 비율로 안분하여 분할신설법인 등이 각각 공제

법인 05

(2) 적격물적분할의 경우

분할신설법인은 분할법인이 적격물적분할에 해당하여 물적분할로 발생한 자산양도차익을 압축기장충당금으로 계상한 경우에는 분할법인이 분할 전에 적용받던 감면 · 세액공제를 승계하여 적용을 받을 수 있다.

이 경우 법인세법 또는 다른 법률에 해당감면 · 세액공제의 요건 등에 관한 규정이 있는 경우에는 분할신설법인이 그 요건 등을 갖춘 경우에만 이를 적용하며, 분할신설법인은 다음의 구분에 따라 승계받은 사업에 속하는 감면 · 세액공제에 한정하여 적용받을 수 있다.

구분	적용방법
(1) 이월된 감면 · 세액공제가 특정 사업 · 자산과 관련된 경우	특정 사업 · 자산을 승계한 분할신설법인이 공제
(2) 위 (1) 외의 이월된 감면 · 세액공제의 경우	분할법인의 사업용 자산가액 중 분할신설법인이 각각 승계한 사업용 자산가액 비율로 안분하여 분할신설법인이 각각 공제

* 분할신설법인이 분할법인으로부터 승계받은 감면 · 세액공제를 적용하는 경우에는 (1)의 도표의 적용방법을 준용한다.

제5절 사업양수시 이월결손금 공제 제한

I-2 p.297

I. 개요

내국법인이 다른 내국법인의 사업을 양수하는 경우로서 다음의 기준에 모두에 해당하는 경우에는 사업양수일 현재 세무상 결손금은 사업을 양수한 내국법인의 각 사업연도의 과세표준을 계산할 때 양수한 사업부문에서 발생한 소득금액의 범위에서는 공제하지 않는다.

① 양수자산이 사업양수일 현재 양도법인의 자산총액의 70% 이상이고, 양도법인의 순자산가액(자산총액 – 부채총액)의 90% 이상인 경우

② 사업의 양도 · 양수 계약일 현재 양도 · 양수인이 특수관계인인 법인인 경우

II. 취지

사업양수는 경제적 실질이 합병과 비슷하지만 양수법인의 이월결손금은 양수한 사업부문의 소득금액에서 공제할 수 있었다. 이러한 점을 이용하여 이월결손금이 많은 법인이 소득이 크게 발생하는 우량법인을 양수하여 기존 이월결손금을 그 우량법인의 사업부문 소득금액에서 공제하는 방법으로 조세회피하는 문제점이 있었다. 이를 방지하기 위해서 사업양수시 이월결손금 공제를 제한하는 규정을 마련한 것이다.

제6절 교환으로 인한 자산양도차익 상당액의 손금산입

I-2 p.299

I. 의의

법인이 사업용자산을 교환하는 경우에 교환으로 취득하는 자산의 취득가액은 취득당시의 시가로 한다. 따라서 교환으로 취득하는 자산의 가액이 교환으로 양도하는 자산의 장부가액을 초과하는 경우에 자산양도차익이 발생한다. 이 경우 자산양도차익은 당연히 익금에 해당하므로 각 사업연도 소득금액에 포함되어 법인세가 과세된다.

그러나 교환으로 인한 자산양도차익에 대해 법인세를 일시에 과세할 경우에는 사업의 교환(big deal)을 통한 기업구조조정을 저해할 우려가 있다. 이러한 점 때문에 일정한 요건을 충

족하는 경우에는 교환취득자산의 가액 중 교환으로 인한 자산양도차익 상당액은 일시상각충당금 등을 설정하는 방법으로 세부담을 이연할 수 있다.

Ⅱ. 적용 요건

다음의 요건에 해당하는 경우 자산양도차익 상당액을 손금에 산입할 수 있다.

① 부동산임대업 · 부동산중개업 · 부동산매매업 · 소비성서비스업을 제외한 사업을 영위하는 내국법인이어야 한다.

② 사업용자산을 특수관계인 외의 다른 내국법인이 2년 이상 해당 사업에 직접 사용하던 동일한 종류의 사업용자산과 교환해야 한다. 여기서 '사업용자산'이란 토지 · 건축물 및 업종별 사업용유형자산을 말한다.

③ 내국법인이 교환취득자산을 교환일이 속하는 사업연도의 종료일까지 해당 내국법인의 사업에 사용할 것

Ⅲ. 손금산입 및 익금산입

1. 손금산입

이상의 요건을 충족한 경우에는 그 교환취득자산의 가액 중 교환으로 발생한 사업용자산의 양도차익에 상당하는 금액은 해당 사업연도의 손금에 산입할 수 있다. 구체적으로 손금산입하는 양도차익 상당액은 다음과 같이 계산한다.

> 일시상각충당금 · 압축기장충당금 설정범위액 = MIN (①, ②)
> ① 양도자산의 처분이익 = 교환취득자산가액 − (양도자산의 장부가액 + 현금지급액)
> ② 양도자산의 평가이익 = 양도자산의 시가 − 양도자산의 장부가액

해당 자산별로 감가상각자산은 일시상각충당금으로, 그 외의 자산은 압축기장충당금으로 계상해야 한다. 이 경우에도 신고조정에 의한 손금산입의 특례가 허용된다.

2. 익금산입

이처럼 손비로 계상한 일시상각충당금 · 압축기장충당금은 다음 방법으로 익금에 산입한다.

① 일시상각충당금은 해당 사업용자산의 감가상각비와 상계할 것. 다만, 해당 자산을 처분하는 경우에는 상계하고 남은 잔액을 처분한 날이 속하는 사업연도에 전액 익금에 산입한다.

$$\text{상계한 금액} = \text{감가상각비} \times \frac{\text{일시상각충당금}}{\text{취득가액}}$$

② 압축기장충당금은 해당 사업용자산을 처분하는 사업연도에 이를 전액 익금에 산입한다.

제 6 장
부당행위계산의 부인

제1절 부당행위계산의 부인

I-2 p.305

Ⅰ. 의의

관할세무서장 등은 법인의 행위 또는 소득금액의 계산이 특수관계인과의 거래로 인해 그 법인의 소득에 대한 조세의 부담을 부당하게 감소시킨 것으로 인정되는 경우에는 그 법인의 행위 또는 소득금액의 계산에 관계없이 그 법인의 각 사업연도 소득금액을 계산할 수 있다. 이것을 '부당행위계산의 부인'이라고 한다. 즉 부당행위계산의 부인은 법률상 적법 · 유효한 행위계산이라 할지라도 그 행위 · 계산이 조세를 부당하게 감소시키는 경우에는 이를 부인하여 합리적인 경제인의 행위 · 계산으로 바꾸어 놓은 상태를 기준으로 소득금액을 계산하려는 것이다.

그 취지는 이상(異常)한 법형식을 통한 조세를 회피하는 것을 방지하고 동일한 경제적 사실에 대해 동일한 조세부담을 지움으로써 조세평등주의를 구현하는 데 있다.

Ⅱ. 적용 요건

부당행위계산 부인의 적용 요건은 ① 특수관계인과의 거래일 것, ② 해당 법인의 부당한 행위 · 계산으로 인해 조세부담이 감소되었다고 인정될 것, ③ 특정한 거래는 현저한 이익을 분여해야 한다. 이 경우 당사자의 주관적인 조세회피의 의사(意思)는 필요하지 않다.

1. 특수관계인의 범위

(1) 특수관계인

부당행위계산의 부인규정은 ① 그 행위 당시를 기준으로 하여 ② 해당 법인과 특수관계인 간의 거래(특수관계인 외의 자를 통하여 이루어진 거래를 포함)에 대해 이를 적용한다. 여기서 '특수관계인'이란 해당 법인(본인)과 다음 중 어느 하나에 해당하는 관계에 있는 자를 말한다. 이 경우 해당 법인(본인)도 그 특수관계인의 특수관계인으로 본다(쌍방관계를 기준으로 판단).

① 임원의 임면권(任免權)의 행사, 사업방침의 결정 등 해당 법인의 경영에 대해 사실상 영향력을 행사하고 있다고 인정되는 자(상법에 의해 이사로 보는 업무집행지시자 등을 포함)와 그 친족

② 주주 등(주주 · 사원 · 출자자를 말하며, 소액주주 등은 제외. 이하 같다)과 그 친족. 이처럼 소액주주 등은 해당 법인의 특수관계인에 해당하지 않는다. 여기서 '소액주주 등'이란 발행주식총수(또는 출자총액)의 1%에 미달하는 주식을 소유한 주주 등을 말한다. 다만, 해당 법인의 지배주주 등과 특수관계인은 '소액주주 등'으로 보지 않는데, '지배주주 등'은 법인의 발행주식총수(또는 출자총액)의 1% 이상의 주식(또는 출자지분)을 소유한 주주(출자자를 포함하되, 국가 · 지방자치단체는 제외)로서 그와 특수관계인과의 소유주식(또는 출자지분) 합계가 해당 법인의 주주(또는 출자자) 중 가장 많은 경우의 해당 주주 등을 말한다.

③ 그 밖에 법인과 경제적 연관관계가 있거나, 경영지배관계 있는 자를 말한다.

[도 표] 특수관계인의 범위

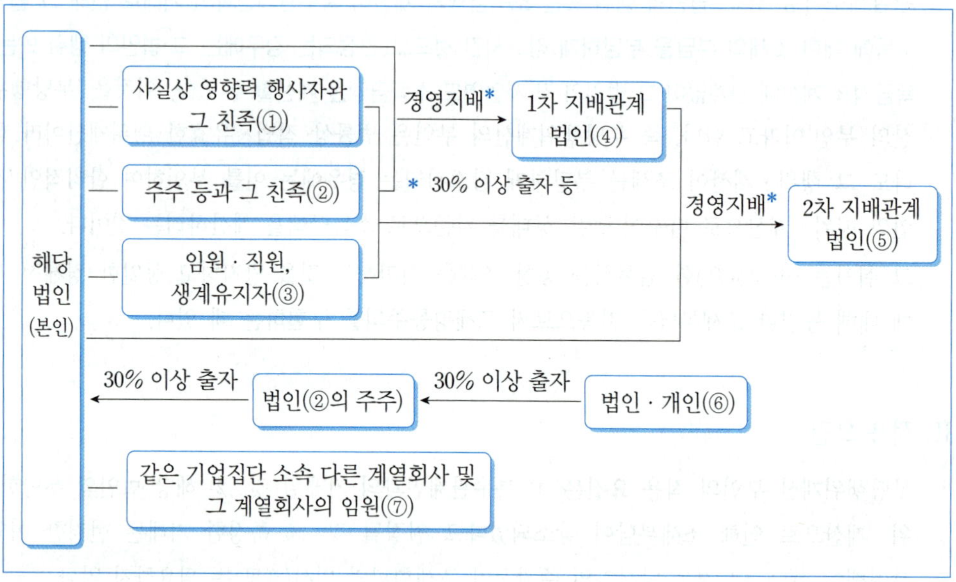

(2) 특수관계인의 판단기준(쌍방관계 기준)

'특수관계인'이란 해당 법인과 위에 따른 관계가 있는 자를 말한다. 이 경우 해당 법인도 그 특수관계인의 특수관계인으로 본다(쌍방관계 기준). 이 조문의 의미는 다음과 같다.

본래 '관계'란 둘 이상의 주체가 서로 관련을 맺는 것을 의미하므로 납세의무자인 법인을 기준으로 하여 거래상대방이 위에 따른 관계에 해당하는 경우뿐만 아니라 거래상대방을 기준으로 하여 납세의무자인 법인이 위에 따른 관계에 해당하는 경우에도 그 거래상대방이 납세

의무자인 법인과 특수관계에 있는 것으로 판단한다. 이러한 쌍방관계 기준에 의한 특수관계인 판단은 모든 세법에 공통적으로 적용된다.

2. 부당행위계산의 유형

법인세법 시행령에서는 부당행위계산의 유형에 관하여 규정하고 있는데, '조세의 부담을 부당하게 감소시킨 것으로 인정되는 행위 · 계산'이란 다음 중 어느 하나에 해당하는 경우를 말한다. 다만, 이 경우에는 부당한 행위계산의 전형적인 유형의 예를 든 예시적 규정이며, 부당행위계산의 유형을 제한적으로 열거한 규정이 아니다.

구분	부당행위계산의 유형
손익거래	① 자산을 시가보다 높은 가액으로 매입 · 현물출자받았거나 그 자산을 과대상각한 경우* * 사업부문을 포괄적으로 양수한 경우에는 원칙적으로 개개의 자산별로 그 거래가격과 시가를 비교하여 고가양수에 해당하는지 여부를 판단할 것이 아니라, 그 자산들의 전체 거래가격과 시가를 비교하여 포괄적 거래 전체로서 고가양수에 해당하는지 여부를 판단해야 한다(95누13296). ② 자산을 무상 · 시가보다 낮은 가액으로 양도 · 현물출자한 경우. 다만, 상법 등에 따른 주식매수선택권 등(해당 법인의 발행주식총수의 10% 범위에서 지급받는 경우에 한정)의 행사 · 지급에 따라 주식을 양도하는 경우는 제외한다. ③ 금전 그 밖의 자산 · 용역을 무상 또는 시가보다 낮은 이율 · 요율이나 임대료로 대부하거나 제공한 경우. 다만, 다음 중 어느 하나에 해당하는 경우는 제외한다. • 상법 등에 따른 주식매수선택권 등(해당 법인의 발행주식총수의 10% 범위에서 지급받는 경우에 한정)의 행사 · 지급에 따라 금전을 제공하는 경우 • 주주 등이나 출연자가 아닌 임원(소액주주 등인 임원 포함) 및 직원에게 사택(임차사택 포함)을 제공하는 경우. 여기서 '임차사택'이란 법인이 직접 임차하여 임원 · 직원에게 무상으로 제공하는 주택으로서 임차기간 동안 임원 · 직원이 거주하고 있는 주택을 말한다. • 연결납세방식을 적용받는 연결법인 간에 다음의 요건을 모두 갖추어 용역을 제공하는 경우 ㉠ 용역의 거래가격에 따른 연결납세방식을 적용받는 연결법인 간에 연결법인세액의 변동이 없을 것 ㉡ 해당 용역의 착수일 등 용역을 제공하기 시작한 날이 속하는 사업연도부터 그 용역의 제공을 완료한 날이 속하는 사업연도까지 연결납세방식을 적용하는 연결법인 간의 거래일 것 ④ 금전 그 밖의 자산 또는 용역을 시가보다 높은 이율 · 요율이나 임차료로 차용하거나 제공받은 경우. 다만, 연결납세방식을 적용받는 연결법인 간에 위 ㉠ · ㉡의 요건을 갖추어 용역을 제공받은 경우는 제외한다.

	⑤ 특수관계인인 법인 간 합병(분할합병 포함)·분할을 할 때 불공정한 비율로 합병·분할하여 그 합병·분할에 따른 양도손익을 감소시킨 경우. 다만, 주권상장법인이 다른 법인과 자본시장과 금융투자업에 관한 법률에 따른 합병가액·분할가액의 산정기준에 따라 합병(분할합병 포함)·분할하는 경우는 제외한다. ⑥ 무수익자산을 매입 또는 현물출자받았거나 그 자산에 대한 비용을 부담한 경우. 여기서 '무수익자산'이란 법인의 수익파생에 공헌하지 못하거나 법인의 수익과 관련이 없는 자산으로서 장래에도 그 자산의 운용으로 수익을 얻을 가망성이 희박한 자산을 말한다. ⑦ 불량자산을 차환하거나 불량채권을 양수한 경우 ⑧ 출연금을 대신 부담한 경우 ⑨ 파생상품에 근거한 권리를 행사하지 않거나 그 행사기간을 조정하는 등의 방법으로 이익을 분여하는 경우 ⑩ 그 밖에 위 ①~⑨에 준하는 행위·계산 및 그 외에 법인의 이익을 분여하였다고 인정되는 경우(개괄적 행위유형)
자본거래	① 다음 중 어느 하나에 해당하는 자본거래로 인하여 주주 등인 법인이 특수관계인인 다른 주주 등에게 이익을 분여한 경우 ㉠ 특수관계인인 법인간의 합병(분할합병 포함)에 있어서 주식 등을 시가보다 높거나 낮게 평가하여 불공정한 비율로 합병한 경우 ㉡ 법인의 자본(출자액 포함)을 증가시키는 거래에 있어서 신주(전환사채·신주인수권부사채·교환사채 등)를 배정·인수받을 수 있는 권리의 전부·일부를 포기(그 포기한 신주가 공모방법으로 배정되는 경우는 제외)하거나 신주를 시가보다 높은 가액으로 인수하는 경우 ㉢ 법인의 감자에 있어서 주주 등의 소유주식 등의 비율에 의하지 않고 일부 주주 등의 주식 등을 소각하는 경우 ② 위 ① 외의 경우로서 증자·감자·합병(분할합병 포함)·분할·전환사채 등에 의한 주식의 전환·인수·교환 등 법인의 자본(출자액 포함)을 증가시키거나 감소시키는 거래를 통해 법인의 이익을 분여하였다고 인정되는 경우 ③ 그 밖에 위 ①~②에 준하는 행위 또는 계산 및 그 외에 법인의 이익을 분여하였다고 인정되는 경우(개괄적 행위유형)

[도 표] 사택의 제공 및 주택자금대여

구분	출자임원	비출자임원*	직원
사택을 무상 또는 시가보다 낮은 임대료로 제공한 경우	시가와 차액 ➡ 익금산입·상여	부당행위계산 부인대상이 아님 ➡ 세무조정·소득처분 없음	
주택자금을 무상 또는 시가보다 낮은 이율로 대여한 경우	인정이자와 차액 ➡ 익금산입·상여		인정이자와 차액 ➡ 익금산입·상여**

* 비출자임원에는 소액주주인 임원을 포함한다.

** 중소기업에 근무하는 직원에 대한 주택구입 · 전세자금의 대여액은 인정이자와 차액을 익금에 산입하지 않는다.

판례 부당행위계산부인의 의미와 경제적 합리성 유무에 관한 판단 기준

'부당행위계산부인'이란 법인이 특수관계에 있는 자와의 거래에서 정상적인 경제인의 합리적인 방법에 의하지 않고 법인세법 시행령 제88조 제1항(부당행위계산의 유형) 각호에 열거된 여러 거래형태를 빙자하여 남용함으로써 조세부담을 부당하게 회피하거나 경감시켰다고 하는 경우에 과세권자가 이를 부인하고 법령에 정하는 방법에 의하여 객관적이고 타당하다고 보이는 소득이 있는 것으로 의제하는 제도이다. 이는 경제인의 입장에서 볼 때 부자연스럽고 불합리한 행위계산을 하여 경제적 합리성을 무시하였다고 인정되는 경우에 한하여 적용되는 것이다. 경제적 합리성 유무에 관한 판단은 거래행위의 여러 사정을 구체적으로 고려하여 과연 그 거래행위가 건전한 사회통념이나 상관행에 비추어 경제적 합리성이 없는 비정상적인 것인지에 따라 판단하되, 비특수관계자 간의 거래가격, 거래 당시의 특별한 사정 등도 고려해야 한다(2015두39842). ■

(1) 현저한 이익의 분여

부당행위계산의 유형 중 ①~④(이에 준하는 행위 · 계산)에 해당하는 손익거래는 시가와 거래가액의 차액이 시가의 5%에 상당하는 금액 이상이거나 3억원 이상인 경우에 한정하여 부당행위계산의 부인규정을 적용한다. 이러한 현저한 이익의 분여요건은 주권상장법인이 발행한 주식을 거래한 경우에는 적용하지 않는다.

> • 5% 또는 3억원 이상 차이가 나는지 여부
> (시가와 거래가액의 차액 ≧ 시가×5%) OR (시가와 거래가액의 차액 ≧ 3억원)

한편 불공정자본거래 경우에도 현저한 이익을 분여(分與)한 경우에 한정하여 부당행위계산의 부인규정을 적용하는데, 이에 관하여는 후술하기로 한다.

(2) 부당한 행위 · 계산의 판정시기

이러한 부당행위계산의 유형에 관한 규정은 그 행위 당시를 기준으로 하여 해당 법인과 특수관계인 간의 거래에 대해 이를 적용한다. 다만, 불공정합병의 경우에 규정된 특수관계인인 법인의 판정은 합병등기일이 속하는 사업연도의 직전 사업연도 개시일(그 개시일이 서로 다른 법인이 합병한 경우에는 먼저 개시한 날)부터 합병등기일까지의 기간에 따른다.

(3) 시가의 개념과 그 산정방법

부당행위계산의 부인규정을 적용할 때 ① 건전한 사회통념 · 상관행과 ② 시가를 기준으로 한다. 여기서 '시가'란 특수관계인이 아닌 자간의 정상적인 거래에서 적용되거나 적용될 것으로 판단되는 가격 · 요율 · 이자율 · 임대료 · 교환비율 그 밖에 이에 준하는 것을 말한다. 이러한 부당행위계산 부인의 적용 기준이 되는 '시가'에 대한 증명책임은 과세관청에 있다.

1) 일반적인 시가산정방법 : 시가를 산정할 때 해당 거래와 유사한 상황에서 해당 법인이 ① 특수관계인 외의 불특정다수인과 계속적으로 거래한 가격 또는 ② 특수관계인이 아닌 제3자 간

에 일반적으로 거래된 가격이 있는 경우에는 그 가격에 따른다. 다만, 주권상장법인이 발행한 주식을 다음의 (1)에 해당하는 방법으로 거래한 경우 해당 주식의 시가는 (2)의 가액으로 한다.

(1) 거래방법	① 증권시장 외에서 거래하는 방법 ② 대량매매 등 방법 : 거래소의 증권시장업무 규정에서 일정 수량·금액 이상의 요건을 충족하는 경우에 한정하여 매매가 성립하는 거래방법* 을 말한다. * ㉠ 장중대량매매, ㉡ 시간외대량매매, ㉢ 장중바스켓매매 등의 거래방법을 말한다.
(2) 상장주식을 위 (1)의 방법으로 거래한 경우 해당 주식의 시가	거래일의 거래소 최종시세가액(거래소가 휴장 중에 거래한 경우에는 그 거래일의 직전 최종시세가액)으로 하며, '사실상 경영권의 이전이 수반되는 경우(*주) [중소기업·중견기업이 발행하는 주식 등 상증령(제59조 ⑧)에 따라 할증평가를 배제하는 주식인 경우는 제외]'에는 그 가액의 20%를 가산한다.

(*주) '사실상 경영권의 이전이 수반되는 경우'란 ① 상증세법(제63조 ③)에 따른 최대주주(또는 최대출자자)가 변경되는 경우, ② 상증세법(제63조 ③)에 따른 최대주주 등 간의 거래에서 주식 등의 보유비율이 1% 이상 변동되는 경우를 말한다. 다만, 회생계획 등을 이행 중인 법인이 회생계획 등을 이행하기 위해 거래하는 경우는 제외한다.

한편 부당행위계산의 부인규정을 적용할 때 시가가 불분명한 경우에는 다음의 규정을 차례로 적용하여 계산한 금액에 따른다.

① 감정평가법인등(감정평가법인과 감정평가사를 말한다)이 감정한 가액이 있는 경우 그 가액(감정한 가액이 둘 이상인 경우에는 그 감정한 가액의 평균액). 다만, ㉠ 주식·출자지분 및 ㉡ 가상자산은 제외한다.

② 상증세법에 따른 보충적 평가방법을 준용하여 평가한 가액. 이 경우 최대주주 보유주식의 할증평가 규정을 준용하되, 중소기업 최대주주의 보유주식은 할증평가를 배제한다.

판례 비상장주식의 시가

'시가'란 일반적이고 정상적인 거래에 따라 형성된 객관적인 교환가치를 의미한다. 거래소에 상장되지 않거나 코스닥시장에 상장되지 않은 법인이 발행한 주식의 경우에도 그에 관한 객관적 교환가치가 적정하게 반영된 정상적인 거래의 실례가 있는 경우에는 그 거래가격을 시가로 보아 주식의 가액을 평가해야 하고, 법소정의 비상장주식의 평가방법은 보충적 평가방법에 불과하므로 그에 따라 산정한 평가액이 곧바로 주식의 가액에 해당한다고 볼 수는 없다(2001도3191). ■

2) 금전의 대여 및 차용에 있어서 시가 : 금전의 대여·차용(부당행위계산의 유형 중 손익거래 ③·④)의 경우에는 위의 규정에 불구하고 가중평균차입이자율을 시가로 한다. 다만, 가중평균차입이자율의 적용이 불가능하거나 과세표준신고를 할 때 당좌대출이자율을 시가로 선택하는 경우에는 당좌대출이자율을 시가로 한다. 이에 관하여는 제3절 가지급금에 대한

법인세법의 규제 부분에서 서술하기로 한다.

3) 자산(금전 제외) 또는 용역의 제공시 일반적인 시가산정방법을 적용할 수 없는 경우 : 다음과 같이 계산한 금액을 시가로 한다.

구분	시가의 범위
(1) 유형 또는 무형의 자산을 제공하거나 제공받는 경우	(해당 자산의 시가×50% − 전세금 또는 보증금)×정기예금이자율
(2) 건설 기타 용역을 제공하거나 제공받는 경우	해당 용역제공에 소요된 원가(직접비 · 간접비 포함)×(1 + 수익률*)

* 수익률 : 해당 사업연도 중 ① 특수관계인 외의 자에게 제공한 유사한 용역제공거래 또는 ② 특수관계인이 아닌 제3자 간의 일반적인 용역제공거래를 할 때의 수익률(다음의 계산식에 따른 비율)을 말한다.

$$수익률 = \frac{기업회계기준에\ 따라\ 계산한\ 매출액 - 원가}{원가}$$

판 례 부동산 전대의 부당행위계산부인 적용시 시가산정 문제

원고는 5층 건물(이하 '이 사건 건물')의 소유자로 이 사건 건물을 층별로 나누어 보증금 합계 59억 2,000만원, 임대료 합계 월 7,719만원에 임대하던 중, 2008.8.28. 주식회사 진미선개발(이하 '진미선개발')을 주식 10,000주씩을 인수하는 방법으로 설립하고, 2008.9.1. 진미선개발에 이 사건 건물 전체를 보증금 59억 2,000만원, 임대료 월 5,000만원에 임대하였다. 진미선개발은 이 사건 건물을 전대하였다.

과세관청은 2008년경부터 2012년경까지 이 사건 건물에 관한 임대용역의 시가가 진미선개발이 받은 전대료 상당액이라는 전제하에 원고는 특수관계인인 진미선개발에 시가보다 낮은 가격으로 이 사건 건물에 관한 임대용역을 제공하였다고 보고, 그 차액을 원고의 임대용역의 공급가액과 소득에 합산하여, 원고에게 2008년 2기부터 2012년 2기까지의 각 부가가치세와 2008년부터 2012년까지의 각 종합소득세를 부과하였다.

그러나 원고는 진미선개발과 이 사건 건물에 관한 임대차계약을 체결하면서 종전과 달리 임차인인 진미선개발이 이 사건 건물의 시설보수 · 유지업무를 담당하고, 이 사건 건물에 관한 세금과 공과금 등을 부담하며, 세입자와의 분쟁을 해결하고 그에 따른 모든 책임을 지기로 약정하였다. 이처럼 진미선개발과 약정한 임대료는 원고 대신 진미선개발이 부담하기로 한 각종 비용과 책임 등이 고려된 것으로 보인다. 그렇다면 진미선개발이 부담하게 된 이러한 비용과 책임 등에 대한 고려 없이 진미선개발이 전대료로 원고이 종전에 받은 임대료와 같은 금액을 받았다는 사정만으로 그 전대료 상당액이 바로 원고이 진미선개발에 제공한 이 사건 건물에 관한 임대용역의 시가라고 단정할 수 없다(2017두69977). ■

3. 법인세 부담의 감소

해당 소득에 대한 조세의 부담을 감소시킨 것으로 인정되어야 한다. 해당 소득에 대한 조세는 법인세를 가리킨다. 이 경우 소득에 대한 조세의 부담을 감소시킨 것으로 인정되면 충분

하고 당사자에게 조세회피의 의사가 있어야 하는 것은 아니다. 왜냐하면 당사자의 의사여하에 따라 그 적용 여부가 결정된다면 같은 사실에 대한 같은 조세부담을 지우고자 하는 본래의 취지에 반하는 결과가 되기 때문이다.

Ⅲ. 부인의 효과

1. 세법에서의 효과

(1) 익금산입

부당행위계산에 해당하는 경우에는 시가와의 차액 등을 익금에 산입하여 해당 법인의 각 사업연도 소득금액을 계산한다.

한편 부당행위계산의 유형 중 자본거래로 인해 주주 등인 법인이 특수관계인인 다른 주주 등에게 이익을 분여한 경우에는 상증세법 시행령의 규정을 준용하여 익금산입액을 계산한다.

(2) 소득처분

부인금액은 그 특수관계인에게 이익을 분여한 것으로 취급된다. 따라서 그 금액은 귀속자의 구분에 따라 배당 · 상여 · 기타사외유출 · 기타소득으로 처분되며, 그 귀속자는 이에 따라 소득세 등의 납세의무를 지게 된다. 이러한 점 때문에 부당행위계산을 이른바 '숨은 이익처분'이라고도 부른다.

2. 사법에서의 효과

납세자의 행위계산은 비록 조세부담을 감소시키는 것이라 하더라도 적어도 사법에서는 적법 · 유효한 것으로서, 이는 세법에서의 부인에도 불구하고 여전히 사법에서의 그 효력을 유지한다.

판 례 법인세법상 부당행위계산에 해당하는 거래임을 은폐하는 경우 부과제척기간은 10년을 적용한다는 사례

'납세자가 사기 기타 부정한 행위로써 국세를 포탈하거나 환급 · 공제받은 경우'에는 그 부과제척기간을 해당 국세를 부과할 수 있는 날부터 10년으로 연장하고 있다. 위 조항의 입법 취지는 조세법률관계의 신속한 확정을 위해 원칙적으로 국세 부과권의 제척기간을 5년으로 하면서도 국세에 관한 과세요건사실의 발견을 곤란하게 하거나 허위의 사실을 작출하는 등의 부정한 행위가 있는 경우에 과세관청으로서는 탈루신고임을 발견하기가 쉽지 않아 부과권의 행사를 기대하기가 어려우므로 해당 국세에 대한 부과제척기간을 10년으로 연장하는 데에 있다. 따라서 '사기 기타 부정한 행위'란 조세의 부과와 징수를 불가능하게 하거나 현저히 곤란하게 하는 위계 기타 부정한 적극적인 행위를 말하고, 단순히 세법상의 신고를 하지 않거나 허위의 신고를 함에 그치는 것은 여기에 해당하지 않는다고 할 것이다.

따라서 명의를 위장하여 소득을 얻더라도 그것이 조세포탈과 관련이 없는 행위인 때에는 명의위장 사실만으로 '사기 기타 부정한 행위'에 해당한다고 할 수 없으나, 그것이 누진세율 회피, 수입의 분산, 감면특

례의 적용, 세금 납부를 하지 않을 무자력자의 명의사용 등과 같이 명의위장이 조세회피의 목적에서 비롯되고 나아가 여기에 허위 매매계약서의 작성과 대금의 허위지급, 허위의 양도소득세 신고, 허위의 등기·등록, 허위의 회계장부 작성·비치 등과 같은 적극적인 행위까지 부가된다면 이는 조세의 부과와 징수를 불가능하게 하거나 현저히 곤란하게 하는 '사기 기타 부정한 행위'에 해당한다고 할 것이다.

그리고 법인세법상 부당행위계산 부인으로 인한 세무조정금액 등 세무회계와 기업회계의 차이로 생긴 금액은 특별한 사정이 없는 한 사기 기타 부정한 행위로 얻은 소득금액으로 볼 수 없으나, 법인세법상 부당행위계산에 해당하는 거래임을 은폐하여 세무조정금액이 발생하지 않게 하기 위해 부당행위계산의 대상이 되지 않는 자의 명의로 거래를 하고 나아가 그 사실이 발각되지 않도록 허위 매매계약서의 작성과 대금의 허위지급 등과 같이 적극적으로 서류를 조작하고 장부상 허위기재를 하는 경우에는 그것이 세무회계와 기업회계의 차이로 생긴 금액이라 하더라도 이는 사기 기타 부정한 행위로써 국세를 포탈한 경우에 해당하여 그에 관한 법인세의 부과제척기간은 10년이 된다(2013두7667).

제2절 가지급금에 대한 법인세법의 규제

I-2 p.322

법인 06

Ⅰ. 서설

법인이 업무와 관련없이 자금을 대여하는 경우에는 운영자금의 비생산적 사용으로 기업의 재무구조를 악화시키고 조세를 부당하게 회피할 가능성이 있다. 이를 방지하기 위해서 현행 법인세법은 가지급금에 대한 규제를 하고 있는데, 이하에서는 가지급금의 범위와 그에 대한 규제를 설명하려고 한다.

Ⅱ. 가지급금의 개념과 범위

1. 가지급금의 개념

1) '가지급금'이란 명칭 여하에 불구하고 해당 법인의 업무와 관련이 없는 자금대여액(금융기관 등의 경우 주된 수익사업으로 볼 수 없는 자금의 대여액 포함)을 말한다. 이러한 가지급금에 해당하는지의 여부는 회계처리 여하에 불구하고 그 실질내용에 따라 판단해야 한다. 이 경우 동일인에 대한 가지급금과 가수금이 함께 있는 경우에는 이를 상계한 후의 잔액에 대해서만 세제상의 규제가 가해진다.

2) 한편 현행 법인세법은 특수관계인에 대한 가지급금에 한정하여 규제하고 있는데, 해당 법인의 특수관계인 범위는 부당행위계산 부인규정의 특수관계인 범위와 같다.

2. 가지급금으로 보지 않는 것

다음의 금액은 조세정책적인 목적으로 가지급금의 범위에서 제외한다.

① 지급한 것으로 의제되는 소득(배당금 · 상여금)에 대한 소득세 대납액
② 우리사주조합 또는 그 조합원에 대한 주식취득자금의 대여액
③ 국민연금법에 따라 근로자가 지급받은 것으로 보는 퇴직전환금
④ 익금산입액의 귀속자가 불분명하여 대표자상여로 처분한 금액에 대한 소득세 대납액
⑤ 직원에 대한 일시적 급료의 가불금(월정액 급여 범위 내) · 경조사비 대여액 · 학자금 대여액
⑥ 중소기업에서 근무하는 직원에 대한 주택구입 · 전세자금 대여액

판 례 가지급금의 판단기준

'명칭 여하에 불구하고 해당 법인의 업무와 관련이 없는 자금의 대여액'에는 순수한 의미의 대여금은 물론 채권의 성질상 대여금에 준하는 것도 포함된다. 이때 가지급금의 업무관련성 여부는 해당 법인의 목적사업이나 영업 내용 등을 기준으로 객관적으로 판단해야 할 것인데, 법인이 특수관계에 있는 자로부터 지급받아야 할 공사대금의 회수를 정당한 사유 없이 지연시키는 것은 실질적으로 공사대금이 계약상의 의무이행기한 내에 전부 회수된 후 다시 가지급된 것과 같은 효과를 가져온다는 점에서 그 공사대금을 회수해야 할 날에 그 미회수 공사대금을 가지급금으로 지출한 것으로 보아야 할 것이다(2002두11479). ■

판 례 무연고지에 근무하는 직원들에게 무이자로 전세보증금을 대여하는 것이 업무무관 가지급금을 대여한 것으로 볼 수 있는지 여부

원고가 순환근무제를 실시함에 있어 아무런 연고가 없는 지역에 전보하는 직원에 대해 무이자로 전세금을 지원한 점, 원고는 전세금지원 자격을 무연고지로 발령된 재직 중인 직원만을 대상으로 하였고, 그 금액도 과다하다고 보이지 않는 점, 또한 원고는 구체적이고 세분화된 요건(전출사원 전세금지원 지침)을 마련하여 그 지원금액과 지급 및 반납을 통제하고 있는 점, 이와 같은 전세금지원은 그 실질에 있어서 부당행위계산부인의 적용대상에서 제외되는 것으로 해석되는 종업원에 대한 사택의 제공과 동일시할 수 있고 이는 당해 종업원이 주택보유자라도 다르지 아니한 점 등을 종합하면, 원고가 복리후생 등의 목적으로 무연고지에 근무하는 직원들에게 무이자로 전세보증금을 대여한 것은 업무와 관련성이 있을 뿐 아니라 건전한 사회통념 · 상관행에 비추어 경제적 합리성을 결한 비정상적인 거래라고 할 수 없어 부당행위계산부인의 대상이 아니라고 판단된다(2006두1901). ■

판 례 특수관계인에 대한 채권의 소멸시효가 완성된 경우 인정이자 익금산입을 계속 적용할 수 없다는 사례

무상의 금전대부에 준하는 것으로서 부당행위계산부인에 해당하여 그에 대한 인정이자를 익금산입할 수 있지만, 이를 위해서는 해당 법인이 채권을 보유하고 있음이 전제되어야 하므로, 만약 법인이 그 채권에 대한 소멸시효 중단을 위한 별다른 조치를 취하지 아니함으로써 소멸시효가 완성된 경우에는 더 이상 그 채권의 보유를 전제로 하는 인정이자 익금산입은 계속할 수 없다(2007두16561). ■

판 례 특수관계 없는 자와 거래함으로써 법인과 특수관계에 있는 자가 간접적으로 편익을 누린 경우 가지급금 관련 손금불산입 규정을 적용할 수 없다는 사례

지급이자 손금불산입에 관한 규정은 원칙적으로 법인이 특수관계에 있는 자에게 대여하였거나 이에 준하는 행위를 한 것으로 볼 수 있는 경우에 한하여 적용될 수 있을 뿐이고, 법인이 특수관계 없는 자와 거래함으

로써 해당 법인과 특수관계에 있는 자가 간접적으로 편익을 누렸다고 하더라도 ① 법인과 특수관계 없는 자 사이의 거래가 가장행위에 해당한다고 볼 특별한 사정이 있거나, ② 법률에 마련된 개별적이고 구체적인 규정을 통해 이를 부인할 수 있을 정도에 이르지 않는다면 법인이 특수관계에 있는 자와 직접 거래를 한 것으로 보아 위 규정을 적용할 수 없다.

법인이 매입한 자산이 수익파생에 공헌하거나 장래에 그 자산의 운용으로 수익을 얻을 가능성이 있는 등 수익과 관련이 있는 자산에 해당하고 그와 같은 매입행위가 행위 당시를 기준으로 할 때 건전한 사회통념·상관행에 비추어 경제적 합리성을 결여한 비정상적인 행위라고 할 수 없다면, 설령 법인이 특수관계 없는 자로부터 자산을 매입함으로써 법인과 특수관계에 있는 자가 경제적으로 어떠한 이익을 얻었다고 하더라도 이를 부당행위계산에 해당한다고 할 수 없다.

이 사건에서 원고가 시행사들과 분양계약을 체결하고 분양대금을 지급하였으며, 그 시행사들이 원고와 특수관계가 있는 건설회사에게 공사대금 등을 지급하였다. 이 경우 분양계약 당시를 부당행위계산부인의 판단기준으로 할 때 원고가 매입한 이 사건 아파트와 호텔은 임직원들을 위한 복리후생시설이나 연수시설로 사용될 수 있어서 이를 보유하지 못하였을 경우와 비교하여 그에 관한 비용을 절감함으로써 수익에 기여할 가능성이 없었다고 할 수 없고 이 사건 호텔의 운용수익이나 시세차익을 기대하는 것이 전혀 불합리하다고 볼 수 없으며 시행사들이 원고로부터 지급받은 분양대금을 반드시 원고와 특수관계가 있는 건설회사에 지급하게 될 것으로 단정할 수도 없으므로, 원고가 매입한 이 사건 아파트와 호텔을 원고의 수익과 전혀 관련이 없는 자산에 해당한다거나 원고의 매입행위가 건전한 사회통념이나 상관행에 비추어 경제적 합리성을 결여한 비정상적인 행위라고 할 수 없고, 설령 원고와 특수관계에 있는 건설회사가 원고가 지급한 분양대금을 재원으로 하여 공사대금채권을 변제받음으로써 결과적으로 경제적인 이익을 얻었고 분양계약 이후에 원고의 예상과 다른 사정이 일부 발생하였다고 하더라도 분양수입금에 관한 계좌가 건설회사와 시행사들의 공동 명의로 되어 있어 건설회사는 시행사들의 동의 없이 단독으로 분양수입금을 인출할 수는 없었으므로 원고가 무수익자산을 매입하거나 이에 준하는 행위를 함으로써 우회적으로 특수관계에 있는 건설회사에 이익분여행위를 한 것으로 볼 수도 없다(2013두2012). ■

법인 06

Ⅲ. 가지급금에 대한 규제

1. 가지급금에 대한 지급이자의 부인

법인이 특수관계인에게 가지급금을 지급하는 경우에는 다음의 금액을 각 사업연도의 소득금액을 계산할 때 손금불산입하고 기타사외유출로 소득처분한다.

$$\text{손금불산입액} = \text{지급이자} \times \frac{\text{가지급금 등의 적수(총차입금적수 한도)}}{\text{총차입금적수}}$$

2. 대손금 부인 등

특수관계인에게 해당 법인의 업무와 관련없이 지급한 가지급금은 이를 대손금으로 손금산입할 수 없으며, 대손충당금의 설정대상에서도 제외한다. 뿐만 아니라 가지급금에 해당하는 채권의 처분손실은 손금으로 인정하지 않는다. 그 취지는 운영자금의 비생산적인 운용으로 발생하는 손비의 손금산입을 규제하는 데 있다.

3. 인정이자 익금산입

(1) 의의

특수관계인에게 '금전을 무상 또는 시가보다 낮은 이율로 대부한 경우'에는 시가(인정이자율)와 실제로 수령한 이자의 이자율과의 차이에 해당하는 금액을 익금에 산입한다. 다만, 이 규정은 인정이자와 수령한 이자의 차액이 인정이자의 5% 이상이거나 3억원 이상인 경우에 한정하여 적용한다. 이 제도는 부당행위계산 부인의 한 유형에 해당한다.

한편 가지급금 지급이자의 손금부인은 적정한 이자를 수령하는지의 여부를 불문하고 손금불산입 규정이 적용되나, 가지급금 인정이자의 익금산입은 적정한 이자를 수령하지 않는 경우에만 적용된다는 점에서 차이가 있다.

(2) 인정이자의 계산

인정이자는 다음 계산식에 따라 계산한다.

$$\text{인정이자} = \text{가지급금의 적수} \times \text{인정이자율} \times \frac{1}{365(\text{윤년 } 366)}$$

1) 가지급금의 적수 : '적수'란 매일의 잔액을 일정기간 단위로 합산한 금액을 말한다. 적수계산시 가지급금이 발생한 초일은 산입하고 가지급금이 회수한 날은 제외한다(초일산입, 말일불산입).

2) 인정이자율(금전의 대여의 경우 시가) : 금전의 대여(또는 차용)의 경우에는 일반적인 시가산정기준에 불구하고 가중평균차입이자율을 시가로 한다. 다만, 다음의 경우에는 아래 구분에 따라 당좌대출이자율을 시가로 한다.

① 가중평균차입이자율의 적용이 불가능한 다음 중 어느 하나에 해당하는 사유가 있는 경우 : 해당 대여금(또는 차입금)에 한정하여 당좌대출이자율을 시가로 한다.

㉠ 특수관계인이 아닌 자로부터 차입한 금액이 없는 경우

㉡ 차입금 전액이 채권자가 불분명한 사채 또는 매입자가 불분명한 채권 · 증권의 발행으로 조달된 경우

㉢ 대여한 법인의 가중평균차입이자율 · 대여금리가 해당 대여시점 현재 자금을 차입한 법인의 가중평균차입이자율보다 높아 가중평균차입이자율이 없는 것으로 보는 경우

② 대여한 날(계약을 갱신한 경우에는 그 갱신일)부터 해당 사업연도 종료일까지의 기간이 5년을 초과하는 대여금이 있는 경우 : 해당 대여금(또는 차입금)에 한정하여 당좌대출이자율을 시가로 한다.

③ 해당 법인이 과세표준신고를 할 때 당좌대출이자율을 시가로 선택하는 경우 : 당좌대출 이자율을 시가로 하여 선택한 사업연도와 이후 2개 사업연도는 당좌대출이자율을 시가로 한다.

여기서 가중평균차입이자율과 당좌대출이자율은 다음의 이자율을 말한다.

구분	개념
(1) 가중평균차입이자율	자금을 대여한 법인의 대여시점 현재 각각의 차입금 잔액(특수관계인으로부터의 차입금은 제외)에 차입 당시의 각각의 이자율을 곱한 금액의 합계액을 해당 차입금 잔액의 총액으로 나눈 이자율을 말한다.
(2) 당좌대출이자율	기획재정부령으로 정하는 당좌대출이자율 연간 4.6%를 말한다.

판 례 가중평균차입이자율 등을 시가로 볼 수 없는 사정이 인정되는 경우, 정상적인 거래에서 적용되거나 적용될 것으로 판단되는 이자율의 시가를 과세관청이 증명해야 하는지 여부

부당행위계산의 부인이란 법인이 특수관계에 있는 자와의 거래에서 건전한 사회통념과 상관행 기타 경제적으로 합리성 있는 방법에 의하지 아니하고 여러 거래형태를 빙자하여 남용함으로써 조세부담을 부당하게 회피하거나 경감시켰다고 인정되는 경우에는 과세권자가 이를 부인하고 법령에서 정하는 방법에 의해 객관적이고 타당하다고 보이는 소득이 있는 것으로 의제하는 제도이다. 경제적 합리성 유무에 관한 판단은 거래행위의 여러 사정을 구체적으로 고려하여 그 거래행위가 건전한 사회통념이나 상관행에 비추어 경제적 합리성이 없는 비정상적인 것인지에 따라 판단하되, 비특수관계자 간의 거래가격, 거래 당시의 특별한 사정 등도 고려해야 한다(이하 해당 규정).

'금전의 대여 · 차용의 경우에는 원칙에도 불구하고 가중평균차입이자율이나 당좌대출이자율을 시가로 한다.'고 규정하고 있는데 이자율은 채무액, 채무의 만기, 채무의 보증 여부, 채무자의 신용 정도 등 여러 가지 사정에 따라 달라질 수 있으므로, 실제로 거래한 이자율이 부당행위계산에 해당하여 부인할 수 있는지 판단하기 어렵다는 점을 고려하여 위 규정이 마련된 것이다. 그러나 앞서 본 바와 같은 부당행위계산의 부인을 둔 취지나 해당 규정에 의하면, 이자율의 시가 역시 일반적이고 정상적인 금전거래에서 형성될 수 있는 객관적이고 합리적인 것이어야 하므로, 가중평균차입이자율 등을 시가로 볼 수 없는 사정이 인정된다면 정상적인 거래에서 적용되거나 적용될 것으로 판단되는 이자율의 시가를 과세관청이 증명해야 한다.

민간투자사업을 영위하는 원고는 국민연금공단 등과 후순위대출약정을 체결하였는데 이에 대해서 과세관청은 당좌대출이자율을 시가로 보았다. 그러나 후순위차입금은 일반적인 자금대출과는 다른 특수성이 있고, 선순위차입금과도 그 지급조건, 상환기간, 담보 등에 있어서 불리한 지위에 있으므로 조세심판원은 그 시가인 이자율에 대해서 재조사결정을 하였다. 원고는 해당 후순위차입이 민간투자사업 · 민간투자시설에 대한 운영권리를 보유하며 사업운영기간 동안 예상되는 수익을 고려하여 차입이 이루어진다는 점

을 들어 유동화 되는 기초자산의 현금흐름 및 채권의 회수가능성에 대한 위험을 기초로 가치가 결정되는 ABS 채권(자산유동화증권)을 비교대상거래로 선정하여 적정이자율을 제시하였다. 과세관청 역시 ABS 채권을 비교대상거래로 선정하였으나, 다만, 그 기초자산이 부동산 거래인 경우 등만으로 한정하여 비교대상으로 삼았다. 그러나 부동산 거래는 주택저당채권 등과 같이 부동산에 직접 투자하는 것을 염두에 둔 것이므로, 이 사건 후순위차입과 같이 민간투자사업의 자본구조의 변경과 함께 투자가 이루어지는 경우와는 다소 차이가 있어 과세관청이 주장하는 이자율이 이 사건 후순위차입금의 시가에 해당한다는 점을 과세관청이 증명하였다고 보기 어렵다(2016두40375). ■

(3) 인정이자에 대한 세무처리

1) 익금산입 : 무상대여인 경우에는 가지급금 인정이자 상당액을, 낮은 이자율로 대여하는 경우에는 인정이자와 약정한 이자율에 따른 이자수익과의 차액을 익금에 산입한다.

2) 소득처분 : 익금에 산입한 금액 상당액은 사실상 그 특수관계인에게 분여한 이익이므로 금전을 대여받은 특수관계인에 따라 배당 · 상여 · 기타사외유출 · 기타소득으로 처분된다.

[도 표] 가지급금 지급이자 손금불산입과 인정이자 익금산입의 비교

<table>
<tr><th colspan="2">구분</th><th>지급이자 손금불산입</th><th>인정이자</th></tr>
<tr><td colspan="2">공통점</td><td colspan="2">• 특수관계인에 대한 대여금에 대해서 적용</td></tr>
<tr><td rowspan="4">차이점</td><td>취지</td><td>• 자금을 업무와 관련 없이 사용하는 것을 방지하여 기업자금의 생산적인 이용을 유도하기 위함</td><td>• 특수관계인과의 부당한 거래 · 행위를 통한 조세회피행위를 방지하기 위함</td></tr>
<tr><td rowspan="3">적용요건</td><td>• 업무관련이 없는 대여금에 대해서만 적용함</td><td>• 업무관련 있는 대여금뿐만 아니라 업무관련이 없는 대여금의 경우에도 적용함</td></tr>
<tr><td>• 무상 · 저리 대여뿐만 아니라 정상 대여의 경우에도 적용함</td><td>• 무상 · 저리 대여에 대해서만 적용</td></tr>
<tr><td>• 차입금이 없는 경우에는 적용하지 않음</td><td>• 차입금이 없는 경우에도 적용함</td></tr>
</table>

[도 표] 가지급금과 채무보증(법인세법 시행령에서 정하는 일정한 채무보증은 제외)으로 인한 구상채권

<table>
<tr><th>구분</th><th>가지급금</th><th>채무보증으로 인한 구상채권</th></tr>
<tr><td>공통점</td><td colspan="2">• 대손금으로 손금산입할 수 없는 채권에 해당
• 대손충당금설정대상 채권에서 제외됨
• 법률 · 협약에 따른 출자전환시 취득하는 주식의 가액을 전환하는 채권의 장부가액으로 할 수 없음
• 처분시 처분손실을 손금으로 인정할 수 없음</td></tr>
</table>

차이점	• 특수관계인과의 거래 · 행위에서만 적용	• 특수관계인 외의 자의 거래 · 행위에서도 적용
	• 적정이자를 수취하지 못할 시에 인정이자 계산을 함	• 적정이자를 수취하지 못하여도 특수관계인과의 거래 · 행위가 아니면 인정이자 계산을 하지 않음
	• 지급이자가 존재하면 지급이자 손금불산입 규정을 적용해야 함	• 지급이자가 존재해도 지급이자 손금불산입 규정을 적용하지 않음

4. 정당한 사유 없이 회수하지 않은 가지급금 등의 익금산입

가지급금 및 그 이자(이하 '가지급금 등')로서 다음 중 어느 하나에 해당하는 날까지 회수하지 않은 경우 그 가지급금 등에 해당하는 금액은 익금에 산입하고 그 귀속자에 따라 배당 · 상여 · 기타사외유출 · 기타소득으로 처분한다.

익금산입액	익금산입 · 소득처분의 시기*
① 회수하지 않은 가지급금 및 그 이자(아래 ②에 따라 익금에 산입하는 이자는 제외)	특수관계가 소멸되는 날
② 회수하지 않은 가지급금의 이자	특수관계가 소멸되지 않은 경우로서 이자발생일이 속하는 사업연도 종료일부터 1년이 되는 날

* 이는 법인이 정당한 사유 없이 특수관계가 소멸되는 날까지 가지급금이나 그 이자를 회수하지 않은 경우 법인이 실질적으로 그 채권을 포기하거나 채무를 면제하여 그 채권 상당액이 사외유출된 것으로 보고 특수관계인에 대하여 소득처분을 하기 위한 전제로서 그 채권 상당액을 법인의 익금에 산입하는 근거규정이다(2020두39655 판결).

다만, 회수하지 않은 정당한 사유가 있거나 회수할 것임이 객관적으로 입증되는 다음의 경우에는 익금산입과 귀속자에 대한 소득처분을 하지 않는다.

① 채권 · 채무에 대한 쟁송으로 회수가 불가능한 경우
② 특수관계인이 회수할 채권에 상당하는 재산을 담보로 제공하였거나 특수관계인의 소유재산에 대한 강제집행으로 채권을 확보하고 있는 경우
③ 해당 채권과 상계할 수 있는 채무를 보유하고 있는 경우
④ 그 밖에 위 ①~③과 비슷한 사유에 회수하지 않는 것이 정당하다고 인정되는 경우

예컨대 A법인이 제10기 사업연도(1.1.~12.31.) 개시일에 甲임원에게 1억원을 연 10%의 이자(매년 말일에 이자를 받기로 약정함)에 받기로 업무와 관련 없이 대여하고 장부에 다음과 같이 회계처리를 하였다. 단, 연 10% 이자율은 A법인의 가중평균차입이자율이나 당좌대출이자율보다 높은 수준이다.

구분		회계처리
제10기	1. 1.	(차) 가지급금 1억원 (대) 현 금 1억원
	12.31.	(차) 미수이자 1천만원 (대) 이자수익 1천만원
제11기	12.31.	(차) 미수이자 1천만원 (대) 이자수익 1천만원 * 제10기에 발생한 이자 1천만원을 제11기 12.31.까지 정당한 사유 없이 회수하지 않고 있음
제12기	1. 1.	* 甲임원이 A법인에서 퇴직하여 특수관계가 소멸되었으나 가지급금 1억원과 제11기에 발생한 이자 1천만원을 정당한 사유 없이 회수하지 않음

이 경우 A법인은 다음과 같이 세무조정과 소득처분을 해야 한다.

구분	세무조정
제10기	* 인정이자율보다 높은 이자를 받기로 약정하였으므로 세무조정 없음
제11기 12.31.	1천만원 손금산입 · △유보 …… 제10기 장부상 미수이자 감액 1천만원 익금산입 · 상여 …… 제10기 미수이자 임원 귀속분
제12기 11.11.	1억원 손금산입 · △유보 …… 장부상 가지급금 미회수분 감액 1천만원 손금산입 · △유보 …… 제11기 장부상 미수이자 감액 1억1천만원 익금산입 · 상여 …… 가지급금과 제11기 미수이자 임원 귀속분

위 사례에서 이자발생일이 속하는 사업연도 종료일부터 1년이 되는 날까지 정당한 사유 없이 회수하지 않은 미수이자(제10기 발생분 1천만원)와 특수관계가 소멸된 날까지 정당한 사유 없이 회수하지 않은 가지급금(1억원) 및 그 미수이자(제11기 발생분 1천만원)는 A법인의 소득이 그 시점에서 甲임원에게 귀속된 것으로 보고 위와 같이 세무조정과 소득처분을 하는 것이다.

판례 자기주식의 매입이 주주에게 자산거래인 주식의 양도에 해당하는가 또는 자본거래인 주식의 소각 내지 자본의 환급에 해당하는가를 판단하는 기준과 그 자기주식의 매입을 상법상 위반되는 것으로 보아 업무무관 가지급금으로 봐야 하는지 여부

자기주식의 매도가 자산거래인 주식의 양도에 해당하는가 또는 자본거래인 주식의 소각 내지 자본의 환급에 해당하는가는 법률행위 해석의 문제로서 그 거래의 내용과 당사자의 의사를 기초로 하여 판단해야 할 것이지만, 실질과세의 원칙상 당해 계약서의 내용 · 형식과 아울러 당사자의 의사와 계약체결의 경위, 대금의 결정방법, 거래의 경과 등 거래의 전체과정을 실질적으로 파악하여 판단해야 한다.

자기주식의 취득거래가 상법상 위법하다면 이를 채권의 성질상 대여금에 준하는 것으로 보아 자기주식을 위법하게 매입한 시점에서 업무무관가지급금을 주주에게 대여한 것으로 본다. 개정상법에 따르면 자기주식의 취득은 원칙적으로 허용이 되고, 그밖에 자기주식의 처분 · 소각 기한을 삭제하였으므로 이 사건의 자기주식 취득거래는 유효한 거래에 해당한다. 하지만 이러한 상법이 개정되기 전에는 주식소각 등 일정한 목적 하에서만 자기주식취득 거래가 유효한 거래로 인정이 됐다.

이 사건에 경우 원고가 자기주식을 일시에 매입한 것이 아니라 4회에 걸쳐서 매입을 하였고, 4회에 걸친 매입시점까지 자기주식을 소각하지 않아 과세관청은 이를 소각목적이 아닌 위법한 자기주식의 취득으로서 업무무관가지급금을 지급한 것으로 보았다. 그러나 원고는 주주총회에서 해당 주주가 원고의 운영에서 탈퇴하고자 해당 주주의 주식을 매입하여 소각하기로 결의하였으며, 그 4회에 걸쳐 매입하는 주식에 대해서도 배당금 지급을 제한하기로 결의하였다. 또한 원고는 취득한 자기주식을 처분한 적이 없었으며, 그 자기주식의 매입으로도 그동안 다른 주주들의 보유 주식 수에 아무런 변화가 없었다. 따라서 이와 같이 원고가 이 사건 주식을 취득하게 된 경위, 분할 매입의 이유와 그 대금의 결정방법, 이 사건 주식에 대한 배당과 의결권 행사 여부, 그 밖의 거래경과 등을 추가로 심리한 다음 원고에게 주식소각의 목적이 있었는지 여부를 판단한다하면, 원고가 분할 매입시마다 그 대금을 지급하고 뒤늦게 이 사건 주식에 대한 소각절차를 완료하였다고 하더라도 그러한 사정만으로는 원고가 주식소각의 목적 없이 이 사건 주식을 취득하였다고 볼 수는 없다(2012두27091). ■

판례 자기주식 취득시 상법상 절차를 일부 누락한 경우 업무무관가지급금으로 볼 수 있는지 여부

과세관청은 원고가 자기주식을 취득하는 과정에서 상법에 따라 주주들에게 자기주식 취득 통지를 하면서 '자기주식 취득의 목적', '주식 1주를 취득하는 대가로 교부할 금전의 산정 방법', '양도의 대가로 금전 등을 교부하는 시기' 등을 누락하였고, 자기주식을 취득할 재원으로 신용대출을 받아 이를 배당가능이익을 넘어 취득한 자기주식 취득으로 보아 상법에 따라 무효로 보고 주주들에게 업무무관가지급금을 대여해준 것으로 보았다.

그러나 상법에 따른 일정한 방법과 절차에 따라 자기주식을 취득하도록 정한 취지는 주주들에게 공평한 주식양도의 기회를 보장하려는 데에 있는 것으로 통지서에는 자기주식 취득의 목적 등이 누락되었지만 이사회 결의 기록에 따르면 자기주식 취득의 목적은 과다한 이익잉여금 적립으로 인한 재무적 낭비를 제거하고 주식가치를 제고하기 위한 것인 점, 주식 1주를 취득하는 대가로 교부할 금전은 상증세법이 정한 비상장주식의 평가방법에 기초하여 산정된 점, 원고는 자기주식 취득의 통지를 하면서 양도신청기간을 명시하였고 실제로 원고가 주주들에게 주식양도대금을 지급한 날은 양도신청기간 다음 날이었던 점이 확인되며 주주들의 관계, 주주들이 이 사건 거래를 전후하여 이의를 제기한 것으로 보이지도 않는 점 등을 고려하여 보면, 원고가 자기주식 취득의 통지를 하면서 이사회에서 결의한 사항의 일부를 누락하였다는 이유만으로 주주들의 공평한 주식양도의 기회가 침해되었다고 보기 어렵다. 또한 원고가 모든 주주들에게 자기주식 취득의 통지를 한 점 등에 비추어 보면, 통지서에 일부 사항이 누락되었다는 사정만으로 자기주식 취득절차를 무효로 볼 수 없다.

상법상 자기주식을 취득하면서 대차대조표상 배당가능이익을 초과하여 취득하지 못한다는 의미는 회사가 직접 보유하고 있는 현금보유량을 초과하여 자기주식을 취득할 수 없다는 것을 의미하는 것이 아니기에 차입금으로 자기주식을 취득하는 것이 허용되지 않는다는 의미가 아니다(2017두63337). ■

판례 정부의 승인을 얻어 재무적 투자자를 새로 유치하려는 민간투자사업의 시행자가 기존 건설출자자의 지분을 매매하여 자본금을 감자하고 이를 대체하는 후순위차입금을 조달하는 방식으로 자본구조를 변경하는 것이 부당행위계산부인에 해당하는지 여부

'부당행위계산부인'이란 법인이 특수관계에 있는 자와의 거래에서 정상적인 경제인의 합리적인 방법에 의하지 아니하고 여러 거래형태를 빙자하여 남용함으로써 조세부담을 부당하게 회피 · 경감시켰다고 하

법인 06

는 경우에 과세권자가 이를 부인하고 법령에 정하는 방법에 의해 객관적이고 타당하다고 보이는 소득이 있는 것으로 의제하는 제도이다. 이는 경제인의 입장에서 볼 때 부자연스럽고 불합리한 행위계산을 하여 경제적 합리성을 무시하였다고 인정되는 경우에 한하여 적용되는 것이다. 경제적 합리성 유무에 관한 판단은 거래행위의 여러 사정을 구체적으로 고려하여 과연 그 거래행위가 건전한 사회통념이나 상관행에 비추어 경제적 합리성이 없는 비정상적인 것인지에 따라 판단하되, 비특수관계자 간의 거래가격, 거래 당시의 특별한 사정 등도 고려해야 한다. 그리고 부당행위계산부인의 적용기준이 되는 '시가'에 대한 주장 · 증명책임은 원칙적으로 과세관청에 있다.

이 사건에서 민간투자업의 사업시행자인 원고는 정부로부터 승인을 얻어 재무적 투자를 새로 유치하기 위해 정부로 보장받는 최소운영수입보장률 낮추고, 해당 건설출자자로부터 일반적인 선순위차입방식보다 이자율(인정이자율)이 높은 후순위차입방식으로 지분을 매입하여 자본구조를 변경하였다. 그러자 과세관청은 해당 높은 이자율로 차입하는 방식에 대해 부당행위계산부인을 적용하였다. 하지만 민간투자사업은 그 사업기간이 장기여서 사업의 편익 · 비용이 당초 예측과 다르게 실제 사업환경에 따라 변동될 위험이 있는 점을 감안하여 볼 때, 정부와의 실시협약에 따른 최소운영수입보장률이 인하되면 이를 보전해 주는 것이 추가로 없는 이상 채무불이행 위험이 증가한다고 보는 것이 합리적인 점과 후순위차입방식은 선순위차입방식과 그 지급조건 · 담보 · 상환기간 등에서 차이가 있고, 일반적인 선순위차입이자율에 만기프리미엄 · 후순위위험프리미엄 · 최소운영수입보장 감소프리미엄 · 최소운영수입보장의 조기종료 프리미엄 · 지급시기 이연분 가산이자 등을 가산하여 산정한 이 사건의 후순위차입금 이자율이 회계법인들이 시가를 분석하여 산정한 이자율을 상회한다는 점, 정부가 민간투자지원센터 등의 검토를 거쳐 이 사건 후순위차입금의 이자율이 적정한 것으로 보아 자금재조달계획을 승인한 점들을 비추어 볼 때 이 사건에서 후순위차입금 이자율을 일반적인 이자율보다 높게 정한 것이 건전한 사회통념 · 상관행에 비추어 경제적 합리성이 없는 비정상적인 것이라고 보기 어렵다(2015두39842). ■

제3절 자산의 고가양수 또는 저가양도에 따른 세법의 취급

I-2 p.349

I. 서설

법인 · 개인이 자산을 시가와 다르게 양도 · 양수하는 경우에 거래상대방이 세법의 특수관계인인가의 여부 또는 자산의 종류에 따라 법인세 · 소득세 · 증여세의 과세상 취급이 달라지는데, 이하에서는 그 구체적인 내용을 살펴보고자 한다.

Ⅱ. 법인세법의 취급

1. 거래상대방이 특수관계인인 경우

(1) 저가양도하는 경우

법인이 자산을 특수관계인에게 시가보다 낮은 가액으로 양도한 경우에는 부당행위계산부인이 적용된다. 다만, 이는 시가와 양도가액의 차액이 시가의 5%에 상당하는 금액 이상이거나 3억원 이상인 경우(주권상장법인이 발행한 주식을 거래한 경우는 제외)에 한정하여 적용한다. 여기서 '시가'란 해당 거래와 유사한 상황 하에서 해당 법인이 특수관계인 외의 불특정다수인과 계속적으로 거래한 가격 또는 특수관계인이 아닌 제3자간에 일반적으로 거래된 가격이 있는 경우에는 그 가격에 따른다. 다만, 시가가 불분명한 경우에는 ① 감정평가법인의 감정가액(주식 · 출자지분은 제외) ② 상증세법의 보충적 평가방법을 순차로 적용하여 계산한 금액에 따른다.

그리고 시가와 차액은 익금에 산입하고 귀속자가 누구인가에 따라 다음과 같이 소득처분한다.

① 주주 등(임원 · 직원인 주주 등은 제외) : 배당

② 임원 · 직원 : 상여

③ 법인이거나 사업을 영위하는 개인 : 기타사외유출

④ 위 이외의 자 : 기타소득

이 경우 배당 · 상여 · 기타소득으로 처분된 금액에 대하여 귀속자는 소득세 납세의무를 지며, 해당 법인은 귀속자에 대한 소득세에 대해 원천징수의무를 진다. 그리고 귀속자가 법인이거나 사업을 영위하는 개인으로서 그 분여된 이익이 각 사업연도소득 또는 사업소득을 구성한 경우(기타사외유출)에는 추가적인 법인세 · 소득세의 과세는 없다.

법인 06

판례 주식매수선택권의 부여가 저가양도에 해당하는지 판단은 주식매수선택권의 부여시기를 기준으로 한다는 사례

'시가'란 일반적이고 정상적인 거래에 의하여 형성된 객관적인 교환가치를 말하고, 그 판단은 거래 당시를 기준으로 하므로, 만약 거래계약 체결시기와 양도시기가 다르다면 그것이 부당행위계산에 해당하는지 여부는 그 대금을 확정짓는 거래 당시를 기준으로 판단해야 하나, 익금에 산입하여 소득처분할 금액은 특별한 사정이 없는 한 취득시기를 기준으로 산정해야 할 것이다.

한편 이와 같은 법리는 법인이 임직원에게 주식매수선택권을 부여한 경우에도 동일하게 적용되므로, 주식매수선택권의 부여가 저가양도로서 부당행위계산 부인의 대상이 되는지 여부는 주식매수선택권의 행사시기가 아니라 그 부여시기를 기준으로 판단해야 할 것이어서, 만약 주식매수선택권의 부여 당시에 정한 선택권의 행사가격이 부여 당시의 주식의 시가보다 높은 경우에는, 그것이 미공개 내부정보로 인해 단기간 내에 주가가 상승할 것이 예상되는 경우임에도 이를 반영하지 아니한 채 행사가격을 약정하였다는 등의 특별한 사정이 없는 한, 이를 부당행위계산 부인의 대상이 되는 저가양도에 해당한다고 보기는 어렵다고 할 것이다(2010두1484). ■

(2) 고가매입하는 경우

법인이 특수관계인으로부터 자산을 시가보다 높은 가액으로 매입한 경우에도 부당행위계산 부인을 적용한다. 다만, 이는 매입가액과 시가의 차액이 시가의 5%에 상당하는 금액 이상이거나 3억원 이상인 경우(주권상장법인이 발행한 주식을 거래한 경우는 제외)에 한정하여 적용한다.

여기서 '시가'의 개념은 저가양도하는 경우와 같다. 고가매입한 법인의 시가초과액(매입가액 − 시가)은 손금에 산입하여 △유보로 소득처분한다. 따라서 세무상 자산의 취득가액은 시가로 계상되는 것이다. 그리고 시가초과액은 익금에 산입하고 귀속자에 따라 배당 · 상여 · 기타사외유출 · 기타소득으로 처분한다. 그 후 해당 자산에 대해 감가상각 또는 양도한 때에는 손금불산입하고 유보로 처분한다.

판 례 고가매입의 경우, 토지 등의 취득이 부당행위계산에 해당하는지 여부의 기준시기(= 거래 당시) 및 그 익금에 산입하여 소득처분할 금액산정의 기준시기(= 취득시기)

부당행위계산 부인 제도의 취지, 저가양도로 인한 부당행위계산 부인에 있어 매매계약체결시기와 양도시기가 다른 경우 토지 등의 양도가 부당행위계산에 해당하는지 여부는 그 대금을 확정 짓는 거래 당시를 기준으로 판단하는 반면, 그 토지의 양도차익을 계산함에 있어서는 양도가액을 양도시기를 기준으로 산정하고 이는 그 선택의 이유와 기준을 달리하므로 양자가 기준시기를 달리 본다고 하여 불합리한 것은 아닌 점, 이러한 기준시기의 구별은 고가매입의 경우의 세무회계 처리방법, 소득처분의 시기 · 방법에 비추어 동일하게 적용될 수 있는 점 등을 종합하면, 고가매입으로 인한 부당행위계산 부인의 경우에도 토지 등의 취득이 부당행위계산에 해당하는지 여부 결정의 기준시기는 거래 당시인 반면, 그 익금에 산입하여 소득처분할 금액 산정의 기준시기는 특별한 사정이 없는 한 그 취득시기로 봄이 상당하다(2007두14978).

(3) 저가양수 또는 고가양도의 경우

위의 (1), (2)와 반대로 법인이 자산을 저가양수 · 고가양도하는 경우에는 조세의 부담을 부당히 감소시킨 거래가 아니므로 별도의 세무처리를 필요로 하지 않는다. 다만, 법인이 특수관계인인 개인으로부터 유가증권을 저가로 매입한 경우에는 시가와의 차액(시가 − 매입가액)을 익금에 산입하고 유보로 처분한다. 따라서 세무상 유가증권의 취득가액은 시가가 되는 것이다. 추후 해당 유가증권을 처분하는 경우 시가와의 차액은 손금에 산입하고 △유보로 처분한다.

2. 거래상대방이 특수관계인이 아닌 경우

법인이 특수관계인 외의 자에게 정당한 사유 없이 자산을 ① 정상가액보다 낮은 가액으로 양도하거나, ② 정상가액보다 높은 가액으로 매입함으로써 그 차액 중 실질적으로 증여한 것으로 인정되는 금액은 기부금으로 본다(간주기부금). 여기서 '정상가액'이란 시가에 시가의 30%를 가감한 범위 안의 금액을 말한다.

간주기부금이 특례기부금 · 일반기부금인 경우에는 해당되는 기부금에 포함하여 한도초과액을 계산하며, 비지정기부금인 경우에는 손금불산입하고 기타사외유출 등으로 처분한다. 이 경우에는 귀속자에게 소득세 등의 과세문제는 발생하지 않는다.

Ⅲ. 소득세법의 취급

1. 거래상대방이 특수관계인인 경우

(1) 저가양도하는 경우

1) 사업소득 등에 대해 소득세를 과세할 때 : 개인사업자 등이 특수관계인에게 상품 · 제품 등을 시가에 미달하게 양도하는 경우에는 시가와의 차액(시가 – 양도가액)을 총수입금액에 산입한다. 다만, 이는 시가와 양도가액의 차액이 시가의 5%에 상당하는 금액 이상이거나 3억원 이상인 경우에 한정하여 적용한다. 여기서 '시가'의 개념은 법인세법의 취급에서 살펴본 바와 같다.

이처럼 총수입금액에 산입하는 금액에 대해서는 법인이 저가양도하는 경우와는 달리 귀속자에게 소득처분을 하지 않는다. 따라서 귀속자에게 소득세의 과세문제는 발생하지 않는다. 그 대신에 거래상대방이 개인 · 비영리법인인 경우로서 상증세법의 저가양수에 따른 이익의 증여에 해당하는 때에는 그 이익에 대해 저가양수자에게 증여세가 과세된다. 반면에 거래상대방이 영리법인(개인사업자인 경우에는 사업용재산을 양수한 경우에 한정)인 경우에는 저가양수에 따른 이익에 대해서 나중에 양도할 때 법인세 · 소득세가 과세되므로 증여세는 면제한다.

2) 양도소득세를 과세할 때 : 개인이 특수관계인에게 양도소득세 과세대상자산을 시가에 미달하게 양도하는 때에 양도소득세의 양도차익을 계산할 때 양도가액은 시가에 따른다. 다만, 이는 시가와 양도가액의 차액이 시가의 5%에 상당하는 금액 이상이거나 3억원 이상인 경우에 한정하여 적용한다. 여기서 '시가'는 상증세법의 규정을 준용하여 평가한 가액에 따른다. 거래상대방인 저가양수자에 대한 과세문제는 위 (1)의 1)과 같다.

(2) 고가매입하는 경우

1) 사업소득 등에 대해 소득세를 과세할 때 : 개인사업자 등이 특수관계인으로부터 상품 · 제품 등을 시가보다 높은 가액으로 매입하는 때에는 시가와의 차액(매입가액 – 시가)을 필요경비에 산입하지 않는다. 다만, 이는 매입가액과 시가의 차액이 시가의 5%에 상당하는 금액 이상이거나 3억원 이상인 경우에 한정하여 적용한다.

이처럼 필요경비에 산입하지 않는 금액에 대해서는 법인이 고가양수하는 경우와는 달리 귀속자에게 소득처분을 하지 않는다. 따라서 귀속자에게 소득세의 과세문제는 발생하지 않는다. 그 대신에 거래상대방이 개인·비영리법인인 경우로서 상증세법의 고가양도에 따른 이익의 증여에 해당하는 경우에는 그 이익에 대해 고가양도자에게 증여세가 과세된다. 반면에 거래상대방이 영리법인(개인사업자인 경우에는 사업용재산을 양도한 경우에 한정)인 경우에는 고가양도에 따른 이익에 대해 양도시 법인세·소득세가 과세되므로 증여세는 면제한다.

2) 양도소득세를 과세할 때 : 개인이 특수관계인으로부터 양도소득세 과세대상자산을 시가보다 높은 가액으로 매입한 때에 양도소득세의 양도차익을 계산할 때 취득가액은 시가에 따른다(쌍방실사에 의하는 경우에 한함). 다만, 이는 취득가액과 시가의 차액이 시가의 5% 에 상당하는 금액 이상이거나 3억원 이상인 경우에 한정하여 적용한다. 거래상대방인 고가양도자에 대한 과세문제는 위 (2)의 1)과 같다.

(3) 고가양도·저가매입의 경우

위의 (1)·(2)와 반대로 개인이 자산을 저가양수·고가양도하는 경우에는 조세의 부담을 부당히 감소시킨 거래가 아니므로 별도의 세무처리를 필요로 하지 않는다.

그런데 개인이 양도소득세 과세대상자산을 법인세법의 특수관계인인 법인에게 양도한 경우로서 부당행위계산 부인에 따라 익금에 산입한 금액에 대해 고가양도자인 개인의 상여·배당 등으로 처분된 금액이 있는 때에 양도소득세 양도차익을 계산할 때 양도가액은 법인세법의 시가로 한다. 그 취지는 법인세법상 시가와의 차액(실지양도가액 – 시가)에 대해서는 근로소득·배당소득 등으로 소득세가 별도로 과세되므로, 그 차액이 양도소득세의 양도차익에 포함되어 중복과세되는 것을 방지하기 위한 것이다(본래 양도가액은 양도 당시의 실지거래가액에 따른다).

2. 거래상대방이 특수관계인이 아닌 경우

사업자가 특수관계인 외의 자에게 정당한 사유 없이 자산을 ① 정상가액보다 낮은 가액으로 양도하거나, ② 정상가액보다 높은 가액으로 매입함으로써 그 차액 중 실질적으로 증여한 것으로 인정되는 금액은 기부금으로 본다(간주기부금). 이 경우 정상가액은 시가에 시가의 30%를 가감한 범위 내의 금액을 말한다.

이처럼 간주기부금이 특례기부금·일반기부금인 경우에는 해당되는 기부금에 포함하여 한도초과액을 계산하며, 비지정기부금인 경우에는 필요경비불산입한다.

Ⅳ. 상증세법의 취급

(1) 개요

개인 · 비영리법인이 타인으로부터 자산을 저가양수하거나 타인에게 고가양도함으로써 얻은 이익은 이를 증여재산가액에 포함하여 증여세를 과세한다. 자세한 내용은 상증세법 변칙적인 거래에 따른 이익의 증여에서 살펴보도록 한다.

(2) 중복과세 방지

1) 양도가액 특례 : 거주자가 양도소득세 과세대상자산을 특수관계법인에게 양도한 경우로서 해당 거주자의 상여 · 배당 등으로 처분된 금액이 있는 때에는 법인세법에 따른 시가를 해당 자산의 양도 당시의 실지거래가액으로 한다. 법인세법에 따른 부당행위계산부인의 적용으로 인해 법인의 매입가액(거주자의 양도가액)과 시가와의 차액은 양도한 거주자의 근로소득 · 배당소득 등으로 소득세가 과세되기 때문에, 양도소득세와 이중과세되는 것을 방지하기 위해 해당 자산의 시가를 양도 당시의 실지거래가액으로 보는 것이다.

한편 거주자가 양도소득세 과세대상자산을 특수관계법인 외의 자에게 자산을 시가보다 높은 가액으로 양도한 경우로서 상증세법의 고가양도에 따른 이익의 증여규정에 따라 해당 거주자의 증여재산가액으로 하는 금액이 있는 때에는 '양도대가 – 증여재산가액'을 양도 당시의 실지거래가액으로 본다. 고가양도에 따른 이익의 증여규정에 따라 거주자에게 증여세가 과세되므로 양도소득세와 이중과세되는 것을 방지하기 위해 양도대가에서 증여재산가액을 뺀 금액을 양도 당시 실지거래가액으로 보는 것이다.

2) 취득가액 특례 : 거주자가 상증세법에 따른 고가양도 · 저가양수에 따른 이익의 증여규정에 따라 증여세를 과세받은 경우에는 해당 증여재산가액 또는 그 증감액을 취득가액에 가산하거나 차감하여 양도소득세를 과세한다.

한편 거주자가 양도소득세 과세대상자산을 특수관계법인으로부터 시가보다 낮은 가액으로 취득(법인은 저가양도)하여 부당행위계산부인에 따라 익금에 산입한 금액이 개인의 상여 · 배당 등으로 소득처분된 금액이 있는 때에는 취득가액(취득 당시 실지거래가액)에 상여 · 배당 등으로 처분된 금액을 더해 나중에 거주자가 그 자산을 양도할 때 양도소득세를 과세한다. 법인세법에 따른 저가양도(거주자는 저가양수)에 대한 부당행위계산부인의 적용으로 인해 시가와의 차액은 양수한 거주자의 근로소득 · 배당소득 등으로 소득세가 과세되기 때문에, 양도소득세와 이중과세되는 것을 방지하기 위해 상여 · 배당 등으로 처분된 금액을 취득가액에 더하는 것이다.

V. 부가가치세법의 취급

사업자가 재화의 공급에 대해 부당하게 낮은 대가를 받는 경우에 자기가 공급한 재화의 시가를 과세표준으로 한다. 여기에서 '부당하게 낮은 대가'란 사업자가 그와 특수관계인과의 거래에 있어서 재화의 공급에 대한 조세를 부당하게 감소시킬 목적으로 인정되는 시가보다 낮은 대가를 말한다. 그리고 특수관계인의 범위는 법인세법 · 소득세법의 규정을 준용한다.

[도 표] 특수관계인간 자산의 저가양도 · 고가양수시 세법의 취급

구분	법인	특수관계인인 거래상대방
① 저가양도	• 익금산입(시가 – 양도가액)	• 개인 : (시가 – 양수금액)에 대해 배당 · 상여 등으로 소득세 과세(기타사외유출의 경우에는 증여세 과세) * 나중에 양도소득세 과세시 취득가액 = 취득당시 시가(양수대가+배당 등) • 영리법인 : 기타사외유출 추가과세 없음(취득가액 : 실지취득가액)
② 고가양수	• 익금산입(양수가액 – 시가), 손금산입(△유보) • 취득가액 = 시가	• 개인 : (양도가액 – 시가)에 대해 배당 · 상여 등으로 소득세 과세(기타사외유출의 경우에는 증여세 과세) * 양도소득세 과세시 양도가액 = 양도 당시 시가 • 영리법인 : 기타사외유출 추가과세 없음(양도가액 : 실지양도가액)
구분	개인	특수관계인인 거래상대방
① 저가양도	• 상품 등인 경우 : 사업소득 총수입금액 = 시가 • 양도소득세 과세대상인 경우 : 양도소득 총수입금액 = 시가 ➡ 자산의 양도에 따른 소득이 소득세 과세대상이 아닌 경우에는 과세 없음	• 영리법인 : 매입시 과세하지 않고 처분시 과세(취득가액 = 실지매입가액), 다만, 특수관계에 있는 개인으로부터 저가 매입한 유가증권의 경우에는 취득시 과세(취득가액 = 시가) • 개인 · 비영리법인 : 저가양수에 따른 이익의 증여에 대해 증여세 과세 * 나중에 양도소득세 과세시 취득가액 = 양수대가 + 증여재산가액

② 고가양수	• 사업자의 상품 등인 경우 : 사업소득 취득가액 = 시가 • 양도소득세 과세대상인 경우 : 양도소득 취득가액 = 시가 ➡ 자산의 양도에 따른 소득이 소득세 과세대상이 아닌 경우에는 과세문제 없음	• 영리법인 : 고가양도에 따른 이익(양도가액 – 시가)에 대해 양도시 과세함 • 개인 · 비영리법인 : 고가양도에 따른 이익의 증여에 대해 증여세 과세 * 양도소득세 과세시 양도가액 = 양도대가 – 증여재산가액

제4절 불공정자본거래로 인한 이익의 분여

I-2 p.373

Ⅰ. 서설

불공정한 합병 · 증자 · 감자, 전환사채 등의 주식전환 등 그 밖에 이에 준하는 자본거래로 인해 주주 간에 이익의 분여가 일어나는 경우 현행 법인세법 · 상증세법은 다음과 같이 취급하고 있다.

[도 표] 불공정자본거래에 따른 이익의 증여에 대한 세법의 취급

이익을 준 주주	이전방향	이익을 얻은 주주
개인주주 : 세무문제 없음	→ ↘	개인주주 : 자본거래로 인한 이익의 증여 <증여세 과세> 얻은 이익(증여재산가액)
법인주주 : 부당행위계산부인 <익금산입> 분여이익(기타사외유출)	↗ →	법인주주 : 얻은 이익은 익금항목 <익금산입> 분여받은 이익(유보)

1) 이익을 분여한 주주 : 법인주주가 특수관계인에게 이익을 분여한 경우 법인세법에 따른 부당행위계산 부인규정이 적용된다. 따라서 그 분여한 이익은 익금산입하고 기타사외유출로 처분한다. 이 경우 분여받은 주주가 특수관계인인 개인주주인 경우로서 상증세법에 따른 증여세가 과세되는 경우에는 소득세와 이중과세를 방지하기 위해 반드시 기타사외유출로 처분한다. 다만, 귀속자인 개인주주에게 증여세가 과세되지 않는 경우에는 그 귀속자에 따라 배당 · 상여 · 기타소득 등으로 처분한다.

한편 개인주주가 이익을 분여한 경우에는 소득세법의 부당행위계산 부인규정이 적용되지 않으므로 특별한 세무처리가 필요하지 않는다.

2) 이익을 분여받은 주주 : 법인주주가 특수관계인으로부터 이익을 분여받은 경우에는 법인세법에 따른 익금항목에 해당하므로 그 분여받은 이익을 익금산입하고 유보로 처분한다. 한편 개인주주가 분여받은 이익은 상증세법에 따른 증여재산가액에 해당하므로 이에 대해서는 증여세가 과세된다.

Ⅱ. 불공정자본거래의 유형

1. 불공정합병

특수관계인인 법인 간의 합병(분할합병 포함)에 있어서 주식의 시가보다 높거나 낮게 평가하여 불공정한 합병비율에 따라 합병대가를 책정하는 경우에는 주가가 과대평가된 법인의 주주들은 이익을 얻고 주가가 과소평가된 법인의 주주는 손실을 보게 되는데, 이러한 합병을 '불공정합병'이라고 한다.

현행 세법은 주가가 과대평가된 법인의 주주가 그 상대방법인의 주주로부터 다음의 금액에 상당하는 이익을 얻은 것으로 한다.

$$\text{불공정합병이익} = \text{1주당 평가차액} \times \text{과대평가된 법인 대주주의 합병 후 주식수}$$

불공정합병이익은 상증세법의 합병에 따른 이익의 증여규정 준용하여 계산하지만, 상증세법은 위 산식에 따른 불공정합병이익의 전부를 증여받은 것으로 하고, 법인세법은 불공정합병이익 가운데 특수관계에 있는 주주간에 분여된 이익에 한정하여 부당행위계산 부인 및 익금항목의 규정을 적용한다.

1주당 평가차액

$$= \text{합병 후 1주당 평가액} - \text{과대평가된 법인의} \left(\text{합병 직전 1주당 평가액} \times \frac{\text{합병 전 주식수}}{\text{합병 후 주식수}}\right)$$

합병 후 1주당 평가액*

$$= \frac{(\text{과대평가된 법인의 합병직전 주식가액} + \text{과소평가된 법인의 합병직전 주식가액})}{\text{합병 후 합병법인의 주식수}}$$

* 합병법인이 주권상장법인인 경우 합병등기일의 다음 날부터 2개월이 되는 날까지의 기간 중 거래소 최종시세가액의 평균액과 위 산식에 따른 가액 중 적은 가액으로 한다.

[도 표] 불공정합병 : 상증세법과 법인세법의 비교

구분	상증세법	법인세법
(1) 특수관계 요건	① 특수관계인인 법인 간 합병에 한함 ② 주주간 특수관계 요건 필요 ×	① 특수관계인인 법인 간 합병에 한함 ② 주주간 특수관계 요건 필요 ○
(2) 대주주 요건	① 과대평가된 합병당사법인의 대주주가 얻은 이익에 대해서만 과세 ② 대주주 : 지분비율이 1% 이상이거나 액면가액이 3억원 이상	① 이익을 준 법인주주의 특수관계인에 한함(소액주주는 특수관계인이 아니므로 제외) ② 대주주 : 지분비율이 1% 이상
(3) 현저한 이익의 분여요건	1주당 평가차액이 합병법인 1주당 평가가액의 30% 이상이거나 분여이익이 3억원 이상인 경우에만 적용	

* 주권상장법인이 다른 법인과 자본시장과 금융투자업에 관한 법률에 따른 합병가액 산정기준에 따라 합병하는 경우에는 불공정합병에 관한 규정을 적용하지 않는다.

2. 불균등증자

법인이 자본을 증가시키는 거래에 있어서 신주(전환사채 · 신주인수권부사채 · 교환사채 등을 포함)를 배정 · 인수하는 경우에 저가 · 고가로 신주를 발행하면 주주간 이익의 분여가 일어나게 되는데, 이러한 증자를 '불균등증자'라고 한다.

여기에는 다양한 유형이 있으나 실권주가 발생하고, 이 실권주를 저가 · 고가로 발행하는 경우만을 살펴보면 다음과 같다.

1) 신주를 저가발행하는 경우(증자 후의 1주당 평가액>1주당 인수가액) : 실권주 인수자가 실권주주로부터 다음의 금액에 상당하는 이익을 얻은 것으로 한다.

$$\text{불균등증자이익} = (\text{증자 후의 1주당 평가액} - \text{1주당 인수가액}) \times \text{초과배정받은 신주수}$$

불균등증자이익은 상증세법의 증자에 따른 이익의 증여규정 준용하여 계산하지만, 상증세법은 위 산식에 따른 불균등 증여이익의 전부를 증여받은 것으로 하고, 법인세법은 불균등증자이익 가운데 특수관계인인 주주 간에 분여된 이익에 한정하여 부당행위계산 부인 및 익금항목의 규정을 적용한다.

여기서 '증자 후의 1주당 평가액'은 다음과 같이 계산한다.

증자 후의 1주당 평가가액

$$= \frac{\left(\begin{matrix}\text{증자 전의}\\\text{1주당 평가액}\end{matrix} \times \begin{matrix}\text{증자 전의}\\\text{발행주식총수}\end{matrix} + \begin{matrix}\text{신주 1주당}\\\text{인수가액}\end{matrix} \times \begin{matrix}\text{증자에 의해}\\\text{증가하는 주식수}\end{matrix}\right)}{\text{증자 전 발행주식총수} + \text{증자에 의해 증가한 주식수}}$$

법인 06

* 주식상장법인의 경우에는 증자일의 다음 날부터 2개월이 되는 날까지의 기간 중 거래소 최종시세가액의 평균액과 위 산식에 따른 가액 중 적은 가액으로 한다.

2) 신주를 고가발행하는 경우(증자 후의 1주당 평가액<1주당 인수가액) : 실권주주가 그 실권주 인수자로부터 다음의 금액에 상당하는 이익을 얻은 것으로 한다.

불균등증자이익

$$= \left(\text{1주당 인수가액} \times \text{증자 후의 1주당 평가가액}\right) \times \text{실권주주의 실권주수} \times \frac{\text{실권주주의 특수관계인이 인수한 신권주수}}{\text{실권주총수}}$$

[도 표] 불균등증자 : 상증세법과 법인세법의 비교

구분	상증세법	법인세법
(1) 특수관계 요건	① 저가발행 : 특수관계 불문(재배정을 하지 않는 경우에는 특수관계인 간에만 적용) ② 고가발행 : 특수관계인 간에만 적용	특수관계인 간에만 적용
(2) 대주주 요건	증자하는 법인의 대주주에 해당하는 자의 여부를 불문하고 적용	이익을 준 법인주주의 특수관계인에 한함(소액주주는 특수관계인이 아니므로 제외)
(3) 현저한 이익의 분여요건	① 재배정 · 불균등배정 ○ : 금액을 불문하고 적용 ② 재배정 · 불균등배정 × : 1주당 평가차액이 1주당 평가가액의 30% 이상이거나 분여이익이 3억원 이상인 경우에만 적용	

3. 불균등감자

법인이 자본감소를 위해 주식을 소각할 때 일부 주주의 주식만을 저가로 소각하는 경우에는 주주간 이익의 분여가 일어나게 되는데, 이러한 감자를 '불균등감자'라고 한다.

이처럼 일부 주주의 주식을 저가로 소각함으로 인해 그의 특수관계인인 대주주가 다음의 금액에 상당하는 이익을 얻은 것으로 한다.

불균등감자이익

$$= \left(\text{감자한 주식의 1주당 평가액} - \text{주식소각시 지급한 1주당 금액}\right) \times \text{총감자 주식수} \times \text{대주주의 감자 후 지분비율} \times \frac{\text{대주주와 특수관계인인 자의 감자주식수}}{\text{총감자주식수}}$$

[도 표] 불균등감자 : 상증세법과 법인세법의 비교

구분	상증세법	법인세법
(1) 특수관계 요건	특수관계인 간에만 적용	
(2) 대주주 요건	감자하는 법인의 대주주가 얻은 이익에만 과세	이익을 준 법인주주의 특수관계인에 한함(소액주주는 특수관계인이 아니므로 당연히 제외)
(3) 현저한 이익의 분여요건	1주당 평가차액이 감자주식 1주당 평가가액의 30% 이상이거나 분여이익이 3억원 이상인 경우에만 적용	

판 례 소각을 목적으로 자기주식을 취득하는 법인이 자기주식의 대가를 시가보다 더 지급한 경우에 부당행위계산부인이 적용되는지 여부

법인이 주식소각방법에 의한 자본감소절차의 일환으로 상법의 자본감소규정에 따른 적법한 절차를 밟아 해당 법인의 기본자산으로 일정량의 자기주식을 액면금액으로 취득하여 그 주식을 유상소각하였다면 이는 자본거래인 자본의 환급에 해당되는 것으로서 법인세법상 그 자체로서는 법인의 손익 내지 소득금액계산에 영향이 없는 것이므로 법인세법 시행령에서 자본거래와 관련하여, 부당행위계산 부인의 대상으로 들고 있는 특별한 경우를 제외하고는 비록 해당 법인이 결손의 누적으로 자본감소 당시 그 주식의 시가가 액면금액에 미달하는 것으로 평가되는 데도 이를 액면금액으로 매입하여 자본금을 환급을 하였다 하더라도 이로써 초과자본 환급액이 손금화 되어 법인의 소득금액계산에 영향을 미치지는 않는다고 할 것이다(87누174). ■

제 7 장
과세표준과 세액계산

제1절 법인세 과세표준 및 세액계산의 기본구조

I-2 p.395

Ⅰ. 과세표준

1. 개요

내국법인의 각 사업연도소득에 대한 법인세의 과세표준은 각 사업연도소득의 범위에서 다음의 금액과 소득을 차례로 공제한 금액으로 한다. 다만, 중소기업과 회생계획을 이행 중인 기업 등을 제외한 내국법인의 경우 이월결손금에 대한 공제의 범위는 각 사업연도 소득의 80%로 한다.

① 이월결손금 : 각 사업연도의 개시일 전 10년(2020.1.1. 이후 개시하는 사업연도에 발생한 결손금은 15년) 이내에 개시한 사업연도에서 발생한 결손금으로서 그 후의 사업연도의 과세표준 계산에 있어서 공제되지 않는 금액

② 비과세소득

③ 소득공제액

2. 법인세법에 따른 유동화전문회사 등에 대한 소득공제

(1) 개요

유유동화전문회사 등에 해당하는 내국법인이 배당가능이익의 90% 이상을 배당한 경우 그 금액(이하 '배당금액')은 해당 배당을 결의한 잉여금 처분의 대상이 되는 사업연도의 소득금액에서 공제한다.

소득공제의 요건	소득공제액
배당금액 ≥ 배당가능이익×90%	MIN(배당금액, 각 사업연도 소득금액)

배당가능이익① = 이월이익잉여금② + GAAP 당기순이익② − 이월결손금② − 적립한 이익준비금

① 자본준비금을 감액하여 받는 배당은 배당가능이익에서 제외한다.

② 당기순이익, 이월이익잉여금 및 이월결손금 중 ㉠ 유가증권의 평가손익과 ㉡ 위탁관리 부동산투자회사 및 기업구조조정 부동산투자회사가 보유한 자산의 평가손익은 배당가능이익에서 제외한다. 다만, 시가법으로 평가한 투자회사 등(아래 ②)의 집합투자재산의 평가손익은 배당가능이익에 포함한다.

이러한 유동화전문회사 등은 명목회사(Paper Company)일 뿐만 아니라 각종 투자활동을 통해 얻은 소득을 주주에게 배당절차에 의해 전달하는 도관(導管 : Conduit)과 같은 실체(Flow-Through Entities)인 점을 고려하여 주주에게 배당한 금액을 소득공제하는 것이다. 이처럼 유동화전문회사 등이 주주에게 배당한 금액은 법인단계에서 소득공제되어 법인세가 과세되지 않으므로 주주단계에서는 배당소득에 대한 이중과세를 조정하지 않는다.

1) 유동화전문회사 등의 범위 : '유동화전문회사 등'이란 다음 중 어느 하나에 해당하는 내국법인을 말한다.
   ① 「자산유동화에 관한 법률」에 따른 유동화전문회사
   ② 「자본시장과 금융투자업에 관한 법률」에 따른 투자회사, 투자목적회사, 투자유한회사, 투자합자회사(기관전용 사모집합투자기구는 제외) 및 투자유한책임회사
   ③ 「기업구조조정투자회사법」에 따른 기업구조조정투자회사
   ④ 「부동산투자회사법」에 따른 기업구조조정부동산투자회사 및 위탁관리부동산투자회사
   ⑤ 「선박투자회사법」에 따른 선박투자회사
   ⑥ 「민간임대주택에 관한 특별법」 또는 「공공주택 특별법」에 따른 임대주택사업을 위한 특수목적 법인
   ⑦ 「문화산업진흥 기본법」에 따른 문화산업전문회사
   ⑧ 「해외자원개발 사업법」에 따른 해외자원개발투자회사

2) 미공제 배당금액에 대한 이월공제 : 소득공제를 적용할 때 배당금액이 해당 사업연도의 소득금액에서 이월결손금 공제액을 뺀 금액을 최초로 초과하는 경우에는 그 초과하는 금액(즉 미공제 배당금액)을 해당 사업연도의 다음 사업연도 개시일부터 5년 이내에 끝나는 각 사업연도로 이월하여 그 이월된 사업연도의 소득금액에서 공제할 수 있다. 다만, 내국법인이 이월된 사업연도에 배당가능이익의 90% 이상을 배당하지 않는 경우에는 그 이월된 금액을 공제하지 않는다.

'최초로 [① (해당 사업연도 소득금액 − 이월결손금) < ② 해당 사업연도 배당금액]'인 경우 : [② − ①] = 미공제 배당금액 ➡ 5년간 이월공제(미공제 배당금액 = 이월공제배당금액)

이월공제 요건	이월된 사업연도의 (배당금액 ≥ 배당가능이익×90%)
이월공제액	MIN [이월공제배당금액(즉 이월된 미공제 배당금액) (이월된 사업연도의 소득금액 − 이월결손금)

한편 최초로 이월된 사업연도 이후 사업연도의 배당금액이 해당 사업연도의 소득금액에서 이월결손금 공제액과 해당 사업연도로 이월된 금액을 순서대로 뺀 금액을 초과하는 경우에는 그 초과하는 금액을 해당 사업연도의 다음 사업연도 개시일부터 5년 이내에 끝나는 각 사업연도로 이월하여 그 이월된 사업연도의 소득금액에서 공제할 수 있다. 다만, 내국법인이 이월된 사업연도에 배당가능이익의 90% 이상을 배당하지 않는 경우에는 그 이월된 금액을 공제하지 않는다.

> [① (해당 사업연도 소득금액 − 이월결손금 − 이월공제배당금액)* < ② 이후 사업연도의 배당금액)]'인 경우 ➡ [② − ①] = 이후 미공제배당금액
> ➡ 5년간 이월공제(이후 미공제 배당금액 = 이후 이월공제배당금액)

* ① (괄호)의 해당 금액이 0보다 작은 경우에는 0으로 한다.

이월공제 요건	이월된 사업연도의 (배당금액 ≥ 배당가능이익×90%)
이월공제액	MIN [이후 사업연도의 배당금액 (이월된 사업연도의 소득금액 − 이월결손금 − 이월공제배당금액)

(2) 소득공제 배제

배당을 받은 주주 등에 대하여 법인세법 · 조세특례제한법에 따라 그 배당에 대한 소득세 · 법인세가 비과세되는 경우에는 유동화전문회사 등에 대한 소득공제를 적용하지 않는다.

Ⅱ. 세액의 계산

1. 산출세액의 계산

내국법인의 각 사업연도의 소득에 대한 법인세 산출세액은 과세표준에 다음의 구분에 따른 세율을 적용하여 계산한 금액으로 한다.

구분	세율	
(1) 일반적인 내국법인	과세표준	세율
	2억원 이하	과세표준× 9%
	2억원 초과 200억원 이하	1,800만원 + (과세표준 − 2억원)×19%
	200억원 초과 3천억원 이하	37억8천만원 + (과세표준 − 200억원)×21%
	3천억원 초과	625억8천만원 + (과세표준 − 3천억원)×24%
(2) 성실신고 확인대상 소규모 법인	과세표준	세율
	200억원 이하	과세표준×19%
	200억원 초과 3천억원 이하	38억원 + (과세표준 − 200억원)×21%
	3천억원 초과	626억원 + (과세표준 − 3천억원)×24%

참 고 성실신고확인대상 소규모 법인의 범위

'성실신고확인대상 소규모 법인'이란 다음의 요건을 모두 갖춘 내국법인을 말한다.

① 부동산임대업을 주된 사업으로 하는 등의 요건을 갖춘 소규모 법인일 것(업무추진비 한도액 50% 축소 대상 법인과 같음)

② ㉠ 지급배당에 소득공제를 적용받는 유동화전문회사 등과 ㉡ 프로젝트금융투자회사에 해당하는 내국법인이 아닐 것 ■

[도 표] 일반법인과 부동산임대업을 주된 사업으로 하는 등의 요건을 갖춘 소규모 법인 간 법인세법 적용상 차이점

구분	일반법인	부동산임대업을 주된 사업으로 하는 등의 요건을 갖춘 소규모 법인
업무추진비 한도액	일반업무추진비 한도액 적용	일반업무추진비 한도액의 50%
중소기업 · 중견기업 해당 여부	요건 충족시 중소기업 · 중견기업에 해당	중소기업 · 중견기업 제외 대상
업무용승용차 업무사용금액	운행기록 등을 작성 · 비치하지 않은 경우 업무사용비율 계산시 1,500만원 적용	운행기록 등을 작성 · 비치하지 않은 경우 업무사용비율 계산시 500만원 적용
	감가상각비 한도초과액의 이월 손금산입 적용시 800만원 적용	감가상각비 한도초과액의 이월 손금산입 적용시 400만원 적용
	업무용승용차 처분손실의 이월 손금산입 적용시 800만원 적용	업무용승용차 처분손실의 이월 손금산입 적용시 400만원 적용

법인세율	과세표준 | 세율 2억원 이하 | 9% 2억원 초과 200억원 이하 | 19% 200억원 초과 3천억원 이하 | 21% 3천억원 초과 | 24%	과세표준 | 세율* 200억원 이하 | 19% 200억원 초과 3천억원 이하 | 21% 3천억원 초과 | 24% * 지급배당에 소득공제를 적용받는 유동화전문회사 등과 프로젝트금융투자회사는 위 세율을 적용하지 않는다.
성실신고 확인제도	적용하지 않음	적용함* * 지급배당에 소득공제를 적용받는 유동화전문회사 등과 프로젝트금융투자회사는 성실신고확인제도를 적용하지 않는다.

2. 토지등양도소득에 대한 법인세

법인이 다음 중 어느 하나에 해당하는 토지, 건물(건물에 부속된 시설물과 구축물 포함), 주택을 취득하기 위한 권리로써 조합원입주권 및 분양권(이하 '토지 등')을 양도한 경우에는 다음과 같이 계산한 세액을 토지등양도소득에 대한 법인세로 하여 일반법인세에 추가하여 납부해야 한다.

과세대상 토지 등의 범위	토지등양도소득에 대한 법인세	
	일반 토지 등	미등기토지 등
① 주택(부수토지 포함) 및 별장	양도소득×20%	양도소득×40%
② 주택을 취득하기 위한 권리로써 조합원입주권 및 분양권	양도소득×20%	–
③ 비사업용 토지	양도소득×10%	양도소득×40%

3. 세액감면과 세액공제

(1) 세액감면

'세액감면(exemption from tax)'이란 특정한 소득에 대해 과세표준에 포함하여 산출세액을 계산한 후 일정한 비율만큼 감면(감면세액) · 면제(세액면제)하는 것을 말한다. 이러한 세액감면 · 면제를 하는 경우 그 감면 · 면제되는 세액은 별도 규정이 있는 경우를 제외하고는 다음과 같이 계산한다.

$$\text{감면세액} = \text{법인세 산출세액} \times \frac{\text{감면소득}}{\text{과세표준}} \times \text{감면율(100\% 면제)}$$

(2) 세액공제

'세액공제(tax credit)'란 산출세액에서 일정액을 공제하는 것을 말한다. 현행 세법에 따른 세액공제는 다음과 같이 분류된다.

구분	종류	취지	이월공제 여부
법 인 세 법	• 외국납부세액공제 • 재해손실세액공제 • 사실과 다른 회계처리에 기인한 경정에 따른 세액공제	• 국제적 이중과세 조정 • 담세력상실 세부담의 경감 • 분식회계 제재	• 10년간 이월공제 × • 이월공제
조 특 법	• 연구 · 인력개발비세액공제 • 통합투자세액공제 등	• 연구 · 인력개발 지원 • 투자 지원	• 10년간 이월공제 • 10년간 이월공제

제2절 결손금의 소급공제 및 이월공제

I-2 p.402

Ⅰ. 서설

1. 의의

각 사업연도의 소득은 그 사업연도에 '익금의 총액 – 손금의 총액'으로 한다. 반면 그 사업연도에 '손금의 총액 > 익금의 총액'인 경우에는 그 초과하는 금액을 '각 사업연도의 결손금'이라고 한다. 이러한 각 사업연도 결손금이 차기로 이월된 경우 이를 '이월결손금'이라고 한다.

여기서 각 사업연도의 결손금은 그것이 발생한 사업연도에 법인의 순자산의 감소를 나타내는 것이다. 과세편의상 계속기업의 소득은 사업연도 단위로 구분하여 산정하고 있지만, 법인의 존속기간 동안 과세소득의 총액, 즉 순자산증가액과 일치하기 위해서 특정한 사업연도의 결손금은 다음과 같이 다른 사업연도의 소득에서 공제될 필요가 있다.

2. 결손금 공제제도

1) 소급공제(carry-back) : 해당 사업연도에 발생한 결손금을 이전의 사업연도에 발생한 사업연도소득에서 공제하도록 하는 방법이다. 이 방법에서는 기납부한 법인세액을 환급받게 되므로 조세행정이 복잡해지는 폐단이 있다. 그리하여 대부분의 입법례는 소급공제의 기한을 단기로 설정하고 있다. 현행 법인세법은 중소기업에 한정하여 결손금을 소급하여 직

전 사업연도의 납부세액을 환급해 주는 결손금 소급공제제도를 채택하고 있다.

2) 이월공제(carry-over) : 해당 사업연도에 발생한 결손금을 이월하여 그 후의 사업연도에 발생하는 소득에서 공제하도록 하는 방법이다. 차기 이후의 사업연도에 소득이 발생해야 공제받을 수 있기 때문에 납세의무자에게 불리할 수 있지만 소급공제보다 조세행정이 간편하다. 현행 법인세법은 모든 법인의 결손금에 대해 이월공제를 허용하고 있다.

[도 표] 결손금의 공제방법

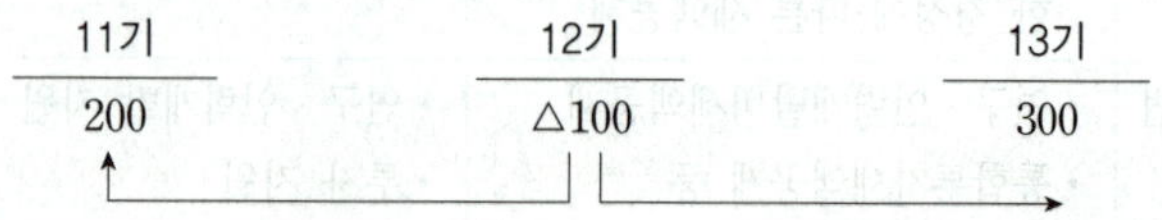

구분	소급공제 (carry-back)	이월공제 (carry-over)
• 대상법인	중소기업	모든 법인
• 공제한도	전기 과표	중소기업 : 소득금액×100% 일반기업 : 소득금액×80%
• 공제기간	직전 연도	10년(2020.1.1. 이후 발생분은 15년)
• 공제여부	선택 (경정청구 불가)	강제 (경정청구 가능)
• 추계시 공제여부	○	×

Ⅱ. 결손금의 소급공제에 따른 환급

1. 개요

중소기업은 각 사업연도에 결손금이 발생한 경우 그 결손금을 소급공제함으로써 감소되는 직전 사업연도 법인세액을 환급신청할 수 있다. 이 경우 그 결손금에 대해서는 이월결손금 공제규정을 적용할 때에 공제받은 금액으로 본다.

2. 소급공제에 따른 환급의 요건

1) 중소기업에 한정하여 환급이 허용된다.

2) 직전 사업연도에 신고 · 납부한 법인세액이 있어야 한다.

3) 소급공제에 따른 환급은 결손금이 발생한 사업연도와 그 직전 사업연도의 소득에 대한 법인세 과세표준 · 세액을 각각 신고기한까지 신고한 경우에만 적용한다.

4) 환급을 받으려는 법인은 과세표준 신고기한까지 관할세무서장에게 환급신청을 해야 한다. 이는 소급공제에 따른 환급을 위한 필요적 요건이며, 소급공제받을 결손금은 직전 사업연도의 과세표준 범위에서 선택할 수 있다.

3. 환급세액의 계산과 환급절차

(1) 환급세액의 계산

환급세액 = MIN (①, ②)

① 환급대상액 = 직전 사업연도의 법인세 산출세액 − (직전 사업연도 과세표준 − 소급공제 결손금액) × 직전 사업연도 법인세율

② 한도액(직전 사업연도 법인세액) = 직전 사업연도의 법인세 산출세액 − 직전 사업연도의 공제 · 감면세액

여기서 '직전 사업연도 법인세 산출세액'은 토지등양도소득에 대한 법인세를 제외한 금액으로 한다. 그리고 '소급공제 결손금액'은 해당 사업연도의 결손금으로서 소급공제받으려는 금액을 말하며, 직전 사업연도의 과세표준을 한도로 한다.

(2) 환급절차

관할세무서장이 결손금의 소급공제에 따른 환급신청을 받은 때에는 지체 없이 환급세액을 결정하여 국세기본법에 따른 국세환급금의 충당과 환급규정에 따라 환급해야 한다.

4. 환급에 대한 사후관리

(1) 환급세액의 추징

관할세무서장은 이처럼 법인세를 환급한 후 결손금이 발생한 사업연도에 대한 법인세의 과세표준 · 세액을 경정함으로써 결손금이 감소된 경우에는 다음의 감소된 결손금에 상당하는 환급세액에 이자상당액을 가산한 금액을 해당 결손금이 발생한 사업연도의 법인세로서 징수한다.

$$환급취소세액 = 당초\ 환급세액 \times \frac{(감소된\ 결손금 - 소급공제받지\ 않은\ 결손금)}{소급공제\ 결손금액}$$

여기서 결손금 중 그 일부 금액만을 소급공제받은 경우에는 소급공제받지 않은 결손금이 먼저 감소된 것으로 한다.

이 경우에 가산하는 이자상당액은 다음과 같이 계산한다.

$$\text{이자상당액} = \text{환급취소세액} \times \text{기간}\left(\begin{array}{c}\text{당초 환급세액의 통지일의}\\ \text{다음 날부터 추징세액의 고지일까지}\end{array}\right) \times \text{이자율}$$

여기서 '이자율'은 1일 2.2/10,000(연 8.03%)로 하되, 납세자가 법인세액을 과다하게 환급받은 데 정당한 사유가 있는 때에는 국세환급가산금의 기본이자율을 적용한다.

한편 중소기업에 해당하지 않은 법인이 결손금 소급공제에 따른 법인세를 환급받은 경우에도 당초 환급세액 전액에 이자상당액을 가산한 금액을 해당 결손금이 발생한 사업연도의 법인세로서 징수한다.

(2) 추가환급 및 징수

관할세무서장은 당초 환급세액을 결정한 후 해당 환급세액의 계산의 기초가 된 직전 사업연도 법인세액·과세표준금액이 달라지는 경우에는 즉시 당초 환급세액을 경정하여 추가로 환급하거나 과다하게 환급한 세액에 이자상당액을 가산한 금액을 징수해야 한다. 이처럼 당초 환급세액을 경정할 때에는 소급공제 결손금액이 과세표준금액을 초과하는 경우 그 초과 결손금은 소득공제 결손금으로 보지 않는다.

Ⅲ. 결손금의 이월공제

1. 개요

각 사업연도의 개시일 전 10년 이내(2020.1.1. 이후 개시하는 사업연도에 발생하는 결손금은 15년 이내)에 개시한 사업연도에서 발생한 결손금으로서 그 후의 각 사업연도의 과세표준 계산을 할 때 공제되지 않은 금액은 각 사업연도 소득금액의 80%(중소기업과 회생계획을 이행 중인 기업 등은 100%) 범위에서 공제한다.

2. 공제의 요건

(1) 적용대상법인

모든 법인에 적용된다. 영리내국법인에 적용되는 것은 물론이고 외국법인인 경우에도 국내에서 발생한 결손금은 공제대상이며, 비영리법인인 경우에도 수익사업에서 생긴 결손금은 공제받을 수 있다.

(2) 공제대상 이월결손금

과세표준을 계산할 때 공제되는 이월결손금은 다음 요건을 모두 충족한 금액으로 한다.

1) 미소멸 세무상 이월결손금 : 세무계산상 결손금은 사업연도의 소득금액계산상 손금에 산입하지 않거나 과세표준 계산을 할 때 공제되지 않은 금액에 한정한다. 즉 세무상 미소멸

된 결손금만이 공제대상이 된다. 따라서 다음에 해당하는 결손금은 소멸됨으로 과세표준 계산을 할 때 공제되지 않는 것이다.

① 소급공제에 따라 환급받은 결손금
② 해당 사업연도 전에 과세표준계산상 공제받은 금액
③ 자산수증이익 · 채무면제이익 중 이월결손금을 보전하는 데에 충당한 금액

여기서 '공제대상 결손금'은 과세표준신고에 포함된 결손금이거나 결정 · 경정 · 수정신고한 과세표준에 포함된 결손금만 해당한다. 따라서 이미 법인세 부과제척기간이 지난 사업연도에 대해 나중에 결손금이 추가로 확인된 경우에는 제척기간이 만료되어 더 이상 그 사업연도의 결손금을 증가시키는 경정을 할 수 없으므로 공제대상에서 제외하는 것이다. 그리고 공제대상에는 합병 · 분할에 따른 '승계결손금의 범위액'을 포함한다.

2) 공제시한 : 각 사업연도의 개시일 전 10년 이내(2020.1.1. 이후 개시하는 사업연도에 발생하는 결손금은 15년 이내)에 개시한 사업연도에서 발생한 결손금에 한정하여 공제된다. 이러한 공제시한이 지나면 비록 소멸되지 않은 이월결손금이라 하더라도 더 이상 과세표준 계산상 공제될 수 없다. 이 경우 이월결손금은 먼저 발생한 사업연도의 결손금부터 차례대로 공제한다.

3. 공제방법

이러한 요건을 충족한 이월결손금은 해당 사업연도의 과세표준을 계산할 때 각 사업연도 소득의 80%(중소기업과 회생계획을 이행 중인 기업 등은 100%)를 한도로 먼저 발생한 것부터 차례로 공제한다. 이 경우 공제한도를 초과하는 이월결손금은 차기로 이월된다.

법인 07

4. 이월결손금 공제의 배제

법인세 과세표준을 추계결정 · 경정하는 경우에는 이월결손금 공제를 배제한다. 다만, 천재지변이나 그 밖의 불가항력으로 장부 등이 멸실되어 추계하는 경우는 예외로 공제가 가능하다.

Ⅳ. 그 밖의 세무처리

(1) 발생연도를 불문하고 공제하는 경우

① 자산수증이익 · 채무면제이익 중 이월결손금을 보전하는 데에 충당된 금액은 익금에 산입하지 않는다(소멸).
② 청산소득금액을 계산할 때에는 해산일 현재의 이월결손금은 잉여금을 한도로 자기자본총액과 상계한다(미소멸).

(2) 공제기간 이내에 발생한 이월결손금만 공제하는 경우

① 기부금의 한도액을 계산할 때 공제기간 이내 발생한 이월결손금은 기준소득금액에서 공제한다(미소멸).

② 고유목적사업준비금의 한도액을 계산할 때 공제기간 이내 발생한 이월결손금은 수익사업 소득금액에서 공제한다(미소멸).

③ 미환류소득에 대한 법인세에서 기업소득을 계산할 때 공제기간 이내에 발생한 이월결손금은 각 사업연도 소득금액에서 공제한다(미소멸).

제3절 국외원천소득에 대한 이중과세의 조정제도

I-2 p.408

I. 의의

내국법인은 국내외 원천소득을 불문하고 전세계에서 발생한 소득에 대하여 우리나라 법인세의 납세의무를 진다. 따라서 내국법인이 국외에서 얻는 소득에 대해서는 우리나라의 법인세와 함께 그 원천지국의 법인세를 동시에 부담하게 되는데, 이것을 '국제적 이중과세(international double taxation)'라고 한다. 이러한 이중과세는 조세의 중립성을 저해하고 자원배분의 왜곡을 초래하므로 이를 합리적으로 조정할 필요가 있다. 우리나라는 현재 이러한 국제적 이중과세를 조정하기 위하여 외국납부세액공제제도를 두고 있다.

II. 외국납부세액공제

1. 개요

내국법인의 각 사업연도의 소득에 대한 과세표준에 국외원천소득이 포함되어 있는 경우로서 그 국외원천소득에 대하여 외국법인세액을 납부하였거나 납부할 것이 있는 경우에는 외국납부세액을 해당 사업연도의 산출세액에서 공제할 수 있다.

2. 세액공제의 요건

(1) 적용대상법인

외국납부세액공제는 국외원천소득이 있는 내국법인(국내사업장이 있는 외국법인 포함)에 대해서 적용된다. 국내사업장이 없는 외국법인의 국외원천소득에 대해서는 우리나라가 과세권을 행사할 수 없기 때문에 국제적 이중과세의 문제가 발생하지 않는 것이다.

(2) 외국법인세액의 범위

1) 직접납부 외국법인세액(해당 내국법인 자신이 납부한 외국법인세액) : '외국법인세액'이란 외국정부(지방자치단체 포함)에 납부하였거나 납부할 다음의 세액(가산세는 제외)을 말한다.

① 초과이윤세 및 그 밖에 법인의 소득 등을 과세표준으로 하여 과세된 세액

② 법인의 소득 등을 과세표준으로 하여 과세된 세의 부가세액

③ 법인의 소득 등을 과세표준으로 하여 과세된 세와 동일한 세목에 해당하는 것으로서 소득 외의 수익금액 또는 그 밖에 이에 준하는 것을 과세표준으로 하여 과세된 세액

2) 의제외국납부세액 : 국외원천소득이 있는 내국법인이 조세조약의 상대국에서 해당 국외원천소득에 대하여 법인세를 감면받은 세액 상당액은 조세조약으로 정하는 범위에서 세액공제의 대상이 되는 외국법인세액으로 본다. 그 취지는 개발도상국이 자기나라의 경제발전을 위하여 우리나라 법인의 국외사업장에 대해 법인세를 감면한 경우 그 개발도상국의 법인세감면효과가 우리나라의 법인세 과세에서도 유지되도록 하기 위한 데 있다.

(3) 세액공제의 시기 및 서류제출

외국납부세액은 해당 국외원천소득이 과세표준에 산입되어 있는 사업연도의 산출세액에서 공제한다. 이를 적용받으려는 법인은 과세표준신고와 함께 「외국납부세액공제세액계산서」를 관할세무서장에게 제출해야 한다.

(4) 세액공제의 배제

법인세의 과세표준을 추계결정 · 경정하는 경우에는 외국납부세액공제를 적용하지 않는다. 다만, 천재지변 등으로 장부나 그 밖에 증명서류가 멸실되어 추계하는 경우에는 그렇지 않다.

3. 세액공제의 방법

(1) 개요

다음의 공제한도 내에서 외국법인세액을 해당 사업연도의 산출세액에서 공제한다.

$$\text{공제한도} = \text{법인세 산출세액}^{*} \times \frac{\text{국외원천소득}}{\text{해당 사업연도의 과세표준}}$$

* 토지등양도소득에 대한 법인세 및 투자 · 상생협력 촉진을 위한 과세특례를 적용하여 계산한 법인세(미환류소득에 대한 법인세)는 제외한다.

여기서 '국외원천소득'이란 국외원천 각 사업연도 소득금액에서 국외원천소득에 관련된 이월결손금 · 비과세소득 및 소득공제액을 공제한 금액을 말한다. 이 경우 이월결손금 등이 국외

원천소득에서 발생한 때에는 전액을 공제하되, 국외원천소득에서 발생한 것인지가 불분명한 때에는 소득금액에 비례하여 안분계산한 금액을 공제한다.

한편 공제한도를 계산할 때 국외사업장이 둘 이상의 국가에 있는 경우에는 국가별로 구분하여 이를 계산한다. 이 방법을 '국별한도제'라고 하며, 국가별로 구분하지 않고 한도를 계산하는 일괄한도제는 인정되지 않는다.

(2) 이월공제

외국법인세액이 해당 사업연도의 공제한도를 초과하는 경우 그 초과하는 금액은 해당 사업연도의 다음 사업연도 개시일부터 10년 이내에 끝나는 각 사업연도(이하 '이월공제기간')로 이월하여, 그 이월된 사업연도의 공제한도 내에서 공제받을 수 있다. 이 경우 해당 사업연도 중에 발생한 세액공제액과 전 사업연도에서 이월된 미공제액이 함께 있는 때에는 이월된 미공제액을 먼저 공제한다.

한편 외국정부에 납부하였거나 납부할 외국법인세액이 이월공제기간 내에 공제받지 못한 경우 그 공제받지 못한 외국법인세액은 이월공제기간의 종료일의 다음 날이 속하는 사업연도의 소득금액을 계산할 때 손금에 산입할 수 있다.

[도 표] 외국법인세액이 공제한도를 초과하는 경우 이월공제(손금산입)

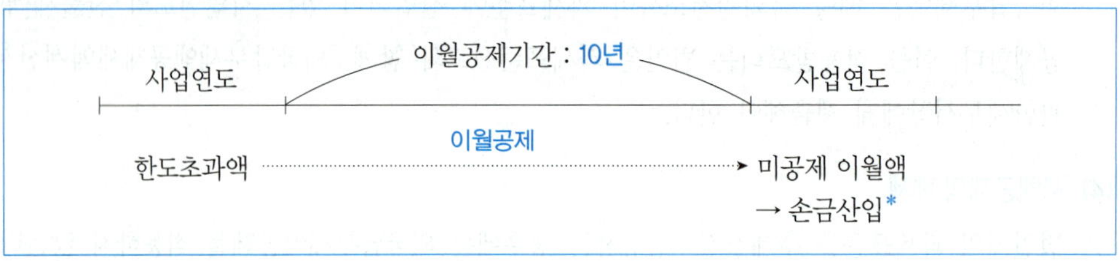

* 이 경우에는 손금산입 한도의 제한을 받지 않는다.

[도 표] 현행 세법상 국제적 이중과세조정제도

세목	조정요건	조정방법
법 인 세	내국법인의 각 사업연도 과세표준에 포함된 국외원천소득에 대한 외국법인세액*이 있는 경우 * 직접외국납부세액 + 의제외국납부세액 + 간접외국납부세액	세액공제방법
종합소득세	거주자의 종합소득금액에 포함된 국외원천소득에 대한 외국소득세액*이 있는 경우 * 직접외국납부세액+의제외국납부세액	세액공제방법
퇴직소득세	거주자의 퇴직소득금액에 포함된 국외원천소득에 대한 외국소득세액이 있는 경우	세액공제방법

양도소득세	거주자(5년 이상 주소·거소)의 국외자산의 양도소득에 대하여 외국에서 과세하는 경우로서 납부한 국외자산의 양도소득세액이 있는 때	다음 방법 중 선택 ① 세액공제방법 ② 필요경비산입방법
상 속 세	거주자의 사망시 외국에 있는 상속재산에 대하여 외국에서 상속세를 부과하는 경우로서 외국법령에 따라 부과된 상속세액이 있는 때	세액공제방법
증 여 세	거주자(비영리내국법인 포함)가 타인의 증여에 따라 외국에 있는 증여재산을 취득하는 경우에 외국법령에 의해 부과된 증여세액이 있는 경우	세액공제방법

Ⅲ. 외국자회사 배당소득에 대한 국제적 이중과세 조정

1. 기본구조

내국법인이 외국자회사로부터 받는 배당소득은 국제적 이중과세 문제가 제기된다. 외국자회사가 얻은 소득에 대해서는 외국 정부에서 법인세를 과세하고, 그 세후소득이 배당금으로 내국법인에 귀속되면 우리나라 법인세가 다시 과세되기 때문이다. 이러한 외국자회사 배당소득에 대한 국제적 이중과세 조정을 위해서 다음 두 가지 방식을 검토할 수 있다.

1) 세액공제방법 : 내국법인이 ① 외국자회사로부터 받은 수입배당금액에 대한 외국법인세액 상당액(이것을 '간접외국납부세액')을 익금산입한 다음 그 간접외국납부세액이나 ② 외국자회사로부터 받은 수입배당금에 대해서 외국에 직접 납부한 세액을 세액공제하는 방법이다. 이 방법에서 외국자회사로부터 받은 수입배당금액은 우리나라 법인세율을 적용받는다(외국납부세액의 세액공제).

2) 과세면제방법 : 내국법인이 외국자회사로부터 받는 수입배당금액의 95%를 익금불산입하여 우리나라 법인세 과세소득에서 제외하는 방법이다. 이 방법에서 외국자회사로부터 받는 수입배당금액은 현지 외국의 법인세율을 적용받는다(외국자회사 수입배당금액의 익금불산입).

그동안 우리나라 기업의 지속적인 해외진출로 외국자회사의 해외유보이익이 크게 증가하는 추세에서 그 해외유보이익의 국내 송금을 통해 국내 투자 활성화와 기업 경쟁력을 높이는 것이 절실하다. 그런데 외국납부세액공제방식은 이중과세 조정이 불완전하여 해외유보이익의 국내 송금에 제약이 있었다. 현재 과세면제방법을 채택하고 있는 미국, 일본, 영국 등의 국제적 기준에 따르고 외국자회사 배당소득에 대한 이중과세 조정을 확대하여 해외유보이익의 국내 송금 촉진을 위해서 우리나라도 과세면제방법을 2023년부터 도입하게 되었다.

위 과세면제방법에 따라 익금불산입이 적용되는 수입배당금액에 대해서는 외국납부세액공제를 적용하지 않는데, 이하에서는 과세면제방법인 외국자회사 수입배당금액 익금불산입제도를 살펴본다.

[도 표] 외국자회사 수입배당금액에 대한 이중과세 조정

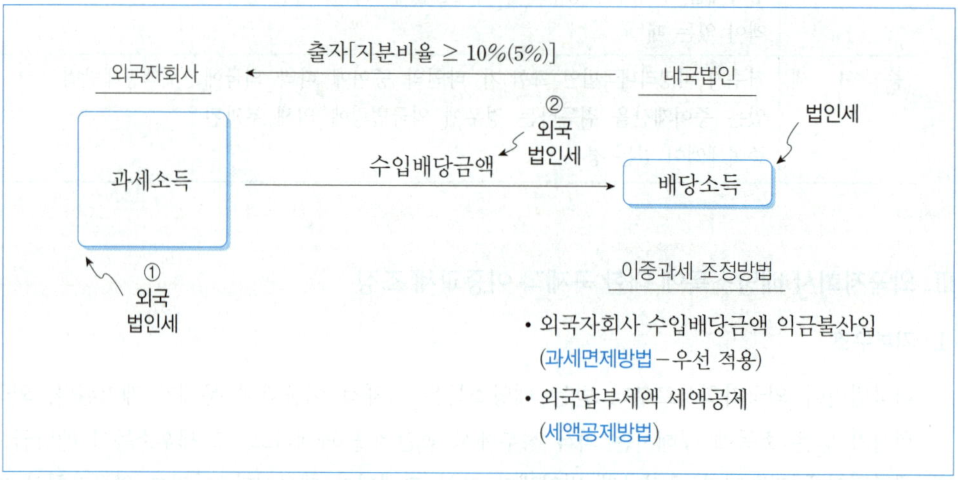

(1) 개요

내국법인이 해당 법인이 출자한 외국자회사로부터 받은 수입배당금액(의제배당금액을 포함하며, 이하 같다)의 95%에 해당하는 금액은 각 사업연도의 소득금액을 계산할 때 익금에 산입하지 않는다.

익금불산입 대상금액	• 외국자회사로부터 받은 수입배당금액×100%
– 개산비용 차감액	• 위의 수입배당금액×5%
= 익 금 불 산 입 액	• 위의 수입배당금액×95%

여기서 '외국자회사'란 내국법인이 직접 외국법인의 의결권 있는 발행주식총수(또는 출자총액)의 10%(해외자원개발사업을 하는 외국법인의 경우에는 5%) 이상을 배당기준일 현재 6개월 이상 계속하여 보유하고 있는 법인을 말한다.

참 고 자본준비금을 감액하여 받은 수입배당금액에 대한 익금불산입

내국법인이 해당 법인이 출자한 외국법인(외국자회사는 제외)으로부터 자본준비금을 감액하여 수입배당금액을 받는 경우 그 금액의 95%에 해당하는 금액은 각 사업연도의 소득금액을 계산할 때 익금에 산입하지 않는다. 따라서 내국법인이 해당 법인이 출자한 외국법인으로부터 자본준비금을 감액하여 받은 수입배당금액은 그 외국법인이 외국자회사가 아닌 경우(즉 외국법인에 대한 지분비율이 20%·5% 미만인 경우)에도 수입배당금액의 95%에 해당하는 금액을 익금불산입하는 것이다. ■

(2) 익금불산입 대상에서 제외되는 외국자회사의 수입배당금액

① 「국제조세조정에 관한 법률」의 특정외국법인의 유보소득 배당간주 규정에 따라 ㉠ 특정외국법인(CFC)의 유보소득에 대하여 내국법인이 배당받은 것으로 보는 금액(즉 배당간주금액) 및 ㉡ 해당 유보소득이 실제 배당된 경우의 수입배당금액은 외국자회사 수입배당금액의 익금불산입 규정을 적용하지 않는다. 이 수입배당금액은 실제로 배당을 지급받을 때 외국납부세액공제를 적용하기 때문에 익금불산입 대상에서 제외한다.

② 외국자회사 수입배당금액의 익금불산입 규정에도 불구하고 다음 중 어느 하나에 해당하는 금액은 각 사업연도 소득금액을 계산할 때 익금에 산입한다.

㉠ 「국제조세조정에 관한 법률」의 특정외국법인의 유보소득 배당간주 규정이 적용되는 특정외국법인(CFC) 중 실제부담세액이 실제발생소득의 15% 이하인 특정외국법인의 해당 사업연도에 대한 수입배당금액[ⓐ 이익잉여금 처분액 중 이익의 배당금(중간배당 포함) · 잉여금의 분배금과 ⓑ 의제배당금액]*

㉡ 혼성금융상품의 거래에 따라 내국법인이 외국자회사로부터 지급받는 수입배당금액. 이에 대해 익금불산입을 적용하면 국제적 이중비과세가 되기 때문에 익금에 산입하는 것이다.

* 다만, 해외자원개발사업자가 해외자원개발(광업권 · 조광권의 취득 등)을 위해 조세특례제한법(제104조의15 ⑧ (2),(3))에 따라 외국법인에 출자하거나 외국자회사에 투자를 하는 경우에는 그 외국법인 또는 외국자회사의 해당 사업연도에 대한 ⓐ · ⓑ의 수입배당금액은 익금불산입을 적용한다.

참 고 혼성금융상품의 범위

'혼성금융상품'이란 자본 및 부채의 성격을 동시에 가지고 있는 금융상품으로서 다음의 구분에 따른 요건을 모두 갖춘 금융상품을 말한다.

① 우리나라의 경우 : 우리나라의 세법에 따라 해당 금융상품을 자본으로 보아 내국법인이 해당 금융상품의 거래에 따라 거래상대방인 외국자회사로부터 지급받는 이자 및 할인료를 배당소득으로 취급할 것

② 외국자회사가 소재한 국가의 경우 : 그 국가의 세법에 따라 해당 금융상품을 부채로 보아 외국자회사가 해당 금융상품의 거래에 따라 거래상대방인 내국법인에 지급하는 이자 및 할인료를 이자비용으로 취급할 것 ■

(3) 외국자회사를 인수하여 취득한 주식의 취득가액

내국법인이 매입한 주식의 취득가액은 매입가액에 부대비용을 더한 금액으로 한다. 그런데 내국법인이 외국자회사를 인수하여 취득한 주식으로서 그 주식의 취득에 따라 내국법인이 외국자회사로부터 받은 수입배당금액이 다음의 요건을 모두 갖춘 경우에는 해당 주식의 매입가액에서 다음의 요건을 모두 갖춘 수입배당금액을 뺀 금액을 취득가액으로 한다.

취득가액 감액조정의 요건	비고
① 내국법인이 외국자회사의 의결권 있는 발행주식총수(또는 출자총액)의 10%(해외자원개발사업을 하는 외국법인의 경우에는 5%) 이상을 최초로 보유하게 된 날의 직전일 기준 이익잉여금을 재원(財源)으로 한 수입배당금액일 것 ② 외국자회사 수입배당금액 익금불산입 규정에 따라 익금에 산입되지 않았을 것	두 가지 요건을 모두 갖춘 수입배당금액을 '인수 전 이익잉여금을 재원으로 한 수입배당금액 중 익금불산입액(△유보)'이라 한다.

내국법인이 외국자회사를 인수하여 취득한 주식의 세무상 장부가액
= [당초 취득가액 − 인수 전 이익잉여금을 재원으로 한 수입배당금액 중 익금불산입액(△유보)]

(4) 외국자회사 수입배당금액의 익금불산입 배제

법인세의 과세표준을 추계결정·경정하는 경우에는 외국자회사 수입배당금액의 익금불산입을 적용하지 않는다. 다만, 천재지변 등으로 장부나 그 밖에 증명서류가 멸실되어 추계하는 경우에는 그렇지 않다.

[도 표] 수입배당금액의 익금불산입 요약

구분	내국법인 수입배당금액의 익금불산입	외국자회사 수입배당금액의 익금불산입
(1) 제도의 취지	법인원천소득(배당소득)에 대해 우리나라 법인세와 법인주주 법인세 간 이중과세 조정	국외원천소득(배당소득)에 대해 외국 법인세와 법인주주 법인세 간 이중과세 조정
(2) 익금불산입의 요건		
① 지분비율	불문(지분비율에 관계없이 적용)	10%(해외자원개발사업을 하는 경우에는 5%) 이상 출자
② 단기보유주식 익금불산입 배제	배당기준일 현재 3개월 미만 보유한 주식의 수입배당금액은 익금불산입 배제	배당기준일 현재 6개월 미만 보유한 외국자회사 주식의 수입배당금액은 익금불산입 배제
(3) 익금불산입액 : ① − ②		
① 익금불산입 대상금액	수입배당금액의 30%, 80%, 100% * 지주회사 특례 선택시 : 수입배당금액의 80%, 90%, 100%	수입배당금액의 95%
② 차입금이자 차감액	있음	없음

세무조정(소득처분)	익금불산입(기타)	익금불산입(△유보)* · 익금불산입(기타)

* 인수 전 이익잉여금을 재원으로 한 수입배당금액 중 익금불산입액은 △유보로 소득처분한다.

3. 외국자회사 수입배당금액에 대한 간접외국납부세액공제

(1) 개요

내국법인의 각 사업연도의 소득금액에 외국자회사로부터 받는 수입배당금액이 포함되어 있는 경우에 다음의 금액은 세액공제되는 외국법인세액으로 본다.

$$\text{외국자회사의 해당 사업연도의 법인세액} \times \frac{\text{수입배당금액}}{\text{외국자회사의 해당 사업연도의 소득금액} - \text{외국자회사의 해당 사업연도의 법인세액}}$$

이러한 간접납부 외국법인세액은 익금으로 간주하여 각 사업연도의 소득금액에 합산한다. 본래 수입배당금액은 외국자회사의 외국법인세가 차감된 후의 금액인데, 이것을 그 법인세가 차감되기 전의 상태로 복귀시켜 우리나라 법인세를 계산한 후 외국자회사의 법인세를 세액공제해 주어야 외국법인세의 과세효과가 완전히 취소될 수 있다.

(2) 세액공제 대상 수입배당금액

외국자회사로부터 받는 수입배당금액에 대해서 간접외국납부세액공제를 하는데, '외국자회사'란 내국법인이 직접 외국법인의 의결권 있는 발행주식총수(또는 출자총액)의 10%(해외자원개발사업을 경영하는 외국법인은 5%) 이상을 그 외국법인의 배당기준일 현재 6개월 이상 계속하여 보유하고 있는 법인을 말한다. 그리고 2023년부터 익금불산입의 적용대상이 되는 외국자회사로부터 받은 수입배당금액에 대해서는 외국납부세액공제를 적용하지 않기 때문에, 외국납부세액공제는 외국자회사 수입배당금액의 익금불산입이 적용되지 않는 경우에만 적용된다.

[도 표] 외국자회사로부터 받은 수입배당금액에 대한 국제적 이중과세 조정

구분	외국자회사 수입배당금액의 익금불산입(*주1)	외국자회사 수입배당금액에 대한 간접외국납부세액공제(*주1)
(1) 제도의 취지	국외원천소득(배당소득)에 대해 외국 법인세와 법인주주 법인세 간 이중과세 조정	
	과세면제방법	세액공제방법

(2) 조정대상 수입배당금액	외국자회사로부터 받은 수입배당금액 ① '외국자회사'란 내국법인이 10%(해외자원개발사업을 하는 외국법인의 경우에는 5%) 이상 출자하고 있는 외국법인을 말하고, ② 외국자회사의 배당기준일 현재 6개월 이상 계속하여 보유하고 있는 경우일 것	
(3) 조정방법	수입배당금액의 95% 익금불산입	간접외국납부세액 익금산입 후 세액공제
(4) 적용관계	우선 적용	익금불산입이 적용되는 수입배당금액에 대해서는 외국납부세액공제를 적용 배제
(5) 추계시 적용여부	적용배제(*주2)	적용배제

(*주1) ① 외국자회사의 수입배당금액의 익금불산입과 ② 외국납부세액공제를 모두 적용하지 않는 경우의 외국법인세액은 손금에 산입한다.

(*주2) 2024.1.1. 이후 개시하는 사업연도의 과세표준과 세액을 추계하는 경우부터 적용배제한다.

제4절 분식회계로 인한 과다납부세액의 환급제한특례

I-2 p.429

I. 서설

본래 당초 신고한 과세표준 · 세액이 과다하여 관할세무서장이 감액경정처분을 하는 경우 당초 과다납부한 세액은 감액경정일부터 30일 이내에 환급하지만, 사실과 다른 회계처리로 인해 경고 · 주의 등의 조치를 받은 내국법인에 대해서는 과다납부세액을 환급하지 않고 납부할 법인세액에서 세액공제한다.

이처럼 분식회계(粉飾會計 : accounting fraud)로 인한 과다납부세액에 대해서 환급을 제한하는 법인세법의 규정은 국세기본법의 국세환급금의 환급규정에 대한 특례에 해당한다. 그 취지는 기업이 분식회계를 통해 우량기업으로 가장(假裝)하는 경우에 투자자들에게 많은 피해를 주게 되므로 다른 법률에 따른 주의 · 경고 등의 조치 이외에도 과다납부세액의 환급을 제한하는 방법으로 제재를 가함으로써 기업의 투명성을 제고하려는 데 있다.

Ⅱ. 환급제한 대상법인(세액공제 대상법인)

내국법인이 다음의 요건을 모두 갖춘 경우에 사실과 다른 회계처리로 인한 경정에 따른 세액공제 규정에 따라 분식회계로 인한 과다납부세액의 환급을 제한한다.

① 다음의 요건을 모두 충족하여 사실과 다른 회계처리하였을 것

㉠ 자본시장과 금융투자업에 관한 법률에 따른 사업보고서 및 주식회사 등의 외부감사에 관한 법률에 따른 감사보고서를 제출할 때 수익·자산을 과다계상하거나 손비·부채를 과소계상할 것

㉡ 내국법인·감사인 또는 그에 소속된 공인회계사가 경고·주의 등의 조치를 받을 것

② 위의 사실과 다른 회계처리를 하여 과세표준·세액을 과다하게 계상함으로써 국세기본법에 따라 경정청구하여 감액경정을 받을 것

Ⅲ. 환급제한 방법

1. 사실과 다른 회계처리로 인한 경정에 따른 세액공제

환급제한 대상법인에 대해서는 사실과 다른 회계처리로 과다납부한 세액을 환급하지 않고 그 경정일이 속하는 사업연도부터 각 사업연도의 법인세액에서 과다납부한 세액을 공제한다. 이 경우 각 사업연도별로 공제하는 금액은 과다납부한 세액의 20%를 한도로 하고, 공제 후 남아 있는 과다납부한 세액은 이후 사업연도에 이월하여 공제한다.

한편 사실과 다른 회계처리로 인한 경정에 따른 세액공제를 적용할 때에는 동일한 사업연도에 위의 분식회계로 인한 과다납부세액에 대한 경정청구의 사유 외에 다른 경정청구의 사유가 있는 경우에는 다음의 금액을 그 공제세액으로 한다.

$$\text{환급제한 대상 과다납부세액} = \text{과다납부한 세액} \times \frac{\text{분식회계로 인한 과다계상한 과세표준액}}{\text{과다계상한 과세표준의 합계액}}$$

위 계산식의 분자는 분식회계로 인해 감독기관으로부터 주의·경고 등의 조치를 받은 부분에 한정한다. 따라서 분식회계가 아닌 일반적인 경정청구의 사유로 인한 과다납부한 세액은 국세기본법에 따라 감액경정일부터 30일 이내에 환급받는다.

2. 세액공제의 순서

세액감면 및 다른 세액공제 규정이 동시에 적용되는 경우 사실과 다른 회계처리로 인한 경정에 따른 세액공제는 각 사업연도 법인세 산출세액에서 세액감면 및 다른 세액공제를 한 후의 법인세액에서 공제한다. 이 경우 해당 사업연도 사실과 다른 회계처리로 인한 경정에 따른 세

액공제액과 이월된 미공제액이 함께 있을 때에는 이월된 미공제액을 먼저 공제한다. 따라서 사실과 다른 회계처리로 인한 경정에 따른 세액공제는 차감납부할 세액에서 공제하는데, 이것은 납부할 세액에 충당하는 것과 같은 효과가 있다.

> 사실과 다른 회계처리 경정 세액공제액 = MIN (①, ②, ③)
> ① 환급제한 대상 과다납부세액의 잔액
> ② 한도액 = 환급제한 대상 과다납부세액×20%
> ③ 각 사업연도 법인세로 차감납부할 세액
> (토지등양도소득에 대한 법인세와 미환류소득에 대한 법인세를 포함)

Ⅳ. 환급제한 대상법인이 해산하는 경우 과다납부세액의 처리방법

사실과 다른 회계처리로 인한 과다납부한 세액을 공제받은 내국법인으로서 과다납부한 세액이 남아 있는 내국법인이 해산하는 경우에는 다음과 같이 처리한다.

구분	과다납부세액의 처리방법
① 합병 · 분할에 따라 해산하는 경우	합병법인 · 분할신설법인(분할합병의 상대방 법인을 포함)이 남아 있는 과다납부한 세액을 승계하여 앞의 세액공제 방법에 따라 세액공제한다.
② 위 ① 외의 방법에 따라 해산하는 경우	관할세무서장 등은 남아 있는 과다납부한 세액에서 청산소득에 대한 법인세 납부세액을 빼고 남은 금액을 즉시 환급해야 한다.

[도 표] 분식회계로 인한 경정에 따른 환급제한 특례

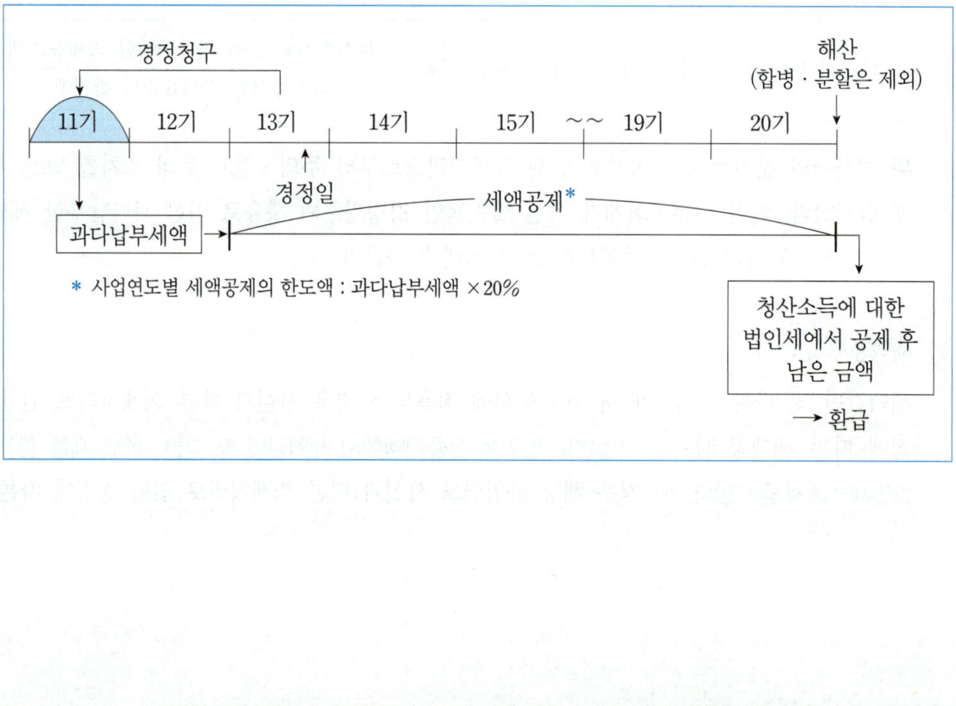

제 8 장
신고 및 납부

제1절 과세표준신고와 자진납부

I-2 p.445

Ⅰ. 법인세 과세표준의 신고

1. 신고기한

납세의무가 있는 법인은 각 사업연도 종료일이 속하는 달의 말일부터 3개월(성실신고확인서를 제출하는 경우에는 4개월) 이내 해당 사업연도의 소득에 대한 법인세의 과세표준·세액을 관할세무서장에게 신고해야 한다. 각 사업연도의 소득금액이 없거나 결손금이 있는 법인의 경우에도 이를 적용한다.

2. 과세표준신고서류

(1) 신고서 및 첨부서류

법인세 과세표준의 신고는 다음의 서류를 첨부해야 한다.

구분	종류
필수적 첨부서류	① 기업회계기준을 준용하여 작성한 개별 내국법인의 다음의 서류 • 재무상태표 • 포괄손익계산서 • 이익잉여금처분계산서(결손의 경우 결손금처리계산서) • 주식회사 등의 외부감사에 관한 법률 규정에 따라 현금흐름표의 작성이 의무화되어 있는 법인(자산총액 100억원 이상인 주식회사 등)의 경우 현금흐름표 ② 세무조정계산서

• 현금흐름표(위에 따른 외부감사 대상법인이 아닌 경우)
• 세무조정계산서 부속서류 : 각종 계산서 · 명세서

(2) 필수적 첨부서류 미제출시 무신고 간주

필수적 첨부서류를 제출하지 않으면 과세표준 · 세액의 신고를 하지 않는 것으로 보고 무신고가산세를 부과한다.

Ⅱ. 법인세의 자진납부

1. 자진납부세액 및 납부기한

법인은 각 사업연도의 소득에 대한 법인세 납부세액을 각 사업연도의 소득에 대한 법인세로서 과세표준신고기한까지 납세지 관할세무서 · 한국은행(그 대리점 포함) · 체신관서에 납부해야 한다.

2. 분납

자진납부할 세액이 1천만원을 초과하는 경우에는 다음의 금액을 납부기한이 지난 날부터 1개월(중소기업의 경우에는 2개월) 이내에 분납할 수 있다.

구분	분납할 수 있는 금액
납부할 세액이 2천만원 이하인 경우	1천만원을 초과하는 금액
납부할 세액이 2천만원을 초과한 경우	그 세액의 50% 이하의 금액

3. 성실신고확인제도

'성실신고확인제도'란 부동산임대업을 주된 사업으로 하는 등의 요건을 갖춘 내국법인에 대해서 세무사 등에게 장부의 기장내용의 정확성 여부를 확인받아 법인세의 과세표준과 세액을 신고하는 제도를 말한다. 이 제도는 소규모법인 등에 대해서 과세표준의 투명성을 확보하고 소득세법에 따른 성실신고확인대상 개인사업자와의 과세형평을 높이기 위해서 도입되었다.

(1) 성실신고확인대상 내국법인의 범위

'성실신고확인대상 내국법인'은 다음 중 어느 하나에 해당하는 내국법인을 말한다. 다만, 주식회사의 외부감사에 관한 법률에 따라 감사인(監査人)에 의한 감사를 받은 내국법인은 제외한다.

① 성실신고확인대상 소규모 법인 : 다음의 요건을 모두 갖춘 내국법인을 말한다.

㉠ 부동산임대업을 주된 사업으로 하는 등의 요건을 갖춘 소규모 법인일 것

㉡ ⓐ 지급배당에 소득공제를 적용받는 유동화전문회사 등과 ⓑ 지급배당에 소득공제를 적용받는 프로젝트금융투자회사에 해당하는 내국법인이 아닐 것

② 내국법인의 설립일이 속하는 연도 또는 직전 연도에 소득세법에 따른 성실신고확인대상사업자가 사업용자산을 현물출자, 사업의 양도·양수 등의 방법에 따라 내국법인으로 전환한 경우 그 내국법인(사업연도 종료일 현재 법인으로 전환한 후 3년 이내의 내국법인으로 한정)

③ 위 ②에 따라 전환한 내국법인이 그 전환에 따라 경영하던 사업을 사업용 유형자산 및 무형자산의 현물출자, 사업의 양도·양수 등의 방법으로 인수한 다른 내국법인(위 ②에 따른 전환일부터 3년 이내인 경우로서 그 다른 내국법인의 사업연도 종료일 현재 인수한 사업을 계속 경영하고 있는 경우로 한정한다)

(2) 성실신고확인서 제출

성실신고확인대상 내국법인은 성실한 납세를 위해 법인세의 과세표준과 세액을 신고할 때 과세표준신고시 제출서류에 더하여 비치·기록된 장부와 증명서류에 의하여 계산한 과세표준금액의 적정성을 세무사 등이 확인하고 작성한 확인서(이하 '성실신고확인서')를 관할세무서장에게 제출해야 한다. 관할세무서장은 이처럼 제출된 성실신고확인서에 미비한 사항 또는 오류가 있을 때에는 보정할 것을 요구할 수 있다.

(3) 성실신고확인서 관련 혜택 및 제재

1) 과세표준신고기한 연장 : 성실신고확인대상 내국법인이 성실신고확인서를 제출하는 경우에는 법인세의 과세표준과 세액을 각 사업연도의 종료일이 속하는 달의 말일부터 4개월 이내에 관할세무서장에게 신고해야 한다.

2) 성실신고 확인비용에 대한 세액공제 : 성실신고확인대상 내국법인이 성실신고확인서를 제출하는 경우에는 다음에 해당하는 금액을 법인세에서 공제한다.

세액공제액 = MIN (성실신고 확인에 직접 사용한 비용×60%, 공제한도 150만원*)

* 개인사업자의 공제한도는 120만원

3) 성실신고확인서 미제출가산세 : 성실신고 확인대상인 내국법인이 각 사업연도의 종료일이 속하는 달의 말일부터 4개월 이내에 성실신고확인서를 관할세무서장에게 제출하지 않은 경우에는 다음의 금액을 가산세로 해당 사업연도의 법인세액에 더하여 납부해야 한다. 이 가산세는 산출세액이 없는 경우에도 적용한다.

$$\text{성실신고확인서 제출 불성실가산세} = MAX\left[\begin{array}{l}① \text{ 법인세 산출세액} \times 5\% \\ ② \text{ 수입금액} \times \frac{2}{10,000}\end{array}\right.$$

4) 수시선정 세무조사 : 세무공무원은 정기선정에 의한 조사 외에 납세자가 성실신고확인서의 제출의무를 이행하지 않는 경우에는 세무조사를 할 수 있다.

법인 08

제2절 결정 · 경정 · 징수 및 환급

I-2 p.449

I. 결정과 경정

1. 의의

법인세는 신고납세제도를 취하고 있으므로 원칙적으로 납세의무자의 과세표준신고에 의해 납세의무가 확정된다. 따라서 이러한 납세의무자의 과세표준신고가 없는 경우에 한정하여 정부가 과세표준 · 세액을 '결정'하며, 과세표준신고 · 결정의 내용에 오류 · 탈루가 있는 경우에는 정부가 과세표준과 세액을 '경정'하게 된다.

2. 결정 및 경정의 사유

관할세무서장은 법인이 과세표준신고를 하지 않거나 과세표준신고는 하였으나 그 신고내용에 오류 · 누락이 있는 경우 등에는 해당 법인의 각 사업연도의 소득에 대한 법인세의 과세표준 · 세액을 결정 · 경정한다.

3. 결정 · 경정의 방법

(1) 원칙 : 실지조사결정 · 경정

법인세의 과세표준 · 세액을 결정 · 경정하는 경우에는 과세표준신고서 및 그 첨부서류에 의하거나 비치 · 기장된 장부나 그 밖의 증명서류에 의한 실지조사에 따라야 한다.

(2) 예외 : 추계조사결정 · 경정

1) 추계조사의 사유

다음 중 어느 하나에 해당하는 사유로 인해 장부 등에 의해 소득금액을 계산할 수 없는 경우에는 과세표준 · 세액을 추계(推計)할 수 있다.

① 소득금액을 계산할 때에는 필요한 장부나 증명서류가 없거나 그 중요한 부분이 미비 · 거짓인 경우

② 기장의 내용이 시설규모 · 종업원 수와 원자재 · 상품 · 제품 또는 각종 요금의 시가 등에 비추어 허위임이 명백한 경우

③ 기장의 내용이 원자재사용량 · 전력사용량, 그 밖의 조업상황에 비추어 허위임이 명백한 경우

2) 과세표준의 추계방법

구분	과세표준의 추계방법
(1) 일반적인 경우	사업수입금액 − 매입비용(사업자산은 제외)과 사업용자산의 임차료 − 대표자 · 임원 · 직원의 급여 · 임금 · 퇴직급여 − 사업수입금액×기준경비율 + 과세표준에 가산할 금액 = 추계과세표준(음의 수가 나오는 경우 '0') * 이러한 경비는 증빙서류에 따라 지급하였거나 지급할 것으로 입증되는 금액에 한정하여 인정된다.
(2) 기준경비율이 결정되지 않았거나 천재 · 지변 기타 불가항력으로 장부 기타 증빙서류가 멸실된 경우	① 동일 업종의 다른 법인이 있는 경우 : 기장이 가장 정확하다고 인정되는 동일 업종의 다른 법인의 소득금액을 참작하여 과세표준(과세표준에 가산할 금액 포함)을 결정 · 경정한다(동업자권형방법). ② 동일 업종의 다른 법인이 없는 경우 ㉠ 과세표준신고 후에 장부 등이 멸실된 경우 : 과세표준신고서 및 그 첨부서류에 따른다. ㉡ 과세표준신고 전에 장부 등이 멸실된 경우 : 직전 사업연도의 소득율에 따른다.
(3) 소기업이 폐업한 경우(조세탈루혐의가 있는 경우는 제외)	추계과세표준 = MIN (①, ②, ③) + 과세표준에 가산할 금액 ① 수입금액 − 수입금액×단순경비율 ② 수입금액×직전 사업연도 소득률 ③ 사업수입금액 − 매입비용과 사업용자산의 임차료 − 대표자 · 임원 · 직원의 급여 · 임금 · 퇴직급여 − 사업수입금액×기준경비율

(3) 추계시 소득처분 및 적용 배제

① 추계결정 · 경정된 과세표준과 법인의 법인세비용차감전순이익과의 차액에 대해서는 대표자상여로 처분한다. 다만, 천재지변 등으로 장부나 그 밖의 증명서류가 멸실되어 추계하는 경우에는 기타사외유출로 처분한다.

② 법인세의 과세표준을 추계결정 · 경정하는 경우에는 ① 이월결손금의 공제, ② 외국자회사 수입배당금액의 익금불산입 및 ③ 외국납부세액 공제를 적용하지 않는다. 다만, 천재지변 등으로 장부나 그 밖의 증명서류가 멸실되어 추계하는 경우에는 그렇지 않다.

③ 법인세의 소득금액 · 과세표준 · 세액을 추계결정 · 경정하는 경우에는 조세특례제한법에 따른 각종 투자세액 공제 및 세액감면을 배제한다.

II. 징수와 환급

1) 관할세무서장은 법인이 각 사업연도의 법인세로 납부해야 할 세액의 전부 · 일부를 납부하지 않으면 그 미납세액을 국세징수법에 따라 징수한다.

2) 관할세무서장은 중간예납 · 원천징수 · 수시부과한 법인세액이 각 사업연도의 소득에 대한 법인세액(가산세 포함)을 초과하는 경우 그 초과액은 국세기본법의 규정에 따라 환급하거나 다른 국세 · 강제징수비에 충당해야 한다.

제3절 가산세

I-2 p.453

종류	가산세액
(1) 무신고가산세	• 부정무신고 $\text{MAX}\left[\begin{array}{l}\text{무신고납부세액}\times 40\%(\text{역외거래의 경우 }60\%)\\ \text{수입금액}\times\frac{14}{10,000}\end{array}\right]$ • 일반무신고 $\text{MAX}\left[\text{무신고납부세액}\times 20\%,\ \text{수입금액}\times\frac{7}{10,000}\right]$
(2) 과소신고가산세	• $\text{MAX}\left[\begin{array}{l}\text{부정과소신고납부세액}\times 40\%(\text{역외거래의 경우 }60\%)\\ \text{부정과소신고수입금액}\times\frac{14}{10,000}\end{array}\right]$ + 일반과소신고납부세액 × 10%
(3) 장부의 기록 · 보관 불성실가산세	• $\text{MAX}\left[\text{산출세액}\times 20\%,\ \text{수입금액}\times\frac{7}{10,000}\right]$
(4) 납부지연가산세	• 지연일수분 = 미납세액(또는 과소납부분 세액) × 미납기간 × $\frac{2.2}{10,000}$ • 체납분 = 미납세액(또는 과소납부분 세액) × 3%
(5) 원천징수 납부지연가산세	• 미납 · 미달납부세액 × (3%~10% · 50%)
(6) 업무용승용차 관련 비용 명세서 제출 불성실가산세	• 미제출 · 불명분 금액 × 1%

<table>
<tr><td>(7) 주주등명세서제출 불성실가산세</td><td>• 미제출 · 누락제출 · 분명분 주식 등의 액면금액 ×0.5%</td><td rowspan="7">의무위반 종류별로 각각 5천만원(중소기업이 아닌 기업은 1억원) 가산세 한도 적용
* 계산서 불성실가산세 중 미발급, 가공 · 허위수수분 가산세(공급가액의 2%)는 한도 적용대상에서 제외</td></tr>
<tr><td>(8) 적격증명서류 수취 불성실가산세</td><td>• 미수취 · 불명분 금액×2%</td></tr>
<tr><td>(9) 주식등변동상황명세서 미제출가산세</td><td>• 미제출 등 주식의 액면금액×1%</td></tr>
<tr><td>(10) 지급명세서제출불성실가산세</td><td>• 미제출분 지급금액×1%
• 불명분 · 사실과 다른 분 지급금액×1%
* 근로소득간이지급명세서의 경우에는 0.25% · 0.125%</td></tr>
<tr><td>(11) 계산서 등 불성실가산세</td><td>• 불명 · 미제출분 공급가액×0.5%
• 미발급 · 가공 · 허위수수분 공급가액×2%
• 지연발급 공급가액×1%
• 지연전송분 공급가액×0.3%
• 미전송분 공급가액×0.5%</td></tr>
<tr><td>(12) 기부금영수증불성실가산세</td><td>• 사실과 다르게 발급된 금액(또는 영수증에 적힌 금액) ×5%
• 작성 · 보관하지 않은 금액×0.2%</td></tr>
<tr><td>(13) 유보소득 계산 명세서 제출불성실가산세</td><td>• 특정외국법인의 배당가능 유보소득금액×0.5%</td></tr>
<tr><td>(14) 신용카드불성실가산세</td><td colspan="2">• 건별 거부금액 · 불명분 금액×5%(건별 최소 5천원)</td></tr>
<tr><td>(15) 현금영수증불성실가산세</td><td colspan="2">• 미가입기간의 수입금액×1%
• 건별 발급거부금액 · 불명분 금액×5%(건별 최소 5천원)
• 건당 거래금액 10만원 이상인 거래 미발급금액×20% · 10%</td></tr>
</table>

제 9 장
그 밖의 법인세

제1절 영리내국법인의 청산소득에 대한 법인세

I-2 p.459

Ⅰ. 서설

법인은 설립되어 존속하다가 상법에 따른 해산으로 소멸하게 된다. 즉 해산사유가 발생하면 채권의 추심과 채무의 변제, 재산의 환가처분, 잔여재산의 분배과정, 즉 청산절차가 완료됨으로써 법인격이 소멸한다.

본래 계속법인이 보유하는 자산 · 부채의 장부가액은 취득 후에 그 가치가 변동하더라도 취득원가를 그대로 유지하는 역사적 원가에 따라 평가한다. 그 가치변동분은 자산의 처분시점에서 포착하여 각 사업연도소득에 대한 법인세를 과세한다.

마찬가지로 해산법인의 잔여재산가액이 자기자본총액을 초과하는 경우 그 초과액은 잔여재산에 대한 가치상승분이 청산시점에서 실현된 것으로 이에 대해서는 청산소득에 대한 법인세를 부과할 필요가 있다. 따라서 청산소득에 대한 법인세는 각 사업연도소득에 대한 법인세의 부과에서 누락된 가치상승분을 해산시점에서 포착하여 과세하는 것으로 각 사업연도의 소득에 대한 법인세를 최종적으로 정산하는 기능을 갖는다.

Ⅱ. 납세의무자

1. 납세의무자

청산소득에 대한 법인세의 납세의무는 해산에 의해 소멸하는 영리내국법인이 진다. 따라서 비영리내국법인과 외국법인은 청산소득에 대한 법인세의 납세의무를 지지 않는다.

2. 비과세

내국법인이 상법 등에 따라 조직변경을 하는 경우에는 청산소득에 대한 법인세를 과세하지 않는다.

Ⅲ. 과세표준

영리내국법인의 청산소득에 대한 법인세의 과세표준은 해산(합병·분할에 의한 해산은 제외)에 의한 청산소득금액으로 한다. 그 청산소득금액은 다음과 같이 계산한다.

청산소득금액 = 해산에 따른 잔여재산가액 – 해산등기일 현재의 자기자본총액

(1) 잔여재산가액

잔여재산가액은 '자산총액 – 부채총액'으로 한다. 여기서 '자산총액'은 해산등기일 현재의 자산의 합계액으로 하되, 추심할 채권과 환가처분할 자산에 대해서는 다음의 가액에 따른다.

① 추심할 채권과 환가처분할 자산 : 추심·환가처분한 날 현재의 금액

② 추심·환가처분 전에 분배한 경우 : 그 분배한 날 현재의 시가에 따라 평가한 금액

(2) 자기자본총액

자기자본총액은 해산등기일 현재 납입자본금과 잉여금의 합계액으로 한다. 이러한 자기자본총액은 세무상 개념으로 자본금과적립금조정명세서(甲)표에서 계산한다. 여기서 '납입자본금'이란 사실상 납입된 자본금을 말하는 것이나, 잉여금의 자본금 전입액은 이를 포함하며 세무조정계산상 납입이 없는 것으로 보는 금액은 이를 포함하지 않는다.

① 환급법인세액의 가산 : 청산기간 중 국세기본법에 따라 환급되는 법인세액이 있을 때에는 그에 상당하는 금액은 그 법인의 해산등기일 현재의 자기자본총액에 가산한다.

② 이월결손금의 상계 : 해산등기일 현재 이월결손금이 있는 경우에는 그 이월결손금은 그 날 현재의 그 법인의 자기자본총액에서 그에 상당하는 금액과 상계한다(자기자본의 총액에서 이미 상계되었거나 상계된 것으로 보는 이월결손금을 제외). 다만, 상계하는 이월결손금의 금액은 자기자본총액 중 잉여금의 금액을 초과하지 못하며, 초과하는 이월결손금이 있는 경우에는 그 이월결손금을 없는 것으로 본다.

	해산등기일 현재 납입자본금
+	세무상 잉여금(유보·△유보누계 가감)
+	환급법인세
–	이월결손금 상계(잉여금 한도) : 발생연도를 불문한 세무상 이월결손금
=	자기자본총액(잔여재산가액에서 차감하는 금액)

한편 이월결손금을 자기자본총액과 상계할 때 해산등기일 전 2년 이내에 자본금·출자금에 전입한 잉여금이 있는 경우에는 해당 금액을 자본금·출자금에 전입하지 않은 것으로 본다. 그 취지는 이월결손금 상계의 한도액인 잉여금을 축소시켜 과세대상 청산소득을 줄이는 조세회피행위를 방지하려는 데 있다.

(3) 청산기간 중에 생기는 소득의 처리

청산소득금액은 '해산한 날'을 기준으로 파악하며, 청산기간 중에도 각 사업연도소득이 발생하는 경우 청산 중인 법인은 각 사업연도소득에 대한 납세의무를 지는 것이다. 따라서 그 청산기간 중에 생기는 각 사업연도의 소득금액이 있는 경우 그 법인의 해당 각 사업연도의 소득금액에 산입한다.

반면에 법인이 해산등기일 현재의 자산을 청산기간 중에 처분한 금액(환가를 위한 재고자산의 처분액 포함)은 이를 청산소득에 포함한다. 다만, 청산기간 중에 해산 전의 사업을 계속하여 영위하는 경우 해당 사업에서 발생한 사업수입·임대수입, 공·사채 및 예금의 이자수입 등은 그렇지 않다.

Ⅳ. 세액의 계산

내국법인의 청산소득에 대한 법인세는 그 과세표준에 각 사업연도의 과세표준에 적용되는 세율(9%, 19%, 21%, 24%)*을 적용하여 계산한 금액으로 한다.

* 성실신고확인대상 소규모 법인은 (19%, 21%, 24%)의 세율을 적용한다.

Ⅴ. 신고·납부

청산소득에 대한 법인세의 납부의무가 있는 내국법인은 잔여재산가액 확정일이 속하는 달의 말일부터 3개월 이내에 청산소득에 대한 법인세 과세표준·세액을 관할세무서장에게 신고하고 그 세액(중간신고납부한 세액이 있는 경우에는 그 합계액을 공제한 금액)을 납부해야 한다. 이 경우 청산소득이 없는 때에도 신고는 해야 한다.

여기서 '잔여재산가액 확정일'이란 다음의 날을 말한다.

① 해산등기일 현재의 잔여재산의 추심·환가처분을 완료한 날

② 해산등기일 현재의 잔여재산을 그대로 분배하는 경우에는 그 분배를 완료한 날

제2절 비영리법인의 법인세 납세의무

I-2 p.464

Ⅰ. 서설

1. 비영리법인의 개념 및 범위

(1) 비영리법인의 개념

'비영리법인'이란 학술 · 종교 · 자선 · 기예 · 사교 그 밖의 영리 아닌 사업을 목적으로 하는 법인을 말한다. 여기서 '영리 아닌 사업을 목적으로 한다.'는 것은 이윤추구를 통해 가득한 경제적 이익을 구성원에게 분배하지 않는다는 것을 의미한다. 따라서 비영리법인은 그 수익사업에서 가득한 이윤을 구성원에게 분배할 수 없고 고유목적사업에만 사용해야 하는 것이다.

(2) 비영리법인의 범위

1) '비영리내국법인'이란 내국법인 가운데 다음 중 어느 하나에 해당하는 법인을 말한다.

① 민법에 따라 설립된 법인. 민법에 의하면 '학술 · 종교 · 자선 · 기예 · 사교 그 밖의 영리 아닌 사업을 목적으로 하는 사단 · 재단은 주무관청의 허가를 얻어 이를 법인으로 할 수 있다'라고 규정하고 있다. 따라서 이에 따라 설립된 법인은 법인세법에 따른 비영리법인이 되는 것이다.

② 특별법에 따라 설립된 법인으로서 민법에 규정된 목적과 유사한 목적을 가진 법인. 다만, 조합법인 등이 아닌 법인으로서 그 주주 등에게 이익을 배당할 수 있는 법인은 제외한다.

③ 국세기본법에 따른 법인으로 보는 단체

2) '비영리외국법인'이란 외국법인 중 외국의 정부 · 지방자치단체 및 영리를 목적으로 하지 않는 법인(법인으로 보는 단체 포함)을 말한다.

2. 납세의무의 범위

비영리법인의 납세의무의 범위는 다음과 같다.

구분	각 사업연도소득에 대한 법인세	토지 등 양도소득에 대한 법인세	미환류소득에 대한 법인세 · 청산소득에 대한 법인세
비영리내국법인	국내외원천 수익사업소득	○	×
비영리외국법인	국내원천소득 수익사업소득	○	×

Ⅱ. 각 사업연도의 소득에 대한 법인세

1. 과세소득의 범위

비영리법인의 각 사업연도소득은 다음의 사업 · 수입(이하 '수익사업')에서 생기는 소득으로 한다.

① 사업소득 : 여기서 '사업'이란 한국표준산업분류에 따른 각 사업 중 수입이 발생하는 사업을 말한다. 다만, ㉠ 축산업 · 조경관리 및 유지 서비스업 외의 농업, ㉡ 연구개발업(대가를 받고 연구 · 개발용역을 제공하는 사업은 제외), ㉢ 보건업 · 사회복지 서비스업 중 사회복지사업 중 장애인복지시설 · 장애인복지단체가 운영하는 중증장애인생산품 생산시설에서 제공하는 사회복지사업 등 일정한 사업은 제외한다.

② 이자소득

③ 배당소득

④ 주식 · 신주인수권 · 출자지분의 양도로 인한 수입

⑤ 유형자산 및 무형자산의 처분으로 인한 수입. 다만, 법령 또는 정관에 규정된 고유목적사업(수익사업은 제외한다. 이하 같다)에 직접 사용한 유형자산 및 무형자산의 처분으로 인하여 생기는 일정한 수입은 제외한다. 이 경우 해당 자산의 유지 · 관리 등을 위한 관람료 · 입장료수입 등 부수수익이 있는 경우에도 이를 고유목적사업에 직접 사용한 자산으로 본다.

⑥ 양도소득세 과세대상자산인 부동산에 관한 권리와 기타자산의 양도로 인한 수입

⑦ 채권매매익(채권 등의 매각익 – 채권 등의 매각손)

영리내국법인의 소득은 순자산증가설에 따라 소득의 발생원천이나 형태에 불문하고 과세소득의 범위에 포함하는 포괄적 소득개념이나, 비영리내국법인의 소득은 일정한 수익사업에서 발생하는 소득으로 그 범위를 열거하는 제한적 소득개념이다.

참 고 과세소득에서 제외되는 유형자산 및 무형자산의 처분으로 인한 수입의 범위

법령 또는 정관에 규정된 **고유목적사업**(수익사업은 제외한다. 이하 같다)에 **직접 사용한 유형자산 및 무형자산의 처분으로 인하여 생기는 일정한 수입은 과세소득에서 제외한다**(본문 ⑥ 단서). 여기서 '일정한 수입'이란 다음의 구분에 따른 수입을 말하며, ①와 ②에 모두 해당하는 경우에는 해당 ① · ②에 따른 수입 중 큰 수입을 말한다.

구분	과세제외 처분수입
① 유형자산 및 무형자산의 처분일 현재 3년 이상 계속하여 고유목적사업에 직접 사용한 경우	해당 자산의 처분으로 인하여 생기는 수입(양도가액 – 취득가액*) * 이 경우 비영리내국법인이 수익사업에 속하는 자산을 고유목적사업에 전입한 후 처분하는 경우에는 전입 당시의 시가로 평가한 가액을 그 자산의 취득가액으로 한다.

② 유형자산 및 무형자산을 10년 이상 고유목적사업에 직접 사용한 경우(처분일 현재 고유목적사업에 직접 사용하고 있지 않는 경우를 포함한다)	다음의 계산식에 따른 수입 해당 자산 처분으로 인하여 생기는 수입(양도가액 – 취득가액*) × (해당 자산을 고유목적사업에 직접 사용한 일수 / 해당 자산을 보유한 일수) * 이 경우 비영리내국법인이 해당 자산을 최초로 고유목적사업에 전입한 당시의 시가로 평가한 가액을 그 자산의 취득가액으로 한다.

2. 구분경리

비영리법인이 수익사업을 영위하는 경우에는 자산·부채 및 손익을 해당 수익사업에 속하는 것과 수익사업이 아닌 그 밖의 사업에 속하는 것을 각각 다른 회계로 구분하여 기록해야 한다. 여기서 구분경리를 할 때에는 구분해야 할 사업별로 자산·부채 및 손익을 법인의 장부상 각각 독립된 계정과목에 따라 구분하여 기장해야 한다. 다만, 각 사업별로 구분할 수 없는 공통되는 익금·손금은 그렇지 않다.

Ⅲ. 비영리내국법인의 과세특례

비영리내국법인의 경우에는 각 사업연도소득에 대한 과세표준·세액의 계산이나 신고·납부·결정·경정·징수에 있어서 영리내국법인과 기본적으로 같다. 다만, 다음과 같은 과세상 특례가 적용된다.

1. 고유목적사업준비금의 손금산입

(1) 의의

비영리내국법인은 그 법인의 고유목적사업이나 일반기부금에 지출하기 위해 고유목적사업준비금을 손비로 계상한 경우에는 일정한 범위에서 각 사업연도 소득금액계산에 있어서 이를 손금에 산입한다. 이 제도는 고유목적사업준비금에 따라 미리 손금에 산입하고 나중에 고유목적사업에 지출하는 금액(또는 일반기부금)과 상계 또는 익금에 산입하는 방법으로 법인세 과세를 이연함으로써 고유목적사업을 지원하기 위한 데 그 취지가 있다.

(2) 손금산입의 요건

1) 수익사업소득이 있는 비영리내국법인이어야 한다.

2) 비영리내국법인이 고유목적사업·일반기부금에 지출하기 위한 준비금이어야 한다. 여기서 '고유목적사업'이란 해당 비영리내국법인의 법령·정관에 규정된 설립목적을 직접 수행하는 사업으로서 수익사업 외의 사업을 말한다.

3) 비영리내국법인이 고유목적사업준비금을 손비로 계상한 경우에 손금산입을 받을 수 있다(결산조정사항). 외부감사인의 회계감사를 받은 비영리내국법인이 고유목적사업준비금을 세무조정계산서에 계상한 경우로서 그 금액 상당액이 해당 사업연도의 이익처분에 있어서 그 준비금의 적립금으로 적립되어 있는 경우 그 금액은 손비로 계상한 것으로 본다. 즉 이 경우에는 이익처분에 의한 신고조정에 따라 손금에 산입할 수 있다.

4) 비영리내국법인의 수익사업에서 발생한 소득에 대해 법인세법 · 조세특례제한법에 따른 비과세 · 면제 · 소득공제 · 세액감면(세액공제를 제외)을 적용받는 경우에는 고유목적사업준비금의 손금산입 규정을 적용하지 않는다. 다만, 고유목적사업준비금만을 적용받는 것으로 수정신고한 경우를 제외한다.

(3) 손금산입범위액

이자 · 배당소득금액* + (수익사업 소득금액 − 이자 · 배당 소득금액 − 이월 결손금** − 특례기부금 손금산입액) × 50%(또는 특례비율)

* 이자 · 배당소득금액 외의 수익사업에서 결손금이 발생한 경우에는 이자 · 배당소득금액에서 그 결손금을 차감한 금액

** 각 사업연도 소득의 80% 이월결손금 공제한도를 적용받는 법인은 그 공제한도 적용으로 인해 공제받지 못하고 이월된 결손금을 차감한 금액을 공제한다.

여기서 '수익사업 소득금액'은 고유목적사업준비금 및 특례기부금을 손금산입하기 전의 소득금액(경정으로 증가된 소득금액 중 해당 법인의 특수관계인에게 상여 및 기타소득으로 처분된 금액은 제외)으로 한정하며, '이자 · 배당소득금액'의 범위는 다음과 같다.

구분	범위
이자소득금액	소득세법에 따른 이자소득(특별법에 따라 설립된 비영리법인이 해당 법률에 따른 복지사업으로서 그 회원 · 조합원에게 대출한 융자금에서 발생한 이자를 포함). 다만, 비영업대금의 이익은 제외한다.
배당소득금액	소득세법에 따른 배당소득. 다만, 공익목적출연 재산의 상속세 · 증여세 과세가액 불산입 배제규정 등에 따라 상속세 · 증여세 과세가액에 산입되거나 증여세가 부과되는 주식 등으로부터 발생한 배당소득금액은 제외

참고 고유목적사업준비금 손금산입특례

다음에 해당하는 경우에는 위 손금산입범위액의 산식에서 50% 대신에 다음의 비율을 적용한다.

구분	특례비율
① 공익법인 등으로서 고유목적사업 등에 대한 지출액 중 50% 이상을 장학금으로 지출하는 법인의 경우	80%

② ㉠ 사립학교법인, 산학협력단, 원격대학 형태의 평생교육시설을 운영하는 비영리법인, 국립대학법인 서울대학교 및 발전기금, 국립대학법인 울산과학기술대학교, ㉡ 사회복지법인, ㉢ 국립대학교병원, 서울대학교(치과)병원, 국립암센터, 지방의료원, 대한적십자사가 운영하는 병원, 국립중앙의료원, ㉣ 학교법인 · 사회복지법인 · ㉢에 해당하는 법인이 설립하는 의료기술협력단, ㉤ 도서관 박물관 미술관 운영법인(해당 사업과 해당 사업시설에서 그 시설을 이용하는 자를 대상으로 영위하는 수익사업사업에만 해당함), 정부로부터 인가 또는 허가를 받은 문화예술단체 및 체육단체 등, ㉥ 「공익법인의 설립 · 운영에 관한 법률」에 따라 설립된 법인으로서 해당 과세연도의 고유목적사업이나 일반기부금에 대한 지출액 중 80% 이상의 금액을 장학금으로 지출한 법인(장학재단)	100%
③ 의료업을 영위하는 일정한 비영리내국법인(②가 적용되는 비영리내국법인은 제외)	80%

(4) 상계 및 환입

1) 상계 : 비영리내국법인이 손비로 계상한 고유목적사업준비금을 고유목적사업 등에 사용하는 경우에는 그 금액을 먼저 계상한 사업연도의 고유목적사업준비금부터 차례로 상계해야 한다. 이 경우 직전 사업연도 종료일 현재의 고유목적사업준비금의 잔액을 초과하여 그 사업연도의 고유목적사업 등에 지출한 금액이 있는 경우 그 초과금액은 이를 해당 사업연도에 계상할 고유목적사업준비금에서 지출한 것으로 보아 손금산입 범위에서 손금에 산입한다.

2) 환입 : 손금산입한 고유목적사업준비금의 잔액이 있는 비영리내국법인이 ① 고유목적사업준비금을 손비로 계상한 사업연도의 종료일 이후 5년이 되는 날까지 고유목적사업 등에 사용하지 않은 경우(5년 내에 사용하지 않은 잔액으로 한정한다)에는 그 잔액을 해당 사유발생일이 속하는 사업연도의 익금에 산입한다. 다만, 손금에 산입한 고유목적사업준비금의 잔액이 있는 비영리내국법인은 ② 고유목적사업준비금을 손금에 산입한 사업연도의 종료일 이후 5년 이내에 그 잔액 중 일부를 감소시켜 익금에 산입할 수 있다(임의 조기환입). 이 경우 먼저 손금에 산입한 사업연도의 잔액부터 차례로 감소시킨 것으로 본다.

3) 이자상당액의 징수 : 위 2)에 해당하여 고유목적사업준비금의 잔액을 익금산입하는 경우에는 다음과 같이 계산한 이자상당액을 해당 사업연도의 법인세에 더하여 납부해야 한다.

$$\text{이자상당액} = \text{법인세액의 차액}^{*} \times \text{기간}^{**} \times \frac{2.2}{10,000}$$

* 해당 고유목적준비금의 잔액(미사용분)을 손금에 산입한 사업연도에 그 잔액을 손금에 산입함에 따라 발생한 법인세액의 차액

** 손금에 산입한 사업연도의 다음 사업연도의 개시일부터 익금에 산입한 사업연도의 종료일까지의 기간

참 고 해산 등의 경우 고유목적사업준비금의 환입

손금산입한 고유목적사업준비금의 잔액이 있는 비영리내국법인이 다음 중 어느 하나에 해당하게 된 경우에도 그 잔액(④의 경우에는 고유목적사업 등이 아닌 용도에 사용한 금액을 말한다)을 해당 사유발생일이 속하는 사업연도의 익금에 산입한다.

사유	비고
① 해산한 경우(고유목적사업준비금을 승계한 경우는 제외) ② 고유목적사업을 전부 폐지한 경우 ③ 법인으로 보는 단체가 법인의 승인이 취소되거나 거주자로 변경된 경우	이 경우에는 이자상당가산액을 납부하지 않는다.
④ 고유목적사업준비금을 고유목적사업 등이 아닌 용도에 사용한 경우	이 경우에는 이자상당액을 해당 사업연도의 법인세에 더하여 납부해야 한다.

판 례 유예기간 중 고유목적사업준비금을 고유목적사업 등이 아닌 다른 용도에 사용하여 고유목적사업에 지출할 수 없다는 점이 분명하게 드러난 경우에도 5년의 유예기간에도 불구하고 사용금액을 사유가 발생한 사업연도의 익금에 곧바로 산입할 수 있는지 여부

고유목적사업준비금을 통해 고유목적사업 등에 지출하기 전이라도 고유목적사업 등에 지출이 이루어진다는 점을 전제로 미리 손금산입을 하여 과세를 이연하는 것을 허용하는 취지는 비영리내국법인이 공익사업을 원활하게 수행할 수 있도록 하기 위한 것이다. 따라서 비영리내국법인이 5년의 유예기간 중에 고유목적사업준비금을 고유목적사업 등이 아닌 다른 용도에 사용하여 더 이상 고유목적사업에 지출할 수 없다는 점이 분명하게 드러남으로써 앞서 본 바와 같은 과세혜택을 부여할 전제가 상실된 경우라면, 5년의 유예기간에도 불구하고 사용금액 상당을 그 사유가 발생한 사업연도의 익금에 곧바로 산입할 수 있다고 봄이 상당하다.

이 사건에서 원고가 고유목적사업준비금으로 손금에 산입한 토지의 매각대금으로 수익사업에 사용하는 임대부동산을 매입한 경우에는 손금에 계상한 사업연도 종료일부터 5년이 되는 날까지 고유목적사업에 지출할 수 없다는 점이 분명해졌다고 할 것이므로 그 사유가 발생한 사업연도의 익금에 산입할 수 있다고 보아야 한다(2016두59249).

2. 이자소득에 대한 신고특례(분리과세 특례)

본래 법인이 지급받는 이자소득은 예납적 원천징수에 해당한다. 따라서 원천징수된 이자소득도 과세표준에 포함하여 세액을 계산한 후 이미 원천징수된 세액은 기납부세액으로 공제하는 것이다.

그런데 비영리내국법인은 원천징수된 이자소득(비영업대금의 이익은 제외, 투자신탁의 이익은 포함)의 전부·일부에 대해 과세표준신고를 하지 않을 수 있다. 이를 '비영리내국법인의 이자소득에 대한 신고특례'라고 한다. 이 경우 과세표준신고를 하지 않은 이자소득은 각 사업연도의 소득금액에 포함하지 않는다. 이처럼 과세표준신고를 하지 않는 이자소득에 대해서는 수정신고·기한후

신고·경정 등에 의해 이를 과세표준에 포함시킬 수 없다.

[도 표] 이자소득에 대한 분리과세의 특례

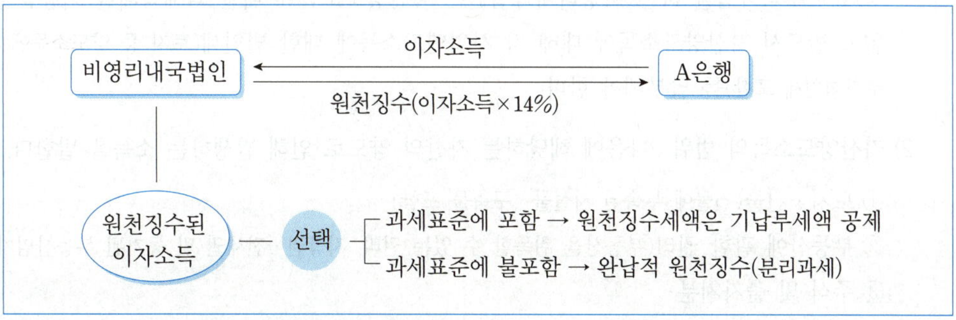

3. 자산양도소득에 대한 신고특례

(1) 의의

비영리내국법인이 자산양도소득이 있는 경우에는 선택에 따라 각 사업연도소득에 포함하여 법인세(토지 등 양도소득에 대한 과세특례에 따른 추가법인세 포함)를 신고·납부하는 대신에 개인의 양도소득세를 준용하여 계산한 세액을 법인세로 신고·납부할 수 있다. 이를 비영리내국법인의 '자산양도소득에 대한 신고특례'라고 한다.

본래 비영리내국법인은 자산양도소득에 대해서는 각 사업연도의 소득에 대한 법인세를 신고·납부해야 한다. 이를 위해서는 비영리내국법인도 장부의 비치·기장 등의 협력의무를 이행해야 한다. 그런데 사업소득이 없는 비영리내국법인에 대해 이러한 협력의무의 이행을 기대하기 어렵다. 그리하여 비영리내국법인에 대해서는 납세순응에 편의를 주기 위해 '자산양도소득에 대한 신고특례'를 두고 있는 것이다.

[도 표] 자산양도소득에 대한 신고특례

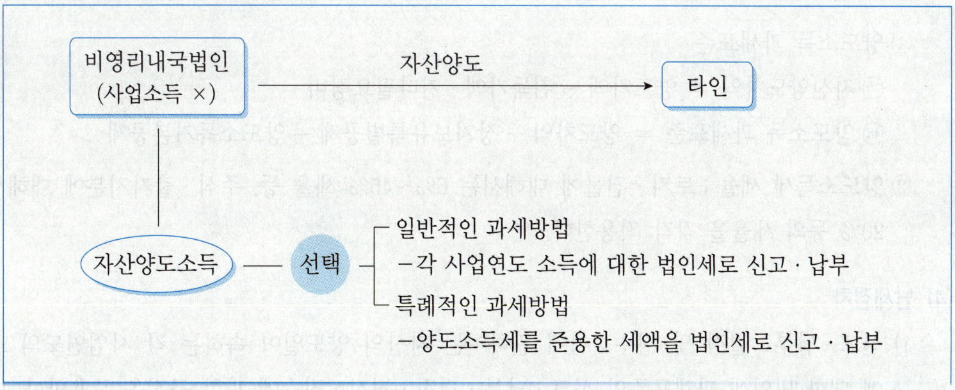

(2) 적용요건

1) 적용대상법인 : 사업소득이 없는 비영리내국법인에 한정하여 적용된다. 따라서 사업소득에 해당하는 수익사업을 하는 비영리내국법인은 자산양도소득에 대한 과세특례를 적용받을 수 없고 반드시 자산양도소득에 대해 각 사업연도소득에 대한 법인세(토지 등 양도소득에 대한 추가법인세 포함)를 납부해야 한다.

2) 자산양도소득의 범위 : 다음에 해당하는 자산의 양도로 인해 발생하는 소득을 말한다.

① 토지 · 건물(건물에 부속된 시설물 · 구축물 포함)

② 부동산에 관한 권리(부동산을 취득할 수 있는 권리, 지상권 · 전세권 및 등기된 부동산임차권)

③ 주식 및 출자지분

㉠ 국내주식 : 주권상장주식 중 대주주 양도분과 장외양도분, 비상장주식

㉡ 국외주식 : 외국법인이 발행한 주식, 내국법인이 발행한 주식으로서 해외 증권시장에 상장된 것

④ 기타자산에 해당하는 주식(양도소득세 기타자산에 해당하는 주식)

㉠ 특정주식(A) : 부동산과다보유법인의 과점주주가 50% 이상 양도하는 주식

㉡ 특정주식(B) : 특수업종을 영위하는 부동산과다보유법인의 주주가 양도하는 주식

㉢ 특정시설물 이용권이 부여된 주식

(3) 특례의 적용방법

각 사업연도소득에 대한 법인세 과세표준신고를 하지 않은 자산양도소득은 이를 각 사업연도소득에 포함하지 않고, 소득세법에 따른 양도소득세에 관한 규정을 준용하여 계산한 과세표준에 소득세법에 따른 양도소득세 세율을 적용하여 계산한 금액을 법인세로 납부해야 한다.

법인세 납부세액 = 양도소득 과세표준 × 양도소득세 세율

① 양도소득 과세표준

㉠ 자산양도차익 = 양도가액 − 취득가액 · 기타필요경비

㉡ 양도소득 과세표준 = 양도차익 − 장기보유특별공제 − 양도소득기본공제

② 양도소득세 세율 : 토지 · 건물에 대해서는 6%~45% 세율 등, 주식 · 출자지분에 대해서는 20% 등의 세율을 각각 적용한다.

(4) 납세절차

1) 신고 · 납부 · 결정 및 징수 : 이에 관하여는 자산의 양도일이 속하는 각 사업연도의 소득에 대한 법인세 과세표준의 신고 · 납부 · 결정 · 경정 · 징수에 관한 규정을 준용한다. 따라

서 과세특례에 따른 법인세는 각 사업연도 종료일이 속하는 달의 말일부터 3개월 이내에 신고 · 납부해야 한다.

2) 예정신고 및 납부 : 신고특례에 따라 계산한 법인세는 양도소득 과세표준 예정신고 · 예정신고자진납부 · 예정신고산출세액에 관한 규정에 따라 양도소득 과세표준 예정신고 · 자진납부를 해야 한다(양도소득세에 관한 분납이 적용).

4. 그 밖의 특례

1) 비영리법인도 기장의무를 진다. 다만, 사업소득과 채권매매익에 해당하는 수익사업을 영위하지 않는 비영리내국법인은 기장의무를 지지 않는다. 그리고 기장의무를 지는 비영리법인인 경우에도 장부의 기록 · 보관 불성실가산세는 적용받지 않는다.

2) 사업소득과 채권매매익에 해당하는 수익사업을 영위하지 않는 비영리내국법인이 과세표준신고를 하는 경우에는 재무상태표 · 손익계산서 · 이익잉여금처분계산서(결손의 경우 결손금처리계산서) · 세무조정계산서를 첨부하지 않은 경우에도 신고를 한 것으로 본다.

[도 표] 영리내국법인과 비영리내국법인의 법인세 과세상 차이

구분	영리내국법인	비영리내국법인
과세소득의 범위	• 각 사업연도소득(포괄주의) • 청산소득 • 토지 등 양도소득	• 각 사업연도소득(열거주의) • 토지 등 양도소득
소득금액 계산상 특례	–	고유목적사업 준비금의 손금산입
이자소득에 대한 분리과세 특례	×	○ (비영업대금의 이익은 제외)
자산양도소득에 대한 신고특례	×	사업소득이 없는 비영리내국법인은 토지 · 건물 · 주식 · 출자지분의 양도소득에 영리내국법인처럼 법인세를 납부하는 대신에 개인의 양도소득세를 준용하여 계산한 세액을 법인세로 신고 · 납부할 수 있음
기장의무 및 가산세	기장의무를 지며, 기장하지 않는 경우에는 장부의 기록 · 보관 불성실가산세 부과	사업소득 · 채권매매이익에 해당하는 수익사업을 영위하지 않는 경우에는 기장의무를 지지 않으며, 기장의무를 지는 경우에도 장부의 기록 · 보관 불성실가산세 부과하지 않음

필수적 첨부서류 제출의무	○	사업소득 · 채권매매이익에 해당하는 수익사업을 영위하지 않는 경우 ×

판례 비영리법인이 공익사업목적으로 특수관계인에게 무이자로 대여하는 경우 부당행위계산부인 및 지급이자 불산입이 적용되는지 여부

① 비영리내국법인에 대해서는 소득이 있더라도 그 소득이 수익사업으로 인한 것이 아닌 이상 법인세를 부과할 수 없는 점, ② 비영리법인이 고유목적사업에 지출하기 위해 고유목적사업준비금을 계상한 경우에 한하여 일정한 범위 안에서만 손금에 산입하도록 하고 있으나, 고유목적사업준비금을 계상하지 않고 고유목적사업에 지출한 경우에는 비영리내국법인의 수익사업에 속하는 잉여금 · 자본원입액에서 상계할 수밖에 없는 점(지급한 대여금 등 상당액을 고유목적사업준비금에서 상계처리하지 않고, 고유목적사업준비금 범위에서 수익사업 부문의 잉여금 등에서 상계처리해도 동일하다는 의미), ③ '부당행위계산부인'이란 법인이 특수관계에 있는 자와의 거래에 있어 정상적인 경제인의 합리적인 방법에 의하지 아니하고 부당한 거래형태를 빙자하여 남용함으로써 조세부담을 부당하게 회피하거나 경감시킨 경우에 과세권자가 이를 부인하고 법령에 정한 방법에 의하여 객관적이고 타당하다고 보이는 소득이 있는 것으로 의제하는 제도인 점, ④ 업무무관 가지급금을 손금에 산입하지 않도록 규정한 입법목적은 차입금을 보유하고 있는 법인이 특수관계자에게 업무와 관련 없이 가지급금 등을 지급한 경우에는 이에 상당하는 차입금의 지급이자를 손금불산입하도록 하는 조세상의 불이익을 주어, 차입금을 생산적인 부분에 사용하지 아니하고 특수관계자에게 대여하는 비정상적인 행위를 제한함으로써 타인자본에 의존한 무리한 기업확장으로 기업의 재무구조가 악화되는 것을 방지하고, 기업자금의 생산적 운용을 통한 기업의 건전한 경제활동을 유도하는 데에 있는 점 등을 종합하여 보면, 부당행위계산부인이나 업무무관 가지급금의 손금불산입 관련 규정은 비영리법인의 경우 법인세의 납세의무가 있는 수익사업에 관한 거래에 대해서만 적용되고, 비영리법인이 고유목적사업에 사용하기 위해 수익사업에 속하는 차입금을 특수관계자에게 무상으로 대여한 경우에는 그것을 수익사업에 관한 거래로 보기 어려우므로 이에 대해서는 부당행위계산부인이나 업무무관 가지급금의 손금불산입 관련 규정을 적용할 수 없다.

이 사건에서 비영리법인인 원고가 정관상 목적을 달성하기 위한 교육 · 지원사업의 하나로 '회원과 그 조합원의 사업 및 생활개선을 위한 정보망의 구축, 정보화의 교육 및 보급 등을 위한 사업'을 정하고 있고, 소속 조합원들을 위해 365일 운영되는 현금자동인출기 코너 설치를 지원하는 것은 '회원과 그 조합원의 사업 및 생활개선을 위한 정보망의 구축사업'에 해당하므로, 이 사건 대여거래는 원고가 고유목적사업에 사용하기 위해 수익사업에 속하는 차입금을 무상으로 대여한 경우에 해당한다. 따라서 관련규정들(부당행위계산부인이나 업무무관 가지급금의 손금불산입 관련 규정)을 적용할 수 없다(2013두12645).

제3절 각 연결사업연도의 소득에 대한 법인세

I-2 p.484

A회사가 각각 B, C회사의 발행주식총수의 90% 이상을 보유하면서 사업내용을 지배하는 관계를 맺는 경우, 모회사 A와 자회사 B, C로 구성된 하나의 기업집단(an affiliated group)이 생겨난다. 이처럼 기업집단에 소속된 모회사 A와 자회사 B, C는 각각 독립된 법적 실체이므로 지금까지 내국법인의 각 사업연도 법인세에서 살펴본 바와 같이 각 법인을 과세표준 및 세액계산의 단위로 하여 각 사업연도 소득에 대한 법인세를 법인별로 납세의무를 진다. 이것을 '개별납세방식(Separate tax return)'이라고 한다.

이러한 개별납세방식은 자회사의 결손금이 같은 기업집단 다른 회사의 소득금액과 통산되지 않기 때문에 하나의 법인 안에서 사업부제로 경영하는 형태에 비해 세제상 불리한 점이 나타난다. 이러한 문제점을 방지하고 기업들이 선택하는 조직형태에 따라 조세의 중립성과 형평성을 높이기 위하여 오래전부터 주요 국가(미국, 일본, 영국 등)들은 경제적으로 한 묶음인 기업집단에 대해서는 개별 회사를 과세단위로 하는 대신에, 기업집단을 하나의 과세단위로 하여 법인세를 과세하는 연결납세제도를 시행하고 있다.

우리나라도 국제적 기준에 따르고 기업과세제도의 선진화를 통한 기업하기 좋은 조세환경을 만들기 위하여 둘 이상의 내국법인을 하나의 과세표준과 세액을 계산하는 단위로 하여 법인세를 신고·납부하는 방식인 연결납세방식(Consolidated tax return)을 2010년 1월 1일부터 도입하였다(법인법 2(6)). 이 제도의 핵심은 모회사 A, 자회사 B, C는 법률적으로는 독립된 실체이지만, 경제적으로는 연결되어 있는 하나의 실체로 보고 법인세를 계산하여 신고·납부한다는 것이다.

[도 표] 개별납세제도와 연결납세제도

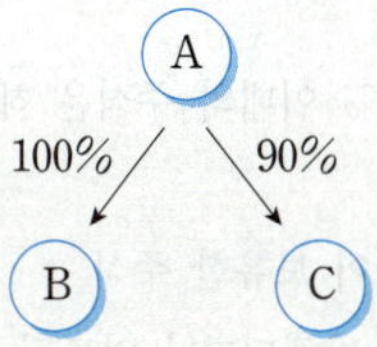

개별납세제도		과세표준	×	세율	=	산출세액
각 법인이	• A	300	×	9%	=	27
과세표준·세액계산의	• B	200	×	9%	=	18
단위	• C	△100		–		0
				합계		45

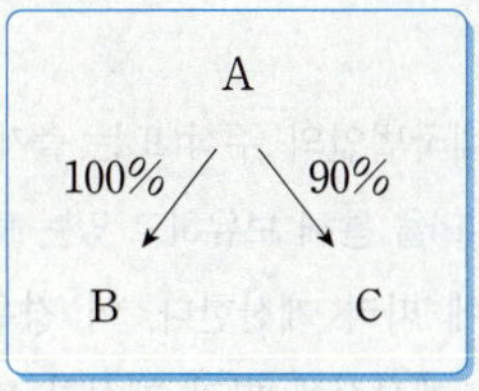

연결납세제도		
연결집단을	A	300
하나의 과세표준과	B	200
세액계산의 단위	C	△100
연결 과세표준		400
세율		×9%
연결 산출세액		36

이하 각 연결사업연도의 소득에 대한 법인세 편에서 나오는 용어의 뜻은 다음과 같다.

> • 연결법인 : 연결납세방식을 적용받는 각 내국법인(모회사 A, 자회사 B, C)
> • 연결집단 : 연결법인 전체(모회사 A + 자회사 B, C)
> • 연결모법인(連結母法人) : 연결집단 중 다른 연결법인을 연결지배하는 연결법인(모회사 A)
> • 연결자법인(連結子法人) : 연결모법인의 연결지배를 받는 연결법인(자회사 B, C)
> • 연결지배 : 내국법인이 다른 내국법인의 발행주식총수(또는 출자총액)의 90% 이상을 보유하고 있는 경우
> • 연결사업연도 : 연결집단의 소득을 계산하는 1회계기간

I. 연결납세방식 통칙

(1) 연결납세방식의 적용

다른 내국법인을 연결지배하는 내국법인[이하 '연결가능모법인(母法人)'이라 한다]과 그 다른 내국법인[이하 '연결가능자법인(子法人)'이라 한다]은 연결가능모법인의 납세지 관할지방국세청장의 승인을 받아 연결납세방식을 적용할 수 있다. 이 경우 연결가능자법인이 둘 이상일 때에는 해당 법인 모두가 연결납세방식을 적용해야 한다. 따라서 연결납세방식은 연결가능모법인(Parent Corporation)과 연결가능자법인(Subsidiary Corporation)이 연결납세방식을 선택하여 승인을 받은 경우에만 적용하며, 승인을 받으면 연결집단 내의 모든 연결가능자법인은 연결납세방식을 의무적으로 적용해야 한다.

1) 연결지배 : 내국법인이 다른 내국법인의 발행주식총수(또는 출자총액)의 90% 이상을 보유하고 있는 경우를 말한다. 이 경우 그 보유비율은 다음에서 정하는 바에 따라 계산한다.

① 의결권 없는 주식(또는 출자지분)을 포함할 것

② 상법 등에 따라 보유하는 자기주식은 제외할 것

③ 다음 중 어느 하나에 해당하는 주식으로서 발행주식총수의 5% 이내의 주식은 해당 법인이 보유한 것으로 볼 것

- 우리사주조합을 통하여 근로자가 취득한 주식, 우리사주조합이 보유한 주식
- 상법(제340조의2) 등에 따른 주식매수선택권의 행사에 따라 발행되거나 양도된 주식(주식매수선택권을 행사한 자가 제3자에게 양도한 주식을 포함한다)

④ 연결가능모법인(A)이 연결가능자법인(B)을 통해 또 다른 내국법인의 주식(또는 출자지분)을 간접적으로 보유하는 경우 연결가능모법인(A)이 연결가능자법인(B)을 통해 보유하고 있는 또 다른 내국법인(C)에 대한 주식(또는 출자지분)의 보유비율은 다음 계산식에 따라 계산한다. 이 경우 연결가능자법인이 둘 이상인 경우에는 각 연결가능자법인별로 다음 계산식에 따라 계산한 비율을 합산한다.

간접보유비율(A의 C 보유비율)

= 연결가능모법인(A)의 연결가능자법인(B)에 대한 주식 보유비율 × 연결가능자법인(B)의 또 다른 내국법인(C)에 대한 주식 보유비율

[도 표] 연결지배 사례

1. 간접소유

(1) 자법인이 손자법인을 90% 이상 지배하더라도, 모법인의 손자법인에 대한 주식 보유비율이 90% 미달하는 경우 연결 불가

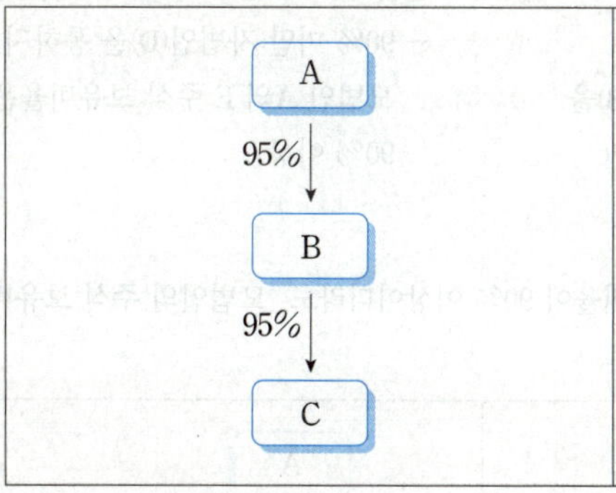

연결여부 : B(○), C(○)
- 모법인 A의 C 주식 보유비율 : 90.25%

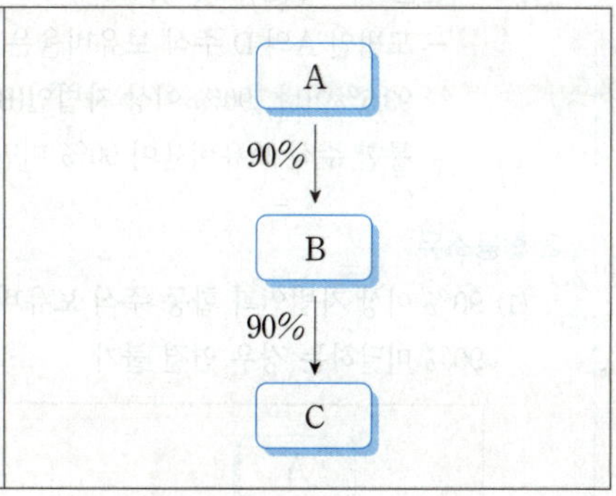

연결여부 : B(○), C(×)
- 모법인 A의 C 주식 보유비율 : 81%

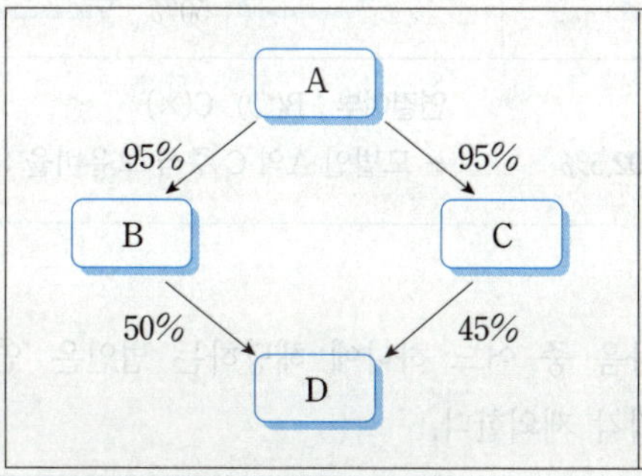

연결여부 : B(○), C(○), D(○)
- 모법인 A의 D 주식 보유비율 : 90.25%

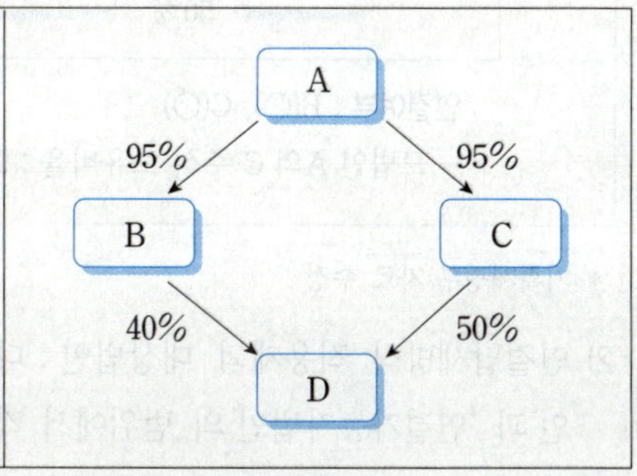

연결여부 : B(○), C(○), D(×)
- 모법인 A의 D 주식 보유비율 : 85.5%

(2) 90% 미만 자법인을 통해 손자법인을 90% 이상 지배하는 경우 손자법인과 연결 불가

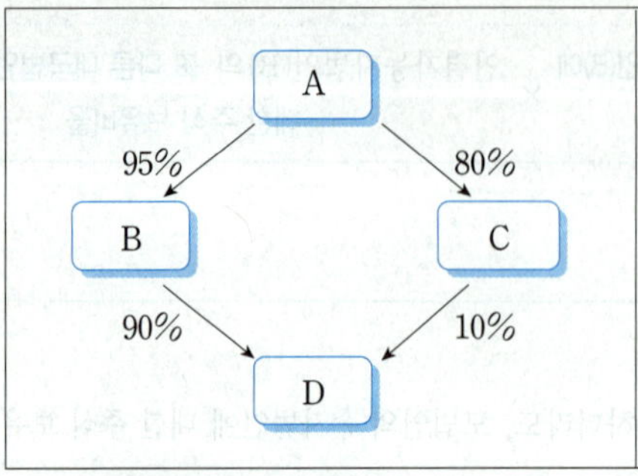

연결여부 : B(○), C(×), D(×)

- 모법인 A의 D 주식 보유비율은 93.5%이나, 90% 이상 자법인(B)을 통한 주식 보유비율이 90% 미만

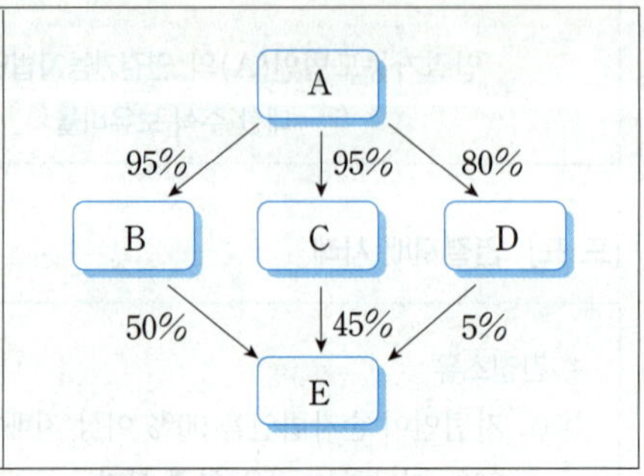

연결여부 : B(○), C(○), D(×), E(○)

- 90% 미만 자법인(D)을 통하지 않아도 모법인 A의 E 주식 보유비율은 90% 이상

2. 합동소유

(1) 90% 이상 자법인과 합동 주식 보유비율이 90% 이상이더라도, 모법인의 주식 보유비율이 90% 미달하는 경우 연결 불가

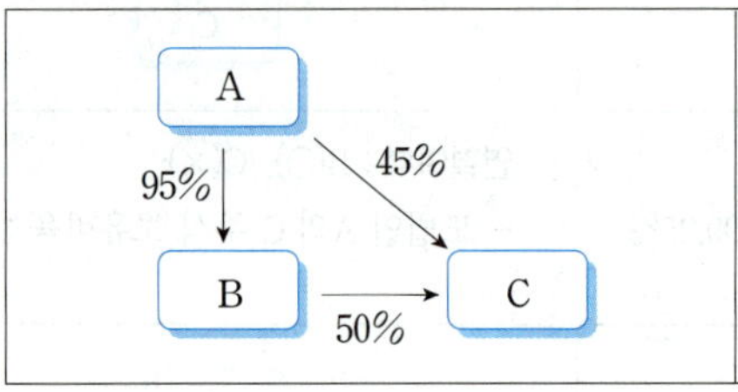

연결여부 : B(○), C(○)

- 모법인 A의 C 주식 보유비율 : 92.5%

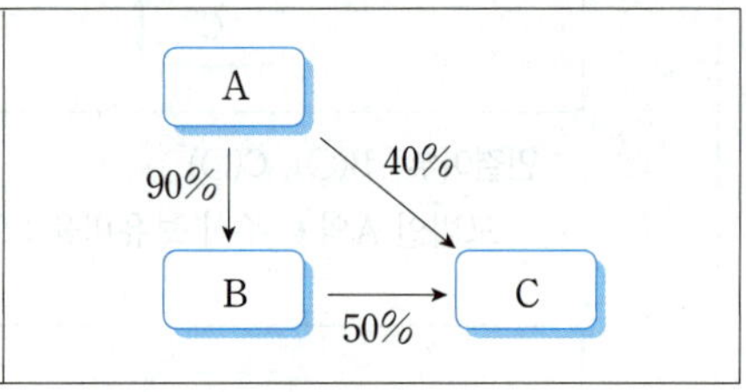

연결여부 : B(○), C(×)

- 모법인 A의 C 주식 보유비율 : 85%

* 기획재정부 자료 수정

2) 연결납세방식 적용제외 대상법인 : 다음 중 어느 하나에 해당하는 법인은 '연결가능모법인'과 '연결가능자법인'의 범위에서 각각 제외한다.

연결대상에 제외되는 연결가능모법인	연결대상에 제외되는 연결가능자법인
• 비영리내국법인 • 다른 내국법인(비영리내국법인은 제외)의 연결 지배를 받는 법인	–
• 해산으로 인하여 청산 중인 법인 • 지급배당에 대한 소득공제를 적용받는 유동화전문회사 · 투자회사 등에 해당하는 법인	• 해산으로 인하여 청산 중인 법인 • 지급배당에 대한 소득공제를 적용받는 유동화전문회사 · 투자회사 등에 해당하는 법인

• 지급배당에 대한 소득공제를 적용받는 프로젝트금융투자회사에 해당하는 법인 • 동업기업과세특례를 적용하는 동업기업 • 해운기업에 대한 법인세 과세표준계산특례를 적용하는 법인	• 지급배당에 대한 소득공제를 적용받는 프로젝트금융투자회사에 해당하는 법인 • 동업기업과세특례를 적용하는 동업기업 • 해운기업에 대한 법인세 과세표준계산특례를 적용하는 법인

3) 연결사업연도 등 : 연결납세방식을 적용받는 각 연결법인의 사업연도는 연결사업연도와 일치해야 한다. 이 경우 연결사업연도의 기간은 1년을 초과하지 못하며, 연결사업연도의 변경에관하여는 사업연도의 변경을 준용한다. 이처럼 각 연결법인의 사업연도를 연결사업연도에 일치시킨 이유는 각 연결법인의 소득금액을 통산하여 연결집단의 담세력을 측정해야 하기 때문에 연결집단의 소득을 계산하는 기간을 일치시킨 것이다. 이를 위해서 내국법인이 사업연도 중에 연결납세방식을 적용받는 경우에는 그 사업연도 개시일부터 연결사업연도 개시일 전날까지 기간을 1사업연도로 본다.

한편 연결법인의 납세지는 본래의 납세지에 불구하고 연결모법인의 납세지로 한다. 따라서 연결모법인의 본점 소재지를 기준으로 관할세무서장이 결정된다.

4) 연결납세방식의 적용신청 및 승인 : 연결납세방식을 적용받으려는 내국법인과 해당 내국법인의 연결가능자법인(이하 '연결대상법인 등'이라 한다)은 최초의 사업연도 개시일부터 10일 이내에 「연결납세방식 적용신청서」를 해당 내국법인의 관할세무서장을 경유하여 관할지방국세청장에게 제출해야 한다. 이 경우 연결대상법인 등은 연결사업연도를 함께 신고해야 하고, 연결사업연도와 사업연도가 다른 연결대상법인 등은 사업연도의 변경을 신고한 것으로 본다.

이처럼 연결납세방식 적용신청을 받은 관할지방국세청장은 최초 연결사업연도 개시일부터 2개월이 되는 날까지 서면으로 통지해야 하며, 통지하지 않은 경우 승인한 것으로 본다.

(2) 연결납세방식의 승인 취소 적용제외 대상법인

연결모법인의 납세지 관할지방국세청장은 다음 중 어느 하나에 해당하는 경우에는 연결납세방식의 적용 승인을 취소할 수 있다(법인법 76의9 ①).

- 연결법인의 사업연도가 연결사업연도와 일치하지 않은 경우
- 연결모법인이 연결지배하지 않는 내국법인에 대하여 연결납세방식을 적용하는 경우
- 연결모법인의 연결가능자법인에 대하여 연결납세방식을 적용하지 않은 경우
- 추계결정 및 경정의 사유로 장부, 그 밖의 증명서류에 의해 연결법인의 소득금액을 계산할 수 없는 경우

- 연결법인에 수시부과사유가 있는 경우
- 연결모법인이 다른 내국법인(비영리내국법인은 제외)으로부터 연결지배를 받게 되는 경우

이처럼 연결납세방식의 적용 승인이 취소된 연결법인은 취소된 날이 속하는 사업연도와 그 다음 사업연도의 개시일부터 4년 이내에 끝나는 사업연도까지는 연결납세방식의 적용 당시와 동일한 법인을 연결모법인으로 하여 연결납세방식을 적용받을 수 없다(5년간 적용제한).

(3) 연결납세방식의 포기

연결납세방식의 적용을 포기하려는 연결법인은 연결납세방식을 적용하지 않으려는 사업연도 개시일 전 3개월이 되는 날까지 연결모법인이 「연결납세방식 포기신고서」를 관할세무서장을 경유하여 관할지방국세청장에게 제출하는 방법으로 연결납세방식의 포기신고를 해야 한다. 다만, 연결납세방식을 최초로 적용받은 연결사업연도와 그 다음 연결사업연도의 개시일부터 4년 이내에 끝나는 연결사업연도까지는 연결납세방식의 적용을 포기할 수 없다. 따라서 어떤 연결법인이 한번 연결납세방식을 적용받기 시작하면 5년간은 의무적으로 연결납세방식을 적용받아야 한다. 이러한 연결납세방식의 적용포기 제한규정을 둔 이유는 연결모법인이 소득을 많이 버는 법인의 주식을 90% 이상 취득하여 연결납세방식에서 다른 연결자법인의 결손금과 상계한 후 다시 연결납세방식을 포기하는 방법으로 조세회피하는 행위를 방지하려는 데 있다.

이처럼 연결납세방식의 적용을 포기한 연결법인은 연결납세방식이 적용되지 않는 최초 사업연도와 그 다음 사업연도의 개시일부터 4년 이내에 끝나는 사업연도까지는 연결납세방식의 적용 당시와 동일한 법인을 연결모법인으로 하여 연결납세방식을 적용받을 수 없다(포기시 5년간 재적용 제한).

(4) 연결자법인의 추가 및 배제

1) 연결자법인의 추가 : 연결모법인이 새로 다른 내국법인을 연결지배하게 된 경우에는 연결지배가 성립한 날이 속하는 연결사업연도의 다음 연결사업연도부터 해당 내국법인은 연결납세방식을 적용해야 한다. 다만, 법인의 설립등기일부터 연결모법인이 연결지배하는 내국법인은 설립등기일이 속하는 사업연도부터 연결납세방식을 적용해야 한다(강제적용).

   연결모법인은 이처럼 연결자법인이 변경된 경우에는 변경일 이후 중간예납기간 종료일 또는사업연도 종료일 중 먼저 도래하는 날부터 1개월 이내에 연결법인 변경신고서를 관할세무서장을 경유하여 납세지 관할지방국세청장에게 제출하는 방법으로 변경신고를 해야 한다.

2) 연결자법인의 배제 : 연결모법인의 연결지배를 받지 않게 되거나 해산한 연결자법인은 해당 사유가 발생한 날이 속하는 연결사업연도의 개시일부터 연결납세방식을 적용하지 않

는다. 예를 들어 연결모법인이 보유하는 연결자법인의 주식의 일부를 양도하는 경우에 즉시 연결납세방식을 적용하지 않는다. 이처럼 연결자법인이 변경된 경우 그 변경 사유가 발생한 날부터 1개월 이내에 관할지방국세청장에게 신고해야 한다.

2. 연결소득금액의 계산

(1) 기본구조

먼저 연결집단을 구성하는 연결법인의 각 사업연도 소득금액(Separate Taxable income)은 개별납세방식으로 계산한다. 즉, 각 연결법인의 결산서상 당기순이익에 익금산입 · 손금불산입을 가산하고 손금산입 · 익금불산입액을 차감하여 차가감소득금액을 계산한 다음, 공익성 기부금 한도초과액과 이월손금산입액을 가감하여 연결법인별 각 사업연도 소득금액(또는 결손금)을 계산한다. 예를 들어 연결집단이 P모법인과 S자법인으로 구성된 경우 개별납세방식으로 P모법인의 각 사업연도 소득금액(또는 결손금)과 S자법인의 각 사업연도 소득금액(또는 결손금)을 각각 계산한다.

연결집단의 각 연결사업연도 소득금액은 다시 연결법인별 각 사업연도 소득금액(또는 결손금)에서 출발하여 연결세무조정사항을 가감하여 각 연결법인별 소득금액을 계산한 다음, 이들 연결법인별 소득금액을 합산하여 연결집단의 각 연결사업연도 소득금액을 계산한다. 이러한 과정을 정리하면 다음과 같다.

[도 표] 각 연결사업연도 소득금액(또는 결손금)의 계산

구분	연결모법인(P)	연결자법인(S)
Ⅰ. 연결법인별 각 사업연도 소득금액	×××	×××
Ⅱ. 연결세무조정사항		
1. 연결법인별 연결조정항목의 제거		
(1) 익금산입(기타)		
• 내국법인 수입배당금액의 익금불산입액	×××	×××
• 기부금 한도초과이월액 중 손금산입액	×××	×××
(2) 손금산입(기타)		
• 업무추진비 손금불산입액	(×××)	(×××)
• 기부금 손금불산입액	(×××)	(×××)
2. 연결법인 간 거래손익의 조정		
(1) 손금산입 · 익금불산입		
• 다른 연결법인으로부터 받은 수입배당금액(기타)	(×××)	(×××)
• 양도손익이연자산의 양도소득(△유보)	(×××)	(×××)
• 양도손익이연자산의 양도손실 실현분(△유보)	(×××)	(×××)

법인 09

(2) 익금산입 · 손금불산입		
• 다른 연결법인에 지급한 업무추진비(기타)	×××	×××
• 다른 연결법인 채권에 대한 대손충당금 상당액(기타)	×××	×××
• 양도손익이연자산의 양도손실(유보)	×××	×××
• 양도손익이연자산의 양도소득 실현분(유보)	×××	×××
3. 연결조정항목의 연결법인별 배분액		
(1) 익금불산입(기타)		
• 내국법인 수입배당금액 익금불산입 배분액	(×××)	(×××)
• 기부금 한도초과이월액의 손금산입 배분액	(×××)	(×××)
(2) 손금불산입(기사)		
• 업무추진비 손금불산입 배분액	×××	×××
• 기부금 손금불산입 배분액	×××	×××
Ⅲ. 연결세무조정 완료 후 연결법인별 소득금액	×××(P)	×××(S_n)
Ⅳ. 각 연결사업연도 소득금액	$P + S_1 + S_2 + \cdots = $ ×××	

(2) 연결세무조정사항

1) 연결법인별 연결조정항목의 제거 : '연결조정항목(Group items)'이란 연결집단을 마치 하나의 내국법인(a single corporation)으로 보고 세무조정하는 항목을 말하며, 그 항목은 다음과 같다.

> • 각 연결법인이 다른 내국법인으로부터 받은 수입배당금액
> • 각 연결법인이 지급한 업무추진비
> • 각 연결법인이 지출한 기부금

이들 연결조정항목은 각 연결법인을 기준으로 수입배당금액 익금불산입액, 업무추진비 손금불산입액 및 기부금 손금불산입액으로 각 연결법인의 각 사업연도 소득금액을 계산할 때 이미 반영되어 있다. 그런데 연결집단을 기준(group basis)으로 수입배당금액 익금불산입액, 업무추진비 손금불산입, 기부금 손금불산입액을 다시 계산하므로, 개별납세방식에서 당초 행한 세무조정에 대한 반대조정으로 각 연결법인의 소득금액에서 제거한다.

구분	당초 연결법인별 세무조정	제거조정
연결조정 항목	• 내국법인 수입배당금액의 익금불산입액 • 기부금 한도초과이월액 중 손금산입액	(+) 익금산입(기타)
	• 업무추진비 손금불산입액 • 기부금 손금불산입액	(−) 손금산입(기타)

2) 연결법인 간 거래손익의 조정 : '연결법인 간 거래(Intercompany transactions)'란 연결집단을 구성하는 연결법인 간 내부거래를 말한다. 이러한 연결법인간 거래손익은 각 연결법인의 각 사업연도 소득금액에 반영되지만, 연결집단을 기준(group basis)으로 담세력을 나타내는 연결소득금액에 영향을 미칠 수 없는 항목이므로 연결조정을 통하여 각 연결법인의 각 사업연도 소득금액에서 제거해야 한다. 연결법인 간 내부거래는 여러 가지로 구분되지만, 현행 법인세법은 다음과 같은 연결법인 간 거래손익에 대해서 조정한다.

연결법인 간 거래손익의 조정	비고
연결법인이 • 다른 연결법인으로부터 받은 수입배당금액 : (−) 익금불산입(기타) • 다른 연결법인에게 지급한 업무추진비 : (+) 손금불산입(기타) • 다른 연결법인에 대한 채권에 대하여 설정한 대손충당금 상당액 : (+) 손금불산입(기타)	영구적인 거래손익 제거
연결법인이 • 양도손익이연자산을 다른 연결법인에 양도함에 따라 발생하는 소득 : (−) 익금불산입(△유보) → • 양도손익이연자산을 다른 연결법인에 양도함에 따라 발생하는 손실 : (+) 손금불산입(유보) →	차기 이후 실현시 (+) 익금산입(유보) (−) 손금산입(△유보)

3) 연결조정항목의 연결법인별 배분 : 연결조정항목은 연결집단을 하나의 내국법인으로 보아 전체 익금불산입액·손금불산입액을 계산한 후, 각 연결법인별로 금액을 각 연결법인별 각 사업연도 소득금액에 익금불산입 또는 손금불산입을 한다.

연결집단 기준으로 계산	각 연결법인별 배분액	각 연결법인별 소득금액
• 내국법인 수입배당금액의 익금불산입액	→	(−) 익금불산입(기타)
• 기부금 한도초과이월액 중 손금산입액	→	(−) 손금산입(기타)
• 기부금 손금불산입액	→	(+) 손금불산입(기사)
• 업무추진비 손금불산입액	→	(+) 손금불산입(기사)

법인 09

(3) 연결법인 간 자산양도소득의 이연 등

1) 양도손익이연자산의 범위 : 양도시점에 국내에 소재하는 ①~⑤의 자산과 ⑥의 자산(이하 '양도손익이연자산'이라 한다)을 말한다.

양도손익이연자산의 범위	비고
① 유형자산(건축물은 제외) ② 무형자산 ③ 매출채권, 대여금, 미수금 등의 채권	거래 건별 장부가액이 1억원 이하인 자산은 양도손익이연자산에서 제외할 수 있다.

④ 금융투자상품 : 증권(채무증권 · 지분증권 · 수익증권 · 투자계약증권 · 파생결합증권 · 증권예탁증권)과 파생상품 ⑤ 토지와 건축물	거래 건별 장부가액에 관계없이 양도손익이연자산에 포함한다.
⑥ 다른 연결법인에 전액 양도하는 외국법인의 주식	–

2) 양도손익이연에 대한 세무조정 : 양도손익이연자산을 다른 연결법인(이하 '양도법인'이라 한다)에 양도함에 따라 발생한 연결법인(이하 '양도법인'이라 한다)의 양도소득 또는 양도손실은 익금불산입(△유보) 또는 손금불산입(유보)하고, 양수법인에게 다음 중 어느 하나의 사유가 발생한 날(손익에 영향을 미치는 시점)이 속하는 사업연도에 해당 산식에 따라 계산한 금액을 양도법인의 익금 또는 손금에 산입한다. 다만, 해당 양도손익이연자산의 양도에 대하여 부당행위계산 부인이 적용되는 경우에는 예외로 한다.

양수법인에게 발생하는 사유	양도법인의 익금산입(유보) · 손금산입(△유보) 금액
(1) 양도손익이연자산을 감가상각하는 경우	양도소득 또는 양도손실 $\times \frac{\text{감가상각액}}{\text{양수법인의 장부가액}}$
(2) 양도손익이연자산을 양도(다른 연결법인에 양도하는 경우는 제외)하는 경우	양도소득 또는 양도손실 × 양도손익이연자산의 양도비율
(3) 양도손익이연자산에 대손이 발생하거나 멸실된 경우	양도소득 또는 양도손실 $\times \frac{\text{대손금액 또는 멸실금액}}{\text{양수법인의 장부가액}}$
(4) 양도한 채권의 지급기일이 도래하는 경우	양도법인의 양도가액 – 양도법인의 장부가액
(5) 양도손익이연자산을 소각하는 경우	양도소득 또는 양도손실 $\times \frac{\text{소각자산의 장부가액}}{\text{양수법인의 장부가액}}$

3) 연결납세방식 적용배제의 경우 : 양도법인 또는 양수법인이 연결납세방식을 적용받지 않게 된 경우 양도법인이 양도손익이연자산을 양도할 때 익금불산입 또는 손금불산입한 금액 중 해당 산식에 따라 익금 또는 손금에 산입하고 남은 금액(△유보 · 유보의 잔액)은 연결납세방식을 적용받지 않게 된 날의 전일이 속하는 사업연도에 양도법인의 익금 또는 손금에 산입한다.

4) 다른 연결법인 채권에 대한 대손충당금 상당액의 손금불산입 : 연결법인이 대손충당금 한도초과액 손금불산입액이 있는 경우에는 당초 손비로 계상한 채권별 대손충당금의 크기에 비례하여 대손충당금 한도초과액 손금불산입액을 배분하고, 다른 연결법인에 대한 채권에 대하여 계상한 대손충당금 상당액에서 배분된 대손충당금 한도초과액 손금불산입액을 차감한 금액을 손금에 산입하지 않는다.

> 다른 연결법인 채권에 대한 대손충당금 상당액의 손금불산입액
> = 다른 연결법인에 대한 채권에 대하여 (계상한 대손충당금 상당액 – 배분된 대손충당금 한도초과액)

(4) 연결법인의 수입배당금액의 익금불산입

먼저 연결집단을 하나의 내국법인으로 보아 일반적인 수입배당금액의 익금불산입 규정을 준용하여 다음 산식에 따라 익금불산입액을 계산한다.

익금불산입 대상금액	• 수입배당금액 × 익금불산입률(30% · 80% · 100%)
− 차입금이자 차감액	• 차입금이자 × 익금불산입률 × $\frac{\text{익금불산입대상 주식의 장부가액적수}}{\text{자산총액적수}}$
= 익 금 불 산 입 액	• 배당을 지급한 법인별로 계산

① 익금불산입 대상금액 : 출자비율에 따른 익금불산입률을 적용할 때 출자비율은 각 연결법인이 수입배당금액을 지급한 내국법인에 출자한 비율을 더하여 계산한다.

② 차입금이자 차감액 : 차입금 및 차입금이자는 각 연결법인의 차입금 및 차입금이자를 더하여 계산하되 연결법인간 차입금 및 차입금이자(해당 차입거래에 대해 부당행위계산의 부인이 적용되는 경우는 제외한다)를 뺀 금액으로 하고, 재무상태표상의 자산총액은 각 연결법인의 재무상태표상의 자산총액의 합계액(연결법인에 대한 매출채권 · 대여금 · 미수금 등의 채권, 연결법인이 발행한 주식에 해당하는 자산을 제거한 후의 금액을 말한다)으로 한다.

이처럼 계산한 익금불산입액은 다음 산식에 따라 해당 연결법인에게 배분하여 익금불산입을 한다.

$$\text{각 연결법인별 배분액} = \frac{\text{수입배당금액}}{\text{익금불산입액}} \times \frac{\text{해당 연결법인의 출자비율}}{\text{수입배당금액을 지급한 내국법인에게 출자한 각 연결법인의 출자비율의 합계}}$$

(5) 연결법인의 기부금의 손금불산입

연결집단을 하나의 내국법인으로 보아 기부금의 손금불산입 규정을 준용하여 계산한 손금불산입액 중 각 연결법인별 배분액은 다음 금액으로 한다.

각 연결법인별 배분액 = ① + ②

① 비지정기부금으로서 해당 연결법인이 지출한 기부금

② 공익성 기부금에 대해 다음과 같이 계산한 금액

$$\text{연결집단을 하나의 내국법인으로 보아 계산한 해당 기부금의 손금불산입액} \times \frac{\text{해당 연결법인의 해당 기부금 지출액}}{\text{각 연결법인의 해당 기부금 지출액의 합계액}}$$

여기서 연결집단을 하나의 내국법인으로 보아 계산한 해당 공익성 기부금의 손금불산입액은 다음과 같이 계산한 금액을 말한다.

법인 09

해당 기부금 손금불산입액 = 해당 공익성 기부금의 합계액 − 해당 기부금별 손금산입한도액

해당 기부금의 손금산입한도액

① 특례기부금 : (기준소득금액 − 이월결손금 공제액) × 50%

② 우리사주조합기부금 : (기준소득금액 − 이월결손금 공제액 − 특례기부금 손금산입액) × 30%

③ 일반기부금 : (기준소득금액 − 이월결손금 공제액 − 특례기부금 손금산입액 − 우리사주조합기부금 손금산입액) × 10%(사회적기업은 20%)

한편 연결집단을 하나의 내국법인으로 보고 계산하여 손금에 산입하지 않은 특례기부금 · 일반기부금 한도초과액을 이월하여 손금에 산입하는 경우 먼저 발생한 사업연도의 한도초과액부터 손금산입하며, 그 이월하여 손금에 산입하는 금액 중 각 연결법인별 배분액은 다음의 금액으로 한다(법인령 120의20 ②).

각 연결법인별 배분액

$$= \text{연결집단을 하나의 내국법인으로 보아 계산한 기부금 한도초과이월액 중 손금산입액} \times \frac{\text{해당 연결법인의 해당 기부금 한도초과액}}{\text{각 연결법인의 해당 기부금의 한도초과액의 합계액}}$$

(6) 연결법인의 업무추진비의 손금불산입

연결집단을 하나의 내국법인으로 보아 업무추진비의 손금불산입 규정을 준용하여 계산한 손금불산입액 중 각 연결법인별 배분액은 다음의 금액으로 한다.

각 연결법인별 배분액 = ① + ②

① 적격증명서류 미수취 업무추진비 손금불산입액 중 해당 연결법인이 지출한 금액

② 업무추진비 한도초과액의 손금불산입액 중 해당 연결법인이 지출한 금액

$$\text{연결집단을 하나의 내국법인으로 보아 계산한 업무추진비의 손금불산입액} \times \frac{\text{해당 연결법인의 업무추진비 지출액}}{\text{각 연결법인의 업무추진비 지출액의 합계액}}$$

위의 산식에서 연결집단을 하나의 내국법인으로 보아 계산한 업무추진비의 손금불산입액은 다음과 같이 계산한 금액을 말한다(법인법 25 ①, 법인령 120의21 ①,②).

업무추진비 한도초과액의 손금불산입액

= 연결집단(업무추진비 지출액의 합계액 − 업무추진비 한도액)

업무추진비 한도액 = ① + ② + ③ + ④

① 1,200만원(중소기업은 3,600만원) $\times \frac{\text{사업연도 월수}}{12}$

② (일반수입금액 × 적용률) + (특수관계수입금액 × 적용률 × 10%)

③ 문화업무추진비 추가 한도액 = MIN [문화업무추진비 지출액 / (① + ②) × 20%]

④ 전통시장 업무추진비 추가 한도액 = MIN [전통시장 업무추진비 지출액 / (① + ②) × 10%]

수입금액 = 각 연결법인의 수입금액의 합계액
　　　　　− 연결법인간 양도손익이연자산의 양도에 따른 수입금액

3. 과세표준계산

각 연결사업연도의 소득에 대한 과세표준은 각 연결사업연도 소득의 범위에서 이월결손금, 각 연결법인의 비과세소득과 소득공제액을 차례로 공제한 금액으로 한다. 다만, 이월결손금의 공제는 연결소득 개별귀속액의 80%(중소기업과 회생계획을 이행 중인 기업 등의 연결법인의 경우는 100%)를 한도로 한다.

연결소득금액	
− 이월결손금 − 각 연결법인의 비과세소득의 합계액 − 각 연결법인의 소득공제액의 합계액	• 연결소득 개별귀속액의 80%(중소기업과 회생계획을 이행 중인 기업 등의 연결법인의 경우는 100%)를 한도로 한다.
= 연결과세표준	

(1) 결손금의 이월공제

각 연결사업연도의 개시일 전 10년 이내(2020.1.1. 이후 개시하는 사업연도에 발생하는 결손금은 15년 이내)에 개시한 연결사업연도의 결손금(연결법인의 연결납세방식의 적용 전에 발생한 결손금 포함)으로서 그 후의 각 연결사업연도(사업연도 포함)의 과세표준을 계산할 때 공제되지 않은 금액은 각 연결사업연도의 소득의 범위에서 먼저 발생한 사업연도의 결손금부터 공제한다.

(2) 결손금의 이월공제의 한도 등

결손금을 이월공제하는 경우 다음 중 어느 하나에 해당하는 결손금은 그 해당 금액을 한도로 공제한다.

해당 결손금	공제 한도
• 연결법인의 연결납세방식의 적용 전에 발생한 결손금	연결소득개별귀속액
• 연결모법인이 적격합병에 따라 피합병법인의 자산을 장부가액으로 양도받는 경우 합병등기일 현재 피합병법인(합병등기일 현재 연결법인이 아닌 법인만 해당한다)의 공제대상 결손금	연결모법인의 연결소득개별귀속액 중 피합병법인으로부터 승계받은 사업에서 발생한 소득

• 연결모법인이 적격분할합병에 따라 소멸한 분할법인의 자산을 장부가액으로 양도받는 경우 분할합병등기일 현재 소멸한 분할법인의 공제대상 결손금 중 연결모법인이 승계받은 사업에 귀속하는 금액	연결모법인의 연결소득개별귀속액 중 소멸한 분할법인으로부터 승계받은 사업에 발생한 소득

(3) 승계되는 이월결손금 차감

연결모법인의 연결지배를 받지 않게 되거나 해산한 연결자법인에 귀속하는 결손금 상당액(해당 법인에서 발생한 결손금으로서 연결과세표준을 계산할 때 미공제된 금액을 말한다)은 해당 연결자법인이 승계하므로 공제대상 연결사업연도의 결손금에서 차감한다.

이 경우 같은 사업연도에 둘 이상의 연결법인에서 발생한 결손금이 있는 때에는 연결사업연도의 과세표준을 계산할 때 해당 연결법인에서 발생한 결손금부터 연결소득개별귀속액을 한도로 먼저 공제하고 해당 연결법인에서 발생하지 않은 둘 이상의 다른 연결법인의 결손금은 해당 결손금의 크기에 비례하여 각각 공제된 것으로 본다.

4. 세액계산

연결과세표준 × 세율	• 과세표준 2억원 이하분은 9%, 2억원 초과분은 19%, 200억원 초과분은 21%, 3천억원 초과분은 24%(*주1)
= 연결산출세액(*주2) − 각 연결법인의 감면세액의 합계액 + 각 연결법인별 가산세의 합계액	• 연결법인별 산출세액을 기준으로 계산 * 연결집단을 하나의 내국법인으로 보아 최저한세를 적용한다.
= 연결총부담세액 − 연결중간예납세액 − 각 연결법인의 원천징수된 세액의 합계액	
= 차감납부할세액	• 연결모법인이 신고기한까지 납부

(*주1) 성실신고확인대상 소규모 법인은 200억원 이하분에 대해서 19% 세율을 적용한다.

(*주2) 토지등양도소득에 대한 법인세액 및 투자·상생협력 촉진을 위한 과세특례를 적용하여 계산한 법인세액이 있으면 연결산출세액에 합산한다.

(1) 연결산출세액

각 연결사업연도의 소득에 대한 연결산출세액은 연결과세표준에 세율을 적용하여 금액으로 한다.

연결산출세액 = 연결과세표준×세율

* 사업연도가 1년 미만인 경우 법인세 산출세액의 계산방법은 연결산출세액의 계산을 하는 경우에 이를 준용한다.

연결법인이 비사업용 토지나 주택을 양도한 경우(해당 토지 등을 다른 연결법인이 양수하여 연결법인 간 거래손익의 조정이 적용되는 경우를 포함한다) 또는 기업의 미환류소득(연결납세방식을 적용하지 않고 계산한 미환류소득을 말한다)이 있는 경우에는 토지등양도소득에 대한 법인세와 기업의 미환류소득에 대한 법인세를 위 산식에 따라 계산한 금액에 합산한 금액을 연결산출세액으로 한다.

한편 '연결법인별 산출세액'이란 연결산출세액 중 각 연결법인에 귀속되는 금액으로서 다음과 같이 계산한 금액으로 한다.

	해당 연결법인의 연결소득개별귀속액
−	해당 연결법인의 이월결손금
−	해당 연결법인의 비과세소득
−	해당 연결법인의 소득공제액
=	과세표준 개별귀속액
×	연결세율
=	연결법인별 산출세액

• 연결과세표준계산시 공제된 결손금

* 해당 연결법인의 연결소득개별귀속에서 공제된 금액을 말한다.

• 연결세율 $= \dfrac{\text{연결산출세액*}}{\text{연결과세표준}}$

* 토지등 양도소득에 대한 법인세 · 미환류소득에 대한 법인세는 제외한다.

(2) 세액감면 · 세액공제

연결산출세액에서 공제하는 연결법인의 감면세액과 세액공제액은 각 연결법인별로 계산한 감면세액과 세액공제액의 합계액으로 한다. 이 경우 각 연결법인의 감면세액과 세액공제액은 각 연결법인별 산출세액을 법인세 산출세액으로 보아 법인세법 및 조세특례제한법에 따른 세액감면과 세액공제를 적용하여 계산한 금액으로 하며, 연결집단을 하나의 내국법인으로 보아 최저한세를 적용한다(연결기준 적용). 구체적으로 연결법인의 감면세액은 감면소득(과세표준 개별귀속액을 한도로 한다)에 연결세율을 곱한 금액(감면의 경우에는 그 금액에 해당 감면율을 곱하여 산출한 금액)으로 한다.

5. 신고 및 납부

(1) 연결과세표준 등의 신고

1) 신고의무자와 신고기한 : 연결모법인은 각 연결사업연도의 종료일이 속하는 달의 말일부터 4개월 이내에 해당 연결사업연도의 소득에 대한 법인세의 과세표준과 세액을 관할세무서장에게 신고해야 한다. 각 연결사업연도의 소득금액이 없거나 결손금이 있는 연결모법인의 경우에도 마찬가지이다.

2) 제출서류 : 연결모법인이 연결과세표준 등의 신고를 할 때에는 「각 연결사업연도의 소득에 대한 법인세과세표준 및 세액신고서」에 다음의 서류를 첨부해야 한다.

구분	종류	비고
(1) 필수적 첨부서류	① 연결소득금액 조정명세서 ② 기업회계기준을 준용하여 작성한 개별 내국법인의 재무상태표 · 포괄손익계산서 및 이익잉여금처분계산서(또는 결손금처리계산서), 세무조정계산서, 세무조정계산서 부속서류 및 현금흐름표	연결과세표준 등 신고를 할 때 이러한 서류를 첨부하지 않으면 무신고로 본다.
(2) 그 밖의 서류	③ 연결법인간 출자현황신고서 및 연결법인간 거래명세서	−

한편 연결모법인은 각 사업연도 종료일이 속하는 달의 말일부터 3개월 이내에 주식등변동상황명세서를 제출하는 규정에도 불구하고 연결과세표준신고기한까지 주식등변동상황명세서(연결자법인의 주식 등의 변동사항을 포함한다)를 제출할 수 있다.

(2) 연결법인세액의 납부

1) 연결모법인의 자진납부 : 연결모법인은 연결산출세액에서 다음의 법인세액(가산세는 제외)을 공제한 금액을 각 연결사업연도의 소득에 대한 법인세로서 연결과세표준신고기한까지 관할세무서장 등에게 납부해야 한다.

① 해당 연결사업연도의 감면세액 · 세액공제액
② 해당 연결사업연도의 연결중간예납세액
③ 해당 연결사업연도의 각 연결법인의 원천징수된 세액의 합계액

2) 연결자법인의 지급의무 : 이처럼 연결법인세액은 연결모법인이 납부하므로, 연결자법인은 연결법인세액의 납부기한까지 연결법인별 산출세액에서 다음의 금액을 뺀 금액에 가산세를 가산하여 연결모법인에 지급해야 한다.

① 해당 연결사업연도의 해당 법인의 감면세액
② 해당 연결사업연도의 연결법인별 중간예납세액
③ 해당 연결사업연도의 해당 법인의 원천징수된 세액

위 규정에 따라 계산한 금액이 음의 수인 경우 연결모법인은 음의 부호를 뗀 금액을 연결과세표준신고기한까지 연결자법인에 지급해야 한다.

이처럼 연결자법인(또는 연결모법인)으로부터 지급받았거나 지급받을 금액은 납부한 법인세를 환급받는 것과 같으므로 익금에 산입하지 않으며(수익이 아닌 잉여금의 증가로 처리), 연결모법인 (또는 연결자법인)에 지급하였거나 지급할 금액은 법인세를 대신하여 납부한 것이므로 손금에 산입하지 않는다(비용이 아닌 잉여금의 감소로 처리).

3) 연대납세의무 : 연결법인은 각 연결사업연도의 소득에 대한 법인세(각 연결법인의 토지등양도소득에 대한 법인세 및 투자 · 상생협력 촉진을 위한 과세특례를 적용하여 계산한 법인세 포함)

를 연대하여 납부할 의무가 있다.

4) 분납 : 연결모법인이 연결법인세액을 납부하는 경우 정규 법인세와 마찬가지로 분납 규정을 준용한다.

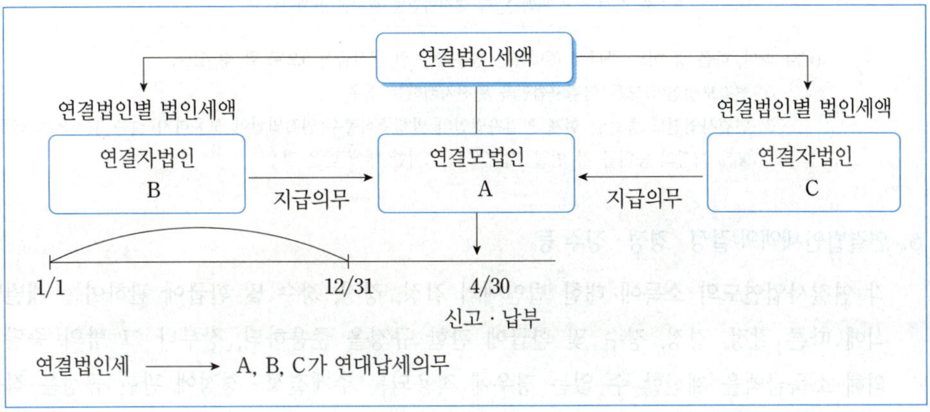

(3) 연결법인세액의 정산

연결산출세액이 없는 경우로서 다음에 해당하는 경우에는 결손금 이전에 따른 손익을 정산한 금액(이하 '정산금'이라 한다)을 연결법인별로 배분해야 한다.

구분	연결법인세액의 정산
(1) 다음 중 어느 하나에 해당하는 연결자법인이 있는 경우 ① 연결자법인의 해당 연결사업연도 소득금액에 다른 연결법인의 결손금이 합해진 경우 ② 연결자법인의 연결소득 개별귀속액에서 다른 연결법인의 이월결손금이 공제된 경우	해당 연결자법인이 정산금을 연결과세표준의 신고기한까지 연결모법인에 지급(*주)
(2) 다음 중 어느 하나에 해당하는 연결자법인이 있는 경우 ① 연결자법인의 해당 연결사업연도 결손금이 다른 연결법인의 소득금액에 합해진 경우 ② 연결자법인의 이월결손금이 다른 연결법인의 연결소득 개별귀속액에서 공제된 경우	연결모법인이 정산금을 연결과세표준의 신고기한까지 해당 연결자법인에 지급(*주)

(*주) 지급할 정산금은 다음과 같이 계산한 금액으로 한다.

구분	정산금 계산식(*주)
위 (1)의 경우	정산금 = A × (B ÷ C) A : 각 연결법인별 조정 과세표준 상당액(각 연결법인별 소득 – 결손금 공제액 · 비과세소득 · 소득공제액) B : 조정 연결산출세액(각 연결법인별 조정 과세표준 상당액의 합계액 × 세율) C : 조정 과세표준 상당액(∑각 연결법인별 조정 과세표준 상당액)

법인 09

위 (2)의 경우	정산금 = D × (E ÷ F) D : 결손금 조정세액(연결산출세액 – 위 B에 해당하는 금액) E : 연결법인별 결손금 공제액(다른 연결법인의 소득금액에 합쳐진 결손금 + 다른 연결법인의 연결소득개별귀속액에서 공제된 결손금) F : 총 결손금 공제액(∑각 연결법인별 결손금 공제액)

(*주) 다만, 다음 중 어느 하나에 해당하는 경우에는 위 정산금을 0으로 할 수 있다.

① 연결모법인이 모든 연결자법인을 완전지배하는 경우

② 연결사업연도 종료일 현재 연결자법인의 발행주식총수(연결법인이 보유하지 않은 주식으로 한정한다)의 90% 이상의 동의를 각 연결사업연도 신고기한 내에 받은 경우

6. 연결법인세액의 결정 · 경정 · 징수 등

각 연결사업연도의 소득에 대한 법인세의 결정, 경정, 징수 및 환급에 관하여는 개별납세방식에 따른 결정, 경정, 징수 및 환급에 관한 규정을 준용하되, 장부나 그 밖의 증명서류에 의해 소득금액을 계산할 수 없는 경우에 적용되는 추계결정 · 경정에 관한 규정은 적용하지 않는다. 그 밖에 가산세 및 중소기업 관련규정의 적용기준은 다음과 같다.

1) 연결법인의 가산세 : 연결모법인은 각 연결법인별로 가산세에 관한 규정을 준용하여 계산한 금액의 합계액을 각 연결사업연도의 소득에 대한 법인세액에 더하여 납부해야 한다(개별적용).

2) 연결법인에 대한 중소기업 · 중견기업 관련 규정의 적용 : 각 연결사업연도의 소득에 대한 법인세액을 계산할 때 연결집단을 하나의 내국법인으로 보아 그 연결집단이 법인세법 및 조세특례제한법에 따른 중소기업 또는 중견기업에 해당하는 경우에는 다음의 구분에 따라 법인세법 및 조세특례제한법에 따른 중소기업 또는 중견기업에 관한 규정을 적용한다.

구분	관련 규정의 적용
(1) 연결집단이 중소기업에 해당하는 경우	다음의 구분에 따른 규정을 적용 ① 중소기업에 해당하는 연결법인 : 중소기업에 관한 규정을 적용 ② 중견기업에 해당하는 연결법인 : 중견기업에 관한 규정을 적용
(2) 연결집단이 중견기업에 해당하는 경우	중소기업에 해당하는 연결법인과 중견기업에 해당하는 연결법인에 각각 중견기업에 관한 규정을 적용

한편 연결납세방식을 적용하는 최초의 연결사업연도의 직전 사업연도 당시 중소기업에 해당하는 법인이 연결납세방식을 적용함에 따라 중소기업에 관한 규정을 적용받지 못하게 되는 경우에는 위 규정에도 불구하고 연결납세방식을 적용하는 최초의 연결사업연도와 그 다음 연결사업연도의 개시일부터 5년 이내에 끝나는 연결사업연도까지는 중소기업에 관한 규정을 적용한다.

[도 표] 연결납세제도에 있어 단일실체개념(single entity theory)과 개별실체개념(separate entity theory)

구분	단일실체개념	개별실체개념
각 개념	지분관계로 연결된 기업집단을 마치 하나의 법인으로 보아 과세표준 · 세액을 계산하고 납세의무를 이행한다는 이론을 말한다. 연결납세제도는 기본적으로 단일실체개념에 기초하여 연결모회사와 연결자회사는 법률적으로 독립된 실체이지만 경제적으로 연결되어 있는 하나의 실체로 보고 법인세를 계산하여 신고 · 납부한다.	각 법인의 개별납세방식에서 적용되는 금액을 단순히 합산하여 과세표준 · 세액을 계산한다는 이론을 말한다. 이는 모든 항목에 대해 단일실체개념을 적용하기에는 각 법인이 개별적으로 재무제표를 작성하기 때문에 매우 복잡한 연결세무조정이 필요하기 때문이다.
적용 항목	① 연결사업연도 · 납세지 ② 연결조정항목에 대한 세무조정(수입배당금액 익금불산입, 기부금 · 업무추진비 손금불산입, 다른 연결법인 채권에 대한 대손충당금 상당액의 손금불산입) ③ 연결법인 간 자산양도손익의 이연 등에 대한 세무조정 ④ 세율 · 최저한세 적용 ⑤ 중소기업 · 중견기업 관련 규정의 적용	① 이월결손금 공제 ② 비과세소득 · 소득공제 ③ 연결조정항목 외의 세무조정사항 ④ 양도손익이연자산 외의 자산에 대한 세무조정 ⑤ 세액감면 · 세액공제 · 가산세의 적용

제4절 신탁소득에 대한 법인세

I-2 p.509

Ⅰ. 신탁소득에 대한 과세제도

1. 신탁소득에 대한 과세이론

신탁소득에 대한 과세는 신탁(또는 신탁재산)의 성격을 어떻게 볼 것인가에 따라 과세이론이 나누어진다. 먼저 ① '신탁도관론'은 신탁을 수익자에게 전달해 주는 단순한 도관(導管 : conduit = pipe)으로 보고 신탁소득을 원천별로 구분하여 수익자에 과세해야 하며, 신탁 그 자체가 납세의무의 주체가 될 수 없다는 입장이다. 이에 따르면 신탁소득의 실질 귀속자인 수익자에게 과세함으로써 실질과세원칙에 부합하고 소득이 발생하는 신탁단계에서는 법인세(또는 소득세)를 과세하지 않고 소득이 분배되는 수익자 단계에서만 과세하므로 이중과세의 조정의 필요성이 없게 된다.

반면에 ② '신탁실체론'은 신탁을 수익자와 별개의 독립된 실체로 인정해서 신탁을 하나의 과세단위로 보아 신탁소득에 대한 납세의무자를 수탁자로 정해야 한다는 입장이다. 이는 신탁을 법인과 같은 역할을 수행하는 기구로 보는 것이다. 이에 따르면 신탁단계에서 법인세(또는 소득세)를 과세하고 소득이 분배되는 수익자 단계에서 다시 과세하므로 신탁소득에 대한 이중과세 조정이 필요하며, 법인을 통해서 사업을 하는 경우와 비교할 때 조세의 중립성을 유지할 수 있다.

[도 표] 신탁소득에 대한 과세이론

구분	세무처리	과세상 효과
① 신탁도관론	신탁을 과세소득에 대한 납세의무가 없는 도관으로 취급 ➡ 신탁소득에 대해서 수익자에게 법인세(수익자가 법인인 경우) 또는 소득세(수익자가 개인인 경우) 과세(수익자 과세신탁) * 다만, 위탁자가 신탁재산을 실질적으로 지배·통제하는 경우 등은 위탁자에게 소득세 또는 법인세 과세(위탁자 과세신탁)	실질과세원칙에 부합하고 이중과세 조정의 필요성이 없음 * 수익자가 많은 경우 복잡한 과세 문제가 발생함
② 신탁실체론	신탁재산을 하나의 내국법인으로 보고(즉 과세소득 계산의 단위로 보고) 그 신탁소득에 대해서 수탁자에게 법인세 과세(수탁자 과세신탁 = 법인과세 신탁) * 수익자에게 지급한 소득은 신탁소득에 대한 과세표준을 계산할 때 소득공제(신탁소득에 대한 이중과세 조정)	법인을 통한 사업방식과 비교할 때 조세의 중립성 유지

2. 법인세법상 신탁소득에 대한 과세방식

(1) 원칙(수익자 과세신탁)

신탁재산에 귀속되는 소득(즉 신탁소득)에 대해서는 그 신탁의 이익을 받을 수익자가 그 신탁재산을 가진 것으로 보고 법인세법을 적용한다. 즉 신탁을 도관으로 보고 신탁소득에 대해서 신탁의 수익자가 법인인 경우 법인세법에 따라 법인세를 과세한다.

(2) 예외(수탁자 과세신탁 또는 위탁자 과세신탁)

1) 예외-1(수탁자 과세신탁 = 법인과세 신탁) : 신탁재산에 대한 법인세 과세방식의 요건(p.508 참조)을 모두 갖춘 신탁*의 경우에는 신탁재산에 귀속되는 소득에 대하여 그 신탁의 수탁자(내국법인 또는 거주자인 경우에 한정한다)가 법인세를 납부할 의무가 있다. 이 경우 신탁재산별로 각각을 하나의 내국법인으로 본다.

* ① 자본시장법에 따른 투자신탁 및 ② 조각투자상품인 비금전 신탁 수익증권이 발행된 신탁은 제외한다.

2) 예외-2(위탁자 과세신탁) : 다음 중 어느 하나의 요건을 갖춘 신탁의 경우에는 신탁재산에 귀속되는 소득에 대하여 그 신탁의 위탁자가 법인세를 납부할 의무가 있다.

구분	입법취지
① 위탁자가 신탁재산을 실질적으로 지배·통제할 것* * 이는 위탁자가 신탁을 해지할 수 있는 권리(신탁 해지권), 수익자를 지정하거나 변경할 수 있는 권리(수익자 지정·변경권), 신탁 종료 후 잔여재산을 귀속 받을 권리(잔여재산 귀속권)를 보유하는 경우 등을 말한다.	실질과세원칙 구현
② ㉠ 신탁재산 원본을 받을 권리에 대한 수익자는 위탁자로, ㉡ 수익을 받을 권리에 대한 수익자는 위탁자의 지배주주 등의 배우자 또는 같은 주소 또는 거소에서 생계를 같이 하는 직계존비속(배우자의 직계존비속을 포함한다)으로 설정했을 것(즉 신탁재산의 수익권을 위탁자와 특수관계인으로 구분 설정했을 것)	고액 재산가들(법인의 지배주주들)의 신탁을 통한 소득세 회피를 방지

3. 소득세법상 신탁소득에 대한 과세방식

(1) 원칙(수익자 과세신탁)

신탁재산에 귀속되는 소득은 그 신탁의 이익을 받을 수익자(수익자가 사망하는 경우에는 그 상속인)에게 귀속되는 것으로 본다. 즉 신탁을 도관으로 보고 신탁소득의 실질귀속자인 신탁의 수익자(신탁의 수익자가 개인인 경우)를 소득세 납세의무자로 한다.

(2) 예외(위탁자 과세신탁)

다음 중 어느 하나의 요건을 갖춘 신탁의 경우에는 그 신탁재산에 귀속되는 소득은 위탁자에게 귀속되는 것으로 본다. 따라서 신탁재산에 귀속되는 소득에 대하여 그 신탁의 위탁자가 소득세를 납부할 의무가 있다.

구분	입법취지
① 위탁자가 신탁재산을 실질적으로 지배·통제할 것* * 이는 위탁자가 신탁을 해지할 수 있는 권리(신탁 해지권), 수익자를 지정하거나 변경할 수 있는 권리(수익자 지정·변경권), 신탁 종료 후 잔여재산을 귀속받을 권리(잔여재산 귀속권)를 보유하는 경우 등을 말한다.	실질과세원칙의 구현
② ㉠ 신탁재산 원본을 받을 권리에 대한 수익자는 위탁자로, ㉡ 수익을 받을 권리에 대한 수익자는 그 배우자 또는 같은 주소 또는 거소에서 생계를 같이 하는 직계존비속(배우자의 직계존비속을 포함한다)으로 설정했을 것	고액 재산가들의 신탁을 통한 소득세 회피를 방지

Ⅱ. 법인과세 신탁재산의 각 사업연도의 소득에 대한 법인세 과세특례

신탁소득에 대한 과세이론에는 ① 신탁도관론과 ② 신탁실체론이 있다. 먼저 ① '신탁도관론'은 신탁을 수익자에게 전달해 주는 단순한 도관(導管 : conduit = pipe)으로 보고 신탁소득을 원천별로 구분하여 수익자에 과세해야 하며, 신탁 그 자체가 납세의무의 주체가 될 수 없다는 입장이다. 반면에 ② '신탁실체론'은 신탁을 수익자와 별개의 독립된 실체로 인정해서 신탁을 하나의 과세단위로 보아 신탁소득에 대한 납세의무자를 수탁자로 정해야 한다는 입장이다.

'신탁재산에 대한 법인세 과세방식'은 위의 과세이론 중 신탁실체론에 따른 것이다. 이는 마치 신탁재산을 소득활동을 수행하는 법인과 같은 기구(Vehicle)로 보고 신탁의 수탁자에게 법인세를 과세한다는 입장이다.

1. 신탁재산에 대한 법인세 과세방식 통칙

(1) 적용대상 신탁의 범위

다음의 요건을 모두 갖춘 신탁[1]의 경우에는 신탁재산에 귀속되는 소득에 대하여 그 신탁의 수탁자(내국법인 또는 거주자인 경우에 한정한다)가 법인세를 납부할 의무가 있다. 이 경우 신탁재산별로 각각을 하나의 내국법인으로 본다.

신탁재산에 대한 법인세 과세방식의 요건

1. 다음 중 어느 하나에 해당하는 신탁일 것
   ① 신탁법(제3조 단서)에 따른 목적신탁(수익자가 없는 특정의 목적을 위한 신탁을 말한다)
   ② 신탁법(제78조)에 따른 수익증권발행신탁(신탁행위로 수익권을 표시하는 수익증권을 발행하는 뜻을 정한 신탁을 말한다)
   ③ 신탁법(제114조)에 따른 유한책임신탁(신탁행위로 수탁자가 신탁재산에 속하는 채무에 대하여 신탁재산만으로 책임지는 신탁을 말한다)
2. 위탁자 과세신탁의 요건을 갖춘 신탁에 해당하지 않을 것(즉 ① 위탁자가 신탁재산을 실질적으로 지배·통제하지 않고 ② 신탁재산의 수익권을 위탁자와 그 특수관계인으로 구분 설정하지 않아야 한다)

위의 신탁재산에 대한 법인세 과세방식의 요건을 갖춘 신탁 중 ① 목적신탁은 수익자가 없어 수익자 과세신탁이 불가능하고(만약 수익자 과세신탁을 적용하면 신탁재산에서 발생한 수익의

1) 여기서 '신탁'에는 ① 자본시장법에 따른 투자신탁 및 ② 조각투자상품인 비금전 신탁 수익증권이 발행된 신탁은 제외한다. 여기서 '투자신탁'이란 집합투자업자인 위탁자가 신탁업자에게 신탁한 재산을 신탁업자로 하여금 그 집합투자업자의 지시에 따라 투자·운용하게 하는 신탁 형태의 집합투자기구를 말한다. 이처럼 수익자가 불특정다수인 투자신탁은 신탁소득에 대해서 법인세 과세방식을 채택하기 어렵기 때문에 수익자 과세방식을 따른다.

장기간 유보 및 과세이연 등 조세회피 문제가 발생할 수 있다), ② 수익자가 다수이면서 수탁자가 영리를 목적으로 운용하는 수익증권발행신탁과 유한책임신탁은 영리법인인 주식회사와 유사한 기능을 수행하므로 수탁자를 납세의무자로 하는 것이 편리하고 과세형평에 부합하다. 이러한 점을 고려하여 신탁재산을 하나의 내국법인으로 보고 신탁소득에 대해 법인세를 과세한다. 이 경우에는 신탁소득에 대해서 신탁재산을 관리·처분 등을 수행하는 수탁자가 법인세를 납부할 의무가 있다.

(2) 적용관계

(1)에 따라 내국법인으로 보는 신탁재산(이하 '법인과세 신탁재산') 및 이에 귀속되는 소득에 대하여 법인세를 납부하는 신탁의 수탁자(이하 '법인과세 수탁자')에 대해서는 법인세법 제2장의 2(법인과세 신탁재산의 각 사업연도의 소득에 대한 법인세 과세특례)의 규정을 법인세법 제1장(총칙) 및 제2장(내국법인의 각 사업연도의 소득에 대한 법인세)의 규정에 우선하여 적용한다.

(3) 신탁재산에 대한 법인세 과세방식의 적용

1) 과세소득의 구분 : 법인과세 수탁자는 법인과세 신탁재산에 귀속되는 소득에 대하여 그 밖의 소득과 구분하여 법인세를 납부해야 한다. 이를 위해서 법인과세 수탁자는 법인과세 신탁재산별로 신탁재산에 귀속되는 소득을 각각 다른 회계로 구분하여 기록해야 한다.

2) 신탁의 수익자의 제2차납세의무 : 재산의 처분 등에 따라 법인과세 수탁자가 법인과세 신탁재산의 재산으로 그 법인과세 신탁재산에 부과되거나 그 법인과세 신탁재산이 납부할 법인세 및 강제징수비를 충당하여도 부족한 경우에는, 그 신탁의 수익자는 분배받은 재산가액 및 이익을 한도로 그 부족한 금액에 대하여 제2차납세의무를 진다.

3) 분배하는 이익의 배당 간주 : 법인과세 신탁재산이 그 이익을 수익자에게 분배하는 경우에는 배당으로 본다.

4) 신탁재산에 대한 법인세 과세방식 적용배제 : 신탁계약의 변경 등으로 법인과세 신탁재산이 법인세 과세방식 적용 신탁에 해당하지 않게 되는 경우에는 그 사유가 발생한 날이 속하는 사업연도분부터 신탁재산에 대한 법인세 과세방식을 적용하지 않는다.

(4) 법인과세 신탁재산의 설립 및 해산 등

1) 설립일 : 법인과세 신탁재산은 신탁법에 따라 그 신탁이 설정된 날에 설립된 것으로 본다. 이에 따라 법인과세 신탁의 최초 사업연도 개시일도 그 신탁이 설정된 날로 한다.

2) 해산일 : 법인과세 신탁재산은 신탁법에 따라 그 신탁이 종료된 날(신탁이 종료된 날이 분명하지 않은 경우에는 부가가치세법에 따른 폐업일을 말한다)에 해산된 것으로 본다.

3) 사업연도의 신고 : 법인과세 수탁자는 법인과세 신탁재산에 대한 사업연도를 따로 정하여

법인 설립신고 또는 사업자등록과 함께 관할세무서장에게 사업연도를 신고해야 한다. 이 경우 사업연도의 기간은 1년을 초과하지 못한다.

4) 납세지 : 법인과세 신탁재산의 법인세 납세지는 그 법인과세 수탁자의 납세지로 한다. 한편 관할지방국세청장이나 국세청장은 이러한 법인과세 신탁재산의 납세지가 그 법인과세 신탁재산의 납세지로 적당하지 않다고 인정되는 경우로서 다음 중 어느 하나에 해당하는 경우에는 그 납세지를 지정할 수 있다.

① 법인과세 수탁자의 본점 등의 소재지가 등기된 주소와 동일하지 않은 경우

② 법인과세 수탁자의 본점 등의 소재지가 자산 또는 사업장과 분리되어 있어 조세포탈의 우려가 있다고 인정되는 경우

(5) 공동수탁자가 있는 법인과세 신탁재산에 대한 적용

1) 대표수탁자의 납부의무 : 하나의 법인과세 신탁재산에 신탁법에 따라 둘 이상의 수탁자가 있는 경우에는 수탁자 중 신탁사무를 주로 처리하는 수탁자(이하 '대표수탁자')로 신고한 자가 법인과세 신탁재산에 귀속되는 소득에 대하여 법인세를 납부해야 한다.

2) 연대납부의무 : 위 1)에 따른 대표수탁자 외의 수탁자는 법인과세 신탁재산에 관계되는 법인세에 대하여 연대하여 납부할 의무가 있다.

2. 과세표준과 그 계산

(1) 법인과세 신탁재산에 대한 소득공제

법인과세 신탁재산이 수익자에게 배당한 경우에는 그 금액을 해당 배당을 결의한 잉여금 처분의 대상이 되는 사업연도의 소득금액에 공제한다.

각 사업연도 소득금액	×××
지급배당 소득공제(수익자에게 배당한 금액)*	(×××)
과세표준	×××

* 이처럼 소득공제하는 배당금액이 해당 배당을 결의한 잉여금 처분의 대상이 되는 사업연도의 소득금액을 초과하는 경우 그 초과금액은 없는 것으로 본다. 한편 소득공제를 적용받으려는 법인과세 신탁재산의 수탁자는 소득공제 신청을 해야 한다.

법인과세 신탁재산에서 발생한 소득에 대해 신탁단계 법인세와 수익자단계 소득세(또는 법인세)의 이중과세를 조정하기 위해서 법인과세 신탁재산에 대한 과세표준을 계산할 때 수익자에게 배당한 금액을 소득공제하는 것이다. 이는 법인과세 신탁재산이 각종 투자활동을 통해 얻은 소득을 수익자에게 배당절차를 통해 전달하는 도관(導管 : Conduit)과 같은 실체(Flow-Through Entities)인 점을 고려한 것이다. 이처럼 법인과세 신탁재산이 수익자에게 배당한 금

액은 신탁단계에서 소득공제가 되어 법인세가 과세되지 않으므로 수익자 단계에서는 배당소득에 대한 이중과세를 조정하지 않는다.

[도 표] 법인과세 신탁재산 이중과세 조정 사례

사례 : ① 2025년에 법인과세 신탁재산의 각 사업연도 소득금액은 200(당기순이익과 일치함)인데, 2026년 3월초에 200 전부를 수익자1(법인 : 분배비율 50%)과 수익자2(개인 : 분배비율 50%)에게 배당금 지급을 결의하였다(따라서 해당 법인과세 신탁재산의 배당을 결의한 잉여금 처분 대상이 되는 사업연도는 2025년이다). ② 수익자1(법인)에게 적용되는 법인세율은 10%이고, 수익자2(개인)에게 적용되는 소득세율은 20%라고 가정한다.

법인과세 신탁재산 → (배당 200, 2026년 3월 초 배당 결의) → 수익자1(법인) / 수익자2(개인)

2025년		2026년		2026년	
각 사업연도 소득금액	200	소득금액(배당)	100*	배당소득금액	100*
지급배당 소득공제	(200)				
과세표준	0				
산출세액	0	산출세액(100×10%)	10	산출세액(100×20%)	20
		* 수입배당금액 익금불산입 배제		* 14% 세율로 원천징수 * Gross-up 대상에서 제외	

※ 만약 위 사례에서 2025년 사업연도에 발생한 소득 200을 2026년 3월초에 배당결의하지 않고 유보한 후 2027년 3월초에 수익자들에게 200을 배당한 경우이면 배당을 결의한 잉여금 처분의 대상이 되는 사업연도는 2026년이다. 따라서 법인과세 신탁재산이 지급한 배당 200은 2026년 과세표준을 계산할 때 2026년 사업연도 소득금액에서 소득공제를 하는 것이다(2025년 각 사업연도 소득에서 지급배당 소득공제를 하지 않는다).

참 고 법인과세 신탁재산에 대한 소득공제 배제

배당을 받은 법인과세 신탁재산의 수익자에 대하여 법인세법 또는 조세특례제한법에 따라 그 배당에 대한 소득세 또는 법인세가 비과세되는 경우에는 법인과세 신탁재산에 대한 소득공제를 적용하지 않는다. 다만, 배당을 받은 수익자가 동업기업과세특례를 적용받는 동업기업인 경우로서 그 동업자들에 대하여 배분받은 배당에 해당하는 소득에 대한 소득세 또는 법인세가 전부 과세되는 경우는 법인과세 신탁재산에 대한 소득공제를 적용한다. ■

(2) 법인과세 신탁재산의 소득금액 계산의 특례

수탁자의 변경에 따라 법인과세 신탁재산의 수탁자가 그 법인과세 신탁재산에 대한 자산과 부채를 변경되는 수탁자에게 이전하는 경우 그 자산과 부채의 이전가액을 수탁자 변경일 현재의 장부가액으로 보아 이전에 따른 손익은 없는 것으로 한다.

3. 신고 · 납부 및 징수

(1) 법인과세 신탁재산의 신고 및 납부

법인과세 신탁재산에 대해서는 성실신고확인서 제출의무 및 중간예납 의무 규정을 적용하지 않는다.

(2) 법인과세 신탁재산의 원천징수

내국법인이 지급받는 이자소득에 대한 원천징수 규정에도 불구하고 법인과세 신탁재산에 다음의 소득을 지급받고, 법인과세 신탁재산의 수탁자가 금융회사 등(은행 · 종합금융회사 · 상호신용금고 · 농협 · 수협 · 증권회사 · 보험회사 등을 말한다)에 해당하는 경우에는 원천징수하지 않는다.

① 소득세법에 따른 이자소득금액(금융보험업을 하는 법인의 수입금액을 포함한다)

② 소득세법에 따른 집합투자기구로부터의 이익 중 투자신탁의 이익의 금액

한편 내국법인의 채권등의 보유기간 이자상당액에 대한 원천징수 규정을 적용할 때에 법인과세 신탁재산에 속한 원천징수대상채권등을 매도하는 경우 법인과세 수탁자를 원천징수의무자로 본다.

제5절 외국법인의 법인세 납세의무

I-2 p.522

Ⅰ. 서설

'외국법인'이란 외국에 본점 · 주사무소(국내에 사업의 실질적 관리장소가 소재하지 않은 경우에 한정)를 둔 법인을 말한다. 구체적으로 외국단체 중 다음 중 하나에 해당하는 단체는 외국법인으로 판정한다(외국단체의 법인 판정기준).

① 설립된 국가의 법에 따라 법인격이 부여된 단체

② 구성원이 유한책임사원으로만 구성된 단체

③ 그 밖에 해당 외국단체와 동종 또는 유사한 국내의 단체가 상법 등 국내의 법률에 따른 법인인 경우의 그 외국단체

한편 '비영리외국법인'이란 외국법인 중 외국의 정부 · 지방자치단체 및 영리를 목적으로 하지 않는 법인(법인으로 보는 단체 포함)을 말한다. 이러한 외국법인에 대한 법인세 납세의무의 범위는 다음과 같다.

구분	각 사업연도소득에 대한 법인세		토지등양도소득에 대한 법인세	청산소득에 대한 법인세
영리외국법인	국내원천소득	제한 납세의무	○	×
비영리외국법인	국내원천소득 중 수익사업소득		○	×

판례 외국단체의 국내원천소득에 대한 과세방법

외국단체가 국내원천소득을 얻어 이를 구성원들에게 분배하는 영리단체에 해당하는 경우에, ① 외국단체가 외국법인인 경우에는 그 단체를 납세의무자로 하여 국내원천소득에 대해 법인세를 과세해야 하고, ② 외국법인에 해당하지 않으면 단체의 구성원들을 납세의무자로 하여 그들 각자에게 분배되는 소득금액에 대해 그 구성원들의 지위에 따라 소득세 · 법인세를 과세해야 한다(2011두12917). ■

판례 외국법인의 국내원천소득과 국외원천소득의 입증책임

과세관청이 외국법인의 수익이 국내원천소득이라고만 주장할 뿐 그 수익의 구체적인 내용이나 원고가 국내에서 행하는 사업이나 국내에서 제공하는 인적 용역 또는 국내에 있는 자산과의 관련성이나 유사성 등을 주장 · 증명하고 있지 아니하면 구체적인 내용 등이 밝혀지지 않은 이상 그 수익이 국내원천소득에 해당한다고 단정하기 어렵고 달리 이를 인정할 증거가 없다고 판단된다(2017두237). ■

Ⅱ. 외국법인의 국내원천소득의 범위

1. 국내원천소득의 개념

'국내원천소득'이란 소득발생의 원천 · 결정적인 기준이 국내에 있는 소득을 말한다. 국내원천소득의 판정기준은 자산의 국내에 소재, 사업활동 · 용역제공이 국내에서 이루어지거나 소득지급자 등이 국내에 있을 것 등을 조건으로 한다.

2. 국내원천소득의 범위

국내원천소득의 종류	범위
(1) 국내원천 이자소득	다음 중 어느 하나에 해당하는 이자소득 ① 국가, 지방자치단체, 거주자, 내국법인, 비거주자 · 외국법인의 국내사업장으로부터 받는 소득 ② 외국법인 · 비거주자로부터 받는 소득으로서 그 소득을 지급하는 외국법인 · 비거주자의 국내사업장과 실질적으로 관련하여 그 국내사업장의 소득금액을 계산할 때 손금 · 필요경비에 산입되는 것 * 이자소득의 범위에서 제외되는 것 ① 외국법인이 발행한 채권 · 증권의 이자와 할인액 ② 국외에서 받는 예금의 이자와 신탁의 이익 ③ 거주자 또는 내국법인의 국외사업장을 위하여 그 국외사업장이 직접 차용한 차입금의 이자

(2) 국내원천 배당소득	내국법인(또는 법인으로 보는 단체)이나 그 밖의 국내에 소재하는 자로부터 받는 배당소득 * 「국제조세조정에 관한 법률」에 따른 이전가격세제 및 과소자본세제의 적용으로 인하여 배당으로 처분된 금액을 포함한다.
(3) 국내원천 부동산소득	국내에 있는 부동산 또는 부동산상의 권리와 국내에서 취득한 광업권·조광권, 흙·모래·돌의 채취에 관한 권리, 지하수의 개발·이용권의 양도·임대, 그 밖에 운영으로 인하여 발생하는 소득 * (7)의 국내원천 부동산등양도소득에 해당하는 것은 제외
(4) 국내원천 선박등 임대소득	거주자·내국법인, 비거주자·외국법인의 국내사업장에 선박·항공기·등록된 자동차·건설기계 또는 산업상·상업상·과학상의 기계·설비·장치·운반구·공구·기구 및 비품을 임대함으로써 발생하는 소득
(5) 국내원천 사업소득	비거주자 또는 외국법인이 국내에서 경영하는 사업에서 발생하는 소득 * (6)의 국내원천 인적용역소득은 제외 * 조세조약에 따라 국내원천 사업소득으로 과세할 수 있는 소득 포함 * 국외에서 발생하는 유가증권투자소득 등 일정한 소득으로서 국내사업장에 귀속되는 것도 포함
(6) 국내원천 인적용역소득	국내에서 일정한 인적용역을 제공함으로써 발생하는 소득(independent personal service) * 일정한 인적용역의 범위 ① 영화·연극의 배우, 음악가 그 밖의 공중연예인이 제공하는 용역 ② 직업운동가가 제공하는 용역 ③ 변호사·공인회계사·건축사·측량사·변리사 그 밖의 자유직업자가 제공하는 용역 ④ 과학기술·경영관리 그 밖의 분야에 관한 전문적 지식 또는 특별한 기능을 가진 자가 해당 지식 또는 기능을 활용하여 제공하는 용역 * 국내원천 인적용역을 제공받는 자가 인적용역의 제공과 관련하여 항공회사·숙박업자 또는 음식업자에게 실제로 지급한 사실(인적용역을 제공하는 자를 통해 지급하는 경우 포함)이 확인되는 항공료·숙박비 또는 식사대를 부담하는 경우 그 비용을 제외한 금액을 말한다. * 이러한 국내원천 인적용역소득에는 국외에서 제공하는 인적용역 중 기술용역 등을 제공함으로써 발생하는 소득이 조세조약(예 : 한국·인도 조세조약)에 따라 국내에서 발생하는 것으로 간주되는 소득을 포함한다.
(7) 국내원천 부동산등 양도소득	국내에 있는 다음 중 어느 하나에 해당하는 자산·권리(양도소득세 과세대상자산)를 양도함으로써 발생하는 소득 ① 토지·건물 및 부동산에 관한 권리 ② 기타자산 중 사업용자산(위 ①의 자산을 말한다)과 함께 양도하는 영업권과 특정시설물이용권

	③ 내국법인의 주식 또는 출자지분(주식 · 출자지분을 기초로 하여 발행한 예탁증서 및 신주인수권을 포함한다. 이하 같다) 중 양도일이 속하는 사업연도 개시일 현재 그 법인의 자산총액 중 다음의 가액의 합계액(㉠+㉡)이 50% 이상인 법인의 주식 또는 출자지분(이하 '부동산주식등')으로서 증권시장에 상장되지 않은 주식 또는 출자지분 ㉠ 토지 · 건물 및 부동산에 관한 권리의 자산가액 ㉡ 내국법인이 보유한 다른 부동산과다보유법인의 주식가액에 그 다른 법인의 부동산 보유비율을 곱하여 산출한 가액(아래 계산식에 따른 가액을 말한다) $$㉡\ \text{내국법인이 보유한 다른 부동산과다보유법인*의 주식가액} \times \left(\frac{\text{다른 법인의 토지 · 건물 및 부동산에 관한 권리의 가액}}{\text{다른 법인의 총자산가액}}\right)$$ * 여기서 '부동산과다보유법인'이란 다른 법인 부동산보유비율(위의 분자/분모)이 50% 이상인 법인을 말한다.
(8) 국내원천 사용료소득	① 일정한 자산 · 정보 또는 권리를 국내에서 사용하거나 그 대가를 국내에서 지급하는 경우의 그 대가 ② 일정한 자산 · 정보 또는 권리의 양도로 발생하는 소득
(9) 국내원천 유가증권 양도소득	다음 중 어느 하나에 해당하는 주식 · 출자지분(증권시장에 상장된 부동산주식 등을 포함한다) 또는 그 밖의 유가증권의 양도로 발생하는 소득을 말한다. ① 내국법인이 발행한 주식 또는 출자지분과 그 밖의 유가증권 ② 외국법인이 발행한 주식 또는 출자지분(증권시장에 상장된 것에 한정한다) 및 외국법인의 국내사업장이 발행한 그 밖의 유가증권 이러한 유가증권 양도소득의 구체적인 범위는 다음과 같다. ① 국내사업장을 가지고 있는 외국법인이 주식 또는 출자지분을 양도함으로써 발생하는 소득 ② 국내사업장을 가지고 있지 않는 외국법인이 해당 주식 또는 출자지분을 양도함으로써 발생하는 소득. 다만, 증권시장을 통하여 주식 또는 출자지분을 양도함으로써 발생하는 소득으로서 해당 양도법인 및 그 특수관계인이 해당 주식 또는 출자지분의 양도일이 속하는 연도와 그 직전 5년의 기간 중 계속하여 그 주식 또는 출자지분을 발행한 법인의 발행주식총수 또는 출자총액의 25% 미만을 소유한 경우를 제외한다. ③ 국내사업장을 가지고 있는 외국법인이 주식 또는 출자지분 외의 유가증권을 양도함으로써 발생하는 소득. 다만, 해당 유가증권 양도시 앞의 (1)에 열거된 이자소득으로 과세되는 소득은 제외한다.

	④ 국내사업장을 가지고 있지 않는 외국법인이 내국법인 또는 거주자나 외국법인·비거주자의 국내사업장에 주식 또는 출자지분 이외의 유가증권을 양도함으로써 발생하는 소득. 다만, 해당 유가증권 양도시 (1)에 열거된 이자소득으로 과세되는 소득은 제외한다.
⑽ 국내원천 기타소득	기타 국내에서 하는 사업, 국내에서 제공하는 인적용역 또는 국내자산과 관련하여 받은 경제적 이익으로 인한 소득 또는 이와 유사한 소득으로서 열거된 것

Ⅲ. 외국법인의 국내사업장

1. 의의

외국법인(또는 비거주자)의 국내사업장이란 외국법인(또는 비거주자)의 국내사업의 전부·일부를 수행하기 위하여 설치된 고정된 장소(a fixed place), 즉 고정사업장(permanent establishment : PE)을 말한다. 고정사업장이 되기 위해서는 이론상 다음의 요건을 충족해야 한다.

① 사업장이라 할 수 있는 장소가 존재해야 한다.

② 사업장이 고정되어야 한다. 여기서 '고정'이란 지리적으로 특정되어야 할 뿐만 아니라 시간적으로 어느 정도의 항구성을 지녀야 하는 것을 의미한다.

③ 고정된 사업장소에서 사업이 수행되어야 한다.

이러한 국내사업장의 유무는 비거주자·외국법인의 국내원천소득의 과세에 있어서 종합과세·분리과세를 결정하는 기준이 된다.

2. 국내사업장의 범위

(1) 본래의 국내사업장

외국법인·비거주자가 국내에 사업의 전부·일부를 수행하는 고정된 장소를 가지고 있는 경우에는 국내사업장이 있는 것으로 본다. 이러한 국내사업장에 해당하는 장소와 해당하지 않는 장소의 예를 들면 다음과 같다.

1) 국내사업장은 다음에 해당하는 장소를 포함한 것으로 한다.

① 지점·사무소·영업소

② 상점이나 그 밖의 고정된 판매사업장

③ 작업장·공장·창고

④ 6월을 초과하여 존속하는 건설장소·건설·조립·설치공사의 현장 또는 이와 관련되는 감독활동을 수행하는 장소

⑤ 고용인을 통해 용역을 제공하는 경우로서 다음에 해당되는 장소

㉠ 용역의 제공이 계속되는 12월 기간 중 합계 6월을 초과하는 기간 동안 용역이 수행되는 장소

㉡ 용역의 제공이 계속되는 12월 기간 중 합계 6월을 초과하지 않는 경우로서 유사한 종류의 용역이 2년 이상 계속 · 반복적으로 수행되는 장소

⑥ 광산 · 채석장 · 해저천연자원 그 밖의 천연자원의 탐사 및 채취장소

2) 국내사업장에는 다음에 해당하는 장소는 포함되지 않는다. 다만, 외국법인 · 비거주자나 그 특수관계인의 국내사업장과 상호 보완적인 관계에 있는 경우에는 제외

① 자산의 단순한 구입만을 위하여 사용하는 일정한 장소

② 판매를 목적으로 하지 않는 자산의 저장 · 보관을 위해서만 사용하는 일정한 장소

③ 광고 · 선전 · 정보의 수집과 제공 · 시장조사 그 밖의 사업수행상 예비적이고 보조적인 성격을 가진 사업활동을 행하기 위해 사용되는 일정한 장소

④ 자기의 자산을 타인으로 하여금 가공하게 하기 위해서만 사용하는 일정한 장소

(2) 의제국내사업장

외국법인 · 비거주자이 국내에 고정된 장소를 가지고 있지 않는 경우에도 국내에 자기를 위해 계약을 체결할 수 있는 권한을 가지고 그 권한을 반복적으로 행사하는 자 또는 이에 준하는 자(종속대리인 : dependent agent)를 두고 사업을 영위하는 때에는 종속대리인의 사업장 소재지(사업장이 없는 경우에는 주소지, 주소지가 없는 경우에는 거소지)에 국내사업장을 둔 것으로 본다.

Ⅳ. 외국법인의 국내원천소득에 대한 과세방법

1. 개요

외국법인의 각 사업연도 국내원천소득에 대한 법인세의 과세방법은 분리과세와 종합과세로 나누어진다. '분리과세'란 국내원천소득별로 과세표준을 계산하여 각각 과세하는 방법을 말한다. 여기에는 원천징수방법에 따른 분리과세와 신고납부방법에 따른 분리과세가 있다. 그리고 '종합과세'란 국내원천소득의 합계액에서 이월결손금 · 비과세소득을 공제한 금액을 과세표준으로 하여 국내원천소득을 합산과세하는 방법을 말한다.

외국법인의 각 사업연도 국내원천소득에 대한 분리과세와 종합과세의 구분기준은 다음과 같다.

종합과세하는 경우	분리과세하는 경우
① 국내사업장을 가진 외국법인의 국내원천소득으로서 국내사업장과 실질적으로 관련되고 국내사업장에 귀속되는 금액 ② 국내원천 부동산소득	국내사업장과 실질적으로 관련되지 않거나 그 국내사업장에 귀속되지 않는 소득금액 또는 국내사업장이 없는 외국법인의 소득금액 ① 원천징수특례에 따른 분리과세소득 • 이자소득 · 배당소득 · 사용료소득 · 기타소득 • 선박 · 항공기 등의 임대소득, 사업소득 • 인적용역소득 • 유가증권 양도소득 ② 신고납부에 따른 분리과세소득 • 양도소득

2. 종합과세

(1) 과세표준

외국법인의 국내원천소득에 대하여 종합과세하는 경우에 각 사업연도의 소득에 대한 법인세의 과세표준은 국내원천소득의 총합계액(원천징수되는 국내원천소득금액은 제외)에서 다음의 금액을 순차로 공제한 금액으로 한다.

① 이월결손금 : 각 사업연도 개시일 전 10년 이내(2020.1.1. 이후 개시하는 사업연도에 발생하는 결손금은 15년 이내)에 개시한 사업연도에서 발생한 결손금(국내에서 발생한 결손금에 한함)으로서 그 후의 각 사업연도의 과세표준계산에 있어서 공제되지 않는 금액. 다만, 이월결손금에 대한 공제의 범위는 각 사업연도 소득의 80%로 한다.

② 비과세소득 : 법인세법 및 다른 법률에 따른 비과세소득

③ 외국항행소득 : 선박 · 항공기의 외국항행으로 발생하는 소득. 다만, 그 외국법인의 본점 · 주사무소가 있는 외국이 우리나라의 선박 · 항공기에 대해 동일한 면제를 하는 경우에 한정한다(상호면세주의).

> 각 사업연도소득에 대한 법인세 과세표준
> = 국내원천소득의 총합계액 − 이월결손금 − 비과세소득 − 외국항행소득

(2) 국내원천소득금액의 계산

종합과세하는 외국법인의 각 사업연도 국내원천소득의 총합계액은 내국법인의 익금과 손금계산에 관한 규정을 준용하여 계산한 금액으로 한다.

(3) 세액의 계산

종합과세하는 외국법인의 각 사업연도소득에 대한 법인세는 과세표준금액에 9%~24%의 세율을 적용하여 계산한 금액으로 한다. 이 경우 외국법인의 토지 등 양도소득에 대한 과세특례에 따른 추가법인세액이 있는 경우에는 이를 합한 금액으로 한다. 과세특례에 따른 추가법인세는 내국법인에 관한 규정을 준용한다.

이때 외국법인의 재해손실세액공제액을 계산할 경우 재해상실비율은 외국법인이 국내에 가지고 있는 자산에 한정한다.

(4) 신고·납부·결정·경정 및 징수

1) 내국법인에 관한 규정 준용 : 종합과세하는 외국법인의 각 사업연도소득에 대한 법인세의 신고·납부·결정·경정·징수에 대해서는 이 절에서 규정하는 것을 제외하고 내국법인에 관한 규정을 준용한다.

2) 신고·납부기한의 연장 : 각 사업연도 종료일이 속하는 달의 말일부터 3월 이내에 과세표준·세액을 신고·납부해야 할 외국법인이 본점·주사무소의 결산이 확정되지 않았거나 부득이한 사유로 인하여 과세표준신고서를 제출할 수 없는 경우에는 해당 사업연도 종료일부터 60일 이내에 세무서장의 승인을 얻어 그 신고·납부기한을 연장할 수 있다. 이처럼 신고기한 연장승인을 얻은 외국법인이 신고세액을 납부하는 때에는 국세환급가산금 기본이자율을 적용하여 계산한 금액을 가산하여 납부해야 한다.

3. 분리과세

(1) 원천징수특례에 따른 분리과세

1) 개요 : 외국법인에 대해 원천징수에 따른 분리과세소득을 지급하는 자(양도소득을 지급하는 거주자·비거주자는 제외)는 그 소득을 지급하는 때에 다음의 금액을 해당 법인의 각 사업연도소득에 대한 법인세로서 원천징수하여 그 원천징수한 날이 속하는 달의 다음 달 10일까지 납세지 관할세무서장 등에 납부해야 한다. 다만, 사업소득 중 조세조약에 따라 국내원천사업소득으로 과세할 수 있는 소득은 제외한다.

원천징수대상소득	원천징수세액
① 국내원천 이자소득·배당소득·사용료소득·기타소득	소득별 수입금액의 20%(원천징수세율) * 국가·지방자체단체·내국법인이 발행하는 채권에서 발생하는 이자소득 : 수입금액×14%
② 국내원천 선박·항공기 등의 임대소득, 사업소득	소득별 수입금액의 2%

③ 국내원천 인적용역소득	지급금액의 20% * 국외에서 제공하는 인적용역 중 기술용역 등을 제공함으로써 발생하는 소득이 조세조약에 따라 국내에서 발생하는 것으로 간주되는 소득 : 지급금액 × 3%
④ 국내원천 유가증권 양도소득 ⑤ 국내원천 부동산 등 양도소득 (예납적 원천징수에 해당)	MIN (①, ②) ① 지급금액의 10% ② (수입금액 – 취득가액 · 양도비용)×20%

원천징수에 따라 분리과세되는 소득은 원천징수함으로써 납세의무가 종결된다(다만, 양도소득은 예납적 원천징수에 해당). 이처럼 분리과세되는 소득에 대해서는 완납적 원천징수에 해당하기 때문에 내국법인 · 거주자의 원천징수세율보다 고율로 원천징수하는 것이다.

[도 표] 거주자의 소득과 비거주자 · 외국법인의 원천징수세율의 비교

거주자의 소득	비거주자 · 외국법인의 소득
• 이자 · 배당소득 : 14%(비영업대금의 이익은 25%) 등	• 이자 · 배당소득 : 20%(국가 등이 발행한 이자소득은 14%)
• 인적용역에 대한 사업소득 : 수입금액의 3% * 외국인 운동선수에 대한 일정한 소득에 대해서는 20% • 인적용역에 대한 기타소득 : 소득금액의 20%	• 선박 · 항공기 등의 임대소득, 사업소득 : 수입금액의 2% • 인적용역소득 : 수입금액의 20%(조세조약에 따른 기술용역 등은 3%) • 기타소득 : 수입금액의 20%
• 양도소득 : 원천징수의무 ×	• 유가증권 양도소득 및 부동산등양도소득 : MIN (①, ②) ① 지급금액 × 10% ② (수입금액 – 취득가액 · 양도비용)×20%

2) 원천징수세액의 징수 : 외국법인의 각 사업연도소득에 대한 법인세로서 원천징수해야 할 금액을 원천징수하지 않거나 원천징수한 금액을 납부기한 내에 납부하지 않는 때에는 지체 없이 국세징수의 예에 따라 원천징수의무자로부터 그 징수하는 금액에 원천징수 납부지연가산세를 가산한 금액을 법인세로서 징수해야 한다. 다만, 국가 · 지방자치단체인 경우에는 예외로 한다.

3) 유가증권 양도소득에 대한 신고 · 납부 등의 특례 : 국내사업장이 없는 외국법인은 동일한 내국법인의 주식 · 출자증권을 같은 사업연도(해당 주식 · 출자증권을 발행한 내국법인의 사업연도)에 2회 이상 양도함으로써 조세조약에서 정한 과세기준을 충족하게 된 때에는 양도

당시 원천징수되지 않는 소득에 대한 원천징수세액 상당액을 양도일이 속하는 사업연도의 종료일부터 3개월 이내에 관할세무서장에게 신고 · 납부해야 한다. 이러한 특례는 국내사업장이 있는 외국법인의 소득으로서 그 국내사업장과 실질적으로 관련되지 않거나 그 국내사업장에 귀속되지 않는 소득에 대해서도 준용한다.

(2) 국내원천 부동산 등 양도소득의 신고납부에 따른 분리과세

1) 개요 : 국내사업장이 없는 외국법인의 각 사업연도 국내원천소득 중 부동산 등 양도소득은 신고납부에 따라 분리과세한다. 즉 국내원천 부동산 등 양도소득은 그 세액의 정산을 위해 외국법인이 신고 · 납부하는 것이다.

[도 표] 국내원천 부동산 등 양도소득의 신고납부세액계산

계산구조	내용
양 도 가 액	• 실지거래가액
− 취 득 가 액	• 실지거래가액
− 양 도 비 용	
= 과 세 표 준	• 자산별 양도소득금액의 합계액
× 세 율	• 9%~24% 초과누진세율
= 신 고 납 부 세 액	• 토지등양도소득에 대한 추가법인세 가산
− 기 납 부 세 액	• 원천징수된 세액
= 차 감 납 부 세 액	• 사업연도 종료일이 속하는 달의 말일부터 3개월 이내 신고납부

2) 과세표준 및 세액계산 : 외국법인의 국내원천 부동산 등 양도소득에 대한 법인세 과세표준(양도소득금액) · 세액은 다음과 같이 계산한다.

① 양도소득금액의 계산 : 양도소득금액은 양도소득 과세대상자산(이하 '토지 등')의 양도가액에서 다음의 금액을 공제한 금액으로 한다.

㉠ 취득가액

㉡ 토지 등을 양도하기 위하여 직접 지출한 비용

② 신고납부세액계산 : 국내원천 부동산 등 양도소득에 대한 법인세는 과세표준금액에 4단계 초과누진세율(9%~24%)을 적용하여 계산한 금액으로 한다. 이 경우 외국법인의 토지 등 양도소득에 대한 과세특례에 따른 추가법인세액이 있는 경우에는 이를 합한 금액으로 한다.

3) 신고 · 납부 · 결정 · 경정 및 징수 : 이에 대해서는 내국법인의 각 사업연도소득에 대한 법인세에 관한 규정을 준용한다.

법인 09

V. 외국법인의 국내사업장에 대한 과세특례 : 지점세

1. 의의

'지점세(branch tax)'란 조세조약에 따라 외국법인의 국내사업장에 대해 각 사업연도소득에 대한 법인세에 추가하여 과세하는 부가세(sur tax)를 말한다. 그 과세의 취지는 다음과 같다.

외국법인이 우리나라에서 경제적 활동을 하는 형태에는 국내에 고정사업장을 설치하고 국내에서 사업을 경영하는 방법과 외국법인이 국내에 현지법인(자회사)을 설립하고 그 현지법인을 통하여 국내에서 사업활동을 하는 방법이 있다.

외국법인이 현지법인을 두는 경우 현지법인(내국법인)의 소득에 대해서는 법인세를 과세하고, 그 세후소득을 외국의 모회사에게 배당하면 그 배당소득에 대해 법인세가 다시 과세된다. 반면에 외국법인이 국내사업장을 두는 경우에는 법인소득에 대해 법인세를 과세한 후 그 소득에 대해서는 별도로 법인세를 과세하지 않게 된다. 만일 이렇게 되면 외국법인이 국내에서 어떤 방법으로 사업활동을 하는가에 따라 실질적인 조세부담 수준이 달라져 불공평성이 발생하게 된다. 이러한 불공평을 시정하기 위해 외국법인의 국내사업장에 대해서는 일반법인세에 추가하여 지점세를 과세하는 것이다.

이러한 지점세는 국내에서 가득한 이윤의 송금 여부에 관계없이 과세된다. 이에 반해 조세조약에 따라 이윤의 송금액에 대해 과세하는 경우도 있는데, 이것을 '지점송금세(branch remttance tax)'라고 한다.

2. 지점세액의 계산

(1) 개요

외국법인(비영리외국법인은 제외)의 국내사업장은 우리나라와 해당 외국법인의 거주지국과 체결한 조세조약의 규정에 따라 다음과 같이 계산한 지점세를 각 사업연도소득에 대한 법인세에 추가하여 납부해야 한다. 다만, 그 외국법인의 거주지국이 그 국가에 있는 우리나라의 법인의 국외사업장에 대해 추가하여 과세하지 아니하는 경우에는 그렇지 않다.

지점세액 = 과세대상 소득금액(이윤송금액) × 세율

(2) 과세대상 소득금액

1) 지점세의 경우 : 과세대상 소득금액은 해당 국내사업장의 각 사업연도 소득금액에서 다음의 금액을 차감한 금액으로 한다. 이는 각 사업연도소득 중 국내사업장에 유보되지 않고 거주지국의 본점에 귀속되는 소득을 의미한다.

	해당 국내사업장의 각 사업연도 소득금액
−	각 사업연도소득에 대한 법인세액 · 법인지방소득세
−	자본금 상당액의 증가액(자본금 상당액의 감소액은 가산)
−	국외지배주주로부터 차입한 금액에 대한 이자의 손금불산입액(배당 · 기타사외유출)
=	과세대상 소득금액

여기서 '자본금 상당액'은 재무상태표상 자산의 합계액에서 부채(충당금은 포함하되, 미지급 법인세는 제외)의 합계액을 공제한 금액으로 한다. 이 경우 자본금 상당액의 증가액(사업연도 종료일 현재의 자본금 상당액>사업연도 개시일 현재의 자본금 상당액)은 해당 국내사업장의 사업을 위해 재투자할 것으로 인정되는 금액으로서 과세대상 소득금액계산상 차감한다. 반면에 자본금 상당액의 감소액(사업연도 개시일 현재의 자본금 상당액 > 사업연도 종료일 현재의 자본금 상당액)은 과세대상 소득금액계산상 가산하되, 가산하는 금액은 다음과 같이 계산한 미과세누적유보소득을 초과하지 못한다.

	전기까지의 각 사업연도 소득금액의 합계액(−결손금의 합계액)
−	전기까지의 각 사업연도소득에 대한 법인세 · 법인지방소득세의 합계액
−	전기까지의 각 사업연도 지점세 과세대상 소득금액의 합계액
=	미과세누적유보소득

한편 외국법인이 국내사업장을 가지지 않게 된 경우로서 의제사업연도(사업연도 개시일부터 해당 사업장을 가지지 않게 된 날까지의 기간)의 과세대상소득금액을 계산할 때 의제사업연도 종료일 현재의 자본금 상당액은 '0'으로 본다.

2) 지점송금세의 경우 : 우리나라와 해당 외국법인의 거주지국과 체결한 조세조약에서 이윤의 송금액에 대해 과세할 수 있도록 규정하고 있는 경우(지점송금세)에 과세대상 소득금액은 각 사업연도 중 실제로 송금된 이윤으로 하되, 각 사업연도에 실제로 송금된 이윤이 일반적인 지점세에서 계산한 직전 사업연도 과세대상 소득금액을 초과할 경우 그 초과분 중 직전 사업연도까지의 미과세누적유보소득을 한도로 한다.

(3) 지점세의 세율

외국법인의 배당소득에 대한 원천징수세율(20%)로 하되, 우리나라의 해당 외국법인의 거주지국과 체결한 조세조약에 따로 정한 세율(제한세율)이 있는 경우에는 그에 따른다.

VI. 조세조약과의 관계

국제간 거래가 활발해짐에 따라 국제간의 이중과세 등의 문제를 해결하기 위해 국가 간에 조세조약의 체결이 증가하고 있는 추세이다. 조세조약에는 주로 체약국간의 소득에 대한 과세권 배분(이중과세방지) 및 탈세방지를 목적으로 하며, 거주자의 정의, 고정사업장(PE)의 범위, 과세대상소득의 범위, 소득원천지국의 판정문제, 적용세율의 최고한도(제한세율) 등의 내용을 포함한다.

이러한 조세조약상의 내용이 국내법에 따른 납세의무자 · 과세소득의 범위 · 세율 등에 관련하여 상충되는 경우에는 조세조약이 우선하여 적용되고, 조세조약상 특별히 규정되지 않은 부분에 대해서는 국내법이 적용된다. 그리하여 비거주자 · 외국법인에 대한 납세의무는 조세조약에 따라 상당한 변경 · 제한이 있게 된다.

제4편
소득세법

제 1 장
소득세의 기초이론

제1절 소득세의 납세의무자

I-2 p.551

Ⅰ. 서설

소득세의 납세의무자는 소득을 얻은 개인이다. 그리고 법인으로 보지 않는 법인이 아닌 단체에 대해서는 거주자로 보아 소득세를 과세하므로 법인이 아닌 단체도 소득세 납세의무자가 된다.

Ⅱ. 납세의무자의 구분

1. 거주자와 비거주자의 개념

① '거주자'란 국내에 주소를 두거나 183일 이상의 거소(居所)를 둔 개인을 말하며, ② '비거주자'란 거주자가 아닌 개인을 말한다.

2. 주소 등의 판정

(1) 주소의 판정기준

'주소(住所)'는 국내에서 생계를 같이 하는 가족 및 국내에 소재하는 자산의 유무 등 생활관계의 객관적 사실에 따라 판정한다. 그 구체적인 판정기준은 다음과 같다.

국내에 주소를 가진 것으로 보는 경우	국내에 주소가 없는 것으로 보는 경우
• 계속하여 183일 이상 국내에 거주할 것을 통상 필요로 하는 직업을 가진 때 • 국내에 생계를 같이하는 가족이 있고, 그 직업 · 자산상태에 비추어 계속하여 183일 이상 국내에 거주할 것으로 인정되는 때(*주)	• 국외에 거주 · 근무하는 자가 외국국적을 가졌거나 외국법령에 따라 그 외국의 영주권을 얻은 자로서 국내에 생계를 같이하는 가족이 없고 그 직업 및 자산상태에 비추어 다시 입국하여 주로 국내에 거주하리라고 인정되지 않는 때

(*주) 여기서 ① '국내에 생계를 같이하는 가족'이란 우리나라에서 생활자금이나 주거장소 등을 함께하는 가까운 친족을 의미하고, ② '직업 및 자산상태에 비추어 계속하여 183일 이상 국내에 거주할 것으로 인정되는 때'란 183일 이상 우리나라에서 거주를 필요할 정도로 직장관계 또는 근무관계 등이 유지되거나 183일 이상 우리나라에 머물면서 자산의 관리 · 처분 등을 해야 하는 때와 같이 장소적 관련성이 우리나라와 밀접한 경우를 의미한다(2013두16876 판결).

(2) 거소의 개념과 거주기간의 계산

'거소(居所)'는 주소지 외의 장소 중 상당 기간에 걸쳐 거주하는 장소로서 주소와 같이 밀접한 일반적 생활관계가 형성되지 않는 장소를 말한다.

그리고 '국내에 거소를 둔 기간'은 입국한 날의 다음 날부터 출국한 날까지로 한다. 다만, 국내에 거소를 두고 있던 개인이 출국 후 다시 입국한 경우에 생계를 같이하는 가족의 거주지나 자산소재지 등에 비추어 그 출국목적이 관광, 질병의 치료 등으로서 명백하게 일시적인 것으로 인정되는 때에는 그 출국한 기간도 국내에 거소를 둔 기간으로 본다. 한편 국내에 거소를 둔 기간이 다음 중 어느 하나에 해당하는 경우에는 국내에 183일 이상 거소를 둔 것으로 본다.

① 1과세기간 동안 183일 이상인 경우
② 2과세기간에 걸쳐 계속하여 183일 이상인 경우(이 규정은 2026.1.1. 이후 개시하는 과세기간에 발생하는 소득분부터 적용한다)

3. 거주자 또는 비거주자로 되는 시기

비거주자가 거주자로 되는 시기	거주자가 비거주자로 되는 시기
① 국내에 주소를 둔 날 ② 국내에 주소를 가진 것으로 보는 사유가 발생한 날 ③ 국내에 거소를 둔 기간이 183일이 되는 날	① 거주자가 주소 · 거소의 국외이전을 위해 출국하는 날의 다음 날 ② 국내에 주소가 없는 것으로 보는 사유가 발생한 날의 다음 날

III. 법인이 아닌 단체에 대한 납세의무

법인이 아닌 단체(법인으로 보는 단체는 제외, 이하 같다)도 소득세법에 따라 소득에 대한 소득세를 납부할 의무를 진다. 이 경우 국내에 주사무소(또는 사업의 실질적 관리장소)를 둔 경우에는 거주자로, 그 밖의 경우에는 비거주자로 보아 소득세법을 적용하는데, 그 단체에 대한 소득세의 과세방법은 다음과 같다.

구분	과세방법(*주)
(1) 다음 중 어느 하나에 해당하는 경우 ① 구성원 간 이익의 분배비율이 정하여져 있고 해당 구성원별로 이익의 분배비율이 확인되는 경우 ② 구성원 간 이익의 분배비율이 정하여져 있지 않지만 사실상 구성원별로 이익이 분배되는 것으로 확인되는 경우	• 소득구분에 따라 해당 단체의 각 구성원별로 소득세법 또는 법인세법에 따라 소득에 대한 소득세 또는 법인세*를 납부할 의무를 진다. * 해당 구성원이 법인(법인으로 보는 단체 포함)인 경우에 한정한다(이하 같다).
(2) 위 (1) 외의 경우* * 구성원 간 이익의 분배비율이 정하여져 있지 않고 사실상 구성원별로 이익이 분배되지 않은 경우를 말한다.	• 해당 단체를 1거주자(또는 1비거주자)로 보아 소득세법을 적용한다. 따라서 해당 단체가 1거주자(또는 1비거주자)로서 소득세를 납부할 의무를 진다.

(*주) 위 규정에도 불구하고 해당 단체의 전체 구성원 중 일부 구성원의 분배비율만 확인되거나 일부 구성원에게만 이익이 분배되는 것으로 확인되는 경우에는 다음의 구분에 따라 소득세 또는 법인세를 납부할 의무를 진다.

구분	과세방법
① 확인되는 부분	해당 구성원별로 소득세 또는 법인세에 대한 납세의무 부담
② 확인되지 않는 부분	해당 단체를 1거주자(또는 1비거주자)로 보아 소득세에 대한 납세의무 부담

Ⅳ. 납세의무의 범위 및 과세방법

1. 원칙

1) ① 거주자는 국내원천소득·국외원천소득 모두에 대해 소득세 납세의무를 진다. 반면에 ② 비거주자는 국내원천소득에 대해서만 소득세 납세의무를 진다.

2) 해당 과세기간 종료일 10년 전부터 국내에 주소·거소를 둔 기간의 합계가 5년 이하인 외국인 거주자에게는 과세대상 소득 중 국외원천소득의 경우, ① 국내에서 지급되거나 ② 국내로 송금된 소득에 대해서만 과세한다. 이것을 '외국인 단기 거주자에 대한 과세특례'라고 한다.

3) 원천징수의무자는 원천징수한 소득세를 납부할 의무를 진다.

2. 납세의무의 특례 등

(1) 공동사업의 소득금액에 대한 납세의무

1) 원칙(공동사업자별 납세의무) : 공동사업에서 발생하는 소득금액은 공동사업자 간 손익분배비율에 의하여 분배되었거나 분배될 소득금액에 따라 해당 공동사업자별로 납세의무를 진다. 따라

소득 01

서 연대납세의무가 배제되는데, 이것은 국세기본법에 따른 공동사업에 관계되는 국세의 연대납세의무 규정에 대한 특례에 해당한다.

2) 예외(공동사업합산과세) : 공동사업합산과세 규정에 따라 특수관계인의 소득금액이 주된 공동사업자에게 합산과세되는 경우, 그 합산과세되는 소득금액에 대해서는 주된 공동사업자의 특수관계인은 손익분배비율에 해당하는 그의 소득금액을 한도로 주된 공동사업자와 연대하여 납세의무를 진다.

(2) 공동소유 자산의 양도소득금액에 대한 납세의무

공동으로 소유한 자산에 대한 양도소득금액을 계산하는 경우에는 해당 자산을 공동으로 소유하는 각 거주자가 납세의무를 진다. 따라서 연대납세의무가 배제되는데, 이것은 국세기본법에 따른 공유물 및 공동사업에 속하는 재산에 관계되는 국세의 연대납세의무에 대한 특례에 해당한다.

(3) 상속으로 인한 납세의무의 승계

상속의 경우에 상속인은 피상속인에게 과세되었거나 피상속인이 납부할 소득세에 대한 납세의무를 승계한다. 이 경우에 피상속인의 소득금액에 대한 소득세로서 상속인에게 과세할 것과 상속인의 소득금액에 대한 소득세는 구분하여 계산해야 하며, 피상속인의 소득금액에 대한 소득세는 그 상속인이 납세의무를 진다.

(4) 양도소득세 부당행위계산부인의 경우 연대납세의무

증여 후 양도행위 부인규정에 따라 증여자가 자산을 직접 양도한 것으로 보는 경우 그 양도소득에 대해서는 증여자와 증여받은 자가 연대하여 납세의무를 진다.

(5) 분리과세소득에 대한 납세의무

원천징수되는 소득으로서 종합소득과세표준에 합산되지 않는 소득이 있는 자는 그 원천징수되는 소득세에 대해서 납세의무를 진다.

3. 신탁재산에 귀속되는 소득에 대한 납세의무

(1) 원칙(수익자 과세신탁)

신탁재산에 귀속되는 소득은 그 신탁의 이익을 받을 수익자(수익자가 사망하는 경우에는 그 상속인)에게 귀속되는 것으로 본다. 즉 신탁을 도관으로 보고 신탁소득의 실질귀속자인 신탁의 수익자(신탁의 수익자가 개인인 경우)를 소득세 납세의무자로 한다는 것이다(신탁의 수익자가 법인인 경우에는 법인세를 과세한다).

(2) 예외(위탁자 과세신탁)

다음 중 어느 하나의 요건을 갖춘 신탁의 경우에는 그 신탁재산에 귀속되는 소득은 위탁자에게 귀속되는 것으로 본다. 따라서 신탁재산에 귀속되는 소득에 대하여 그 신탁의 위탁자가 소득세 납부할 의무가 있다.

구분	입법취지
① 위탁자가 신탁재산을 실질적으로 지배·통제*할 것 * 이는 위탁자가 신탁을 해지할 수 있는 권리(신탁 해지권), 수익자를 지정하거나 변경할 수 있는 권리(수익자 지정·변경권), 신탁 종료 후 잔여재산을 귀속받을 권리(잔여재산 귀속권)를 보유하는 경우 등을 말한다.	실질과세원칙의 구현
② ㉠ 신탁재산 원본을 받을 권리에 대한 수익자는 위탁자로, ㉡ 수익을 받을 권리에 대한 수익자는 그 배우자 또는 같은 주소 또는 거소에서 생계를 같이 하는 직계존비속(배우자의 직계존비속을 포함한다)으로 설정했을 것	고액 재산가들의 신탁을 통한 소득세 회피를 방지

소득 01

제2절 현행 소득세의 과세원칙

I-2 p.563

Ⅰ. 과세소득의 범위

1. 과세소득의 범위에 관한 학설

소득세의 과세물건은 소득(income)이다. 과세소득의 개념과 범위를 어떻게 정의하느냐에 따라 부담능력에 따른 과세에 있어서 중대한 영향을 미친다.

(1) 순자산증가설

특정 기간의 경제적 능력의 순증가액을 과세소득으로 파악하는 입장이다. 즉 '기중 소비액 + 기말 순자산 − 기초 순자산'을 소득으로 보는 것이다. 이는 헤이그(R. Haig)와 사이먼스(H. Simons)가 주장한 견해로서 '포괄적 소득개념'이라고도 한다.

소득 = 기중 소비 + (기말 순자산 − 기초 순자산)

(2) 소득원천설

이는 일정한 원천에서 경상적·계속적으로 발생하는 소득만을 과세소득으로 파악하고, 일시적·우발적으로 발생하는 소득은 과세소득의 범위에서 제외하는 입장이다.

2. 현행 소득세법의 입장

현행 소득세법은 소득원천설의 입장에 따라 과세소득의 범위를 제한적으로 열거하고 있다. 즉 거주자의 과세소득은 다음과 같이 구분한다.

1) 종합소득 : 해당 과세기간에 발생하는 다음 6가지 소득을 합산한 소득을 말한다.

① 이자소득(유형별 포괄주의)
② 배당소득(유형별 포괄주의)
③ 사업소득
④ 근로소득
⑤ 연금소득
⑥ 기타소득

소득세 과세소득의 규정방식은 원칙적으로 열거주의(scheduler system)를 채택하고 있다. 이러한 방식에 의하면 과세대상으로 열거되지 않은 소득은 사실상 소득세 과세에서 제외되어 과세형평을 저해하는 문제점이 있다. 그리하여 최근 이자소득 · 배당소득에 대해서는 법령에 따라 열거되지 않은 경우에도 유사한 소득은 열거된 소득과 동일하게 과세할 수 있도록 유형별 포괄주의(comprehensive taxation)를 도입하였다.

① 이자소득 : 열거된 소득과 유사한 소득으로서 금전 사용에 따른 대가로서의 성격이 있는 것(예 상업어음 할인료 등)
② 배당소득 : 열거된 소득과 유사한 소득으로서 단체의 구성원에 대한 수익분배의 성격이 있는 것(예 신종펀드의 배당 등)

2) 분류과세 소득 : 퇴직소득과 양도소득은 소득별로 분류과세한다.

퇴직소득과 양도소득의 과세방식은 열거주의를 채택하고 있다. 따라서 거주자의 상장주식 양도소득(대주주의 양도소득 제외) · 채권매매차익(다만, 환매조건부채권의 매매차익 등은 이자소득으로 과세)에 대해서는 소득세가 과세되지 않고 있다.

한편 소득원천설과 순자산증가설의 차이점 중 중요한 의미를 지니는 것은 비경상적 · 일시적으로 발생하는 자본이익에 대한 과세 여부이다. 현행 소득세법은 실현된 자본이익에 해당하는 양도소득을 과세소득으로 규정하고 있을 뿐만 아니라 기타소득과 같이 일시적으로 발생하는 소득도 과세소득에 포함하고 있다. 이러한 관점에서 소득세법은 순자산증가설을 일부 반영하고 있다고 볼 수 있다.

[도 표] 소득의 구분과 과세방법

- 종합소득
  - 이자소득
  - 배당소득
  - 사업소득
  - 근로소득
  - 연금소득
  - 기타소득
- 퇴직소득
- 양도소득

Ⅱ. 종합과세의 원칙

1. 개요

소득세의 과세방법은 종합과세와 분류과세로 구분된다. '종합과세'란 소득의 원천이나 종류에 관계없이 모든 소득을 종합하여 누진세율로 과세하는 방법이다. 종합과세하는 경우에 과세최저한의 설정, 개인적 사정의 고려, 누진세율의 적용 등에 따라 부담능력에 따른 공평한 과세를 실현할 수 있을 뿐만 아니라 소득재분배의 유효한 수단이 되는 장점이 있다.

한편 분류과세는 소득원천에 따라 과세소득의 계산방법 · 세율을 달리하여 각각 과세하는 방법이다. 이 방법은 장기간에 걸쳐 발생한 소득이 일시에 실현됨에 따라 부당하게 높은 세율을 적용받는 현상, 즉 결집효과(bunching effect)를 완화하기 위해 종합소득과 합산하지 않고 해당 소득만을 합산하여 과세하는 것이다.

또한 1역년의 소득과 합산하지 않고 원천징수에 의해 납세의무를 종결하는 '분리과세'라는 과세방법도 있는데, 이 경우에는 소득원천에 따라 단일비례세율 또는 누진세율을 적용하여 원천징수하는 방법으로 과세하므로 납세 · 징수절차가 간편하다는 장점이 있다.

2. 현행 소득세법의 입장

1) 원칙 : 종합과세

현행 소득세법은 1역년 단위로 이자소득 · 배당소득 · 사업소득 · 근로소득 · 연금소득 · 기타소득을 합산하여 종합과세하고 있다. 즉 개인에게 귀속되는 6가지 소득을 합산한 후 개인적 사정을 고려한 소득공제액을 차감하여 종합소득 과세표준을 산정하고, 여기에 기본세율을 적용하여 세액을 산정한다.

2) 예외 : 분류과세와 분리과세

① 분류과세 : 현행 소득세법은 퇴직소득 · 양도소득에 대해서는 다른 소득과 합산하지 않고 각 소득별로 과세한다. 이러한 소득에 대해서는 결집효과를 완화하기 위해 종합소득과 합산하지 않고 해당 소득별로 과세하는 것이다.

② 분리과세 : 다음의 소득은 1역년 단위로 합산하지 않고 그 소득이 지급될 때 소득세를 원천징수함으로써 과세를 종결하는 분리과세를 하고 있다.

구분	분리과세소득
거주자의 경우	① 분리과세 이자소득 ② 분리과세 배당소득 ③ 근로소득 중 일용근로자의 급여 ④ 분리과세 연금소득 ⑤ 분리과세 기타소득
비거주자의 경우	⑥ 원천징수특례 대상소득

[도 표] 과세소득에 대한 소득세법의 취급

구분	종합소득	과세소득범위	원천징수 여부	분리과세소득 존재 여부	필요경비 인정 여부	결손금 제도
종합과세	이자소득	유형별 포괄주의	○	○	×	–
	배당소득		○	○	×	–
	사업소득	열거주의	× (특정소득 ○)	×	○	○
	근로소득		○	× (일용근로 ○)	×	–
	연금소득		○	○ (선택)	×	–
	기타소득		○ (특정소득 ×)	○ (선택)	○	×
분류과세	퇴직소득	열거주의	○	–	×	–
	양도소득		×	–	○	○

III. 소득세의 과세단위

1. 과세단위의 유형

소득세의 과세단위(tax unit)란 소득을 종합하는 인적단위를 말한다.

1) 개인단위주의(individual unit system) : 이는 부부나 동거가족의 소득을 합산하지 않고 소득을 얻는 개인을 과세단위로 한다.

2) 소비단위주의(consumption unit system) : 이는 부부나 가족과 같은 소비주체를 과세단위로 하는 것이다.

2. 현행 소득세법의 입장

현행 소득세법은 부부나 동거가족의 소득은 합산하지 않고 개인단위로 과세한다. 즉 거주자에게 귀속되는 소득금액은 해당 거주자별로 소득세 납세의무를 진다. 종전 자산소득에 대해서는 부부단위주위를 채택하였으나, 자산소득합산과세는 혼인한 부부에 대한 합리적 근거가 없는 차별로서 혼인과 가족생활의 보장이라는 헌법의 원리에 위배된다는 이유로 헌법재판소 위헌 판결을 받아 폐지되었다.

따라서 공동사업에서 발생하는 소득에 대해서도 거주자별로 납세의무를 지므로 개인단위주의를 원칙으로 한다. 다만, 가족조합이 조세회피를 위해 공동사업을 경영하는 경우에는 소비단위 중 가족단위주의를 취하고 있다.

제 2 장
거주자의 종합소득금액의 계산

제1절 이자소득 및 배당소득

I-2
p.577

Ⅰ. 서설

이자소득은 타인에게 현금 등의 사용에 따른 대가로 받은 이자를 말하며, 배당소득은 지분투자에 대한 이익의 분배금액으로 받은 대가를 말한다. 이러한 이자소득 · 배당소득은 금융자산의 보유이익의 성격으로서 통상적으로 '금융소득'이라고 부른다.

Ⅱ. 이자소득과 배당소득의 범위

1. 이자소득의 범위

현행 소득세법은 이자소득으로 다음의 9가지를 열거하고 있으나, 이하에서는 수험목적상 쟁점이 되는 비영업대금의 이익을 위주로 설명하기로 한다.

① 채권 · 증권의 이자 · 할인액(중도매매하는 경우 보유기간에 따른 이자상당액 포함)

② 국내 · 국외에서 받는 예금 · 적금 등의 이자 · 할인액

③ 상호 신용계 · 신용부금

④ 환매조건부채권 · 증권의 매매차익

⑤ 저축성보험의 보험차익 : 이자소득으로 과세하는 '보험차익'이란 보험계약에 따라 만기(또는 보험의 계약기간 중)에 받는 보험금 · 공제금(또는 계약기간 중도에 해당 보험계약이 해지됨에 따라 받는 환급금)(이하 '보험금')에서 납입보험료 또는 납입공제료(이하 '보험료')를 뺀 금액을 말한다. 여기서 '보험금'은 피보험자의 사망 · 질병 · 부상 그 밖의 신체상의 상해로 인하여 받거나 자산의 멸실(또는 손괴)로 인하여 받는 것이 아닌 것(즉 저축성보험의 보험금)으로 한정한다.

보험차익 = 보험계약에 따라 받은 보험금 – 납입보험료

보장성보험은 저축이나 투자목적의 보험이 아니기 때문에 보장성보험의 보험차익은 이자소득으로 소득세를 과세하지 않고 저축성보험의 보험차익에 대해서만 소득세를 과세한다. 저축성보험이 경우에도 보험유지기간이 10년 이상으로서 일정 요건을 갖춘 저축성 보험의 보험차익은 이자소득 과세대상에서 제외한다.

⑥ 직장공제회 초과반환금

⑦ 비영업대금(非營業貸金)의 이익 : 이것은 금전의 대여를 사업목적으로 하지 않는 자가 일시적·우발적으로 금전을 대여함에 따라 지급받는 이자 또는 수수료 등을 말한다. 반면에 계속적·반복적으로 금전을 대여하는 경우에는 대금업에 해당하며, 그로 인해 받은 이익은 사업소득으로 분류된다.

한편 비영업대금(非營業貸金)이익의 총수입금액을 계산할 때 해당 과세기간에 발생한 비영업대금이익에 대해 해당 과세기간의 과세표준확정신고 전에 해당 비영업대금이 채무자의 파산·강제집행·형의 집행·사업의 폐지·사망·실종·행방불명으로 회수할 수 없는 채권에 해당(대손사유 중 결산조정사항)하여 채무자(또는 제3자)로부터 원금·이자의 전부·일부를 회수할 수 없는 경우에는, 회수한 금액에서 원금을 먼저 차감하여 계산한다. 이 경우 회수한 금액이 원금에 미달하는 때에 총수입금액은 없는 것으로 한다.

소득 02

판례 비영업대금의 이익에 대한 이자소득과 사업소득의 구분기준

금전대여로 인한 소득이 이자소득의 일종인 비영업대금의 이익인가, 사업소득인가의 여부는 금전대여행위가 소득세법상의 사업에 해당하는가의 여부에 달려 있고, 소득세법에서 말하는 **사업에의 해당 여부는 당해 금전거래행위의 영리성, 계속·반복성의 유무, 거래기간의 장단, 대여액과 이자액의 다과 등 제반 사정을 고려하여 사회통념에 비추어 결정해야 할 것이다**(2003두14505).

판례 금전소비대차의 경우 이자소득인 비영업대금의 이익에 해당하는지 여부

일반적으로 부동산의 매도인이 그 매매계약의 이행단계에서 매수인에게 대금지급기일을 연장해 주고 그 반대급부로서 매수인으로부터 지연손해금으로 추가 지급받는 금액은 이자소득인 '비영업대금의 이익'에 해당하지 않지만(기타소득에 해당), 그 매매대금이 실질적인 소비대차의 목적물로 전환되어 이자가 발생할 경우라면 그 이자는 '비영업대금의 이익'으로서 이자소득에 해당한다.

한편 금전 소비대차와 관련하여 담보권을 취득하고 그 담보권의 실현으로 대여 원리금을 능히 변제받을 수 있는 경우에는 이자지급기일이 도래하면 특별한 사정이 없는 한 그 이자소득의 실현가능성이 객관적으로 보아 상당히 높은 것이어서 그때 이자소득이 있는 것으로 보아 과세할 수 있지만, 이자채권을 행사할 수 없는 사정이 있거나 담보물에 의하여도 소득이 실현될 가능성이 전혀 없게 된 것이 객관적으로 명백한 때에는 납세의무자가 그와 같은 사정을 들어 과세할 소득이 없는 경우임을 밝혀야 한다(93누4649 판결 참조).

⑧ 그 밖에 금전 사용에 따른 대가 : 앞의 소득과 유사한 소득으로서 금전 사용에 따른 대가로서의 성격이 있는 것을 말한다(이자소득에 대한 포괄주의). 그 실질이 비영업대금의 이익과 같은 상업어음의 할인료와 거주자가 일정기간 후에 같은 종류로서 같은 양의 채권을 반환받는 조건으로 채권을 대여하고 해당 채권의 차입자로부터 지급받는 해당 채권에서 발생하는 이자에 상당하는 금액은 이 규정에 따라 이자소득에 포함된다.

⑨ 위의 이자소득을 발생시키는 거래 · 행위와 파생상품이 결합된 경우 해당 파생상품의 거래 · 행위로부터의 이익

[도 표] 비영업대금의 이익과 대금업의 사업소득 간 구분

구분		비영업대금의 이익	대금업의 사업소득
소득의 구분기준		• 대금업에 해당하지 않는 일시 · 우발적인 금전대여로 받은 이익	• 금전의 대부 · 중개를 사업적(계속 · 반복적)으로 하여 받은 소득
소득의 귀속시기		• 약정일 –약정이 없거나 약정일 전에 지급받는 경우 또는 회수불능채권으로서 총수입금액 계산에서 제외하였던 이자를 지급받는 경우 : 그 이자지급일	• 실제로 수입된 날
소득금액 계산		• 총수입금액 자체 • 필요경비 · 결손금 인정 × • 대손금이 필요경비로 인정 × • 대손충당금 설정불가 • 부당행위계산부인의 적용 ×	• 총수입금액 – 필요경비 • 필요경비 · 결손금 인정 ○ • 대손금이 필요경비로 인정 ○ • 대손충당금 설정가능 • 부당행위계산부인의 적용 ○
과세방법	원천징수	• 원천징수(25%)	• 원천징수 ×
	종합과세	• 원천징수된 경우 : 조건부 종합과세(국내에서 원천징수되지 않은 금융소득과의 합계가 2천만원을 넘어야 종합과세) • 원천징수되지 않은 경우 : 무조건 종합과세	• 종합과세
납세절차		• 중간예납의무 × • 종합과세시 다음 연도 5월 31일까지 확정신고 · 납부(원천징수세액은 기납부세액공제)	• 중간예납의무 ○ • 다음 연도 5월 31일까지 확정신고 납부

[도 표] 비영업대금이 채무자의 파산·강제집행 등으로 회수불능시 세무처리

수입시기가 속하는 과세기간의 과세표준 확정신고시 세무처리	확정신고 후 세무처리	
	채권을 회수한 경우	법적으로 채권이 소멸한 경우 (소멸시효의 완성 등)
① 회수불능사유가 확정신고 전에 발생한 경우(회수금액＜원금) : 이자소득 총수입금액은 없는 것(즉 '0원')으로 함	(회수금액＞원금)이 된 경우 : 이자를 지급받은 날이 속하는 과세기간의 이자소득 총수입금액으로 처리함	이미 비영업대금의 특례에 따라 이미 총수입금액에서 이미 차감하였기 때문에 법적으로 채권이 소멸하였으므로 추가적인 세무처리가 발생하지 않는다.
② 회수불능사유가 확정신고 전에 발생하지 않은 경우 : 해당 이자는 이자소득 총수입금액으로 처리함	이미 귀속시기가 도래하는 과세기간의 이자소득 총수입금액에 산입하였으므로 추후에 회수하였다고 하여 추가적인 세무처리는 없다.	후발적 사유로 인한 경정청구로 수입시기가 속하는 과세기간 소득세의 감액경정을 청구하여 함(세무서장은 감액경정을 해야 함)

판 례 이자소득금액을 계산할 때 필요경비를 인정하지 않는 이유

이자소득의 경우에는 ① 그 본질이 자기자금으로써 얻는 저축의 과실이라는 점에서 그에 소요되는 필요경비는 거의 상정하기 어렵고, ② 그와 관련하여 비용을 지출하는 경우에도 소득이 개별적·분리적으로 발생함에 따라 개별 건별로 자금의 원천이나 흐름을 명확히 밝혀서 소득과의 연관성을 입증하는 것은 매우 어려운 일이다.

더구나 이자소득자는 그 수가 매우 많고, 원천징수를 원칙으로 하고 있는 바, 각 자의 신고에 기하여 이자를 지급하는 원천징수자(종합소득과세의 경우에는 과세관청)가 이자소득자 주장의 필요경비의 내용·진위 여부를 일일이 심사하여 필요경비의 액을 결정하는 것은 기술적·양적으로 사실상 불가능할 뿐만 아니라, 그로 인한 조세징수비용의 증가를 면할 수 없고, 세무행정상 적지 않는 혼란을 초래할 우려가 있다. 또한 각자의 자금운용능력이나 입증기술에 따라 오히려 이자소득자 사이에 조세부담의 불공평이 초래될 우려도 있다.

따라서 이 사건 법률조항이 이자소득에 관한 필요경비의 공제를 부인하고 있는 목적은 위와 같은 폐해를 방지하려는 데에 있다고 할 것이다(2000헌바54). ■

2. 배당소득의 범위

'배당소득'이란 해당 과세기간에 발생한 다음의 소득을 말한다.

① 내국법인으로부터 받는 이익이나 잉여금의 배당 또는 분배금

② 법인으로 보는 단체로부터 받는 배당 또는 분배금

②-2 내국법인으로 보는 신탁재산(이하 '법인과세 신탁재산')으로부터 받는 배당금 또는 분배금

③ 의제배당

④ 법인세법에 따라 배당으로 처분된 금액(인정배당)

⑤ 국내 또는 국외에서 받는 집합투자기구로부터의 이익

⑤-2 국내 또는 국외에서 받는 파생결합증권 · 파생결합사채로부터의 이익(2025.1.1. 이후 발생하는 소득분부터는 금융투자소득 · 이자소득으로 구분한다)

⑤-3 조각투자상품인 비금전 신탁 수익증권(즉 금전이 아닌 재산의 신탁계약에 의한 수익권이 표시된 수익증권)으로부터의 이익

⑤-4 조각투자상품인 투자계약증권으로부터의 이익

⑥ 외국법인으로부터 받는 이익이나 잉여금의 배당 또는 분배금

⑦「국제조세조정에 관한 법률」의 조세피난방지세제 규정에 따라 특정외국법인의 배당가능한 유보소득 중 내국인이 배당받은 것으로 간주되는 금액

⑧ 출자공동사업자의 배당소득

⑨ 위 ①~⑦의 소득과 유사한 소득으로서 수익분배의 성격이 있는 것(배당소득에 대한 유형별 포괄주의)

⑩ 위의 배당소득을 발생시키는 거래 · 행위와 파생상품이 결합된 경우 해당 파생상품의 거래 · 행위로부터의 이익

⑪ 동업기업 과세특례에 따른 동업자의 배당소득

위 배당소득 가운데 몇 가지 특수항목을 구체적으로 살펴보면 다음과 같다.

(1) 의제배당

법인세법과 상당부분이 같기 때문에 법인세법과 차이점을 위주로 설명하고자 한다.

1) 지분투자의 반환으로 인한 의제배당의 경우

① 소각 후 1주당 장부금액을 계산할 때에 그 주식소각일부터 2년 이내에 의제배당에 해당하지 않는 무상주의 취득이 있었던 경우에는 그 의제배당에 해당하지 않는 무상주가 먼저 소각된 것으로 보며, 그 주식의 당초 취득가액은 '0'(이하 단기주식소각 특례)으로 하는데 소득세법의 경우에는 법인세법과 달리 주식발행초과금을 재원으로 취득한 무상주는 이에 해당하지 않는다.

② 소액주주에 해당하고, 해당 주식을 보유한 주주의 수가 다수이거나 해당 주식의 빈번한 거래 등에 따라 해당 주식을 취득하기 위해 소요된 금액의 계산이 불분명한 경우에는 액면가액을 해당 주식의 취득에 소요된 금액으로 본다. 다만, 단기주식소각 특례가 적용되는 경우 및 해당 주주가 액면가액이 아닌 다른 가액을 입증하는 경우에는 제외한다.

2) 이중과세조정의 대상이 되는 의제배당의 범위

법인세법에서는 특정 세액감면을 100% 적용받지 않는 내국법인으로부터 받은 배당으로

서 배당기준일부터 3개월 이상 보유한 주식에 대해서는 그 재원을 따지지 않고 이중과세 조정을 적용하나, 소득세법에서는 의제배당의 경우 다음 중 어느 하나의 잉여금을 재원으로 배당을 받은 경우에는 이중과세조정을 하지 않는다.

① 자기주식소각이익(소각 당시 자기주식의 시가가 취득가액을 초과하거나 소각일부터 2년 이내에 자본금에 전입한 경우)

② 과세되지 않은 잉여금을 자본에 전입하는 법인이 자기주식을 보유하고 있는 경우로서 해당 법인 이외의 주주의 지분비율이 증가한 경우 그 증가한 지분비율에 상당하는 주식가액

③ 재평가적립금(익금에 산입된 토지분 재평가차익부분)

참 고 상법 규정에 따라 자본준비금을 감액하여 받은 금액의 배당소득 해당 여부

상법 제461조의2 [준비금의 감소]에서 '회사는 적립된 자본준비금 및 이익준비금의 총액이 자본금의 1.5배를 초과하는 경우에 주주총회의 결의에 따라 그 초과한 금액 범위에서 자본준비금과 이익준비금을 감액할 수 있다.'고 규정하고 있다. 이 규정에 따라 자본준비금을 감액하여 받은 배당은 배당소득에 포함하지 않는다. 다만, ① 자본금 전입시 의제배당에 해당하는 자본준비금(즉 법인세가 과세된 잉여금)과 ② 3% 재평가세율이 적용된 재평가적립금을 감액하여 받은 배당금액은 배당소득으로 본다. 이 내용은 법인세법과 같다. ■

판 례 주식 매도가 자산거래인 주식 양도에 해당하는지 또는 자본거래인 주식 소각 내지 자본 환급에 해당하는지 여부의 판단 기준

1) 주식의 매도가 자산거래인 주식의 양도에 해당하는가 또는 자본거래인 주식의 소각 내지 자본의 환급에 해당하는가는 법률행위 해석의 문제로서 그 거래의 내용과 당사자의 의사를 기초로 하여 판단해야 할 것이지만, 실질과세의 원칙상 단순히 해당 계약서의 내용·형식에만 의존할 것이 아니라, 당사자의 의사와 계약체결의 경위, 대금의 결정방법, 거래의 경과 등 거래의 전체과정을 실질적으로 파악하여 판단해야 한다(2001두6227).

2) 의제배당소득, 즉 주식의 소각 또는 자본의 감소로 인한 주주가 받은 재산의 가액에서 그 주주가 해당 주식을 취득하기 위해 소요한 금액을 초과하는 금액 중에는 기업경영의 성과인 잉여금 중 사외에 유출되지 않고 법정적립금, 이익준비금, 그 밖의 임의적립금 등의 형식으로 사내에 유보된 이익뿐만 아니라 유보된 이익과 무관한 해당 주식의 보유기간 중의 가치증가분도 포함되어 있을 수 있으나, 위 법률조항이 이를 별도로 구분하지 않고 모두 배당소득으로 과세하고 있는 것은 입법정책의 문제라 할 것이고, 그 밖에 의제배당소득의 입법 취지, 조세징수의 효율성이라는 공익적인 측면 등에 비추어 보면 위 법률조항이 입법자의 합리적 재량의 범위를 일탈하였다고 볼 수 없어 그로써 조세평등주의에 위반된다거나 재산권보장에 위반된다고 볼 수 없다(2008두19628).

➡ 주주가 자신의 주식을 소각한 후 당초 주식의 취득가액보다 높은 가액으로 감자대가를 받아 의제배당에 해당 할 경우에는 그 감자차익에 대해 각각 잉여금의 재원을 구분하여 발행법인의 과세된 잉여금에 해당하는 부분은 유보된 이익을 배당을 받는 것으로 보고, 나머지는 부분은 주식의 보유기간 중에 가치증가분으로 보아 양도소득를 과세하는 것으로도 볼 수 있으나 현행 소득세법에서

는 이를 따로 구분하는 규정이 없고 상법과 기업회계 또한 감자차손에 대해서 향후 발생하는 감자차익과 상계하라고만 언급하고 있을 뿐, 이에 대한 구체적 처분방법에 대해서는 언급하지 않고 있다. ■

(2) 집합투자기구로부터의 이익

'집합투자'란 2명 이상에게 투자권유를 하여 모은 금전 등을 투자자로부터 일상적인 운용지시를 받지 않으면서 재산적 가치가 있는 투자대상자산을 취득 · 처분, 그 밖의 방법으로 운용하고 그 결과를 투자자에게 배분하여 귀속시키는 것을 말한다. 이러한 집합투자를 수행하는 기구(Vehicle)에는 ① 신탁 형태의 투자신탁, ② 회사 형태의 투자회사 · 투자유한회사 · 투자합자회사(사모투자전문회사), ③ 조합 형태의 투자합자조합 · 투자익명조합이 있다.

현행 소득세법은 ① 집합투자기구 등의 신탁의 이익은 집합투자업자가 어떤 투자대상자산에 투자 · 운용하여 발생한 이익인지를 묻지 않고 배당소득으로 구분한다. 반면에 ② 집합투자기구 등의 신탁을 제외한 신탁의 이익은 신탁법에 따라 수탁자에 이전되거나 그 밖에 처분된 재산권에서 발생하는 소득의 내용별로 구분한다(내용별 소득구분 원칙). 예컨대 채권 · 주식 · 부동산의 신탁이익은 그 재산에서 발생하는 소득의 내용별로 이자 · 배당소득, 사업소득 및 양도소득 등으로 구분한다.

[도 표] 집합투자 등에 따른 이익의 소득구분

- 집합투자기구 등의 신탁(*주)의 이익 ········· • 배당소득
  - ① 투자신탁(수익자, 수익증권)
  - ② 투자회사(주주, 주식), 투자유한회사 · 투자합자회사(사원, 지분증권)
  - ③ 투자합자조합 · 투자익명조합(조합원, 지분증권)
- 집합투자기구 등의 신탁을 제외한 신탁이익 ········· • 소득의 내용별로 구분

(*주) '집합투자기구 등의 신탁'이란 다음 중 어느 하나에 해당하는 신탁을 말한다. 이들 신탁의 이익은 배당소득으로 구분한다(내용별 소득구분 원칙에 대한 예외).

① 법인세법에 따라 신탁재산에 귀속되는 소득에 대하여 그 신탁의 수탁자가 법인세를 납부하는 신탁

② 자본시장법에 따른 투자신탁[소득세법(제17조 ① (5))에 따른 집합투자기구로 한정한다]

③ 자본시장법에 따른 집합투자업겸영보험회사의 특별계정

④ 조각투자상품인 비금전 신탁 수익증권이 발행된 신탁

위의 집합투자기구로부터의 이익에는 집합투자기구가 아래 (1)의 어느 하나의 방법으로 취득한 (2)의 어느 하나에 해당하는 증권 또는 장내파생상품의 거래나 평가로 발생한 손익을 포함하지 않는다.

구분	내용
(1) 취득 방법	① 집합투자기구가 직접 취득 ② 집합투자기구가 집합투자증권에 투자*하여 취득 ③ 집합투자기구가 벤처투자조합 또는 신기술사업투자조합의 출자지분에 투자하여 취득(이 경우에는 아래 (2)의 ② 벤처기업의 주식 · 출자지분을 취득하는 경우로 한정하다)
(2) 취득 대상	① 증권시장에 상장된 증권(다음의 것은 제외한다. 이하 같다) ㉠ 양도가능한 채권 등 ㉡ 외국 법령에 따라 설립된 외국 집합투자기구의 주식 · 수익증권 ㉢ 상장지수집합투자기구(ETF)의 주식 또는 수익증권 ㉣ 상장지수증권(ETN) ② 벤처기업의 주식 · 출자지분 ③ ①의 증권을 대상으로 하는 장내파생상품증권

* 상장지수증권에 투자한 경우에는 그 상장지수증권의 지수를 구성하는 기초자산에 해당하는 증권에 투자하는 것을 말한다.

(3) 출자공동사업자의 배당소득

이것은 공동사업에서 발생하는 소득금액 중 출자공동사업자(경영에 참여하지 않고 출자만 하는 자)에 대한 손익분배비율에 해당하는 금액을 말한다.

익명조합을 공동사업으로, 경영에 참여하지 않고 출자만 하는 익명조합원을 출자공동사업자로 보고, 공동사업에서 발생하는 소득금액 중 출자공동사업자의 손익분배비율에 해당하는 금액은 배당소득으로 분류한다. 그 성격이 불확실한 이익분배이기 때문이다.

Ⅲ. 이자 · 배당소득에 대한 비과세

학술 · 종교 · 자선 · 기예, 그 밖의 공익을 목적으로 하는 신탁을 '공익신탁'이라고 하는데, 이러한 공익신탁의 이익에 대해서는 소득세를 과세하지 않는다. 그리고 조세특례제한법은 정책적 목적으로 일정한 이자 · 배당소득에 대해 소득세를 비과세하고 있다.

Ⅳ. 소득금액의 계산 및 수입시기

1. 이자소득금액의 계산 및 귀속연도

1) 이자소득금액은 해당 과세기간의 총수입금액으로 한다. 이처럼 이자소득에 대해서는 필요경비가 인정되지 않는다. 그리고 비과세되는 이자소득 및 분리과세 이자소득은 종합소득금액에 합산하지 않는다.

소득 02

2) 이자소득의 수입시기는 다음과 같다.

이자소득의 범위	수입시기
양도가능한 채권 등의 이자 · 할인액	• 무기명의 경우 : 그 지급을 받은 날 • 기명의 경우 : 약정에 따른 이자지급개시일 • 채권 등 보유기간이자 : 매도일 또는 이자지급일
예금 · 적금 · 부금의 이자	• 실제로 이자를 지급받는 날 – 원본전입 특약시 : 원본전입일 – 해약시 : 해약일 – 계약기간을 연장시 : 연장하는 날 • 통지예금의 이자 : 인출일
환매조건부 증권 · 채권의 매매차익	• 약정에 따른 해당 채권 · 증권의 환매수일 · 환매도일 – 기일 전에 환매수 · 환매도 : 그 환매수일 · 환매도일
저축성보험의 보험차익	• 보험금 · 환급금의 지급일 – 기일 전에 해지시 : 해지일
직장공제회 초과반환금	• 약정에 따른 납입금 초과이익 및 반환금 추가이익의 지급일
비영업대금의 이익	• 약정에 따른 이자지급일 – 약정이 없거나 약정일 전에 지급받는 경우 또는 회수불능채권으로서 총수입금액 계산에서 제외하였던 이자를 지급받는 경우 : 그 이자지급일
그 밖의 금전사용에 따른 대가로서의 성격이 있는 이자와 할인액	• 약정에 따른 상환일 * 기일전 상환시 : 그 상환일
결합파생상품의 거래 · 행위로부터의 이익	
위의 이자소득이 발생하는 재산이 상속 · 증여되는 경우	• 상속개시일 · 증여일

2. 배당소득금액의 계산 및 귀속연도

1) 배당소득금액은 해당 과세기간의 총수입금액으로 한다. 그러므로 배당소득도 이자소득과 마찬가지로 필요경비가 인정되지 않으며, 비과세소득 · 분리과세 배당소득금액은 종합소득금액에 합산하지 않는다.

한편 법인세와 이중과세조정대상이 되는 배당소득인 경우에는 총수입금액에 귀속법인세를 가산한 금액을 배당소득금액으로 한다. 이처럼 배당소득금액의 계산상 가산한 귀속법인세는 배당세액공제를 한다.

배당소득금액 = 배당소득 총수입금액 + 귀속법인세

2) 배당소득의 수입시기는 다음과 같다.

배당소득의 범위		수입시기
이익배당	• 잉여금처분에 따른 배당	• 해당 법인의 잉여금처분 결의일
	• 무기명주식의 이익배당	• 실제 지급을 받은 날
	• 건설이자의 배당	• 해당 법인의 건설이자 배당결의일
의제배당		• 감자 등의 경우 : 감자결의일, 퇴사 · 탈퇴일 • 해산의 경우 : 잔여재산가액 확정일 • 합병의 경우 : 합병등기일 • 분할의 경우 : 분할(분할합병)등기일 • 잉여금의 자본금 전입 : 자본금 전입 결의일
인정배당		• 해당 법인의 해당 사업연도의 결산확정일
집합투자기구로부터의 이익		• 집합투자기구로부터의 이익을 지급받는 날 * 원본에 전입하는 뜻의 특약이 있는 것은 그 특약에 따른 원본전입일, 신탁계약기간을 연장하는 경우에는 그 연장일
파생결합증권 · 파생결합사채로부터의 이익		• 그 이익을 지급받은 날 * 원본에 전입하는 뜻의 특약이 있는 것은 그 특약에 따라 원본에 전입되는 날
출자공동사업자의 배당소득		• 해당 공동사업의 총수입금액과 필요경비가 확정되는 날이 속하는 과세기간 종료일
그 밖의 수익분배의 성격이 있는 배당 · 분배금		• 지급을 받은 날
결합파생상품의 거래 · 행위로부터의 이익		
조각투자상품으로부터의 이익		• 그 이익을 지급받은 날

여기서 '확정의 시기'를 어느 정도에서 판단할 것인가 문제가 되는데, 이에 대해 대법원 판례는 소득세법상 수입의 귀속시기는 소득에 대한 관리 · 지배와 그 소득의 객관화 정도, 납세자금의 확보시기 등을 함께 고려하여 그 소득의 실현가능성이 상당히 높은 정도로 성숙 · 확정되었는지 여부를 기준으로 판단해야 한다는 입장이다.

판 례 소득세법상 소득의 귀속시기를 정하는 원칙인 '권리확정주의'의 의의

1) 소득세법상 소득의 귀속시기를 정하는 원칙인 '권리확정주의'란 소득의 원인이 되는 권리의 확정시기와 소득의 실현시기 사이에 시간적 간격이 있는 경우 '과세상 소득이 실현된 때'가 아닌 '권리가 발생한 때'를 기준으로 하여 그때 소득이 있는 것으로 보고 해당 연도의 소득을 산정하는 방식으로서, 실질적으로는 불확실한 소득에 대해 장래 그것이 실현될 것을 전제로 하여 미리 과세하는 것을 허용하는 원칙이다(2001두7176).
2) 권리확정주의는 납세의무자의 자의에 의해 과세연도의 소득이 좌우되는 것을 방지함으로써 과세의 공평을 기함과 함께 징세기술상 소득을 획일적으로 파악하기 위한 것이므로 권리확정주의에 기초한 소득세법 규정이 실질적 조세법률주의, 재산권보장의 원칙 및 과잉금지의 원칙 등에 위반된다고 할 수 없다(2009헌바92). ■

판 례 미수령 배당금채권의 회수불능은 후발적 경정청구 사유에 해당

후발적 경정청구를 할 수 있는 사유로 하나로 '최초의 신고 · 결정 · 경정을 할 때 과세표준 · 세액의 계산 근거가 된 거래 · 행위 등의 효력과 관계되는 계약이 해제권의 행사에 의해 해제되거나 해당 계약의 성립 후 발생한 부득이한 사유로 해제되거나 취소된 경우' 등을 규정하는 한편, '그 밖에 이에 준하는 사유가 있는 경우'를 들고 있다. 이러한 후발적 경정청구제도는 납세의무 성립 후 일정한 후발적 사유의 발생으로 말미암아 과세표준 · 세액의 산정기초에 변동이 생긴 경우 납세자로 하여금 그 사실을 증명하여 감액을 청구할 수 있도록 함으로써 납세자의 권리구제를 확대하려는 데 있다.

한편 권리확정주의는 소득의 원인이 되는 권리의 확정시기와 소득의 실현시기와의 사이에 시간적 간격이 있는 경우에는 과세상 소득이 실현된 때가 아닌 권리가 확정적으로 발생한 때를 기준으로 하여 그때 소득이 있는 것으로 보고 해당 과세연도의 소득을 계산하는 방식으로, 실질적으로는 불확실한 소득에 대해 장래 그것이 실현될 것을 전제로 하여 미리 과세하는 것을 허용하는 것이다. 이러한 권리확정주의는 납세자의 자의에 의해 과세연도의 소득이 좌우되는 것을 방지함으로써 과세의 공평을 기함과 함께 징세기술상 소득을 획일적으로 파악하려는 데 그 취지가 있을 뿐 소득이 종국적으로 실현되지 아니한 경우에도 그 원인이 되는 권리가 확정적으로 발생한 적이 있기만 하면 무조건 납세의무를 지우겠다는 취지에서 도입된 것이 아니다.

이러한 후발적 경정청구제도의 취지, 권리확정주의의 의의와 기능 · 한계 등에 비추어 보면, 소득의 원인이 되는 권리가 확정적으로 발생하여 과세요건이 충족됨으로써 일단 납세의무가 성립하였다 하더라도 그 후 일정한 후발적 사유의 발생으로 말미암아 소득이 실현되지 아니하는 것으로 확정됨으로써 당초 성립하였던 납세의무가 그 전제를 잃게 되었다면, 사업소득에서의 대손금과 같이 소득세법이나 관련 법령에서 특정한 후발적 사유의 발생으로 실현되지 아니한 소득금액을 그 사유가 발생한 사업연도의 소득금액에서 차감하라는 별도로 규정하고 있다는 등의 특별한 사정이 없는 한 이는 국세기본법에 따른 후발적 경정청구사유에 해당한다고 봄이 타당하다.

이 사건 미수령 배당금에 대한 권리가 확정적으로 발생하였다고 하더라도 그 후 이 사건 미수령 배당금채권은 소외 회사들의 도산 등으로 인해 회수불능이 되어 장래 그 소득이 실현될 가능성이 전혀 없게 된 것이 객관적으로 명백하고, 이는 '최초의 신고 · 결정 · 경정을 할 때 과세표준 · 세액의 계산 근거가 된 거래 · 행위 등의 효력과 관계되는 계약이 해제권의 행사에 의해 해제되거나 해당 계약의 성립 후 발생한 부득이한 사유로 해제되거나 취소된 경우'에 준하는 사유로서 국세기본법에서 규정한 후발적 경정청구사유에 해당한다(2013두18810). ■

Ⅴ. 이자 · 배당소득에 대한 과세방법

1. 원천징수

국내에서 거주자에게 이자소득 · 배당소득(귀속법인세는 제외)을 지급하는 자는 그 거주자에 대한 소득세를 원천징수하여 그 징수일이 속하는 달의 다음 달 10일까지 납부해야 한다.

본래 국외에서 지급되는 이자 · 배당소득은 원천징수대상이 되지 않으나 외국법인이 발행한 채권 · 증권에서 발생하는 이자 · 배당소득을 거주자에게 지급하는 경우에는 국내에서 그 지급을 대리하거나 위임 · 위탁받은 자가 그 소득에 대한 소득세를 원천징수해야 한다. 이 경우 원천징수세액은 다음과 같이 계산한다.

원천징수세액 = 이자 · 배당소득 총수입금액 × 원천징수 세율 − 외국소득세액

2. 종합과세와 분리과세

이자소득 · 배당소득에 대한 과세방법은 종합과세 · 분리과세로 나누어지는데, 그 구체적인 방법은 다음과 같다.

(1) 무조건 분리과세

거주자가 국내에서 지급받는 다음의 이자 · 배당소득은 종합소득과세표준에 합산하지 않고, 해당 소득을 지급하는 자가 그 거주자에 대한 소득세를 원천징수하여 납부함으로써 과세를 종결 한다.

무조건 분리과세소득의 범위	원천징수 세율	취지
① 2017.12.31. 이전에 발행된 장기채권의 이자로서 분리과세를 신청한 이자소득	30%	세부담 완화
② 직장공제회 초과반환금	기본세율	
③ 비실명거래로 인한 이자 · 배당소득	45% · 90%	중과세
④ 법원에 납부한 경매보증금 · 경락대금에서 발생하는 이자소득	14%	납세편의 고려
⑤ 1거주자로 보는 단체가 금융회사 등으로부터 받는 이자 · 배당소득	14%	
⑥ 조세특례제한법에 따른 개인종합자산관리계좌에서 발생하는 이자 · 배당소득 등 분리과세소득	9% 등	세부담 완화

(2) 조건부 종합과세

무조건 분리과세 외에 이자 · 배당소득(귀속법인세와 출자공동사업자의 배당소득은 제외, 국내에서 원천징수되지 않은 이자 · 배당소득은 포함)의 합계금액이 2천만원 이하이면서 원천징수된 소득금액은 종합소득과세표준을 계산할 때 합산하지 않는다. 만일 그 이자 · 배당소득이 2천만원을 초과하는 경우에는 전액을 종합소득과세표준에 합산하여 과세한다.

이처럼 종합과세기준금액(2천만원)을 초과하는 고액금융소득자에 대해서만 종합과세하도록 하는 것은 모든 금융소득을 종합과세할 경우에 제기되는 세무행정의 부담을 피하고 금융시장에서 자금이탈을 방지하는 데 있다.

(3) 무조건 종합과세

다음의 금융소득은 합계금액이 2천만원 이하인 경우에도 다음에 해당하는 소득은 종합과세한다.

① 국내에서 원천징수되지 않은 이자 · 배당소득

㉠ 국내에서 지급되는 이자 · 배당소득 중 원천징수되지 않은 소득. 이는 원천징수대상이지만 원천징수되지 않은 이자 · 배당소득은 2천만원 이하인 경우에도 다른 종합소득에 합산하여 과세한다. 특히 일반적으로 원천징수를 할 수 없는 자가 금전을 차입함으로써 발행하는 비영업대금의 이익이 여기에 해당한다. 따라서 원천징수가 누락된 이자 · 배당소득을 종합소득에 합산하여 소득세를 신고하지 않으면 관할세무서장이 그 소득자에게 직접 소득세를 부과한다.

㉡ 원천징수대상이 아닌 국외에서 받은 이자 · 배당소득. 이러한 소득을 분리과세하면 소득세를 과세하지 않는 결과가 되기 때문에 무조건 종합과세하는 것이다.

② 출자공동사업자의 배당소득

[도 표] 이자 · 배당소득에 대한 과세방법

과세방법		원천징수세율
(1) 무조건 분리과세소득 분리과세		(1)의 해당 세율
(2) 조건부 종합과세	위 (1) 외의 이자 · 배당소득(귀속법인세와 출자공동사업자의 배당소득은 제외)의 합계액이 ① 2천만원을 초과하는 경우 종합과세* ② 2천만원 이하인 경우 분리과세	14% (비영업대금 이익은 25%)
(3) 무조건 종합과세	다만, 2천만원 이하인 경우에도 다음의 이자 · 배당소득은 종합과세한다. ① 원천징수되지 않은 이자 · 배당소득 ㉠ 국내에서 지급되는 이자 · 배당소득 중 원천징수되지 않은 소득 ㉡ 원천징수대상이 아닌 국외에서 받은 이자 · 배당소득 ② 출자공동사업자의 배당소득	 14%(25%) – 25%

* 2천만원을 초과하는 경우 그 초과분만 종합과세하는 것이 아니라 그 합계액의 전부를 종합과세한다.

3. 종합과세의 구체적인 방법

종합과세되는 금융소득이라고 하여 모두 다른 종합소득과 합산하여 기본세율을 적용하는 것이 아니다. 현행 소득세법은 종합과세되는 금융소득을 다음과 같이 구분하여 별도의 세율을 적용하도록 하고 있다.

<table>
<tr><th>구분</th><th colspan="2">종합과세되는 금융소득</th><th>세율적용</th></tr>
<tr><td rowspan="2">판정대상금액 > 2천만원</td><td rowspan="2">조건부 종합과세소득
+ 원천징수되지 않은 금융소득</td><td>2천만원 초과분</td><td>다른 소득과 합산하여 기본세율 적용</td></tr>
<tr><td>2천만원</td><td>14% 세율 적용</td></tr>
<tr><td>판정대상금액 ≤ 2천만원</td><td colspan="2">원천징수되지 않은 금융소득</td><td>14%
(비영업대금이익은 25%)</td></tr>
</table>

* 판정대상금액 = 조건부 종합과세소득 + 원천징수되지 않은 금융소득

판 례 금융소득 종합과세 규정의 위헌성 논란

금융소득자의 수가 매우 많으므로 만약 이에 대해 개개인이 종합과세를 선택하게 할 경우에는, 이로 인해 납세자에게 돌아가는 실익에 비해 자금이동의 혼란 등의 문제를 초래하기 때문에 국민경제적 · 재정정책적 · 사회정책적 목적달성을 위한 여러 가지 관점을 함께 고려하여 정책적 · 기술적 판단에 따라, 기준금액을 넘지 않는 이자소득 등에 대해서는 분리과세만 하고 종합과세에 대한 선택권을 부여하지 않은 것은 이를 자의적이라거나 조세평등주의에 위반되는 것이라고 할 수 없다.

이자소득 등의 경우에는 최저생계를 고려하는 공제제도를 두지 않는 대신 세금우대저축제도 등 다른 방법으로 최저생계를 보장하고 있고, 또 과세관청이 전체 납세자를 대상으로 이자소득 등과 다른 소득을 종합적으로 파악하여 소득의 합계가 최저생계비에 미치지 못하는지 여부를 파악하고 그러한 납세자에 대해 원천징수 된 소득세를 환급하도록 하는 것은 납세자에게 돌아가는 실익에 비해 과도한 행정적 부담을 지우는 것이라 할 수 있으므로, 이 사건 법률규정이 비록 최저생계비는 과세되어서는 안 된다는 헌법적 요청에 대한 예외를 설정하고 있다고 할지라도 위와 같이 이를 정당화할 수 있는 합리적 사유가 있는 만큼 그로 인해 저소득층의 인간다운 생활을 할 권리가 침해되었다고 보기 어렵다(2006헌마489).

VI. 금융소득에 대한 종합과세시 세액계산특례

1. 종합과세되는 금융소득이 2천만원을 초과하는 경우

(1) 기본구조

종합소득과세표준에 포함된 금융소득이 2천만원을 초과하는 경우 종합소득과세표준 · 산출세액은 다음과 같이 계산한다.

금융소득금액 + 다른 종합소득금액 − 종합소득공제	• 2천만원 초과분 + 귀속법인세 + 2천만원 • 사업 · 근로 · 연금 · 기타소득금액의 합계액
= 종합소득과세표준	

종합소득산출세액 = MAX (① 일반산출세액, ② 비교산출세액)
① (종합소득과세표준 − 2천만원) × 기본세율 + 2천만원 × 14%(280만원)
② (종합소득과세표준 − 금융소득금액) × 기본세율 + 금융소득 총수입금액(귀속법인세는 제외) × 14%(비영업대금의 이익은 25%)

(2) 세액계산특례의 의미

1) 일반산출세액의 의미 : 종합과세 여부 판정대상금액이 2천만원 이하인 경우 그 금융소득은 분리과세되며, 이때 세부담은 14%(비영업대금의 이익은 25%)에 상당하는 금액이 된다. 반면에 종합과세 여부 판정대상금액이 2천만원을 초과하는 경우에는 2천만원 초과분뿐만 아니라 2천만원까지도 종합과세한다. 이 경우 종합과세되는 금융소득 전액에 대해 기본세율(6%~45%)을 적용하면 2천만원을 분기점으로 하여 세부담이 급격히 증가하는 문제점이 있게 된다. 따라서 조건부 과세대상 금융소득이 2천만원 이하일 때 분리과세되는 경우와 형평을 기하기 위해서는 종합과세되는 금융소득 중 2천만원까지는 14%의 세율을 적용하고 2천만원 초과분만을 다른 종합소득과 합산하여 기본세율을 적용하는 것이다.

2) 비교산출세액의 의미 : 이는 금융소득이 모두 분리과세되었을 경우의 세액을 종합소득산출세액의 최저한으로 한다는 것이다. 그 취지는 분리과세되었을 경우와 비교하여 종합과세로 인해 세부담이 오히려 줄어드는 결과를 방지하기 위한 데 있다. 즉 종합과세의 최저세율은 6%이므로 분리과세되는 경우(14%, 비영업대금의 이익은 25%)보다 오히려 세부담이 감소되어 이미 원천징수된 세액이 환급되는 경우가 생길 수 있는데, 비교산출세액은 이것을 방지하려는 것이다.

2. 종합과세되는 금융소득이 2천만원 이하인 경우

(1) 기본구조

금융소득금액 + 다른 종합소득금액 − 종합소득공제	• 원천징수되지 않은 금융소득 총수입금액 • 사업 · 근로 · 연금 · 기타소득금액의 합계액
= 종합소득과세표준	

종합소득 산출세액 = (종합소득과세표준 − 원천징수되지 않은 금융소득금액) + 원천징수되지 않은 금융소득금액×14%(비영업대금이익은 25%)

(2) 세액계산특례의 의미

종합과세 여부 판정대상금액이 2천만원 이하인 경우에는 원천징수되지 않은 금융소득만 종합과세되며, 원천징수된 경우를 가정하여 14%(비영업대금이익은 25%)의 세율을 적용한다. 이는 원천징수가 되지 않았거나 원천징수가 불가능하여 부득이하게 종합과세할 뿐, 그 세부담은 조건부 종합과세소득과 달라야 할 이유가 없기 때문이다.

Ⅶ. 배당소득에 대한 이중과세의 조정

1. 개요

법인원천소득에 대해서는 법인단계에서 법인세가 부과되고 그 세후소득이 주주에게 귀속되는 단계에서 다시 소득세가 부과되는데, 이를 '배당소득에 대한 이중과세'라고 한다. 우리나라는 배당소득에 대한 이중과세의 조정방법으로서 Imputation방법(법인세주주귀속법)을 채택하고 있다. 따라서 주주가 내국법인으로부터 받는 배당소득에 대해서는 그 배당금에 대한 귀속법인세를 가산하여 배당소득금액을 계산하며, 그 가산한 귀속법인세는 종합소득산출세액에서 배당세액공제를 한다.

2. 요건

1) 적용대상자

후술하는 조정대상 배당소득이 있는 자에게 적용된다.

2) 조정대상 배당소득의 요건

① 내국법인으로부터 받은 배당소득일 것

② 법인세가 과세되는 소득에서 지급되는 것일 것. 따라서 다음과 같이 법인세의 과세대상이 아닌 소득을 재원으로 하는 배당소득에 대해서는 이중과세조정을 하지 않는다.

- 법인의 소득에 법인세가 과세되지 않은 배당으로서 자본금의 감소로 인한 의제배당
- 자기주식소각이익(소각 당시 자기주식의 시가가 취득가액을 초과하거나 소각일부터 2년 이내에 자본금에 전입한 경우)
- 과세되지 않은 잉여금을 자본에 전입하는 법인이 자기주식을 보유하고 있는 경우로서 해당 법인 이외의 주주의 지분비율이 증가한 경우 그 증가한 지분비율에 상당하는 주식가액

- 소득공제를 적용받는 유동화전문회사 등으로부터 받은 배당소득과 동업기업과세특례를 적용받는 법인으로부터 받은 배당소득
- 법인과세 신탁재산으로부터 받는 배당 · 분배금
- 출자공동사업자의 배당소득 등
- 자산재평가법 규정을 위반하여 3% 재평가세율이 적용된 재평가적립금(합병차익 · 분할차익 중 승계된 금액 포함)을 감액하여 지급받은 배당금액

③ 종합소득과세표준에 포함된 배당소득금액으로서 2천만원을 초과하는 배당소득일 것. 즉 종합과세되는 배당소득으로서 기본세율을 적용받는 배당소득이어야 한다.

3. 조정방법

(1) 배당소득금액의 계산

조정대상이 되는 배당소득에 대해서는 그 총수입금액에 귀속법인세를 더한 금액을 배당소득금액으로 한다. 여기서 '귀속법인세'는 법인단계에서 10%의 세율로 과세되었다는 가정 하에 조정대상 배당소득 총수입금액의 10%(이하 Gross-Up 비율)를 곱하여 산정한 것이다.

Gross-Up 비율의 산출근거는 적용되는 법인세율(2024년)이 최저 9%라는 가정하여, 수령 받은 배당소득을 법인세가 과세된 후 소득을 수령 받은 것으로 보아 이를 법인세 과세 전으로 바꾸기 위해 배당소득금액(법인세 과세 후 소득) 곱하는 비율로서 이는 산식으로 나타낼 경우 '9%/(100% − 9%)'이 되어 약 10%가 되는 것이다.

$$\text{Gross-up 비율(또는 배당가산율)} = \frac{\text{법인세율}}{1-\text{법인세율}} = \frac{0.09}{1-0.09} \fallingdotseq 10\%^{(*주)}$$

∴ 귀속법인세(또는 배당가산액) = 조정대상 배당소득 총수입금액×10%

(*주) 2024년 법인세율은 과세표준 2억원까지는 9%, 2억원 초과 200억원 이하분은 19%, 200억원 초과 3천억원 이하분은 21%, 3천억원 초과분은 24%인데, 이 가운데 19% · 21% · 24% 적용분은 무시하고 일률적으로 9%의 법인세율이 적용되었다는 가정 하에 계산한 것이다.

(2) 배당세액공제

거주자의 종합소득금액에 조정대상 배당소득금액이 합산되어 있는 경우에는 귀속법인세를 종합소득산출세액에서 공제하되, 종합소득산출세액에서 비교산출세액을 차감한 금액을 한도로 한다. 이 경우 한도액을 초과하는 금액은 이를 없는 것으로 한다. 즉 다음 과세기간으로 이월하여 공제하지 않는다.

배당세액공제액 = MIN (①, ②)

① 귀속법인세 = 조정대상 배당소득 총수입금액×10%

② 한도액 = 종합소득산출세액 − 비교산출세액

제2절 사업소득

I-2
p.616

Ⅰ. 서설

'사업소득'이란 일정한 사업에서 발생하는 소득을 말한다. 여기서 '사업'은 영리를 목적으로 자기의 계산·책임 하에서 계속적·반복적으로 행하는 사회적 활동을 말한다. 따라서 사업소득은 ① 영리목적성, ② 독립성, ③ 계속·반복성을 그 특징으로 하며, 사업소득이 있는 거주자를 '사업자'라고 한다.

② 독립성은 자기의 계산·책임에 따른 행위를 의미하는 것으로서 비독립성, 즉 종속성을 특징으로 하는 근로소득과의 구분기준이 되며, 위 ③ 계속·반복성은 일시·우발성을 특징으로 하는 비영업대금의 이익, 기타소득 및 양도소득과의 구분기준이 된다.

예컨대 ① 고용계약에 따라 근로를 제공하고 지급받은 대가는 근로소득에 해당하고, ② 고용관계 없이 독립된 자격으로 계속적으로 용역을 제공하고 일의 성과에 따라 지급받는 수당이나 그 밖의 유사한 성질의 금액은 사업소득에 해당하는 것이며, ③ 고용관계 없이 인적용역을 일시적으로 제공하고 받은 대가는 기타소득에 해당한다.

Ⅱ. 사업소득의 범위

소득세법은 사업소득이 발생하는 사업의 범위를 정하고 있으나, 해당 부분에 대해서는 수험목적상 다음의 사업만 설명하고자 한다.

① 농업(식량작물재배업은 제외. 이하 같다)·임업·어업에서 발생하는 소득

② 부동산업·임대업에서 발생하는 소득. 다만, 법률에 따른 공익사업과 관련하여 지역권·지상권(지하·공중에 설정된 권리 포함)을 설정·대여함으로써 발생하는 소득은 제외한다(이것은 기타소득에 해당).

③ 예술·스포츠 및 여가 관련 서비스업에서 발생하는 소득(연예인·직업운동선수 등이 사업활동과 관련하여 받는 전속계약금은 사업소득으로 한다)

④ 복식부기의무자가 사업용 유형자산을 양도함으로써 발생하는 소득. 다만, 양도소득에 해당하는 경우는 제외한다.

⑤ 광업·제조업·건설업 등 그 밖의 사업

⑥ 위와 유사한 소득으로서 영리를 목적으로 자기의 계산과 책임 하에 계속·반복적으로 행하는 활동을 통해 얻는 소득*

* 통신판매중개를 하는 자를 통해 물품·장소(예 : 카풀서비스, 주차장 대여)를 대여하고 연간 수입금액 500만원 이하의 사용료로서 받은 금품을 기타소득으로 원천징수하거나 과세표준확정신고를 한 경우에는 사업소득에

서 제외한다. 즉 해당 소득은 계속적 · 반복적인 대여를 통해서 얻은 소득이므로 사업소득으로 분류하는 것이 원칙이지만 기타소득으로 원천징수하거나 확정신고를 한 경우에는 예외적으로 기타소득으로 인정한다는 것이다.

참고 영리목적성이 없는 것으로서 사업의 범위에서 제외되는 것

① '전문, 과학 · 기술서비스업'에는 연구개발업(계약 등에 따라 그 대가를 받고 연구 · 개발용역을 제공하는 사업은 제외)은 제외한다.

② '교육서비스업'에는 유치원 · 학교와 이와 유사한 교육기관은 제외한다.

③ '보건 및 사회복지사업'에는 법률에 따른 사회복지사업 · 장기요양사업은 제외한다.

④ '협회 · 단체'에는 한국표준산업분류의 중분류에 따른 협회 · 단체는 제외한다. 다만, 해당 협회 · 단체가 특정사업을 경영하는 경우에는 그 사업의 내용에 따라 분류한다. ■

[도 표] 인적용역 중 사업소득 · 근로소득 · 기타소득의 비교

구분	사업소득	기타소득	근로소득
다른 소득과 구분 개념	① 계속 · 반복성 ② 독립성	① 일시 · 우발성 ② 독립성	종속성
소득의 귀속시기	• 원칙 : Fast[지급받기로 한 날, 제공을 완료한 날] • 연예인 등이 1년을 초과하여 받는 전속계약금 : 각 과세기간에 월수를 기준으로 안분	• 실제로 지급받은 날	• 근로제공일
원천징수	부가가치세가 면세되는 인적용역의 소득에 대해서 3% 세율로 원천징수 * 외국인 운동선수에 대한 일정한 소득에 대해서는 20%	소득금액의 20% 원천징수	간이세율표에 따라 매월 원천징수를 한다.

Ⅲ. 사업소득금액의 계산

1. 개요

사업소득금액은 해당 과세기간의 총수입금액에서 이에 사용된 필요경비를 공제한 금액으로 한다. 다만, 비과세소득은 총수입금액에 포함하지 않는다. 이하에서는 상당부분 법인세법과

유사하므로 법인세법과 차이가 나거나 다른 종합소득과 비교되는 부분을 위주로 설명하기로 한다.

2. 총수입금액

(1) 총수입금액 산입

① 사업과 관련된 자산수증이익과 채무면제이익. 다만, 자산수증이익(복식부기의무자가 받은 국고보조금 등은 제외) · 채무면제이익 중 이월결손금의 보전에 충당된 금액은 제외하며, 사업과 관련이 없는 경우에는 증여세가 과세된다.

② 사업과 관련하여 해당 사업용자산의 손실로 취득하는 보험차익. 사업과 관련 없는 경우에는 비열거소득으로 소득세가 과세되지 않으며, 사업과 관련된 보험차익을 과세하는 이유는 사업소득 계산시 납부한 보험료 상당액을 필요경비로 공제하였기 때문에 이에 대한 수익비용의 대응을 맞추기 위함이다.

③ 화폐성 외화자산 · 부채의 경우 법인세법은 상환손익뿐만 아니라 선택(금융보험업의 경우 강제)하는 경우에 한하여 평가손익도 손금 · 익금으로 보지만 소득세법의 경우에는 상환손익의 경우에만 총수입금액 · 필요경비에 산입한다.

(2) 총수입금액계산의 특례 : 재고자산의 자가소비

거주자가 재고자산 · 임목을 ① 가사용으로 소비하거나 ② 종업원 · 타인에게 지급하는 경우에도 이를 소비 · 지급하는 때의 가액에 해당하는 금액은 그 소비하거나 지급한 날이 속하는 과세기간의 사업소득금액 · 기타소득금액을 계산할 때 총수입금액에 산입한다.

(3) 금전 외 대가를 받은 경우의 총수입금액의 계산

총수입금액으로 금전 이외의 대가를 받는 경우에는 거래당시의 가액에 따라 계산하되, 그 구체적인 내용은 다음과 같다.

① 제조업자 · 생산업자 · 판매업자로부터 받은 물품인 경우 : 그 판매가액

② 제조업자 등이 아닌 자로부터 받은 물품인 경우 : 시가

③ 법인으로부터 이익배당으로 받은 주식 : 그 액면가액

④ 주식발행법인으로부터 신주인수권을 받은 경우(주주로서 받은 경우는 제외) : 신주인수권에 따라 납입한 날의 신주가액에서 해당 신주의 발행가액을 공제한 금액

3. 필요경비

(1) 필요경비의 범위

필요경비에 산입할 금액은 해당 과세기간의 총수입금액에 대응하는 비용으로서 일반적으로

인정되는 통상적인 것의 합계액으로 한다.

① 부동산의 양도 당시의 장부가액(건물건설업과 부동산 개발 및 공급업의 경우만 해당). 이 경우 사업용 외의 목적으로 취득한 부동산을 사업용으로 사용한 것에 대해서는 해당 사업자가 당초에 취득한 때의 취득가액을 그 장부가액으로 한다.

② 종업원의 급여. 따라서 법인세법과 달리 대표자 자신의 급여는 필요경비로 인정되지 않는다.

③ 복식부기의무자가 사업용 유형자산의 양도가액을 총수입금액에 산입한 경우에 해당 사업용 유형자산의 양도 당시 장부가액(업무용승용차의 감가상각비 중 업무사용금액에 해당하지 않은 금액이 있는 경우에는 그 금액을 차감한 금액)

④ 사업용자산에 대한 손해보험료, 및 법률에 따라 사용자가 부담하는 부담금 · 보험료

⑤ 대손금에 경우 법인세법은 외상매출금 외에 유형자산 매각대금 미수금의 경우에도 세법에서 정한 회수불능사유가 발생하면 대손금으로 손금인정이 되는데, 반해 소득세법은 외상매출금과 정상적인 사업과 관련된 하여 발생하는 채권 등만 대손금으로 필요경비인정이 된다.

⑥ 종업원을 위한 직장체육비 등. 따라서 법인세법과 달리 대표자 자신을 위해 지출된 복리후생비는 필요경비로 인정되지 않는다.

참 고 사업소득금액을 추계신고, 추계결정 · 경정하는 경우 감가상각의 의제

해당 과세기간의 소득에 대하여 사업소득금액을 비치 · 기록한 장부와 증명서류에 의해 계산하지 않아 ① 사업자가 과세표준신고시 추계소득금액 계산서를 제출하거나 ② 관할세무서장이 사업소득금액을 추계결정 · 경정하는 경우에는, 감가상각자산(건축물 제외)에 대한 감가상각비를 계산하여 필요경비로 계상한 것으로 본다. 이처럼 감가상각자산에 대한 감가상각비를 필요경비로 계상한 것으로 의제한 사업자는 그 후 과세기간의 상각범위계산의 기초가 될 자산의 가액에서 그 감가상각비에 상당하는 금액을 공제한 잔액을 기초가액으로 하여 상각범위액을 계산한다. ■

(2) 필요경비의 불산입

① 가사와 관련된 경비

㉠ 사업자가 가사와 관련하여 지출하였음이 확인되는 경비. 이 경우 직계존비속이 무상으로 사용하는 주택에 관련된 경비는 가사와 관련하여 지출된 경비로 본다, 그 이유는 직계존비속에게 제공한 주택 무상사용에 따른 이익에 대해서는 사업소득으로 과세하지 않기 때문에 그에 관련된 필요경비도 인정하지 않는 것이다.

㉡ 초과인출금에 대한 지급이자 : 대금업이 아닌 이상 사업소득 총수입금액에 금융수익이 발생하지 않아 법인세법과 달리 가지급금에 대한 인정이자 계산을 하지 않지만, 이에 대응하여 소득세법은 해당 과세기간 중 부채의 합계액(충당금 · 준비금은 제외)이 사업용자산의 합계액을 초과하는 경우 그 초과하는 금액(이하 초과인출금)의 적수에 해당하는

지급이자를 필요경비에서 부인한다.

초과인출금에 대한 지급이자를 계산할 때의 적수계산은 원칙상 일수계산 임에도 불구하고 월말잔액을 기준으로 해당 월의 일수를 곱해서 계산할 수 있으며, 부인되는 지급이자는 높은 이자율의 지급이자부터 먼저 부인되는 것으로 한다.

② 업무무관자산 관련 지급이자 : 법인세법의 경우 업무무관 가지급금도 업무무관자산에 포함시키지만 소득세법은 대금업이 아닌 이상 대여금 등은 사업용 자산이 될 수 없으므로 업무무관자산의 범위에서 업무무관 가지급금을 포함하지 않고 있다.

지급이자 부인방법의 경우 법인세법은 일수를 기준으로 업무무관 자산의 적수를 계산하여, 평균적으로 지급이자를 손금에서 부인하나, 소득세법의 경우에는 먼저 해당 업무무관자산을 취득하기 위해 사용한 것이 명백한 차입금의 지급이자를 전액 필요경비에서 부인하며, 업무무관자산을 취득하기 위해 사용된 것이 불분명한 경우에는 적수를 기준으로 필요경비에 불산입되는 지급이자를 계산하되, 그 적수계산은 월말잔액을 기준으로 해당 월의 일수를 곱하여 계산할 수 있으며 높은 이자율의 지급이자부터 먼저 부인되는 것으로 한다.

(3) 기부금의 필요경비불산입

1) 현물 일반기부금의 평가 : 법인세법의 경우 원칙이 장부가액으로 평가하되, 특수관계인에게 기부한 경우에는 장부가액과 시가 중 큰 금액으로 하지만, 소득세법의 경우에는 원칙이 시가와 장부가액 중 큰 금액으로 한다.

2) 필요경비불산입 : 사업자가 해당 과세기간에 지출한 기부금 및 이월된 기부금 중 특례기부금·일반기부금은 필요경비 산입한도액 내에서 해당 과세기간의 사업소득금액을 계산할 때 필요경비에 산입하되, 필요경비산입한도액을 초과하는 금액은 필요경비에 산입하지 않는다. 반면에 비지정기부금은 전액 해당 과세기간의 사업소득금액을 계산할 때 필요경비에 산입하지 않는다. 한편 기본공제대상자인 배우자 및 부양가족(부양가족은 나이의 제한을 받지 않으며, 다른 거주자의 기본공제를 적용받은 사람은 제외)에 해당하는 사람이 지급한 기부금은 해당 사업자의 기부금에 포함한다.

여기서 기부금의 필요경비산입한도액은 다음과 같다.

구분	필요경비산입한도액
⑴ 정치자금기부금 · 고향사랑기부금 · 특례기부금	(기준소득금액 − 이월결손금)×100%
⑵ 우리사주조합기부금	(기준소득금액 − 이월결손금 − ⑴ 기부금 필요경비산입액)×30%

(3) 일반기부금	• 종교단체기부금이 없는 경우 (기준소득금액 – 이월결손금 – (1) · (2) 기부금 필요경비산입액) × 30%
	• 종교단체기부금이 있는 경우 (기준소득금액 – 이월결손금 – (1) · (2) 기부금 필요경비산입액) × 10% + MIN(①, ②) ① (기준소득금액 – 이월결손금 – (1) · (2) 기부금 필요경비산입액) × 20% ② 종교단체 외에 기부한 일반기부금

* 기준소득금액에서 공제하는 순서 : 이월결손금 ➡ 정치자금기부금 ➡ 고향사랑기부금 ➡ 특례기부금 ➡ 우리사주조합기부금

4. 총수입금액과 필요경비의 귀속연도

거주자의 각 과세기간의 총수입금액과 필요경비의 귀속연도는 그 총수입금액과 필요경비가 확정된 날이 속하는 과세기간으로 한다.

구분	사업소득의 수입시기
① 금융 · 보험업에서 발생하는 이자 · 할인액	• 실제로 수입된 날 * 법인세법의 경우 금융 · 보업업에서 발생하는 이자 · 할인액은 실제 수입된 날로 하되, 선수입된 부분은 제외
② 건설 · 제조 그 밖의 용역의 제공	• 장기건설 등(계약기간 1년 이상) : 진행기준 * 건설 등의 필요경비 총누적액을 확인할 수 없는 경우에는 용역제공을 완료한 날(또는 목적물을 인도한 날) • 단기건설 등(계약기간 1년 미만) : 용역제공을 완료한 날(또는 목적물을 인도한 날) * 단기건설의 경우 소득세법에서는 진행기준에 의한 회계처리도 수용하나, 법인세법은 이와 반대로 원칙이 진행기준으로 하되, 중소기업의 단기건설과 진행률을 사용할 수 없는 경우 및 기업회계에서 인도기준을 강제하여 인도기준으로 계상한 경우에만 인도기준을 적용한다.
③ 인적용역의 제공	• 원칙 : Fast [용역대가를 지급받기로 한 날, 용역제공을 완료한 날] • 연예인 · 직업운동선수 등이 계약기간 1년을 초과하는 일신전속계약에 대한 대가를 일시에 받는 경우 : 계약기간에 따라 해당 대가를 균등하게 월수(초월산입 · 말월불산입)를 기준으로 안분된 금액이 각 과세기간 종료일에 수입된 것으로 한다.
④ 무인판매기에 의한 판매	• 사업자가 무인판매기에서 현금을 인출하는 때
⑤ 어음의 할인	• 그 어음의 만기일 * 만기 전에 어음을 양도하는 경우 : 양도일 * 법인세법에서는 어음의 할인의 경우 기업회계기준에 따른다.

Ⅳ. 비과세 사업소득

구분	비과세소득의 범위
(1) 논 · 밭 임대소득	논 · 밭을 작물 생산에 이용하게 함으로써 발생하는 소득
(2) 주택임대소득	1개의 주택(부수토지 포함)을 소유하는 자의 주택임대소득. 다만, 고가주택(과세기간 종료일 또는 해당 주택의 양도일 현재 기준시가가 12억원을 초과하는 주택) 및 국외에 소재하는 주택임대소득은 비과세대상에서 제외한다.
(3) 농어가(農漁家) 부업소득	농 · 어민이 경영하는 ① 축산, ② 고공품제조 · 민박 · 음식물판매 · 특산물제조 · 전통차제조 및 그 밖에 이와 유사한 활동에서 발생하는 다음에 해당하는 소득을 말한다. ① 농어가부업규모의 축산(소득령 별표 1)에서 발생하는 소득 ② ① 이외 소득으로서 소득금액의 합계액이 연 3,000만원 이하인 소득
(4) 전통주 제조소득	전통주를 수도권지역 외의 읍 · 면지역에서 제조함으로써 발생하는 소득으로 소득금액의 합계액이 연 1,200만원 이하인 금액
(5) 산림소득	조림기간이 5년 이상인 임지의 임목의 벌채 · 양도로 발생하는 소득으로서 연 600만원 이하의 금액
(6) 기타 작물재배업에서 발생하는 소득	식량작물재배업 외의 작물재배업에서 발생하는 소득으로서 총수입금액 10억원 이하의 금액
(7) 어로어업 또는 양식어업 소득	① 어로어업(어업 중 연근해어업과 내수면어업을 말한다) 또는 ② 양식어업에서 발생하는 소득으로서 해당 과세기간의 소득금액의 합계액이 5,000만원 이하인 소득을 말한다.

Ⅴ. 업무용승용차 관련비용 등의 특례

업무용승용차 관련비용 등의 특례에 대해서는 상당한 부분 법인세법과 동일하나 다음의 차이점이 있다.

① 법인세법의 경우 모든 법인에게 업무용승용차 관련비용 등의 특례가 적용이 되나, 소득세법의 경우에는 복식부기의무자의 경우에만 적용이 된다.

② 법인세법은 '연구개발 목적의 임시운행허가를 받은 자율주행자동차'를 영업용 승용차로 규정하고 있지만, 소득세법에서는 이러한 자율주행자동차를 영업용 승용차로 규정하고 있지 않다.

③ 법인세법의 경우 모든 법인이 임직원 업무전용자동차보험에 가입한 경우에만 해당 업무사용금액을 손금으로 인정하나, 소득세법의 경우에는 사업자별로 업무용승용차 1대에 대해서는 업무전용자동차보험 가입을 업무사용금액의 필요경비산입 요건으로 정하지 않고 있다(따라서 개인사업자는 사업자별로 업무용승용차 1대에 대해서는 가족이 운전가능한 자동차보

험에 가입해도 무방함). 이는 개인사업자의 경우 1대의 승용차로 가정(家庭)과 사업장에서 함께 사용하는 사례가 많기 때문에 업무사용비율만을 증명하면 업무사용금액을 필요경비로 인정하는 것이다.

④ 법인세법은 법인이 취득하거나 임차하여 사용하는 취득가액이 8,000만원 이상인 업무용승용차에 법인업무용 자동차등록번호판을 부착하지 않은 경우 업무사용금액은 영(0)원으로 하고 있지만, 소득세법은 이러한 제도를 두지 않고 있다.

⑤ 법인세법은 부동산임대업을 주된 사업으로 하는 등의 요건을 갖춘 내국법인의 경우에 업무용승용차 감가상각비 등의 한도를 '800만원' 대신에 '400만원'으로 하는데, 이와 달리 소득세법은 부동산임대업을 하는 거주자의 경우에는 다른 업종과 동일하게 '800만원'으로 하는 점에서 차이가 있다.

[도 표] 업무용승용차(사업자별 1대는 제외)에 대해 업무전용자동차보험 미가입시 업무사용금액 인정수준

사업자 구분	업무용전용자동차보험 미가입시 업무사용금액(사업자별 1대는 제외)			
	2023년	2024년	2025년	2026년 이후
일반 복식부기의무자	업무사용비율금액×100% * 가입의무 없음	업무사용비율금액×50% * 가입의무 있음		업무사용비율금액×0% * 가입의무 있음
성실신고확인대상사업자 등(*주)	업무사용비율금액×50% * 가입의무 있음	업무사용비율금액×0% * 가입의무 있음		

(*주) '성실신고확인대상사업자 등'이란 ㉠ 직전 과세기간의 성실신고확인대상사업자, ㉡ 의료업, 수의업, 약사업 및 부가가치세 간이과세 배제대상 전문직사업서비스업(변호사업, 공인회계사업, 세무사업 등의 사업서비스업을 말한다)을 영위하는 사람을 말한다.

Ⅵ. 부동산임대업의 소득금액

1. 부동산임대업의 범위

부동산임대업의 구체적인 범위는 다음과 같다. 부동산임대업에서 발생하는 결손금은 해당 과세기간의 다른 소득금액에서 공제하지 않고 이월시켜, 다음 과세기간 이후에 발생하는 부동산임대업의 소득금액에서만 공제한다. 이러한 점 때문에 사업소득에 부동산임대업에서 발생한 소득이 포함되어 있는 사업자는 그 소득별로 구분하여 회계처리를 해야 한다. 이때 소득별로 구분할 수 없는 공통수입금액과 그에 대응하는 공통경비는 각 총수입금액에 비례하여 그 금액을 나누어 장부에 기록한다.

① 부동산 또는 부동산상의 권리를 대여하는 사업. 여기서 '부동산상의 권리'란 전세권 · 지상권 · 지역권 등을 말한다.

② 공장 · 광업재단을 대여하는 사업

③ 광업권자 · 조광권자 · 덕대가 채굴 시설과 함께 광산을 대여하는 사업

2. 부동산임대업의 소득금액 계산

부동산임대업의 경우 일반적인 사업소득의 경우와 기본적으로 같아 특이한 점만 살펴보기로 한다.

1) 임대보증금 등에 대한 총수입금액 계산의 특례 : 개인이 부동산(주택 및 부수토지는 제외) 또는 그 부동산상의 권리 등을 대여하고 보증금 · 전세금 등을 받은 경우에는 다음의 금액을 총수입금액에 산입하는데, 그 내용은 법인세법에 따른 간주익금제도와 거의 유사하나, 법인의 일반적인 간주임대료는 조세특례제한법에 따라 부동산임대업을 주업으로 하는 차입금과다법인만 계산을 한다.

① 일반적인 간주임대료

$$= \left(\begin{array}{c}\text{해당 과세기간의}\\\text{보증금 등의 적수}\end{array} - \begin{array}{c}\text{해당 임대용부동산의}\\\text{건설비상당액 적수}\end{array}\right) \times \frac{1}{365(\text{윤년은 }366)} \times \text{정기예금이자율}$$

$-$ 해당 과세기간의 임대사업부분에서 발생한 금융수익의 합계액*

* 법인세법과 달리 소득세법에 따라 간주임대료 계산하는 경우 차감하는 금융수익의 범위에는 신주인수권 · 유가증권의 처분이익을 제외한다.

② 추계신고 · 추계조사결정하는 경우 간주임대료

$$= \text{해당 과세기간의 보증금 등의 적수} \times \frac{1}{365(\text{윤년은 }366)} \times \text{정기예금이자율}$$

2) 주택의 임대보증금 등에 대한 총수입금액 계산의 특례 : 거주자가 3주택(기준시가가 2억원 이하면서, 40m^2 이하인 소형주택은 제외) 이상을 소유하고 주택과 주택부수토지(주택부수토지만 임대하는 경우는 제외)를 임대하고 받은 보증금 등의 합계액이 3억원(임대보증금을 받는 주택이 2채 이상인 경우에는 보다 큰 적수의 보증금부터 차감)을 초과하는 경우에는 다음과 같이 계산한 금액을 사업소득 총수입금액에 산입한다.

① 일반적인 간주임대료

$$= (\text{해당 과세기간의 보증금 등} - 3\text{억원})\text{의 적수} \times 60\% \times \frac{1}{365(\text{윤년은 }366)} \times \text{정기예금이자율}$$

$-$ 해당 과세기간의 임대사업부분에서 발생한 금융수익의 합계액*

* 법인세법과 달리 소득세법에 따라 간주임대료 계산하는 경우 차감하는 금융수익의 범위에는 신주인수권 · 유가증권의 처분이익을 제외한다.

② 추계신고 · 추계조사결정하는 경우 간주임대료

$$= (\text{해당 과세기간의 보증금 등} - 3\text{억원})\text{의 적수} \times \frac{1}{365(\text{윤년은 }366)} \times \text{정기예금이자율}$$

3) 선세금(先貰金)의 총수입금액 : 부동산을 임대하거나 지역권 · 지상권을 설정 · 대여 하고 미리 받은 임대료에 대한 총수입금액은 해당 과세기간의 월수(초월산입 · 말월불산입)에 따라 안분하여 계산한다. 이 경우 법인세법은 임대료 지급기간이 1년을 초과하는 경우에 이미 경과한 기간에 대응하는 임대료 상당액을 해당 사업연도에 익금으로 한다는 점에서 선세금의 총수입금액 계산방법과 유사하다.

3. 부동산임대업 소득의 수입시기

① 지급일이 정해진 것 : 그 정해진 날

② 지급일이 정해지지 않은 것 : 그 지급을 받은 날

법인세법은 장부에 이미 경과한 기간에 대응하는 임대료 상당액을 해당 사업연도에 수익으로 계상하였다면 이를 해당 사업연도의 익금으로 한다.

4. 분리과세 주택임대소득에 대한 과세특례

주택임대소득에 대한 사업소득금액도 일반적인 사업소득금액의 계산원리에 따라 계산하며, 종합소득과세표준에 합산하여 기본세율로 과세한다. 다만, 분리과세 주택임대소득에 대해서는 몇 가지 과세특례가 적용되는데, 그 내용은 다음과 같다.

1) 의의 : '분리과세 주택임대소득'이란 해당 과세기간에 주거용 건물 임대업에서 발생한 총수입금액(이하 '주택임대수입금액')의 합계액이 2천만원 이하인 자의 주택임대소득을 말한다. 그 취지는 소규모 주택임대소득자의 세부담을 완화하기 위한 것이다.

   여기서 사업자가 공동사업자인 경우에는 공동사업장에서 발생한 주택임대수입금액의 합계액을 손익분배비율에 의해 공동사업자에게 분배한 금액을 각 사업자의 주택임대수입금액에 합산한다.

2) 분리과세 주택임대소득에 대한 사업소득금액(이하 '주택임대소득금액') : 다음의 표와 같이 계산한 금액으로 한다. 그 취지는 소규모 주택임대소득자의 사업소득금액 계산의 편의를 위한 것이다.

<table>
<tr><th rowspan="2">구분</th><th colspan="2">분리과세 주택임대소득을 제외한 해당 과세기간의 종합소득금액</th></tr>
<tr><th>2천만원 이하인 경우</th><th>2천만원을 초과하는 경우</th></tr>
<tr><td>미등록임대주택</td><td>주택임대수입금액
− 필요경비(주택임대수입금액×50%+200만원)
= 주택임대소득금액</td><td>주택임대수입금액
− 필요경비(주택임대수입금액×50%)
= 주택임대소득금액</td></tr>
</table>

등록임대주택 (필요경비 추가특례)	주택임대수입금액 − 필요경비(주택임대수입금액×60%+400만원) = 주택임대소득금액	주택임대수입금액 − 필요경비(주택임대수입금액×60%) = 주택임대소득금액

위 도표에서 '등록임대주택'이란 다음의 요건을 모두 충족하는 임대주택을 말하며, '미등록임대주택'이란 등록임대주택이 아닌 주택을 말한다.

① 법률에 따른 임대사업자등록을 한 자가 임대 중인 공공지원민간임대주택 · 장기일반민간임대주택 · 단기민간임대주택일 것

② 소득세법에 따른 사업자등록을 한 사업자의 임대주택

③ 임대보증금 또는 임대료(이하 '임대료 등')의 증가율이 5%를 초과하지 않을 것. 이 경우 임대료 등의 증액 청구는 임대차계약의 체결(또는 약정한 임대료 등의 증액)이 있은 후 1년 이내에는 하지 못하고, 임대사업자가 임대료 등의 증액을 청구하면서 임대보증금과 월임대료를 상호 간에 전환하는 경우에는 「민간임대주택에 관한 특별법」의 전환 규정을 준용한다.

참 고 민간임대주택의 범위

'민간임대주택'이란 임대 목적으로 제공하는 주택(토지를 임차하여 건설된 주택 및 오피스텔 등 준주택 및 일부만을 임대하는 주택을 포함)으로서 임대사업자가 법률에 따라 등록한 주택을 말하며, 다음과 같이 구분한다.

구분	용어의 뜻
㉠ 공공지원민간임대주택	임대사업자가 공공지원을 받아 건설 · 매입하는 민간임대주택을 10년(종전 등록신청분은 8년) 이상 임대할 목적으로 취득하여 임대료 및 임차인의 자격 제한 등을 받아 임대하는 민간임대주택을 말한다.
㉡ 장기일반민간임대주택	임대사업자가 공공지원민간임대주택이 아닌 주택을 10년(종전 등록신청분은 8년) 이상 임대할 목적으로 취득하여 임대하는 민간임대주택을 말한다.
㉢ 단기민간임대주택	임대사업자가 4년 이상 임대할 목적으로 취득하여 임대하는 민간임대주택을 말한다.

구체적으로 앞의 도표에 따른 주택임대소득은 다음과 같이 계산한다.

구분	계산방법
① 과세기간 중 일부기간 동안 등록임대주택을 임대한 경우	등록임대주택의 임대사업에서 발생한 수입금액은 월수로 계산한다. 이 경우 해당 임대기간의 개시일 · 종료일이 속하는 달이 15일 이상인 경우에는 1개월로 본다.

② 해당 과세기간 중에 임대주택을 등록한 경우	총 주택임대수입금액[등록하지 않은 기간에 발생한 수입금액 + 등록한 기간에 발생한 수입금액] − 필요경비[등록하지 않은 기간에 발생한 수입금액×50% + 등록한 기간에 발생한 수입금액×60%] = 주택임대소득금액
③ 해당 과세기간 동안 미등록임대주택과 등록임대주택에서 수입금액이 발생한 경우	추가로 차감하는 필요경비 = 200만원 × (미등록임대주택에서 발생한 수입금액 / 총 주택임대수입금액) + 400만원 × (등록임대주택에서 발생한 수입금액 / 총 주택임대수입금액)

3) 과세방법 : 분리과세 주택임대소득은 종합소득과세표준에 합산하지 않는다. 일반적인 분리과세 소득은 원천징수로써 과세가 종결되지만, 분리과세 주택임대소득은 원천징수대상이 아니기 때문에 별도로 계산한 세액을 종합소득세액에 포함하여 신고·납부해야 한다(신고납부 분리과세).

4) 세액계산의 특례 : 분리과세 주택임대소득이 있는 거주자의 종합소득결정세액은 다음과 같이 계산한다.

종합소득결정세액 = (① 또는 ②) 중 선택 ➡ MIN (①, ②)
① 분리과세시 종합소득결정세액 = (분리과세 주택임대소득에 대한 사업소득금액 ×14% − 조세특례제한법에 따른 소형주택 임대사업자에 대한 세액감면) + 그 외의 종합소득결정세액(종합소득산출세액 − 그 밖의 공제·감면세액) ② 종합과세시 종합소득결정세액 = 종합소득산출세액 − 소형주택 임대사업자에 대한 세액감면 − 그 밖의 공제·감면세액

① 분리과세시 종합소득결정세액의 의미 : 이는 분리과세 주택임대소득에 대한 사업소득금액을 종합소득과세표준에 합산하지 않고 분리과세 주택임대소득에 대한 사업소득금액에 14%를 곱하여 계산한 세액을 종합소득결정세액에 포함한다는 것이다. 분리과세 주택임대소득에 대한 사업소득금액은 다른 종합소득금액에 관계없이 무조건 14% 단일세율을 적용하여 소득세 부담을 완화하려는데 그 취지가 있다.

② 종합과세시 종합소득결정세액의 의미 : 분리과세 주택임대소득에 대한 사업소득금액을 종합소득과세표준에 합산하여 종합소득산출세액을 계산할 경우 직면하는 한계세율이

6%[기본세율(6%~45%) 중 최저세율]이면 위 ①에서 분리과세 주택임대소득에 대한 사업소득금액에 14%의 세율을 적용할 때보다 세부담이 더 낮아진다. 이러한 경우를 대비하여 ②의 세액을 종합소득결정세액으로 선택할 수 있도록 한 것이다. 그 결과 분리과세 주택임대소득에 대해서는 최저 6% 최고 14%의 세율이 적용된다.

[도 표] 주택임대소득에 대한 소득세 과세제도

소유 주택 수 (부부단위 합산)	임대료	간주임대료
1주택	• 일반주택 : 비과세 • 고가주택 · 국외주택 : 과세	간주임대료 과세 ×
2주택	• 소규모 주택임대사업자 : 분리과세 • 소규모 임대사업자 외의 임대사업자 : 종합과세	간주임대료 과세 × * 2026년부터 기준시가가 12억원을 초과하는 고가 2주택 : 간주임대료 과세 ○
3주택		보증금 등의 합계액 > 3억원 : 간주임대료 과세 ○ 보증금 등의 합계액 ≤ 3억원 : 간주임대료 과세 ×

참 고 2026년부터 고가주택 2주택 소유자의 간주임대료 과세

① 주택(소형주택은 2026.12.31.까지 주택수에 포함하지 않는다)을 대여하고 보증금 등을 받은 경우로서 ② 2주택(해당 과세기간의 기준시가가 12억원 이하인 주택은 주택 수에 포함하지 않는다)을 소유하고 ③ 해당 주택의 보증금 등의 합계액이 12억원을 초과하는 경우에는, 간주임대료를 사업소득 총수입금액에 산입한다. ■

Ⅶ. 사업소득에 대한 과세방법

(1) 개요

사업소득금액은 원칙적으로 종합소득과세표준에 합산하여 기본세율로 과세한다(종합과세). 따라서 대부분의 사업소득에 대해서는 원천징수를 하지 않는다. 다만, 원천징수 및 납세조합징수의 대상이 되는 경우가 있는데, 이하에서는 그 내용을 설명한다.

(2) 의료보건용역 및 인적용역에 대한 원천징수

국내에서 거주자에게 원천징수대상 사업소득을 지급하는 자는 지급하는 금액의 3%(20%)* 를 원천징수하여 징수일이 속하는 달의 다음 달 10일까지 정부에 납부해야 한다.

* 외국인 직업운동가가 프로스포츠구단과의 계약에 따라 용역을 제공하고 받는 소득은 '20%'

1) 원천징수대상 사업소득의 범위 : 원천징수대상 사업소득은 부가가치세 면세대상인 다음 용역의 공급에서 발생하는 소득으로 한다.

① 의료보건용역(수의사의 용역 포함)

② 저술가 · 작곡가 등 일정한 자가 직업상 제공하는 인적용역(접대부 · 댄서와 그 밖에 이와 유사한 용역은 제외)

다만, 다음의 사업소득 중 의약품가격이 차지하는 비율에 상당하는 금액은 원천징수대상 사업소득에서 제외한다.

① 약사가 제공하는 의약품의 조제용역의 공급으로 발생하는 사업소득

② 의사 또는 치과의사가 직접 제공하는 의약품의 조제용역의 공급으로 발생하는 사업소득

2) 원천징수의무자의 범위 : 이러한 사업소득을 지급하는 자로서 원천징수의무를 지는 자는 다음 중 어느 하나에 해당하는 자에 한정한다.

① 사업자 : 사업소득이 있는 자

② 법인 등 : 법인세의 납세의무자, 국가 등, 민법이나 그 밖의 법률에 따라 설립된 법인 또는 국세기본법에 따라 법인으로 보는 단체

본래 원천징수대상 소득을 지급하는 자는 개인 · 법인, 사업자 · 비사업자 여부에 관계없이 무조건적으로 원천징수납부의무를 지는 것이 원칙이다. 그러나 예외적으로 이러한 의료보건용역 · 인적용역에 대한 소득세의 원천징수납부만은 사업자 · 법인 등이 지급하는 경우에만 해당된다.

3) 사업소득세액의 연말정산 : 보험모집인 · 방문판매원 · 음료품배달원에 해당하는 사업자(간편장부대상자에 한정)에게 모집수당 · 판매수당 등의 사업소득을 지급하는 원천징수의무자는 해당 사업소득에 대한 소득세의 연말정산을 해야 한다. 다만, 방문판매원 · 음료품배달원의 경우에는 원천징수의무자가 사업장 관할세무서장에게 연말정산 신청을 하는 경우에만 해당한다.

이 경우 원천징수의무자는 해당 과세기간의 다음 연도 2월분의 사업소득을 지급할 때에 다음의 금액을 원천징수한다.

> 사업소득에 대한 소득세 결정세액 − 이미 원천징수납부한 세액 = ┌ (+) : 원천징수 └ (−) : 환급

이처럼 연말정산된 사업소득 외의 다른 소득이 없는 경우에는 해당 소득자는 해당 과세기간에 대한 과세표준확정신고를 하지 않아도 된다.

(3) 봉사료에 대한 원천징수

부가가치세가 면제되는 접대부 · 댄서와 이와 유사한 용역을 제공하는 자에게 지급하는 일정한 봉사료에 대해서는 그 지급하는 금액에 5%를 원천징수한다.

한편 사업자(법인 포함)가 음식 · 숙박용역이나 서비스용역을 공급하고 그 대가를 받을 때 봉사료를 함께 받아 해당 소득자에게 지급하는 경우에는 그 사업자가 봉사료에 대한 소득세를 원천징수해야 한다.

(4) 납세조합징수

농 · 축 · 수산물 판매업자 등 일정한 사업자는 납세조합을 조직할 수 있다. 이 경우 납세조합은 그 조합원의 사업소득에 대한 소득세를 매월 징수하여 징수일이 속하는 달의 다음 달 10일까지 정부에 납부해야 한다.

제3절 근로소득

I-2 p.649

Ⅰ. 의의

'근로소득'이란 근로계약(또는 고용계약 · 위임계약)에 따라 비독립적 지위에서 근로를 제공하고 받는 대가이다. 근로소득의 비독립성은 사업소득이 독립성을 그 특징으로 하고 있는 것과 구별된다. 이러한 비독립적 지위에서 받는 모든 근로제공의 대가는 봉급 · 급료 · 보수 · 임금 · 상여 · 수당 등 명칭 · 형식 여하에 불구하고 근로소득을 구성한다. 따라서 현물급여도 원칙적으로 근로소득에 포함되며, 그 수입금액은 사업소득의 경우를 준용하여 계산한다.

구체적인 근로소득의 범위는 다음과 같다.

① 근로를 제공함으로써 받는 봉급 · 급료 · 보수 · 세비 · 임금 · 상여 · 수당과 이와 유사한 성질의 급여(일반급여)

② 법인의 주주총회 · 사원총회 또는 이에 준하는 의결기관의 결의에 따라 상여로 받는 소득(잉여금 처분에 의한 상여)

③ 법인세법에 따라 상여로 처분된 금액(인정상여)

④ 퇴직함으로써 받는 소득으로서 퇴직소득에 속하지 않는 소득

⑤ 사업자나 법인이 생산 · 공급하는 재화 · 용역을 그 사업자나 법인(계열회사 포함)의 사업장에 종사하는 임원 · 종업원에게 시가보다 낮은 가격으로 제공하거나 구입할 수 있도록 지원함으로써 해당 임원 · 종업원이 얻는 이익(임원 · 종업원에 대한 할인금액)

참 고 임원·종업원에 대한 할인금액 세부내용

1. 임원·종업원에게 시가보다 낮은 가격으로 제공하거나 구입할 수 있도록 지원하는 방식은 다음 중 어느 하나에 해당하는 방식으로 한다.

① 사업자나 법인이 생산·공급하는 재화·용역(이하 '자사제품등'이라 한다)을 임원·종업원에게 시가보다 낮은 가격으로 판매·제공하는 방식*

* 이에 따른 시가와 판매·제공가액과의 차액은 사업소득의 총수입금액에 산입하거나 법인세법에 따른 익금항목 중 사업수입금액에 산입한다.

② 사업자나 법인이 임원·종업원에게 자사제품등을 구입하거나 제공받는 데 사용하도록 지원금을 지급하는 방식

③ 사업자나 법인이 임원·종업원에게 사업자나 법인의 계열회사(「독점규제 및 공정거래에 관한 법률」에 따른 계열회사를 말한다. 이하 같다)가 생산·공급하는 재화·용역(이하 '계열회사제품등'이라 한다)을 구입하거나 제공받는 데 사용하도록 지원금을 지급하는 방식

④ 사업자나 법인의 계열회사가 사업자나 법인의 임원·종업원에게 계열회사제품등을 시가보다 낮은 가격으로 판매·제공하고, 사업자나 법인이 그 계열회사에 시가와 판매·제공가액과의 차액을 지급하는 방식

2. 본문 ⑤에 따른 시가는 법인세법(제52조 ②)의 시가 산정기준에 따른 시가로 한다. 다만, 다음 중 하나에 해당하는 경우에는 임원·종업원이 해당 재화·용역을 구입하거나 제공받을 때 지급한 가격을 시가로 한다.

① 재화의 파손 또는 변질로 인해 임원·종업원이 아닌 자에게 판매할 수 없는 경우

② 탑승권 및 숙박권 등 사용시기가 제한되는 재화·용역의 사용기한이 임박하여 임원·종업원이 아닌 자에게 판매·제공하는 것이 현저히 곤란한 경우 ■

Ⅱ. 근로소득의 구분 및 범위

1. 근로소득의 구분

(1) 국내 근로소득과 국외 근로소득

국내에서 지급되는 모든 근로소득은 원천징수의 대상이 되는 데 반해, 국외에서 지급되는 다음의 근로소득은 원천징수의 대상이 되지 않는다.

① 외국기관 또는 우리나라에 주둔하는 국제연합군(미군은 제외)으로부터 받는 근로소득

② 국외에 있는 비거주자·외국법인(국내지점·국내영업소는 제외)으로부터 받는 근로소득. 다만, 다음의 소득은 예외적으로 원천징수 대상소득이다.

㉠ 비거주자·외국법인의 국내사업장의 국내원천소득금액을 계산할 때 필요경비·손금으로 계상되는 소득

㉡ 국외에 있는 외국법인(국내지점·국내영업소는 제외)으로부터 받는 근로소득 중 외국법인 소속파견근로자의 소득에 대한 원천징수 특례규정에 따라 소득세가 원천징수되는

파견근로자의 소득

(2) 일반근로자와 일용근로자의 근로소득

일반적인 근로소득은 종합소득과세표준에 합산하지만, 일용근로자의 근로소득은 종합소득과세표준에 합산하지 않고 원천징수로써 과세를 종결한다.

'일용근로자'란 ① 근로를 제공한 날 또는 시간에 따라 근로대가를 계산하거나 근로를 제공한 날 또는 시간의 근로성과에 따라 급여를 계산하여 받는 사람으로서 ② 근로계약에 따라 동일한 고용주에게 3개월 이상 계속하여 고용되어 있지 않은 사람을 말한다.

[도 표] 근로소득에 대한 과세방법 요약

구분		원천징수 여부	종합과세 여부
국내 근로소득	일반근로자	○(예납적)	종합과세
	일용근로자	○(완납적)	분리과세
국외 근로소득		×(납세조합징수는 가능)	종합과세

2. 근로소득의 구체적인 범위

1) 근로소득에 포함되는 것 : 근로소득에 포함되는 대표적인 것은 다음과 같다.

① 기밀비(판공비 포함) · 교제비 기타 이와 유사한 명목으로 받은 것으로서 업무를 위하여 사용된 것이 분명하지 않은 급여

② 종업원이 받는 공로금 · 위로금 · 개업축하금 · 학자금 · 장학금(종업원의 수학중인 자녀가 사용자로부터 받는 학자금 · 장학금 포함) 기타 이와 유사한 성질의 급여

③ 주택을 제공받음으로써 얻는 이익(다만, 복리후생적 성질의 급여로서 비과세되는 것은 p.573 ⑽ ① 참조)

④ 종업원이 주택(주택부수토지 포함)의 구입 · 임차에 소요되는 자금을 무상 또는 저리로 대여받음으로써 얻는 이익(다만, 복리후생적 성질의 급여로서 비과세되는 것은 p.573 ⑽ ② 참조)

⑤ 종업원 등(종업원, 법인의 임원 또는 공무원을 말한다) 또는 대학의 교직원이 지급받거나 대학과 고용관계가 있는 학생이 받는 직무발명보상금(퇴직 후 지급받아 기타소득으로 구분하는 직무발명보상금은 제외한다)

⑥ 종업원이 계약자이거나 종업원 또는 그 배우자 기타의 가족을 수익자로 하는 보험 또는 신탁 · 공제와 관련하여 사용자가 부담하는 보험료 또는 신탁부금 · 공제부금(다만, 복리후생적 성질의 급여로서 비과세되는 것은 p.573 ⑽ ③ 참조)

⑦ 임원이 지급받는 퇴직소득으로서 법인세법에 따라 손금불산입된 임원 퇴직급여 한도초과액

⑧ 법인의 임원 또는 종업원이 해당 법인 등(또는 해당 법인의 특수관계인인 법인을 말한다)으로부터 부여받은 주식매수선택권을 해당 법인 등에서 근무하는 기간 중 행사함으로써 얻은 이익(주식매수선택권 행사 당시의 시가와 실제 매수가액과의 차액을 말하며, 주식에는 신주인수권을 포함한다)

⑨ 공무원이 국가 또는 지방자치단체로부터 공무 수행과 관련하여 받는 상금과 부상(다만, 복리후생적 성질의 급여로서 비과세되는 것은 p.574 ⑽ ④ 참조)

판 례 외국 자회사의 국내 지점에 근무하는 사람이 외국 모회사로부터 받은 주식매수선택권 행사이익이 근로소득에 해당한다고 본 사례

근로소득은 지급형태나 명칭을 불문하고 성질상 근로의 제공과 대가관계에 있는 일체의 경제적 이익을 포함할 뿐만 아니라, 직접적인 근로의 대가 외에도 근로를 전제로 그와 밀접히 관련되어 근로조건의 내용을 이루고 있는 급여도 포함된다 할 것이다.

원고는 외국회사의 국내 지점에서 근무하는 사람으로서 그 외국회사의 외국 모회사로부터 주식매수선택권을 부여받았다. 이때 주식매수선택권 행사이익은 해당 외국자회사의 경영과 업무수행에 직접·간접적으로 영향을 미치는 외국 모회사가 원고에게 지급한 것으로서, 원고가 외국자회사에게 제공한 근로와 일정한 상관관계 내지 경제적 합리성에 기한 대가관계가 있다고 봄이 상당하므로, 이 사건 주식매수선택권 행사이익은 국외 근로소득에 해당되고, 고용계약의 사용자와 주식매수선택권의 부여자가 다르다거나 행사이익이 주가의 변동에 영향을 받는다고 하여 달리 볼 바는 아니다(2007두1941). ■

2) 근로소득으로 보지 않는 것

① 퇴직급여로 지급되기 위해 적립(근로자가 적립금액 등을 선택할 수 없는 것으로서 사업장 내의 모든 근로자에게 적용되는 퇴직연금 적립규칙을 설정하고 그 방법에 따라 적립되는 경우에 한정)되는 급여는 근로소득에 포함하지 않는다.

② 종업원에게 지급한 경조금 중 사회통념상 타당하다고 인정되는 범위 내의 금액은 이를 지급받은 자의 근로소득으로 보지 않는다.

Ⅲ. 비과세 근로소득

(1) 법률 등에 따라 받는 다음의 급여

- 고용보험법 등에 따라 받는 실업급여 · 육아휴직 급여, 육아기 근로시간 단축 급여, 출산전후휴가 급여, 육아휴직수당, 제대 군인의 전직지원금
- 국민연금법에 따라 받는 반환일시금(사망으로 받는 것만 해당) · 사망일시금
- 각 법률에 따라 받는 요양비 · 요양일시금 · 장해보상금 · 사망조위금 · 사망보상금 · 유족보상금 · 유족일시금 · 유족연금일시금 · 유족연금부가금 · 유족연금특별부가금 · 재해부조금재해보상금 또는 신체 · 정신상의 장해 · 질병으로 인한 휴직기간에 받는 급여

(2) 학교(외국에 있는 이와 유사한 교육기관 포함)와 직업훈련시설의 입학금 · 수업료 · 수강료, 그 밖의 공납금 주 다음의 요건을 모두 갖춘 학자금

① 해당 근로자가 종사하는 사업체의 업무와 관련 있는 교육 · 훈련을 위해 받는 것일 것
② 해당 근로자가 종사하는 사업체의 규칙 등에 의해 정해진 지급기준에 따라 받는 것일 것
③ 교육 · 훈련기간이 6개월 이상인 경우 교육 · 훈련 후 해당 교육기간을 초과하여 근무하지 않는 때에는 지급받은 금액을 반납할 것을 조건으로 하여 받는 것일 것

(3) 근로소득의 경우 필요경비를 인정하지 않는다는 점을 감안하여 업무수행 중에 발생할만한 실비라고 인정되는 다음의 실비변상적(實費辨償的) 성질의 급여

- 일직료 · 숙직료 또는 여비로서 실비변상 정도의 금액(자가운전보조금 중 월 20만원 이내의 금액 포함). 여기서 '자가운전보조금'이란 종업원이 소유하거나 본인 명의로 임차한 차량을 종업원이 직접 운전하여 사용자의 업무수행에 이용하고 시내출장 등에 소요된 실제 여비를 받는 대신에 그 소요경비를 해당 사업체의 규칙 등으로 정해진 지급기준에 따라 받는 금액을 말한다.
- 법률에 따라 학교의 교원이나 연구활동에 직접 종사하는 자 등이 받는 연구보조비 · 연구활동비 중 월 20만원 이내의 금액
- 방송 · 뉴스통신 · 신문사 등의 기자 등이 받는 취재수당 중 월 20만원 이내의 금액. 이 경우 취재수당을 급여에 포함하여 받는 경우에는 월 20만원에 상당하는 금액을 취재수당으로 본다.
- 근로자가 일정한 벽지에 근무함으로 인해 받는 월 20만원 이내의 벽지수당
- 근로자가 천재지변이나 그 밖의 재해로 인하여 받는 급여

(4) 국외(북한지역을 포함, 이하 같다)에서 근로를 제공하고 받는 다음의 급여(근로의 대가를 국내에서 받는 경우도 포함)

① 국외(원양어업 선박, 외국항행 선박 · 항공기 포함)에서 근로를 제공하고 받는 보수 중 월 100만원[원양어업 선박, 국외 등을 항행하는 선박 또는 국외 등의 건설현장 등에서 근로를 제공(감리업무 포함)하고 받는 보수의 경우에는 월 500만원] 이내의 금액
② 공무원(재외공관 행정직원과 이와 유사한 업무를 수행하는 사람을 포함한다), 대한무역투자진흥공사, 한국관광공사, 한국국제협력단, 한국국제보건의료재단, 한국산업인력공단 및 중소벤처기업진흥공단의 종사자가 국외에서 근무하고 받는 수당 중 해당 근로자가 국내에서 근무할 경우에 지급받을 금액 상당액을 초과하여 받는 금액

(5) 국민건강보험법 · 고용보험법 · 노인장기요양보험법에 따라 국가, 지방자치단체 또는 사용자가 부담하는 보험료

(6) 생산직근로자가 받는 초과근로수당

월정액급여 210만원 이하로서 직전 과세기간의 총급여액이 3,000만원 이하인 생산직근로자가 받는 연 240만원 이하(광산근로자나 일용근로자의 경우 해당 급여총액)의 초과근로수당(선원의 경우 관련법령에 따른 생산수당)을 말한다.

(7) 다음의 식사 또는 식사대

① 근로자가 사내급식이나 이와 유사한 방법으로 제공받는 식사 기타 음식물

② 위 ①의 식사 기타 음식물을 제공받지 않는 근로자가 받는 월 20만원 이하의 식사대

(8) 출산지원금 · 자녀보육수당

이는 근로자 또는 그 배우자의 출산이나 자녀의 보육과 관련하여 사용자로부터 지급받는 다음의 급여를 말한다.

구분	비과세 대상	비과세 한도
① 출산지원금	근로자(사용자와 특수관계에 있는 자는 제외) 또는 그 배우자의 출산과 관련하여 자녀의 출생일 이후 2년 이내에 사용자로부터 최대 두 차례에 걸쳐 지급받는 급여* 전액 * 2021.1.1. 이후 출생한 자녀에 대하여 2024.1.1.부터 2024.12.31. 사이에 지급받은 급여를 포함한다.	해당 급여 전액
② 자녀보육수당	근로자 또는 그 배우자의 해당 과세기간 개시일을 기준으로 6세 이하(6세가 되는 날과 그 이전 기간을 말한다) 자녀의 보육과 관련하여 사용자로부터 지급받는 급여로서 월 20만원 이내의 금액	월 20만원

[도 표] 출산지원금 세무처리

구분	출산지원금을 지급하는 사용자	출산지원금을 지급받는 근로자
법인	임원 또는 직원의 출산 · 양육 지원을 위해 임원 또는 직원에게 공통적으로 적용되는 지급기준에 따라 지급하는 금액 ➡ 손금 인정	근로자 또는 그 배우자의 출산과 관련하여 자녀의 출생일 이후 2년 이내에 사용자로부터 최대 2회에 걸쳐 지급받는 급여 전액 ➡ 비과세 근로소득
개인사업자	종업원의 출산 · 양육 지원을 위해 종업원에게 공통적으로 적용되는 지급기준에 따라 지급하는 금액 ➡ 필요경비 산입	

(9) 직무발명보상금

직무발명으로 받는 다음의 보상금(이하 '직무발명보상금')으로서 연 700만원 이하의 금액

① 종업원 등(종업원, 법인의 임원 또는 공무원을 말한다)이 사용자 등(사용자 · 법인 또는 국가나 지방자치단체를 말한다)으로부터 받는 보상금. 다만, 보상금을 지급한 사용자 등과 다음의 구분에 따른 특수관계에 있는 자가 받는 보상금은 제외한다.

㉠ 사용자 등이 개인인 경우 : 친족관계

㉡ 사용자 등이 법인인 경우 : 지배주주 등(해당 지배주주 등과 친족관계 또는 경영지배관계에 있는 자 포함)인 관계

② 대학의 교직원 또는 대학과 고용관계가 있는 학생이 소속 대학에 설치된 산학협력단으로부터 받는 보상금

(10) 다음 중 어느 하나에 해당하는 복리후생적 성질의 급여

① ㉠ 주주 · 출자자가 아닌 임원, ㉡ 소액주주인 임원, ㉢ 임원이 아닌 종업원(비영리법인 · 개인의 종업원 포함) 및 ㉣ 국가 · 지방자치단체로부터 근로소득을 지급받는 사람이 사택을 제공받음으로써 얻은 이익. 여기서 '사택'이란 사용자가 소유하고 있는 주택을 종업원 등에게 무상 또는 저가로 제공하거나, 사용자가 직접 임차하여 종업원 등에게 무상으로 제공하는 주택을 말한다.

② 중소기업 종업원이 주택(주택부수토지 포함)의 구입 · 임차에 소요되는 자금을 저리 또는 무상으로 대여받음으로써 얻는 이익. 다만, 해당 종업원이 중소기업과 다음의 구분에 따른 특수관계에 있는 경우 그 종업원이 얻는 이익은 제외한다.

㉠ 해당 중소기업이 개인사업자인 경우 : 친족관계

㉡ 해당 중소기업이 법인사업자인 경우 : 지배주주 등(해당 지배주주 등과 친족관계 또는 경영지배관계에 있는 자 포함)인 관계

[도 표] 사택제공이익과 주택자금대여이익

구분	출자임원	비출자임원 (소액주주인 임원 포함)	종업원
(1) 사택제공이익	근로소득	비과세 근로소득	비과세 근로소득
(2) 주택자금대여이익	근로소득	근로소득	근로소득(비과세 근로소득*)

* 중소기업 종업원이 주택의 구입 · 임차자금을 무상 · 저리로 대여받음으로써 얻은 이익은 비과세한다.

③ 종업원이 계약자이거나 종업원 또는 그 배우자 및 그 밖의 가족을 수익자로 하는 보험 · 신탁 또는 공제와 관련하여 사용자가 부담하는 보험료 · 신탁부금 또는 공제부금(이하 '보험료 등') 중 다음의 보험료 등

㉠ 종업원의 사망 · 상해 또는 질병을 보험금의 지급사유로 하고 종업원을 피보험자와 수익자로 하는 보험으로서 만기에 납입보험료를 환급하지 않는 보험(이하 '단체순수보장성보험')과 만기에 납입보험료를 초과하지 않는 범위 안에서 환급하는 보험(이하 '단체환급부보장성보험')의 보험료 중 연 70만원 이하의 금액

㉡ 임직원의 고의(중과실 포함) 외의 업무상 행위로 인한 손해의 배상청구를 보험금의 지급사유로 하고 임직원을 피보험자로 하는 보험의 보험료

④ 공무원이 국가 또는 지방자치단체로부터 공무 수행과 관련하여 받는 상금과 부상 중 연 240만원 이내의 금액

⑤ 영유아보육법에 따라 직장어린이집을 설치 · 운영하거나 위탁보육을 하는 사업주가 어린이집의 운영과 보육에 필요한 비용을 부담함으로써 해당 사업장의 종업원이 얻는 이익

(11) 임원 · 종업원 할인금액

이는 임원 · 종업원에 대한 할인금액(근로소득) 중 비과세요건을 갖춘 소득으로서 다음의 금액 이하의 금액을 말한다.

> 비과세 한도 = MAX (①, ②)
>
> ① 임원 · 종업원이 해당 과세기간 동안 시가보다 낮은 가격으로 제공받거나 지원받아 구입한 재화 · 용역의 시가를 합한 금액 × 20%(∑ 재화 · 용역의 시가×20%)
>
> ② 연간 240만원

여기서 '비과세요건'이란 다음 요건을 모두 충족하는 경우를 말한다.

① 임원 · 종업원 본인이 소비하는 것을 목적으로 제공받거나 지원을 받아 구입한 재화 · 용역으로서 일정기간(2년 · 1년) 동안 재판매가 허용되지 않을 것

② 해당 재화 · 용역의 제공과 관련하여 모든 임원 · 종업원에게 공통으로 적용되는 기준이 있을 것

[도 표] 임원 · 종업원 할인금액에 대한 세무처리(비과세요건을 갖춘 것으로 가정한다)

사례 (1) K자동차회사는 장기 근속한 종업원들에게 판매목적 승용차를 시가(4,000만원)의 25%를 할인 판매하였다. 이에 따라 종업원 甲은 해당 승용차를 25% 할인받아 3,000만원에 구입하였다.

종업원 甲의 할인금액에 대한 소득세 과세상 취급

- 비과세 근로소득 : MIN (①, ②) = 800만원
  - ① 甲의 할인금액 = 1,000만원(4,000만원 − 3,000만원)
  - ② 비과세 한도 : MAX (4,000만원×20%, 연간 240만원) = 800만원
- 과세되는 근로소득 : 1,000만원 − 800만원(비과세 근로소득) = 200만원

사례 (2) L전자제품회사는 신제품 개발을 위해 노력한 종업원들에게 판매목적 가전제품을 시가(300만원)의 30%를 할인 판매하였다. 이에 따라 종업원 乙은 해당 가전제품을 30% 할인받아 210만원에 구입하였다.

종업원 乙의 할인금액에 대한 소득세 과세상 취급

- 비과세 근로소득 : MIN (①, ②) = 90만원(할인금액 전액 비과세)
  - ① 乙의 할인금액 = 90만원(300만원 − 210만원)
  - ② 비과세 한도 : MAX (300만원×20%, 연간 240만원) = 240만원
- 과세되는 근로소득 : 90만원 − 90만원(비과세 근로소득) = 0원

참고 법인이 직원에게 할인판매하는 경우 부당행위계산으로 인정되지 않는 경우

직원(종업원)에게 자기의 제품이나 상품 등을 할인판매하는 경우로서 다음에 해당하는 때에는 조세의 부담을 부당하게 감소시킨 것으로 인정되지 않는다.

① 할인 판매가격이 법인(또는 거주자)의 취득가액 이상이며 통상 일반 소비자에게 판매하는 가액에 비하여 현저하게 낮은 가액이 아닐 때

② 할인판매를 하는 제품 등의 수량은 직원(종업원)이 통상 자기의 가사를 위하여 소비하는 것이라고 인정될 때 ■

Ⅳ. 근로소득의 수입시기

① 급여 : 근로를 제공한 날

② 잉여금처분에 따른 상여 : 해당 법인의 잉여금처분 결의일

③ 인정상여 : 해당 사업연도 중의 근로를 제공한 날. 이 경우 월평균금액을 계산한 것이 2년도에 걸친 때에는 각각 해당 사업연도 중 근로를 제공한 날로 한다.

④ 임원의 퇴직소득 중 소득세법에 따른 한도초과로 근로소득으로 보는 금액 : 지급받거나 지급받기로 한 날

⑤ 주식매수선택권 : 주식매수선택권을 행사한 날

Ⅴ. 근로소득금액의 계산

1. 개요

근로소득금액 = 총급여액 − 근로소득공제

2. 총급여액

'총급여액'이란 해당 과세기간에 발생한 근로소득의 합계액(비과세소득은 제외)을 말한다.

3. 근로소득공제

근로소득의 경우에는 실제로 지출된 필요경비를 확인하기가 어렵기 때문에 획일적으로 일정한 금액을 필요경비로 공제한다. 그 구체적인 내용은 다음과 같다.

1) 일반근로자의 경우 : 해당 과세기간에 받는 총급여액에서 일정한 금액(70%~2%)을 공제한다. 다만, 공제액이 2,000만원을 초과하는 경우에는 2,000만원을 공제한다.

2) 일용근로자의 경우 : 총급여액에서 1일 15만원을 공제한다. 다만, 해당 과세기간의 총급여액이 공제액에 미달하는 경우에는 그 총급여액을 근로소득공제액으로 한다.

Ⅵ. 과세방법

1. 일반 근로소득자의 경우

(1) 원천징수

국내에서 근로소득을 지급하는 자는 기본세율을 적용하여 계산한 소득세를 원천징수하여 그 징수일이 속하는 달의 다음 달 10일까지 정부에 납부해야 한다.

1) 매월분의 근로소득에 대한 원천징수 : 소득세법에서 정한 간이세율표에 따라 원천징수한다. 이는 매월분의 급여의 연환산액을 기준으로 계산된 세액을 원천징수하는 것이라고 할 수 있다.

2) 근로소득세액의 연말정산 : 해당 과세기간의 다음 연도 2월분의 근로소득(또는 퇴직자의 퇴직하는 달의 근로소득)을 지급할 때에는 연말정산을 해야 한다. 이는 근로소득만 있다고 가정할 때의 소득세 결정세액을 계산하여 이미 원천징수한 세액을 정산하는 과정이다.

(2) 종합과세

일반근로자의 근로소득은 종합소득과세표준에 합산된다. 따라서 그에 대한 원천징수는 예납적 원천징수에 불과하며, 확정신고시 정산된다. 다만, 근로소득 외의 다른 소득이 없는 경우에는 과세표준확정신고를 하지 않아도 된다. 왜냐하면 연말정산에 따라 사실상 과세가 종결된 것이나 마찬가지이기 때문이다.

2. 그 밖의 경우

(1) 일용근로자에 대한 과세방법

일용근로자의 근로소득은 종합소득과세표준에 합산하지 않고 원천징수로써 과세를 종결한다(완납적 원천징수). 그 원천징수세액은 1일 급여액을 바탕으로 다음과 같이 계산한다.

1일 급여액	
− 근로소득공제	• 1일 15만원
= 과세표준	• 종합소득공제 적용 ×
× 세율	• 6%
= 산출세액	• 산출세액의 55%(한도액 없음)
− 근로소득세액공제	
= 원천징수할세액	

(2) 국외 근로소득에 대한 과세방법

국외 근로소득은 원천징수의 대상이 되지 않는다. 따라서 당연히 종합과세 된다. 다만, 국외 근로소득이 있는 자는 납세조합을 조직할 수 있는데, 이 경우 납세조합은 그 조합원의 국외 근로소득에 대한 소득세를 매월 징수하여 그 징수일이 속하는 달의 다음 달 10일까지 정부에 납부해야 한다. 그 원천징수세액은 국내 근로소득에 대한 원천징수의 예에 따라 계산한 소득세에서 납세조합공제(그 세액의 3%, 연 100만원 한도)를 한 금액으로 한다.

판례 횡령액 등 위법소득이라도 소득세부과 대상이 되는지 여부

소득세법은 소득세 부과대상이 되는 소득을 일일이 열거하여 그 열거된 소득에 대해서만 소득세를 부과하도록 규정하고 있으므로 소득세법에 규정되어 있지 아니한 소득에 대해 소득세를 부과할 수 없으나, 소득세법은 개인의 소득이라는 경제적 현상에 착안하여 담세력이 있다고 보여지는 것에 과세하려는데 그 근본취지가 있다 할 것이므로 과세소득은 이를 경제적 측면에서 보아 현실로 이득을 지배 관리하면서 이를 향수하고 있어 담세력이 있는 것으로 판단되면 족하고 그 소득을 얻게 된 원인관계에 대한 법률적 평가가 반드시 적법하고 유효한 것이어야 하는 것은 아니라 할 것이다.

이 사건에서 원고가 법인의 부사장으로 재직하면서 그 법인이 매수한 공장부지를 타인에게 양도하고 그 대금을 착복하였는바 이 사건 공장부지의 양도로 인한 이익은 법인의 익금으로 산입되어야 할 것임에도 불구하고 입금시키지 아니하고 원고 개인이 이를 취득하였으니 해당 이익은 법인의 익금에 추가 산입되어야 하고 이는 원고에게 귀속되었음이 분명하므로 당시의 이를 원고에 대한 상여로 처분해야 할 것이며 원고의 소득이 범죄행위로 인한 위법소득에 해당된다 하더라도 법인은 처분된 해당 공장부지에 대한 환원조치를 취하고 있지 않으니 이는 과세소득에서 제외시킬 수 없다(81누136). ■

판례 피용자가 개인적 이익을 위해 법인의 자금을 횡령하는 등 불법행위를 함으로써 법인이 그 자에 대하여 그로 인한 손해배상채권 등을 취득하는 경우에도 사외유출로 보아 해당 금액이 근로소득에 해당하는지 여부

법인의 대표이사 또는 실질적 경영자 등이 그의 지위를 이용하여 법인의 수익을 사외에 유출시켜 자신에게 귀속시킨 금원 가운데 법인의 사업을 위해 사용된 것이 분명하지 아니한 것은 특별한 사정이 없는 한 상여 내지 임시적 급여로서 근로소득에 해당한다 할 것이나, 법인의 피용자의 지위에 있는 자가 법인의 업무와는 무관하게 개인적 이익을 위해 법인의 자금을 횡령하는 등 불법행위를 함으로써 법인이 그 자에 대해 그로 인한 손해배상채권 등을 취득하는 경우에는 그 금원 상당액이 곧바로 사외유출된 것으로 볼 수는 없고, 해당 법인이나 그 실질적 경영자 등의 사전·사후의 묵인, 채권회수포기 등 법인이 그에 대한 손해배상채권을 회수하지 않겠다는 의사를 객관적으로 나타낸 것으로 볼 수 있는 등의 사정이 있는 경우에만 사외유출로 보아 이를 그 자에 대한 상여로서 소득처분할 수 있다 할 것이며, 대표이사의 직위에 있는 자라 하더라도 그 실질상 피용자의 지위에 있는 경우에는 이와 마찬가지로 보아야 할 것이다.

대표이사가 법인이 취득하려는 토지의 취득가액을 과다계상한 후 본사로부터 송금된 그 차액 상당을 스위스은행 계좌로 몰래 송금하는 등의 방법으로 횡령하여, 과세관청이 그 차액상당액을 사외유출로 보아 그 대표자에 대한 상여로 소득처분하였다. 이에 대해 자금을 횡령한 대표이사는 표면적으로 대표이사라는 직함을 보유하더라도 실질적으로는 법인의 피용자의 지위에 있고, 그 법인이 그의 횡령 금원에 대해 그 가액 상당의 손해배상채권을 보유하고 있고, 횡령사실을 안 뒤 거액을 들여 우리나라, 홍콩, 스위스

소득 02

등지에서 민·형사상 소송 등을 제기하고 예금계좌를 동결하는 등의 조치를 취함으로써 위 횡령행위를 추인하였다고 볼 수 없는 점 등에 비추어 해당 횡령액 상당이 사외유출되었다고 볼 수 없으므로, 이 사건 소득세 부과처분은 위법하다.

추가로 법인이 자금을 횡령한 대표이사에 대한 손해배상채권에 대해 대손충당금으로 설정한 데에 있어서, 대손충당금을 설정하여 손비로 인정받을 수 있는 채권은 외상매출금·대여금 기타 이에 준하는 채권에만 가능하고, 위와 같은 횡령행위로 인한 손해배상채권은 그와 같은 채권에 포함되지 않는다(2002두9254). ■

제4절 연금소득

I-2 p.666

I. 서설

연금제도에 대한 과세체계는 「연금보험료 납입시 소득공제·세액공제, 연금수령시 소득세 과세」의 방식이다. 이는 젊은 시절에 연금보험료 소득공제·세액공제를 통해 소득세 부담을 덜어주어 연금보험료 납입을 장려하고, 노후에 연금을 수령할 때 다른 소득과 과세형평을 위해 연금소득에 대한 소득세를 과세하려는 데 그 취지가 있다.

II. 연금소득의 범위

1. 개요

'연금소득'은 해당 과세기간에 발생한 다음의 소득으로 한다.

① 공적연금 관련법에 따라 받는 각종 연금(이하 '공적연금소득', 지연지급에 따른 이자를 지급받는 것도 포함)

② 소득세 과세가 이연된 과세대상금액을 그 소득의 성격에도 불구하고 연금계좌에서 연금수령하는 경우의 그 연금(이하 '사적연금소득')

2. 공적연금소득

공적연금소득은 2002년 1월 1일(이하 '과세기준일')을 기준으로 지급자별로 다음과 같이 계산한 금액으로 한다.

구분	과세대상 공적연금소득
① 국민연금 및 연계노령연금	과세기간 연금수령액 $\times \frac{\text{과세기준일 이후 납입기간의 환산소득의 누계액}}{\text{총납입기간의 환산소득누계액}}$ − 과세제외기여금 등
② 공무원연금 등	과세기간 연금수령액 $\times \frac{\text{과세기준일 이후 기여금 납입월수}}{\text{총 기여금 납입월수}}$ − 과세제외기여금 등

'과세제외기여금 등'이란 과세기준일 이후에 연금보험료공제를 받지 않고 납입한 기여금·개인부담금을 말한다. 이 경우 과세제외기여금 등이 해당 과세기간의 과세기준금액을 초과하는 경우 그 초과하는 금액은 그 다음 과세기간부터 과세기준금액에서 뺀다.

[도 표] 공적연금(국민연금·공무원연금 등)에 대한 과세체계

구분		2002.1.1. 이전	2002.1.1. 이후
① 가입자가 연금보험료를 납입할 때		소득공제 불인정	전액 소득공제
② 가입자가 나중에 급여를 수령할 때	연금으로 수령	과세제외	연금소득으로 과세
	일시금으로 수령	과세제외	퇴직소득으로 과세

3. 사적연금소득

다음 중 어느 하나에 해당하는 소득세 과세가 이연된 과세대상금액을 그 소득의 성격에도 불구하고 연금계좌에서 연금형태 등으로 인출(이하 '연금수령'이라 하며, 연금수령 외의 인출은 '연금외수령')하는 경우의 그 연금을 말한다.

① 퇴직소득이 ㉠ 연금계좌로 지급되었거나(퇴직일 현재 연금계좌에 있는 경우 포함) ㉡ 퇴직하여 지급받는 날부터 60일 이내에 연금계좌에 입금되어, 퇴직 당시 퇴직소득세를 원천징수하지 않았던 퇴직소득(이하 '이연퇴직소득')

② 연금계좌에 납입한 연금보험료 중 연금계좌세액공제를 받은 납입액과 연금계좌의 운용실적에 따라 증가된 금액. 이는 연금보험료 납입단계와 운용수익 발생단계에서 위 금액에 대한 소득세가 과세되지 않고 이연된 것을 말한다.

③ 그 밖에 연금계좌에 이체·입금되어 해당 금액에 대한 소득세가 이연된 소득

[도 표] 연금계좌 인출금에 대한 소득세법상 취급

구분			인출형태	
			연금수령	연금외수령
연금계좌 평가액	과세제외금액	세액공제 ×	과세제외	과세제외
	과세대상금액	이연퇴직소득	연금소득	퇴직소득
		세액공제 ○	연금소득	기타소득

위의 내용을 구체적으로 설명하면 다음과 같다.

1) 연금계좌 등 : 연금계좌의 범위와 연금보험료 납입요건은 다음과 같다.

구분	내용
연금계좌	다음 중 어느 하나에 해당하는 계좌를 말한다. * 2012.12.31. 이전에 계약한 연금저축은 ① 저축납입기간이 10년 이상이고, ② 저축납입 계약기간 만료 후 가입자가 만 55세 이후부터 5년 이상 연금으로 지급받는 저축일 것 등의 요건을 갖춘 계좌로서 다음 중 어느 하나에 해당하는 것을 말한다. ① 연금저축계좌 : 금융회사 등과 체결하는 신탁계약 · 집합투자증권 중개계약 · 보험계약에 따라 '연금저축'이라는 명칭으로 설정하는 계좌를 말한다. ② 퇴직연금계좌 : 확정기여형 퇴직연금제도 · 개인형 퇴직연금제도 · 중소기업퇴직연금기금제도에 따라 설정하는 계좌와 퇴직연금급여를 지급받기 위하여 설정하는 계좌를 말한다. 이는 거주자가 퇴직연금계좌 적립금을 자기 책임으로 운용하고 거주자는 사용자의 부담금 외에 해당 계좌에 추가로 보험료를 납입할 수 있는 계좌이다. 따라서 사용자의 사외적립자산에 속하는 확정급여형 퇴직연금제도에 따라 설정하는 계좌는 소득세법에 따른 퇴직연금계좌에 해당하지 않는다.
납입요건	연금계좌의 가입자는 다음의 요건을 갖추어 연금보험료(연금계좌 납입액)를 납입할 수 있다. ① 다음의 금액(㉢ · ㉣에 따라 연금계좌로 납입하는 총 누적금액의 합계액은 1억원을 한도로 한다)을 합한 금액[㉠ 연간 1,800만원 + 추가납입액(㉡ + ㉢ + ㉣)] 이내(연금계좌가 2개 이상인 경우에는 그 합계액을 말한다)의 금액을 납입할 것. 이 경우 해당 과세기간 이전의 연금보험료는 납입할 수 없으나, 보험계약의 경우에는 최종납입일이 속하는 달의 말일부터 3년 2개월이 경과하기 전에는 그 동안의 연금보험료를 납입할 수 있다. ㉠ 연간 1,800만원 ㉡ 개인종합자산관리계좌(ISA)의 연금계좌 전환시 특례에 따른 전환금액 ㉢ 연금주택 양도시 주택차액 연금계좌 납입금액 ㉣ 기초연금수급자의 연금부동산 양도차액 연금계좌 납입금액 ② 연금수령 개시를 신청한 날(연금수령 개시일을 사전에 약정한 경우에는 약정에 따른 개시일) 이후에는 연금보험료를 납입하지 않을 것

참 고 연금주택 양도시 주택차액 연금계좌 납입금액

연금주택 양도시 주택차액 연금계좌 납입금액이 있으면 (연 1,800만원 + 그 납입금액) 이내에서 납입해야 한다. 여기서 '연금주택 양도시 주택차액 연금계좌 납입금액'이란 국내에 소유한 주택(이하 '연금주택')을 양도하고 이를 대체하여 다른 주택(이하 '축소주택')을 취득하거나 취득하지 않은 거주자로서 다음의 요건을 모두 충족하는 거주자가 연금주택 양도가액에서 축소주택 취득가액(취득하지 않은 경우에는 0으로 한다)을 뺀 금액(해당 금액이 0보다 작은 경우에는 0으로 하며, 이하 '주택차액') 중 연금계좌로 납입하는 금액을 말한다. 이 경우 거주자가 연금계좌로 납입하는 주택차액의 총 누적금액은 1억원을 한도로 한다.

① 연금주택 양도일 현재 거주자 또는 그 배우자가 60세 이상일 것
② 연금주택 양도일 현재 거주자 및 그 배우자가 국내에 소유한 주택을 합산했을 때 연금주택 1주택만 소유하고 있을 것. 다만, 연금주택을 양도하기 전에 축소주택을 취득한 경우로서 축소주택을 취득한 날부터 6개월 이내에 연금주택을 양도한 경우에는 연금주택 양도일 현재 연금주택 1주택만 소유하고 있는 것으로 본다.
③ 연금주택 양도일 현재 연금주택의 기준시가가 12억원 이하일 것
④ 축소주택의 취득가액이 연금주택의 양도가액 미만일 것(축소주택을 취득한 경우에만 해당한다)
⑤ 연금주택 양도일부터 6개월 이내에 주택차액을 연금주택 소유자의 연금계좌로 납입할 것 ■

참 고 연금수급자의 연금부동산 양도차액 연금계좌 납입금액

연금계좌 추가납입 항목 중 '기초연금수급자의 연금부동산 양도차액 연금계좌 납입금액(본문 추가납입액 ㉣을 말한다)'이란 국내에 소유한 토지 또는 건물(이하 '연금부동산'이라 한다)을 양도한 거주자로서 다음의 요건을 모두 충족하는 거주자가 연금부동산의 양도가액에서 연금부동산의 취득가액을 뺀 금액(해당 금액이 0보다 작은 경우에는 0으로 하며, 이하 '연금부동산 양도차액'이라 한다) 중 연금계좌로 납입하는 금액을 말한다.

① 연금부동산 양도일 현재 거주자가 기초연금법(제3조 ⑶)에 따른 기초연금 수급권자일 것
② 연금부동산 양도일 현재 거주자 및 그 배우자가 1주택 또는 무주택 세대의 구성원일 것
③ 연금부동산 양도일 현재 연금부동산을 보유한 기간이 10년 이상일 것
④ 연금부동산 양도일부터 6개월 이내에 연금부동산 양도차액을 연금부동산 소유자의 연금계좌로 납입할 것 ■

2) 연금수령요건 : '연금수령'이란 연금계좌에서 ㉠ 다음의 요건을 모두 갖추어 인출하거나 ㉡ 의료목적 · 천재지변 등 부득이한 인출요건을 갖추어 연금형태 등으로 인출하는 것을 말한다. 이러한 연금수령 외의 인출은 '연금외수령'이라 한다.

① 가입자가 55세 이후 연금계좌취급자(연금계좌를 취급하는 금융회사 등)에게 연금수령 개시를 신청한 후 인출할 것
② 연금계좌의 가입일부터 5년이 경과된 후에 인출할 것. 다만, 이연퇴직소득(퇴직소득이 연금계좌에서 직접 인출되는 경우를 포함)이 연금계좌에 있는 경우에는 그러하지 아니한다.
③ 과세기간 개시일(연금수령 개시를 신청한 날이 속하는 과세기간에는 연금수령 개시를 신청한 날) 현재 다음에 따른 '연금수령한도' 이내에서 인출할 것. 다만, 의료목적 · 천재지변 등 부득이한 인출요건을 갖추어 인출한 금액은 인출한 금액에 포함하지 않는다.

$$\text{연금수령한도} = \text{과세기간 개시일 현재} \frac{\text{연금계좌의 평가액}}{(11 - \text{연금수령연차})} \times 120\%$$

'연금수령연차'란 최초로 연금수령할 수 있는 날이 속하는 과세기간을 기산연차(1년차)로 하여 그 다음 과세기간을 누적 합산한 연차를 말하며, 연금수령연차가 11년 이상인 경우에는 위 계산식을 적용하지 않는다. 다만, 다음 중 어느 하나에 해당하는 경우의 기산연차는 아래와 같다.

구분	기산연차
㉠ 2013.3.1. 전에 가입한 연금계좌의 경우	6년차
㉡ 배우자가 연금외수령 없이 피상속인(배우자)의 연금계좌를 승계한 경우	사망일 당시 피상속인(배우자)의 연금수령연차

한편 연금계좌에서 앞의 연금수령한도를 초과하여 인출하는 금액은 연금외수령하는 것으로 본다.

3) 연금계좌의 인출순서 : 연금계좌에서 일부 금액을 인출하는 경우에는 다음의 금액을 (1) ➡ (2) ➡ (3) 순서에 따라 인출하는 것으로 본다.

<table>
<tr><th>인출순서</th><th colspan="2">인출금액</th></tr>
<tr><td>1순위 : 과세제외금액</td><td colspan="2">인출시 과세대상금액에 해당하지 않은 금액. 이러한 과세제외금액은 다음의 순서에 따라 인출되는 것으로 본다.
① 인출된 날이 속하는 과세기간에 해당 연금계좌에 납입한 연금보험료(아래 ②에 해당하는 금액은 제외)
② 인출된 날이 속하는 과세기간에 해당 연금계좌에 납입한 개인종합자산관리계좌(ISA) 전환금액
③ 해당 연금계좌만 있다고 가정할 때 해당 연금계좌에 납입된 연금보험료로서 연금계좌세액공제의 한도액(연 600만원·900만원)을 초과하는 금액이 있는 경우 그 초과하는 금액
④ 위 ①·②·③ 외에 해당 연금계좌에 납입한 연금보험료 중 연금계좌세액공제를 적용받지 않은 금액</td></tr>
<tr><td>2순위 : 이연퇴직소득</td><td>퇴직소득이 ㉠ 연금계좌로 지급되었거나(퇴직일 현재 연금계좌에 있는 경우 포함) ㉡ 퇴직하여 지급받은 날부터 60일 이내에 연금계좌에 입금되어, 퇴직당시 퇴직소득세를 원천징수하지 않았던 퇴직소득</td><td rowspan="2">과세대상소득</td></tr>
<tr><td>3순위 : 운용수익 등</td><td>• 연금계좌에 납입한 연금보험료 중 연금계좌세액공제를 받은 납입액
• 연금계좌의 운용실적에 따라 증가된 금액
• 그 밖에 연금계좌에 이체 · 입금되어 과세이연된 소득</td></tr>
</table>

한편 인출된 금액이 연금수령한도를 초과하는 경우에는 연금수령분이 먼저 인출되고 그 다음으로 연금외수령분이 인출되는 것으로 본다.

[도 표] 연금계좌에 대한 세무처리 요약

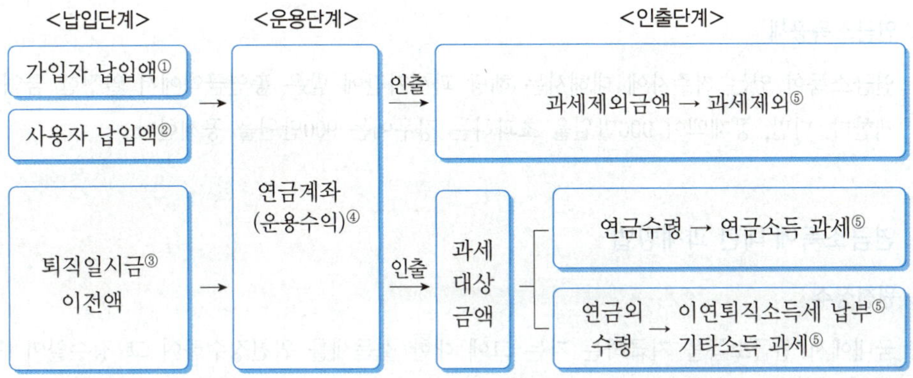

① 연금계좌 가입자가 납입하는 보험료는 연 600만원 · 900만원을 한도로 연금계좌세액공제를 한다.

② 연금계좌(퇴직연금계좌)에 사용자가 납입한 부담금은 전액 손금 · 필요경비로 산입한다.

③ 퇴직일시금이 연금계좌로 지급 · 입금되는 경우에는 퇴직당시 퇴직소득세를 원천징수하지 않고 인출단계까지 소득세 과세를 이연한다.

④ 연금계좌에서 발생하는 운용수익은 운용단계에서는 과세하지 않고 인출단계까지 소득세 과세를 이연한다.

⑤ 인출금액은 과세제외금액 ➡ 과세대상금액(이연퇴직소득 ➡ 가입자 납입액 중 세액공제를 받은 납입액 · 운용수익) 순서대로 인출되는 것으로 본다. 이러한 인출금액 가운데 과세대상금액 부분을 연금수령하면 연금소득으로, 연금외수령하면 이연퇴직소득세를 납부하거나 기타소득으로 과세한다.

Ⅲ. 비과세 연금소득

연금소득 중 다음 중 어느 하나에 해당하는 소득에 대해서는 소득세를 과세하지 않는다.

① 공적연금 관련법에 따른 연금

② 산업재해보상보험법에 따라 받는 각종 연금

③ 법률에 따른 국군포로가 받는 연금

Ⅳ. 연금소득금액

연금소득금액은 '총연금액 − 연금소득공제'으로 한다.

1. 총연금액

'총연금액'이란 해당 과세기간에 발생한 연금소득의 합계액(공적연금소득에서 제외되는 금액과 비과세소득은 제외)에서 분리과세연금소득을 뺀 금액을 말한다.

2. 연금소득공제

연금소득이 있는 거주자에 대해서는 해당 과세기간에 받은 총연금액에서 일정한 금액을 공제한다. 다만, 공제액이 900만원을 초과하는 경우에는 900만원을 공제한다.

V. 연금소득에 대한 과세방법

1. 원천징수

국내에서 연금소득을 지급하는 자는 그에 대한 소득세를 원천징수하여 그 징수일이 속하는 달의 다음 달 10일까지 정부에 납부해야 한다. 그 구체적인 방법은 다음과 같다.

1) 공적연금소득에 대한 원천징수

① 간이세액표에 따른 원천징수 : 원천징수의무자가 공적연금소득을 지급할 때에 소득세법에서 정하는 간이세액표를 기준으로 하여 소득세를 원천징수한다.

② 연금소득세액의 연말정산 : 해당 과세기간의 다음 연도 1월분 공적연금소득을 지급할 때에 연말정산을 해야 한다. 이는 공적연금소득만 있다고 가정할 때의 소득세 결정세액을 계산하여 이미 원천징수한 세액을 정산하는 과정이다.

2) 사적연금소득에 대한 원천징수

원천징수의무자가 사적연금소득을 지급할 때에는 다음의 세액을 원천징수한다.

> 사적연금소득에 대한 원천징수세액 = 연금소득 지급금액×다음 구분에 따른 세율

<table>
<tr><th>구분</th><th colspan="3">원천징수세율</th></tr>
<tr><td>① 이연퇴직소득을 연금수령하는 연금소득</td><td colspan="3">• 연금 실제 수령연차가 / 세율
10년 이하인 경우 ……… 연금외수령 가정시 원천징수세율×70%
10년 초과하는 경우 ……… 연금외수령 가정시 원천징수세율×60%</td></tr>
<tr><td rowspan="5">② 세액공제받은 연금계좌 납입액이나 운용실적에 따라 증가된 금액을 연금수령한 연금소득
* 세율의 적용 요건을 동시에 충족하는 때에는 낮은 세율을 적용</td><td colspan="3">연금소득자의 나이에 따른 다음의 세율</td></tr>
<tr><td colspan="2">나이(연금수령일 현재)</td><td>세율</td></tr>
<tr><td></td><td>70세 미만</td><td>5%</td></tr>
<tr><td>70세 이상</td><td>80세 미만</td><td>4%</td></tr>
<tr><td>80세 이상</td><td></td><td>3%</td></tr>
<tr><td></td><td colspan="3">사망할 때까지 연금수령하는 종신계약에 따라 받는 연금소득 : 4%</td></tr>
</table>

2. 종합과세와 분리과세

1) 공적연금소득 : 공적연금소득은 종합소득과세표준에 합산하여 과세한다. 따라서 공적연금소득에 대한 원천징수는 예납적 원천징수에 불과하며, 과세표준확정신고를 할 때 정산된다. 다만, 공적연금소득만이 있는 자는 다른 종합소득이 없는 경우 과세표준확정신고를 하지 않아도 된다. 그 이유는 연말정산으로 사실상 과세가 종결된 것이나 마찬가지이기 때문이다.

2) 사적연금소득 : 사적연금소득은 원칙적으로 종합소득과세표준에 합산하여 과세한다. 따라서 그에 대한 원천징수는 예납적 원천징수에 해당한다. 다만, 예외적으로 분리과세 되는 사적연금소득도 있는데, 그 내용은 다음과 같다.

구분	해당 사적연금소득	원천징수세율
(1) 무조건 분리과세	① 이연퇴직소득을 연금수령하는 연금소득	연금외수령 가정시 퇴직소득 원천징수세율×70% · 60%
	② 세액공제받은 연금계좌 납입액과 운용실적에 따라 증가된 금액을 의료목적 · 천재지변이나 그 밖의 부득이한 인출요건을 갖추어 연금계좌에서 인출하는 연금소득	• 나이에 따라 : 5% · 4% · 3% • 종신연금은 4% * 세율의 적용 요건을 동시에 충족하는 때에는 낮은 세율을 적용
(2) 선택적 분리과세	위 (1) 외의 사적연금소득의 합계액이 연 1,500만원 이하인 경우 분리과세를 선택할 수 있다.	

3. 사적연금소득에 대한 세액 계산의 특례

사적연금소득 중 분리과세연금소득 외의 연금소득이 있는 거주자의 종합소득결정세액은 다음과 같이 계산한다.

> 종합소득결정세액 = (① 또는 ②) 중 선택 ➡ MIN(①, ②)
>
> ① 종합과세시 종합소득결정세액
> = 종합소득산출세액 – 그 밖의 공제 · 감면세액
>
> ② 분리과세시 종합소득결정세액
> = 사적연금소득 중 분리과세연금소득 외의 연금소득×15%
> + 그 외의 종합소득결정세액(종합소득산출세액 – 그 밖의 공제 · 감면세액)

① 종합과세시 종합소득결정세액의 의미 : 사적연금소득 중 분리과세연금소득 외의 연금소득금액을 종합소득과세표준에 합산하여 종합소득산출세액을 계산할 경우 그 연금소득금액은 기본세율(6%~45%)을 적용받는다. 이것은 일반적인 종합소득과세표준에 포함되는 소득과 같은 세부담 수준이다.

② 분리과세시 종합소득결정세액의 의미 : 이는 사적연금소득 중 분리과세연금소득 외의 연금소득을 종합소득과세표준에 합산하지 않고 사적연금소득 중 분리과세연금소득 외의 연금소득에 15%를 곱하여 계산한 세액을 종합소득결정세액에 포함한다는 것이다. 이것은 사적연금소득이 연금소득으로 분류되지 않고 연금계좌에서 연금외수령한 기타소득인 경우를 가정하여 15% 세율로 분리과세될 때의 세부담 수준을 상한으로 한다는 의미이다. 즉 '(위 ①에서 사적 연금소득금액×기본세율 중 24%~45%) > (②에서 사적연금소득×15%)'인 경우 '②에서 사적연금소득×15%'의 세액을 종합소득결정세액에 반영한다는 뜻이다.

[도 표] 사적연금소득에 대한 과세방법과 세부담 수준

구분	사적연금소득 중 무조건 분리과세 사적연금소득 외의 소득이	
	1,500만원 이하인 경우	1,500만원을 초과하는 경우
과세방법	분리과세와 종합과세 중 선택	종합과세
세부담 수준	분리과세 선택시 세부담 : 사적연금소득×5% · 4% · 3% 종합과세 선택시* 세부담 : MIN(①, ②) ① 연금소득금액×기본세율(6%~45%) 중 한계세율 ② 연금소득×15% * 사적연금소득에 대한 세액 계산의 특례 적용	종합과세 세부담 : MIN(①, ②) ① 연금소득금액×기본세율(6%~45%) 중 한계세율 ② 연금소득×15% * 사적연금소득에 대한 세액 계산의 특례 적용

* 사업소득에서 결손금(또는 이월결손금)이 있을 경우 분리과세보다 종합과세를 선택하는 것이 세부담을 최소화할 수 있다.

VI. 연금소득의 수입시기

구분	연금소득의 수입시기
① 공적연금소득	연금을 지급받기로 한 날
② 사적연금소득	연금수령한 날
③ 그 밖의 연금소득	해당 연금을 지급받은 날

제5절 기타소득

I-2 p.685

Ⅰ. 기타소득의 범위

(1) 일반적인 기타소득

'기타소득'이란 이자소득 · 배당소득 · 사업소득 · 근로소득 · 연금소득 · 퇴직소득 · 양도소득 외의 소득으로서 소득세법에서 열거된 소득을 말하며, 수험목적상 중요한 다음의 소득들만 설명하기로 한다.

① 상금 · 현상금 · 포상금 · 보로금 또는 이에 준하는 금품. 종업원에게 지급하는 공로금 · 위로금 · 개업축하금 기타 이와 유사한 성질의 사실상 급여에 속하는 상금은 근로소득에 해당하나, 종업원의 특별한 공로에 대해 경진 · 경영 · 경로대회 · 전람회 등에서 우수한 자에게 지급하는 상금은 기타소득에 해당한다.

② 사행행위(적법 · 불법 여부는 고려하지 않는다)에 참가하여 얻은 재산상의 이익

③ 승마투표권 · 승자투표권 · 소싸움경기투표권 · 체육진흥투표권(이하 '승마투표권 등')의 구매자가 받는 환급금(적법 · 불법 여부는 고려하지 않는다)

④ 저작자 · 실연자 · 음반제작자 · 방송사업자(이하 저작자 등) 외의 자가 저작권 · 저작인접권(이하 저작권 등)의 양도 · 사용의 대가로 받는 금품. 저작자 등이 저작권 등의 양도 · 사용의 대가를 받는 경우에는 사업소득으로 과세를 하나, 저작권 · 저작인접권을 상속 · 증여 · 양도받은 자가 그 저작권 · 저작인접권을 타인에게 양도하거나 사용하게 하고 받는 대가는 기타소득으로 과세한다.

⑤ 다음 중 어느 하나에 해당하는 산업재산권 등을 양도 · 대여하고 받는 금품

㉠ 광업권 · 어업권 · 양식업권 · 산업재산권 · 산업정보, 산업상 비밀, 상표권

㉡ 영업권 : 여기에는 다음의 것을 포함하되, 사업용자산(토지 · 건물 및 부동산에 관한 권리)과 함께 양도하는 영업권은 양도소득으로 과세하기 때문에 기타소득에서 제외한다.

- 점포임차권 : 거주자가 사업소득(연구 · 개발업 등의 사업소득은 제외)이 발생하는 점포를 임차하여 점포임차인으로서의 지위를 양도함으로써 얻는 경제적 이익을 말한다.
- 행정관청으로부터 인가 · 허가 · 면허 등을 받음으로써 얻는 경제적 이익

㉢ 토사석의 채취허가에 따른 권리, 지하수의 개발 · 이용권 : 이러한 권리에는 토지 등과 함께 양도하는 지하수개발 · 이용권 등을 포함한다.

㉣ 그 밖에 이와 유사한 자산이나 권리

⑥ 법률에 따른 공익사업과 관련하여 지역권 · 지상권(지하 · 공중에 설정된 권리 포함)을 설정 · 대여함으로써 발생하는 소득. 일반적인 지역권 · 지상권의 설정 · 대여소득은 사업소

득으로 과세한다.

⑦ **계약의 위약(違約)·해약(解約)으로 인해 받는 소득으로서 ㉠ 위약금, ㉡ 배상금, ㉢ 부당이득반환 시 지급받은 이자.** 이것은 재산권에 관한 계약의 위약·해약으로 받는 손해배상으로서 그 명목 여하에 불구하고 본래 계약의 내용이 되는 지급 자체에 대한 손해를 넘어 배상하는 금품의 가액을 말한다. 이 경우 계약의 위약·해약으로 반환받은 금전 등의 가액이 계약에 따라 당초 지급한 총금액을 넘지 않는 경우에는 '지급 자체에 대한 손해를 넘는 금전 등의 가액'으로 보지 않는다.

반면에 계약의 위약·해약으로 인해 받는 위약금·배상금에는 계약의 위약·해약으로 인해 타인의 신체의 자유·명예를 해하거나 그 밖의 정신상의 고통 등을 가한 것과 같이 재산권 외의 손해에 대한 배상·위자료로서 받는 금액은 포함되지 않는다.

판례 재산권에 관한 계약의 위약·해약으로 받는 손해배상금관련 판례

1) 채무의 이행지체로 인한 지연배상금은 본래의 계약의 내용이 되는 지급 자체에 대한 손해가 아니고, 또 그 채무가 금전채무라고 하여 달리 볼 것도 아니므로 금전채무의 이행지체로 인한 약정지연손해금은 '계약의 위약·해약으로 인해 받는 위약금·배상금'으로서 기타소득에 해당한다할 것이고, 따라서 부동산 매매계약의 당사자가 이행이 지체된 중도금·잔금을 이자부 소비대차의 목적으로 할 것을 약정하여 소비대차의 효력이 생긴 경우에도 그 소비대차의 변제기가 지난 다음에는 묵시적으로라도 변제기를 연장하였다는 등의 특별한 사정이 인정되지 않는 한, 그 이후 지급받는 약정이율에 의한 돈은 이자가 아니라 지연손해금이므로 이는 기타소득에 해당한다 할 것이다.

이때 원고가 중도금·잔금의 지급을 지연할 때 지급받는 지연배상금을 변제기 후의 이자를 받지 않기로 다시 약정하였다는 것은 이자가 아니라 지연손해금인 기타소득에 대한 조세의 부담을 감소시킨 것이라 할 것이다. 따라서 지연손해금의 추심이 가능한데도 무상대여와 같은 상태로 방치하거나 이를 면제하는 것은 사회통념이나 관습에 비추어 볼 때 합리적인 경제인이 취할 정상적인 거래로 볼 수 없어 조세의 부담을 부당하게 감소시킨 것이라 할 것이다(95누7406).

➡ 변제일 이후에 받는 이자의 경우 외상매출금 등 사업과 관련된 채권의 회수지연에 따른 연체이자는 사업소득으로 보고, 이를 소비대차로 전환을 하면 이자소득으로 본다. 다만, 재산권과 관련된 계약의 위약·해약에 따른 손해배상에 대한 지연손해금은 본래의 손해를 넘는 배상으로 보아 기타소득으로 과세한다.

2) 합의해제 당시 원고들은 매수인측의 채무불이행으로 말미암아 상당한 재산상의 손실을 입었으나 구체적으로 그 손해액의 입증이 용이하지 않았고, 매매계약을 해제하게 된 과정에 매수인측에 상당한 귀책사유가 있었지만 그 손해배상의 범위를 둘러싸고 분쟁이 장기화되면 이미 지급한 매매대금을 신속하게 반환받을 수 없게 되리라는 사정 등을 고려하여 소송을 통한 분쟁해결보다는 당사자 쌍방이 용인할 수 있는 금액 범위 내에서 합의정산하는 방법으로 분쟁을 종결하는 것이 당사자들 모두에게 유리할 것이라고 판단하고, 원고들에 대한 손해배상금 액수를 계약금 상당액으로 합의한 것으로 보인다(이 사건 매매계약의 이행 과정이나 합의해제에 이르게 된 경위, 원고들이 이 사건 매매계약의 이행과 관련하여 입게 된 재산상의 손해 내역 등에 비추어 보면 위 계약금에 해당하는 합의금이 특별히 부당하다고 보이지 아니한다).

사정이 이러하다면 원고들이 지급받은 위 합의금은 '본래 계약의 내용이 되는 지급 자체에 대한 손해를 넘어 배상하는 금품'으로서 기타소득에 해당한다기보다는 원고들이 입은 현실적인 손해를 전보하기 위해 지급된 손해배상금으로 보는 것이 상당하다고 할 것이다(2002두3942). ■

참 고 기타소득에 해당하는 위약금과 배상금의 범위

계약의 위약·해약으로 인해 받는 위약금·배상금에는 다른 소득에 속하지 않는 것으로서 기타 다음의 것들이 있다.

① 주택을 분양함에 있어 사업주체가 승인기한 내에 입주를 시키지 못하여 입주자가 받는 지체상금
② 채권자가 채무자의 금전채무 불이행에 대해 손해배상금청구의 소를 제기하고 그 손해를 배상받게 되는 경우의 지연배상금
③ 부동산 매매계약 후 계약 불이행으로 인해 일방 당사자가 받은 위약금·해약금
④ 퇴직급여 지급청구소송을 제기하여 퇴직급여와 지급지연 손해배상금을 받는 경우에 있어서 해당 지급지연 손해배상금
⑤ 임기가 정하여진 법인의 임원이 임기만료 전에 정당한 이유 없이 해임됨으로써 손해배상을 청구하여 퇴직급여와 별도로 손해배상을 지급받는 경우 동 손해배상금. 다만, 신분·인격에 대한 손해배상금은 제외한다.
⑥ 상행위에서 발생한 클레임(Claim)에 대한 배상으로서 현실적으로 발생한 손해의 보전 또는 원상회복을 초과하는 배상금 ■

⑧ 거주자·비거주자 또는 법인과 특수관계에 있는 자가 그 특수관계로 인해 그 거주자·비거주자 또는 법인으로부터 받는 경제적 이익으로서 급여·배당 또는 증여로 보지 않는 금품. 여기서 '경제적 이익'은 다음 중 어느 하나에 해당하는 이익으로 한다.

㉠ 법인세법에 따라 법인의 소득금액을 법인이 신고하거나 세무서장이 결정·경정할 때 처분되는 배당·상여 외에 법인의 자산 또는 개인의 사업용으로 제공되어 소득발생의 원천이 되는 자산(이하 '사업용자산')을 무상 또는 저가로 이용함으로 인해 개인이 받는 이익으로서 그 자산의 이용으로 인해 통상 지급해야 할 사용료 또는 그 밖에 이용의 대가(통상 지급해야 할 금액보다 저가로 그 대가를 지급한 금액이 있는 경우에는 이를 공제한 금액)

㉡ 「노동조합 및 노동관계 조정법」을 위반하여 근로자가 사용자로부터 지급받는 급여. 이는 같은 법에 따른 근로시간 면제자가 근로시간 면제 한도를 초과하여 노동조합의 업무에 종사하면서 사용자로부터 지급받은 급여를 말한다. 종전에는 근로소득으로 과세하면서 각종 공제혜택을 받았으나, 위법소득인 점을 고려하여 기타소득으로 과세한다(근로소득에 대한 각종 혜택 배제).

⑨ 사례금. 이는 사무처리·역무의 제공 등과 관련하여 사례를 뜻으로 지급되는 금품을 의미한다.

판례 기타소득의 하나로 정한 '사례금'의 의미와 판단 기준

'사례금'은 사무처리 · 역무의 제공 등과 관련하여 사례의 뜻으로 지급되는 금품을 의미하고, 여기에 해당하는지는 해당 금품 수수의 동기 · 목적, 상대방과의 관계, 금액 등을 종합적으로 고려하여 판단해야 한다. 이 사건에서 학교법인인 A학원의 이사장인 원고가 해당 이사장 지위를 물려주는 방식으로 A학원의 관한 운영권을 넘겨주기로 한 약정(이하 '임원변경약정')에 따라 보상금을 지급받았다. 이 사건 보상금은 해당 이사장 지위 등 학교법인의 실제 운영자의 지위를 물려받을 수 있는 절차를 밟아 준 데에 대한 사례의 뜻으로 원고에게 지급한 것으로서, 이는 영업권을 양도하는 데 대한 대가나 학교법인의 구조조정자금으로 볼 수는 없으므로, '사례금'에 해당한다(2010두27288). ■

⑩ 소기업 · 소상공인 공제부금의 해지일시금 : 폐업 등 사유가 발생하기 전에 소기업 · 소상공인공제계약이 해지된 경우에는 다음의 금액을 기타소득으로 보고 소득세를 부과한다.

공제부금의 해지일시금 = 해지로 인해 받는 환급금 – 실제 소득공제받은 금액을 초과하여 납입한 금액의 누계액

[도 표] 소기업 · 소상공인공제(共濟, 2016.1.1. 이후 가입분)에 대한 과세체계

구분		취급
① 소기업 · 소상공인공제에 납부하는 공제부금		해당 연도 공제부금 납부액(300만원 한도) 소득공제
② 나중에 지급받는 경우	폐업 등 사유로 공제금을 받는 경우	퇴직소득으로 과세 * 2015.12.31. 이전 가입분 : 소기업 · 소상공인 공제에서 발생하는 소득은 이자소득으로 과세
	폐업 등 사유가 발생하기 전에 공제 계약이 해지된 경우	공제부금 해지일시금 ➡ 기타소득으로 과세*

* 해지 전 6개월 이내에 발생한 천재 · 지변의 발생, 공제가입자의 해외이주 등 사유로 해지된 경우에는 퇴직소득으로 과세한다.

참고 소기업 · 소상공인 공제에서 공제금(共濟金)에 대해서 퇴직소득세 과세

2016.1.1. 이후에 소기업 · 소상공인 공제에 가입하는 분부터 폐업 등 사유가 발생하여 소기업 · 소상공인 공제에서 공제금을 지급받는 경우에는 다음과 같이 계산한 금액을 소득세법상 퇴직소득으로 보아 소득세를 부과한다. 이 경우 퇴직소득공제(근속연수에 따른 공제) 및 퇴직소득산출세액을 계산할 때 '근속연수'는 공제부금 납입월수를 12로 나누어 계산한 납입연수(1년 미만의 기간은 1년으로 본다)로 한다.

퇴직소득 = (공제금 – 실제 소득공제 받은 금액을 초과하여 납입한 금액의 누계액)

⑪ 고용관계 없이 일정한 인적용역을 일시적으로 제공하고 지급받는 대가

⑫ 법인세법에 따라 처분된 기타소득

⑬ 연금계좌 가입자가 납입한 연금보험료로서 연금계좌세액공제를 받은 금액과 연금계좌의

운용실적에 따라 증가된 금액을 그 소득의 성격에도 불구하고 연금외수령한 소득

⑭ 퇴직 전에 부여받은 주식매수선택권을 퇴직 후에 행사하거나 고용관계 없이 주식매수선택권을 부여받아 이를 행사함으로써 얻는 이익

⑮ 종업원 등 또는 대학의 교직원이 퇴직한 후에 지급받는 직무발명보상금

⑯ 뇌물

⑰ 알선수재·배임수재에 따라 받은 금품

참고 뇌물이 추징된 경우 소득세 과세여부

뇌물 또는 알선수재 및 배임수재에 의하여 받은 금품이 법원 판결에 따라 몰수 또는 추징된 경우에는 소득세를 과세하지 않는다. ■

⑱ 종교관련종사자가 종교의식을 집행하는 등 종교관련종사자로서의 활동과 관련하여 종교단체로부터 받은 소득(이하 '종교인소득')

⑲ 가상자산을 양도하거나 대여함으로써 발생하는 소득(이하 '가상자산소득'). 이러한 가상자산소득은 2027.1.1. 이후 가상자산을 양도·대여하는 분부터 과세한다.

(2) 기타소득 구분의 특례 : 서화(書畵)·골동품의 양도로 발생하는 소득

1) 원칙 : 다음 ①·②의 규정에도 불구하고 '서화·골동품의 양도로 발생하는 소득'은 기타소득으로 한다.

> ① 이자소득·배당소득·사업소득·근로소득·연금소득·퇴직소득 및 양도소득 외의 소득으로서 열거된 소득을 기타소득으로 구분하는 규정
>
> ② 영리를 목적으로 자기의 계산과 책임 하에 계속적·반복적으로 행하는 활동을 통하여 얻는 소득은 사업소득으로 구분하는 규정

여기서 '서화·골동품'이란 다음 중 어느 하나에 해당하는 것으로서 개당·점당 또는 조(2개 이상이 함께 사용되는 물품으로서 통상 짝을 이루어 거래되는 것을 말한다)당 양도가액이 6천만원 이상인 것을 말한다. 다만, 양도일 현재 생존해 있는 국내 원작자의 작품은 제외한다.

① 회화, 데생, 파스텔(손으로 그린 것에 한정하며, 도안과 장식한 가공품은 제외) 및 콜라주와 이와 유사한 장식판

② 오리지널 판화·인쇄화 및 석판화

③ 골동품(제작 후 100년을 넘은 것에 한정한다)

2) 사업소득으로 구분하는 예외 : 다음 중 어느 하나에 해당하는 경우에 서화·골동품의 양도로 발생하는 소득은 사업소득으로 구분한다.

① 서화·골동품의 거래를 위하여 사업장 등 물적시설(인터넷 등 정보통신망을 이용하여 서화·골동품을 거래할 수 있도록 설정된 가상의 사업장을 포함한다)을 갖춘 경우

② 서화 · 골동품을 거래하기 위한 목적으로 사업자등록을 한 경우

판 례 위법소득을 몰수당한 경우 소득세 부과처분은 위법한지 여부

뇌물 등의 위법소득을 얻은 자가 그 소득을 종국적으로 보유할 권리를 갖지 못함에도 그가 얻은 소득을 과세대상으로 삼는 것은, 그가 사실상 소유자나 정당한 권리자처럼 경제적 측면에서 현실로 이득을 지배 · 관리하고 있음에도 불구하고 이에 대해 과세하지 않거나 그가 얻은 위법소득이 더 이상 상실될 가능성이 없을 때에 이르러야 비로소 과세할 수 있다면 이는 위법하게 소득을 얻은 자를 적법하게 소득을 얻은 자보다 우대하는 셈이 되어 조세정의나 조세공평에 반하는 측면이 있음을 고려한 것이고, 사후에 위법소득이 정당한 절차에 의하여 환수됨으로써 그 위법소득에 내재되어 있던 경제적 이익의 상실가능성이 현실화된 경우에는 그때 소득이 종국적으로 실현되지 아니한 것으로 보아 이를 조정하면 충분하다.

형법상 뇌물 · 알선수재 · 배임수재 등의 범죄에서 몰수나 추징을 하는 것은 범죄행위로 인한 이득을 박탈하여 부정한 이익을 보유하지 못하게 하는 데 그 목적이 있으므로, 이러한 위법소득에 대해 몰수 · 추징이 이루어졌다면 이는 그 위법소득에 내재되어 있던 경제적 이익의 상실가능성이 현실화된 경우에 해당한다고 보아야 한다. 따라서 이러한 경우에는 그 소득이 종국적으로 실현되지 아니한 것이므로 납세의무 성립 후 후발적 사유가 발생하여 과세표준 · 세액의 산정기초에 변동이 생긴 것으로 보아 납세자로 하여금 그 사실을 증명하여 감액을 청구할 수 있도록 함이 타당하다(2014두5514).

판 례 횡령금의 반환과 뇌물 등 위법소득의 반환의 관계(후발적 경정청구 대상여부)

가. 관련 법리

후발적 경정청구의 규정의 내용, 체계 및 취지, 특히 입법자는 납세자의 권리구제를 확대하기 위하여 후발적 경정청구제도를 마련하면서도, 조세법률관계의 안정성을 확보하기 위하여 법령에서 열거한 일정한 후발적 사유로 말미암아 과세표준 및 세액의 산정기초에 변동이 생긴 경우로 후발적 경정청구사유를 제한하고 있는 점 등에 비추어 보면, 법인의 실질적 경영자와 공모하여 법인의 자금을 횡령한 경우, 과세관청이 횡령금 상당액이 사외에 유출되었다고 보아 소득처분을 하여 그 귀속자에게 소득세 납세의무가 성립한 이상, 사후에 그 귀속자가 형사재판에 이르러 해당 횡령금 상당액을 피해법인에 지급하였다고 하더라도, 이는 특별한 사정이 없는 한 구 국세기본법 제45조의2 제2항 등의 후발적 경정청구사유에 해당하지 않는다고 봄이 상당하다.

대법원 2015.7.16. 선고 2014두5514 전원합의체 판결 등은 사안을 달리하므로 이 사건에 원용하기에 적절하지 않다. 위 판결 등의 법리는, 수뢰 · 알선수재 · 배임수재 범행으로 얻은 뇌물 등 위법소득에 대하여 일단 납세의무가 성립하였다고 하더라도 그 후 위 뇌물 등에 대하여 몰수 · 추징을 당하였다면, 위법소득에 내재되어 있던 경제적 이익의 상실가능성이 현실화되어 그 소득이 종국적으로 실현되지 않은 것으로 평가할 수 있으므로, 납세자는 그 몰수 · 추징을 사유로 후발적 경정청구를 하여 납세의무의 부담에서 벗어날 수 있다는 취지이다. 뇌물 등은 필요적 몰수 · 추징의 대상으로서 수뢰자 등이 뇌물 등을 수수할 때부터 이미 그 소득에는 경제적 이익의 상실가능성이 내재되어 있음이 분명하다. 반면 횡령금의 경우에는 원칙적으로 국가에 의한 몰수 · 추징의 대상이 되지 않고, 그 반환 여부 또는 반환을 위한 구제절차의 진행 여부 등이 귀속자나 피해법인 등 당사자의 의사에 크게 좌우된다. 특히 법인의 실질적 경영자가 가담하여 사외유출한 횡령금의 경우, 피해법인이 자발적으로 그 반환을 구할 가능성을 상정하기 어려우므로, 그 소득에 경제적 이익의 상실가능성이 내재되어 있다고 단정할 수 없다.

나아가 위법소득을 현실로 지배 · 관리하면서 이익을 향수하고 있는 귀속자가 형사재판에서 피해법인에 횡

령금 상당액을 지급하는 것은, 일반적으로 위법소득으로 인한 경제적 이익을 포기하는 대신 양형상의 이익이라는 무형의 이익을 얻기 위한 행위이므로, 이 점에서도 위법소득에 내재되어 있던 경제적 이익의 상실가능성이 현실화되어 그 소득이 종국적으로 실현되지 않은 경우에 해당한다고 보기 어렵다.

나. 이 사건에 대한 판단

앞서 본 사실관계를 위 법리에 비추어 보면, 사외유출된 이 사건 사용료 상당액에 관하여 소득처분에 따라 원고에게 소득세 납세의무가 성립한 이상, 그 후 원고가 형사재판 계속 중 이 사건 금원을 이 사건 회사들에 지급한 것만으로는 국세기본법이 정한 후발적 경정청구사유가 존재한다고 볼 수 없다.

그런데도 원심은 이와 달리 원고가 이 사건 금원을 이 사건 회사들에 지급한 것이 국세기본법이 정한 후발적 경정청구사유에 해당한다는 잘못된 전제에서, 이 사건 처분이 위법하다고 판단하였다. 이와 같은 원심의 판단에는 후발적 경정청구사유에 관한 법리를 오해하여 판결에 영향을 미친 잘못이 있다. 이를 지적하는 이 부분 상고이유 주장은 이유 있다(2021두35346 판결). ■

참 고 뇌물 및 알선수재·배임수재에 따라 받은 금품의 개념

① 뇌물(賂物) : 공무원이 직무와 관련하여 받은 부정한 보수나 부당한 이익
② 알선수재(斡旋收財)에 따라 받은 금품 : 공무원 및 금융기관 임직원이 그 직무에 속한 사항의 부정한 알선과 관련하여 받은 금품
③ 배임수재(背任收財)에 따라 받은 금품 : 타인의 사무를 처리하는 일반인이 그 임무에 관하여 부정한 청탁과 관련하여 받은 금품 ■

참 고 기타소득으로 열거된 위법소득의 범위

① 위법한 사행행위에 참가하여 얻은 재산상의 이익
② 불법 승마투표권 등의 구매자가 받는 환급금
③ 법률을 위반하여 전임자(노동조합의 업무에만 종사하는 자)가 지급받는 급여
④ 뇌물
⑤ 알선수재·배임수재에 따라 받은 금품 ■

Ⅱ. 비과세 기타소득

① 법률에 따라 받는 보훈급여금·학습보조비 및 정착금·보로금과 그 밖의 금품
② 국가보안법에 따라 받는 상금·보로금
③ 상훈법에 따른 훈장과 관련하여 받는 부상(副賞)이나 그 밖에 국가 등으로부터 받는 상금 등
④ 종업원 등 또는 대학의 교직원이 퇴직한 후에 지급받는 직무발명보상금으로서 연 700만원(해당 과세기간에 근로소득으로 비과세되는 금액이 있는 경우에는 700만원에서 해당 금액을 먼저 차감한 후 금액) 이하의 금액. 다만, 직무발명보상금을 지급한 사용자 등 또는 산학협력단과 특수관계에 있는 자가 받는 직무발명보상금은 제외한다.
⑤ 국군포로가 받는 위로지원금과 그 밖의 금품

⑥ 국가지정문화유산으로 지정된 서화 · 골동품의 양도로 발생하는 소득
⑦ 서화 · 골동품을 박물관 · 미술관에 양도함으로써 발생하는 소득
⑧ 법령 · 조례에 따른 위원회 등의 보수를 받지 않는 위원(학술원 및 예술원의 회원 포함) 등이 받는 수당

III. 기타소득금액의 계산

기타소득금액은 해당 과세기간의 '총수입금액 – 필요경비'로 한다. 여기서 필요경비에 산입한 금액은 해당 과세기간의 총수입금액에 대응하는 비용으로서 일반적으로 인정되는 통상적인 것의 합계액으로 한다. 다만, 여기에는 다음과 같은 예외가 있다.

구분	필요경비산입액
① 승마투표권 등의 구매자가 받는 환급금	구매자가 구입한 적중된 투표권의 단위당 투표금액을 필요경비로 한다.
② 슬롯머신 등을 이용하는 행위에 참가 하여 받는 당첨금품 등	그 당첨금품 등의 당첨 당시에 슬롯머신 등에 투입한 금액을 필요경비로 한다.
③ 공익법인이 주무관청의 승인을 얻어 시상하는 상금 · 부상과 다수가 순위 경쟁하는 대회에서 입상자가 받는 상금 · 부상 ④ 위약금 · 배상금 중 주택입주 지체 상금	MAX [해당 기타소득의 수입금액×80%, 실제 사용된 필요경비] * 거주자가 받은 금액의 80%에 상당하는 금액을 필요경비로 한다. 다만, 실제 사용된 필요경비가 80%에 상당하는 금액을 초과하면 그 초과하는 금액도 필요경비에 산입한다.
⑤ 산업재산권 등을 양도 · 대여하고 그 대가로 받는 금품 ⑥ 통신판매중개를 하는 자를 통해 물품 · 장소를 대여하고 연간 수입금액 500만원 이하의 사용료로서 받은 금품 ⑦ 공익사업과 관련하여 지역권 · 지상권(지하 · 공중에 설정된 권리 포함)을 설정 · 대여함으로써 발생하는 소득 ⑧ 문예창작소득 ⑨ 일정한 인적용역을 일시적으로 제공하고 지급받는 대가	MAX [해당 기타소득의 수입금액×60%, 실제 사용된 필요경비]

<table>
<tr><td>⑩ 서화 · 골동품의 양도로 발생하는 소득</td><td>필요경비 산입액 = MAX ┌ 해당 기타소득의 수입금액 × 필요경비율(*주) (90%·80%)
└ 실제 사용된 필요경비</td></tr>
</table>

(*주) 필요경비율 : 아래 도표

구분	필요경비율
① 수입금액이 1억원 이하인 경우	90%
② 수입금액이 1억원을 초과하는 경우	9,000만원 + (수입금액 − 1억원) × 80%(90%*) * 서화 · 골동품의 보유기간이 10년 이상인 경우 : 90%

소득 02

Ⅳ. 기타소득에 대한 과세방법

(1) 원천징수

국내에서 거주자에게 기타소득(계약의 위약 · 해약으로 받은 위약금 · 배상금, 뇌물 · 알선수재 · 배임수재에 따라 받은 금품은 제외)을 지급하는 자는 다음의 세액을 원천징수하여 그 징수일이 속하는 달의 다음 달 10일까지 정부에 납부해야 한다.

구분	기타소득에 대한 원천징수세액
① 복권당첨금 · 승마투표권 등의 구매자가 받는 환급금, 슬롯머신 등을 이용하는 행위에 참가하여 받는 당첨금품(이하 '복권당첨소득 등')	해당 기타소득금액 × 20% (3억원 초과분은 30%)
② 일시적인 봉사료 지급금액	지급금액 × 5%
③ 연금계좌에서 연금외수령한 기타소득	지급금액 × 15%
④ 소기업 · 소상공인 공제부금의 해지일시금	해당 기타소득금액 × 15%
⑤ 위 외의 기타소득	해당 기타소득금액 × 20%
⑥ 계약의 위약 · 해약으로 받은 위약금 · 배상금(계약금이 위약금 · 배상금으로 대체되는 경우에만 해당)	원천징수 ×
⑦ 뇌물 · 알선수재 · 배임수재에 따라 받은 금품	

참고 서화 · 골동품 양도소득의 원천징수납부 특례

서화 · 골동품의 양도로 발생하는 소득에 대해 양수자인 원천징수의무자가 국내사업장이 없는 비거주자 · 외국법인인 경우에는 서화 · 골동품의 양도로 발생하는 소득을 지급받는 자(즉 양도자)를 원천징수의무자로 보아 소득세법을 적용한다.

이 규정에 따라 서화 · 골동품을 양도하는 개인이 양수자인 비거주자 · 외국법인을 대리하여 해당 원천징수세액을 그 소득을 지급받은 날이 속하는 달의 다음 달 10일까지 납부해야 한다. ■

(2) 종합과세와 분리과세

기타소득은 원칙적으로 종합소득과세표준에 합산하여 과세한다. 따라서 그에 대한 원천징수는 예납적 원천징수에 불과하다. 다만, 예외적으로 분리과세되는 기타소득도 있는데, 그 내용은 다음과 같다.

구분	해당 기타소득	원천징수세율
(1) 무조건 분리과세	① 연금계좌에서 연금외수령한 기타소득(기타소득 범위 ㉑)	• 15%
	② 서화 · 골동품의 양도로 발생하는 소득(기타소득 범위 ㉕)	• 20%
	③ 복권당첨소득 등(기타소득 범위 ② 중 복권당첨소득 등)	• 20%(30%)
(2) 무조건 종합과세	① 뇌물(기타소득 범위 ㉓)	–
	② 알선수재 및 배임수재에 따라 받은 금품(기타소득 범위 ㉔)	–
(3) 선택적 분리과세(*주1)	위 (1) · (2) 외의 기타소득으로서 기타소득금액이 300만원 이하이면서 다음에 해당하는 소득(①+②)	
	① 원천징수된 기타소득 … 원천징수 분리과세	• 20% * 소기업 · 소상공인 공제부금의 해지 일시금은 15%
	② 계약의 위약 또는 해약으로 받은 위약금과 배상금(계약금이 위약금과 배상금으로 대체되는 경우에만 해당한다)으로서 원천징수대상이 아닌 소득 … 신고납부 분리과세(*주2)	* 신고납부 분리과세 선택시 결정세액 : 해당 기타소득금액 ×20%(*주3)

(*주1) 선택적 분리과세 : 해당 기타소득금액은 종합소득과세표준을 계산할 때 합산하지 않는다. 다만, 해당 소득이 있는 거주자가 종합소득과세표준을 계산할 때 그 소득을 합산하려는 경우 그 소득은 분리과세 기타소득에서 제외한다.

(*주2) 신고납부 분리과세 : 해당 과세기간에 위 (3) · ②의 소득이 있는 경우에도 종합소득과세표준 확정신고 규정을 적용한다.

(*주3) 신고납부 분리과세 선택시 결정세액 : 종합소득과세표준을 계산할 때 위 (3) · ②의 소득을 합산하지 않은 경우(즉 분리과세를 선택한 경우) 그 결정세액은 해당 기타소득금액에 20%의 세율을 적용하여 계산한다.

V. 기타소득의 수입시기

구분	기타소득의 수입시기
(1) 일반적인 기타소득	그 지급을 받은 날
(2) 법인세법에 따라 처분된 기타소득	해당 법인의 해당 사업연도 결산확정일
(3) 산업재산권 등을 양도하고 그 대가로 받은 금품	FAST (대금을 청산한 날, 인도일, 사용 · 수익일) * 다만, 대금을 청산하기 전에 자산을 인도 또는 사용 · 수익하였으나 대금이 확정되지 않은 경우에는 그 대금 지급일
(4) 계약의 위약 · 해약으로 인해 받은 기타소득 중 계약금이 위약금 · 배상금으로 대체되는 경우의 기타소득	계약의 위약 · 해약이 확정된 날
(5) 연금계좌에서 연금외수령한 기타소득	연금외수령한 날

VI. 과세최저한

일반적인 기타소득금액(연금계좌에서 연금외수령한 기타소득은 제외)이 건별로 5만원 이하인 경우에는 소득세를 과세하지 않는다.

제 3 장
소득금액 계산의 특례

제1절 결손금 및 이월결손금의 공제

I-2 p.721

Ⅰ. 서설

소득세법상 결손금은 법인세법과 달리 양도소득과 사업소득에서만 발생하며, 필요경비가 총수입금액을 초과하는 경우 그 초과하는 금액을 '결손금'이라 한다. 종합소득에서 발생하는 세무계산상 결손금은 사업자가 장부를 비치 · 기장하여 실액방법에 따라 소득금액을 계산하는 경우에만 결손금으로 인정하며, 이러한 결손금은 일단 다른 소득에서 먼저 공제해야 한다. 그 이유는 즉 본래 소득의 구분은 인위적인 것에 불과하여 담세력은 소득의 구분을 초월하는 것으로 전체 소득을 통산함으로써 파악되는 것이기 때문이다.

이러한 결손금이 해당 과세기간의 다른 소득과 통산 후에도 잔액이 남는다면, 다음 과세기간에도 이월하여 공제를 받을 수 있는데 이를 '이월결손금'이라 부른다. 이러한 결손금 잔액에 대해서는 이월결손금 공제를 하지 않고 이전 과세기간의 거주자의 사업소득에 한정하여 법인세법과 같이 요건을 갖추어 소급공제를 선택할 수도 있다. 소득세법상 결손금 및 이월결손금의 공제에 대해서는 법인세법과 상당부분이 유사하기 때문에 이하에서는 그 둘의 차이점에 대해서만 설명하도록 하고, 양도소득에 대한 결손금 처리방법은 양도소득세 부분에서 별도로 설명하고자 한다.

Ⅱ. 결손금 및 이월결손금의 공제

1. 결손금의 공제

사업자가 비치 · 기록한 장부에 의하여 해당 과세기간의 사업소득금액을 계산할 때 발생한 결손금은 다음과 같이 처리한다.

구분	처리방법
(1) 일반 사업소득의 결손금(*주1)	해당 과세기간의 종합소득과세표준을 계산할 때 ① 근로소득금액 ② 연금소득금액 ③ 기타소득금액 ④ 이자소득금액 ⑤ 배당소득금액에서 순서대로 공제한다. 공제 후 남은 결손금은 다음 과세기간으로 이월시킨다.
(2) 부동산임대업에서 발생한 결손금	일반 부동산임대업의 결손금 : 해당 과세기간의 다른 소득금액에서 공제하지 않고 다음 과세기간으로 이월시킨다.
	주거용 건물임대업의 결손금(*주2) : 해당 과세기간의 종합소득과세표준을 계산할 때 ① 근로소득금액 ② 연금소득금액 ③ 기타소득금액 ④ 이자소득금액 ⑤ 배당소득금액에서 순서대로 공제한다. 공제 후 남은 결손금은 다음 과세기간으로 이월시킨다.

(*주1) 일반 사업소득의 결손금 : 해당 과세기간에 부동산임대업에서 발생한 소득금액이 있는 경우 일반적인 사업에서 발생한 결손금을 먼저 부동산임대업의 소득금액에서 공제하고 남은 결손금을 말한다.

(*주2) 주거용 건물임대업의 결손금 : 해당 과세기간에 일반적인 사업에서 발생한 소득금액이 있는 경우 주거 용 건물임대업에서 발생한 결손금을 먼저 일반적인 사업에서 발생한 소득금액(일반 부동산임대업의 소득금액 포함)에서 공제하고 남은 결손금을 말한다.

이처럼 부동산임대업에서 발생한 결손금은 다른 소득금액에서 공제하지 않으므로, 사업소득에 부동산임대업에서 발생한 소득이 포함되어 있는 사업자는 그 소득별로 구분하여 회계처리해야 한다.

2. 이월결손금의 공제

(1) 개요

이월결손금(자산수증이익 · 채무면제이익으로 충당된 것은 제외)은 해당 이월결손금이 발생한 과세기간의 종료일부터 10년 이내(2020.1.1. 이후 개시한 과세기간에 발생한 결손금은 15년 이내)에 끝나는 과세기간의 소득금액을 계산할 때 먼저 발생한 과세기간의 이월결손금부터 순서대로 다음의 구분에 따라 공제한다.

구분	처리방법
(1) 일반 사업소득의 이월결손금	해당 과세기간의 사업소득금액(부동산임대업의 소득금액 포함)을 계산할 때 먼저 공제하고, 남은 금액은 ① 근로소득금액 ② 연금소득금액 ③ 기타소득금액 ④ 이자소득금액 ⑤ 배당소득금액에서 순서대로 공제한다.
(2) 부동산임대업의 이월결손금	일반 부동산임대업의 이월결손금 : 해당 과세기간의 부동산임대업의 소득금액에서만 공제한다.
	주거용 건물임대업의 이월결손금 : 해당 과세기간의 사업소득금액(부동산임대업의 소득금액 포함)을 계산할 때 먼저 공제하고, 남은 금액은 ① 근로소득금액 ② 연금소득금액 ③ 기타소득금액 ④ 이자소득금액 ⑤ 배당소득금액에서 순서대로 공제한다.

이러한 결손금 및 이월결손금을 공제할 때 해당 과세기간에 결손금이 발생하고 이월결손금이 있는 경우에는 그 과세기간의 결손금을 먼저 소득금액에서 공제한다.

(2) 이월결손금 공제의 배제

해당 과세기간의 소득금액에 대해서 추계신고(비치 · 기록한 장부와 증명서류에 의하지 않은 신고를 말한다)를 하거나 추계조사결정하는 경우에는 이월결손금 공제규정을 적용하지 않는다. 다만, 천재지변이나 그 밖의 불가항력으로 장부나 그 밖의 증명서류가 멸실되어 추계신고를 하거나 추계조사결정을 하는 경우에는 그렇지 않다.

3. 종합과세되는 이자소득 및 배당소득에서 공제 여부

금융소득종합과세시 세액계산특례의 규정에 따라 세액계산을 하는 경우 사업소득의 결손금 및 이월결손금(이하 결손금 등)의 공제 여부 등은 다음에 따른다.

① 종합과세되는 이자 · 배당소득 중 원천징수세율(14%)을 적용받는 부분은 결손금 등의 공제대상에서 제외한다. 금융소득이 분리과세로 납세의무가 종결되는 경우 금융소득에서 공제되지 않는 것과 동일하게 취급하는데 그 취지가 있다.

② 종합과세되는 이자 · 배당소득 중 기본세율(6%~45%)을 적용받는 부분에 대해서는 납세의무자가 그 소득금액의 범위 안에서 공제 여부 및 공제금액을 결정할 수 있다. 종합소득산출세액은 금융소득이 있는 경우 일반산출세액과 비교산출세액 중 더 많은 세액으로 한다. 따라서 기본세율을 적용받는 금융소득에서 법정순서에 따라 결손금 등을 강제로 공제하게 되면 산출세액은 줄어들지 않으면서(결손금이 공제되지 않는 금융소득에 대하여 최소한 14% · 25%의 소득세가 과세되기 때문) 다음 과세기간에 공제할 수 있는 이월결손금만 없어지는 결과가 생길 수 있다. 이러한 점을 고려하여 납세자에게 공제 여부 및 공제금액에 대한 선택권을 부여한 것이다.

Ⅲ. 중소기업의 결손금 소급공제에 따른 환급

결손금의 소급공제는 중소기업의 사업소득(주거용 건물임대업을 포함한 부동산임대업은 제외)에서 발생하는 종합소득산출세액에서만 소급공제가 가능하며, 이에 대한 요건 · 절차는 법인세법과 동일하다.

제2절 공동사업의 납세의무

I-2 p.726

Ⅰ. 서설

공동사업에서 발생하는 소득금액에 대해서는 해당 거주자별로 소득세 납세의무를 진다. 여기서 '공동사업'이란 2인 이상이 재산 · 노무를 서로 출자하여 공동으로 사업을 경영하기로 약정하고 그 사업에서 발생하는 손익을 분배하는 기업형태를 말한다. 이를 민법에서는 조합(組合)이라고 부른다. 이는 별도의 인격이 부여되는 법인과는 다른 형태이다.

현행 소득세법은 공동사업장에 대해 소득금액의 계산, 기장의무 등에 대한 특례를 인정하고 있다. 그 취지는 행정력의 낭비를 방지하여 징세비를 절감하고 납세의무자의 납세편의를 도모하는 데 있다.

[도 표] 공동사업의 납세의무(C는 출자공동사업자이다)

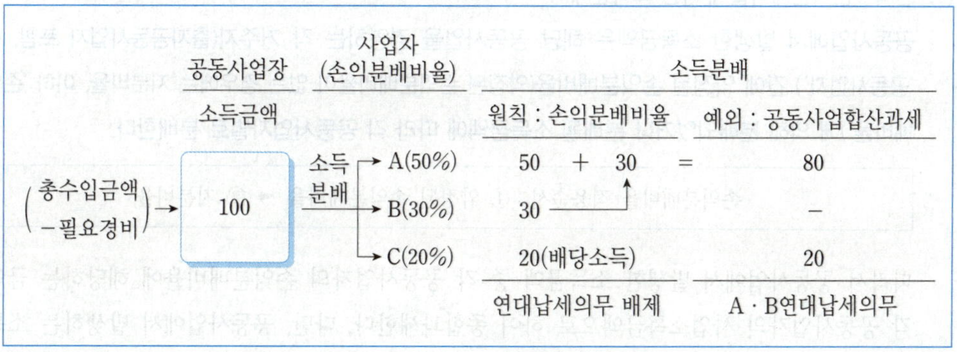

Ⅱ. 소득금액계산의 특례

1. 공동사업장의 소득금액의 계산

사업소득이 발생하는 사업을 공동으로 경영하고 그 손익을 분배하는 공동사업(출자공동사업자가 있는 공동사업을 포함)의 경우에는 해당 사업을 경영하는 장소(이하 '공동사업장')를 1거주자로 보아 공동사업장별로 그 소득금액을 계산한다. 이것은 공동사업자별로 각각 별도로 소득금액을 계산하는 데에 따른 행정력의 낭비를 방지하기 위한 규정이다. 여기서 '출자공동사업자'란 공동사업의 경영에 참여하지 않고 출자만 하는 자를 말하되, 다음에 해당하는 자는 제외한다.

① 공동사업에 성명 · 상호를 사용하게 한 자(명의대여자)

② 공동사업에서 발생한 채무에 대해 무한책임을 부담하기로 약정한 자

공동사업장의 소득금액 = 1거주자로 보고 계산한 공동사업장의 (총수입금액 − 필요경비)

이것은 공동사업장의 소득을 1거주자로 보아 과세한다는 것이 아니라, 단지 소득금액계산을 1거주자로 보고 한다는 것에 지나지 않는다. 이렇게 계산된 공동사업장의 소득금액은 당연히 각 공동사업자에게 할당되며(소득분배), 각 공동사업자는 할당받은 소득에 대해 자기의 다른 종합소득과 합산하여 각자 소득세 납세의무를 지는 것이다.

참 고 공동사업에 출자하기 위해 차입한 금액에 대한 지급이자

거주자가 공동사업에 출자하기 위하여 차입한 금액에 대한 지급이자는 해당 공동사업장의 총수입금액을 얻기 위하여 직접 사용된 부채에 대한 지급이자로 볼 수 없으므로 해당 공동사업장의 소득금액 계산상 필요경비에 산입하지 않는다. ■

2. 공동사업의 소득분배

(1) 원칙 : 손익분배비율에 따른 소득분배

공동사업에서 발생한 소득금액은 해당 공동사업을 경영하는 각 거주자(출자공동사업자 포함, 이하 '공동사업자') 간에 약정된 손익분배비율(약정된 손익분배비율이 없는 경우에는 지분비율, 이하 '손익분배비율')에 의해 분배되었거나 분배될 소득금액에 따라 각 공동사업자별로 분배한다.

손익분배비율 적용순서 : ① 약정된 손익분배비율 ➡ ② 지분비율

따라서 공동사업에서 발생한 소득금액 중 각 공동사업자의 손익분배비율에 해당하는 금액은 각 공동사업자의 사업소득금액으로 하여 종합과세한다. 다만, 공동사업에서 발생하는 소득금액 중 출자공동사업자에 대한 손익분배비율에 해당하는 금액은 그 출자공동사업자의 배당소득으로 보고 무조건 종합과세한다.

참 고 공동사업자 중 경영참가자에 지급한 보수의 처리

공동사업자 중 1인에게 경영에 참가한 대가로 급료 명목의 보수를 지급한 때에는 해당 공동사업자의 소득분배로 보고 그 공동사업자의 분배소득에 가산한다. ■

참 고 결손금의 분배

공동사업장에서 발생한 결손금은 각 공동사업자별로 분배된 금액의 범위에서 각 공동사업자의 다른 사업장의 동일 소득 또는 다른 종합소득과 통산한다. ■

(2) 예외 : 공동사업합산과세

1) 개요 : ① 거주자 1인과 그와 특수관계에 있는 자가 공동사업자(출자공동사업자 포함)에 포함되어 있는 경우로서 ② 손익분배비율을 거짓으로 정하는 등의 사유가 있는 때에는, 손익분배비율에 따른 소득분배 규정에 불구하고 그 특수관계인의 소득금액은 주된 공동사업자(손익분배비율이 큰

공동사업자)의 소득금액으로 본다. 그 취지는 특수관계인간 손익분배비율의 위장 분산에 의해 소득세의 누진부담을 회피하는 것을 방지하는데 있다.

여기서 '특수관계인'이란 해당 과세기간 종료일 현재 거주자 1인과 국세기본법에 따른 친족관계, 경제적 연관관계 및 경영지배관계에 있는 자로서 생계를 같이 하는 자를 말한다. 그리고 '손익분배비율을 거짓으로 정하는 등의 사유'란 다음에 해당하는 경우를 말한다.

① 공동사업자가 과세표준확정신고서와 첨부서류에 기재한 사업의 종류, 소득금액 명세, 지분비율, 약정된 손익분배비율 및 공동사업자간의 관계 등이 사실과 현저하게 다른 경우

② 공동사업자의 경영참가 · 거래관계 · 손익분배비율 및 자산의 등기 · 등록 · 부채 등의 재무상태 등을 보아 조세를 회피하기 위해 공동으로 사업을 경영하는 것이 확인되는 경우

2) 연대납세의무 : 이처럼 특수관계인의 소득금액이 주된 공동사업자에게 합산과세되는 경우 그 합산과세되는 소득금액에 대해 주된 공동사업자 외의 특수관계인은 그의 손익분배비율에 해당하는 그의 소득금액을 한도로 주된 공동사업자와 연대하여 납세의무를 진다.

소득 03

참 고 손익분배비율이 같은 경우 주된 공동사업자의 판정

특수관계인의 손익분배비율이 같은 경우에는 다음의 순서에 따른 자를 말한다.

① 공동사업소득 외의 종합소득금액이 많은 자

② 공동사업소득 외의 종합소득금액이 동일한 경우에는 직전 연도의 종합소득금액이 많은 자

③ 직전 연도의 종합소득금액이 동일한 경우에는 해당 사업에 대한 종합소득과세표준을 신고한 자. 다만, 무신고의 경우에는 관할세무서장이 정하는 자로 한다. ■

Ⅲ. 공동사업장에 대한 특례

공동사업장에 대해서는 앞에서 서술한 것 외에도 여러 가지 부수적인 절차상의 특례규정을 두고 있는데, 그 취지는 행정력의 낭비를 방지함과 동시에 납세편의를 도모하기 위한 데 있다.

(1) 원천징수된 세액과 배분

공동사업장에서 발생한 소득금액에 대해 원천징수된 세액은 각 공동사업자의 손익분배비율에 따라 배분한다.

(2) 가산세의 계산과 배분

다음 중 어느 하나에 해당하는 가산세로서 공동사업장에 관련된 세액은 각 공동사업자의 손익분배비율에 따라 배분한다.

① 영수증 수취명세서 제출 · 작성 불성실가산세
② 사업장 현황신고 불성실가산세
③ 공동사업장 등록 · 신고 불성실가산세
④ 적격증명서류 수취 불성실가산세
⑤ 사업용계좌 신고 · 사용 불성실가산세
⑥ 신용카드 발급 불성실가산세
⑦ 현금영수증 발급 불성실가산세
⑧ 계산서 등 제출 불성실가산세
⑨ 지급명세서 제출 불성실가산세
⑩ 원천징수 납부지연가산세

(3) 장부의 비치 · 기장 등 의무이행

공동사업장에 대해서는 해당 공동사업장을 1 사업자로 보아 장부비치 · 기록, 사업자등록 및 휴 · 폐업신고, 납세번호 부여에 관한 규정을 적용한다. 그리고 공동사업자가 해당 공동사업장에 관한 사업자등록을 하는 때에는 공동사업자(출자공동사업자 해당 여부에 관한 사항 포함) · 약정한 손익분배비율 · 대표공동사업자 · 지분 및 출자명세 그 밖에 필요한 사항을 사업장 주소지 관할세무서장에게 신고해야 하며, 이러한 신고내용에 변동이 발생한 경우 대표공동사업자는 그 변동내용을 해당 사업장 소재지 관할세무서장에게 신고해야 한다.

(4) 과세표준확정신고 및 결정 · 경정

공동사업자가 과세표준확정신고를 하는 때에는 과세표준확정신고서와 함께 해당 공동사업장에서 발생한 소득과 그 외의 소득을 구분한 계산서를 제출해야 한다. 이 경우 대표공동사업자는 해당 공동사업장에서 발생한 소득금액과 가산세액 및 원천징수된 세액의 각 공동사업자별 분배명세서를 제출해야 한다.

참고 법인과 개인이 공동사업을 영위하는 경우

법인이 개인사업자와 공동으로 사업을 영위하는 경우에는 해당 공동사업장의 자산 · 부채 및 수입 · 지출 등에 관한 거래금액 중 자신의 지분에 해당하는 금액에 대해 법인세법을 적용하여 해당 법인의 수익 · 손비로 처리한다. ■

Ⅳ. 출자공동사업자의 배당소득에 대한 과세방법

1. 개요

출자공동사업자가 있는 공동사업의 경우에도 공동사업장을 1거주자로 보고 소득금액을 계산한 다음, 소득분배 규정에 따라 공동사업자별로 소득세를 과세한다. 이 경우 익명조합의 소득금액 중 출자공동사업자의 손익분배비율에 상당하는 금액은 불확실한 이익분배의 성격이므로 출자공동사업자의 배당소득으로 구분한다.

일반적인 배당소득과의 차이점에 있어서는 출자공동사업자의 배당소득의 경우에는 부당행위계산부인이 적용된다는 점에서 차이가 있다.

2. 과세방법

출자공동사업자의 배당소득은 일반적인 금융소득과 다른 방법으로 과세하는데, 그 내용은 다음과 같다.

(1) 수입시기

출자공동사업자의 배당소득은 해당 공동사업의 총수입금액과 필요경비가 확정된 날이 속하는 과세기간 종료일로 한다.

(2) 원천징수

일반적인 금융소득에 대한 원천징수세율은 14%이나, 출자공동사업자의 배당소득에 대한 원천징수세율은 25%로 한다. 그리고 출자공동사업자의 배당소득은 그 소득을 지급한 날에 원천징수하되, 과세기간 종료 후 3개월이 되는 날까지 지급하지 않은 때에는 3개월이 되는 날에 지급된 것으로 보아 원천징수한다.

(3) 무조건 종합과세

금융소득 종합과세 여부 판정대상금액을 산정할 때 출자공동사업자의 배당소득은 제외하며, 무조건 다른 종합소득에 합산하여 과세한다. 그리고 출자공동사업자의 배당소득에는 이중과세의 문제가 발생하지 않으므로 본래 Gross-Up 대상이 되는 배당소득에서 제외된다.

3. 금융소득에 대한 종합과세시 세액계산의 특례

종합소득과세표준에 출자공동사업자의 배당소득이 포함되어 있는 경우 해당 배당소득은 일반금융소득(조건부 종합과세소득과 원천징수되지 않은 금융소득을 말한다. 이하 같다)으로 보지 않고 금융소득에 대한 종합과세시 세액계산의 특례를 적용하는데, 그 내용은 다음과 같다.

일반금융소득금액	• 일반금융소득 총수입금액(원천징수 되지 않은 금융소득 포함) + 귀속법인세
+ 출자공동사업자의 배당소득	• 본래 Gross-Up 대상이 아님, 원천징수세율 25%
+ 다른 종합소득금액	• 사업 · 근로 · 연금 · 기타소득금액의 합계액
− 종합소득공제	
= 종합소득과세표준	

(1) 일반금융소득이 2천만원 이하인 경우

종합소득산출세액 = MAX (①, ②)

① (종합소득과세표준 − 원천징수 되지 않은 금융소득금액) × 기본세율 + 원천징수 되지 않은 금융소득 총수입금액 × 14%(비영업대금이익은 25%)

② (종합소득과세표준 − 일반금융소득금액 − 출자공동사업자의 배당소득) × 기본세율 + (일반금융소득 총수입금액 + 출자공동사업자의 배당소득) × 14%(비영업대금이익은 25%)

(2) 일반금융소득이 2천만원을 초과하는 경우

종합소득산출세액 = MAX (①, ②)

① (종합소득과세표준 − 2천만원) × 기본세율 + 2천만원 × 14%

② MAX (㉠, ㉡) + 일반금융소득 총수입금액 × 14%(비영업대금이익은 25%)

㉠ (종합소득과세표준 − 일반금융소득 총수입금액) × 기본세율

㉡ (종합소득과세표준 − 일반금융소득 총수입금액 − 출자공동사업자의 배당소득) × 기본세율 + 출자공동사업자의 배당소득 × 14%

제3절 부당행위계산의 부인

I-2 p.756

I. 서설

관할세무서장 등은 출자공동사업자의 배당소득 · 사업소득 · 기타소득이 있는 거주자의 행위 · 계산이 그 거주자와 특수관계인과의 거래로 인해 그 소득에 대한 조세 부담을 부당하게 감소시킨 것으로 인정되는 경우에는 그 거주자의 행위 · 계산과 관계없이 해당 과세기간의 소득금액을 계산할 수 있다. 이것을 '부당행위계산의 부인'이라고 한다.

이 제도는 납세의무자가 통상을 벗어난 행위 · 형식에 따라 조세를 부당하게 감소시킨 경우에 이를 합리적인 행위 · 계산으로 바꾸어 소득금액을 산정함으로써 조세회피를 방지하여 부담의 공평을 실현하는 데 그 취지가 있다.

II. 적용요건

1. 일정한 소득이 있는 거주자

출자공동사업자의 배당소득 · 사업소득 · 기타소득이 있는 거주자에게만 적용된다. 즉 그 총

수입금액에서 이에 대응하는 필요경비를 공제하여 소득금액을 계산하는 소득이 있는 자에 대해서만 적용된다.

한편 소득세법은 양도소득에 대해서도 별도의 부당행위계산부인의 규정을 두고 있는데, 이에 대해서는 후술하기로 한다.

2. 특수관계인과의 거래

해당 거주자와 특수관계인과의 거래에 해당해야 한다. 이는 소득세의 부담을 회피하기 위한 통상을 벗어난 행위는 주로 특수관계인과의 거래에서 이루어지기 때문이다.

여기서 '특수관계인'이란 국세기본법에 따라 본인(즉 개인)과 친족관계 · 경제적 연관관계 · 경영지배 관계에 있는 자를 말한다. 이 경우 소득세법을 적용할 때 본인도 그 특수관계인의 특수관계인으로 본다(쌍방관계를 기준으로 판단).

참 고 부당행위계산의 대상이 되는 거래의 범위

부당행위계산부인 규정은 행위시 당해 거주자와 특수관계인과의 거래에 한정하여 적용하는 것으로 한다. 따라서 특수관계가 소멸된 후에 발생한 거래에 대하여는 이를 적용하지 않는다. ■

3. 행위 등의 부당성

납세의무자가 선택한 행위 · 계산이 부당(不當)해야 한다. 여기서 '부당'이란 어떤 경제적 목적을 달성할 때 합리적인 경제인이라면 선택하지 않았으리라고 인정되는 통상을 벗어난 행위 · 형식을 말하며, 보통 이상성(異常性)을 띤 행위 · 계산이라고도 부른다. 소득세법은 부당을 시가초과 · 시가미달 · 무상 또는 낮은 이율 · 높은 이율 등으로 표현하고 있다. 여기서 시가의 개념과 그 산정방법은 법인세법의 내용과 같다.

4. 조세의 부당한 감소

해당 소득에 대한 조세의 부담을 감소시킨 것으로 인정되어야 한다. 여기서 '해당 소득에 대한 조세'란 당연히 부인대상이 되는 소득세를 가리킨다.

Ⅲ. 부당행위계산의 유형

소득세법 시행령은 부당행위계산의 유형에 관하여 예시하고 있는데, 그 유형은 다음과 같다. 다만, 아래 ①, ②, ③의 손익거래(이에 준하는 행위 포함)는 시가와 거래가액의 차액이 시가의 5%에 상당하는 금액 이상이거나 3억원 이상인 경우에만 해당한다.

① 특수관계인으로부터 시가를 초과하여 자산을 매입하거나 특수관계인에게 시가에 미달하게 자산을 양도한 때

② 특수관계인에게 금전이나 그 밖의 자산 · 용역을 무상 또는 낮은 이율 등으로 대부하거나 제공한 때, 다만, 직계존비속에게 주택을 무상으로 사용하게 하고 직계존비속이 해당 주택에 실제 거주하는 경우에는 제외한다.

③ 특수관계인으로부터 금전이나 그 밖의 자산 · 용역을 높은 이율 등으로 차용하거나 제공받는 때

④ 특수관계인으로부터 무수익자산을 매입하여 그 자산에 대한 비용을 부담하는 때

⑤ 그 밖에 특수관계인과의 거래로 인해 해당 연도의 총수입금액 또는 필요경비의 계산에 있어서 조세의 부담을 부당하게 감소시킨 것으로 인정되는 때

Ⅳ. 부인의 효과

이상의 요건을 충족한 경우에는 해당 소득자의 행위 · 계산에 관계없이 관할세무서장 등이 해당 과세기간의 소득금액을 계산한다. 즉 부인금액을 총수입금액에 산입하거나 필요경비에 불산입하여 소득세를 재계산하는 것이다.

[도 표] 부당행위계산의 부인의 차이점

구분	법인세법	소득세법
적용대상소득	과세되는 모든 소득 * 가지급금 인정이자 계산함	출자공동사업자의 배당소득 · 사업소득 · 기타소득 · 양도소득 * 가지급금 인정이자 계산을 하지 않지만, 대금업을 영위하는 거주자가 특수관계인에게 그 사업과 관련하여 금전의 무상 또는 낮은 이자율로 대부하는 경우에는 사업소득이므로 부당행위계산부인에 해당한다.
부인의 대상	손익거래 + 자본거래	손익거래
부인의 효과	부당한 행위 · 계산을 부인하여 합리적인 경제인의 행위 · 계산으로 바꾸어 놓은 상태를 기준으로 세법을 적용하여 소득금액을 계산	

제4절 채권 등에 대한 소득금액의 계산과 원천징수특례

I-2 p.765

Ⅰ. 채권 등에 대한 소득금액계산의 특례

1. 개요

거주자가 채권 등의 발행법인으로부터 해당 채권 등에서 발생하는 이자·할인액(이하 '이자 등')을 지급받거나 해당 채권 등을 매도하는 경우에는 거주자에게 그 보유기간별로 귀속되는 이자 등 상당액을 해당 거주자의 이자소득으로 보아 소득금액을 계산한다.

2. 연혁과 취지

종전에는 무기명채권 등의 이자는 만기에 그 채권 등의 발행법인으로부터 이자를 수령하는 자의 소득으로 취급하였는데(이자수령자 과세방식), 이는 채권을 중도매매할 때 보유기간의 이자상당액에 대한 세금이 매매가격에 반영되는 점을 고려한 것이었다. 이러한 방식은 채권 이자소득이 분리과세되던 과거에는 아무런 문제가 없었으나, 금융소득 종합과세제도가 도입되면서 문제점이 노출되었다. 즉 중도매매자들이 사실상 가득한 이자소득이 종합과세대상에 포함될 수 없는 점을 이용하여 금융회사들이 만기 직전 재매입하는 방식에 따른 종합과세 회피상품을 경쟁적으로 개발·판매하게 되면서 종합과세의 실효성이 근본적으로 의문시 될 수 있다는 것이었다.

이러한 점을 고려하여 종합과세의 실효성을 높이기 위해 이러한 보유기간별 과세방식을 도입하게 된 것이다.

3. 채권매매차익 과세와의 차이점

중도매각시 원천징수대상은 매매차익이 아니라 발행수익률(표면금리와 할인·할증액)로 계산한 보유기간의 이자이다. 따라서 이것은 채권매매차익에 대한 과세가 아니다. 순수한 채권매매차익에 대해서는 여전히 과세하지 않고 있으며, 채권매매차익은 소액주주의 상장주식매매차익과 함께 추후에 과세문제를 검토한다는 것이 정부의 방침이다.

채권의 '매도가액 – 매입가액' = 보유기간 이자상당액 + 채권매매차익

II. 채권 등에 대한 원천징수특례

1. 개요

1) 개인이 법인에게 매도하는 경우 : 거주자 등(비거주자 포함)이 해당 채권 등을 법인(내국법인 및 국내사업장이 있는 외국법인)에게 매도하는 경우에는 채권 등을 매수하는 법인이 거주자 등의 보유기간 이자 등 상당액을 이자소득으로 보고 소득세를 원천징수한다. 여기서 '매도'에는 증여 · 변제 · 출자 등으로 채권 등의 소유권 또는 이자소득의 수급권의 변동이 있는 경우와 매도를 위탁하거나 중개 · 알선시키는 경우를 포함하되, 환매조건부채권매매거래 등은 제외한다.

2) 내국법인이 타인(개인 · 법인)에게 매도하는 경우 : 내국법인(금융회사 포함)이 채권 등에서 발생하는 이자 등의 계산기간 중에 해당 채권 등을 타인에게 매도하는 경우 채권 등의 보유기간에 따른 이자 등에 대해서는 해당 법인이 원천징수의무자를 대리하여 원천징수를 해야 한다. 이 경우 해당 법인을 원천징수의무자로 보고 법인세법을 적용한다. 이는 보유기간의 이자계산에 있어서 해당 채권을 보유하거나 매도한 법인이 보다 더 합리적으로 계산할 수 있기 때문이다.

3) 이자 등을 지급받는 경우 : 거주자 등이 채권 등의 발행법인(국가 · 지방자치단체 및 외국법인의 국내사업장을 포함)으로부터 이자 등을 지급받는 경우에는 이자 등을 지급하는 발행법인이 채권 등의 이자 등 상당액을 이자소득으로 보고 소득세를 원천징수한다.

[도 표] 중도매매채권 등에 대한 원천징수 요약

매매의 당사자	원천징수의무자	원천징수의 내용	근거규정
① 개인 ➡ 법인	매수하는 법인이 원천징수	매도하는 개인의 보유기간 이자 등 상당액에 대한 소득세	소득세법
② 개인 ➡ 개인	원천징수 × * 비거주자로부터 채권 등을 매수하는 자는 해당 비거주자의 보유기간 이자 등 상당액에 대해서 원천징수를 해야 한다.	–	–
③ 법인 ➡ 법인 ④ 법인 ➡ 개인	매도하는 법인이 대리하여 원천징수 * 다만, 매도하는 자가 국내사업장이 없거나 그 국내사업장에 해당 소득이 귀속되지 않는 외국법인의 경우에는 매수하는 자가 원천징수를 해야 한다.	매도하는 법인 자신의 보유기간 이자 등 상당액에 대한 법인세	법인세법

2. 보유기간 이자 등 상당액

보유기간 이자 등 상당액 = 채권 등의 액면가액 × 보유기간 × 이자율 등

1) 보유기간(원천징수기간) : 해당 채권 등의 매수일(발행일 또는 직전 원천징수일을 말한다)의 다음 날부터 매도일(매도일 또는 이자 등의 지급일을 말한다)까지의 기간을 일수로 계산한다.

한편 해당 거주자 등이 원천징수기간 중 해당 채권 등을 보유한 기간을 금융기관의 전산처리체계 또는 통장원장 등에 따라 입증하지 못하는 경우에는 원천징수기간의 이자 등 상당액이 해당 거주자 등에게 귀속된 것으로 보아 소득금액을 계산한다.

2) 이자율 등 : 해당 채권 등의 표면이자율에 발행시의 할인율을 더하고 할증률을 뺀 율로 하되, 공개시장에서 발행하는 국채 등의 경우에는 표면이자율을 말한다. 다만, 전환사채(또는 교환사채 · 신주인수권부사채)에 대한 이자율을 적용할 때에 만기보장수익률이 별도로 있는 경우에는 그 만기보장수익률을 이자율로 한다.

3. 원천징수시기

채권 등의 이자에 대한 원천징수시기는 해당 채권 등의 매도일 또는 이자 등 상당액의 지급일을 말하며, 해당 채권 등이 상속 · 증여되는 경우에는 상속개시일과 증여일로 한다.

제5절 그 밖의 소득금액계산의 특례

I-2 p.770

Ⅰ. 중도해지로 인한 이자소득금액계산의 특례

종합소득과세표준확정신고 후 예금 · 신탁계약의 중도해지로 인해 이미 지난 과세기간에 속하는 이자소득금액이 감액된 경우 그 중도해지일이 속하는 과세기간의 종합소득금액에 포함된 이자소득금액에서 그 감액된 이자소득금액을 뺄 수 있다. 다만, 국세기본법에 따른 후발적 사유로 인한 과세표준 · 세액의 경정을 청구한 경우에는 그렇지 않다.

본래 계약의 해지로 인해 지난 과세기간의 이자소득이 감액된 경우에는 납세의무자가 후발적 사유로 인한 경정청구를 해야 한다. 이 경우에는 과세표준 · 세액의 경정 · 환급에 따른 절차가 복잡하게 된다. 이러한 점을 감안하여 중도해지일이 속하는 과세기간의 이자소득금액에서 과거 이자소득 중 감액된 금액을 뺄 수 있도록 한 것이다.

Ⅱ. 상속의 경우 소득금액계산의 특례

1. 소득금액의 구분계산

피상속인의 소득금액에 대한 소득세로서 상속인에게 과세할 것과 상속인의 소득금액에 대한 소득세는 구분하여 계산해야 한다.

2. 연금계좌의 배우자 상속시 과세특례

연금계좌의 가입자가 사망으로 상속이 개시되는 경우 상속인은 연금계좌에서 사망으로 연금외수령한 피상속인의 소득금액(기타소득 · 퇴직소득금액)에 대해 소득세를 납부할 의무를 진다. 그러나 연금계좌의 가입자가 사망하였으나 그 배우자가 연금외수령 없이 해당 연금계좌를 상속으로 승계하는 경우에는 위의 소득금액의 구분계산 규정에도 불구하고 해당 연금계좌에 있는 피상속인의 소득금액은 상속인의 소득금액으로 보아 소득세를 계산한다. 이처럼 상속인이 승계한 연금계좌의 소득금액에 대해서는 상속인은 피상속인의 소득세를 신고하지 않는다. 이것을 '연금계좌의 배우자 상속시 과세특례'라고 한다. 그 취지는 연금계좌에서 발생하는 소득에 대한 소득세를 배우자가 그 소득을 받을 시기로 과세를 이월시켜, 생존 배우자의 노후소득보장을 지원하려는 데 있다.

제 4 장
종합소득과세표준과 세액의 계산

제1절 종합소득공제

I-2 p.775

해당 과세기간에 이자소득금액 · 배당소득금액 · 사업소득금액 · 근로소득금액 · 연금소득금액 · 기타소득금액이 도출되면 이들을 합산(분리과세소득 제외)하여 종합소득금액을 계산한 후, 여기에서 종합소득공제를 적용하여 종합소득과세표준을 계산한다.

이러한 종합소득공제는 다음과 같이 분류된다. 구체적인 각각의 종합소득공제 요건과 산식에 대해서는 세법학 수험목적상 중요성이 떨어지므로 그 내용은 생략하도록 한다.

구분	종류(적용대상자)	근거법률
(1) 인적공제	① 기본공제 ② 추가공제	소득세법
(2) 물적공제	① 특별소득공제(근로소득이 있는 자) • 건강보험료 등 소득공제 • 주택자금 소득공제 ② 연금보험료공제	소득세법
	③ 주택담보노후연금 이자비용공제(연금소득이 있는 자) ④ 신용카드 등 사용금액에 대한 소득공제(근로소득자) ⑤ 그 밖의 소득공제	조세특례제한법

제2절 세액의 계산

I-2 p.780

I. 종합소득산출세액의 계산

종합소득산출세액은 종합소득과세표준에 다음의 세율을 적용하여 계산하며, 이 세율을 '기본세율'이라 한다.

종합소득과세표준	기본세율
1,400만원 이하	과세표준× 6%
1,400만원 초과 5,000만원 이하	84만원 + (과세표준 − 1,400만원)×15%
5,000만원 초과 8,800만원 이하	624만원 + (과세표준 − 5,000만원)×24%
8,800만원 초과 1억5천만원 이하	1,536만원 + (과세표준 − 8,800만원)×35%
1억5천만원 초과 3억원 이하	3,706만원 + (과세표준 − 1억5천만원)×38%
3억원 초과 5억원 이하	9,406만원 + (과세표준 − 3억원)×40%
5억원 초과 10억원 이하	1억7,406만원 + (과세표준 − 5억원)×42%
10억원 초과	3억8,406만원 + (과세표준 − 10억원)×45%

II. 세액감면

1. 의의

'세액감면'이란 과세소득 중 특정한 소득에 대하여 사후적으로 세금을 면제하거나 일정 비율만큼 경감해 주는 것을 말한다. 소득세의 감면에 관하여는 소득세법 및 조세특례제한법 등에서 정하고 있는데, 그 감면세액은 다음의 산식에 따라 계산한다.

$$감면세액 = 종합소득산출세액 \times \frac{감면대상소득금액}{종합소득금액} \times 감면비율(면제는\ 100\%)$$

2. 감면소득

현행 소득세법에 따른 감면대상이 되는 소득은 다음과 같다.

① 사업소득에 대한 감면 : 거주자 중 대한민국의 국적을 가지지 않은 자가 선박과 항공기의 외국항행사업으로부터 얻는 소득(상호면세주의에 따른다)

② 근로소득에 대한 감면 : 정부 간 협약에 따라 우리나라에 파견된 외국인이 그 양쪽 또는 한쪽 당사국의 정부로부터 받는 급여

Ⅲ. 세액공제

1. 개요

'세액공제(tax credit)'란 산출세액에서 일정액을 공제하는 제도인데, 현행 소득세법과 조세특례제한법은 종합소득세의 경우 다음과 같은 세액공제를 인정하고 있다.

구분	종류	적용대상자
(1) 소득세법 * 법인세법에서도 인정되는 것은 외국납부세액공제와 재해손실세액공제뿐이다.	① 배당세액공제 ② 기장세액공제 ③ 전자계산서 발급 세액공제 ④ 외국납부세액공제(10년간 이월공제) ⑤ 재해손실세액공제 ⑥ 근로소득세액공제 ⑦ 자녀세액공제 ⑧ 연금계좌세액공제 ⑨ 특별세액공제 ㉠ 항목별 세액공제 • 보장성보험료 세액공제 • 의료비 세액공제 • 교육비 세액공제 • 기부금 세액공제(10년간 이월공제) ㉡ 표준세액공제	• 배당소득자 • 간편장부대상자 • 사업자 • 국외원천소득자 • 사업자 • 근로소득자 • 근로소득자 • 근로소득자 • 근로소득자 • 사업소득만 있는 자는 제외
(2) 조세특례제한법	① 기부정치자금 세액공제(10만원 이하 기부) (세액공제액 = 기부금액×100/110) ② 고향사랑기부금 세액공제(10만원 이하 기부) (세액공제액 = 기부금액×100/110) ③ 혼인세액공제(생애 1회, 50만원 공제) ④ 근로소득자의 월세 세액공제 ⑤ 전자신고에 대한 세액공제 ⑥ 성실사업자 등에 대한 의료비·교육비·월세 세액공제 ⑦ 현금영수증가맹점에 대한 세액공제 ⑧ 연구·인력개발비에 대한 세액공제, 통합투자세액공제(10년간 이월공제)	• 종합소득자 • 종합소득자 • 종합소득자 • 근로소득자 • 종합소득자 • 성실사업자 등 • 사업자 • 사업자

* 소득세법에 따른 세액공제 가운데 법인세법에서도 인정되는 것은 앞의 (1) ④ 외국납부세액공제와 ⑤ 재해손실세액공제뿐이다.

2. 일반 세액공제

구체적인 각각의 세액공제 요건과 산식에 대해서는 세법학 수험목적상 중요성이 떨어지므로 그 중에서 수험목적상 주제가 될 수 있는 배당세액공제 · 기장세액공제 · 외국납부세액공제에 대해서만 설명하고자 한다.

(1) 배당세액공제

거주자의 종합소득금액에 조정대상 배당소득금액이 합산되어 있는 경우에는 귀속법인세를 종합소득산출세액에서 공제하되, 종합소득산출세액에서 비교산출세액을 차감한 금액을 한도로 한다. 이 경우 한도액을 초과하는 금액은 다음 과세기간으로 이월시키지 않는다.

> 배당세액공제액 = MIN (①, ②)
> ① 귀속법인세 = 조정대상 배당소득 총수입금액×11%
> ② 한도액 = 종합소득산출세액 – 비교산출세액

(2) 기장세액공제

1) 개요 : 사업자는 소득금액을 계산할 수 있도록 증명서류 등을 갖춰 놓고 그 사업에 관한 모든 거래사실이 객관적으로 파악될 수 있도록 복식부기에 따라 장부에 기록 · 관리해야 한다(복식부기의무). 다만, 간편장부대상자가 간편장부를 갖춰 놓고 그 사업에 관한 거래사실을 성실히 기재한 경우에는 장부를 비치 · 기록한 것으로 본다.

참 고 간편장부대상자

'간편장부대상자'란 다음 중 어느 하나에 해당하는 사업자를 말한다.

① 해당 과세기간에 신규로 사업을 개시한 사업자

② 직전 과세기간의 수입금액(결정 · 경정으로 증가된 수입금액을 포함하며, 복식부기의무자가 사업용 유형자산을 양도함으로써 발생한 수입금액은 제외)의 합계액이 다음의 금액에 미달하는 사업자. 다만, 욕탕업의 경우에는 1억5천만원에 미달하는 사업자로 한다.

구분	수입금액기준
㉠ 농업 · 임업 · 어업 · 광업, 도 · 소매업(상품중개업은 제외), 부동산매매업, 그 밖에 아래 ㉡,㉢에 해당되지 않는 사업	3억원
㉡ 제조업, 숙박 · 음식점업, 전기 · 가스 · 증기 및 공기조절 공급업, 수도 · 하수 · 폐기물처리 · 원료재생업, 건설업(비주거용 건물 건설업은 제외), 부동산 개발 및 공급용(주거용 건물 개발 및 공급업에 한정한다)	1억5천만원
㉢ 부동산임대업 · 부동산업(부동산매매업은 제외), 전문 · 과학 · 기술서비스업, 사업시설관리 · 사업지원 · 임대서비스업, 교육 서비스업 · 보건업 · 사회복지서비스업, 예술 · 스포츠 · 여가 관련 서비스업, 협회 및 단체 · 수리 및 기타 개인서비스업, 가구내 고용활동	7,500만원

한편 다음에 해당하는 사업자는 간편장부대상자에서 제외한다.

① 의료법에 따른 의료업, 수의사법에 따른 수의업 및 약사법에 따라 약국을 개설하여 행하는 약사(藥事)에 관한 업(業)을 행하는 사업자

② 간이과세 배제대상 사업자 중 변호사업, 심판변론인업, 변리사업, 법무사업, 공인회계사업, 세무사업 등 사업서비스업을 영위하는 사업자 ■

2) 기장세액공제 : 간편장부대상자가 종합소득과세표준 확정신고를 할 때 복식부기에 따라 기장하여 소득금액을 계산하고 기업회계기준을 준용하여 작성한 재무상태표 · 손익계산서와 그 부속서류 및 합계잔액시산표와 조정계산서를 제출하는 경우에는 종합소득산출세액에서 다음의 금액을 공제한다.

기장세액공제 = MIN (①, ②)

① 종합소득산출세액 × $\frac{\text{기장된 사업소득금액}}{\text{종합소득금액}}$ × 20%

② 공제한도 = 100만원

참 고 기장세액공제의 배제

다음 중 어느 하나에 해당하는 경우에는 기장세액공제를 적용하지 않는다.

① 비치 · 기록한 장부에 의하여 신고해야 할 소득금액의 20% 이상을 누락하여 신고한 경우

② 기장세액공제와 관련된 장부 · 증명서류를 해당 과세표준확정신고기간 종료일부터 5년간 보관하지 않는 경우. 다만, 천재 · 지변 등 부득이한 사유에 해당하는 경우에는 그렇지 않다. ■

(3) 전자계산서 발급 세액공제

직전 과세기간의 사업장별 총수입금액이 3억원 미만인 사업자(해당 연도에 신규로 사업을 시작한 사업자 포함)가 전자계산서를 발급(전자계산서 발급명세를 국세청장에게 전송하는 경우로 한정한다)하는 경우에는 다음의 금액을 해당 과세기간의 사업소득에 대한 종합소득산출세액에서 공제할 수 있다.

전자계산서 발급 세액공제 = MIN(①, ②)

① 공제가능금액 = 전자계산서 발급 건수×200원

② 공제한도 : 연간 100만원

(4) 외국납부세액공제

외국납부세액공제의 경우 법인세법과 대부분이 동일하나, 그 둘을 비교하면 다음과 같다.

구분	법인세법	소득세법
(1) 적용대상소득	각 사업연도 소득	종합소득 · 퇴직소득 · 양도소득
(2) 손금(필요경비)산입방법	적용 가능	결손금이 인정되는 사업소득 · 양도소득의 경우에만 적용 가능
(3) 공제한도의 계산방법	과세표준기준 안분계산	소득금액기준 안분계산
(4) 한도초과액의 이월공제	10년간 이월공제(미공제 이월액은 손금산입)	10년간 이월공제(미공제 이월액은 필요경비산입) * 퇴직소득세와 양도소득세에서 공제한도 한도초과액은 이월공제 안됨 (한도초과액은 소멸계산)
(5) 간접외국납부세액공제	적용 ○	적용 ×
(6) 추계 결정 · 경정을 하는 경우	적용 ×	적용 ○

제 5 장
퇴직소득세

제1절 퇴직소득세

I-2 p.801

Ⅰ. 서설

'퇴직소득'이란 법인 · 개인사업자를 위해 근로를 제공한 임원 · 사용인이 퇴직을 할 때 지급받는 소득과 공적연금 관련법에 따라 받는 일시금을 말한다.

이러한 퇴직소득은 상당한 기간 동안 서서히 발생하여 집적된 소득이 일시에 실현되는 특징을 갖고 있다. 이를 종합소득에 합산하여 누진세율로 과세하게 되면 특정연도에 소득이 결집됨으로써 누진세율구조 하에서 부당하게 높은 세율을 적용받게 되는 문제점이 있다. 이것을 '결집효과(結集效果)' 또는 '묶음효과(bunching effect)'라고 한다. 이러한 점을 고려하여 현행 소득세법은 퇴직소득을 종합소득에서 제외하여 별도로 분류과세하고 있는 것이다.

Ⅱ. 퇴직소득의 범위

1. 개요

'퇴직소득'이란 해당 과세기간에 발생한 다음의 소득을 말한다.

① 공적연금 관련법에 따라 받는 일시금. 이러한 일시금은 연금소득과 마찬가지로 과세기준일(2002.1.1.) 이후에 납입된 연금기여금 및 사용자 부담금(또는 과세기준일 이후 근로의 제공)을 기초로 하여 받는 일시금으로 한다.

② 사용자 부담금을 기초로 하여 현실적인 퇴직을 원인으로 지급받는 소득

③ 위 ①의 일시금을 지급하는 자가 퇴직소득의 일부 · 전부를 지연하여 지급하면서 지연지급에 대한 이자를 함께 지급하는 경우 해당 이자

④ 법률에 따라 지급받는 과학기술발전장려금. 이는 공제회의 회원이 퇴직하여 받게 되는 퇴

직연금급여 외에 별도로 과학기술발전장려금을 지급받을 수 있기 때문에 그 장려금도 퇴직소득에 포함시키기 위함이다.

⑤ 법률에 따라 지급받는 퇴직공제금. 여기서 '퇴직공제'란 사업주가 건설근로자를 피공제자로 하여 건설근로자공제회에 공제부금(共濟賦金)을 내고 그 피공제자가 건설업에서 퇴직·사망하거나 60세에 이를 때 건설근로자공제회가 그 피공제자에게 퇴직공제금을 지급하는 것을 말한다.

⑥ 종교관련종사자가 현실적인 퇴직을 원인으로 종교단체로부터 지급받는 소득

2. 퇴직판정의 특례

일반적인 퇴직소득은 사용자의 부담금을 기초로 현실적인 퇴직을 원인으로 근로자가 지급받는 소득이다. 여기서 '현실적인 퇴직'이란 근로관계가 종료됨으로써 퇴직하는 것을 말한다. 그러나 여기에는 다음과 같은 퇴직판정의 특례가 있다.

① 일정한 사유가 발생했으나 퇴직급여를 실제로 받지 않은 경우에는 퇴직으로 보지 않을 수 있다(현실적 퇴직으로 보지 않는 경우).

② 계속근로기간 중에 일정한 사유로 퇴직급여를 미리 지급받은 경우(임원인 근로소득자를 포함하며, 이하 '퇴직소득중간지급')에는 그 지급받은 날에 퇴직한 것으로 본다(현실적 퇴직으로 보는 경우).

위의 ① 또는 ②에 해당하는 사유는 다음과 같다.

① 현실적 퇴직으로 보지 않는 경우	② 현실적 퇴직으로 보는 경우
• 종업원이 임원이 된 경우 • 합병·분할 등 조직변경, 사업양도, 직접·간접으로 출자관계에 있는 법인으로의 전출(또는 동일한 사업자가 경영하는 다른 사업장으로의 전출)이 이루어진 경우 • 법인의 상근임원이 비상근임원이 된 경우 • 비정규직 근로자가 정규직 근로자로 전환된 경우	• 근로자퇴직급여 보장법에 따라 근로자가 주택구입 등 긴급한 자금이 필요한 사유로 퇴직금을 퇴직하기 전에 미리 중간정산하여 지급받은 경우 • 근로자퇴직급여 보장법에 따라 퇴직연금제도가 폐지되는 경우

Ⅲ. 퇴직소득의 수입시기

구분	퇴직소득의 수입시기
(1) 일반적인 퇴직소득	• 퇴직한 날

(2) 국민연금법에 따라 받는 일시금	• 소득을 지급받은 날
(3) 법률에 따라 지급받는 퇴직공제금	

Ⅳ. 퇴직소득세액의 계산

퇴 직 소 득 의 합 계 액	• 비과세 퇴직소득은 제외
= 퇴 직 소 득 금 액 ⬇ 퇴 직 소 득 산 출 세 액 − 외 국 납 부 세 액 공 제	• 임원의 퇴직소득금액 중 근로소득으로 보는 금액은 제외
= 퇴 직 소 득 결 정 세 액	• 원천징수세액

1. 퇴직소득금액

퇴직소득금액은 해당 과세기간에 발생한 퇴직소득의 합계액(비과세소득은 제외)으로 한다. 다만, 임원의 2012.1.1. 이후 근무기간의 퇴직소득금액이 퇴직소득 한도액을 초과하는 경우 그 초과하는 금액은 근로소득으로 본다.

> 임원 퇴직소득 한도초과액(근로소득으로 보는 금액)
> = (1) 2012.1.1. 이후 근무기간의 퇴직소득금액* − (2) 임원 퇴직소득 한도액

* 공적연금 관련법에 따라 받는 일시금은 제외한다.

> (1) 2012.1.1. 이후 근무기간의 퇴직소득금액
> = 퇴직소득금액 − 2011.12.31. 이전 근무기간의 퇴직소득금액
> (아래 ① 또는 ② 금액 중 선택한 금액으로 한다)(*주)
>
> ① $\text{퇴직소득금액} \times \dfrac{\text{2011.12.31. 이전 근무기간}}{\text{전체 근무기간}}$
>
> ② 2011.12.31.에 정관 또는 정관의 위임에 따른 임원 퇴직급여지급규정이 있는 법인의 임원이 2011.12.31.에 퇴직한다고 가정할 때 해당 규정에 따라 지급받을 퇴직소득금액

(*주) 2011.12.31. 이전 근무기간의 퇴직소득금액은 소득세법에 임원 퇴직소득 한도액이 마련되기 이전(즉 2011.12.31.이전)에 발생한 금액이므로 기득권 보호를 위해서 한도초과액 적용대상에서 제외하는 것이다.

(2) 임원 퇴직소득 한도액 : ① + ②
① $\text{2019.12.31.부터 소급하여 3년* 동안 지급받은 총급여의 연평균환산액} \times 10\% \times \dfrac{\text{2012.1.1.부터 2019.12.31.까지의 근무기간}}{\text{12개월}} \times 3\text{배}$ * 2012.1.1.부터 2019.12.31.까지의 근무기간이 3년 미만인 경우에는 해당 근무기간으로 한다.
② $\text{퇴직한 날부터 소급하여 3년* 동안 지급받은 총급여의 연평균환산액} \times 10\% \times \dfrac{\text{2020.1.1. 이후의 근무기간}}{\text{12개월}} \times 2\text{배}$ * 2020.1.1.부터 퇴직한 날까지의 근무기간이 3년 미만인 경우에는 해당 근무기간으로 한다.(*주)

(*주) 만약 2024.12.31.에 퇴직한 경우에는 해당 근무기간(2022년 · 2023년 · 2024년 : 36개월) 동안 지급받은 총급여의 연평균환산액을 기준으로 위 ②의 계산식을 적용한다.

위 (1)과 (2)에서 '근무기간'과 '총급여액'은 다음의 방법으로 산정한다.

근무기간	개월 수로 계산한다. 이 경우 1개월 미만의 기간이 있는 경우에는 이를 1개월로 본다.
총급여액	해당 과세기간에 발생한 다음의 근로소득(비과세소득은 제외)을 합산한다. ㉠ 근로를 제공함으로써 받는 봉급 · 급료 · 보수 · 세비 · 임금 · 상여 · 수당과 이와 유사한 성질의 급여 ㉡ 법인의 주주총회 · 사원총회 또는 이에 준하는 의결기관의 결의에 따라 상여로 받는 소득

[도 표] 임원 퇴직급여에 대한 규제

구분	임원 퇴직급여 · 퇴직소득에 대한 규제
법인세법	퇴직급여 − 퇴직급여 한도액 = (+) 한도초과액 손금불산입(상여) ➠ 임원의 근로소득으로 과세 * 법인세법에서 임원 퇴직급여 한도초과액은 과다경비의 하나로 손금불산입한다.
소득세법	2012.1.1. 이후 근무기간의 퇴직소득금액 − 임원 퇴직소득 한도액 = (+) 한도초과액 ➠ 임원의 근로소득으로 과세

2. 퇴직소득산출세액

퇴직소득과세표준과 퇴직소득산출세액은 다음 순서에 따라 계산한 금액으로 한다.

- 환산급여 = (해당 과세기간의 퇴직소득금액 − 근속연수에 따른 공제액(*주1)) $\times \dfrac{12\text{배}}{\text{근속연수}}$
- 퇴직소득과세표준 = 환산급여 − 환산급여에 따른 차등공제액(*주2)
- 퇴직소득산출세액 = 퇴직소득과세표준 × 기본세율 $\times \dfrac{\text{근속연수}}{12\text{배}}$

(*주1) 근속연수에 따른 공제액

근속연수	근속연수에 따른 공제액
5년 이하	100만원× 근속연수
5년 초과 10년 이하	500만원 + 200만원×(근속연수 – 5년)
10년 초과 20년 이하	1,500만원 + 250만원×(근속연수 – 10년)
20년 초과	4,000만원 + 300만원×(근속연수 – 20년)

(*주2) 환산급여에 따른 차등공제액

환산급여	환산급여에 따른 차등공제액
800만원 이하	환산급여의 100%
800만원 초과 7,000만원 이하	800만원 + (800만원 초과분의 60%)
7,000만원 초과 1억원 이하	4,520만원 + (7,000만원 초과분의 55%)
1억원 초과 3억원 이하	6,170만원 + (1억원 초과분의 45%)
3억원 초과	1억5천170만원 + (3억원 초과분의 35%)

3. 외국납부세액공제

거주자의 퇴직소득금액에 국외원천소득이 합산되어 있는 경우에 그 국외원천소득에 대하여 외국에서 외국소득세액을 납부하였거나 납부할 것이 있는 때에는 다음의 공제한도 내에서 외국소득세액을 해당 과세기간의 퇴직소득산출세액에서 공제할 수 있다.

$$공제한도액 = 퇴직소득산출세액 \times \frac{국외원천소득}{퇴직소득금액}$$

외국정부에 납부하였거나 납부할 외국소득세액이 공제한도를 초과하는 경우에는 그 초과하는 금액은 이월공제를 적용받을 수 없다. 이러한 점은 종합소득세에서 외국납부세액공제를 적용할 때 공제한도 초과액은 10년간 이월공제를 적용받을 수 있는 것과 차이가 있다.

V. 퇴직소득에 대한 과세방법

1. 원천징수

국내에서 거주자 · 비거주자에게 퇴직소득을 지급하는 자는 그 거주자 · 비거주자에 대한 소득세를 원천징수하여 그 징수일이 속하는 달의 다음 달 10일까지 정부에 납부해야 한다. 이 경우 원천징수의무자는 퇴직소득 결정세액을 원천징수하는데, 그 세액계산방법은 위에서 언급한 바와 같다.

다만, 국외 근로소득이 있는 사람이 퇴직함으로써 받는 퇴직소득은 원천징수하지 않는다.

2. 분류과세

퇴직소득은 종합소득에 합산하지 않고 별도로 과세한다.

VI. 퇴직소득세액의 과세이연

퇴직일시금이 노후생활을 보장하는 자금으로 활용되는 것을 세제상 지원하기(원천징수를 하지 않은 방법) 위해 근로자가 퇴직소득을 연금계좌로 이전(입금·이체)하는 경우에는 퇴직소득세액을 납부하지 않고(이전단계 : 납부 ×), 연금계좌에서 그 퇴직소득(이연퇴직소득)이 인출될 때 소득세를 납부한다(인출단계 : 납부 ○ - 세액이연). 구체적으로 연금계좌에서 연금수령한 이연퇴직소득은 연금소득으로 과세하고, 연금외수령한 이연퇴직소득은 퇴직시 납부하지 않았던 그 금액에 대한 퇴직소득세액을 납부하는 방법으로 과세를 이연한다.

연금수령할 때에는 연금소득에서 살펴보도록 하고 이하에서는 퇴직소득을 연금계좌로 이전할 때와 연금계좌에서 이연퇴직소득을 연금외수령할 때 세무처리를 설명하기로 한다.

1. 연금계좌로 이전단계 : 퇴직소득세 과세이연

원칙에도 불구하고 거주자의 퇴직소득이 ① ㉠ 퇴직일 현재 연금계좌에 있거나 ㉡ 연금계좌로 지급되는 경우 또는 ② 퇴직하여 지급받은 날부터 60일 이내에 연금계좌에 입금되는 경우에는 원천징수 규정에도 불구하고 해당 퇴직소득에 대한 소득세를 연금외수령하기 전까지 원천징수하지 않는다. 이 경우 원천징수 규정에 따라 소득세가 이미 원천징수된 경우 해당 거주자는 원천징수세액에 대한 환급을 신청할 수 있다.

이처럼 연금계좌로 이전되는 퇴직소득에 대해서 원천징수하지 않았던 퇴직소득을 '이연퇴직소득'이라 하며, 원천징수하지 않은(이미 원천징수된 경우에는 이를 환급하는) 퇴직소득세를 '이연퇴직소득세'라 한다. 이연퇴직소득세는 다음과 같이 계산한 금액으로 한다.

$$\text{이연퇴직소득세} = \text{퇴직소득산출세액} \times \frac{\text{연금계좌로 이체되는 퇴직소득}}{\text{퇴직소득금액*}}$$

* 이미 원천징수된 세액을 환급하는 경우에는 원천징수세액을 뺀 금액을 말한다.

2. 연금계좌에서 연금외수령하는 단계 : 이연퇴직소득세의 원천징수

이연퇴직소득을 연금외수령하는 경우 원천징수의무자는 다음과 같이 계산한 이연퇴직소득세를 원천징수해야 한다.

$$\text{원천징수할 이연퇴직소득세} = \text{연금외수령 당시 이연퇴직소득세} \times \frac{\text{연금외수령한 이연퇴직소득}}{\text{연금외수령 당시 이연퇴직소득}}$$

[도 표] 퇴직소득 세액이연 제도의 이해

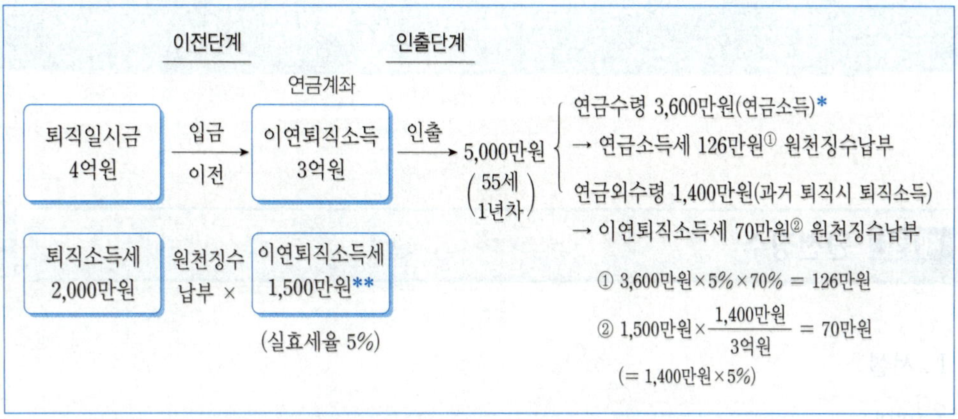

* 이연퇴직소득세 $= 2{,}000\text{만원} \times \frac{3\text{억원}}{4\text{억원}} = 1{,}500\text{만원}$

** 연금수령한도 $= \frac{3\text{억원}}{11-1} \times 120\% = 3{,}600\text{만원}$

제 6 장
과세기간 중도의 소득세 납세절차

제1절 원천징수

I-2 p.815

Ⅰ. 서설

1. 의의

'원천징수(tax withholding)'란 납세의무자(소득의 귀속자) 자신이 직접 과세관청에 세액을 납부하지 않고 납세의무자에게 소득금액을 지급하는 자(원천징수의무자)가 이를 지급할 때에 그 납세의무자의 세액을 징수하여 납부하는 제도를 말한다.

현행 세법에 따른 원천징수제도는 소득을 과세물건으로 하는 조세, 즉 소득세 · 법인세의 원천징수 및 지방소득세 특별징수제도가 있다.

이러한 원천징수제도의 취지는 다음과 같다. (김완석, 소득세법론, 조세통람사 참조)

① 소득의 발생원천에서 징수하므로 세원의 포착에 기여하여 세원의 탈루가 방지된다.

② 과세기간 종료 전에 소득의 지급시점에서 원천징수하므로 조세수입의 조기 확보와 세입의 평준화를 기할 수 있으며, 납세의무자의 세부담을 시간적으로 분산할 수 있다.

③ 원천징수의무자가 국가를 대신하여 원천징수하므로 징세비가 절약되고 징세업무가 간소화된다.

2. 원천징수의 유형

1) 예납적 원천징수 : 일정한 소득금액 · 수입금액을 지급받을 때에 그 세액을 원천징수하여 납부하고, 그 과세기간의 납세의무를 확정할 때에 정산하는 것을 말한다.

2) 완납적 원천징수 : 원천징수로서 해당 소득에 대한 납세의무가 종결되는 것을 말한다. 현행 세법에 따른 원천징수는 대부분 예납적 원천징수이며, 완납적 원천징수는 다음과 같다.

① 거주자의 분리과세이자소득 · 분리과세배당소득 · 분리과세연금소득 · 분리과세기타소득, 일용근로자의 급여에 대한 원천징수
② 비거주자의 국내원천소득에 대한 소득세 원천징수의 특례
③ 비영리내국법인의 이자소득에 대한 선택적 분리과세
④ 외국법인의 국내원천소득에 대한 법인세 원천징수의 특례

[도 표] 원천징수

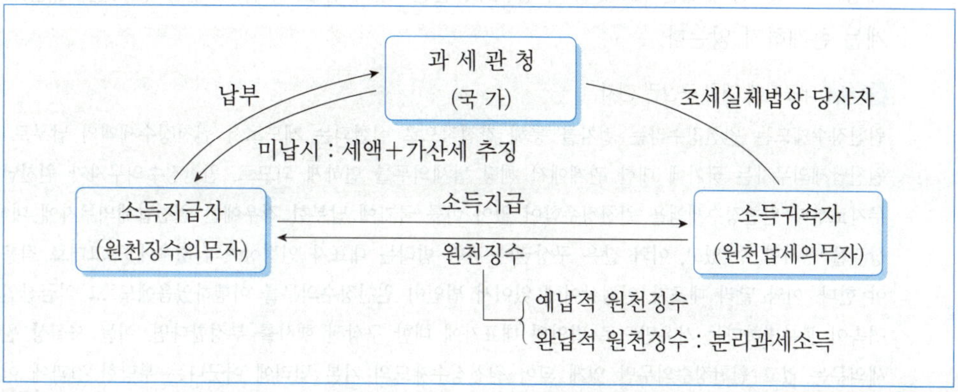

3. 원천징수관계의 법적 성격

(1) 국가와 원천징수의무자 사이의 관계

원천징수의무자는 타인에게 일정한 소득을 지급하면서 그 납세의무자로부터 세액을 징수하여 국가에 납부할 의무를 지는 자이다. 그리고 원천징수의무자가 해당 세액을 원천징수하여 납부하지 않을 경우에는 국가는 해당 원천징수세액과 가산세를 추징하며 조세범으로 처벌을 받게 된다. 따라서 원천징수의무자는 납세의무자의 채무인수인에 해당한다고 할 수 있다. 한편 현행 국세기본법은 원천징수의무자를 납세자의 범위에 포함시키고 있다.

(2) 원천징수의무자와 납세의무자 사이의 관계

1) 위탁징수기관으로서의 지위 : 원천징수의무자는 납세의무자에 대해 원천징수세액을 징수할 권한이 있고 납세의무자는 원천징수의무자의 세액징수를 수인(受忍)할 의무를 부담한다. 따라서 원천징수의무자는 위탁징수기관의 성격을 띠고 있다고 하겠다.

판 례 실질과세원칙이 원천징수에서 적용되는지 여부

실질과세의 원칙은 외국법인의 국내원천 배당소득에 대한 원천징수에도 그대로 적용되므로, 국내원천배당소득을 지급하는 자는 특별한 사정이 없는 한 그 소득에 관해 귀속 명의와 달리 실질적으로 귀속되는 자가 따로 있는지를 조사하여 실질적인 귀속자를 기준으로 그 소득에 대한 법인세를 원천징수할 의무가 있다. 다만, 국내원천 배당소득을 지급하는 자는 조세수입의 조기 확보와 조세징수의 효율성 도모 등의

공익적 요청에 따라 원천징수의무를 부담하는 반면, 질문검사권 등 세법이 과세관청에 부여한 각종 조사권한은 가지고 있지 않은 점 등을 고려하면, 국내원천 배당소득을 지급하는 자가 거래 또는 소득금액의 지급과정에서 성실하게 조사하여 확보한 자료 등을 통해서도 그 소득의 실질적인 귀속자가 따로 있다는 사실을 알 수 없었던 경우까지 실질적인 귀속자를 기준으로 그 소득에 대한 법인세를 원천징수할 의무가 있다고 볼 수는 없다(2011두3159). ■

2) 구상권 : 원천징수의무자가 원천징수를 하지 못하고 그 세액을 대납한 경우에는 사법상 해당 세액을 납세의무자로부터 구상(求償)받을 권리가 있으나, 조세법에 따른 채권채무관계는 존재하지 않는다.

판 례 대표자에 대한 구상권 행사

원천징수제도는 원천징수라는 절차를 통해 간접적으로 실현되는 제도로서 원천징수세액의 납부로 인해 원천납세의무자는 국가에 대한 관계에서 해당 납세의무를 면하게 되므로, 원천징수의무자가 원천납세의무자로부터 원천징수세액을 원천징수함이 없이 이를 국가에 납부한 경우에는 원천납세의무자에 대해 구상권을 행사할 수 있고, 이와 같은 구상권에 관한 법리는 대표자 인정상여의 경우에도 그대로 적용되어야 한다. 이와 달리 대표자 인정상여에 있어서 법인이 원천징수의무를 이행하였음에도 그 익금산입액의 귀속이 불분명하다는 사유만으로 법인의 대표자에 대한 구상권 행사를 부정한다면, 이는 사실상 원천납세의무는 없고 원천징수의무만 있게 되어 원천징수제도의 기본 법리에 어긋나는 부당한 결과에 이르게 된다.

대표자는 익금산입액의 귀속이 불분명하다는 사유로 상여처분된 소득금액에 대해서는 특별한 사정이 없는 한 그 금액이 현실적으로 자신에게 귀속되었는지 여부와 관계없이 원천징수의무자인 법인이 납부한 근로소득세액 상당을 해당 법인에게 지급할 의무가 있고, 이 경우 법인의 구상금청구를 거절하기 위해서는 법인의 업무를 집행하여 옴으로써 그 내부사정을 누구보다도 잘 알 수 있는 대표자가 인정상여로 처분된 소득금액이 자신에게 귀속되지 않았을 뿐만 아니라 귀속자가 따로 있음을 밝히는 방법으로 그 귀속이 분명하다는 점을 증명해야 한다(2006다49789). ■

(3) 국가와 납세의무자 사이의 관계

이들은 실체법에 따른 조세법률관계의 쌍방 당사자이지만, 징수절차상으로는 직접적인 관계를 맺지 않는다. 그런데 원천징수의무자가 원천징수를 누락하거나 과소 징수한 경우에 과세관청이 그 원천징수세액에 대해 납세의무자로부터 직접 징수할 수 있는가 하는 문제가 생긴다. 이와 관련하여 원천징수에서 누락된 소득이 완납적 원천징수대상인가 아니면 예납적 원천징수대상인가에 따라 달라진다.

완납적 원천징수대상소득(분리과세소득)인 경우에는 원천징수의무자가 원천징수를 하지 않았거나 과소하게 원천징수하였거나 또는 징수한 원천징수세액을 납부하지 않았다고 하더라도 과세관청은 그 누락된 세액에 대해 원천징수의무자를 상대로 징수고지할 수 있을 뿐 납세의무자에게 징수고지 할 수는 없다.

반면에 예납적 원천징수대상소득, 즉 누락된 원천징수 대상소득이 종합소득과세표준이 되는 경우에는 원천징수의무자가 확정신고기한이나 과세표준의 결정 · 경정기한까지 원천징수의무를 이행하지 않았다고 하여 해당 소득이 납세의무자의 종합소득세 과세표준에서 제외되는 것은 아니다. 따라서 종합소득세 과세표준에 합산하여 신고해야 할 소득으로서 그 원천징수가 누락되었다면 납세의무자에게 소득세를 부과징수할 수 있다. 이 경우 관할세무서장이 원천징수되지 않은 소득금액에 대해 결정 · 경정에 따라 납세의무자에게 직접 소득세를 부과징수하는 때에는 원천징수의무자에게 원천징수세액을 징수하지 않고 원천징수 납부지연가산세만을 징수한다.

Ⅱ. 원천징수의무자의 범위

국내에서 거주자나 비거주자에게 원천징수대상 소득을 지급하는 자는 그 거주자나 비거주자에 대한 소득세를 원천징수해야 한다. 이러한 원천징수의무자의 범위는 다음과 같다.

① 거주자
② 비거주자
③ 내국법인
④ 외국법인의 국내지점 · 영업소(출장소 그 밖에 이에 준하는 것 포함)
⑤ 그 밖에 소득세법에서 정하는 원천징수의무자

다만, 원천징수대상 사업소득(봉사료는 제외)을 지급하는 자로서 그 지급금액에 대한 소득세를 원천징수해야 할 자는 사업자 · 법인세 납세의무자 등 일정한 자로 한정한다.

Ⅲ. 원천징수대상소득 및 원천징수세율

국내에서 지급되는 다음의 소득은 원천징수의 대상이 되며, 그 원천징수세율은 다음과 같다. 이때 법인세법을 적용받는 내국법인의 소득은 소득세법상 이자소득과 투자신탁에 따른 이익에 대해서만 원천징수를 한다는 점에서 소득세법과 차이가 있다. 외국법인 · 비거주자의 소득의 경우에는 조세조약과 법인세법에서 열거된 소득에 대해 정해진 세율로 원천징수를 한다.

원천징수대상	원천징수세율
(1) 이자소득	• 일반 : 14% • 비영업대금이익 : 25% • 2017.12.31. 이전 발행된 장기채권의 이자로서 분리과세를 신청한 이자소득 : 30% • 직장공제회 초과반환금 : 기본세율 • 비실명 이자소득 : 45% · 90% • 조세특례제한법에 따른 분리과세 이자소득 : 9% · 14%
(2) 배당소득(귀속법인세는 제외)	• 일반 : 14% • 비실명 배당소득 : 45% · 90% • 조세특례제한법에 따른 분리과세 배당소득 : 9% · 14% • 출자공동사업자의 배당소득 : 25%
(3) 일정한 사업소득(봉사료는 제외)	• 지급금액의 3%(20%) * 보험모집인 등에 대해서는 연말정산 * 외국인 직업운동가가 프로스포츠구단과의 계약에 따라 용역을 제공하고 받는 소득은 '20%'
(4) 근로소득(국외 근로소득은 제외)	• 일반급여 : 기본세율 * 간이세액표를 적용한 후 연말정산 • 일용근로자의 급여 : 6%
(5) 연금소득	• 공적연금소득 : 기본세율 * 간이세액표를 적용한 후 연말정산 • 사적연금소득 : 이연퇴직소득을 연금수령하는 연금소득은 연금외수령 가정시 (원천징수세율×70% · 60%), 그 외의 연금소득은 5% · 4% · 3%
(6) 기타소득(봉사료는 제외) * 계약의 위약 · 해약으로 받은 위약금 · 배상금(계약금이 위약금 · 배상금으로 대체되는 경우에만 해당)과 뇌물 · 알선수재 · 배임수재에 의해 받은 금품은 원천징수하지 않는다.	• 기타소득금액의 20% * 복권당첨소득 등이 3억원을 초과하는 경우 그 초과분은 30% * 연금계좌에서 연금외수령한 기타소득은 15% * 소기업 · 소상공인 공제부금의 해지일시금은 15%
(7) 퇴직소득(국외 근로소득자의 퇴직소득은 제외)	• 기본세율
(8) 봉사료	• 지급금액의 5%

Ⅳ. 원천징수 · 납부의 시기와 방법

원천징수의무자는 원천징수대상 소득을 지급하는 때에 원천징수세율을 적용하여 계산한 소득세를 원천징수한다. 다만, 실제로 지급하지 않았거나 일정한 시기에 지급한 것으로 의제되는 경우가 있는데(원천징수시기의 특례), 이 경우에는 일단 원천징수의무자가 세액을 대납해야 한다.

원천징수의무자는 원천징수한 소득세를 그 징수일이 속하는 달의 다음 달 10일까지 정부에 납부해야 한다. 다만, 직전 과세기간(신규로 사업을 개시한 사업자의 경우 신청일이 속하는 반기)의 상시고용인원이 20명 이하인 원천징수의무자(금융 · 보험업자는 제외)로서 ① 원천징수 관할세무서장의 승인을 받거나 ② 국세청장이 정하는 바에 따라 지정을 받은 자는, 원천징수한 소득세를 그 징수일이 속하는 반기(半期)의 마지막 달의 다음 달 10일까지 납부할 수 있다(반기별 납부). 여기서 '직전 과세기간의 상시고용인원수'는 직전 과세기간의 1월부터 12월까지의 매월 말일 현재 상시고용인원의 평균인원수를 말한다.

그러나 법인세법에 따라 결정 · 경정으로 처분된 상여 · 배당 · 기타소득에 대한 원천징수세액은 반기별 납부를 할 수 없으므로, 그 원천징수세액은 그 징수일이 속하는 달의 다음 달 10일까지 납부해야 한다.

Ⅴ. 원천징수의 면제와 배제

다음의 경우에는 원천징수를 하지 않는다.

① 소득세가 과세되지 않거나(비과세 · 과세최저한) 면제되는 소득을 지급하는 경우

② 원천징수대상소득이 지급되지 아니함으로써 소득세가 원천징수되지 않은 해당 소득이 종합소득에 합산되어 종합소득에 대한 소득세가 과세된 경우에 해당 소득을 지급하는 때

③ 원천징수대상 소득에 대한 원천징수세액이 1,000원 미만인 경우. 다만, 다음 중 어느 하나에 해당하는 경우에는 원천징수세액이 1,000원 미만인 경우에도 소득세를 징수한다(소액부징수의 예외).

- 이자소득에 대한 원천징수세액의 경우
- 원천징수대상 사업소득 중 부가가치세가 면세되는 인적용역을 계속적 · 반복적으로 공급하고 그 대가로 받은 소득에 대한 원천징수세액의 경우

Ⅵ. 원천징수의 불이행에 대한 제재

1. 원천징수세액의 징수와 가산세의 적용

원천징수의무자가 원천징수세액을 기한까지 미납·미달납부한 경우에는 해당 원천징수의무자로부터 그 원천징수세액에 원천징수 납부지연가산세를 더한 금액을 징수한다. 다만, 원천징수의무자가 원천징수를 하지 않은 경우로서 다음에 해당하는 경우에는 국세기본법에 따른 원천징수 납부지연가산세만을 징수한다.

① 납세의무자가 신고·납부한 과세표준금액에 그 원천징수하지 않은 원천징수대상 소득금액이 이미 산입된 때

② 원천징수하지 않은 원천징수대상 소득금액에 대해서 납세의무자의 관할세무서장이 결정·경정에 따라 그 납세의무자에게 직접 소득세를 부과·징수하는 때

여기서 원천징수 납부지연가산세는 다음의 금액으로 한다.

원천징수 납부지연가산세 = MIN(①, ②)
① ㉠ 미납세액·과소납부분 세액×3% + ㉡ 미납세액·과소납부분 세액×기간* × $\frac{2.2}{10,000}$ ② 미납세액·과소납부분 세액×50%(위 ㉠의 금액과 ㉡ 중 법정납부기한의 다음 날부터 납부고지일까지의 기간에 해당하는 금액을 합한 금액은 10%)

* 기간 : 법정납부기한의 다음 날부터 납부일까지의 기간(납부고지일부터 납부고지서에 따른 납부기한까지의 기간은 제외)

2. 조세범처벌

조세의 원천징수의무자가 정당한 사유 없이 그 세금을 징수하지 않았을 때에는 1천만원 이하의 벌금에 처하며, 조세의 원천징수의무자가 정당한 사유 없이 징수한 세금을 납부하지 않았을 때에는 2년 이하의 징역 또는 2천만원 이하의 벌금에 처한다.

Ⅶ. 비실명금융자산에서 발생한 이자소득·배당소득에 대한 원천징수 특례

1. 개요

원천징수의무자가 실명에 의하지 않고 거래한 금융자산에서 발생하는 이자·배당소득에 대해 고의 또는 중대한 과실없이 90% 세율이 아닌 14%의 세율로 원천징수한 경우에는 해당 계좌의 실질 소유자가 소득세 원천징수 부족액(원천징수 납부지연가산세를 포함. 이하 같다)을 납부해야 한다. 이 경

우 소득세 원천징수 부족액에 관하여는 해당 계좌의 실질 소유자를 원천징수의무자로 본다. 이 규정은 2019년 1월 1일 이후 소득을 지급하는 분부터 적용한다.

2. 제도의 취지

금융회사가 비실명자산소득임을 사전에 인지하지 못하여 90%의 세율 대신에 14%의 세율로 소득세를 원천징수한 후 검찰 수사 등에 따라 비실명자산임이 확인된 경우에는 금융회사가 추가징수해야 하는 소득세분을 차명계좌의 실소유자로부터 원천징수하는 것은 현실적으로 어려운 점이 있었다. 구체적으로 비실명금융소득임이 확인된 때에는 해당 차명계좌 대부분이 해지 · 인출되어, 금융회사가 납세의무자인 차명계좌의 실소유자 대신 해당 원천징수세액을 납부한 후 해당 실소유자에게 구상권을 행사해야 하는데, 금융회사는 차명거래로 인해 해당 금융회사와 실질적 거래관계가 없는 차명계좌의 실소유자를 파악하기 어렵고, 또한 차명계좌의 실소유자를 알고 있다고 하더라도 소송비용 등으로 인해 구상권을 행사하는 것이 어려워 경제적 손실을 입게 된다. 따라서 비실명금융소득에 대한 원천징수특례제도는 이와 같은 예외적인 경우까지 금융회사가 원천징수의무를 부담하게 되는 문제점을 해소하려는데 그 취지가 있다.

이 특례가 적용되면 소득세 원천징수 부족액에 대해서는 해당 계좌의 실질 소유자를 원천징수의무자로 보고 관할세무서장이 해당 계좌의 실질 소유자로부터 직접 징수하게 된다. 비실명금융소득에 대한 고율과세는 징벌적인 성격이 있으므로, 국가가 원천납세의무자(해당 계좌의 실질 소유자)에게 직접 과세하는 것이 실질과세의 원칙에 부합하다는 점에서 볼 때 입법적 개선으로 평가된다.

제2절 원천징수의 시기

I-2 p.830

Ⅰ. 원칙

원천징수하는 소득세는 그 소득을 지급하는 때에 그 소득세의 납세의무가 성립되며, 그와 동시에 특별한 절차 없이 자동으로 확정된다. 원천징수의무자가 원천징수할 시기는 해당 소득을 지급하는 때이다.

Ⅱ. 원천징수시기에 대한 특례

1. 의의

본래 원천징수는 소득을 지급할 때에 해야 한다. 그러나 일정한 시기가 되면 해당 소득을 지급하지 않았더라도 그 소득을 지급한 것으로 보아 원천징수하는데, 이것을 '원천징수시기에 대한 특례'라고 한다. 이 경우 원천징수의무자는 일단 그 다음 달 10일까지 해당 소득에 대한 원천징수세액을 납부한 후에 실제로 지급할 때 지급할 금액에서 이미 원천징수하여 납부한 세액을 차감한다.

2. 소득별 원천징수시기의 특례

이 가운데 인정배당 · 인정상여 · 인정기타소득 원천징수시기의 특례는 다음과 같다.

① 법인세 과세표준을 결정 · 경정하는 경우 : 소득금액변동통지서를 받은 날

② 법인세 과세표준을 신고하는 경우 : 그 신고일 또는 수정신고일

[도 표] 인정배당 등의 귀속자에 대한 종합소득세 납세의무

<table>
<tr><th>구분</th><th colspan="2">귀속자의 종합소득세 신고납부의무</th></tr>
<tr><td>인정배당</td><td>법인의 결산확정일이 속하는 과세연도의 다음연도 5/1~5/31까지 신고납부(분리과세배당소득은 원천징수로 납세의무 종결)</td><td rowspan="3">확정신고기한 경과 후 소득처분으로 인해 추가 납부할 소득세가 있는 경우에는 소득금액변동통지서를 받은 날이 속하는 달의 다음다음 달 말일까지 추가신고납부한 때에는 당초 확정신고기한 내 납부한 것으로 본다.</td></tr>
<tr><td>인정상여</td><td>근로를 제공한 날이 속하는 과세연도의 다음연도 5/1~5/31까지 신고납부(근로소득만 있는 자는 정산하여 연말정산을 함으로써 확정신고의무가 면제)</td></tr>
<tr><td>인정기타소득</td><td>법인의 결산확정일이 속하는 과세연도의 다음연도 5/1~5/31까지 신고납부(분리과세기타소득은 원천징수로 납세의무 종결)</td></tr>
</table>

제 7 장
종합소득 · 퇴직소득세의 납세절차

제1절 과세표준확정신고와 납부

I-2 p.835

Ⅰ. 과세표준확정신고

1. 신고의무자

(1) 신고의무자의 범위

종합소득금액 또는 퇴직소득금액이 있는 거주자는 과세표준확정신고의무를 진다. 비록 해당 과세기간의 과세표준이 없거나 결손금액이 있는 경우에도 과세표준확정신고를 해야 한다.

(2) 과세표준확정신고의 예외

다음 중 어느 하나에 해당하는 거주자는 해당 소득에 대해 과세표준확정신고를 하지 않을 수 있다. 이러한 소득은 완납적 원천징수 또는 연말정산에 따라 납세절차가 종결되므로 납세편의를 고려하여 과세표준확정신고의무를 면제하는 것이다.

과세표준확정신고 예외대상자	확정신고를 해야 하는 자
① 근로소득만 있는 자 ② 퇴직소득만 있는 자 ③ 공적연금소득만 있는 자 ④ 연말정산되는 사업소득만 있는 자 ⑤ 원천징수되는 기타소득으로서 종교인소득만 있는 자 ⑥ 근로소득과 퇴직소득만 있는 자 ⑦ 공적연금소득과 퇴직소득만 있는 자 ⑧ 연말정산되는 사업소득 · 퇴직소득만 있는 자 ⑨ 원천징수되는 기타소득으로서 종교인소득 · 퇴직소득만 있는 자	• 일용근로자 외의 자로서 2인 이상으로부터 받는 근로소득 · 연금소득 · 퇴직소득 또는 연말정산되는 사업소득이 있는 자 • 국외 근로소득자 · 퇴직소득이 있는 자(납세조합이 연말정산하여 납부한 자는 제외) • 일용근로자 외의 근로소득 · 연금소득 · 퇴직소득 또는 연말정산되는 사업소득이 있는 자로서 원천징수의무자가 연말정산에 따라 소득세를 납부하지 않는 자

⑩ 분리과세이자소득 · 분리과세배당소득 · 분리과세연금소득 · 분리과세기타소득(원천징수되지 않은 소득은 제외. 이하 같다)만 있는 자 ⑪ 위 ①~⑨에 해당하는 사람으로서 위 ⑩의 소득이 있는 자	

2. 신고기한

(1) 원칙

해당 연도의 다음 연도 5월 1일부터 5월 31일까지 과세표준확정신고를 해야 한다.

(2) 예외

1) 거주자가 사망한 경우 : 거주자가 사망한 경우 그 상속인은 그 상속개시일이 속하는 달의 말일부터 6개월 이내 사망일이 속하는 과세기간에 대한 그 거주자의 과세표준을 신고해야 한다.

2) 거주자가 출국한 경우 : 과세표준신고를 해야 할 거주자가 주소 · 거소의 국외이전을 위해 출국을 하는 경우에도 출국일이 속하는 과세기간의 과세표준을 출국일 전날까지 신고해야 한다.

Ⅱ. 세액의 자진납부

1. 개요

거주자는 해당 과세기간의 종합소득세액 · 퇴직소득세액을 과세표준신고기한까지 관할세무서장 · 한국은행 · 체신관서에 납부해야 한다.

2. 자진납부할 세액의 계산

확정신고시 자진납부할 세액은 종합소득산출세액 · 퇴직소득산출세액에서 세액감면 · 세액공제액과 기납부세액을 공제하여 계산한다. 여기서 '기납부세액'이란 다음의 세액을 말한다.

① 중간예납세액
② 토지 등 매매차익예정신고 산출세액 또는 그 결정 · 경정한 세액
③ 수시부과세액
④ 원천징수세액
⑤ 납세조합의 징수세액과 납세조합공제액

3. 분할납부

확정신고시 자진납부할 세액이 1천만원을 초과하는 경우에는 다음의 방법에 따라 그 납부할 세액의 일부를 납부기한 경과 후 2개월 이내에 분할납부할 수 있다.

① 납부할 세액이 2천만원 이하인 경우 : 1천만원을 초과하는 금액

② 납부할 세액이 2천만원을 초과하는 경우 : 그 세액의 50% 이하의 금액

4. 성실신고확인제도

'성실신고확인제도'란 수입금액이 일정규모 이상인 사업자에 대해서 세무사 등에게 장부의 기장내용의 정확성 여부를 확인받아 종합소득과세표준 확정신고를 하는 제도를 말한다. 이 제도는 개인사업자의 성실신고를 장려하여 과세표준을 양성화하고, 세무조사에 따른 행정력의 낭비를 방지하려는 데 그 취지가 있다.

(1) 성실신고확인대상사업자의 범위

'성실신고확인대상사업자'란 해당 과세기간의 수입금액(복식부기의무자가 사업용 유형자산을 양도함으로써 발생한 수입금액은 제외)의 합계액이 다음의 구분에 따른 금액 이상인 사업자를 말한다.

구분	기준수입금액
① 농업 · 임업 · 어업 · 광업, 도 · 소매업(상품중개업은 제외), 부동산매매업, 그 밖에 아래 ②,③에 해당되지 않는 사업	15억원
② 제조업, 숙박 · 음식점업, 전기 · 가스 · 증기 및 공기조절 공급업, 수도 · 하수 · 폐기물처리 · 원료재생업, 건설업(비주거용 건물 건설업은 제외), 부동산개발 및 공급업(주거용 건물개발 및 공급업에 한정한다), 운수업 · 창고업, 정보통신업, 금융 · 보험업, 상품중개업	7억5천만원
③ 부동산임대업 · 부동산업(부동산매매업은 제외), 전문 · 과학 · 기술서비스업, 사업시설관리 · 사업지원 · 임대서비스업, 교육 서비스업 · 보건업 · 사회복지서비스업, 예술 · 스포츠 · 여가 관련 서비스업, 협회 및 단체 · 수리 및 기타 개인서비스업, 가구내 고용활동	5억원

(2) 성실신고확인서 제출

성실신고확인대상사업자는 종합소득과세표준 확정신고를 할 때에 확정신고시 제출서류에 더하여 비치 · 기록된 장부와 증명서류에 의해 계산한 사업소득금액의 적정성을 세무사 등이 확인하고 작성한 확인서(이하 '성실신고확인서')를 관할세무서장에게 제출해야 한다.

(3) 성실신고확인서 관련 혜택 및 제재

1) 확정신고기한 연장 : 성실신고확인대상사업자가 성실신고확인서를 제출하는 경우에는 종합소득과세표준 확정신고를 그 과세기간의 다음 연도 5월 1일부터 6월 30일까지 해야 한다.

2) 의료비 · 교육비 · 월세 세액공제 : 성실신고확인대상사업자로서 성실신고확인서를 제출한 자는 성실사업자와 같이 의료비 · 교육비 · 월세 세액공제를 해당 과세연도의 사업소득금액(부동산임대업에서 발생한 소득은 제외)에 대한 소득세에서 공제한다.

3) 성실신고 확인비용에 대한 세액공제 : 성실신고확인대상사업자가 성실신고확인서를 제출하는 경우에는 다음에 해당하는 금액을 사업소득(부동산임대업에서 발생하는 소득 포함)에 대한 소득세에서 공제한다.

세액공제액 = MIN(성실신고 확인에 직접 사용한 비용×60%, 공제한도 120만원*)

* 법인세법의 성실신고확인대상사업자의 성실신고 확인비용에 대한 세액공제 한도액은 150만원으로 한다.

4) 성실신고확인서 제출 불성실가산세 : 성실신고확인대상사업자가 그 과세기간의 다음 연도 6월 30일까지 성실신고확인서를 관할세무서장에게 제출하지 않은 경우에는 다음의 금액을 종합소득결정세액에 더하여 납부해야 한다. 이 가산세는 종합소득산출세액이 없는 경우에도 적용한다.

$$\text{성실신고확인서 제출 불성실가산세} = \text{MAX}\begin{cases} ① \text{ 종합소득산출세액} \times \dfrac{\text{사업소득금액}}{\text{종합소득금액}} \times 5\% \\ ② \text{ 수입금액} \times \dfrac{2}{10{,}000} \end{cases}$$

5) 수시선정 세무조사 : 세무공무원은 납세자가 성실신고확인서의 제출의무를 이행하지 않은 경우에는 정기선정에 의한 조사 외의 세무조사를 할 수 있다.

[도 표] 성실신고확인서 관련 혜택 및 제재

구분	내용	근거법령
제출에 대한 해택	확정신고기한 1개월 연장	소득세법
	의료비 · 교육비 · 월세 세액공제(최저한세 적용대상) * 부동산임대업에서 발생하는 소득에서는 공제 ×	조세특례제한법
	성실신고 확인비용에 대한 세액공제(최저한세 적용하지 않음) * 부동산임대업에서 발생하는 소득에서도 공제 ○	

미제출에 대한 제재	성실신고확인서 제출 불성실가산세	소득세법
	수시선정 세무조사	국세기본법

제2절 과세표준과 세액의 결정 및 경정

I-2 p.840

Ⅰ. 서설

소득세는 신고납세제도를 취하고 있으므로 원칙적으로 납세의무자의 과세표준신고에 의해 납세의무가 확정된다. 따라서 이러한 납세의무자의 과세표준신고가 없는 경우에 한정하여 정부가 과세표준 · 세액을 '결정'하며, 과세표준신고 · 결정의 내용에 오류 · 탈루가 있는 경우에는 정부가 과세표준 · 세액을 '경정'하게 된다.

Ⅱ. 결정 · 경정의 사유

관할세무서장은 종합소득 · 퇴직소득이 있는 자가 과세표준신고를 하지 않거나 과세표준신고는 하였으나 그 신고내용에 오류 · 누락이 있는 경우 등에는 해당 법인의 각 사업연도의 소득에 대한 법인세의 과세표준 · 세액을 결정 · 경정한다.

Ⅲ. 결정 · 경정의 방법

1. 개요

과세표준을 결정 · 경정하는 방법에는 실액방법과 추계방법이 있다. 전자는 장부 및 이에 관계되는 증명서류와 같은 직접적인 근거에 따라 과세표준을 산정하는 방법이며, 후자는 납세의무자가 과세표준을 산정할 수 있는 직접적인 근거자료를 갖추고 있지 않거나 그 내용이 허위임이 명백한 경우에 부득이 간접적인 증거에 따라 과세표준을 추정하여 산정하는 방법이다.

2. 실액방법에 따른 결정 · 경정

관할세무서장 등은 해당 과세기간의 과세표준 · 세액을 결정 · 경정하는 경우에는 장부나 그 밖의 증명서류를 근거로 해야 한다. 즉 거주자가 장부를 비치 · 기장한 경우에는 과세표준확정신고서 및 그 첨부서류에 의하거나 실지조사(實地調査)에 의하는 것이다.

3. 추계방법에 따른 결정 · 경정

(1) 추계의 사유

다음 중 어느 하나에 해당한 사유로 장부나 그 밖의 증명서류에 의해 소득금액을 계산할 수 없는 경우에는 소득금액을 추계조사 결정을 할 수 있다. 이는 법인세법과 동일하다.

① 과세표준을 계산할 때 필요한 장부나 증명서류가 없거나 동종업종 사업자의 신고내용 등에 비추어 수입금액 및 주요 경비 등 중요한 부분이 미비 · 허위인 경우

② 기장의 내용이 시설규모, 종업원 수, 원자재 · 상품 · 제품 시가, 각종 요금 등에 비추어 허위임이 명백한 경우

③ 기장의 내용이 원자재사용량 · 전력사용량, 그 밖의 조업상황에 비추어 허위임이 명백한 경우

이러한 추계방법에 따른 결정은 납세의무자에게 불이익을 주게 되므로 그 요건의 해석은 엄격히 해야 한다. 그리고 추계과세 필요성의 요건사실에 대한 입증책임은 과세관청에 있다. 대법원은 이와 관련하여 '추계과세는 과세표준 결정의 근거가 되는 납세자의 장부 · 증빙서류 등이 없거나 그 내용이 미비 · 허위여서 근거과세의 방법으로 과세할 수 없는 경우에 예외적으로 인정되는 것이므로 추계과세는 실액조사가 불가능하여 추계의 방법에 의할 수밖에 없는 경우에 한정함은 물론 그 추계의 방법 · 내용이 가장 진실에 가까운 소득 실액을 반영할 수 있도록 합리적이고 타당성이 있는 것이어야 하며, 이러한 추계과세의 적법여부가 다투어지는 경우에 그 합리성 · 타당성에 관한 입증책임은 과세관청에 있다.'고 판시하고 있다

(2) 추계결정 · 경정시 소득금액의 계산

1) 개요

장부나 그 밖의 증명서류에 의해 소득금액을 계산할 수 없는 경우에는 소득금액을 추계결정 · 경정한다. 추계에 따른 소득금액의 계산방법에는 기준경비율에 따른 방법과 단순경비율에 따른 방법이 있다. 전자의 주요경비는 증명서류에 따라 필요경비로 인정하고, 그 밖의 비용은 수입금액에 기준경비율을 곱하여 계산한 금액을 필요경비로 인정하는 방법이다. 반면에 후자는 수입금액에 단순경비율을 곱하여 계산한 금액을 필요경비로 인정하는 방법이다. 단순경비율에 따른 방법은 다음에 해당하는 사업자(단순경비율 적용사업자)로서 해당 과세기간의 수입금액이 간편장부대상자의 수입금액기준(3억원, 1억5천만원, 7,500만원)에 미달하는 사업자에 한정하여 적용하며, 그 외 사업자(기준경비율 적용사업자)는 기준경비율에 의하는 방법에 따른다.

① 해당 과세기간에 신규로 사업을 개시한 사업자

② 직전 과세기간의 수입금액(결정 · 경정으로 증가된 수입금액 포함)의 합계액이 다음의 금액에 미달하는 사업자

구분	수입금액기준
㉠ 농업 · 임업 · 어업 · 광업, 도 · 소매업(상품중개업은 제외), 부동산매매업, 그 밖에 아래 ㉡,㉢에 해당되지 않는 사업	6,000만원
㉡ 제조업, 숙박 및 음식점업, 공기조절 공급업, 수도 · 하수 · 폐기물처리 · 원료재생업, 건설업(비주거용 건물 건설업은 제외), 부동산개발 및 공급업(주거용 건물개발 및 공급업에 한정한다), 운수업 및 창고업, 정보통신업, 금융 및 보험업, 상품중개업, 수리 및 기타 개인서비스업[(부가령 42 (1))에 따른 부가가치세 면세대상인 인적용역만 해당한다]	3,600만원
㉢ 부동산임대업, 부동산업(부동산매매업은 제외), 전문 · 과학 및 기술서비스업, 사업시설관리 · 사업지원 및 임대서비스업, 교육서비스업, 보건업 및 사회복지서비스업, 예술 · 스포츠 및 여가 관련 서비스업, 협회 및 단체, 수리 및 기타 개인서비스업[(부가령 42 (1))에 따른 부가가치세 면세대상인 인적용역은 제외한다], 가구내 고용활동	2,400만원

판례 단순경비율 적용여부 판단시 신규로 사업을 개시하는 시점

원고는 2014년에 사업자등록을 한 다음, 관할관청의 건축허가를 받아 주상복합건물을 신축하여 사용승인을 받고 이를 2015년에 분양하였다. 분양수입이 발생한 2015년의 직전 과세기간인 2014년의 수입금액이 기준금액인 3,600만원에 미달한다는 이유로 단순경비율에 의한 추계방법으로 소득금액을 산정하여 2015년 귀속 종합소득세를 신고 · 납부하였다.

이에 과세관청은 신규로 사업을 개시한 2015년 귀속 수입금액이 1억5천만원을 초과하여 단순경비율이 아닌 기준경비율을 적용하여 추계경정해야 한다고 보았다. 이에 관해서는 단순경비율 적용 여부와 관련하여 주택신축판매업의 사업 개시일을 '주택의 분양을 개시한 시점'으로 보아야 한다는 전제에서, 원고들의 주택 분양수입에 관한 소득금액을 기준경비율에 의한 추계방법으로 산정한 이 사건 종합소득세 부과처분이 적법하다고 판단된다(2020두40914). ■

참고 단순경비율 적용대상자에서 제외되는 사업자

위 규정에도 불구하고 다음 중 어느 하나에 해당하는 사업자는 단순경비율 적용대상자에 포함하지 않는다.

① 의료업 · 수의업 및 약국을 개설하여 행하는 약사(藥事)에 관한 업(業)을 행하는 사업자

② 간이과세 배제대상 사업자 중 변호사업 · 심판변론인업 · 변리사업 · 법무사업 · 공인회계사업 · 세무사업 등 사업서비스업을 영위하는 사업자

③ 현금영수증가맹점에 가입해야 하는 사업자 중 현금영수증가맹점으로 가입하지 않은 경우(가입하지 않은 해당 과세기간에 한정)

④ 해당 과세기간에 신용카드매출전표·현금영수증 발급의무 등을 위반하여 해당 사실을 관할세무서장으로부터 해당 과세기간에 3회 이상 통보받고 그 금액의 합계액이 100만원 이상이거나 5회 이상 통보받은 사업자(통보받은 내용이 발생한 날이 속하는 해당 과세기간에 한정) ■

2) 추계에 따른 소득금액 계산의 방법

① 기준경비율에 의하는 방법 : 다음의 기준소득금액으로 결정·경정하는 방법

	수입금액
–	주요경비 : 증빙서류에 따라 지출·지급사실이 객관적으로 확인되는 것 ① 매입비용(사업용 유형자산·무형자산의 매입비용은 제외) ② 사업용 유형자산·무형자산에 대한 임차료 ③ 종업원의 급여·임금·퇴직급여
–	• 복식부기의무자 : 수입금액 × 기준경비율 × $\frac{1}{2}$ • 간편장부대상자 : 수입금액 × 기준경비율
=	기준소득금액(결손금이 나올 경우 '0')

다만, 기준소득금액이 다음의 비교소득금액 이상인 경우에는 추계소득금액을 비교소득금액으로 결정·경정할 수 있다.

> (수입금액 − 수입금액×단순경비율) × (복식부기의무자 : 3.4배, 간편장부대상자 : 2.8배)

② 단순경비율에 의하는 방법 : 다음의 금액을 추계소득금액으로 결정·경정하는 방법

> 추계소득금액 = 수입금액 − 수입금액×단순경비율

판 례 소득금액을 추계할 때 주택신축판매업자가 주택 부지의 매입시 지출한 취득세를 매입비용에 포함하여 공제된다고 본 사례

기준경비율 방법은 가급적 추계과세를 지양하고 근거과세를 확립하는 데 주된 취지가 있고, 근거과세에 있어 취득세 등의 매입부대비용을 매입가액과 함께 매입자산의 취득가액에 포함시켜 이를 필요경비로 인정하고 있는데 있어서 매입자산의 취득가액과 같은 성격의 매입비용에 대해서도 이를 달리 볼 이유가 없으며, 국세청 고시에서도 매입비용에서 제외되는 항목을 규정하면서 매입부대비용인 취득세를 해당 제외 항목에 포함시키고 있지 않은 점 등을 종합하여 보면, 이 사건 조항의 '매입비용'에는 매입부대비용으로 지출된 취득세가 포함된다고 봄이 상당하다(2007두3107). ■

(3) 추계결정·경정시 과세표준계산

소득세법 및 다른 법률에 따라 총수입금액에 산입할 충당금·준비금 등이 있는 자에 대한 소득금액을 추계결정·경정하는 경우에는 추계소득금액에 해당 과세기간 총수입금액에 산입할 충당금·준비금 등을 가산한다.

추계소득금액 = 추계소득금액 + 충당금 · 준비금 등 환입액

한편 추계조사결정 · 경정하는 경우에는 다음과 같이 과세표준을 계산한다.

추계과세표준 = 추계소득금액 − 소득공제액(인적공제 · 특별소득공제)

한편 해당 연도 소득금액을 추계결정하는 경우에는 ① 이월결손금의 공제를 허용하지 않는다. 다만, 천재지변이나 그 밖의 불가항력으로 장부나 그 밖의 증명서류가 멸실되어 추계결정하는 경우에는 그렇지 않다. 그리고 추계결정 · 경정하는 경우에는 ② 조세특례제한법에 따른 대부분의 소득공제 · 세액공제 · 세액감면의 적용이 배제된다.

판례 추계조사의 요건과 납세자가 추계과세를 원하는 경우에 추계과세가 가능한지 여부

종합소득세의 과세표준 · 세액은 실지조사의 방법에 의해 밝혀진 실액에 의하여 결정하는 것이 원칙이고 추계조사 방법에 의해 이를 결정하려면 납세자의 장부나 증빙서류 등이 없거나 그 중요 부분이 미비 · 허위로 기재되어 신뢰성이 없고 달리 과세관청이 그 소득의 실액을 밝힐 수 있는 방법이 없는 때에 한하여 예외적으로 허용되는 것이므로, 납세자가 소득세법이 정하는 장부를 비치 · 기장한 적이 없더라도 계약서 등 다른 증빙서류를 근거로 과세표준을 계산할 수 있다면 과세표준 · 세액은 실지조사 방법에 의해서 결정해야 하고, 납세자 스스로 추계의 방법에 의한 조사결정을 원하고 있다는 사유만으로는 추계조사의 요건이 갖추어진 것으로 볼 수 없다.

종합소득세과세처분 취소소송에서 과세근거로 되는 과세표준에 대한 입증책임은 과세관청에게 있는 것이고, 과세표준은 수입으로부터 필요경비를 공제한 것이므로 수입 및 필요경비의 입증책임도 원칙적으로는 과세관청에 있다 할 것이나, 필요경비는 납세의무자에게 유리한 것일 뿐 아니라 필요경비를 발생시키는 사실관계의 대부분이 납세의무자가 지배하는 영역 안에 있는 것이어서 과세관청으로서는 그 입증이 곤란한 경우가 있으므로, 그 입증의 곤란이나 당사자 사이의 형평 등을 고려하여 납세의무자로 하여금 입증케 하는 것이 합리적인 이유가 있는 경우에는 그 필요경비의 존부에 있어서 납세의무자에게 입증의 필요성을 인정하는 것이 공평의 관념에 보다 부합한다.

이 사건에서 어음할인 소득의 발생과 관련된 직접적인 장부 · 증빙서류는 없으나, 피고가 어음할인수입의 발생시기 · 원인 · 금액 · 거래상대방 등에 대한 원고의 수사기관에서의 진술 및 제출된 어음할인내역 등의 과세자료를 근거로 하여 이 사건 처분의 과세표준 · 세액을 결정한 것은 적법한 실지조사방법에 의한 것이라 할 것이고, 어음할인에 따른 이자 상당의 수입을 얻는 거래형태에 있어서 대금업의 사업소득의 경우에는 그 필요경비의 대부분이 원고의 지배영역 안에 있는 것이어서 과세관청으로서는 그 입증이 어렵기 때문에 원고에게 그 입증의 필요가 있다고 봄이 타당하고, 일반적인 대금업에 의한 사업소득의 경우와 달리 위와 같은 특수한 형태의 대금업에 의한 사업소득에 있어서 그 필요경비의 발생이 경험칙상 명백하다고 보기도 어렵다. 따라서 이 사건 사업소득에 있어서 소요된 필요경비에 관해 원고의 주장 · 입증이 없는 이상 수입금액에서 공제할 필요경비는 없다고 할 것이고, 원고가 추계방법에 의한 조사결정을 원하고 있다는 사유만으로는 추계조사의 요건이 갖추어진 것으로 볼 수 없다고 할 것이다(2006두16137). ■

참고 추계 결정 · 경정을 할 경우 적용받을 수 없는 항목

적용받을 수 없는 항목	
법인세법	소득세법
천재지변 등의 사유를 제외한 경우로서 다음의 공제 ① 이월결손금 공제 ② 외국납부세액공제	천재지변 등의 사유를 제외한 경우로서 다음의 공제 ① 결손금 공제, 이월결손금 공제
① 조세특례제한법에 따른 각종 소득공제 · 세액공제 · 세액감면	① 조세특례제한법에 따른 각종 소득공제 · 세액공제 · 세액감면 ② 기장세액공제

Ⅳ. 가산세

1. 장부의 기록 · 보관 불성실가산세

사업자(소규모사업자는 제외)가 장부를 비치 · 기록하지 않았거나 비치 · 기록한 장부에 따른 소득금액이 기장해야 할 금액에 미달한 경우에는 다음의 금액을 해당 과세기간의 종합소득결정세액에 더하여 납부해야 한다.

$$\text{장부의 기록·보관 불성실가산세} = \text{종합소득산출세액} \times \frac{\text{무기장·미달기장 소득금액}^{*}}{\text{종합소득금액}} \times 20\%$$

* (분자/분모) 비율이 1보다 큰 경우에는 1로, 0보다 작은 경우에는 0으로 한다.

여기서 장부의 기록 · 보관 불성실가산세가 배제되는 '소규모사업자'란 다음 중 어느 하나에 해당하는 자를 말한다.

① 해당 과세기간에 신규로 사업을 개시한 사업자
② 직전 과세기간의 사업소득의 수입금액(결정 · 경정으로 증가된 수입금액 포함)의 합계액이 4,800만원에 미달하는 사업자
③ 연말정산되는 사업소득만 있는 사업자

한편 신고불성실가산세(무신고가산세 또는 과소신고가산세를 말한다)와 장부의 기록 · 보관 불성실가산세(양도소득세는 기장 불성실가산세)가 동시에 적용되는 경우에는 그 중 가산세액이 큰 가산세만 적용하고, 가산세액이 같은 경우에는 신고불성실가산세만 적용한다.

2. 그 밖의 가산세

[도 표] 가산세의 요약

<table>
<tr><th>종류</th><th colspan="2">가산세액</th></tr>
<tr><td rowspan="2">(1) 무신고가산세</td><td colspan="2">○일반적인 개인
• 부정무신고 : 무신고납부세액×40%*
* 역외거래에서 발생한 부정행위로 과세표준 신고를 하지 않은 경우 : 60%
• 일반무신고 : 무신고납부세액×20%</td></tr>
<tr><td colspan="2">○복식부기의무자
• 부정무신고 : MAX(무신고납부세액×40%*, 수입금액× $\frac{14}{10,000}$)
* 역외거래에서 발생한 부정행위로 과세표준 신고를 하지 않은 경우 : 60%
• 일반무신고 : MAX(무신고납부세액×20%, 수입금액× $\frac{7}{10,000}$)</td></tr>
<tr><td rowspan="2">(2) 과소신고가산세</td><td colspan="2">○일반적인 개인
: 부정과소신고납부세액×40%* + 일반과소신고납부세액×10%
* 역외거래에서 발생한 부정행위로 과소신고한 경우 : 60%</td></tr>
<tr><td colspan="2">○복식부기의무자
: MAX [부정과소신고납부세액×40%*, 부정과소신고수입금액× $\frac{14}{10,000}$]
+ 일반과소신고납부세액×10%
* 역외거래에서 발생한 부정행위로 과소신고한 경우 : 60%</td></tr>
<tr><td>(3) 장부의 기록·보관 불성실가산세</td><td colspan="2">• 무기장·미달기장 산출세액×20%
* 소규모사업자는 제외</td></tr>
<tr><td>(4) 납부지연가산세</td><td colspan="2">• 지연일수분 = 미납세액(또는 과소납부분 세액)×미납기간× $\frac{2.2}{10,000}$
• 체연납수분 = 미납세액(또는 과소납부분 세액)×3%</td></tr>
<tr><td>(5) 지급명세서 제출 불성실가산세</td><td>• 미제출·불명분 지급금액×1% 등</td><td rowspan="4">의무위반 종류별로 각각 1억원(중소기업은 5천만원) 가산세 한도 적용
* 계산서 불성실가산세 중 미발급, 가공·허위수수분 가산세(공급가액의 2%)는 한도 적용대상에서 제외</td></tr>
<tr><td>(6) 계산서 등 제출 불성실가산세</td><td>• 불명분 공급가액×1% 등
* 소규모사업자는 제외</td></tr>
<tr><td>(7) 적격증명서류 수취 불성실가산세</td><td>• 미수취·불명분 금액×2%
* 소규모사업자 및 소득금액이 추계되는 자는 제외</td></tr>
<tr><td>(8) 영수증 수취명세서 제출·작성 불성실 가산세</td><td>• 미제출·불명분 지급금액×1%
* 소규모사업자 및 소득금액이 추계되는 자는 제외</td></tr>
</table>

⑼ 사업장현황신고 불성실가산세	• 무신고 · 미달신고 수입금액×0.5% * 의료업 등을 영위하는 사업자에 한함
⑽ 기부금영수증 발급 · 작성 · 보관 불성실가산세	• 사실과 다르게 발급된 금액×5% • 작성 · 보관하지 않은 금액×0.2%
⑾ 특정외국법인의 유보소득 계산 명세서 제출 불성실가산세	• 특정외국법인의 배당가능 유보소득금액×0.5%
⑿ 공동사업장 등록 · 신고 불성실가산세	• 미등록 · 허위등록 각 과세기간 총수입금액×0.5% • 무신고 · 허위신고 각 과세기간 총수입금액×0.1%
⒀ 사업용계좌 신고 · 사용 불성실가산세	• 미사용금액×0.2% • MIN (㉠, ㉡) ㉠ 미신고기간의 수입금액×0.2% ㉡ 미사용 거래금액의 합계액×0.2% * 복식부기의무자인 사업자에 한함
⒁ 신용카드 발급 불성실가산세	• 건별 거부금액 · 불명분 금액×5% * 주로 소비자에게 공급하는 사업자에 한함
⒂ 현금영수증 발급 불성실가산세	• 미가입기간의 수입금액×1% 등
⒃ 주택임대사업자 미등록가산세	• 미등록기간의 주택임대수입금액×0.2%
⒄ 업무용승용차 관련 비용 명세서 제출 불성실가산세	• 미제출 · 불명분 금액 ×1%
⒅ 원천징수 · 납세조합 납부지연가산세	• 미납세액 · 과소납부분 세액×[3%~(10% · 50%)]
⒆ 성실신고확인서 제출 불성실가산세	• MIN (①, ②) ① $\text{종합소득산출세액} \times \dfrac{\text{사업소득금액}}{\text{종합소득금액}} \times 5\%$ ② $\text{수입금액} \times \dfrac{2}{10,000}$

제 8 장
양도소득세

제1절 양도소득세의 과세물건

I-2 p.859

Ⅰ. 서설

양도소득세의 과세물건은 '양도소득'인데, 현행 소득세법은 개인이 해당 연도에 일정한 자산의 양도로 발생하는 소득으로 정의하고 있다. 따라서 양도소득은 '일정한 자산의 범위' 및 '양도의 개념'을 그 개념적 요소로 하며, 개인이 부동산의 매매를 사업목적으로 하여 얻은 소득인 '사업소득'과 구별된다.

Ⅱ. 양도소득의 범위

1. 과세대상자산의 범위

(1) 토지와 건물

'토지'란 법률에 따라 지적공부(地積公簿)에 등록해야 할 지목(地目)에 해당하는 것을 말한다. 그리고 '건물'이란 토지에 정착하는 공작물 중 지붕과 벽 · 기둥이 있는 것을 말하는데, 여기에는 건물에 부속된 시설물 · 구축물을 포함한다.

(2) 부동산에 관한 권리

다음에 해당하는 부동산에 관한 권리를 말한다.

1) 부동산을 취득할 수 있는 권리 : 이는 취득시기가 도래하기 전에 해당 부동산을 취득할 수 있는 권리를 말하는 것으로 그 예를 들면 다음과 같다.

① 건물이 완성되는 때에 그 건물과 이에 부수되는 토지를 취득할 수 있는 권리(재개발 · 재건축 입주권, 신축건물의 분양권)

② 지방자치단체 · 한국토지공사가 발행하는 토지상환채권

③ 대한주택공사가 발행하는 주택상환채권

④ 부동산매매계약을 체결한 자가 계약금만 지급한 상태에서 양도하는 권리

2) 지상권 : 타인의 토지에 건물 또는 그 밖의 공작물이나 수목(樹木)을 소유하기 위해 그 토지를 사용할 수 있는 권리(용익물권)를 말한다.

3) 전세권과 등기된 부동산임차권 : '전세권'이란 전세금을 지급하고 타인의 부동산을 점유하여 그 부동산의 용도에 좇아 사용 · 수익하며, 그 부동산 전부에 대해 후순위권리자 그 밖의 채권자보다 전세금을 우선변제받을 권리를 말한다. 그리고 '등기된 부동산임차권'은 임차료를 지급하고 목적물을 사용 · 수익하는 임대차계약의 임차인의 권리로서 등기된 것에 한정한다.

(3) 주식 및 출자지분

1) 국내주식 : 주식(출자지분, 신주인수권과 증권예탁증권을 포함한다. 이하 같다) 가운데 양도소득세 과세대상이 되는 것은 다음과 같다. 다만, 이 가운데 기타자산에도 동시에 해당되는 것은 이를 기타자산으로 본다.

① 주권상장법인(유가증권시장 또는 코스닥시장 · 코넥스시장에 상장된 주권을 발행한 법인을 말한다)의 주식은 ㉠ 대주주가 양도하는 것과 ㉡ 대주주에 해당하지 않은 자가 증권시장(유가증권시장 또는 코스닥시장 · 코넥스시장을 말한다)에서의 거래에 의하지 않고 양도하는 것만이 양도소득세 과세대상이 된다.

② 주권비상장법인(주권상장법인이 아닌 법인을 말한다)의 주식은 원칙적으로 양도소득세 과세대상이 된다. 다만, 다음에 해당하는 주식은 양도소득세 과세대상에서 제외한다.

㉠ 주권비상장법인의 대주주가 아닌 자(즉 소액주주)가 한국금융투자협회가 행하는 장외매매거래에 의하여(즉 K-OTC*를 통하여) 양도하는 중소기업 및 중견기업의 주식. 여기서 '중소기업'이란 중소기업기본법(제2조)에 따른 중소기업에 해당하는 기업을 말하며, '중견기업'이란 「조세특례제한법 시행령(제10조 ①)」에 따른 중견기업에 해당하는 기업을 말한다(중견기업의 요건 중 ④ 직전 3개 과세연도의 매출액 평균금액이 3,000억원 미만인 기업일 것을 적용한다). 여기서 중소기업에 해당하는지 여부의 판정은 주식의 양도일이 속하는 사업연도의 직전 사업연도 종료일 현재를 기준으로 한다. 다만, 주식의 양도일이 속하는 사업연도에 새로 설립된 법인의 경우에는 주식의 양도일 현재를 기준으로 한다.

㉡ 장외주식 호가중개시장(즉 프리보드 : Free Board)에서 벤처기업의 주식을 대주주가 아닌 자(즉 소액주주)가 양도하는 주식

* K-OTC(Korea Over The Counter) : 한국금융투자협회가 운영하는 '비상장법인 주식 거래시장'을 말한다.

앞의 ①에서 말하는 '주권상장법인의 대주주'란 주주 1인(법인은 제외하며, 이하 '주주 1인'이라 한다)이 주식의 양도일이 속하는 사업연도의 직전 사업연도 종료일 현재 아래 도표의 ① 소유주식의 비율 또는 ② 시가총액 기준 중 어느 하나를 충족하는 경우의 해당 주주 1인을 말한다. 다만, 주주 1인 및 그와 특수관계에 있는 자(이하 '주주 1인등')의 소유주식의 비율 합계가 해당 법인의 주주 1인등 중에서 최대인 경우에는 주주 1인 및 그와 특수관계에 있는 자(이하 '기타주주')가 주식의 양도일이 속하는 사업연도의 직전 사업연도 종료일 현재 아래 도표의 ① 소유주식의 비율 또는 ② 시가총액 기준 중 어느 하나를 충족하는 경우의 해당 주주 1인 및 기타주주를 '주권상장법인의 대주주'로 본다.

법인 구분	주권상장법인 대주주(① 또는 ②)(*주1)	
	소유주식의 비율	시가총액(*주2)
유가증권시장 상장법인	소유주식의 비율이 1% 이상	소유주식의 시가총액이 50억원 이상
코스닥시장 상장법인	소유주식의 비율이 2% 이상	소유주식의 시가총액이 50억원 이상
코넥스시장 상장법인(*주3)	소유주식의 비율이 4% 이상	소유주식의 시가총액이 50억원 이상

(*주1) 소유주식의 비율 또는 소유주식의 비율 합계가 주식의 양도일이 속하는 사업연도의 직전 사업연도 종료일 현재 해당 규정에 따른 기준에 미달하였으나 그 후 주식을 취득함으로써 그 기준에 해당하게 되는 경우에는 그 취득일 이후의 주주 1인 또는 기타주주를 주권상장법인의 대주주로 본다.

(*주2) '시가총액'은 주식의 양도일이 속하는 사업연도의 직전 사업연도 종료일 현재의 최종시세가액(다만, 직전 사업연도 종료일 현재의 최종시세가액이 없는 경우에는 직전 거래일의 최종시세가액에 따른다)을 따른다.

(*주3) 코넥스시장에 주권을 상장한 법인을 말한다. 여기서 '코넥스(KONEX, Korea New Exchange)시장'이란 한국거래소가 중소기업이 발행한 주권 등을 매매하기 위하여 개설한 증권시장으로서 금융위원회가 정하여 고시하는 증권시장을 말한다. 이러한 코넥스시장은 기존 코스피시장이나 코스닥시장에 상장되지 못한 창업 초기 중소기업의 원활한 자금조달을 위해서 만든 제3의 시장이다.

한편 앞의 ②에서 말하는 '주권비상장법인의 대주주'란 주식의 양도일이 속하는 사업연도의 직전 사업연도 종료일 현재 ① 주주 1인 및 기타주주의 소유주식의 비율이 4% 이상이거나 ② 주주 1인 및 기타주주가 소유하고 있는 해당 법인의 주식의 시가총액이 50억원(일반 비상장법인인 경우)·40억원(프리보드 벤처기업인 경우) 이상인 경우 해당 주주 1인 및 기타주주를 말한다.

법인 구분	주권비상장법인 대주주(① 또는 ②)(*주1)	
	소유주식의 비율	시가총액(*주2)
일반 비상장법인	소유주식의 비율이 4% 이상	소유주식의 시가총액이 50억원 이상
프리보드 벤처기업	소유주식의 비율이 4% 이상	소유주식의 시가총액이 40억원 이상

(*주1) 소유주식의 비율 또는 소유주식의 비율 합계가 주식의 양도일이 속하는 사업연도의 직전 사업연도 종료일 현재 해당 규정에 따른 기준에 미달하였으나 그 후 주식을 취득함으로써 그 기준에 해당하게 되는

경우에는 그 취득일 이후의 주주 1인 및 기타주주를 주권비상장법인의 대주주로 본다.

(*주2) '시가총액'은 기준시가에 의한 평가액에 따른다.

[도 표] 주식·출자지분 중 국내주식에 대한 양도소득세 과세여부

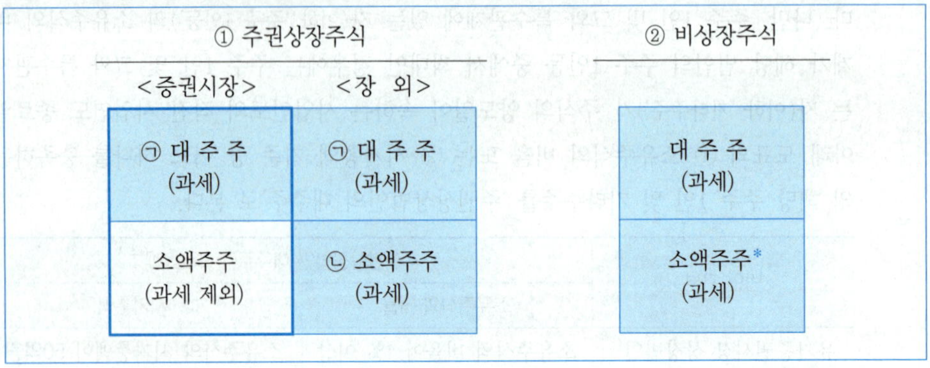

* 다만, 다음에 해당하는 주식은 양도소득세 과세대상에서 제외한다.

① 비상장법인의 대주주가 아닌 자(즉 소액주주)가 한국금융투자협회가 행하는 장외매매거래에 의하여 양도하는 중소기업 및 중견기업의 주식

② 장외주식호가중개시장(Free Board)에서 벤처기업의 주식을 대주주가 아닌 자(즉 소액주주)가 양도하는 주식

[도 표] 주식 및 출자지분 중 국내주식의 적용세율

구분		과세	적용세율
주권상장법인 주식	증권시장 거래주식	대주주 * 소액주주 : 과세제외	• 중소기업의 주식 - 대주주 : 20% (3억원 초과분 25%) - 대주주 아닌 자 : 10% • 중소기업 외의 법인의 주식 - 대주주 (1년 미만 보유 : 30% 1년 이상 보유 : 20% (3억원 초과분 25%) - 대주주 아닌 자 : 20%
	장 외 거 래 주 식	모든 주주	
비상장법인 주식		모든 주주(원칙)	

2) 국외주식 : 외국법인이 발행하였거나 외국에 있는 시장에 상장된 주식 등으로서 다음에 해당하는 주식 등

① 외국법인이 발행한 주식 등(우리나라 증권시장에 상장된 주식은 제외, 기타자산에 해당하는 주식 등은 제외)

② 내국법인이 발행한 주식 등(국외 예탁기관이 발생한 증권예탁증권 포함)으로서 해외 증권시장에 상장된 것

(4) 기타자산

다음에 해당하는 기타의 자산을 말한다. 이 경우 위의 주식 등이 다음의 기타자산에 해당되는 경우에는 기타자산으로 양도소득세를 과세한다.

1) 특정시설물의 이용권 : 이것은 특정시설물의 이용권 · 회원권, 그 밖에 그 명칭과 관계없이 시설물을 배타적으로 이용하거나 일반이용자보다 유리한 조건으로 이용할 수 있도록 약정한 단체의 구성원이 된 자에게 부여되는 시설물이용권을 말한다. 그 예로서 골프회원권 · 헬스클럽회원권 · 콘도미니엄회원권 등을 들 수 있다.

   한편 특정시설물의 이용권에는 특정법인의 주식을 소유하는 것만으로 특정시설물을 배타적으로 이용하거나 일반이용자보다 유리한 조건으로 시설물이용권을 부여받게 되는 경우 그 주식도 포함된다.

2) 영업권 : 이것은 사업에 사용하는 자산(토지 · 건물 및 부동산에 관한 권리를 말한다)과 함께 양도하는 영업권을 말하며, 여기에는 다음의 것을 포함한다.

   ① 영업권을 별도로 평가하지 않았으나 사회통념상 영업권에 포함되어 함께 양도된 것으로 인정되는 영업권

   ② 행정관청으로부터 인가 · 허가 · 면허 등을 받음으로써 얻는 경제적 이익

   반면, 사업용 자산과 함께 양도하지 않고 영업권만을 양도하거나 점포임차권을 함께 양도함으로써 얻은 소득은 기타소득으로 분류된다.

3) 이축권 : 이것은 토지 · 건물과 함께 양도하는 이축(移築)을 할 수 있는 권리(이하 '이축권')를 말한다. 다만, 해당 이축권 가액을 별도로 평가하여 신고하는 경우는 제외한다. 여기서 '별도로 평가하여 신고하는 경우'란 감정평가업자가 감정한 가액이 있는 경우 그 가액(감정한 가액이 둘 이상인 경우에는 그 감정한 가액의 평균액)을 구분하여 신고하는 경우를 말한다. 이처럼 이축권의 가액을 별도로 평가하여 신고하는 경우 이축권을 양도하고 받은 대가는 기타소득으로 과세한다.

4) 특정주식(A) : 부동산 등의 비율이 50% 이상인 법인의 과점주주가 그 법인의 주식 등의 50% 이상을 해당 과점주주 외의 자에게 양도(과점주주가 다른 과점주주에게 양도한 후 이를 양수한 과점주주가 과점주주 외의 자에게 다시 양도하는 경우를 포함)하는 경우에 해당 주식을 말한다. 여기서 부동산 등의 비율이 50% 이상인 법인의 요건과 과점주주의 범위는 다음과 같다.

구분	해당 요건과 범위
(1) 부동산 등의 비율이 50% 이상인 법인	해당 법인의 자산총액 중 토지 · 건물 및 부동산에 관한 권리의 가액과 해당 법인이 보유한 다른 부동산과다보유법인[특정주식(A) · (B)에서 정하는 법인요건을 충족하는 법인]의 주식가액*의 합계액이 차지하는 비율이 50% 이상인 법인을 말한다. * $\text{해당 법인이 보유하는 다른 법인의 주식가액} \times \text{다른 법인의} \dfrac{\text{토지 · 건물 및 부동산에 관한 권리와 가액}}{\text{총자산가액}}$
(2) 과점주주	'과점주주'란 주주 · 출자자 1인 및 기타주주(주주 · 출자자 1인과 그의 특수관계인)가 소유하고 있는 주식의 합계액이 해당 법인의 주식의 합계액의 50%를 초과하는 경우 그 주주 1인 및 기타주주를 말한다.

한편 과점주주가 주식을 수회에 걸쳐 양도하는 때에는 과점주주 중 1인이 주식을 양도하는 날부터 소급하여 3년 내에 과점주주가 양도한 주식을 합산한다. 이 경우 특정주식(A)에 해당하는지는 과점주주 중 1인이 주식을 양도하는 날부터 소급하여 그 합산하는 기간 중 최초로 양도하는 날 현재의 해당 법인의 주식의 합계액 또는 자산총액을 기준으로 한다.

[도 표] 특정주식(A)

AND
- ① 발행법인의 부동산 등 비율 ≧ 50%
- ② 양도자인 과점주주의 지분비율 > 50% …… (특수관계인 합계)
- ③ 발행주식총수 중 양도비율 ≧ 50% …… (특수관계인 합계, 3년간 누계기준)

5) 특정주식(B) : 다음의 요건을 모두 충족하는 법인의 주식 등을 말한다.

구분	법인요건
(1) 부동산 등 비율	해당 법인의 자산총액 중 토지 · 건물 및 부동산에 관한 권리의 가액과 해당 법인이 보유한 다른 부동산과다보유법인[특정주식(A) · (B)에서 정하는 법인요건을 충족하는 법인]의 주식가액의 합계액이 차지하는 비율이 80% 이상인 법인을 말한다.
(2) 업종기준	골프장업 · 체육시설업, 관광사업 중 휴양시설관련업 및 부동산업 · 부동산개발업으로서 골프장 · 스키장 · 휴양콘도미니엄 · 전문휴양시설을 건설 · 취득하여 직접 경영하거나 분양 · 임대하는 사업을 하는 법인

위 요건을 충족한 법인의 주식을 양도하는 경우에는 양도자의 지분비율이나 양도한 주식의 비율에 관계없이 과세대상주식에 해당된다는 점에서 특정주식(A)와 대조적이다.

(5) 파생상품 등

파생상품 등의 거래 · 행위로 발생하는 소득(이자 · 배당소득으로 과세되는 파생상품의 거래 · 행위로부터의 이익은 제외)에 대해서도 양도소득세를 과세한다. 여기서 '파생상품 등'이란 「자본시장과 금융투자업에 관한 법률」에 따른 ① 장내파생상품, ② 차액결제거래(CFD : Contract For Difference) 파생상품, ③ 주식워런트증권(ELW : Equity Linked Warran), ④ 해외 파생상품, ⑤ 장외파생상품에 해당하는 것을 말한다.

(6) 신탁 수익권

신탁 수익권의 양도로 발생하는 소득에 대해서 2021.1.1. 이후 양도하는 분부터 양도소득세를 과세한다. 여기서 '신탁 수익권'이란 신탁의 이익을 받을 권리를 말한다. 다만, 신탁 수익권의 양도를 통하여 신탁재산에 대한 지배 · 통제권이 사실상 이전되는 경우는 신탁재산 자체의 양도로 본다.

참고 양도소득세 과세대상에서 제외되는 수익권

다음 중 어느 하나에 해당하는 수익권 또는 수익증권은 양도소득세 과세대상에서 제외한다.

① 「자본시장과 금융투자업에 관한 법률」에 따른 수익권 또는 수익증권

② 「자본시장과 금융투자업에 관한 법률」에 따른 투자신탁의 수익권 또는 수익증권으로서 해당 수익권 또는 수익증권의 양도로 발생하는 소득이 배당소득으로 과세되는 수익권 또는 수익증권

③ 신탁 수익권의 양도로 발생하는 소득이 배당소득으로 과세되는 수익권 또는 수익증권

④ 위탁자의 채권자가 채권담보를 위하여 채권 원리금의 범위 내에서 선순위 수익자로서 참여하고 있는 경우 해당 수익권(이 경우에는 신탁 수익자명부 변동상황명세서를 제출해야 한다) ■

참고 신탁 수익권 양도로 발생하는 소득에 대한 양도소득세 과세제도

신탁 수익권은 미래의 일정 기대수익을 나타내는 수익자의 권리로서 자산성이 인정되고 신탁법에서 양도 가능한 자산으로 정하고 있다. 이러한 점을 고려하여 다음과 같이 신탁 수익권의 양도로 발생하는 소득에 대한 양도소득세 과세제도를 마련하였다.

구분	신탁 수익권 양도소득세 과세내용
(1) 양도소득금액 구분계산	<제1호> 토지 · 건물, 부동산에 관한 권리 및 기타자산의 양도소득금액, <제2호> 주식 및 출자지분의 양도소득금액, <제3호> 파생상품 등의 거래 · 행위로 발생하는 양도소득금액, <제4호> 신탁 수익권의 양도소득금액으로 계산
(2) 양도소득과세표준	[신탁 수익권의 양도소득금액 – 연 250만원(양도소득기본공제)]
(3) 양도소득세율	20%(3억원 초과분은 25%)
(4) 양도소득세 납세절차	• 예정신고의무 ○(양도일이 속하는 달의 말일부터 2개월 이내에 예정신고해야 함) • 확정신고의무 ○

2. 양도의 개념과 그 예외

(1) 양도의 개념

'양도(讓渡)'란 자산에 대한 등기 · 등록과 관계없이 매도 · 교환 및 법인에 대한 현물출자 등을 통해

그 자산을 유상(有償)으로 사실상 이전하는 것을 말한다.

1) 자산의 유상이전 : 본래 사법에서 '양도'란 재산의 이전적 승계 가운데 특히 의사에 기한 것을 가리킨다. 이와 같은 양도에는 유상과 무상을 불문한다. 그러나 소득세법에서 '양도'란 반대급부를 수반하는 유상이전만을 말하며, 무상이전은 제외된다. 증여 · 상속 등에 따라 자산이 이전되더라도 증여자 · 피상속인에게 양도소득세를 과세하지 않고 해당 자산을 취득하는 수증자 · 상속인에게 증여세 · 상속세를 과세하게 된다.

   유상이전의 형태는 매도 · 교환 · 현물출자는 물론이고 대물변제나 공용수용 등도 포함된다. 그리고 부담부증여시 증여자의 채무를 수증자가 인수하는 경우 증여가액 중 그 채무액에 해당하는 부분을 양도로 본다. 다만, 배우자 간 또는 직계존비속 간의 부담부증여(배우자 또는 직계존비속에게 양도한 재산이 증여로 추정되는 경우를 포함한다)로서 상증세법 규정에 따라 수증자에게 인수되지 않은 것으로 추정되는 채무액에 해당하는 부분은 양도로 보지 않는다.

   판례 위자료 채무의 이행으로 재산을 이전한 경우

   부부가 이혼을 하게 되어 배우자 일방이 타방에 대한 위자료를 지급하기 위한 방법으로 자신이 소유하는 주택의 소유권을 이전하는 것은 타방에 대한 위자료채무의 이행에 갈음한 것으로서 그 주택을 양도한 대가로 위자료를 지급할 채무가 소멸하는 경제적 이익을 얻게 되는 것이므로, 그 주택의 양도는 양도소득세의 부과대상이 되는 유상양도에 해당한다 할 것이고, 또 나아가 일방의 배우자로부터 주택을 받은 타방이 그 주택을 다시 제3자에게 양도하는 것이 양도소득세의 부과대상이 되는 별개의 유상양도에 해당하는 이상, 그 양도로 인해 발생한 소득이 '1세대 1주택 비과세'에 해당되는 것인지 여부는 전 배우자와는 관계없이 양도하는 자만을 기준으로 하여 판단해야 하는 것이다(95누4599). ■

2) 자산의 사실상 이전 : 민법은 '부동산에 관한 법률행위로 인한 물권의 득실(得失)변경은 등기해야 그 효력이 생긴다.'라고 하여 '등기'를 물권변동의 성립요건으로 하고 있다(형식주의). 그러나 소득세법은 등기 · 등록을 하지 않더라도 사실상 이전이 있으면 '양도'로 보도록 하고 있다. 이러한 실질주의에 입각하여 소득세법은 취득 · 양도시기를 원칙적으로 그 자산에 대한 등기 · 등록일이 아니라 해당 자산의 대금을 청산한 날로 하고 있다.

   판례 토지거래허가를 받지 못한 거래의 경우 양도로 볼 수 있는지 여부

   '양도'란 자산에 대한 등기 · 등록에 관계없이 매도 · 교환, 법인에 대한 현물출자 등으로 인해 그 자산이 유상으로 사실상 이전되는 것이라고 규정하고 있을 뿐 자산이 유상으로 이전된 원인인 매매 등 계약이 법률상 유효할 것까지를 요구하고 있지는 않고 있다. 한편 매매 등 계약이 처음부터 법률이 정한 토지거래허가를 배제하거나 잠탈할 목적으로 이루어진 경우와 같이, 위법 내지 탈법적인 것이어서 무효임에도 불구하고 당사자 사이에서는 그 매매 등 계약이 유효한 것으로 취급되어 매도인 등이 그 매매 등 계약의 이행으로서 매매대금 등을 수수하여 그대로 보유하고 있는 경우에는 종국적으로 경제적 이익이 매도인 등에게 귀속된다고 할 것이고 그럼에도 그 매매 등 계약이 법률상 무효라는 이유로 그 매도인 등이 그로

인해 얻은 양도차익에 대해 양도소득세를 과세할 수 없다고 보는 것은 그 매도인 등으로 하여금 과세 없는 양도차익을 향유하게 하는 결과로 되어 조세정의와 형평에 심히 어긋나게 된다.

이러한 점 등을 종합적으로 고려하면, 토지거래허가구역 내의 토지를 매도하고 그 대금을 수수하였으면서도 토지거래허가를 배제하거나 잠탈할 목적으로 매매가 아닌 증여가 이루어진 것처럼 가장하여 매수인 앞으로 증여를 원인으로 한 이전등기까지 마친 경우 또는 토지거래허가구역 내의 토지를 매수하였으나 그에 따른 토지거래허가를 받지 아니하고 이전등기를 마치지도 아니한 채 그 토지를 제3자에게 전매하여 그 매매대금을 수수하고서도 최초의 매도인이 제3자에게 직접 매도한 것처럼 매매계약서를 작성하고 그에 따른 토지거래허가를 받아 이전등기까지 마친 경우에, 그 이전등기가 말소되지 아니한 채 남아 있고 매도인 또는 중간의 매도인이 수수한 매매대금도 매수인 또는 제3자에게 반환하지 아니한 채 그대로 보유하고 있는 때에는 예외적으로, 매도인 등에게 자산의 양도로 인한 소득이 있다고 보아 양도소득세 과세대상이 된다고 봄이 상당하다(2010두23644). ■

판 례 양도소득세 대상 자산으로 물상보증계약을 체결해준 경우 채무자가 변제하지 못하여 매각될 때 양도소득세가 부과되는지 여부

양도세의 과세요건으로서 '양도'란 '자산에 대한 등기 · 등록과 관계없이 매도, 교환, 법인에 대한 현물출자 등을 통하여 그 자산을 유상으로 사실상 이전하는 것'이라고 정의하고 있다. 근저당권 실행을 위한 경매는 담보권의 내용을 실현하는 환가행위로서 매수인은 목적부동산의 소유권을 승계취득하는 것이므로 소득세법에서 말하는 '양도'에 해당한다.

또한 경매의 기초가 된 근저당권이 제3자의 채무에 대한 물상보증을 한 것이라고 하더라도 그 양도인은 물상보증인이고 매각대금은 경매목적 부동산의 소유자인 물상보증인의 양도소득으로 귀속되며 물상보증인의 채무자에 대한 구상권은 매각대금이 채무자가 부담하고 있는 피담보채무의 변제에 충당됨으로써 대위변제의 효과로서 발생하는 것이지 경매의 대가라는 성질을 가지는 것은 아니기에 채무자의 무자력으로 물상보증인이 채무자에게 구상권을 사실상 행사할 수 없더라도 그러한 사정은 양도소득의 성립 여부에 아무런 영향이 없다.

후발적 경정청구의 경우에도 납세의무 성립 후 일정한 후발적 사유의 발생으로 과세표준과 세액을 산정하는 근거가 된 사항에 변동이 생긴 경우에 할 수 있다. 물상보증인이 담보로 제공한 부동산이 경매절차에서 매각된 다음 채무자의 파산 등으로 물상보증인의 구상권 행사가 불가능하게 되었더라도, 이는 목적부동산의 매각에 따른 물상보증인의 양도소득이 성립하는지 여부에는 아무런 영향을 미치지 않는다. 따라서 위와 같은 사정이 발생하더라도 양도소득세 과세표준과 세액을 산정하는 근거가 된 사항에 변동을 가져오지 않으므로, 후발적 경정청구사유에 해당한다고 볼 수 없다(2020두53699). ■

(2) 양도로 보지 않는 소유권의 이전

1) 환지처분(換地處分) 또는 보류지(保留地)로 충당 : 법률의 규정에 따른 환지처분으로 지목 · 지번이 변경되거나 보류지로 충당되는 경우에는 양도로 보지 않는다. 환지처분의 경우에는 토지의 교환 · 분합이 이루어지고 환지청산금을 수령하며, 보류지로 충당되는 경우와 같은 자산의 유상이전이 이루어진다. 그러나 공익사업의 원활한 수행을 지원하기 위해 양도의 범위에서 제외하고 있는 것이다.

2) 지적경계선 변경을 위한 토지의 교환 : 다음의 요건을 모두 충족하는 토지 교환의 경우에는 양도로 보지 않는다.

① 토지 이용상 불합리한 지상·경계를 합리적으로 바꾸기 위해 공간정보의 구축 및 관리 등에 관한 법률 등에 따라 토지를 분할하여 교환할 것

② 위 ①에 따라 분할된 토지의 전체 면적이 분할 전 토지의 전체 면적의 20%를 초과하지 않을 것

3) 신탁재산의 이전 : 위탁자와 수탁자 간 신임관계에 기하여 위탁자의 자산에 신탁이 설정되고 그 신탁재산의 소유권이 수탁자에게 이전된 경우로서 위탁자가 신탁 설정을 해지하거나 신탁의 수익자를 변경할 수 있는 등 신탁재산을 실질적으로 지배하고 소유하는 것으로 볼 수 있는 경우에는 양도로 보지 않는다. 이러한 신탁재산의 이전은 신탁재산의 관리·처분 등을 위한 형식적인 소유권의 이전에 불과하기 때문에 양도로 보지 않는다.

4) 양도담보 : 채무자가 채무의 변제를 담보하기 위해 자산을 양도한 경우에 다음의 요건을 갖춘 계약서의 사본을 과세표준확정신고서에 첨부한 때에는 양도로 보지 않는다. 다만, 양도담보계약을 체결한 후 위 요건에 위반되거나 채무불이행으로 변제에 충당된 때에는 그 시점에서 양도된 것으로 본다.

① 당사자 간에 채무의 변제를 담보하기 위해 양도한다는 의사표시가 있을 것
② 해당 자산을 채무자가 본래대로 사용·수익한다는 의사표시가 있을 것
③ 원금·이율·변제기간·변제방법 등에 관한 약정이 있을 것

[도 표] 소득세법 기본통칙에 따라 자산의 양도로 보는 경우와 보지 않는 경우

자산의 양도로 보지 않는 경우	자산의 양도로 보는 경우
① 법원의 확정판결에 의해 신탁해지를 원인으로 소유권이전등기를 하는 경우에는 양도로 보지 않는다. ② 매매원인 무효의 소에 의해 그 매매사실이 원인무효로 판시되어 환원될 경우에는 양도로 보지 않는다. ③ 공동소유의 토지를 소유지분별로 단순히 분할하거나 공유자 지분 변경 없이 2개 이상의 공유토지로 분할하였다가 그 공유토지를 소유지분별로 단순히 재분할하는 경우에는 양도로 보지 않는다. 이 경우 공동지분이 변경되는 경우에는 변경되는 부분은 양도로 본다.	① 공동사업(주택신축판매업 등)을 경영할 것을 약정하는 계약에 따라 양도소득세 과세대상 자산을 해당 공동사업체에 현물출자하는 경우에는 등기에 관계없이 현물출자한 날 또는 등기접수일 중 빠른 날에 해당 토지 등이 그 공동사업체에 유상으로 양도된 것으로 본다. ② 손해배상에 있어서 당사자 간의 합의에 의하거나 법원의 확정판결에 의해 일정액의 위자료를 지급하기로 하고, 동 위자료 지급에 갈음하여 당사자 일방이 소유하고 있던 부동산으로 대물변제한 때에는 그 자산을 양도한 것으로 본다.

④ 이혼으로 인해 혼인 중에 형성된 부부공동재산을 민법(재산분할청구권)에 따라 재산분할하는 경우에는 양도로 보지 않는다.
⑤ 소유자산을 경매·공매로 인해 자기가 재취득하는 경우에는 양도로 보지 않는다.

판례 저당권 실행을 위한 부동산 임의경매가 '자산의 양도'에 해당하는지 여부

저당권의 실행을 위한 부동산의 임의경매는 담보권의 내용을 실현하여 현금화하기 위한 행위로서 양도소득세 과세대상인 '자산의 양도'에 해당하고, 이 경우 양도소득인 매각대금은 부동산의 소유자에게 귀속되며, 그 소유자가 한정승인을 한 상속인이라도 그 역시 상속이 개시된 때로부터 피상속인의 재산에 관한 권리의무를 포괄적으로 승계하여 해당 부동산의 소유자가 된다는 점에서는 단순승인을 한 상속인과 다르지 않으므로 위 양도소득의 귀속자로 보아야 함은 마찬가지이다(2010두13630). ■

제2절 비과세 양도소득

I-2 p.878

Ⅰ. 서설

소득세법은 다음의 양도소득에 대해서는 공익상·정책상의 이유로 소득세를 과세하지 않고 있다.

① 1세대 1주택의 양도로 발생하는 소득
② 파산선고에 의한 처분으로 발생하는 소득
③ 농지의 교환·분합으로 발생하는 소득

Ⅱ. 1세대 1주택의 양도소득에 대한 비과세

1. 개요

1세대 1주택과 그 부수토지의 양도로 발생하는 소득에 대해서는 소득세를 과세하지 않는다. 그 취지는 서민의 주거생활의 안정을 도모하려는 데 있다.

여기서 '1세대 1주택'이란 1세대가 양도일 현재 국내에 1주택을 보유하고 있는 경우로서 해당 주택의 보유기간이 2년 이상인 것(취득 당시에 조정대상지역에 있는 주택의 경우에는 해당 주택의 보유기간이 2년 이상이고 그 보유기간 중 거주기간이 2년 이상인 것)을 말한다. 이하에서는 그 요건을 ① 주택의 범위 ② 1세대의 요건 ③ 1주택의 요건 ④ 2년 이상 보유의 요건(조정대상지역

은 2년 이상의 거주요건 추가)으로 나누어 살펴보기로 한다.

2. 주택의 개념과 범위

1) 주택의 개념 : '주택(住宅)'이란 허가 여부나 공부(公簿)상의 용도구분에 관계없이 세대의 구성원이 독립된 주거생활을 할 수 있는 구조(세대별로 구분된 각각의 공간마다 별도의 출입문, 화장실, 취사시설이 설치되어 있는 구조를 말한다)를 갖추어 사실상 주거용으로 사용하는 건물을 말한다. 이 경우 그 용도가 분명하지 않으면 공부상의 용도에 따른다. 이러한 주택에는 이에 딸린 토지로서 다음의 면적 이내의 토지(이하 '주택부수토지'라 한다)를 포함한다.

주택부수토지의 한계면적 = 건물정착면적×지역별로 정한 배율(3배 · 5배 · 10배)

참고 다가구주택의 경우

다가구주택에 대해서는 한 가구가 독립하여 거주할 수 있도록 구획된 부분을 각각 하나의 주택으로 본다. 다만, 다가구주택을 가구별로 양도하지 않고 그 다가구주택을 하나의 매매단위로 하여 양도하는 경우에는 그 전체를 하나의 주택으로 본다. ■

2) 겸용주택의 경우 : 하나의 건물이 주택과 주택 외의 부분으로 복합되어 있는 경우 다음과 같이 판정한다.

구분	건물	부수토지
① 주택면적 > 주택 외의 건물면적	전부 주택	전부 주택부수토지
② 주택면적 ≤ 주택 외의 건물면적	주택 외의 부분은 주택으로 보지 않는다.	건물면적비율로 안분계산하여 주택부수토지를 계산

3) 고가주택의 경우 : 고가주택의 양도에 대해서는 비과세가 적용되지 않는다. 여기서 '고가주택'이란 주택 및 이에 부수되는 토지의 양도 당시의 실지거래가액의 합계액이 12억원을 초과하는 것을 말한다. 이 경우 1주택 및 이에 부수되는 토지의 일부를 양도하거나 일부가 타인 소유인 경우에는 다음의 금액을 기준으로 12억원을 초과하는지의 여부를 판정한다.

$$\text{실지거래가액의 합계액} \times \frac{\text{전체 주택면적}}{\text{양도하는 부분(타인소유 부분 포함)의 면적}}$$

한편 겸용주택의 경우에는 주택으로 보는 부분(부수토지 포함)에 해당하는 실지거래가액을 포함하여 판정하며, 단독주택으로 보는 다가구주택의 경우에는 그 전체를 하나의 주택으로 보아 고가주택에 해당하는지의 여부를 판정한다.

3. 1세대의 요건

'1세대'란 거주자 및 그 배우자(법률상 이혼하였으나 생계를 같이하는 등 사실상 이혼한 것으로 보기 어려운 관계에 있는 사람 포함)가 그들과 같은 주소·거소에서 생계를 같이 하는 자와 함께 구성하는 가족단위를 말한다. 여기서 '생계를 같이 하는 자'란 거주자 및 그 배우자의 직계존비속(그 배우자를 포함) 및 형제자매를 말하며, 취학, 질병의 요양, 근무 또는 사업상의 형편으로 본래의 주소·소에서 일시 퇴거한 사람을 포함한다.

이처럼 1세대가 되기 위해서는 원칙적으로 배우자가 있어야 하지만, 다음 중 어느 하나에 해당하는 경우에는 배우자가 없어도 1세대로 본다.

① 해당 거주자의 나이가 30세 이상인 경우

② 배우자가 사망하거나 이혼한 경우

③ 소득세법에 따른 소득 중 기획재정부령으로 정하는 소득이 기준 중위소득을 12개월로 환산한 금액의 40% 이상이고, 소유하고 있는 주택 또는 토지를 관리·유지하면서 독립된 생계를 유지할 수 있는 경우. 다만, 미성년자의 경우를 제외하되, 미성년자의 결혼, 가족의 사망 그 밖에 기획재정부령이 정하는 사유로 1세대의 구성이 불가피한 경우에는 그렇지 않다.

4. 1주택의 요건

1) 1주택의 개념과 판정기준 : 1세대 1주택으로서 양도소득세가 비과세되기 위해서는 1세대가 양도일* 현재 국내에 1주택만을 보유해야 한다. 이러한 1주택의 보유 여부는 양도 시점을 기준으로 판단한다. 한편 1세대 1주택 비과세규정을 적용할 때에 2개 이상의 주택을 같은 날에 양도하는 경우에는 해당 거주자가 선택하는 순서에 따라 주택을 양도한 것으로 본다.

* 주택의 매매계약을 체결한 후 해당 계약에 따라 주택을 주택 외의 용도로 용도변경하여 양도하는 경우에는 해당 주택의 '매매계약일'을 말한다(이하 같다).

[도 표] 1주택 보유 여부의 판정사례

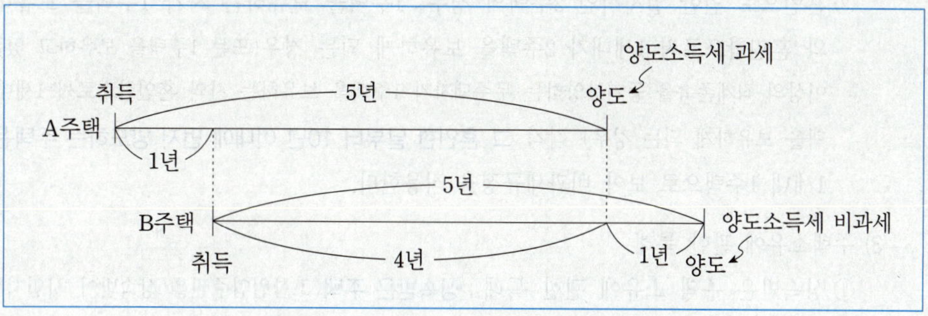

2) 1세대 2주택에 대한 비과세특례

① 일시적 2주택의 경우 : 국내에 1주택을 소유한 1세대가 그 주택(이하 '종전의 주택')을 양도하기 전에 다른 주택(이하 '신규 주택')을 취득함으로써 일시적으로 2주택이 된 경우, 종전의 주택을 취득한 날부터 1년 이상이 지난 후 신규 주택을 취득하고 신규 주택을 취득한 날부터 3년 이내에 종전의 주택을 양도하는 경우*에는 이를 1세대 1주택으로 보아 비과세 여부를 판정한다.

* 3년 이내에 양도하지 못하는 경우로서 한국자산관리공사에 매각의뢰, 법원경매, 공매 등이 진행중인 경우를 포함한다.

[도 표] 일시적 2주택에 대한 비과세특례

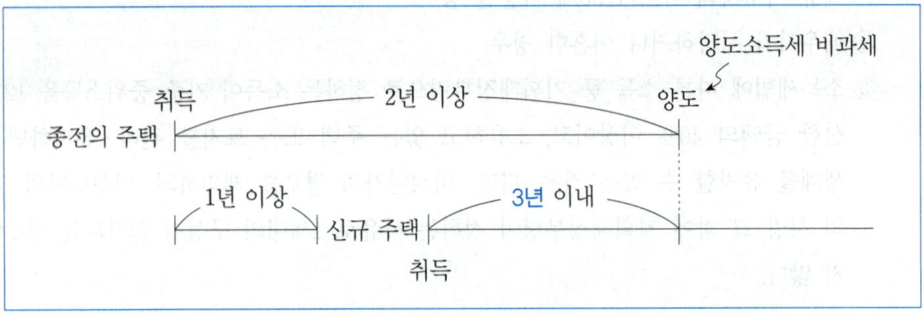

② 직계존속의 동거봉양을 위한 일시적인 2주택의 경우 : 1주택을 보유하고 1세대를 구성하는 자가 1주택을 보유하고 있는 60세 이상의 직계존속(다음 중 어느 하나에 해당하는 자 포함, 이하 같다)을 동거봉양하기 위해 세대를 합침으로써 1세대가 2주택을 보유하게 되는 경우 세대를 합친 날부터 10년 이내에 먼저 양도하는 주택은 이를 1세대 1주택으로 보아 비과세규정을 적용한다.

㉠ 배우자의 직계존속으로서 60세 이상인 사람

㉡ 직계존속(배우자의 직계존속을 포함) 중 어느 한 사람이 60세 미만인 경우

㉢ 60세 미만의 직계존속(배우자의 직계존속을 포함)으로서 중증질환자 등을 가진 사람에 해당하여 보건복지부장관이 정하는 요양급여를 받는 사람

③ 혼인으로 인한 일시적인 2주택의 경우 : 1주택을 보유하는 자가 1주택을 보유하는 자와 혼인함으로써 1세대가 2주택을 보유하게 되는 경우(또는 1주택을 보유하고 있는 60세 이상의 직계존속을 동거봉양하는 무주택자가 1주택을 보유하는 자와 혼인함으로써 1세대가 2주택을 보유하게 되는 경우) 각각 그 혼인한 날부터 10년 이내에 먼저 양도하는 주택은 이를 1세대 1주택으로 보아 비과세규정을 적용한다.

3) 주택소유에 관한 특례

① 상속받은 주택 소유에 관한 특례 : 상속받은 주택(조합원입주권을 상속받아 사업시행 완료

후 취득한 신축주택을 포함하며, 피상속인이 상속개시 당시 2 이상의 주택을 소유한 경우에는 피상속인의 소유주택기간이 가장 긴 1주택)과 그 밖의 주택(상속개시 당시 보유한 주택 또는 상속개시 당시 보유한 조합원입주권에 의해 사업시행 완료 후 취득한 신축주택만 해당하며, 상속개시일부터 소급하여 2년 이내에 피상속인으로부터 증여받은 주택 또는 증여받은 조합원입주권에 의해 사업시행 완료 후 취득한 신축주택은 제외한다. 이하 '일반주택')을 국내에 각각 1개씩 소유하고 있는 1세대가 일반주택을 양도하는 경우에는 국내에 1개의 주택을 소유하고 있는 것으로 보아 1세대 1주택 비과세 여부를 판정한다.

② 문화유산 주택 소유에 관한 특례 : 문화유산 등에 해당하는 주택과 그 밖의 주택(이하 '일반주택')을 국내에 각각 1개씩 소유하고 있는 1세대가 일반주택을 양도하는 경우에는 국내에 1개의 주택을 소유하고 있는 것으로 보아 1세대 1주택 비과세 여부를 판정한다.

③ 농어촌주택 소유에 관한 특례 : 농어촌주택과 일반주택(농어촌주택 외의 주택)을 국내에 각각 1개씩 소유하고 있는 1세대가 일반주택을 양도하는 경우에는 국내에 1개의 주택을 소유하고 있는 것으로 보아 1세대 1주택 비과세 여부를 판정한다. 다만, 농어촌주택에 대해서는 그 주택을 취득한 날부터 5년 이내에 일반주택을 양도하는 경우에 한하여 이를 적용한다.

④ 근무상의 형편 등으로 취득한 주택 소유에 관한 특례 : 취학, 근무상의 형편, 질병의 요양 및 그 밖에 부득이한 사유로 취득한 수도권 밖에 소재하는 주택과 그 밖의 주택(이하 '일반주택')을 국내에 각각 1개씩 소유하고 있는 1세대가 부득이한 사유가 해소된 날부터 3년 이내에 일반주택을 양도하는 경우에는 국내에 1개의 주택을 소유하고 있는 것으로 보아 1세대 1주택 비과세 여부를 판정한다.

5. 2년 이상 보유의 요건(조정대상지역은 2년 이상 거주요건)

1) 2년 이상 보유(조정대상지역은 2년 이상 거주)의 요건과 판정기준 : 양도소득세가 비과세되는 1세대 1주택은 그 보유기간이 2년 이상인 경우(취득 당시에 조정대상지역에 있는 주택의 경우에는 해당 주택의 보유기간이 2년 이상이고 그 보유기간 중 거주기간이 2년 이상인 경우만 해당)에 적용한다.

* '조정대상지역'이란 주택가격 · 청약경쟁률 · 분양권 전매량 및 주택보급률 등을 고려하였을 때 주택분양 등이 과열되어 있거나 과열될 우려가 있는 지역으로서 국토교통부령으로 정하는 기준을 충족하는 지역을 주거정책심의위원회의 심의를 거쳐 지정한 지역을 말한다.

2) 보유기간 등의 계산 : 여기서 보유기간 · 거주기간은 해당 주택의 취득일부터 양도일까지로 한다. 다만, 다음에 어느 하나의 기간을 통산한다.

① 거주하거나 보유하는 중에 소실 · 도괴(倒壞, 무너짐) · 노후 등으로 인해 멸실되어 재건축한 주택인 경우에는 그 멸실된 주택과 재건축한 주택에 대한 보유기간 및 거주기간

② 비거주자가 해당 주택을 3년 이상 계속 보유하고 그 주택에서 거주한 상태로 거주자로 전환된 경우에는 해당 주택에 대한 보유기간 및 거주기간

③ 상속받은 주택으로서 상속인과 피상속인이 상속 개시 당시 동일세대인 경우에는 상속 개시 전에 상속인과 피상속인이 동일세대로서 거주하고 보유한 기간

참고 주택으로 용도변경시 1세대 1주택 비과세 보유기간의 계산

1세대 1주택 비과세 판정시 보유기간은 해당 주택의 취득일부터 양도일까지로 한다. 다만, 주택이 아닌 건물을 사실상 주거용으로 사용하거나 공부상의 용도를 주택으로 변경하는 경우 그 보유기간은 해당 자산을 사실상 주거용으로 사용한 날(사실상 주거용으로 사용한 날이 분명하지 않은 경우에는 그 자산의 공부상 용도를 주택으로 변경한 날)부터 양도한 날까지로 한다. ■

3) 보유기간 등의 제한을 받지 않는 경우 : 1세대가 양도일 현재 국내에 1주택을 보유하고 있는 경우로서 다음 ①,②,③에 해당하는 경우에는 보유기간 및 거주기간의 제한을 받지 않으며, ④에 해당하는 경우에는 거주기간의 제한을 받지 않는다.

• 보유기간 및 거주기간의 제한을 받은 않는 경우

① 5년 이상 거주한 민간임대주택 등을 양도하는 경우 : 민간건설임대주택이나 공공건설임대주택 또는 공공매입임대주택을 취득하여 양도하는 경우로서 해당 임대주택의 임차일부터 양도일까지의 기간 중 세대전원이 거주(취학, 근무상의 형편, 질병의 요양, 그 밖에 부득이한 사유로 세대의 구성원 중 일부가 거주하지 못하는 경우를 포함한다)한 기간이 5년 이상인 경우에는 보유기간 및 거주기간의 제한을 받지 않고 비과세된다.

② 수용 등의 경우 : 다음 중 어느 하나에 해당하는 경우에도 보유기간 · 거주기간의 제한을 받지 않고 비과세된다.

㉠ 주택 및 그 부수토지(사업인정 고시일 전에 취득한 주택 및 그 부수토지)의 전부 · 일부가 법률에 따라 협의매수 · 수용되는 경우(그 양도일 · 수용일부터 5년 이내에 양도하는 그 잔존주택 및 그 부수토지 포함)

㉡ 해외이주 또는 1년 이상 국외거주를 필요로 하는 취학 · 근무상 형편으로 세대전원이 출국하는 경우(다만, 출국일 현재 1주택을 보유하고 있는 경우로서 출국일부터 2년 이내에 양도하는 경우에만 해당)

③ 취학 · 질병요양 또는 근무상 형편으로 양도하는 경우에는 다음 중 어느 하나의 사유로 인해 세대원 전원이 다른 시 · 군으로 주거를 이전하게 되어 1년 이상 거주한 주택을 양도하는 경우에도 보유기간 · 거주기간의 제한을 받지 않고 비과세된다.

㉠ 초 · 중등교육법에 따른 고등학교 및 고등교육법에 따른 학교에 취학

㉡ 1년 이상의 치료 · 요양을 필요로 하는 질병의 치료 · 요양

㉢ 직장의 변경이나 전근 등 근무상의 형편

㉣ 학교폭력으로 인한 전학(학교폭력대책자치위원회가 피해학생에게 전학이 필요하다고 인정하는 경우만 해당)

• 거주기간의 제한을 받지 않는 경우
④ 거주자가 조정대상지역의 공고가 있은 날 이전에 매매계약을 체결하고 계약금을 지급한 사실이 증빙서류에 의해 확인되는 경우로서 해당 거주자가 속한 1세대가 계약금 지급일 현재 주택을 보유하지 않은 경우

6. 상생임대주택에 대한 1세대 1주택의 특례

국내에 1주택을 소유한 1세대가 다음의 요건을 모두 갖춘 주택(이하 '상생임대주택')을 양도하는 경우에는 1세대 1주택에 대한 양도소득세 비과세요건 및 1세대 1주택에 대한 장기보유특별공제를 적용할 때 해당 규정에 따른 거주기간의 제한을 받지 않는다.

① 1세대가 주택을 취득한 후 해당 주택에 대하여 임차인과 체결한 직전 임대차계약(해당 주택의 취득으로 임대인의 지위가 승계된 경우의 임대차계약은 제외한다. 이하 '직전임대차계약') 대비 임대보증금 또는 임대료의 증가율이 5%를 초과하지 않는 임대차계약(이하 '상생임대차계약')을 2021.12.20.부터 2026.12.31.까지의 기간 중에 체결(계약금을 지급받은 사실이 증빙서류에 의해 확인되는 경우로 한정한다)하고 임대를 개시할 것
② 직전임대차계약에 따라 임대한 기간이 1년 6개월 이상일 것
③ 상생임대차계약에 따라 임대한 기간이 2년 이상일 것

7. 조합원입주권을 소유하는 경우 1세대 1주택의 특례

1) 1세대 1조합원입주권의 양도시 비과세적용 : 조합원입주권은 부동산을 취득할 수 있는 권리에 해당하므로 이것을 양도하여 발생하는 소득에 대해서는 원칙적으로 양도소득세가 과세된다. 그런데 조합원입주권을 1개 보유한 1세대[관리처분계획의 인가일 등(인가일 전에 기존주택이 철거되는 때에는 기존주택의 철거일) 현재 1세대 1주택 비과세요건에 해당하는 기존주택을 소유하는 세대]가 다음 중 어느 하나의 요건을 충족하여 양도하는 경우 해당 조합원입주권을 양도하여 발생하는 소득에 대해서는 양도소득세를 과세하지 않는다. 다만, 해당 조합원입주권의 양도 당시의 실지거래가액의 합계액이 12억원을 초과하는 경우에는 양도소득세를 과세한다.

① 양도일 현재 다른 주택 또는 분양권을 보유하지 않을 것
② 양도일 현재 1조합원입주권 외에 보유한 경우(분양권을 보유하지 않는 경우로 한정한다)로서 해당 1주택을 취득한 날부터 3년 이내에 해당 조합원입주권을 양도할 것(3년 이내에 양도하지 못하는 경우로서 한국자산관리공사에 매각의뢰, 법원경매, 공매 등이 진행 중인 경우를 포함한다)

2) 1세대 1주택에 대한 비과세 배제 : 1세대 1주택 비과세규정에 불구하고 1세대가 주택과 조합원입주권(또는 분양권)을 보유하다가 그 주택을 양도하는 경우에는 1세대 1주택 비과

소득 08

세규정을 적용하지 않는다. 그 취지는 조합원입주권(또는 분양권)의 보유도 주택을 소유하는 것과 동일하게 취급함으로써 양도소득세 과세를 강화하는데 있다. 다만, 「도시 및 주거환경정비법」에 따른 재건축사업 또는 재개발사업, 「빈집 및 소규모주택 정비에 관한 특례법」에 따른 자율주택정비사업, 가로주택정비사업, 소규모재건축사업 또는 소규모재개발사업의 시행기간 중 거주를 위하여 주택을 취득하는 경우나 그 밖의 부득이한 사유가 있는 경우에는 1세대 1주택 비과세규정을 적용한다.

Ⅲ. 미등기양도자산에 대한 비과세의 배제

미등기양도자산에 대해서는 소득세법이나 그 밖의 법률 중 양도소득세의 비과세에 관한 규정을 적용하지 않는다. 여기서 '미등기양도자산'이란 토지 · 건물 및 부동산에 관한 권리를 취득한 자가 그 자산 취득에 관한 등기를 하지 않고 양도하는 것을 말한다. 다만, 다음의 자산은 제외한다.

① 장기할부조건으로 취득한 자산으로서 그 계약조건에 따라 양도 당시 그 자산의 취득에 관한 등기가 불가능한 자산
② 법률의 규정 또는 법원의 결정에 따라 양도 당시 그 자산의 취득에 관한 등기가 불가능한 자산
③ 비과세요건을 충족한 교환 · 분합하는 농지, 감면요건을 충족한 자경농지 및 대토하는 농지
④ 비과세요건을 충족한 1세대 1주택으로서 건축법에 따른 건축허가를 받지 않아 등기가 불가능한 자산
⑤ 법률에 따른 도시개발사업이 종료되지 않아 토지 취득등기를 하지 않고 양도하는 토지
⑥ 건설사업자가 법률에 따라 공사용역 대가로 취득한 체비지를 토지구획환지처분공고 전에 양도하는 토지

[도 표] 미등기에 대한 규제 요약

구분	규제의 내용
(1) 필요경비 개산공제	일반적으로는 3%임에도 불구하고, 미등기양도 자산의 경우에는 0.3%
(2) 장기보유특별공제와 양도소득기본공제	배제
(3) 세율	70%
(4) 비과세와 감면	배제

* 미등기양도자산에 대해서 이처럼 규제하는 이유는 자산의 취득에 관한 등기없이 양도하여 과세자료를 누락시키고 경제질서 혼란 행위를 제재하려는 데 있다.

판 례 부동산매매계약시 미등기양도에 해당하는 사례

당초 매수인이 대금을 완납하기 전에 매매계약서상의 매수인으로서의 지위를 제3자에게 양도한 경우라면, 부동산을 등기를 거치지 않은 상태에서 취득하여 제3자에게 양도하는 것이 아니라 단지 매수인으로서의 지위를 양도하는 것이므로 해당 매매계약서상에 대금을 청산하지 않더라도 당초 매수인에게 소유권이전등기를 해주기로 한 특약 등 특별한 사정이 없는 한, 부동산 권리에 관한 매수인 지위의 양도 자체에서는 취득에 관한 등기 자체가 원칙적으로 불가능하므로 미등기 양도자산에 관한 중과세율을 적용할 수 없을 것이나, 부동산 매매계약을 체결한 매수인이 대금을 청산하지 아니한 상태라고 하더라도 그 매매계약상 권리의무관계 내지 매수인의 지위를 그대로 유지하면서 제3자와 다시 그 부동산에 관한 매매계약을 체결한 경우에는 매수인의 명의로 부동산을 취득하여 양도하기로 하는 것이므로 이는 해당 부동산의 권리에 관한 매수인으로서의 지위가 아닌 부동산 자체의 양도에 해당하고, 그 후 매수인이 매도인에게 잔금을 완납하면 그 취득에 관한 등기가 가능하므로 매수인이 그 명의의 소유권이전등기를 하지 아니한 채 곧바로 제3자에게 소유권이전등기를 마쳐 주었다면 이에 대하여는 미등기 양도자산에 관한 중과세율을 적용해야 할 것이다(2013두10519). ■

판 례 미등기전매의 경우 10년의 장기 제척기간이 적용되는지 여부

10년 장기 제척기간의 입법 취지는 국세에 관한 과세요건사실의 발견을 곤란하게 하거나 허위의 사실을 작출하는 등의 부정한 행위가 있는 경우에는 단순미신고와 달리 과세관청으로서는 탈루신고임을 발견하기가 더욱 어려워 부과권의 행사를 기대하기가 매우 곤란하므로 해당 국세에 대한 부과제척기간을 10년으로 연장하는 데에 있다. 따라서 부동산을 매수하여 전매한 자가 미등기전매로 인한 이익을 얻고자 매도인과 최종 매수인 사이에 직접 매매계약을 체결한 것처럼 매매계약서를 작성하는 데에 가담하고, 나아가 소유권이전등기도 매도인으로부터 최종 매수인 앞으로 직접 마치도록 하는 한편 자신의 명의로는 양도소득세 예정신고나 확정신고를 하지 아니한 채 그 신고기한을 도과시키는 등의 행위를 하는 것은 조세의 부과징수를 불능 또는 현저히 곤란하게 하는 위계 기타 부정한 적극적인 행위로서 국세기본법 10년 장기 제척기간이 적용되는 '사기 기타 부정한 행위'에 해당한다(2013두10519). ■

판 례 매수인의 잔금의 상당한 부분을 지급한 경우 미등기양도자산에 해당한다는 사례

부동산 매매계약을 체결한 매수인이 대금을 청산하지 않은 상태에서 매매계약상 권리의무 또는 매수인의 지위를 제3자에게 양도하고 그 매매계약 관계에서 탈퇴하는 경우에는, 매매당사자 사이에 잔금의 완납 전이라도 소유권이전등기를 먼저 넘겨주기로 특약을 하였다는 등 특별한 사정이 없는 한 그 취득에 관한 등기 자체가 불가능하므로 이를 양도하더라도 원칙적으로 미등기양도자산에 관한 중과세율을 적용할 수 없다. 그러나 부동산매매계약을 체결한 매수인이 매매대금 중 계약금과 중도금뿐만 아니라 잔금의 상당 부분을 이미 지급하여 잔금 일부만을 지급하면 바로 그 취득에 관한 등기가 가능함에도, 양도소득세 중과세율 적용을 회피할 의도 등으로 그 대금을 지급하지 아니한 채 부동산에 관한 자신의 권리를 양도하는 등의 특별한 사정이 있다면, 이러한 경우에는 미등기양도자산에 관한 중과세율을 적용해야 할 것이다(2011두7557). ■

제3절 취득 · 양도시기와 기준시가

I-2 p.894

Ⅰ. 취득 · 양도시기

1. 개요

토지 · 건물 등과 같은 자산의 거래는 매매계약 등의 체결, 계약금 · 중도금의 지급, 대금청산 및 소유권이전등기 등의 과정을 거쳐 이루어진다. 이와 같은 자산의 거래과정 중 어떤 시점을 자산의 양도 · 취득시기로 볼 것인가 하는 문제가 제기된다. 왜냐하면 양도 · 취득시기는 양도소득의 귀속연도, 양도차익의 크기, 장기보유특별공제, 세율적용 등에 영향을 주기 때문에 매우 중요하다.

2. 양도시기 또는 취득시기의 판정

1) 원칙 : 자산의 취득시기 · 양도시기는 해당 자산의 대금을 청산한 날로 한다. 여기서 '대금을 청산한 날'이란 매매계약서에 기재된 잔금지급약정일이 아니라 실제로 대금의 잔액을 주고받은 날을 말한다. 그리고 자산의 대금에는 해당 자산의 양도에 대한 양도소득세 및 그 부가세액을 양수자가 부담하기로 약정한 경우에는 해당 양도소득세 및 그 부가세액을 제외한다.

2) 예외

① 대금을 청산한 날이 분명하지 않는 경우에는 등기부 · 등록부 · 명부 등에 기재된 등기 · 등록접수일 · 명의개서일

② 대금을 청산하기 전에 소유권이전등기 등을 하는 경우에는 등기부 · 등록부 등에 기재된 등기접수일

③ 장기할부조건부 양도의 경우에는 소유권이전등기(등록 · 명의개서를 포함)접수일 · 인도일 · 사용수익일 중 빠른 날

참고 장기할부조건부 양도

해당 자산의 대가를 월부 · 연부 그 밖의 부불방법에 따라 수입하는 것 중 다음의 요건을 모두 갖춘 것을 말한다.

- 계약금을 제외한 해당 자산의 양도대금을 2회 이상으로 분할하여 수입할 것
- 양도하는 자산의 소유권이전등기접수일 · 인도일 · 사용수익일 중 빠른 날의 다음 날부터 최종부불금의 지급일까지의 기간이 1년 이상일 것. 이때 그 1년 이상의 기간은 확정되어 있어야만 해당 요건을 갖춘 것으로 볼 수 있고, 단지 최종 할부금의 지급일까지 상당한 기간이 소요될 것으로 예상되었거나 구체적인 계약 이행 과정에서 최종 할부금의 지급이 지연되어 결과적으로 1년 이상이 된 경우라면 장기할부조건부라고 할 수 없다고 대법원이 판시한 바 있다(2013두2037). ■

판례 총매매대금의 98.72%를 수령한 경우 토지의 양도시기는 잔금이 모두 지급된 날이라는 사례

대금이 모두 지급된 경우뿐만 아니라 사회통념상 그 대가적 급부가 거의 전부 이행되었다고 볼 만한 정도에 이른 경우에도 양도소득세의 과세요건을 충족하는 부동산의 양도가 있다고 봄이 타당하다고 할 것이나, 그 대가적 급부가 사회통념상 거의 전부 이행되었다고 볼 만한 정도에 이르는지 여부는 미지급 잔금의 액수와 그것이 전체 대금에서 차지하는 비율, 미지급 잔금이 남게 된 경위 등에 비추어 구체적 사안에서 개별적으로 판단해야 한다.

이 사건에서 원고가 지급한 계약금 · 중도금 합계액이 15억원으로서 총 매매대금의 98.72%에 이르지만, 잔금을 남겨둔 경위나 미지급된 잔금의 액수 등에 비추어 볼 때 그 잔금 2,000만원은 거래관행상 대금이 모두 지급된 것으로 볼 수 있을 정도로 적은 금액이라고 보기 어렵다(2013두2037). ■

참고 토지거래계약 허가와 양도 · 취득시기

매매계약체결 전에 법률에 따라 토지거래계약에 관한 허가를 받지 않았으나, 대금청산 후 허가를 받은 경우에는 그 계약은 소급하여 유효한 계약이 되므로 해당 자산에 대한 대금을 청산한 날이 양도 · 취득시기가 된다고 볼 수 있다. 이러한 점을 반영하여 해당 허가를 받기 전에 대금을 청산한 경우에 양도소득과세표준예정신고는 그 허가일이 속하는 달의 말일부터 2개월 이내에 관할세무서장에게 신고해야 하는 것이며, 허가를 받기 전에 이행한 양도소득과세표준예정신고는 대금청산 후 허가를 받은 경우에 그 효력이 인정된다. ■

판례 양도소득의 귀속시기에 대한 판단 기준

양도시기는 양도소득의 귀속시기에 대한 예외 없는 일반원칙으로 단정해서는 안 되고, 구체적 사안에 있어 양도소득에 대한 관리 · 지배와 양도소득의 객관화 정도, 납세자금의 확보시기 등까지 함께 고려하여, 양도소득이 현실적으로 실현될 것까지는 없다고 하더라도 그 실현의 가능성에 있어 상당히 높은 정도로 성숙 · 확정되었는지 여부를 기준으로 하여 그 귀속시기를 합리적으로 판단함이 상당하다.

이 사건에서 수용 대상 토지에 대한 소유권 분쟁으로 그 수용보상금 채권의 권리 귀속에 대한 다툼에 있어 수용보상금 채권에 대해 처분금지 가처분이 이루어진 경우에는 사업시행자가 법률에 따라 공탁을 할 수 있다. 그렇다면 공탁금에 관한 원고의 권리는 해당 소유권 분쟁에 관한 판결이 확정된 때에 비로소 그 실현의 가능성에 있어서 상당히 높은 정도로 성숙 · 확정되었다고 할 것이므로, 이 사건 토지의 양도시기로서 이 사건 양도소득이 원고에게 귀속된 날은 이 사건 수용보상금의 공탁일이 아니라 해당 판결의 확정일로 보아야 한다(2010두22597). ■

3) 자가건설한 건축물의 경우 : 자기가 건설한 건축물에 있어서는 사용검사필증교부일로 한다. 다만, 사용검사 전에 사실상 사용하거나 사용승인을 얻은 경우에는 그 사실상의 사용일 또는 사용승인일로 하고, 건축허가를 받지 않고 건축하는 건물에 있어서는 그 사실상의 사용일로 한다.

4) 상속 또는 증여에 의하여 취득한 경우 : 상속 · 증여에 따라 취득한 자산에 대해서는 그 상속이 개시된 날 또는 증여를 받은 날로 한다.

소득 08

5) 수회에 걸쳐 양도하는 특정주식의 경우 : 수회에 걸쳐 양도하는 특정주식(A)의 양도시기는 주주 1인과 기타주주가 주식 등을 양도함으로써 해당 법인의 주식 등의 합계액의 50% 이상을 양도하는 날로 하되, 그 양도가액은 그들이 사실상 주식 등을 양도한 날의 양도가액에 의한다.

6) 특수한 경우의 양도 · 취득시기

① 점유취득시효에 따라 취득한 경우 : 20년간 소유의 의사로 평온 · 공연하게 부동산을 점유하여 등기함으로써 부동산의 소유권을 취득한 경우에는 해당 부동산의 점유를 개시한 날로 한다.

② 법률에 따라 수용되는 경우 : 이 경우에는 대금을 청산한 날, 수용의 개시일 또는 소유권이전등기접수일 중 빠른 날을 양도시기로 한다. 다만, 소유권에 관한 소송으로 보상금이 공탁된 경우에는 소유권 관련 소송 판결 확정일을 양도시기로 한다.

③ 완성 · 확정되지 않은 자산을 양도 · 취득한 경우 : 해당 자산의 대금을 청산한 날까지 그 목적물이 완성 · 확정되지 않는 경우에는 그 목적물이 완성 · 확정된 양도일 · 취득일로 본다. 이 경우 건설 중인 건물의 완성된 날에 대해서는 자기가 건설한 건축물의 취득시기를 준용한다.

④ 환지처분으로 취득한 토지의 경우 : 법률규정에 따른 환지처분으로 취득한 토지의 취득시기는 환지 전 토지의 취득일로 한다. 다만, 교부받은 토지의 면적이 환지처분에 따른 권리면적보다 증감된 경우에는 그 증감된 면적의 토지에 대한 취득 · 양도시기는 환지처분의 공고가 있는 날의 다음 날로 한다.

⑤ 양도한 자산의 취득시기가 분명하지 않는 경우 : 이 경우에는 먼저 취득한 자산을 먼저 양도한 것으로 본다.

Ⅱ. 기준시가

(1) 토지 · 건물

구분	기준시가
(1) 토지	개별공시지가
(2) 일반건물	매년 1회 이상 국세청장이 산정 · 고시하는 가액
(3) 지정지역 안에 있는 오피스텔 및 상업용건물(부수토지 포함)	건물의 종류 · 규모 · 거래상황 · 위치 등을 고려하여 매년 1회 이상 국세청장이 토지 · 건물에 대해 일괄하여 산정 · 고시한 가액

(4) 주택(부수토지 포함)	공동주택	국토교통부장관이 법률에 따라 결정 · 공시한 공동주택가격. 다만, 국세청장이 결정 · 고시한 공동주택가격이 있는 때에는 그 가격에 따른다.
	단독주택	시장 · 군수 · 구청장이 법률에 따라 결정 · 공시한 개별주택가격

(2) 주식 또는 출자지분

1) 주권상장법인의 주식 : 양도일 · 취득일 이전 1개월간 공표된 매일의 거래소 최종시세가액의 평균액을 기준시가로 한다.

2) 비상장주식

① 원칙 : 상증세법을 기준으로 평가하되, 평가기준 시기와 평가액은 다음에 따르고, 최대주주 등의 할증평가는 하지 않는다.

> 1주당 기준시가 = MAX (①, ②)
>
> ① 가중평균 1주당 가액* = $(1\text{주당 순손익가치} \times 3 + 1\text{주당 순자산가치} \times 2) \times \frac{1}{5}$
>
> * 부동산과다보유법인(해당 법인의 자산총액 중 토지 · 건물 및 부동산에 관한 권리의 자산가액의 합계액이 50% 이상인 법인)의 경우에는 1주당 순손익가치와 순자산가치를 각각 2와 3의 비율로 가중평균한 가액에 따른다.
>
> ② 1주당 순자산가치×80%
>
> '1주당 순손익액'과 '순자산가액'은 다음과 같이 계산한다.
>
> ㉠ 1주당 순손익액 : 양도일 · 취득일이 속하는 사업연도의 직전 사업연도의 1주당 순손익액에 따른다.
>
> ㉡ 순자산가액 : 양도일 · 취득일이 속하는 사업연도의 직전 사업연도 종료일 현재 해당 법인의 장부가액(토지의 경우에는 기준시가)에 따른다.
>
> 다만, 다음 중 어느 하나에 해당하는 경우에는 가중평균한 가액에 의하지 않고 1주당 순자산가치를 기준시가로 한다.
>
> ㉠ 양도소득세 과세표준신고기한 이내에 평가대상 법인의 청산절차가 진행 중이거나 사업자의 사망 등으로 인하여 사업의 계속이 곤란하다고 인정되는 법인인 경우
>
> ㉡ 사업개시 전의 법인, 사업개시 후 1년 미만의 법인과 휴 · 폐업 중에 있는 법인의 주식
>
> ㉢ 법인의 자산총액 중 주식가액의 합계액이 차지하는 비율이 80% 이상인 법인의 주식
>
> ㉣ 법인의 설립시 정관에 존속기한이 확정된 법인으로서 평가기준일 현재 잔여 존속기한이 3년 이내인 법인의 주식

② 예외 : 장부분실 등으로 취득 당시의 기준시가를 확인할 수 없는 경우에는 액면가액을 취득 당시의 기준시가로 한다.

소득 08

제4절 양도소득세 과세표준의 계산

I-2 p.904

I. 서설

양도소득세는 개인이 사업목적 없이 일정한 자산을 양도함으로써 얻는 소득에 대해 부과되는 조세이다. 양도소득에 대한 과세표준은 종합소득 · 퇴직소득과 구분하여 계산한다.

총 수 입 금 액	• 양도가액
− 필 요 경 비	• 취득가액 및 기타 필요경비
= 양 도 차 익	• 자산별로 계산
− 장기보유특별공제	• 보유기간이 3년 이상인 토지 · 건물
= 양 도 소 득 금 액	• ① 부동산 · 부동산에 관한 권리 · 기타자산, ② 주식 · 출자지분, ③ 파생상품, ④ 신탁수익권별로 계산
− 양도소득기본공제	• 위 자산그룹별 양도소득금액에서 각각 연 250만원
= 양도소득과세표준	• 적용되는 세율별로 구분계산(원칙)

II. 양도가액과 취득가액의 산정

1. 산정원리

양도소득세가 과세되는 자산의 양도가액 · 취득가액은 그 자산의 양도 · 취득 당시 실지거래가액에 따른다. 여기서 '실지거래가액'이란 자산의 양도 · 취득 당시에 양도자 · 양수자가 실제로 거래한 가액으로서 해당 자산의 양도 · 취득과 대가관계에 있는 금전과 그 밖의 재산가액을 말한다. 다만, 장부 · 매매계약서 · 영수증 그 밖의 증명서류에 의해 그 자산의 양도 · 취득 당시의 실지거래가액을 인정 · 확인할 수 없는 경우에는 다음의 추계방법을 순차로 적용하여 양도가액 · 취득가액을 산정할 수 있다.

적용순서	세부내용
① 매매사례가액	양도일 · 취득일 전후 각 3월 이내에 해당 자산(주권상장법인 · 코스닥상장법인의 주식 · 출자지분은 제외)과 동일성 · 유사성이 있는 자산의 매매사례가 있는 경우 그 가액을 말한다. * 매매사례가액 · 감정가액이 특수관계인과의 거래에 따른 가액 등으로서 객관적으로 부당하다고 인정되는 경우에는 이를 적용하지 않는다.

② 감정가액	양도일 · 취득일 전후 각 3월 이내에 해당 자산(주식 · 출자지분은 제외)에 대해 2 이상의 감정평가업자가 평가한 것으로서 신빙성이 있는 것으로 인정되는 감정가액(감정평가기준일이 양도일 · 취득일 전후 3월 이내인 것에 한정)이 있는 경우에는 그 감정가액의 평균액을 말한다. 다만, 기준시가가 10억원 이하인 자산(주식은 제외)의 경우에는 하나의 감정평가업자가 평가한 것으로서 신빙성이 있는 것으로 인정되는 감정가액을 말한다.
③ 환산취득가액	양도당시의 실지거래가액 · 매매사례가액 · 감정가액(이하 실지거래가액 등)을 기준시가에 따라 환산한 취득가액을 말한다. 다만, 신주인수권은 환산취득가액을 적용하지 않는다.
④ 기준시가	소득세법의 규정에 따라 산정한 가액으로서 양도 · 취득 당시의 기준이 되는 가액을 말한다.

여기서 환산취득가액은 다음의 방법에 따라 산정한 가액을 말하며, 양도가액의 산정에 있어서 이러한 환산취득가액은 적용되지 않는다.

$$\text{환산취득가액} = \text{양도 당시의 실지거래가액 등} \times \frac{\text{취득당시의 기준시가}}{\text{양도당시의 기준시가}}$$

한편 양도차익을 계산할 때 양도가액을 실지거래가액 등에 따를 때에는 취득가액도 실지거래가액 등에 따르고, 양도가액을 기준시가에 따를 때에는 취득가액도 기준시가에 따른다.

2. 결정 · 경정시 양도가액과 취득가액의 산정

관할세무서장이 양도소득과세표준 · 세액을 결정 · 경정하는 경우에도 앞에서 서술한 양도가액과 취득가액의 산정원리에 따른다. 다만, 실지거래가액에 따라 양도소득과세표준 예정 · 확정신고를 하였으나, 그 신고가액이 사실과 달라 관할세무서장 등이 실지거래가액을 확인한 경우에는 그 확인된 가액을 양도가액 · 취득가액으로 하여 양도소득과세표준 · 세액을 경정한다.

3. 실지거래가액 적용의 특수문제

구분	특수문제
양도가액	• 거주자가 양도소득세 과세대상자산을 특수관계인에 해당하는 법인(외국법인 포함, 이하 '특수관계법인')에게 양도한 경우로서 해당 거주자의 상여 · 배당 등으로 처분된 금액이 있는 경우에는 법인세법에 따른 시가를 해당 자산의 양도 당시의 실지거래가액으로 본다. 법인세법에 따른 부당행위계산부인의 적용으로 인하여 법인의 매입가액(거주자의 양도가액)과 시가와의 차액은 양도한 거주자의 근로소득 · 배당소득 등으로 소득세가 과세되기 때문에, 양도소득세와 이중과세되는 것을 방지하기 위해 해당 자산의 시가를 양도 당시의 실지거래가액으로 보는 것이다.

	• 거주자가 양도소득세 과세대상자산을 특수관계법인 외의 자에게 자산을 시가보다 높은 가격으로 양도한 경우로서 상증세법의 고가양도에 따른 이익의 증여규정에 따라 해당 거주자의 증여재산가액으로 하는 금액이 있는 때에는 '양도대가-증여재산가액'을 양도당시의 실지거래가액으로 본다. 이 경우 고가양도에 따른 이익의 증여규정에 따라 거주자에 대해 증여세가 과세되므로, 양도소득세와 이중과세되는 것을 방지하기 위해 양도대가에서 증여재산가액을 뺀 금액을 양도 당시 실지거래가액으로 보는 것이다.
취득가액	• 토지 · 건물 및 부동산에 관한 권리를 양도한 거주자가 그 자산의 취득당시 실지거래가액을 확인한 사실이 있는 경우에는 이를 해당 거주자의 취득 당시의 실지거래가액으로 본다. 다만, 다음 중 어느 하나에 해당하는 경우에는 그렇지 않다. ① 해당 자산에 대한 전소유자의 양도가액이 경정되는 경우 ② 전소유자의 해당 자산에 대한 양도소득세가 비과세되는 경우로서 실지거래가액보다 높은 가액으로 거래한 것으로 확인되는 경우
	• 상속 · 증여(부담부증여의 채무액에 해당하는 부분도 포함하되, 변칙적 거래에 따른 이익의 증여는 제외)받은 자산에 대하여 실지거래가액을 적용할 때에는 상속개시일 또는 취득일 현재 상증세법의 규정(제60조~제66조)에 따라 평가한 가액(상증세법 제76조에 따라 세무서장 등이 결정 · 경정한 가액이 있는 경우 그 결정 · 경정한 가액으로 한다)을 취득 당시의 실지거래가액으로 본다. • 상증세법의 변칙적 거래에 따른 이익의 증여규정 및 증여의제규정에 따라 증여세를 과세받은 경우에는 해당 증여재산가액(증여의제이익) 또는 그 증 · 감액을 취득가액에 더하거나 뺀다. • 수유자인 영리법인의 주주 · 출자자 중 상속인과 그 직계비속(이하 상속인 등)이 있는 경우에는 영리법인에게 면제된 상속세에서 영리법인에게 과세된 법인세상당액(영리법인이 받은 상속재산가액×10%)을 뺀 금액 중 그 지분상당액을 그 상속인 등이 납부할 의무가 있는 경우에는 해당 상속재산가액을 취득가액에 더한다.
	• 거주자가 양도소득세 과세대상자산을 특수관계법인으로부터 취득한 경우로서 법인세법에 따른 부당행위계산부인 규정에 따라 거주자의 상여 · 배당 등으로 처분된 금액이 있는 경우에는 해당 상여 · 배당 등으로 처분된 금액을 취득가액에 더한다. 법인세법에 따른 저가양도(거주자는 저가취득)에 대한 부당행위계산부인의 적용으로 인해 거주자의 근로소득 · 배당소득 등으로 소득세가 과세되기 때문에, 양도소득세와 이중과세되는 것을 방지하기 위해서 상여 · 배당 등으로 처분된 금액을 취득가액에 더한다.
	• 주식매수선택권을 행사하여 취득한 주식을 양도한 때에는 주식매수선택권을 행사하는 당시의 시가를 그 주식의 취득가액으로 한다.

판례 소급감정가액도 시가로 인정할 수 있는지 여부

해당 자산의 상속당시 시가를 평가하기 어렵다는 이유로 해당 자산의 취득가액을 개별공시지가로 평가하였다하더라도 이를 양도할 때 양도소득세 과세처분 취소소송의 사실심 변론종결 시까지 해당 자산의 상속당시 시가가 입증된 때에는 그 시가를 기준으로 정당한 양도차익 · 세액을 산출한 다음 과세처분의 세액이 정당한 세액을 초과하는지 여부를 판단해야 한다.

여기서 '시가'란 원칙적으로 정상적인 거래에 의해 형성된 객관적 교환가격을 의미하지만 이는 객관적이고 합리적인 방법으로 평가한 가액도 포함하는 개념이므로 거래를 통한 교환가격이 없는 경우에는 공신력 있는 감정기관의 감정가격도 '시가'로 볼 수 있고, 그 가액이 소급감정에 의한 것이라 하여도 달라지지 않는다(2010두8751). ■

판 례 상속개시일·증여일 현재 시가를 산정하기 어려운 토지에 관해 상속세·증여세의 과세표준이 되는 개별공시지가를 적용하는 것이 양도소득세 양도가액 및 취득가액을 구하는 소득세법 규정에 반하여 위법한지 여부

상속·증여받은 자산을 양도한 경우에 상속세·증여세의 과세표준에 해당하는 가액(즉 상속개시일·증여일 현재 '상증세법'에 의해 평가한 가액)은 양도차익 산정시 해당 자산의 필요경비로 인정하여 주고 양도가액이 위 가액을 초과하여 양도소득이 있는 경우에만 양도소득세를 부과하는 것이 조세누락이나 이중과세를 방지할 수 있는 점, 상속·증여받은 자산인 경우에는 그 취득에 소요된 실지거래가액이 존재하지 않아 취득에 소요된 실지거래가액에 관하여 상속개시일·증여일 현재 상증세법에 의해 평가한 가액을 취득에 소요된 실지거래가액으로 보는 규정이 마련된 점 등을 비추어 보면, 상속·증여받은 자산의 양도차익을 계산함에 있어서 그 양도가액을 양도 당시의 실지거래가액에 의하는 경우에는 그 취득 당시의 실지거래가액으로 상속개시일·증여일 현재 시가를 산정하기 어려운 토지에 관해 상속세·증여세의 과세표준이 되는 개별공시지가를 적용한다고 하여 해당 양도차익을 계산함에 있어서 이를 '양도가액을 실지거래가액에 의하는 때에는 취득가액도 실지거래가액에 의하고 양도가액을 기준시가에 의하는 때에는 취득가액도 기준시가에 의하도록 정한 원칙'에 반하여 위법하다고 볼 수 없다(2012두5770). ■

4. 토지와 건물을 함께 취득하거나 양도한 경우

양도가액·취득가액을 실지거래가액에 따라 산정하는 경우로서 토지·건물 등을 함께 취득·양도한 경우에는 이를 각각 구분하여 기장하되, 토지·건물 등의 가액 구분이 불분명할 때에는 부가가치세법의 경우와 동일하게 안분계산한다(토지·건물 등을 함께 취득·양도한 경우로서 그 토지·건물 등을 구분 기장한 가액이 위와 같이 따라 안분계산한 가액과 30% 이상 차이가 있는 경우 포함). 이 경우 공통되는 취득가액과 양도비용은 해당 자산의 가액에 비례하여 안분계산한다.

Ⅲ. 양도차익의 계산

1. 개요

총 수 입 금 액	• 양도가액
− 필 요 경 비	• 취득가액 및 기타 필요경비
= 양 도 차 익	• 양도하는 자산별로 계산

(1) 필요경비

실지거래가액에 의해 계산하는 경우	추계방법에 의해 계산하는 경우
(1) 취득가액 : 실지거래가액, 등기부상 기재가액, 물가상승률을 반영한 의제취득가액	(1) 취득가액 : 매매사례가액, 감정가액, 환산취득가액, 기준시가, 허위등기부기재가액 * 다만, 위 가액은 실지거래가액을 확인할 수 없는 경우에 한하여 적용한다.
(2) 기타 필요경비 : 자본적 지출액, 양도비용	(2) 기타 필요경비 : 개산공제

여기서 기타 필요경비에 대한 개산공제액은 다음과 같다.

구분		개산공제액
(1) 토지 · 건물		취득 당시의 기준시가×3% (미등기양도자산은 0.3%)
(2) 부동산에 관한 권리	① 지상권 · 전세권 · 등기된 부동산임차권	취득 당시의 기준시가×7%
	② 부동산을 취득할 수 있는 권리	취득 당시의 기준시가×1%
(3) 기타자산		
(4) 주식 · 출자지분		

추계방법에 의한 취득가액을 환산취득가액으로 하는 경우 ① (환산취득가액+개산공제액)이 ② (자본적지출액+양도비)보다 적은 경우에는 ② (자본적지출액+양도비)를 필요경비로 할 수 있다. 이 경우 세부담의 최소화를 위해 다음의 금액을 필요경비로 한다.

필요경비 ＝ MAX (① 환산취득가액 + 개산공제액, ② 자본적지출액 + 양도비용)

(2) 취득가액(실지거래가액)의 범위

취득가액(실지거래가액)은 다음의 금액을 합산한 것으로 한다.

취득가액에 포함되는 것	비고
① 취득원가에 상당하는 가액(현재가치할인차금과 폐업시 잔존재화의 자기공급에 따라 납부하였거나 납부할 부가가치세 포함)	부당행위계산에 따른 시가초과액은 제외
② 당사자 약정에 따른 대금지급방법에 따라 취득원가에 이자상당액을 가산하여 거래가액을 확정하는 경우 해당 이자상당액	당초 약정에 따른 거래가액의 지급기일의 지연으로 인해 추가로 발생하는 이자상당액은 제외
③ 취득에 관한 쟁송이 있는 자산에 대해 그 소유권 등을 확보하기 위해 직접 소요된 소송비용 · 화해비용 등의 금액	그 지출한 연도의 각 소득금액의 계산에 있어서 이미 필요경비에 산입된 것은 제외

이처럼 사업자가 현재가치할인차금을 계상한 경우에도 그 현재가치할인차금을 취득가액에서 포함한다. 다만, 양도자산 보유기간 중에 동 현재가치할인차금 상각액을 각 연도의 사업소득금액을 계산할 때 필요경비로 산입하였거나 산입할 금액이 있을 때에는 그 금액을 취득가액에서 공제한다.

한편 양도자산 보유기간에 그 자산에 대한 감가상각비로서 각 과세기간의 사업소득금액을 계산하는 경우 필요경비에 산입하였거나 산입할 금액이 있을 때에는 그 금액을 양도소득필요경비에서 공제한다. 이 규정은 취득가액을 실지거래가액으로 하는 경우는 물론이고 추계방법에 의한 가액으로 하는 경우에도 적용된다. 그 취지는 이중으로 필요경비에 산입되는 것을 방지하는 데 있다.

2. 자본적 지출액 및 양도비의 범위

자본적 지출액	양도비용
① 일반적인 자본적 지출액 ② 양도자산을 취득한 후 쟁송이 있는 경우에 그 소유권을 확보하기 위해 직접 소요된 소송비용 · 화해비용 등의 금액(그 지출한 연도의 각 소득금액을 계산할 때 필요경비에 산입된 것은 제외)으로 양도자산을 취득한 후 그 취득의 효력 등에 관한 다툼이 생겨 양도자산의 소유권을 확보하기 위해 직접 지출한 소송비용 · 화해비용 등을 말한다. 따라서 양도자산 취득의 효력 등에 관한 다툼이 없이 그 취득행위와 별도로 성립한 계약(해당 매도계약 전에 행한 다른 매매계약)의 이행과 관련한 다툼으로 인해 생긴 소유권 상실의 위험을 방지하기 위해 지출한 소송비용 · 화해비용 등은 이에 포함되지 않는다(2012두16619). ③ 법률에 따라 토지 등이 협의매수 · 수용되는 경우로서 그 보상금의 증액과 관련하여 직접 소요된 소송비용 · 화해비용 등의 금액으로 그 지출한 연도의 각 소득금액의 계산에 있어서 필요경비에 산입된 것을 제외한 금액(증액보상금을 한도). 여기서 수용 등에 따른 보상금의 증액과 관련된 소송은 토지의 양도가액을 확정하거나 그 증	① 자산을 양도하기 위해 직접 지출한 비용으로서 다음에 해당하는 비용 • 증권거래세 • 양도소득세과세표준 신고서 · 계약서 작성비용 • 공증비용 · 인지대 · 소개비 • 매매계약에 따른 인도의무를 이행하기 위해 양도자가 지출하는 명도비용 • 위의 비용과 유사한 비용 ② 토지 · 건물을 취득할 때 법령 등의 규정에 따라 매입한 국민주택채권 · 토지개발채권을 양도함으로써 발생하는 매각차손. 이 경우 금융기관 외의 자에게 양도한 경우에는 동일한 날에 금융기관에 양도하였을 경우 발생하는 매각차손을 한도로 한다.

액을 위한 소송으로 볼 수 있다. 그 보상금의 증액과 관련하여 직접 소요된 소송비용은 토지 등의 양도가액을 늘리기 위해 지출한 비용이므로 만일 토지 등의 양도가액을 위 소송에서 증액된 금액을 기준으로 하면서 그로 인한 소송비용은 필요경비로 공제하지 않는다면 이는 양도소득세를 부과하는 입법취지에 부합하지 않는다(2016두1059).

④ 양도자산의 용도변경 · 개량 · 이용편의를 위해 지출한 비용(재해 · 노후화 등 부득이한 사유로 인하여 건물을 재건축한 경우 그 철거비용을 포함한다)

⑤ 법률에 따른 개발부담금 · 재건축부담금. 이때 부담금의 납부의무자와 양도자가 서로 다른 경우에는 양도자에게 사실상 배분될 부담금의 상당액을 말한다.

이러한 자본적 지출액 필요경비 인정요건은 해당 자본적 지출에 관한 적격증명서류(세금계산서 · 계산서 · 신용카드매출전표 · 현금영수증)를 수취 · 보관한 경우와 실제 지출사실이 금융거래 증명서류에 의해 확인되는 경우일 때만 필요경비로 인정한다.

Ⅳ. 양도차익계산의 특례

1. 배우자 · 직계존비속간 증여재산에 대한 이월과세

(1) 개요

거주자가 양도일부터 소급하여 5년(2023.1.1. 이후 증여받은 경우는 10년, 2025.1.1. 이후 증여받은 주식 및 출자지분의 경우에는 1년)* 이내에 그 배우자 또는 직계존비속으로부터 증여받은 ① 토지 · 건물, ② 부동산을 취득할 수 있는 권리, ③ 주식 및 출자지분, ④ 특정시설물이용권의 양도차익을 계산할 때, 양도가액에서 공제할 필요경비는 증여자를 기준으로 계산한다.

* 위에서 규정하는 연수는 등기부에 기재된 소유기간에 따른다(소득령 163의2 ③).

이 규정이 적용될 경우 증여자의 보유기간 중 가치상승분이 수증자의 양도차익에 포함되어 양도소득세가 과세되므로 이 제도를 '이월과세(Carry-Over) 또는 취득가액 특례(donor based)'라 한다.

현재 배우자로부터 증여받은 경우에는 10년간 6억원, 직계존속으로부터 증여받은 경우에는 10년간 5천만원(미성년자는 2천만원)의 증여재산공제가 허용되고 있다. 따라서 배우자 등에게

동산 등을 증여한 다음 증여받은 배우자 등이 이를 단기간 내에 양도하면(증여받을 당시의 시가와 양도가액의 차이가 작아) 양도소득세를 현저히 줄일 수 있는데, 이 제도는 이러한 조세회피행위를 방지하기 위하여 마련된 것이다.

참 고 이월과세 적용시 배우자의 범위

배우자 · 직계존비속 간 증여재산에 대한 이월과세 규정을 적용할 때 '배우자'에는 양도 당시 혼인관계가 소멸된 경우를 포함하되, 사망으로 혼인관계가 소멸되는 경우는 제외한다. 사망으로 혼인관계가 소멸되는 경우에는 배우자에서 제외되므로 증여한 배우자가 사망하여 상속이 개시된 경우에는 이월과세가 적용되지 않는다. 이것은 배우자로부터 자산을 상속받아 양도한 경우 이월과세가 적용되지 않는 것과 형평을 맞추려는 데 그 취지가 있다. ■

(2) 이월과세의 적용배제

다음 중 어느 하나에 해당하는 경우에는 이월과세를 적용하지 않는다.

① 사업인정고시일부터 소급하여 2년 이전에 배우자 · 직계존비속으로부터 증여받은 경우로서 법률에 따라 협의매수 · 수용된 경우. 이러한 수용 등은 조세회피 목적의 양도로 보기 어려운 점을 고려하여 이월과세를 적용하지 않는 것이다.

② 이월과세를 적용할 경우 1세대 1주택 양도소득에 대한 비과세대상 주택(1세대 1주택 비과세요건을 충족하였음에도 불구하고 비과세대상에서 제외되는 고가주택을 포함)의 양도에 해당하게 되는 경우. 이월과세 적용시 증여자가 취득한 날을 수증자의 취득일로 보는 점을 이용하여 실제로는 2년 이상 보유하지 않아도 1세대 1주택의 비과세규정을 적용받아 증여자가 양도소득세를 회피하는 사례가 있었다. 이를 방지하기 위해서 이월과세를 적용하지 않고 증여받은 날을 기준으로 양도소득세를 과세한다.

③ 이월과세를 적용하여 계산한 양도소득결정세액이 이월과세를 적용하지 않고 계산한 양도소득결정세액 보다 적은 경우

(3) 이월과세 적용의 효과

1) 필요경비 계산 특례 : 거주자가 증여받은 자산의 양도차익을 계산할 때 양도가액에서 공제할 필요경비는 일반적 필요경비 계산에 관한 규정을 따르되, 다음의 기준을 적용한다.

① 취득가액 : 증여자인 배우자 또는 직계존비속의 취득 당시의 가액(취득에 든 실지거래가액 또는 추계방법에 따른 매매사례가액 감정가액 및 환산취득가액을 말한다)으로 한다.

② 자본적 지출액 : 증여자인 배우자 또는 직계존비속이 해당 자산에 대하여 지출한 자본적 지출액을 포함한다.

③ 납부한 증여세 상당액 : 수증자가 해당 자산에 대하여 납부하였거나 납부할 증여세 상당액이 있는 경우 필요경비에 산입한다. 여기서 '증여세 상당액'은 다음과 같이 계산한 금

액으로 하며, 필요경비로 산입되는 증여세액 상당액은 [양도가액 − 취득가액 − 기타필요경비]를 한도로 한다.

> 필요경비에 산입할 증여세 상당액
>
> $= \text{증여받은 자산에 대한 증여세 산출세액} \times \dfrac{\text{양도한 자산에 대한 증여세 과세가액}}{\text{당초 증여세 과세가액}}$

2) 보유기간 계산 특례 : 이월과세를 적용받은 자산의 보유기간(취득일 ~ 양도일)은 증여한 배우자 또는 직계존비속이 그 자산을 취득한 날을 취득일로 보고, ① 장기보유특별공제 · ② 양도소득세율 및 ③ 1세대 1주택 비과세 규정을 적용한다.

참 고 가업상속공제 적용 자산에 대한 이월과세(취득가액 특례)

1. 개요 : 상증세법에 따른 가업상속공제가 적용된 자산의 양도차익을 계산할 때 양도가액에서 공제할 필요경비 중 취득가액은 다음의 표와 같이 계산한 합계액으로 한다.

구분	금액
(1) 가업상속재산 중 가업상속공제가 적용된 부분(이월과세 적용 ○)	피상속인의 취득가액 × 가업상속공제적용률 * 가업상속공제률 = $\dfrac{\text{가업상속공제가액}}{\text{가업상속재산가액}}$
(2) 위 (1) 이외의 부분(이월과세 적용 ×)	상속개시일 현재 해당 자산가액×(1 − 가업상속공제적용률)
합계액	양도가액에서 차감할 필요경비 중 취득가액 = (1) + (2)

한편 위 (1)에 따라 가업상속공제가 적용된 비율에 해당하는 자산의 보유기간(취득일~양도일)은 피상속인이 해당 자산을 취득한 날부터 기산하여, 장기보유특별공제 및 1세대 1주택 비과세규정을 적용한다.

2. 도입취지 : 상증세법에 따라 가업상속공제가 적용되는 경우에는 그에 해당하는 자산가액은 상속세가 과세되지 않으면서 취득가액이 상속개시 당시 가액으로 평가증(step-up) 되어 피상속인의 취득일부터 상속개시일까지의 가치상승분에 대해서는 양도소득세까지도 과세되지 않는 문제점이 있었다. 이러한 문제점을 해결하기 위해서 가업상속공제가 적용된 비율에 해당하는 부분에 대해서는 피상속인의 취득 당시의 가액을 취득가액으로 하는 특례(즉 이월과세)를 도입하였다. ■

2. 부당행위계산의 부인

(1) 고가취득 · 저가양도 행위의 부인

1) 개요 : 거주자가 ① 특수관계인으로부터 시가보다 높은 가격으로 자산을 매입하거나 ② 특수관계인에게 시가보다 낮은 가격으로 자산을 양도하는 경우(즉 조세 부담을 부당히 감소시킨 것으로 인정되는 경우)에는 그 취득가액 · 양도가액을 시가에 따라 계산한다. 다만, 이러한 고가취득 · 저가양도의 부인은 시가와 거래가액의 차액이 시가의 5%에 상당하는 금액 이상이거나 3억원 이상인 경우에만 적용한다. 여기서 '시가'는 상증세법의 규정을 준용하여 평가한

가액에 따른다. 다만, 주권상장법인이 발행한 주식의 시가는 「법인세법 시행령」에 따른 시가로 하며, 이 경우 현저한 이익분여의 요건은 적용하지 않는다.

판 례 부당행위계산 부인 대상인 저가양도의 기준으로 정한 '시가'에 소급감정에 의한 가액이 포함되는지 여부

'시가'는 원칙적으로 정상적인 거래에 의해 형성된 객관적인 교환가격을 의미하지만, 이는 객관적이고 합리적인 방법으로 평가한 가액도 포함하는 개념으로서 공신력 있는 감정기관의 감정가격도 시가로 볼 수 있고, 그 가액이 소급감정에 의한 것이라 하여도 달라지지 않는다(99두1731).

2) 적용배제 : 개인과 법인 간에 재산을 양수 · 양도하는 경우로서 그 대가가 법인세법에 따른 시가에 해당되어 해당 법인의 거래에 대해 법인세법에 따른 부당행위계산부인규정이 적용되지 않는 경우에는 이러한 고가취득 · 저가양도의 부인규정을 적용하지 않는다. 다만, 거짓 그 밖의 부정한 방법으로 양도소득세를 감소시킨 것으로 인정되는 경우에는 그렇지 않다.

참 고 상장주식 양도 · 취득시 부당행위계산의 부인 기준이 되는 시가 산정 개선

종전에 상장주식을 양도한 경우 양도소득세 부당행위계산부인을 적용할 때 시가는 상증세법의 규정을 준용하여 평가한 가액으로 하였다. 즉 양도일 이전 · 이후 각 2개월 동안 공표된 매일의 거래소 최종시세가액 평균액을 시가로 보고, 최대주주의 주식에 대해서는 할증평가한 가액을 시가로 하였다. 이러한 시가 산정방법은 개인이 특수관계에 있는 다른 개인에게 거래가액을 양도일의 거래소 최종시세가액으로 책정하여 양도한 경우에도 그 거래가액이 시가(양도일 이전 · 이후 각 2개월 동안 공표된 매일의 거래소 최종시세가액 평균액)보다 낮은 경우에는 부당행위계산의 부인규정이 적용되어 납세의무자의 예측가능성을 침해한다는 지적이 있었다. 이러한 문제점을 해소하기 위해서 양도소득세 부당행위계산 부인을 적용할 때 주권상장법인이 발행한 주식의 시가는 다음과 같이 「법인세법 시행령」에 따른 시가를 따르도록 하였다.

- 상장주식의 「법인세법 시행령」에 따른 시가
  - ① 원칙 : 제3자간 일반적으로 거래된 가격
  - ② 장외거래 및 대량매매의 경우 : 거래일의 거래소 최종시세가액
  - ③ ②의 거래 중 경영권이 이전되는 경우 : ②의 가액에 20% 가산(할증평가)

(2) 증여 후 양도 행위의 부인

1) 개요 : 거주자가 특수관계인(이월과세를 적용받는 경우는 제외)에게 자산을 증여한 후 그 자산을 증여받은 자가 그 증여일부터 5년(2023.1.1. 이후에 증여받은 경우는 10년)(등기부에 기재된 소유기간) 이내에 다시 타인에게 양도한 경우로서 다음 요건을 모두 갖춘 경우에는 증여자가 그 자산을 직접 양도한 것으로 본다.

① 증여받은 자의 증여세와 양도소득세를 합한 세액이 증여자가 직접 양도하는 경우로 보아 계산한 양도소득세보다 적은 경우에 해당해야 한다. 여기서 '증여세'는 증여세 산출세액에서 공제 · 감면세액을 뺀 세액을 말하며, '양도소득세'는 산출세액에서 공제 · 감면세액을

뺀 결정세액을 말한다. 이 요건은 증여자가 자기의 양도소득세 부담을 부당하게 감소시킨 것인지 여부를 판단하는 기준에 해당한다.

② 양도소득이 해당 수증자에게 실질적으로 귀속되지 않아야 한다. 만약 양도소득이 해당 수증자에게 귀속되는 경우에는 실질과세원칙에 따라 그 수증자에게 양도소득세가 과세되므로, 증여자가 타인에게 직접 양도한 것으로 보지 않는다.

일반적으로는 양도소득세보다 증여세가 무거운 편이다. 양도소득세의 경우에는 취득가액이 공제되는 데 반하여, 증여세의 경우에는 그렇지 않기 때문이다. 그러나 취득가액이 미미한 경우에는 오히려 취득가액을 공제받는 양도소득세보다 증여재산공제를 적용받는 증여세가 더 가벼워질 수 있다. 이 밖에도 세율구조의 차이로 인해 증여세가 더 가벼운 경우가 생길 수 있다. 따라서 이러한 경우에는 직접 양도하는 경우보다 증여한 후 양도하는 경우에 오히려 세부담이 감소하게 되는데, 이 제도는 바로 이러한 점을 이용한 조세회피를 방지하기 위한 것이다.

2) 증여세 과세와 관계 : 증여 후 양도행위의 부인규정에 따라 증여자에게 양도소득세가 과세되는 경우에는 당초 증여받은 자산에 대해서는 상증세법의 규정에도 불구하고 증여세를 부과하지 않는다. 이는 양도소득세와 증여세의 이중과세 방지를 위한 규정이다. 따라서 이미 수증자에게 증여세가 부과된 경우에는 부과를 취소하고 수증자에게 환급해야 한다.

3) 수증자의 연대납세의무 : 이처럼 증여자가 직접 양도한 것으로 보는 경우 그 양도소득세에 대해서는 증여자와 증여받은 자가 연대하여 납세의무를 진다.

[도 표] 이월과세와 증여 후 양도행위 부인의 비교

구분		이월과세	증여 후 양도행위의 부인
요건	증여자와 수증자의 관계	배우자 · 직계존비속에 한함	특수관계인 * 이월과세를 적용받는 경우는 제외
	적용대상자산	토지 · 건물 · 부동산을 취득할 수 있는 권리, 주식 및 출자지분, 특정시설물이용권	제한 없음
	양도일까지의 기간	증여일부터 5년(2023.1.1. 이후 증여받은 경우는 10년, 2023.1.1. 이후 증여받은 주식 및 출자지분은 1년) 이내 양도	증여일부터 5년(2023.1.1. 이후 증여받은 경우는 10년) 이내 양도
	세부담의 부당한 감소	이월과세를 적용하지 않을 경우에 비해 세부담이 감소되는 경우에만 적용	세부담의 부당한 감소가 일어나는 경우에만 적용

효과	양도소득세의 납세의무자	증여받아 양도한 배우자 · 직계존비속 즉 수증자 * 당초 증여자가 양도한 것으로 간주 ×	당초 증여자 * 당초 증여자가 양도한 것으로 간주하고 수증자에게 연대납세의무를 지운다.
	취득가액 계산	증여한 배우자 · 직계존비속의 취득당시를 기준으로 계산	증여자의 취득 당시를 기준으로 계산
	보유기간 계산	증여한 배우자 · 직계존비속의 취득일부터 양도일까지의 기간	증여자의 취득일부터 양도일까지의 기간
	기납부 증여세의 처리	필요경비로 산입	부과를 취소하고 수증자에게 환급

3. 부담부증여의 경우 양도가액과 취득가액

부담부증여에 있어서 증여자의 채무를 수증자가 인수하는 경우 증여가액 중 그 채무액에 해당하는 부분을 양도로 본다. 따라서 증여재산이 양도소득세 과세대상자산인 경우에는 양도로 보는 부분에 대해서 증여자에게 양도소득세가 과세된다. 이 경우 양도로 보는 부분에 대한 양도차익을 계산할 때 그 양도가액 · 취득가액은 다음의 가액에 따른다.

$$\text{양도가액 및 취득가액} = \text{양도 · 취득당시의 가액}^{*} \times \frac{\text{인수한 채무상당액}}{\text{증여가액}}$$

* ① '양도 당시의 가액'은 양도 당시 상증세법의 규정(제60조~제66조)에 따라 평가한 가액(시가)을 말하며, ② '취득 당시의 가액'은 취득 당시 실지거래가액(또는 추계방법에 따른 가액)을 말한다. 이 경우 양도가액을 상증세법 (제61조 ①,②,⑤)에 따른 부동산의 보충적 평가방법 및 상증세법(제66조)에 따른 저당권 등이 설정된 재산 평가의 특례에 따른 평가액을 기준시가로 산정한 경우에는 취득가액도 기준시가로 산정한다.

V. 양도소득금액의 계산

1. 개요

(1) 기본구조

양 도 차 익	• 자산별로 계산
− 장기보유특별공제	• 보유기간이 3년 이상인 토지 · 건물
= 양 도 소 득 금 액	

(2) 양도차손의 공제

양도소득금액은 <1호> 토지 · 건물, 부동산에 관한 권리 및 기타자산의 양도소득금액, <2호> 주식 및 출자지분의 양도소득금액, <3호> 파생상품 등의 거래 · 행위로 발생하는 양도소득금액, <4호> 신탁 수익권의 양도소득금액으로 구분하여 계산한다. 이처럼 각 호별로 소득금액을 계산할 때 양도차손(취득가액 및 기타 필요경비가 양도가액을 초과하는 금액을 말한다)이 발생한 자산이 있는 경우에는 다음 순서에 따라 같은 호별 내 다른 자산의 양도소득금액에서 그 양도차손을 순차적으로 공제한다.

① 양도차손이 발생한 자산과 같은 세율을 적용받는 자산의 양도소득금액

② 양도차손이 발생한 자산과 다른 세율을 적용받는 자산의 양도소득금액. 이 경우 다른 세율을 적용받는 자산의 양도소득금액이 2 이상인 경우에는 각 세율별 양도소득금액의 합계액에서 해당 양도소득금액이 차지하는 비율로 안분하여 공제한다.

각 호별 내의 다른 세율적용분 양도소득금액의 비율로 안분공제한 후에 남은 결손금에 대해서는 다른 호의 소득금액에서 공제받을 수 없다. 즉 <1호>의 소득금액을 계산할 때 발생하는 결손금은 <2호> · <3호> · <4호>의 양도소득금액에서 공제받을 수 없으며, 차기 이후 과세기간의 각 호별 양도소득금액에서 이월공제도 받을 수 없다.

2. 장기보유특별공제

양 도 차 익	
− 장기보유특별공제	• 양도차익×[6%~30%, (12%~40% + 8%~40%)]
= 양 도 소 득 금 액	• 자산별로 구분계산
− 양도소득기본공제	• 4개의 그룹으로 구분하여 각각 연 250만원
= 양도소득과세표준	• 세율 구분별로 계산(원칙)

(1) 취지

누진세율 구조하에서는 장기간 축적된 보유이익이 양도시점에 한꺼번에 실현됨으로 인해 과도하게 높은 세율을 적용받는 현상(이른바 '결집효과')이 발생한다. 이러한 결집효과를 완화하기 위하여 장기보유특별공제를 설정한 것이다.

(2) 공제대상자산

장기보유특별공제는 다음의 공제대상자산에 대해서 적용한다.

① 토지 및 건물로서 보유기간이 3년 이상인 것. 다만, ㉠ 미등기양도자산과 ㉡ 조정대상지역에 있는 주택으로서 다음 중 어느 하나에 해당하는 주택은 공제대상자산에서 제외한다.

- 1세대 2주택에 해당하는 주택
- 1세대가 주택과 조합원입주권(또는 분양권)을 각각 1개씩 보유한 경우의 해당 주택(다만, 장기임대주택 등은 제외)
- 1세대 3주택 이상에 해당하는 주택
- 1세대가 주택과 조합원입주권(또는 분양권)을 보유한 경우로서 그 수의 합이 3 이상인 경우 해당 주택(다만, 장기임대주택 등은 제외)

② 부동산을 취득할 수 있는 권리 중 조합원입주권(조합원으로부터 취득한 것은 제외)

(3) 공제액의 계산

1) 일반자산 : 장기보유특별공제액은 다음과 같이 계산한 금액으로 한다.

$$장기보유특별공제액^{*} = 일반자산의\ 양도차익 \times 보유기간별\ 공제율(6\%\sim30\%)$$

* 조합원입주권을 양도하는 경우에는 「도시 및 주거환경정비법」에 따른 관리처분계획 인가 전 토지 또는 건물분의 양도차익으로 한정한다. 그리고 조합원입주권에 대해서 장기보유특별공제를 할 때 보유기간은 기존 주택의 취득일부터 관리처분계획 인가일까지의 기간으로 한다.

여기서 '보유기간'은 그 자산의 취득일부터 양도일까지로 한다. 다만, 다음 중 어느 하나에 해당하는 경우에는 다음에서 규정된 날부터 기산한다(즉 다음에 규정된 날을 그 자산의 취득일로 본다).

① 배우자 · 직계존비속간 증여재산에 대한 이월과세를 적용받는 경우 : 증여한 배우자 · 직계존비속이 해당 자산을 취득한 날

② 가업상속공제가 적용되는 비율(즉 이월과세가 적용되는 부분)에 해당하는 자산의 경우 : 피상속인이 해당 자산을 취득한 날

2) 1세대 1주택 : 장기보유특별공제액은 다음과 같이 계산한 금액으로 한다.

$$장기보유특별공제액 = 1세대\ 1주택의\ 양도차익 \times \left[\frac{보유기간별\ 공제율}{(12\%\sim40\%)} + \frac{거주기간별\ 공제율}{(8\%\sim40\%)} \right]$$

위의 1세대 1주택에 대한 장기보유특별공제를 적용할 때 '1세대 1주택'이란 1세대가 양도일 현재* 국내에 1주택(1세대 2주택에 대한 비과세 특례규정 등의 규정에 따라 1세대 1주택으로 보는 주택을 포함한다)을 보유하고 보유기간 중 거주기간이 2년 이상인 것을 말한다. 그 대표적인 예는 1세대 1주택 비과세요건을 충족하였으나, 고가주택에 해당하여 양도소득세가 과세되는 것으로서 보유기간 중 거주기간이 2년 이상인 주택이 여기에 해당한다.

* 주택의 매매계약을 체결한 후 해당 계약에 따라 주택을 주택 외의 용도로 용도변경하여 양도하는 경우에는 해당 주택의 '매매계약일'을 말한다(이하 같다).

참 고 주택으로 용도변경하는 경우 1세대 1주택 장기보유특별공제액 계산 특례

1세대 1주택 장기보유특별공제액 계산 규정에도 불구하고 주택이 아닌 건물을 사실상 주거용으로 사용하거나 공부상의 용도를 주택으로 변경하는 경우로서 그 자산이 1세대 1주택(이에 딸린 토지를 포함한다)에 해당하는 자산인 경우 장기보유특별공제액은 다음과 같이 계산한 금액으로 한다. 이 규정은 2025년 1월 1일 이후 양도하는 경우부터 적용한다.

장기보유특별공제액 = 해당 자산의 양도차익×(① 보유기간별 공제율 + ② 거주기간별 공제율)
① 보유기간별 공제율 = (㉠ + ㉡)(40% 한도*) ㉠ 주택이 아닌 건물로 보유한 기간에 해당하는 일반자산 보유기간별 공제율(6% ~ 30%) ㉡ 주택으로 보유한 기간(*주)에 해당하는 1세대 1주택 보유기간별 공제율(12% ~ 40%) * 다만, (㉠ + ㉡)의 공제율이 40%보다 큰 경우에는 40%로 한다. ② 거주기간별 공제율 = 주택으로 보유한 기간(*주) 중 거주한 기간에 해당하는 1세대 1주택 거주기간별 공제율(8% ~ 40%)

(*주) 주택으로 보유한 기간은 해당 자산을 사실상 주거용으로 사용한 날부터 기산한다. 다만, 사실상 주거용으로 사용한 날이 분명하지 않은 경우에는 그 자산의 공부상 용도를 주택으로 변경한 날부터 기산한다. ■

판 례 부동산과다법인 주식을 양도할 경우 장기보유특별공제가 가능한지 여부

양도소득세율과 장기보유특별공제는 그 입법취지가 서로 달라 각자의 입법취지에 따라 독자적인 정책적·기술적 판단을 요구하기 때문에 특정주식의 양도소득세율을 정함에 있어 부동산의 양도소득세율과 같게 정하였다고 하여 양도소득금액의 산정과 관련된 장기보유특별공제에 있어서도 똑같이 취급해야 할 논리적 필연성이 있다고 보기는 어렵고, 특히 부동산의 건전한 투자·소유 행태를 유도하기 위한 장기보유특별공제 제도의 입법취지를 고려할 때, 부동산 과다보유 법인의 주주가 그 법인 보유의 부동산을 직접 소유한 것으로 의제하여 장기보유특별공제를 인정해야 할 당위성은 인정하기 어려우므로 이러한 모든 사정을 종합하면, 이 사건 법률조항은 특정주식 양도자와 부동산 양도자를 자의적으로 차별취급하고 있다고 보기 어려워 조세평등주의에 반하지 않는다.

또한 부동산을 양도한 경우와 특정주식을 양도한 경우의 양도소득세율을 동일하게 규정한 것은 조세부담의 형평을 실현하고 법인을 도관으로 이용하여 부동산 양도소득세를 회피하는 것을 막기 위한 것이고, 이 사건 법률조항의 장기보유특별공제는 일정한 부동산의 장기보유를 유도하여 부동산 투기를 억제하고 국토의 효율적 이용을 촉진하기 위한 것이므로, 이 사건 법률조항이 특정주식의 양도소득에 대해 장기보유특별공제를 인정하지 않았다고 하여 입법재량권의 한계를 일탈하여 제청신청인들의 재산권을 침해하였다고 보기 어렵다(2009헌가22). ■

3. 양도소득금액계산의 특례

(1) 고가주택 등의 양도소득금액 계산의 특례

① 1세대 1주택 비과세요건을 충족하였음에도 불구하고 비과세대상에서 제외되는 고가주택(그 부수토지 포함) 및 ② 1세대 1조합원입주권 비과세요건을 충족하였음에도 불구하고 비과세대상에서 제외되는 실지거래가액이 12억원을 초과하는 조합원입주권에 해당하는 자산(이하

'고가주택 등')의 양도차익 및 장기보유특별공제액은 다음과 같이 계산한다.

① 고가주택 등의 양도차익 = 양도차익 × $\frac{(\text{양도가액}-12\text{억원})}{\text{양도가액}}$
② 고가주택 등의 장기보유특별공제액 = 장기보유특별공제액 × $\frac{(\text{양도가액}-12\text{억원})}{\text{양도가액}}$ ➡ 고가주택 등의 장기보유특별공제 = 고가주택 등의 양도차익 × 공제율

위 계산식은 ① 1세대 1주택 및 ② 1세대 1조합원입주권 양도의 경우에 양도가액 12억원을 분기점으로 하여 세부담이 급증하는 현상을 방지하기 위한 것이다.

(2) 그 밖의 특례

① 양도소득이 있는 거주자가 자산을 공동소유하는 경우에는 공동사업의 소득금액 계산에 관한 규정을 준용한다.

② 피상속인의 양도소득금액에 대한 소득세로서 상속인에게 과세할 것과 상속인의 양도소득금액에 대한 소득세는 구분하여 계산해야 한다.

Ⅵ. 양도소득과세표준의 계산

1. 개요

양도소득과세표준은 각 호별 양도소득금액에서 양도소득기본공제를 적용한 금액으로 한다.

2. 양도소득기본공제

양도소득이 있는 거주자에 대해서는 다음 각 호의 소득별로 해당 과세기간의 양도소득금액에서 각각 연 250만원을 공제한다.

<제1호> 토지 · 건물, 부동산에 관한 권리 및 기타자산의 양도소득금액(미등기양도자산의 양도소득금액은 제외)

<제2호> 주식 및 출자지분의 양도소득금액

<제3호> 파생상품 등의 거래 · 행위로 발생하는 양도소득금액

<제4호> 신탁 수익권의 양도소득금액

이러한 양도소득기본공제를 적용할 때 양도소득금액에 감면소득금액이 있는 경우에는 그 감면소득금액 외의 양도소득금액에서 먼저 공제하고, 감면소득금액 외의 양도소득금액 중에서는 해당 과세기간에 먼저 양도한 자산의 양도소득금액에서부터 순서대로 공제한다.

제5절 양도소득세액의 계산

I-2 p.942

I. 서설

양도소득에 대한 소득세는 종합소득 및 퇴직소득에 대한 소득세와 구분하여 별도로 다음과 같이 세액을 계산한다.

양도소득과세표준 × 세율	
= 양도소득산출세액 − 세액감면 − 세액공제	• 조세특례제한법에 따른 세액감면 • 전자신고세액공제
= 양도소득결정세액 + 가산세	
= 양도소득총결정세액 − 기납부세액	• 예정신고납부세액, 수시부과세액
= 차감납부할세액	

II. 양도소득세율

(1) 개요

양도소득세의 세율은 다음과 같다. 이 경우 하나의 자산이 아래 구분에 따른 세율 중 둘 이상에 해당할 때에는 해당 세율을 적용하여 계산한 양도소득산출세액 중 큰 것을 그 세액으로 한다.

1) 토지와 건물, 부동산에 관한 권리 및 기타자산의 양도소득세율

구분			양도소득세율
(1) 토지와 건물 (2) 부동산에 관한 권리	① 보유기간 2년 이상인 것	일반	기본세율(6%~45%)
		분양권	60%
	② 보유기간 1년 이상 2년 미만인 것	일반	40%
		주택(주택부수토지 포함, 이하 같다), 조합원입주권 및 분양권	60%

	③ 보유기간 1년 미만인 것	일반	50%
		주택, 조합원입주권 및 분양권	70%
	④ 비사업용토지		기본세율 + 10% (16%~55%)(*주3)
	⑤ 미등기양도자산		70%
(3) 기타자산	① 영업권, 이축권, 특정시설물이용권, 특정주식(A) · (B)		기본세율(*주1) (6%~45%)
	② 비사업용 토지 과다소유법인의 주식(*주2)		기본세율 + 10% (16%~55%)(*주3)

(*주1) 특정주식(A)의 양도소득산출세액에 대주주로서 납부하였거나 납부할 세액이 포함되어 있는 경우에는 이를 빼고 계산한 금액을 양도소득산출세액으로 한다.

(*주2) 특정주식(A) · (B)에 해당하는 주식 등으로서 해당 법인의 자산총액 중 비사업용 토지의 가액이 차지하는 비율이 50% 이상인 법인의 주식 등을 말한다.

(*주3) 2009.3.16.부터 2012.12.31.까지 취득한 비사업용 토지 또는 비사업용토지 과다소유법인의 주식에 해당하는 자산을 양도함으로써 발생하는 소득에 대해서는 (기본세율 + 10%)의 세율을 적용하지 않고 기본세율(그 보유기간이 2년 미만이면 40% 또는 50%)을 적용한다.

2) 주식 및 출자지분, 파생상품 등, 신탁 수익권

구분					양도소득세율
(1) 주식 및 출자지분	국내주식	① 중소기업(*주1)의 주식	대주주(*주2)		20% (3억원 초과분은 25%)
			대주주가 아닌 자		10%
		② 중소기업 외의 법인의 주식	대주주	1년 미만 보유한 것	30%
				1년 이상 보유한 것	20% (3억원 초과분은 25%)
			대주주가 아닌 자		20%
	국외주식	① 중소기업의 주식			10%
		② 중소기업 외의 법인의 주식			20%
(2) 파생상품 등					탄력세율 10%(*주3) (현재 적용세율) * 기본세율 : 20%
(3) 신탁 수익권					20% (3억원 초과분은 25%)

(*주1) '중소기업'이란 중소기업기본법에 따른 중소기업에 해당하는 기업을 말한다.

(*주2) '대주주'란 ① 주권상장법인 대주주(p.649 참조)와 ② 주권비상장법인 주주로서 주식의 양도일이 속하는 사업연도의 직전 사업연도 종료일 현재 ㉠ 주주 1인 및 기타주주의 소유주식의 비율이 4% 이상이거나 ㉡ 주주 1인 및 기타주주가 소유하고 있는 해당 법인의 주식의 시가총액이 10억원(일반 비상장법인인 경우)·40억원(프리보드 벤처기업인 경우) 이상인 경우 해당 주주 1인 및 기타주주를 말한다.

(*주3) 자본시장 육성 등을 위하여 필요한 경우 그 세율(20%)의 75%의 범위에서 대통령령으로 정하는 바에 따라 인하할 수 있다(탄력세율). 이에 따라 현재 파생상품 등에 대한 양도소득세 탄력세율은 10%로 한다(탄력세율 우선 적용).

여기서 '기본세율'은 종합소득과세표준에 적용되는 세율과 같다. 한편 양도소득세율을 적용할 때 '보유기간'은 해당 자산의 취득일부터 양도일까지로 한다. 다만, 다음 중 어느 하나에 해당하는 경우에는 다음에 규정된 날을 그 자산의 취득일로 본다.

구분	취득일	
	양도소득세율을 판정할 때	장기보유특별공제를 적용할 때
① 상속받은 자산	피상속인이 그 자산을 취득한 날	실제 취득일(상속개시일)
② 배우자·직계존비속간 증여재산에 대한 이월과세의 규정을 적용받는 자산	증여자가 그 자산을 취득한 날	증여자가 그 자산을 취득한 날
③ 합병·분할(물적분할은 제외)로 인하여 합병법인·분할신설법인 또는 분할합병의 상대방법인으로부터 새로 취득한 주식	피합병법인·분할법인 또는 소멸한 분할합병의 상대방법인의 주식을 취득한 날	-*

* 주식은 장기보유특별공제의 적용대상이 아님

(2) 다주택자의 조정대상지역 내 주택 양도시 양도소득세 중과

조정대상지역에 있는 주택으로서 다음 중 어느 하나에 해당하는 주택(이에 딸린 토지를 포함한다. 이하 같다)을 양도하는 경우에는 기본세율에 20%(아래 ③ 및 ④의 경우 30%)를 더한 세율을 적용한다. 이 경우 해당 주택 보유기간이 2년 미만인 경우에는 ㉠ 기본세율에 20%(아래 ③ 및 ④의 경우 30%)를 더한 세율을 적용하여 계산한 양도소득산출세액과 ㉡ 60%·70% 세율을 적용하여 계산한 양도소득산출세액 중 큰 세액을 양도소득산출세액으로 한다.

<table>
<tr><th colspan="2">조정대상지역에 있는 주택</th><th>적용세율</th></tr>
<tr><td rowspan="2">① 1세대 2주택에 해당하는 주택
② 1세대가 주택과 조합원입주권(또는 분양권)을 1개 보유한 경우의 해당 주택(다만, 장기임대주택 등은 제외)
③ 1세대 3주택 이상에 해당하는 주택
④ 1세대가 주택과 조합원입주권(또는 분양권)을 보유한 경우로서 그 수의 합이 3 이상인 경우 해당 주택(다만, 장기임대주택 등은 제외)</td><td>2년 이상 보유</td><td>①·②의 주택 : (기본세율 + 20%)(*주)
③·④의 주택 : (기본세율 + 30%)(*주)</td></tr>
<tr><td>2년 미만 보유</td><td>MAX { ㉠ 세율 적용 양도소득산출세액 / ㉡ 세율 적용 양도소득산출세액 }
㉠ ①·②의 주택 : (기본세율 + 20%),
③·④의 주택 : (기본세율 + 30%)
㉡ { 1년 이상 2년 미만 보유 : 60% / 1년 미만 보유 : 70% }</td></tr>
</table>

(*주) 다주택자 양도소득세 중과 1년간 한시적 배제
보유기간이 2년 이상인 주택을 2022년 5월 10일(기산일)부터 2026년 5월 9일까지 양도하는 경우 그 해당 주택은 위 (기본세율 + 20%) 또는 (기본세율 + 30%)을 적용하지 않는다. 한편 이처럼 중과세율 적용 배제 주택에 대해서는 장기보유특별공제를 적용한다.

(3) 토지 투기지역에 있는 부동산에 대한 추가과세

토지 투기지역(2025.1.1. 현재 토지 투기지역으로 지정된 지역은 없음)에 있는 부동산으로서 다음 중 어느 하나에 해당하는 부동산을 양도하는 경우에는 기본세율(비사업용토지의 경우에는 16%~55%)에 10%를 더한 세율을 적용한다. 이 경우 해당 부동산 보유기간이 2년 미만인 경우에는 ㉠ 기본세율(비사업용토지는 16%~55%)에 따른 세율에 10%를 더한 세율을 적용하여 계산한 양도소득 산출세액과 ㉡ 40%·50%의 세율을 적용하여 계산한 양도소득산출세액 중 큰 세액을 양도소득 산출세액으로 한다.

<table>
<tr><th colspan="2">구분</th><th>적용세율</th></tr>
<tr><td rowspan="2">① 비사업용토지(*주)
② 그 밖에 부동산 가격이 급등하였거나 급등할 우려가 있어 부동산 가격의 안정을 위하여 필요한 경우에 대통령령으로 정하는 부동산(현재 대통령령으로 정한 것은 없음)</td><td>2년 이상 보유</td><td>[기본세율(비사업용토지는 16%~55%) + 10%]</td></tr>
<tr><td>2년 미만 보유</td><td>MAX { ㉠ 세율 적용 양도소득산출세액 / ㉡ 세율 적용 양도소득산출세액 }
㉠ [기본세율(비사업용토지는 16%~55%) + 10%]
㉡ 40% 또는 50%</td></tr>
</table>

(*주) 다만, 지정지역의 공고가 있은 날 이전에 토지를 양도하기 위하여 매매계약을 체결하고 계약금을 지급받은 사실이 증빙서류에 의하여 확인되는 경우는 제외한다. 이처럼 추가과세 대상에서 제외되는 비사업용 토지는 (16%~55%)의 세율을 적용한다.

(4) 양도소득산출세액 계산특례(비교과세)

해당 과세기간에 <1호> 토지·건물, 부동산에 관한 권리 및 기타자산을 둘 이상 양도하는 경우 양도소득산출세액은 다음의 금액으로 한다.

비교과세 양도소득산출세액 = MAX (①, ②)[(*주)]

① 자산별 분리과세 세액 : 자산별 양도소득산출세액 합계액

* 비사업용토지 및 비사업용토지 과다소유법인의 주식은 동일한 자산으로 보고, 한 필지의 토지가 비사업용토지와 그 외의 토지로 구분되는 경우에는 각각을 별개의 자산으로 보아 양도소득산출세액을 계산한다.

② 종합과세 세액 : 해당 과세기간의 양도소득과세표준 합계액×기본세율
= (<1호> 자산 양도소득금액 합계액 − 양도소득기본공제)×기본세율

(*주) 소득세법 또는 다른 조세에 관한 법률에 따른 양도소득세 감면액이 있는 경우에는 해당 감면세액을 차감한 세액이 더 큰 경우의 산출세액을 말한다.

Ⅲ. 양도소득세의 감면

1. 개요

양도소득금액에 소득세법 또는 그 밖의 법률에서 규정하는 감면소득이 있는 경우에는 다음 산식에 따라 계산한 금액에 상당하는 양도소득세를 감면한다. 현행 소득세법은 양도소득에 관한 감면규정을 두지 않고 있으나, 조세특례제한법은 자경농지에 대한 양도소득세 감면 등 여러 가지 감면 · 면제의 규정을 두고 있다.

양도소득세 감면세액

$$= \text{양도소득산출세액} \times \frac{(\text{감면대상 소득금액} - \text{양도소득기본공제액})}{\text{과세표준}} \times \text{감면비율}$$

2. 매매계약서 허위 기재에 따른 양도소득세 비과세 또는 감면의 제한

토지 · 건물 및 부동산에 관한 권리를 매매하는 거래당사자가 매매계약서의 거래가액을 실지거래가액과 다르게 적은 경우에는 해당 자산에 대해 다음과 같이 소득세법 · 조세특례제한법에 따른 양도소득세의 비과세 · 감면에 관한 규정을 적용한다.

구분	비과세 · 감면 적용
(1) 비과세규정을 적용받을 경우	비과세 받았거나 받을 세액 − MIN (①, ②) ① 비과세하지 않을 경우 양도소득산출세액 ② 매매계약서의 거래가액과 실지거래가액의 차이
(2) 감면규정을 적용받을 경우	감면받았거나 받을 세액 − MIN (①, ②) ① 감면받았거나 받을 경우 해당 감면세액 ② 매매계약서의 거래가액과 실지거래가액의 차이

제6절 양도소득세의 납세절차

I-2 p.948

Ⅰ. 양도소득과세표준 예정신고와 납부

1. 개요

양도소득세 과세대상자산을 양도한 거주자는 양도소득과세표준을 다음의 기간 이내에 관할 세무서장에게 신고해야 하며, 양도차익이 없거나 결손금이 발생한 경우에도 이러한 신고는 해야 한다.

구분	신고기간
① ㉠ 토지 · 건물, ㉡ 부동산에 관한 권리, ㉢ 기타자산 및 ㉣ 신탁 수익권	양도일이 속하는 달의 말일부터 2개월[토지거래계약에 관한 허가구역에 있는 토지를 양도할 때 토지거래계약허가를 받기 전에 대금을 청산한 경우에는 그 허가일(토지거래계약허가를 받기 전에 허가구역의 지정이 해제된 경우에는 그 해제일)이 속하는 달의 말일부터 2개월] * 부담부증여의 채무액에 해당하는 부분으로서 양도로 보는 경우에는 그 양도일이 속하는 달의 말일부터 3개월로 한다. 이는 수증자의 증여세 과세표준신고기한과 대응을 맞추기 위함이다.
② 주식 · 출자지분	양도일이 속하는 반기(半期)의 말일부터 2개월
③ 파생상품	예정신고의무 ×

이처럼 예정신고를 할 때에는 다음의 세액을 납부해야 하며, 이 경우에 확정신고납부의 경우와 마찬가지로 분할납부도 할 수 있다.

소득 08

> 예정신고납부세액 = 예정신고산출세액 − 감면세액 − 수시부과세액

이러한 예정신고납부의무를 위반한 경우에는 국세기본법에 따른 무신고가산세 · 과소신고가산세, 납부지연가산세가 부과된다.

2. 예정신고산출세액의 계산

> 예정신고산출세액 = (양도차익 − 장기보유특별공제 − 양도소득기본공제) × 세율

한편 해당 과세기간에 누진세율 적용대상 자산에 대한 예정신고를 2회 이상 하는 경우로서 거주자가 이미 신고한 양도소득금액과 합산하여 신고하려는 경우에는 다음 구분에 따른 금액을 제2회 이후 신고하는 예정신고산출세액으로 한다.

① 기본세율(6%~45%) 적용대상 ㉠ 토지 · 건물과 ㉡ 부동산에 관한 권리인 경우

(이미 신고한 양도소득금액 + 제2회 이후에 신고하는 양도소득금액 − 양도소득 기본공제) × 기본세율 (6%~45%) − 이미 신고한 예정신고산출세액

② (기본세율+10%) 적용대상 ㉠ 비사업용 토지와 ㉡ 비사업용 토지 과다소유법인의 주식인 경우

(이미 신고한 양도소득금액 + 제2회 이후에 신고하는 양도소득금액 − 양도소득 기본공제) × 기본세율 (16%~55%) − 이미 신고한 예정신고산출세액

③ 20% · 25% 세율 적용대상 ㉠ 주식 · 출자지분과 ㉡ 신탁 수익권인 경우

(이미 신고한 양도소득금액 + 제2회 이후에 신고하는 양도소득금액 − 양도소득 기본공제) × 세율 (20% · 25%) − 이미 신고한 예정신고산출세액

Ⅱ. 양도소득과세표준 확정신고와 납부

1. 양도소득과세표준 확정신고

해당 과세기간의 양도소득금액이 있는 거주자는 그 양도소득과세표준을 그 과세기간의 다음 연도 5월 1일부터 5월 31일까지 관할세무서장에게 신고해야 한다. 이러한 규정은 해당 과세기간의 과세표준이 없거나 결손금액이 있는 경우에도 적용한다.

* 토지거래계약에 관한 허가구역에 있는 토지를 양도할 때 토지거래계약허가를 받기 전에 대금을 청산한 경우에는 '그 허가일(토지거래계약허가를 받기 전에 허가구역의 지정이 해제된 경우에는 그 해제일)이 속하는 과세기간의 다음 연도 5월 1일부터 5월 31일까지'를 양도소득과세표준 확정신고기한으로 한다.

한편 예정신고를 한 자는 위의 규정에 불구하고 해당 소득에 대한 확정신고를 하지 않아도 무방하다. 다만, 다음 중 어느 하나에 해당하는 경우에는 그렇지 않다.

① 해당 과세기간에 누진세율 적용대상 자산에 대한 예정신고를 2회 이상 한 자가 이미 신고한 양도소득금액과 합산하여 예정신고를 하지 않은 경우

② 토지 · 건물, 부동산에 관한 권리, 기타자산 및 신탁 수익권을 2회 이상 양도한 경우로서 양도소득기본공제의 적용순위로 인해 당초 신고한 양도소득산출세액이 달라지는 경우

③ 주식을 2회 이상 양도한 경우로서 양도소득기본공제의 적용순위로 인해 당초 신고한 양도소득산출세액이 달라지는 경우

④ 토지, 건물, 부동산에 관한 권리 및 기타자산을 2회 이상 양도한 경우로서 양도소득산출세액 계산특례(비교과세) 규정에 따라 신고하지 않은 경우

2. 확정신고납부

1) 개요 : 거주자는 다음의 금액을 확정신고기한까지 납부해야 한다.

양도소득산출세액	
− 세 액 감 면	
− 기 납 부 세 액	• 예정신고산출세액(또는 예정결정 · 경정한 세액), 수시부과세액
= 자 진 납 부 할 세 액	

2) 양도소득세의 분할납부 : 거주자로서 자산양도차익 예정신고납부 · 양도소득세 확정신고납부할 세액이 각각 1천만원을 초과하는 자는 종합소득세의 경우와 같은 방법으로 납부기한이 지난 후 2개월 이내에 분할납부할 수 있다.

Ⅲ. 양도소득과세표준과 세액의 결정 · 경정

1. 개요

양도소득세도 신고납세제도를 취하고 있으므로 양도소득세의 예정신고 · 확정신고는 모두 납세의무를 확정하는 효력을 갖는다. 따라서 관할세무서장 등은 예정신고 · 확정신고를 해야 할 자가 그 신고를 하지 않은 경우에만 과세표준 · 세액을 결정하며, 예정신고 · 확정신고를 한 자의 신고내용에 탈루 · 오류가 있는 경우에는 양도소득과세표준 · 세액을 경정한다.

이처럼 양도소득과세표준 · 세액을 결정 · 경정하는 경우에는 앞에 서술된 양도가액 · 취득가액의 산정기준(이월과세 적용시 취득가액 특례)에 따라야 한다. 이 경우 양도가액 · 취득가액을 실지거래가액에 따라 정하는 경우로서 장부나 그 밖의 증명서류에 의해 해당 자산의 양도 또는 취득당시의 실지거래가액을 인정 · 확인할 수 없는 경우에는 양도가액 · 취득가액을 매매사례가액 · 감정가액 · 환산취득가액 · 기준시가 등에 따라 추계조사하여 결정 · 경정할 수 있다.

2. 가산세

양도소득세 과세표준확정신고납부의 경우에도 국세기본법에 따른 신고불성실가산세(무신고가산세 · 과소신고가산세), 납부지연가산세가 부과된다.

한편 소득세법에 따른 양도소득세 관련 가산세는 다음과 같다.

1) 감정가액 · 환산취득가액 적용에 따른 가산세 : 거주자가 건물을 신축 · 증축(증축의 경우 바닥면적 합계가 85㎡를 초과하는 경우에 한정한다)하고 그 건물의 취득일 · 증축일부터 5년 이내에

해당 건물을 양도하는 경우로서 취득 당시의 실지거래가액을 확인할 수 없어 감정가액 또는 환산취득가액을 그 취득가액으로 하는 경우에는 다음의 금액을 양도소득결정세액에 더한다. 이 가산세는 양도소득산출세액이 없는 경우에도 적용한다.

감정가액 · 환산취득가액 적용에 따른 가산세 = 해당 건물의 감정가액* · 환산취득가액* × 5%

* 증축의 경우 증축한 부분에 한정한다.

2) 기장 불성실가산세 : 대주주(중소기업의 주주 포함)가 양도하는 주식 등에 대해 거래명세 등을 기장하지 않았거나 누락하였을 때에는 다음의 가산세를 산출세액에 더 한다. 이때 신고불성실가산세와 기장 불성실가산세가 동시에 적용되는 경우에는 그 중 가산세액이 큰 가산세만 적용하고, 가산세액이 같은 경우에는 신고불성실가산세만 적용한다.

구분	기장 불성실가산세
① 일반적인 경우	산출세액 × $\frac{\text{무기장 · 누락기장 소득금액}}{\text{양도소득금액}}$ × 10%
② 산출세액이 없는 경우	거래금액 × $\frac{7}{10{,}000}$

제7절 국외자산양도에 대한 양도소득세

I-2 p.954

I. 서설

거주자는 주소지국과세원칙에 입각하여 국외자산의 양도소득에 대해서도 우리나라 양도소득세 납세의무를 지는 것은 당연하나, 종전 소득세법에서는 국외자산의 양도자산에 대해 명문규정이 없어 과세가 되지 않았다. 만일 이를 방치하는 경우에는 국외자산에 투자를 우대하는 결과가 되어 과세형평을 저해하고 국외로 자본을 유출하는 원인이 된다.

따라서 최근 소득세법에 국외자산의 양도소득에 대한 과세요건과 그 납세절차를 신설하여 과세할 수 있는 길을 열어두었다.

Ⅱ. 과세요건

1. 납세의무자와 과세물건

(1) 납세의무자

국외자산 양도소득세의 납세의무자는 해당 자산의 양도일까지 계속하여 5년 이상 국내에 주소·거소를 둔 거주자에 한정한다.

(2) 양도소득의 범위

국외자산의 양도소득은 해당 과세기간에 국외에 있는 다음의 자산을 양도함으로써 발생하는 소득으로 한다.

구분	구체적인 범위
(1) 토지·건물	① 토지는 지적공부에의 등록 여부와 관계없이 국외에 있는 토지로 한다. ② 건물에는 건물에 부속된 시설물과 구축물을 포함한다.
(2) 부동산에 관한 권리 (미등기양도자산 포함)	① 지상권·전세권·부동산임차권 ② 부동산을 취득할 수 있는 권리(건물이 완성되는 때에 그 건물 및 부수토지를 취득할 수 있는 권리 포함)
(3) 기타자산	영업권·특정시설물이용권·특정주식(A)·특정주식(B)

2. 과세표준 및 세액의 계산

(1) 양도가액과 취득가액의 산정방법

국외자산의 양도가액·취득가액은 그 자산의 양도·취득당시의 실지거래가액으로 한다. 다만, 양도·취득 당시의 실지거래가액을 확인할 수 없는 경우에는 양도자산이 소재하는 국가의 양도·취득당시의 현황을 반영한 시가에 의하되, 시가를 산정하기 어려울 때에는 보충적 평가방법에 따른다.

(2) 과세표준의 계산

계산	비고
양도가액	
− 취득가액	
− 자본적 지출액·양도비용	• 개산공제는 배제
= 양도차익	• 환율변동으로 인한 환차익은 제외
−	• 장기보유특별공제는 배제
= 양도소득금액	
− 양도소득기본공제	• 연 250만원
= 과세표준	

(3) 세율

국외에 있는 자산의 양도소득에 대한 소득세는 해당 과세기간의 양도소득과세표준에 다음의 세율을 적용하여 계산한 금액을 그 세액으로 한다.

구분		세율	국내자산과 비교
① 토지 · 건물 ② 부동산에 관한 권리		기본세율 (6%~45%)	중과세율 적용 ×
③ 주식 등	중소기업의 주식 등	10%	30% · 25% 세율 적용 ×
	그 밖의 주식 등	20%	
④ 기타자산		기본세율 (6%~45%)	중과세율 적용 ×

3. 외국납부세액의 공제

(1) 개요

국외자산의 양도소득에 대하여 해당 외국에서 과세를 하는 경우로서 해당 자산의 양도소득에 대하여 외국의 법령에 따라 외국에서 국외자산 양도소득세액을 납부하였거나 납부할 것이 있을 때에는 외국납부세액공제방법과 필요경비산입방법 중 선택하여 적용할 수 있다.

(2) 국외자산 양도소득세액의 범위

'국외자산 양도소득세액'이란 국외자산의 양도소득에 대해 외국정부가 과세하는 것으로서 개인의 양도소득금액을 과세표준으로 하여 과세된 세액 및 그 부가세액(sur tax)을 말한다.

제8절 거주자의 국외전출시 국내주식 등에 대한 양도소득세 과세특례

I-2 p.959

I . 서설

국외전출 거주자가 출국 당시 소유한 국내주식 등을 출국일에 양도한 것으로 보고 양도소득에 대한 소득세를 과세한다. 이 제도를 '국외전출세(Exit Tax, 또는 출국세)'라고 한다.

현재 대부분의 조세조약에서 주식 양도소득은 거주지국에서만 과세하도록 규정되어 있어, 거주자가 국외전출로 비거주자가 된 후에 국내 주식을 양도하면 우리나라에서 양도소득세를 과세할 수 없는 실정이다(비거주자의 국내주식 양도소득에 대해 소득세법에 과세규정을 두고 있지만 조세조약이 소득세법보다 우선 적용된다). 만일 이를 방치하면 거주자가 비거주자로 전환하는 방법으로 국내주식 등의 양도소득세를 회피하는 결과가 된다. 국외전출세는 이러한 조세회피를 방지하고 자국의 과세권을 확보하려는데 그 취지가 있다. 이는 우리나라뿐만 아니라 이미 미국과 일본 등에서는 이와 같은 국외전출세를 운용 중이고, EU에서도 회원국들에게 역외탈세 방지를 위해 국외전출세 도입을 권고한 바 있다.

Ⅱ. 납세의무자와 과세대상자산

국외전출자는 출국 당시 소유한 국내주식 등을 유상으로 이전한 것이 아님에도 불구하고 출국일에 양도한 것으로 보아 양도소득에 대하여 소득세를 납부할 의무가 있다.

1. 납세의무자 : 국외전출자

다음의 요건을 모두 갖추어 출국하는 거주자(이하 '국외전출자')는 국외전출세를 납부할 의무가 있다.

① 출국일 10년 전부터 출국일까지의 기간 중 국내에 주소·거소를 둔 기간의 합계가 5년 이상일 것

② 출국일이 속하는 연도의 직전 연도 종료일 현재 대주주에 해당할 것(일반적인 거주자의 주식 등 양도소득세 계산시 대주주 요건에 해당하는 자)

2. 과세대상자산 : 국외전출세 국내주식 등

국외전출세는 국외전출자가 출국 당시 소유한 다음 중 어느 하나에 해당하는 주식 등(이하 '국외전출세 국내주식 등')을 양도한 것으로 보고 계산한 양도소득에 대해 과세한다.

① 양도소득세 과세대상인 국내주식[주식 및 출자지분(신주인수권과 증권예탁증권 포함) 중 국내주식을 말한다]

② 양도소득세 과세대상인 특정주식(A)·(B)

국외전출한 비거주자가 국내 부동산을 양도하는 경우에는 비거주자의 국내원천 양도소득에 대해 우리나라에서 소득세를 과세할 수 있도록 대부분의 조세조약에서 규정하고 있기 때문에 국내 부동산은 국외전출세 과세대상자산에서 제외한 것이다.

III. 국외전출자 국내주식 등의 양도소득과세표준의 계산

1. 양도가액과 취득가액의 산정방법

1) 양도가액 : 국외전출자 국내주식 등의 양도가액은 출국당시의 시가(출국일 당시의 해당 주식의 거래가액)로 한다. 다만, 시가를 산정하기 어려울 때에는 다음의 방법에 따른다.

① 상장주식 : 출국당시의 기준시가(출국일 이전 1개월 간 공표된 매일의 거래소 최종시세가액의 평균액)

② 비상장주식 : 다음의 방법을 순차로 적용하여 계산한 가액

㉠ 매매사례가액(출국일 전후 각 3개월 이내에 해당 주식 등의 매매사례가 있는 경우 그 가액)

㉡ 출국일 당시의 기준시가

③ 신주인수권 : [신주인수권부사채의 만기상환금액(만기 전에 발생하는 이자상당액 포함. 이하 같다)을 사채발행이율에 따라 발행 당시의 현재가치로 할인한 가액 – 만기상환금액을 적정할인율에 따라 발행 당시의 현재가치로 할인한 가액]

④ 특정주식(A) · (B) : 위 ① · ②의 방법에 따라 평가한 가액

2) 취득가액 : 국외전출자 국내주식 등의 취득가액은 취득당시 실지거래가액에 따른다. 다만, 취득당시의 실지거래가액을 인정 · 확인할 수 없는 경우에는 추계방법에 의한 가액[① 매매사례가액(주권상장법인 · 코스닥상장법인의 주식 · 출자지분은 제외), ② 환산취득가액, ③ 취득당시 기준시가를 순차로 적용]을 취득가액으로 산정한다.

2. 과세표준의 계산

구분	비고
양 도 가 액	• 출국일 당시 시가
– 취득가액과 기타필요경비	• 취득당시의 실지거래가액과 양도비용
= 양 도 소 득 금 액	
– 양 도 소 득 기 본 공 제	• 연 250만원
= 양 도 소 득 과 세 표 준	• 거주자의 일반적인 양도소득과세표준과 구분하여 계산

Ⅳ. 국외전출자 국내주식 등의 양도소득세액의 계산

양도소득과세표준 ×20%(3억원 초과분은 25%)	
= 산출세액	
− 조정공제액	• 출국 후 국내주식의 실제 양도가액이 출국 당시 시가보다 낮은 경우
− 외국납부세액공제	• 출국 후 국내주식을 양도하여 외국정부에 납부한 세액이 있는 경우
− 비거주자의 국내원천소득 세액공제	• 출국 후 국내주식을 양도하여 비거주자의 국내원천소득으로 국내에서 과세된 경우
− 다른 세액감면 · 세액공제	
= 차감납부세액	

1. 산출세액

국외전출자의 양도소득세는 양도소득과세표준에 다음의 계산식에 따라 계산한 금액을 그 세액(이하 '산출세액')으로 한다.

양도소득과세표준	세율	
	일반법인의 주식	중소기업의 주식
3억원 이하	과세표준×20%	
3억원 초과	6,000만원 + (과세표준 − 3억원)×25%	

2. 세액공제

1) 조정공제액 : 국외전출자가 출국한 후 국외전출자 국내주식 등을 실제 양도한 경우로서 실제 양도가액이 양도가액(출국당시 시가)보다 낮은 때에는 다음의 세액을 산출세액에서 공제한다.

> 조정공제액 = [양도가액(출국 당시의 시가) − 실제 양도가액] × 세율

* 만약 '[실제 양도가액 > 양도가액(출국 당시의 시가)]'인 경우에는 그 차액에 대해서 외국정부에 소득세를 납부하거나 국내에서 소득세가 추가 과세되기 때문에 조정공제는 하지 않는다.

2) 외국납부세액공제 : 국외전출자가 출국한 후 국외전출자 국내주식 등을 실제로 양도하여 해당 자산의 양도소득에 대해 외국정부(지방자치단체 포함)에 세액(이하 '외국납부세액')을 납부

하였거나 납부할 것이 있는 때에는 다음의 금액을 산출세액에서 공제한다.

> 세액공제 = MIN (①, ②)
>
> ① 외국납부세액 × $\dfrac{\text{MIN(실제 양도가액, 양도가액)} - \text{취득가액 · 기타필요경비}}{\text{실제 양도가액} - \text{취득가액 · 기타필요경비}}$
>
> ② 한도액 = 산출세액 − 조정공제액

다만, 다음 중 어느 하나에 해당하는 경우에는 위의 외국납부세액공제를 적용하지 않는다.

① 외국정부가 산출세액에 대해 외국납부세액공제를 허용하는 경우

② 외국정부가 국외전출자 국내주식 등의 취득가액을 양도가액(출국 당시의 시가)으로 조정해 주는 경우

3) 비거주자의 국내원천소득 세액공제 : 국외전출자가 출국한 후 국외전출자 국내주식 등을 실제로 양도하여 비거주자의 국내원천소득(비거주자의 유가증권 양도소득)으로 국내에서 과세되는 경우에는 다음의 금액을 산출세액에서 공제한다.

> 세액공제 = MIN (①, ②)
>
> ① 국내에서 과세된 세액 = MIN [실제 양도가액×10% / (실제 양도가액 − 취득가액 · 양도비용)×20%]
>
> ② 한도액 = 산출세액 − 조정공제액

이처럼 비거주자의 국내원천소득 세액공제를 하는 경우에는 2)에 따른 외국납부세액공제를 적용하지 않는다.

V. 국외전출자 국내주식 등에 대한 양도소득세의 납세절차

1. 신고 · 납부

1) 납세관리인과 국내주식 등의 보유현황 신고 : 국외전출자는 국외전출자 국내주식 등의 양도소득에 대한 ① 납세관리인과 ② 국외전출자 국내주식 등의 보유현황을 출국일 전날까지 관할세무서장에게 신고해야 한다. 이 경우 국외전출자 국내주식 등의 보유현황은 신고일의 전날을 기준으로 작성한다.

2) 양도소득과세표준 신고 및 자진납부 : 국외전출자는 양도소득과세표준을 다음의 기한 이내에 관할세무서장에게 신고해야 한다. 국외전출자가 이처럼 양도소득과세표준을 신고할 때에는 차감납부세액을 관할세무서 · 한국은행 · 체신관서에 납부해야 한다.

구분	양도소득과세표준 신고 · 납부기한
① 납세관리인을 신고하지 않은 경우	출국일이 속하는 달의 말일부터 3개월 이내에 신고 · 납부
② 납세관리인을 신고한 경우	출국일이 속하는 과세기간의 다음 연도 5월 1일부터 5월 31일까지 신고 · 납부

3) 국내주식 등의 보유현황 신고불성실가산세 : 국외전출자가 출국일 전날까지 국외전출자 국내주식 등의 보유현황을 신고하지 않거나 누락하여 신고한 경우에는 해당 국내 주식 등의 액면가액에 2% 상당액을 가산세로 부과한다.

4) 경정청구 : 조정공제, 외국납부세액공제 및 비거주자의 국내원천소득 세액공제를 적용받으려는 자는 국외전출자 국내주식 등을 실제 양도한 날부터 2년 이내에 관할세무서장에게 경정을 청구할 수 있다. 이것은 국세기본법상 후발적 사유로 인한 경정청구기한(3개월 이내)에 대한 특례로서 인정된다.

2. 납부유예

국외전출자는 ① 납세담보를 제공하고 ② 납세관리인을 신고한 경우에는, 자진납부 규정에도 불구하고 출국일부터 국외전출자 국내주식 등을 실제로 양도할 때까지 관할세무서장에게 양도소득세 납부유예를 신청하여 납부를 유예받을 수 있다.

이처럼 납부를 유예받은 국외전출자는 다음 중 어느 하나에 해당하는 경우에는 국외전출자 국내주식 등에 대한 양도소득세를 납부해야 한다.

납부사유	납부기한
① 출국일부터 5년(국외전출자의 국외유학의 경우에는 10년. 이하 같다) 이내에 국외전출자 국내주식 등을 양도하지 않은 경우	출국일부터 5년이 되는 날이 속하는 달의 말일부터 3개월 이내
② 국외전출자 국내주식 등을 실제 양도한 경우	양도일이 속하는 달의 말일부터 3개월 이내

한편 납부를 유예받은 국외전출자는 국외전출자 국내주식 등에 대한 양도소득세를 납부할 때 납부유예를 받은 기간에 대한 이자상당액을 가산하여 납부해야 한다.

$$이자상당액 = 차감납부세액 \times ① 납부유예받은 기간 \times ② 이자율$$

① 납부유예받은 기간 : 신고기한의 다음 날부터 납부일까지의 일수

② 이자율 : 납부유예 신청일 현재 이자율(국세환급가산금 계산시 적용되는 이자율)

소득 08

3. 재전입 등에 따른 환급 등

국외전출자(아래 ③의 경우에는 상속인)는 다음 중 어느 하나에 해당하는 사유가 발생한 경우 그 사유가 발생한 날부터 1년 이내에 관할세무서장에게 국외전출자의 국내주식 등에 대한 양도소득세로 납부한 세액의 환급을 신청하거나 납부유예 중인 세액의 취소를 신청해야 한다.

① 국외전출자가 출국일부터 5년 이내에 국외전출자 국내주식 등을 양도하지 않고 국내에 다시 입국하여 거주자가 되는 경우
② 국외전출자가 출국일부터 5년 이내에 국외전출자 국내주식 등을 거주자에게 증여한 경우
③ 국외전출자의 상속인이 국외전출자의 출국일부터 5년 이내에 국외전출자 국내주식 등을 상속받은 경우

관할세무서장은 위의 환급 신청을 받은 경우 지체 없이 국외전출자가 납부한 세액을 환급하거나 납부유예 중인 세액을 취소해야 한다. 한편 위 규정 해당하여 국외전출자가 납부한 세액을 환급하는 경우 산출세액에 더해진 국내주식 등의 보유현황 신고불성실가산세는 환급하지 않는다. 그리고 환급신청 사유 ② 또는 ③에 해당하여 국외전출자가 납부한 세액을 환급하는 경우에는 국세기본법(제52조)에도 불구하고 국세환급금에 국세환급가산금을 가산하지 않는다.

참고 거주자의 양도소득세에 관한 일반규정의 준용

국외전출자 국내주식 등에 대한 양도소득세에 관해서는 ① 양도소득세의 감면, ② 양도차손의 통산, ③ 양도소득과세표준과 세액의 결정 · 경정 · 통지, ④ 양도소득세의 징수 · 환급 규정을 준용한다. ■

제9절 비거주자에 대한 소득세

I-2 p.970

I. 서설

'거주자'란 국내에 주소를 두거나 183일 이상 거소를 둔 개인을 말하며, '비거주자'란 거주자가 아닌 자를 말한다. 거주자는 거주지국 과세원칙에 따라 무제한 납세의무를 지는데 반해 비거주자는 원천지국 과세원칙에 따라 국내원천소득에 대해 제한적 납세의무를 진다.

Ⅱ. 비거주자의 국내원천소득의 범위 및 과세방법 등

비거주자의 국내원천소득에 대한 소득세의 과세는 법인세법에 따른 외국법인의 국내원천소득에 대한 범위 및 그 과세방법과 그 상당부분이 유사하여 [법인세법 외국법인의 법인세 납세의무]에서 살펴보도록 한다. 이하에서는 법인세법과 차이나는 부분에 대해서만 따로 설명하도록 한다.

1. 비거주자 · 외국법인의 열거소득 범위의 차이

비거주자	외국법인
① 국내원천 이자소득	① 국내원천 이자소득
② 국내원천 배당소득	② 국내원천 배당소득
③ 국내원천 부동산소득	③ 국내원천 부동산소득
④ 국내원천 선박 · 항공기 등의 임대소득	④ 국내원천 선박 · 항공기 등의 임대소득
⑤ 국내원천 사업소득	⑤ 국내원천 사업소득
⑥ 국내원천 인적용역소득	⑥ 국내원천 인적용역소득
⑦ 국내원천 근로소득	⑦ 국내원천 부동산 등 양도소득
⑧ 국내원천 연금소득	⑧ 국내원천 사용료소득
⑨ 국내원천 퇴직소득	⑨ 국내원천 유가증권 양도소득
⑩ 국내원천 부동산 등 양도소득	⑩ 국내원천 기타소득
⑪ 국내원천 사용료소득	
⑫ 국내원천 유가증권 양도소득	
⑬ 국내원천 기타소득	

외국법인과 달리 비거주자에게만 과세하는 소득은 근로소득 · 연금소득 · 퇴직소득을 말하며, 그 구체적인 범위는 다음과 같다.

1) 국내원천 근로소득 : 국내에서 제공하는 근로의 대가로서 받는 소득

2) 국내원천 연금소득 : 국내에서 지급받는 연금소득

3) 국내원천 퇴직소득 : 국내에서 제공하는 근로의 대가로 받는 퇴직소득

한편 비거주자의 국내원천 근로소득 · 연금소득 · 퇴직소득에 대해서는 거주자와 같은 방법으로 원천징수하여 납부한다.

2. 비거주자 · 외국법인의 국내원천 유가증권 양도소득의 범위

외국법인	비거주자
① 국내사업장을 가지고 있는 외국법인이 주식 또는 출자지분을 양도함으로써 발생하는 소득 ② 국내사업장을 가지고 있지 않는 외국법인이 주식 또는 출자지분을 양도함으로써 발생하는 소득. 다만, 증권시장을 통하여 주식 또는 출자지분을 양도함으로써 발생하는 소득으로서 해당 양도법인 및 그 특수관계인이 해당 주식 또는 출자지분의 양도일이 속하는 연도와 그 직전 5년의 기간 중 계속하여 그 주식 또는 출자지분을 발행한 법인의 발행주식총수 또는 출자총액의 25% 미만을 소유한 경우를 제외한다.	① 비거주자가 주식 또는 출자지분을 양도함으로써 발생하는 소득. 다만, 증권시장을 통하여 주식 또는 출자지분을 양도함으로써 발생하는 소득으로서 해당 양도자 및 그와 특수관계 있는 자가 해당 주식 또는 출자지분의 양도일이 속하는 연도와 그 직전 5년의 기간 중 계속하여 해당 주식 또는 출자지분을 발행한 법인의 발행주식총액 또는 출자총액의 25% 미만을 소유한 경우를 제외한다.
③ 국내사업장을 가지고 있는 외국법인이 주식 또는 출자지분 외의 유가증권을 양도함으로써 발생하는 소득. 다만, 해당 유가증권 양도시 이자소득으로 과세되는 소득은 제외한다. ④ 국내사업장을 가지고 있지 않는 외국법인이 내국법인 또는 거주자나 외국법인 · 비거주자의 국내사업장에 주식 또는 출자지분 이외의 유가증권을 양도함으로써 발생하는 소득. 다만, 해당 유가증권 양도시 이자소득으로 과세되는 소득은 제외한다.	② 국내사업장을 가지고 있는 비거주자가 주식 또는 출자지분 외의 유가증권을 양도함으로써 발생하는 소득. 다만, 해당 유가증권의 양도시에 이자소득으로 과세되는 소득을 제외한다. ③ 국내사업장을 가지고 있지 않는 비거주자가 내국법인, 거주자 또는 비거주자 · 외국법인의 국내사업장에 주식 또는 출자지분 외의 유가증권을 양도함으로써 발생하는 소득. 다만, 해당 유가증권의 양도시에 이자소득으로 과세되는 소득을 제외한다.

3. 종합과세방법

종합과세되는 요건은 원칙적으로 외국법인과 동일하나, 유가증권이 아닌 부동산 등에 대한 양도소득 및 퇴직소득의 경우에는 부동산소득 유무 및 국내사업장에 실질관련 · 귀속 여부와 관련 없이 무조건 분류과세한다. 이때 비거주자의 종합소득 과세표준 · 세액에서는 거주자와 달리 인적공제(기본공제와 추가공제) 중 비거주자 본인 외의 자에 대한 공제와 특별소득공제 · 자녀세액공제 · 특별세액공제는 허용하지 않는다.

4. 원천징수시 외국법인과 차이점

비거주자의 기타소득 중 상금·부상에 해당하는 기타소득은 수입금액에서 지급받은 금액의 80% 상당액(실제 소요된 금액이 80%의 상당액을 초과하는 경우에는 그 초과하는 금액을 포함)을 필요경비로 공제할 수 있다.

5. 분류과세

국내원천 퇴직소득·양도소득에 대해서는 거주자와 같은 방법(양도소득은 예납적 원천징수)으로 과세한다. 다만, 양도소득이 있는 비거주자에 대해서는 1세대 1주택과 1세대 1조합원입주권에 대한 비과세 및 장기보유특별공제는 적용하지 않는다. 여기서 비거주자는 거주자가 아닌 개인을 말하되, 1세대 1주택에 대한 비과세의 적용에 관해서는 보유기간 및 거주기간의 제한을 받지 않는 경우에 해당하는 비거주자는 제외한다.

[도 표] 국내원천 부동산 등 양도소득에 대한 외국법인과 비거주자의 과세방법

비거주자	외국법인
국내사업장의 유무에 관계없이 거주자와 같은 방법으로 분류과세 • 지급시 원천징수(예납적 원천징수) : MIN (수입금액×10%, 양도차익×20%) * 양도소득을 지급하는 자(양수자)가 거주자·비거주자인 경우에는 원천징수대상에서 제외함 • 과세표준확정신고(원천징수세액 정산)	(1) 국내사업장에 실질관련·귀속되는 소득인 경우 : 종합과세 (2) 국내사업장이 없거나 위 (1)에 해당하지 않는 경우 : 신고납부 분리과세(양도차익×9%~24%를 신고납부) • 지급시 원천징수(예납적 원천징수) MIN (수입금액×10%, 양도차익×20%) * 국내원천 부동산 등 양도소득을 지급하는 자(양수자)가 거주자·비거주자인 경우에는 원천징수대상에서 제외함 • 과세표준확정신고(원천징수세액 정산)

MEMO

MEMO

MEMO